Lothar E. Meinerzhagen

Götterdämmerung

Roman

Teil 1

Published by
Lothar E. Meinerzhagen

Copyright © 2011 Lothar E. Meinerzhagen
ISBN 978-3-9814428-1-6

Cover Design Tom Oellerich //www.melzilla.de // V. 19072011

Für meine Mutter, die mir die Liebe zum Detail schenkte.
Für meinen Vater, der für das Pack seine Haut zu Markte tragen musste.
L.E.M

Wenn Du das Unmögliche ausgeschlossen hast,
dann ist das, was übrig bleibt, die Wahrheit,
wie unwahrscheinlich sie auch ist.
Sir Arthur Conan Doyle

1. Teil

Canaris und Heydrich

Es war ein sonniger Montagmorgen an diesem 7. Oktober 1940. Oberleutnant Othmar Schmidt erwachte gegen sechs Uhr schweißgebadet aus einem Albtraum, von dem er sich sehnlichst wünschte, er würde niemals Realität werden. Doch viel Zeit zum Reflektieren blieb ihm nicht. Admiral Wilhelm Canaris, Chef des Amtes Ausland/Abwehr im Oberkommando der Wehrmacht, hatte ihn heute um 11:00 zu einem Termin in die Reichshauptstadt befohlen. Schmidt grübelte seit Tagen über den Grund des Treffens, konnte sich aber keinen Reim machen. Mit seinen siebenundzwanzig Jahren gehörte er bereits zu den erfahrenen Hasen im technischen Amt der Abwehr und hatte sich nachhaltig einen Namen als analytischer Auswerter der britischen Luftfahrt- und Heeresentwicklungen gemacht. Er galt als Experte des Jagdflugzeuges Spitfire, das er persönlich auf Herz und Nieren untersucht hatte, nachdem ein flugfähiges Exemplar den vorrückenden deutschen Truppen in Holland im Mai in die Hände gefallen war.

Obwohl er direkt an Canaris berichtete, war er administrativ der Abteilung Abwehr I für Nachrichtenbeschaffung unter ihrem Amtschef Oberst Hans Piekenbrock unterstellt und zurzeit bei der Erprobungsstelle Rechlin unter Leitung des von ihm sehr geschätzten Oberst Petersen stationiert. Seine vordringliche Mission in Piepenbrocks Unterabteilung I Tlw, Erkundung, Technik, Luftwaffe, war die Beurteilung der britischen Flugzeug- und Funkmessentwicklung, oder Radar, wie die Herren von der anderen Feldpostnummer die neue Technik nannten. Darüber hinaus die Raketen- und Nuklearforschung, die Beschaffung von Konstruktionsdetails und der Analyse der wissenschaftlichen Erkenntnisse. Daneben gehörte die Ausforschung des britischen und amerikanischen Panzerprogramms zu seinen vordringlichen Aufgaben. Mit anderen Worten, Industriespionage auf höchstem Niveau. Schmidt zwang sich mit einem Seufzer aufzustehen, ging zum geöffneten Fenster und blickte auf die Müritz, die im diffusen herbstlichen Dunst nur schwer auszumachen war. Eine kühle leichte Brise versetzte ihm einen Schauer. Mit einem Ruck drehte er sich um, ging ins Badezimmer und blickte prüfend in den Spiegel.

»Rasieren lohnt sich schon«, murmelte er, während sein linker Daumen und Zeigefinger über sein kratziges Kinn glitt. Mit routinierten Handgriffen verteilte er mit den rechten Fingern Rasiercreme mit dem edlen Duft von Sandelholz auf seiner Haut und schäumte diese mit einem Dachshaarpinsel auf. Die ätherischen Öle verbreiteten im Nu eine spezielle Duftnote im spartanisch eingerichteten Raum. Mit einem Messer aus Damaststahl, dessen Heft aus echtem Büffelhorn gefertigt war, entfernte er die Stoppeln in kurzer Zeit. Dieses Luxusutensil hatte er sich während seines Studiums in Cambridge bei Taylor in der Old Bond Street in London gekauft und war ein äußeres Zeichen seiner Eitelkeit, die unter seinem ansonsten bodenständigen Charakter schlummerte. Zum Schluss gönnte er sich ein extravagantes Aftershave, welches er von seinem Vater zu seinem Geburtstag bekommen hatte. Die Mesopotamier wussten schon vor siebentausend Jahren, was schön und angenehm war, schoss es ihm durch den Kopf, als sich das Aroma des Hautwassers entfaltete.

Schmidts preußischer Charakterkopf passte perfekt zu seinen schlaksigen 182 Zentimetern und dunkelbraune Strähnen fielen ihm ins Gesicht, während er sich bückte, um die Verschlusskappe der Zahnpasta aufzuheben, die im Eifer des Gefechts zu Boden gefallen war. Schmidt war zwar ein sportlicher Typ, doch kein Athlet. Seine physische Stärke war eher Resultat von Straßenbau und Gartenarbeit als sportlichem Ehrgeiz. Sein Vater hatte sich vor Jahren in den Kopf gesetzt, die zweihundert Meter lange Auffahrt zum neuen Eigenheim selbst zu befestigen und hatte seine beiden Söhne Othmar und Friedrich zu Fronarbeiten herangezogen. Das Gleiche galt auch für den großzügigen Garten, der dank der zupackenden Hilfe der beiden Heranwachsenden recht bald stattliche Formen annahm.

Für Othmar war diese Art der Freizeitbeschäftigung nicht unangenehm. Nur wenn er auf Spaziergängen mit seinem Vater, wie er meinte, genötigt wurde, kleine Findlinge von den Ackerrainen auf seinen Schultern nach Hause zu schleppen, kam ein leiser Protest über seine Lippen. Der wurde dennoch schnell eingestellt, sobald sein Vater selbst ein noch größeres Trumm davontrug. Eine weitere Eigenart seines Vaters sorgte in seinen jungen Jahren ebenfalls für Unverständnis. Dieser frönte auf seinen einsamen Spaziergängen seinem Hobby, neue Fremdsprachen zu lernen, indem er portugiesische und später russische Vokabeln in die Stille des Waldes brüllte. Diese Eigenart ließ sich natürlich in der Nachbarschaft nicht verheimlichen und so wurde er häufig Zielscheibe von spöttischen Bemerkungen seiner Mitschüler.

Nachdem er seine Morgentoilette beendet hatte, zog er seine Uniform an, stellte sich vor den mannshohen Spiegel, korrigierte hier und da den Sitz seiner Krawatte, setzte die Mütze auf und verließ den Raum. Bevor er in Richtung Berlin-Tempelhof abhob, wollte er sich noch ein ausgiebiges Frühstück gönnen. Gegen 07:00 betrat er das Kasino, das schon gut besetzt war. Eine Reihe von Offizieren und zivilen Ingenieuren hatten sich bereits eingefunden und bedienten sich von der Frühstückstafel, die zwar nicht üppig, aber völlig ausreichend mit allerlei Zutaten bestückt war. Schmidt griff sich ein Tablett, angelte sich ein Brötchen, Schwarzbrot, Margarine, Aufschnitt und eine Portion Rührei und suchte ein ihm vertrautes Gesicht. Leutnant Otto Lechner hatte ihn schon beizeiten gesichtet und winkte den Freund an seinen Tisch.

»Na, gut geschlafen?«

»Kann nicht klagen«, erwiderte Schmidt und zog den Stuhl an sich heran.

»Wie kommst du nach Tempelhof?«

»Ich nehme die Me 109 E3, die mir Messerschmitt zur Nutzung überlassen hat«, erwiderte Schmidt.

»Nobel geht die Welt zugrunde«, gackerte Lechner und warf ihm eine Scheibe Schinken auf das Brot, das fertig mit Margarine bestrichen vor seinem Freund lag.

»Wenn ich nur wüsste, was der Alte von mir will«, brach es aus Schmidt hervor.

»Seit Wochen treibt sich Canaris in Spanien und Portugal herum, berichtet aber ausschließlich an den Führer. Das macht er sonst nie.«

»Vielleicht ist er auf besonderer Mission«, warf Lechner ein.

»Spanien war und ist doch seine ureigene Domäne, wie du mir immer gesagt hast.«

»Das stimmt, aber merkwürdig ist es schon. Wer weiß, vielleicht soll er Franco überreden, sich endlich Gibraltar vorzunehmen«, meinte Schmidt kauend.

»Oder er will wissen, ob du Neuigkeiten von Frank Whittle zu erzählen hast«, konterte Lechner.

»Nein ohne dir Geheimnisse zu verraten, von der Power Jet Company gibt es zurzeit nichts Aufregendes zu berichten. Da glaube ich eher, dass Hans von Ohain interessantere Neuigkeiten parat hat.«

»Was weißt du, was ich nicht weiß«, entgegnet Lechner.

»Oh gar nichts, ist nur so eine Redensart. Du bist doch ganz dick mit ihm, da hieße es Eulen nach Athen tragen, wenn ich dir was von der Entwicklung des Strahltriebwerkes erzählen würde. Im Übrigen fände ich es ganz nett, wenn du mich mal deinem Genie vorstellen könntest.«

»Das lässt sich machen«, grinste Lechner.

»Er ist Mittwoch zu einem Vortrag auf dem Stützpunkt geladen.«

»Toll, dann kann ich ihn ja direkt fragen, ob er oder Whittle zuerst ein Patent angemeldet haben.«

Die beiden Freunde verstummten für eine Weile, weil der Doppeldecker, bestehend aus zwei Weißbrotscheiben, gekochtem Schinken und Käse, ihre volle Aufmerksamkeit in Anspruch nahm. Sie kannten sich schon seit der Zeit, da sie gleichaltrig ihr Studium am flugtechnischen Institut der Technischen Hochschule Berlin begannen. Danach besuchten sie das aerodynamische Institut der Rheinisch-Westfälischen Technischen Hochschule in Aachen, wo sie unter Leitung von Carl Wieselsberger am Aufbau eines intermittierend arbeitenden Überschallwindkanals arbeiteten. Otto Lechner ging anschließend nach Paris, um an der Sorbonne Aerodynamik zu studieren, Schmidt zog es hingegen zunächst an die TH in München und anschließend nach Cambridge ans Isaac-Newton-Institut für Mathematik. Sie verloren sich nicht aus den Augen und beschlossen gemeinsam nach Abschluss ihres Studiums ihren Wehrdienst bei der Luftwaffe als Flugzeugführer zu leisten. An der Dresdner Luftkriegsschule unter Generalmajor Oskar Kriegbaum bekamen sie den ersten Schliff, danach wurden sie nach Werneuchen in der Mark Brandenburg zur Jagdfliegerschule versetzt. Hier übernahm der Pour-le-Mérite-Träger Oberst Theo Osterkamp als Ausbildungsleiter das Kommando. Nach Beendigung ihrer Schulung und bestandener Prüfung akzeptierten die Freunde danach ein Angebot des Reichsluftfahrtministeriums, sich der Flugerprobung bei der Deutschen Versuchsanstalt für Luftfahrt zu widmen, da man ihr technisches Verständnis und Geschick als Piloten schätzte. Später folgte Schmidt dem Ruf der Abwehr, der Organisation der Wehrmacht für Spionageabwehr, Spionage und Sabotage.

»Kommst du heute noch zurück?«

»Logisch, wenn nicht, würde ich die Taifun nehmen, denn in die Me 109 passt nur noch eine Zahnbürste«, erwidert Schmidt und erhob sich von seinem Stuhl.

»Was hast du heute vor, Otto?«

»Wir bekommen heute die erste Vorserienmaschine der Focke-Wulf Fw 190 A-0, die als nächste Jägergeneration im folgenden Jahr eingeführt werden soll. Der werde ich mal ordentlich auf den Zahn fühlen.«

»Das klingt spannend. Lass uns heute Abend ein Bier trinken. Bin ganz wild drauf zu hören, wie sie wirklich ist. Man erzählt sich ja unter der Hand Wunderdinge.«

»Alles klar Othmar. So gegen 20:00?«

»Bestens, dann bis später ...«

Schmidt griff sich seine Schirmmütze und trabte in Richtung Flugplatz. In der Flugleitung angekommen traf er auf Major Ernst Hansen von der Erprobungsstelle Karlshagen auf Usedom, der im Begriff war nach Peenemünde zu fliegen.

»Na, Schmidt, unterwegs zum Chef nach Berlin?«

»Können Sie Gedanken lesen, Herr Major?«

»Das nicht, aber wenn Sie schon im vollen Wichs hier antreten, dann kann es ja nur zum Rapport gehen.«

»Na, dem ist nichts mehr hinzuzufügen,« entgegnet Schmidt lachend.

Nachdem beide den Papierkram erledigt, den aktuellen Wetterbericht studiert und die Startfreigabe erhalten hatten, gingen sie zu ihren Maschinen, die nicht weit von der Flugleitung von den Flugzeugwarten bereits vorbereitet wurden.

»Hals und Beinbruch Schmidt, und lassen sie sich mal wieder sehen, bei uns laufen ein paar höchst interessante Projekte.«

Während Major Hansen auf die Tragfläche einer Me 108 Taifun stieg, begrüßte Schmidt seinen Wart.

»Hallo Klaus, alles klar?«

»Maschine startklar, vollgetankt und munitioniert, Herr Oberleutnant.«

»Da wollen wir aber nicht den Teufel an die Wand malen, Klaus. Auf den Tommy werde ich wohl kaum treffen.«
»Man weiß nie, Herr Oberleutnant. Vorsicht heißt die Mutter der Porzellankiste! Vergessen Sie nicht, dass der Engländer bereits am 25. August Berlin angegriffen und Kreuzberg und Wedding bombardiert hat!«
»Aber nachts, Klaus!«, lachte Othmar.
Er hatte unterdessen die linke Tragfläche bestiegen und sich in das enge Cockpit eingefädelt. Der Wart tauchte wenig später neben der Kanzel auf und half Schmidt beim Anlegen der Gurte. Schmidt tauschte seine Mütze mit der Fliegerhaube und schloss mit der linken Hand das Cockpit. Da der Motor schon extern aufgewärmt worden war, aktivierte Schmidt die Wasser- und Schmierstoffkühlerklappen, stellte mithilfe des äußeren linken Verstellrades die Landeklappen in Startstellung auf zwanzig Grad und drehte mit dem inneren linken Verstellrad die Höhenflosse auf ein Grad. Mit einem Blick auf den Doppelanzeiger für Kühlmittelaustritt- und Schmiermitteleingangstemperatur überzeugte er sich von der optimalen Schmierstoff-Eintrittstemperatur von dreißig Grad und zeigte dem Wart mit emporgerecktem Daumen, dass das Triebwerk bereit zum Start war. Nun begann der Wart mit dem nächsten Akt des Startvorgangs. Da der Anlasser für den Motor als Schwungkraftanlasser ausgelegt war, musste er so lange ein Schwungrad auf Touren drehen, bis er die notwendigen Umdrehungen erreichte. Erst jetzt konnte Schmidt den Startknopf neben seinem linken Knie betätigen. Sofort sprang der Daimler-Benz 601 A mit seinen eintausendeinhundert PS grollend an und fiel in ein dunkles Röhren. Jetzt überprüfte Schmidt die Magnetzündung, die Benzinpumpen und die Zylinderkopftemperatur. Nachdem alles im grünen Bereich schien, grüßte er seinen Wart ein letztes Mal, der daraufhin die Bremsklötze vom Fahrwerk entfernte. Nachdem Klaus seinerseits dem Piloten ein Okay Zeichen gegeben hatte, schob Schmidt mit seiner linken Hand den Leistungshebel nach hinten. Der Motor heulte auf und die Me 109 setzte sich in Bewegung. Viel sehen konnte Schmidt nicht, da die Sicht nach vorn wegen der ellenlangen Motorhaube verheerend war. Das hochbeinige Fahrwerk mit der schmalen Spur machte das Rollen auch nicht einfach, da Gierkräfte und Propellerverwirbelungen auf das Flugzeug einwirkten. Nach der Startfreigabe gab Schmidt Vollgas und nach nur wenigen Hundert Metern hob die Messerschmitt ab. Wenig später fuhr er das Fahrwerk ein, kurbelte mit dem linken großen Handrad die Landeklappen hoch und trimmte den nunmehr schwanzlastigen Jäger mit einem ähnlichen Handrad auf Horizontalflug nach. Anschließend wurden Triebwerk und Propeller manuell auf Reiseleistung gebracht. Erst jetzt konnte sich Schmidt entspannen und den Flug genießen.

Schmidt freute sich auf seine Begegnung mit Canaris, der wie ein väterlicher Freund zu ihm war. Bedanken konnte er sich bei seinem Vater Carl für diese außergewöhnliche Beziehung, denn der pflegte zu Canaris eine Freundschaft, die bereits seit April 1898 bestand. Damals wurden die beiden Schulbuben in die Sexta des Duisburger Steinbart-Realgymnasiums eingeschult. Carl Schmidt gefiel die stille und zurückgezogene Art von Wilhelm Canaris, und bald zeigten sie sich unzertrennlich. Im März 1905 machten beide ihr Abitur. Canaris hatte schon in der Untersekunda bekundet, Marineoffizier werden zu wollen. Sehr zum Missfallen seiner Eltern. Doch das Ruhrgebiet war von jeher eng mit Schiffbau und Marine verbunden, was auf Wilhelm Canaris abfärbte. Eine Offizierslaufbahn im Heer wäre undenkbar gewesen, da ausschließlich Adels- und traditionelle Offiziersfamilien sowie pommersche und preußische Junker für die Offizierslaufbahn in der Armee infrage kamen. Die Marine suchte hingegen einen neuen, besser ausgebildeten Typus von Offizier. Es war daher nicht überraschend, dass Canaris sich am 1. April 1905 an der Deckoffiziersschule in Kiel meldete. Auch auf Carl Schmidt hatte Canaris Liebe zur See abgefärbt. Er begann zunächst ein Maschinenbaustudium an der Technischen Hochschule in München, dem ein Schiffsbaustudium an der Technischen Hochschule in Berlin-Charlottenburg folgte. Schon in Berlin erhielt er ein Angebot als Entwicklungsingenieur von der Germania Werft in Kiel, das er 1913 annahm.

Während des 1. Weltkrieges wurde Canaris durch seine Flucht aus Südamerika zum Volkshelden. Am 14. März 1915 stellte der englische Panzerkreuzer HMS Glasgow den Kreuzer SMS Dresden, auf dem Canaris als Adjutant von Kapitän Lüdecke Dienst tat. Nach der Selbstversenkung der SMS Dresden wurde die deutsche Besatzung in Chile interniert. Im Herbst 1915 flüchtete er aus der Internierung zurück nach Deutschland. 1916 erreichte er den Rang eines Kapitänleutnants und sammelte erste nachrichtendienstliche Erfahrungen. Als Kundschafter und Organisator von Versorgungsstützpunkten war er für deutsche U-Boote in Spanien unterwegs. Für diese tollkühne Mission erhielt er das Eiserne Kreuz 1. Klasse. 1917 absolvierte er einen Kommandantenlehrgang an der U-Boot-Schule in Eckernförde, den er mit Auszeichnung beendete. Sein erstes Kommando erhielt er als Kommandant des Minenlegers UC 27 im Dezember 1917. Im Januar 1918 übernahm er U-34 und torpedierte und versenkte bis zum Ende des Weltkrieges fünf Schiffe.

Auch Carl Schmidt machte schnell Karriere und sich einen Namen als U-Boot-Konstrukteur in Kiel. Nach Ende des Krieges konstruierte er zunächst zivile Dampfer für die Germania Werft, bevor ihn die Germania im Zuge der geheimen U-Boot-Rüstung der Reichsmarine nach Den Haag in Holland schickte. Um die Bestimmungen des Versailler Vertrages zu umgehen, die eine Verbot des Baues und Unterhaltung von U-Booten beinhaltete, hatte der damalige Marinechef, Admiral Behncke, in den neutralen Niederlanden das Ingenieurskantoor voor Scheepsbouw ins Leben gerufen. Aufgabe dieses Büros war die Konstruktion moderner U-Boote, die Ausbildung von Personal und die Zusammenarbeit mit ausländischen Marinen. Daraus entwickelte sich eine geheime Zusammenarbeit mit Spanien. Carl Schmidt wurde Januar 1925 nach Cartagena entsandt, wo er wieder auf seinen Freund Canaris stieß, der in geheimer Mission die Möglichkeiten einer spanisch-deutschen Kooperation erkunden sollte. Das Resultat dieser Zusammenarbeit erwies sich letztlich für die Marine als unbefriedigend, denn außer zum Bau eines modernen 600-Tonnen-Bootes führte diese Aktion zu keinen weiteren Aufträgen. Doch es sollte einen Gewinner geben: Canaris.

Während Schmidt seinen Gedanken nachhing, kam bereits Oranienburg in Sicht. Er meldete sich bei der Flugleitung in Tempelhof und bat um Landeerlaubnis. Da Westwind herrschte, überflog Schmidt Berlin Mitte, kurvte über Treptow ein und begann seinen Landeanflug über Neukölln. Schmidt liebte diesen Teil des Fluges, da man einen herrlichen Ausblick über das Stadtzentrum mit dem Brandenburger Tor, dem Hotel Adlon, der Wilhelmstraße mit der Neuen Reichskanzlei und das Schloss hatte. Doch Konzentration war gefragt, denn die Messerschmitt war zickig wie eine englische Aristokratin. Hier zählte jeder Fehler doppelt. Schmidt stellte zunächst den Propeller auf kleine Steigung, indem er den Verstellschraubenschalter am Gerätebrett auf 12 Uhr justierte. Dann verringerte er die Fahrt auf etwa 200 km/h, schaltete das elektrische Fahrwerksanzeigegerät an und fuhr das Fahrwerk aus, indem er den Fahrwerksschalter in Stellung Aus drehte. Er stellte er die Landeklappen auf vierzig Grad und trimmte das Flugzeug schwanzlastig. Jetzt konnte man nur beten, dass beim Ausfahren der Landeklappen das Boschhorn nicht ertönte, denn dies bedeutete, dass das Fahrwerk nicht vollständig ausgefahren war. Schmidt war voll konzentriert, als er die Me 109 in einem steilen Gleitwinkel und mit 200 km/h in Richtung Landebahn steuerte. Langsam verringerte sich die Geschwindigkeit und mit ca 150 km/h setzte die Me 109 sanft wie ein Blatt auf der Grasbahn auf. Schmidt rollte bis dicht an die imposante halbmondförmige Empfangshalle, dem flächengrößten Gebäude der Welt, und stellte den Motor ab.

Nach dem obligatorischen Besuch der Flugleitung ließ er sich zu Canaris Büro fahren, das sich im Gebäude des Oberkommandos der Marine am Tirpitzufer 74-76 neben dem Bendlerblock befand. Nachdem er sich um 10:55 in der Wache gemeldet hatte, holte ihn ein Adjutant des Admirals ab fuhr mit ihm in einem vorsintflutlichen Aufzug in das oberste Stockwerk und komplimentierte ihn in das Büro des Abwehrchefs. Dieses ehemalige Etagenhaus war mit seinen verwinkelten und halbdunklen Korridoren, den Salons, Küchen, Kammern und Berliner Zimmern, Räumen, die den Seitenflügel mit dem Hinterhaus verbanden, äußerst unübersichtlich und als Bürogebäude denkbar ungeeignet. Doch die unmittelbare Nähe zum Oberkommando der Wehrmacht, das man durch einen Verbindungsgang betreten konnte, machte die Nachteile wieder wett.

Canaris saß hinter seinem Schreibtisch, den Rücken zum Fenster gewandt, das einen Blick auf den Landwehrkanal ermöglichte. Der Admiral, Herr von vierhundert Offizieren und etwa dreißigtausend Verbindungsleuten, schaute von einer Akte auf und seine Mimik erhellte sich, als er Othmar Schmidt erkannte.

«Schön, dass du da bist«, und nach einem Blick auf seine Armbanduhr, »pünktlich wie ein Maurer.«

Canaris war trotz seiner geringen Größe von 163 Zentimetern, mit seinem feinen weißen Haaren, seinen freundlichen, hellblauen Augen und den buschigen Augenbrauen eine eindrucksvolle Erscheinung. Dennoch machte er wegen seiner gebückten Haltung einen durchaus älteren Eindruck, als seine dreiundfünfzig Jahre eigentlich vermuten ließen.

Gleichermaßen erfreut wie Canaris, schienen seine beiden Dackel Kasper und Sabine zu sein, die freudig erregt in ihrem Körbchen mit den Ruten wedelten. Canaris, das wusste Schmidt aus eigener Erfahrung und aus Erzählungen anderer, war ein Tierliebhaber, der immer wieder betonte, dass man Tieren mehr trauen konnte als Menschen. Seine Liebe zu seinen Tieren wurde manchmal auch missverstanden. Bei einem seiner Italienbesuche erkundigte sich der Admiral über Telefon bei seiner Sekretärin in Berlin, wie es denn dem kleinen, kranken Racker ginge. Die Konversation war so lange und derart detailliert, dass die Italiener glaubten, er vermittelte Geheimnisse in einem speziellen Code. Dabei ging es ausschließlich um die Gesundheit eines seiner Dackel. Ähnlich verhielt es sich mit seinem Papagei, der aber stets zu Hause in Schlachtensee blieb. Das Büro, das bei der Abwehr nur als Fuchsbau bekannt war, war ein mittelgroßer, recht spartanisch eingerichteter Raum. Vom Zimmer aus hatte man Zugang zu einer Terrasse, vor der man auf den Kanal blicken konnte. Neben dem Schreibtisch und zwei einfachen Holzstühlen befanden sich nur noch ein verschlissenes Sofa, die obligatorischen Aktenschränke und ein rostiges Feldbett im Raum. Das nutzte der Admiral häufig, wenn es mal wieder zu spät zur Heimfahrt an den Schlachtensee geworden war. Als Wandschmuck fanden sich eine Weltkarte, Porträts seiner Vorgänger, ein Foto Francos mit persönlicher Widmung und ein Dämon, ein Geschenk des japanischen Botschafters und Generals der kaiserlichen japanischen Armee, Oshima Hiroshi. Ein Modell des Kreuzers Dresden dominierte seinen Schreibtisch, auf dem neben einem Briefbeschwerer drei bronzene Affen auf einer Steinplatte saßen. Der eine Affe lauschte angestrengt, indem er mit einer Hand das Ohr verstärkte, der andere schaute intensiv in die Ferne und der Dritte schließlich bedeckte sein Maul mit einer Hand. Damit wurde jedem Besucher das Motto der Abwehr klar: Sehen und hören, aber schweigen.

»Wie geht es deinem Vater, Othmar?«

»Ganz gut, er hat das erste Walter-Versuchsboot fertiggestellt, das sich jetzt in der Erprobungsphase befindet. Er ist von Hellmut Walters neuem Antrieb hellauf begeistert. Mehr erzählt er nicht. Strikte Geheimhaltung

meint er.«
Canaris erhob sich aus seinem Sessel und reicht Kasper und Sabine je einen Hundeknochen.
»Ich habe davon gehört. Die Walteranlage soll die V 80 auf siebenundzwanzig Knoten getrieben haben. Unter Wasser versteht sich; so was hat die Welt noch nicht gesehen und wird den U-Boot-Krieg revolutionieren«, fuhr Canaris fort.
»Ich will nur hoffen, dass die Marine die Bedeutung des Projektes erkennt. Der Projektleiter im OKM, Diplomingenieur Waas, ist schon ziemlich genervt von dem Desinteresse der Führung. Waas scheut sich nicht, sie Ignoranten zu nennen.«
»Eine Unterwasserfahrt von siebenundzwanzig Knoten? Das bedeutet ja, es wäre einem Typ-VIIC-Boot haushoch überlegen. Das schafft ja nur 17,2 Knoten über und 7,6 Knoten unter Wasser.«
»Du sagst es Othmar, und dennoch befürchte ich, dass wegen der Hybris unseres glorreichen Führers diese Entwicklung verschlafen wird. Hitler hat nämlich im Februar angeordnet, dass alle Waffensystementwicklungen, die länger als ein Jahr zur Serienreife benötigen, einzufrieren sind. Der glaubt schon, er hätte den Krieg gewonnen, doch davon, glaube mir, sind wir noch weit entfernt.«

Oberleutnant Othmar Schmidt war über Canaris respektlose Bemerkung über Hitler nicht überrascht. Er kannte die Einstellung seines Gönners bezüglich Hitler und den Nationalsozialisten. Canaris politische Einstellung lag in einem national-liberalen Elternhaus begründet. Sein Vater war der technische Leiter der Applerbecker Hütte in Dortmund und wurde später Vorstandsmitglied der Niederrheinischen Hütte in Duisburg-Hochfeld.
Wegen der innenpolitischen Entwicklung im wilhelminischen Zeitalter schlossen sich die National-Liberalen mit den Konservativen zusammen. Die deutschen Industriellen verbündeten sich mit den Junkern und bildeten im Jahre 1914 die sichersten Stützen des Regimes. Seine Marineausbildung festigte Canaris konservative Grundströmung.
Nach dem Weltkrieg unterstützte er den Sozialisten Noske gegen die Revolte der Linken, doch 1919 half er auch bei der Revolution der Rechten gegen Reichswehrminister Gustav Noske, obwohl er selbst zum Stabe Noskes gehörte. Seine Rolle als Beisitzer während der Kriegsgerichtsverhandlung, in der die Mörder von Rosa Luxemburg und Karl Liebknecht freigesprochen wurden, war undurchsichtig. 1920 wurde in der heeresstatistischen Abteilung des Truppenamtes eine Spionageabwehrgruppe mit zwei Referaten für Spionage und Sabotageabwehr im Osten und Westen gebildet. Aus ihr ging 1935 die Abwehrabteilung im Reichswehr-, dem späteren Reichskriegsministerium hervor. Im gleichen Jahr wurde Canaris im Rang eines Konteradmirals zum Chef der militärischen Abwehr im Oberkommando der Wehrmacht ernannt.

Nachdem 1938 daraus eine Amtsgruppe Auslandsnachrichten und Abwehr im OKW gebildet worden war, erfolgte schließlich im Oktober 1939 die Umbenennung in OKW/Amt Ausland/Abwehr. Canaris begrüßte aus seinem Antikommunismus heraus die Machtübernahme der Nationalsozialisten und hoffte auf eine Revision von Versailles. Dies alles war für einen konservativen Vertreter des Heeres durchaus nachvollziehbar, entsprach es doch der Linie des Generalstabes. Erst die Jahre der Politisierung des Heeres, die Jahre der Kriegsplanung und einer ehrgeizigen Außenpolitik nach 1935 veränderten Canaris Ansichten. Jetzt stand seine innere Haltung diametral zu Hitlers Absichten.

Schmidt brach mit einem Räuspern das sekundenlange Schweigen: »Weshalb hast Du mich nach Berlin bestellt?«

»Wir bekommen heute Besuch«, begann der Admiral und wandte sich in Richtung Fenster.

»SS-Gruppenführer Reinhard Heydrich, Chef des Reichssicherheitshauptamtes und SS-Sturmbannführer Walter Schellenberg, Leiter des Amt VI der Auslandsnachrichtenabteilung des Sicherheitsdienstes. Und sie haben explizit gefordert, dass du ebenfalls an dem Treffen teilnimmst.«

Schmidt war wie vom Donner gerührt.

»Wieso ich, woher kennt Heydrich mich denn?«

Schmidt wurde bei der Erwähnung von Heydrich sofort unruhig.

»Rege dich nicht auf. Es geht ihm um technische Kompetenz und anscheinend gilt Oberleutnant Othmar Schmidt bei der SS als Koryphäe für technologische Analysen«, beruhigte ihn Canaris.

»Und um was geht es?«

»Das hat er nicht gesagt. Nur dass er auf einer besonderen Mission seines Chefs, dem Reichsleiter Heinrich Himmler, sei.«

Schmidt hörte die letzten Worte nur wie durch Watte. Was sollte diese Mission bedeuten? War dies ein erneuter Angriffsversuch der SS gegen die Abwehr, sich die Kernkompetenz für Spionage und Gegenspionage in der Wehrmacht zu sichern? Canaris Stimme riss ihn aus seinen Gedanken: »Bevor du jetzt völlig durchdrehst, sollten wir uns ein gutes Mittagessen gönnen. Dann lassen sich auch Himmlers Gedanken besser ertragen. Was meinst du, sollen wir uns das Hiller gönnen?«

»Haben wir denn noch genug Zeit?«

»Kein Problem, jetzt ist es 11:30 und unsere Gäste haben sich für 14:00 angemeldet«, erwidert Canaris. Canaris rief den Feldwebel der Fahrbereitschaft und gab Order, sie am Nebenausgang, Hausnummer 76, abzuholen. Wenige Minuten später stiegen sie in den Mercedes. Der Fahrer, ein Gefreiter der Abwehr, der den Admiral schon oft gefahren hatte, beschleunigt die schwere Limousine und bog nach rechts in die Hildebrandstraße ab. Der Verkehr war spärlich und fast ausschließlich von Wehrmachtsfahrzeugen geprägt. Vom Skagerrak Denkmal ging es über die Siegesallee zur Charlottenburger Chaussee und zum Brandenburger Tor. Sie passiert rechter Hand das Adlon Hotel und hielten wenig später vor dem Restaurant mit der Hausnummer 55. Eine berühmte Berliner Adresse, denn das Haus wurde bereits 1880 von Lorenz Adlon, dem Gründer des Hotels gleichen Namens gegründet. Als sie das Fahrzeug verließen, rauschte eine Böe über das Trottoire und fegte die ersten Herbstblätter in die Hauseingänge. Canaris, der das Hiller regelmäßig besuchte, wurde zu einem ausgesuchten ruhigen Ecktisch geführt. Hier war man unter sich und saß nicht auf dem Präsentierteller.

»Hier gibt es ausgezeichnete Gerichte typisch Berliner Art, Othmar. Berliner Hechtklopse, Berliner Bierkarpfen, Berliner Fischgulasch oder wenn du lieber Fleisch magst, Berliner Eisbein, Eisbeintopf, Kasseler Rippenspeer. Und wenn dir das nicht behagt, dann probier Gänseweißsauer, Gänseschwarzsauer, gepökelte Gänsekeule oder Berliner Bierhähnchen.«

»Na dann doch lieber Berliner Leber mit Zwiebeln und Püree, Wilhelm. Die anderen Gerichte sind mir doch ein wenig zu deftig.«

»Das kann ich verstehen, Othmar. Aber einmal in der Woche brauche ich Berliner Hausmannskost und die im Hiller ist eben einmalig. Ich nehme die Berliner Hechtklopse! Und dazu ein Helles.«

Der Ober nahm die Bestellung entgegen und stellte eine Flasche Apollinaris auf den Tisch.

»Sag mal Wilhelm, du kennst doch Heydrich sehr gut und schon ziemlich lange. Abgesehen von dem Ruf, der ihm vorauseilt, was ist er eigentlich für ein Mensch?«

»Heydrich habe ich das erste Mal im Januar 1924 getroffen. Damals war ich als Admiralstabsoffizier in der Ostseeflotte als Erster Offizier auf dem Kreuzer Berlin stationiert. Heydrich absolvierte seine letzte Ausbildungsstation als Seekadett auf der Berlin. Wir liefen dann zur ersten großen Auslandsreise nach dem Krieg aus. Dabei fiel mir auch auf, welch einen schweren Stand er auf dem Schulschiff hatte. Eigentlich war er richtig unbeliebt, denn er galt als arroganter ehrgeiziger Einzelgänger. Hinter seinem Rücken nannten einige ihn Ziege, weil er so eine nasale Stimme hatte, andere gaben ihm den Spitznamen Wolfsauge. Ich fand ihn aber recht interessant, denn er war ein ausgezeichneter Musiker und spielte auch auf der Berlin Geige, was nicht unbedingt unter den anderen Kadetten zu seiner Beliebtheit beitrug.«

»Das kann ich mir gut vorstellen«, prustete Schmidt, der soeben einen Schluck Wasser zu sich genommen hatte.

»Auf so einen hatte die Gang nur gewartet.«

Canaris lächelte und zog die Serviette auf seinen Schoß.

»Als wir später wieder in Kiel waren, habe ich ihn zu uns nach Hause eingeladen und Erika vorgestellt. Ihr fehlte in ihrem Streichquartett ein zweiter Geiger und da kam der Reinhard wie gerufen. Zusammen haben sie Stücke von Mozart und Haydn gespielt, während ich in der Zwischenzeit für ihn und die Damen gekocht habe.«

»Dann fand ihn deine Frau also ganz angenehm?«

»Aber ja, er ist eigentlich ein sehr umgänglicher und intelligenter Typ. Er spricht ganz leidlich russisch, spanisch, französisch und englisch und politisch hatten wir eine ähnliche konservative Haltung. Im Laufe der Zeit entwickelte sich daraus auch so eine Art Freundschaft zwischen uns.«

»Und wie kommt es denn, dass er heute Chef des Reichssicherheitshauptamtes und nicht hoher Offizier der Marine ist?«

»Das ist eine etwas seltsame Geschichte, die eigentlich nicht hätte so enden müssen, aber wegen Heydrichs Hochmut blieb Admiral Raeder keine andere Wahl«, erwiderte Canaris.

»Heydrich hatte Lina von Osten, eine 18-jährige Berufsschülerin von der Insel Fehmarn, beim Kieler Ball der Ruderer Ende 1930 kennengelernt. Bereits vier Tage später machte er ihr einen Heiratsantrag. Ihre Eltern hatten die Verlobung dann Weihnachten gutgeheißen, woraufhin er eine Verlobungsanzeige aufgab. Ein paar Monate vorher war er mit einem Mädel der Kolonialen Frauenschule in Rendsburg ausgegangen. Wie er mir sagte, war das nichts Ernstes. Doch als er ihr eine Kopie der Anzeige zuschickte, lief die zu ihrem Vater, einem Marineoberbaurat in Kiel. Sie behauptete, mit Heydrich verlobt zu sein, da sie seiner Einladung zu einer Regatta in Kiel gefolgt wäre und in der gleichen Pension wie Heydrich übernachtet hätte. Obwohl Heydrich in einem anderen Zimmer genächtigt hatte, habe diese junge Frau sich daraufhin als versprochen betrachtet. Ihr Vater sah das genauso und reichte Protest gegen den treulosen Offizier bei dem Oberkommandierenden der Marine, Raeder ein. Bis hierhin wäre alles noch nicht so schlimm gewesen, doch bei dem folgenden Verfahren vor den Ehrenrat der Marine in Kiel trieb es Heydrich so arg, dass das Gremium Raeder empfahl, Heydrich wegen Unwürdigkeit aus der Marine auszuschließen. Raeder hat mir später mal vertraulich gesagt, dass in der Begründung des Rates gestanden hätte, dass seine bewiesene Unaufrichtigkeit, sich reinzuwaschen, ihm das Genick gebrochen hätte. Damit war Heydrichs Marinekarriere im April 1931 beendet. Ich habe mir jedenfalls für alle Fälle ein Duplikat des Verfahrens besorgt.«

»Nun, ich kann nachvollziehen, warum Heydrich so reagierte«, kommentierte Schmidt, »was geht denn die Marine an, wen ich heiraten will?«

»Mein lieber Othmar, so ist eben die Offizierselikette und wer sich nicht dran hält, wird ausgeschlossen, basta. Oder glaubst du, das wäre bei der SS anders?«

»So kann man das natürlich auch sehen. Aber eigentlich muss er ja Raeder dankbar sein, denn erst der Rauswurf brachte ja seine Karriere in der SS ins Rollen.«

»Ohne Zweifel«, erwiderte Canaris.

»Wie ich erfahren habe, trat er bereits Anfang Juni 1931 der NSDAP bei. Aber es war purer Zufall und gleichzeitig sein scharfer Intellekt, der ihm auf Anhieb eine Spitzenposition bei Himmler verschaffte.«

«Und wie das?«, schaute ihn Schmidt fragend an.
»Der Sohn von Heydrichs Patentante, Freiherr Karl von Eberstein, war zu diesem Zeitpunkt SA-Oberführer und Führer der SA von München-Oberbayern. Er hatte gute Verbindungen sowohl zum Stabschef der SA, Ernst Röhm als auch zum Reichsführer SS, Heinrich Himmler. Und der arrangierte ein privates Treffen mit Himmler in dessen Privatwohnung in Waldtrudering bei München. Himmler wollte schon damals seinen eigenen Nachrichtendienst aufbauen, hatte aber keine Ahnung, wie er das anstellen sollte. Als er nun von Karl von Eberstein hörte, dass ein Nachrichtenmann der Marine sich anböte, glaubte er, dass dieser sein Mann sein könnte. Er hatte einfach geglaubt, Marinenachrichtenoffizier sei gleichbedeutend mit Geheimdienstoffizier. Doch Heydrich nutze seine Chance. Himmler gab Heydrich zwanzig Minuten Zeit, um zu Papier zu bringen, wie er sich eine derartige Aufgabe vorstellt. Der schrieb seine Ideen nieder, entwarf ein passendes Organisationsschema und legte dem Reichsführer das Resultat vor. Dieser war sehr beeindruckt und stellte ihn sofort ein. Daraufhin trat Heydrich der SS bei.«

»Da bist du ja bestens informiert, Wilhelm«, stellte Schmidt beeindruckt fest.

»Das muss man auch bei Heydrich sein, informiert und wachsam. Immer auf der Hut vor neuen Aktionen, denn sein Ehrgeiz ist grenzenlos und in der Wahl seiner Mittel absolut skrupellos. Glaube mir, ich weiß, wovon ich spreche.«

»Kann es sein, dass ich ein gewisses Maß an Respekt bei dir erkennen kann?«, warf Schmidt ein.

»Absolut Othmar, derjenige, der Heydrich nicht mit dem notwendigen Respekt beggegnet, hat schon verloren. Ich gebe zu, ich habe ein ambivalentes Verhältnis zu Reinhard Heydrich. Einerseits fühle ich mich freundschaftlich mit ihm verbunden, andererseits fürchte ich seinen rigorosen Machthunger, der ihn gewissermaßen über Leichen gehen lässt. Bis heute ist es mir gelungen, die Trennung von Wehrmacht und SS klar zu definieren. Geholfen hat mir dabei ein Beschluss der Reichsregierung vom 17. Oktober 1933, in dem erklärt wurde, dass dem Reichswehrministerium die Hoheit über den Bereich der Spionageabwehr eingeräumt wird. Ich habe den Text sogar auswendig gelernt, um ihn notfalls zitieren zu können: Der Reichswehrminister trifft alle Maßnahmen, die zum Schutz der nationalen Sicherheit und der wehrpolitischen Belange auf den Gebieten der Abwehr und der Propaganda erforderlich sind. Er stellt die hierfür erforderlichen Richtlinien auf, an die sich die Reichsressorts und die beteiligten Landesbehörden gebunden halten.«

Der Empfangschef näherte sich mit zwei Kellnern im Schlepptau. Diese platzierten zwei extravagante Teller mit silbernen Warmhalteglocken vor ihnen. Der Empfangschef setzte die beiden Biergläser ab und mit der Präzision von Sychronschwimmern hoben die Kellner die silbernen Hauben gleichzeitig empor. Schmidt hatte wegen der schieren Größe der Teller schon mit Unbehagen riesige Portionen erwartet, doch war er sichtlich erleichtert, ein eher aufgeräumtes Arrangement vorzufinden.

»Na dann mal guten Appetit«, forderte Canaris seinen Gast auf und der ließ sich nicht zweimal bitten. Nachdem der erste Bissen gemundet hatte, konnte Schmidt es nicht unterdrücken, Canaris eine weitere Frage zu stellen.

»Wer ist denn dieser Schellenberg?«, Wilhelm.

»Ein Zögling Heydrichs«, presste Canaris zwischen zwei Bissen hervor. Er wischte sich mit der Serviette den Mund ab, nahm einen guten Schluck Bier und legte das Besteck auf den Tellerrand.

»Er ist wie sein Herr ein Opportunist und Karrierist, dem Ideologie und Weltanschauung nichts bedeuten und der sich hinter der Maske des netten Kerls versteckt. Verheiratet ist er mit Irene, einer Bonner Schneiderin, aber das scheint ihm mittlerweile peinlich zu sein. Partei- und SS-Mitglied seit 1933. Zum Sicherheitsdienst der SS kam er durch Beziehung zu einem Bonner Universitätsprofessor, der ebenfalls der SS angehörte.1938 habe ich ihm indirekt zu einem Karrieresprung verholfen, als ich eine unauffällige Anfrage Heydrichs nicht genau registrierte, die auf den Aufklärungszustand bezüglich des Raumes Dakar an der afrikanischen Westküste hinauslief. Fakt war, dass Himmler mit Hitler darüber stritt, ob im Ernstfall Amerikaner und Engländer den Weg über Afrika wählen könnten, um nach Europa einzubrechen. Hitler hatte auf die fehlenden Häfen verwiesen, doch Himmler wollte das Gegenteil beweisen. Daher wies er Heydrich an, Schellenberg nach Dakar zu schicken, um speziell den französischen Kriegshafen in Augenschein zu nehmen. Viel ist außer ein paar Aufnahmen fürs Fotoalbum nicht dabei herausgekommen. Doch seine Chefs waren mit dem Ergebnis zufrieden.«

»War dies denn nicht eine direkte Einmischung in die Domäne der Abwehr?«

»Natürlich war es das, aber wir wussten ja damals gar nicht, was da vor sich ging«, entgegnete Canaris.

»Erfahren habe ich erst davon nach dem Frankreich Feldzug, als wir unsere Kollegen von der anderen Feldpostnummer beim Deuxième Bureau unter die Lupe nahmen. Dabei fanden wir in Paris einen Vorgang, der uns zeigte, dass die Franzosen jeden seiner Schritte beobachtet hatten.«

»Dann muss er sich aber sehr sorglos in Dakar herumgetrieben haben«, meinte Schmidt.

»Anfängerfehler«, antwortete Canaris.

»Den hat er bald wieder wettgemacht. Ende 1939 wurde er Leiter von Amt IV E im Reichssicherheitshauptamt, der Spionageabwehr Inland. Und dann kam im November 1939 der Venlo-Zwischenfall.«

»Das stand ja damals in allen Zeitungen. Ich dachte aber, das wäre euer Erfolg gewesen. Was ist denn wirklich da passiert?«

Der Admiral nahm einen Schluck von seinem Bier, tupfte seine Lippen mit seiner Serviette ab und richtete seinen Blick auf Othmar Schmidt.

»Der SD hatte seit einiger Zeit einen Agenten in Holland, der Verbindungen zum britischen Secret Service aufgenommen hatte. Die Engländer erhofften von ihm, eine Verbindung zu Hitler Gegnern aus Kreisen der Wehrmacht zu bekommen. Schellenberg schlug nun Heydrich vor, dass er den Hitler Gegner der Wehrmacht mimen wollte, um England in die Irre zu führen. Premierminister Neville Chamberlain und Außenminister Lord Halifax sahen darin die Chance, dass Adolf Hitler von der Wehrmachtsführung beseitigt und der Krieg schon nach wenigen Monaten wieder beendet werden konnte. Schellenberg traf sich dann auch mit den Briten in Zutphen und Den Haag und die Engländer drängten ihn, ihnen endlich den General zu präsentieren, der die Widerständler anführte.«

»Das klingt ja richtig spannend!« warf Schmidt zwischen zwei Happen ein.

»Das war es auch, denn nun sollte der vermeintliche deutsche General nach London geflogen werden, um Verhandlungen direkt mit der britischen Regierung zu führen. Doch dann passierte das Bürgerbräu Attentat.«

»Das Georg Elser durchgeführt hatte?«

»Genau der. Hitler und Himmler waren überzeugt, dass der Secret Service dahinter steckte und Himmler befahl daraufhin, die englischen Agenten in Holland festzusetzen und nach Berlin zu schaffen.«

»Wieso vermuteten die beiden denn die Engländer hinter dem Attentat?«, unterbrach Schmidt den Redefluss des Admirals.

»Das war so eine fixe Idee der beiden. Die haben diese romantische Vorstellung vom Secret Service, die nichts mit der Wirklichkeit zu tun hat. Schellenberg verabredete sich nun mit den britischen Agenten Major Richard Henry Stevens und Captain Sigismund Payne Best an der deutsch-holländischen Grenze bei Venlo und brachte ein spezielles Einsatzkommando unter der Leitung von SS-Sturmbannführer Alfred Naujocks in Stellung. Bei der anschließenden Schießerei kam der niederländische Geheimdienstoffizier Klop ums Leben.«

»Das ist aber harter Tobak, die Einzelheiten kannte ich gar nicht«, stieß Schmidt hervor.

»Woher auch, das Ganze war streng geheim. Das Resultat dieser Aktion war, dass weite Teile des britischen Spionagenetzes in West- und Mitteleuropa nahezu wertlos waren. Der niederländischen Geheimdienstchefs Johan W. van Oorschot trat nach dem Debakel zurück und Hitler hatte im Mai 1940 eine Rechtfertigung für den Einmarsch in den Niederlanden, deren Neutralität durch die Zusammenarbeit mit dem britischen Geheimdienst infrage gestellt war.«

»Und was passierte mit den Engländern?«

»Die kamen zunächst nach Berlin, anschließend ins KZ Sachsenhausen, wo sie durch die Mangel gedreht wurden. Goebbels präsentierte später, wie du weißt, Best und Stevens der internationalen Presse als Hintermänner des Attentats von Georg Elser. Aber das ist noch nicht alles, was wir über und von Schellenberg wissen. Er hatte auch für Heydrich und Himmler ein Begleitbuch zur Eroberung der britischen Insel erstellt. Diese Schrift trägt den unverfänglichen Namen Informationsheft Großbritannien. Zwanzigtausend Kopien hat der Standartenführer für den Tag X, Operation Seelöwe, drucken lassen. Chef der SS-Truppe sollte laut einer Anweisung Heydrichs vom 17. August 1940 der stellvertretende Leiter der RSHA-Abteilung Haushalt und Wirtschaft, Franz Six, werden, der vor dem Krieg Dekan für Wirtschaftswissenschaften an der Berliner Universität war. Ihm sollten sechs Einsatzgruppen in London, Bristol, Birmingham, Liverpool, Manchester und Edinburgh unterstellt werden. Eine schwarze Liste von 2820 besonders gesuchten Personen, die sofort nach erfolgter Invasion verhaftet werden sollten, hat er auch noch aufgestellt. Darunter auch Literaten wie H. G. Wells, Virginia Woolf, E. M. Forster, Aldous Huxley, J. B. Priestley, C. P. Snow, Stephen Spender, Rebecca West oder Noel Coward. Die können froh sein, das Operation Seelöwe abgeblasen worden ist.«

Schmidt schob den Teller ein Stück von sich, den er während des Monologs von Canaris von den letzten Resten der Berliner Leber befreit hatte.

»Ein starkes Stück, Wilhelm. Klingt ja fast wie eine Räuberpistole. Auf jeden Fall danke ich dir, dass du mich ins Bild gesetzt hast. Zumindest ahne ich jetzt, wem ich gleich begegnen werde. Es tut mir nur leid, dass dein Essen kalt geworden ist.«

Der Admiral hatte sein Besteck in beide Hände genommen und sich über seine Berliner Hechtklopse hergemacht.

»Erzähl mal, was es bei dir Neues gibt.«

»Oh, eine ganze Menge. Dank unserer Informanten wissen wir immer mehr über die Entwicklungen auf der anderen Seite des Kanals und glaube mir, die neuen Erkenntnisse lassen mich nicht ruhig schlafen. Auf der einen Seite wird mit Nachdruck in die Entwicklung von Kolbenflugzeugen, insbesondere schwere Bomber und Jäger investiert, auf der anderen Seite scheint das Luftfahrtministerium erhebliche Summen in den neuen Strahlantrieb zu stecken.«

»Was heißt denn Strahlantrieb, Othmar? Entschuldige, aber ich bin noch nicht firm mit dieser neuen Technologie.«

»Kein Problem, Wilhelm. Ich versuche, es dir so simpel wie möglich zu erklären. Das Strahltriebwerk besteht aus den Komponenten Laufrad, Verdichter, Brennkammer, Turbine und Schubdüse. Das Laufrad verdichtet die angesaugte Luft, die anschließend in der Brennkammer erwärmt wird. Durch die Expansion in der Brennkammer strömt die Luft durch die Turbine und Schubdüse hinaus. Die Antriebsleistung für den Verdichter wird in der Turbine erzeugt, die restliche Energie des Luftstrahls wird durch die Düse zum Vortrieb benutzt. Alles klar?«

»Das versteh ich jetzt, danke, aber heißt das, die Engländer haben einen Vorsprung?«

»Das noch nicht, aber wir müssen unter allen Umständen Hans von Ohain stärker unterstützen. Das gleiche gilt für Dr. Anselm Franz von den Junkers Motorenwerken in Dessau, der zurzeit den Prototyp des Jumo 004A entwickelt und den Technikern bei BMW. Der erste Test des Jumo 004 soll in ein paar Wochen gestartet werden. Damit haben wir immer noch einen Vorsprung, aber der ist nur zu halten, wenn sie optimale Unterstützung vom Reichsluftfahrtministerium erhalten. Heinkel, Messerschmitt, Arado, Lippisch, die Horten Brüder, eigentlich alle in der Luftfahrtindustrie warten ungeduldig auf ein funktionierendes und erprobtes Triebwerk.«

»Nun ja«, räusperte sich Canaris, »wichtiger ist im Augenblick natürlich die konventionelle Luftrüstung der Briten. Hast du da neue Erkenntnisse.«

»Dank deiner beiden V-Männer in der neuen Supermarine Fabrik Castle Bromwich wissen wir ziemlich genau, was der Stand der Dinge ist. Zunächst einmal bleibt unbestritten, dass die Spitfire ein ausgezeichnetes Flugzeug ist, das in einigen Details sogar der Bf 109 überlegen ist. Ihre größte Stärke ist ihre überlegene Wendigkeit im Kurvenkampf. Darüber hinaus verfügt die Royal Air Force im Gegensatz zur Luftwaffe seit Mitte 1940 über große Mengen 100-Oktan-Treibstoff. Das verleiht dem Merlinmotor unter 4000 Meter Höhe mehr Leistung als der mit 87-Oktan-Kraftstoff betriebene DB601A der Bf 109.«

Der Admiral unterbrach ihn, indem er seinen Zeigefinger auf Schmidt richtete.

»Habe ich dir eigentlich schon von Gallands Eskapade bezüglich der Spitfire berichtet?«

Othmar Schmidt schüttelte seinen Kopf und griff zum Glas.

»Nach dem enttäuschenden Verlauf von Adlertag hatte Göring ein Treffen mit Luftwaffe-Assen anberaumt, und Galland gefragt, was er brauche, um die Royal Air Force zu schlage.«

»Und was antwortete er?«

»Herr Reichsmarschall, geben Sie mir eine Staffel Spitfire.«

»Na das zeigt doch deutlich, wie gut der Vogel ist«, konterte Schmidt.

»Aber sie hat auch Defizite. Das große Manko ist bisher die fehlende Treibstoffeinspritzung. Wird ein Messerschmitt Pilot angegriffen, so kann er seine Maschine in einer brenzligen Situation einfach andrücken und in einen parabelförmigen Sturzflug gehen, ohne dass der Motor aussetzt. Der Spitfire Pilot kann das nicht, da durch die negative G-Beschleunigung der Treibstoff in den Vergasern nicht mehr aufbereitet werden kann und somit der Motor im ungünstigsten Falle abstirbt. Zumindest bis jetzt nicht. Wir wissen, dass die Ingenieure an dem Problem arbeiten und es kann nur Monate dauern, bis sie das Problem gelöst haben werden.«

»Und die Bomberentwicklung?«

»Da macht der Tommy Druck, um seine zweimotorigen Blenheims und Wellingtons durch viermotorige Langstreckenbomber zu ersetzen. Wir haben genaue Erkenntnisse, dass die Produktion des Sterling Bombers bei Short in Rochester im August angefahren wurde. Während der Luftschlacht um England wurde die Fabrik von unseren Dornier Do 17 im Tiefangriff bombardiert, schwer beschädigt, und eine Reihe bereits fertiggestellter Sterlings zerstört. Das wird sie mindestens um sechs Monate zurückgeworfen haben.«

Canaris hatte sein Besteck auf den Teller gelegt, seinen Mund mit der Serviette abgetupft und machte eine fast unmerkliche Handbewegung, die aber sofort von dem Oberkellner richtig interpretiert wurde. Nach nur wenigen Augenblicken stand er mit einer fein ziselierten Zigarrenkiste aus Zedernholz neben ihm.

»Haben Sie zufällig noch eine dieser wundervollen Romeo Y Julieta Churchill?«, wandte sich der Admiral an den Oberkellner.

»Davon haben wir zum Glück bereits 1938 nur für Sie eine kleine Reserve angelegt«, erwiderte dieser und deutete auf eine stramm gerollte Havanna.

Canaris machte sich nun daran, aus dem simplen Vorgang eines Zigarren Anzündens eine Festivität zu machen. Zunächst schnitt er mit einem Flachcutter aus Edelstahl die geschlossene Spitze des Kopfes ab und näherte sich langsam der Flamme eines Original Habanos Zigarrenzündholzes, die ihm der Kellner entgegenstreckte. Zuerst hielt er die Spitze an eine Flamme, ohne die Zigarre dabei in den Mund zu nehmen, und ließ gleichmäßig auf allen Seiten der Spitze Asche entstehen. Erst als dieser Vorgang zu seiner Befriedigung abgeschlossen war, nickte er dankend dem Oberkellner zu und nahm einen tiefen Zug.

»Siehst du, das liebe ich so am Hiller. Selbst unter Barbaren gibt es noch einen Platz, wo man sich seinen Stil behaupten kann.«

Beide hingen nun für einige Zeit ihren Gedanken nach, bis Canaris nach einem Blick auf seine Uhr zum Aufbruch drängte.

»Othmar, wir müssen los, wir wollen uns doch nicht nachsagen lassen, wir würden unsere Gäste warten lassen!«

Canaris beglich die Rechnung, bedankte sich beim Maitre des Restaurants mit einem Wink und steuerte mit Schmidt im Schlepptau auf seine Limousine zu. Der Gefreite lehnte am rechten Kotflügel, hatte sich soeben eine Overstolz Zigarette angezündet und schaute einem BDM Mädel hinterher, die in Richtung Brandenburger Tor entschwand.

»Wohin jetzt, Herr Admiral?«

»Fahren sie uns bitte zurück zum Amt, Gefreiter«.

Nach wenigen Minuten erreichten sie das Tirpitzufer und die Zentrale der Abwehr. Es blieb nur wenig Zeit, um sich frisch zu machen und Schmidt musste sich beeilen. Als er wieder in Canaris Büro zurückkehrte, befand sich der Admiral in einem intensiven Gespräch mit Oberst Hans Piekenbrock, seit 1936 Chef der Abteilung 1, militärische Erkundung im Ausland; ein anderer Ausdruck für Spionage. Beide unterbrachen sofort ihr Gespräch, als sich Schmidt durch ein Räuspern bemerkbar machte.

»Na Oberleutnant, wie geht es Ihnen?«

Piekenbrock hatte sich herumgedreht und ihm seine Hand ausgestreckt.

»Danke gut, Herr Oberst. Wie sollte es auch anders sein, wenn man vom Herrn Admiral zu einem opulenten Mittagessen eingeladen wurde.«

Piekenbrock lachte schallend.

«Diese Einladungen kenne ich nur zu gut. Anschließend braucht man mindestens eine Stunde, um sich zu regenerieren. Bei mir hilft dann nur ein Nickerchen.«

Piekenbrock raffte seine Papiere zusammen und wandte sich zum Gehen. Dann zögerte er kurz und meinte sich an Canaris wendend: »Bleibt es bei unserem Treffen heute Abend, Wilhelm?«

»Natürlich Hans, eine Partie Schach mit dir lasse ich mir nicht entgehen.«

In diesem Augenblick klopfte Ilse Hamich, eine von zwei Sekretärinnen Canaris, an die Tür: »SS-Gruppenführer Reinhard Heydrich und SS-Sturmbannführer Walter Schellenberg sind soeben eingetroffen, Herr Admiral.«

»Führen Sie bitte die Herren ins Besprechungszimmer, Fräulein Hamich, wir sind sofort bei ihnen.«

Canaris griff sich einen Block und Stift und klopfte Schmidt auf die Schulter: »Na, dann wollen wir mal.«

Als sie im Besprechungsraum, der nur zwei Türen weit von Canaris Büro entfernt war, eintrafen, schauten Heydrich und Schellenberg schweigend auf den Landwehrkanal. Heydrich war ein Hüne von einem Mann, der dem Nazi-Idealbild eines Ariers sehr nahe kam.

»Guten Tag, meine Herren«, begrüßte sie Canaris. Die beiden SS-Offiziere drehten sich um und grüßten unisono mit gestrecktem rechten Arm und einem verhaltenen »Heil Hitler, Herr Admiral.«

Heydrich lächelte Canaris an: »Sie sehen prächtig aus, Admiral. Muss wohl an Kasper und Sabine liegen. Man sieht, die frische Luft tut ihnen gut.«

Canaris trat auf Heydrich zu und umfasste mit beiden Händen seine Schulter.

»Schön, dass man sich mal wieder sieht. Wie geht es Lina?«

»Danke gut, wann können wir denn mal wieder sie und ihre Frau in unserem Haus begrüßen? Wir wohnen doch nur einen Steinwurf weit entfernt.«

»Da haben Sie recht, mein lieber Heydrich. Doch ich muss Sie enttäuschen, Erika und meine beiden Töchter sind für die Dauer des Krieges an den Ammersee gezogen. Wer weiß, ob es nicht doch noch zur Bombardierung Berlins kommt.«

»Wie können sie denn Göring misstrauen, der sagte, er wolle Meyer heißen, wenn je ein britisches Flugzeug eine deutsche Stadt bombardieren sollte«, entgegnete er scherzhaft.

Heydrich wandte sich jetzt an Schmidt, lächelte ihn an und meinte: »Ah, da ist ja der Oberleutnant, dessen Ruf ihm vorauseilt.«

Schmidt stand unwillkürlich noch ein Grad zackiger stramm und erwiderte: »Zu viel der Ehre Herr Gruppenführer.« Und zu Schellenberg gewandt: »Ich darf mich vorstellen, Oberleutnant Othmar Schmidt, technisches Amt der Abwehr.«

Schellenberg reichte ihm die rechte Hand und drückte mit einem freundlichen Lächeln Schmidts Rechte.

»Schön Sie zu sehen, Oberleutnant. Ihre Analyse der Spitfire und der britischen Luftrüstung ist in der Tat herausragend.«

»Jetzt ist es aber genug des gegenseitigen Antichambrierens«, unterbrach Canaris Schellenberg lachend.

»Sie machen ja meinen Mann ganz verlegen«.

»Nun denn, Herr Admiral, wir haben in der Tat nicht viel Zeit und möchten direkt zur Sache kommen.«

Dabei zogen er und Schellenberg ihre Ledermäntel aus und legten sie über zwei unbesetzte Stühle.

»Wir können ja wohl davon ausgehen, dass in der Zentrale der Abwehr dieser Besprechungsraum abhörsicher ist«, erklärte Heydrich, und machte es sich auf seinem gepolsterten Stuhl bequem.

»Wir sind hier auf Weisung von Reichsführer SS Heinrich Himmler, um mit Ihnen eine Operation zu erörtern, die die Sicherheit des Reiches und den Endsieg betrifft.«

Canaris tat so, als ob diese Eröffnung keinen Eindruck auf ihn hinterlassen hatte und entgegnete: »Dann schießen Sie mal los, Gruppenführer.«

»Das werde ich, möchte Sie aber darum ersuchen, sich keinerlei schriftliche Notizen zu machen. Der Anlass ist zu sensibel. Wie Sie wissen, Canaris, wird zurzeit die Operation Barbarossa, der Angriff auf die Sowjetunion vorbereitet.«

Canaris verzog keine Mine, bei Schmidt hingegen drückte seine Mimik totale Überraschung und komplette Sprachlosigkeit aus. Lächelnd schaute Heydrich abwechselnd Canaris und Schmidt an und bemerkte anerkennend: «Geheimhaltung wird tatsächlich groß geschrieben.« Und an Schmidt gewandt: »Machen Sie sich nichts draus, als Sachverständiger für angloamerikanische Abwehrfragen gab es ja keine Veranlassung vom Admiral, Sie von dem bevorstehenden Feldzug in Kenntnis zu setzen.«

Schmidt machte Anstalten sich zu äußern, doch Canaris legte besänftigend seine Hand auf seine Schulter.

»Aber, Herr Oberleutnant«, fuhr Heydrich fort, »Sie werden von nun an in Kenntnis gesetzt werden, da es von ungeheurer Wichtigkeit sein wird, mehr Erkenntnisse von den technischen Fortschritten unserer Gegner auf allen Gebieten zu gewinnen und unsere eigene Forschung vor Ausspähung zu schützen. Wie sie alle wissen, hat der Führer, in der Gewissheit den Endsieg in schnellen Blitzkriegen herbeiführen zu können, vergangenen Februar die Einstellung aller Entwicklungen von Waffen verfügt, die länger als zwölf Monate brauchen, um fronttauglich zu sein. So zumindest wurde die Weisung von den drei Teilstreitkräften und der Industrie verstanden. Am Abend des 22. Juni, nachdem in Compiègne der Waffenstillstand geschlossen wurde, wurde Himmler zu einem Privatgespräch mit Hitler in sein Feldquartier Wolfsschlucht in Brûly-de-Pesche in Belgien gebeten. In diesem Gespräch setzte Hitler den Reichsführer über seine Pläne in Kenntnis und übertrug ihm die Verantwortung für verschiedene Projekte.«

Man konnte Canaris nicht ansehen, wie es in ihm arbeitete, doch sein Verstand war hellwach. Für ihn war klar, dass mit dem Beginn des Weltanschauungskrieges, wie Hitler in einer Besprechung in der Reichskanzlei vor hohen Generälen den bevorstehenden Krieg gegen Russland genannt hatte, eine neue Dimension der Auseinandersetzung einziehen sollte. Diese würden die bestehenden Regeln der Haager Landkriegsordnung außer Kraft setzen. Diese »verschiedenen Projekte« mussten in kausalem Zusammenhang mit Barbarossa stehen. Aber was führten Himmler und Heydrich im Schilde? Heydrich räusperte sich und begann mit seinen Ausführungen fortzufahren.

»Der Reichsführer ist sich mit dem Führer einig, dass sowohl die schwere Aufgabe, die vor uns liegt, als auch der andauernde Kampf mit England das Reich zwingt, alle Ressourcen zu bündeln. Gleichzeitig müssen solche Entwicklungen gefördert und geschützt werden, die dem Reich einen technologischen Vorsprung garantieren, um den Endsieg sicherzustellen.«

Aha, dahin also läuft der Hase dachte Canaris. Die SS will nicht nur die Waffen-SS als vierte Teilstreitkraft, sondern sich auch das technologische Potenzial des Reiches sichern.

»Gruppenführer …«, hob Canaris an, den Redeschwall Heydrich zu unterbrechen, doch der stoppte den Versuch mit «… lassen Sie mich noch den Gedanken zu Ende führen«, sodass Canaris augenblicklich verstummte.

»Aus diesem Grunde wurde beschlossen, eine Kommission zu bilden, die paritätisch aus der Abwehr und dem RSHA besteht. Zwei Ziele soll der Ausschuss verfolgen. Zum einen die Identifizierung und Förderung von neuen Waffensystemen, zum anderen eine Forcierung der Anstrengungen feindliche Geheimdienstoperationen, insbesondere solcher des britischen Secret Service, zu verhindern. Als Vorsitzende dieser Kommission schlage ich für das RSHA Sturmbannführer Walter Schellenberg vor und würde mich freuen, Oberleutnant Othmar Schmidt als ihren Stellvertreter in der neuen Position begrüßen zu können.«

Schellenberg und der verblüffte Schmidt sahen sich an. Stille breitete sich sekundenlang aus, bevor sich Canaris mit den Ellenbogen auf den Konferenztisch aufstützend das Gespräch eröffnete.

»Gruppenführer, glauben sie wirklich, Göring als Chef der Luftwaffe, Raeder als Oberkommandierender der Marine, Keitel für das Oberkommando der Wehrmacht, oder Todt als Reichsminister für Bewaffnung und Munition und Leiter der gesamten deutschen Kriegswirtschaft würden solch einer Entmachtung ihrer selbstständigen Waffenentwicklung zulassen? Ganz zu schweigen vom Widerstand des Marinebauamtes, des Heereswaffenamtes, des Reichsluftfahrtministeriums?«

Heydrich konterte gelassen.

«Der Führer hat bereits mit den zuständigen Herren gesprochen, ihnen seine Sichtweise der Dinge und die Notwendigkeit der Durchführung erläutert. Sehen sie Canaris, der Führer hat den Entwicklungsstopp ja nicht nur erlassen, weil der den schnellen Sieg über Frankreich vorhergesehen hatte. Er war auch verärgert über die explosionsartige Vermehrung von Waffen- und Geräteentwicklungen. Die Artenvielfalt nahm ja geradezu verrückte Dimensionen an. Nur ein Beispiel: Anfang 1939 stellte der Führer fest, dass es in der Wehrmacht über einhundert verschiedene Lkw-Typen gab. Über einhundert! Das muss man sich mal vorstellen, wie da allein die Ersatzteilversorgung demnächst in Russland funktionieren soll. Der Führer hat daraufhin den Schell-Plan des Generalbevollmächtigten für das Kraftfahrwesen, Oberst Adolf von Schell, abgesegnet, der diesen Irrsinn auf vierzehn Haupttypen reduzieren soll. Und solch ein Modell sehen Hitler und der Reichsführer nun auch für zukunftsträchtige Waffensysteme vor. Machen sie sich also keine Sorgen. Ich nehme auch an, dass Ihr Freund, Generalluftzeugmeister Udet, demnächst von Göring in Kenntnis gesetzt werden wird.«

Der Admiral war beeindruckt, von der enormen Entschlossenheit, mit der Himmler und Heydrich zielstrebig ihr SS-Imperium ausbauten. Er musste zugeben, dass er solch einen Schritt nicht vorausgesehen oder erahnt hatte. Daneben konnte er sich des Verdachtes nicht erwehren, dass solch eine Fokussierung enorme Fortschritte bei der Entwicklung neuer Systeme und Technologien nach sich ziehen würden. Aber wie war es Himmler gelungen, Hitler dazu zu bringen, ihn mit solch einer Machtfülle auszustatten. Denn das war es ohne Zweifel. Es lag ja auf der Hand, dass es Himmlers Waffen-SS sein würde, die als Erste von solchen Entwicklungen profitieren würde. Schmidt hatte sich so langsam aus seiner Schockstarre gelöst, hob seine rechte Hand, um die Aufmerksamkeit Heydrichs zu erlangen.

»Wieso sind Sie der Meinung, dass ich der richtige Mann neben Schellenberg wäre?«

»Nun, Schmidt, ich wäre nicht Chef des RSHA, wenn ich nicht meine Hausaufgaben machen würde. Zum einen hat mir schon ihr Admiral vor Monaten bei einem gemeinsamen Ausritt im Tiergarten von ihnen berichtet. Zum anderen bin ich selbst Jagdflieger und habe daher mit großem Interesse Ihre erstaunliche Analyse der englischen Spitfire und der Produktionsabläufe in England gelesen. Daneben arbeitet Ihr Vater federführend an einem revolutionären Projekt in der Marinerüstung. Aber ausschlaggebend waren Ihre Beurteilungen und Ihre akademische Ausbildung.«

»Ich wusste gar nicht, dass Sie auch Jagdflieger sind«, erwiderte Schmidt verdutzt.

»Ich habe auch schon einen aktiven Einsatz hinter mir«, lachte Heydrich.

»Im April dieses Jahres habe ich mich beim Reichsführer abgemeldet, um auch meinen Teil am aktiven Kampf zu leisten.«

»Wo waren Sie denn stationiert, wenn ich fragen darf?«

»Fragen Sie ruhig, Oberleutnant. Ich war mit meiner Messerschmitt Bf 109 als Teil der Jagdgruppe II des Jagdgeschwaders 77 Herz As in Norwegen. Leider habe ich aber meine Mühle bei einem Start im Mai in Stavanger überzogen und mich überschlagen.«

»Das kann bei der Me 109 leicht passieren«, lächelte Schmidt, »da haben sogar Asse wie Adolf Galland oder Werner Mölders manchmal ihre Schwierigkeiten. Ich bin übrigens mit einer solchen Maschine heute aus Rechlin gekommen.«

»Sie Glücklicher«, seufzte Heydrich. »Ich will aber meine Norwegenscharte auswetzen und mich bei dem bevorstehenden Russland-Feldzug wieder zum Einsatz melden. Sofern mir nicht meine Frau oder der Reichsführer einen Streich spielt.«

Heydrichs blaue Wolfsaugen lachten Schmidt ins Gesicht.

»Treiben sie eigentlich Sport, mein Lieber?«

»Ich fechte mit meinem Freund Otto Lechner, so oft es geht, Gruppenführer.«

»Na, das nenne ich einen Zufall. Fechten ist meine große Leidenschaft. Immer wenn ich den Degen in die Hand nehme, verwandele ich mich und werde stark. Fechten beansprucht Muskeln und Geist. Eine wundervolle Kombination. Ist es nicht so, Schmidt?«

»Das trifft es genau und neben der mentalen Stählung verliert man auch noch Kalorien.«

Beide lachten aus vollem Halse und Canaris spürte mit einer leichten Beunruhigung, dass Schmidt und Heydrich auf einer Wellenlänge lagen. Es war aber auch unheimlich zu sehen, wie sehr sich ihre Interessen glichen.

»Was halten sie eigentlich davon Schellenberg, wenn wir unseren neuen Freund heute Abend in Kittys Salon einladen?«

»Ausgezeichnete Idee, Gruppenführer, dann können wir uns ja mal ausgiebig beschnuppern«, antwortete Schellenberg, der sich bislang mit Wortmeldungen zurückgehalten hatte.

»Darauf bin ich aber nicht eingestellt«, klagte Schmidt.

»Zum einen habe ich heute noch eine Verabredung in Rechlin, zum anderen habe ich weder Zahnbürste, noch andere nötigen Utensilien bei mir.«

»Kein Problem«, meinte Heydrich, »wir lassen Ihnen ein Zimmer im Kaiserhof reservieren. Die sind auf Fälle wie Sie eingerichtet«, lachte er dröhnend.

»Betrachten sie sich als Gast des RSHA und, Schellenberg, denken Sie daran, unsere Anlage in Kittys Keller für die Dauer unseres Besuches abzuschalten.«

Schellenberg grinste und sagte zu Schmidt: »Die Damen werden Ihnen gefallen. Da bin ich mir sehr sicher.«

Schmidt schaute Canaris fragend an und der nickte zustimmend.

»Bleiben sie heute Nacht in Berlin.«

Und schmunzelnd fügte er hinzu: »Der Gruppenführer sorgt ja auch dafür, dass unser Etat nicht belastet wird. Mit der neuen Entwicklung müssen wir uns dann morgen sowieso noch intensiv befassen.«

Heydrich und Schellenberg sahen ausgesprochen erleichtert aus, da sie sich nicht sicher waren, wie Canaris auf ihr Vorhaben reagieren würde. Doch noch war nichts in trockenen Tüchern.

»Nun Admiral, Sie haben sich ja noch nicht bezüglich meines Personalvorschlages aus ihrem Hause geäußert. Was halten sie von meinem Vorschlag?«

»Grundsätzlich bin ich einverstanden, aber wir beide müssen uns noch einmal zusammensetzen, um ein paar Grundsätzlichkeiten zu vereinbaren. Möglicherweise geht dieses Vorhaben über unsere Zehn Gebote hinaus.«

»Das sehe ich genauso Admiral. Je früher desto besser. Wie wäre es mit einem Ritt durch den Tiergarten morgen Mittag. Das haben wir lange nicht mehr gemacht und abgesehen davon«, grinste er, »können wir dabei nicht abgehört werden.«

»Abgemacht, 12:00 im Tattersall des Westens an der Grolmannstraße.«

Heydrich griff nach seinem Mantel und der erheblich kleinere Canaris, der wie ein Buchhalter gegen den Herrenreiter Heydrich aussah, gingen auf Schmidt und Schellenberg zu, die sich angeregt am Fenster unterhielten.

»Also Schellenberg, auf geht´ s. Die Arbeit läuft leider nicht davon«, und dirigierte seinen Mitarbeiter Richtung Ausgang.

»Moment noch, mein Mantel.« Schellenberg machte eine geschmeidige Drehung, packte seinen schweren Ledermantel und folgte Heydrich, der schnellen Schrittes Richtung Ausgang ging.

»Canaris, danke für das Gespräch, wir sehen uns morgen« und zu Schmidt gewandt, »Schellenberg wird Sie gegen acht Uhr im Königshof abholen. Und im Übrigen muss ich nicht betonen, dass diese Unterhaltung nicht stattgefunden hat und geheime Reichssache ist.«

Beide verließen mit einem »Heil Hitler« den Konferenzraum und hinterließen einen nachdenklichen Abwehrchef, der sich auf seinen Stuhl zurückgezogen hatte und sich eine Zigarette anzündete.

»Was war das, Wilhelm? Ein Überfall? Eine Amtsübernahme?«

»Von beidem etwas«, erwiderte Canaris nachdenklich. »Lass dich von Heydrichs Liebenswürdigkeit nicht täuschen, Othmar. Es geht ihm ausschließlich um Macht, und wenn es diesem Anspruch dient, so kann er durchaus umgänglich sein. Andererseits ist er kalt, gerissen, brutal und schreckt auch nicht vor kriminellen Machenschaften zurück. Ich erinnere nur an den Überfall auf den Sender Gleiwitz, der Hitler den Anlass zum Überfall auf Polen gab. Erika geht es übrigens genauso. Dabei weiß ich genau, dass er unnachgiebig sein Ziel verfolgt, die Abwehr für sein Reichssicherheitshauptamt zu kapern. Sieh dich vor, Othmar. Er wird durchaus versuchen, dich zu instrumentalisieren.«

»Und warum plötzlich das Interesse der SS an Zukunftstechnologie?«

»Das liegt in der Natur der Sache, Othmar. Himmler will die SS zum Staat im Staate machen. Dazu braucht er die Polizeiorgane, eine eigene Armee und ein dazugehöriges Waffenamt. Die Gestapo und der SD sind schon unter seiner Kontrolle und mit der Waffen-SS baut er sich sein eigenes Eliteheer auf. Da ihm Hitler – zumindest zurzeit noch – den Zugang zur Wehrmacht und dem dazugehörigen Heereswaffenamt verweigert, sieht er anscheinend den Ausweg im Aufbau eines eigenen Waffenamtes. Und dies könnte der erste Schritt dazu sein. Und da ihm Hitler diesen Schachzug ermöglicht, zeigt mir, dass er möglicherweise den Gedankengängen Himmlers folgt, um so letztendlich die Generalität der Wehrmacht gefügig zu machen. Oder er wird von Himmler unter Druck gesetzt.«

»Wie kann er das machen?«, hinterfragte Schmidt zweifelnd.

»Keine Ahnung«, presste der Admiral zwischen zwei Lungenzügen heraus.

»Vielleicht hat es etwas mit Hitlers Judenwahn zu tun. Man erzählt sich, dass Heydrich von fast jeder Persönlichkeit des Reiches ein Dossier angelegt hätte. Dr. Best, der Chefideologe der Gestapo, hat mir mal im Vertrauen erzählt, dass Heydrich sogar eine Akte A. H. habe, die sich mit seinen jüdischen Verwandten und seiner Nichte Geli Raubal befasst. Ich bin mir auch sicher, dass Heydrich über mich eine Akte angelegt hat. Dementsprechend habe ich auch Vorsorge getragen und mich abgesichert. Gerüchte gibt es ja schon seit Jahren von seiner jüdischen Herkunft. Ich habe die Kopie eines Vorganges vorliegen, der ganz interessant ist. Anfang Juni 1932 schrieb der NSDAP-Gauleiter von Halle-Merseburg, Rudolf Jordan, ans Braune Haus, ihm sei zu Ohren gekommen, dass in der Parteileitung ein Parteigenosse mit dem Namen Heydrich arbeite, dessen Vater vermutlich Jude sei.

Zur Untermauerung des Vorwurfes wurde ein Auszug aus Hugo Riemanns Musiklexikon von 1916 beigelegt, in dem über seinen Vater stand:

Heydrich, Bruno -eigentlich Süß. Doch überraschend schnell, kaum zwei Wochen später, bescheinigte der Ahnenforscher Dr. Achim Gercke, Leiter der NS-Auskunft, in einem Gutachten, dass Oberleutnant zur See a. D. Reinhardt Heydrich deutscher Herkunft und frei von farbigem oder jüdischem Blutseinschlag wäre. Der Schlossergehilfe Gustav Robert Süß sei der zweite Ehemann von Heydrichs Großmutter Ernestine Wilhelmine Heydrich, geborene Lindner, gewesen, also der Stiefvater von Bruno Heydrich. Laut beigefügter Ahnenliste gehörte Süß der evangelisch-lutherischen Konfession an. So ganz traute aber Heydrich immer noch nicht dem Braten und ließ nach etwaigen jüdischen Verwandten weiterforschen. Das hing aber möglicherweise mit Himmlers Anweisung zusammen, die von allen SS-Angehörigen forderte, eine reinrassige Abstammung bis zurück zum Ende des Dreißigjährigen Krieges 1648 nachzuweisen.«

Für Sekunden hing Canaris seinen Gedanken nach, dann schaute er Schmidt in die Augen und bemerkte mit einem Ton des Bedauerns: »Leider kann ich dich vor dieser Beförderung nicht schützen, Othmar. Dazu haben Himmler und Heydrich den Faden schon zu weit gesponnen, aber ich kann dich nur warnen, dich zu sehr in die Machenschaften der SS verstricken zu lassen. Bleibe auf der Hut!«

Oberleutnant Schmidt war hin und her gerissen zwischen Stolz und Bedenken. Ihm war bewusst, dass sich diese vermeintliche Beförderung durchaus als Höllenfahrt entpuppen könnte, und er war sich nicht sicher, ob er dem Druck gewachsen wäre. Auf der anderen Seite könnte eine Ablehnung durchaus schwerwiegende Konsequenzen nach sich ziehen, denn Heydrich war nicht der Mann, der sich von einer einmal gefassten Personalentscheidung abbringen ließ. Schmidt sah auch das Dilemma, in dem Canaris gefangen war, denn sich einem Führerbefehl zu widersetzen, zöge unabsehbare Konsequenzen nach sich.

»Nun Wilhelm, mit deiner Hilfe werde ich die Klippen hoffentlich sicher umschiffen können. Mir ist zugegebener Maßen ein wenig mulmig, ohne jede Erfahrung durch dieses Minenfeld laufen zu müssen.«

»Ohne dich zu diskreditieren, aber das könnte einer der Gründe sein, weshalb Heydrich dich vorgeschlagen hat. Er denkt vielleicht, so habe er leichteres Spiel.«

Schmidt schüttelte vehement seinen Kopf.

»Dazu wird es nicht kommen, denn ich werde mich strikt an deine Anweisungen halten. Übrigens was ist denn das für eine Einladung in den Salon Kitty?«

Canaris lächelte ein wenig süffisant.

»Was assoziierst du mit diesem Namen?«

»Na ja, das könnte vieles sein. Ein Frisiersalon, eine Teestube, vielleicht auch ein Puff?«

»Du triffst den Nagel auf den Kopf, mein Guter. Es ist tatsächlich ein Edelbordell und ein weiterer Beweis für den Erfindungsreichtum Heydrichs. Er hatte die Idee, ein Bordell zu Spionagezwecken umzurüsten, denn er war der Meinung, dass man in entspannter Bordellatmosphäre interessante Persönlichkeiten zum Plaudern animieren könnte.« Schmidt musste unwillkürlich grinsen.

»So abwegig klingt das gar nicht, Wilhelm.«

Canaris winkte ab und fuhr fort.

»Also delegiert er die Aktion an Schellenberg. Der schickt daraufhin an alle Polizeidirektionen in Berlin eine Anfrage um Amtshilfe. Das Rundschreiben trägt den Vermerk geheime Reichssache und lautet: Gesucht werden Frauen und Mädchen, die intelligent, mehrsprachig, nationalsozialistisch gesinnt und ferner mannstoll sind.«

»Das glaube ich nicht, Wilhelm. Woher hast du das?«

»Doch Othmar, das hat sich tatsächlich so abgespielt. Ich habe sogar eine Kopie dieses Rundschreibens«, widersprach Canaris.

»Dann macht sich Schellenberg daran, eine entsprechende Adresse zu finden und stößt auf Kitty Schmidt in der Giesebrechtstraße 11. Dort führt sie seit Ende der 20er Jahre ein Edelbordell, das in der Berliner Hautevolee einen ausgezeichneten Ruf genießt. Schellenberg schaut sich Kitty Schmidt genauer an und findet interessante Informationen, mit der er die Dame unter Druck setzen kann.

Zu guter Letzt bleibt ihr nur KZ oder Kooperation. Nachdem sie sich zur Zusammenarbeit entschließt, übernehmen zunächst Schellenbergs Techniker die Wohnung im 3. Stock und statten die Räume mit Abhöreinrichtungen aus. Alle Informationen laufen im Keller zusammen, der Tag und Nacht mit Abhörspezialisten besetzt ist. Unterhaltungen aus zehn Räumen können simultan auf Wachsschallplatten aufgenommen werden. In der Zwischenzeit organisierte SD Untersturmführer Karl Schwarz für Schellenberg die Mädchen. Sie sollten intelligent, mehrsprachig, nationalsozialistisch gesinnt und darüber hinaus willig sein. Aus Hunderten potenziellen Bewerbern filterte Schwarz neunzig, von denen wiederum zwanzig in die SS-Ordensburg nach Sonthofen geschickt wurden. In sieben Wochen durchliefen die Damen einen Spezialkurs in Allgemeinbildung, Fremdsprachen, Selbstverteidigung, Außen- und Innenpolitik. Daneben mussten sie firm sein im Erkennen von Rangabzeichen und Orden. Schließlich unterrichteten sie professionelle Radiojournalisten des Reichsrundfunks, wie man mit scheinbar unwichtigen Fragen Gesprächspartner aushorchen konnte.«

Othmar Schmidt wurde immer wieder aufs Neue überrascht. Woher wusste der Admiral all diese Dinge. Hatte er einen Maulwurf tatsächlich im RSHA platziert?

»Du wirst also heute Abend tatsächlich in den Genuss der schönsten Frauen Berlins kommen. Macht dich das nervös?«

»Ich hoffe nicht ...«, stammelte Schmidt verlegen.

»Na ja, du bist ja in guten Händen und dein Liebesgeflüster wird nicht dokumentiert werden. Das ist doch mal was«, lachte Canaris schallend.

»Genieße es, wer weiß, ob du jemals wieder in solch eine exklusive Lasterhöhle geraten wirst. Es hat auch ein Gutes, dass du eingeladen bist, denn so kannst du dir bezüglich der neuen Aufgabe ein paar Gedanken machen, wie der neue Ausschuss strukturiert sein soll. Wir treffen uns dann morgen um halb neun in meinem Büro. Wenn ich mittags von meinem Ausritt mit Heydrich zurück bin, werde ich dich über den letzten Stand der Dinge informieren. Anschließend kannst du wieder zurück nach Rechlin. Zumindest für die nächsten Tage.«

»Das geht in Ordnung. Ich muss nur kurz meinem Freund Otto Lechner für heute Abend absagen und Tempelhof davon in Kenntnis setzen, dass mein Abflug auf morgen verschoben worden ist.«

»Gut, Othmar. Dann verdau erst mal den Tag und mache dir ein paar Gedanken über die neue Aufgabe. Ruf auch gleich mal Schellenberg an, ob er auch ein Zimmer im Kaiserhof reserviert hat. Dann kannst du dich frisch machen und dich auf den Abend einstimmen. Fast hätte ich vergessen, mich nach Friedrich zu erkundigen. Wie geht es ihm?«

»Sehr gut, Wilhelm. Er ist jetzt Leutnant und Kommandant eines Panzer IV beim Panzerregiment 3 der 2. Panzerdivision. Die ist zurzeit in Polen im Manöver.«

»Ah, bei General Veiel. Da ist er gut aufgehoben.«

Schmidt erhob sich aus seinem Stuhl, ging auf den Admiral zu und reichte seine Hand.

»Dann bis Morgen, Wilhelm«, nahm seine Mütze und wandte sich zur Tür.

»Soll ich dir einen Wagen organisieren …?«

»Nein nicht nötig, ich brauche frische Luft und gehe die paar Meter zu Fuß.«

Als Schmidt die Tür hinter sich schloss, griff Canaris nach dem Telefon und wählte Hans Piekenbrocks Nummer.

»Hans mach dich auf was gefasst. Ich habe Neuigkeiten, die dich umhauen werden!«

Schmidt ging in das Sekretariat von Canaris und begrüßte Ilse Hamich und ihre Kollegin Inga Haag, die schon seit einigen Jahren für den Admiral arbeiteten.

»Fräulein Hamich, sind Sie so nett und fragen im Hotel Kaiserhof nach, ob Schellenberg ein Zimmer für mich gebucht hat?«

»Natürlich, sofort«, strahlte ihn die Blondine an.

»Kann ich sonst noch was für Sie tun, Oberleutnant?«

»Ja, verbinden Sie mich bitte mit Leutnant Lechner von der Flugerprobung in Rechlin.«

»Kommt sofort, Herr Oberleutnant«, flötete Ilse und wählte die Nummer.

Nach einiger Zeit und mehrfachem Verbinden reichte sie Schmidt den Hörer: »Hallo Otto, ich kann unsere Verabredung heute Abend leider nicht wahrnehmen. Ich muss die Nacht in Berlin verbringen, da wir morgen noch eine Besprechung haben werden. Nein, Otto, ich werde mich nicht sinnlos betrinken. Das Bier holen wir morgen nach. Ja, danke, tschüss Otto.«

Schmidt legte den Hörer zurück. Ilse hatte unterdessen mit dem Kaiserhof gesprochen und himmelte Schmidt an: »Alles unter Kontrolle, man hat Ihnen ein ruhiges Zimmer nach hinten raus reserviert und ein Necessaire mit Zahnbürste, Zahnpasta und Rasierzeug bereits aufs Zimmer gebracht.«

»Großartig, dann wünsche ich den Damen noch einen schönen Abend. Wir sehen uns dann morgen so gegen 09:15.« Als der Oberleutnant das Büro verließ, drehte sich Ilse zu ihrer Kollegin Inga Haag um und seufzte: »Was für ein toller Mann. Schade, dass er in Rechlin arbeitet.«

Inga schaute von ihrer Akte hoch: »Na und, das hat dich doch sonst nie von einem Abenteuer abgehalten!«

Schmidt ging schnellen Schrittes die drei Etagen zum Ausgang Tirpitzufer hinab. Als er am Landwehrkanal stand, überraschte ihn die Stille. Es war kaum Verkehrslärm zu hören und die Stadt lag da, wie im tiefsten Frieden. Er ging nun gemächlichen Schrittes in Richtung Potsdamer Bahnhof und versuchte das Erlebte zu rekapitulieren. Was schwierig war, denn er geriet vom Hölzchen aufs Stöckchen und war nicht fähig, einen klaren Gedanken zu Ende zu führen.

Da hilft nur eines dachte er, als ihm ein herbstlicher Windstoß ein paar Blätter um die Füße wehte. Du brauchst ein Bier, das bringt dich wieder runter. Am besten im Kaiserhof.

An der Rezeption war er der einzige Gast, nur ein paar SS-Angehörige saßen an einem Tisch in der Nähe der Bar und unterhielten sich angeregt. Einer von ihnen hob kurz den Kopf, als er Schmidt bemerkte, verlor aber das Interesse, als er ihn als Wehrmachtsoffizier identifizierte.

»Mein Name ist Schmidt, es muss eine Reservierung des RSHA vorliegen«, wandte sich Schmidt an den Concierge.

»Einen Moment Herr Oberleutnant, ich schaue Mal in der Liste nach«, erwiderte der Angestellte und verschwand im Büro. Es dauerte nur wenige Sekunden, bis er mit einem Papier wieder auftauchte und mit dem Finger eine Namensliste hinunterfuhr.

»Ah, hier haben wir Sie ja. Schmidt, Othmar. Sie haben Glück, wir können Ihnen ein besonders ruhiges und schönes Zimmer anbieten. Zimmer 243. Sie reisen ohne Gepäck?«

»Ich hatte um ein Necessaire mit den üblichen Utensilien gebeten, da meine Übernachtung sich ziemlich überraschend ergab«, gab Schmidt zur Antwort.

Der Concierge nahm den Schlüssel vom Brett und reichte ihn Schmidt.

»Der Aufzug ist dort drüben hinter der Ecke links, zweiter Stock. Ich wünsche ihnen einen angenehmen Aufenthalt. Ihr gewünschtes Necessaire befindet sich bereits im Bad.«

Schmidt war angenehm überrascht, als er das Zimmer betrat. Es war ausnehmend geräumig, mit einem französischen Bett ausgestattet und verfügte sogar über einen Volksempfänger. Das angrenzende Bad war ebenfalls großzügig geschnitten und offerierte eine Dusche sowie Badewanne und Bidet. Hier kann man bestens überleben, dachte Schmidt und ließ sich rücklings auf das breite Bett fallen. In Sekundenbruchteilen schossen die letzten Stunden an ihm vorbei und er wunderte sich, wie ruhig er noch war. Dabei hatte das Schicksal eine derartig drastische Wendung genommen, die ihn schaudern ließ. Was ist, wenn ich versage, schoss es ihm durch den Kopf. Was passiert dann? Er schloss für einen Moment die Augen. So langsam war er wieder in der Lage, seine Gedanken zu sammeln. Wichtig war es, die gestellte Aufgabe klar zu definieren und eine Struktur zu finden, die den Aufgabenbereich eindeutig für Abwehr und SD regelte. Dann erst konnte man sich mit Personalien und Innovationen beschäftigen. Für die Definition fühlte sich Schmidt hinreichend gewappnet, die Regelung des Aufgabenbereichs wollte er lieber dem gewieften Taktiker Canaris überlassen, der in den Jahren des Kleinkrieges mit der SS meist Sieger geblieben war. Bei den Personalien fühlte er sich Schellenberg und Heydrich überlegen, denn er konnte sich nicht vorstellen, dass die beiden wirklich über die notwendige Expertise hinsichtlich des wissenschaftlichen Potenzials Deutschlands verfügten. Was die technischen Innovationen anbelangte, so hatte Schmidt klare Vorstellungen, in welche Richtungen der Ausschuss arbeiten sollte. Ihn überfiel jetzt eine bleierne Müdigkeit. Er schaute auf die Armbanduhr und war überrascht, dass es erst 18:00 war. Das gibt mir eine Stunde für ein Nickerchen, überlegte er, bevor er seine innere Uhr auf eine Aufwachzeit von 19:00 einstellte. Binnen kürzester Zeit fiel Oberleutnant Schmidt in tiefen Schlaf.

MI 6 erwacht

Röhrend schoss der laubfroschgrüne M.G. NA Magnette 2-Sitzer durch den tief eingeschnittenen Hohlweg bei Normandy in der Grafschaft Hampshire. Die Frontscheibe des kleinen Sportwagens war heruntergeklappt und der Fahrer genoss die rasende Fahrt mit einem breiten Grinsen. Er trug eine kurz geschnittene Lederjacke, wie sie vom Schnitt von den Jagdfliegern der Royal Air Force getragen wurde, lederne Fahrerkappe und eine Staubbrille. Der kleine Wagen donnerte in Richtung Farnborough, wie es sich für einen fünfundzwanzigjährigen sportlichen Mann gehörte. Der 8. Oktober war wie in Berlin auch in England ein schöner sonniger Herbsttag und lud geradezu zu einer Spritzfahrt ein. Gordon Schmitt war ein aufgeweckter Bursche, der sein Physikstudium zunächst an der Eidgenössischen Technischen Hochschule im schweizerischen Zürich begann und dann zwei Semester Aerodynamik in Göttingen studierte. Bereits vor der Beendigung seines Mathematik- und Maschinenbaustudiums am Imperial College in London, der technischen Eliteuniversität Englands, wurde er im Sommer 1939 vom britischen Geheimdienst Secret Intelligence Service, kurz SIS oder besser noch als MI 6 bekannt, angeworben.

Der britische Geheimdienst hatte früh die Zeichen der Zeit erkannt, und sich darum bemüht, eine wissenschaftliche Abteilung aufzubauen, die die deutsche Luftaufrüstung und militärisch-wissenschaftliche Forschung auskundschaften sollte. Neben seiner unbestrittenen wissenschaftlichen Reputation war Schmitt aber auch aus einem anderen Grund für den SIS von großem Interesse. Er sprach ein akzentfreies Deutsch und er war ein passionierter Hobbyflieger, der auch eine Ausbildung zum Jagdflieger der RAF auf Hurricane und Spitfire absolviert hatte. Die RAF ließ ihn ungern ziehen, da seine Reflexe und Auffassungsgabe einfach perfekt für einen Jagdpiloten waren. Der Leiter der Sektion V und sein direkter Vorgesetzter war Rear-Admiral Charles Limpenny.

Der Grund seines Ausfluges nach Farnborough war ihm nicht ganz klar. Farnborough war die Heimat des Royal Aircraft Establishment, dem britischen Forschungszentrum für Flugtechnik. Dort sollte er sich Reginald Victor Jones vorstellen, den man in seiner Abteilung nur per Abkürzung R.V. nannte. Das klang irgendwie wie Harvey und machte die Ansprache erheblich einfacher. Wie es seine methodische Art war, hatte sich Gordon Schmitt bemüht, mehr von R.V. Jones zu erfahren und herausgefunden, dass er am Wadham College in Oxford Naturwissenschaften studiert hatte.1932 hatte er sein Physikstudium unter Professor Lindemann, dem jetzigen Lord Cherwell mit summa cum laude beendet. Während seiner ersten Anstellung beim Clarendon Laboratorium machte er noch 1934 mit zweiundzwanzig Jahren seinen Doktor über das Infrarot Spektrum der Sonne und erhielt anschließend ein Stipendium für Astronomie am Balliol College in Oxford. 1936 begann

Jones seine Arbeit am Royal Aircraft Establishment, wo er sich mit der Verteidigungsbereitschaft Englands im Falle von Luftangriffen befasste. Dabei untersuchte er auch die Möglichkeit, Infrarot zu nutzen. Ab 1936 arbeitet er wiederum für das Clarendon Laboratorium, diesmal um ein Infrarotsuchsystem für Nachtjäger zu entwickeln. Im Mai 1939 machte ihm dann das Committee for the Scientific Survey of Air Defence, der Ausschuss für die wissenschaftliche Überprüfung der Luftverteidigung unter dem Vorsitz von Sir Henry Tizard ein Angebot, das R. V Jones nicht ablehnen konnte und wollte. Was das genau war, konnte selbst der MI 6 Agent Gordon Schmitt nicht herausfinden. Gegen 12:30 lenkte Schmitt seinen Wagen vor die Einfahrt des Stützpunktes Farnborough. Der Wachhabende verließ seine Glaskanzel und baute sich neben dem kleinen Sportwagen auf, auf den er interessiert hinabschaute. Schmitt streckte ihm seinen Dienstausweis entgegen.

»Ich habe einen Termin mit R.V. Jones. Sind Sie bitte so liebenswürdig und melden mich an?«

»Das lässt sich machen, Sir«, erwiderte der Wachhabende und verschwand in seinem Büro. Schmitt sah ihn telefonieren und in kurzer Zeit erschien er wieder, drückte auf einen Schalter, der den Schlagbaum öffnete und erklärte Schmitt den Weg zu seiner Verabredung: »Folgen Sie der Straße bis zum Bürogebäude neben dem Hangar. Sie finden Mr. Jones im zweiten Stock, Zimmer 213.«

Mit einem »vielen Dank« und zwei Fingern an seiner rechten Schläfe trat Schmitt aufs Gaspedal und bog zügig auf einen kleinen Parkplatz ein, der sich vor dem Gebäude befand. Als er sich aus seinem Sportwagen herausgeschält hatte, erhoben sich stattliche 185 Zentimeter in die Höhe, und als er Staubbrille und Kappe entfernte, fielen ihm dichte blonde Locken in die Stirn. Er klopfte sich seine Hose gerade, deren Sitz durch die Autofahrt gelitten hatte, schaute zur zweiten Etage empor und schritt energischen Schrittes den Treppenabsatz zum Eingang hinauf. Kurze Zeit später klopfte er an die Tür mit der Nummer 213.

»Herein«, ertönte es aus der Tiefe des Büros. Gordon öffnete die Tür und sah, wie sich R.V. Jones hinter seinem Schreibtisch erhob. Er war erstaunt einen jungenhaften Mann vorzufinden, der trotz seiner neunundzwanzig Jahre immer noch wie ein Oxford Student aussah; mittelgroß und merkwürdig gewelltem Haar mit Seitenscheitel. Jones kam mit einem offenen Lächeln auf ihn zu: »Schön, dass Sie so schnell kommen konnten. Sind Sie mit dem Zug gekommen?«

»Nein, zum Glück habe ich einen kleinen Sportwagen, der mich glauben lässt, ich wäre in besseren Zeiten vielleicht ein passabler Rennfahrer geworden.«

»Etwa ein Singer Nine Sports?«

»Nein, nein, dazu hat es nicht gereicht. Ich nenne einen gebrauchten MG NA Magnette mein Eigen.«

»Aber der kann sich ja auch sehen lassen. Ist das etwa der mit dem roten

Kühler?«
»Genau der, Sir.«
»Brillant, aber setzen Sie sich doch«, sagte Jones und wies auf einen Stuhl.
»Sie wissen, wer ich bin?«
»Ich denke schon«, entgegnete Schmitt lächelnd.
»Und was ich mache, wissen Sie auch?«
»Da muss ich passen, Sir.«
»Nun, das zeigt, dass Geheimhaltung selbst innerhalb des MI 6 bestens funktioniert. Ich bin nämlich ein Kollege von Ihnen.«
Schmitt schaute ihn verständnislos an: »Das müsste ich doch wissen!«
R.V. Jones lächelte ihn an: »Das können sie nicht wissen, da es keiner wissen soll. Aber ich gehöre zur Abteilung Air Intelligence von Wing Commander F. W. Winterbotham, Sektion III. Streng geheim. Als Chef der wissenschaftlichen Abteilung in der britischen Luftwaffenabwehr und wissenschaftlicher Berater beim Sicherheitsdienst forsche ich nach unbekannten technischen Neuerungen Nazi-Deutschlands.«
Schmitt witterte eine interessante Aufgabe.
»Weshalb haben Sie mich kommen lassen, Sir?«
»Nun, dazu gibt es einen besonderen Grund. Die Deutschen haben sich zwar in der Luftschlacht um England eine blutige Nase geholt, doch aus dem Schneider ist unser Land noch lange nicht. Ganz im Gegenteil. Die technologischen Fortschritte der Deutschen machen uns Sorgen. Wir wissen, dass sie enorme Anstrengungen machen, um mit Hilfe von Radiowellen die Treffgenauigkeit ihrer Bomber zu verbessern. Wir wissen ebenso, dass ihr Radar, das sie Funkmess nennen, sich unserem Niveau nähert, wenn nicht sogar schon uns überflügelt hat. Wir wissen auch, dass sie im Nuklearbereich und vielleicht schon an einer Bombe arbeiten. Wir wissen aber wenig oder gar nichts, wenn es um andere Technologien geht. Wir haben keine Ahnung wieweit sie beim Strahlantrieb sind, was ihre Raketenambitionen sind, ob sie an biologischen Waffen arbeiten, wieweit die Entwicklung neuer U-Boote gediehen ist. Wir wissen rein gar nichts und das macht England verwundbar.«
»Aber Sie sagten eben zu Beginn, dass sie erfolgreich wären«, unterbrach ihn Schmitt.
»Ja, ganz untätig waren wir nicht«, holte Jones Luft.
»Wir haben einen Weg gefunden, ihr Enigma-Verschlüsselungssystem zwar nicht zu knacken, aber teilweise lesen zu können. Dadurch wurde uns bald klar, dass die Deutschen ein elektronisches System haben mussten, das es den Bombern ermöglichte, ihre Ziele genau zu treffen. Es gelang uns, ihr Bomberleitstrahlverfahren mit dem Codenamen Knickebein zu entdecken und zu stören. Es war die Erweiterung eines von Carl Lorenz entwickelten Systems, mit dem Landebahnen im Dunkeln ohne Sicht präzise angeflogen werden konnten. Für die Luftangriffe auf England wurden zwei Knickebein-Sendestationen in Kleve und bei

Bredstedt auf eine zu bombardierende Stadt ausgerichtet, die am Kreuzungspunkt der beiden Leitstrahlen lag. Die Piloten mussten lediglich auf das akustische Signal achten und blieben so im vorgesehenen Korridor. Knickebein konnten wir schon bald wirkungsvoll stören. Vor knapp vier Wochen, Anfang September, entdeckten wir durch Enigma ein neues Leitverfahren, das wir X-Gerät getauft haben. Doch darüber wissen wir noch nicht genug. Und das ist auch einer der Gründe, weshalb ich Sie gerne in meinem Team haben möchte. Wir müssen schneller Erkenntnisse über die deutsche Forschung bekommen.«

Schmitt war überrascht, denn mit einem solchen Angebot hatte er nicht gerechnet.

»Und warum gerade ich, Sir?«

»Sehr einfach, Gordon. Ich darf doch Gordon sagen, oder? Sie haben eine äußerst fundierte akademische Ausbildung, die sie für solch einen Job prädestiniert und sie sprechen akzentfrei deutsch, das ihnen enorme Dienste leisten wird, wenn sie sich wie ein Fisch im Wasser im Ausland aufhalten.«

»Ausland?«, wollte Schmitt ungläubig wissen.

»Ja, wir möchten, dass Sie neben ihren Aufgaben zu Hause auch in den neutralen Staaten Aufklärung betreiben und später auch im Reich tätig werden. Nichts für ungut, Gordon, aber Sie sehen aus wie ein Deutscher, und wie man mir versichert, sprechen Sie auch wie ein Deutscher. Wie haben sie eigentlich die Sprache so perfekt beherrschen gelernt. Das kann ja schwerlich nur vom Studium herrühren.«

Gordon Schmitt ließ sich nicht anmerken, wie überrascht er war.

»Das ist einfach zu beantworten, Sir. Die Familie Schmitt ist 1835 von Bremen nach England ausgewandert, um von hier aus Tee nach Deutschland zu exportieren. Das hat mein Vater auch bis zum Sommer letzten Jahres immer noch getan. Und mein Vater war der Ansicht, dass es nie schaden könnte, neben Englisch auch deutsch sprechen zu können, da er hoffte, ich würde eines Tages sein Geschäft übernehmen. Daher wurde zuhause auch häufig deutsch gesprochen.«

»Ihr Vater war vorausschauend, Gordon, und wir wollen ihm dafür dankbar sein. Was halten Sie von meinem Angebot?«

»Ich kann wohl schwerlich ablehnen. Nein, im Ernst, das ist eine echte Herausforderung. Wo werden wir arbeiten?«

Jones spielte mit einem Bleistift.

«Da Churchill häufig einen persönlichen Vortrag schätzt, wird es hauptsächlich das MI 6 Hauptquartier in den Broadway Buildings, in der Nähe der St. James's Park U-Bahn Station sein. Aber wir werden auch ein Büro in Farnborough und Bletchley Park nutzen.«

»Bletchley Park?« hakte Schmitt nach.

»Britanniens bestgehütetes Geheimnis. Der geheimste Ort des gesamten Vereinigten Königreichs. Die Tatsache, dass Sie selbst als MI 6 Angehöriger nichts davon wissen, zeigt, wie ungeheuer wichtig die Anlage, die man auch Station X nennt, für England ist. Die Anlage in der Grafschaft Buckinghamshire dient ausschließlich der Entzifferung des deutschen Nachrichtenverkehrs. Die besten Kryptologen, Historiker, Sprachwissenschaftler, Schachspieler und Mathematiker, darunter Alan Turing und Gordon Welchman sind hier zusammengezogen, um die Geheimnisse des Siemens-Geheimschreibers, des Lorenz-Fernschreibers und vor allem das Geheimnis der Enigma zu enträtseln. Eine ungeheure Aufgabe, die möglicherweise den Krieg entscheiden kann.«

Jones griff zu einer Packung Navy Cut.

»Möchten Sie auch eine, Gordon?«

»Gerne, Sir.«

Gordon fischte sein Sturmfeuerzeug aus der Jacke und reichte Feuer.

»Die Rotor-Schlüsselmaschine ist mir schon bekannt. Die wird ja nicht nur bei der Wehrmacht eingesetzt, sondern auch von Polizei, Geheimdiensten, diplomatischen Diensten, SD, SS, Reichspost und Reichsbahn. Aber wie die funktioniert, davon habe ich keinen blassen Schimmer. Ich weiß nur, dass sie als absolut unknackbar gilt.«

»Also, Gordon, erklären kann ich sie auch nicht, das ist zu kompliziert, aber ich werde sicherstellen, dass bei ihrem ersten Besuch in Bletchley ihnen die Funktion einer Enigma erläutert wird.«

»Wann soll ich bei Ihnen anfangen, Sir?«

»Ich werde morgen ihren Chef, Major-General Sir Stewart Menzies, informieren und rufe sie anschließend an. Ich hoffe, dass Sie so schnell wie möglich anfangen können, denn die Zeit brennt unter den Nägeln. Wir wissen immer noch nicht, wie das X-Gerät funktioniert, und erwarten weitere deutsche Bombenangriffe.«

»Gut, dann fahre ich wieder zurück nach London und warte Ihren Anruf ab, Sir.«

Jones schob seinen Stuhl zurück und erhob sich.

»Ich bin froh, dass Sie meiner freundlichen Einladung folgen. Es gibt viel zu tun!«

Die innere Uhr von Oberleutnant Schmidt funktionierte bestens. Gegen 19:00 erwachte er erquickt aus seinem 60-Minutenschlaf. Er schaute auf seine Uhr und stöhnte leise, als er sich aus dem Bett erhob. Im Bad kühlte er mit viel Wasser seine Augen und öffnete das Necessaire, das ihm die Hotelleitung freundlicherweise spendiert hatte. Aus der Chlorodont Stanlioltube drückte er einen Streifen Zahnpasta auf die Bürste und begann mit Ausdauer seine fast perfekten Zähne zu putzen. Wenn ich schon zu den teuersten käuflichen Damen Berlins gehen kann, dann will ich doch nicht riechen wie ein Iltis dachte er und musste bei Iltis grinsen. Für Othmar Schmidt war dies der erste Puffbesuch seines Lebens und ganz wohl war ihm nicht in der Haut. Einige seiner Gymnasialfreunde in der guten alten Kieler Zeit hatten ihm oft erzählt, wie ihre Väter sie eines Tages kurz nach dem achtzehnten Geburtstag zu einem Bordellbesuch einluden, »damit aus dir endlich ein Mann wird«, wie sie unisono von ihren Vätern zu hören bekamen. Zum Glück waren seine Freunde Ehrenmänner und einige hatten den Mut auch zuzugeben, dass sie kläglich unter dem Druck, den ihr Vater auf sie ausübte, versagten. Wie ihm seine Freunde erklärten, waren die Damen äußerst galant gewesen und hätten den stolzen Vätern erzählt, welch gute Liebhaber ihre Sprösslinge wären. Nachdem er sich auf Vordermann gebracht hatte, wie sein Vater zu sagen pflegte, beschloss er an der Hotelbar auf Heydrich und Schellenberg zu warten. Er nahm nicht den Lift, sondern die Treppen. Auch um sich auf jedem Stockwerk verstohlen im Spiegel zu betrachten, die auf jedem Treppenabsatz angebracht waren. Man konnte wahrlich nicht behaupten, er wäre eitel. Unten angekommen wandte er sich nach rechts, ging die Rezeption entlang und ging durch eine Art Portal, welches in einen großen Raum mit einer Bar führte, die eher an ein amerikanisches Hotel erinnerte als an eine gute deutsche Hotelbar.

Das passt dachte sich Schmidt, die Gangster und Halbweltvertreter der Gestapo treffen sich hier nach Feierabend wie Al Capone und seine Bande im Lexington Hotel in Chicago. Die Bar war schon ziemlich besucht, doch Damen waren eher selten unter den vielen Schlapphüten und SS-Uniformen zu sehen. Es war auch erheblich lauter als zu dem Zeitpunkt, als er sich an der Rezeption eingetragen hatte. Der Barkeeper näherte sich ihm mit der obligatorischen Frage: »Was darf es denn sein, Herr Oberleutnant?«

Schmidt war immer wieder überrascht, wie die meisten Kellner ihn mit seinem richtigen Dienstgrad ansprachen. Die müssen die wohl wie Vokabeln pauken dachte er sich und bestellte ein Schultheiss Bier. Er schaute sich weiter in der Bar um; vielleicht konnte er ja ein ihm bekanntes Gesicht erkennen. Man wusste ja in ganz Berlin, dass der Kaiserhof das Bonzenhotel war, das Hitler oft genutzt hatte. Unter anderem 1931, als ein Treffen deutscher Großindustrieller mit Hitler in dessen Suite stattfand. 1932 zog er dann ganz in dieses Hotel. Von hier aus konzipierte und koordinierte er seinen Wahlkampf. Auch Göring nutzte für seine pompöse Hochzeit mit der Staatsschauspielerin Emmy Sonnemann das Hotel. Doch es zeigte sich kein Prominenter an diesem frühen Abend. Schmidt drehte sich wieder auf seinem Barhocker herum und nahm einen tiefen Schluck. Erst jetzt bemerkte er den riesigen Spiegel, der hinter den Flaschenbatterien die Rückwand der Bar bildete. Damit konnte er in aller Ruhe den Raum beobachten, ohne als ein Vorwitz ertappt zu werden. Es war auffällig, dass der Kaiserhof anscheinend von den übrigen Reichs- und Wehrmachtsangehörigen gemieden wurde. Offensichtlich war er der einzige Offizier in diesem Etablissement. In dem Moment, als er auf seine Uhr schauen wollte, erblickte er Sturmbannführer Schellenberg, der durch die Drehtür des Hotels schritt. Schmidt rief dem Barkeeper zu, das Bier auf sein Zimmer zu schreiben, griff nach seiner Mütze und ging seinem neuen Kollegen entgegen.

»Hallo Schellenberg, Sie sind ja überpünktlich«, begrüßte ihn Schmidt und griff nach Schellenbergs Rechte, die in einem weichen Lederhandschuh steckte.

»Das bringt die Aufgabe so mit sich«, lachte der Sturmbannführer und drückte herzlich die dargebotene Hand.

»Wollen wir los? Der Gruppenführer wartet draußen im Wagen.«
Schellenberg ließ jovial Schmidt den Vortritt und schob ihn unterstützend durch die Drehtür.

Überrascht blieb Schmidt vor dem Hoteleingang stehen und sah Heydrich persönlich am Steuer eines eindrucksvollen Mercedes Benz Cabrios vom seltenen Typ 290 Tourer. Es war ein ausgesprochen schönes Modell mit hellblau lackierten Karosserieseitenteilen und den in der gleichen Farbe gehaltenen seitlichen Motorhauben, die Zugang zu einem Reihensechszylinder ermöglichte.

»Haben Sie sich verliebt, Schmidt?«, fragte Heydrich lachend.

»Solch einen Wagen will mein Vater schon lange haben, doch leider reicht das Gehalt eines Ingenieurs nicht aus«, erwiderte Schmidt und strich mit seiner Linken über die Flanke des Cabrios.

»Dann sollte er der SS beitreten«, konterte Heydrich grinsend.

»Vielleicht kann ich dann was arrangieren ...«

»Ich werde ihm Ihren Vorschlag unterbreiten und komme dann auf Sie zurück«, sagte Schmidt und machte Anstalten, in den Fond zu steigen.

»Nein, nein mein Lieber, Sie sind heute unser Gast und Gäste sitzen bei mir immer vorn«, protestierte Heydrich und befahl Schellenberg wild gestikulierend, den Rücksitz aufzusuchen.

Schmidt ließ ihn passieren und ließ sich auf dem Beifahrersitz nieder. Die Innenausstattung war genauso edel wie die Karosserie. Schmidt war begeistert und ließ es auch Heydrich spüren.

»Ist das der 3,2-Liter-Seitenventiler?«

»Ja, aber der hier ist mit einem Solex-Doppelvergaser ausgerüstet. Wollen sie ihn mal fahren?«

»Nein, nein Gruppenführer«, winkte er dankend ab.

»Nachher baue ich noch einen Unfall und muss dann die Kosten tragen. Das würde mich ruinieren.«

Heydrich und Schellenberg lachten schallend und das wunderschöne Cabrio setzte sich in Bewegung. Heydrich hatte tatsächlich nicht übertrieben, der Motorlauf war wirklich samten und die übrige Geräuschkulisse dem Gesamtauftritt des Automobils entsprechend.

Heydrich fuhr zunächst die Wilhelmstraße in Richtung Belle Alliance Platz, bog dann aber bereits an der Ecke Leipziger Straße nach rechts ab. Sie passierten den Leipziger und Potsdamer Platz und folgten eine Weile der Potsdamer Straße bis zum Kanal. Dort kurvte das Cabrio in rasanter Fahrt und mit quietschenden Reifen in das Tirpitzufer ein und ließ das Shellhaus und den Bendlerblock rechts liegen. Erst an der Ecke

Hitzigstraße überquerten sie den Landwehrkanal und fuhren über die Budapester Straße zielstrebig in Richtung Kurfürstendamm.

»Ist das nicht ein wenig zu schnell für die Berliner Schupos?«, fragte Schmidt besorgt nach und drehte sich zu Schellenberg um.

Der lachte lauthals: »Kein Grund zur Sorge wir sind die Polizei!«

In diesem Teil Berlins musste man nicht unbedingt den Eindruck gewinnen, dass sich die Stadt im Krieg befand. Selbst um diese Uhrzeit herrschte reger Verkehr und Passanten waren zahlreich unterwegs. Beim Vorbeifahren sah Schmidt, dass das Café Kranzler an der Ecke Joachimsthaler Straße/Kurfürstendamm voll besetzt war.

»Es ist erstaunlich, wie friedensmäßig hier alles ist«, bemerkte der Oberleutnant.

»Kein Wunder«, wieherte Heydrich, »wir gewinnen doch gerade den Krieg!«

Wenige Augenblicke später hielt das Cabrio vor der Giesebrechtstraße 11. Schellenberg hatte schon seinen Finger auf dem Klingelknopf, da meldete sich Heydrich geschäftsmäßig: «Sie haben doch meine Anweisung, die Abhöranlage abzustellen und die Mannschaft nach Hause zu schicken ausgeführt?«

Schellenberg ebenso zurück: »Jawohl, Gruppenführer, Befehl ausgeführt.«

Beide mussten lachen und Schellenberg drückte die Tür auf, als der Summton erklang. Kitty Schmidt erwartete sie bereits im dritten Stock.

»Welch eine Freude, Sie wieder einmal begrüßen zu können«, lächelte die Endfünfzigerin, die erheblich jünger aussah, als ihr Geburtsdatum vermuten ließ.

»Und dann bringen Sie auch noch zwei so fesche junge Männer mit. Schellenberg kenne ich ja schon etwas besser«, bemerkte sie deutlich kühler.

»Da werden sich aber meine Damen freuen!«

Heydrich küsste galant ihre Hand: »Darf ich Ihnen Oberleutnant Schmidt von der Abwehr vorstellen.«

»Küss die Hand, gnädige Frau«, verbeugte sich Schmidt.

»Ich bin beeindruckt, Herr Oberleutnant, Sie haben ja Manieren«, bedankte sich Kitty artig und geleitete die Herren in den großen Wohnraum, in dem sich bereits einige Herren in Zivil und eine Reihe exquisiter, schöner Damen aufhielten.

»Kommen Sie Sturmbannführer, ich möchte ihnen Kathi vorstellen. Ich bin sicher, sie ist Ihr Typ«, wandte sich Kitty Schmidt an Schellenberg und bugsierte ihn zu einem Sofa, das neben dem einem Bechstein Stutzflügel in einer Ecke des riesigen Raumes stand.

»Ist sie nicht apart«, raunte Heydrich Schmidt zu.

»Meinen Sie die Brunette auf dem Sofa«, erwiderte der Oberleutnant.

»Nein, ich meine Kitty, Schmidt. Wie liebenswürdig sie mit Schellen-

berg umgeht. Dabei war er es, der sie nötigte, für den SD zu arbeiten.«
Schmidt schaute den Gruppenführer fragend an und Heydrich nahm ihn ein wenig zur Seite, um ungestört mit ihm plaudern zu können.

»Ende der Dreißiger Jahre hat Kitty mit Hilfe von Juden, denen sie teilweise zur Flucht nach England verhalf, ein paar Tausend Pfund Sterling nach London transferiert. Im Juni 1939 wollte sie dann selbst nach England verschwinden. Aber Schellenberg ließ sie beschatten und stellte sie an der deutsch-holländischen Grenze. Zurück in Berlin wurde sie vor die Wahl gestellt. Zusammenarbeit mit dem SD, oder KZ. Nun, wie Sie sehen, hat sie sich fürs Erste entschieden.«

In diesem Augenblick stieß Kitty wieder zu ihnen. Heydrich verstummte und lächelte Kitty an.

»Und wen haben Sie für mich ausgewählt, gnädige Frau?«

»Da habe ich etwas ganz Besonderes für Sie«, antwortete sie und deutete auf eine blonde Mittzwanzigerin, die in einem atemberaubenden Abendkleid soeben den Raum betrat.

»Marianne ist erst vor einigen Tagen aus Hamburg zu uns gestoßen. Sie hat Klasse, versteht sich auf Konversation und hat die Figur, die der Gruppenführer bevorzugt.«

Heydrich sah Marianne prüfend an, die sich lächelnd der kleinen Gruppe näherte.

»Sprechen Sie gerade über mich, Kitty?«, eröffnete sie mit rauchiger Stimme das Gespräch.

»Sehr richtig, mein Kind, darf ich dir Gruppenführer Heydrich vorstellen. Ich bin sicher, du wirst dich blendend mit ihm verstehen.«

Und an Heydrich gewandt ... »Marianne reitet ebenso gerne wie Sie Gruppenführer!«

Mit einem schelmischen Grinsen griff Sie zu zwei Champagnergläsern, die eine verführerisch gekleidete Kellnerin auf einem Tablett hereinbrachte. Kitty reichte zunächst den beiden Männern ein Glas, versorgte anschließend Marianne und nahm selbst das verbliebene letzte Glas zwischen ihre zarten Finger, die von einer Reihe goldener Ringe geziert waren.

»À votre santé, meine Herren«, prostete Kitty und lächelte insbesondere den Chef des Reichssicherheitshauptamtes an.

»Hmm«, meinte Heydrich, »ein köstlicher Tropfen. Ist das der Louis Roederer, den ich Ihnen von unserem Büro in Paris habe zukommen lassen?«

»Exactement, Gruppenführer, Roederer Cristal, um ganz korrekt zu sein. Ein wahrlich göttlicher Tropfen. Wir sind Ihnen wirklich zu Dank verpflichtet, Herr Heydrich.«

»Keine Ursache, Kitty. Solange interessante Gäste Ihr und unser Haus besuchen, soll es an nichts fehlen«, grinste er zweideutig, ergriff die Hand von Marianne und schlenderte ins Nebenzimmer.

Othmar Schmidt hatte sich derweil ein wenig umgesehen und hatte

Blickkontakt zu einer süßen Schwarzhaarigen aufgenommen, die neben zwei Zivilisten nahe am Fenster stand. Die beiden Männer unterhielten sich angeregt in einer Sprache, die für Schmidt entweder finnisch oder ungarisch klang. Sie flirteten solange mit den Augen, bis sich die schwarzhaarige Elfe im dunklen Cocktailkleid von den beiden sich angeregt unterhaltenden Männern loseiste und auf ihn zuging.

»So allein unter schönen Frauen?«, sprach sie ihn kokett mit einem französischen Accent an.

»Ich habe nur auf Sie gewartet«, parierte Schmidt und fügte hinzu: »Wie heißen Sie?«

»Clara und Sie?«

»Schmidt, Othmar Schmidt«, stammelte der Oberleutnant verlegen.

»Sind Sie Französin?«

»Ja, aus Lyon.«

»Und, mögen Sie die Stadt?«, hakte Schmidt nach und starrte gebannt auf ihr Dekolleté, das sie in seinen Augen in der Tat zur Göttin machte. Er ertappte sich dabei und fühlte, wie sein Gesicht rot anlief.

»Kein Problem, Herr Oberleutnant, ich weiß, wie ich auf Männer wirke«, lachte sie und zog ihn mit sanfter Gewalt in eine ruhigere Ecke, wo sie sich es auf einem Sofa bequem machten.

»Hol uns doch ein Glas Champagner und dann erzählst du mir ein wenig von dir«, schlug sie vor.

»Entschuldige, wie unhöflich von mir«, entgegnete er. Er blickte sich suchend um und entdeckte die Bedienung, wie sie geradewegs auf die Küche zusteuerte. Er sprang auf und mit wenigen Schritten holte er sie ein und bat um zwei Gläser Champagner.

»Kommt sofort, Herr Oberleutnant.«

Nach wenigen Augenblicken stand die fesche Bedienung wieder vor ihm: »Wohl bekommt's, Herr Oberleutnant.«

Mit einem scheuen Lächeln bedankte sich Schmidt und kehrte wieder zu seiner neuen Eroberung zurück, die ihn mit einem leicht spöttischen Zug um den Mund erwartete.

»Na, die gefällt dir, oder?«, grinste sie leicht anzüglich.

»Ihre Aufmachung erinnert doch sehr an eine Jungmädchen-Schuluniform, oder?«

Schmidt musste lachen, da er tatsächlich die gleiche Assoziation gezogen hatte.

»Du bist wirklich eine gute Beobachterin, Clara.«

Er setzte sich zu ihr und merkte, wie sehr ihm die Nähe einer Frau in Rechlin gefehlt hatte.

»Wie lange lebst du jetzt schon in Berlin?«

»Seit Ende 1939. Ich habe deutsch in Lyon studiert und wollte hier zwei Semester dranhängen. Doch dann kam der Krieg und Madame Kitty, die ich über eine Studienkollegin kennengelernt hatte, überredete mich hier zu bleiben.«

Die Französin prostete ihm zu, rückte näher an ihn heran und gab ihm einen Kuss auf die Lippen.

»Du bist süß, wo bist du denn stationiert?«

Schmidt hatte »Rechlin« bereits auf den Lippen, doch in letzter Sekunde erinnerte er sich an die SD-Abhörmikrofone und besann sich eines Besseren.

»Das darf ich nicht sagen, lächelte er und hoffte inständig, dass auch tatsächlich alle Abhörinstallationen abgeschaltet waren.

»Was hältst du davon, wenn wir uns für eine Weile zurückziehen, Othmar?«, säuselte sie und streichelte ihm über seinen Oberschenkel.

Schmidts Männlichkeit reagierte sofort auf die Berührung Madeleines, die auch bei der jungen Frau nicht ohne Wirkung blieb.

»Du hast es aber nötig«, spielte sie die Empörte, zog ihn an sich und presste leidenschaftlich ihre Lippen auf die von Schmidt.

Am liebsten wäre er sofort über sie hergefallen, so sehr überfiel ihn eine Lawine der Leidenschaft und Lust. Clara notierte dies amüsiert, als sie sich erhob und ihn zu sich heraufzog.

»Warte hier, ich schaue kurz nach, welches Zimmer frei ist und hole uns noch eine Flasche Champagner, wenn es dir recht ist.«

Schmidt schaute ein wenig verwirrt und nickte selig lächelnd: »Alles, was du willst, nur mach schnell«, rief er ihr hinterher.

Der Oberleutnant zupfte sich ein wenig an seinem Rock und schaute sich um. Weder Schellenberg noch Heydrich waren zu sehen. Die hatten es aber eilig dachte er und kollidierte fast mit Kitty Schmidt, die aus einem anderen Zimmer gerauscht kam.

»Oh, der Herr Oberleutnant. So ganz allein?«

»Oh nein«, antworte Schmidt.

»Clara erkundigt sich nur nach einem freien Zimmer holt nur noch eine Flasche Champagner, danke.«

Kitty Schmidt schaute ihm mit strahlenden Augen an, legte ihre Hand auf seine rechte Wange und verabschiedete sich in Richtung Küche mit einem »Sie gehen ja ran wie Blücher!«

Schmidt musste grinsen, denn eigentlich war er ein sehr zurückhaltender Mann, der eine gewisse Anlaufzeit brauchte und oft nicht merkte, dass die Damenwelt ganz verrückt nach ihm war.

In diesem Augenblick sah er wie Clara mit einem Champagnerkühler aus der Küche trat. Sie hielt den Kühler mit der Linken, signalisierte mit einer Kopfbewegung, dass er in ihre Richtung kommen sollte, während sie mit der Rechten mit einem Schlüssel wedelte. Er nahm ihr den schweren Kühler ab und folgte dem kleinen Schwarzen', das provozierend und schlawenzelnd vor ihm herlief. Vor der Tür mit der bezeichnenden Nummer 6 drehte sie sich um, steckte ihm ihre Zunge entgegen und ließ ihn zuerst eintreten. Schmidt hatte schon vor Erreichen der Tür begonnen, sich mit rechts den Uniformrock aufzuknöpfen. Er setzte den Kühler auf einen kleinen Beistelltisch ab, der neben einem französischen Bett stand, und versuchte sich so schnell wie möglich seines Rockes zu entledigen. Clara beobachtete ihn amüsiert von der Tür aus, gegen die sie sich mit ihrem Rücken lehnte.

Nun bewegte sie sich katzengleich auf ihn zu, umfasste zärtlich sein Gesicht und küsste ihn. Dann begann sie langsam mit ihren Händen an seinem Körper entlang hinunterzufahren, kniete sich vor ihm hin und öffnete die Schnalle seines Gürtels. Schmidt schaute ihr dabei zu und spürte, wie er am ganzen Körper zu beben begann. Oh Gott dachte er, sie macht mich wahnsinnig. Mit immer hastiger werdenden Bewegungen versuchte er sein Hemd auszuziehen, wobei er sich mit den Armen verhaspelte. Derweil hatte Clara bereits seinen Reißverschluss geöffnet und begann ihm langsam die Hose herunter zu ziehen, bis sie zwischen seinen Knöcheln lag. Sie schaute zu ihm herauf, während sie seinen prallen Schwanz aus der Tiefe seines Slips zu ziehen begann. Kaum hatte sich der Slip zu seiner Hose gesellt, demonstrierte Madeleine ihre orale Kunst. Schmidt begann tief zu atmen und es gelang ihm, sein Unterhemd in eine Ecke des Zimmers zu werfen, bevor er mit keuchendem Atem mit seiner rechten Hand ihre linke fasste, die sich an seinem Oberschenkel abstützte.

»Hör bitte auf«, stöhnte er, »sonst komme ich auf der Stelle.«

Die junge Frau stockte in ihren Bemühungen.

»Schade«, maulte sie, »aber wenn Du nicht willst ...«

Schmidt zog sie zu sich empor und streifte gekonnt ihr schwarzes Kleid über ihren Kopf. Darunter war sie bis auf einen winzigen Slip nackt und ihre steifen Brustwarzen bohrten sich in seine Brust.

»Lass mich bitte meine Schuhe ausziehen«, flüsterte er und schob sie sanft auf das Bett. Er setzte sich neben sie, warf die Schuhe mit Schwung in die Ecke, gefolgt von Hose, Slip und Socken.

Clara hatte sich inzwischen auf dem Bett ausgestreckt und sah ihm zu.

»Nun komm schon, willst du mich hier etwa versauern lassen?«, warf sie ihm an den Kopf und zog an seinem linken Arm.

Der Oberleutnant sah auf sie herab, drehte sich halb um seine Achse und umarmte mit lautem Stöhnen die Französin. Eng umschlungen wälzte sich das Paar auf dem riesigen Bett und begleitet von einem spitzen Schrei drang er in sie ein.

»Lass dich gehen, Süßer«, flüsterte sie in sein linkes Ohr und biss in seinen Hals.

Schmidt schrie kurz auf, doch der Schmerz verstärkte nur noch seine Leidenschaft, die sich jetzt hemmungslos entfaltete. Ihr Liebesakt war ungestüm, fast rasend und nach nur wenigen Minuten sank er völlig erschöpft und schweißgebadet auf den Rücken, während Clara tief atmend auf ihm lag.

»Du bringst mich um«, flüsterte Schmidt.

Sie lächelte: »Du hast es nicht anders gewollt, mein Lieber.«

Schmidt gluckste.

»Weißt du, wie lange ich nicht mit einer Frau geschlafen habe?«
Und ohne eine Antwort abzuwarten: »seit Anfang des Krieges!«
»Das habe ich gemerkt, Süßer, aber wenn du meinst, du hättest dein Soll erfüllt, dann hast du dich getäuscht. Das war erst der Anfang.«
»Gnade«, rief Schmidt pathetisch, »gib mir wenigstens eine halbe Stunde, um mich zu erholen, dann werde ich alles tun, was du willst.«
»Alles, wirklich alles?«, wollte Clara wissen.
»Ich denke schon«, sagte Schmidt und drehte sie auf ihren Rücken.
Sie war eine wirklich umwerfend schöne Frau, mit Brüsten, wie die einer griechischen Aphrodite Statue. Er griff nach dem Kühler, holte zwei Gläser hervor und begann den Verschluss zu öffnen. Nach einem gekonnten Handgriff machte es dezent plopp und ein wenig Schaum quoll über den Flaschenrand. Sie lächelte ihn an und griff nach dem Champagnerglas, das er ihr reichte.
»Prost«, lächelte er sie an und nippte an seinem Glas.
»Was macht eigentlich deine Familie, Othmar?«
»Vater und Mutter leben und arbeiten in Kiel und mein Bruder ist bei den Panzern«, antwortete er vorsichtig.
»Keine Bange, ich frage dich schon nicht aus. Ich mag dich einfach, und wenn das so ist, dann will man auch wissen, mit wem man es zu tun hat.«
»Sei mir nicht böse, aber ich weiß, was hier vorgeht und du hast ja gesehen, in welcher Begleitung ich hier bin. Da ist man eben besonders vorsichtig.«
Er richtete nun wieder sein Augenmerk auf ihren ebenmäßigen Körper und begann sie zu streicheln.
»Wirst du wieder munter«, kicherte Clara und griff nach seinem erigierten Schwanz.
Schmidt knurrte wie ein junger Hund und rutschte langsam mit seiner Zunge an ihrem Körper herunter. Seine linke Hand streichelte zärtlich ihren Venushügel und sein linker Zeigefinger spielte mit ihrer Klitoris. Sie stöhnte sanft und bewegte sich wiegend hin und her. Nur selten hatte sie solch einen liebevollen und einfühlsamen Kunden. Kunden? Sie war sich zum ersten Mal nicht sicher, ob sie zum ersten Mal etwas mehr als nur kühle Berechnung empfand. Sie fühlte sich unsicher und doch erregt; was sie nie geschehen lassen wollte, ließ sich nicht mehr verhindern. Als sein Kopf sich zwischen ihren Schenkeln vergrub, warf sie alle ihre Vorsätze über Bord: »Nimm mich«, hauchte sie und gab sich ihm voll hin.

Gordon Schmitt brauchte erheblich mehr Zeit für seine Rückfahrt von Farnborough nach London, als für seine Hinfahrt gebraucht hatte. Hin war er ungestüm und voller Erwartung. Jetzt hingegen war er viel nachdenklicher. Ihm war klar, dass die relative Ruhe, in der er bisher arbeitete, einer neuen Gangart weichen würde, die auch seine bisherige

Einstellung auf den Prüfstein setzen würde.

Kundschafter außerhalb des Vereinigten Königreiches, Spion in der Höhle des Löwen. Eine Rückkehr in das Land seiner Väter, das ihm dennoch so fremd war wie Kap Hoorn. Und dennoch überwog der Reiz des Abenteuers, das Mysterium der Spionage, die Schattenwelt der Geheimdienstler. Ich sollte noch mal Schiller und Goethe lesen, bevor ich mich nach Weimar oder Berlin begebe dachte er, als er vor einer lang gezogenen Rechtskurve vom vierten in den dritten Gang zurückschaltete.

Seine Begegnung mit R.V. Jones hatte Spuren hinterlassen. Dieser Mann erschien ihm so akademisch und doch so vertraut. Er wusste, dass er einer Kapazität entgegentreten würde, aber dennoch fühlte er sich ihm ebenbürtig. R.V. Jones ließ Raum zum Atmen. Worauf dieses Himmelskommando letztendlich hinauslief, war die Suche nach der Erkenntnis: Wieweit waren die Deutschen wirklich? Wenn man nur die paar Brocken Revue passieren lassen würden, die bekannt waren, ließ einen das schon schaudern. Doch alles von dem man glaubte es zu wissen, war meist nur ein Gerücht, Erzählungen von Reisenden, die Raketen in den Himmel steigen sahen, Flugzeuge, die ohne Propeller schneller flogen, als jedes bis dahin gekannte Flugzeug.

Mit großen Augen hatte er die Fox Wochenschau gesehen, in der die Nazis stolz einen Hubschrauber in der Deutschlandhalle in Berlin von einer Frau fliegen ließen. Es war schon allerhand, was auf der anderen Seite des Kanals entwickelt wurde. Aber abgesehen von Hanna Reitsch´s Hubschrauberflug und der Erklärung von Otto Hahn, dass ihm am 17. Dezember 1938 das Zerplatzen des Urankerns in mittelschwere Atomkerne, also einer Entdeckung der Kernspaltung gelang, einer wahrhaft bahnbrechenden Entdeckung, erschien ihm das wissenschaftliche Deutschland wie ein Buch mit sieben Siegeln. Und nun sollte er helfen, diese Siegel zu brechen.

Gordon Schmitt war sich sehr wohl bewusst, wie geschwächt England in den Krieg mit Deutschland gezogen war. Schuld daran war zu einem großen Teil auch die unerträgliche Arroganz Albions, wie er meinte. In hitzigen Diskussionen hatte er immer wieder auf die Tatsache hingewiesen, dass das Schwelgen in der Erinnerung an vergangenen Ruhm die Navy keinen Deut weiterhelfen würde, ihre Vorherrschaft auf den Weltmeeren aufrechtzuerhalten. Deutscher Kriegsschiffbau wurde mit Geringschätzung begegnet: »Ihre, also die deutschen Schiffe, liegen auf dem Grunde des Meeres, unsere werden auf jeden Fall ein oder zwei weitere Jahre über die Sicherheit der Nation wachen«, erklärte 1921 der Vizeadmiral Sir Frederick Tudor. Bis heute hatte sich an dieser Einstellung nichts geändert.

Teilweise Schuld an dem Dilemma war die Abschaffung der Geheimdienstorganisation der Admiralität nach 1918. Erst 1935 wurde mit Vizeadmiral James Troup ein neuer Geheimdienstchef inthronisiert. Und selbst dann änderte sich nur wenig. Erst neulich hatte er ein Gerücht gehört, dass bereits 1939 nach der Schlacht am Rio de la Plata ein britischer Agent gemeldet hatte, dass das Panzerschiff Admiral Graf Spee über Radar gelenkte Geschütze verfügen würde.

Genauso ignorierte man die neue Bedrohung durch U-Boote, obwohl England nach den Lehren des Weltkrieges dies unter keinen Umständen hätte tun dürfen. Doch auch hier lähmte Ignoranz das Denken. 1936 behauptete die Marinegeheimdienstabteilung, dass »der Fortschritt bei den Maßnahmen gegen U-Boote den U-Boot-Krieg künftig weniger bedrohlich gemacht haben.« Begründet wurde dies durch die Erfindung des ASDIC, einem neuen Ortungsgerät, das auf einem Steuerquarz beruhte und Unterwasservibrationen orten konnte. ASDIC hatte jedoch drei Schwachpunkte: Es zeigte nicht die Tiefe des U-Bootes an, es konnte ein U-Boot nicht an der Oberfläche erkennen und man brauchte exzellentes Personal, um diese Geräte wirkungsvoll einsetzen zu können. Am Vorabend des Krieges meldete daher auch die Admiralität stolz, dass die »U-Boot-Bedrohung gemeistert« ist. Sechs Monate später war der Flugzeugträger Courageous mit dem ASDIC-Gerät in der Nordsee unterwegs. Am 17. September 1939 um 19:50 Uhr wurde der Träger von U-29 mit zwei Torpedos versenkt. Er sank 17 Minuten später. 741 Mann wurden gerettet, während die übrigen 518 Männer ihr Seemannsgrab fanden. Und jetzt sollte R.V. Jones zusammen mit Gordon Schmitt und ein paar wenigen weiteren Getreuen das Empire vor dem Schlimmsten bewahren.

Gordon musste laut lachen und verriss dabei das Steuer seines MGs. Zum Glück hatte er die Geschwindigkeit bei seinen Überlegungen verringert, sodass er das schlingernde Fahrzeug ohne größere Probleme wieder einfangen konnte. Er beschloss direkt in seine Wohnung in Hampstead, einem nördlichen Vorort von London, zu fahren. Vielleicht sollte ich noch einmal eine Nacht durchschlafen. Wer weiß, wann ich dazu noch mal die Gelegenheit bekommen werde, überlegte er.

Er liebte die Gegend um Hampstead Heath, oder The Heath, wie die Locals, die Einheimischen den riesigen Park nannten. Er hatte das sagenhafte Glück seine Tante zu beerben, die ihm ein wunderschönes Fachwerkhaus im Tudorstil, das nicht weit von der Ecke Branch Hill an der West Heath Road lag, hinterließ. Der Park begann auf der gegenüberliegenden Straßenseite und erstreckte sich über drei Quadratkilometer. Der Heath hatte fünfundzwanzig größere Teiche und Gebiete mit alten Waldflächen, Sümpfen, Hecken und Grasflächen; eine Idylle, wie sie schöner nicht sein konnte. Nicht weit entfernt von seinem Haus war der Parliament Hill, mit seinen 98 Metern ein vortrefflicher Aussichtspunkt für die City und den Norden. Von dort aus waren die Luftangriffe auf die Docks und die City of London mit ihren Sperrballonen zu beobachten.

Mittlerweile hatte er Walton on Thames erreicht und beschloss an der Kempton Park Pferderennbahn vorbei Twickenham anzusteuern, um von dort über Isleworth, Acton und Kilburn direkt nach Hause zu fahren. Bei dem geringen Verkehr konnte er in einer knappen Stunde in seinem Bett liegen.

Othmar Schmidt lächelte erschöpft und entspannt Clara an, die sich das Laken bis zum Halse hochgezogen hatte. Er saß auf der Bettkante und begann sich wieder anzukleiden.
»Wer weiß, ob meine Gastgeber nicht schon auf mich warten«, sprach er leise.
»Es kommt mit vor, als wären Stunden vergangen.«
Clara griff nach ihrer Armbanduhr.
»Gemach, gemach, wir treiben es gerade mal sechzig Minuten miteinander. Wer weiß, vielleicht sind sie sogar noch auf ihren Zimmern«, versuchte sie Othmar zu beruhigen.
Er war aufgestanden, griff nach seiner Jacke und begann sie zuzuknöpfen.
»Sehe ich dich wieder, Othmar?«
Er lächelte: »Das glaube ich schon. Du bist wundervoll, und wenn ich das nächste Mal in Berlin bin, werde ich dich besuchen.«
Dabei schaute er sie in einer Art und Weise an, die ihr zu verstehen gab, dass er es durchaus ernst meinte. Nachdem er sich fertig angekleidet hatte, beugte er sich zu ihr herunter, küsste sie auf den Mund und ging zur Tür. Bevor er den Raum verließ, drehte er sich nochmals um und schickte ihr einen gehauchten Kuss.
Als er den großen Raum wieder betrat, standen Heydrich und Schellenberg bereits am Fenster, umgeben von einigen hübschen Mädchen, die sich alle Mühe gaben, den beiden SS-Männern den Glauben an ihre Überlegenheit zu stärken. Schellenberg und Heydrich genossen ohne Zweifel die Aufmerksamkeit und schienen sich prächtig zu amüsieren. Plötzlich erblickte Heydrich Schmidt, als er den Raum betrat.
»Ah, der Herr Oberleutnant, haben Sie Ihren Spaß gehabt?«, erkundigte sich der Gruppenführer gut gelaunt.
»Ich muss zugeben, Gruppenführer, dass ich voll auf meine Kosten gekommen bin«, entgegnete er ein wenig verlegen.
»Wunderbar, dann schlage ich vor, wir verlassen den Tempel Amors und nehmen noch eine Kleinigkeit zu uns. Dabei können wir auch über unser neues Projekt sprechen. Der Einfachheit halber schlage ich das Kaiserhof-Restaurant vor. Einverstanden, meine Herren?«
Nachdem Schellenberg und Schmidt ihre Zustimmung signalisiert hatten, blies Heydrich zum Rückzug. Die drei Männer verabschiedeten sich von den Damen und gingen lärmend wie Schulbuben die drei Stockwerke hinunter. Heydrich startete den Wagen und in schneller Fahrt ging es exakt den gleichen Weg zurück zum Hotel, den sie auch auf dem Hinweg genommen hatten. Diesmal war man im Auto durchaus wortkarger als während der Hinfahrt. Schmidt störte das nicht, denn er hing immer noch den Gedanken nach, die sich um Clara drehten. Doch am Tirpitzufer riss ihn Heydrich aus seinen Gedanken: »Ich hoffe, Ihr

Chef fühlt sich nach unserem Besuch nicht überfahren, denn wir haben ausschließlich das Wohl des Reiches im Auge«, erklärte Heydrich.

»Er ist nicht mehr überrascht, als ich«, gab Schmidt zur Antwort.

»Ich denke, er ist mehr über den Ablauf der Operation besorgt, als über die Aufgabe selbst«, fügte er noch hinzu.

»Nun, der alte Fuchs weiß, wie er taktieren muss, um nicht dem RSHA Boden zu überlassen«, lachte Heydrich und zog an einer Senoussi Zigarette.

»Ich bin sicher, ich werde morgen bei unserem gemeinsamen Ausritt eine Kostprobe seiner Kunst bekommen.«

Wenige Minuten später hielt der Mercedes vor dem Eingangsportal des Kaiserhofes. Aufgeräumt bugsierte Heydrich Schellenberg und Schmidt durch die Drehtür und übernahm die Spitze. Im Restaurant eilte der Maître d'hôtel ihnen entgegen und führte die drei Männer an einen Tisch, von dem sie den Wilhelmplatz übersehen konnten. Wohl wissend, wen er dort empfangen hatte, hatte der Maître einen Tisch gewählt, an dem sich die Herren ungestört unterhalten konnten. Die übrigen Gäste des Restaurants hielten sich am entgegengesetzten Ende des Saales auf. Heydrich überflog das Menu und entdeckte ein Holsteiner Schnitzel.

»Das ist ja eine einfache Wahl heute Abend«, erklärte er und klappte mit großer Verve die Speisekarte zu.

Die beiden anderen waren noch nicht so weit und zuckten beim Knall der massiven, ledergebundenen Karte, zusammen.

»Aber meine Herren, warum so erschrocken. Erwarten Sie etwa ein Attentat auf den Chef des RSHA?«

Heydrich grinste die ihm gegenübersitzenden Männer an: »Schon was gefunden?«

»Holsteiner ist mir um diese Uhrzeit zu deftig, da genehmige ich mir doch lieber eine Forelle Müllerin«, erwiderte Othmar.

Schellenberg wollte nur einen Salat und eine Suppe.

Schmidt wandte sich an den Maître und wollte wissen, welches Schankbier der Kaiserhof führte.

»Radeberger vom Fass«, Herr Oberleutnant.

»Das nehme ich«, sagte er und seine beiden Tischgenossen taten es ihm gleich.

Nachdem die Bestellung aufgegeben war, eröffnete Heydrich das Gespräch: »Ich denke, dass neben den administrativen Dingen die Frage der Zusammensetzung des Gremiums geklärt werden müsste. Dabei müssen wir aufpassen, zum einen die Empfindlichkeiten der verschiedenen Waffengattungen zu wahren, zum anderen keinen der wirklich interessanten wissenschaftlichen Kapazitäten zu übergehen. Herr Oberleutnant, trauen Sie sich zu, eine derart subtile Auswahl zu treffen?«

Bevor Schmidt auch nur ein Wort formulieren konnte, unterbrach ihn bereits Heydrich.

»Ich glaube, ich sollte noch erwähnen, dass der Reichsführer SS noch eine Kapazität ins Feld führen kann, die dem Oberleutnant mit Sicherheit bei der Antwort der Frage assistieren kann.«

Schmidt horchte auf, welchen Pfeil holte Heydrich denn nun zu dieser späten Stunde aus dem Köcher? Heydrich zögerte mit der Antwort, um die Spannung auf den Höhepunkt zu treiben. Ihm war bewusst, dass er mit dem Namen in gewisser Weise eine Bombe würde platzen lassen.

»Karl Wilhelm Ohnesorge«, sagte er kaum vernehmlich und legte sich entspannt in den gepolsterten Stuhl zurück.

Schmidt und Schellenberg schauten sich an.

»Der Postminister?«, kam es wie aus einem Munde geschossen.

»Genau der«, antwortete Heydrich zufrieden.

Er konnte deutlich sehen, dass er sie überrascht hatte.

»Und bevor Sie beide mich löchern, warum das so ist, erkläre ich Ihnen das besser« und richtete sich ein wenig auf.

»Und so kurz wie möglich«, fügte er noch schnell hinzu.

»Ohnesorge ist seit 1890 bei der Reichspost angestellt. Später studierte er noch Physik in Kiel und Berlin und wurde Leiter des Postdienstes im kaiserlichen Hauptquartier während des Weltkrieges. Wichtiger ist aber die Tatsache, dass er seit 1920 mit Hitler bekannt ist. Im gleichen Jahr gründete er die erste außerbayerische Ortsgruppe der NSDAP. Seitdem bezeichnet er sich als Hitlers persönlichen Freund und ist Träger des goldenen Parteiabzeichens der NSDAP. Das wurde mir übrigens auch vom Reichsführer bestätigt, der selber ein enger Freund von Ohnesorge ist. 1937 wurde er, wie Sie wissen, Postminister.«

»Und wo ist die Verbindung zur Wissenschaft?«, wollte Schellenberg wissen.

»Nur Geduld, mein Lieber. Dazu komme ich jetzt. 1937 kaufte die Reichspost die Hakeburg in Kleinmachnow.«

Davon habe ich noch nie gehört«, unterbrach ihn Schmidt.

Heydrich lächelte nachsichtig, als würde er Schulbuben unterweisen.

»Wilhelm Ohnesorge war damals noch Staatssekretär im Postministerium und ließ jetzt auf dem riesigen Areal am Teltowkanal eine Forschungsstelle zur Optimierung der Funk- und Fernsehtechnik des Dritten Reiches errichten. Ohnesorge ist ein von Technik Besessener und will erheblich mehr als nur Funkmess- und Fernsehtechnik entwickeln. Finanzen spielen keine Rolle, denn der Etat der Reichspost ist schwindelerregend. Und er ist sich mit Himmler einig, dass nur ein technologischer Vorsprung Deutschland zum Sieg verhelfen kann.«

Schellenberg und Schmidt waren verblüfft. Von einer geheimen Forschungsstelle der Reichspost hatten sie nichts gewusst. Heydrich schien amüsiert, denn ein subtiles Lächeln umspielte seinen Mund und um dem Ganzen noch einen draufzusetzen, sagte er: »Der Reichsführer hat Sie beide übrigens schon bei Ohnesorge avisiert.

»Ich möchte aber, bevor wir einen Termin vereinbaren, Ihr Treffen mit meinem Chef abwarten«, versuchte Schmidt ein wenig die Euphorie zu dämpfen.

»Aber sicher, Herr Oberleutnant, ich will Ihnen auch nur zeigen, welch eine starke Allianz hinter Ihnen steht«, erwiderte Heydrich.

In diesem Augenblick kam ein Kellner mit einem silbernen Tablett und drei Halb-Liter-Krügen Radeberger Pils an ihren Tisch. Er stellte die schweren gläsernen Humpen auf den Tisch und verschwand mit einem »zum Wohle, die Herren«.

Schellenberg fühlte sich nicht wohl bei dem Gedanken, Heydrich gegenüber zugegeben zu haben, nichts von der Hakeburg gewusst zu haben. Doch als Chef des SS-Auslandsgeheimdienstes musste er nicht zwingend wissen, was sich in den geheimen Laboratorien der Post abspielte. Schmidt hingegen empfand den Hinweis auf die Ohnesorge Forschungseinrichtung als ein Geschenk des Himmels, da er die Finanzierung von geheimen Entwicklungen für ihn eine der schwierigsten Fragen hielt. Er kannte die Problematik von vielen Gesprächen mit Flugzeugkonstrukteuren, die immer wieder auf die enormen Schwierigkeiten bei den Unterredungen mit dem Luftfahrtministerium und Udet hinsichtlich der Finanzierung neuer Projekte hinwiesen. Die meisten interessanten Projekte starben den Finanzierungstod, noch bevor überhaupt eine Blaupause fertig war. Als die Speisen an ihren Tisch gebracht wurden, beendete Heydrich seine Ausführungen. Nun beherrschten eher private und sportliche Themen wie Reiten, Autos und Fechten ihre Konversation. Nachdem das Dinner beendet war, hielt sich Heydrich nicht länger mit Belanglosigkeiten auf, verabschiedete sich und verließ den Kaiserhof.

Schmidt und Schellenberg schienen erleichtert, nachdem sie unter sich waren. Bisher hatten sie praktisch keine Möglichkeit zu einem Gedankenaustausch gehabt.

»Was ist denn Ihr Eindruck von meinem Chef?«, fragte Schellenberg und blickte Schmidt mit einer entwaffnenden Freundlichkeit an.

»Nun, ich hatte den eiskalten Vollstrecker erwartet«, antwortete Schmidt behutsam.

Schellenberg lachte: «Lassen Sie sich nicht täuschen, das bleibt er auch weiterhin. Aber haben Sie solch eine Schicksalswendung erwartet?«

»Nein«, grübelte Schmidt und nippte an seinem Radeberger.

»Das ist eine ungeheure Aufgabe und eine fantastische Chance. Wenn die Ausführungen Ihres Chefs ihre Richtigkeit haben, woran ich nicht zweifele, so kann unsere Aufgabe kriegsentscheidend sein.«

Schellenberg nickte zustimmend.

»Haben Sie schon eine Vorstellung, wie wir vorgehen sollten?«, bohrte Schellenberg weiter.

»Ich denke wir beide sollten morgen unsere Gespräche mit unsern Chefs abwarten und uns dann auf einen Fahrplan verständigen. Einverstanden?«

»Das klingt wie ein Plan, Schmidt«, antwortete Schellenberg, der aufstand und nach seinem Mantel griff.

»Ich freue mich aber schon mit Ihnen zusammenzuarbeiten, denn ich glaube wir liegen auf einer Wellenlänge.«

»Das sehe ich auch so«, lächelte Schmidt und reichte dem Sturmbannführer die Hand.

»Lassen Sie das Abendessen auf Ihr Zimmer schreiben, Schmidt« schlug Schellenberg ein und grinste.

»Das RSHA lässt Sie schon nicht auf der Rechnung sitzen.«

Beide lachten schallend und Schmidt winkte dem Sturmbannführer hinterher, der zielstrebig den Ausgang suchte.

Hans Piekenbrock fuhr langsam durch Schlachtensee, einer wunderschöne Villengegend im Südwesten Berlins. Hier wohnte sein Freund und Chef, Admiral Wilhelm Canaris, mit dem er sich zu einer Partie Schach verabredet hatte. Canaris hatte sich im August 1936 das Haus in der Dianastraße gekauft. Die Straße wurde wenig später in Betazeile, nach dem NS-Schriftsteller Ottomar Beta, umbenannt. Doch bevor er die Betazeile 17 aufsuchte, wollte er überprüfen, ob sich Heydrich zuhause aufhielt. Aus diesem Grund machte er einen kleinen Schlenker über die Augustastraße. Die Villa mit der Hausnummer 14 war jedoch vollkommen dunkel und machte einen verlassenen Eindruck. Beruhigt nahm er nun Kurs auf das Haus des Admirals. Dies war ein moderner einstöckiger Bau auf Hochparterre, das ein Flachdach abschloss. Direkt neben dem Gartentor befand sich eine wunderschöne Straßenlaterne, die den Zugang zur Haustür bestens ausleuchtete. Auf sein Klingeln begann ein lautes Gebell, das durch ein Machtwort Canaris beendet wurde. Die Tür öffnete sich und der Admiral bat seinen Gast herein. Im Wohnzimmer hatte Canaris bereits das Spiel aufgebaut, sowie zwei Gläser und eine Rotweinkaraffe bereitgestellt, die mit einem vorzüglichen Bordeaux gefüllt war.

»Von Verdunkelung hältst du auch nicht viel, oder Wilhelm?«, frotzelte Piekenbrock.

»Ja, ich weiß, die Haustür. Ich hatte nur noch nicht die Zeit, sie abzukleben. Vielleicht kannst du das ja machen, ich habe dafür kein Talent.«

Piekenbrock grinste. Er kannte seinen Pappenheimer Canaris und ließ sich nicht auf sein Spielchen ein.

»Das wirst du wohl alleine schaffen, dafür musst du nicht ein Künstler sein.«

Canaris nahm die Karaffe und füllte die Gläser.

»Jetzt erzähl mal, Wilhelm. Was wollte denn die blonde Bestie heute von dir?«

Canaris hob sein Glas, hielt es gegen das Licht, und prostete Hans zu.

»Himmler plant mit der Unterstützung von Hitler, die technologische Elite des Reichs unter seinen Einfluss zu bekommen. Und das perfide an seinem Plan ist, dass es ihm anscheinend gelungen ist, die Abwehr für seine Pläne zu einzuspannen.«

Für einige Sekunden herrschte eine Totenstille.

»Dafür braucht er aber die Zustimmung des Oberkommandierenden des Heeres«, warf Piekenbrock leise ein.

»Gemäß Heydrich hat Generalfeldmarschall von Brauchitsch diese auf Geheiß Hitlers erteilt.«

»Und das glaubst du so einfach?«

»Ich habe mir bereits einen Termin beim Feldmarschall für morgen früh gesichert, um die Lage zu erörtern. Dann wissen wir mehr.«

»Wilhelm, das ist ein klarer Angriff auf die Unabhängigkeit der Abwehr. Sozusagen ein feindlicher Übernahmeversuch der SS.«

»Ich weiß, Hans. Ich kann nur hoffen, dass Hitler weiterhin an Trennung von Wehrmacht und Waffen-SS festhält. Er täte gut daran, denn ohne den Generalstab ist das Unternehmen Barbarossa undurchführbar.«

»Also glaubst Du, dass die Übernahme der Abwehr durch den SD in Zukunft nicht zu vermeiden ist?«

Piekenbrock hatte sich die Uniformjacke ausgezogen und machte es ich in dem Sessel am Schachtisch bequem. Canaris schaute ihn an, hob sein Glas und prostete seinem Freund zu.

»Ich werde unsere Unabhängigkeit mit Händen und Füßen verteidigen. Bislang bin ich Heydrich gewachsen, doch muss man permanent auf der Hut vor neuen Schweinereien sein. Diese Aktion übersteigt ganz klar seine Machtkompetenz. Sie geht daher eindeutig auf eine Initiative Himmlers zurück. Aber was steckt dahinter und weshalb gibt ihm Hitler Rückendeckung?«

»Du wirst es schon herausfinden, Wilhelm. Aber jetzt lass uns endlich mit dem Spiel beginnen.«

Gordon Schmitt hatte den Anruf von Jones gegen 07:00 erhalten. Er kam gerade aus seiner Dusche, die er jeden Morgen verfluchte. Das äußerlich wunderschöne Tudor Haus seiner Tante hatte so seine Tücken. Darunter gehörten Fensterscheiben, die zwar den Regen abhielten, darüber hinaus aber so dünn waren, dass bei niedrigen Temperaturen sofort der Eindruck entstand, man befände sich in Island und nicht auf dem Längengrad null. Ganz übel war es im Winter, wenn neben den Temperaturen auch noch starker Wind auftrat. Dann bewegten sich die schweren Stores aus Samt wie Segel im Wind.

Ein weiteres sicheres Zeichen für die geradezu lächerliche Isolation des Hauses. Noch schlimmer war es, wenn er die Kälte mit dem Wohnzimmerkamin bekämpfen wollte. Der Kamin zog nicht, wie er sollte nach außen, sondern nach innen. Eine Kohlendioxidvergiftung war daher vorprogrammiert und er beschloss lieber zu frieren, als zu ersticken. Ein anderes Problem waren die Wasserrohre, die außerhalb der Wände ohne jegliche Isolierung angebracht waren. Wohl in der Hoffnung, dass der Golfstrom den Frost in Schach halten würde. Das war auch in acht von zehn Jahren der Fall. Aber wenn es fror, dann gute Nacht. Am meisten ärgerte ihn jedoch die Dusche. Der Wassertank dafür befand sich auf dem Speicher, war aber so klein, dass ausgiebiges Duschen unmöglich war. Dazu kamen die geringe Falltiefe und ein recht gammeliger Duschkopf, sodass Gordon jedem Tropfen hinterher springen musste. Duschköpfe gab es nicht zu kaufen, da die Kriegswirtschaft die Herstellung von Luxusarmaturen nicht vorsah. Und einen größeren Wassertank konnte er auch vergessen, da Stahl für andere Zwecke benötigt wurde, als seine Hygieneverhältnisse zu verbessern.

Dennoch liebte er das Haus, das ihn jedes Mal aufs Neue begeisterte, wenn er die Straße herauf fuhr. Das schwarz-weiße Fachwerk, die Butzenscheiben und Erker ließen ihn sich jedes Mal neu in das Haus verlieben und der dankte Tante Betty inbrünstig für ihr Erbe.

Jones hatte ihn gebeten, sich mit ihm im Büro des MI 6 am Broadway zu treffen und gemeinsam nach Bletchley Park zu fahren, wo er Gordon den wichtigsten Leuten des Dechiffrierteams vorstellen wollte. Als sie sich in 54 Broadway trafen, schlug Jones vor, den Zug zu nehmen.

»Einer der Gründe, warum Station X in Bletchley Park errichtet wurde, war die besonders gute Eisenbahnverbindung sowohl nach London als auch nach Cambridge und Oxford«, klärte er Schmitt auf.

»Eigentlich wurde es errichtet, um im Ernstfall als Hauptquartier für MI 6 und als dessen Archiv zu dienen, doch man hatte entschieden, in London zu bleiben und die Dechiffrierungsabteilung dort zu etablieren.«

Als sie in Bletchley Park eintrafen, war Gordon zunächst enttäuscht. Er hatte ein hochherrschaftliches Gebäude erwartet, das der Bedeutung des Auftrages gerecht würde. Doch weit gefehlt. Abgesehen von einem, zugegebenermaßen schönen Herrenhaus, entpuppte sich Englands geheimste Anlage als eine Ansammlung von Baracken, Ställen und ziemlich armseligen Cottages. Jones schmunzelte, als er Schmitts Enttäuschung bemerkte: »Das ist es ja gerade, was man erreichen wollte. Niemand vermutet hier die Elite englischer Kryptoanalytiker.«

Der Erste, den Jones Gordon vorstellte, war Squadron Leader Courtleigh Nasmith Shaw. Diesen hatte Jones zuerst kennengelernt, als er als Novize in das Barackenlager kam. Dieser »außergewöhnliche Gentleman«, wie er ihn nannte, hatte eine bewegte Geschichte hinter sich. Unter anderem spionierte er vor Kriegsausbruch deutsche Feldflugplätze aus. Um nicht aufzufallen, und um seine Tarnung als Tourist aufrechtzuerhalten, hatte er eine Freundin mit auf die Reise genommen. Doch anders als in England, wo militärische Einrichtungen eher lax bewacht wurden, waren die Deutschen auf der Hut und erwischten Shaw an der Peripherie eines ihrer Plätze. Während des Verhörs machte er den Deutschen klar, dass er dringend auf die Toilette müsste. Seinem Gesuch wurde stattgegeben und es gelang ihm einen Blick in jedes der Dienstzimmer zu werfen, in dem er den trotteligen Vertreter Albions mimte, der zu ungeschickt war, den Lokus zu finden. So konnte er sich ein genaues Bild über die organisatorische Anlage eines typischen deutschen Flugplatzes zu machen. Zum Glück hatte er sich keine Notizen gemacht, die die Deutschen hätte misstrauisch hätte machen können, und man ließ ihn und seine Freundin laufen.

Shaw, den man wegen seines Oberlippenbärtchens sofort als typischen RAF Offizier erkennen konnte, begrüßte ihn mit herzlicher Freundlichkeit.

»Willkommen in Station X. Sie können sich Glückspilz nennen, mit R.V. Jones arbeiten zu dürfen, Sportsfreund.«

Schmitt hasste den Begriff Sportsfreund, ließ es sich aber nicht anmerken, da er dem Squadron Leader keine Bösartigkeit unterstellte. Im Gegenteil, er war vom liebenswürdigen Wesen Shaws angetan.

»Es ist schön zu hören, dass ich ins Schwarze getroffen habe«, entgegnete Schmitt mit einem Lächeln.

Jones erklärte Shaw den Grund ihres Besuches und verabredete sich mit ihm auf ein Bier im Kasino.

»Leider ist unsere Zeit begrenzt und ich möchte sicherstellen, dass Gordon die richtigen Leute trifft.«

Courtleigh, den seine Freunde Jane nannten, hob abwehrend beide Hände: »Ich will Euch nicht aufhalten. Wen habt Ihr zuerst auf der Liste, R.V. ?«

»Zuerst Commander Alastaire Denniston und Edward Travis, anschließend Alan Turing«

»Na dann, ab durch die Mitte. Wir sehen uns später.«

Als sie Shaws Büro verließen, wollte Schmitt wissen, wer denn die Herren wären, die sie jetzt aufsuchen würden.

»Denniston ist Leiter der britischen Marinefunkaufklärung und Direktor der Government Code and Cipher School, des kryptografischen Schulungszentrums von MI 6. Travis ist sein Stellvertreter. Beide sind in der Lage auch uns Amateuren zu erklären, was eine Enigma ist, wie sie funktioniert und wie man sie knacken kann.«

»Und Turing?«

»Englands bester Mathematiker, Gordon. Sein Werdegang ist eindrucksvoll. Zuerst Studium am King's College in Cambridge. 1936 wies er mithilfe seiner Turingmaschine nach, dass solch ein Gerät in der Lage ist, jedes vorstellbare mathematische Problem zu lösen, sofern dieses auch durch einen Algorithmus gelöst werden kann.«

Gordon unterbrach ihn.

»Was ist eine Turingmaschine, R.V.?«

»Ein simples Gerät, welches universelle, arithmetisch-basierte formale Sprache quasi übersetzt.«

»Das sind für mich böhmische Dörfer, wie die Deutschen zu sagen pflegen.«

»Machen Sie sich nichts draus, Gordon. Das ist für Ihre Arbeit auch nicht so wichtig. Wichtig ist, dass Sie die Zusammenhänge begreifen, die es Ihnen ermöglichen, Schlüsse zu ziehen.«

Denniston und Travis waren bereits auf den Besuch vorbereitet und erwarteten sie mit frisch gebrautem Tee. Auf dem Tisch verbarg ein schwarzes Tuch etwas, was in den Umrissen wie eine Schreibmaschine aussah. Zwischen Travis und Jones hatte sich im Laufe der Zeit eine Freundschaft entwickelt und beide hatten ein Gespür entwickelt, wie man komplizierte Zusammenhänge einfach erklären konnte. Aus diesem Grunde hatte Jones auch Travis gewählt, um Gordon das Prinzip der Enigma zu vermitteln.

»Hallo R. V., wie geht's alter Junge«, begrüßte sie Jumbo Travis und klopfte Jones auf die Schulter.

»Das ist also dein neuer Mitarbeiter, der England retten soll«, lachte er und schüttelte Gordons Hand.

Jones lächelte und begrüßte formell Denniston, zu dem er ein eher offizielles Verhaltensmuster an den Tag legte.

»Guten Morgen Sir, vielen Dank, dass Sie für uns Zeit gefunden haben. Dafür sind wir Ihnen sehr dankbar.«

»Nicht der Rede wert R.V., immerhin sind wir beim gleichen Verein und das verbindet. Und Sie müssen Gordon Schmitt sein«, wandte er sich an Jones neuen Mitarbeiter.

»Jawohl Sir und auch ich bin Ihnen dankbar, dass Sie mir die einmalige Gelegenheit geben, die Enigma kennen zu lernen.«

Denniston lud die beiden ein, Platz zu nehmen.

»Ich hoffe Sie sehen mir nach, dass wir die kleine Vorstellung hier in meinem Büro durchführen, da die Baracken absoluter Geheimhaltung unterliegen, die selbst sie als MI 6 Geheimnisträger von einer Besichtigung ausschließt. Aber wir müssen sicherstellen, dass das Geheimnis auch ein solches bleibt.«

»Natürlich habe ich dafür Verständnis«, entgegnete Gordon.

»Na dann mal los, Travis«, ermunterte Denniston seinen Stellvertreter.

Mit einem Ruck zog dieser an dem geheimnisvollen Tuch, das eine Apparatur freigab, die an eine Schreibmaschine erinnerte.

»Voila, meine Herren, hier ist sie, Deutschlands geheimnisvolle Rotor-Schlüsselmaschine, der Schlüssel zu unserem Sieg über Hitler!«

Die Enigma sah aus wie eine etwas klobige Reiseschreibmaschine. Vor der Tastatur befand sich ein Steckerbrett und hinter der Tastatur drei Rotoren. Zwischen den Rotoren und der Tastatur hatte man ein Lampenfeld installiert.

»Woher haben sie die«, flüsterte Gordon, während seine Augen über die Maschine glitten und soviel Information aufnahmen, wie sie erfassen konnten.

»Beginnen wir von Anfang an«, erwiderte Travis und lehnte sich auf seinem Stuhl zurück.

»Der deutsche Elektroingenieur Arthur Scherbius reichte im Februar 1918 eine Patentschrift über eine Chiffrier-Rotormaschine mit Mehrfachrotor-Verfahren ein. Er bot der damaligen kaiserlichen Marine seine Maschine an und erhielt auch eine positive Beurteilung. Doch der Admiralstab lehnte eine Beschaffung zum damaligen Zeitpunkt ab, und empfahl stattdessen die Maschine dem Auswärtigen Amt anzubieten. Doch auch dieser Versuch blieb erfolglos. Erst 1926 kaufte die deutsche Marine die ersten Exemplare und setzte die Enigma C als Funkschlüssel C auf ihren Schiffen ein. Zwei Jahre später übernahm das Heer und 1935 schließlich die Luftwaffe das Gerät.

Nun aber zur Funktionsweise der Maschine, zumindest wie wir sie bisher verstehen. Sie besteht im Wesentlichen aus der Tastatur, einem Walzensatz von drei austauschbaren Walzen oder Rotoren sowie einem Lampenfeld zur Anzeige. Der Walzensatz ist das Herzstück zur Verschlüsselung. Die drei Walzen sind drehbar angeordnet und weisen auf beiden Seiten für die sechsundzwanzig Großbuchstaben des lateinischen Alphabets sechsundzwanzig elektrische Kontakte auf.

Diese sind durch die gleiche Anzahl isolierter Drähte im Inneren der Walze paarweise und unregelmäßig miteinander verbunden. Beispielsweise Kontakt A mit B, B mit D, und so weiter. Drückt man eine Buchstabentaste, so fließt elektrischer Strom von der Batterie über die gedrückte Taste durch den Walzensatz und lässt eine Anzeigelampe aufleuchten. Der aufleuchtende Buchstabe entspricht der Verschlüsselung des gedrückten Buchstabens. Da sich bei jedem Tastendruck die Walzen ähnlich wie bei einem mechanischen Tachometer weiterdrehen, ändert sich das geheime Schlüsselalphabet nach jedem Buchstaben. Ist das soweit verständlich, Gordon?«

Schmitt nickte und drehte die Enigma ein wenig zur Seite.

»Und was macht sie so einzigartig, Sir?«

Travis setze die Tasse Tee ab, an der er genippt hatte, und setzte seinen Vortrag fort.

»Ihr Verschlüsselungssystem! Es besteht aus mehreren isolierenden Rotoren, die auf jeder Seite eine gewisse Zahl von ringförmig angeordneten Schleifkontakten tragen.

Jeder dieser Kontakte ist mit einem anderen auf der gegenüberliegenden Seite des Rotors verbunden. Versteht man jeden dieser Kontakte als den Buchstaben eines Alphabets, so erhält man eine Substitution. Dreht man den Rotor nach jedem zu verschlüsselnden Buchstaben um einen Schritt weiter, so erhält man eine polyalphabetische Substitution mit der Periode 26. Wenn man annimmt, dass es sechsundzwanzig Kontakte auf jeder Seite gibt.

Nimmt man nun einen zweiten Rotor mit der Regel, dass er sich erst nach der vollen Umdrehung des ersten Rotors um einen Schritt weiterdreht hinzu, erhöht sich die Periode auf 26 mal 26 und mit ihr abermals die Sicherheit der Maschine. Jeder weitere hinzugefügte Rotor erhöht die Periode nochmals um den Faktor 26 und führt damit zu einem dramatischen Anstieg der Sicherheit.«

»Das ist sehr beeindruckend, Sir, aber was bedeutet polyalphabetische Substitution?«

»Einfach ausgedrückt: Anstatt ein Alphabet durch ein anderes zu ersetzen, ersetzen wir es durch viele Alphabete.«

»Das habe ich nun verstanden, aber wie knackt man so ein System?«

»Das genau ist das Problem, Gordon. Manuell ist das nicht zu machen. Und das wissen wir von den Polen, um auf Ihre erste Frage zurückzukommen, wie wir in den Besitz der Enigma gekommen sind.«

Jones unterbrach nun den Redefluss der beiden: »Erzähl ihm die Geschichte ruhig, Edward.«

»Wenn du meinst«, griff Travis den Faden wieder auf.

»Schon 1928, kurz nachdem das deutsche Heer mit den ersten Enigmas ausgerüstet worden war, erkannten polnische Wissenschaftler rund um den Mathematiker Marian Rejewski die Bedeutung der Enigma und machten sich mit Regierungsgeldern daran sie zu entschlüsseln. Der erste Einbruch in das Enigma-System gelang jedoch erst 1932, als Rejewski erkannte, dass die erste 6er-Gruppe einer Nachricht eine besondere Bedeutung haben musste. Schließlich waren die Polen in der Lage innerhalb von 20 Minuten die Rotor-Position und Rotor-Reihenfolge einer Enigma herausfinden zu können. Nach weiterer Dechiffrierarbeit konnte so jede Nachricht der Deutschen mitgelesen werden.

Diese Methode hatte jedoch einen entscheidenden Nachteil: Sollten die Deutschen auch nur eine Kleinigkeit am Indikationssystem zur Weitergabe der Rotor Positionen verändern, wäre die polnische Kartei sinnlos. Als dies 1938 geschah, weil das Modell der festen Grundstellung für einen Tag verworfen wurde, waren die Polen von einem Tag zum anderen plötzlich wieder blind.

Mittels einer neuen Methode konnten die Polen jedoch bald wieder die Nachrichten der Deutschen mitlesen. Sie verwendeten anstatt des Karteikartensystems, für das der Katalogisierungsaufwand und Suchaufwand inzwischen schon zu hoch war, sechs umgebaute Enigma-Maschinen, die sie hintereinander schalteten. Ihr mechanischer Teil tickte fortlaufend vor sich hin, bis eine Übereinstimmung in den Rotor Positionen gefunden wurde. Wegen des Tickens nannten die Polen ihre Erfindung Bomba, Bombe.

Im Dezember 1938 wurde ein zweites Mal die Arbeit der Polen zunichtegemacht, weil die Deutschen das Repertoire an Rotoren auf fünf erhöht hatten. Kurz vor dem Überfall des Deutschen Reiches 1939 auf Polen, am 24. Juli, kam es zu einem dreitägigen Treffen englischer und polnischer Codeknacker im Wald von Pyry etwa dreißig Kilometer südöstlich von Warschau. Dabei überreichten die Polen unseren verblüfften

Kollegen ihre Enigma-Nachbauten und ihr Wissen. Seit Januar dieses Jahres sind wir in der Lage, einige Luftwaffen-Meldungen zu lesen. Aber es ist noch ein weiter Weg, bis wir die Maschine ganz verstehen und ihre Meldungen lesen können.«

Gordon atmete tief durch. Das waren eine Menge Informationen, die er erst verarbeiten musste.

»Jetzt ist mir klar, wie wichtig es ist, die Geheimnisse der Enigma zu entschlüsseln. Vermuten aber die Deutschen nicht, wie weit wir schon sind?«

»Die Deutschen sind zum Glück von der Enigma total überzeugt. Sie sind der Ansicht, dass sie nicht zu knacken ist. Was im Grunde ja auch stimmt, wenn man manuelles Dechiffrieren als Maßstab nimmt. Daher ist die Arbeit von Turing auch so wichtig. Aber das kann er Ihnen selbst nachher erläutern.«

Gordon Schmitt wurde fast schwindelig bei dem Gedanken, weitere theoretische Abhandlungen eines solch komplexen Themas über sich ergehen lassen zu müssen. Nun aber übernahm Denniston die Funktion des Dozenten.

»Wir können Churchill dankbar sein, dass er schon früh die Bedeutung von Entzifferungen erkannt hat«, begann er seinen kurzen Monolog.

»Als Marineminister ordnete er im November 1914 an, nicht nur alle abgehörten oder abgefangenen Telegramme zu entziffern und für militärische Zwecke zu nutzen, sondern darüber hinaus auch solche aus vergangenen Jahren zu studieren um so das Denken der Deutschen durchschauen zu können. Auf ihn geht auch die Einrichtung der Kryptologieabteilung unter der Leitung von James Alfred Ewing im Zimmer 40 des Admiralitätsgebäudes zurück. Wegen der Zimmernummer nannte man die Abteilung dann einfach nur Zimmer 40.«

Gordons Blick hellte sich auf, denn Zimmer 40 war ihm natürlich als MI 6 Mitarbeiter ein Begriff, denn dies war letztlich der Vorläufer des jetzigen Geheimdienstes. Jones räusperte sich: »Ich denke, das ist für den Augenblick genug, oder Gordon?«

Schmitt nickte erleichtert.

»Ich bin sehr dankbar, dass Sie sich die Zeit genommen haben, mir dieses Thema näher zu bringen. Aber ich muss gestehen, dass mir jetzt der Schädel brummt.«

Die drei Männer lachten. Denniston stand auf, ging zu seinem Sekretär und kam mit einer Flasche Brandy zurück.

»Das lässt die neuen Eindrücke besser sacken«, meinte er schmunzelnd und schenkte in die Gläser ein, die er bereits vor Beginn des Treffens auf den Tisch stellen ließ.

»Haben Sie noch Fragen, Gordon?«

»Natürlich, Commander. Was kann ich tun, um Sie zu unterstützen?«

Commander Denniston kratzte sich am Kopf.

»Kapern Sie ein U-Boot und beschaffen Sie uns die Tagesinstruktionen der Deutschen.«

»Ist das alles, Commander? Nichts leichter als das«, lachte er und griff zu seinem Glas.

Die anderen taten es ihm gleich und prosteten sich zu. Jones warf einen Blick auf seine Armbanduhr.

»Jetzt wird es aber Zeit zu gehen«, und mit einem Blick auf Denniston, »vielen Dank für Ihre Unterstützung, Sir.«

»Keine Ursache«, meinte dieser, »aber nutzen Sie die Gelegenheit und schauen sie kurz bei Dilly Knox vorbei. Ich habe ihm schon gestern gesagt, dass ich sie beide bei ihm vorbeischicken würde.«

Jones war überrascht.

»Ich dachte Dilly hätte sich nach Cambridge zurückgezogen.«

»Hatte er auch, aber die momentane Lage erfordert jeden klugen Kopf in Station X.«

»Und wo finde ich ihn, Sir?«

»In Baracke 7. Direkt hinter den Ställen.«

Auf dem Weg dorthin wollte Gordon mehr von Jones über Knox wissen.

»Was ist das denn für ein Kauz, Sir?«

»Kauz ist gut«, antwortete Jones leise.

»Dilly muss jetzt so um die 55 Jahre alt sein. Er ist eigentlich Altphilologe und wurde 1915 direkt vom King's College in Cambridge für Zimmer 40 eingestellt. Nach dem Krieg hatte man die Abteilung von rund achthundert Mitarbeitern auf nur einige wenige zurückgefahren und unter der Tarnbezeichnung GC & CS überwiegend für das Außenministerium arbeiten lassen. Die Abkürzung steht für Government Code and Cipher School. Einer von diesen wenigen war Dilly. Wegen seiner überragenden Fähigkeiten übertrug man ihm eine kleine Abteilung, die in den 30er Jahren Methoden zur Entzifferung von Enigma-Funksprüchen erarbeiten sollte. Insbesondere solche für die im Spanischen Bürgerkrieg verwendete Enigma D ohne Steckerbrett. Das gelang ihm auch, doch mit seinen Methoden der linguistischen Kryptanalyse kam er nicht weiter. Auch als 1932 der für Frankreich spionierende Deutsche Hans-Thilo Schmidt geheime Schlüsseltafeln für die Monate September und Oktober 1932 verriet, war er nicht schlauer. Dilly war schnell klar, dass gegen moderne Maschinenchiffrierungen wohl nur mathematische Methoden Erfolg versprechend waren. Und jetzt kommt Turing ins Spiel. Ende 1938 besuchte der schon als Schüler kryptologisch interessierte Cambridge-Mathematiker Kurse des GC&CS. Ende 1938 assistierte er Dilly Knox bei dessen Versuchen, die Enigma I zu attackieren.«

»Ich verstehe«, murmelte Gordon nachdenklich.

»Knox der Linguistiker hat dann den Mathematiker Turing nach Bletchley Park vermittelt.«

»So ungefähr hat sich das abgespielt, Gordon!«

Mittlerweile waren sie bei Baracke 7 angekommen. Die Behausung entpuppte sich als akademisches Tohuwabohu. Für Außenstehende eine groteske Unordnung, für einen Geisteswissenschaftler durchaus eine geordnete Unordnung, in der er sich blind zurechtfand. Dilly Knox saß hinter seinem Schreibtisch und studierte eine Funkkladde, die man in der Nähe von Narvik einem deutschen Nachrichtenoffizier abgenommen hatte.

»Hallo Dilly ...«, rief Jones erfreut.

»Dich hätte ich heute gar nicht erwartet zu sehen. Ich war der Meinung, du wärest wieder in Cambridge.«

Knox hatte sich von seinem Schreibtisch erhoben und kam ihm strahlend entgegen.

»Das hatte ich auch vor, aber wenn die Nation ruft, stehe ich in der Pflicht«, antwortete Dilly mit einem Schalk in den Augen.«

Sie schüttelten sich kräftig die Hände, wie zwei Männer, die sich wahrlich mochten.

»Denniston rief mich gestern an und kündigte dich und deinen neuen Mitarbeiter an.«

Gordon Schmitt trat einen Schritt vor und reichte Knox ebenfalls seine Hand.

»Es sieht so aus, junger Mann, als hätten wir eines gemeinsam. Auch ich hatte das Glück, schon früh einen Chef gehabt zu haben, der große Stücke auf mich hielt.«

Gordon lächelte verlegen und trat wieder einen Schritt zurück. Knox ging wieder hinter seinen Schreibtisch und bot seinen Besuchern zwei Sessel an.

»Wollt Ihr eine Tasse Tee?«

»Nein danke, Dilly, wir stehen noch unter dem Einfluss von Dennistons Brandy.«

»Ihr seid bestimmt hier, um mehr über Turing zu erfahren, stimmt's R. V.?«

»Genau«, antwortete Jones und deutete auf Gordon.

»Er sollte soviel wie möglich über die Wichtigkeit der Dechiffrierung wissen, um das Problem Enigma verstehen zu können.«

»Dass er Englands begabtester Mathematiker ist, wissen Sie ja wohl schon, Gordon«, wandte sich Knox ihm zu.

»Dieser Ruf basiert auf wissenschaftlicher Kompetenz, besser gesagt auf seine Fähigkeiten als mathematischer Logiker, die er 1936 in einem aufsehenerregenden Traktat mit dem Titel On Computable Numbers, with an Application to the Entscheidungsproblem formulierte. Darin diskutierte er ein Modell zur Untersuchung von Fragen der Berechenbarkeit. Berechenbar heißt in diesem Sinne, dass ein Algorithmus zur Lösung des Problems existieren muss.«

»Ein deutsches Wort, Gordon, das müsste Sie doch entzücken«, warf Jones ein.

»Deutsch ja, aber was es in dem Zusammenhang bedeutet, ist mir schleierhaft«, brummte Schmitt.

»Fragen Sie bitte mich nicht nach dem tieferen Sinn dieses Wortes. Das sollte tunlichst Turing selber erklären«, entschied Knox.

»Er arbeitet zurzeit an einem neuen Problem, denn die Deutschen haben im Mai ihr Schlüsseltauschprotokoll gewechselt. Jetzt entfällt die Verdoppelung der Walzenstellungen beim Senden des Spruchschlüssels, sodass kein Klartextfragment mehr zur Verfügung steht.«

Gordon lehnte sich zurück und schlug die Beine übereinander.

»Ich beginne langsam zu erahnen, welche ungeheuren Schwierigkeiten zu bewältigen sind«, sagte er leise.

Prompt kam Knox mit einer Bemerkung, die deprimierend war.

»Ich glaube, das ist das größte Problem überhaupt, mit dem sich England konfrontiert sieht. Wenn wir es in naher Zukunft nicht lösen können, so fürchte ich um den Ausgang des Krieges.«

Jones unterbrach die plötzliche Stille.

»Malen wir den Teufel nicht an die Wand. Im Laufe der Geschichte hat England schon ähnlich drohende Gefahren gemeistert. Jetzt wollen wir doch mal hören, was der Meister der Algorithmen selber zu erzählen hat. Bringst du uns zu ihm, Dilly?«

»Das mache ich dort gerne, vor allem, weil wir keinen weiten Weg zurückzulegen haben. Turing residiert gleich nebenan.«

Knox erhob sich und geleitete seine Besucher durch eine Hintertür zur Baracke mit der Nummer 6.

Er klopfte kurz in einem anscheinend vereinbarten Morsetakt und betrat das Holzgebäude. Drinnen standen zwei Männer um einen Tisch, der mit Aufzeichnungen bedeckt war. Die Fenster waren durch Papier abgedunkelt, sodass die beiden nur in einem diffusen Licht zu erkennen waren, denn die Lampe, die von der Decke hing, erleuchtete ausschließlich den Tisch. Die beiden Männer hoben die Köpfe, als sie der Eindringlinge gewahr wurden.

»Hallo Alan, ich bringe dir deine Besucher. R.V. Jones kennst du ja bereits und dies hier ist Gordon Schmitt.«

Alan Turing reichte Jones die Hand. Er hatte eine mittelgroße Statur, mittellange Haare, deren Strähne ihm in der Stirn hing, und trug einen zweiteiligen Cordanzug und Krawatte. Der zweite Mann im Raum war etwas kleiner und war legerer gekleidet als Turing.

»Schön Sie wieder einmal begrüßen zu können, R.V. Was macht Knickebein?«

Jones musste lächeln.

»Dass Sie sich noch daran erinnern können, ist allerhand. Aber ich kann Sie beruhigen, wir haben die Sache im Griff.«

Turing drehte sich zu Gordon.

»Wie war noch mal Ihr Name? Ich habe ein miserables Namensgedächtnis müssen Sie wissen, und bitte das zu entschuldigen.«

»Gordon Schmitt, Sir«

»Ah, ein Engländer mit deutschen Vorfahren im Allerheiligsten«, lachte er.

»Darf ich Ihnen meinen geschätzten Kollegen Gordon Welchman vorstellen. Wie Sie sicher ahnen, ebenfalls ein Mathematiker.«

Für eine Weile tauschte man Nettigkeiten aus, bis Schmitt sich ein Herz fasste und Turing direkt ansprach.

»Sir, was muss ich mir unter Entscheidungsproblem im Zusammenhang mit Ihrem Traktat vorstellen?«

Turing schaute ihn interessiert an.

»Merkwürdig, Sie sind doch kein Mathematiker, oder? Dann sind Sie auch der Erste, der mir diese Frage stellt. Nun gut, ich will versuchen es laienhaft darzulegen. Bei dem Entscheidungsproblem handelt es sich um die Frage, zu einer gegebenen deduktiven Theorie ein allgemeines Verfahren anzugeben, das uns die Entscheidung darüber gestattet, ob ein vorgegebener, in den Begriffen der Theorie formulierter Satz, innerhalb der Theorie bewiesen werden kann oder nicht. Entscheidend ist dabei, ob es ein rein mechanisch anzuwendendes Verfahren, einen Algorithmus, gibt, der in endlich vielen Schritten klärt, ob ein Ausdruck, eine Formel, in einem System gültig ist oder nicht. Ist das so verständlich?«

Gordon nickte, doch so richtig hatte er es immer noch nicht begriffen. Höhere Mathematik war und blieb ein ewiges Rätsel für ihn. Jones kam seinem Schützling zu Hilfe.

»Alan, wie weit sind Sie denn mit der Entwicklung Ihrer Bombe?«

Durch Turing, der noch nachdenklich Schmitt anschaute, ging ein Ruck und seine Mine hellte sich auf.

»Oh, ganz hervorragend. Wie Sie wissen, ist die Entschlüsselung der Enigma nur maschinell zu erreichen, denn auf herkömmliche Weise lassen sich die mehr als eine Million mögliche Einstellungen nie knacken. Seit Januar arbeiten Welchman und ich an dem Projekt. Am 14. Mai war der Prototyp fertig. Den haben wir Victory genannt«, sagte er stolz und lächelte dabei Welchman an.

»Doch nach einigen Tests stellte sich heraus, dass die Bombe wesentlich langsamer war, als vorgesehen. Anfang August hatten wir die zweite Version fertiggestellt und die erfüllt jetzt all unsere Erwartungen. Jetzt können wir innerhalb von einer Stunde den Tagesschlüssel erarbeiten«, sagte er triumphierend.«

»Alle Achtung, Alan, das nenne ich einen Durchbruch«, erwiderte Jones.

»Durchbruch schon, aber kein endgültiger Erfolg. Wir brauchen Dutzende, nein Hunderte solcher Bomben, um alle Funksprüche lesen zu können. Und, die Deutschen dürfen ihr System nicht verändern, sonst sind wir wieder taub und blind.«

»Und was war die Lösung des Problems, das den Durchbruch ermöglichte«, hakte Schmitt nach.

»Mir fielen in vielen entzifferten deutschen Funksendungen, die wir nach dem polnischen Verfahren dechiffrierten, Strukturen auf, nach denen man teilweise voraussagen konnte, welche Inhalte wo im Text vorkamen. Vorausgesetzt man wusste, wann und woher sie gesendet wurden. Nur ein Beispiel. Einige deutsche Dienststellen sendeten täglich um 06:00 einen verschlüsselten Wetterbericht.

Demzufolge mussten die kurz nach 06:00 abgehörten Nachrichten fast sicher das Wort Wetter enthalten, und, da ja strenge deutsche militärische Vorschriften vorauszusetzen waren, musste dieses auch an einer bestimmten Position zu finden sein. Somit konnte man das Klartextfragment Wetter mit dem zugehörenden Geheimtext verknüpfen. Dieses Klartextfragment haben wir Crib getauft.

Meine Idee war nun, die hypothetischen Buchstabenschleifen elektrisch zu realisieren und drei Enigma-Maschinen ebenso elektrisch miteinander verbinden. Und zwar so, dass sich die Wirkung der Steckerbretter aufhebt und überdies eine aufleuchtende Glühbirne im Stromkreis anzeigt, wenn die passenden Walzenstellungen eingerastet sind, das Crib also nicht mehr widersprüchlich ist.«

»Genial«, murmelte Jones.

»Und das macht nun unsere Bombe automatisch«, fuhr Turing fort.

Gordon Schmitt wurde langsam bewusst, dass er sich mit ganz außergewöhnlichen Männern in einer außergewöhnlichen Situation befand. Man konnte Turing und Welchman ansehen, wie sehr ihr Erfolg sie befriedigte. Zum ersten Mal hatte man die Chance den gesamten Funkverkehr der Deutschen mitlesen zu können. Die vier Männer unterhielten sich angeregt noch weitere 30 Minuten, bevor Turing sie freundlich, aber bestimmt aus seinem Reich komplimentierte.

»Seien Sie mir nicht böse, aber wir müssen das Empire retten«, meinte er vielsagend.

Mittlerweile war es auch schon fast 18:00.

»Zeit, um mit dem Squadron Leader das vereinbarte Bier zu trinken«, sagte Jones und klopfte Gordon auf die Schulter.

»Lass uns auf dem Weg zu ihm kurz bei Travis nachfragen, ob er mitkommt.

Dann wird's noch lustiger«, grinste er und schlug schon die Richtung Haupthaus ein.

Natürlich hatte Jumbo Travis Lust und mit ihm im Schlepptau überfielen sie Jane Shaw in seinem Büro.

»Wollt Ihr mich schanghaien?«, mimte er den Furchtsamen.

Doch alles vermeintliche Sträuben half nicht und nach wenigen Minuten fand man sich im Kasino wieder, das wenig später durch das Klirren von Pint Gläsern und schallendem Gelächter zu leben begann.

Ilse Hamich begann jeden Morgen ihren Dienst um Punkt 08:00. Meist war Canaris schon mindestens eine oder zwei Stunden früher da. Doch an diesem Dienstagmorgen war sein Büro verwaist. Nur sein Mantel in der Garderobe deutete darauf hin, dass er zumindest im Hause war. Erst auf dem zweiten Blick entdeckte sie einen Spickzettel, den ihr der Admiral auf den Bakalitkasten ihres Telefons geklebt hatte.

Mühsam entzifferte sie seine Handschrift: »Bin nebenan beim OKH. Falls ich später als 09:15 zurück sein sollte, kümmern Sie sich bitte um Oberleutnant Schmidt.«

Nichts lieber als das dachte sie verschmitzt und hängte ein hoffentlich bleibt der Admiral bis zum Abend weg hintendran. Langeweile drohte nicht. Ein Blick auf ihren Stenoblock zeigte ihr, dass sie mindestens zwei Stunden damit beschäftigt sein würde.

Was ihr der Admiral in ihre Blöcke am gestrigen Abend diktierte, hatte es in sich. Es war eine Rekapitulation der Besprechung mit Heydrich, das sie an Walther von Brauchitsch, Oberbefehlshaber des Heeres und Wilhelm Keitel, dem Chef des Oberkommandos der Wehrmacht zu versenden hatte. Trotz ihres erstaunlich jungen Alters von zweiundzwanzig Jahren war sie als Sekretärin des Admirals eine Geheimnisträgerin und Canaris hielt große Stücke auf sie.

»Haben sie denn überhaupt kein Privatleben?«, wollte er eines Abends von ihr wissen, nachdem sie bis kurz vor Mitternacht Diktate aufgenommen hatte.

»Ach wissen Sie Chef, die wirklich tollen Männer sind alle an der Front.«

Wirklich alle dachte sie in diesem Moment und hatte den feschen Oberleutnant vor Augen. Da wollen wir doch mal sehen, ob ich ihn bezirzen kann?

Canaris war tatsächlich im Bendlerblock, um den Termin mit von Brauchitsch wahrzunehmen, den er gestern kurzfristig mit höchster Dringlichkeitsstufe beantragt hatte. Pünktlich um 08:00 betrat Canaris das Büro seines Chefs. Walther von Brauchitsch war ein typischer adeliger Vertreter seines Standes, ein perfekter Repräsentant preußischer Traditionen. Eigentlich kein Nazi, fühlte er sich dennoch in Hitlers Schuld, da der von ihm bei seiner schwierigen Scheidung mit Nachsicht behandelt worden war.

»Guten Morgen Herr Generaloberst«, meldete er sich korrekt und blieb vor von Brauchitschs Schreibtisch stehen. Der Generaloberst deutete ihm mit einer jovialen Geste Platz zu nehmen und bot ihm eine Zigarette an.

»Ich nehme an, Sie wollen mich wegen Ihres Treffens mit Heydrich sprechen«, eröffnete er die Unterhaltung.

Canaris ließ sich seine Überraschung nicht anmerken, sondern erwiderte: »Dann kann ich davon ausgehen, dass der Vorschlag aus dem Hause Himmler tatsächlich Ihre
Unterstützung findet.«

Von Brauchitsch schaute ihn ernst an.

»Der Führer selbst hat Keitel und mir vor einigen Tagen mitgeteilt, dass er diese Zusammenarbeit bezüglich der Waffenentwicklung der nächsten Generation wünscht. Er teilte uns ebenfalls mit, dass auch die Chefs der übrigen Wehrmachtsteile, sowie Fritz Todt informiert worden seien.«

»Und Sie sind damit einverstanden, Herr Generaloberst?«

»Was soll ich gegen eine Führerweisung unternehmen, Canaris? Auf der einen Seite fürchte ich wie Sie den langen Arm Himmlers und mir ist wie Ihnen sonnenklar, dass seine Absicht auf die Bildung eines eigenen Waffenamtes hinausläuft, doch sehe ich auch Vorteile in dieser Konstellation.«

Canaris hob eine Augenbraue und schaute seinen Chef ungläubig an.

»Wie soll ich das denn verstehen, Herr Generaloberst.«

»Sehen Sie Canaris, seit einigen Jahren pumpen wir Unsummen in die Entwicklung der Raketenwaffen, ohne dass wir sie bisher einsatzbereit machen konnten. Wir haben sogar ein geheimes Entwicklungszentrum auf Usedom eingerichtet, wo Dr. Wernher von Braun mit seinem Team unter der Leitung von Major Dornberger die A-3, beziehungsweise A-4 sowie eine Flak Rakete entwickelt. Ich selber war im März 1939 mit Hitler in Kummersdorf bei einer Demonstration unserer Entwicklungen.

Sie kennen Hitler und seine technische Detailverliebtheit. Aber weder die Rakete noch der eindrucksvolle Triebwerkstest haben ihn beeindruckt. Und dann auch noch die Weisung, jegliche Entwicklung, die länger als ein Jahr bis zur Einsatzreife dauert, einzustellen. Glauben Sie mir, Himmler wird sich verrechnen. Er wird unsere Raketenentwicklung finanzieren und forcieren, und Sie sehen zu, dass nichts anbrennt. Sie kennen doch Himmler und Heydrich sogar ganz gut, nicht wahr?«

»Nun ja«, druckste der Admiral herum.

»Heydrich kenne ich in der Tat seit 1924, aber unterschätzen Sie nicht seinen unbändigen Machtwillen. Ich kann mir vorstellen, dass er Himmler beerben will.

Zu Himmler habe ich ein korrektes, aber nicht freundschaftliches Verhältnis.«

»Dann ändern Sie das, Canaris. Und halten Sie mich auf dem Laufenden. Haben Sie übrigens schon einen Ihrer Mitarbeiter als Kommissionsvertreter ausgewählt?«

»Das habe ich, Herr Generaloberst. Oberleutnant Schmidt wird mit Sturmbannführer Walter Schellenberg der Kommission vorstehen.«

»Sehr gut Canaris. Ist Ihr Mann in Berlin stationiert?«

»Zurzeit in Rechlin, Herr Generaloberst.«

»Dann sehen Sie zu, dass er schleunigst in die Reichshauptstadt kommt. Dann können Sie ihn unter Ihren Fittichen behalten.«

»Zu Befehl, Herr Generaloberst!«

»Machen Sie weiter so, Canaris … Ich verlasse mich auf Sie!«

Othmar Schmidt wurde gegen 07:00 durch das Klingeln des Telefons geweckt.

»Ihr Weckruf, Herr Oberleutnant. Der Kaiserhof wünscht Ihnen einen schönen Tag.«

Schmidt drehte sich auf den Rücken und starrte aus dem Fenster. Der Himmel war milchig grau, aber es regnete nicht. Hochnebel dachte er. Der wird sich bis zum Nachmittag verzogen haben und ich kann schleunigst nach Rechlin zurück, freute er sich. Für ein paar Minuten konnte sich Schmidt nicht entscheiden, ob er aufstehen, oder noch ein halbes Stündchen weiter dösen sollte. Schließlich siegte die Vernunft.

»Ein gutes Frühstück, bezahlt vom Reichsheini, hilft dir durch den Tag«, murmelte er und sprang aus dem Bett.

Seine Morgentoilette beendete er ziemlich zügig. Bereits dreißig Minuten später erfreute er sich eines wahrhaft fürstlich gedeckten Frühstückstisches, der mit allem bestückt war, was ein erwachsener junger Mann verdrücken konnte. Danach entschied er, auf direktem Wege zum Tirpitzufer zu gehen.

Mit Schwung öffnete Schmidt exakt um 08:45 die Tür zu Canaris Vorzimmer, wo Ilse Hamich gerade über einem Schriftstück saß, das korrigiert werden musste.

»Nicht so stürmisch, Herr Oberleutnant, sonst geht noch was zu Bruch«, sagte sie und lächelte ihn an.

Auf diesen Moment hatte sie sich den ganzen Morgen vorbereitet. Hoffentlich bemerkt er mich überhaupt, dachte sie und schmolz dahin, als er seine Mütze gekonnt auf die Garderobe warf, wo sie, der Schwerkraft trotzend, lange pendelte, bis sie an dem Haken hangen blieb.

»Ich habe die ganze Nacht geübt, um Sie zu beeindrucken«, grinste er.

Oberleutnant Schmidt war zwar schüchtern, aber nicht auf den Kopf gefallen und hatte gemerkt, dass Ilse ihn anhimmelte. Dabei musste er zugeben, dass sie durchaus eine sehr attraktive junge Dame war, die gleichermaßen gut zur Abwehr wie auch zu den Ufa-Studios in Babelsberg passte.

»Wo ist denn der Admiral?«

»Bei seinem Chef«, flötete Ilse und trug aufreizend einen Aktenordner zum gegenüberliegenden Schrank. Das war zwar nicht notwendig, aber sie hatte extra hochhackige Schuhe angezogen, um ihm ihren aufreizenden Gang vorzuführen. Und das gelang ihr vortrefflich. Wo hat sie das nur gelernt fragte er sich. Ilse sah an seiner Mine, dass sie mit Teil 1 ihres Eroberungsplanes ins Schwarze getroffen hatte.

»Darf ich Ihnen eine Tasse Kaffee anbieten?«

»Gerne, schwarz und ohne Zucker bitte«, antwortete er und zog einen Stuhl heran auf den er sich rittlings ihr gegenübersetzte.

Ilse war in einen kleinen Nebenraum gegangen, wo sich eine kleine Kochküche befand. Wenig später setzte sie eine Tasse dampfenden Kaffee vor ihm ab und zog sich auf ihren Bürostuhl zurück.

»Wo wohnen Sie eigentlich, wenn ich fragen darf.«

»Sie dürfen Herr Oberleutnant, ich teile eine Wohnung mit meiner Freundin in der Krausnickstraße, einer Seitenstraße der Oranienburger.«

»Zu Fuß ist das aber eine ganz schöne Strecke.«

»Mit dem Fahrrad, Herr Oberleutnant, ist das ein Klacks. Nur im Winter ist es beschwerlicher. Da nehme ich Bus und Bahn und das dauert«, seufzte sie.

»Schade, dass ich nicht in Berlin wohne, sonst würde ich sie abholen«, warf er galant ein.

»Das würden sie nicht!«, lachte sie.

»Oh doch, darauf können Sie wetten!«

»Das sagt sich so leicht, wenn man weit weg von Berlin wohnt«, sagte sie leise.

In diesem Moment hörte Ilse wie die Tür im Nebenzimmer geöffnet wurde. Schnell wie der Blitz war sie auf den Beinen und nebenan verschwunden. Schmidt hörte die gedämpfte Stimme von Canaris, der Ilse ein paar Anweisungen gab. Kurze Zeit später war sie wieder zurück und teilte Schmidt mit, dass der Admiral nun Zeit für ihn hätte. Schmidt stand auf, drehte den Stuhl wieder in die richtige Richtung, warf Ilse eine Kusshand zu und war durch die Tür verschwunden. Der Admiral stand am Fenster und schaute auf den Landwehrkanal.

»Guten Morgen, Wilhelm.«

»Hallo Othmar, wie war der Abend?«

»Ganz lustig muss ich zugeben. Heydrich und Schellenberg haben einiges in Bewegung gesetzt, um mich zu beeindrucken.«

»Das denke ich mir«, murmelte Canaris.

Schmidt machte es sich in einem der Besuchersessel bequem.

»Ist dir denn noch ein bekanntes Gesicht aufgefallen, Othmar?«

»Nein, von den wenigen Herren, die anwesend waren, kannte ich niemanden. Aber um dir deine nächste Frage vorwegzunehmen, ja ich habe eine Überraschung von Heydrich für dich.«

»Da bin ich aber gespannt, Othmar, schieß los.«

»Himmler ist nicht der alleinige Initiator der neuen Waffeninitiative …«

»Ein bisschen zügiger, Othmar, wir haben nicht den ganzen Tag Zeit«, drängte Canaris.

»Postminister Karl Wilhelm Ohnesorge!«

Rumms, das saß dachte Schmidt, damit hat der alte Fuchs anscheinend nicht gerechnet.

»Jetzt beginne ich langsam zu verstehen, warum Himmler so schnell alle Ampeln auf Grün setzen konnte«, sinnierte Canaris.

»Ohnesorge ist einer der ältesten Kämpfer mit der Mitgliedsnummer 42 der NSDAP und Träger des goldenen Parteiabzeichens. 1920 hat er in Dortmund den ersten Stützpunkt der NSDAP gegründet und in die

Auseinandersetzung mit der französischen Besatzung und der Regierung im Rheinland eingegriffen. Aber noch wichtiger ist die Tatsache, dass er ein sehr enger und persönlicher Freund Hitlers ist. Und dennoch ist er in der Nazi-Hierarchie nicht unumstritten. Er hat viele Neider.«

Für Sekunden verstummte Canaris und setzte dann hinzu: »Vielleicht sucht er im Schulterschluss mit Himmler und der SS den Befreiungsschlag.«

»Und die Anerkennung seines Freundes Adolf«, schickte Schmidt hinterher.

Canaris spielte mit seinem Füllfederhalter und blickte dem Oberleutnant direkt in die Augen.

»Generaloberst von Brauchitsch wünscht, dass ich dich so schnell wie möglich nach Berlin
Versetze.«

»Damit habe ich schon gerechnet«, entgegnete Schmidt.

»Und es ist mir auch ganz recht, denn ich brauche deine Hilfe, um diese Aufgabe lösen zu können.«

»Dann hätten wir die Frage ja schnell geklärt, sagte Canaris.

»Das Büro werden wir neben meinem einrichten, dann hast du auch automatisch ein Sekretariat.

Oster wird die Wohnungsfrage regeln. Ich schlage vor, du fängst am Montag hier an, dann bleibt dir noch genug Zeit, das Büro in Rechlin aufzulösen und etwaige Termine neu zu disponieren. Hast du dir schon Gedanken wegen der Zusammensetzung des Ausschusses gemacht?«

Schmidt hatte diese Frage bereits erwartet.

»Ich schlage vor, wir suchen zunächst einen kleinen Arbeitskreis aus je einem Vertreter des Luftfahrtministeriums, der Marine, des Heereswaffenamtes und der Waffen-SS aus. Der diskutiert und grenzt zunächst die Hauptschwerpunkte und die wichtigsten Projekte ein und stellt einen Katalog von Entwicklungen zusammen, damit wir einen Überblick über die gesamte Bandbreite der Forschung bekommen. Bist du damit einverstanden, Wilhelm?«

»Bis auf die Tatsache, dass du Ohnesorges Entwicklungszentrum Hakeburg vergessen hast, gehe ich mit deinem Vorschlag konform. Ohnesorge muss von Anfang an allen Beratungen teilnehmen und in den Entscheidungsprozess eingebunden werden. Denn das ist es ja, was er will und weswegen er wahrscheinlich den Pakt mit dem Teufel eingegangen ist.«

»Ich verstehe«, erwiderte Schmidt.

»Er will nicht nur finanzieren, er will auch forschen und entwickeln lassen und die Reichspost zu Deutschlands führender Forschungseinrichtung machen.«

»Du triffst den Nagel auf den Kopf, Othmar. Ohnesorge ist besessen, davon, mit seinen elektronischen Entwicklungen dem Reich zum Sieg zu verhelfen. Und das, so glaubt er, kann er am besten mit Himmlers SS.«

»Nun dann sollte ich ihn nächste Woche sofort als Erstes aufsuchen«, grinste Schmidt.

»Tu das, Othmar …Ich muss jetzt zu meinem Reittermin mit Heydrich. Wir sehen uns dann am Nachmittag noch mal, bevor du nach Rechlin fliegst.«

»In Ordnung, Wilhelm. In der Zwischenzeit telefoniere ich noch mit Schellenberg und schau bei Oster vorbei.«

»Gute Idee, Othmar, dann kannst du sofort das Thema Wohnung ansprechen.«

Canaris erhob sich von seinem Sessel und nahm Mantel und Mütze vom Haken.

»Dann bis 14:00, Othmar«, sagte der Admiral und verließ den Raum.

Schmidt zog das Telefon auf Canaris Schreibtisch zu sich heran und wählte die Nummer von Schellenberg im RSHA. Er informierte ihn von seiner Versetzung nach Berlin und unterbreitete ihm seine Idee von der Zusammensetzung des Ausschusses. Schellenberg zeigte sich seinen Vorschlägen sehr aufgeschlossen und man vereinbarte das Treffen zwischen Heydrich und Canaris abzuwarten, um danach nochmals zu telefonieren. Anschließend begab sich Schmidt nach nebenan und bat Ilse Hamich ihn bei Generalmajor Hans Oster anzumelden. Als Osters Vorzimmer den Grund für Schmidts kurzfristigen Besuch wissen wollte, raunte Schmidt ihr »Versetzung nach Berlin« zu und grinste sie an. Nachdem sie einen positiven Bescheid bekam, legte sie den Hörer auf die Gabel und meinte: »Das ist ja eine schöne Überraschung, Herr Oberleutnant«, und lächelte ihn mit einem gewissen Etwas im Blick an.

»Sie sollen am besten sofort zum Generalmajor kommen«, fügte sie hinzu.

Hamichs Kollegin Inga Haag, die inzwischen ebenfalls im Büro eingetroffen war, bemerkte sofort die knisternde Atmosphäre, die sich zwischen den beiden entwickelte. Nachdem Schmidt den Raum verlassen hatte, sprach sie Ilse direkt an.

»Das scheint ja schneller zu gehen, als du es dir in den kühnsten Träumen hast vorstellen können.«

Ilse lächelte selig: »Ich hoffe, du hast recht.«

Schmidt kannte Hans Oster durch Canaris recht gut und wusste von dessen kritischer Haltung gegenüber Hitler. Bereits zweimal musste er miterleben, wie Canaris ihn inständig bat, nicht so laut und derbe, insbesondere vor ihm Unbekannten, über die Führung herzuziehen.

»Eines Tages wird es dich deinen Kopf kosten, Hans«, hatte Canaris einst zu ihm gesagt.

Was er aber nicht wusste, war die Tatsache, dass Oster bereits im September 1938 zu einer gewaltsamen Aktion gegen die Reichskanzlei entschlossen war, als Hitler die Tschechoslowakei durch Kriegsandrohung zur Abtretung des Sudetengebietes zwingen wollte. Oster war die Zerstörung des Rechtsstaates zuwider und verabscheute die Methoden des NS-Regimes, die er so gut kennengelernt hatte.

Schmidt hatte sich bislang aus allen Debatten herausgehalten. Zum einen, weil er selber noch zu blauäugig die Machtübernahme und die Wiederaufrüstung betrachtete. Die Erfolge der Wehrmacht in Polen und Frankreich hatten in ihm den Glauben gestärkt, dass ein Sieg über die Feinde des Reiches möglich wäre. Darüber hinaus gehörte er zu der Generation, die durch das Regime Vorteile hatten.

Politisch ein Konservativer wie Canaris und die meisten anderen Militärs, erhoffte er die Überwindung der Hemmnisse des Versailler Vertrags und bessere Karrierechancen durch die Vergrößerung der Streitkräfte. Aber es war auch Canaris, der dafür sorgte, dass er nicht in den Kreis der Verschwörer hineingezogen wurde, die sich um Hans Oster scharten. Canaris wusste wie kein anderer um die Zwickmühle des Widerstands innerhalb der Wehrmacht. Die einen um Oster wollten Hitler festzunehmen und töten, die anderen beabsichtigten lediglich, den Führer zu zwingen, seine Kriegspläne aufzugeben. Zu Letzteren gehörten der Generalstabschef des Heeres Halder und der Oberbefehlshaber Walther von Brauchitsch.

Als Schmidt das Büro Osters betrat, begrüßte dieser ihn herzlich und wies ihm einen Besucherstuhl zu.

»Ich habe schon von Canaris von den neuen Entwicklungen gehört«, begann er das Gespräch und seine Miene verdunkelte sich.

»Wenn es tatsächlich dazu kommt, wird dies den Krieg nicht verkürzen, sondern verlängern. Und die Macht der SS auf den militärischen Komplex übertragen.«

Schmidt fühlte sich nicht wohl in seiner Haut. Auf eine politische Diskussion mit Oster war er nicht vorbereitet.

»Ich werde alles Menschenmögliche tun, damit es dazu nicht kommt, Herr Generalmajor.«

»Das will ich hoffen, Herr Oberleutnant«, seufzte er.

»Ich nehme an, ich soll als Immobilienmakler fungieren?«

Schmidt musste im Stillen schmunzeln, denn der versteckte Vorwurf war nicht zu überhören.

»Der Admiral hat mich zu Ihnen als Leiter der Zentralabteilung Personal- und Finanzwesen geschickt, Herr Generalmajor. Ich nehme an, Sie werden solche eine Aufgabe delegieren.«

»Worauf Sie wetten können, Oberleutnant«, musste Oster grinsen und hatte bereits den Hörer in der Hand: »Steinbüchel, ich schicke Ihnen gleich Oberleutnant Othmar Schmidt vorbei.

Besorgen Sie ihm eine Wohnung, am besten eine in der Nähe vom Tirpitzufer, wenn Sie können.«

Er hängte auf, unterschrieb ein Blankoformular und schob es Schmidt zu.

»Für die Akten«, meinte er lachend und wies ihn an, Oberfeldwebel Hermann Steinbüchel aufzusuchen, der die Liegenschaften verwaltete.
»Hals und Beinbruch Schmidt.«
Mit einem Handschlag verabschiedete sich Schmidt von Oster und ging zurück in das Sekretariat von Canaris, in dem Ilse mutterseelenallein saß.
»Gehen Sie mit mir einen Happen in der Kantine essen, Fräulein Ilse?«
»Mit Vergnügen, Herr Oberleutnant …« und ordnete schnell noch ein paar Papiere auf ihrem Schreibtisch.

Als Canaris am zur Reitstunde mit Heydrich am Backsteinbau des Tattersalls des Westens an der Grolmannstraße eintraf, war Heydrich bereits dabei, sein Pferd zu satteln.
»Morgen, Admiral«, begrüßte er Canaris mit seiner üblichen Kälte. Ganz im Gegensatz zu seinem Besuch gestern.
»Sie haben einen gehörigen Eindruck bei meinem Mann hinterlassen, Gruppenführer«, erwiderte Canaris und übernahm das Pferd, das ein Stallbursche bereits für ihn vorbereitet hatte.
»Das ist schön zu hören, dass ihm unsere Gesellschaft gefallen hat«, lächelte Heydrich.
Sie bestiegen die Pferde und schlugen den direkten Weg zum Tiergarten ein. Nach einer Weile des Schweigens sagte Heydrich: «Ich bin mir sicher, Admiral, dass Sie über die Pläne des Führers im Bilde sind. Ich meine nicht nur das Unternehmen Barbarossa im nächsten Jahr, sondern auch mittelfristig die Angriffsplanung auf Amerika.«
»Aber Hitler unternimmt doch alles, um Roosevelt und den Kongress zu beruhigen«, entgegnete Canaris.
»Das ist richtig, jedoch dient diese Politik ausschließlich dazu, einen Kriegszustand zwischen Deutschland und den USA aufzuschieben, nicht aber zu den Akten zu legen. Der Führer hat bereits Göring angewiesen, die deutsche Luftfahrtindustrie aufzufordern, Entwürfe für einen Amerikabomber einzureichen.«
Für einen Moment war nur das Geklapper der Hufe auf dem Kopfsteinpflaster zu hören. Dann fuhr Heydrich fort.
»Der Reichsführer ist jedoch, wie auch eine Reihe von Wirtschaftsführern der Ansicht, dass Deutschland einen solchen Krieg nur führen kann, wenn dieser blitzschnell entschieden werden kann. Himmler wie auch Reichspostminister Ohnesorge befürchten gleichermaßen, dass das Reich langfristig gegen die industrielle Macht der USA chancenlos sein wird. Aus dieser Sorge heraus haben der Reichsführer und der Reichspostminister beschlossen, das wissenschaftliche Potenzial des Reiches zu stärken und die akademische Elite zur Schaffung von neuen und überlegenen Waffensystemen zu motivieren. Der Führer ist sich sicher, dass Russland binnen sechs Monate besiegt sein wird und England dadurch in eine aussichtslose Lage gebracht wird, die das Überleben des Empires

infrage stellen wird. Ob der Führer anschließend den Kampf mit den USA aufnehmen will, entzieht sich meiner Kenntnis. Dass er aber stattfinden wird, steht für mich außer Frage. Und für diesen Tag X wollen Himmler und Ohnesorge gerüstet sein.«

Die beiden Reiter hatten inzwischen den Tiergarten erreicht und das Klappern der Hufe war einem dumpfen Stampfen gewichen, das nur ab und zu von einem Schnauben unterbrochen wurde.

»Finis Germaniae«, stieß Canaris plötzlich hervor.

»Was meinen Sie«, fragte Heydrich.

»Das Ende Deutschlands wäre gewiss, wenn dieser von Ihnen geschilderte Fall einträfe«, sagte Canaris und schaute Heydrich an.

»Glauben Sie wirklich, wir hätten die Zeit, Waffen zu entwickeln, die den Engländern und Amerikanern überlegen wären, um den Krieg für Deutschland zu entscheiden?«

Heydrich blickte ihn aus seinen kalten Wolfsaugen an: »Sie wissen doch von Schmidt, woran in Rechlin und in den Entwicklungsbüros der Luftwaffe geforscht wird. Oder was in den Konstruktionsbüros der Marine entsteht. Wenn Sie aber wüssten, woran alleine in der Hakeburg unter Ohnesorge geforscht wird, würden sie anders darüber denken. Wir müssen nur die Zeit nutzen. Jeder Tag, der nicht für die Entwicklung neuer Kampftechnik genutzt wird, ist ein verlorener Tag für das Reich, Admiral.«

Canaris saß kerzengerade im Sattel und starrte auf einen fernen imaginären Punkt.

»Gruppenführer, um den Ausschuss so reibungslos wie möglich arbeiten zu lassen, sollten wir uns auf die jeweiligen Aufgabengebiete unsere Dienste beschränken, so wie wir sie in den Zehn Geboten am 17. Januar 1937 manifestiert haben.«

Heydrich musste kurz antraben, um einem entgegenkommenden Major auszuweichen und ließ sich wieder mit seinem Pferd auf Höhe des Admirals zurückfallen.

»Für den Augenblick mag ich Ihnen zustimmen, aber mittelfristig müssen wir die Vereinbarung den neuen Gegebenheiten anpassen«, stellte er kühl und emotionslos fest.

»Bis es soweit ist, werden wir beide Schellenberg und Schmidt voll unterstützen und vor allem vor den Geiern schützen, die alles daransetzen werden, den Status quo wieder herzustellen.«

Oberleutnant Schmidt kam gut gelaunt von Oberfeldwebel Hermann Steinbüchel, der ihm eine Abwehr eigene 2-Zimmer-Wohnung in der Kurfürstenstraße, Ecke Derfflingerstraße zugewiesen hatte. Leise pfeifend betrat er das Vorzimmer von Canaris, wo die beiden Sekretärinnen konzentriert hinter ihren Olympia Schreibmaschinen saßen und Briefe von ihren Stenoblöcken abfassten.

»Ist der Admiral schon zurück?«

Ilse schaute kurz von ihrer Maschine auf, ohne mit dem Tippen aufzuhören.

»Das wird noch eine Weile dauern, gehen Sie doch nach nebenan und machen Sie es sich bequem.«

Schmidt bemerkte wie konzentriert die beiden Damen bei der Sache waren und beschloss, leise den Rückzug anzutreten. Im Büro Canaris rief er zunächst den Flughafen Tempelhof an, um seinen Abflug anzumelden, dann ließ er sich mit seinem Freund Otto Lechner verbinden, um die ausgefallene Verabredung für den gleichen Abend neu zu terminieren. Sie verabredeten sich für 20:00 im Kasino von Rechlin. Anschließend vertiefte er sich wieder in seine Aufzeichnungen für die Agenda und Zusammensetzung des Technologieausschusses. Es dauerte noch eine Stunde, bis er im Vorzimmer die Stimme des Admirals erkannte. Wenige Augenblicke später öffnete sich die Tür und Canaris erschien im Türrahmen. Er schien beunruhigt und deprimiert, denn seine Körpersprache ließ Schmidt keinen anderen Schluss zu.

»Alles erledigt, Othmar?«, fragte er kurz und hängte seinen Mantel und Mütze an die Garderobe.

»Wohnung organisiert und fertig zum Abflug nach Rechlin«, meldete Schmidt und fügte ein »gab es Schwierigkeiten?« hinterher.

Canaris winkte ab.

»Diesmal ließ Heydrich die Nettigkeiten zu Hause«, seufzte er und ließ sich in seinen Sessel fallen.

»Wir müssen uns auf harte Zeiten einstellen, Othmar. So wie ich jetzt die Lage einschätze, haben Himmler und Heydrich alle Trümpfe in der Hand.«

Canaris schüttelte langsam seinen ergrauten Kopf.

«Wenn ich nur wüsste, wie sie das bei Hitler angestellt haben«, sprach er leise.

»Nur das hilft uns jetzt auch nicht weiter«, setzte er sein Selbstgespräch fort.

»Ich werde mich so schnell wie möglich mit Leeb im Heereswaffenamt, mit Generalluftzeugmeister Ernst Udet im technischen Amt des Reichsluftfahrtministeriums, sowie mit dem Chef des Marinewaffenhauptamtes, Generaladmiral Karl Witzell absprechen und für dich einen Termin festlegen. Kann ich davon ausgehen, dass du ab Montag hier sein wirst, Othmar?«

»Kannst du, Wilhelm. Die neue Adresse meiner möblierten Wohnung lautet übrigens Kurfürstenstraße 60. Das ist genau an der Ecke Derfflingerstraße.«

»Sehr gut, dann kannst du das Amt leicht zu Fuß erreichen. Dann kehre jetzt nach Rechlin zurück und löse dein Büro und die Wohnung auf. Wir sehen uns dann nächsten Montag um 09:00 in meinem Büro.«

Schmidt verabschiedete sich vom Admiral und seinen Damen und fuhr mit einem Wagen der Fahrbereitschaft zum Flugfeld Tempelhof.

Die Formalitäten waren schnell erledigt und sechzig Minuten später landete Schmidt in Rechlin.

Sein erster Gang führte ihn in das Büro von seinem Vorgesetzten in Rechlin, Oberst Petersen. Schmidt erklärte ihm die neue Lage, wurde aber schon im Ansatz von ihm unterrichtet, dass bereits Oberst Hans Piekenbrock ihn fernmündlich und per Telex von seiner Versetzung nach Berlin berichtet hatte. Nachdem er sich auf seinem Zimmer frisch gemacht hatte, setzte er sich mit Otto in Verbindung und überredete ihn zu einem »Gedeck« im Kasino. Das entpuppte sich als Bier und Korn und sollte erst der Anfang eines feucht-fröhlichen Abends werden. Otto Lechner war natürlich neugierig zu erfahren, welchen Grund seine Versetzung nach Berlin habe und löcherte Schmidt permanent mit offenen und versteckten Fragen, um ihm das Geheimnis zu entlocken. Doch Schmidt blieb hart. Insgeheim bastelte er bereits an einer Möglichkeit seinen Freund in dem neuen Aufgabenbereich unterzubringen, da er ihn als Aerodynamiker sehr schätzte und wusste, dass auch Koryphäen wie Willy Messerschmitt und Kurt Tank von der Focke-Wulf Flugzeugbau AG seinen Eindruck teilten. Letzteres war keine Überraschung, denn es war Tanks letztes Design, der Jagdeinsitzer Focke-Wulf Fw 190, den Lechner auf Herz und Nieren prüfen sollte.

Nachdem Otto merkte, dass alle seine Tricks nicht fruchteten, gab er sein Vorhaben auf, Othmar auszuhorchen. Ihre Gespräche kreisten in erster Linie um technische Dinge, wie Turbinen- und Raketenantriebe, der neuen Fw 190 und den Ideen der Gebrüder Horten, die die Entwicklung der Nurflügel-Flugzeuge vorantrieben.

Alle drei Horten Brüder waren seit 1936 Offiziere der Luftwaffe. Wolfram starb 1940 als Pilot einer Heinkel He 111 in der Nähe von Dünkirchen, Walter wurde bei Kriegsbeginn als technischer Offizier zunächst Jagdflieger und flog eine Me 109 an der Westfront. Er war für eine Weile Flügelmann von Adolf Galland und erzielte neun Abschüsse in der Luftschlacht um England. Auch Reimar wurde zum Me-109-Piloten ausgebildet, wurde dann aber zu einer Segelflugschule versetzt, die einige Kranich-Segelflugzeuge für die Operation Seelöwe zum Munitionstransport vorbereiten sollte.

Natürlich kreisten auch die Gespräche um den bevorstehenden Vortrag von Dr. Hans-Joachim Pabst von Ohain. Von Ohain suchte bereits ab 1930 während seines Physikstudiums an der Georg-August-Universität in Göttingen nach einem neuen Antriebssystem für Flugzeuge. Zusammen mit Max Hahn baute er ein Versuchsmodell eines revolutionären Turbinentriebwerks. Als das Projekt zu kostspielig wurde, wandte sich von Ohain mit einer Empfehlung seines Doktorvaters Professor Pohl an den Flugzeugkonstrukteur Heinkel. Dieser stellte von Ohain und Hahn umgehend ein und gründete eine geheime Forschungswerkstatt, ohne das Reichsluftfahrtministerium in Kenntnis zu setzen. 1936 meldete von

Ohain das Patent »Verfahren und Apparat zur Herstellung von Luftströmungen zum Antrieb von Flugzeugen« an.

Zu dieser Zeit hatte bereits Frank Whittle in England das erste Strahltriebwerk registrieren lassen. Da beide Ideen wichtige Unterschiede aufwiesen, erhielt von Ohain 1937 sein Patent. Der erste Probelauf des neuen radialen Strahltriebwerkes, der He S3B, gelang am März 1937. Parallel zur Triebwerksentwicklung baute Heinkel die He-178 und am 27. August 1939 hob sie als erstes Turbinflugzeug der Welt, mit Testpilot Erich Warsitz am Steuer, vom Flugplatz Rostock-Marienehe ab. Eine neue Epoche hatte begonnen.

Während Lechner begeisternd von den neuen Triebwerken und deren Möglichkeiten erzählte, dämmerte es Schmidt, welch ungeheure Macht seine neue Position für die Entwicklung neuer Techniken bedeutete und welch entscheidender Faktor die neuen Techniken für die Kriegsführung bedeuteten. Gleichermaßen beschlich ihn ein unheimliches Gefühl: Was wäre, wenn er den Erwartungen nicht entsprach?

Am nächsten Morgen wachten beide Freunde mit einem leichten Kater auf, der durch große Mengen Kaffee in der Kantine weggespült wurde. Danach gingen sie zu dem Hangar, in dem der Vortrag stattfand. Von Ohain war bereits anwesend, und überraschte die Zuhörer durch seine Jugendlichkeit. Mit neunundzwanzig war er nicht älter als der Durchschnitt seines Publikums. Er war mittelgroß, schlank und hatte braune Haare, die durch einen Seitenscheitel gebändigt wurden. Sein Anzug war nicht von der Stange und bewies, dass Ernst Heinkel ihn mit einem soliden Salär ausgestattet hatte.

Schon seine Einleitung bewies sein bescheidenes Wesen, indem er seine Zuhörer darauf aufmerksam machte, dass eigentlich nicht er, sondern der Franzosen René Lorin schon 1908 ein Staustrahltriebwerk patentiert hatte. Er wies auch auf Maxime Guillaume hin, der 1921 das Patent auf ein Strahltriebwerk mit mehrstufigem Axialverdichter anmeldete. Doch beide Erfinder waren ihrer Zeit weit voraus und gerieten in Vergessenheit.

»Dieses Schicksal soll uns deutschen Wissenschaftlern nicht blühen«, meinte er und begann seinen eigentlichen Vortrag über den Entwicklungsstand seiner Forschung.

«Ich will nur hoffen, dass keine Spione unter uns sind, die Whittle mit unseren Erkenntnissen versorgen können«, sagte er ironisch, um den Anwesenden nochmals klarzumachen, wie sensibel seine Informationen waren. Unwillkürlich drehte sich Schmidt um sich ein genaues Bild über die Anwesenden zu machen, doch konnte er kein unbekanntes Gesicht in der überschaubaren Menge sehen. Von Ohain beendete den ersten Teil seiner akademischen Rede über das Prinzip des Strahltriebwerkes und wies auf die grundsätzliche Frage des radialen oder axialen Verdichters hin, der die Fachwelt spaltete.

»Ich weiß, dass mein geschätzter Kollege Anselm Franz von den Junkers Motorenwerke an einem axialen Triebwerk arbeitet. Wir werden bald sehen, welcher Weg der Richtige sein wird«, bemerkte er mit einer Spur jugendlichen Enthusiasmus.

Der zweite Teil seines Vortrages behandelte die praktische Erprobung seiner Antriebe in dem Nachfolgemodell der He 178, der He 280. Othmar Schmidt hatte dieses Flugzeug bei seinem Jungfernflug in Rechlin im September gesehen. Doch damals war die Maschine nur im Segelflug erprobt worden, da die Triebwerke noch nicht fertig waren.

»Wie sie wissen, sind nicht nur wir bei Heinkel dabei, ein Flugzeug mit Strahlantrieb zu entwickeln, sondern auch Messerschmitt. Doch wir wollen die Ersten sein, die solch ein Flugzeug fliegen können«, betonte von Ohain.

»Nachdem die He 178 geflogen war, haben wir ein stärkeres Triebwerk in Angriff genommen, das HeS 6. Doch dieses Triebwerk stellte sich nicht als optimal heraus und wir arbeiten zurzeit an der HeS 8, die wesentlich anders im Design und wesentlich stärker sein wird, als alles bisher da Gewesene.«

Von Ohain konnte sich einen Seitenhieb auf Willy Messerschmitt nicht verkneifen und berichtete stolz von der Abwerbung des He-280-Projektleiters Robert Lusser: »Dessen neues Flugzeug wird bahnbrechend sein. Der Jäger hat ein Doppelseitenleitwerk und Bugrad-Fahrwerk, Tragflächen mit mehrteiligen Landeklappen, eine umschaltbare Steuerung für Schnellflug, die bei gleichen Steuerausschlägen kleinere Ruderausschläge ausführt, sowie hydraulisch betätigte taktische Luftbremsen.«

Und voller Stolz fügte er hinzu: «Die He-280 wird als erstes Flugzeug in der Geschichte der Luftfahrt mit einem durch Pressluft angetriebenen Schleudersitz ausgerüstet und später folgt der Einbau einer Druckkabine!«

Die Anwesenden waren von den Ausführungen beeindruckt und dankten von Ohain mit brausendem Applaus. Kaum war der Wissenschaftler von seinem Rednerpult herabgestiegen, umringte ihn sofort eine Reihe von Rechlin-Mitarbeitern, die ihn mit Fragen bombardierten. Schmidt hielt sich abseits und seine Gedanken kreisten um die Frage, wie viele Projekte das Reichsluftfahrtministerium unter Göring, Udet und Milch angeschoben hatten und welche von diesen Erfolgsaussichten hatten. Nun, er würde es bald wissen.

Otto Lechner war es gelungen, von Ohain aus der Umklammerung seiner Bewunderer zu befreien und winkte Othmar zu sich.

»Darf ich Ihnen Oberleutnant Othmar Schmidt vorstellen, unseren Mann von der Abwehr«, bemerkte er nicht ohne Ironie. Schmidt schüttelte die Hand des Wissenschaftlers und war überrascht, mit welcher Kraft dieser zupackte. Gemeinsam gingen sie zum Kasino, wo ein Mittagessen für den Gast vorbereitet war. Die Gespräche drehten sich natürlich ausschließlich um die neue Technik und es war interessant für

Schmidt zu beobachten, mit welcher Begeisterung die Zuhörer in die Diskussion eingestiegen waren.

Alles drehte sich um Strömungsenergie, Newtons Reaktionsprinzip, Radialverdichter, Brennkammer oder das Gesetz von Bernoulli. Für einen Moment schien der Krieg in weite Ferne gerückt, bis von Ohain Bedenken äußerte: »Wenn das RLM nicht bald erkennt, dass dem Strahltriebwerkantrieb die Zukunft gehört, werden uns die Engländer in kurzer Zeit überholen.«

Schmidt war sich dieser Gefahr ebenso bewusst und war in diesem Moment ein wenig betrübt, dem Wissenschaftler nicht sofort seine Bedenken ausräumen zu können. Gib mir noch ein wenig Zeit dachte er, dann werden sich die Dinge ändern.

Hakeburg

Gordon Schmitt hatte eine unruhige Nacht verbracht. Die Luftwaffe flog einen weiteren schweren Angriff gegen die Docks in London und richtete große Verwüstungen an. Obwohl R.V. Jones herausgefunden hatte, wie und wo die Flugzeuge des Kampfgeschwaders 100 die britische Hauptstadt angreifen würden, gelang es den englischen Nachtjägern nicht immer, die deutschen Bomber zu finden, anzugreifen und sie zum Abdrehen zu zwingen. Schlimmer noch, Untersuchungen an kürzlich aufgefundenen X-Geräten in abgestürzten Bombern hatten ergeben, dass die Deutschen die Geräte weiter entwickelt hatten. Dadurch gelang es ihnen, fremde von eigenen Funksignalen zu erkennen. Und jetzt hatte ihn R.V. auch noch zu einem dringenden Termin um 08:00 ins Hauptquartier befohlen.

Schmitt fluchte selbst zehn Minuten nach dessen Anruf und versuchte in der abgedunkelten Wohnung Hose und Hemd zu finden. Es war kurz nach sechs Uhr morgens. Draußen war es noch stockfinster und er befürchtete, dass der Angriff möglicherweise die direkte Route zum MI 6 blockiert haben könne.

Schmitt beschloss auf ein eigenes Frühstück zu verzichten, um die dadurch gewonnene Zeit für eine mögliche Fahrtverzögerung einzuplanen. Er hatte keine Lust, schon kurz nach seiner Berufung durch Verspätung aufzufallen. Nachdem er noch seinen kleinen Zeh auf der Suche nach seiner rechten Socke am Bettpfosten verstauchte hatte, war die Lust auf eine frühe Verabredung gänzlich verflogen. Er war nur noch sauer. Nicht auf R.V., sondern auf die verdammten deutschen Bomber, die ihm noch nicht einmal die Möglichkeit für ein ziviles Ankleideprozedere einräumten.

Endlich saß er in seinem MG, der glücklicherweise ohne Murren ansprang. Der Weg von seinem Haus in Hampstead zu den Broadway Buildings in der Nähe des St. James's Park war zum Glück nicht durch die Bombardierung in Mitleidenschaft gezogen worden. Auch das Regierungsviertel hatte keinen Kratzer davongetragen. Gäbe es nicht die Sandsackbarrikaden und bewaffnete Posten vor deren Eingängen, hätte man meinen können, es herrschte Frieden. Selbst der Rauch der brennenden Speicher in den Docks störte nicht, da der Wind aus Nord blies.

Ein bisschen ging Gordon Schmitt die Geheimnistuerei von R.V. auf den Geist. Er hatte keine Ahnung, um was es bei der Verabredung ging, geschweige denn, wen er dort treffen würde. Bereits um kurz nach 07:00 passierte er das Guards Memorial am St. James's Park, fuhr am Außenministerium und dem Schatzamt vorbei und bog kurz darauf in die Old Queen Street, die direkt auf den Broadway führte. Er parkte den Wagen und betete inständig, dass es zumindest Tee im Kasino geben würde.

Seine Bitte wurde erhört, ja selbst Sandwiches gab es in der Auslage. Für einen Moment fühlte sich Gordon wie ein neuer Mensch. Nachdem er sich gestärkt hatte, ging er kurz vor acht in R.V. 's Büro, das im dritten Stock lag. Nachdem er angeklopft und eingetreten war, überraschte es ihn, neben seinem Chef noch zwei weitere Männer im Raum vorzufinden.

»Ah, Gordon, pünktlich auf die Minute. Ist das noch eine Angewohnheit Ihrer deutschen Vorfahren?«, schmunzelte R.V. und auch die beiden unbekannten Gäste setzten ein breites Grinsen auf.

»Ich hasse Unpünktlichkeit, und wenn das eine rein deutsche Tugend sein sollte, so kümmert es mich wenig.«

»Nichts für ungut, Gordon, Sie wissen, wie ich das meine«, beruhigte ihn R.V. und stellte ihm seine Gäste vor.

»Dieser Herr« und deutete auf eine distinguierte Persönlichkeit in Zivil, «ist Major Desmond Morton und neben ihm sitzt der Minister für Kriegswirtschaft, Hugh Dalton.«

Beide Männer ließen keinen Zweifel an ihrer aristokratischen Herkunft offen. Groß, kräftig gebaut, mit fein geschnittenen Gesichtszügen und einem typischen englischen Oberlippenbart, strahlte Major Morton eine schon beinah gefährliche Ruhe aus. Was Gordon an ihm irritierte, waren seine übermäßig groß geratenen Ohren. Gordon schätzte ihn auf Ende vierzig und er musste sich eingestehen, dass er noch nie etwas von Major Morton gehört hatte.

Bei Hugh Dalton verhielt es sich anders. Seine etwas eingefallenen Wangen und seine schon ergrauten Haare und der obligatorische Oberlippenbart ließen ihn älter erscheinen. Gordon kannte ihn als Churchills Minister, und er wusste, dass er zweimal als Labour Abgeordneter ins Unterhaus gewählt worden war. Doch wer oder was war Major Morton? R.V. überbrückte die Stille mit einem Räuspern.

»Major, wenn Sie gestatten, kläre ich Gordon Schmitt über Sie auf, da er sicher nicht weiß, mit wem er es zu tun hat.«

Major Morton nickte kurz mit dem Kopf.

»Um es kurz zu machen, Major Morton ist der persönliche Assistent von Premier Winston Churchill.«

Hallo dachte Schmitt, da will man mir keinen reinen Wein einschenken. Er ließ sich jedoch nichts anmerken und meinte nur trocken: »Und womit kann ich dienen?«

»Indem Sie uns helfen, der deutschen Rüstung auf den Zahn zu fühlen«, antwortete Major Morton und entblößte dabei eine Reihe schlecht gepflegter Zähne, die überdies kreuz und quer standen.

»Wir wissen um ihre Rüstungsanstrengungen bis ungefähr Mitte 1939 ziemlich gut Bescheid, doch uns fehlen jegliche Anzeichen ihres gegenwärtigen Entwicklungsstandes neuer Waffensysteme. Wir wissen durch den Oslo Report, dass sie an neuen Systemen arbeiten, doch das ist aber auch alles.«

Gordon stutzte, von einem Oslo Report hatte er noch nie beim MI 6 gehört, doch nun klärte ihn R.V. auf.

»Ich war mit der Analyse dieses Reports beauftragt, Gordon. Im November 1939 erhielt unser Marineattaché in Oslo ein Schreiben von einem unbekannten Absender. Darin stand, dass er in der Lage wäre, hochbrisante Informationen bezüglich neuer deutscher Waffensysteme zu liefern. Falls wir daran interessiert wären, sollten wir die Einleitung der deutschsprachigen BBC-Rundfunksendung in einen Wortlaut seiner Wahl ändern. Das taten wir.

Nur wenige Tage später fand unser Marineattaché ein Päckchen in seinem Briefkasten, das ein Glasröhrchen, das wie eine Radioröhre aussah sowie Dokumente enthielt. Das Glasröhrchen wurde von unseren Technikern als ein neuartiger Abstandzünder für Flakgranaten identifiziert und ich bekam die Aufgabe, Inhalt und Glaubwürdigkeit der Dokumente zu prüfen.

Zunächst stellte ich fest, dass die Art und Weise, in der die Papiere verfasst waren, von einem technisch versierten Informanten stammen müssten. Und der Inhalt war mehr als brisant. Unter anderem wurde darin mitgeteilt, dass die Junkers Ju 88, die wir bisher nur als Horizontalbomber eingeschätzt hatten, auch als Sturzkampfbomber, ähnlich der Ju 87, eingesetzt werden konnte. Noch interessanter waren seine Informationen bezüglich zweier neuer selbst suchender Torpedos, die mit akustischen wie auch magnetischen Zielsuchern ausgerüstet sein sollten.

Darüber hinaus erwähnte der Bericht neue Radarsysteme. Zum einen auf der 6-Meter-Welle, das zur Zielfindung eingesetzt werden sollte, zum anderen ein Radarsystem, das feindliche Flugzeuge bereits hundertzwanzig Kilometer vor ihrem Ziel aufgefasst werden konnten. Dieses Radargerät hätte auch das Desaster vom 18. Dezember 1939 über Wilhelmshaven verursacht, bei dem 14 britische Bomber abgeschossen wurden.

Auch die Raketentechnik kommt im Oslo Report zur Sprache. Der Verfasser erwähnt Raketenprojektile vom Kaliber achtzig Zentimeter und das Versuchszentrum Rechlin. Aber das kannten wir schon. Das Interessanteste jedoch war der Hinweis auf Peenemünde, wo die Marine angeblich ferngesteuerte Flugbomben entwickeln soll.«

Gordon unterbrach R.V.: »Wo liegt denn Peenemünde, wenn ich fragen darf?«

»Auf der Insel Usedom in der Ostsee. Aber auf den meisten deutschen Landkarten findet man den Namen des Fischerdorfes vergeblich«, erwiderte R.V.

»Hat man den Namen absichtlich aus den Karten getilgt?«

»Möglicherweise, wir wissen es nicht.«

Gordon warf einen Blick auf seine beiden Nachbarn, die etwas gelangweilt aus dem Fenster schauten. Wahrscheinlich kannten sie die Informationen aus dem Effeff. Doch nun fuhr R.V. fort.

»Ich hielt vieles in diesem Bericht für durchaus glaubwürdig und sandte meine Analyse an die Admiralität. Dort wurde mir jedoch mitgeteilt, dass dieser Report wohl eine Finte sei, um uns in die Irre zu führen.

Selbst die Tatsache, dass das gläserne elektronische Bauteil all unseren Entwicklungen überlegen war, hielt die Spezialisten der Admiralität nicht davon ab, den Bericht als plumpe Fälschung darzustellen und den gesamten Vorgang ad acta zu legen.«

Major Morton ergriff nun das Wort.

»Sehen Sie Gordon, im Gegensatz zu den Eierköpfen der Admiralität gehen wir von der Möglichkeit aus, dass die Deutschen tatsächlich auf einigen Gebieten weit voraus sind. Glauben Sie mir, ich weiß, wovon ich rede, denn ich leitete von 1929 bis 1939 das industrielle Geheimdienstbüro, besser bekannt als Committee of Imperial Defence. Unsere Aufgabe war es, die Aufrüstung anderer Länder, insbesondere Deutschland zu beobachten.«

Gordon Schmitt hörte den Ausführungen von Major Morton gebannt zu. Das war alles für ihn Neuland und er fühlte sich geschmeichelt, dass man gerade ihn in den Kreis dieser hochkarätigen Geheimnisträger hinzugezogen hatte. Aber wo war der Haken? Der Schlüssel für diese Frage wurde postwendend von Hugh Dalton geliefert.

»Weshalb wir R.V. gebeten haben, Sie zu diesem Treffen zu laden hat einen einfachen Grund. Im Juli dieses Jahres hat mich der Premierminister dazu ermächtigt, eine spezielle Organisation zu gründen: das Special Operations Executive. Wie der Name schon sagt, ist sie eine Organisation zur Durchführung besonderer Unternehmungen.«

Gordon hatte schon dunkel von dieser Organisation gehört, die beim MI 6 die Irregulären von der Baker Street, in Anspielung auf die erfundene Gruppe von Spionen von Sherlock Holmes, genannt wurde. Nur konnte sich keiner einen Reim darauf machen, was diese Sektion D des MI 6 für Aufgaben haben sollte.

»Unsere Aufgabe ist es, die Unterstützung und Versorgung von Spionage und Sabotage hinter den feindlichen Linien zu gewährleisten sowie als Keimzelle für die Formierung einer Widerstandsbewegung in Großbritannien im Falle einer deutschen Invasion der britischen Insel zu fungieren. Von letzterer kann man wohl zu diesem Zeitpunkt nicht mehr ausgehen. Das Hauptquartier von SOE befindet sich in der Baker Street 64 und eine weitere wichtige Einrichtung im Aston House, wo Waffen- und taktische Forschung betrieben werden.

Wir unterhalten daneben noch eine weitere Institution, das Inter Services Research Bureau, in der Ausrüstung für den geheimen Krieg entwickelt wird. In der Station IX, nördlich von London, gehört uns außerhalb der Ortschaft Welwyn ein ehemaliges Hotel, das The Frythe, wo Funkgeräte, Waffen, Explosivgeschosse und getarnte Fallen für Agenten und geheime Aufstandsgruppen erprobt werden.

Das alles müsste Ihnen klarmachen, dass wir von einem lang anhaltenden Krieg ausgehen, in dem wir alle uns zur Verfügung stehenden Mittel einsetzen müssen, um unseren Feind endgültig zu besiegen. Wir haben aber ein fundamentales Problem. In allen europäischen Ländern und selbst in Fernost haben wir genügend Widerstandsgruppen, die uns im Kampf gegen die Deutschen unterstützen. Bis auf Deutschland.

Seit dem Venlo Zwischenfall vom November 1939 ist fast unser gesamtes Agentennetz in Hitlers Reich von der Gestapo ausgehoben worden. Das heißt, wir ähneln den drei Affen: Wir können nicht hören, nicht sehen und nicht sprechen. Und diese Lücke hoffen wir, mit Ihrer Hilfe zu schließen.«

Die Sekunden tickten lautlos weiter. Dann unterbrach Major Morton die Stille und erklärte: »Gordon, wir beobachten Sie schon seit geraumer Zeit und wir glauben, dass Sie mit ihrem Wissen und Ihrer Herkunft ihrem Land von großem Nutzen sein können.

Wir waren bisher nicht der Meinung, über einen Mann zu verfügen, der alle positiven Eigenschaften in sich vereinigt, um mit solch einer Aufgabe fertig zu werden. Wir haben die technischen Möglichkeiten Sie mit Papieren auszustatten, die allen Untersuchungen der Gestapo oder den Militärbehörden widerstehen können. Wir haben darüber hinaus die Funktechnik, die es ihnen ermöglicht für eine Weile unerkannt senden zu können, ohne dass Sie angepeilt werden können. Wir müssen einfach herausfinden, an welchen Projekten die Deutschen arbeiten. R.V. stimmt uns zu, dass sich Ihre Aufgabe bei ihm im Wesentlichen mit unseren Wünschen deckt.«

Gordon war sprachlos. Das war es also. Ein Himmelfahrtskommando. Auf der anderen Seite musste er einräumen, dass die Aufgabe verlockend war. Immerhin würde er sich mit der Doppelbelastung automatisch in den Wahrnehmungsbereich des Premiers Churchill bewegen. Dafür würde schon Major Morton sorgen. Eine Vorstellung, die seinem Ego wahrlich schmeichelte. Gordons kurzfristiges geistiges Abschweifen wurde gestoppt, als R.V. Jones ihm eine simple Frage stellte: »Stellen Sie sich der Aufgabe, Gordon?«

»Jawohl Sir«, war seine knappe Antwort.

Major Morton wandte sich erneut an Gordon.

»Natürlich bleibt R.V. ihr Ansprechpartner und Vorgesetzter. Nur in dringenden Fällen werden wir uns an Sie direkt wenden. Im Gegenzug steht Ihnen natürlich Hugh Daltons SOE in allen Belangen bei.«

Damit schien das Treffen beendet, denn Dalton und Major Morton standen gleichzeitig auf und bedankten sich bei R.V. für sein Entgegenkommen. Hugh Dalton verabschiedete sich von Gordon mit den Worten: »Wir hoffen, Sie werden bald wichtige Erkenntnisse sammeln können.«

Auch Major Morton wandte sich per Handschlag an Schmitt.

»Rücken Sie ihnen auf die Pelle und unterstützen Sie dadurch unsere Truppen an der Front. Wir werden es bitter nötig haben.«

Nachdem Morton und Dalton den Raum verlassen hatten, begann Schmitt wie ein unruhiges Tier im Büro auf und ab zu gehen.

»Bedauern Sie bereits Ihre Entscheidung, Gordon?«, fragte R.V. ihn unverblümt.

»Nein Sir, denn dann hätte ich meinen Entschluss mich dem MI 6 anzuschließen infrage stellen müssen und das kommt für mich nicht infrage. Es scheint wohl mein Schicksal zu sein, meinen Vorfahren auf den Zahn fühlen zu müssen.«

»Wissen Sie eigentlich, aus welcher Ecke Deutschlands ihre Familie eigentlich stammt?«

»Das weiß ich ziemlich genau, da meine Familie immer unseren Stammbaum gepflegt hat. Der Ursprung der Schmitts liegt in Altena im Märkischen Kreis an der Grenze zum Sauerland. Schon immer war das Schmiedehandwerk unser traditioneller Familienberuf, der an die nächste Generation weitergereicht wurde. Daher war der Ursprung unseres Namens auch in diesem Handwerk verwurzelt.

Erst zur Zeit der Reformation gab es einen Bruch, als ein Teil der Familie Protestanten wurden. Dieser Teil der Familie behielt die Schreibweise Schmitt, die Katholiken hingegen nannten sich Schmidt. Erst sehr viel später ging dann mein Urgroßvater nach Bremen und mein Großvater anschließend nach England, um dort sein Glück zu versuchen.«

»Was ihm offensichtlich gelang«, attestierte R. V.

»Ja, der Export von Tee nach Deutschland machte ihn zu einem vermögenden Mann.«

Gordon war aber neugierig noch mehr über Major Morton zu erfahren, der durch seinen etwas geheimnisvollen Habitus einen gehörigen Eindruck auf ihn gemacht hatte.

»Darf ich Sie etwas fragen, Sir?«

»Sicher Gordon, schießen Sie los.«

»Hugh Dalton ist für mich kein Buch mit sieben Siegeln, doch Major Morton schien keinen Wert darauf zu legen, dass ich seinen Hintergrund besser kennenlerne. Stimmen Sie mir da zu, Sir?«

R.V. musste grinsen.

»Da haben Sie den Nagel auf den Kopf getroffen, Gordon. Major Morton pflegt seine geheimnisvolle Aura. Nur muss ich zugeben, dass seine Karriere in der Tat etwas Geheimnisvolles umgibt. Aber ich will Ihnen gerne sagen, was ich über ihn weiß.

Major Morton ist Absolvent von Eton und der Royal Military Academy in Woolwich. Im Weltkrieg war er zunächst bei den Royal Horse und anschließend bei der Field Artillery. Während der Kämpfe erlitt er einen inoperablen Herzschuss und lebt seither mit der deutschen Kugel. Wegen besonderer Tapferkeit erhielt er sowohl das Military Cross als auch den Croix de Guerre und wurde mehrfach im Kriegsbericht namentlich erwähnt.

Nach dem Krieg wurde er offiziell dem Außenministerium zugewiesen, inoffiziell war er aber Teil des Secret Intelligence Service und gründete, wie Sie schon vorhin gehört haben, das Committee of Imperial Defence. Das aber war nur ein Deckmantel für seine wahren Aktivitäten, die in

Wahrheit dem Aufbau der M-Sektion darstellte. M steht für Morton. Diese ultrageheime Organisation tauchte in keinem Regierungsbudget auf, wurde von keiner Regierungsseite kontrolliert, sondern ausschließlich durch die Monarchen finanziert, also durch George V, Edward III und George VI.

Die Arbeit der M-Sektion begann 1932. Damals arbeitet Morton noch in seinem Haus in Crockham Hill bei Westerham. Das ist ganz in der Nähe von Churchills Haus in Vale of Chartwell. Seit dieser Zeit sind beide eng befreundet und Churchill hat in dieser Zeit, wo er nicht Regierungsverantwortung teilte, von Mortons Erkenntnissen profitiert. Es war auch Morton, dessen geheime Informationen über die deutsche Wiederaufrüstung die Regierungen von Baldwin und Chamberlain von den wahren Absichten Hitlers überzeugten. Seit Anfang 1940 ist er Churchills persönlicher Assistent.«

Gordon war beeindruckt. Sein Gefühl hatte ihn nicht getäuscht. Major Morton war tatsächlich ein geheimnisvoller Zeitgenosse.

»Dann ist es wohl bald an der Zeit eine Prioritätenliste zu erstellen, die ich dann abzuarbeiten hätte«, meinte Gordon trocken.

»Das würde ich auch so sehen, wobei ich neben dem obskuren Ort Peenemünde zuallererst jedoch die Entwicklung auf dem Gebiet des Radars, oder wie die Deutschen sagen Funkmess, ausgekundschaftet haben möchte. Darüber müssen wir uns in den nächsten Tagen und Wochen intensive Gedanken machen. Radar wird einer der Schlüssel zum Sieg über Nazi-Deutschland werden. Daran führt kein Weg vorbei.«

Oberleutnant Othmar Schmidt hatte die ersten Tage in seiner neuen Funktion und in seinem neuen Büro am Tirpitzufer gut überstanden. Seine bescheidene Wohnung in der Kurfürstenstraße hatte er mit Hilfe von Canaris einrichten können. Ilse Hamich hatte sich dabei als hilfreiche Fee entpuppt, die für den Oberleutnant alle lästigen Dinge wie Strom, Gas- und Telefonanschluss erledigte.

Zum Dank hatte Schmidt sie zu einem romantischen Abendessen in das historische Blockhaus-Restaurant Nikolskoe am Wannsee entführt. Friedrich Wilhelm III hatte das Blockhaus nach russischem Vorbild für einen Besuch seiner Tochter Prinzessin Charlotte, die den russischen Großfürsten und späteren Zaren Nikolaus geheiratet hatte, gebaut. Ilse wurde von der herrlichen Aussicht auf Pfaueninsel und Wannsee überwältigt und genoss den Abend in vollen Zügen. Es war schließlich auch keine Überraschung, als sie sich in den späten Abendstunden in den Armen lagen.

Schmidt hatte sich mit Schellenberg darauf verständigt, zunächst ein Treffen mit Reichspostminister Ohnesorge zu vereinbaren, um einen Konsens bezüglich der Zusammensetzung des Ausschusses zu finden. Dieser Termin sollte am heutigen Tag um 10:00 stattfinden. Schellenberg hatte sich bereit erklärt, ihn gegen 09:00 an der Kurfürstenstraße abzuholen, um gemeinsam nach Kleinmachnow zu fahren. So konnte man die Zeit zur Lösung einiger Fragen nutzen, die beiden unter den Fingern brannten.

Beide hatten das Gefühl, das die technisch-administrative Seite des Auftrages die geringsten Reibungen verursachen würden. Bei der Frage der geheimdienstlichen Arbeitsteilungen hingegen war trotz des Status quo, auf den sich Canaris mit Heydrich geeinigt hatten, kein Konsens in Sicht.

Heydrich hatte Schellenberg bereits den Auftrag erteilt, eine neue Arbeitsteilung zu erstellen, die die bisherigen »Zehn Gebote« ersetzen sollten. Dabei sollte dem SD und dem RSHA eine weit größere Machtbefugnis zufallen, als es bisher der Fall war. Othmar Schmidt hatte natürlich davon keine Ahnung und versteifte sich auf die bisherige Vereinbarung.

Schmidts primäres Problem war die Lage der deutschen Agenten in England. Die meisten waren bereits seit Kriegsanfang vom Secret Intelligence Service enttarnt worden. Einige dieser Agenten waren umgedreht worden und funktionierten als Doppelagenten weiter. Es war also dringend notwendig, die Agententätigkeit zu reorganisieren, um den Anschluss nicht zu verlieren. Er war sich der Tatsache bewusst, dass der Aufbau eines neuen Agentennetzes viel Zeit kosten würde. Zeit, die er nicht hatte.

Kurz vor der vereinbarten Zeit klingelte es dreimal kurz an seiner Tür. Dies war das verabredete Zeichen und Schmidt griff nach Mantel, Mütze und Aktentasche. Schellenberg wartete draußen mit laufendem Motor. Gut gelaunt begrüßte er Schmidt und mit einem Kavalierstart schoss der Auto Union Wanderer W25K vorwärts.

»Wie groß ist der Wagenpark des SD eigentlich?«, wollte Schmidt von Schellenberg wissen und betrachtete interessiert das Interieur des Roadsters.

Schellenberg lachte.

»Das ist mein Privatwagen. Dank einer generösen Spende meines Vaters kann ich mir den leisten.«

»Nicht schlecht, Herr Specht. Damit würde ich gerne mal nach Rechlin fahren, um meinen Freund Otto zu überraschen. Der würde glatt in Ohnmacht fallen.«

»Das können Sie machen, Schmidt. Ich leih ihn gerne mal für einen Tag aus. Aber nur bei schönem Wetter.«

»Das würden Sie wirklich machen?«, wunderte sich Schmidt.

»Sie würden tatsächlich mir diesen tollen Wagen in Obhut geben?«

»Natürlich«, lachte Schellenberg, »aber nur für einen Tag und nur bei schönem Wetter!«

Mittlerweile fuhren sie die Schlossstraße durch Lichterfelde weiter in Richtung Potsdam.

»Gleich kommen wir am SS-Wirtschaftsverwaltungshauptamt vorbei.

Das liegt genau gegenüber dem Haupteingang des botanischen Gartens. Hier ist Oswald Pohl der Chef«, klärte Schellenberg seinen Begleiter auf.

»Der ist übrigens letztes Jahr von Himmler zusätzlich zum Ministerialdirektor im Reichsinnenministerium ernannt worden.«

Schmidt konnte gerade noch einen Blick auf das dreistöckige nüchterne Gebäude werfen, bevor sein Blick wieder nach rechts auf den botanischen Garten fiel, der von einer hohen Backsteinmauer eingegrenzt wurde.

»Waren Sie schon mal dort?«, wollte Schellenberg wissen.

»Nein, noch nie«, sagte Schmidt und erhaschte gerade noch einen Blick auf ein riesiges Glasdach, das in gewisser Entfernung durch die Bäume schimmerte.

»Das sollten Sie sich aber nicht entgehen lassen, mein Lieber. Da sind selbst die Engländer neidisch, obwohl sie mit ihrem Royal Botanic Garden in Kew einen der größten Gärten der Welt haben. Allein das große Tropenhaus, das Victoriahaus und das Mittelmeerhaus lohnen den Besuch. Einfach fantastisch!«

Schmidt merkte, dass die Begeisterung Schellenbergs nicht künstlich, sondern ehrlich gemeint war, und wunderte sich. Ein SD-Mann mit Sinn für Schönheit? Mittlerweile hatten sie Zehlendorf erreicht und bogen in die Machnower Straße ab, die in den Zehlendorfer Damm überging. Kurz bevor sie den Machnower See erreichten, fuhr Schellenberg von der Hauptstraße in eine Seitenstraße ab und hielt am Haupteingang der Hakeburg an. Haupteingang war eigentlich nicht die richtige Bedeutung für die Imitation einer mittelalterlichen Toranlage, die im Fachwerkstil errichtet war. Das eigentliche Tor wurde von einem Wehrgang mit Schießscharten und Pechnasen überquert, der einen Wehrturm mit dem Wächterhaus, dem jetzigen Pförtnerhaus, verband. Schmidt und Schellenberg waren überrascht, solch einen Baustil vorzufinden. Sie hatten zwar gehört, dass Ohnsorge einen feudalen Lebensstil pflegte, doch an mittelalterliche Gebäude hatten sie im Traum nicht gedacht. Nachdem sich der Wachtposten von ihrem Termin durch einen Telefonanruf vergewissert hatte, durften sie passieren. Sie durchfuhren das Tor und befanden sich auf einer langen fünf Meter breiten Zufahrt, die schnurgerade zur eigentlichen Hakeburg führte, die auf dem Seeberg errichtet war. An der eigentlichen Burg angekommen, musste ein weiteres Tor durchfahren werden, um zum eigentlichen Eingang der Anlage zu gelangen. Schmidt deutete auf eine Hirsch-Plastik, die Einfahrt zierte.

»Ob Ohnesorge Jäger ist?«, ulkte er.

Schellenberg grinste und wendete den Wagen, so, dass der Kühler wieder zur Toreinfahrt wies. Schmidt hatte kaum seine Tür geöffnet, als ein Bediensteter die Treppe herunterkam und sie im Namen des Reichspostministers begrüßte.

Mit den Worten »ich darf vorausgehen« führte er die beiden zu einem Windfang.

»Darf ich den Herren Mantel und Mütze abnehmen?«

Schweigend übergaben Schmidt und Schellenberg die gewünschten Kleidungsstücke und schauten sich um. Rechter Hand schien die Garderobe für Herren zu sein, da der Bedienstete zielstrebig darauf zuging. Genau gegenüber befand sich eine weitere Garderobe, die anscheinend nur für Damen bestimmt war. Zumindest nahm das Schmidt an, da er nur einen einsamen Damenhut mit einer riesigen Feder dort hängen sah.

Während man sich um ihre Sachen kümmerte, gingen sie ein paar Schritte weiter und befanden sich plötzlich in einer Halle, deren Wände rau verputzt und weiß gestrichen waren. Den Fußboden schmückten Solnhofer Travertinplatten. Mehrere Stühle standen entlang der Wände, die das Interesse Schellenbergs weckten. Es schien, als wären sie aus poliertem Ahorn gemacht. Sie hatten keine Arm-, aber überhöhte Rückenlehnen und waren mit weißem Schweinsleder überzogen.

Linkerhand befand sich ein Treppenaufgang mit Stufen aus rötlichem Rochlitzer Vulkangestein mit einem Geländer aus Schmiedeeisen. Die Deckenbalken der Halle waren grau gebeizt und die Türen mit Stuck verziert. An den Wänden hingen Holztafeln mit Motiven deutscher Landschaften und zwei Tafeln mit Zitaten aus Mein Kampf. Schmidt ging etwas näher an eine der Schrifttafeln heran und las: »Haltet das Reich nie für gesichert, wenn es nicht auf Jahrhunderte hinaus jedem Sprossen unseres Volkes sein eigenes Stück Grund und Boden zu geben vermag.«

Was für eine verquaste Sprache das ist dachte Schmidt und sah, wie der Bedienstete sich näherte.

»Darf ich die Herren zum Reichspostminister führen?«

Schellenberg nickte kurz und der Diener bot mit einer Armbewegung zum Eintritt in den Empfangssaal. Den beiden fiel sofort das Parkett des Empfangssaales, das vom Motiv des Hakenkreuzes dominiert war, auf.

»Herr Reichspostminister, die Herren Schellenberg und Schmidt.«

Ohnesorge stand mit dem Rücken zu ihnen neben einer imposanten Hitlerbüste, die sich vor einem großen Panoramafenster befand und schaute in den Park. Bei der Ankündigung drehte er sich abrupt um und strahlte die beiden an.

»Meine Herren, ich bin glücklich, Sie in meinem Haus willkommen zu heißen« und trat auf sie zu. Er reichte jedem von ihnen seine Hand, dessen festen Händedruck Schmidt und Schellenberg überraschte.

»Wie gefällt ihnen die Hakeburg?«

Schellenberg meinte nur kurz »imposant«, das Ohnesorge jedoch sofort als Einladung für eine Besichtigungstour auffasste. Ohnesorge ging bereits auf die 70 zu, was ihn aber nicht daran hinderte, unzähligen Affären zu frönen. Hitler bewunderte die Vitalität dieses Mannes und daher verwunderte es nicht, dass der Hang zu Weiblichkeit seiner gesellschaftlichen Position nicht schadete. Im Gegenteil.

Als Ohnesorge 1938 die Österreicherin Gusti Videcnik kennenlernte, eine vierzig Jahre jüngere Postangestellte aus der Steiermark, und sich von seiner zweiten Frau scheiden ließ, hatte dies keinen negativen Einfluss auf seine Karriere. Als er 1940 seine Geliebte heiratete, beglückwünschten ihn Hitler und Göring zu seinem 68. Geburtstag und seinem 50jährigen Dienstjubiläum. Ohnesorge war jetzt in seinem Element. Trotz seines Alters war die gedrungene Gestalt mit dem etwas feisten Gesicht noch sehr beweglich.

»Rechts sehen Sie das Damenzimmer. Die Wände habe ich mit sandfarbenem Stoff bespannen lassen und um den rötlichen Kirschbaumtisch stehen Polstermöbel mit Bezügen aus gelber Seide. Gefällt es Ihnen?«

Schmidt fand es ganz geschmackvoll und nickte stumm.

»Und hier der Teeraum.«

Den wiederum fand Schellenberg ganz vortrefflich und pfiff durch die Zähne. Ohnesorge strahlte. In der Tat war der runde Raum sparsam und geschmackvoll eingerichtet. Auf dem strahlenförmigen bunten Parkett standen in der Mitte ein runder Teetisch sowie Stühle mit blauem Lederbezug. Neben dem schmalen, aber hohen Sprossenfenster hingen zwei Lampen mit je zwei Kerzenbirnen.

»Und jetzt kommen wir zu meinem ganzen Stolz, der Bibliothek.«

Schellenberg und Schmidt schauten sich ungläubig an. So viel Pracht hatten sie nicht erwartet. Dieser Raum musste ein Vermögen gekostet haben, durchfuhr es Schmidt. Zentraler Blickfang waren die Decken hohen mattgrauen Bücherschränke, die mit Metallsprossen versehen waren. Das Innere war mit Wachstuch bespannt, Türen und Böden bestanden aus Glas. Schmidt bückte sich, um den Boden zu ertasten.

»Das ist Kiefer mit Streifen aus Räuchereiche«, erklärte der stolze Hausherr.

»Und das Mobiliar ist aus Nussbaum«, fügte er noch schnell hinzu.

Schellenberg war inzwischen zum Kamin gegangen und schaute sich die Bilder an, die anscheinend Motive aus der Nibelungensage darstellten. Ohnesorge stand plötzlich neben Schellenberg und kommentierte unaufgefordert den Zyklus.

»Die germanische Sage der Nibelungen führt deutlich die völkisch-nordisch Kraft und die kriegerische Tradition vor Augen; finden Sie nicht, Sturmbannführer?«

»Allerdings, Herr Reichspostminister«, sagte Schellenberg.

»Sie haben wirklich eine fantastische Bibliothek, Kompliment.«

»Nun, meine Herren, Sie haben nur einen Teil des Hauses gesehen. Und warten Sie mal mit einem Urteil über die Anlage, bis Sie den Park mit seinem Seeufer gesehen haben. Aber das machen wir bei Ihrem nächsten Besuch. Jetzt sollten aber die Fragen im Kaminzimmer erörtern, weshalb wir zusammengekommen sind. Ich darf vorausgehen?«

Diesmal führte sie der Hausherr durch die Halle und den Empfangssaal ins Kaminzimmer.

Dominiert wurde der Raum durch einen mit Ornamenten ziselierten

Kamin. Den Fußboden beherrschten olivgrüne geschliffene Marmorplatten. Von der Decke strahlten zwei großartige Kristallkronleuchter und erhellten eine Sitzgruppe, die aus einem Zweisitzer-Sofa und zwei Sesseln bestand. Ohnesorge bot seinen Besuchern die Sessel an und nahm selbst Platz auf dem Sofa, das er in seiner ganzen Breite in Anspruch nahm.

»Mein guter Freund, der Reichsführer SS, hat mir Ihr Kommen avisiert und ich muss Ihnen gestehen, wie erfreut ich bin, dass unser gemeinsamer Vorschlag, die wissenschaftliche Kompetenz für unsere Rüstungsbemühungen zu bündeln, beim Führer solchen Rückhalt bekommen hat. Wir sollten unsere Diskussion mit der Frage eröffnen, welche Techniken für das Reich von entscheidender Bedeutung sein werden. Stimmen Sie mir zu?«

»Absolut, Herr Minister, in diesem Zusammenhang möchte ich Ihnen gerne einen Teil eines Memorandums mit der Überschrift Die Rüstungssituation vorlesen, welches Winston Churchill im September an sein Kabinett versandt hat.

Darin schreibt er unter anderem, ich zitiere: Dieser Krieg ist keiner, in dem Massen von Männern einander mit Massen von Granaten bewerfen. Am besten werden wir der überlegenen Stärke des Gegners mit neu entwickelten Waffen begegnen können und vor allem mit wissenschaftlichen Spitzenleistungen. Wenn zum Beispiel die verschiedenen, momentan in der Entwicklung befindlichen Gerätschaften zum sichtunabhängigen Aufspüren und Ausschalten feindlicher Flugzeuge, sowohl aus der Luft als auch vom Boden aus das halten, was sie versprechen, wird das nicht nur die strategische Situation, sondern auch die Rüstungssituation grundlegend ändern.

Und weiter heißt es hier: Wir müssen daher das ganze Feld der Funkmesstechnik mit seinen vielen Verästelungen und ungezählten Möglichkeiten als ebenso wichtig ansehen, wie die Air Force. Der Ausbau des wissenschaftlichen Spitzenpersonals, die Ausbildung jener, die die neuesten Waffen bedienen werden, sowie die dazu nötige Forschungsarbeit sollte die Speerspitze unseres Denkens und unserer Bemühungen darstellen. Zitat Ende.«

Othmar Schmidt war perplex. Woher hatte Schellenberg dieses Papier. War es echt, oder nur ein Bluff? Für Schmidt war klar, wie auch immer die Wahrheit dieses Memorandums aussehen würde, er durfte Schellenberg nicht unterschätzen.

»Sehen Sie Schellenberg, dieses Memorandum zeigt, dass Churchill die Zeichen der Zeit erkannt hat. Und es ist höchste Zeit, dass wir daraus die richtigen Schlüsse ziehen«, sagte Ohnesorge und fixierte sein Gegenüber.

»Die erste Maßnahme, die der Ausschuss ergreifen muss, ist die, zu verhindern, dass die Elite der deutschen Wissenschaft weiterhin für den Wehrdienst eingezogen wird. Die Front des Wissenschaftlers ist nicht die Hauptkampflinie, sondern das Labor und das Reißbrett.«

Schmidt und Schellenberg nickten zustimmend.

»Der Aderlass ist in der Tat beängstigend und hat schon jetzt in den Konstruktionsbüros große Lücken gerissen«, bestätigte Schmidt die Meinung des Reichspostministers.

Ohnesorge schaute beinah gütig auf seine Gäste.

»Schön, dass wir sofort einer Meinung sind. Ich selbst habe drei Punkte auf meiner persönlichen Agenda für dieses Treffen. Erstens die Feststellung der förderungswürdigen Technologien, zweitens die weitere Zusammensetzung des Ausschusses und drittens der Umgang mit denjenigen, deren Kompetenzen wir eingrenzen. Wenn Sie nichts dagegen haben, diskutieren wir die Punkte in dieser Reihenfolge.«

Schmidt öffnete seine Aktentasche und entnahm ihr einen dünnen blauen Ordner.

»Wir haben uns natürlich bereits Gedanken gemacht, die wir Ihnen gerne vortragen möchten, Herr Minister«, begann Schmidt.

»Wir haben folgende Sachgebiete eingekreist, die unserer Ansicht nach von großer Bedeutung sind: Strahl- und Raketentriebwerke, die neue Flugzeug- und Hubschraubergeneration, Flugkörper, Funkmess, Infrarot, Hochfrequenztechnik, Verschlüsselungen, Nuklearforschung, chemische Kampfstoffe, Torpedos und U-Boote der neuen Generation. Handfeuerwaffen, Artillerie und Panzer sind zum jetzigen Zeitpunkt von der Liste ausgeschlossen. Sollte sich jedoch die Lage ändern, müsste man die Entscheidung überdenken.«

Ohnesorge nickte zustimmend.

»Dem stimme ich zu, doch ein wichtiges Detail haben sie vergessen«, fügte er geheimnisvoll hinzu.

»Fernsehtechnik!«

Schellenberg blickte Schmidt an und zuckte mit den Schultern. Auch Schmidt konnte sich darunter nicht viel vorstellen. Er hatte zwar die Einführung des Fernsehens in Deutschland verfolgt und selbst in einer der »Fernsehstuben« in Hamburg die sensationellen Siege von Jesse Owens live mitverfolgt. Doch ihm war schleierhaft, wie Fernsehtechnik sinnvoll in die Entwicklung neuer Waffen eingebunden werden könnte.

Ohnesorge war das Unverständnis seiner beiden Gäste nicht entgangen. Ein spitzbübisches Grinsen war der beste Beweis dafür, dass es ihm gelungen war, Schellenberg und Schmidt zu überrumpeln.

»Meine Herren, wie Sie vielleicht wissen, ist Fernsehen keine Erfindung unserer Zeit. Bereits 1883 kam dem Studenten der Mathematik und Naturwissenschaften Paul Nipkow in Berlin die noch heute tragende Grundidee des Fernsehens, ein Bild beim Sender zeilenweise zu zerlegen und beim Empfänger zeilenweise wieder aufzubauen. Paul Nipkow meldete diese Erfindung im Januar des Jahres 1884 beim kaiserlichen Patentamt in Berlin zum Patent an. Doch seine Technik zur Bildzerlegung und -wiedergabe war mechanisch und damit nicht besonders leistungsfähig. Und jetzt kommt ein Mann ins Spiel, den ich als Wissenschaftler bewundere und den ich durch einen Forschungsauftrag eng an unser Ministerium gebunden habe. Dieser Mann ist Manfred Baron von Ardenne.«

»Das ist doch der, der die Dreifachradioröhre für einen störungsfreien Empfang erfunden hat«, warf Schmidt ein, der sich an seine Radiobasteleien erinnerte.

»Genau der ist es«, stimmte Ohnesorge zu und deutete mit seinem fleischigen Mittelfinger auf den Oberleutnant.

»Eine überaus faszinierende Persönlichkeit, meine Herren. Und dieser Baron ist es, der auf Grundlage der im Jahr 1897 von Ferdinand Braun entwickelten Kathodenstrahlröhre das elektronische Fernsehen erfand. Weihnachten 1930 gelang ihm der bahnbrechende Laborversuch, bei dem er mit dem sogenannten Leuchtfleckabtaster Gegenstände auf der Innenseite der umfunktionierten und weiterentwickelten Braunschen Röhre abbilden konnten. Diese Erfindung wurde 1931 auf der Berliner Funkausstellung präsentiert. Das war damals die weltweit erste vollelektronische Versuchsanordnung, mit der bewegte Bilder übertragen wurden, und brachte es auf die Titelseite der New York Times.«

Schellenberg und Schmidt entgingen nicht, dass Ohnesorge sich ganz offensichtlich an Ardenne berauschte.

»Jetzt machen Sie mich aber neugierig, Herr Minister«, wandte Schellenberg ein.

»Wie kann man denn diese Technik waffentechnisch anwenden?«

»Sie sind ziemlich ungeduldig, Sturmbannführer«, lächelte Ohnesorge.

»Nicht ungeduldig, sondern interessiert«, konterte Schellenberg.

»Gut, dann will ich Sie nicht länger auf die Folter spannen. Wir arbeiten an der Technik, Kamera und Sender in die Gleitbombe Hs 293 der Henschel Flugzeug-Werke AG in Berlin einbauen können. Wir hätten damit eine sehende Bombe, die aus sicherer Entfernung vom Bomber abgeworfen und per Funk- oder Drahtsteuerung ins Ziel gesteuert werden kann!«

»Wen meinen Sie denn mit wir, Herr Reichspostminister?«, stellte Schmidt eine knappe Frage an Ohnesorge.

»Die Reichspostforschungsanstalt und die Firma Bosch«, erwiderte Ohnesorge.

»Aber die sehende Bombe ist nicht die einzige Anwendungsmöglichkeit für das Fernsehen«, fuhr Ohnesorge fort.

»Wir arbeiten auch daran, ferngelenkte Panzer mit dieser Technik auszurüsten, um bei besonders gefährlichen Einsätzen, wie zum Beispiel das Anbringen von Explosivladungen an Bunkern, keine Menschenleben zu riskieren. Wir sind ziemlich weit mit der Grundlagenforschung und sind sicher, das System in ein bis zwei Jahren frontfähig zu machen.«

Schellenbergs Mimik drückte aus, dass ihn Ohnesorges Ausführungen sichtlich imponierte.

»Es ist wirklich erstaunlich, Herr Minister, was Sie aus einem simplen Postministerium gemacht haben. Kann ich davon ausgehen, dass alle diese Entwicklungen strengster Geheimhaltung unterliegen?«

»Natürlich, Sturmbannführer, außer meinen engsten Mitarbeitern wissen nur Ihr Chef, Reichsleiter Himmler, Reichsmarschall Göring und der Führer von unseren Arbeiten. Und natürlich jetzt Sie beide, meine Herren!«

Ohnesorge war sichtlich davon angetan, seine Gäste zweifelsohne mit den Informationen beeindruckt zu haben.

»Das sind aber nur zwei Aspekte aus dem vielfältigen Repertoire der Reichspost-Forschungsanstalt, meine Herren«, fuhr er fort.

»Die Entwicklung des Funkmess-Verfahrens hat für uns eine sehr hohe Priorität. Ist Ihnen das Prinzip dieses Verfahrens bekannt?«

Schellenberg schüttelte den Kopf: »Ich weiß zwar, was es grundsätzlich ist, doch könnte ich es niemandem schlüssig erklären«, sagte er entschuldigend.

»Das ist kein Beinbruch, Sturmbannführer. Die meisten Zeitgenossen wissen ja gar nicht, was sich dahinter verbirgt. Dabei ist es ganz simpel. Das Gerät besteht im Prinzip aus drei Teilen, dem Sender, dem Empfänger und der Messwertanzeige. Im Sender wird eine elektromagnetische Welle erzeugt, deren Schwingungen sich oberhalb von 20 000 Hertz befinden.

Da die Ausbreitungsgeschwindigkeit elektromagnetischer Wellen die der Lichtgeschwindigkeit entspricht, kann man aus der Gesamtlaufzeit des Wellenpulses ziemlich einfach die Entfernung des angemessenen Objektes bestimmen. Dieses Prinzip hatte bereits 1916 Richard Scherl der kaiserlichen Marine vorgestellt. Die erkannte aber nicht die revolutionäre Technik und stufte sie als nicht kriegswichtig ein. Das soll uns jetzt nicht wieder passieren.

1937 hatte die Marine ihr erstes funktionsfähiges Funkmessgerät eingeführt, das Seetakt. Zu diesem Zeitpunkt betrug die Reichweite fünfzehn, später fünfundzwanzig Kilometer. Im Laufe der Zeit wurde aus dem Marinegerät das Frühwarngerät Freya entwickelt, dessen Stärken die breite Streuung der Radiowellen, die Reichweite von hundertzwanzig Kilometern und die Drehbarkeit um dreihundertsechzig Grad waren. Leider konnte man nicht Flughöhe und Anzahl der Ziele feststellen.

Daher wurde ergänzend das Würzburg Gerät entwickelt, dessen rotierender Dipol Strahlen mit einer Wellenlänge von fünfzig Zentimetern aussendet. Würzburg liefert Angaben über Anzahl und Höhe der Flugziele auf einer Entfernung von bis zu vierzig Kilometern. Auch die Flak hat jetzt solche Geräte bestellt.

Ihre Feuerprobe erlebten zwei dieser Geräte, die zur Versuchsgruppe Wangerooge des in Köthen stationierten Luftnachrichtenregiments 1 gehörten. Diese beiden Freya-Geräte hatten einen britischen Bomberverband schon in hundertdreizehn Kilometer Entfernung erfasst. Die Meldung wurde an den Jagdführer Deutsche Bucht weitergegeben und die Wellington Bomber wurden noch vor der Küste von Me109 abgefangen.«

»Daran erinnere ich mich sehr gut«, unterbrach ihn Othmar Schmidt. »Das war ein richtiges Tontaubenschießen, wie ich gehört habe.«
Ohnesorge lächelte ihn an.
»Damit das auch so bleibt, müssen wir unter allen Umständen und mit aller Macht die Entwicklung vorwärtstreiben. Ich bin sicher Sie wissen, dass die Engländer mit Hochdruck an neuen Systemen arbeiten.«
»Richtig, Herr Minister, unsere Agenten melden, dass sie fieberhaft an einem Magnetron forschen, um die in ihren Funkmessgeräten geforderte hohe Sendeleistung zu produzieren.«
»Das tun wir auch, aber keiner weiß, welche Seite die Erfolgreichere ist«, warnte Ohnesorge.
»Daher gilt es, keine Zeit zu verlieren. Zeit, die das Reich nicht hat! Ich halte Funkmess für eine der wichtigsten Errungenschaften der letzten Jahre und bin der Meinung, dass wir diese Technik unter keinen Umständen unterschätzen dürfen. Ich schlage daher vor, General der Luftnachrichtentruppe, Wolfgang Martini zum Ausschussmitglied für Funkmess und Hochfrequenztechnik im Allgemeinen zu benennen. Er kennt wie kein anderer die Entwicklung und Zusammenhänge dieser Technologie und ist in der Lage objektiv die jeweiligen Vorzüge der diversen Entwicklungen zu beurteilen.«
»Schmidts Miene erhellte sich.
»Ich kenne General Martini. Er hat mir bereits mehrfach wichtige Informationen bezüglich Funkmess geben können. Ich denke auch, dass Martini der richtige Mann wäre.«
Schellenberg signalisierte seine Zustimmung mit einer Handbewegung: »Woran arbeiten Sie denn noch?«
»Infrarot steht weit vorn auf unserer Liste«, fuhr Ohnesorge fort, »und wir arbeiten intensiv daran, ein Nachtsichtgerät sowohl für Panzer als auch für Handfeuerwaffen zu entwickeln. Das Gerät Vampir nimmt schon Formen an, doch wir arbeiten bereits an der nächsten Generation eines Nachtsichtgerätes, das wir Uhu getauft haben.
Diese Entwicklungen sind aber noch nicht einmal im Experimentierstadium und brauchen sicherlich noch zwei weitere Jahre, bis sie getestet werden können. Darüber hinaus arbeiten wir an einem neuartigen Navigationssystem und ein Nachtjägerleitverfahren für die Luftwaffe.
Höchst interessant für Sie beide ist die Einrichtung eines neuen Referates unter Diplomingenieur Kurt Vetterlein. Vetterlein arbeitet an einem Verfahren, die Funktelefonate zwischen der britischen und amerikanischen Regierung abzuhören. Anfang nächsten Jahres beginnt er mit der praktischen Erprobung in Holland!«
»Weiß Canaris von Ihren Telefonplänen?«, wollte Schmidt wissen.
»Nein«, antwortete Ohnesorge süffisant.
»Sie sind der Erste von der Abwehr, der es erfährt. Aber nichts für ungut, lieber Schmidt, wir wollen diese neue Technik dem Führer zum Geburtstagsgeschenk machen!«

Schellenberg setzte ein Grinsen auf, doch war ihm eigentlich nicht zum Lachen zumute. Auch er hatte von Vetterleins Projekt noch nie gehört und er war sicher, dass auch sein Chef, Reinhard Heydrich von dieser Aktion keine Ahnung hat. Auf Ohnesorge muss man achten dachte Schellenberg. Wer weiß, was er noch in petto hat. Ohnesorge unterbrach die momentane Stille und schlug vor, einen kleinen Imbiss einzunehmen, den er im Speisesaal hatte vorbereiten lassen.

»Mit leerem Magen lassen sich schlecht Beschlüsse fassen«, meinte er schmunzelnd und komplimentierte seine Gäste in den Nebenraum. Unsichtbare Geister hatten bereits alles vorbereitet und ein kleines aber geschmackvolles Buffet war an einem Ende des langen Esstisches aufgebaut worden.

»Bedienen Sie sich, meine Herren«, ließ sie Ohnesorge wissen und griff zu einer Tasse Tee, die er sich aus einer herrlichen schlichten japanischen Gusseisenkanne einschenkte.

»Ich hoffe, ich langweile Sie nicht mit meinen ausführlichen Erläuterungen«, eröffnete Ohnesorge erneut eine Informationsrunde.

»Aber ich möchte unser erstes Treffen nicht beschließen, ohne Sie von unserem wichtigsten Projekt in Kenntnis zu setzen. Sie erinnern sich sicher, dass ich eingangs Manfred Baron von Ardenne als Genie gewürdigt habe.«

Schellenberg und Schmidt nickten kauend.

»Aber Sie kennen nur einen Bruchteil des Genies. Nachdem er den 30er Jahren in seinem Forschungslaboratorium für Elektronenphysik in Berlin-Lichterfelde das Rasterelektronen- und das Universalelektronenmikroskop, die es erlauben, Atom- und Molekülstrukturen zu untersuchen, erfunden hatte, kam von Ardenne mit einem Vorschlag zu mir.

Grundlage seines Besuches war der Geniestreich der Chemiker Otto Hahn und Fritz Strassmann, die im Dezember 1938 die Kernspaltung des Uraniums und Thoriums entdeckt hatten. Lise Meitner, die langjährige Mitarbeiterin Otto Hahns, die bereits im Juli 1938 das Reich illegal verlassen hatte und nach Schweden emigriert war, gab gemeinsam mit Otto Robert Frisch auf der Grundlage dieser Entdeckung eine erste theoretische Deutung des Spaltungsprozesses.

Diese Vorgänge veranlassten von Ardenne, sich intensiv mit Nuklearforschung zu beschäftigen. Ich hatte mich bereits selbst mit dem Thema Atom beschäftigt und war zu dem Schluss gekommen, dass man diese Erkenntnisse auch militärisch, also zum Bau einer nuklearen Bombe nutzen könnte. Ardenne hat mir nun angeboten, exklusive kernphysikalische Forschungen über die Atomzertrümmerung und ihre Nutzanwendung zu betreiben.

Mir ist natürlich klar, dass Ardenne dies nicht uneigennützig tut, denn ich weiß, dass er einen ausgeprägten Hang zum Merkantilen besitzt und sehr wohl weiß, wie er an Fördergelder kommen kann. Aber würden Sie solch einen Vorschlag ablehnen? Ich konnte es nicht, denn ich wusste, dass schon im Februar 1940 der Physiker Heisenberg eine Theorie der Energiegewinnung durch Kernspaltung aufgestellt hatte. Solange das Uran mit einer wirksamen Neutronen bremsenden Substanz kombiniert wurde, konnte nach seiner Ansicht natürliches Uran für die Energiegewinnung in einer Uranmaschine verwendet werden.

Wasser erschien als Bremssubstanz ungeeignet, aber Heisenberg war davon überzeugt, dass Schweres Wasser und sehr reiner Kohlenstoff den geforderten Bedingungen entsprachen. Die Anreicherung von Uran 235, das heißt die Erhöhung des Verhältnisses von Isotop 235 zu Isotop 238 in einer bestimmten Uranprobe, würde die Kettenreaktion und damit die Herstellung einer Energie erzeugenden Uranmaschine ermöglichen. Die Anreicherung bot, wie Heisenberg erkannte, noch eine weitere Anwendungsmöglichkeit, denn wenn nahezu reines Uran 235 hergestellt werden konnte, dann stellte dieses Uranisotop einen Kernsprengstoff von bisher unbekannter Zerstörungskraft dar.

Mir ist bekannt, dass Heisenberg seine Arbeitsresultate und Überlegungen an das Heereswaffenamt sandte, das seine Berichte mit Zustimmung und Begeisterung aufnahm. Ich weiß aber auch, dass deren Begeisterung schnell abkühlte, als sie hörten, dass es Jahre dauern und ungeheure Gelder kosten würde, um solch eine Bombe zu bauen. Mit Manfred Baron von Ardenne wird mir dies jedoch schneller gelingen!

Es gibt nur ein Problem. Seit März 1939 wissen vielleicht 200 Wissenschafter in allen Industrienationen, dass mit der Entdeckung der Kernspaltung der ambivalente Schlüssel sowohl für den Bau einer Bombe mit nie gekannter Zerstörungskraft aber auch für die Konstruktion von mit Atomkraft getriebene Maschinen möglich ist. Wir dürfen also keine Zeit verlieren, den geringen Vorsprung, den das Reich noch hat, zu nutzen!«

Stille herrschte im Speisezimmer. Schellenberg und Schmidt hatten den Verzehr der Köstlichkeiten eingestellt und gespannt den Worten Ohnesorges gelauscht. Selbst Schellenberg, der keinen naturwissenschaftlichen Hintergrund hatte, begriff, welche Möglichkeiten sich eröffneten.

»Haben Sie den Führer von dieser Option unterrichtet?«, wollte Schellenberg wissen.

»Ja das habe ich«, antwortete Ohnesorge, «aber ich hatte Hitler auf dem falschen Fuß erwischt. Er meinte nur, er hielte nichts von jüdischer Physik.«

Ohnesorge bemerkte die Betroffenheit seiner Gäste und wandte ein: »Das ist kein Grund zur Panik.

Ich kenne den Führer so gut wie kaum sonst einer und ich weiß, dass es eines richtigen Momentes bedarf, um seine volle Aufmerksamkeit zu bekommen. Und dann, meine Herren, wird auch er begreifen, welche Chance sich ihm bietet.«

Schmidt versuchte die Diskussion von der emotionalen auf die praktische Ebene zu verlagern und wandte sich dem Problem des Schweren Wassers zu.

»Soviel ich weiß, ist die Herstellung von Schwerem Wasser ungeheuer Energie- und Zeit aufwendig, Herr Minister.«

»Da haben Sie recht, Oberleutnant. Schweres Wasser ist weniger reaktionsfähig als normales Wasser und hat eine niedrigere Lösefähigkeit. Die Ursache ist die höhere Kernmasse des Schweren Wasserstoffs, durch die der schwere Wasserstoff stärker gebunden ist. Wie Sie sehen, eine komplizierte Prozedur und es gibt auch nur einen Ort, wo man dies bewerkstelligen kann. Nämlich im südnorwegischen Rjukan in der Provinz Telemark.

Dort befindet sich das Chemie- und Wasserkraftwerk Vemork, die einzige europäische Fabrik, die durch ihren immensen Energieüberschuss Schweres Wasser in nennenswerten Mengen herstellen kann. Sie ist übrigens von der IG Farben übernommen worden.«

Schmidt machte sich Notizen.

»Das heißt, wir müssen uns sofort Gedanken über die Sicherheit dieser Anlage machen, denn das Wissen über die Bedeutung des Schweren Wassers wird den Engländern mit Sicherheit ebenfalls bekannt sein«, meinte Schmidt mit einem Ton der Besorgnis.

»Da könnten Sie recht haben, Schmidt«, teilte Ohnesorge seine Bedenken.

»Und dann habe ich noch eine Frage, Herr Minister. Sie sind ja nicht der Einzige, der sich der Nuklearforschung widmet. Sehen Sie eine Möglichkeit, zusammen mit dem Uranverein die Anstrengungen zu bündeln und so ein schnelleres Ergebnis herbeiführen zu können?«

»Ich glaube kaum, Schmidt. Der Uranverein ist eigentlich nur ein loser Zusammenschluss von Arbeitsgruppen aus den Kaiser-Wilhelm-Instituten und Hochschulen unter Heisenbergs Führung, die von Kurt Diebner, selbst Kernphysiker und Sprengstoffexperte aus dem HWA, dem Heereswaffenamt, betreut werden. Die sind sich untereinander spinnefeind. Persönlich halte ich große Stücke auf Diebner, aber beim Uranverein ist er auf verlorenem Posten.«

»Aber er wäre geradezu prädestiniert Teil des Ausschusses zu werden, denn dadurch wäre die Nuklearforschung im Reich endlich transparent«, begeisterte sich Schmidt.

»Dem könnte ich zustimmen«, sagte Ohnesorge zögerlich.

»Damit wäre auch das HWA an Bord und ein potenzieller Kopfschmerz elegant beseitigt«, stimmte ihnen Schellenberg zu.

»Ja, das könnte eine gute Lösung ein«, stimmte Ohnesorge in die allgemeine Begeisterung ein.

»Und damit wären wir auch gleich bei Punkt 2, der Zusammensetzung des Ausschusses. Wie groß solle er sein und welche Reichsinstitutionen sollten vertreten sein?«

Schmidt erhob sich von seinem Stuhl, um sich ein wenig Obst vom Buffet zu holen.

»Das Heereswaffenamt ist ein Muss und ja mit Diebner zum Glück bereits gesetzt. Fritz Todt als Generalbevollmächtigter für die Bauwirtschaft und als Reichsminister für Bewaffnung und Munition muss zumindest gefragt werden. Ob er selber am Tisch sitzen, oder eine Persönlichkeit seiner Wahl entsenden will, sollte man ihm überlassen«, schlug Schmidt vor.

»Man merkt Ihnen den Umgang mit Canaris an«, amüsierte sich Ohnesorge.

»Sie sind diplomatisch geschult!«

»Nun, ich versuche nur den Tiger zu reiten«, lachte Schmidt.

»Wer wie wir darauf erpicht ist, sich mit allen Granden des Reiches anzulegen, sollte sicherstellen, ein paar starke Verbündete zu haben«, ergänzte er verschmitzt.

»Und da ist Fritz Todt genau der richtige Mann«, stimmte Ohnesorge ihm zu.

»Er ist zwar nicht so lange Parteimitglied wie ich, aber immerhin seit 1922 dabei. Und dass er 1923 nicht in München bei der Feldherrnhalle dabei war, hat er einer Baustelle zu verdanken«, lachte Ohnesorge schallend und hämmerte vergnügt mit seiner Rechten auf die Mahagoni-Tischplatte.

»Sie sind trotz Ihrer jungen Jahre ein Fuchs, Schmidt. Der Führer liebt seinen Fritz und wird es mit Freuden zur Kenntnis nehmen, dass er Teil des Ausschusses sein wird.«

»Schwieriger wird aber die Frage zu beantworten sein, wer für das RLM, das Reichsluftfahrtministerium vorzuschlagen wäre«, gab Schellenberg zu bedenken.

»In der Tat eine harte Nuss«, gab Schmidt zu.

»Ich denke, es bleibt uns nichts anderes übrig, als die Aufgabe Ernst Udet anzutragen. Der Generaloberst ist Chef des technischen Amtes und Generalluftzeugmeister der Luftwaffe und damit verantwortlich für alle Entwicklungen.«

»Wieso ist Udet eine harte Nuss?«, fragte Ohnesorge.

»Der Mann ist einfach überfordert und lebt in einer anderen Welt«, antwortete Schmidt.

Ohnesorge war sichtlich irritiert.

»Aber seine Verdienste«, versuchte er gegenzusteuern.

»Die hat er ohne Zweifel und die will ihm auch niemand nehmen«, entgegnete Schmidt.

»Aber er scheint technisch stehen geblieben zu sein und das kann ein Mann in seiner Position sich nicht erlauben.«

»Aber er ist der Vater des Sturzkampfbombers, der Ju 87«, protestierte Ohnesorge.

»Ohne Zweifel, das ist er, doch kann man das Konzept des Sturzfluges nicht auf alle Typen der Luftwaffe übertrage und genau das tut er. Die Probleme mit der Heinkel He 177, oder der Messerschmitt Me 210 sind beredte Zeugen meines Vorwurfes.«

Schmidt bemerkte, dass er sich ein wenig in Rage geredet hatte, und schaltete einen Gang zurück. Emotionen konnte er sich in seiner neuen Position nun wahrlich nicht leisten. Schellenberg erkannte die Situation und ließ Dampf aus dem Kessel.

»Um Udet kommen wir nicht herum und der Reichsmarschall würde, falls wir ihn auf die Personalie hinwiesen, auf seinen Generalflugzeugmeister verweisen. Und darüber hinaus«, fuhr er fort, »können wir ihn kontrollieren.«

Ohnesorge schaute ihn fragen an.

»Und wie das?«, fragte er konsterniert.

»Wir wissen aus erster Hand, dass Udet mit seiner Situation nicht mehr klarkommt und erhebliche Mengen Alkohol und Pervitin konsumiert. Er muss unter großem Druck stehen. Daneben zeichnet er mit ätzendem Spott zahlreiche Karikaturen seiner Dienstherren und seiner selbst. Und macht keinen Hehl daraus!«

»Sagen Sie mal Schmidt, Ihr Chef Canaris ist doch ein guter Freund von Udet«, unterbrach ihn Ohnesorge.

»Was sagt der denn?«

»Keine Ahnung. Darüber spricht er nicht mit mir. Ich will es auch gar nicht wissen. Wenn Udet ein Problem hat, so sollte er zu seinem Freund Göring gehen und ihn bitten, ihm ein Frontkommando zu geben. Das wäre für alle Beteiligte sowieso das Beste«, stellte Schmidt schmallippig fest.

»Vielleicht wäre es unter diesen Umständen sinnvoll, Udet einen kompetenten Partner anzudienen«, warf Ohnesorge ein.

»Ein guter Gedanke«, stimmte ihm Schellenberg zu.

»Das sollte dann jedoch jemand vom Fach sein«, schob Ohnesorge hinterher.

Schmidt schreckte aus seinen dunklen Gedanken auf. War das ein Stichwort, um seinen Freund Otto ins Spiel zu bringen?

»Ich hätte einen Vorschlag zu machen, meine Herren«, mischte sich Schmidt ins Gespräch ein.

»Der Aerodynamiker Otto Lechner von der Deutschen Versuchsanstalt für Luftfahrt wäre ein perfekter Partner für Udet. Er ist erfahren, auf dem letzten Stand der Technik und intellektuell in der Lage, moderne Technologien in die Luftwaffe einzuführen. Abgesehen davon ist er ausgebildeter Jagdflieger und besitzt dadurch auch Kompetenz beim fliegenden Personal der Luftwaffe.«

»Das macht Sinn«, meinte Ohnesorge und auch Schellenberg stimmte zu.

»Doch wer soll Udet klarmachen, dass er gerade diesen Mann als Assistenten akzeptieren sollte?«, meinte Ohnesorge.

»Canaris«, antwortete Schmidt.

»Lassen Sie das meine Sorge sein. Nun stellt sich die Frage, welcher Mann die Marine vertreten soll.«

»Wie wäre es mit einem kompetenten Mann aus dem Hauptamt Kriegsschiffbau«, schlug Schellenberg vor.

»Dann haben Sie mit Sicherheit einen Dickschiffmann aus dem Stab von Großadmiral Erich Raeder am Tisch«, wehrte Ohnesorge ab.

»Das wäre kontraproduktiv«, schob er noch schnell hinterher.

»Nein, wir müssen uns klarmachen, dass es die kaiserliche Marine war, die mit ihren U-Booten England an den Rand der Niederlage gebracht hatte. Und nur mit U-Booten haben wir auch jetzt eine Chance, den Seekrieg gegen England zu gewinnen. Und das geht nur mit modernen Tauchbooten. Boote, die tatsächlich Unterseeboote sind und nicht wie die heutigen VIIC-Typen, die gerade mal ein paar Stunden mit bescheidenen 7,6 Knoten unter Wasser fahren können. Ich schlage daher Carl Schmidt vor, selbst auf die Gefahr hin, dass ich damit eine Kontroverse entfache.«

Ohnesorge lehnte sich in seinen Sessel zurück und zündete sich, ob seines Coups zufrieden, eine Senoussi an.

»Carl Schmidt?«

Schellenbergs Frage knallte wie ein Pistolenschuss im Esszimmer.

»Der Name sagt mir leider gar nichts«, entfuhr es Schellenberg.

»Mein Vater«, entgegnete Schmidt trocken.

»Ihr Vater und gleichzeitig der kompetenteste U-Boot-Konstrukteur in Deutschland, wenn nicht sogar weltweit«, streute Ohnesorge Blumen.

»Das habe ich nicht gewusst«, bemerkte Schellenberg.

Doch schnell gewann er seine Fassung wieder und wollte mit großem Interesse wissen warum und weshalb Carl Schmidt im Schiffbau solch eine große Nummer war. Nachdem ihn Ohnesorge und Othmar ihn aufgeklärt hatten, blieb ihm nichts anderes übrig, als den Vorschlag Ohnesorges zu unterstützen. Insgeheim machte er sich aber eine Notiz, diesem Carl Schmidt ein wenig auf den Zahn zu fühlen. Ohnesorge blätterte scheinbar ziellos in seinen Aufzeichnungen. Plötzlich richtete er seinen Blick auf Schmidt.

»Wir müssen unbedingt die Raketenentwicklungen des Heeres und der Luftwaffe koordinieren.

Weder Diebner für das HWA noch Udet für das RLM sind dazu in der Lage, die Entwicklung der diversen Entwürfe und Prototypen zu beurteilen. Stimmen Sie mir zu, Oberleutnant?«

»Diese Frage brannte mir ebenfalls schon eine Weile auf der Zunge«, nahm Schmidt den Ball auf.

»Der Raketenwaffe kommt eine ungeheuer wichtige Bedeutung zu. Von Brauchitsch pumpt schon seit Jahren große Mittel in die Heeresversuchsanstalt Peenemünde-Ost, um Dornberger und von Braun optimale Bedingungen zu schaffen, und auch die Luftwaffe investiert immense Summen in ihre Erprobungsstelle Peenemünde-West. Ergebnisse sind bereits vorhanden.«

Ohnesorge griff erneut zu einer Zigarette und spann den Faden weiter:

»Das große Problem, das ich sehe, ist die Tatsache, dass Dutzende Konstruktionsbüros zurzeit Projekte entwickeln, von denen die große Mehrheit zum Scheitern verurteilt ist. Sei es, die Entwicklungszeit ist zu lang, oder die Baupläne sind zu kosten- oder materialintensiv. Daher kommt für mich keiner dieser Konstrukteure infrage. Die sind mir zu sehr verliebt in Technik und Detail.«

»Da mögen Sie teilweise recht haben, Herr Minister. Ich denke, diese Position ist für einen Mann maßgeschneidert, nämlich Oberst Walter Dornberger.«

Schellenberg schaute von seinen Notizen auf.

»Dornberger? Sie hatten eben schon den Namen im Zusammenhang mit von Braun erwähnt.

Können Sie mir bitte ein paar Stichworte zu seiner Person sagen, Schmidt?«

»Natürlich, Sturmbannführer«, erwiderte Schmidt.

»Weltkriegsteilnehmer, zuletzt im Rang eines Leutnants, anschließend Artillerieoffizier in der Reichswehr und Ende der 20er Jahre dienstlich zum Maschinenbaustudium an der Technischen Hochschule Berlin abkommandiert. Abschluss mit dem akademischen Grad eines Diplomingenieurs, danach ab 1930 als Hauptmann zum Raketenbau abkommandiert und im Juli 1935 als Major zum Abteilungschef im Heereswaffenamt berufen. Da war er für die Entwicklung von Flüssigkeitsraketen zuständig.

Dornberger unterstand die Heeresversuchsanstalt auf dem Artillerieschießplatz Kummersdorf. Dort wurden bis 1937 unter anderem die von der Abteilung WaPrüf II, der Abteilung für Entwicklung und Prüfung, entwickelten Raketen getestet. 1936 wurde Major Dornberger, der seit 1935 Ehrendoktor der TH Berlin war, die verantwortliche Leitung der Raketenentwicklung für Heer und Luftwaffe übertragen. Im Juni 1938 zum Oberstleutnant und im August dieses Jahres zum Oberst befördert. Dornberger hat übrigens von Braun angestellt.«

»Dann ist an seiner Qualifikation nicht zu zweifeln«, brummte Schellenberg und lehnte sich in seinen Sessel zurück.

»Ein guter Vorschlag, Schmidt«, freute sich Ohnesorge.

»Damit säße auch von Brauchitsch als Oberbefehlshaber des Heers mit am Tisch; der hatte immer schon ein Faible für Raketen.«

Schellenberg kramte in seinen Unterlagen und zog ein Papier heran, das er nachhaltig studierte.

»Von allen Bereichen, die Schmidt und ich eingekreist hatten, fehlt nur noch der Bereich chemische Kampfstoffe.«

Ohnesorge schaute ihn lange an.

»Ich bin zwar nur Physiker und Mathematiker, Sturmbannführer, aber seit dem Weltkrieg teilen der Führer und ich selbst eine Aversion gegen Giftgas. Nur wer den Grabenkrieg mit seinen Gasattacken kennengelernt hat, kann nachvollziehen, was wir meinen. Daher können Sie versichert sein, dass das Reich niemals, ich wiederhole, niemals wieder zu Kampfgas als strategische Waffe greifen wird. Der Führer ist sich natürlich darüber im Klaren, dass man nicht hinter den Entwicklungen unserer Gegner zurückfallen darf, und hat daher relevante Maßnahmen getroffen. Er hat das Heer bereits vor Jahren angewiesen, diesbezüglich tätig zu werden.

Die IG Farben haben sich daraufhin erfolgreich mit der Aufgabe befasst. Der Insektizidforscher Dr. Gerhard Schrader hat bereits 1936 eine äußerst tödliche Substanz entdeckt. Eine organische Phosphorverbindung, die er Tabun nannte und die das menschliche Nervensystem angreift. Wenn Tabun das Nervensystem angreift, verursacht es schwere Krämpfe und Muskelstarre. Nach 20 Minuten erstickt das Opfer. Ein grauenvoller Tod.

Aber es gibt noch Fürchterlicheres: Sarin. Auch dieses Teufelszeug hat Dr. Schrader entwickelt. Die IG Farben hat 1939 im schlesischen Dyhernfurth mit dem Bau einer geheimen Anlage begonnen, die mehr als zweieinhalb Kilometer lang und bis zu achthundert Meter breit ist. Die meisten Anlagen sind unterirdisch. Dort sollen Tabun und Sarin produziert werden. Wie Sie sehen, ist an alles gedacht. Aber seien Sie sich sicher, Deutschland wird niemals dieses Kampfgas einsetzen. Daher können wir auch den Bereich chemische Kampfstoffe aus unserem Programm streichen.«

Schmidt und Schellenberg schienen von dem kurzen Vortrag des Reichspostministers wie betäubt. Auch ihnen war der Gedanke an Giftgas zuwider. Zu stark waren noch in ihrer Generation die Erinnerungen an die Gashölle von Ypern und anderen Frontabschnitten des Weltkrieges lebendig. Ohnesorge sah Ihnen an, dass die beiden erleichtert waren, dieses grauenhafte Kapitel nicht aufschlagen zu müssen. Ohnesorge räusperte sich.

»Aber bevor wir nun zum letzten Punkt unserer Unterredung kommen, wem wir auf die Füße treten werden und wie wir verhindern können, dass diese Personen uns Knüppel zwischen die Beine werfen, müssen wir eine Frage klären. Wer soll die Interessen der Waffen-SS vertreten?«

Schellenberg ergriff nun das Wort.

»Dafür wäre der SS-Gruppenführer und Generalleutnant Paul Hausser prädestiniert.«

Ohnesorge stimmte augenblicklich zu und auch Schmidt fand den Vorschlag akzeptabel, da Hausser als ehemaliger Reichswehroffizier großen Respekt bei der Wehrmacht genoss. Schellenberg zeigte sich hocherfreut und ging nun auf die möglichen Probleme ein: »Bezüglich des Konfliktpotenzials liegt die meiner Meinung nach größtenteils in der Person des Reichsmarschalls begründet. Als Beauftragter des Vierjahresplanes ist es seine Aufgabe, die deutsche Wirtschaft auf einen totalen Krieg vorzubereiten. Mag sein, dass er Hitlers Weisung, sich aus der Entwicklung von Zukunftswaffen herauszuhalten zunächst beugen, doch kann ich nicht glauben, dass er als Reichsmarschall, als Wirtschaftsführer und Oberbefehlshaber der Luftwaffe auf Dauer stillhalten wird.«

Ohnesorge hörte sich die Ausführungen Schellenbergs in aller Ruhe an. Ruhig, aber bestimmt kommentierte er: »Im Prinzip gebe ich Ihnen völlig recht, doch Göring hat zurzeit andere Probleme. Er steckt mitten im zweiten Vierjahresplan und der Führer hat ihm erst im Oktober dieses Jahres die Verantwortung eines dritten Vierjahresplanes übertragen. Darüber hinaus hat er sich in der Luftschlacht um England nicht unbedingt mit Ruhm bekleckert. Ich habe bereits persönlich mit ihm gesprochen und er hat mir versichert, dass er, solange seine Luftwaffe von unserer Arbeit profitiert, uns nicht im Wege stehen würde. Wortwörtlich sagte er mir, dass er bereits genug am Halse hätte, um zwei Leben auszufüllen. Er hat mir ebenfalls versichert, dass der Reichsforschungsrat dem Ausschuss seine volle Unterstützung geben würde. Also glauben Sie mir, Göring ist kein Problem. In der Frage des Vertreters der Waffen-SS stimme ich Ihnen voll und ganz zu. Paul Hausser wäre der richtige Mann.«

Schmidt schaute Ohnesorge kritisch an.

»Auch ich stimme Schellenberg mit Paul Hausser zu. Ansonsten hoffe ich, dass Ihre persönliche Beziehungen zu Göring wie auch zum Führer, uns vor einem Konflikt mit dem Reichsmarschall bewahren. Die Folgen wären sonst dramatisch.«

Ohnesorge nickte: »Und wie schätzen Sie die Situation um den Chef des Heereswaffenamtes, General der Artillerie Emil Leeb, ein?«

»Solange wir seine Steckenpferde Raketen und das Uran-Projekt nicht vernachlässigen, glaube ich an keinen Widerstand, Herr Minister.«

»Sehr gut«, murmelte Ohnesorge, »und weitere Möglichkeiten der Sabotage schließen Sie aus?«

»Das kann man nie«, erwiderte Schmidt.

»Erst wenn wir mit den Entscheidungsträgern gesprochen haben, können wir uns ein wahres Bild der Lage machen.«

Ohnesorge machte sich ein paar Notizen und schaute seine Gäste an.

»Damit wäre ja zunächst bis auf den Namen des Ausschusses alles geregelt. Wie wäre es mit Hochtechnologieausschuss, kurz HTA? Keine Einwände? Dann soll es so sein. Ich werde von unserer Besprechung ein Protokoll anfertigen. Nur der Führer, Reichsführer SS, Heinrich Himmler, Gruppenführer Heydrich, Admiral Canaris, Sie beide, die Chefs von Luftwaffe, Marine und Wehrmacht sowie Fritz Todt werden eine Kopie erhalten. Zur Vorgehensweise der nächsten Wochen schlage ich eine Arbeitsteilung vor. Ich werde Fritz Todt und Hermann Göring instruieren. Sie beide kümmern sich um die übrigen Kandidaten sowie ihre Vorgesetzten und koordinieren einen ersten Sitzungstag. Meine Herren, an die Arbeit, wir haben keine Zeit zu verlieren.«

Der Himmel über London hing bleiern schwer an diesem 11. November. Niederschlag war nicht in Sicht, jedoch zerrte die depressive Witterung an den Nerven. Merkwürdigerweise hatten die Deutschen die Großangriffe auf London seit dem 29. Oktober bei Tage eingestellt. Seit November 1940 waren die Ziele andere englische Städte; vor allem Industriezentren wie Birmingham, Manchester oder Sheffield.

Nach ihrem Besuch in Bletchley Park war es Dr. Jones gelungen, den Code von Knickebein zu entschlüsseln. Er entwickelte anschließend das Aspirin-Gerät, um den deutschen Funkstrahl zu überlagern und ihn zu eliminieren, oder zumindest ungenau zu machen. Es war Gordon, der Aspirin als Code empfahl, da »die Deutschen uns so viele Kopfschmerzen bereiten«, wie er sagte.

Die ersten Hinweise von einer neuen Navigationsmethode, dem X-Gerät, erhielt R.V. von entschlüsselten Enigma-Meldungen aus Bletchley Park bereits im September. Im Gegensatz zu Knickebeins zwei Radiosignalen basiert das X-Gerät auf vier Funkleitstrahlen. Recht bald erkannte R. V., wie die neue Ortung funktionierte.

Seine »alten Bekannten« vom Kampfgeschwader 100 in Vannes hatten nur ihre erfahrenen Pfadfinderbesatzungen mit den X-Geräten ausgerüstet, um einen Verlust, der das Geheimnis hätte verraten können, zu vermeiden oder zu minimieren. Diese Pfadfinder in ihren Heinkel He 111 flogen auf einem in der Nähe von Cherbourg ausgehenden Direktorstrahl, den die Deutschen Weser getauft hatten. Dieser Funkstrahl führte geradewegs über das Ziel. Sobald sich der Pfadfinderbomber bis auf dreißig Kilometer diesem genähert hatte, kreuzte er einen Querstrahl mit dem Code Rhein. Dieser und zwei weitere gingen von Sendern in der Nähe von Calais aus. Der Bombenschütze wartete nun auf den zweiten Querstrahl Odin, der ihm anzeigte, dass es nur noch fünfzehn Kilometer bis zum Ziel waren. Traf der dritte Funkstrahl Elbe jetzt auf den Direktorstrahl, konnten die Bomben durch ein automatisches Schließen eines Stromkreises präzise über dem gewünschten Ziel abgeworfen werden.

Gordon Schmitt war von Dr. Jones in aller Frühe zu einer Konferenz in der Broadstreet gerufen worden. Gordon ahnte schon, worum es sich handelte. Wahrscheinlich eine neue entschlüsselte Enigma Nachricht, die das X-Geräte-Geheimnis weiter lüften könnte. Als er R. V.'s Büro betrat, standen bereits drei Herren im Raum, die, bis auf Charles Frank ihm unbekannt waren. Charles Frank war Jones bester Freund und ein enger, wenn nicht sein engster Vertrauter, den er erst kürzlich vom Chemical Defence Research Establishment, für seine Abteilung abgeworben hatte. Charles besaß laut R.V. ein besonders scharfes Auge und sollte in Zukunft die Fotoaufklärung leiten. Neben seinen unbestrittenen wissenschaftlichen Qualitäten sprach er auch ein ausgezeichnetes Deutsch, das er vor dem Krieg in Berlin gelernt hatte, als er am Kaiser Wilhelm Institut für Physik in Berlin studierte.

»Guten Morgen, Gordon. Schön, dass Sie sofort kommen konnten. Das hier wird Sie interessieren.«

Triumphierend hielt er eine Depesche über seinen Kopf, die Gordon anhand des Briefkopfes als eine von Bletchley Park kommende Meldung identifizierte.

»Diese Meldung, die eigentlich vom 9. November stammt, konnte letzte Nacht entschlüsselt werden. Sie planen ein dickes Ding! Sie nennen den Einsatz Mondscheinsonate. Eines muss man den Deutschen lassen, sie finden immer adäquate Codenamen für ihre Operationen. Beethoven allerdings würde sich im Grabe drehen«, lachte R.V. und wedelte weiter mit dem Papier.

»Was unsere Eierköpfe aus der Enigma Meldung herausgelesen haben, bedeutet, dass die Luftflotte 2 unter Kesselring, also auch unsere Freunde von der KG 100, einen massiven Einsatz am 14. November planen, der drei Zielgebiete beinhaltet und zwar die Ziele Einheitspreis, Regenschirm und Korn.«

Gordon hatte mittlerweile den übrigen Besuchern und Charles begrüßt und unterbrach R. V.

»Dann sollten wir alle Städte England auf diesen Schlüssel überprüfen«, entgegnete Gordon.

»Haben wir schon, aber das hilft uns nicht weiter. Wir haben aber die Aussage eines abgeschossenen und gefangen genommenen Luftwaffenpiloten des Kampfgeschwaders 1, der in seinem Verhör damit geprahlt hatte, die schwersten Angriffe würden zwischen dem 15. und 20. November auf Birmingham und Coventry geführt werden. Es wäre doch möglich, dass die Deutschen Coventry entgegen der normalen Schreibweise nicht mit C, sondern mit K wie Korn codiert hätten.«

Gordon dachte nach. Theoretisch könnte die Schlussfolgerung richtig sein. Praktisch barg jedoch diese eine große Gefahr. Falls man Coventry als das richtige Ziel interpretieren würde und geeignete Gegenmaßnahmen wie Evakuierung oder Verstärkung der üblichen Flak ergreifen würden, könnten die Deutschen zu dem Schluss gelangen, dass das Geheimnis ihrer Enigma Maschine gelüftet worden wäre. Eine unmögliche Option! Gordon äußerte seine Bedenken und gipfelte seine Sorge mit der Äußerung, dass es auch im Bereich London einen Stadtteil namens Cornhill gäbe: »Das träfe genau wie Coventry zu!«

Dr. Jones, Charles Frank und die beiden Herren, die sich als Stabshelfer Churchills entpuppten, kamen überein, ihre Vermutung für sich zu behalten.

»Solange wir keine Beweise für unsere Vermutung haben, werden wir uns nicht äußern«, stellte R.V. fest und beendete die kurze Konferenz.

Nachdem die beiden Stabshelfer gegangen waren, wurde R.V. eine Spur persönlicher.

»Wie geht´s Maita?«, wollte er von Frank wissen.

»Ganz gut, aber sie hat eine Riesenangst mit nach London zu ziehen und hat darum gebeten, in ihrem alten Haus in Salisbury bleiben zu

dürfen.
Das konnte ich ihr nicht abschlagen, Reginald.«

Im Gegensatz zu allen anderen engen Mitarbeitern und Freunden war es für Gordon das erste Mal, das jemand seinen Chef mit seinem ersten Vornamen ansprach.

»Kein Problem, wir wissen ja nun ziemlich genau, wann die Deutschen angreifen, und können so ein Wochenende finden, wo es ruhig bleiben wird, Frank. Wenn es soweit ist, müsst Ihr aber bei uns zu Hause in Richmond besuchen«, schlug er in einem Ton vor, der keinen Widerspruch zu dulden schien.

»Das machen wir doch gern, Reginald«, dankte Frank und wandte sich Gordon zu.

»Ich habe gehört, Sie haben einen Schnellkurs beim Special Operations Executive bekommen.«

»Die Buschtrommeln scheinen ja zu funktionieren«, lächelte Gordon etwas gequält.

»Ja, ich war ein paar Tagen im Haupttrainingszentrum des SOE in Wanborough Manor, ganz in der Nähe von Guildford. Dort habe ich eine besondere Ausbildung genossen, die mir hoffentlich bei meinen kommenden Einsätzen zugutekommen wird.«

»Gibt es denn schon einen konkreten Einsatzplan?«, wollte Frank wissen.

Dies war der Zeitpunkt an dem es für R.V. ratsam erschien, einzugreifen.

»Das ist streng geheim, Frank. Selbst unter Freunden darf dir Gordon darüber nichts erzählen und von mir kannst du dahin gehend auch nichts erwarten.«

Frank Charles tat so als wäre er beleidigt, um Sekunden später in lautes Gelächter auszubrechen.

»Der Versuch ist doch nicht strafbar, oder?«

»In diesem Falle schon«, reagierte R.V. ernst, um im nächsten Moment ebenfalls loszulachen.

In den nächsten Tagen drehte sich alles um die deutschen X-Geräte. R.V. hatte herausgefunden, dass der Schlüssel zum Verständnis der neues Navigationsmethode im Erkennen der Frequenzen, auf denen der Direktorstrahl und seine Querstrahlen sendeten, lag. Erkannte man diese, so folgerte R. V., konnte man sie stören. So wie man es mit Knickebein gemacht hatte. Doch diese Frequenzen zu finden entpuppte sich als Herkulesaufgabe. Von der Bombardierung Coventrys erfuhren Schmitt und R.V. aus den 21:00 Nachrichten der BBC am 14. November.

Sie lagen also mit ihrer Einschätzung richtig, doch das half den 554 Toten und den 865 Verwundeten herzlich wenig. Wie sich herausstellte, lag das Epizentrum des deutschen Angriffs bei den im Stadtzentrum gelegenen Rolls-Royce-Flugzeugmotorenwerken, in deren Nähe sich aber auch zahlreiche kleinere Rüstungsbetriebe, die Panzer und Infanteriewaffen produzierten, befanden. 75 Prozent der Industrie in Coventry wurden beschädigt und zerstört, die Kathedrale vernichtet, die Masse der Wohnungen pulverisiert.

Der Grad der Zerstörung war derart hoch, dass die deutsche Propaganda wenige Tage später den Begriff coventrieren prägte. Dies sollte die immensen Schäden umschreiben, die nun auch anderen englischen Städten blühen sollte. Gordon war entsetzt über die Brutalität dieses Angriffes und motivierte sich automatisch umso stärker, die Höhle des Feindes aufzusuchen.

»Jetzt können wir sie stoppen«, rief R.V. triumphierend, als er am Morgen des 22. November in Gordons Büro stürmte.

Gordon blickte von einem Stapel Luftaufklärungsfotos auf und schaute seinen Chef fragend an.

»Wie denn das so plötzlich?«

»Unsere Freunde vom KG 100 haben eine ihrer Pfadfindermaschine durch unsere Flak verloren. Sie ist gestern Abend bei Bridport abgestürzt und sie hatte ein X-Gerät an Bord!«

Gordon war wie elektrisiert: »Und wo ist das Gerät jetzt?«

»Beim 80 Wing in Radlett«, rief ihm Dr. Jones zu.

»Los kommen Sie, wir fahren sofort hin.«

Gordon schnappte ich Hut und Mantel und lief hinter R.V. her, der zu seinem Wagen stürmte.

»Wo liegt denn eigentlich Radlett?«, keuchte Gordon und realisierte, dass seine Kondition sich fast auf Meereshöhe befand.

»Nordwestlich von London. Ist nicht allzu weit entfernt.«

Kurze Zeit später brauste der Morris Eight Series E über die Kilburn High Road Richtung Edgware. R.V. hatte Gordon bislang nie zur RAF Radio Counter-Measures Group, einem Truppenteil der Royal Air Force, die dem 80 Wing unterstellt war, mitgenommen. Nicht weil er ihm etwas verheimlichen wollte, sondern weil sich einfach bislang keine Gelegenheit ergab.

R.V. erklärte ihm den geheimen Hintergrund der Einheit, die von Wing Commander E. B. Addison kommandiert wurde. Wie viele RAF Einheiten hatte auch diese ein Motto: Confusion to Our Enemies, unter unseren Feinden Verwirrung stiften! 80 Wing bestand aus 21 Offizieren und ungefähr 200 Mannschaften, die in einem requirierten Landhotel, der Aldenham Lodge, in Radlett untergebracht war. Zum Glück verfügte das Hotel über einen Swimmingpool, von dem reger Gebrauch gemacht wurde, denn laut R.V. war das Gebäude Heimat von Ratten und Kakerlaken.

Aufgabe der Radio Counter-Measurer Group, kurz RCM genannt, war es, geeignete Gegenmaßnahmen zu den deutschen Funkaktivitäten zu treffen. Mit Hilfe von Dr. Jones und seinem Team war dies bereits bei Knickebein gelungen. Nun sollte auch durch den glücklichen Umstand des Abschusses einer Heinkel He 111 dieser Erfolg wiederholt werden. Nachdem R.V. die bescheidenen 29 PS seines Morris gnadenlos in Vortrieb umgesetzt hatte, konnten sie bereits nach einer Stunde den Flugplatz Elstree passieren, der vor den Toren Radletts lag. Als sie an der Aldenham Lodge ankamen, wurden sie bereits von Wing Commander Addison erwartet, der sie in den Untersuchungsraum führte.

»Hier ist der geheimnisvolle Kasten«, sagte Addison und zeigte auf eine verschmutze Aluminiumbox.

R.V. starrte das Objekt seiner Begierde lange an. Anschließend befand er, das Gerät auf schnellstem Wege nach Farnborough zu bringen, wo geeignete Labors bereitstanden, die Geheimnisse des X-Gerätes zu enträtseln.

»Hätten wir doch das Ding nur ein paar Tage früher gefunden, dann hätten wir vielleicht Operation Regenschirm verhindern können«, sagte er auf der Rückfahrt nach London.

»Worum handelt es sich denn dabei?«, fragte Gordon, der diesmal den Morris steuerte.

»Bletchley Park hat durch eine Enigma Meldung davon Wind bekommen. Einer unserer Kryptologen hat auch seine eigenen Schlüsse aus dem Code Wort gezogen und Regenschirm mit dem ehemaligen Premier Neville Chamberlein assoziiert. Der trug nämlich immer einen bei sich. Und Chamberlein stammt aus Birmingham. Tatsächlich hat das KG 100 die Stadt am 19. und 20. November bombardiert. Zu unserem Schrecken mussten wir feststellen, dass die Treffergenauigkeit unglaublich gut war.«

»Na, dann wollen wir hoffen, dass die Erkenntnisse aus dem Kasten so schnell wie möglich in Gegenmaßnahmen umgesetzt werden können«, entgegnete Gordon.

Für einige Minuten hingen beide ihren Gedanken nach.

»Beinahe hätte ich vergessen Ihnen zu sagen, dass wir morgen früh ein Treffen mit einem Offizier des SOE haben. Es geht los, Gordon. Morgen bekommen Sie ihre Legende und den dazu passenden Pass und Ausweis.«

Gordon Schmitt sagte nichts. Es gab auch nichts zu sagen, denn genau auf diesen Moment hatte er gewartet. Es wurde Zeit, den Deutschen auf den Zahn zu fühlen.

Udet

Admiral Canaris war fast den gesamten November damit beschäftigt, Franco zu überzeugen, der Hitler Koalition beizutreten und zusammen mit der Wehrmacht die Engländer aus Gibraltar zu vertreiben. Zumindest ließen seine Aktivitäten dies vermuten. Hitler war bereits entnervt von seinem Treffen mit Franco am 23. Oktober an der spanisch-französischen Grenze zurückgekehrt. Canaris hatte Hitler vor seiner Abreise darauf vorbereitet, einen lavierenden Politiker vorzufinden, doch nach dem Treffen ließ der Führer verlauten, dass »mit diesem Kerl nichts zu machen ist.«

Die Gemütslage des Führers hatte sich nochmals verschlimmert, als er erfuhr, dass Mussolini den Angriff auf Griechenland plante und strikt eine Beteiligung am Unternehmen Felix ablehnte. Dennoch gingen zunächst die Vorbereitungen für den Angriff weiter, obwohl sich Spaniens wirtschaftliche Lage täglich verschlechterte.

Erst Ende November kehrte Canaris von einer langen Spanienreise wieder nach Berlin zurück. Er veranlasste seine Sekretärin Ilse Hamich, seinen ersten Termin am Tirpitzufer mit Oberleutnant Schmidt anzuberaumen.

»Es tut mir leid, Othmar, dass ich dir keine große Hilfe in den letzten Wochen war, aber Hitler gibt keine Ruhe und erwartet von der Abwehr und insbesondere von mir, Franco auf dem silbernen Tablett zu servieren. Dabei erscheint es mir geradezu selbstmörderisch, falls Franco sich tatsächlich zum Kriegseintritt hinreißen ließe.

Militärisch hat Spanien keine wirkliche Unterstützung zu bieten und die Wirtschaft des Landes befindet sich in einem katastrophalen Zustand. Treibstoff, ja selbst Lebensmittel müssen von England importiert werden, das dafür Erz erhält. Ein Kriegseintritt Spaniens würde praktisch bedeuten, dass das Reich das Land versorgen müsste. Du weißt selbst, dass das illusorisch ist. Aber jetzt erzähl erst mal, wie die Dinge bei dir stehen.«

Schmidt freute sich, nach so langer Zeit, Canaris wieder zu sehen, doch war er ein wenig beunruhigt, da der Admiral keineswegs so fit aussah, wie er sich gab. Es war offensichtlich, dass der Druck, den Hitler auf ihn ausübte, seine Spuren hinterließ. Schmidt lehnte sich in seinem Sessel zurück und sprach zunächst über seinen Vater.

»Zuallererst soll ich dich von meinem Vater grüßen, Wilhelm. Und du sollst nicht so viele spanische Zigarren rauchen, soll ich dir sagen.«

Canaris lächelte und rollte ostentativ eine dieser Zigarren über seinen Schreibtisch, von denen er zwei weitere Kisten aus Spanien mitgebracht hatte.

»Er fühlt sich geschmeichelt, im Ausschuss die Interessen der Marine vertreten zu können und kann es nicht erwarten, seine Vorstellungen vom zukünftigen Seekrieg und der Entwicklung der U-Boote vorzutragen. Er hat darüber auch schon mit dem Befehlshaber der U-Boote, Konteradmiral Dönitz gesprochen, der über diese Entwicklung hoch erfreut ist. Dönitz hatte bereits andeutungsweise von Großadmiral Raeder von dem Ausschuss erfahren. Wie Dönitz andeutete, muss Raeder nicht besonders erfreut über die Ernennung gewesen sein.«

»Das kann ich mir denken«, brummte Canaris.

»Der Großadmiral träumt immer noch von einer großen Schlachtflotte, obwohl jedermann weiß, dass es die U-Boote sind, die die Erfolge einfahren. Nicht umsonst sind Kommandanten wie Prien, Kretschmer oder Schepke die Stars der Ufa-Wochenschau.«

»Auf jeden Fall ist mein Vater froh, dass er und nicht ein Dickschiff-Vertreter berufen wurde«, fuhr Schmidt fort.

»Er hat mir übrigens einen Termin mit Hellmuth Walter in Kiel vereinbart. Das trifft sich gut, denn Walter arbeitet nicht nur an einem revolutionären Antrieb für die Marine, sondern auch für die Luftwaffe. Du solltest mal die Messerschmitt 163 sehen, Wilhelm. Gewaltig. Habe ich gehört, denn gesehen habe ich sie bislang auch nicht. Aber die Fakten sprechen für sich. Walters Raketenmotor, der Walter RII-203, entwickelt einen unglaublichen Schub. Jetzt sind Geschwindigkeiten von tausend Kilometern pro Stunde und mehr möglich!«

Canaris musste bei dem Enthusiasmus seines Schützlings eingreifen.

»Nur mal langsam mit den jungen Pferden, noch bist du nicht über die administrative Phase der Ausschussbildung herausgekommen. Erst wenn, alles passt, kannst du in die technischen Details gehen«, versuchte er Othmar ein wenig zu beschwichtigen.

»Der Krieg wird noch Jahre dauern, da kommt es auf ein paar Wochen nicht an. Hast Du schon mit Ernst Udet gesprochen?«

»Nein, Wilhelm. Um ehrlich zu sein, wollte ich deine Freundschaft zu ihm nutzen. Du weißt, dass ich Vorbehalte habe, die der Sache nicht unbedingt dienlich sind.«

Canaris sah, dass Schmidt in einer Zwickmühle steckte. Er griff zum Telefon und nach wenigen Sekunden hatte ihn Ilse Hamich mit dem RLM und Udets Büro verbunden.

»Hallo?! Canaris hier, den Generalluftzeugmeister bitte.«

Es dauerte eine kleine Weile, bis der Admiral seinen Gesprächspartner an die Strippe bekam.

»Hallo Udlinger, wie geht es Dir? Hmm, das klingt nicht so gut. Wie wär´s, wenn wir uns mal wieder privat bei einer Flasche Wein und einer Havanna treffen? Wann? Warum nicht heute Abend gegen 20:00? Macht es Dir was aus, wenn ich einen guten Freund dazu einlade? Nein? Wunderbar! Bis später.«

Canaris legte den Hörer gedankenverloren auf die Gabel zurück und begann sein übliches Prozedere, um seine Zigarre anzuzünden. Othmar Schmidt unterbrach ihn nicht, weil er sah, dass es im Admiral arbeitete. Ob Udlinger Udets Spitzname war? Nachdem Canaris mit einem Span

Zedernholz den Tabak zum Glühen brachte und einen tiefen Blick in den Rauch schickte, fand er seine Sprache wieder.

„Udet klingt zutiefst depressiv. Irgendetwas muss vorgefallen sein, dass ihm den Teppich unter den Füßen wegzuziehen droht. Nun, wir werden es heute Abend erfahren."

Der Zigarrenrauch breitete sich weiter aus und Schmidt glaubte seine Armbanduhr ticken zu hören, so still war es im Büro des Admirals.

»Willst Du wissen, was sonst noch passiert ist?«, fragte ihn Schmidt.

»Natürlich, entschuldige, fahr bitte fort«, ermunterte ihn Canaris.

»Neben Reichsminister für Bewaffnung und Munition, Dr. Fritz Todt wollte Schellenberg unbedingt persönlich dem Kernphysiker Kurt Diebner von ihrer Ernennung in Kenntnis setzen, auch um sich gleichzeitig General Emil Leeb im Heereswaffenamt vorzustellen.«

»Interessant«, unterbrach ich Canaris.

»Da scheint sich ja die SS gewaltig für das Uranprojekt zu interessieren.«

»Das dachte ich auch. Aber irgendwie müssen wir eine Arbeitsteilung finden und ich will nicht seinen Enthusiasmus töten«, erklärte Schmidt seine Situation.

»Abgesehen davon habe ich einen sehr guten Draht zu Schellenberg gefunden. Er scheint nicht so ein Fanatiker wie Heydrich und Konsorten zu sein.«

»Mach mal lieber halblang mit deiner Beurteilung, Othmar. Heydrich und Himmler haben ihn nicht umsonst in diese außergewöhnliche Position gehievt. Die würde das nicht tun, wenn sie sich nicht absolut seiner Loyalität sicher wären.«

»Du hast Recht, Wilhelm, entschuldige bitte. Ich habe im Gegenzug mich mit Major Dornberger in Verbindung gesetzt und ihn auch bereits getroffen, als er zu einer Besprechung mit von Brauchitsch in Berlin war. Das Gespräch war ausgezeichnet und er hat sich spontan bereit erklärt, im Ausschuss tätig zu werden. Übrigens, meine Spione im Bendlerblock erzählten mir, dass er anschließend ein zweites Mal bei von Brauchitsch war. Ich nehme an, um sich abzusichern.«

»Davon kannst du ausgehen, Othmar«, unterbrach ihn Canaris.

»Dornberger ist zu lange im Geschäft, um zu wissen, wie man sich seine Stellung sichert. Und von einem kannst du ausgehen. Dornberger weiß genau, von wem er seine Kompetenz und seine Mittel bekommt, um das A-4 Projekt durchzuführen.«

»Das mag sein, aber ich habe auch den Eindruck, dass er mit Leib und Seele Ingenieur ist, der auf Biegen und Brechen sein Projekt zum Erfolg führen will«, warf Schmidt ein und fuhr fort, ohne eine Reaktion Canaris abzuwarten.

»Dornberger hat mich zunächst auf den aktuellen Stand des A-4 Programms gebracht und danach eine Menge Hinweise gegeben, an welchen Projekten sie ebenfalls arbeiten. Die will er mir aber vor Ort zeigen. Wir treffen uns daher am 17. Dezember in Peenemünde.«

»Und was gibt es sonst noch zu berichten, Othmar?«

»Morgen treffe ich mich mit General Martini, der die Hochfrequenzseite abdecken soll. Funkmess und Radiostrahlen. Der Mann ist wirklich eine Koryphäe. Zumindest entnehme ich das seinem Wissen, das er mir in nur zehn Minuten am Telefon um die Ohren geschlagen hat. Er war übrigens genauso wenig überrascht von mir zu hören, wie Dornberger. Da muss wohl von Brauchitsch als Bote gearbeitet haben«, stellte Schmidt trocken fest.

»Das will ich hoffen, immerhin habe ich ihn genau instruiert, bevor ich nach Spanien gereist bin.«

»Habe ich dich eigentlich wegen dieser Funktelefonabhöraktion von Ohnesorge informiert, Wilhelm?«

»Nein, hast du nicht, Othmar. Worum geht es denn da?«

Schmidt berichtete in kurzen Worten von Vetterleins Experimenten und Ohnesorges Zuversicht, in naher Zukunft Ergebnisse vorweisen zu können. Canaris war völlig überrascht. Er hatte zwar geahnt, dass Ohnesorges Ehrgeiz, seinen Führer mit immer neuen Forschungsergebnissen zu überraschen, aber dass er stillschweigend, ohne die Abwehr in Kenntnis zu setzen, in ihrer ureigenen Domäne wilderte, machte ihn wütend.

»Danke, dass du mich informiert hast, Othmar. Aber das geht zu weit. Ich kann nur für ihn hoffen, dass er zumindest Fellgiebel von seinen Aktivitäten erzählte.«

»Du meinst den Chef des Heeresnachrichtenwesens?«

»Genau den, Othmar.«

Canaris machte sich eine Notiz.

»Ich werde den Fritz Erich mal kontaktieren, um herauszufinden, welches Spiel der Herr Minister mit mir spielt. Aber du siehst hier sozusagen am lebenden Objekt, wie intrigantenreich die Entscheidungsträger des Reiches agieren«, ätzte der Admiral.

»Eigentlich muss man Himmler geradezu dankbar sein, dass er zumindest mit einem Teil der herrschenden Clique dieses Spiel beendet.«

Schmidt merkte, wie wütend Canaris wurde und versuchte, das Gespräch auf eine mehr private Ebene zu lenken.

»Hast du ein paar Tage, um auszuspannen, Wilhelm? Du siehst ziemlich geschafft aus.«

»Das kann ich zurzeit abhaken. Es stehen zu viele Besprechungen an, die nötig sind, um meine Reise nach Madrid vorzubereiten.«

Schmidt merkte schnell, dass es sinnlos war, gegen Windmühlen anzukämpfen.

»Wilhelm, du musst selber wissen, wie viel du dir zumuten kannst. Übertreibe es nur nicht!«

»Ich pass schon auf, Othmar«, lächelte Canaris etwas gequält.

»Kannst du mich heute Abend fahren?«

»Natürlich, wann sollen wir los, Wilhelm«
»Ich denke 19:00 wäre gut, dann könnten wir die eine oder andere Weinflasche für unseren Besuch aufmachen«, erwiderte Canaris und betrachtete damit ihre Unterredung als beendet an.

Schmidt ging zurück in sein Büro, aber nicht ohne Ilse einen Kuss über seine ausgestreckte Hand zu schicken. Zunächst sprach er mit Schellenberg über seine Fortschritte bezüglich Diebner, dann informierte er ihn über das Gespräch mit Udet, das an diesem Abend in Schlachtensee stattfinden würde.

»Sobald Sie mit Diebner gesprochen haben und ich meine Treffen mit Udet und General Martini hinter mir habe, sollten wir einen Termin für die erste Sitzung des Ausschusses festlegen. Die Zeit drängt, Sturmbannführer«, beendete er seine Unterhaltung mit dem SD Mann.

Anschließend telefonierte er mit seinem Vater in Kiel, um dessen Terminkalender mit seinem zu abzustimmen. Carl Schmidt teilte ihm mit, dass er ab Sonntag, den 8. Dezember für zwei Wochen nach Danzig reisen würde, um weiteren Versuchen mit dem Walter-Boot beizuwohnen.

Othmar Schmidt passte diese Planung nicht in sein Konzept. Ohne seinen Vater, so viel war sicher, konnte der Ausschuss nicht zusammentreten. Und noch mehr Zeit durfte nicht verstreichen. Es musste ihm also gelingen, alle Mitglieder zu einem Termin vor dem 7. Dezember zu koordinieren. Gelänge ihm dies nicht, so war ihm klar, dass erst im neuen Jahr der Ausschuss seine Arbeit aufnehmen würde.

Erneut sprach er mit Schellenberg, der seine Bedenken hinsichtlich einer verspäteten Sitzung teilte. Man kam überein, dass der Sturmbannführer an dem Treffen mit General Martini teilnehmen sollte, um anschließend die Terminierung sofort in Angriff nehmen zu können.

Die nächsten Stunden verbrachte er mit Aktenstudium, Unterlagen, die ihm Schellenberg hatte vorbeibringen lassen, die ihm einen Einblick geben sollten, wie weit die SS sich bereits mit der Frage der Hochtechnologierüstung beschäftigt hatte. Er war überrascht zu sehen, wie tief sich bereits einige helle Köpfe im RSHA in die Materie eingearbeitet hatten und welche Schlüsse sie daraus gezogen hatten.

Heiterkeit bereiteten ihm jedoch einige Hinweise, denen die Autoren nachgehen mussten. Diese Anregungen stammten offensichtlich allesamt von Reichsführer SS Heinrich Himmler persönlich, denn sie ließen keinen anderen Schluss zu. So sollte unter anderem das Konzept einer Strahlenkanone untersucht werden, die ein Erfinder dem Reichsführer untergeschoben hatte. Eine andere Idee verfolgte die Abschaltung elektrischer Energie feindlicher Motoren. Kurz vor 19:00 ging Schmidt ins Vorzimmer des Admirals, wechselte ein paar neckische Worte mit seiner Freundin Ilse und holte wie abgesprochen seinen Chef zur Heimfahrt ab.

An diesem Morgen war der Admiral mit seinem eigenen Wagen, einem Mercedes-Benz 230 Cabriolet B zum Dienst gefahren, und Schmidt freute sich schon, dieses wunderschöne Auto wieder einmal fahren zu dürfen. Der Admiral hatte den Daimler 1939 erworben und hegte und pflegte den Wagen wie ein Kleinod. Canaris war, wie so häufig, an diesem Tag in Zivil im Amt erschienen. Es bedurfte keiner großen Überredung, Canaris heute zum schnellen Verlassen des Gebäudes aufzufordern. Er hatte einfach die Nase voll und freute sich auf einen schönen Abend mit seinem Freund Ernst Udet, den seine engsten Freunde »Udlinger« nennen durften. Aber ob es tatsächlich ein schöner Abend werden würde, blieb abzuwarten, denn der Gemütszustand seines Freundes hatte ihm bei seinem Telefonat am Morgen überhaupt nicht gefallen.

»Jetzt hole ich uns erst mal einen Cognac«, erklärte Canaris resolut, nachdem er seine Haustür aufgeschlossen hatte, warf seinen Mantel auf einen Stuhl in der Nähe des Eingangs und verschwand im Wohnzimmer.

Schmidt hob den Mantel auf und hängte ihn sowie seine Mütze und Mantel in der Garderobe auf. Kasper und Sabine, die beiden »Höllenhunde« des Admirals kamen ihm bellend und schwanzwedelnd entgegen und sprangen an seinen Beinen empor.

»Ganz ruhig, Ihr Süßen«, brummte er, ging in die Hocke und begann die beiden Dackel zu streicheln, die sich flugs auf ihre Rücken warfen und um eine Erhöhung der Zärtlichkeitsquote bettelten.

»Genug jetzt«, herrschte Canaris mit einem breiten Grinsen seine Hunde an und winkte mit zwei großzügig gefüllten Cognac-Schwenkern.

»Jetzt gönnen wir uns schnell noch einen Tropfen von meinem Edelsten, bevor Udet uns gleich trocken legt«, lachte Canaris und ließ sich in einen Sessel fallen.

»Hat die Perle euch auch gut versorgt?«, richtete er die Frage an seine Hunde.

Die Antwort war ein zweimaliges Bellen der beiden, was den direkten Schluss zuließ, dass sie beide zufriedengestellt worden waren. Die Perle, wie Canaris seine Haushälterin nannte, hatte bereits die Villa zur Verdunkelung vorbereitet und die schweren Samtvorhänge in den unteren Räumen zugezogen.

»Immer dasselbe«, knurrte er.

»Jetzt kann ich mich noch nicht mal meinen Garten erfreuen, geschweige denn die Ankunft meiner Gäste beobachten. Scheiß Krieg! Prost Othmar, auf unser Wohl!«

Mit einem leisen Klirren stießen die beiden an. Es dauerte noch eine halbe Stunde, bis sie draußen den Motor eines Wagens hörten. Für einen Moment war eine Stimme zu hören, dann das Schlagen einer Tür. Schließlich das Aufheulen des Motors und die Wegfahrt einer Limousine. Sekunden später klingelte es.

»Hallo, komm rein«, hörte Schmidt Canaris rufen.

Die Tür schlug leise zu und Stimmengemurmel drang bis ins Wohnzimmer. Kasper stand mitten in der Tür und spitzte seine Ohren, während seine Gefährtin im Körbchen schlummerte. Das Gemurmel wuchs zu einem Lachen und dann stand Udet in der Tür.

»Wer hat dich eigentlich hergebracht, Ernst?«, fragte Canaris und bot Udet einen Cognac an.

»Ingelein wollte noch eine Freundin in Potsdam besuchen und hat sich angeboten, mich hier abzusetzen«, erwiderte Udet.

»Ingelein heißt eigentlich Inge Beyel und ist Ernsts Freundin«, erklärte Canaris sich an Othmar wendend.

»Ernst darf ich dir Oberleutnant Othmar Schmidt vorstellen.«

Schmidt knallte die Hacken zusammen und grüßte den Generaloberst etwas steifer als sonst.

»Machen Sie sich locker, Oberleutnant. Der Eiserne hat mir schon von Ihnen berichtet.«

»Der Eiserne ist in diesem Fall Göring«, setzte Canaris erklärend hinzu.

»Eisern wegen seiner Brutalität und Rücksichtslosigkeit.«

Udet schlug mit seiner Rechten auf Schmidts Schulter und lächelte ihn.

»Sie machen aber schnell Karriere, junger Freund. Da sieht man mal, dass sich Bildung bezahlt macht. Ich bin vom Gymnasium direkt zum Militär und der Fliegerei gekommen. Das ist mein Leben.«

Udet nahm einen guten Schluck aus seinem Glas und steuerte einen Sessel an.

»Wilhelm hast du auch die guten Tropfen aus dem Keller geholt, oder muss ich wieder deine Alibi-Weine verköstigen?«, mokierte er sich, als er Canaris mit einem Korkenzieher bewaffnet sah.

»Keine Bange, du bekommst schon den, den du verdienst. Oder ist dir jemals bei mir schlecht geworden?«

»Das nicht«, griente Udet, »aber einen dicken Kopf hatte ich schon mehrmals.«

Bei dem Schlagabtausch zwischen den beiden Freunden hatte Schmidt nicht den Eindruck, dass Udet unter eine Depression litt. Aber vielleicht war das auch nur Fassade. Er hatte sich den Generalluftzeugmeister anders vorgestellt. Er kannte natürlich seine Biografie und war sich bewusst, dass er nicht nur einem Pour le Mérite Träger gegenübersaß, sondern auch einem Volkshelden. Er war gespannt, wie sich der Abend entwickeln würde. Zunächst war die Atmosphäre gelöst und locker und Witze machten die Runde. Ein Wort gab das andere, bis plötzlich Canaris aufsprang und in ein Nebenzimmer verschwand.

»Was hat er denn«, wollte Schmidt wissen.

»Keine Ahnung«, meinte Udet und beide schauten gespannt auf die Tür, durch die Canaris wieder kommen musste.

Wenig später stand er triumphierend im Türrahmen und schwenkte einen Fotorahmen, in dem sich ein Foto aus dem Weltkrieg befand. Soviel zumindest konnte Schmidt aus der Entfernung sehen.

»Du siehst, Udlinger, mit deinen 44 Jahren wirst du bezüglich deines

Gedächtnisses zum Greis«, lachte der Admiral.

»Hast du glatt vergessen, dass du deine Gegner während des Krieges provoziert hast? Ich kann es kaum glauben. Schau hin, da siehst du es schwarz auf weiß, auf deinem Höhenleitwerk steht unübersehbar »Du doch nicht«.«

Canaris hielt das Foto abwechselnd Udet und Schmidt unter die Nase.

»Das waren noch Zeiten, als die Buben von der anderen Feldpostnummer noch Zeit hatten, Botschaften zu lesen«, schob Canaris feixend hinterher.

Udet lächelte fast schon bescheiden.

»Damals war für uns der Luftkampf eine ritterliche Auseinandersetzung. Davon kann heute keine Rede mehr sein«, erklärte der Generaloberst fast schon resignierend.

»Weißt du Wilhelm, mich kotzt die ganze Entwicklung an. Mein Motto war immer, ein Mann kann nur leben, solange er sich noch im Spiegel ansehen kann. Ich kann das bald nicht mehr.«

Schmidt fühlte sich unwohl in seiner Haut und Canaris bemerkte das. Für den Admiral war es völlig normal, wenn sich seine Freunde offenbarten. Doch diese Eigenschaft war den meisten seiner Zeitgenossen abhandengekommen. Lieber alles in sich hineinfressen, als Schwäche zeigen.

»Was ist denn passiert?«, überbrückte der Admiral die plötzliche Stille.

»Der Eiserne und der Führer machen mich plötzlich dafür verantwortlich, dass die Luftschlacht um England nicht so verlaufen ist, wie sich die Herren das vorgestellt haben. Hitler macht mir den Vorwurf, ich hätte den viermotorigen Langstreckenbomber verhindert, um die Engländer in die Steinzeit zurückzubomben. Dabei war es Göring selbst, der, wie er sagte, aus Materialmangel den Bau der Viermots zurückstellen ließ. Und jetzt noch das!«

Udet kramte in seiner Jackentasche und zog ein mehrseitiges Papier heraus.

»Hier ist die Weisung Nr. 18 mit den Richtlinien.«

Canaris erstarrte.

»Das trägst du in der Jackentasche mit dir herum? Bist du wahnsinnig? Wenn das einer bei dir findet, am besten noch Gestapo oder SS, dann gehst du direkt ins KZ!«

»Das ist mir egal, Wilhelm. Sieh hier. Politische Maßnahmen, um den baldigen Kriegseintritt Spaniens herbeizuführen, sind eingeleitet. Und weiter geht's: Für den Luftüberfall auf den Hafen von Gibraltar sind Kräfte zu bestimmen, die die einen ergiebigen Erfolg gewährleisten. Ergiebigen Erfolg; dass ich nicht lache! Und jetzt Ägypten. Hier lies: Vorbereitungen für Angriffsunternehmungen gegen Alexandria und den Suezkanal, um Letzteren für die englische Kriegsführung zu sperren. Und jetzt auch noch Russland: Politische Besprechungen mit dem Ziel, die Haltung Russlands für die nächste Zeit zu klären, sind eingeleitet.

Gleichgültig, welches Ergebnis diese Besprechungen haben werden, sind alle schon mündlich befohlenen Vorbereitungen für den Osten fortzuführen.

Der Mann ist irre. An wie vielen Fronten soll ich denn noch Krieg führen? Und womit? Unsere Verluste an der Kanalfront sind immens und Nachschub bekommen wir kaum, da die großartige Führung im sicheren Glauben, den Endsieg bereits erkämpft zu haben, die Kriegsproduktion auf ein Minimum zurückgefahren hat.«

Der emotionale Ausbruch hatte Udet sichtlich Kraft gekostet. Ermattet ließ er sich zurückfallen, ohne das gerade aufgefüllte Weinglas zu gefährden. Ein tiefer Schluck schien seine Lebensgeister wieder zu wecken.

»Wilhelm, ich bin nur ein Flieger, ein leidlich guter, aber ich fühle mich einfach dem Irrsinn nicht mehr gewachsen. Ich habe keine Rückendeckung durch Göring mehr. Der Feigling sucht nur noch einen Sündenbock für den Bockmist, den er verbrochen hat. Und dann ist da noch Erhard Milch. Der Hundsvott, dieser Intrigant, jetzt sieht er seine Chance, mich zu beerben. Dabei versuche ich alles, um neue Technologien an den Start zu bringen. Wir arbeiten an Strahlturbinenflugzeugen, wir haben bereits Raketenflugzeuge in die Luft gebracht und in vielen andern Büros wird wie der Teufel entwickelt.«

Udets Stimme schien zu versagen, und um seine Stimmbänder zu ölen, nahm er einen tiefen Schluck Beaujolais.

»Es liegt nicht am Talent, nicht am Genie deutscher Konstrukteure. Wenn Ihr wüsstet, was alles bei Messerschmitt, Heinkel oder Arado entwickelt wird. Ihr würdet staunen. Oder woran Walter Georgii, der geistige Häuptling aller Windpiloten, in Ainring bei der Forschungsanstalt für Segelflug forscht. Ihr würdet vor Stolz aus den Latschen kippen.«

Udet hatte sich sichtlich in Rage geredet. Es war für Canaris und Schmidt nur zu offensichtlich, dass Udet sich überfordert fühlte.

»Ernst, du weißt, dass ich deine Meinung voll und ganz teile, nur nützt es wenig, wenn wir Göring und den übrigen Hochstaplern gegenüber das Feld räumen. Es klingt wie ein Treppenwitz, wenn ich Dir sagen muss, dass es der Reichsführer SS ist, der anscheinend ein Mittel gefunden hat, zumindest auf rüstungstechnischer Ebene Hitler Vernunft beizubringen. Wie er das geschafft hat, ist mir schleierhaft, aber ich weiß, dass Göring, Raeder und von Brauchitsch Himmler keinen Widerstand entgegensetzen. Das bedeutet, sie sind alle vom Führer persönlich dazu vergattert worden, das Spiel mitzuspielen. Und um meine Rede kurz zu halten, Othmar möchte, dass du für die Luftwaffe, und zwar für die neuen Strahltriebwerksflugzeuge in diesem Ausschuss mitarbeitest.«

»Aber ich bin doch wissenschaftlich überhaupt nicht darauf vorbereitet«, versuchte sich Udet zu wehren.

»Auch darauf hat der Oberleutnant eine Antwort.«

»Und wie soll die lauten«, klang es fast schon verzweifelt.

»Otto Lechner, Leutnant bei der Deutschen Versuchsanstalt für Luftfahrt, Jagdflieger und Aerodynamiker. Ein As auf seinem Gebiet. Er kann Ihnen auch die schwierigsten technischen Zusammenhänge derart einfach darstellen, dass auch ein Nicht-Akademiker sie voll versteht. Sie wären wie eineiige Zwillinge«, lächelte Schmidt.

Canaris nickte Schmidt aufmunternd zu; so ähnlich wie gut gemacht. Es dauerte eine Weile, bis Udet sich gefasst hatte. Leben war erst wieder in ihm, nachdem er Admiral die Luft mit Beaujolais aus seinem Glas entweichen ließ.

»Sie gehen einen Pakt mit dem Teufel ein, Schmidt«, sagte er leise. Das tun Leute wie Messerschmitt, Tank, von Braun oder von Ardenne auch, Generaloberst.«

»Ja, aber Sie schlagen einen Pakt mit Beelzebub persönlich vor, nämlich Heinrich Himmler. Wissen Sie eigentlich, was im Osten vor sich geht? Haben Sie eine Ahnung von dem Grauen, das Himmlers Horden in Polen anrichten, was Heydrichs SD und Gestapo im Reich und in den besetzten Gebieten veranstalten?«

»Das lasse ich nicht außer Acht, Herr Generaloberst, doch ich bin überzeugt, wenn wir nicht schnellstens die Weichen für eine völlig neue Generation Flugzeuge und andere Waffen stellen, das Reich diesen Krieg nicht gewinnen kann.«

»Da mögen Sie recht haben, lieber Schmidt. Aber ist solch ein Pakt es wert?«

»Nun, auch darauf habe ich eine Antwort, Herr Generaloberst. Der Führer glaubt, er könne immer noch England dazu bewegen, die Feindseligkeiten einzustellen, um gemeinsam gegen die Sowjetunion loszumarschieren. Ich kenne die Engländer, eher wird Wasser den Rhein hinauf fließen, als dass Churchill sich solch einem Vorschlag beugen würde. Der Premier intensiviert täglich seinen Dialog mit den USA.

Roosevelt ist ein erklärter Gegner Hitlers. Über kurz oder lang wird der Isolationismus der Amerikaner kippen und dann steht England die geballte industrielle Macht der USA zur Verfügung. Wenn das geschieht, dann gute Nacht Deutschland. Und gerade deswegen ist für mich auch ein Bündnis mit Himmler denkbar und notwendig, denn nur er garantiert die sofortige Wiederaufnahme eines Technologiekonzeptes und deren industrielle Umsetzung. Meiner Meinung nach, die einzig mögliche Garantie für einen Sieg.«

Udet hatte sich die Argumente gefasst angehört. Es schien fast, als ob er endlich den Strohhalm entdeckt hätte, den er in den vergangenen Monaten vermisst hatte.

»Also gut, Schmidt. Ein Generaloberst beugt sich einem Oberleutnant. Das hat es meines Wissens nach noch nie in der preußischen Geschichte gegeben. Wilhelm, du solltest dafür sorgen, dass er schnellstens befördert wird. Natürlich nicht auf Augenhöhe«, fügte er schmunzelnd hinzu, aber doch bitte so, dass ich mich nicht schämen muss.«

Die Runde brach in schallendes Gelächter aus und es schien, als wäre ein imaginärer Bann gebrochen. Mit einem Schlag sah Udet um Jahre jünger aus. Gute Aussichten, für eine feuchtfröhliche Nacht. Der Spaß nahm erst dann ein Ende, als der Name Erhard Milch fiel. Zuvor hatte Udet von von Gräfin Melitta Graf von Stauffenberg erzählt, die wegen eines jüdischen Großvaters ihre Stellung als Testpilotin bei der Luftwaffe verlor und nur dank ihrer Verdienste und Udets Unterstützung eine Anstellung in Rechlin erhielt.

»Da setzt diese Frau ihren Intellekt und Mut ein, ist eine glühende Patriotin und muss sich dann noch wegen eines jüdischen Großvaters verantworten«, sagte Canaris mit brüchiger Stimme.

»Das ist typisch Göring, der ja behauptet hat, wer Jude ist, bestimme ich!«, rief ihm Udet hinterher.

»Genauso wie bei deinem Busenfreund Erhard Milch«, meldete sich Canaris zu Wort.

»Ja, ja, ich weiß«, winkte Udet ab, das ist doch was anderes.«

»Wieso das?«, wollte jetzt Schmidt wissen.

»Eine üble Posse«, meinte Canaris und beruhigte Udet zugleich, der wieder wie eine Rakete aufzusteigen drohte.

»Milch hatte in Königsberg Wirtschaftskunde studiert und war am Ende des Weltkrieges Hauptmann und Führer der Jagdgruppe 6. Damals hat er auch Göring kennengelernt. Nach dem Krieg war er zunächst Führer der Polizei-Fliegerstaffel in Königsberg. Danach, 1920, war er bei der Lloyd-Ostflug GmbH, anschließend Geschäftsführer der Danziger Luftpost GmbH und 1923 Flugbetriebsleiter der Junkers Verkehrs AG. 1926 machte man ihn zum Finanzchef der neu gegründeten Deutschen Luft Hansa Aktiengesellschaft, und drei Jahre später übernahm er die Gesamtleitung. Göring machte ihn 1933 zum Staatssekretär im Reichsluftfahrtministerium und seit Februar 1939 ist er Generalinspekteur der Luftwaffe.«

»Und wo ist der Haken«, bohrte Schmidt.

»Immer mit der Ruhe, ich komme schon drauf«, brummte Canaris während Udet eine wegwerfende Handbewegung machte. Man sah ihm an, dass Canaris Schilderungen ihm körperliche Pein bereiteten. Canaris fuhr fort.

»Milch wurde 1882 in Wilhelmshaven als Sohn des Marine-Oberstabsapothekers Anton und Klara Milch geboren. Der Haken dabei: Anton Milch war Jude und Göring musste dieses Problem lösen. Im November 1933 diskutierte er die Sachlage mit Hitler. Anschließend kam es zu einem beschämenden Vorgang.

Milchs Mutter gab eine eidesstattliche Erklärung ab, wonach nicht ihr Ehemann Anton Milch, sondern ihr Onkel Carl Bräuer der Vater ihrer sechs Kinder sei. Hitler akzeptierte und wies Göring an, Dr. Kurt Mayer, Leiter des Reichssippenamtes, aufzufordern, den Namen des Vaters von Milch zu ändern und Zertifikate anzufertigen, die Milchs pure arische

Abstammung erklären.«

»Das ist doch alles ungeheuerlich«, empörte sich Udet.

»Was ist nur aus diesem Land geworden?«

Udet erhöhte seine persönliche Schlagzahl und schenkte sich erneut ein volles Glas Beaujolais ein.

»Wilhelm, ich glaube du solltest noch ein paar Flaschen aus dem Keller holen. Ich denke, die brauchen wir noch …«

Für Oberleutnant Othmar Schmidt waren all diese Informationen niederschmetternd. Zum ersten Mal hatte er das Gefühl, dass er irgendwie auch vom Rassenwahn betroffen war. Ein Gefühl, das er bislang nicht gekannt hatte. Und doch entdeckte er eine Gemeinsamkeit mit Gräfin Schenk von Stauffenberg: seine Liebe zu seinem Land.

Er musste sich erst räuspern, um seine Stimmbänder auf Vordermann zu bringen: »Für mich, Herr Generaloberst, ergibt sich daraus eine Verantwortung. Diesen Krieg so schnell wie möglich zu unseren Gunsten gewinnen und anschließend mit dem Gesocks, das unsere Nation verunglimpft, fertig werden.«

Udet nickte zustimmend.

Canaris meinte hingegen nur knapp: »Wenn es dazu nicht mal schon zu spät ist.«

Nach einer weiteren Flasche Wein hatten sich die Gemüter soweit beruhigt, dass die drei Männer zu ihrer guten Laune zurückfanden. In diesem Moment hatten sie das Gefühl, nicht mit ihren Gedanken und Ängsten alleine zu sein. Eine wahrhaft seltene Gelegenheit in einem Land, in dem die Bedrohung ein ständiger Begleiter war.

»Ernst kannst du nicht Inge anrufen und ihr sagen, du bliebest bei mir? Wir nehmen dich morgen zurück in die Stadt und setzen Dich ab, wo Du willst. Damit wäre Inge eine Sorge los, und wir müssten uns keine Gedanken machen. Einverstanden?«

»Gute Idee«, meinte Udet und begann in den Tiefen seines Jacketts nach einem Stückchen Papier zu suchen, auf das er sich die Nummer notiert hatte.

Nach einigen Minuten und dem Herausstülpen aller Taschen und Nischen fand er eine Papierkugel, die die Telefonnummer trug. Nach wenigen Minuten kehrte er zurück und lächelte selig: »Ich soll Dich von Ingelein küssen, Wilhelm! Sie fühlt sich viel wohler, da sie weiß, dass ich in guten Händen bin.«

In den nächsten Stunden wurden noch etliche Flaschen von Canaris köstlichen Beaujolais getrunken, den er, wie er mit Leichenbittermiene kundtat, in einem Chateau in der Nähe von Rennes requiriert hatte.

»Sei´s drum«, meinte er.

»Wüsste der Comte, dass wir seinen Wein trinken, würde er uns wahrscheinlich Gesellschaft leisten wollen!«

Das Wetter in London war entsetzlich. Der Regen prasselte kübelweise hernieder und die Spitze von Big Ben drohte in den extrem tief hängenden Wolken zu verschwinden. R.V. Jones hatte es sich nicht nehmen lassen, Gordon Schmitt zu seinem Treffen mit den Mitarbeitern von Hugh Dalton zu begleiten. Heute sollte er seine neue Identität, seine Legende und Papiere für seinen ersten Einsatz in der Schweiz und Österreich bekommen. Als sie in Daltons Büro in der Baker Street eintrafen, hielten sich dort neben Dalton zwei weitere Männer auf: Colonel Colin Gubbins und Lieutenant Colonel Ronald Thornley. Gubbins, verantwortlich für Einsätze und Training beim SOE, kannte Gordon bereits von seinem kurzen Lehrgang. Ronald Thornley wurde ihm als Sektionsleiter Deutschland vorgestellt. Und es war auch Thornley, der nach kurzer Vorstellung durch Dalton das Wort ergriff.

»Ich muss Ihnen zunächst einmal danken, dass Sie sich dazu bereit erklärt haben, in die Höhle des Löwen zu gehen. Ich gebe zu, Deutschland ist unsere schwache Stelle, da wir bislang keinen geeigneten Kandidaten gefunden haben, der die nötige Intelligenz, das Fachwissen und den Mut hat, sich für längere Zeit im Land aufzuhalten. Und nun zu ihrer Legende. Sie werden unter der Tarnung des Schweizer Rüstungsmanagers Klaus Schläppi ins Land reisen. Dazu muss ich ein wenig ausschweifen. Der erfolgreichste Schweizer Rüstungskonzern ist die Werkzeugmaschinenfabrik Oerlikon. Inhaber dieser Firma ist der Deutsche, nein war der Deutsche Emil Georg Bührle. Eine sehr interessante Persönlichkeit, wenn ich das hinzufügen darf.

Nach dem Studium der Philosophie, Literaturgeschichte und Kunstgeschichte in Freiburg und München war Bührle von 1914 bis 1919 Kavallerieoffizier der deutschen Reichswehr. Anschließend ging er in die Wirtschaft und wurde schließlich Prokurist der Magdeburger Werkzeugmaschinenfabrik. Diese Firma kaufte 1923 die Werkzeugmaschinenfabrik Oerlikon in der Schweiz. Der Name der Firma nimmt Bezug auf die Gemeinde Oerlikon, die seit 1934 von Zürich eingemeindet worden ist. Zunächst wurde Bührle 1924 Geschäftsführer, 1929 Mehrheitsaktionär und 1936 Alleininhaber des Unternehmens. Im gleichen Jahr nahm er auch die Schweizer Staatsbürgerschaft an. Als wegen der Weltwirtschaftskrise in den 20er Jahren die Nachfrage nach Maschinen nachließ, begann er ein 20-Millimeter-Flak-Geschütz zu bauen und entwickelte dieses immer weiter, bis es ein absolutes Spitzenmodell wurde. Wir haben es übrigens auch. Unsere Jungs nennen sie nur Oerlikons. Fast schon ein Kosename, so gut ist sie.

Als wir merkten, dass in der Schweiz ein Rüstungsbetrieb von Format entstand, haben wir vorgesorgt. Einer der Geschäftsführer, der das Tagesgeschäft verantwortet, heißt Rolf Bürgi. Bürgi ist Jude und hasst die Nazis. Es bedurfte keiner großen Überredungskraft, ihn als Informanten anzuwerben. Von ihm wissen wir, wie viele Geschütze in welche Länder geliefert wurden und werden und mehr.

Bührle ist offensichtlich kein Nazi, hat aber keine Skrupel, solange der

Käufer pünktlich zahlt. Ihn interessieren nur Geld und Kunst. So gehören Abessinien, die Tschechoslowakei, Griechenland, China, die Türkei, Frankreich, Holland und auch England zu seinen Kunden. Seit Sommer 1940 beliefert er auch die Wehrmacht mit Hunderten von Geschützen. Und das im Einklang mit der bundesrätlichen Politik und der Schweizer Handelsdelegation.

Ein besonderer Bonus Ihrer Oerlikon Legende ist die Tatsache, dass Bührle 1939 die Pilatus-Flugzeugwerke in Stans gegründet hat. Grund für das Investment ist eine Diversifikationsstrategie Bührles. Das ermöglicht Ihnen auch Luftfahrt relevanten Dingen auf den Grund zu gehen, ohne das Misstrauen der Deutschen zu erregen.

Rolf Bürgi kann Ihre Lebensversicherung sein, falls jemand in Deutschland Ihnen misstraut und Erkundigungen einziehen will. Alle diesbezüglichen Anfragen landen auf seinem Tisch. Bürgi hat bereits sichergestellt, dass ein frisches Organigramm der Oerlikon Werke mit ihrem Namen bei den zuständigen deutschen Stellen, sowohl bei der Abwehr, dem Auswärtigen Amt und der SS in der Schweiz zugegangen ist. Ihr Schweizer Pass und Ihre übrigen Papiere sind über jeden Zweifel erhaben und halten jeder Überprüfung der Gestapo stand. Die britische Botschaft in Bern ist für Sie, bis auf den absoluten Notfall, tabu.

Bürgi hat bereits für Sie eine kleine Wohnung am Rennweg 9 angemietet, die Sie für die Zeit der Operation benutzen können. Die Straße liegt südlich des Hauptbahnhofes und nah am Fluss Limmat. Zentrale Lage, wie man so schön sagt. Ausschlaggebend war natürlich die Nähe zum Bahnhof, nicht die schöne Lage«, fügte er entschuldigend hinterher.

»Das klingt ja sehr gut«, sagte Gordon und strich sich über das Kinn.

»Ich kenne die Gegend aus meiner Studienzeit gut. Aber mein Schweizer Dialekt ist bescheiden. Das hören die Deutschen doch sofort«, hakte er nach.

»Nicht unbedingt«, versuchte Thornley die berechtigte Frage zu entschärfen.

»Die gebildeten Züricher sprechen ein fast klares Hochdeutsch, ähnlich wie die Hannoveraner es in Deutschland zu tun pflegen. Deswegen hat man Sie ja auch bei Oerlikon für den Job in Deutschland ausgesucht. Eben weil Ihr Deutsch so gut ist! Den Akzent werden Sie sich halt antrainieren.«

Gordon gab sich mit der Erklärung zufrieden. Irgendwie würde er schon jemanden finden, der ihm ein wenig Nachhilfeunterricht in Schwyzerdütsch geben würde.

»Am besten Heidi« dachte er laut.

»Was sagten Sie gerade, Gordon?«

Thornley guckte ein wenig fragend, doch Gordon meinte nur kurz: »Sorry, laut gedacht! Aber wie komme ich in die Schweiz?«

»Kein Problem, Gordon, sie nehmen den Linienflug mit einmal umsteigen in Lissabon«, erklärte

Thornley ohne Umschweife.

»Linienflug? Mitten im Krieg? Gibt es denn so was überhaupt?«

Gordon Schmitt war völlig perplex. Er hatte sich bereits als blinder Passagier auf einem neutralen Frachter gesehen, aber nicht auf einem Linienflug. Colonel Colin Gubbins mischte sich jetzt ein, als er in Gordons Gesicht ein einziges Fragezeichen sah.

»Alle Krieg führenden Staaten und auch die Neutralen halten einen reduzierten Linienverkehr oder eingeschränkten Kurierverkehr aufrecht. Die Deutsche Lufthansa zum Beispiel fliegt mit ihren Junkers Ju 52 oder Focke Wulf Fw 200 regelmäßig nach Skandinavien, Spanien, Portugal, zum Balkan und seit dem 20. Januar auch nach Moskau. Deren Flugzeuge sind mit grauer Bemalung und zivilen Kennzeichen versehen.

Auch unsere BOAC, die aus der Imperial Airways und der British Airways letztes Jahr entstand, fliegt Linie. Allerdings in Tarnfarbe und mit zivilen Kennzeichen. Die BOAC fliegt mit Flugbooten vom Typ Short S. 8 Calcutta von Southampton zu unseren afrikanischen Kolonien und Indien. In Europa sind die Short Empire, oder die Handley Page HP42 im Einsatz.«

»Und die werden nicht angegriffen?«, fragte Gordon ungläubig nach.

»Manchmal schon«, antwortete der Colonel lakonisch.

»Am 14. Juni holten russische Tupolev SB-2 Bomber eine Ju 52 der finnischen Aero O/Y vom Himmel. Am 29. September 1939 wurde eine Douglas DC-3 der KLM über der Nordsee durch deutsche Jäger abgeschossen. Am 27. November wurde eine Farman F-224 der Air France über dem Mittelmeer von italienischen Jägern und am 18. Dezember eine Ju 52 der Iberia südlich Gibraltars durch unsere Flak vom Himmel geholt.

Die Schweiz hat eine bewaffnete Neutralität mit aktivem Schutz des eigenen Luftraums zeitweise betrieben. Während des deutschen Angriffs auf Frankreich kam es in den ersten Wochen zu zahlreichen Luftkämpfen mit deutschen Flugzeugen über dem Schweizer Jura mit Verlusten auf beiden Seiten. Auf deutschen Druck verbot General Guisan am 20. Juni 1940 Luftkämpfe und befahl den Schutz des Luftraums nur durch Flak.«

»Das ist ja beruhigend«, grummelte Gordon und machte sich schon auf das Schlimmste gefasst.

»Und wie sieht mein Fahrplan aus, wenn ich fragen darf, Sir?«

»Sie dürfen, Gordon, Sie dürfen«, grinste Thornley.

»Sie fliegen mit der KLM von Bristol nach Lissabon zum Portela Flughafen. Dort werden Sie bei der Ankunft sicherlich von Dutzenden von Beobachtern, Agenten und Spione beobachtet werden, die sich dort täglich tummeln. Lissabon ist neben Istanbul, Kairo, Madrid, Zürich, Stockholm und Bern die wichtigste Nachrichtenquelle aller Geheimdienste.

Damit Sie vor den deutschen Flugbooten und der viermotorigen Focke-Wulf FW 200 geschützt sind, die als Fernaufklärer und Kampfflugzeuge des Fliegerführers Atlantik aus der Region Aquitanien operieren, fliegt Ihre Maschine in einem leuchtenden Orange. Aber Spaß beiseite, alle Maschinen der KLM auf der Route und nach Gibraltar sind so grell gekennzeichnet, damit neben der Luftwaffe auch die RAF sie als Verkehrsflugzeuge identifizieren kann.«

»Sehr fürsorglich«, brummte Gordon.

»Am nächsten Tag werden Sie dann weiter mit der Lufthansa über Madrid nach Marseille reisen. Dort übernachten Sie am Flughafen und fliegen mit der gleichen Maschine am nächsten Tag weiter nach Zürich. Unsere Leute haben sich auch um die Zimmerreservierung in Marseille gekümmert. Das Hotel liegt gegenüber dem Ankunftsgebäude. Sie müssen also nicht nach Marseille hinein.

Ihr Ticket für Zürich bekommen Sie von unserem Büro in Lissabon. Die werden sich mit Ihnen in Verbindung setzen, sobald Sie sich in Ihrem Hotel, dem York House Hotel, registriert haben. Gehen Sie bitte pfleglich mit diesem Hotel um, wir haben einen Ruf zu verlieren«, grinste Thornley.

»Das Haus liegt zentral in der Rua das Janelas Verdes. Das Hotel war im 17. und 18. Jahrhundert ein Marianerkonvent. Erst 1880 wurde dann, nach langer Zeit der Vernachlässigung, ein Teil der Klosteranlage in ein Hotel umgewandelt. Sie sehen, wir scheuen weder Mühen noch Kosten!«

»Wie sind meine Verhaltensmaßregeln für Zürich?«

»Simpel«, erwiderte Thornley.

»Rolf Bürgi ist Ihr Kontaktmann. Er ist über Ihre Ankunft aus Lissabon informiert. Bürgi wird einen Mittelsmann einsetzen, um mit Ihnen kommunizieren. Dieser wird sie auch am Flughafen Dübendorf abholen und zu Ihrer Wohnung bringen.«

»Wie erkenne ich ihn?«

»Der Mann tritt als Oerlikon-Chauffeur auf und wird ein Schild mit dem Namenszug der Firma in Händen halten«, beruhigte ihn Thornley.

»Bahnfahrkarten und Flug Billetts, Schweizer Franken und Reichsmark bekommen Sie von ihm.

Sie erhalten von Bürgi auch für Ihre erste Reise eine Liste von Namen, Adressen und Rufnummern, die für Sie wichtig sind und die sie hoffentlich auch treffen werden. Lernen Sie diese Informationen auswendig und vernichten Sie anschließend das Papier. Sie bekommen zwei Telefonnummern, eine privat, die andere geschäftlich, wo Sie ihn kontaktieren können. Lernen Sie sie auswendig. In der Wohnung in Zürich finden Sie eine komplett neue Garderobe. Halten Sie sich fern vom Oerlikon Werksgelände und fern von Rolf Bürgi. Es sei denn, Bürgi will Sie treffen. Das gilt für seine wie auch Ihre Sicherheit. Die Abwehr und der SD sind breit aufgestellt in der Schweiz. Denen entgeht nichts. Unterschätzen Sie die nicht. Und nun zu Ihren Zielen. Die Musik spielt in Berlin. Daher werden Sie auch zuerst dorthin fahren. Hören Sie sich um, treffen Sie die Leute, die Ihnen Bürgi vorschlägt. Priorität haben Mitarbeiter von Telefunken, GEMA, Siemens und Lorenz. Diese Firmen sind an der Radar- und Leitstrahl-Systementwicklung vorrangig beteiligt. Anschließend werden Sie versuchen, ein wenig Licht ins Dunkel von Peenemünde zu bringen. Anschließend kehren Sie nach Zürich zurück. Danach werden wir entscheiden, ob Sie nach London zurückfliegen, oder für eine weitere Operation in der Schweiz bleiben. Noch Fragen?«

»Ja eine«, entgegnete Gordon.

»Wann soll es losgehen?«

»Übermorgen, Sportsfreund!«

Othmar Schmidt hatte leichtes Kopfbrummen, als er aufstand. Da war mindestens ein Beaujolais zu viel, konstatierte er nach der Morgentoilette. Udet war noch im Tiefschlaf, als er an das Gästezimmer im ersten Stock klopfte. Nur unter Protest bequemte sich der Generalluftzeugmeister aufzustehen und man sah ihm an, dass er neben dem Roten auch den einen oder anderen Cognac konsumiert hatte. Gegen 07.30 saßen die Drei in der Küche, und tranken den Kaffee, den der Admiral bereits gebraut hatte.

»Das musste sein«, stellte Udet lakonisch fest, als er einen Blick auf die leere Flaschenbatterie, die sich in einer Ecke angesammelt hatte, warf.

»Ich werde mich demnächst revanchieren. Versprochen! Und dann holen wir uns den Rühmann noch dazu, dann haben wir noch mehr zu lachen.«

Seine Stimme klang etwas rau, aber auch das war kein Wunder, denn Udet hatte, wie Canaris eine Reihe seiner kubanischen Zigarren in blauen Rauch aufgelöst.

»Wie geht es denn nun weiter, Schmidt?«

»Ich treffe um 11:00 General Martini im RLM, um über seine Teilnahme an unserer illustren Runde zu reden.«

»Der Nachrichtenfritze?«, grummelte Udet kaum vernehmbar.

»Ja, Wolfgang Martini, General der Luftnachrichtentruppe. Ihr Mann, Herr Generaloberst. Soll ein angenehmer Zeitgenosse sein, wie ich mir habe sagen lassen. Er deckt den Bereich der Hochfrequenz, also Funkmess und Radio- und Fernlenknavigation ab«, ergänzte der Oberleutnant.

»Ich kenne Martini«, flüsterte Udet.

»Ein guter Mann. Ich bin mir sicher, der wird Ihnen noch was erzählen können, was Sie nicht wissen«, sagte er leise.

»Ich glaube, meine Stimme versagt. Vielleicht ist es besser, wenn Ihr mich bei Inge absetzt. In dem Zustand gehe ich nicht ins Amt.«

»Eine gute Idee«, kommentierte Canaris den bedauernswerten Zustand seines Freundes.

»Mach doch schon mal den Wagen klar, Othmar. Ich suche noch die Sachen von Ernst zusammen und komme dann gleich nach.«

Schmidt nickte, stand auf, kontrollierte den Herd, ob der auch bestimmt von Canaris abgestellt worden war.

»Und die leeren Flaschen?«

«Die räumt die Perle später weg«, meinte der Admiral und half Udet aus seinem Stuhl hoch.

»Da brauchst du aber den Rest des Tages, um dich wieder unter die Menschheit wagen zu können«, grunzte Canaris vor Anstrengung.

»Reiß dich zusammen. Bis zum Wagen schaffst du es doch wohl, oder?«

Schmidt hatte den Mercedes Benz zum Leben erweckt und wartete mit laufendem Motor. Canaris bugsierte Udet auf den Rücksitz und setzte sich neben den Oberleutnant.

»Wohin zuerst?«

»Wir müssen nach Dahlem zum botanischen Garten in die Willdenowstraße. Ich zeig dir den Weg. Fahr erst mal auf die Schemmstraße zurück und dann erst mal geradeaus.«

Schmidt legte den ersten Gang ein und gab Gas. Udet, der wieder leicht döste, warf seinen Kopf in den Nacken, als der Wagen vorwärts schoss. Als sie sich dem Bahnhof Zehlendorf-West näherten, dirigierte Canaris den Oberleutnant zuerst in die Sven-Hedin-Straße, um dann nur wenige Minuten später in die Fischerhüttenstraße rechts abbiegen zu lassen. Es waren kaum Menschen und nur wenige Autos unterwegs. Kurz vor dem Gemeindewäldchen, an der Ecke Fischerhütten/Potsdamer Straße versperrte plötzlich ein Daimler Benz D 38 Doppeldecker-Bus der Berliner Verkehrs-Betriebe den Weg. Schmidt hielt den Wagen an, wurde dann aber von dem Fahrer des Busses vorbei gewunken. Zwei Monteure hingen über der überlangen Schnauze, unter der sich der Motor des dreiachsigen Monstrums verbarg, und machten sich an der offensichtlich defekten Maschine zu schaffen. Als sie nach zwei Kilometern die Kamillenstraße linkerhand passierten, sagte Canaris:

»Die Zweite links, dann sind wir da.«

An der Willdenowstraße standen eine ganze Reihe wunderschöner Villen, die auf der rechten Seite durch eine hohe Backsteinmauer vom riesigen Areal des botanischen Gartens getrennt wurde. Hinter der Malvenstraße hielt Schmidt auf Anweisung vor einem schneeweißen, zweistöckigen Gebäude. Canaris half Udet auf die Straße und schaute nach links und rechts. Anscheinend, um zu sehen, ob neugierige Nachbarn in der Nähe wären. Doch die Straße war menschenleer. Canaris und Udet durchschritten ein schmiedeeisernes Tor mit dem Namen Beyel auf dem Klingelschild und der helle Kies knirschte unter ihren Füßen, als sie Richtung Haustür gingen. Als Udet klingelte, kam nach kurzer Zeit ein Hausmädchen, das den Generaloberst in Empfang nahm.

»Danke, Wilhelm, für deine Unterstützung und den schönen Abend. Sag deinem Freund, ich wäre dabei. Dem Hundsvott überlasse ich nicht kampflos das Feld.«

Udet tippte mit einem Finger an seine Mütze und ging ins Haus. Canaris wartete, bis die Tür geschlossen wurde, drehte sich um und ging mit entschlossenen Schritten zum Wagen zurück.

»Ist er in Ordnung, Wilhelm?«

»Ich denke schon, Alkohol alleine macht ihn nicht fertig. Es ist dieses Teufelszeug Pervitin, das ihn kaputtmacht.«

»Pervitin?«, fragte Schmidt und rangierte den Daimler rückwärts in die Malvenstraße.

»Eine Stimulanzdroge. Das Zeug ist seit dem Polenfeldzug in der Luftwaffe sehr verbreitet. Da wird es Stuka-Tablette oder Hermann-Göring-Pille genannt. Soll angeblich zur Dämpfung des Angstgefühls und zur Steigerung der Konzentrationsfähigkeit dienen.«

Schmidt schüttelte ungläubig den Kopf und fuhr bereits auf der Schlossstraße in Richtung Potsdamer Platz. Nachdem sie am Tirpitzufer angekommen waren, gingen beide Offiziere schnurstracks in ihre Büros. Schmidt überlas nochmals seine Funkmess-Aufzeichnungen, um zumindest informiert zu sein. Sehr viel wusste er, bis auf Grundlagenkenntnisse, über dieses Feld der Technik nicht. Es würde also spannend werden.

Sturmbannführer Walter Schellenberg war überpünktlich. Ilse Hamich hatte ihn empfangen und zunächst mit einer Tasse Kaffee verwöhnt. Schellenberg zeigte sich von seiner besten Seite und verzauberte sie mit dezenten Komplimenten. Schmidt verhehlte seine Freude nicht, als er den mittlerweile zur Familie gehörenden Gast begrüßte.

»Bin ich froh, dass Sie derart Wert auf Pünktlichkeit legen. Es wäre mir sehr unangenehm gewesen, uns bei General Martini zu verspäten.«

»Nun entspannen Sie mal, Schmidt, ich lasse Sie doch nicht im Regen stehen. Für mich gehört Pünktlichkeit einfach zum guten Ton. Das hat mir schon mein Vater in der Sexta eingebläut«, sagte Schellenberg und ließ sich den schon selten gewordenen Bohnenkaffee schmecken.

»Sollen wir los, mein Fahrer wartet unten?«

Das ließ sich Schmidt nicht zweimal sagen, griff nach Mantel und Mütze und lief Schellenberg hinterher, der seine Antwort erst gar nicht abwarten wollte. Vom Tirpitzufer war es nur ein Katzensprung bis zum monströsen Reichsluftfahrtministerium Wilhelmstraße, Ecke Leipziger Straße.

1935 wurde für das personell stark erweiterte Ministerium auf Görings Veranlassung nach Plänen des Architekten Ernst Sagebiel der Neubau mit zweitausend Büroräumen und 56 000 Quadratmetern Nutzfläche errichtet. Das RLM war somit das größte Bürogebäude Berlins. Der Adjutant Martinis, Leutnant Schneider, holte die beiden Offiziere an der Pforte ab und führte sie über endlose Gänge ins Büro des Generals. Martini saß über einer Akte und schaute kaum nach oben, als ihm seine Gäste gemeldet wurden. Schellenberg und Schmidt warteten stumm, bis sich Martini aus seinem Stuhl erhob, seinen riesigen Schreibtisch umkreiste und sie per Handschlag begrüßte.

»Bitte entschuldigen Sie meine Unhöflichkeit, aber ich musste diese

Passage eines Berichtes zu Ende lesen.«

Beide äußerten ihr Verständnis und wurden von General Martini zu einer Besucherecke gelotst, wo er Ihnen einen Sessel anbot.

»Ich bin von Göring über die Situation in Kenntnis gesetzt worden und habe eine ungefähre Ahnung, worum es bei der Idee des Hochtechnologieausschusses geht. Ich hoffe nur, dass General Fellgiebel sich nicht überfahren fühlt«, merkte der General noch an.

»Canaris hat schon mit von Brauchitsch und Fellgiebel über diese Angelegenheit gesprochen und dabei wurde von Fellgiebel dargelegt, dass er das Thema Hochfrequenz bei Ihnen General Martini, in den besten Händen glaubt. Fellgiebel hält große Stücke auf Sie, General.«

»Das ist schön zu hören, dass es keinen Futterneid beim Heer gibt«, gab Martini erleichtert zu.

»Ich muss aber gestehen, dass die Funkmessortung mir ganz besonders am Herzen liegt und ich herzlich wenig Unterschiede mache bei der Anwendung der Technik. Ob Luftwaffe, Heer oder Marine, Hauptsache, Deutschland hat einen technologischen Vorsprung. Und den, vermute ich, haben wir verloren.«

»Wie kommen Sie darauf?«, fragte Schellenberg ungläubig.

»Dazu kann ich Ihnen folgende Geschichte erzählen. Kurz vor Kriegsausbruch bekamen wir die Gelegenheit, mit dem Luftschiff LZ 130, dem Graf Zeppelin mit dem Kommandanten Albert Sammt, Versuchsfahrten entlang der englischen Küste durchzuführen.«

»Warum nicht mit viel schnelleren Flugzeugen?«, unterbrach ihn Schellenberg hastig.

»Erstens, weil Flugzeuge sofort auffielen, zweitens ein Zeppelin langsam ist und auf der Stelle stehen kann, um mögliche Signale besser orten zu können und drittens braucht man wegen der vielen Messgeräte soviel Platz, der in einem Flugzeug nicht verfügbar ist. Dazu kommen noch die Besatzung und die Ingenieure. So was geht nur mit einem Zeppelin.«

»Logisch«, meinte Schellenberg und lächelte ein wenig gequält ob seines dürftigen wissenschaftlichen Verständnisses.

»Den ganzen 3. August sind wir die englische Küste rauf und runter gefahren, haben Kreise um die neuen, hohen Sendemasten gedreht. Aber nichts, rein gar nichts konnten wir entdecken. Ein paar Tage lang das gleiche Spiel. Wieder keine Signale. Da haben wir wirklich geglaubt, dass wir die alleinigen Besitzer der Funkmessortung wären. Dabei waren wir schon um 1938 erheblich weiter, als wir uns das heute vorstellen können. Die Chancen, diese revolutionäre Technik mit Volldampf weiter entwickeln zu können, wurden durch Ignoranten im Reichsluftfahrtministerium, einschließlich Göring verhindert; zumindest brutal verlangsamt. Dabei war es Hitler selbst, der von diesen Deppen der Einzige mit Durchblick war.«

Jetzt wurde Schmidt hellwach, der schon häufig von Hitlers Gabe, technische Zusammenhänge schnell zu erkennen, gehört hatte.

»Und wie kam das?«

General Martini kam jetzt so richtig in Schwung und redete sich den Frust von vielen Jahren von der Seele.

»Juni 1938 gab es eine Waffenschau der Marine für Hitler auf dem Schießstand Borby bei Eckernförde. Unter anderem war dort ein Freya Gerät, das durch die steil aufgerichtete Antenne auffiel, die wie eine Matratze aussah. Der geschlossene Bedienungsstand der Freya bietet gerade mal Raum für drei Personen. Hitler nimmt also vor dem Bildschirm Platz. Daneben Kapitän zur See Bathe, der die Anlage erklären will und der Konstrukteur des Gerätes, Hans Karl von Willisen von der GEMA. Obwohl jeder sah, dass die enge Kabine bereits proppenvoll war, musste sich auch noch Göring hineinquetschen. Hitler sieht, wie das Gerät Flugzeuge in neunzig Kilometer Entfernung registrieren kann, und ist begeistert. Das grenzt ja an Zauberei, rief er beeindruckt.

Göring merkte schnell, wie der Hase lief, und erkundigte sich bei seiner Entourage, wie viel Geräte pro Monat gebaut würden. Die sagten ihm ein oder zwei, worauf der Reichsmarschall rumbrüllte, es müssten sofort 200 im Monat sein. Anfang Juli 1939, es war immer noch nichts in die Tat umgesetzt worden, besuchte Hitler wieder eine Waffenschau, diesmal in Rechlin. Dort stellt ihm Göring großspurig ein von der Luftwaffe entwickeltes Muster eines Flugmeldegerätes vor. Was völliger Blödsinn war, da es von Telefunken-Berlin in Eigenregie entwickelt wurde. Dieses Instrument, Würzburg genannt, wird nun Hitler vorgeführt und der erkennt sofort, dass im Gegensatz zu Freya, diese Entwicklung noch etwas anderes kann: Das Gerät hat ja auch die Höhe!

Seine Begleitung war wie von Donner gerührt, als den Herren klar wurde, dass der Führer die technische Besonderheit sofort erkannt hatte. Doch selbst danach dauerte es noch bis Oktober 1939, bis tatsächlich eine Bestellung für Funkmessgeräte für den Luftwaffennachrichtendienst und die Flak aufgegeben wurde.«

»Was für ein Zeitverlust«, murmelte Schellenberg erschüttert.

»Es kommt noch schlimmer, Sturmbannführer. Bereits 1938 hatten wir eine funktionierende Flugzeug-Freund-Feind-Erkennung, genannt Erstling, für die Freya fertig entwickelt. Jetzt raten Sie mal, was passierte, als ich eine Anforderung über dreitausend Stück an das technische Amt weitergeleitet habe? Gar nichts! Erst Monate später erfuhr ich, dass die Herren ein ganz anderes Gerät, das FuG 25 Zwilling, bestellt hatten, das keiner Prüfung standhielt. Jetzt gibt es zwanzigtausend davon, die wir alle wegwerfen können!«

»Aber noch mal zurück zu Ihrer ersten Feststellung, Herr General. Warum glauben Sie, haben wir den Vorsprung eingebüßt?«

»Das will ich Ihnen erklären. Wie gesagt, wir waren der Ansicht, dass nur wir das Wissen über Funkmessortung besäßen. Dass dem nicht so war, erfuhren wir erst, nachdem unsere Truppen 1940 zum Kanal durchgebrochen waren. Nachdem Dünkirchen von den Engländern evakuiert worden war, haben unsere Spezialisten vom Funkhorchdienst Jagd auf neuartige und unbekannte Geräte, die sich unter dem zurückgelassenen Material befanden, gemacht.

Dabei sind sie in Boulogne und in Wissant auf einen mobilen britischen Rückstrahlempfänger samt Sender gestoßen. Die haben auch festgestellt, dass der Tommy auf der 4-Meter-Wellenlänge operiert. Gleichzeitig haben sie, nachdem die ersten Freya Geräte am Kanal aufgestellt worden waren, herausgefunden, dass die großen Sendemasten in England tatsächlich Sendeimpulse ausstrahlten. Damit war klar, dass sie während unserer Zeppelin-Erkundigungsfahrten gebluft hatten. Ihre Funkmessanlagen waren gar nicht eingeschaltet! Mit diesen Funden und den Erkenntnissen, die folgten, wie zum Beispiel die Wellenlänge von 4-Metern bei mobilen und 12-Meter-Wellen bei ihren stationären Anlagen auf der anderen Seite des Kanals, war klar, dass die Engländer ebenfalls über Funkmessortung verfügten.«

»Und auf welchen Wellen arbeiten unsere Geräte?«, unterbrach Schmidt General Martini.

»Freya arbeitet auf 2,40, das Marinegerät Seetakt auf 80 Zentimeter und der neue Würzburg auf 53 Zentimeter.«

»Bedeutet das«, überlegte Schmidt, »dass der Zentimeterbereich besser arbeitet als der Meterbereich?«

»Den Schluss müsste man eigentlich daraus ziehen«, gab ihm Martini recht.

»Doch das Paradoxe ist, dass gerade der, der am meisten für Funkmess in Deutschland getan hat, genau das verhindert.«

»Wie bitte?«, meinte Schellenberg.

»Marinebaurat Rudolf Kühnhold von der Nachrichtenmittel-Versuchsanstalt der Marine und die Firma Telefunken haben die Zentimeterwellen für ungeeignet zur Rückstrahlortung erklärt!«

»Wer ist denn dieser Marinebaurat, der solch einen großen Einfluss hat?«, hakte Schellenberg nach.

Martini lächelte ein wenig nachsichtig ob der Wissenslücke des Sturmbannführers.

»Seit 1923 ist Neustadt-Pelzerhaken Standort des Nachrichtenmittel-Versuchskommandos. Der wissenschaftliche Leiter ist eben dieser Rudolf Kühnhold. Seit 1929 arbeiten sie mit Erfolg an einer Unterwasser-Schallortung, dem Sonar. Kühnhold überlegte, ob das Prinzip der Impulse unter Wasser sich nicht auch über Wasser anwenden ließe. Die ersten Versuche mit Bremsfeldröhren war zwar Erfolg versprechend, doch wurde schnell klar, dass es dringend einer stärkeren Sendeleistung bedurfte. Dann kam ihm ein Zufall zu Hilfe, als ihm ein Werkstudent von einem Magnetron der holländischen Firma Philips erzählte, das in einer Zeitschrift vorgestellt worden war. Kühnhold kaufte zwei dieser Magnetrone und wies die 1934 von Paul-Günther Erbslöh und Hans Karl von Willisen gegründete GEMA, die Gesellschaft für elektroakustische und mechanische Apparate mbH an, ein funktionierendes Rückstrahlgerät zu bauen.

Ende 1936 war es dann soweit. Ich bin in Pelzerhaken gewesen, um mir das Freya Gerät demonstrieren zu lassen. Es war ein eindrucksvolles Erlebnis, kann ich Ihnen sagen. Ich wusste instinktiv, dass ich einer technischen Sternstunde beigewohnt hatte. Schon ein Jahr später wurden bei Manövern drei Freya und ein Seetakt Gerät eingesetzt. Seetakt heißen die 80-cm-Wellen-Geräte für Schiffe. Das erste Modell wurde auf dem Panzerkreuzer Graf Spee eingebaut.«

»Das sind beeindruckende Einzelheiten, Herr General, aber ich weiß immer noch nicht, warum wir den Vorsprung eingebüßt haben sollen«, nörgelte Schellenberg.

»Oder weiß die Abwehr mehr, als sie uns weismachen will, Schmidt?«

»Beruhigen Sie sich, Sturmbannführer. Ich war ja noch nicht fertig. Ganz klar wurde uns das erst vor wenigen Wochen, besser gesagt während der Luftschlacht am Kanal. Zunächst waren unsere Geschwader verzweifelt, denn die RAF wusste anscheinend immer genau, wo unsere Luftwaffe angreifen würde. Wir merkten auch, dass sie anscheinend unsere genaue Anzahl an Maschinen kannte, mit denen wir angriffen, da sie immer nur eine adäquate Anzahl an eigenen Jäger auf unsere Flugzeuge ansetzte. Die Führung hat es dann mit einem verdeckten Großangriff auf Newcastle versucht, doch auch da tauchte die RAF auf.

Ende August vermuteten dann unseren Nachrichtenleute, dass die Engländer anscheinend in der Lage waren, ihre Jäger zielgenau an die deutschen Angreifer heranzuführen. Ein unglaublicher Vorteil, meine Herren! Aber erst als wir ein sogenanntes Pip-Squeak Gerät aus einer notgelandeten Spitfire bergen konnten, hatten wir den Beweis. Die RAF führte ihre Jäger mit Funkmess an unsere Geschwader heran! Das war auch der Grund, weshalb sie, zahlenmäßig weit unterlegen, so intensiv Widerstand leisten konnten. Und jetzt kommt das Wichtigste: Wir haben solch ein Instrument nicht!«

Schellenberg und Schmidt sahen sich an. Ihre Gesichter sprachen Bände, die mehr oder weniger den gleichen Inhalt hatten: Ihr Hochtechnologieausschuss kommt eher zu spät als zu früh! Als Schellenberg und Schmidt zurück in Schmidts Büro am Tirpitzufer fuhren, sprachen sie kein Wort. Zu stark waren die Eindrücke, die ihnen General Martini vermittelt hatte. Erst als Ilse Hamich den beiden Männern einen Kaffee servierte, kamen die Lebensgeister zurück.

»Was wäre aus Ihrer Sicht der frühestmögliche Termin, Schellenberg?«

»Gestern, Oberleutnant. Aber Spaß beiseite. Definitiv noch vor Weihnachten, wenn Sie mich fragen.«

»Ich habe bereits den Kalender einiger meiner Gesprächspartner abgeklopft und schlage Freitag, den 6. Dezember, 10:00, vor. Passt das?«

»Ich denke schon, Schmidt.«

»Dann sollten wir unverzüglich ein Schreiben an sämtliche Mitglieder herausgeben. Ich schlage die Hakeburg als Tagungsort vor. Die wäre politisch unverfänglich. Glauben Sie nicht?«

Schmidt musste nicht lange überlegen, denn jeder Ort außer dem RSHA wäre ihm recht gewesen. Ob ihm Schellenberg damit entgegen kam?

»Haben Sie mit Ohnesorge schon darüber gesprochen?«

»Nein, das nicht. Aber das kann ich sofort erledigen.«

Schellenberg bat Ilse ihn mit dem Reichspostminister zu verbinden und begann mit Schmidt den Text ihres Anschreibens zu formulieren. Der Sturmbannführer brauchte nur wenige Sätze, um anschließend Schmidt zu verkünden, das Ohnesorge von seinem Vorschlag begeistert wäre und auch den Termin gutheißen würde. Eine halbe Stunde später hatte Ilse die Einladung per Fernschreiber an die Ausschussmitglieder versandt. Der Termin stand.

Gordon Schmitt war früh aufgestanden, um rechtzeitig in Paddington den Schnellzug nach Bristol-Temple Meads zu besteigen. Als er in Bristol ankam, war er auch mental bereit, das Äußerste für sein Land zu wagen. Ein Taxi brachte ihn zum Flugfeld Whitchurch, von dem aus die KLM im Auftrag der BOAC die Linie nach Lissabon-Portela bediente. Der Flugplatz war überschaubar und die Maschine, die ihn nach Portugal bringen sollte, nicht zu übersehen. Die DC-3 der KLM mit den Kennzeichen PH-ARZ Zilverreiger war im Stil Oraniens komplett orange lackiert und mit einem unübersehbaren Holland-Schriftzug versehen. Damit sollte der friedliche Zivilstatus des Flugzeuges dokumentiert werden.

Seit Kriegsbeginn war Whitchurch der einzige zivile Flughafen Englands, nachdem der Londoner Flughafen Croydon zum RAF-Platz ernannt worden war. Als die KLM-Flugbegleiterin zum Einsteigen aufrief, drängten vierzehn Personen zum Ausgang. Die Einsteige-Prozedur war kurz und schmerzlos. Nachdem der holländische Flugkapitän jeden der Passagiere beim Einstieg persönlich begrüßt hatte, und Gordon seinen Einzelsitz ganz vorne links eingenommen hatte, wurden die beiden Pratt & Whitney Doppelsternmotoren angelassen und die Maschine begann nach einer kurzen Warmlaufphase zur Startbahn zu rollen. Die DC-3 brauchte nur wenige Hundert Meter, um den Boden hinter sich zu lassen und begann in westlicher Richtung zu steigen.

Es dauerte nur einige Minuten, bis er Weston-Super-Mare unter sich sah. Sie flogen nun eine Weile über dem Bristol Channel, bis er vor sich die Nordküste Cornwalls näher kommen sah. Als er das ausgedehnte Waldgebiet erblickte, welches bis an die Küstenlinie reichte, wusste er, dass er sich über Exmoor Forest befand. Wenig später tauchten Wolken auf und die Bodensicht ging verloren.

Gordon begann in einem Kriminalroman zu lesen, den er sich zur Überbrückung der langen Reisezeit gekauft hatte. Der Titel lautete The Big Sleep von einem gewissen Raymond Chandler. Jones hatte ihm das

Buch empfohlen, das erst kürzlich in England veröffentlicht worden war und eine herausragende Literaturkritik in der Times bekommen hatte. Das Buch war in der Tat spannend, doch nach etwa neunzig Minuten wurde er ein wenig müde und er beschloss, seine Beine ein wenig im engen Gang zu bewegen.

Sehr entspannend war das auf Dauer nicht, da er wegen seiner Größe und der niedrigen Kabinenhöhe ständig gebückt laufen musste. Als der Kopilot das Cockpit verließ, um die Toilette aufzusuchen, passte er diesen bei seiner Rückkehr ab und bat ihn, ihm einen Blick in die Kanzel zu erlauben.

»Wenn Sie die Enge nicht stört, bitte schön«, lud er Gordon ein.

Es war sein erster Besuch im Cockpit einer DC-3 und er war erstaunt, wie spartanisch es dort
zuging. Der Pilot stellte sich als Dirk Parmentier vor und begann die Instrumentierung der Maschine zu erklären. Geradezu riesig waren die beiden Steuerräder, die nur zu dreiviertel einen Kreis bildeten, um die Sicht auf die Instrumente nicht zu verdecken.

Gordon und der Pilot waren in ihr Gespräch vertieft, als der Kopilot sie unterbrach und mit dem Zeigefinger seiner linken Hand auf einen Punkt deutete, der schnell näher kam. Schon bald konnten sie die riesigen Ausmaße einer viermotorigen Maschine erkennen, die mit jeder Sekunde, die sie sich näherte, bedrohlicher erschien.

»Eindeutig eine Focke Wulf 200 Condor«, rief Parmentier und hielt die DC-3 auf Kurs.

Mit hohem Fahrtüberschuss kurvte der deutsche Fernaufklärer ein, drosselte die Geschwindigkeit und flog parallel zur KLM-Maschine. Der Holländer hob die linke Hand und grüßte zur deutschen Maschine herüber, die ihn argwöhnisch beobachtete. Der Beobachter im gläsernen Drehturm auf dem Rumpf der Focke Wulf hatte sein Maschinengewehr in die gegenüberliegende Richtung gedreht, um zu demonstrieren, dass sie in friedlicher Absicht gekommen waren, und winkte zurück.

»Die meisten Piloten dieser Fernaufklärer sind im Zivilberuf Lufthansapiloten, die wahrscheinlich nur neugierig sind, was für ein Skipper ihren Kurs kreuzt«, kommentierte der Holländer und reagierte freundlich auf die Winkerei des deutschen Kopiloten.

»Ich bin sicher, dass sie viel lieber an unserer Stelle wären, als in ihrem Fernaufklärer. Wussten Sie, dass die Condor als erstes Flugzeug überhaupt im August 1938 den ersten Nonstop-Flug von Berlin nach New York in 24 Stunden und 57 Minuten zurückgelegt hat? Kein Wunder, dass die Deutschen diesen Typ als Fernaufklärer einsetzen. Sie werden sehen, in wenigen Minuten dreht er ab und nimmt Kurs auf den offenen Atlantik. Diese Maschinen kommen meist aus Mont de Marsan und fliegen für die U-Boote Aufklärung über dem Nordatlantik.«

Kaum schwieg Parmentier, wackelte der Riesenvogel zum Abschied mit den Flügeln, begann zu steigen und über ihnen nach steuerbord abzudrehen. Schmitt war sich sicher, dass die meisten Passagiere inzwischen einem Herzinfarkt nahe waren, als sie das deutsche Flugzeug so dicht herankommen sahen. Der Rest der vielstündigen Reise verlief ohne weitere Vorkommnisse.

Ronald Thornley hatte nicht übertrieben, als er Gordon vor vielen Beobachtern am Flugplatz von Lissabon gewarnt hatte. Die vielen Schlapphüte, die er in der Empfangshalle von Portela sah, ließen unmissverständlich darauf schließen, dass Lissabon eine Hochburg vieler in- und ausländischer Geheimdienste war. Er kümmerte sich nicht weiter um die obskuren Gestalten, packte seine Reisetasche und marschierte schnurstracks zum Taxistand. Zu seinem Glück stand dort noch ein einziger Citroën Traction Avant. Sein Chauffeur drehte sich gerade eine Zigarette, als ihn Gordon ansprach: »Zum York House Hotel in der Rua das Janelas Verdes, faz favor«, radebrechte er.

Der Taxifahrer mit der Baskenmütze nickte und setzte sich hinter das Steuer. Die Fahrt verlief schweigend, was aber Gordon nicht weiter störte, da er Portugiesisch nur aus einem verschlissenen, kleinen Stadtführer mit wenigen Redewendungen kannte, den seine Tante ihm hinterlassen hatte. Der Flughafen Portela lag etwa zehn Kilometer außerhalb der Stadt und so dauerte es einige Zeit, bis sie die Innenstadt erreichten. Nachdem er den Chauffeur bezahlt hatte, nahm er sein Gepäck und betrat das Hotel. Eine einladende, wohltuende Atmosphäre eröffnete sich ihm. Ein Herr mittleren Alters schaute ihn durch eine Nickelbrille an und wünschte einen guten Abend.

»Boa noite«, sagte Gordon und lächelte den Concierge an.

»Mein Name ist Klaus Schläppi, für mich müsste ein Zimmer für eine Nacht reserviert worden sein.«

Der Concierge schaute in sein Reservierungsbuch und nickte zustimmend.

»Das ist richtig, Sir. Darf ich bitte Ihren Pass sehen? Sie bekommen ihn morgen früh vor Ihrer Abreise wieder. Die Fremdenpolizei, Sie verstehen?«

Gordon Schmitt verstand nur zu gut. Nicht nur die Fremdenpolizei würde seinen Pass begutachten, sondern auch der portugiesische Geheimdienst Servico de Informacoes de Seguranca würde ihn intensiv studieren. Möglicherweise auch die Abwehr. Man wusste ja sehr wohl, dass Salazars Geheimdienst mit den Deutschen paktierte. Sie dementierten dies zwar eifrig, doch in Baker Street glaubte man keinen Märchenerzählern.

Der Concierge erklärte Gordon kurz, wie er sein Zimmer finden würde, und wo sich Bar und Restaurant befanden. Dann wand er sich wieder seinem Tagesgeschäft zu. Gordon packte seine Tasche und ging die Treppe in den zweiten Stock hinauf. In den antik dekorierten Fluren erstrahlte diskretes Licht, Marmor und Holzfußböden dominierten das Ambiente. Langsam knurrte Gordons Magen. Er brauchte dringend eine warme Mahlzeit und beschloss das Restaurant aufzusuchen. Zunächst ging er aber zur Rezeption und bat den Concierge, den Besucher, den er erwartete, ins Restaurant zu dirigieren.

Das Restaurant im lauschigen Klostergarten des Convento dos Marianos entpuppte sich wie auch der Rest des Hotels als ein Kleinod. Er fand einen Tisch, von dem aus er den Ein- und Ausgang beobachten konnte und er sicher war, nicht von hintern überrascht zu werden. Ein Kellner brachte unaufgefordert eine Flasche Wasser und die Karte. Er lächelte freundlich und verschwand so lautlos, wie er gekommen war. Gordon Schmitt war weltoffen. Auch was die Küche anderer Länder und Kulturen anbelangte.

Zu seinem Glück war die Karte zweisprachig. Wäre sie nur in Portugiesisch gewesen, hätte er Probleme bekommen. Er wäre möglicherweise so reingefallen wie vor zwei Jahren auf einer Reise in die Provence, wo er in Avignon Cervelle de Veau bestellte und keine Ahnung hatte, dass ihm Kalbshirn vorgesetzt wurde. Der Schock war damals groß und er schwor sich, in Zukunft erst zu fragen und dann zu bestellen.

Nachdem er die Karte scheinbar endlos studiert hatte, entschied er sich zunächst für eine O Caldo Verde, die grüne Suppe, die die Portugiesen aus einheimischem Grünkohl, Paprikawurst, Kartoffeln, Knoblauchzehen und Lorbeer zubereiten. Als Hauptgang wählte er Bacalhau, getrockneten Kabeljau mit Kartoffeln und Kichererbsen. Daneben bestellte er einen klassischen, portugiesischen Salat aus dunkelgrünem Kopfsalat, Tomaten, Zwiebeln, Essig, Olivenöl und Salz. Dazu suchte er sich eine Flasche Brunheda Vinhas Velhas, einen trockenen Rotwein aus der Region Douro aus.

Die Wahl seiner Speisen erwies sich als Volltreffer und der Wein war das i-Tüpfelchen. Wohlig lehnte er sich in seinen Stuhl zurück. Zum ersten Mal seit vielen Monaten fühlte er sich entspannt. Der Krieg war weit weg und er fand, dass er sich diesen Moment verdient hatte. Seine Selbstzufriedenheit wurde erst gestört, als der Concierge mit einem Herrn in der Tür zum Garten erschien und auf ihn deutete. Dies musste der Bote sein, der ihm Ronald Thornley avisiert hatte.

»Rui Ferreira«, stellte sich der baumlange Portugiese vor.

»Darf ich Platz nehmen?«

Gordon bot ihm den ihm gegenüberstehenden Stuhl an.

»Was für ein wunderschönes Hotel! Vielen Dank, dass Sie es für mich ausgesucht haben«, sagte Gordon und bestellte beim Kellner eine weitere Flasche Brunheda Vinhas Velhas. Ferreira schob einen braunen Umschlag über den Tisch. Gordon schaute hinein und fand ein Lufthansa Billett für den morgigen Flug nach Zürich.

»Sie wissen, dass Sie sich um nichts in diesem Hotel kümmern müssen? Ich habe Ihnen auch ein Taxi für morgen früh reserviert. Es wird Sie um Punkt sechs Uhr abholen.«

Der Sommelier brachte die nächste Flasche und schenkte Ferreira und

Gordon ein.

»A sua saúde!«, sagte Ferreira und hob sein Glas.

»À sua saúde!« entgegnete Gordon und prostete seinem Gast zu.

Sein Besucher erwies sich als ein versierter Kenner seines Landes und seiner Hauptstadt und konnte Gordon viele interessante Details und Facetten seiner Geschichte erzählen. Beide schienen bemüht, ihre Position und Arbeit zu ignorieren. Gordon war das ganz recht, denn er wollte sich von Ferreira erst einmal ein Bild machen. Er nahm sich vor, bei seiner Rückkehr nach London mehr über diesen, zugegebenermaßen gebildeten und distinguierten Portugiesen, zu erfahren. Bis dahin, so beschloss er würde er Zurückhaltung üben.

Mittlerweile war es dunkel geworden und mehrere Kerzenleuchter erhellten die Terrasse. Eigentlich hatte Gordon Schmitt vor, die Innenstadt von Lissabon, insbesondere die Alfama, kennenzulernen, doch das Gespräch zwischen ihm und Ferreira entwickelte sich gut und es war offensichtlich, dass beide einen Draht zueinandergefunden hatten. Mit Verwunderung stellte er dann nach einem Blick auf seine Uhr auch fest, dass es bereits Mitternacht geworden war. Rui Ferreira entschuldigte sich sofort bei ihm, da auch er im Eifer des Gefechtes jedes Gefühl für Zeit verloren hatte.

»Das tut mir leid, Gordon. Bei Ihrem nächsten Besuch lade ich Sie dafür nach Hause in Cascais ein.«

Gordon nahm die Einladung gerne an und so ging ein interessanter Abend zu Ende. Am nächsten Morgen holte ihn wie verabredet ein Fahrer um 06:00 ab und brachte ihn zum Flugplatz nach Portela. Gordon ging zum Schalter der Lufthansa, um seine Sitzkarte abzuholen. Die freundliche Portugiesin in ihrer ansprechenden Uniform empfing ihn mit einem Lächeln.

»Ihr Glück, dass Sie schon so früh hier sind, da können Sie sich den besten Platz aussuchen«, sagte Sie in perfektem deutsch, als Sie ihn als Schweizer nach einem Blick in den Pass identifiziert hatte. Gordon, der noch nie in einer Ju 52 geflogen war, hatte keine Ahnung, welcher der beste Platz war und erwiderte mit seinem unnachahmlichen, entwaffnenden Charme: »Bei soviel Schönheit überlasse ich gerne Ihnen die Platzwahl!«

Die Lufthansa-Angestellte schmolz förmlich dahin und gab ihm eine Platzkarte für den letzten hinteren Sitzplatz auf der rechten Seite.

»Meistens kommt der Wind bei der Landung aus Südwest. Mit diesem Platz haben Sie dann den schönsten Blick auf Zürich während des Anfluges«, flötete sie und gab ihm mit einem rassigen Blick aus ihren tiefbraunen Augen, der mehr sagte als alle Worte, die Karte.

Die Ju 52 stand nur zwanzig Meter parallel vom Abfertigungsgebäude entfernt. Die hintere Einsteigetür war offen und eine fünfstufige Treppe war angelehnt. Deutlich war das Wellblechprofil aus Duraluminium der Junkersmaschine, ihr Markenzeichen, erkennbar. An der Führerkanzel war eine Hakenkreuzflagge aufgesteckt, die im leichten Westwind flatterte. An der Seite war deutlich zwischen Höhenleitwerk und Fenster das Kennzeichen D-AKEP, unter den Fenstern der Name Fritz Rumey zu lesen.

Nach einer Stunde war die Maschine bereit zum Einstieg. Fünfzehn Passagiere verließen nach einer Ansage der hübschen Portugiesin im Gänsemarsch das Abfertigungsgebäude und gingen an Bord. Gordon reihte sich als Letzter ein und zwinkerte der Angestellten zu, die als Antwort ihre herrlichen Zähne blitzen ließ. Nachdem er die kurze Treppe erklommen hatte, nahm er auf seinem Sitz Platz. Es gab nur zwei Reihen mit je einem Sessel zu beiden Seiten eines schmalen Ganges. Mittlerweile waren die Anlassvorbereitungen abgeschlossen und spotzend sprang der Mittelmotor an. Nach einigen Minuten folgte der Backbord- und schließlich der Steuerbordmotor der Ju 52.

Gordon schaute nach vorn. Die Tür zum Cockpit war geöffnet und er konnte die Rücken der beiden Piloten sehen, die vor zwei hölzernen Dreiviertel-Steuerrädern saßen. Vielmehr konnte er leider nicht erkennen. Da die Maschine noch auf ihrem Spornrad saß, war auch der Blick mehr in den Himmel, als auf das Flugvorfeld gerichtet und Gordon beschloss, lieber die Aussicht aus seinem Fenster zu genießen. Die portugiesische Lufthansa-Angestellte hatte tatsächlich ihm einen Gefallen getan. Der Blick würde fantastisch sein, denn der breite Flügel war weiter vorn angebracht und ließ daher genug Bodensicht zu. Die Ju 52 rollte nun ans Ende der Startbahn, drehte in den Wind und nahm Fahrt auf. Der Lärm war geringer als in der DC-3, und als die Maschine nach rund vierhundertfünfzig Metern abhob, war davon absolut nichts zu bemerken, da der Steigungswinkel sehr flach verlief. Ganz sanft gewann die Maschine Höhe und nahm nach einer Rechtskurve Kurs auf Madrid, wo eine Zwischenlandung vorgesehen war.

Nach einem kurzen Aufenthalt in der spanischen Hauptstadt ging der Flug dann weiter nach Marseille. Die mehr als fünfhundert Kilometer nach Madrid hatte die Ju 52 in knapp drei Stunden zurückgelegt. Der Aufenthalt auf dem Flugplatz Madrid-Barajas dauerte nur sechzig Minuten. Gordon und alle anderen Passagiere mussten die Maschine verlassen, die gesäubert und aufgetankt wurde.

Nach dem erneuten Start bat er die Flugbegleiterin um ein Glas Rotwein, nahm seinen Kriminalroman in die Hand und begann zu lesen. Der Flug dauerte fast fünf Stunden und die Sonne über dem Mittelmeer begann zu versinken, als die Maschine sich im Landeanflug auf Marseille-Marignane befand. Die Stewardess hatte ihm erklärt, dass der Flugplatz ungefähr zwanzig Kilometer nordwestlich der Stadt lag und er war froh, dass er nicht die Entfernung zu einem Hotel in der Innenstadt zurücklegen musste. Als die Ju schließlich vor dem Flughafengebäude stoppte, war er glücklich, das Flugzeug verlassen zu können. Der Schädel brummte und er freute sich auf ein kühles Bier oder einen der herrlichen

Weine aus der Region.

Am nächsten Morgen startete die Maschine um 09:00 mit Kurs Lyon. Der Mistral blies mit voller Kraft und verminderte die Reisegeschwindigkeit erheblich. Über Lyon änderte der Pilot den Kurs, überquerte in nordöstlicher Richtung die Haute Savoie und hangelte sich über Genf und Bern nach Zürich. Viel zu sehen gab es über der Schweiz nicht, da die Sicht diesig war und tief hängende Regenwolken fast den Boden erreichten.

Nach der Landung holte sich Gordon sein Gepäck und ging zur Grenzkontrolle. Der Schweizer Offizier prüfte seinen Pass ausgiebig und winkte ihn dann durch. Einige Passagiere wurden anscheinend von ihren Angehörigen abgeholt und er erkannte unter einer Gruppe von sieben Menschen einen kleinwüchsigen Herrn mit Schirmmütze, der ein Oerlikon Schild emporhielt. Gordon ging direkt auf ihn zu und begrüßte ihn so, als ob es eine Routinehandlung wäre. Zusammen verließen sie wortlos das Ankunftsgebäude und steuerten auf eine Lancia Artena Limousine zu. Erst als sie den Flughafen verließen, eröffnete der Chauffeur das Gespräch.

»Mein Name ist Urs Abderhalden. Ich bin Ihr direkter Ansprechpartner für alle Angelegenheiten in Zürich. Dazu gehören Ihre Wohnung, Devisen, Fahrkarten, Stadtpläne, Informationen bezüglich Ihrer Informanten in Deutschland und die Weiterleitung dringender Botschaften nach London. Damit wollen wir auch sicherstellen, dass Rolf Bürgi so schnell nicht ins Fadenkreuz des einheimischen, wie deutschen Geheimdienstes gerät. Sie werden Bürgi nur einmal treffen, und zwar morgen früh. In einem Koffer in Ihrer Wohnung finden sie ein Billett für eine Hin- und Rückfahrt mit dem Dampfschiff DS Stadt Rapperswil. Abfahrt ist um 09:30. Herr Bürgi wird sie auf dem Achterdeck des Schiffes erwarten. Dort steht ein einzelner kleiner Tisch, wo man sich ungestört unterhalten kann.

Ziehen Sie sich einen warmen Mantel an, es zieht im Winter auf dem Oberdeck. Herr Bürgi wird das Schiff in Rapperswill verlassen, Sie fahren mit dem Schiff anschließend zurück nach Zürich. Alle weiteren Informationen und Fahrkarten für Ihre Reise nach Berlin finden Sie ebenfalls im Koffer. Der Kleiderschrank im Schlafzimmer enthält alles, was Sie zur Winterzeit brauchen.«

Gordon hörte zu, ohne Abderhalden zu unterbrechen. Dazu gab es auch keinen Grund, da dessen Anweisungen klar und präzise waren.

»Wie kommuniziere ich mit Ihnen?«

Abderhalden reichte ihm eine Visitenkarte mit Adresse und Telefonnummer. Mittlerweile hatten sie die Innenstadt von Zürich erreicht und Abderhalden lenkte die Limousine in das Altstadtviertel. Der Rennweg lag im Herzen des alten Viertels und war ein Gemisch aus Läden, Cafés und Wohnungen. Keines der Häuser am Rennweg war höher als vier Stockwerke gebaut.

Die relative Enge der Altstadt und das quirlige Leben garantierte eine gewisse Anonymität. Gordon war zufrieden. Seine neuen Schweizer Freunde hatten eine gute Wahl getroffen. Abderhalden hielt vor der Hausnummer 9 an.

»Alles, was Sie für Ihre erste Reise brauchen finden Sie oben in besagtem Koffer« und händigte ihm einen kleinen Schlüsselbund aus.

»Sie müssen sich im Haus selbst keinem Nachbarn erklären. Ihre Wohnung ist die Einzige im gesamten Haus. Wie Sie sehen, ist im Erdgeschoss ein Haushaltswarengeschäft, in den übrigen Etagen befinden sich Büros. Fühlen Sie sich ganz wie zuhause. Sobald Sie aus Deutschland zurückgekehrt sind, kommen Sie bitte direkt in meine Wohnung. Die ist im Haus zum Untern Rech am Neumarkt 4.«

Er reichte Gordon die Hand, wartete, bis der sich seine Tasche vom Rücksitz genommen hatte, und gab Gas. Schmitt öffnete die Tür zum Bürotrakt, in dem sich auch seine Wohnung befand, und stieg die vier Etagen hinauf. Sein neues Domizil entpuppte sich als gemütliche Dreizimmerwohnung, deren Schlafzimmerfenster zum Hof hin öffneten.

Die Wohnung mit Duschbad war komplett eingerichtet. Auch ein Wecker war vorhanden und als besondere Überraschung entdeckte er sogar ein Universo Radio. Gordon schaute sich das Gerät genau an. Vier Drehknöpfe und eine vertikale Skala, die von zwei Lautsprechern eingerahmt wurden, steckten in einem Holzkasten. Langwelle, Mittelwelle und Kurzwelle gaben ihm auch die Möglichkeit, deutsche Sender und die BBC zu hören. Er war begeistert und suchte sofort einige Stationen. Letztendlich blieb er bei dem Schweizer Landessender Beromünster hängen.

Sein größtes Interesse galt dem Koffer, von dem Abderhalden mehrfach gesprochen hatte. Er fand ihn im Schlafzimmer auf einem Gestell vor dem reich verschnörkelten Bett. Neben den üblichen Utensilien für eine längere Reise befand sich in dem handlichen Gepäckstück ein großer Briefumschlag, in dem drei weitere Umschläge steckten.

Der Erste enthielt vierhundert Schweizer Franken, die Schiffsfahrkarte für die DS Stadt Rapperswil und ein Führerschein, ausgestellt auf den Namen Klaus Schläppi. Der Zweite sechshundert Reichsmark und einen Passierschein des Heereswaffenamtes in Berlin und der Dritte eine Rückfahrkarte Zürich – Berlin/Potsdamer Bahnhof, einen Stadtplan Berlin aus dem Verlag Heimatliche Kultur Willy Holz sowie einem Reichs-Kursbuch. Dies war die kleine Ausgabe von 1940 mit einer Übersicht der Eisenbahn-, Schiffs- und Luftverkehrsverbindungen von Großdeutschland. Daneben fand er noch eine BP-Olex-Autokarte Deutschland und eine Continental-Straßenkarte der Schweiz.

Gordon starrte auf den Passierschein des Heereswaffenamtes. Wie zum Teufel kam Bürgi an diesen hochsensiblen Ausweis? Nun gut, er würde es wahrscheinlich morgen erfahren. Jetzt wollte er aber seinen Hunger stillen. Er öffnete den Schrank und schaute sich die Garderobe an, die ihm zur Verfügung gestellt wurden. Edler Zwirn stach ihm ins Auge und doch hatte er das Gefühl, den Stil schon einmal gesehen zu haben. Als er das Innenfutter eines braunen Jacketts inspizierte, musste er grinsen. London House am Talacker 50 stand dort groß und breit zu lesen und darunter fein gewebt: für den gepflegten Gentleman mit anglophilem Einschlag.

Am nächsten Morgen war er bereits früh aufgestanden, den neuen, braunen, breitkrempigen Hut aufgesetzt und in Richtung Bürkliplatz, der Anlegestation der Zürcher Dampfbootgesellschaft, gegangen. Er hoffte, irgendwo einen Kaffee zu bekommen, doch er wurde enttäuscht. Der Raddampfer DS Stadt Rapperswil, ein Zweideck-Salon-Dampfschiff, lag fest vertäut am Steg und wartete auf seine Gäste, deren Zahl an einem Wintertag wohl spärlich ausfallen würde.

Es war bereits 9:25 und um 9:30 sollte das Schiff ablegen. Er ging also direkt an Bord des eleganten, schnittigen und schneeweißen Raddampfers mit dem markanten Schornstein, der 1914 von der Zürcher Werft Escher & Wyss gebaut worden war. Nachdem seine Fahrkarte kontrolliert worden war, erklomm Gordon das Oberdeck und ging in Richtung Heck. Nur wenige Gäste waren an Bord zu sehen, fast alle hatten sich in die geschlossenen und beheizten Räume zurückgezogen. Er konnte daher Bürgi überhaupt nicht verfehlen, der einsam am letzten Tisch des überdachten Sonnendecks saß. Als er neben ihm stand, deutete Bürgi mit der Geste seiner linken Hand auf einen Stuhl.

»Setzen Sie sich, Mister Schmitt, ich bin froh, Sie endlich in Zürich begrüßen zu können.«

»Ganz meinerseits, Herr Bürgi«, erwiderte Gordon und betrachtete das Profil des Oerlikon Managers. Der Schweizer war ein hagerer Typ, Mitte vierzig, und wohl distinguiert. Seine Züge wurden von einer ausgeprägten Hakennase dominiert, die Gordon unwillkürlich an einen Bergadler erinnerten. Bürgi räusperte sich: »Ich hätte nicht gedacht, dass der Secret Service es jemals schaffen würde, einen geeigneten Mann für solch eine wichtige Operation zu finden. Respekt. Man hält ja große Stücke auf Sie und ich will Ihnen mit all meiner Kraft helfen, dass Sie diese Erwartungen erfüllen können.«

Ein Dampfhorn unterbrach jäh den Monolog des Schweizers. Der Dampfer legte pünktlich um 9:30 ab. Bürgi fuhr fort: »Nazi Deutschland ist nicht so abgeschottet, wie sich das viele vorstellen. Auch in Berlin gibt es Leute, darunter Militärs, die dem System mit Abscheu gegenüberstehen und mit ihren bescheidenen Mitteln versuchen, das Regime zu stürzen.«

Der Dampfer hatte Fahrt aufgenommen und das Stampfen der Dampfmaschine, die in Zeiten der Kohleknappheit mit Holz und Torf gefüttert wurde, war deutlich zu vernehmen.

»Wie Sie sicherlich bereits bemerkt haben, sitzt einer meiner Informanten im Heereswaffenamt. Hauptmann Karl Wiese ist Teil der Amtsgruppe Chef-Ingenieur, die die technischen Belange im gesamten Amt wahrzunehmen hat. Diese Amtsgruppe ist beauftragt, die neuesten Errungenschaften der Technik und Erkenntnisse der Wissenschaften bei der Konstruktion und Massenfertigung zu berücksichtigen.«

Wieder unterbrach die Dampfpfeife Rolf Bürgi. Das Schiff näherte sich seinem ersten Anlegepunkt, Thalwil. Gordon nutze die Unterbrechung.

»Was ist die Motivation dieses Hauptmanns, Geheimnisverrat zu begehen?«

»Seine Frau ist Halbjüdin! Ich weiß nicht, ob Sie wissen, was das im Reich bedeutet, Schmitt.«

Gordon schüttelte den Kopf.

»Die Nürnberger Rassengesetze, insbesondere das Reichsbürgergesetz, haben festgelegt, ich zitiere, dass nur Staatsangehörige deutschen oder artverwandten Blutes Reichsbürger sein können. Im April 1940 hat das Oberkommando der Wehrmacht einen Erlass publik gemacht, nachdem die Mischlinge ersten Grades sowie die jüdisch Versippten, die in Mischehe leben, aus der Wehrmacht entlassen werden. Ausnahmen sind ausschließlich mit persönlicher Genehmigung Hitlers möglich. Verstehen Sie jetzt?«

Wieder nickte Gordon stumm.

»Mein zweiter Informant sitzt in der Abwehr!«

Gordon schaute ihn überrascht an.

»Wer ist denn das?«

»Keine Ahnung. Ich kenne ihn nur anonym über einen toten Briefkasten im Rieterpark.«

Schon wieder ertönte das Dampfsignal. Diesmal für den Anleger Oberrieden, der um 10:03 angesteuert wurde.

»Werden wir noch oft gestört.«

»Noch sechs Mal, wenn Sie es genau wissen wollen. Nun aber zurück zu meinem Informanten aus der Abwehr. Von ihm habe ich auch vom Unternehmen Tannenbaum erfahren. So lautete der Deckname für den Angriff auf die Schweiz, der im Sommer geplant wurde. Hitler und Mussolini hatten eine Umschließung der Schweiz bei ihrem Treffen am 18. Juni 1940 in München beschlossen. Nur Hochsavoyen war kurz vor dem Inkrafttreten des Waffenstillstands mit Frankreich vom 25. Juni noch unbesetzt geblieben.

Zur Schließung dieser Lücke begannen die Deutschen mit einem eiligen Vorstoß aus dem Raum Lyon gegen Grenoble-Chambery-Annecy, stießen aber auf den erbitterten Widerstand der Franzosen. Die Italiener, die sich in Grenoble mit den Deutschen vereinigen wollten, kamen an der Alpenfront über die französischen Abwehrstellungen nicht hinaus. So blieb zwischen Genf und dem Dreiländerpunkt östlich von Chamonix eine Lücke erhalten. Letzte Schlupfwege über das unbesetzte Vichy-Frankreich nach Spanien und zu den Alliierten, mit einer Eisenbahnlinie über Annemasse-Annecy-Chambery.

Daher entwickelte der deutsche Generalstab den Plan Tannenbaum, der vorsah, dass die italienischen Truppen mit einem gleichzeitigen Angriff von Süden aus unterstützend wirken würden. Mit ihnen wurde Juli 1940 eine ungefähre Teilungslinie für die Schweiz fixiert, die von Saint Maurice über die Wasserscheide Aare-Rhône weiter zum Tödi und ins Rhätikon führte, um schließlich am Muttler zu enden.«

Gordon hob seine Hand, um anzudeuten, dass er eine Zwischenfrage einflechten wollte.

»Und warum haben sie den Plan bisher nicht umgesetzt?«

»Gute Frage. Mein Informant in der Abwehr behauptet, dass Canaris und Generalfeldmarschall Erwin von Witzleben stark gegen eine Besetzung der Schweiz opponiert hätten. Ich glaube aber, dass das Deutsche Reich in der Schweiz in erster Linie einen effizienten und kooperationsfähigen Wirtschaftspartner mit einem leistungsfähigen Kreditapparat sieht, der zudem den Vorteil einer relativ großen Autonomie gegenüber den Großmächten hat. Auch dürfen Sie nicht vergessen, dass es auch hier in der Schweiz eine nicht zu unterschätzende Nazi-Bewegung gibt, die sich in mannigfaltigen Organisationen manifestiert.

Selbst Reichsdeutsche operieren hier fast schon offiziell. Der deutsche Vizekonsul des Züricher Generalkonsulat, Dr. Ashton, ist Gründer der Gesellschaft zur Förderung kulturellen Lebens und betreibt auch Werkspionage bei Oerlikon. Nur beweisen kann ich es noch nicht. Vielleicht liege ich aber auch mit meiner Einschätzung ganz falsch und die des gemeinen deutschen Landsers stimmt, der sagt: Schweiz, du kleines Stachelschwein, dich nehmen wir beim Rückzug ein."

Mittlerweile hatte der Raddampfer bereits an der Halbinsel Au angelegt und die Sonne zeigte sich, ohne jedoch eine nennenswerte Wärme auszustrahlen. Zudem war das Panorama fantastisch, als der Dampfer an der Goldküste entlang in Richtung des idyllischen Männedorf schipperte. Das rechte Ufer des Zürisees wurde deswegen so genannt, weil dieses Ufer im Durchschnitt mehr Sonne genießen konnte, als die gegenüberliegende Küste.

»Wenn Sie nach Berlin kommen, setzen Sie sich ganz offiziell mit Hauptmann Wiese in Verbindung. Als Repräsentant der Firma Oerlikon ist das kein Problem.«

Bürli übergab Gordon einen Umschlag mit den nötigen Informationen wie Adresse und Telefonnummer des Heereswaffenamtes. Darüber hinaus reichte er ihm ein geheftetes Schreibmaschinenpapier, ungefähr zehn Blatt stark.

»Sehen Sie nur zu, dass Sie auf der Rückfahrt nach Zürich alle Informationen dieses Traktates auswendig lernen. Hier geht es um die Verbesserungen unseres 20-Millimeter-Geschützes. Wenn die Gestapo Sie vernehmen sollten, sollten Sie wissen, wovon Sie reden.

Unser Verkaufsschlager ist ein Rückstoßlader mit Massenverriegelung und Vorlaufzündung. Das Magazin fasst fünfzehn Patronen und wird von oben eingeführt. Als Zielgerät gegen Luftziele dient zunächst ein Kreiskorn mit Zielstachel. Wir nutzen als Zielgerät das Linealvisier 21. Mit einer Mündungsgeschwindigkeit von 830 Metern pro Sekunde erreichen wir eine maximale Schussweite von 4400 Metern und die maximale Steighöhe beträgt 3700 Meter. Das sind die Basis-Informationen. Die wahren Geheimnisse finden Sie in dem Papier. Seien Sie nicht nachlässig. Pauken Sie die Informationen und verbrennen Sie anschließend das Dokument. Davon kann Ihr Leben abhängen.«

Der Dampfer hatte bereits Männedorf und auch Stäfa passiert und nahm Kurs auf die Insel Ufenau. Der dumpfe Ton der Dampfpfeife der Stadt Rapperswil unterbrach ihn erneut. Sie hatten pünktlich um 11:13 ihr Ziel erreicht.

»Mein Gefühl sagt mir, dass London den richtigen Mann gefunden hat. Nutzen Sie ihren Verstand. Und überlegen Sie jeden Schritt im Voraus. In dem Moment, da Sie die Reichsgrenze überschritten haben, sind Sie auf sich gestellt. Niemand kann Ihnen zu Hilfe kommen. Auch nicht die Schweizer Botschaft in Berlin.«

Rolf Bürli stand abrupt auf, schüttelte Gordons Hand und verließ das Schiff. Die Rückfahrt nach Zürich verbrachte Gordon mit dem Studium der Oerlikon Kanone und den Gedanken an seine bevorstehende Unternehmung. Der Dampfer steuerte auf dieser Fahrt auch andere Anlegeplätze wie Richterswil, Herliberg und Küsnacht an. Als er endlich wieder in Zürich am Bürkliplatz angekommen war, war es Viertel nach eins. Sein Magen knurrte wieder und Gordon beschloss, den Qualen ein Ende zu bereiten, und eine deftige Portion Züricher Geschnetzeltes, ein Ragout aus Kalbfleisch, zu sich zu nehmen. Danach nahm er sich vor, Oerlikon zu pauken und sich mental auf die bevorstehende Reise vorzubereiten.

Die Konferenz

Schellenberg und Schmidt waren am Freitagmorgen, den 6. Dezember schon gegen 09:00 in der Hakeburg eingetroffen, um mit Ohnesorge die letzten Details des Treffens zu besprechen. Der Reichspostminister hatte die beiden in allerbester Laune begrüßt und sie mit der Bemerkung, »ich habe noch ein besonderes Bonbon für die erste Sitzung, lassen Sie sich überraschen«, überrumpelt. Ihre Nachfragen prallten am überlegenen Lächeln des Ministers ab und schließlich ergaben sie sich ihrem Schicksal. Sollte der Reichsminister seine Überraschung haben. Nach und nach trudelten die Teilnehmer der illustren Runde in der Hakeburg ein. Jeder von ihnen zeigte sich beeindruckt von der Einmaligkeit der Anlage und beglückwünschte Ohnesorge zu seinem guten Geschmack. Ohnesorge wusste seine Gäste einzunehmen und hatte es zur Chefsache gemacht, selbst die kleinsten Details des Empfangs und der Konferenz auszuarbeiten und zu gestalten. Selbst die Bedienung war von ihm handverlesen. Schmidt und Schellenberg konnten sich ein Grinsen nicht verkneifen, als sie beobachteten, wie der Reichsminister jedes Mal mit der jungen, hübschen Bedienung flirtete, wenn er ein Getränk für einen seiner Gäste holte. Ohnesorge war ein richtiger Schlawiner. Um Punkt 10:00 bat Ohnesorge seine Gäste in das Esszimmer im Erdgeschoss. In Absprache mit Schmidt und Schellenberg hatte er eine Tischordnung organisiert, die ihn selbst und Schellenberg als Vertreter des Initiators dieser Runde, Heinrich Himmler, an die beiden Spitzen des lang gestreckten Tisches positioniert hatte. Um die Position von Schmidt nicht zu schwächen, setzte er ihn in der Mitte der linken Tischhälfte neben Reichsminister Fritz Todt und Ernst Udet.

»Als Hausherr und Mitgründer dieses Hochtechnologieausschusses, den wir ab sofort nur noch kurz als HTA bezeichnen wollen, heiße ich Sie alle willkommen«, eröffnete Ohnesorge die Runde.

»Sie alle wissen, worum es geht, wie streng geheim dieser Ausschuss ist und welche Ziele wir mit ihm verfolgen. Ich denke, sie alle, wie auch ich selbst, waren überrascht, dass es die zwei jungen Herren aus dem Reichssicherheitshauptamt und der Abwehr getroffen hat, die Idee des Ausschusses in die Tat umzusetzen. Doch lassen Sie es mich kurzfassen. Die kurze Zeit, in der ich die Freude hatte, sie kennenzulernen und mit ihnen die Ziele der Operation festzulegen, haben meine Vorurteile bezüglich ihrer Jugendlichkeit ad absurdum geführt. Ihr Durchsetzungsvermögen, ihre Erfahrung, ihre Ausbildung und ihr Wissen prädestinieren sie für diese schwierige Aufgabe.

Der Initiator dieser Runde, Reichsführer SS Heinrich Himmler, der unbedingt an diesem ersten Treffen teilnehmen wollte, lässt sich vorerst entschuldigen, da ihn der Führer zu einem persönlichen Gespräch in die Reichskanzlei befohlen hat. Doch der Reichsführer hat mir versichert, dass er anschließend zu uns stoßen wird. Darüber hinaus soll ich Grüße von Reichsmarschall Göring, Generalfeldmarschall von Brauchitsch und Großadmiral Raeder übermitteln, die uns viel Erfolg wünschen.

Zunächst möchte ich aber jeden der Herren nochmals persönlich begrüßen. Damit ich niemanden benachteilige, tue ich dies in alphabetischer Reihenfolge.«

Diese Bemerkung löste in der Runde große Heiterkeit aus und es dauerte eine kleine Weile, bis es Ohnesorge gelang, die Emotionen zu glätten.

»Es ist mir eine große Freude mit Dr. Kurt Diebner zu beginnen, dem Geschäftsführer des Kaiser-Wilhelm-Instituts und Leiter seiner eigenen Nuklearforschungsgruppe an der Versuchsstelle des Heereswaffenamtes in Kummersdorf-Gottow. Dr. Diebner wird in diesem Kreis für die nuklearen Aspekte des HTA verantwortlich sein.«

Diebner nickte kurz und lächelte ein wenig verlegen in die Runde.

»Dann möchte ich den von mir hoch geschätzten Oberst Walter Dornberger vorstellen. Oberst Dornberger ist nicht nur der verantwortliche Leiter der Raketenentwicklung des Heeres, sondern auch Ehrendoktor der Technischen Hochschule Charlottenburg für seinen Beitrag zur Kreiselstabilisierung der Raketen.«

Wie Diebner nickte auch Dornberger in die Runde und wehrte aufkommenden Beifall mit erhobener Hand ab. Als Vertreter der Waffen-SS begrüßte der Postminister anschließend SS-Gruppenführer und Generalleutnant Paul Hausser.

»Es ist mir eine besondere Freude, Gruppenführer Hausser willkommen zu heißen. Den Weltkrieg erlebte er abwechselnd in Front- und Generalstabsverwendungen, wurde hoch dekoriert und war bei Kriegsende Major im Generalstab und Chef der Operationsabteilung eines Armeekorps. Er gilt zu Recht als Vater der Waffen-SS und führte erfolgreich die von ihm aufgestellte SS-Verfügungs-Division in Polen, Holland und Frankreich.«

Paul Hausser stand kurz auf und verbeugte sich. Der Nächste, den Ohnesorge vorstellte, war Leutnant Otto Lechner, der sich wegen seines niedrigen Ranges und seines Alters ein wenig unwohl fühlte.

»Leutnant Lechner kommt vom technischen Amt des Reichsluftfahrtministeriums, besser gesagt von der Flugerprobung bei der Deutschen Versuchsanstalt für Luftfahrt in Rechlin und ist Assistent von Ernst Udet.«

Lechner stand auf und machte einen Diener und lief rot an. Soviel Ehre war zu viel für ihn.

»Dann darf ich General Wolfgang Martini, der Chef der Luftnachrichtentruppe vorstellen, den wohl profundesten Kenner der noch so neuen und so wichtigen Funkmesstechnik.«

Martini stand kurz auf, zupfte sich am Rock, verbeugte sich ein wenig steif und setzte sich wieder.

»Unser nächster Gast ist Carl Schmidt von der Germania Werft in Kiel. Bevor Sie mich löchern, ja er ist der Vater von Oberleutnant Othmar

Schmidt und ist gleichzeitig, und das ist das Wichtigste meine Herren, unser bester U-Boot-Konstrukteur. Carl Schmidt vertritt die Interessen der Marine.«

Carl Schmidt lächelte seinen Sohn an. Für ihn war das sicherlich einer der bewegenden Momente in seinem Leben.

»Dr. Fritz Todt vorzustellen, hieße Eulen nach Athen tragen. Wir sind froh und dankbar, dass der Generalinspektor für das deutsche Straßenwesen und Reichsminister für Bewaffnung und Munition sich spontan bereit erklärt hat, persönlich an diesem für das Reich so bedeutsamen Ausschuss teilzunehmen.«

Diesmal bezeugte die Runde ihre uneingeschränkte Loyalität zu Fritz Todt und begrüßte ihn mit typisch deutschem Klopfen der Fingerknöchel auf den Tisch.

»Den Generalluftzeugmeister Ernst Udet vorzustellen ist eigentlich überflüssig, denn den kennt jedes Kind im Reich. Meine Herren, Generaloberst Ernst Udet.«

Es war für Othmar Schmidt überraschend zu sehen, wie beliebt Udet unter den Männern der Runde war. Lang anhaltendes Klopfen, das nicht enden wollte, hallte durch den Speisesaal der Hakeburg.

»Sinn und Zweck dieser Runde ist ihnen hinlänglich bekannt. Was wir hier und jetzt erreichen wollen, ist ein Konsens auf die wissenschaftlichen Bereiche und die Waffentechnologie, die als Prioritäten zu erfassen sind. Ich bin mir sicher, dass jeder in diesem Raum davon ausgeht, dass dieser Krieg lange dauern wird und Deutschland einer Zerreißprobe aussetzen wird. Den Sieg kann letztlich nur der erringen, der die technologische Überlegenheit gewinnen wird.«

Die Runde nickte im gemeinsamen Konsens.

»Ich bitte nun Oberleutnant Othmar Schmidt uns einen Überblick über die Bereiche zu geben, die wir für wesentlich halten. Ich bitte Sie auch zu überlegen, ob diese Liste sich mit ihren Vorstellungen deckt, oder ob die eine oder andere Komponente hinzugefügt werden müsste.«

Ohnesorge bedeutete mit seiner Rechten, dass er nun beginnen könne. Schmidt räusperte sich kurz, sah noch einmal auf seien Spickzettel und legte los.

»Wie ich bereits mit einigen der Herren im Vorfeld besprochen habe, sehen wir elf Bereiche, auf die wir uns konzentrieren sollten. Die Reihenfolge, in der ich sie aufzähle, hat nichts mit der Wichtigkeit zu tun, meine Herren. Das wären Strahl- und Raketentriebwerke, die neue Flugzeug- und Hubschraubergeneration, Flugkörper, Funkmess, Infrarot- und Fernsehtechnik, Hochfrequenztechnik, Verschlüsselungen, Nuklearforschung, Torpedos und U-Boote der neuen Generation. Handfeuerwaffen, Artillerie und Panzer sind zum jetzigen Zeitpunkt von der Liste auszuschließen, da wir dort keinen Handlungsbedarf haben.«

Fritz Todt, der Reichsminister für Bewaffnung und Munition hob die Hand für eine Zwischenfrage.

»Wie kommen Sie darauf, dass das Reich einen Vorsprung bei der Panzerentwicklung hat, Schmidt?«

»Nun Herr Minister, das Thema Panzer ist eine meiner Hauptaufgaben in der Abwehr. Ich kann Ihnen Folgendes dazu sagen. Die Engländer und Amerikaner haben bislang die Entwicklung des Panzers völlig verschlafen. Noch 1936 stand in ihren Handbüchern, dass die Prinzipien der Gefechtsausbildung, die bei der Kavallerieausbildung vermittelt werden, auch auf Panzerregimenter anwendbar wären.

Genauso weltfremd sah es bei den Fahrzeugen aus. Alle britischen Panzer, bis auf den Matilda II, sind unseren Panzern hoffnungslos unterlegen. Nur Matilda II hat eine 40-Millimeter-Kanone, die unsere Panzerungen durchschlagen kann, und ihre 78-Millimeter-Panzerung hält unserer 37-Millimeter-Pak stand. Zu unserem Glück standen den Engländern in Nordfrankreich nur dreiundzwanzig Exemplare zur Verfügung.

Ein ähnlicher Glücksfall ist die Meldung eines unserer britischen Agenten, dass die Engländer ihr Bauprogramm weder ab- noch unterbrechen, um etwaige neue Erkenntnisse in die Produktion einfließen zu lassen. Bei den Amerikanern sieht die Entwicklung aus deren Sicht noch düsterer aus. Der leichte M2 wurde 1935 entwickelt, wiegt etwas mehr als elf Tonnen, hat eine 37-Millimeter-Kanone und eine Frontpanzerung von 25 Millimetern. Dieser Typ ist allen unseren Panzern unterlegen. Wir wissen aber, dass man bereits an einem Nachfolgemodell arbeitet, dem M 3.

Unsere ersten Erkenntnisse sagen uns, dass dieser Typ etwas mehr als siebenundzwanzig Tonnen schwer sein wird, über eine 50-Millimeter-Frontpanzerung verfügen soll und eine 75-Millimeter-Kanone tragen wird. Wann dieser Typ einsatzfähig sein wird, wissen wir nicht. Unsere Erkenntnisse der russischen Panzerstreitkräfte datieren vom finnisch-russischen Krieg. Dort setzen die Russen den bereits veralteten T-26 mit 45-Millimeter-Kanone, den ebenfalls veralteten T-28 mit 76.2-Millimeter-Kanone, sowie die modernen BT-Typen mit 45-Millimeter- oder 76.2-Millimeter-Kanone ein. Ihr schwerster Typ ist der KV-1 mit 45 Tonnen und einer 76,2-Millimeter-Kanone. Andere Erkenntnisse haben wir nicht, da Russland völlig abgeschottet ist und wir seit der Hinrichtung von Marschall Tuchatschewski und der Säuberungen innerhalb der Roten Armee über keine Informanten in der Roten Armee mehr verfügen.«

»Das reicht mir«, sagte Todt.

»Nun, dann sollten wir uns über den Stand der Forschung der jeweiligen Bereiche informieren und versuchen, erste Prioritäten zu setzen«, schlug Ohnesorge vor.

»Herr Schmidt, machen Sie doch den Anfang geben Sie uns doch einen Einblick über den momentanen Stand der Marine.«

»Sehr gerne, Herr Minister«, antwortete Carl Schmidt leise und ordnete seine Papiere, die vor ihm lagen.

»Beginnen wir mit den Dickschiffen. Am 1. Juli 1936 wurde die Bismarck bei Blohm & Voss in Hamburg auf Kiel gelegt. Mit dem Bau ihres Schwesterschiffs, der Tirpitz, begann man am 2. November 1936 auf der Kriegsmarinewerft in Wilhelmshaven. Beide Schiffe haben eine Wasserverdrängung von 50300 Bruttoregistertonnen und eine Hauptbewaffnung von acht 380-Millimeter-Geschützen in vier Doppeltürmen. Die Höchstgeschwindigkeit liegt bei dreißig Knoten. Das Schiff hat eine Reichweite von 8100 Seemeilen bei neunzehn Knoten Marschgeschwindigkeit.

Unter höchster Geheimhaltung liegt die Panzerung. Sie besteht zum größten Teil aus den Stahllegierungen Wotan hart und Wotan weich. Nur die Panzerquerschotts sowie die schweren und mittleren Türme und die Kommandostände sind aus zementierten Panzerplatten in einem neuen kruppschen Verfahren gefertigt. Der Vorteil von Wotan hart und Wotan weich gegenüber den bisherigen Panzerungen ist eine höhere Festigkeit und eine große Zähigkeit. Daneben lässt sich dieser Stahl leicht mit einer Spezialelektrode elektrisch schweißen. Streng geheim ist der besondere Unterwasserschutz.

Ein 45 Millimeter starkes Torpedoschott ist in 5,65 Meter Abstand zur Außenhaut angebracht. 2,50 Meter weiter außen ist ein dünnes Blech verbaut, das den Raum zwischen dem Torpedoschott und der Außenhaut aufteilt. Die inneren Kammern werden mit Flüssigkeitsvorräten gefüllt, wohingegen die Äußere leer bleibt. Sie dient als Ausdehnungsbereich für die bei einer Explosion frei werdenden Gase. Die Restenergie wird dann von dem dünnen Blech aufgenommen, sodass der Rumpf unbeschädigt bleibt. Die Obere der drei vollen Kammern wird mit Wasser, die Unteren mit Heizöl befüllt. Damit ist der Rumpf praktisch unsinkbar. Es sei denn, man öffnet selbst die Flutventile.«

Ein Gemurmel setzte ein, sodass Ohnesorge für Ruhe sorgen musste.

»Meine Herren lassen Sie bitte Herrn Schmidt seine Ausführungen beenden, bevor wir mit der Diskussion beginnen.«

»Vielen Dank, Herr Minister«, bedankte sich Schmidt.

»Ich ahnte schon, dass sie diese Informationen begeistern würde. Beide Schiffe werden neben den Entfernungsmessern der letzten technischen Generation auch über Funkmessortungsgeräte verfügen. Zum Beispiel das Seetakt Gerät FuMO 23 auf der Vormarsdrehhaube sowie dem vorderen und hinteren Kommandostand. Die Bismarck wurde bereits am 24. August 1940 in Dienst gestellt, die Tirpitz soll Ende Februar 1941 folgen. Bis sie einsatzfähig sind, wird noch viel Zeit vergehen. Neben den beiden Schlachtschiffen sind, oder besser gesagt waren, zwei Flugzeugträger geplant.

Der Bau des Flugzeugträgers A, der später Graf Zeppelin heißen sollte, begann im August 1936. Flugzeugträger B wurde gar nicht erst auf Kiel gelegt. Am 29. April 1940 verfügte Großadmiral Raeder mit Zustimmung Hitlers den Baustopp. Soweit zum Stand der Dickschiffe. Ich möchte Ihnen aber nicht meine persönliche Meinung verhehlen. Ich bin der festen Meinung, dass die Zeit der Schlachtschiffe zu Ende kommt, da sie gegen Flugzeuge nur unzureichend geschützt werden können. Nur bei Luftüberlegenheit hätten sie eine Chance, die wir aber in diesem Herbst über der Nordsee und dem Kanal verloren haben. Daher betrachte ich den Flugzeugträger-Baustopp mit einer gewissen Sorge.«

Wieder setzte Unruhe unter den Teilnehmern der Runde ein.

»Ich und viele andere in der Marine, darunter natürlich Vizeadmiral Dönitz, setzen aber in erster Linie auf den Erfolg des U-Bootes. Ich kann Ihnen mit großer Gewissheit sagen, dass das Deutsche Reich im Besitz einer U-Boot-Technologie ist, die um Jahre, wenn nicht ein Jahrzehnt unseren Gegnern voraus ist. Wenn es uns gelingt, dieses wirklich moderne Konzept eines Unterseebootes zu realisieren, kann es England zur Kapitulation zwingen, ohne unsere Luftwaffe oder das Heer zu verheizen. Mit dem neuen Walter-Boot ist das keine Illusion, sondern kann bald Realität werden. Vorausgesetzt, die Weichen werden jetzt gestellt. Um das zu verdeutlichen, gebe ich Ihnen einen kurzen Abriss über den heutigen Stand der Dinge.

Die Kriegsmarine hat zwischen 1922 und 1939 drei U-Boot-Typen initiiert. Der Typ II wurde in den 1920er Jahren vom Ingenieuskaantor voor Scheepsbouw in Den Haag unter meiner Leitung entwickelt. Die neueste Version, der Typ II D, hat eine Überwasserverdrängung von 314 Tonnen. Unsere Seelords nennen solche Boote scherzhaft Einbäume. Boote dieser Klasse werden im Bereich von Nord- und Ostsee eingesetzt. Die Geschwindigkeit über Wasser beträgt 12,7 Knoten, getaucht 7,9 Knoten. Ihre Bewaffnung besteht aus drei Bugtorpedorohren.

Klasse VII Boote entstanden in den Jahren 1933-1934; maßgeblich entwickelt durch Marineoberbaurat Friedrich Schürer. Der Typ VIIA hat eine Überwasserverdrängung von 626 Tonnen, Geschwindigkeit über Wasser von siebzehn Knoten, was etwa 31 km/h entspricht und eine Unterwassergeschwindigkeit von acht Knoten, etwa 15 km/h. Ihre Bewaffnung besteht aus vier Bug- und einem Hecktorpedorohr, sowie einem 88-Millimeter-Geschütz. Dieser Typ wird kontinuierlich weiterentwickelt.

Die neue Version dieses Typs, die VIIC, ist mit ihren 761 Tonnen nur marginal größer. Klasse-IX-Boote wurden ab 1935 entwickelt und seit 1938 in Dienst gestellt. Die aktuelle Generation vom Typ IXC verdrängt über Wasser 1051 Tonnen, und erreicht eine Geschwindigkeit von18,2 Knoten, getaucht 7,3 Knoten. Ihre Bewaffnung ist im Vergleich zum Typ VII erheblich größer: vier Bug- und zwei Hecktorpedorohre mit insgesamt zweiundzwanzig Torpedos oder 66 Minen sowie einem 105-Millimeter-Geschütz und je einer 37-Millimeter- und 20-Millimeter-Flak.

Das ist der Stand der Dinge heute. Ich gebe zu, die Erfolge mit solchen Booten sind überwältigend. Prien und Kretschmar sind Volkshelden, doch vergessen Sie bitte eines nicht, meine Herren, die Engländer haben bis jetzt geschlafen. Ihre Verteidigung zur See war und ist noch mangelhaft, da ihnen Zerstörer und Korvetten mit adäquaten Abwehrmitteln fehlen. Ihre Seeüberwachung mit Flugzeugen ist ebenfalls schwach, wird aber bereits täglich präsenter.

Es wäre fahrlässig zu glauben, dass unsere U-Boot-Waffe ihre Erfolgsserie ungestraft fortsetzen könnte. Denn eines sind unsere U-Boote gewiss nicht: Unterwasserfahrzeuge. Unsere U-Boote sind im Unterwassereinsatz wegen ihrer zu kurzer Tauchzeiten und zu geringer Tauchtiefen wenig leistungsfähig und kommen daher hauptsächlich aufgetaucht zum Einsatz.

Noch ist das kein so großes Handicap, doch binnen kurzer Zeit werden Entwicklungen im Funkmessbereich, beim Sonar und neuartige Wasserbomben zur Wirkung kommen. Ganz zu schweigen vom sich steigernden Flugzeugeinsatz. Und doch hat das Reich eine potenzielle Waffe, die den Namen Unterwasserfahrzeug wahrlich verdient: das Walter-Boot.«

Carl Schmidt griff nach einem Glas Wasser, was Fritz Todt als perfekte Gelegenheit wahrnahm, um eine Frage an ihn zu richten.

»Ist das nicht ein wenig zu pessimistisch, Herr Schmidt? Wir sind doch dabei, den Tonnagekrieg im Atlantik zu gewinnen!«

»Noch, Herr Minister. Noch sind sie erfolgreich, aber auf einem technischen Niveau, das auf Booten des Weltkrieges basiert. So ist der Typ VII nichts anderes als eine Weiterentwicklung des Weltkriegtyps UB III. Und diese Technik, das heißt Dieselmotorenfahrt über Wasser, herkömmliche Elektrofahrt unter Wasser, ist ausgereizt.«

»Dem kann ich als Physiker nur zustimmen«, meinte Diebner.

»Heisenberg hat bereits Atomantrieb für Schiffe vorgeschlagen. Aber das kann zehn Jahre oder mehr dauern, bis wir einen Prototypen bauen können.«

»Zeit, die wir nicht haben, Herr Diebner«, erwiderte Carl Schmidt.

»Wir sollten auf jeden Fall die Weichen dafür stellen und schleunigst Grundlagenforschung betreiben, doch wir müssen eine Technik einführen, die viel früher einsatzbereit sein kann. Hellmuth Walter arbeitet schon seit einigen Jahren zusammen mit dem Konstruktionsamt der Marine an einer Antriebsanlage, die die nachteilige Abhängigkeit des zweifachen Antriebes ausmerzen wird.«

»Entschuldigen Sie bitte Herr Schmidt, nur eine kurze Zwischenfrage«, unterbrach Udet den Vortrag.

»Ist Ihr Walter identisch mit unserem Walter. Ich meine, den Erfinder des Walter-Raketenantriebs, der im Juni 1939 in der Heinkel He 176 erstmals eingesetzt wurde?«

»Korrekt, Herr Udet. Hellmuth Walter ist ein Universalgenie. Nach seinem Studienabschluss an der Technischen Hochschule in Berlin-Charlottenburg war er zunächst als Konstrukteur für Turbinen bei der Vulcan-Werft in Hamburg tätig. 1930 habe ich ihn zur Germaniawerft in Kiel geholt, wo er damit begann, seine Idee der Gasturbine als Antrieb für U-Boote in die Tat umzusetzen.

Sein Grundgedanke war, mithilfe eines Katalysators Sauerstoff aus Wasserstoff-Peroxid zu gewinnen und diesen Sauerstoff für die Dieselmotoren zu verwenden. 1935 hat er dann sein eigenes Ingenieurbüro gegründet und mit der Germania die erste funktionierende Versuchsanlage mit 4000 PS Leistung gebaut.

Das Marineamt förderte nun die Studie V mit dem Versuchs-U-Boot V 80. Am Anfang dieses Jahres begannen die Versuchsfahrten und nun raten sie mal, welche Unterwassergeschwindigkeit mit diesem radikalen, tropfenförmigen Boot erreicht wurde?«

Carl Schmidt schaute in die Runde, bekam aber bis auf ratlose Gesichter und ein wissendes Grinsen seines Sohnes keine Antwort.

»Sechsundzwanzig Knoten, meine Herren! Erinnern Sie sich, der heutige Typ VIIC schafft gerade mal etwas mehr als 18 Knoten über Wasser.«

Carl Schmidts Stimme überschlug sich fast vor Begeisterung. Die Freude des Ingenieurs an einer revolutionären Technik war ihm ins Gesicht geschrieben.

»Doch wie so oft sind die Entscheidungsträger nicht in der Lage, die richtigen Schlüsse zu ziehen. Weder Marine-Oberbaurat Friedrich Schürer, verantwortlich für den Schiffbausektor, noch Marine-Oberbaurat Bröking für die Schiffsmaschinen-Sparte, geschweige denn Admiral Fuchs, der Chef des Konstruktions-Amtes, erkannten die große Chance. Sie lehnten die Forderung von Waas und Walter ab, sofort sechs kleine Walter Kampf-U-Boote als Nullserie bauen zu lassen. Eine aus meiner Sicht fatale Fehlentscheidung. Sie haben lediglich einen Konstruktionsauftrag für das Projekt V-300, einem größeren Versuchsboot, in Auftrag gegeben. Doch das ist Zeitverschwendung, denn die Forderung des Marinebauamtes lautet, bis auf die Antriebsanlage alle anderen Bauelemente eins zu eins an die bisherige Bauform anzulehnen. Das ist reine Augenwischerei, Zeit-, Geld- und Ressourcenverschwendung.«

Wieder war Fritz Todt der Erste, der sich zu Wort meldete: »Was sagt denn der Befehlshaber der U-Boote, Dönitz dazu?«

»Gar nichts«, sagte Carl Schmidt lapidar.

»Der wurde noch nicht einmal zur Vorführung der V 80 eingeladen. Da waren nur Raeder und Fuchs.«

»Wissen Sie denn, ob der Führer Kenntnis von dem Walter-Boot hat«, hakte Todt nach.

»Nicht, dass ich wüsste, Herr Minister.«

Todt schüttelte nachdenklich seinen Kopf.

»Ich werde das bei meinem nächsten Treffen eruieren, Herr Schmidt.«

»Ich will nur hoffen, dass eine ähnliche Ignoranz bei keinem der anderen Herren zur Sprache kommt«, sagte Schellenberg und blickte forschend in die Runde.

General der Luftnachrichtentruppe, Wolfgang Martini, hatte gerade sein Mineralwasser probiert und verschluckte sich fast, so sehr musste er lachen.

»Mein lieber Sturmbannführer, da muss ich sie leider enttäuschen. Ich glaube jeder hier am Tisch kann Ihnen Geschichten von Ignoranz und Dummheit erzählen. Diese Eigenschaften sind in der deutschen Wehrmacht implantiert. Was ich bei der Einführung von Funkmess bei der Luftwaffe erlebt habe, geht auf keine Kuhhaut.«

Ohnesorge musste bei dieser Bemerkung lachen. Auch er hatte seine Erfahrungen mit Sturköpfen beim Militär im Zusammenhang mit Funkmess gemacht. Jetzt meldete Udet sich zu Wort.

»Einer dieser Ignoranten sitzt mitten unter Ihnen«, stellte er lapidar fest.

Die Runde schaute erstaunt den Generalluftzeugmeister an.

»Ja, ich gebe zu, dass auch ich die technischen Möglichkeiten im Herbst 1938 nicht erkannt habe, und das Flakgerät Darmstadt, das immerhin Flugzeuge bereits auf fünf Kilometer erkennen konnte, abgelehnt habe.«

Othmar Schmidt war baff erstaunt über diese Selbstkritik Udets. Der Generaloberst wurde ihm immer sympathischer.

»Ich hatte nicht die Absicht Sie zu beleidigen, Herr Generaloberst«, meldete sich Martini nach einer Schrecksekunde.

»Das haben Sie auch nicht. Man muss aber den Anstand haben, seinen Unsinn einzugestehen. Zu meinem Glück kann ich aber feststellen, dass meine damalige Entscheidung keinen allzu negativen Effekt auf die Einführung der Würzburggeräte bei der Flak hatte.«

General Martini nickte zustimmend.

»Anfang Mai hat Würzburg seine Feuertaufe in Essen-Frintrop bestanden. Unser erster bestätigter Abschuss mit Hilfe von Funkmess. Und das bei geschlossener Wolkendecke! Doch ich gebe zu, da war auch Glück mit im Spiel, da die Übertragung von Würzburg zum Flak Kommandogerät von Soldaten über Telefon weitergegeben wird. Dadurch verlieren wir wertvolle Sekunden. Ich möchte aber schnell die Gelegenheit nutzen und zeigen, dass unser sehr verehrter Generaloberst Udet nicht ganz so ohne Funkmess-Visionen ist.«

Udet schien die Situation zu genießen, denn er hörte Martini interessiert und gleichzeitig amüsiert zu.

»Im vergangenen Juni wurden die Nachtangriffe der Engländer immer unangenehmer und wir mussten feststellen, dass unsere Nachtjäger blind waren. Das Würzburg Gerät biete eine Lösung, indem wir nämlich in der Jägerleitstellung mit Hilfe von Funkmess den Nachtjäger per Funk an den Feind heranlotsen. Und Sie, Herr Generaloberst, haben das über Berlin selbst ausprobiert, in dem Sie den Chef des 1. Nachtjagdgeschwaders, Major Falck mit zwei seiner Ju 88 nach Berlin beorderten, um an dem Versuch teilzunehmen. Sie erinnern sich?«

Udet grinste breit.

»Sie waren begeistert, haben aber auch konstruktive Kritik geäußert, die Reichweite des Würzburgs zu vergrößern. Nun, Herr Generaloberst,

Telefunken ist fast soweit. Der Würzburg Riese wird in wenigen Monaten einsatzbereit sein. Mit verdoppelter Reichweite. Das bedeutet, wir können feindliche Maschinen schon auf sechzig und siebzig Kilometer Entfernung erkennen!

Nur dürfen wir die Anstrengungen der Engländer nicht außer Acht lassen. Von großer Wichtigkeit ist die Störung der englischen Funkmessstationen. Die Engländer, so habe ich mir von Oberleutnant Schmidt sagen lassen, nennen die Technik übrigens Radar, für Radio Detection and Ranging, was soviel wie Funkerkennung und Funkabstandsmessung bedeutet.«

Othmar Schmidt unterbrach den Redeschwall von General Martini.

»Jede Störung der gegnerischen Leitstrahl-Funksysteme ist wichtig Herr General. Ich erinnere nur an die Probleme, die wir mit Knickebein hatten, als die Engländer das Geheimnis entschlüsselt haben. Und wie ich höre, gibt es auch schon Probleme mit dem X-Gerät. Anscheinend sind die Engländer auch hier bald soweit, unsere Bomber empfindlich zu stören. Und wir müssen davon ausgehen, dass sie auch bald für ihre Bomberflotte solche Funkleitsysteme einsetzen werden.«

Nun mischte sich Ohnesorge ein, der die Ausführungen General Martinis mit Wohlwollen verfolgt hatte.

»Wir sind uns des Problems bewusst, Oberleutnant und ich bin sicher, prompt reagieren zu können, falls der Feind solche Mittel einsetzen sollte. Aber unser größtes Problem ist die Meinung von Marinebaurat Rudolf Kühnhold von der Nachrichtenmittel-Versuchsanstalt der Marine und die von Telefunken, die die Zentimeterwellen für ungeeignet zur Rückstrahlortung erklärt haben. Ich halte dies für voreilig und betone die Dringlichkeit, die Zentimeterwellen weiter zu erforschen, denn sie könnte unser Reichweitenproblem auf Dauer lösen.

Aber ich möchte auch die Gelegenheit nutzen, um auf ein anderes, dringendes und aktuelles Problem hinzuweisen. Im Sommer 1939 hat das Reichspostforschungsamt zusammen mit Telefunken einen Funkmesshöhenmesser entwickelt und dem RLM vorgestellt. Leider haben wir eine negative Resonanz erhalten, weil die Herren offensichtlich die Möglichkeiten nicht erkannten. Als das Nachtjägerproblem offensichtlich wurde, haben wir im April diesen Höhenmesser auf das Aufspüren gegnerischer Flugzeuge umgebaut. Dieses Gerät ist in wenigen Wochen bereit, um ausgiebig getestet zu werden.

Jetzt aber besteht Ihr Amt, Herr Udet, auf Unterbringung der Funkmessantennen im Innern des Flugzeuges. Das aber ist völlig unmöglich! Die Ausmaße der horizontal angebrachten Antennenstäbe lassen das nicht zu. Wenn Sie weiterhin darauf bestehen, Herr Generaloberst, dann werden wir viel Zeit verlieren.«

Udet besprach sich, noch während Ohnesorge redete, mit Otto Lechner und erwiderte: »Lieber Herr Ohnesorge, wir klären das Problem. Das verspreche ich Ihnen. Die Runde ist mein Zeuge!«

Jetzt sah Otto Lechner seinen Moment gekommen, um in die Diskussion einzugreifen.

»Ich pflichte dem Reichspostminister bei.

»Wir brauchen dringend dieses bordeigene Funkmessgerät, insbesondere für unsere neuesten Turbinen- und Raketenflugzeugentwicklungen.«

»Und nicht nur da«, mischte sich Oberst Dornberger ein.

»Das gilt genauso für die Raketenentwicklungen!«

»Damit ist die Frage der Dringlichkeit doch wohl ausreichend dokumentiert«, stellte Ohnesorge fest.

»Dann können wir ja zum nächsten Punkt übergehen. Eine Wortmeldung?«

Dornberger ließ sich nicht zweimal bitten. Der charismatische Oberst war seit 1936 verantwortlicher Leiter der Raketenentwicklung des Heeres. Der Offizier Walter Dornberger hatte das Glück, im April 1926 zum Maschinenbaustudium an der Technischen Hochschule Charlottenburg abkommandiert zu werden, wo er den akademischen Grad eines Diplomingenieurs erwarb. Einer seiner wichtigsten Mitarbeiter hieß Wernher von Braun.

Von Braun studierte ab 1930 an der Technischen Hochschule in Berlin-Charlottenburg und an der Eidgenössischen Technischen Hochschule in Zürich. 1932 erwarb er ein Diplom als Ingenieur für Mechanik an der TH Berlin und trat als Zivilangestellter in das Raketenprogramm des Heereswaffenamtes ein. Zusammen mit von Braun war es Dornberger gelungen, in Peenemünde, auf der Ostseeinsel Usedom, eines der ersten wissenschaftlichen Großprojekte der deutschen Geschichte zu leiten.

»Wie wir alle hier in diesem Raum leiden auch wir in Peenemünde an der Führerweisung, nur noch Waffen zu entwickeln, die kurzfristig zum Einsatz gelangen können. Umso mehr war ich erstaunt und erfreut zugleich, dass es dem Reichsführer SS und dem Reichspostminister gelungen ist, nicht nur diese Weisung aufzuheben, sondern auch mit aller Macht in zukunftsweisende Systeme zu forschen und zu investieren. Deswegen fühle ich mich auch geehrt, für alle Belange der Raketenforschung sprechen zu dürfen. Denn die zukünftigen Entwicklungen kommen allen drei Waffengattungen zugute.

Lassen Sie mich deswegen kurz einen Überblick über den Stand der Dinge und auch Zukunftsentwicklungen sprechen. Als Erste von vielen Raketenentwicklungen, die noch kommen werden, wird in diesen Tagen der Nebelwerfer 41 im Heer eingeführt. Dabei handelt es sich nicht um eine Nebelmaschine, sondern um einen Raketenwerfer. Die Entwicklung der Waffe begann bereits 1935 mithilfe meines Mitarbeiters von Braun. Diese Waffe bietet mehrere Vorteile. Die sechs im Kreis angeordneten glatten Rohre von 130 Zentimeter Länge verschießen Raketen im Kaliber von 150 Millimeter in einer zehn Sekunden dauernden Salve bis maximal 6900 Meter. Die Rückstoßfreiheit und die Lafette, die baugleich mit der 37-Millimeter-Pak ist, erlaubt ein niedriges Werfer-

Gewicht von 540 Kilogramm. Der mit 2,4 Kilogramm Sprengstoff bestückte Gefechtskopf befindet sich im Heck der Rakete. Dadurch liegt der Sprengkopf bei der Detonation über dem Boden und erzielt eine bessere Splitterwirkung.

Die Waffe ist robust, von großer Lebensdauer, einfach zu bedienen und hat eine große Flächenwirkung. Eine ungemein kostengünstige Waffe, die glatten Rohre zeigen praktisch keinen Verschleiß. Ein Nachteil ist, dass die von den Raketen ausgestoßenen Gase den Standort der Werferbatterien verraten. Daher müssen die Werfer nach jeder Salve einen Stellungswechsel vornehmen. Meine Herren, Sie müssten sich einmal das Salvenschießen ansehen. Allein das Heulen der Raketen ist eindrucksvoll; ein Effekt wie die Stuka-Sirene! Weitere negative Aspekte sind die geringe Reichweite, die stark eingeschränkten Möglichkeiten gegen Punktziele und die schlechte Wirkung gegen Bauten und gepanzerte Ziele. Doch die positiven Seiten überwiegen bei Weitem.«

»Was meinen Sie mit kostengünstig«, fragte Fritz Todt interessiert.

»Um die zweitausend Reichsmark, Herr Minister. Die Heeresversuchsanstalt Peenemünde Ost sowie die Erprobungsstelle der deutschen Luftwaffe, Peenemünde-West, sind, wenn ich es mal salopp sagen darf, die wohl fortschrittlichste Versuchsstation der Welt. Heute arbeiten hier mehr als 1200 Wissenschaftler. Einen großen Verdienst hat unser technischer Direktor Wernher von Braun, der früh erkannt hat, dass die Voraussetzung zum Erfolg eines neuen technischen Gedankens die Heranbildung und Auswahl eines geschulten, mit der Materie vertrauten und mit der Idee verwachsenen Stammpersonals ist.

Ich begrüße daher ausdrücklich die Grundforderung der Herren Schellenberg und Schmidt, Techniker und Wissenschaftler sofort vom Wehrdienst zu befreien und sie der Forschung und Produktion zuzuführen. Seit Sommer 1936 wird an der Anlage gearbeitet und das Gelände mit fünfundzwanzig Kilometer Schienen, drei Häfen und zahlreichen Straßen infrastrukturell erschlossen. Bis heute sind 550 Millionen Reichsmark in die Heeresversuchsanstalt investiert worden.«

Othmar Schmidt beobachtete, wie Dr. Todt fast unmerklich den Kopf schüttelte, als ob er damit sein Missfallen über diese immense Summe ausdrücken wollte. Dornberger hatte es entweder nicht bemerkt, oder schlicht nicht zur Kenntnis genommen, denn er setzte seine Ausführungen ungerührt fort.

»Bereits im Mai 1937 konnten das Heer die ersten neunzig Mitarbeiter von Kummersdorf nach Peenemünde ins Werk Ost verlegen, 1938 folgte die Luftwaffe ins Werk West. Das Werk Süd diente der Produktion und beinhaltete zwei riesige Fertigungshallen und das Versuchsserienwerk.

Die Fertigungshallen werden dann eine Spannweite von sechsundneunzig Metern haben. Das wäre noch vor ein paar Jahren undenkbar gewesen. In den riesigen Hallen werden wir die Raketen vertikal montieren. In diesem Sommer haben wir auch mit dem Bau eines eigenen

Kraftwerkes und einer Sauerstofffabrik begonnen. Leider hat der Führer jedoch am 23. November letzten Jahres die Stahlzuteilung halbiert. Ich vermute, dass er nach dem Polenfeldzug geglaubt hat, er brauche die Rakete nicht mehr in diesem Krieg.

Der Entwicklungsstand der Waffe sieht nach dem Stand von heute so aus. Unsere Zwischenstufe zur A-4, die A-5, die mit einer Treibstoffturbine der Firma Walter in Kiel ausgerüstet ist, hat nicht nur ihre Dienstgipfelhöhe von acht Kilometern erreicht, sondern auch die knifflige Umlenkung von der senkrechten Schussbahn in eine um fünfundvierzig Grad geneigte mit Bravour absolviert. Des Weiteren hat im August ein erfolgreicher Test mit dem 25-Tonnen-Schub-Triebwerk für die A-4 stattgefunden.

Von Braun und seine Mannschaft hat sogar schon darüber nachgedacht, eine zweistufige Interkontinentalrakete zu entwickeln, mit der man New York beschießen könnte!«

Diese letzte, von Dornberger sorgfältig geplante Bemerkung, verfehlte ihre Wirkung nicht. Lautes Gemurmel erhob sich, sodass Ohnesorge zur Ruhe bitten musste: »Meine Herren, bitte fassen Sie sich in Geduld.«

Dornberger schien den Moment zu genießen, denn er saß kerzengerade und lächelnd auf seinem Stuhl.

»Es ist aber nicht nur die Großrakete A-4, die für das Reich interessant ist. Mit jedem Tag lernen wir mehr über Aerodynamik und Triebwerktechnik, was uns bei anderen Projekten nutzen wird. Dabei wird uns auch ein neuer Überschallwindkanal helfen, den einer unser findiger Aerodynamiker entworfen hat. Dieser Windkanal hat zwar nur einen Querschnitt von 40 Zentimetern, doch erreichen wir in ihm Mach 4, also die vierfache Schallgeschwindigkeit. Und nicht nur uns helfen die neuen Erkenntnisse, denn es arbeiten ja noch andere Institute und Firmen wie zum Beispiel die Helmuth-Walter-Werke in Kiel, die Deutschen Versuchsanstalt für Luftfahrt in Berlin-Adlershof, die Firma Ruhrstahl, die Henschel Flugzeugwerke AG in Berlin-Schönefeld oder die Aerodynamischen Versuchsanstalt in Göttingen an Raketenprojekten. Und das sind noch nicht alle.

Auf den Reißbrettern oder in den Köpfen unserer Wissenschaftler entstehen zur Zeit Flak- und Panzerabwehrraketen, Luft-Luft-Raketen, Raketenmotoren und Strahlrohre, die Flugbomben und Abfangjäger antreiben werden. Sehr weit gediehen sind die Arbeiten von Dr. Kramer von der Ruhrstahl AG an der X 7, der man den Tarnnamen Rotkäppchen gegeben hat. Diese Panzerabwehrrakete ist drahtgelenkt und trägt eine 2,5 Kilogramm schwere Hohlladung, die jede Panzerung durchschlägt. Für die Zukunft haben wir aber auch Infrarotlenkung im Visier. Besonders interessant für Carl Schmidt sind unsere Überlegungen, Raketen von U-Booten abzufeuern. Machbarkeitsstudien sind bereits in Arbeit. Wie Sie sehen, sind wir dem Gegner technologisch weit voraus.«

Oberst Dornberger bedeutet Ohnesorge mit einem Kopfnicken, dass er mit seinen Ausführungen am Ende angekommen war.

»Irgendwelche Fragen?«

Reichspostminister Ohnesorge schaute in die Runde. Dr. Todt meldete sich.

»Glauben Sie, dass die Großrakete den ungeheuren Materialaufwand, den sich Großdeutschland eigentlich nicht leisten kann, rechtfertigt?«

»Langfristig in jedem Fall, Herr Minister«, antwortete Dornberger. »Es ist ja nicht nur das Projekt A-4 an sich. In Deutschland findet damit ein Quantensprung der Produktionsverhältnisse in den Technologie-Wissenschaften statt. Es sind die vielen Nebenprodukte, Patente, Erkenntnisse und vor allem der technologische Vorsprung, den sich Deutschland damit erarbeitet, der alle Anstrengungen rechtfertigt. Heer und Luftwaffe sind diejenigen, die mit großen finanziellen Mitteln Peenemünde möglich gemacht haben, doch auch die Marine wird davon in wenigen Jahren profitieren, wenn die ersten Raketen auf ihren U-Booten und Überwasserschiffen stationiert sind.«

Dr. Todt schien nicht überzeugt worden zu sein, doch er unterließ weitere Fragen.

»Dann bitte ich Dr. Diebner uns einen Überblick über die Nuklearforschung zu geben«, sagte Ohnesorge.

Dr. Diebner, der bislang nicht durch Konversation oder Zwischenfragen aufgefallen war, sondern eher einen schüchternen Eindruck machte, schaute durch seine kleine, runde Brille in die Runde. Unter den übrigen kräftig gebauten Männern der Runde wirkte er eher wie ein Gymnasiast. Doch der äußere Anschein trog.

Der allseits beliebte und geachtete alte Chef des Heereswaffenamtes, General Professor Karl Becker, hatte Professor Erich Schumann 1934 zum Chef der Forschungsabteilung im HWA gemacht. Sprengstoffphysik war seine Domäne und er hatte eine untrügliche Art, die richtigen Leute an die richtigen Stellen zu dirigieren. Mitte 1939 hatte General Becker zu einer Tagung gebeten, die die Fragen der Atomforschung und ihren Nutzen für das Militär erörtern sollten. Die Runde war exquisit. Unter den von Becker geladenen Gästen befanden sich der Prodekan der wehrtechnischen Fakultät der Technischen Hochschule Berlin, Professor Hans Winkhaus, der Physiker und Hochfrequenztechniker Abraham Esau, Präsident der Physikalisch-Technischen Reichsanstalt in Berlin und Max Planck, der Präsident der Kaiser-Wilhelm-Gesellschaft, Begründer der Quantentheorie und Nobelpreisträger für Physik.

Max Planck wich der Frage nach der Machbarkeit aus, betonte aber, dass Kernphysik unbedingt zu fördern wäre, und schloss spätere Möglichkeiten zur Nutzung nicht aus. Professor Schumann nahm dies zum Anlass, ein Referat für Atomphysik am HWA in Kummersdorf einzurichten. Verantwortlicher Leiter: Dr. Kurt Diebner. Auch die Kaiser-Wilhelm-Gesellschaft hatte ein Institut für Physik, das Max Planck mit Geldern der Rockefeller Foundation 1936 eröffnen konnte. Direktor wurde der niederländische Physiker und Nobelpreisträger Peter Debye.

Nach dem Angriff auf Polen teilte der Generalsekretär der Kaiser-Wilhelm-Gesellschaft, Ernst Telschow, Debye mit, dass ab sofort das Hauptgewicht der Forschung in der nächsten Zeit auf wehrtechnisch und kriegswirtschaftlich wichtige Arbeiten zu legen wäre. Unmittelbar nach Kriegsausbruch sicherte sich das das Heereswaffenamt das Forschungsmonopol auf diesem Gebiet.

Zu den wichtigsten Schritten des Heereswaffenamtes gehörte die Übernahme des Kaiser-Wilhelm-Instituts für Physik, um es in den Dienst der Rüstungsforschung zu stellen. Dabei verlor der Reichsforschungsrat seinen Einfluss auf das Projekt. Debye zog es vor, einen Lehrauftrag in den USA anzunehmen und das Heereswaffenamt ernannte Dr. Diebner zum geschäftsführenden Direktor des KWI für Physik. Diebner räusperte sich ein wenig, bevor er zu seinem Überblick über die nuklearphysikalische Lage im Reich ansetzte.

»Um die Frage zu beantworten, ob durch Otto Hahns Entdeckung der Kernspaltung eine Atombombe möglich wäre, so möchte ich die mit einem vorsichtigen Ja beantworten. Doch bis dahin ist es ein Weg von einigen Jahren und großen finanziellen Anstrengungen. Doch die Wirkung solch einer Bombe wäre unvorstellbar. Um das zu verdeutlichen, möchte ich den Kollegen Siegfried Flügge vom Institut Otto Hahn zitieren, der die Urgewalt vor kurzem in einem wissenschaftlichen Artikel so formulierte: Ein Kubikmeter Uranoxid genügt zur Aufbringung von Energie, die nötig ist, um einen Kubikkilometer Wasser mit einem Gesamtgewicht von zehn Billionen Kilogramm 27 Kilometer hoch zu heben.

Im Augenblick sind wir immer noch bei der Grundlagenforschung und ich fürchte, daran wird sich in den nächsten zwei Jahren auch nicht viel ändern. Doch gibt es auch schon handfeste Ergebnisse. Carl Friedrich von Weizsäcker hat ein Patent angemeldet, das die militärischen Einsatzmöglichkeiten von Kernreaktoren und Plutonium hervorhebt. Darin heißt es, dass die Erzeugung von Plutonium, dem Element 94, in praktisch brauchbarer Menge am besten in der Uranmaschine, dem Reaktor, möglich ist. Und weiter, dass das Element 94 in solcher Menge an einen Ort gebracht wird, wie in eine Bombe, dass die bei einer Spaltung entstehenden Neutronen in der überwiegenden Mehrzahl zur Anregung neuer Spaltungen verbraucht werden und nicht die Substanz verlassen. Ich habe mich auch mit von Weizsäcker dahin gehend verständigt, dass die Verwendung zum Beispiel als Raketenantrieb die Sache zukünftiger Entwicklung sei.

Vordringlich ist nach dem derzeitigen Stand der Versuche die Entwicklung zweier anderer Verwendungsweisen: als Wärmemaschine und als Sprengstoff. Ein anderes Ergebnis ist die Tatsache, dass der Uranverein, der bislang dem Reichserziehungsministerium unterstand - ich will mal sagen - eingemeindet wurde. Das Personal der neuen kernphysikalischen Forschungsgruppe des HWA konnte durch Einberufung zum Militärdienst gewonnen werden. Anstelle der Front können die Wissenschaftler nun ihren Wehrdienst in der Atomforschung leisten.«

Diebner machte eine Pause und nahm einen Schluck Mineralwasser. Der Vortrag schien ihm mehr und mehr Spaß zu machen.

»Leider haben wir keinen geschlossenen Atomkomplex, obwohl wir das modernste Institut in Deutschland sind. Wir verfügen über ein Kältelaboratorium, Röntgenanlagen und eine Hochspannungsanlage. Und doch sind hundert Wissenschaftler in neunzehn Instituten verstreut. Eine der Schlüsselpositionen in der Nuklearforschung bei uns nimmt der Nobelpreisträger und Mitbegründer der Quantenmechanik, der Leipziger Ordinarius für theoretische Physik, Werner Heisenberg, ein. Heisenberg pendelte zwischen Leipzig und Berlin hin und her, wo er die jeweiligen Reaktorexperimente beaufsichtigt, die in Leipzig von Robert Döpel und in Berlin von Karl Wirtz durchgeführt werden. Dabei kommt ihm zugute, dass ein neues Laborgebäude in Berlin, das wir Virus Haus nennen, Anfang Oktober eingeweiht wurde. Dort wurde auch der Reaktor installiert.

Aber abgesehen vom Uranverein und dem Heereswaffenamt beteiligen sich auch Sie, Herr Minister Ohnesorge, mit Ihrer Reichspostforschungsanstalt und Manfred von Ardenne, die Luftwaffe, die Marine und einige große Firmen an der Atomforschung. Das wäre es fürs Erste, meine Herren. Ich hoffe, ich habe Sie nicht zu sehr mit Fachausdrücken und technischen Begriffen bombardiert. Ich habe versucht, die Lage so verständlich wie möglich dazustellen.«

Trotz des theoretischen Vortrages schien die Runde die Bedeutung verstanden zu haben. Insbesondere für Ohnesorge war dies eine Bestätigung seiner eigenen Arbeit und seiner Unterstützung der Arbeit von Manfred von Ardenne. Für den Reichspostminister war die Nuklearphysik der Schlüssel zum endgültigen Sieg über Deutschlands Feinde. Carl Schmidt wandte sich an Diebner und wollte von ihm wissen, ob es möglich wäre, Atomkraft auch für den Antrieb von Unterseebooten bereitzustellen.

»Theoretisch gibt es keine Grenzen für den Einsatz der Nukleartechnik. In Ihrem Fall könnte Nukleartechnik zur Dampferzeugung dienen, die wiederum eine Turbine antreibt. Ich verstehe nur nicht, dass Sie, Herr Schmidt, noch nicht von Generaladmiral Karl Witzell darüber in Kenntnis gesetzt worden sind, dass man im Marinewaffenamt über Nuklearantrieb nachdenkt und sich an der Reaktorforschung beteiligen will. Aber vielleicht hängt das mit Geheimhaltung zusammen.«

Dr. Todt sprach nun den Abwehrexperten Othmar Schmidt an: »Was machen die Anglo-Amerikaner auf diesem Gebiet, Schmidt?«

Schmidt war auf solch eine Frage vorbereitet und hatte sich von Canaris auf den letzten Stand bringen lassen.

»Amerikanische Wissenschaftler sind sehr daran interessiert, sich auszutauschen. Um das ohne großen Zeitaufwand durchzuführen, veröffentlichen sie ihre Arbeiten und Erkenntnisse in ihren wissenschaftlichen

Magazinen und Zeitungen, wie beispielsweise Science, die Fachzeitschrift der Amerikanische Gesellschaft zur Förderung der Naturwissenschaften, das American Journal of Science, oder die Physiker-Fachblätter The American Journal of Physics und Physical Review.

Das American Journal of Science, das 1818 von Benjamin Silliman gegründet wurde, ist das älteste Wissenschaftsmagazin der USA. In England ist es das Wochenjournal Nature, das seit 1869 existiert. Es ist neben dem US-Blatt Science das weltweit renommierteste wissenschaftliche Fachmagazin. Science ist die Fachzeitschrift der Amerikanischen Gesellschaft zur Förderung der Naturwissenschaften und deckt, genauso wie Nature, den gesamten Bereich der Naturwissenschaften ab. Gegründet wurde es 1880 von John Michaels. Leider hat Bernhard Rust, Reichsminister für Wissenschaft, Erziehung und Volksbildung, Nature per Dekret 1937 an deutschen Bibliotheken verboten.«

»Wieso das?«, wollte Todt wissen.

»Weil das Magazin unerhörte und niedrige Angriffe gegen die deutsche Wissenschaft und den nationalsozialistischen Staat veröffentlicht habe, so der Minister. Aus Beiträgen in diesen Blättern wissen wir, dass die Entdeckung von Otto Hahn heiß diskutiert wird. Wir haben auch über Informanten in den USA erfahren, dass Albert Einstein ein Pamphlet an Präsident Roosevelt unterschrieben hat, das anscheinend vor deutscher Atomforschung warnt. Ob aber bereits eine Entscheidung getroffen wurde, an einer Bombe zu forschen, wissen wir nicht. Wir wissen auch nicht, ob Roosevelt sich hinsichtlich des Briefes geäußert hat. Unsere Informationen deuten darauf hin, dass dies eher nicht der Fall ist.«

Nun wanderte Udet in den Fokus der Runde. Es hatte die Anwesenden, vielleicht mit Ausnahme Diebners, nicht überrascht, dass der Generalluftzeugmeister sich kompetenter Unterstützung aus seinem Hause versichert hatte, denn, obwohl sehr beliebt, waren seine Defizite nicht unbekannt.

Man schätzte seine Ausnahmefähigkeiten als Pilot, seinen Charme oder seine Geselligkeit, doch war auch Zweifel an seinen Führungsfähigkeiten und mangelhaftem technischen Wissen aufgetaucht. Göring, der von verschiedenen Seiten vor Udets bescheidenen Fähigkeiten gewarnt wurde, ignorierte alle Hinweise. Er machte einen Mann zum Chef des technischen Amtes des Reichsluftfahrtministeriums, der sich selbst als unqualifiziert ansah und schon bei seiner Antrittsrede seinen neuen Mitarbeitern klar machte, dass sie nicht allzu viel Verwaltungsarbeit von ihm erwarten könnten. Zunächst konnte eine Schwächung des technischen Amts trotz der Unfähigkeit Udets durch Intervention Milchs, der als Staatssekretär seit 1933 für den Aufbau der Luftwaffe zuständig war, verhindert werden. Um Milchs Machtkonsolidierung in diesem Bereich entgegenzuwirken, setzte Göring im Januar 1938 eine weitere organisatorische Änderung durch, indem er sich das technische Amt direkt unterstellte. Das war der Anlass für das Zerwürfnis des bis dahin freundschaftlichen Verhältnisses zwischen Milch und Udet, das nun in Feindschaft und Konkurrenzdenken umzuschlagen begann.

Zudem belastete die verloren gegangene Luftschlacht um England das Verhältnis zwischen Udet und Göring, der einen Sündenbock für die Demütigung suchte. Schon aus diesem Grund hatte Udet dankend den Vorschlag von Oberleutnant Othmar Schmidt angenommen, eine Fachkompetenz vom Schlage eines Otto Lechners anzunehmen.

»Meine Herren, ich bin froh und dankbar, dass es zur Bildung dieses Ausschusses gekommen ist, der hoffentlich die Entwicklungspause, zu der uns die Führerweisung gezwungen hatte, beenden wird. Wie Sie gleich von Leutnant Lechner hören werden, waren weder das RLM noch die Konstruktionsbüros der deutschen Luftfahrtindustrie selbst in dieser Phase untätig und Sie werden auch erfahren, dass wir schon früh darum bemüht waren, neue Technologien zu fördern.

Ich möchte Ihnen aber auch kurz erläutern, weshalb es der Luftwaffe im Sommer und Herbst nicht gelungen ist, die Luftherrschaft über England dauerhaft zu erringen. Unser entscheidender militärischer Engpass waren die hohen Flugzeug- und Flugzeugführerverluste. Die fehlende Zuführung von Piloten und die dadurch verminderte Kampfkraft der Jagdverbände haben die Tagesoffensive unmöglich gemacht. Wenn man zwei- bis dreimal am Tag Einsätze fliegen muss, brennt das auch die stärkste Truppe aus.«

»Das habe ich gestern offiziell auch schon gehört«, unterbrach Othmar Schmidt Udet.

»Der Verbindungsoffizier des Heeres bei Göring, General Konrad, hat seinem Generalstabschef Halder von ernsthaften Ermüdungserscheinungen der Luftwaffenverbände berichtete.«

»Das kann ich nur unterschreiben«, erwiderte Udet.

»Der Chef des Luftwaffenführungsstabes General Waldau hat vor Kurzem ebenfalls gegenüber Halder erklärt, dass die britische Jagdabwehr zu hundert Prozent unterschätzt worden ist und das Vierfache der eigenen Frontflugzeuge nötig wäre, um Großbritannien in die Knie zu zwingen. Die jetzige Lage lässt daher nur den Schluss zu, dass die Luftwaffe dringend eine Erholungspause braucht und wir vor allem daran arbeiten müssen, die Luftüberlegenheit in Form von mehr Maschinen und verbesserten Flugzeugtypen zu garantieren. Das aber setzt gewaltige Anstrengungen voraus, die die deutsche Wirtschaftskraft an ihre Grenzen führen kann, die ja auch die anderen Vorhaben unterstützen soll. Aber das scheint der Führer ja bereits 1936 vorausgesehen zu haben, als er seinen Reichsmarschall Hermann Göring verlauten ließ, ich zitiere, dass » ...wir bereit sind, auch künftig - wenn notwendig - mal etwas weniger Fett, etwas weniger Schweinefleisch, ein paar Eier weniger zu verzehren, weil wir wissen, dass dieses kleine Opfer ein Opfer auf dem Altar der Freiheit unseres Volkes bedeutet. Wir wissen, dass die Devisen, die wir dadurch sparen, der Aufrüstung zugutekommen. Auch heute gilt die Parole: Kanonen statt Butter!«

Einige Herren in der Runde schauten sich verstohlen um, da sie sich nicht sicher waren, wie Udets Ironie beim Zitieren von Göring in diesem Zusammenhang zu werten war. Erst als Dr. Todt zustimmend mit dem Kopf nickte, wich die Sekunden lange Unsicherheit am Tisch.

»Aber bevor ich Leutnant Otto Lechner das Wort erteile, lassen Sie mich noch kurz auf ein Problem zu sprechen kommen, das uns eine Menge Kopfschmerzen im Zusammenhang mit der Entwicklung neuer Typen bereitet hat.

Reichsmarschall Göring und ich wollten ab Ende 1938 einen deutlichen Vorsprung gegenüber allen anderen europäischen Luftstreitmächten erreichen. Unter anderem dadurch, die Entwicklungszeiten zu kürzen. Der normale Gang der Dinge wäre zuerst Bau und ausführliches Testen eines Prototypen, anschließend die Herstellung und Erprobung einer Null-Serie von mehreren Vorserienmaschinen und erst dann der Beginn der industriellen Produktion. Normalerweise dauert solch ein Zyklus drei bis fünf Jahre.

Wir haben ab 1938/39 versucht, die Entwicklungszeiten zu verkürzen, in dem wir die verschiedenen Phasen der Entwicklung, die zur Serienreife führen, verkürzt haben. Wir haben uns davon einen qualitativen technischen Vorsprung gegenüber dem Ausland von ein bis zwei Jahren erhofft. Doch diese Hoffnung trog, da Kinderkrankheiten nicht bereits in der Erprobung, sondern teilweise erst im Einsatz auftauchten. Darunter leiden die Entwicklungen der Heinkel He 177 und die der Me 210. Wir werden daher so schnell wie möglich zum normalen Entwicklungszyklus zurückkehren.«

Udet hatte Othmar Schmidt erneut beeindruckt, da er ohne um den heißen Brei herumzureden, die Lage nüchtern und schonungslos beschrieben hatte. Dementsprechend war er gespannt, was das technische Amt an Neuerungen zu präsentieren hatte. Otto Lechner hatte seine Notizen parat gelegt und legte los.

»Leider muss ich meine grundsätzlich sehr positiven Ausführungen mit einer ziemlich negativen Einschätzung beginnen. Die Lehren, die wir aus den Kämpfen der vergangenen Monate ziehen können und müssen, sind zum einen fehlende Reichweite unserer Jäger, die sich nur dreißig Minuten über englischem Boden aufhalten können sowie die Erkenntnis, dass unser Sturzkampfbomber Junkers Ju 87 nur dann mit Erfolg eingesetzt werden kann, wenn die absolute Luftherrschaft errungen ist. Der Stuka ist insbesondere dann gefährdet, wenn er nach dem Sturzflug abgefangen und hochgezogen wird, um sich anschließend zum Verbandsflug zu ordnen. Wir hatten Mitte November eine Verlustrate von fünfundzwanzig Prozent pro Einsatz und mussten die Maschinen zurückziehen.

Des Weiteren hat sich gezeigt, dass der Zerstörer Messerschmitt Me 110, trotz seiner überlegenen Feuerkraft, der Spitfire und der Hurricane wegen ihrer geringen Höchstgeschwindigkeit und Schwerfälligkeit unterlegen ist. Große Hoffnungen setzen wir für die nahe Zukunft in die Weiterentwicklung der Me 109, sowie die Einführung eines neuen Jägers, der Focke Wulf Fw 190-A, die in diesen Tagen in Rechlin erprobt wird.

Das technische Amt im RLM und alle Flugzeughersteller sind jedoch der Ansicht, dass die Zukunft der Luftfahrt den Strahl- und Raketentriebwerken gehört. Nur sie werden die Luftüberlegenheit garantieren können. Wir haben daher bereits am 4. Januar 1939 eine vorläufige technische Richtlinie für schnelle Jagdflugzeuge mit Strahltriebwerk an alle Flugzeugwerke verschickt, um den Bau von Strahltriebwerken und Strahlflugzeuge zu forcieren.

Erst vor wenigen Tagen haben wir ebenfalls einen Entwicklungsauftrag für einen Hochgeschwindigkeitsaufklärer ausgeschrieben, der ebenfalls mit Strahltriebwerken ausgerüstet werden soll. Diese Maschine soll als schnelles Jagdflugzeug und als Interzeptor, als Heimatschützer, wenn Sie so wollen, eingesetzt werden. Als Höchstgeschwindigkeit werden 900 km/h ins Lastenheft geschrieben. Daneben fördern wir die Entwicklung eines Raketenflugzeuges und des dazugehörigen Triebwerkes, sowie eine fliegende Bombe, auf die ich noch zu sprechen komme.

Auf dem Triebwerksektor arbeiten drei Hersteller an der Entwicklung von Strahltriebwerken: Die Brandenburgischen Motorenwerke, die ja Ende letzten Jahres von BMW aufgekauft wurden, arbeiten unter der Leitung von Hermann Östrich an einem Motor mit der Werksnummer P3302. Das erste Triebwerk lief bereits vor einigen Wochen, entwickelt jedoch bedeutend weniger Schub, als errechnet. Anstelle der projektierten 600 Kilopond lediglich 250 Kp.

Die Junkers & Co. Motorenwerke in Dessau unter Anselm Franz entwickeln seit Herbst 1939 den Jumo 004. Diese Bezeichnung ist ein Zwitter aus der der RLM-Projektnummer 109-004 und Junkers Motorenwerke. Auch dieses Triebwerk hat seinen Probelauf bereits erfolgreich hinter sich. Die Besonderheit des Jumo 004 besteht darin, dass es sowohl einen axialen Verdichter als auch eine axiale Turbine enthält.

Dritte im Bunde sind die Heinkel Werke. Wie Sie vielleicht wissen, hatte Ernst Heinkel bereits 1935 den Hinweis erhalten, dass an der Universität Göttingen Hans von Ohain und sein technischer Assistent Hahn an einem neuartigen Flugzeugantrieb arbeiteten, der ohne Propeller, nur durch das Rückstoßprinzip, arbeiten sollte. Heinkel erkannte die Möglichkeiten und engagierte die beiden. Hans von Ohain und Hahn entwickelten daraufhin das HeS 3 Strahltriebwerk, das dann in die Heinkel He 178 eingebaut wurde. Der erste Flug eines Strahlflugzeuges geschah am 27. August 1939 mit Testpilot Erich Warsitz, der schon an den Erprobungen der raketenangetriebenen He 176 teilgenommen hatte.

Der Bau des ersten Turbojägers, wie wir die neuen Maschinen im technischen Amt nennen, ist bereits weit fortgeschritten. Bereits am 22. September fand in Rechlin der Erstflug der He 280 V 1 statt. Die He 280 V

1 wurde dabei als Segelflugzeug im Schleppflug erprobt, da die Fertigstellung der HeS 8-Triebwerke noch nicht abgeschlossen ist.

Mit dieser Maschine soll übrigens noch eine Weltneuheit erprobt werden, der Schleudersitz. Damit kann sich der Pilot bei Gefahr eines Absturzes aus dem Cockpit katapultieren, um anschließend mit dem Fallschirm zu landen.

Der zweite Turbinenjäger ist eine Messerschmitt mit der Bezeichnung P 1065. In Augsburg fingen die ersten Planungen für einen Strahljäger bereits im Oktober 1938 an, als Professor Messerschmitt sein Projektbüro unter der Leitung von Diplom-Ingenieur Robert Lusser beauftragte, das Für und Wider ein- oder zweistrahliger Strahlflugzeuge zu prüfen. Ende des gleichen Jahres gab das RLM Messerschmitt einen formellen Entwicklungsauftrag für einen Verfolgungsjäger mit Strahlantrieb. Im Dezember 1939 wurde eine Holzattrappe erstellt, die vom RLM positiv bewertet wurde und im Januar 1940 zum Auftrag für den Bau von zwanzig Prototypen führte. Wir gehen davon aus, dass beide Maschinen im Frühjahr 1941 ihre Erstflüge bestreiten werden.

Nun zum Raketenjäger. Wie schon erwähnt, haben die Heinkel Werke das erste Raketenflugzeug weltweit entwickelt. Die Heinkel He 176 entstand ab 1936 nach einem Auftrag des RLM. Dieser Typ war als reines Versuchsmuster mit Raketentriebwerk geplant. Vorversuche zur Handhabung und zum Einbau der Triebwerke fanden mit der He 112 R statt. Der erste Prototyp war im Sommer 1938 fertiggestellt und war mit einer Rettungskanzel ausgerüstet. Im Herbst 1938 begannen in Peenemünde die ersten Rollversuche.

Dazu wurde das Flugzeug mit einem provisorischen Bugrad und Abweiserbügeln unter den Tragflächen ausgerüstet. Angetrieben von einem Walter HWK R 1-Raketenmotor erreicht sie eine Geschwindigkeit von 750 km/h. Die Reichweite ist mit 110 Kilometern beschränkt, die Gipfelhöhe beträgt jedoch 9000 Meter. Der Erstflug wurde Juni 1939 von Erich Warsitz auf dem Gelände der Erprobungsstelle der deutschen Luftwaffe Peenemünde-West in Peenemünde durchgeführt. Nach dem erfolgreichen Erstflug wurde der Prototyp dem RLM vorgeführt, das jedoch keinerlei Interesse zeigte. Nach einigen wenigen Testflügen wurde das Flugzeug dem Deutschen Technikmuseum Berlin übergeben.«

Udet begann bei der Erwähnung der He 176 auf seinem Sessel nervös herumzurutschen. Ihm war ganz offensichtlich die Tatsache, eine technische Neuheit ignoriert zu haben, peinlich. Leutnant Lechner hingegen fiel dies nicht auf und wandte sich nun dem Konstrukteur Lippisch zu.

»Mitte 1938 entwickelte der bei der Deutschen Forschungsanstalt für Segelflug in Darmstadt wirkende Dr. Alexander Lippisch die DFS 194, die im August 1940 in Peenemünde erstmals mit einem Flüssigkeitsraketentriebwerk flog. Aus diesem Versuchsflugzeug ging die Me 163 A hervor.

Ich weiß nicht, ob den Herren der Name Lippisch ein Begriff ist, daher ein paar Fakten zu diesem außergewöhnlichen Konstrukteur. Lippisch konstruierte seit 1921 Segelflugzeuge, darunter die Weltrekordflugzeuge Wien, Fafnir und Sao Paulo. Bei den Segelflugmodellen spezialisierte sich Lippisch, mittlerweile Direktor der Rhön-Rossitten Gesellschaft, auf die Entwicklung schwanzloser Flugzeuge. Zwischen 1931 und 1939 baute er fünf Flugzeuge mit Deltaflügeln, Delta I – Delta V. Nachdem die Rhön-Rossitten Gesellschaft in die DSF, Deutsche Forschungsanstalt für Segelflug, aufgegangen war, benannte man diese Typen Delta IV und Delta V in DFS 39 und DFS 40 um. Anfang Januar 1939 wurde die gesamte Abteilung von Lippisch auf Betreiben des RLM von der Messerschmitt AG übernommen und erhielt die Bezeichnung Abteilung L.

Nun begannen die Arbeiten an der DFS-194, einer Weiterentwicklung der DFS 40, das man Projekt X nannte. Das Flugzeug soll mit einem revolutionären Raketentriebwerk von Hellmuth Walter, dem bereits erwähnten Wasserstoff-Peroxid-Raketentriebwerk HWK R1, bestückt werden. Anfang dieses Jahres wurden Flugversuche ohne Motor unternommen, und dann folgte im August der erste Raketenflug mit Testpilot Heini Dittmar. Dieser Flug war bereits mit 550 km/h erfolgreicher als der mit der Heinkel He 176 im Jahr zuvor. Im neuen Jahr gehen die Versuche mit einer neuen Zelle und stärkerem Motor weiter. Soweit die Situation bei den Strahl- und Raketenflugzeugen.

Ich möchte Ihnen aber nicht unseren ersten unbemannten, mit Sprengstoff beladenen Flugkörper mit Verpuffungsstrahltriebwerk vorenthalten, der ebenfalls strengster Geheimhaltung unterliegt. Dieses Gerät mit dem Namen Fieseler Fi 103, das wir aber intern unter dem Tarnnamen FZG 76 Flakzielgerät laufen lassen, wird zurzeit bei den Gerhard-Fieseler-Werken entwickelt.

Der Antrieb dieser Maschine, das Verpuffungsstrahltriebwerk, wurde 1930 von Paul Schmidt erfunden. Bereits vier Jahre später legte er ein Projekt der RLM vor, das eine von Professor Madelung entworfene Flugbombe mit Strahlrohr vorsah, die 800 km/h schnell sein sollte. Leider hatte damals das RLM die Möglichkeit nicht erkannt und das Projekt abgelehnt. 1936 urteilte die Deutsche Versuchsanstalt für Luftfahrt in Berlin-Adlershof über das Strahlrohr. Ich zitiere: Gegenüber dem üblichen Getriebe, Motor und Luftschraube besitzt das Strahlrohr bei den heutigen Geschwindigkeiten einen geringeren Gesamtwirkungsgrad, der davon herrührt, dass die Verbrennung als Gleichraumverbrennung ohne Vorverdichten angestrebt wird. Dafür hat es aber bei gleicher Leistung ein wesentlich geringeres Gewicht, und es lässt sich bei höheren Geschwindigkeiten bis etwa zur doppelten Schallgeschwindigkeit mit gleichem Wirkungsgrad bauen. Zitat Ende.

Oberingenieur Dr. Fritz Gosslau von der Firma Argus verfasste im November 1939 eine Denkschrift über ein neuartiges Bombenangriffsverfahren auf der Grundlage der drahtlos gesteuerten Argus-Flugmodelle. Daraufhin forderte Generaloberst Udet Argus auf, die eingereichte Idee der Fernbombe eingehend zu klären. Dies ist auch geschehen. Zunächst hat der Generalflugzeugmeister den Entwurf abgelehnt, da zu viele andere Projekte anstünden.

In Anbetracht der neuen Entwicklung haben jedoch der Generalflugzeugmeister und das technische Amt ihre damalige Entscheidung revidiert. Die neue Antriebstechnik ist relativ simpel. Basierend auf einer einmaligen Zündung des Treibstoffgemisches steuert das Strahlrohr die Luft- und Treibstoffzufuhr automatisch ohne größere technische Teile und zündet jeweils selbstständig die nächste Verbrennung.

Der Antrieb ist im Vergleich zu sonstigen Motoren in der Herstellung konkurrenzlos preisgünstig. Wenn diese Waffe fertig entwickelt ist, haben wir die Möglichkeit, Flächenziele anzugreifen, ohne einen unserer kostbaren Piloten der Gefahr eines Abschusses auszusetzen.

Natürlich sind wir auch bei den konventionellen Typen weiter in der Offensive. Unter anderen befinden sich das zweimotorige Schlachtflugzeug Henschel Hs 129 und das zweimotorige Aufklärungs- und Kampfflugzeug Heinkel He 219 in der Erprobung und werden im neuen Jahr Front reif.

Der viermotorige Bomber Heinkel He 177 wird weiter entwickelt. Probleme bereiten die paarweise gekoppelten Daimler Benz DB 610 A Triebwerke, die durch ein Getriebe miteinander verbunden sind und so eine gemeinsame Luftschraube antreiben. Die werden so heiß, dass sie leicht in Brand geraten. Heinkel hat vorgeschlagen, vier Motoren in konventioneller Bauweise einzubauen, doch will man im RLM am ursprünglichen Konzept festhalten. Problematisch erscheint auch die Forderung nach Sturzflugfähigkeit.

Zu guter Letzt nun zu dem dritten und letzten technologischen Bereich, dem Hubschrauber. Um Ihnen das Prinzip zu erklären, muss ich ein wenig ausholen. Die Entwicklung begann 1923 mit dem Spanier Juan de la Cierva, der den Tragschrauber erfunden hat. Hier wird der Rotor, also die Flügel, nicht durch ein Triebwerk, sondern durch den Fahrtwind in Drehung versetzt. Dies geschieht durch entsprechende Anstellung der Rotorblätter, der sogenannten Autorotation. Der Auftrieb wird durch die Relativbewegung des Rotorblattes gegenüber der umgebenden Luft erzeugt.

Der Vortrieb erfolgt meist durch ein Propellertriebwerk oder auch durch Schleppen. Henrich Focke wollte die Unzulänglichkeiten und begrenzte Einsatzfähigkeit des Tragschraubers bei der von ihm und Georg Wulf 1923 gegründeten Focke-Wulf Flugzeugbau AG beseitigen. In den Jahren 1935 und 1936 erhielt Focke vom RLM den Auftrag zum Bau eines Prototyps unter Anwendung des Prinzips der seitlichen Rotoren. Das Ergebnis hieß Focke-Wulf Fw 61. Sie, Herr Udet, waren begeistert und drängten darauf, den Hubschrauber möglichst bald auch der Öffentlichkeit vorzustellen.«

Der Generaloberst freute sich über die Bemerkung Lechners und lächelte geschmeichelt.

»Das war auch ein tolles Ding, Lechner«, bemerkte der Generalflugzeugmeister», und es kam ja noch besser, wie wir alle wissen.«

»In der Tat«, erwiderte Lechner.

»Ewald Rohlfs, der Testpilot, holte 1937 sämtliche Weltrekorde für Hubschrauber ins Reich. Und am 19. Februar 1937 flog dann Hanna Reitsch den Hubschrauber anlässlich einer Kolonialschau mit dem Titel Kisuaheli in der Berliner Deutschlandhalle. Das war auch Ihre Idee, Herr Udet, nicht wahr?«

Nun grinste der Generaloberst wie ein Honigkuchenpferd.

»Das war tatsächlich eine tolle Idee, die weltweit ihr Echo im Blätterwald fand. Im April 1937 brach Henrich Focke mit seinem alten Kompagnon und gründete mit dem bekannten Kunstflieger Gerd Achgelis die neue Firma Focke-Achgelis & Co GmbH. Kein Wunder, dass das Reichsluftfahrtministerium die Firma Focke-Achgelis mit der Entwicklung eines militärisch brauchbaren Hubschraubers, der eine Last von siebenhundert Kilogramm heben sollte, beauftragte.

Seit Oktober dieses Jahres ist die Focke-Achgelis Fa 223 in der Freiflugerprobung. Dieser weltweit einzigartige Mehrzweck-Hubschrauber hat den Codenamen Drachen erhalten und soll als Lasten- und Personen-Transporter sowie als fliegender Kran eingesetzt werden. Der Drachen besitzt eine voll verglaste Kanzel, die hervorragende Sichtverhältnisse bietet. Der Hubschrauber kann bis zu 850 Kilogramm Last oder sechs Passagiere tragen und erreicht Flughöhen bis 7000 Meter bei mehr als 180 Km/h Geschwindigkeit und einer Reichweite von dreihundert Kilometern. Wir hoffen, im nächsten Jahr die Produktion in Hoykenkamp bei Delmenhorst aufnehmen zu können. Vorausgesetzt natürlich, dass die Erprobung planmäßig verläuft.

Ein weiterer Hubschrauber-Pionier ist Anton Flettner. Flettner ist universell, ähnlich wie Hellmuth Walter. Ursprünglich war er Lehrer, dann Ingenieur und Erfinder. Seine erste Erfindung war 1914 ein lenkbarer Torpedo, dann, ein Jahr später, ein ferngesteuerter Kampfwagen. Der wurde abgelehnt, da man ihn nicht für technisch realisierbar hielt. Nach dem Krieg entwickelte er an der Versuchsanstalt in Göttingen den Flettner-Rotor. Ein der Windströmung ausgesetzter, rotierender Zylinder, der aus dem Sog und den Staudruckkräften eine Kraft quer zur Strömung erzeugte.

1927 wandte Flettner sich der Luftfahrt zu und konstruierte ein Flugzeugruder mit Hilfssteuerfläche, die mittlerweile unter dem Begriff Flettner-Ruder oder Flettner-Klappe bekannt ist. Drehflügelflugzeuge begann er um 1935 zu konstruieren. Drei Jahre später löste Flettner durch gegenläufig ineinander kämmende Rotoren das Problem des Drehmomentausgleichs - der Flettner-Doppelrotor war geboren.

Seit Anfang dieses Jahres entwickelt die Anton Flettner GmbH in Berlin-Johannisthal den Verbindungshubschrauber Fl 282 Kolibri. Die einsitzige Maschine soll von einem BMW Bramo Sh 14 A-Siebenzylinder-Sternmotor angetrieben werden und eine Höchstgeschwindigkeit von 150 km/h erreichen. Wenn alles glatt verläuft, wird diese Maschine Ende nächsten Jahres in die Luft gehen.

Meine Herren, der Hubschrauber kann Taktik und Strategie grundlegend verändern, wenn wir die Vorteile, die dieses neue Fluggerät bietet, erkennen und umsetzen. Das Deutsche Reich ist mit diesen Entwicklungen dem Rest der Welt um Jahre, vielleicht sogar ein Jahrzehnt voraus.«

»Donnerwetter«, sagte Walter Schellenberg, »das ist ja unglaublich. Hat der Führer Kenntnis von diesen Konstruktionen?«

Udet fühlte sich angesprochen.

»Er hat natürlich Filmaufnahmen aus der Deutschlandhalle gesehen, Sturmbannführer. Es wird ja noch eine Weile dauern, bis die Militärmaschinen so weit entwickelt sind, dass wir sie ihm vorführen können.«

Carl Schmidt meldete sich mit einem Handzeichen.

»Herr Leutnant ist die Marine über diesen Flettner Hubschrauber informiert?«

»Soweit ich weiß, nicht. Warum fragen Sie?«

»Weil dieses Gerät einige Probleme auf See hervorragend lösen könnte!«

Ohnesorge und Othmar Schmidt schauten sich vielsagend an. Zunächst ergriff Othmar Schmidt das Wort.

»Meine Herren, ich möchte ja nicht Ihre Euphorie dämpfen, aber Sie sollten wissen, dass nicht nur wir Strahlflugzeuge und Triebwerke entwickeln. Die Engländer sind uns auf den Fersen. Ihr bester Mann, sozusagen der Ohain Britanniens, heißt Frank Whittle. Dank eines Informanten vor Ort sind wir ziemlich gut über seine Aktivitäten unterrichtet.

Whittle ist technischer Offizier der RAF und reichte um 1930 einige Patente für ein Strahltriebwerk ein. Fast zeitgleich wie Ohain. Er gründete 1936 die Firma Power Jets Ltd., die ihre Arbeit in einer Werkhalle der British Thomson-Houston in Rugby, in der Grafschaft Warwickshire aufnahm. Unser letzter Informationsstand ist der, dass nach Kriegsausbruch das Luftfahrtministerium den Bau eines strahlgetriebenen Flugzeuges angeordnet haben soll, bei dem Whittles Firma für das Triebwerk und Gloster für die Zelle verantwortlich sein soll.

Die Gloster Aircraft Company hat ihren Sitz in Cheltenham, in der Grafschaft Gloucestershire und ist in erster Linie wegen ihrer Gloster Gladiator, dem letzten Doppeldecker-Jagdflugzeug der Royal Air Force, bekannt. Von Glosters Strahlflugzeug kennen wir nur die Bezeichnung Gloster E. 28/39. Angeblich soll man bereits an einem Nachfolgemodell arbeiten. Bei den Hubschraubern gibt es ebenfalls Konkurrenz. In den frühen 1930er Jahren bauten Louis Charles Breguet und René Dorand mit dem Gyroplane-Laboratoire den ersten Hubschrauber. Er hatte Koaxialrotoren und hielt ab Juni 1935 alle internationalen Rekorde für Hubschrauber. Bis Henrich Focke mit seiner Focke-Wulf Fw 61 zuschlug.

Der gebürtige Russe Igor Sikorsky konstruierte im Frühjahr 1913 das erste viermotorige Flugzeug der Welt, die Bolshoi Baltiski, die Sikorsky selbst Le Grand nannte. Nach der Oktoberrevolution wanderte er in die USA aus und gründete mit dem Geld einiger vermögender Exilrussen, darunter auch der Komponist Sergei Rachmaninoff, die Sikorsky Aero Engineering Company in Stratford, Connecticut.

Wenige Jahre später wurde seine Firma von United Aircraft übernommen. 1931 patentierte er eine Idee, die sich radikal von den deutschen Konzepten abhebt. Im Gegensatz zu Focke und Flettner arbeitet Sikorsky mit einem dreiblättrigen Hauptrotor und einem kleineren Heckrotor, der zum Ausgleich des vom Hauptrotor erzeugten Drehmoments dient und über ein Umlenkgetriebe mechanisch mit dem Hauptrotor gekoppelt ist. Diese technischen Details haben wir amerikanischen Fachmagazinen entnommen.

Unser Büro in New York hat auch herausgefunden, dass Sikorsky an einer Weiterentwicklung seiner VS-300 arbeitet, die intern Sikorsky S-47 heißen soll und bereits großes Interesse bei der US Air Force ausgelöst hat. Wir können also davon ausgehen, dass diese Maschine in einigen Jahren im Truppendienst auftauchen wird.

Die Engländer scheinen weniger begeistert von dieser Technik zu sein. Für die weniger bekannte Firma G. & J. Weir zeichnete der Konstrukteur C. G. Pullen die Weir W.5, die ihren Jungfernflug im Juni 1938 in Dalrymple, in der Grafschaft Ayrshire, mit dem Sohn des Konstrukteurs, R. A. Pullin, hinter dem Steuerknüppel, absolvierte. Das Prinzip war wie bei Focke eine Anordnung von zwei Rotoren, die sich gegenläufig drehen. Im Jahr darauf, so hörten wir, baute Pullen die erheblich größere Weir W.6, die angeblich zwei Personen tragen konnte. Die soll im Oktober in Schottland geflogen sein, aber es scheint, als hätte man die Weiterentwicklung abgebrochen. Von Raketen- und Raketenflugzeugentwicklungen in diesen Ländern oder Russland haben wir keine Kenntnis.«

Otto Lechner klappte die Mappe mit seinen Unterlagen zusammen und stellte damit klar, dass sein Vortrag beendet war. Oberleutnant Schmidt wollte seine Ausführungen noch um ein anderes, wichtiges Detail ergänzen.

»Wie die Luftwaffenvertreter an diesem Tisch wissen, wurde die Strategie des Luftkrieges von Theoretikern wie William L. Mitchell und Giulio Douhet nach dem Weltkrieg neu überdacht und sieht die Durchführung uneingeschränkter Bombenangriffe als Mittel, den Krieg schnell und ohne schwere Verluste bei den eigenen Truppen zu entscheiden.

Wir wissen bereits, dass sich England ohne seinen starken Alliierten Frankreich auf absehbarer Zeit nicht in der Lage sieht, einen erfolgreichen Landkrieg gegen das Deutsche Reich zu führen. Churchill hat daher beschlossen, eine starke Bomberflotte aufzubauen, die als Speerspitze gegen das Reich eingesetzt werden soll, um unsere Infrastruktur und

Bevölkerung zu treffen.

Daher muss die Entwicklung der Flakrakete und des Objektschützers wie die Me 163 neben den Strahlflugzeugen vordringlich in Angriff genommen werden. Tun wir das nicht, setzen wir Schlüsselindustrien wie Hydrier- oder Kugellagerwerke starken Bombenangriffen aus, die vielleicht zu einer Lähmung der Kriegsführung führen kann.«

Postminister Ohnesorge meldete sich nun zu Wort und schlug eine Pause vor. Die sollte gleichzeitig auch für eine Zwischenmahlzeit genutzt werden, die im nebenan gelegenen Kaminzimmer bereits vorbereitet war.

»Na endlich mal ein vernünftiger Vorschlag«, meinte Udet und stellte an Ohnesorge gewandt eine für ihn wichtige Frage: »Haben Sie auch an einen guten Wein gedacht, Ohnesorge?«

Dieser klopfte jovial auf Udets Schulter und dirigierte ihn in Richtung Kaminzimmer.

»Was halten Sie von einem Achkarrer Schlossberg – Grauburgunder, Udet? Ein kräftiger, ausdrucksstarker Burgunder, der acht Monate im Barrique-Fass lagerte.«

»Worauf warten wir noch«, dröhnte der Generaloberst und steuerte eine aparte Serviererin an, die eine ganze Batterie Weine und Spirituosen hütete. Auch die übrigen Teilnehmer der Runde gesellten sich langsam zu Ohnesorge und Udet und äußerten sich begeistert über die überaus ansprechenden Speisen das Ohnesorge hatte auffahren lassen. Schellenberg hielt Othmar Schmidt am Ärmel fest und zog ihn in Richtung Empfangshalle.

»Das läuft besser, als ich erwartet habe. Ich verstehe nur nicht, weshalb Fritz Todt so negative Bemerkungen macht.«

»Ich nehme an, er macht sich Sorgen um die Rohstoffversorgung. Vergessen Sie nicht Schellenberg, was wir hier anschieben wollen, kann sich bis heute niemand vorstellen. Bis auf Dr. Todt, denn der weiß genau, wie viel Sack Zement und wie viele Tonnen Stahl in den nächsten Monaten verbaut werden müssen, um solch ein engagiertes Programm durchzuziehen. Ganz zu schweigen von den Arbeitskräften, die dazu nötig sind.«

In diesem Augenblick hastete Ohnesorge mit seinem Sekretär im Schlepptau in Richtung Eingang. Wenige Augenblicke später wisperte Schellenberg: »Der Reichsführer SS ist da, entschuldigen Sie mich bitte für einen Moment«, und begab sich im Eilzugtempo zum Windfang, wo er gerade noch Heinrich Himmler aus seinem fast bodenlangen Ledermantel half.

»Sehr aufmerksam«, lobte Karl Wolff, Chef des persönlichen Stabes Reichsführer SS, der Heinrich Himmler von der Reichskanzlei zur Hakeburg chauffiert hatte.

»Wie ist es bisher gelaufen, Schellenberg?«

»Hervorragend, Standartenführer«, erwiderte der Sturmbannführer. Inzwischen hatte sich Himmler von Ohnesorge gelöst und begrüßte

Schellenberg herzlich.

»Ich habe soeben vom Postminister erfahren, dass die Sache rund läuft, Schellenberg. Ganz ausgezeichnet, ganz ausgezeichnet.«

Schellenberg schaute sich nach Othmar Schmidt um und winkte ihn zu sich.

»Darf ich Ihnen Oberleutnant Othmar Schmidt vorstellen, Reichsführer?«

Heinrich Himmler schien gut gelaunt und reichte ihm die Hand.

»Schellenberg hat mir nur Außergewöhnliches von Ihnen berichtet, Oberleutnant. Wie ist denn die Konferenz bisher verlaufen?«

Othmar Schmidt hatte bei dem Gedanken, Himmler zu treffen, bislang nur ein gewisses Unbehagen verspürt. Doch er war überrascht, eher einem Volksschullehrer als einem Gewaltmenschen zu begegnen. Himmler war kleiner als er selbst, schlank und trug eine graue SS-Uniform. Seine Augen, die hinter funkelnden Klemmgläsern hervorlugten, waren graublau und ein akkurat geschnittenes Schnurrbärtchen prangte unter einer gut geformten Nase. Ein wenig unheimlich erschienen Schmidt die blutleeren, dünnen Lippen und das ausgesprochen dominant fliehende Kinn. Er musste vor Kurzem erst beim Friseur gewesen sein, denn seine dunklen Haare waren kurz geschnitten und weite über den Ohren rasiert, sodass es fast aussah, als ob der Reichsführer SS einem Orden beigetreten wäre.

»Bisher haben sich die Herren nur ausgetauscht, doch ich glaube, dass bereits eine Reihe von Synergien möglich ist. Vor allem sind die Herren überrascht, wie groß unser technologischer Vorsprung ist. Sie sind natürlich besonders erfreut, dass es endlich mit der Forschung und Erprobung vorwärtsgeht, denn jeder Monat, der untätig vergeht, schadet unseren Kriegsanstrengungen, Reichsführer.«

»Es wird vorangehen, Oberleutnant. Ich komme gerade vom Führer mit einer sehr guten Nachricht. Das wird die Herren motivieren«, entgegnete Himmler.

Ohnesorge unterbrach die Konversation und lenkte das Interesse der Herren auf das Essen: »Wenn Sie gerne einen Happen nehmen möchten, Reichsführer. Das geballte Können unserer Küche steht Ihnen zur Verfügung.«

Mit einem Lächeln bedeutete der Postminister ihm in das Kaminzimmer zu folgen, wo sich die übrigen Teilnehmer der Konferenz bereits über die Leckereien hergemacht hatten. Als der Reichsführer SS im Türrahmen auftauchte, nahmen alle bis auf Udet und Todt unwillkürlich Haltung an.

»Aber meine Herren entspannen Sie sich«, versuchte Himmler die Situation aufzulockern.

Ohnesorge unterrichtete derweil Himmler über den Vormittag. Die beiden schienen freundschaftlich miteinander umzugehen und nach kurzer Zeit entfuhr dem Reichsführer sogar ein kurzer Lacher, der die übrigen Anwesenden eher erschreckte, als amüsierte.

Nach einer Weile bat Ohnesorge um Ruhe und wandte sich an die zum Teil noch kauende Gesellschaft: »Den Vormittag haben wir ja mit eher trockenen Theorien verbracht. Bevor ich nun meinen Teil beitrage, möchte ich die Gelegenheit nutzen und Ihnen die Reichspostforschungsanstalt vorstellen. Um Ihnen aber nicht Ihre wertvolle Zeit zu stehlen, werden wir dies am Modell tun, das im Institutsgebäude A aufgebaut ist. Dort werde ich Ihnen auch einen Konstrukteur und seine Waffe vorstellen, die in zwei, drei Jahren die Kriegsführung durchaus stark beeinflussen könnte. Draußen wartet ein Bus, der uns zum Institutsgebäude bringen wird. Wenn Sie mir also bitte folgen würden.«

Ein interessanter Schachzug von Ohnesorge durchfuhr es Othmar Schmidt. Während die einen theoretisieren dürfen, praktiziert er praxisnahe Forschung. Mal sehen, was jetzt kommt. Die Männer begaben sich nun zum Ausgang der Hakeburg, vor dem ein Mercedes-Benz O 2600 Omnibus parkte. Das wunderschöne Fahrzeug mit seiner langen Motorhaube, den beige lackierten Flanken und grünem Dach und Motorhaube strahlte Urlaubsatmosphäre aus.

»Unser Betriebsbus«, strahlte Ohnesorge.

»Leider können wir ihn wegen der Benzinknappheit nicht so nutzen, wie wir wollen«, bedauerte der Postminister und lud seine Gäste zum Einsteigen ein.

Die Fahrt dauerte nur wenige Minuten und man hielt vor einem brandneuen, lang gestreckten, zweistöckigen Gebäude. Als sie das Institut betraten, führte Wilhelm Ohnesorge die Gruppe in einen Raum, der wie ein kleiner Universitätshörsaal aussah. Vor einer großen Tafel stand ein mit einem Tuch bedecktes Gerät, vor dem ein Mann im weißen Kittel kniete.

»Meine Herren darf ich Sie bitten Platz zu nehmen.«

Ohnesorge beugte sich zu dem Mann hinunter und flüsterte ein paar Worte, worauf sich dieser erhob. Er überragte den Minister um ungefähr zehn Zentimeter, war von schlanker jugendlicher Figur und schätzungsweise vierzig Jahre alt.

»Es ist mir eine große Freude, Ihnen Professor Dr. Herbert Wagner vorzustellen. Erlauben Sie mir, ein paar Details seiner Vita zu erwähnen, bevor er das Wort ergreift.«

Professor Wagner schien nicht unbedingt erfreut im Rampenlicht zu stehen, denn seine Hände suchten verzweifelt hinter seinem Rücken Kontakt. Ohnesorge schaute kurz auf seinen Spickzettel.

»Professor Wagner ist bei Henschel-Flugzeugbau in Berlin-Schönefeld verantwortlich für die Entwicklung ferngelenkter fliegender Bomben. Und das hier ist die ferngelenkte fliegende Bombe!«

Wilhelm Ohnesorge nahm das eine Ende des Tuches, der Professor das andere und gemeinsam enthüllten sie ein Gebilde, das alle Anwesenden überraschte. Mit solch einer Präsentation hatte niemand gerechnet. Vor ihnen lag von einem Spezialtisch gehalten, eine Bombe, die wie ein kleines Flugzeug aussah. Professor Wagner ergriff nun das Wort.

»Was Sie hier sehen, ist die ferngelenkte Gleitbombe Hs 239, die wir noch in diesem Monat in Peenemünde erstmalig testen werden. Sie werden sich sicherlich fragen, wie es möglich ist, innerhalb von wenigen Monaten solch eine Waffe zu konstruieren. Natürlich ist das ohne vorherige Grundlagenforschung absolut unmöglich.

Was Sie hier sehen ist im Grunde eine 500-Kilo-Sprengbombe SC 500. Dieses Gerät basiert auf einer Idee des Gustav-Schwarz-Propellerwerkes in Berlin-Waidmannslust, die bereits 1937 geboren wurde. Ich habe sie nur mit meinen Kollegen Reinhard Lahde, Otto Bohlmann, Wilfried Hell, Josef Schwarzmann und Dr. Hinrici, weiterentwickelt. Das Konzept ist grundsätzlich einfach. Wir versehen die SC 500 mit Tragflächen und Leitwerk und implantieren eine Funkfernsteuerung des Typs Kehl-1, dem Sender, und den Empfänger FuG 230 Straßburg.

Die Bombe wird wie gewöhnlich von einer He 111 oder Ju 88 getragen. Anstelle des herkömmlichen Bombenschützen befindet sich jedoch an Bord ein Schütze, der mit seiner Fernsteuerung zunächst die Bombe auslöst und sie dann ins Ziel steuert. Damit er die Waffe auch korrekt verfolgen kann, stößt die Bombe Farbrauch aus, an dem sich der Schütze orientieren kann. Angriffsziele für dieses neue Waffensystem sind insbesondere Schiffsziele, die bislang nur durch riskante Sturzkampfbombereinsätze erfolgreich zu bekämpfen sind. Der Vorteil ist, dass wir dadurch die Bomberbesatzungen schützen können, da die Bombe außerhalb des Flakbereiches der Schiffe ausgelöst und ins Ziel manövriert wird. Bei unserem ersten Test werden wir sehen, wie sie funktioniert.

Wir denken aber bereits über ein Raketentriebwerk nach, das die Bombe in der Abwurfphase beschleunigt und sie schneller vor das Trägerflugzeug und damit in das Blickfeld des Bombenschützen bringt. Der Flugkörper wird in einem Polarkoordinatensystem gesteuert. Das heißt, die Querruder und das Höhenruder werden von einer elektrischen Proportionalfunkfernsteuerung betätigt. Eine Staudruckmessung veränderte dabei geschwindigkeitsabhängig den Ausschlag des Höhenruders und besorgte eine Nachtrimmung. Die Rollen werden durch einen Kreisel stabilisiert und begrenzt. Das Zielen geschieht nach einem Verfahren, bei dem der Flugkörper und das Ziel stets in Deckung gehalten werden. Ich hoffe, das war nicht zu kompliziert.«

»Und was hat die Reichspostforschungsanstalt damit zu tun?«, fragte Udet keck.

»Das will ich Ihnen gerne erklären, Herr Generalluftzeugmeister«, lächelte Wagner.

»Zum einen bei der Funkfernsteuerung, um sie störungssicher zu machen, und zum anderen wegen dieses Gerätes!«

Professor Wagner hielt etwas in Händen, was eigentlich alles hätte sein können, denn es ging ihm nur um die Geste.

»Es handelt sich hier um ein Modell einer Fernsehkamera. Die Idee ist, sie in der Spitze der Bombe zu montieren, sodass der Schütze den Flug auf einem Fernsehgerät an Bord bis ins Ziel verfolgen kann. Ein Fehlschuss wäre damit auszuschließen.«

»Wir entwickeln Kleinbildkameras und batteriegespeicherte Sender unter dem Decknamen Fluko und Tonne als Zielansteuerungsgeräte für die sehende Bombe, fügte Ohnesorge hinzu.

»Nur bitte ich die Herren um Geduld. Bis die Geräte einsatzfähig sein werden, wird noch viel Wasser die Havel herunter fließen.«

Donnerwetter dachte Othmar Schmidt. Das muss man Ohnesorge lassen. Er weiß, wie man Visionen präsentiert. Himmler schaute sich triumphierend um. Er war sich sicher, dass die fliegende Bombe einen bleibenden Eindruck hinterlassen hatte.

»Ich lade Sie gerne ein, am 17. Dezember nach Peenemünde zu kommen, um dem Test beizuwohnen«, erklärte Professor Wagner lachend.

Das trifft sich gut dachte Othmar Schmidt, da bin ich sowieso bei Dornberger. Wilhelm Ohnesorge hatte sich von seinem Sitz erhoben und strahlte über das ganze Gesicht.

»Ich bin Professor Wagner sehr dankbar, dass er den Weg zur Hakeburg gefunden hat, um seine Erfindung zu präsentieren. Ich bin ihm aber auch aus einem anderen Grunde sehr verbunden, denn er hat mich mit einem Wissenschaftler in Verbindung gebracht, der mein und auch Ihr Leben entscheidend verändern kann. Ich bin mir bewusst, dass dies sehr pathetisch klingt, aber Sie werden nach einiger Zeit begreifen, weshalb das so ist.

Professor Wagner hat einen Statiker namens Konrad Zuse eingestellt. Sie mögen vielleicht denken, ein Statiker mehr oder weniger macht den Kohl nicht fett, doch Sie täuschen sich. Dieser Mann ist nicht nur Statiker, sondern auch Maschinenbauer und Architekt, Erfinder und Mathematiker. Und wäre nicht Professor Wagner gewesen, so wäre er schon auf einem Kasernenhof gelandet, denn der Einberufungsbefehl lag bereits vor. Dies, Reichsführer, wäre ein ungeheurer Verlust für Deutschland gewesen, denn ein Mann wie Zuse ist unerlässlich für die schnelle, technologische Waffenentwicklung im Reich.

Seit Mitte der 1930er Jahre arbeitet Konrad Zuse an einer Rechenmaschine, die mithilfe eines Rechenplans auf Lochstreifen Rechenoperationen automatisch ausführen kann. 1938 stellte er die Z1 fertig, eine frei programmierbare Rechenmaschine. Zurzeit arbeitet Zuse an der Z2, einer verbesserten Version mit Telefonrelais. Um Ihnen das Revolutionäre an Zuses Entwicklung zu erklären, bietet sich das Konstruktionsbüro von Henschel an. Dort brüten Dutzende von Mathematikern Wochen und Monate lang über Formeln von Flügelprofilen. Eine unsäglich eintönige Arbeit, die auch den hellsten Kopf wegen der Stumpfheit zum Verzweifeln bringen kann.

Mit Zuses Maschine lässt sich das in Zukunft in Minuten erledigen, wofür ganze Mathematiker-Kohorten Monate brauchen. Das bedeutet auch, dass Entwicklungszeiten im Flugzeug- und im Raketenbau drastisch verkürzt werden können. Ich habe daher zusammen mit Professor Wagner und der Aerodynamischen Versuchsanstalt in Göttingen beschlossen, Zuse in Zukunft zu unterstützen, um seine Rechenmaschine weiter zu entwickeln.

Es mag vermessen klingen, Herr Diebner, aber Zuses Entdeckung könnte eines Tages eine ähnlich Entscheidende sein, wie die von Otto Hahn. Übrigens hat das Heereswaffenamt einen Vorschlag von Zuse abgelehnt, seinen Rechner für die Entwicklung eines neuen und abhörsicheren Chiffriergerätes einzusetzen. Die Herren glauben, ihre Enigma sei nicht zu knacken.«

Ein Raunen ging durch den Hörsaal. Ohnesorges Worte hatten ihre Wirkung nicht verfehlt. Der Postminister hob beschwörend beide Arme: »Ich bitte Sie nun, zurück zum Omnibus zu gehen, um den Tagungsraum in der Burg wieder aufzusuchen. Herrn Professor Wagner danke ich für seine Zeit und seine Erläuterungen.«

Während Ohnesorge sich bei Wagner bedankte, näherte sich Himmler mit Wolff im Schlepptau den beiden.

»Das war eine eindrucksvolle Präsentation, Herr Professor. Diese Konferenz soll Rechnung tragen, dass Sie Ihre Forschungen mit aller Kraft und ohne Beschränkungen fortsetzen können. Wenn ich Ihnen dennoch helfen kann, so sagen Sie es mir. Auch unter vier Augen, wenn Sie wollen.«

Professor Wagner überraschte das Angebot: »Die Henschel-Werke und der Postminister sind überaus großzügig und lassen mir den Freiraum, den ich brauche. Aber es gibt ein Problem, das weder die Henschel Flugzeugwerke AG, noch der Postminister lösen können: den eklatanten Mangel an Wissenschaftern, Konstrukteuren und Ingenieuren. Hier muss der Hebel angesetzt werden, Reichsführer.«

Heinrich Himmler zwinkerte den Professor durch seine Nickelbrille an: »Machen Sie sich keine Sorgen Professor. Das Problem ist gelöst. Spätestens morgen Mittag bekommen Sie darüber eine Mitteilung von mir.«

Himmler verabschiedete sich von Wagner und marschierte in Richtung Omnibus. Als auch Karl Wolff das Fahrzeug bestieg, hielt ihn der Reichsführer SS am Rockärmel fest.

»Schicken Sie morgen früh sofort ein Telex an Professor Wagner und teilen Sie ihm darin mit, dass ab sofort die Kräfte, über die wir heute gesprochen haben, nicht mehr zur Wehrmacht eingezogen werden.«

Wolff nickte kurz und suchte sich dann einen Sitzplatz. Nachdem die Teilnehmer des Ausschusses wieder ihre Plätze in der Hakeburg eingenommen hatten, präsentierte Wilhelm Ohnesorge einen viel beachteten Überblick über die Aktivitäten der Reichspostforschungsanstalt. Insbesondere Dr. Diebner spitzte die Ohren, als Ohnesorge über die Atomforschung in seinem Hause berichtete.

»Ende 1939 erhielt ich von Manfred von Ardenne einen Brief, in dem er mich auf die Konsequenzen von Otto Hahns und Fritz Strassmanns Kernspaltung aufmerksam machte. Ich habe ihn daraufhin nach einigen Überlegungen von der weiteren Fernsehforschung entbunden, damit er sich auf die Atomzertrümmerung konzentrieren könne. Um die Forschung zu beschleunigen, wird in seinem Institut ein Sechzig-Tonnen-Zyklotron installiert.

Parallel zu Manfred von Ardenne habe ich ein weiteres Institut für physikalische Sonderfragen in Miersdorf am Zeuthener See gegründet. Leiter ist Dr. Georg Otterbein. Das Institut wird mit allem ausgerüstet werden, was notwendig ist, um zu einem wissenschaftlichen Durchbruch zu gelangen und uns die ungeheuren Kräfte für die Wehrwirtschaft nutzbar zu machen.

Zu den ersten Bauvorhaben gehören ein Zyklotron und eine Hochspannungshalle. Das Zyklotron ist dabei, wie mir Dr. Diebner sicherlich zustimmen wird, das am dringendsten benötigte Instrument, da solch ein Teilchenbeschleuniger in Deutschland nicht existiert. Glücklicherweise können wir trotzdem einige Experimente an solch einem Gerät durchführen, da wir nach der Besetzung Frankreichs Zugang zum einzigen Zyklotron Europas im Pariser Institut von Frederic Joliot-Curie haben. Dieser Teilchenbeschleuniger, der von der Schweizer Firma Oerlikon konstruiert wurde, ist zwar noch nicht ganz fertig, aber dennoch für unsere Zwecke unentbehrlich. Sie haben diese Anlage doch in Augenschein nehmen können, Herr Diebner.«

Diebner bestätigte Ohnesorges Aussage und wies noch darauf hin, dass man auch französische Forschungsunterlagen beschlagnahmen konnte.

»Wie mir Dr. Diebner zustimmen wird, sind aber noch immens viele Fragen zu beantworten, bevor wir Erfolg melden können.«

Dr. Diebner nickte zustimmend und hob die Hand, um eine Zwischenfrage zu platzieren.

»Eine der wichtigen Fragen beschäftigt sich mit Schwerem Wasser, einem möglichen Moderator. Schweres Wasser könnte eingesetzt werden, da es im Vergleich zu gewöhnlichem Wasser bei gleich starker Moderationswirkung weniger Neutronen absorbiert.«

Der Postminister unterbrach Dr. Diebner, weil er fürchtete, dieser könne vom Hölzchen aufs Stöckchen geraten.

»Sie haben völlig recht, Herr Doktor, aber ich komme am Ende meiner Ausführungen, auf das Prozedere der nächsten Wochen und Monate zu sprechen. Ich möchte aber den frischen Eindruck von der Vorstellung der Hs 293 nutzen und Ihnen ein weitere Flugbombe präsentieren, die X-1!

Dr. Max Kramer von der Ruhrstahl AG hat bereits 1938 bei der Deutsche Versuchsanstalt für Luftfahrt in Berlin-Adlershof mit Untersuchungen über eine radiogesteuerte frei fallende Bombe von 250 Kilogramm experimentiert. Für die Steuerung entwickelte er ziemlich unorthodoxes Luftleitblech in einem kreuzförmigen Leitwerk. Eine ausreichende

Rollstabilität wird durch vier Stummelflügel in flacher Kreuzform und durch Klappen in den Steuerflächen gewährleistet. Die Leitwerks-Ummantelung dient gleichzeitig als Luftbremse zur Reduzierung der Fallgeschwindigkeit auf 280 m/sec und als Antennenträger. Wie bei der Hs 293 arbeitet hier auch eine Funkfernsteuerung des Typs Kehl-1, als Sender und Straßburg, als Empfänger auf einer UKW-Frequenz.

Anfang dieses Jahres wurden die Arbeiten in die Niederlassung Brackwede verlegt, und eine Einsatzversion auf der Basis der Panzer durchdringenden Sprengbombe SD 1400 in Angriff genommen. Dies ist eine von Rheinmetall-Borsig konstruierte 1400-Kilogramm-Standardbombe aus Gussstahl, die von den Rheinmetallern scherzhaft Fritz getauft wurde. Daher heißt die X-1 auch Fritz X. Anfang 1941 wird mit der Erprobung in Peenemünde begonnen.«

General Martini meldete sich zu Wort.

»Wir beide wissen, dass der Gegner, sobald er die Sendefrequenz herausgefunden hat, den Flug der Bombe stören kann. Haben Sie eine Alternative zur Funkfernsteuerung?«

»Ja, das haben wir, Herr General. Drahtsteuerung!«

Wieder ging ein Raunen durch den Saal.

»Ich möchte jetzt aber nicht auf Details eingehen; das würde den Rahmen sprengen«, lächelte Ohnesorge verschmitzt.

»Vielmehr will ich Ihnen ein paar Projekte vorstellen, die in den nächsten Jahren für Furore sorgen werden. Dazu gehören durch Fernsehen gelenkte Kleinpanzer, Infrarot –Nachtsichtgeräten, neue Nachtjägerleitverfahren und Funkspionage. Funkspionage werden Sie fragen. Was hat das mit der Post zu tun? Das will ich Ihnen gerne erklären.

Diplom-Ingenieur Vetterlein ist Leiter der Abteilung III, die mit Mitteln der modernen Nachrichtentechnik feindliche Funktelefone anzapfen kann. Also Gespräche, wie zum Beispiel sie Herr Churchill mit Herrn Roosevelt führt. Das transatlantische Kabel können sie nicht nutzen, da es nur Telegrafie zulässt. Das Problem die Gespräche abzuhören liegt darin, dass Engländer und Amerikaner ihre Funkgespräche in Frequenzabschnitte teilen und sie miteinander vertauschen. 1937 haben Techniker der Bell Telephone System das Gerät A-3 erfunden, das Gespräche zerhacken kann.

Die Deutsche Reichspost hat vor dem Krieg ein Gerät von Bell gekauft, um hinter das Geheimnis dieses Zerhackers zu kommen. Kurt Vetterlein und sein Team versuchen nun, die nach verschiedenen Schlüsselserien unverständlich gemachten Sprechtexte zu entschlüsseln und zu einem einheitlichen Gespräch zusammenzufügen. Sie sind auf einem sehr guten Weg und optimistisch in absehbarer Zeit das Geheimnis zu lüften.«

Othmar Schmidt machte sich bemerkbar, um einen Beitrag zu dem Vetterlin Aspekt zu liefern.

»Wir wissen sogar«, sagte Schmidt, »wo sich dieses Gerät Ende September befand. Einer unserer Agenten, Simon Emil Koedel, hat in der New

York Times vom 8. Oktober 1939 durch einen Artikel erfahren, dass der amerikanische Präsident dieses Gerät benutzt.

In dem gleichen Artikel wurde auch gleich der Standort, ein Bürogebäude der AT&T in New York, 47 Walker Street, angegeben. Dort überwachen Techniker ständig die Gespräche, um sicherzugehen, dass das übermittelte Gespräch wirklich unverständlich war, nachdem es ein Mischgerät durchlaufen hatte. Diesen Artikel hat Koedel sofort an das Abwehr Büro in Bremen geschickt, von wo wir ihn direkt auf den Schreibtisch des Postministers leiteten.«

Ohnesorge nickte zustimmend.

»Genau so hat es sich abgespielt. Nun aber zum Schluss noch ein paar Bemerkungen zu unserer Chiffriertechnologie. Alle im Raum kennen die Enigma, die 1926 zunächst bei der deutschen Marine, dann 1928 bei der Armee, und schließlich 1935 bei der Luftwaffe eingeführt wurde. Heute kennen wir eine Reihe von Versionen. Die Enigma der deutschen Reichsbahn wird ab Anfang nächsten Jahres in Osteuropa, Russland und dem Balkan verwendet. Die Maschine, die auf unseren U-Booten verwendet wird, hat zum jetzigen Zeitpunkt drei Rotoren und ist im Gegensatz zur Reichsbahnversion mit zusätzlichen Verbesserungen wie den Ringen und dem Steckfeld ausgerüstet. Als besondere Anpassung an ihren Einsatzort sind die Instruktionsblätter wasserlöslich, damit der Gegner sie nach einem eventuellen Aufbringen nicht in die Hände bekommen kann.

Die Enigma der Abwehr hat kompaktere Ausmaße als alle anderen Enigmas, dazu eine 26-Zeichen-Tastatur, und ist, wie mir Oberleutnant Schmidt sicher zustimmen wird, somit optimal an den Einsatz vor Ort angepasst. An einer weiteren Chiffriermaschine arbeitet zurzeit die Firma Lorenz. Die SZ 40 wird aber erst in einem Jahr einsatzbereit sein. Sie wird im Gegensatz zur Enigma die Handhabung erheblich erleichtern.

Der entscheidende Vorteil dieses Systems liegt darin, dass Nachrichten, die vom Sender als Klartext eingegeben werden, beim Empfänger auch wieder als Klartext ausgegeben wurden. Der Nachteil ist ein erheblich größeres Gewicht und ihre Ausmaße. Daher wird sie wahrscheinlich auch ausschließlich für den Funkverkehr höherer Stäbe eingesetzt werden. Die Technik dieses Lorenz Fernschreibers ist extrem kompliziert.

Die SZ 40 benutzt einen 5-Bit-Code zur Übertragung der chiffrierten Zeichen. Anders als bei der Enigma, wo der Schlüssel vom eingebenden Soldaten gewählt wird, setzt Lorenz auf ein maschinelles Verfahren. Bei diesem sogenannten Rauschverfahren werden die Zufallszahlen für den Schlüssel aus einem natürlichen Rauschen ermittelt, dass im Falle der Lorenz durch zehn Räder erzeugt wird, die sich je nach Grundeinstellung irregulär bewegen.

Damit wäre die Lorenz SZ 40 womöglich für den Gegner nicht zu knacken. Ich sage womöglich, weil man auch auf den schlimmsten Fall gefasst sein muss und eine Alternative haben sollte. Aus diesem Grund habe ich mit Herrn Zuse vereinbart, dass er für das Reichspostforschungsamt mithilfe seiner revolutionären binären Rechenmaschine eine Chiffriermaschine entwickelt, die über alle Zweifel erhaben sein wird.«

Ostentativ stand Heinrich Himmler auf und spendete Beifall.

»Herr Minister Ohnesorge, das sind in der Tat erstaunliche Informationen, die wir von Ihnen zu hören bekommen, die nachdrücklich die überlegene Intelligenz und Unerschrockenheit deutsche Wissenschaftler dokumentieren. Es liegt nun an uns allen, diesen technologischen Vorsprung zu nutzen und in die Produktion neuer Waffensysteme einfließen zu lassen. Der Soldat an der Front wird es Ihnen danken. Ich bin aber nicht zur Hakeburg gekommen, um eine Sonntagsrede zu halten, sondern habe vom Führer eine wichtige Meldung zu überbringen, die sie alle inspirieren wird. Ab sofort sind Ingenieure, Techniker und Wissenschaftler, die sich mit Projekten befassen, die dieses Gremium zur kriegswichtigen Priorität erklären, vom Wehrdienst ausgenommen.«

Der Reichsführer ließ eine kleine Kunstpause einfließen und fuhr dann fort.

»Der Führer hat ebenso erklärt, dass er über jeden Schritt der einzelnen Projekte auf dem Laufenden gehalten will und größeren Tests beiwohnen möchte.«

Diese Meldung schlug bei den Teilnehmern der Runde wie eine Bombe ein. Damit hatte niemand gerechnet. Schmidt schaute Schellenberg an, der sich diebisch zu freuen schien. Doch Himmler war noch nicht am Ende seiner kurzen Rede angekommen.

»Ich denke, Dr. Todt ist der Einzige im Raum, der sich nicht uneingeschränkt freuen kann, denn diese Nachricht bedeutet auch, dass neben den normalen Produktionsabläufen nun weitere schwere Aufgaben auf ihn zukommen. Denn wie wir vom A-4 Programm bereits wissen, verschlingen solche Projekte Unsummen und benötigen gleichfalls enorme Mengen an strategischen Rohstoffen und Arbeitskräften.

Die SS wird Ihnen, Herr Todt mit allen ihren zur Verfügung stehenden Mitteln zur Seite stehen. Zu diesem Zweck wird SS-Obergruppenführer Gottlob Berger, Chef des SS-Hauptamtes, als Verbindungsoffizier zwischen Ihrem Ministerium und der SS dienen.«

Fritz Todt wusste nicht, wie ihm geschah. Er fühlte sich überrumpelt, wollte aber keinen Eklat inszenieren. Einen Einfluss der SS auf sein Ministerium für Munition und Bewaffnung war das Letzte, was er wollte.

»Vielen Dank für Ihre Unterstützung, Reichsführer. Wir sollten aber möglichst rasch einen Termin finden, um die Möglichkeiten zu erörtern.«

Othmar Schmidt bemerkte die Anspannung von Fritz Todt und ergriff das Wort.

»Meine Herren, ich denke ich gehe mit Ihnen konform, wenn ich behaupte, dass wir heute einen wichtigen ersten Schritt getan haben, um das neue Technologieprogramm umzusetzen. Es liegt aber eine Menge Arbeit vor uns, die Spreu vom Weizen zu trennen, die wirklich machbaren Entwicklungen zu fördern und allzu utopische Idee auszusortieren.

Um das zu erreichen, schlage ich vor, dass Arbeitsausschüsse gebildet werden, die sich intensiv mit den individuellen Sachgebieten auseinandersetzen. Walter Schellenberg und ich werden diese Arbeitsgruppen koordinieren. Die Entwicklungen, die wir heute explizit vorgestellt haben, sind ab sofort an der Spitze der Prioritätenliste und genießen besondere Unterstützung hinsichtlich finanzieller und materieller Ausstattung. Darüber hinaus schlage ich vor, dass sich die anwesenden Mitglieder alle sechs Monate treffen, um über den Fortgang zu debattieren.«

»Ein ausgezeichneter Vorschlag, Oberleutnant Schmidt«, meldete sich Ohnesorge zu Wort.

»Wie wäre es am Freitag, den 20. Juni 1941? Wenn nicht einer der Herren einen anderen Tagungsort vorschlagen sollte, würde ich mich freuen, Sie wieder in de Hakeburg begrüßen zu dürfen.«

Peenemünde

Gordon Schmitt hatte lange geschlafen und war erst gegen 10:00 am Morgen des 8. Dezember aufgewacht. Er hatte noch Zeit, da sein Zug nach Basel erst am Nachmittag ging. So machte er sich zunächst ein Frühstück und lauschte den 11:00 Nachrichten des Landessenders Beromünster. Hier konnte er sicher sein, keine geschönten Propagandanachrichten zu hören, sondern klare Fakten. Durch Zufall war er am Freitagabend, dem Tag seiner Ankunft in Zürich, auf diesen Sender gestoßen, als er ziellos auf der Skala nach einem vernünftigen Radioprogramm suchte. Auf der Mittelwelle, 653 Kilohertz, entdeckte er den Landessender und fand das Programm ziemlich trivial.

Das änderte sich jedoch, als um 19:10 ein gewisser Professor Jean-Rodolphe von Salis seinen Beitrag mit dem Titel Weltchronik ankündigte. Bereits nach wenigen Minuten erkannte Gordon, dass hier eine Sendung lief, die einem militärisch-politischen Lagebericht der vergangenen Woche glich. Was ihn mächtig beeindruckte, war die Kompetenz des Historikers von Salis, der keinen Hehl daraus machte, bei seinen Einschätzungen der militärischen Lage sich auch auf seine Studien bei Professor Hans Delbrück in Berlin zu stützen. Auch Gordon war Hans Delbrück ein Begriff, da dessen Geschichte der Kriegskunst auch bei seiner Ausbildung eine Rolle spielte.

In der nur fünfzehn Minuten langen Sendung erfuhr Gordon, dass die Luftangriffe auf britische Städte und Schiffskonvois im Kanal weitergingen und dass die Italiener bei ihrem Angriff auf Griechenland, sowie in Nordafrika in Schwierigkeiten steckten. Von nun an würde er bei zukünftigen Aufenthalten in der Schweiz immer freitags um die gleiche Zeit den militärischen Lagebericht des Schweizer Rundfunks hören.

Gegen 15:00 machte sich Gordon mit seinem Koffer auf den Weg zum Hauptbahnhof. Der D-Zug aus St. Moritz sollte planmäßig um 15:26 Zürich verlassen und um 16:41 in Basel einlaufen. Gordon war überpünktlich und konnte die Ankunft des Zuges beobachten, der von einer Ae 4/7 Elektrolok der schweizerischen Bundesbahn gezogen wurde. Die Fahrt nach Basel verlief ohne besondere Vorkommnisse und pünktlich endete die Reise im Baseler SBB, auch Centralbahnhof genannt. Er hatte Glück, denn sein Anschluss-D-Zug der Reichsbahn stand bereits auf dem Nebengleis.

Eine Schnellzug-Dampflok 03 1010 zischte stoßweise vor sich hin und machte den Eindruck eines Rennpferdes, das kurz vor dem Start stand. Chassis und Fahrwerk der Lok schimmerten in einem gleißenden Rot, während die Front mit den Scheinwerfern, der Kessel, Führerhaus und Tender in tiefem Schwarz glänzte. Mit vierundzwanzig Meter Länge, ihrem Gewicht von mehr als hundert Tonnen, und den Treibrädern, die die Maschine auf bis zu 140 Stundenkilometer beschleunigten, war die bei Borsig gebaute Lok die schnellste kohlebefeuerte Dampflokomotive

Deutschlands.

Er warf noch einen Blick auf seine Fahrkarte, um sich zu vergewissern, dass der Schlafwagen der Mitropa, in dem Abderhalden ein Erste-Klasse-Abteil für ihn gebucht hatte, auch tatsächlich der Wagen mit der Nummer 320 war. Nach kurzer Zeit hatte er den bordeauxroten Schlafwagen gefunden, vor dem ein Schaffner in blauer Uniform auf seine Gäste zu warten schien. Der Schaffner begrüßte ihn mit ausgesuchter Höflichkeit und bat um seine Fahrkarte, auf der neben dem Ziel und der Zugklasse auch der Name vermerkt war.

»Wenn Sie mir bitte folgen würden, Herr Schläppi«, sagte er freundlich zu Gordon und forderte ihn mit einer Handbewegung zum Einstieg auf.

»Wenn ich vorausgehen darf«.

Der windschnittige Wagen von der Görlitzer Waggon- und Maschinenbau AG hatte elf Abteile, die je nach Bestellung als Einbett- für die erste Klasse oder Zweibettabteil für die zweite Klasse belegt werden konnten. Jedes Abteil verfügte über eine Waschgelegenheit und an jedem Waggon-Ende gab es ein WC.

»Hier sind wir schon bei Ihrem Abteil.«

Das Erste-Klasse-Abteil war kein Palast, aber gediegen und bot für eine Person genügend Platz und auch einen Hauch Luxus. Zumindest die Waschecke ließ eine edle Hotel Atmosphäre aufkommen.

»Bitte lassen Sie Fensterrollos die ganze Nacht geschlossen. Das ist aus Verdunkelungsgründen Vorschrift.«

Gordon drückte dem Schaffner eine zehn Franken Note in die Hand, die der Mitropa Mann freudestrahlend annahm.

»Vielleicht können Sie mir bitte eine Frage beantworten«, ließ der den Schaffner wissen.

»Schießen Sie los, Herr Schläppi«, erwiderte der.

»Wo finde ich den Speisewagen?«

»Nur ein Wagen vor uns in Fahrtrichtung«, antwortete der Schaffner.

»Sehr gut würden Sie mir bitte einen Platz für 20:00 reservieren?«

»Kein Problem«, meinte der Schaffner.

Der Schaffner, der die ganze Zeit auch hin und wieder aus dem Fenster geschaut hatte, bemerkte einen neuen Fahrgast. Wie ein geölter Blitz eilte zum Bahnsteig. Gordon schaute aus dem Fenster und sah, wie der Mitropa-Mann sich die Fahrkarte einer attraktiven Dame in einem grauen Kostüm und breitkrempigen Hut anschaute. Sie mochte nicht älter als 30 Jahre alt sein und schickte sich an den Wagen zu betreten, nachdem der Schaffner zuvor den Koffer bereits hineingetragen hatte und ihr den Weg zum Abteil zeigte.

Kurz darauf eilte er schnaufend an seiner Tür vorbei, die immer noch offen stand, gefolgt von der Dame, die ihn freundlich anlächelte. Die beiden gingen zwei Abteile weiter und einen Augenblick später stand der Schaffner wieder in seiner Tür. Gordon drückte dem Mitropa-Mann einen weiteren zehn Franken Schein in die Hand.

»Wenn Sie mir jetzt den Namen der Dame verraten, die zwei Abteile weiter logiert, lasse ich Sie in Ruhe«, flüsterte Gordon.

»Die gnädige Frau ist Baronin von Heese und fährt wie Sie nach Berlin«, grinste der Schaffner leicht anzüglich und bedankte sich für das generöse Extratrinkgeld mit einem Gruß an seine Mütze. Gordon schloss die Tür legte sich auf das Bett. Er döste, bis er um 17:07 das Pfeifsignal des Zugführers zur Abfahrt hörte. Er trat auf den Gang hinaus und schaute zur Lok, die sich unter großem Getöse und dem Ausstoßen schwarz-weißer Dampfwolken in Bewegung setzte.

Auch die Baronin schaute auf den Bahnsteig, der voller Menschen war, die ihren Angehörigen oder Freunden zum Abschied winkten. Gordon lächelte die Dame an, die auch ihrerseits ihn anlachte. Sie hatte ein ebenmäßiges Gesicht mit einer kleinen, aber wohlgeformten Nase. Ihr Make-up war dezent und ihre Lippen in einem tiefen Rot getaucht, die ihr einen glamourösen Glanz verlieh. Ihre dichten blonden Locken gaben ihr ein Bette Davis ähnliches Aussehen. Gordon musste unwillkürlich an ein Hollywood Starlet denken, als er sie betrachtete. Er fasste sich ein Herz und ging zu ihr.

»Darf ich Ihnen eine Zigarette anbieten, gnädige Frau?«, sagte Gordon und hielt ihr seine Juno Packung entgegen.

Sie warf einen Blick darauf, lachte und zog ihre eigene Packung aus der Tasche ihrer Kostümjacke.

»Die Juno ist mir zu stark. Da nehme ich lieber die Schweizer Marke Lady. Aber trotzdem danke für das Angebot. Wo fahren Sie hin, wenn ich fragen darf?«

Die Baronin hatte offensichtlich Spaß an einer Konversation, was man an ihrem offenen Wesen deutlich sehen konnte.

»Berlin«, sagte Gordon, »darf ich mich vorstellen, mein Name ist Klaus Schläppi, Repräsentant der Firma Oerlikon.«

»Angenehm, Gila von Heese. Ich fahre übrigens auch nach Berlin. Was bin ich froh aus dem langweiligen Bern fliehen zu können«, lachte sie und warf ihre blonden Locken nach hinten.

»Haben Sie Urlaub in unserer Hauptstadt gemacht, wenn ich fragen darf«, lächelte er zurück.

»Nein, Gott behüte, ich habe nur meinen Mann begleitet, der für einige Wochen an der deutschen Botschaft tätig sein muss. Der Ärmste, ich habe es einfach nicht länger ausgehalten. Er muss noch bis Weihnachten in Bern ausharren.«

»Und Sie, was treibt Sie in die Reichshauptstadt?«

»Geschäfte, wie es sich für einen Schweizer gehört.«

»Oerlikon, das ist doch eine Waffenfabrik?«

»Ja genau, ich will sicherstellen, dass mithilfe unserer Flakgeschütze Ihnen in Berlin nichts passiert«, sagte Gordon und schaute in ihre strahlend blauen Augen.

Sie lachte: »Unser Reichsjägermeister wollte doch eher Meier heißen, als dass Bomben auf Berlin fielen.«

Sofort wurde sie aber ernst.

«Dabei müssten wir ihn bereits so nennen, denn die ersten Angriffe kamen bereits im August dieses Jahres. Sie richteten zwar keine großen Schäden an, aber sicher fühle ich mich nicht mehr«, gab sie zu.

Der Zug verlangsamte bereits sein Tempo, als er sich Basel DRB näherte.

»Gleich kommen die Zöllner«, sagte die Baronin.

»Die sind nicht schlimm, aber sobald der Zug sich wieder in Bewegung gesetzt hat durchkämmt die Gestapo, die Geheime Staatspolizei, die Waggons. Dann ist Schluss mit lustig«, sagte sie ein wenig mit Bedauern.

Gordon merkte, dass sie gerne Gesellschaft hätte und er zögerte nicht, sie zum Dinner einzuladen. Sie nahm mit einem Strahlen an.

»Ich klopfe dann kurz vor 20:00 an Ihre Tür.«

»Abgemacht, ich freue mich«, sagte sie und zog an ihrer Lady.

Als der Zug hielt, schaute Gordon neugierig aus dem Fenster. Jeweils ein Trupp von vier Zöllnern bestieg den ersten und letzten Wagen des D-Zuges.

»Ich denke, wir ziehen uns besser in unsere Kemenaten zurück«, bemerkte Gordon trocken zur Baronin.

»Wie Recht Sie haben, Herr Schläppi«, entgegnete sie und ging in ihr Abteil.

Es dauerte rund zehn Minuten, bis es an seiner Tür klopfte, und der deutsche Zöllner Einlass begehrte.

»Ihre Papiere bitte.«

Gordon händigte ihm seinen Pass aus und schaute erwartungsvoll und so entspannt wie möglich den Beamten an.

»Haben Sie etwas zu verzollen«, wollte der Zöllner nicht unfreundlich wissen.

»Vier Päckchen Juno und um ihre nächste Frage vorab zu beantworten, ich habe vierhundert Schweizer Franken und sechshundert Reichsmark bei mir.«

Der Zöllner schaute ihn verdutzt an.

»Die Zigaretten sind kein Problem und auch Ihre Deviseneinfuhr entspricht den Bestimmungen.

Dann kann ich Ihnen nur noch eine gute Fahrt und eine gute Nacht wünschen, Herr Schläppi.«

Als der Zöllner die Tür hinter sich schloss, atmete Gordon erst einmal tief durch. Erste Hürde genommen dachte er. Um 17:36 setzte sich der Zug langsam wieder in Bewegung. Selbst als sie den Bahnhof verlassen hatten, wurde es nicht dunkel. Die gesamte Strecke bis zur eigentlichen Grenze war hell ausgeleuchtet und durch spanische Reiter gesichert. Auf deutscher Seite konnte er einen Wachturm ausmachen, der anscheinend mit zwei Mann besetzt war. Ob auf der anderen Seite des Zuges ein zweiter Turm stand, konnte er von seinem Standort aus nicht sehen. Schlagartig hinter der Grenze wurde es stockfinster. Offensichtlich nahmen die Menschen in Weil am Rhein die Verdunkelung ernst. Es dauerte weniger als eine halbe Stunde, als erneut an der Tür geklopft wurde.

»Geheime Staatspolizei, Ihre Papiere bitte«, ertönte es harsch aus dem Gang.

Gordon öffnete die Tür und sah im Dämmerlicht des Ganges neben dem Schaffner zwei Männer in Ledermänteln und Hüten. Gordon händigte einem der beiden Männer seinen Pass aus und musterte seine Gegenspieler. Der erste Mann, der nun mithilfe einer Taschenlampe das Dokument musterte, war mittelgroß, trug eine Nickelbrille und schien Linkshänder zu sein. Zumindest nutzte er die linke Hand, um umzublättern. Der andere Gestapo-Mann war erheblich größer und kräftiger gebaut und schien eher eine Schutzfunktion auszuüben. Seine Rechte war in der Manteltasche versteckt und Gordon hätte wetten können, dass sie den Knauf einer Pistole umfasste. Er hätte sich auch täuschen können, doch seine Fantasie rechnete meist mit dem Schlimmsten.

»Was ist Ihr Ziel, Herr Schläppi.«

»Berlin.«

»Ist Ihre Reise in die Reichshauptstadt geschäftlicher Natur?«

»Ich vertrete die Firma Oerlikon und habe Termine beim Heereswaffenamt.«

»Haben Sie dort eine Ansprechperson?«

»Hauptmann Karl Wiese von der Amtsgruppe Chef-Ingenieur.«

Der Gestapo Beamte fixierte Gordon.

»Ich wünsche Ihnen einen angenehmen Aufenthalt in Berlin, Herr Schläppi«, tönte er plötzlich um mehrere Nuancen freundlicher als zu Beginn.

Gordon bedankte sich mit der Andeutung eines Kopfnickens und schloss die Tür. Wenn ich zurück in London bin, gebe ich dem Passfälscher einen aus, schwor er sich. Er schaute auf die Uhr. Es war 18:20. Er klingelte nach dem Schaffner, um ihn zu bitten, die Tischreservierung um eine weitere Person zu erweitern. Es war dem Mitropa-Angestellten anzusehen, dass durch die Änderung der Reservierung sein Respekt vor Gordon gestiegen war. Nun blieb noch genug Zeit, um sich noch ein wenig für die Baronin frisch zu machen.

Um Punkt acht Uhr sauste der mittlere Knöchel von Gordons rechtem Zeigefinger auf das Holz der Tür zur Baronin. Sofort flötete ihm ein »ich komme gleich« entgegen. Gordon schaute in die Schwärze der Nacht und dachte für einen Moment an die Gestapo, die auf Menschenjagd waren. Er fragte sich, ob noch andere Agenten anderer Mächte diesen Weg ins Reich nehmen würden. Umso mehr bedankte er sich ein weiteres Mal bei seinen ihm unbekannten Dokumentenexperten.

»Ich bin soweit«, sagte überraschend eine weibliche Stimme hinter ihm. Er hatte keinen Laut gehört und machte deswegen eine hektische Bewegung.

»Haben Sie mich erschreckt«, war seine Reaktion und lächelte sie an.

Der Weg zum Speisewagen war ein kurzer und der Oberkellner wies Ihnen einen Zweiertisch zu. Alle anderen Tische waren bereits besetzt und die Unterhaltung der Gäste fiel gedämpft aus.

»Ist das Ihre erste Reise nach Berlin?«, fragte Gila von Heese.

»Das ist richtig«, entgegnete Gordon.

»Ich bin auch gespannt, wie das Leben in Kriegszeiten dort ist.«

»Da hat sich zum Glück bis jetzt noch nicht viel geändert. Die Deutschen siegen ja an allen Fronten und die wenigen Luftangriffe erschrecken uns nicht. Die haben bisher wenig Schaden angerichtet.«

Gordon war überrascht, wie gelassen die Deutsche die Kriegslage nahm. Er hatte angenommen, dass die Weigerung Englands zu kapitulieren, die Bevölkerung verunsichert hätte. Doch bei dieser Dame schien das nicht zuzutreffen.

»Ist Ihr Mann ähnlich gelassen wie Sie?«

»Mein Mann, Baron von Heese, ist Diplomat und hat schon während des Weltkrieges unter den Außenstaatssekretären Arthur Zimmermann und Richard von Kühlmann gedient. Den erschüttert so schnell nichts.«

Gordon schaute ein wenig überrascht, sodass die Baronin spontan lachen musste.

»Mein Mann ist bereits 62 Jahre alt. Der hat schon eine Menge erlebt.«

»Entschuldigen Sie bitte, ich wollte nicht unhöflich sein«, stotterte Gordon.

Die beiden wurden unterbrochen, als der Kellner ihre Bestellung aufnehmen wollte.

»Wenn Sie gestatten, werfe ich einen Blick in die Weinkarte«, sagte Gordon, und als sie ihn nur anlächelte, nahm er dies als Bestätigung an. Nach einer Weile pfiff er leise durch die Zähne.

»Das hätte ich in einem Mitropa Speisewagen aber nicht erwartet«, murmelte er gedankenverloren.

»Wie bitte? Was meinen Sie damit Herr Schläppi?«

»Hier wird eine Rarität offeriert.«

Der Preis war happig, aber sollte er die Bekanntschaft mit einer deutschen Diplomatengattin wegen eines hohen Weinpreises aufs Spiel setzen? Wohl kaum, denn jetzt wusste er, dass er mit seinen Kenntnissen über den deutschen Wein bei der Dame punkten konnte.

»Ich habe einen Berncasteler Doctor Riesling Auslese der Weingüter Geheimrat J. Wegeler in Bernkastel gefunden.«

»Aus Bernkastel kenne ich nur die Wehlener Sonnenuhr. Vom Doctor habe ich noch nie gehört«, bemerkte die Baronin erstaunt.

»Das ist eine legendäre Lage, gnädige Frau. Der steinige, mittelgründige, graue Tonschiefer verleiht diesem Riesling eine delikate und frische Säure, der die lagentypische Pfirsichnote perfekt balanciert. Geheimrat Julius Wegeler gründete das heutige Gutshaus Bernkastel 1900 durch

Ankauf eines Teiles der berühmten Lage. Für einen einzigen Rebstock zahlte er damals sagenhafte hundert Goldmark pro Stock. 1904 fand in Berlin ein Treffen von mehr als hundertdreißig Weinhändlern und Winzern von Mosel, Saar und Ruwer statt, die erstmals eine Kostprobe ihres Könnens gaben. Unter 236 ausgestellten Weinen ragten zwei wegen des ungeheuren Preises von zehn Reichsmark je Flasche heraus. Einer von ihnen war ein Berncasteler Doctor des Jahrgangs 1893. Den Namen Doctor erhielt die Lage wegen ihrer heilenden Wirkung. So soll der Wein des Doctorberges bereits den Trierer Kurfürsten Boemund II. während eines Aufenthaltes auf der Burg Landshut von einer schweren Krankheit geheilt haben. Und auch König Edward VII. von Großbritannien trank den Wein als Medizin.«

»Woher wissen Sie das alles?« reagierte die Baronin erstaunt.

»Ich bin ein Genussmensch und Wein ist Genuss für die Sinne. Um dem Himmel wirklich nah zu sein, muss man seine Geheimnisse kennen. Eines dieser Geheimnisse liegt im Wein und davon möchte ich so viel wie möglich erfahren.«

Die Baronin schaute Gordon versonnen an.

»Ich wünschte mein Mann würde nur einen winzigen Teil Ihrer Lebensphilosophie teilen«, seufzte sie.

Gordon klappte die Weinkarte zu,

»Sie haben sich also für den Doctor entschieden«, meinte die Baronin mit leiser Ironie.

»Genau, denn vielleicht hilft er Ihnen auch aus einer privaten Bredouille.«

Gordon warf allen Charme in seinen Blick und verfehlte die Wirkung nicht.

»Nun sollten wir aber einen Blick in die Speisekarte werfen, bevor die Küche beschließt, den Herd abzustellen.«

Schon bald stellte Gordon fest, dass das Angebot sich auf deutsche Gerichte beschränkte. Dies musste kein schlechtes Zeichen sein, aber es machte deutlich, dass exotische Gerichte der Vergangenheit angehörten. Es gab vielerlei Fleisch- und Eiergerichte und sogar Forelle Müllerin wurde angeboten. Gordon und die Baronin entschieden sich für den Fisch, nachdem er selbst die Forelle in der schmalen Küche in Augenschein nehmen durfte.

»Garantiert frisch in einem Schweizer Teich gefangen«, insistierte der Koch.

Der Küchenmeister hatte tatsächlich nicht übertrieben. Die Forelle war ein Gedicht. Gordon und die Baronin rätselten, wie man auf so kleinem Raum solch ein exzellentes Menü auf die Beine stellen konnte. Das Abendessen wurde nur um 21:25 durch den Halt in Karlsruhe und eine Stunde später in Mannheim unterbrochen. Gordon, der immer wieder nach draußen geschaut hatte, war überrascht, dass die Verdunkelung so diszipliniert durchgeführt wurde. Nur selten war eine schwache Lichtquelle in der endlosen Finsternis zu erkennen.

Ihre Gesprächsthemen wurden immer intimer und bald konnte sich Gordon bereits ein Bild von seiner neuen Freundin machen. Von ihrer Herkunft, ihrem Leben mit einem älteren Diplomaten, dem Haus in Berlin-Grunewald, dem Leben unter dem Hakenkreuz und ihren Wünschen und Sehnsüchten. Er war erstaunt, dass diese Frau mit einer derartigen Offenheit über ihr Leben erzählte. Offensichtlich fehlte ihr ein Mensch, der auf ihre Bedürfnisse eingehen konnte. Dazu tat der Doctor sein Übriges, um auch eine körperliche Annäherung zu beschleunigen. Bereits zweimal spielte ihre rechte Hand mit seinen Fingern, um sie jedoch ruckartig wieder von ihm zurückzuziehen. Als ob sie sich ertappt hätte. Eine andere Art und Weise ihre Zuneigung zu zeigen, war das Berühren seines Beines mit ihren Füßen. Auch hier erschien es ihm, als ob ihr Unterbewusstsein zu mehr bereit war, als sie sich zugestehen bereit war.

Als der Zug um 23:29 im Frankfurter Hauptbahnhof einlief, befanden sie sich in einem Zustand einer emotionalen Hochstimmung. Ihre Vertrautheit war schon beängstigend, wenn man berücksichtigte, dass sie sich erst seit einigen Stunden kannten. Gordon realisierte, dass sie zudem die einzigen Gäste im Speisewagen waren, und bat den Kellner um die Rechnung. Gila von Heese schaute ihn selig an. Sie musste schon tief in ihren Erinnerungen kramen, um einen Abend zu finden, der so entspannt war wie dieser. Wie alt er so sein mochte, dachte sie, er sieht noch so jung aus und gestand sich gleichzeitig ein, dass es ihr völlig egal war und sie nur noch wollte, dass dieser Mann sie nahm. Zu seinem Glück konnte Gordon die Rechnung mit Schweizer Franken bezahle, denn an seine Reichsmark-Rücklage wollte er bei dem Betrag nicht kratzen.

»Geben Sie mir bitte noch eine Quittung und addieren Sie das Trinkgeld bitte«, bat er den Kellner und dachte an seinen Buchhalter in London.

Koch und Kellner bedankten sich mit einem Diener, als Gordon und die Baronin den Waggon verließen. Solche Gäste wie dieses Paar erschienen ihnen im zweiten Kriegsjahr wie Boten aus einer anderen Dimension. Schon in der Schleuse zwischen Speise- und Schlafwagen, wo die Kupplung zwischen den Waggons für eine permanente Taumelbewegung sorgte, stießen ihre Körper zusammen und Gordon spürte ihre Brüste, wie sie sich an seine Brust schmiegten. Vor ihrem Abteil hielt er an.

»Lass mich jetzt nicht allein«, hauchte die Baronin in sein rechtes Ohr und biss zärtlich in sein Ohrläppchen.

»Ich will dich jetzt und sofort und lasse keine Ausreden gelten.«

Gordon brauchte keine weitere Aufforderung, da Gilas ständige Lustbezeugungen der vergangenen Stunden an seinen Nerven zerrten.

»Dann schließ endlich auf, damit wir nicht noch von der Gestapo auf dem Gang wegen Unzucht verhaftet werden«, hauchte er zurück und drückte sein hartes Glied gegen ihren Bauch.

Mit großem Geschick hatte die Baronin den Schlüssel aus ihrer Handtasche gezaubert und das Abteil nach mehreren vergeblichen Versuchen öffnen können. Sie packte ihn am Hemdkragen und zog ihn mit kaum unterdrückter Lust ins Abteil. Gordon versuchte sein Jackett loszuwerden, verheddere sich jedoch und stolperte. Er stürzte neben dem Bett auf den Boden und zog Gila von Heese unwillkürlich mit sich, die aber keinen Anstalten machte, dem drohenden Bodenkontakt auszuweichen. Sie fiel mit einem Stöhnen auf ihn.

Für einen Moment schmerzte sein Rücken höllisch, aber sein Testosteron und Adrenalin spielten Streiche mit ihm. Das Adrenalin steigerte in Sekundenschnelle seine Herz-Kreislauf-Funktionen und versetzten Nerven und Gehirn in Alarmzustand. Seine Herztätigkeit beschleunigte sich, erhöhten den Blutdruck, setzte Glukose frei und verstärkte die Durchblutung seiner Muskulatur. Das Noradrenalin entfaltete seine Schmerz hemmende Wirkung und ließen ihn den Sturz auf den Boden vergessen. In diesem Umfeld konnte sein Testosteron nun die ganze ethologische Wirkung entfalten.

Gordon erwachte, als der Zug kreischend im Hauptbahnhof von Kassel zum Stehen kam. Er schaute auf seine Rotary Uhr mit ihren fluoreszierenden Zeigern. Es war 02:53 und stockfinster. Sie lagen beide nackt auf dem Boden. Er fühlte, dass sie umgeben waren von Kleidungsstücken, die er nicht zuordnen konnte. Langsam und zärtlich versuchte er, sich aus der Umklammerung der Baronin zu befreien. Nachdem ihm dies nach mehreren leisen Stöhnlauten von Gila gelungen war, zog er die Decke von ihrem Bett, hob sie an und legte sie, immer in der Angst sie aufzuwecken, unendlich langsam auf der dünnen Matratze ab. Anschließend deckte er sie zu und küsste sie auf den Mund. Sie grunzte sanft wie ein Lämmchen. Danach begann er seine Kleidungsstücke zu suchen, was in der perfekten Dunkelheit einem Puzzle glich. Nachdem er sich halbwegs angezogen hatte, verließ er geräuschlos die Baronin und huschte zu seinem Abteil.

Als er auf seinem Bett lag und die letzten Stunden reflektierte, war er sich nicht sicher, ob er weinen oder lachen sollte. Irgendwie empfand er seine Emotionen irritierend. Er war sich nicht sicher, ob Auftrag, Lust oder Liebe ihn in den Schoß der Baronin getrieben hatten. Schließlich sorgte das rhythmische Tak-tak, Tak-tak, der Räder für einen unruhigen Schlaf. Nachdem der D-Zug um 06:38 den Hauptbahnhof von Magdeburg verlassen hatte, ging der Schlafwagenschaffner an den Abteilen vorbei und klopfte an jede Tür: »Es ist 07:00, wir werden pünktlich um 08:57 in Berlin Potsdamer Bahnhof einlaufen. Ab sofort kann im Speisewagen das Frühstück eingenommen werden.«

Gordon stand auf, erfrischte sich, zog sich an und packte seine Sachen. Dann verließ er sein Abteil und klopfte an der Tür der Baronin.

»Bist du wach?«, fragte er ein wenig zaghaft, und als kein Laut aus dem Abteil drang, wurde sein erneutes Klopfen energischer.

»Hallo, Gila, aufstehen. Wir sind in einer Stunde in Berlin. Ich warte im Speisewagen auf Dich.«

Erst jetzt hörte er ein gequältes »gib mir ein wenig Zeit«, das er mit einem Grinsen quittierte.

Er zog sich in den Speisewagen zurück und bestellte sich zunächst einmal Kaffee. Eine halbe Stunde später stand Gila von Heese lächelnd vor ihm.

»Danke, dass du mich ins Bett gebracht hast.«

»Keine Ursache geht es dir gut?«, wollte Gordon wissen.

Man sah den beiden an, dass sie die letzte Nacht nicht bereuten.

»Kann ich dich in Berlin sehen?«, fragte er und goss ihr Kaffee ein.

»Hier ist meine Karte, Klaus. Über diese Nummer kannst du mich immer erreichen. Bis Weihnachten bin ich noch eine grüne Witwe. Falls ich nicht daheim sein sollte, kannst du eine Nachricht bei meiner Haushälterin hinterlegen. Ich würde mich sehr freuen, wenn wir uns sehen würden. Wo wirst du wohnen?«

»Im Hotel Esplanade am Potsdamer Platz.«

»Ein sehr schönes Hotel«, erwiderte sie, da ließ schon Kaiser Wilhelm II. für seine Generäle feudale Herrenabende veranstalten. Auch die Filmschauspielerin Greta Garbo war schon Gast in der Hotelbar.«

Die restliche gemeinsame Zeit verging wie im Flug. Erst als sie die ersten Vororte Berlins durchfuhren, merkten sie, dass es an der Zeit war, Abschied zu nehmen.

»Bitte ruf mich an«, bat Gila von Heese inständig.

Gordon begleitete die Baronin noch bis zum Taxistand und ging anschließend die wenigen Hundert Meter zu seinem Hotel zu Fuß. Das Hotel Esplanade war ein Haus im Stil der belle Epoque mit mehreren Prunksälen. Einer davon war der Kaisersaal, ausgestattet mit Kronleuchtern, Paneelen aus Zedernholz, Spiegeln und Stuck. Schon die Eingangshalle vermittelte dem Gast das Gefühl, sich in einer Luxusherberge aufzuhalten. Das Zimmer, welches Abderhagen für ihn reserviert hatte, entpuppte sich als eine Oase der Ruhe und des Luxus. Bürgi hatte auf Nachfrage Gordon erklärt, dass es der Philosophie des Hauses Oerlikon entspräche, ihre wichtigen Mitarbeiter auch standesgemäß Logis zu gewähren.

»Sie glauben gar nicht, wie leicht sich Menschen durch Attribute wie Kleidung, Wohnung oder Automobil manipulieren lassen. Man wird Ihnen ganz anders begegnen, als wenn Sie in einem bescheidenen Hotel logieren würden«, hatte ihm Bürgi die Oerlikon-Philosophie erläutert. Nun, Gordon sollte es Recht sein.

Kaum hatte er der Hotelpage das Zimmer verlassen, rief er Hauptmann Wiese im Heereswaffenamt an, um seine Ankunft zu bestätigen. Hauptmann Wiese sagte ihm förmlich, dass er ihn in seinem Büro um 14:00 zu sehen gedächte. Die Stunden bis zu diesem Termin wollte Gordon nutzen, um sich zum einen ein Bild von der Stadt zu machen, zum anderen Eindrücke der Menschen zu sammeln, um deren Stimmungslage einschätzen zu können. Auf der Fahrt durch die Berliner Vororte und auch im Zentrum waren ihm keine Schäden aufgefallen. Anscheinend hatten die ersten Angriffe keine große Wirkung auf die Berliner, denn auch auf dem Potsdamer Platz schienen die Einwohner gut gelaunt zu sein. Er überlegte sich auch, wie er am besten zum Heereswaffenamt in der Jebensstraße in Charlottenburg kommen könnte. Ein Taxi wollte er nicht nehmen, da er das Berliner U- und S-Bahn Netz unter die Lupe nehmen wollte.

Er rief den Kellner zu sich und bat um einen U-Bahn-Plan. Wenig später lag dieser vor ihm und Gordon bat den Ober, ihm den schnellsten Weg zu zeigen. Es stellte sich heraus, dass er direkt vom Potsdamer Platz mit der Linie A bis zur Station Zoologischer Garten durchfahren konnte. Er musste nur aufpassen, den Zug nach Ruhleben, nicht nach Krumme Lanke zu nehmen. Vom U-Bahnhof Zoo bis zum Heereswaffenamt waren es nur ein Katzensprung. Gordon ging zunächst auf sein Zimmer, um sich nochmals auf sein Treffen mit Hauptmann Wiese vorzubereiten. Mittlerweile hatte er das Gefühl, er könne die Waffe mit verbundenen Augen zerlegen und wieder zusammensetzen, ohne das Geschütz praktisch gesehen zu haben. Er fühlte sich bereit. Gegen 13:30 verließ er das Esplanade und begann seine kurze Reise zum Zoo.

Am Fahrkartenschalter Potsdamer Platz kaufte er für sechsundzwanzig Pfennige eine Fahrkarte für eine einfache Fahrt. Als die U-Bahn einfuhr dachte er nur, wie hässlich dieser kastenförmige Zug aussah. Innen war er jedoch sauber und praktisch eingerichtet. Der Wagen war etwa zur Hälfte besetzt. Auch das wunderte Gordon, denn die Londoner Underground war zu einer solchen Zeit fast leer, da alle an ihre Arbeitsplätzen waren. Offensichtlich hatte man in Deutschland noch keine Personalnot. Als der Zug die Haltestelle Wittenbergplatz erreicht hatte, wusste er, dass er bei dem nächsten Halt aussteigen musste. Er ging die Stufen zur Joachimstaler Straße hinauf, durchquerte den Bahnhof Zoologischer Garten und stand vor dem imposanten Gebäude des Heereswaffenamtes.

Der sehr nüchterne, sich mit zwei Flügeln nach hinten erstreckende Putzziegelbau hatte ein Erdgeschoss, drei Obergeschosse und ein zurückgesetztes Dachgeschoss mit einem umlaufenden Balkon. Vor ihm, in der Mitte des Erdgeschosses, befand sich der nur wenig hervorgehobene, dreiteilige Eingang. Gordon atmete tief durch und betrat die Halle. Am Empfang wurde er trotz Passierschein von einem Posten angehalten und ins Wachbüro geführt. Nachdem seine Personalien festgestellt worden waren, rief der Wachhabende Hauptmann Wiese an und meldete ihm seinen Besuch. Gordon verstand von dieser Konversation nur ein knappes »jawohl Herr Hauptmann«, dann wurde der Hörer bereits aufgelegt.

»Sie werden abgeholt«, erklärte der Wachhabende und bat ihn auf einem Stuhl Platz zu nehmen.

Er sah sich kurz um und erkannte, dass aus der Halle ein Treppenaufgang und diverse Gänge in die Tiefe des riesigen Gebäudes führten. In diesem Moment tauchte auch schon ein Offizier auf, der der Beschreibung Bürgis nach, Hauptmann Wiese sein musste. Er war ein stattlicher Mann, schätzungsweise Mitte dreißig, mit schwarzen Haaren, die straff mit Gel nach hinten gekämmt waren. Er trug eine graue Heeresuniform und seine Hosen steckten in schwarzen Reitstiefeln.

»Guten Tag Herr Schläppi«, begrüßte er Gordon lächelnd.

»Schön, dass Sie sich die Mühe gemacht haben, uns persönlich in der Reichshauptstadt zu besuchen.«

»Das Vergnügen ist ganz meinerseits, Herr Hauptmann und ich bin sicher, dass die Informationen, die ich Ihnen geben kann, für das Reich von Nutzen sein werden«, entgegnete Gordon.

Der Hauptmann führte ihn um eine Ecke herum, hinter der sich zwei Paternosteraufzüge gegenüberstanden. Die knarrenden Aufzüge waren gut besetzt mit Offizieren und Zivilpersonal, die auf oder abfuhren.

»Hier im Erdgeschoss und in den drei Etagen befinden sich Laboratorien und Büros. Im Dachgeschoss und in den Aufbauten sind Zeichensäle, Waffensammlung, Funk-, Blink- und Brieftauben-Versuchsstationen untergebracht. Mein Büro ist im dritten Stock«, erklärte Hauptmann Wiese und wies mit seiner Rechten in die Richtung eines Ganges, der scheinbar endlos zu sein schien. Immer wieder kamen ihnen Offiziere des HWA entgegen, die sich förmlich grüßten. Nach zehn Bürotüren gab es Gordon auf, weiterzuzählen. Die Beleuchtung war auch nicht mit besonders viel Lux ausgestattet und zeigte den Gang in einer Art Dämmerzustand. Endlich hielt der Hauptmann an und betrat sein Büro.

»Leider kann ich Ihnen keine Aussicht bieten, da mein Fenster in einen Lichthof hinausführt, aber zumindest sind wir hier ungestört. Hoffe ich zumindest«, ergänzte er tiefsinnig.

Während Gordon Hut und Mantel an der Garderobe deponierte und Platz nahm, schrieb Hauptmann Wiese einige Worte auf ein Blatt Papier und schob es ihm wortlos zu. Darauf stand: »Keine Fragen im Büro, beschränken Sie sich auf die Darstellung des Geschützes; wir treffen uns um 19:00 in der Halle Ihres Hotels.«

Gordon verstand; offensichtlich vermutete Wiese, dass sein Büro verwanzt sein könnte. Er hatte solch ein Manöver erwartet und hob zu einem Verkaufsgespräch an: »Die Oerlikon Werke haben sich entschlossen von ihrem Erfolgsmodell, der 20-Millimeter-Flak 38, eine leichte 20-Millimeter-Gebirgsflak 38 herzustellen, die für die Gebirgstruppe und Fallschirmjäger bestimmt ist. Sie wiegt nur 276 Kilogramm und die ballistischen Fähigkeiten entsprechen denen der 20-Millimeter-Flak 38. Diese Waffe ist in acht Lasten zerlegbar, die einzeln nicht mehr als 40 Kilogramm wiegen. Ihr einziger Nachteil ist die etwas größere Streuung, da die Waffe sehr viel leichter ist als die Urversion. Wir haben Prototypen bereits bei der Schweizer Armee getestet und anschließend fünfzig Bestellungen erhalten. Auch die Streuung fand die Schweizer Armee hinsichtlich der Gewichtsersparnis als vernachlässigbar an. Ich habe hier ein paar Unterlagen, die meine Behauptungen unterstreichen. Unter anderem auch eine Beurteilung des Schweizer Zeugamtes.«

Hauptmann Wiese schaute in die Dokumente, die ihm ein »sehr eindrucksvoll Herr Schläppi«, entlockten.

»Was haben Sie denn noch in Ihrem Angebot? Ich glaube kaum, dass Sie nur wegen der Gebirgsjägerversion nach Berlin gekommen sind.«

»Nein, sicher nicht, Herr Hauptmann. Mich interessiert natürlich brennend, wie der 20-Millimeter-Flakvierling 38 bei der Truppe ankommt und ob wir mit weiteren Aufträgen rechnen können.«

Hauptmann Wiese grinste ihn an: »Es war nicht leicht für unser Ego, den Vorschlag der Marine aufzugreifen und diesen Vierling bei Ihnen entwickeln zu lassen, doch die Vorteile liegen auf der Hand. Ich glaube schon, dass Sie mit Anschlussaufträgen rechnen können, denn wir planen, die Waffen nicht nur auf dem Sonderanhänger 52 zu transportieren, sondern auch auf Halbkettenfahrzeugen zu montieren. Es gibt auch zurzeit schon Überlegungen, den Vierling mit einem Panzerchassis zu verheiraten. Aber das ist Zukunftsmusik.«

»Gäbe es denn eine Möglichkeit, die Waffe bei einer Einheit zu begutachten, um eventuelle Verbesserungsvorschläge vor Ort einzuholen?«

»Normalerweise tun wir das nicht, Herr Schläppi. Aber vielleicht machen wir bei der Firma Oerlikon eine Ausnahme. Ich werde mich umhören und werde Sie morgen informieren, ob Ihnen die Erlaubnis dazu erteilt wird. Wo kann ich Sie erreichen?«

»Im Hotel Esplanade am Potsdamer Platz, Herr Hauptmann.«

»Gut, dann geben Sie mir bitte ein wenig Zeit, damit ich meine Vorgesetzten konsultieren kann. Bis dahin wünsche ich Ihnen einen guten Tag, Herr Schläppi.«

Als Gordon das Amt verlassen hatte, wunderte er sich, dass alles so glatt gelaufen war. Selbst im Heereswaffenamt hatte man das Gefühl, sich im tiefsten Frieden zu befinden. Er fragte sich, ob Hauptmann Wieses Vorsicht gerechtfertigt war, ob man ihm auf der Spur war, oder ob es sich hier um eine reine Vorsichtsmaßnahme handelte. Auf jeden Fall war Gordon gewarnt. Er durfte sich nicht wegen der friedensmäßigen Atmosphäre der Reichshauptstadt einlullen lassen.

Nun musste Zeit bis zum späteren Treffen mit dem deutschen Offizier totgeschlagen werden. Am besten bei einem Bier dachte er und marschierte in Richtung Kurfürstendamm. Es war ein kalter Wind aufgekommen. Er schlug den Kragen seines Mantels hoch und zog den Hut tiefer ins Gesicht. Er folgte der Joachimsthalerstraße bis zur Ecke Kürfürstendamm, wo unübersehbar die Rotunde mit der rot-weißen Markise des Café Kranzlers leuchtete. Auf der Suche nach einer Bar oder Gaststätte bog er zunächst nach rechts in den Kurfürstendamm ab. Nach wenigen Metern erspähte er einen Zeitungskiosk, der reich bestückt war.

Neben den üblichen, gleichgeschalteten deutschen Blättern konnte er aber auch italienische, spanische und französische Zeitungen kaufen. Am meisten überraschte ihn die New Yorker Daily Herold mit Hitler-Karikatur auf der Titelseite. Das Blatt war zwar zehn Tage alt, aber er war froh, endlich wieder eine englischsprachige Zeitung lesen zu können.

Er zahlte stolze drei Reichsmark für die Zeitung und fragte den Verkäufer, den eine Melone schmückte, ob er ihm eine Gaststätte empfehlen könnte. Der deutete auf die andere Straßenseite: »Ick jeh immer in die Distille« und zeigte auf ein Etablissement neben dem Gloria-Lichtspielpalast. Gordon bedankte sich mit einem Extragroschen und überquerte die Straße. Die Distille entpuppte sich als Restaurant Kroll. Der Name entsprach nicht unbedingt seiner Bestimmung, da das Lokal eher einer riesigen Bierschwemme glich, in der auch Speisen angeboten wurden. Gordon sollte es Recht sein.

Er bestellte Königsberger Klopse sowie ein großes Pils der traditionellen Berliner Brauerei Engelhardt. Nachdem Hunger und Durst gestillt waren, dachte Gordon darüber nach, wie ihm Hauptmann Hansen nach Peenemünde, oder wenigstens in die Nähe der Insel verhelfen könnte. Seine ganze Hoffnung galt dem Besuch einer Flakeinheit. Ob in oder außerhalb Peenemündes wäre im ersten Anlauf nicht so wichtig. Die Hauptsache wäre ein Augen- und Ohrenzeugenbericht der Soldaten, die möglicherweise außerordentliche Aktivitäten in Peenemünde hätten beobachten können.

Seine andere Aufmerksamkeit richtete sich auf die Flugzeugwerke in und um Berlin sowie Anklam. Auch hier erhoffte er sich Hilfe von Wiese. Nachdem er einigermaßen seine Gedanken geordnet hatte, bestellte er ein weiteres Bier und widmete sich dem New York Daily Herold. Rechtzeitig zu seinem Termin mit Hauptmann Wiese war Gordon in sein Hotel zurückgekehrt, hatte sich frisch gemacht und in der Lobby Platz genommen.

Er hatte sich eine der für Gäste kostenlose Deutsche Allgemeine Zeitung an der Rezeption geholt und las gerade den Leitartikel des Chefredakteurs Karl Silex über Mussolinis Desaster in Griechenland, als Hauptmann Karl Wiese in Uniform und mit einer braunen Aktentasche in seiner Rechten die Halle betrat. Zunächst lud Gordon seinen Gast auf ein Glas Bier in die Hotelbar ein, doch schon bald schlug Wiese vor, einen Spaziergang durch den nahe gelegenen Tiergarten zu machen. Kaum hatten die beiden das Hotel verlassen, wechselte Hauptmann Wiese von der bisherigen belanglosen Konversation auf das wirklich wichtige Thema, das beide Männer betraf.

»Und Sie sind wirklich Engländer?«, wollte er fast ungläubig von Gordon wissen.

»Aber sicher, Brite seit Geburt«, lachte er.

»Warum fragen Sie?«

»Weil ich es kaum glauben kann. Sie sind deutscher, als die Mehrheit der Berliner. Zumindest geben Sie den Anschein. Sie sprechen völlig akzentfrei unsere Sprache, schwadronieren über die Oerlikon Kanone, als ob Sie diese erfunden hätten, und machen auf Reichsdeutsche den Eindruck, als wären Sie einer von Ihnen. Mein Kompliment, Herr Schläppi, oder soll ich Sie anders nennen?«

»Belassen wir es fürs Erste bei meinem Schweizer Namen, Herr Hauptmann«, sprach ihn Gordon offen an.

»Ich nehme an, dass Ihr Verhalten in Ihrem Büro eine reine Vorsichtsmaßnahme war, oder fühlen Sie sich bereits beschattet?«

»Nein, aber ich will es gar nicht erst darauf ankommen lassen und der Gestapo Anlass zu einer Untersuchung geben.«

»Vernünftige Einstellung, Herr Hauptmann.«

»Nein, Herr Schläppi, nicht Vernunft ist meine Triebfeder, sondern pure Angst. Wer einmal in den Fängen der Gestapo gelandet und ins KZ verbracht worden ist, sieht seine Familie nicht wieder. Daher meine Vorsicht, denn meine Maxime lautet eher die als ich! Ich habe übrigens gute Nachrichten. Ihr Gesuch, eine Flakeinheit zwecks Verbesserungsvorschläge zu besuchen, ist positiv beschieden worden. Sie könnten gleich morgen bei Oranienburg eine Batterie besuchen, wenn Sie wollen.«

Gordon schaute ihn ernst an: »Vielen Dank, Hauptmann, aber könnten Sie mir den Besuch einer Batterie in Peenemünde ermöglichen?«

Wiese schaute ganz erschrocken um sich.

»Was wissen Sie von Peenemünde? Das ist der geheimste Ort in ganz Deutschland. Selbst ich darf dort nicht hin und es ist völlig aussichtslos, die Erlaubnis für einen Besuch des Geländes zu bekommen.«

»Ich verstehe Hauptmann, wissen Sie denn, was dort gebaut und erprobt wird?«

»Keine Ahnung, Herr Schläppi. Glauben Sie mir, wüsste ich es, wären Sie der Erste, der davon erfahren würde, aber das Gelände und ihre Mitarbeiter sind völlig abgeschottet. Ich habe gehört, dass es zwei Hochsicherheitszonen geben soll, die strengstens bewacht sind. Schlagen Sie sich Peenemünde aus dem Kopf, Herr Schläppi.«

Gordon ließ nicht locker.

»Es muss ja nicht direkt die Insel Usedom sein. Beobachtungen kann man auch vom Festland aus machen. Was ist denn mit Wolgast, wäre das eine Möglichkeit?«, drängte Gordon.

»Völlig unmöglich, dort ist wegen der Peenebrücke bereits Sperrgebiet. Immerhin ist es das wichtigste Eingangstor zur Insel Usedom.«

»Aber es muss doch eine Lücke im Sicherheitskonzept geben, es gibt immer eine. Wie sieht es mit anderen Ortschaften in der Gegend aus. Wenn Peenemünde so geheim ist, wird es doch auch weitmaschig durch Flak geschützt werden. Dann kämen doch auch Dörfer der Umgebung infrage?«

Hauptmann Wiese blieb abrupt stehen.

»Vielleicht habe ich eine Lösung. Sie haben Recht, es gibt einen Flakgürtel um Peenemünde. So weit ich weiß, liegt die größte Batterie in Kröslin. Das liegt rund zehn Kilometer nördlich von Wolgast. Vielleicht lässt sich da was machen.«

»Na also, wo ein Wille, dort ein Weg. Wie ist denn die allgemeine Stimmung in Ihrem Amt, Hauptmann Wiese?«

»Dort herrscht Optimismus vor, Herr Schläppi. Man sieht das Kriegsende bereits vor sich und auch der Druck hat seit dem Frühjahr, seitdem es die Führerweisung gab, langfristige Projekte einzudampfen, nachgelassen. Es scheint, als ob sich Hitler und sein brauner Mob sich sehr sicher wähnen.«

Gordon sah die Traurigkeit in seinen Augen und ließ einige Minuten verstreichen, um Wiese eine Chance zu lassen, seinen Gedanken nachzuhängen.

»Sehen Sie eine Möglichkeit, mich mit Technikern von Telefunken, GEMA, Siemens oder Lorenz in Verbindung zu setzen? Natürlich alles im Rahmen von Erfahrungsaustausch.«

»Auch das kann ich in die Wege leiten. Es wird nur etwas dauern.«

»Kein Problem, ich habe Zeit«, erwiderte Gordon.

Oberleutnant Othmar Schmidt hatte nach der ersten Sitzung des Hochtechnologieausschusses in Abstimmung mit Walter Schellenberg seinen Terminkalender reorganisiert. Bis Neujahr wollte er noch drei Termine wahrnehmen. Zum einen den mit Hellmuth Walter in Kiel, mit Dornberger und Professor Wagner in Peenemünde sowie mit Professor Messerschmitt in Augsburg. Kiel wollte er irgendwie mit Peenemünde koordinieren, da beide Orte im Norden lagen. Das erwies sich auch als einfach zu bewerkstelligen, da Walter ihm Mittwoch, den 18. Dezember anbot.

Mit Professor Messerschmitt, den er persönlich gut kannte, hatte er Freitag, den 12. Dezember vereinbart. Der Professor hatte ihm versprochen, dass seine Sekretärin ihm ein Zimmer im Hotel Zu den Drei Mohren in zentraler Lage reservieren würde. Da seine Me 109 in Rechlin geblieben war, musste er die Reichsbahn nehmen. Um Zeit zu sparen, reservierte er ein Schlafwagenabteil im D-Zug 238, der den Anhalter Bahnhof um 21:32 verließ. Er hatte von Canaris eine Flasche Beaujolais bekommen, die ihm, wie er sagte, als Schlaftablette dienen sollte. Als der Zug um 23:58 den Leipziger Hauptbahnhof verließ, hatte der Rotwein seine Wirkung getan. Erst als Nürnberg gegen 07:00 erreicht wurde, rasselte sein Reisewecker. Nachdem er seine Morgentoilette erledigt und sich angezogen hatte, nahm er eine Tasse Kaffee im Speisewagen zu sich. Frühstücken, so hatte er mit Messerschmitt vereinbart, wollten sie zusammen im Hotel in Augsburg.

Nach der Ankunft des Zuges um 08:51 in der nach Trier zweitältesten Stadt Deutschlands, ging er in leichtem Schneetreiben zu Fuß zum Hotel. Das Palast-Hotel Zu den Drei Mohren in Augsburg war ein großes, lang gestrecktes, dreistöckiges Haus, dessen Dach mit neun Walmgauben versehen war, die einen Blick auf die Maximilianstraße zuließen. Die verband einst unter dem Namen Via Claudia Augusta das römische Augsburg, Augusta Vindelicorum, mit Rom. Über den Fenstern im ersten zweiten Stock prangten Verzierungen, die vertikal niedrigeren Fenster des dritten Stocks hingegen wiesen solchen Schmuck unterhalb des Fensterbordes auf. Die Wände der Eingangshalle mit ihrer hohen Decke waren zur Hälfte mit dunklem Kirschholz vertäfelt und über jeder der Türen spann sich ein hölzerner Bogen, der ein Mosaik einrahmte. Eine Reihe großer Sofas, die alle mit einem grün gemusterten Stoff bezogen waren, luden an den Wänden zum Verweilen ein. Ein riesiger Kronleuchter illuminierte die Halle.

In der Diele des früheren Gästehauses der Fugger befand sich der berühmte Fugger-Kamin, in dem Anton Fugger einen Schuldschein von Kaiser Karl V. im Wert von mehreren Millionen verbrannt haben soll. Zwei Porträts der Fuggers hingen links und rechts des Kamins und selbst über ihm thronte noch ein kleineres Ölgemälde, das ebenfalls ein Mitglied der Fuggers darstellte. Othmar Schmidt setzte sich in einen der Sessel und schaute in den Kamin, in dem die Reste von drei Scheiten glommen. Er war fasziniert von diesem Ort, in dem schon Mozart im Sommer 1763 genächtigt hatte. Er war so in Gedanken versunken, als sich die Hand von Messerschmitt auf seine Schulter legte.

»Na Oberleutnant, hatten Sie eine angenehme Nacht?«

Schmidt sprang wie von der Tarantel gestochen auf.

»Entschuldigen Sie bitte Professor, ich hatte Sie nicht kommen hören.«

Der Professor war eine beeindruckende Persönlichkeit, mit einem markanten Gesicht, seinen dunklen Augen, der hohen Stirn und den etwas längeren Haaren, die sich im Nacken wölbten und ihm das Aussehen eines Künstlers gaben. Und das war er auch in gewisser Weise. Ein Künstler des Leichtbaus. Beschwichtigend drückte Willy Messerschmitt den Oberleutnant zurück in seinen Sessel.

»Sie haben viel um die Ohren, da kann es schon mal passieren, dass man die Welt ums sich herum vergisst. Ich kann mir allerdings denken, was Sie nach Augsburg geführt hat. Fernmündlich taten Sie ja ganz geheimnisvoll.«

Othmar lächelte:

»Ich gebe zu, ich wollte Sie auf die Folter spannen, Herr Professor. Aber mittlerweile haben Sie ja bereits durch den Generalluftzeugmeister Udet erfahren, worum es geht.«

»In der Tat, Herr Oberleutnant und ich muss sagen, Sie enttäuschen mich nicht. Nun erzählen Sie mir mal während des Frühstücks, wie das alles so schnell gekommen ist. Ich kann es immer noch nicht fassen, dass mit einem Mal Berlin eine technische Revolution so eindeutig unterstützt, wie den Turbinenjäger.«

In der nächsten Stunde unterrichtete Schmidt den Flugzeugkonstrukteur, so weit die Geheimhaltung es zuließ, über die Wende in der deutschen Rüstungspolitik. Immer wieder entfuhr Messerschmitt ein »Donnerwetter«. Als Schmidt am Ende seiner Ausführungen angelangt war, saß ihm ein sichtlich beeindruckter Flugzeugkonstrukteur gegenüber.

»Ich habe ja immer schon an Ihr Talent geglaubt, Herr Oberleutnant, aber Sie müssen zugeben, dass Sie neben dem geschätzten Admiral Canaris einen weiteren großen Gönner haben, nämlich Himmler. Wie kommt es, dass Sie so hoch in der Gunst des Reichsführers SS stehen?«

»Wenn ich das wüsste, wäre ich klüger, aber ich muss zugeben, ich habe keine Ahnung. Vielleicht erfahre ich es in der Zukunft. Entscheidend ist nur, dass wir den technischen Vorsprung ausbauen und Turbinen- und Raketenjäger zur Serienreife entwickeln können. Und das mit allen uns zur Verfügung stehenden Mitteln.«

»Und jetzt scharren Sie bestimmt schon mit den Hufen, um endlich unseren Turbinenjäger zu begutachten, stimmt's?«

Othmar Schmidt lachte ihn an: »Und ob Professor. Anschließend wäre ich Ihnen dankbar, wenn Sie mir Alexander Lippisch und sein Team vorstellen würden. Denn wenn ich schon mal hier bin, möchte ich natürlich auch unsere weitere Priorität, die Me 163, sehen.«

»Das sollen Sie haben, mein lieber Schmidt, aber zunächst zeige ich Ihnen noch etwas anderes, ein ebenso streng geheimes Projekt, an dem wir schon seit 1937 arbeiten.«

Schmidt stutzte. Wovon redete der Professor? Von einem weiteren Geheimprojekt der Luftwaffe hatte er keine Ahnung. Nun, er würde sich überraschen lassen.

Messerschmitt war selbst mit seinem BMW 327 Sport-Cabriolet zum Hotel gekommen, um Othmar abzuholen. Seine Laune war bestens und er freute sich offensichtlich diebisch, den jungen Abwehr Offizier und Förderer seines Turbojägers Projektes seinen Mitarbeitern präsentieren zu können. Sie fuhren die Haunstätter Landstraße, die ehemalige Via Claudia Augusta, entlang, bis sie das Werksgelände erreichten.

Für Othmar Schmidt war Willy Messerschmitt so was wie ein väterlicher Freund. Das ergab sich, da er Messerschmitt als Dozent an der TH München kennenlernte, der das Talent seines Studenten auf Anhieb erkannte und förderte. Othmar Schmidt schätzte den Professor sehr. Insbesondere sein Wille, den Traum vom Flugzeugbau und damit seine Selbstständigkeit zu verwirklichen, hatten ihm imponiert.

Dennoch hatte er einen gewissen Abstand gehalten, da ihn Messerschmitts ambivalenter Charakter irritierte. Auf der einen Seite erwies er sich ihm gegenüber wie ein Gönner, andererseits galt er als Einzelgänger ohne Freunde, der anderen Menschen mit Kälte und Mitleidlosigkeit begegnen konnte. Vielleicht ist er aber nur ein einsamer Mensch dachte er, als sie sich dem Werksgelände näherten.

Die Schranke am Haupteingang hob sich automatisch, sobald der Pförtner den Wagen des Chefs erkannt hatte. Anstatt direkt zum fünfstöckigen Hauptgebäude und zum Büro Messerschmitts zu fahren, kurvte dieser mit Othmar durch das weitläufige Werksgelände. Vorbei am Konstruktions- und Fertigungsbüro, an einer lang gestreckten Baracke entlang, bis sie vor der Halle des Attrappenbaus hielten. Messerschmitt zog einen Sicherheitsschlüssel hervor und öffnete eine stählerne Seitentür. Drinnen war es dunkel, bis auf die Strahlen des diffusen Tageslichtes. Der Professor fand den zentralen Lichtschalter, der die Halle in gleißendes Licht tauchte. Schmidt erschrak. Ein Monstrum eines viermotorigen Bombers mit voll verglaster Kanzel tauchte vor ihm auf.

»Was ist das?«, fragte er verdattert.

»Der Amerikabomber!«, erwiderte Messerschmitt voller Stolz.

»Ich versteh nicht …«, stotterte Schmidt, den der Anblick völlig unvorbereitet traf.

»Das können Sie auch nicht«, beschwichtigte Messerschmitt ihn.

»1937 hatte ich Göring und Hitler zu Besuch im Werk. Bei einem Essen hat Hitler einen langen Monolog über seine Absicht gesprochen, eines Tages Amerika anzugreifen, das er als Hort des Weltjudentums mit Roosevelt als ihren jüdischen Präsidenten betrachtete. An diesem Tag hat er mich gefragt, ob ich einen Bomber entwickeln könnte, der in der Lage wäre New York mit mehreren Tonnen Bomben anzugreifen. Ich habe darauf sinngemäß geantwortet, dass wir solch ein Flugzeug bauen könnten. Wir haben dann diese Attrappe gebaut, damit er eine Vorstellung bekäme. Er war begeistert.«

Nun war es an Schmidt, entgeistert zu sein.

»New York bombardieren? Wie soll das bei der riesigen Entfernung gehen?«

»Wir werden eben an die Grenzen gehen müssen, den Leichtbau zu einer Kunst erheben«,

begeisterte sich Messerschmitt.

»Ist denn ein Prototypenauftrag schon erteilt worden?«

»Noch nicht, aber wie ich erfahren habe, wird Göring uns Anfang nächsten Jahres den Zuschlag geben.«

Willy Messerschmitt ergötzte sich an der Reaktion von Schmidt, der um den riesigen Bomber umherstrich, um die Dimensionen zu erfassen.

»Wissen Sie Schmidt, Generalmajor Walther Wever, seit März 1935 bis zu seinem zu frühen Unfalltod im Juni 1936 Chef des Generalstabes der Luftwaffe, war ein Visionär. Wever hatte die Idee einer strategischen Luftkriegsführung von Giulio Douhet, unter der 1934 die Bombertypen Dornier Do 19 und Junkers Ju 89 gebaut wurden, wieder aufgegeben. Stattdessen trieb er die Entwicklung einer kleinen, weittragenden Flotte viermotoriger Bomber, den sogenannten Uralbombern, voran. Das Konzept wurde unter seinen Nachfolgern Stumpff und Jeschonnek zugunsten zielgenauerer Flugzeuge, wie der Ju 87 und für die Gefechtsfeldabriegelung und die Bodenbekämpfung der gegnerischen Luftwaffe besser geeigneter Schnellbomber Heinkel He 111, Dornier Do 17, Dornier Do

217, und Junkers Ju 88, wieder eingestellt. Ein großer strategischer Fehler, wie wir mittlerweile wissen.«

Mittlerweile hatte Schmidt seine Fassung wieder gefunden.

»Und Sie glauben, dass dieses Projekt realisiert werden wird?«

»Der Führer will eines Tages Amerika angreifen und dafür braucht er diese Maschine«, konterte Messerschmitt trotzig.

Nach einigen Minuten verließen sie den Hangar.

»Wenn man diese Maschine schon im Frühjahr gehabt hätte, wäre die Luftschlacht um England anders verlaufen«, war Othmars finaler Kommentar.

Messerschmitt nahm es mit Genugtuung zur Kenntnis. Während sie zurück zu Messerschmitts Auto gingen, um zu seinem Büro zu fahren, sagte der Professor: »Ich habe meine wichtigsten Mitarbeiter gebeten, Sie in einem kurzen Vortrag über unsere bisherigen Arbeiten bezügliche des Turbinenjägers mit der Codenummer P 1065 im Konferenzraum zu unterrichten. Sie können aber davon ausgehen, dass meine Herren versuchen werden Druck wegen der Triebwerke auf Sie auszusetzen. Der Zeitverlust nervt sie nämlich enorm und sie glauben, dass das RLM nicht genug unternimmt, um sowohl BMW als auch Junkers zu Höchstleistungen anzuspornen.«

Schmidt nickte: »Das kann ich nachvollziehen und dementsprechend stehen die Strahltriebwerke ganz oben auf unserer Prioritätenliste.«

Die kurze Fahrt zum Hauptgebäude dauerte nur Minuten, und als sie in Messerschmitts Büro eintrafen, konnten sie bereits Stimmengewirr aus dem angrenzenden Konferenzsaal hören. Beide Männer übergaben ihre Mäntel an Messerschmitts Vorzimmerdame. Der Professor war wie immer wie aus dem Ei gepellt und trug zu seinem dunklen dreiteiligen Anzug eine geschmackvolle Krawatte.

Mit einem Ruck zog der die gläsernen Schiebetüren auseinander und ließ Othmar den Vortritt. Ein lang gestreckter Tisch mit jeweils acht gepolsterten Ledersesseln nahm fast die Gänze des Raumes ein. Zwei Deckenleuchter mit jeweils acht Alabastergläsern leuchteten den Saal aus und ließen das Parkett schimmern. Die Stimmen der fünf Anwesenden verstummten, als der Chef den Raum betrat.

»Meine Herren, ich möchte Ihnen Oberleutnant Othmar Schmidt vom Hochtechnologieausschuss vorstellen Herr Oberleutnant, hier sehen Sie die Väter des Turbinenjägers. Zur Linken der Leiter unseres Projektbüros, Dr. Waldemar Voigt und seine Mitarbeiter, Ludwig Bölkow, Wolfgang Degel und Karl Althoff, zur rechten Riclef Schomerus, Leiter unserer Abteilung für Aerodynamik und Flugmechanik und sein Mitarbeiter Walter Eisenmann.«

Doch zunächst war es Messerschmitt, der die passenden Worte für die ersten beiden Jahre des Projektes fand.

»Wir haben bereits 1937 Kenntnis von den neuen Strahltriebwerken erhalten und im Herbst des drauffolgenden Jahres lud das RLM zu einer

Informationssitzung ein, in der die Karten auf den Tisch gelegt wurden. In Berlin erhoffte man sich einen süddeutschen Entwicklungsschwerpunkt mit BMW und uns. Wir haben dann anschließend sofort mit den Planungen begonnen, wobei wir einen einstrahligen Jäger wegen der besseren Aerodynamik und des geringeren Gewichts bevorzugten. BMW hatte inzwischen die Brandenburgische Motorenwerke, kurz Bramo genannt, übernommen und übergab die Entwicklung der Strahltriebwerke an Dr. Hermann Oestrich in Berlin-Spandau. Und jetzt ist der Moment gekommen, an dem Dr. Waldemar Voigt Ihnen das Projekt näherbringen sollte.«

Der Professor lud mit einer Handbewegung dazu ein, Platz zu nehmen und setzte sich in seinen Sessel am Kopfende des Tisches. Dr. Voigt war ein jugendlicher Ingenieur, Ende dreißig, mit weichen Gesichtszügen und hellwachen Augen. Er schien den Moment zu genießen, dieses außergewöhnliche Projekt vorzustellen.

»Wie der Chef schon ausführte, haben wir schon früh damit begonnen, die Zelle zu entwickeln. Im Juni 1939 waren wir in der Lage dem RLM ein Projektangebot zu unterbreiten. Darin projektierten wir einen Verfolgungsjäger, der mit zwei BMW Triebwerken mit je 600 kp Schub ausgerüstet werden sollte. Die Geschwindigkeit sollte in 3000 Meter Höhe bei hundert Prozent Leistung 840 km/h betragen. Wir hatten von vornherein eine Druckkabine vorgesehen. Außerdem entschlossen wir uns für eine herkömmliche Fahrwerksauslegung mit breiter Spur und Spornrad.«

»Entschuldigen Sie bitte Dr. Voigt«, unterbrach Schmidt den Redeschwall, »ich war bisher der Ansicht, dass seit den Untersuchungen von Professor Kamm vom Forschungsinstitut für Kraftfahrwesen und Fahrzeugmotoren die Vorteile des Bugrades auf der Hand lägen. Warum kommt dieses Bugrad in Ihrem Entwurf nicht zum Tragen?«

»Sehr einfach, Herr Oberleutnant. Erstens fehlt uns der Raum und zweitens wollen wir uns das erhebliche Mehrgewicht ersparen«, erklärte Dr. Voigt und fuhr in seinem Vortrag fort.

»Im September begannen wir mit den Berechnungen und Zeichnungen. Das war auch ungefähr der Zeitpunkt, an dem Dr. Anselm Franz seine Arbeiten bei Junkers am Jumo 004 Triebwerk begann. Im März dieses Jahres haben wir den Grundentwurf nochmals verbessert. Jetzt haben wir einen annähernd dreieckigen Rumpfquerschnitt mit abklappbarem Rumpfbug für die Waffenkanzel mit drei Maschinenkanonen, gepfeilte Außenflügel, um den Schwerpunkt durch die schweren Triebwerke zu korrigieren, Katapultsitz, Druckkabine, Sturzflugbremse, Bremsfallschirm und speziell geschützte Tanks. Seit dem Sommer stellen wir bereits Teile für die Versuchsmaschine V1 – V5 her. Das ist der Stand der Dinge, Herr Oberleutnant. Jetzt warten wir sehnlichst auf die endgültige Zusage aus Berlin und natürlich händeringend auf die Triebwerke. Rein theoretisch könnten wir im Frühling mit der Erprobung beginnen.«

Professor Messerschmitt ergriff jetzt wieder das Wort.

»Mittlerweile haben wir auch intern eine Bezeichnung für diesen Typ, es ist die Me 262. Wenn meine Kollegen nichts dagegen haben, möchte ich jetzt Oberleutnant Schmidt die Gelegenheit geben, die Fragen zu stellen, die ihm unter den Nägeln brennen.«

Die nächsten beiden Stunden vergingen wie im Fluge. Eine hitzige Diskussion entwickelte sich um den Komplex Triebwerk, der offensichtlich das Tempo der Flugzeugbauer drastisch verlangsamte. Schmidt konnte den Ingenieuren glaubhaft versichern, dass alle Hersteller der neuen Strahltriebwerke ab sofort mit den notwendigen Mitteln ausgestattet würden und damit ihr Entwicklungstempo entscheidend beschleunigen würden.

Großen Beifall bekam Schmidt bei der Erwähnung des Erlasses, Wissenschaftler und Techniker, die sich an Projekten des Hochtechnologieausschusses beteiligten, vom Wehrdienst zu befreien. Man konnte Messerschmitt und seinen Mitarbeitern förmlich ansehen, wie sehr sie diese Nachrichten motivierten. Erst als der Professor mit einem Blick auf die Uhr kundtat, dass es Zeit wäre, die Konferenz aufzulösen, um sie bei einem Abendessen im Hotel Zu den drei Mohren fortzusetzen, kam die Runde zur Ruhe. Als die Herren den Konferenzraum verlassen hatten, machte Messerschmitt noch eine Bemerkung, die Schmidt aufhorchen ließ.

»Ich hoffe, dass es Ihnen gelingt, den Einfluss von Staatssekretär und Generalfeldmarschall Milch zu begrenzen. Ich bin mir nicht sicher, ob er ebenso tatkräftig die Turbinenjäger unterstützen würde, Udet. Doch genug der Unkenrufe. Ich zeige Ihnen jetzt erst mal die Raumattrappe unseres neuen Flugzeugs, die zurzeit in derselben Halle untergebracht ist, in der Lippisch und sein Team arbeiten.«

Diesmal gingen sie zu Fuß und Messerschmitt fuhr unentwegt fort, von dem Turbinenjäger zu schwärmen, der seiner Meinung nach die gesamte Taktik und Strategie des Luftkampfes verändern würde. Die Abteilung L befand sich im westlichen Teil der Firma, in unmittelbarer Nähe des Werkflugplatzes. Als sie die Halle des Attrappenbaus hinter sich gelassen hatte, bogen sie nach links ab, schlenderten am Gebäude der Versuchseinfliegerei vorbei und betraten durch einen Seiteneingang die Flugzeughalle. Und hier war sie nun, zwar nur als Attrappe, aber gut genug, um einen Eindruck zu bekommen.

»Ein Meisterwerk der Metallbildhauerei«, stellte Schmidt respektvoll fest und strich um den Rumpf des Flugzeuges herum.

»Schon in diesem Zustand vermittelt sie mir das Bild eines Haifisches«, setzte er seine Begutachtung fort.

»Dieses Design von schwer zu übertreffender Leichtigkeit, Harmonie und Eigenständigkeit«, schwärmte Schmidt bewundernd.

»Ich kann es gar nicht abwarten, diesen Vogel in seinem Element zu sehen, Professor.«

»Wir warten nur noch auf die Triebwerke, Oberleutnant. Von uns aus könnte es morgen losgehen!«

Schmidt konnte sich nur mit Mühe von der Me 262 losreißen, doch er erkannte in der hinteren Ecke der riesigen Halle die markanten Züge Lippischs. Dr. Alexander Lippisch stand mit einigen seiner Mitarbeiter um ein kleines schwanzloses Flugzeug gebaut, das Othmar in dieser Form noch nie gesehen hatte.

»Guten Morgen Messerschmitt«, begrüßte sie gut gelaunt der Konstrukteur.

Lippisch war ein groß gewachsener Mann, mit einem hageren langen Gesicht und ausgeprägten Geheimratsecken, der seine Haare straff nach hinten gekämmt hatte.

»Ich habe Ihnen einen Besucher mitgebracht, der Ihre gute Laune sogar noch steigern wird. Oberleutnant Othmar Schmidt vom Hochtechnologieausschuss in Berlin. Sie wissen, der Ausschuss, der uns das Leben erheblich leichter machen wird.«

»Hochtechnologie, das höre ich gerne in unserem Zusammenhang«, griente Lippisch.

»Darf ich Ihnen einen Teil meiner Mannschaft vorstellen, Herr Oberleutnant? Rudolf Rentel, der Leiter unsereres Konstruktionsbüros, Erich Görner unser Statikchef, die Ingenieure Blank, Betzold, Werkstattleiter Karl Hamburger und unser Testpilot Heini Dittmar.«

Schmidt schüttelte jedem der ihm Vorgestellten die Hand und sagte mit Blick auf die Flugmaschine: »Und das hier ist also der geheimnisvolle Interzeptor?«

»Dies hier ist die Me 163 A V4«, antwortete Lippisch.

»Diese Version ist noch nicht die endgültige Variante, denn die muss erheblich mehr Treibstoff und Waffen tragen. Wir nutzen sie aber bereits im Schlepp- und Gleitflug, um ihre Flugeigenschaften zu testen. Den Erstflug hat Heini Dittmar bereits im Oktober hinter einer Me 110 gemacht.«

»Und was macht sie so einzigartig?«, fragte Schmidt.

Jetzt war es an Dr. Wurster vom Projektbüro, die Feinheiten ihrer Höllenmaschine zu definieren.

»Dieser einsitzige Mitteldecker ist ein schwanzloser Raketeninterzeptor mit abwerfbarem Fahrwerk, ausfahrbarer Landekufe, die mittels Hydraulik bewegt wird und festem Sporn. Das zweiholmige Tragwerk ist aus Holz, der Rumpf in Ganzmetallschalenbauweise gefertigt. Das Seitenleitwerk ist am Rumpfende verschraubt. Interessant ist auch die Steuerung der verschiedenen Ruder. Diese sowie alle Klappen werden mittels Stoßstangen, Torsionswellen, Spindel- und Kegelradgetriebe betätigt. Das Gewicht beträgt inklusive Triebwerk 1100 Kilogramm. Dazu kommen die gleiche Menge an Treibstoff und das Gewicht des Piloten samt Ausrüstung.«

»Und warum die Pfeilung der Tragflächen?«, wollte Schmidt wissen.

»Weil sich durch Versuche ergeben hat, dass eine 23-Grad-Pfeilung optimal für die Geschwindigkeit von mehr als 1000 km/h ist«, ergänzte Dr. Lippisch.

»Mehr als 1000 km/h? Mit Holzflügeln?«

»Wir haben eine ganze Menge Hirnschmalz und neue Materialien verbraucht«, mischte sich der Werkstattleiter ein, »um es sicher zu machen. So nutzen wir zum Beispiel einen neuartigen Klebstoff einer Firma aus Kirchheim/Teck, um Beschläge an Holz zu kleben«, erklärte er stolz.

»Wie beim Modellflugzeug? Ich kann das kaum glauben«, sagte Schmidt verblüfft.

Dr. Lippisch griff dankbar den Faden auf.

»Das Flugproblem hat zu allen Zeiten die genialsten Köpfe zum Nachdenken angeregt, und es hat nicht an Erklärungen gefehlt, denen indessen jegliche Bestätigung durch Versuche fehlte. Solange nicht das mit einfachsten Mitteln zusammengebastelte Modellflugzeug ein Studium der physikalischen Grundlagen des Fluges erlaubt, ist alle Mühe, dies mit bemannten Flugzeugen zu tun, vergebens. Und Klebstoff gibt es schon seit Tausenden von Jahren. Unser Werkstattmeister Karl Hamburger ist darin ein Experte, nicht wahr, Karl?«

»Und wie fliegt sich die verleimte Kiste, Herr Dittmar?«

»Wie aus einem Guss, Oberleutnant! Im Sommer hatte ich erstmalig das Vergnügen im Schlepp einer Me 110 die Qualitäten des neuen Flugzeuges zu sondieren. Ich kann Ihnen sagen, dass dieses Flugzeug ein großer Wurf ist. Die zwei Bemerkungen, die ich nach den ersten beiden Flügen zu machen hatte, waren das Fehlen von Landeklappen und der Vorschlag Vorflügel anzubringen. Dies wurde korrigiert und jetzt sind auch die Landung und Sturzflüge kein Problem mehr. Die andere Beobachtung, die ich gemacht habe, ist die, dass dieser Typ selbst ohne Antrieb unglaublich schnell ist.«

»Und warum gib es kein richtiges Fahrwerk?«

»Weil die Rumpfkonstrukteure Hubert und Kraemer eine weitere revolutionäre Innovation eingebaut haben. Sie wagten nämlich das Rumpfmittelstück ohne speziellen Tank, sondern gleich als integralen Kraftstoffbehälter zu konstruieren. Damit war natürlich der Platz für ein Fahrwerk vergeben.«

»Wann wird das Triebwerk eingebaut?«, setzte Schmidt nach.

»Das ist unser großes Problem«, mischte sich Dr. Lippisch ein.

»Die Walter Werke kommen nicht aus dem Quark. Seit Monaten kämpfen sie mit Schwierigkeiten und vertrösten uns von einem Termin auf den anderen.«

«Ich bin in einigen Tagen mit Hellmuth Walter in Kiel verabredet. Dann kann ich mir ein Bild der Lage machen und werde Sie umgehend informieren. Aber jetzt würde ich eigentlich mehr über Ihren Wundervogel hören und welche Aufgabe Sie ihm zuordnen.«

Messerschmitt verabschiedete sich kurz und informierte Lippisch von dem geplanten Abendessen in Augsburg, zu dem er noch Heini Dittmar und Rudolf Rentel einlud. Oberleutnant Othmar Schmidt war begeistert, wie er von Lippisch und seinen Mitarbeitern akzeptiert wurde. Sie bombardierten ihn natürlich über den neuen Ausschuss, die Bedeutung für ihr Projekt und die überraschende Tatsache, dass die Führung endlich die Möglichkeiten ihrer Innovation erkannt hatte.

Schmidt erfuhr, dass an der Me 163 eine Reihe von neuen Materialien und Techniken erstmalig zum Einsatz kamen. Insbesondere die Tankdichtung war eine Herausforderung, da ein neuartiger Kunststoff, Mipolam, zur Tankisolation, als Dichtstoff und Kitt eingesetzt wurde. Ein anderes Problem war die Ölversorgung der Hydraulik, da es ja keinen ständig laufenden Kolbenmotor oder elektrischen Generator gab. Der Lippisch-Techniker Armbrust löste es, in dem er einen Drucköl-Akkumulator integrierte.

Es war etwa 17:00, als sich die Runde auflöste und Schmidt die Straßenbahn zurück nach Augsburg nahm. Er musste zugeben, er war beeindruckt. Seine erste Begegnung mit den Machern des Raketenvogels hatte er sich nicht so vorgestellt. Ihr Enthusiasmus wirkte in der Tat auf ihn euphorisch. Als die Tram den Adolf-Hitler-Platz erreicht hatte, stieg er aus und ging durch die Dunkelheit zur Maximilianstraße ins Hotel. Messerschmitt hatte das Essen für 20:00 angesetzt, so blieb noch Zeit für ein kleines Nickerchen.

Der Abend erwies sich als Volltreffer. Die Atmosphäre war entspannt. Messerschmitt badete in einem Hochgefühl, das er sicher brauchte, bei allen Problemen, die er mit der Me 210 zurzeit hatte. Diese Maschine sollte die Me 110 und Ju 87 ablösen und Ziele am Boden mit Bomben und feindliche Flugzeuge mit Bordwaffen bekämpfen. Alle Teilnehmer dieses Abendessens waren sich einig in dem Gefühl, dass nun endlich der Zeitpunkt gekommen war, ihr gesamtes technologisches Potenzial in die Waagschale Deutschlands werfen zu können.

Es war daher nur natürlich, dass sowohl Messerschmitt als auch Lippisch die Gelegenheit nutzten, und Schmidt ihre Visionen für die Generation von Turboflugzeugen darlegten. Dabei wurde ihm klar, wie sehr Messerschmitt die Zukunft dieser neuen Jägergeneration in wendigen, einstrahligen Maschinen sah. Für ihn war bereits die Me 262 Technik von gestern. Nur leider hatte er noch nicht die zuverlässigen starken Triebwerke, die seine Vision hätte antreiben können. Es blieb ihm daher nur die Alternative der zweistrahligen Me 262. Professor Messerschmitt verabschiedete sich widerwillig gegen 23:00, doch private Gründe zwangen ihn zu seinem ungewollt frühen Abgang. Zuvor verabredeten sie engen Kontakt zu halten und Schmidt musste versprechen, regelmäßig den Fortgang der Arbeit am Turbinenjäger persönlich in Augenschein zu nehmen.

Das gab aber Schmidt auch die Möglichkeit einer Unterhaltung mit Messerschmitts Chefkonstrukteur Dr. Waldemar Voigt über die Probleme mit der Me 210. Zunächst zierte sich der Ingenieur über Interna zu reden, doch schließlich brach der Frust seinen Bann und Schmidt bekam einen Eindruck der Arbeitsumstände, unter denen die Ingenieure unter dem Professor arbeiten mussten. Die Me 210 war eine Schöpfung von Voigt, doch unterließ es Messerschmitt auch in diesem Fall nicht, sich permanent in jedes Detail einzumischen. Eigentlich sah der Entwurf Voigts einen längeren Rumpf vor, der perfekt zum Gesamtkonzept passte. Doch Messerschmitt beharrte aus Gewichtsgründen, wie er sagte, auf den kürzeren Rumpf.

»Manchmal steht dieser geniale Konstrukteur sich selbst im Weg«, seufzte Voigt und nippte an seinem Dornfelder. Als sich die Runde weit nach Mitternacht auflöste, hatte Schmidt den Eindruck gewonnen, nicht nur bahnbrechende Arbeit gesehen zu haben, sondern auch neue Freunde gewonnen zu haben. Mit diesem Gefühl ließ es sich im Zu den drei Mohren vortrefflich schlafen. Viele Stunden blieben ihm nicht mehr, denn sein D-Zug 239 sollte Augsburg schon um 09:01 verlassen.

Gordon Schmitt musste einige Tage warten, bis er von Hauptmann Wiese wieder am 13. Dezember hörte. »Es tut mir leid, dass es so lange dauerte, doch einige der Herren, die ich ansprechen wollte, waren nicht so einfach zu erreichen. Ich konnte den Telefunken Ingenieur Karl Reiter dazu bewegen, sich mit Ihnen zu treffen. Als er hörte, dass Sie im Esplanade residieren, wollte er unbedingt, dass ich ihm ein Treffen bei Ihnen im Hotel arrangiere.«

Schmitt schaute ihn verdutzt an: «Wieso denn das?«

»Ich denke, er vermisst ein wenig Luxus in Kriegszeiten«, grinste der Hauptmann.

»Vielleicht hilft Ihnen das auch, denn möglicherweise lockert Alkohol seinen Redefluss.«

»Gar kein so übler Gedanke«, bedankte sich Gordon für den Tipp.

»Wenn Sie mir jetzt noch eine Idee geben könnten, wohin ich mit dem Telefunken Menschen gehen sollte, wäre ich Ihnen unendlich dankbar.«

»Probieren Sie mal den Wintergarten«, schlug Wiese vor.

»Wann soll dieses Treffen denn stattfinden?«

»Morgen Abend um 19:00«, antwortete Hauptmann Wiese.

Gordon nickte dankend.

«Dann bleibt mir ja genug Zeit, um noch Karten für den Wintergarten zu besorgen.«

»Das kann am besten der Portier, Herr Schläppi. Diese Brüder haben immer die besten Sitzplätze, wenn man Ihnen das richtige Trinkgeld gibt.«

»Noch so ein guter Rat«, grinste Gordon.

»Konnten Sie auch diesen Major Luchs im RLM erreichen?«

»Ja, das wollte ich Ihnen gerade mitteilen. Der würde Sie gerne am Montag, den 16. Dezember gegen 10:00 gerne sehen. Aber machen Sie sich keine allzu großen Hoffnungen. Ich habe eher das Gefühl, der wollte mir nur einen Gefallen tun.«

»Das macht nichts«, erwiderte Gordon, »Hauptsache, ich kann erst einmal einen Kontakt etablieren, dann sehe ich weiter. Aber wie sieht der Besuch bei einer Flakabteilung aus?«

»Auch hier hatte ich Glück, Herr Schläppi.«

Er reichte Gordon einen Passierschein und einen Zettel mit Adresse und Namen des kommandierenden Offiziers der Flak Batterie in Kröslin.

»Leutnant Diederichsen erwartet Sie am 17. Dezember. Da die Zugverbindungen nach Wolgast unzureichend sind, hat er angeboten, Sie um 10:50 am Bahnhof in Greifswald abholen zu lassen. Er schien ganz erpicht darauf zu sein, einen Oerlikon Repräsentanten zu treffen, um über Verbesserungen zu debattieren. Da scheinen Sie richtig Glück zu haben.«

Hauptmann Wiese lehnte sich zufrieden zurück. Mehr konnte er im Augenblick für den Agenten nicht tun.

»Ich stehe in Ihrer Schuld, Herr Hauptmann«, bedankte sich Gordon bei dem Heereswaffenamt Offizier.

»Ich hoffe, ich kann mich irgendwie revanchieren.«

»Das werden Sie auch irgendwann können, Herr Schläppi. Falls die Gestapo mir auf die Schliche kommen sollte, hoffe ich, dass Sie meine Frau und mich aus Deutschland herausholen.«

»Ich werde mein Möglichstes tun, Herr Hauptmann«, versuchte Gordon den deutschen Offizier zu beruhigen.

»Wenn der Zeitpunkt gekommen sein sollte, wir werden einen Weg finden, das verspreche ich Ihnen.«

»Wie sehen denn ihre Pläne aus? Fahren Sie nach der Reise nach Kröslin zurück in die Schweiz?«

»Ich bin mir noch nicht sicher, Herr Hauptmann. Das will ich von den Gesprächen und meinem Ausflug an die Peene abhängig machen. Aber seien Sie sicher, wir werden uns definitiv im nächsten Jahr wieder sehen.«

Der Samstagabend mit dem Telefunken Ingenieur Karl Reiter war informativ. Er konnte Reiter zwar keine Informationen hinsichtlich der Radarentwicklung entlocken, doch erfuhr er so manch Interessantes über Knickebein. Zwischen Wiener Schnitzel und den Darbietungen eines Jongleurs begann Reiter von sich aus über dieses streng geheime Projekt zu erzählen.

»Das ist den Tommys sowieso bekannt«, erwiderte er auf Gordons Einwand, dass diese Information doch sicher nicht für seine Ohren bestimmt wäre. Der Alkohol tat bereits seine Wirkung. Was er erfuhr, war R.V. Jones und seiner Truppe im Prinzip bekannt, und setzte sie daher auch in die Lage das Leitstrahlsystem zu stören.

Doch die Einzelheiten aus dem Munde eines der Entwickler war spannend genug. So erfuhr er, dass Knickebein im offiziellen Sprachgebrauch X-Leitstrahlbake hieß. Entwickelt wurde es bei Telefunken von dem Ingenieur Johannes Plendl und beruhte auf einem innovativen Blindflugsystem von Carl Lorenz, das bereits seit 1934 auch zivil eingesetzt worden war. Die übrigen Informationen, die Knickebein betrafen, bestätigten ihre eigene Erkenntnisse.

Als Gordon nach einer weiteren Flasche Wein Reiter nach dem X-Gerät ausfragen wollte, grinste dieser nur leicht debil und wurde stumm wie ein Fisch. Offensichtlich war er in einem kurzen Moment der Nüchternheit von seiner eigenen Geschwätzigkeit erschrocken. Nur mit Mühe gelang es ihm am Ende des Abends ein Taxi für Reiter zu organisieren und mit viel Geduld konnte er Telefonnummer und Adresse seines mittlerweile volltrunkenen Gastes entlocken.

Anschließend ging er zurück ins Esplanade, genehmigte sich noch einen Drink an der Bar und suchte anschließend im Kursbuch nach der Bahnverbindung, die ihn pünktlich nach Greifswald bringen würde. Im Kursbuch fand er eine Schnellzugverbindung nach Stralsund, die ihn zum verabredeten Zeitpunkt nach Greifswald bringen würde. Der SF D25 war ein Fronturlauberzug, der mit Wagen für den öffentlichen Verkehr ausgestattet war, jedoch nur über eine begrenzte Anzahl an Plätzen verfügte.

Den Nachmittag verbrachte er mit ausgedehnten Wanderungen durch Berlin und besuchte dabei auch das Gelände zwischen dem Bahnhof Zoo und dem Tiergarten. Dort stieß er auf eine riesige Baustelle, auf der fast hundert Arbeiter beschäftigt waren, die enorme Ausschachtungen durchführten. Die Dimensionen waren gigantisch, aber er konnte sich keinen Reim darauf machen, wozu die Arbeiten dienten.

Als er am Dienstagmorgen um 07:20 am Stettiner Bahnhof eintraf, war er von der neuromanischen Architektur beeindruckt. Das Bahnhofsgelände lag in einem düsteren Vergnügungsviertel zwischen der Weidendammer Brücke und Invalidenstraße und war der Berliner Ferienbahnhof, der die Reisenden an die Ostsee, der Badewanne Berlins brachte. Am Fahrkartenschalter musste Gordon für die Rückfahrtkarte 2. Klasse vierundzwanzig Reichsmark und einen Schnellzugzuschlag von sechs RM bezahlen. Eine 1. Klasse gab es nicht. Im Gegensatz zu dem exklusiveren ‚Schwedenzug' D 13, der täglich um 10:35 Berlin verließ und bis Saßnitz Hafen auf Rügen fuhr, gab es in seinem D-Zug keinen Speisewagen, was Gordon missmutig zur Kenntnis nahm. Er ging zum Bahnsteig F. und nahm dankend das Angebot eines Kiosks entgegen, der eine Tasse Kaffee für 15 Pfennige anbot. Danach bestieg er den Zug, der pünktlich um 07:40 den Bahnhof verließ. Der Zug fuhr durch Eberswalde, am Kloster Chorin und dem Parsteiner See vorbei über Angermünde, Prenzlau, Pasewalk und Anklam nach Greifswald. Die Landschaft war öde und verlassen, was aber auf den Dezember zurückzuführen war.

»Im Sommer muss es hier wunderschön sein«, sagte er versonnen zu sich selbst.

Am Bahnhof Greifswald holte ihn ein Soldat der Batterie ab. Der Landser, der sich als Gefreiter Ernst Ewald vorstellte, war ein wortkarger Typ, der seinen Opel Olympia mit großer Routine bewegte, was angesichts eines unsynchronisierten Vierganggetriebes nicht selbstverständlich war.

»Wir werden nicht durch Wolgast fahren«, brummte er, »da sind mir zu viele Kettenhunde.«

»Kettenhunde?«, fragte Gordon.

»Na, Feldjäger oder Militärpolizei, wie Sie sagen«, grinste der Gefreite. »Die machen sich nur wichtig und kosten uns zu viel Zeit. Ich kenne da eine Abkürzung durch den Ziesebruch«, und bog von der Bahnhofstraße in die Wolgaster Landstraße ab.

Die nächsten 25 Kilometer ging es in flotter Fahrt über die gut ausgebaute Landstraße bis zum Dörfchen Katzow. Dort folgte er einer schmalen gewölbten Kopfsteinpflasterstraße, die über den Weiler Netzeband und durch ein Waldgebiet bis nach Groß Ernsthof führte. Dort stießen sie auf die Krösliner Chaussee. Als sie den Ort erreichten, bog der Gefreite, ohne die Geschwindigkeit zu verringern, in die Hafenstraße ab und fuhr diese entlang, bis er nach einigen Hundert Metern vor mehreren Baracken hielt. Hinter den Hütten konnte Gordon die langen Geschützrohre der 88-Millimeter-Kanonen und die kürzeren der 20-Millimeter-Vierlinge und 37-Millimeter-Flak erkennen.

»Willkommen bei der 1. Batterie des Flak-Regiments 33«, begrüßte ihn Oberleutnant Diederichsen.

»Wie wäre es mit einer Tasse Kaffee?«

Gordon konnte sein Glück kaum fassen und nahm dankend an.

»Ich bin überrascht und zugleich erfreut, dass ein Vertreter von Oerlikon wissen will, ob wir Verbesserungsvorschläge zu bieten hätten. Von der deutschen Industrie hat solch eine Bitte noch nie jemand geäußert.«

Der Oberleutnant entpuppte sich als jovialer Batteriechef und bot zunächst einen Rundgang durch die Stellung an. Das war an sich nichts Ungewöhnliches, denn eine Flak Batterie hatte nichts Geheimnisvolles an sich. Bis auf ihre Radareinrichtungen. Doch davon war weit und breit nichts zu sehen. Gordon kümmerte dies nicht, denn bislang war man in London nicht davon ausgegangen, dass die deutsche Flugabwehr nach Radar schießen würde. Dementsprechend war er auch nicht auf das Thema Flak und Radar sensibilisiert worden.

«Viel los ist hier aber nicht«, stellte Gordon lakonisch fest.

»Meinen sie das Freizeitangebot?«, lachte Diederichsen.

»Das ist wirklich mau. Bis auf Landwirtschaft und Fischerei gibt es keine Beschäftigung und von architektonischem Interesse ist nur die gotische Kirche mit dem großen pommerschen Fischerteppich als Altar erwähnenswert. Dazu gibt es eine Kneipe.«

»Und was verteidigen Sie hier, Herr Oberleutnant?«, wunderte sich Gordon scheinheilig.

«Den Luftwaffenstützpunkt auf Usedom, Herr Schläppi«, gab Dierichsen unumwunden zu.

Er zeigte mit dem Finger in Richtung Peenemünde: »Sehen Sie, da startet wieder eine Heinkel!«

»Da scheint ja kräftig gebaut zu werden«, bemerkte Gordon salopp.

Der Oberleutnant zuckte unmerklich zusammen.

»Wie kommen Sie da darauf?«, fragte er vorsichtig.

»Na, bei den vielen Baukränen ist das ja keine Überraschung.«

Der Oberleutnant schien sichtlich erleichtert.

»Nun, das ist wegen eines Fabrikneubaus. Anscheinend sollen dort demnächst Dinge des täglichen Gebrauchs gefertigt werden.«

So, so, Dinge des täglichen Gebrauchs lächelte Gordon hintergründig und beobachtete, wie die Heinkel einen Gegenstand abwarf, der eine Rauchfahne hinter sich herzog.

»Seltsamer Flugbetrieb«, bemerkte er und blickte den Flak Offizier an.

Der fühlte sich plötzlich sichtlich unwohl und bat in seine Kommandohütte.

»Ich habe hier einige junge Flakkanoniere, die Sie gerne sprechen wollten, Herr Schläppi.

Bitte hier entlang.«

Die nächste Stunde wurde Gordon mit Fragen zur 20-Millimeter-Kanone regelrecht bombardiert. Er war erstaunt, mit wie viel Engagement die jungen Kanoniere sich der Verbesserung ihrer Waffe widmeten. Vielleicht auch wegen der langweiligen Umgebung dachte er. Er hatte sich so an den Tisch gesetzt, dass er hin und wieder durch das Fenster der Baracke nach Usedom blicken konnte, aber außer einer Vielzahl startender und landender Flugzeuge war nicht viel zu beobachten. Der aus der Heinkel fallende Gegenstand mit der markanten Rauchfahne tauchte auch nicht wieder auf. Der Batteriechef lud anschließend Gordon zu einem bescheidenen Mittagessen in ihrer winzigen Kantine ein, wo sich der Oberleutnant siegessicher gab.

»Wer soll die Wehrmacht schlagen, Herr Schläppi?«

Gordon dachte sich seinen Teil und war froh, als er wieder in dem Opel Olympia Richtung Greifswald fuhr. Der erste Einsatz hatte keine weltbewegenden Geheimnisse enträtselt, aber die Grundlagen für weitere, Erfolg versprechende Aktivitäten gelegt. Und das Wichtigste für ihn war die Erkenntnis, dass sich die Tarnung als Oerlikon Manager als Volltreffer erwiesen hatte. Dementsprechend mit sich und der Welt im Reinen, verschlief er die Fahrt bis zur Ankunft im Stettiner Bahnhof. Der Rückfahrt am nächsten Tag nach Zürich stand nichts mehr im Wege.

Der 17. Dezember war ein sonnenklarer, aber bitterkalter Dienstagmorgen, als die Me 108 Taifun mit Othmar Schmidt am Steuer von Berlin-Gatow aus zum Flug nach Peenemünde startete. Am Tag zuvor hatte ihn Professor Wagner von den Henschel Flugzeugwerken angerufen, um sicherzustellen, dass er auch tatsächlich bei dem ersten Flugbombenversuch der Hs 293 anwesend sein würde. Othmar hatte diesen Termin auch mit Oberst Dornberger abgestimmt, um sich auch von dem Raketenprogramm ein Bild zu machen. Da ein strammer, eiskalter kontinentaler Wind aus dem Osten blies, startete er in Richtung Havel und drehte über dem Grunewald ab, um auf direktem Kurs via Anklam direkt nach Usedom zum Luftwaffenstützpunkt Peenemünde-West zu steuern. Die Flugbedingungen waren ideal und der Argus As 10 C Reihenmotor mit seinen 240 PS machte den Ganzmetall-Tiefdecker mit einziehbarem Fahrwerk zu einem perfekten Reiseflugzeug. Im Gegensatz zur engen Me 109 fand Othmar hier geradezu paradiesischen Komfort vor.

Da der Tag mit Besichtigungen und Gesprächen vollgepackt war, hatte er sich entschlossen auf Usedom zu übernachten, um am nächsten Tag nach Kiel zu Hellmuth Walter zu fliegen. Dornbergers Büro hatte ihm bereits ein Zimmer in Schwabe's Hotel an der Zinnowitzer Strandpromenade reserviert. Der Flug verlief ohne Komplikationen und bei klarem Wetter hatte er eine hervorragende Sicht auf die Landschaft und Städte unter ihm. Der Nordkurs führte ihn über Templin und Anklam nach Wolgast und Kröslin, wo er eine Flak Batterie nördlich der Ortschaft ausmachen konnte.

Als er die Mündung des Peenestromes erreicht hatte, sah er vor sich die winzige Insel Ruden, die von einem mächtigen Turm beherrscht wurde. Er flog eine Kurve, um gegen den Wind auf der Betonbahn von Peenemünde zu landen. Peenemünde-West, die Erprobungsstelle der Luftwaffe, war an diesem Platz angesiedelt und bildete mit seinen Hangars, Werkstätten und Büros einen großen Halbkreis. Othmar Schmidt rollte die Maschine bis in die Nähe der Flugleitung. Major Stahms, der Kommandeur des Stützpunktes erwartete ihn bereits freudig.

»Was ist denn das für ein Turm auf der Insel«, fragte er den Major, der kaum die Gelegenheit bekam ihn zu begrüßen.

»Sie meinen sicher den Flugbeobachtungsturm«, antwortete er.

»Von dem aus beobachten die Ingenieure um Dornberger und von Braun die Flugbahnen der abgeschossenen Raketen. Bleiben Sie über Nacht?«

»Ja, in Schwabe's Hotel in Zinnowitz. Dornbergers Büro hat mir dort ein Zimmer reserviert.«

»Volltreffer, das ist unser Lieblingsort, man kann schon sagen unser Kasino. Sie werden dieses wunderschöne spätklassizistische weiße Türmchenhaus direkt an der Zinnowitzer Uferpromenade mögen. Als es 1900 eröffnet wurde, galt es als vornehmstes Haus am Platze und bekam daher auch die Telefonnummer Zinnowitz 1. Dementsprechend war auch das Publikum. Die Schriftstellerin Hedwig Courths-Mahler hat dort zwei Sommer in Schwabe's Hotel verbracht und hier sieben ihrer zweihundert Romane geschrieben. Kronprinz Wilhelm schaute vorbei, Außenminister Walter Rathenau vergaß für ein paar Tage die Probleme der Weimarer Republik, und Hans Fallada hat da standesgemäß die ersten Tantiemen von Kleiner Mann – was nun? versoffen.«

»Sie klingen fast wie ein Fremdenführer, Herr Major«, lachte Schmidt.
»Lachen Sie nur, Herr Oberleutnant, wenn Sie später das Haus sehen, werden Sie an mich denken. Aber jetzt wird es Zeit, dass wir zum Henschel-Hangar gehen. Professor Wagner tut so, als wären Sie sein wichtigster Gast«, lachte Major Stahms dröhnend und klopfte Othmar freundschaftlich derart heftig auf die Schulter, dass dieser unwillkürlich einen halben Schritt vorwärts machte.

»Wer ist denn noch hier?«

»Das halbe Reichsluftfahrtministerium und sogar ein Minister!«

»Minister? Welcher Minister?«

»Reichspostminister Ohnesorge samt technischem Anhang.«

»Ja, natürlich, er hatte mir ja selbst gesagt, dass er dem Versuch beiwohnen wollte. Wie konnte ich das vergessen.«

Schmidt hatte die Taifun weit entfernt vom Henschel Hangar geparkt und deswegen mussten die beiden Offiziere an sämtlichen Gebäuden der übrigen sich am Platz befindlichen Hangars der deutschen Luftfahrtindustrie vorbeigehen: Junkers, Heinkel, Messerschmitt, Arado, Fieseler, Dornier oder Focke Wulf. Othmar war fasziniert von der Geschäftigkeit, die überall auf dem Platz zu beobachten war.

Hier liefen Motoren für einen Testflug warm, dort arbeiteten Mechaniker an einem Lufttorpedo, der auf einem speziellen Stahlgerüst zur Wartung eingespannt war. Überall wuselten Ingenieure, Wissenschaftler, Flugzeugwarte oder andere Helfer. Im Stillen musste Othmar grinsen, denn, »wenn die hier wüssten, wie es in einem Jahr hier zugehen wird, würde ihnen schwindelig werden.« Nach einigen Minuten erreichten sie den Henschel Hangar, vor dem sich eine Gruppe von ungefähr dreißig Personen versammelt hatte.

»Ihre Pünktlichkeit beeindruckt mich, Herr Oberleutnant«, begrüßte ihn ein sichtlich erfreuter Professor Dr. Herbert Wagner, der Chefentwickler der Henschel Flugzeugwerke.

»Jetzt können wir ja mit unserem Programm beginnen. Wir haben zwei Demonstrationen vorgesehen. Zum einen werden wir dreimal einen Anflug und Abwurf auf einen Kreis von fünfundzwanzig Metern Durchmesser durchführen, der unser Ziel darstellen soll. Damit sie auch den Flugverlauf der Bombe verfolgen können, werden wir, wie im richtigen Einsatz, roten Rauch einsetzen, durch den der Bombenschütze, oder Kehlschützen wie wir sagen, den Weg der Bombe exakt verfolgen können.

Da eine Heinkel He 111, unser heutiges Einsatzmuster, nur eine dieser Bomben tragen kann, werden wir dementsprechend drei Starts und Landungen mitverfolgen können. Da das natürlich eine gewisse Zeit in Anspruch nimmt, haben wir für Sie eine Stärkung innerhalb des Hangars vorbereitet. Der zweite Teil unserer Demonstration wird ein wirklichkeitsnaher Angriff, wiederum mit der He 111, auf ein ausgemustertes Küstenmotorschiff sein, das zur Zeit in das Seegebiet zwischen Peenemünde und der Insel Ruden geschleppt wird. Wir werden diesen Angriff mit einer scharfen Bombe vom Strand aus beobachten können.«

Lautes Gemurmel setzte ein. Mit der Versenkung eines Schiffes hatte keiner der eingeladenen Beobachter rechnen können. Offensichtlich waren sich Henschel und Wagner sicher, diesen Test nicht in den Sand Vorpommerns zu setzen.

»Zunächst möchte ich Ihnen aber mitteilen, dass wir die größte Schwäche der Flugbombe Hs-293-V 3, ihre Durchschlagskraft, beseitigt haben, indem wir die Bombe mittels eines Raketenantriebes auf eine erheblich höhere Geschwindigkeit steigern konnten. Ein weiterer positiver Effekt dieses Raketenantriebes ist die Tatsache, dass sie schon mehrere Kilometer von ihrem eigentlichen Ziel abgeworfen werden kann. Für den Antrieb haben wir uns für den Walter HWK-109-507 B Antrieb entschieden, der mit einer im Winkel von 30 Grad nach unten abgelenkten Ausströmdüse versehen ist. Dieses Beschleunigungstriebwerk wird mit einer Kombination aus Wasserstoffsuperoxid, dem T-Stoff und einer wässrigen Lösung aus Natrium- oder Kaliumpermanganat, dem Z-Stoff versorgt und entwickelt 590 kp Schub. Damit wird die Gleitbombe für zehn Sekunden bis zu Mach 0,85 beschleunigt und erreicht Zielentfernungen von 15-18 Kilometer. Das Gesamtgewicht der Waffe beträgt 1045 Kilogramm.«

Die Besatzung der He 111 erhielt nun vom Professor das Zeichen die Motoren anzulassen und kurze Zeit später rollte die Maschine zur Startbahn.

»Wie diese Flugbombe gelenkt wird, erkläre ich Ihnen später an einem Modell zwischen den einzelnen Demonstrationen«, brüllte der Professor gegen den Lärm an.

Nachdem die Heinkel gestartet war, kehrte wieder Ruhe am Hangar ein und die Zuschauer und Beobachter warteten, bis die Maschine ihre Angriffshöhe von 4000 Metern erreicht hatte.

»Sie werden gleich beobachten, dass der Pilot die Maschine nicht wie üblich das Ziel direkt ansteuert, sondern sich außerhalb der imaginären Schiffsflak aufhält. Nach der Zielauffassung steuert er einen Kurs von 30- bis 60 Grad und beim Ausklinken der Bombe muss sich die Maschine in horizontaler Fluglage befinden und eine Mindestgeschwindigkeit, im Falle der Heinkel, von 334 km/h einhalten. Die eigentliche Steuerung erfolgt im Zieldeckungsverfahren nach Sicht.«

Unterdessen hatte der Pilot gemeldet, dass er zu seinem ersten Ablauf bereit wäre.

Plötzlich sahen die Beobachter, dass sich die Bombe vom Flugzeug löste, fast hundert Meter in die Tiefe fiel, bis der Raketenmotor startete.

»Mit diesem Verfahren stellen wir sicher, dass der Kehlschütze nicht irrtümlich die eigene Maschine trifft«, erläuterte der Professor.

Jetzt konnten die Zuschauer auch den roten Rauch deutlich sehen, der aus dem hinteren Teil der Bombe austrat und so den Flugverlauf deutlich machte. Normalerweise taumelten die Bomben aus den Schächten und flogen dann in einem Bogen zur Erde. Hier jedoch konnte man deutlich erkennen, wie das Gerät Steuerbefehlen folgte und eine Kurve beschrieb, ehe es genau im Kreis landete. Die Gruppe spendete spontan Beifall. Solche Zielgenauigkeit kannte man bisher nur von Stuka-Einsätzen. Während die Maschine zum Hangar rollte, um die nächste Hs 293 aufzunehmen, bat der Professor die Gruppe in den Hangar, wo ein Schnittmodell der Flugbombe aufgebaut war.

»Zunächst möchte ich Ihnen Theodor Sturm von der Stassfurter Rundfunk Gesellschaft vorstellen, der mit Hilfe von Dr. Ohnesorge das Steuerungssystem gebaut hat. Herr Sturm wird Ihnen jetzt auch so kurz wie möglich das Steuerungssystem erklären.«

Der Elektroingenieur Theodor Sturm war ein junger Mann, nicht älter als 30 Jahre, schlank mit lockigem, braunen Haar, der in einem einfachen Anzug steckte. Sichtlich stolz ergriff er das Wort.

»Unsere Funkfernsteuerung besteht aus dem Sender FuG 203 Kehl III und dem Empfänger FuG 230 Straßburg.«

Entschuldigend fügte er schnell hinzu: »FuG steht für Funkgerät. Kehl wird nicht nur für die Hs 293, sondern auch für die Fritz-X-Bombe eingesetzt, daher gibt es verschiedene Versionen von Kehl I bis Kehl IV. Der Bombenschütze, den wir Kehlschütze nennen, korrigiert den Flug der Bombe mit einem Steuerknüppel des Lenkgebers. Zur Stromversorgung dient eine Bordbatterie, ein gas- und flüssigkeitsdichter Nickel-Cadmium-Zellentyp der AFA, der Accumulatoren Fabrik AG Berlin-Hagen. Diese Batterie speist diverse Spannungswandler, Geräte zur Aufteilung der Steuerungssignale und die Steuermotoren. Gesteuert wird der Flugkörper in einem Polarkoordinatensystem. Dabei wird das Höhenruder durch einen elektrischen Servoantrieb aktiviert, die Querruder werden über starke Elektromagnete betätigt. Die einzelnen Komponenten werden von verschiedenen Firmen wie Telefunken, Loewe-Opta, GEMA oder der Stassfurter Rundfunk Gesellschaft hergestellt, die nicht wissen, worum es sich letztendlich bei dem Endprodukt handelt. Das wäre es im Groben. Die Details sind natürlich noch faszinierender, aber ich möchte ihre Geduld nicht überstrapazieren.«

Die Gruppe um Sturm und das Modell der Hs 293 blieb stumm. Die vielen Informationen mussten erst noch verarbeitet werden.

»Natürlich wollen Sie auch wissen, wie groß der Sprengkopf ist«, unterbrach der Professor die Stille.

»Es handelt sich hier um 650 Pfund Trialen 105, das zu 15 Prozent aus Hexogen, 70 Prozent TNT und 15 Prozent Aluminiumpulver besteht.«

In diesem Augenblick wurden die Motoren der He 111 wieder angelassen und die Maschine rollte erneut zum Start. Auch dieser Abwurf verblüffte durch seine Treffergenauigkeit und selbst eine geringfügige Abweichung von nur zwei Metern beim dritten Anlauf ließ die Wirksamkeit der neuen Technik in den Augen der Beobachter nicht minder gut erscheinen. Nach der dritten Demonstration verfrachtete Henschel seine Gäste in einen Bus, der die gesamte Entourage an den Ostseestrand am Ende der Startbahn beförderte. Dort hatte man ein zwei Meter hohes Podest errichtet, um den Angriff mit der scharfen Waffe auf das Küstenmotorschiff besser beobachten zu können.

Der Schlepper hatte das ausgediente Schiff auf eine Position etwa einen Kilometer nordwestlich des Peenemünder Hakens bugsiert und lief in Richtung Hafen ab. Nun begann der Anflug der Heinkel und das mittlerweile bekannte Prozedere lief vor den Augen der geladenen Gäste ab. Außerhalb des imaginären Flakgürtels flog der Bomber einen geraden Strich, als die Bombe sich vom Rumpf löste.

Nach dem Fall von ungefähr hundert Metern startete der Raketenmotor und beschleunigte das Projektil, das in einer bogenförmigen Linkskurve auf das Ziel losraste. Zur Überraschung der meisten Beobachter schlug die Bombe nicht direkt in den Schiffskörper ein, sondern tauchte etwa fünf Meter von der Bordwand entfernt ins Wasser ein. Sekundenbruchteile später zerriss eine gewaltige Explosion die Stille der Ostsee. Das Kümo hob sich geradezu aus dem Wasser, brach in zwei Teile und versank unter lautem Bersten und Gurgeln.

Die Heinkel He 111 befand sich nun im Anflug auf das Podest und wackelte triumphierend mit den Tragflächen, als sie in nur zwanzig Meter Höhe über die Besuchergruppe hinwegdonnerte. Die Männer auf dem Podest hatten sich geduckt und schlugen sich gegenseitig vor Lachen auf die Schulter, um ihrer Freude über den Erfolg Ausdruck zu verleihen.

»Und so etwas wollte man verhindern«, entrüstete sich Reichspostminister Ohnesorge.

Professor Wagner strahlte über das ganze Gesicht: »Geben Sie uns Zeit, die Hs 293 richtig zu entwickeln. Nicht nur per Funkfernsteuerung, sondern auch per Draht und Kamera.«

Othmar nickte zustimmend: «Die Überraschung aufseiten unserer Gegner wird fürchterlich sein. Aber nur, wenn wir unsere Ungeduld zügeln und den Besatzungen die Zeit geben, sich mit dieser neuen Waffe vertraut zu machen.«

»Ich bin froh, dass Sie das so sehen, Herr Oberleutnant«, beeilte sich Wagner zu sagen.

»Ich möchte Ihnen gleich zeigen, wie komplex der Steuervorgang sich für den Kehlschützen darstellt. So etwas lernt man nicht über Nacht.«

Und entschuldigend fügte er hinzu: »Man muss sich auch darüber klar sein, dass diese Waffe natürlich nur dann funktioniert, wenn der Bombenschütze freie Sicht hat. Bei Bewölkung, Niederschlag oder Nebel ist natürlich Ende der Vorstellung. Zumindest solange bis wir unsere Funkmessteuerung mit der Fernsehtechnik koppeln können. Aber das wird noch Jahre dauern, bis wir Erfolg melden können.«

Ohnesorge war aufgekratzt und kaum noch mit seinen Ideen zu bremsen und sprach nun unentwegt auf Professor Wagner ein. Die Besucher verließen nun das Podest und fuhren mit dem Bus zurück zum Henschel-Hangar, wo in dem Augenblick ihrer Ankunft auch die Motoren der Heinkel erstarben. Eilig packte Wagner Schmidt am Ärmel und führte ihn unter den Rumpf des Bombers. Die Bodenluke wurde von innen geöffnet und ein grinsender Luftwaffen-Feldwebel kam zum Vorschein.

»So gut waren wir noch nie, Herr Professor«, brach es aus ihm heraus und sprang auf den Boden.

»Ich möchte dem Oberleutnant die Zielvorrichtung an Bord zeigen, Herr Feldwebel. Würden Sie das für mich erledigen?«

»Mit dem größten Vergnügen«, erwiderte er und ließ Othmar Schmidt den Vortritt.

Mit gekonnter Bewegung schwang sich Othmar in die Heinkel und ging zum Cockpit, wo der Kehlschütze sich noch an seiner Apparatur zu schaffen machte. Der Feldwebel klopfte ihm auf die Schulter und der Schütze schreckte auf.

»Erklär doch mal dem Oberleutnant, wie die Steuerung funktioniert, Egon.«

Ein sichtlich stolzer Unteroffizier Egon Kellershohn grinste über sein ganzes Gesicht.

»Mit Vergnügen, Erich«, und winkte seinem Piloten zu, der interessiert von seinem Sitz auf die Männer unter ihm schaute.

»Wie Sie sehen können, habe ich eine sehr gute Sicht, die durch keinerlei Gerätschaften verbaut ist.

Hier unten kann man Antennen-Anpassgerät sehen, das Modulationsteil, den Schaltkasten und das Herzstück, den Fernlenksender S 203 Kehl. Das für den Bombenschützen entscheidende Ziellenkungsgerät ist der Kommandogeber, mit dessen kleinen Steuerknüppel ich den Flug der Bombe bestimmen kann.«

»Und wie funktioniert das?«, fragte Schmidt interessiert.

»Die Werte des Kommandogebers steuern das Modulationsteil an. Damit wird der Senderteil moduliert und das Signal über die Sendeantenne als Hochfrequenz abgestrahlt. In der Lenkbombe werden die hochfrequenten Signale mit einer Antenne aufgenommen und im Empfänger, dem E 230 Straßburg, demoduliert sowie verstärkt. Die nachfolgende Aufschalteinrichtung steuert die Ruderantriebe für beide Achsen an. Klingt einfach, ist aber hoch kompliziert.«

»Und wie schnell lernt man, mit der Steuerung umzugehen?«

»Nicht über Nacht«, lachte der Unteroffizier.

Othmar hatte genug gesehen, bedankte sich bei Egon und dem Piloten und verließ den Bomber wieder durch die Bodenluke. Dort warteten bereits Ohnesorge und der Professor.

»Beeindruckt?«, wollte Ohnesorge wissen.

»Mehr als das, Herr Minister. Ich denke wir haben eine historische Darbietung gesehen, die umwälzend auf die Bomberstrategie wirken kann. Mit der Hs 293 sind endlich Punktziele anzugreifen.«

»Wir stehen aber erst am Anfang der Entwicklung«, meinte Professor Wagner.

»Wir haben zwar achtzehn verschiedene Frequenzen, mit denen theoretisch achtzehn Bomben gleichzeitig aus einem Verband auf einen, sagen wir mal, Geleitzug abgeworfen werden können. Doch Funksignale sind störbar und deswegen arbeiten das Postforschungsamt und wir an Fernsehdrahtsteuerung. Damit wäre die Waffe elektronisch unantastbar.«

Othmar Schmidt war sichtlich beeindruckt. In ein bis zwei Jahren könnte die Entwicklung der Hs 293 soweit fortgeschritten sein, dass sie einsatzfähig wäre. Major Stahms, der sich mittlerweile zu der kleinen Gruppe hinzugesellt hatte, schaute auf die Uhr.

»Es tut mir leid, Sie unterbrechen zu müssen, aber leider muss ich Ihnen den Oberleutnant jetzt entführen. Oberst Dornberger wartet schon ungeduldig auf ihn in Peenemünde-Ost.«

»Dann wollen wir Sie nicht aufhalten, Schmidt«, sagte Ohnesorge.

»Bleiben Sie über Nacht?«

»Ja, in Schwabe's Hotel in Zinnowitz.«

»Wunderbar, der Professor und ich ebenso. Dann können wir unsere Unterhaltung heute Abend fortführen!«

Othmar verabschiedete sich mit Handschlag und folgte Major Stahms, der auf einen Kübelwagen zuging, der nebst Fahrer neben dem Hangar wartete.

»Wo treffen wir Dornberger?«

»Im Entwicklungswerk«, antwortete Stahms und befahl seinem Fahrer Gas zu geben.

Die Route führte am Kölpinsee entlang zu einer riesigen Baustelle, auf der sich Hunderte von Arbeitern zu schaffen machten.

»Was soll denn das einmal werden?«

»Das wird das neue zentrale Elektrizitätswerk«, meldete der Major stolz.

»Die Gewinnung von flüssigem Sauerstoff als Raketentreibstoff, die Werkbahn und die anlaufende Serienproduktion der Raketen fressen große Mengen von Energie. Dieses 30-Megawatt-Kraftwerk soll, wenn es Anfang 1942 fertig sein wird, mit schlesischer Steinkohle befeuert werden, die über Stettin und die Oder bis nach Peenemünde gebracht, hier zerkleinert und über eine Förderanlage in riesige Bunker im oberen Kraftwerksbereich befördert werden wird. Um so wenig wie möglich Aufmerksamkeit zu erregen, werden in den Schornsteinen des Kraftwerks spezielle elektromagnetische Filter eingebaut, die kleinste Rußpartikel entfernen, sodass die Schornsteine nie rauchen werden. Dadurch erhoffen wir uns, nicht zu schnell von der englischen Luftaufklärung erfasst zu werden. Leider mussten für die Anlage und den eigens angelegten Hafen achtzig Prozent des alten Ortskernes von Peenemünde weichen.«

»Und wo sind die Leute geblieben?«, unterbrach ihn der Oberleutnant.

»So weit ich weiß, leben von den ehemaligen Einwohnern nur noch fünf auf dem Gelände. Der Rest wurde ausgesiedelt. Sie hätten das Dorf damals, als wir hier ankamen, sehen sollen. Es war unglaublich idyllisch. Blauweiß getünchte Wendenhäuser mit uralten moosbewachsenen Rohrdächern standen um einen kleinen Dorfteich herum und im Süden, hinter einem Schilfgürtel, war der kleine Fischerhafen. Eigentlich ein Jammer, dass das Dorf verschwinden musste, aber wir brauchen in Peenemünde Energie. Viel Energie!«

Der Wagen rollte an Baukolonnen und Materialwagen vorbei und passierte eine weitere Großbaustelle.

»Bevor Sie mich löchern, will ich Ihnen direkt sagen, dass hier das Sauerstoffwerk II gebaut wird, das zeitgleich mit dem Kraftwerk fertiggestellt werden soll. Mit dem von Carl von Linde entwickelten und patentierten Verfahren wird die Verflüssigung von Sauerstoff als Bestandteil des Raketentreibstoffes im industriellen Stil ermöglicht.«

Othmar Schmidt erinnerte sich an Stahms Bemerkung über die vier Elemente der Antike: Von Feuer, Wasser, Erde, Luft wurde Feuer schon vom Anbeginn der Zivilisation im Kriege eingesetzt. Nun kamen noch das Wasser und die Luft hinzu: als Schweres Wasser für die Atombombe sowie als flüssiger Sauerstoff für die Rakete. Plötzlich bemerkte Othmar die Werkbahn, die ihnen entgegenkam.

»Die sieht ja aus wie die Berliner S-Bahn!«

»Ja, wir haben hier ein 106 Kilometer langes Schienennetz errichtet, das Zinnowitz und die Peenemünder Standorte miteinander verbindet«, erzählte der Major.

»Um die jetzigen zehntausend Arbeiter und Angestellte zu transportieren, haben wir einen regelmäßigen Fahrplan eingerichtet. Täglich sechsmal hält der Zug zwischen Trassenheide und Endstation Peenemünde-Nord an neun Haltepunkten.«

«Und wie ist man überhaupt auf Peenemünde gekommen?«

»Angeblich soll die Mutter von Wernher von Braun als gebürtige Anklamerin den Tipp für Peenemünde an der Nordspitze Usedoms gegeben haben. Aber das können Sie ihn gleich selber fragen«, grinste Major Stahms.

Nach wenigen Minuten erreichte der Kübelwagen das Entwicklungswerk und das Büro Dornbergers. Überall herrschte rege Bautätigkeit und inmitten des Gewühls von Arbeitern und Materialanlieferungen erschien Dornbergers Büro wie eine stille Oase. Oberst Dr. Walter Robert Dornberger begrüßte Schmidt mit großer Herzlichkeit: »Ich hoffe, Sie hatten einen erfolgreichen Vormittag in Peenemünde-West.«

»Das kann man wohl sagen, Herr Oberst. Die Tests waren überaus erfolgreich. Die Trefferquote war fast schon beängstigend hoch, muss ich eingestehen. Das hätte ich nicht erwartet.«

»Und solch eine Entwicklung wollte man in Berlin auf Eis legen«, bemängelte Dornberger das visionäre Defizit der deutschen Führung.

»Etwas Ähnliches hatte man auch mit unserem Projekt vor«, schob er hinterher.

»Wie soll ich das verstehen, Herr Oberst?«

»Sie haben doch selbst während unserer ersten Tagung erlebt, wie negativ sich unser Reichsminister für Bewaffnung und Munition, Fritz Todt, über unser Programm geäußert hat. Ich werde das Gefühl nicht los, dass uns von seiner Seite aus vermehrt Steine in den Weg gelegt werden. Als im Mai dieses Jahres Albert Speer, der Generalbauinspekteur für die Reichshauptstadt, die Verantwortung übernahm, dachten wir, das Schlimmste wäre überstanden. Er wies die Berliner Baugruppe Schlempp an, die Bauarbeiten mit Nachdruck fortzuführen. Mit der Bauleitung dort betraute Walter Schlempp seinen wichtigsten Mitarbeiter und Stellvertreter, Heinrich Lübke. Dem haben wir es besonders zu verdanken, dass seitdem viel von unseren Plänen umgesetzt wurde. Und trotzdem fehlen uns bis zu neuntausend Arbeiter. Von dem Mangel an Technikern ganz zu schweigen. Aber das wird ja nun anders werden.

Ich will aber nicht nur jammern, sondern Ihnen einmal zeigen, was wir bisher auf die Beine gestellt haben. Zu diesem Zweck habe ich mir erlaubt, ein besonderes Programm für heute Nachmittag zusammenzustellen, damit Sie den ganzen Umfang des Projekts einschätzen können. Zunächst möchte ich Ihnen Werner von Braun und die wichtigsten Männer seines Teams vorstellen. Anschließend wir er mit Ihnen eine Werksführung durchführen, die mit einem Raketenmotortest ihren Höhepunkt finden soll.

Und um die glückliche Wende in der Entwicklung neuer Waffensysteme gebührend zu würdigen, haben wir beschlossen, eine kleine Feier im Saal von Schwabe´s Hotel zu veranstalten. Da werden Sie auch das ganze Team samt ihren Damen kennenlernen. Schwabe´s Swing-Orchester wird später auch eine Kostprobe ihres Könnens geben. Das wird Ihnen gefallen!«

Schmidt war begeistert. Solch einen Empfang hatte er nicht erwartet und er konnte es nicht abwarten, von Braun zu treffen.

»Was macht eigentlich Ihrer Ansicht nach Werner von Braun zu solch einem einzigartigen Wissenschaftler, Herr Oberst?«

»Weil er als Voraussetzung zum Erfolg eines neuen technischen Gedankens die Heranbildung und Auswahl eines geschulten, mit der Materie vertrauten und mit der Idee verwachsenen Stammpersonals erkannte«, antwortete Dornberger ein wenig gestelzt.

»Er wird Sie beeindrucken!«

Die beiden Männer verließen das Büro und gingen zu einem weiteren Industriegebäude, das sich zwischen den Kiefern duckte. Direkt neben de Eingang befand sich von Brauns Büro, das von einem Sekretariat bewacht wurde. In von Brauns Vorzimmer erwartete sie bereits Sekretärin Dorette Schlidt, die umgehend ihren Chef von der Ankunft seiner Besucher informierte.

»Darf ich Ihnen einen Kaffee anbieten«, fragte sie höflich.

»Eine gute Idee«, erwiderte Dornberger erfreut.

»Gehen Sie schon mal rein, ich bringe ihn dann gleich nach«, antwortete sie.

Von Brauns Büro überraschte durch seine Schlichtheit. Neben dem Fenster stand ein Schreibtisch und direkt dahinter ein großer Wandschrank, der zur Hälfte verglast war. Auf ihm befand sich ein Volksempfänger und neben ihm eine hochkant stehende Seekiste. Neben dem Fenster nahm eine Zeichenmaschine mit Scheren-Parallelogrammführungen Platz ein, an dem der Wissenschaftler arbeitete. Freiherr Wernher Magnus Maximilian von Braun war eine stattliche Erscheinung. Groß, kräftig gebaut, mit einem markanten Lächeln über einem breiten, massigen Kinn und dichtem zurückgekämmten Haar.

»Sie glauben gar nicht, wie sehr ich mich freue, Sie zu sehen, Oberleutnant. Oberst Dornberger hat mir von Ihrem Hochtechnologieausschuss erzählt und wir sind Ihnen dankbar, dass Sie das Potenzial der Raketentechnik erkannt haben und sie unvoreingenommen unterstützen.«

Schmidt wehrte gestikulierend die Komplimente ab.

»Danken Sie nicht mir, sondern dem Reichsführer SS.«

Von Braun lachte ansteckend und mit jugendlicher Unbekümmertheit.

»Da sieht man, dass Mitgliedschaft bei der SS sich doch eines Tages auszahlt. Ich bin seit 1933 Mitglied der Schutzstaffel, müssen Sie wissen. Aber jetzt wollen Sie lieber wissen, wieweit unsere Bemühungen gekommen sind, nehme ich an.«

»So ist es Herr von Braun. Ich habe natürlich von Oberst Dornberger schon eine Einführung bekommen, aber er wollte, dass ich vom technischen Direktor der Heeresversuchsanstalt Informationen aus erster Hand bekäme«, erwiderte Schmidt, dem der Freiherr auf Anhieb sympathisch war.

»Na, dann wollen wir keine Zeit verlieren. Ich schlage vor, ich zeige Ihnen zunächst das Entwicklungswerk und stelle Ihnen meine engsten Mitarbeiter vor.«

Zielstrebig wandte sich von Braun der Tür zu und rief seiner Sekretärin zu, dass er die nächsten zwei Stunden nicht erreichbar wäre. Sodann führte er die beiden Herren in die erste Etage des Gebäudes, in dem sich diverse technische Büros befanden. Direkt das erste Zimmer auf der rechten Seite des Flures war das Reich von Walter Riedel, der bereits seit Anfang der dreißiger Jahre mit von Braun an der Verwirklichung ihres Traums von der Eroberung des Weltalls arbeitete. Der Oberingenieur und Konstrukteur hantierte konzentriert mit seinem Rechenschieber und war derart in seine Arbeit vertieft, dass er die Gäste beim Eintreten kaum bemerkte.

»Walter Riedel hat das Privileg mit seinem korrekten Namen angesprochen zu werden«, bemerkte Dornberger belustigt.

»Wieso das?«, wunderte sich Schmidt.

»Wir haben neben unserem sehr geschätzten Oberingenieur noch

Klaus Riedel, der für die Einsatzvorbereitung der Rakete verantwortlich und als Riedel II bekannt ist und Walter, Riedel III, der ebenfalls in der Konstruktionsabteilung des Entwicklungswerkes tätig ist.«

Walter Riedel schaute ein wenig amüsiert drein. Er war ein kleiner, gesetzter Mann, der Schmidt ein wenig phlegmatisch in seinen Bewegungen vorkam. Riedel war wegen seiner Ruhe und Bedächtigkeit das perfekte Pendant zu dem temperamentvollen technischen Berserker von Braun. Erst Riedel brachte von Braun das für ihre Arbeit notwendige Rüstzeug bei.

Bevor Riedel I zu von Braun kam, war er bei den Heylandt Werken in Berlin-Brietz beschäftigt und arbeitete dort mit Max Valier zusammen, der bei Experimenten mit Flüssigkeitsraketen für einen Rennwagen ums Leben kam. Neben Riedel I arbeitete Walter Thiel, ein mittelgroßer, blasser Mann, wie von Braun mit einem ausdrucksstarken Kinn versehen und der wie sein Chef über einer schwarzen Hornbrille seine dunkelblonden Haare nach hinten kämmte. Dr. von Braun stellte Schmidt seinen Triebwerkspezialisten vor und ermunterte diesen, ihm eine kurze, verständliche Einleitung über das Prinzip seines von ihm entwickelten Triebwerkes zu geben.

»Die ersten Berechnungen stammen bereits aus dem Jahre 1936«, begann Thiel.

»Unser Ziel war es, ein Triebwerk zu bauen, welches fünfundzwanzig Tonnen Schubkraft entwickeln würde. Der Aufbau der Brennkammer besteht heute aus einem Einspritzsystem für den Treibstoff, den Verbrennungsraum und dem Austritt für das durch die Verbrennung des Treibstoffes entstandenen Gases der wie eine Laval-Düse ausgebildet ist. Das Konzept entspricht der Kegel-Düse, die von Hermann Opert erfunden wurde.

Das Prinzip des Flüssigkeitsantriebes basiert darauf, dass in eine Brennkammer der Brennstoff und ein Oxidator eingespritzt und nach der Vermischung verbrannt werden. Diese zerstäuben den Treibstoff, der unter fünfzehn Bar Druck steht. Dadurch ist die Verbrennung gleichmäßiger, die Sauerstoffüberkonzentration verschwindet und man kann die Länge der Brennkammer von zweihundert auf dreißig Zentimeter verringern.

Bei unserem Triebwerk werden 125 Kilogramm Treibstoff je Sekunde bei 2660 Grad Celsius verbrannt. Dabei dehnt sich das verbrannte Gas fast so schnell wie eine Explosion aus, und da die Gase nun durch eine vierzig Zentimeter breite Öffnung in die Brennkammer strömen, entsteht ein Druck von 14,5 atü. Dieser Druck wird jetzt durch eine Düse mit einer parabolischen Form geleitet, der die Ausströmgeschwindigkeit des Gases mit abnehmendem Druck auf Überschallgeschwindigkeit ansteigen lässt und auf 2000 Meter pro Sekunde beschleunigt. Daraus erwächst ein Schub von fünfundzwanzig Tonnen, der ausreicht, eine 12,7 Tonnen schwere Rakete vom Boden zu heben und zu beschleunigen.«

Othmar Schmidt folgte den Ausführungen Thiels mit großem Interesse, aber auch Zweifeln.

»Hält die Brennkammer denn überhaupt auf Dauer solch einer Hitze stand?«

»Eigentlich wäre dies ein Ding der Unmöglichkeit, doch Diplom-Ingenieur Pöhlmann hatte die rettende Idee, als er vorschlug, eine Isolationsschicht zwischen den heißen Verbrennungsgasen und den Brennkammerwänden nach dem Gesetz der Verdampfungskühlung durch den Treibstoff selbst zu schaffen. Erst dadurch entstand die Betriebssicherheit der A-4-Brennkammer.«

Von Braun grinste wie ein stolzer Primaner, der mit summa cum laude sein Abitur gemacht hatte.

»Sie sehen, Oberleutnant, wir sind hier eine Gruppe von Technikern, die sich in ihrer Genialität gegenseitig anstacheln und helfen, ohne Futterneid aufkommen zu lassen. Das ist eines der Geheimnisse des Erfolges von Peenemünde.«

Oberst Dornberger nickte beifällig und warf verstohlen einen Blick auf die Zeichenmaschine.

Selbst ein Ingenieur war er immer versessen darauf zu sehen, wie weit seine Männer bei den Lösungen der vielen Probleme gekommen waren. Auch als Konstrukteur trug Dornberger zur Problemlösung bei. So schlug Dornberger vor, den Übergang von der Brennkammer konisch zu gestalten, um hier die Belastungen zu minimieren. Damit wurde auch die Strömung der Düse verbessert und die Ausströmgeschwindigkeit vergrößert. Nun wollte aber Schmidt endgültig wissen, woher die Idee stammte, das Raketenzentrum auf Usedom zu bauen. Von Braun lachte wieder auf seine unvergleichliche Art und Weise.

»Meine Mutter hatte mir von meinem Großvater erzählt, der immer von einem einsamen Ort im Osten der Insel Usedom geschwärmt hatte, wo er regelmäßig zur Jagd gegangen war. Im Winter 1936 haben Oberst Dornberger und ich uns den Peenemünder Haken angesehen, und fanden, dass das Gelände ein perfekter Ort zur Fortführung unserer Arbeiten war. Nun sind nur noch zur Eroberung des Weltraums zwei Probleme zu lösen: die Schwerkraft und der Papierkrieg. Ich schätze, beides werden wir dank Ihnen in relativ kurzer Zeit schaffen.«

Schmidt wunderte sich über von Brauns Erwähnung des Weltalls. Mit der Rakete wollte die Führung nicht das All, sondern England erobern.

»Ist das nicht eine Diskrepanz, das Weltall erobern zu wollen und gleichzeitig eine Kriegswaffe zu entwickeln?«

»Ach wissen Sie Oberleutnant, Wissenschaft an sich besitzt keine moralische Dimension. Ohne die Millionen der Reichswehr und ohne die Abermillionen der Wehrmacht säßen wir heute noch auf dem Raketenflugplatz in Tegel und würden uns grämen.«

Schmidt schaute von Braun entgeistert an. Konnte er wirklich so naiv sein dachte er. Nun, das war nicht sein Problem. Die nächsten Mitarbeiter, die sie antrafen, waren Arthur Rudolph und Carl Wagner. Von Braun stellte Rudolph als verantwortlichen Organisator vor, der das Versuchsserienwerk für die Herstellung von etwa dreihundert A4-Raketen in Peenemünde einrichten sollte, um die Massenfertigung vorzubereiten. Wagner, der von der Technischen Hochschule Darmstadt kam, entwickelte und adaptierte Steuerungsmechanismen. Nachdem er so ein Dutzend Techniker kennengelernt hatte, lud ihn von Braun zu einer Besichtigungstour der verschiedenen Einrichtungen wie Werkstätten und Prüfstände ein.

»Eines habe ich aber noch nicht verstanden Herr von Braun. Woraus besteht denn nun eigentlich der Treibstoff und wie kommen die ungeheuren Mengen in die Brennkammer?«

»Der Treibstoff besteht aus 61 Prozent flüssigem Sauerstoff, 29 Prozent Methylalkohol und 10 Prozent Wasser. Sauerstoff und Brennstoff wurden mittels extrem schnell laufender Turbopumpen unter hohem Druck in die Brennkammer eingespritzt. Diese Pumpen werden von Gasturbinen angetrieben. Der Antrieb der Gasturbinen erfolgte aus der Kombination Wasserstoffsuperoxid, auch T-Stoff genannt und dem Katalysator Kaliumpermanganat, dem Z-Stoff. Beide Stoffe verbinden sich zu einem Wasserdampf-Sauerstoff-Gemisch, das die Schaufeln der Turbinen antreibt. Da die beiden Substanzen direkt miteinander reagieren, können wir auf einen elektrischen Anlasser beim Hochfahren verzichten.«

»Das klingt nach dem Walter Verfahren«, warf Schmidt ein.

»Richtig, die Pumpe hat Hellmuth Walter gebaut.«

»Da habe ich ja morgen noch ein weiteres Thema mit ihm zu besprechen, meinte Schmidt und warf einen Blick auf ein riesiges Gebäude, das zwischen den Kiefern auftauchte.

»Unsere Fertigungshalle F 1, in der die Raketen senkrecht stehend gebaut werden«, bemerkte von Braun. Schmidt fiel das weite Sheddach auf, das den Vorteil einer gleichmäßigen und guten Beleuchtung bei besonders großen überdachten Flächen hatte. Er bemerkte, dass die Halle so aufgestellt war, dass die Glasseite sich von der Sonne abgewandt präsentierte, um blendfreies Licht in die Halle zu bekommen.

»Wohl durchdacht«, sagte er leise vor sich hin.

»Was meinen Sie mit wohl durchdacht?«, reagierte von Braun.

»Dass man nichts dem Zufall überlassen hat. Selbst das Sonnenlicht soll anscheinend unreflektiert in die Halle fallen können.«

»Das ist auch nötig bei einer Spannweite von 96 Metern«, erwiderte von Braun.

Als Schmidt die Halle betrat, wurde ihm nochmals klar, wie sehr sich Peenemünde von allen anderen Bauvorhaben Deutschlands abhob. Hier war alles noch gigantomanischer als es sich ein Durchschnittsdeutscher überhaupt vorstellen konnte. Keine Zwischen- oder Stützmauer hinderte am freien Blick durch das riesige Gebäude, an dessen Decke eine enorm große Laufkatze den gesamten Raum entlanglaufen konnte. Damit konnten große Lasten von jedem Punkt der Halle zum anderen transportiert werden, ohne dass die Arbeiten unterbrochen werden mussten.

»Jetzt zeige ich Ihnen aber noch unseren Prüfstand VII, bevor wir zum Triebwerkstest fahren.«

Von Braun lenkte den Wagen wieder Richtung Entwicklungswerk, passierte das Gebäude mit dem Windkanal, in dem die vierfache Schallgeschwindigkeit simuliert werden konnte, und folgte einer betonierten, von Kiefern gesäumten Betonstraße, an der sich die Prüfstände wie an einer Perlenschnur aufreihten. Merkwürdigerweise trug der Südlichste die Zahl VI, der Nördlichste hingegen VII. Dazwischen gab es noch V, III, IV, II, IX, VIII und I. Als sie sich dem eigentlichen Prüfstand VII näherte, fiel Schmidt die elliptische Erdanlage auf, inmitten derer sich die eigentliche Anlage befand. Von Braun stoppte den Wagen und stieg aus.

»Hier sehen Sie den Startleitstand und dort drüben die nicht zu übersehende, fahrbare 32 Meter hohe Montagehalle. Wir haben hier auch eine Fernsehübertragungsanlage zur besseren Verfolgung der Raketen installiert. Meines Wissens nach ist sie die erste Anwendung des industriellen Fernsehens überhaupt. Wir nennen die gesamte Anlage Arena. Treffende Bezeichnung finden Sie nicht, Oberleutnant?«

»Ich muss zugeben, das ist imposant. Aber ist es nicht ein wenig überdimensioniert für eine rund 14 Meter hohe Rakete?«

Von Braun lachte in seiner unnachahmlichen Art.

»Gut beobachtet Schmidt, aber wir arbeiten bereits an dem Konzept einer zweistufigen, interkontinentalen Rakete namens A9/A10.«

Othmar schaute ihn ungläubig an.

»Wozu brauchen wir eine Interkontinentalrakete, Herr von Braun?«

»Um zum Mond und nach Amerika zu fliegen, Herr Oberleutnant!«, stellte von Braun begeistert fest.

Othmar schauderte. Von Braun war neben Messerschmitt der Zweite, der von einem Schlag gegen die USA schwadronierte. Mittlerweile begann es zu dämmern und von Braun schlug vor, ihn in sein Hotel zu fahren.

»Oberst Dornberger hat für uns zum Abendessen unseren großen Achter-Tisch hinten im Restaurant für heute Abend 20.00 reserviert. Dann können Sie uns alle Fragen stellen, die Sie sicher noch an uns richten wollen.«

Von Braun stieg wieder in seinen Wagen und steuerte in Richtung Karlshagen. Die Fahrt ging an den Versorgungsgebäuden vorbei und führte parallel zur Werksbahn zu einer großen Siedlung mit vielen zweistöckigen Giebelhäusern. Der Eingang zur Siedlung wurde von einem Tor dominiert, das von einem steinernen Hakenkreuz geschmückt war.

»Das nennen wir Berliner Tor, weil es an das Brandenburger Tor erinnert«, erzählte von Braun.

»Hier wohnen vorwiegend Wissenschaftler, Ingenieure und Stabsoffiziere mit ihren Familien«, fuhr er fort.

Vor ihnen tauchte ein weiterer Kontrollposten auf.

»Nerven denn die vielen Kontrollen nicht?«

»Die sind notwendig, um die strikte Geheimhaltung aufrechtzuerhalten«, entgegnete von Braun ernst. Wenn alles fertig ist, werden wir elf Sperrkreise haben. Die Abwehr, die Gestapo und der SD sorgen dafür, dass es keinen Geheimnisverrat gibt. Falls doch, müssen die Beteiligten mit der Todesstrafe rechnen.«

Auf der rechten Straßenseite bemerkte Othmar eine hufeisenförmig angelegte Barackensiedlung.

»Wer wohnt denn dort?«

»Das ist das sogenannte Lager Versuchs-Kommando-Nord. Es diente als Unterkunft für Soldaten, die, unabhängig von ihrem Dienstgrad, entsprechend ihrer Ausbildung als Wissenschaftler oder Techniker in der Heereswaffenversuchsanstalt eingesetzt werden.«

Kurze Zeit später erschien das Ortsschild Trassenheide.

»Hier wird das Arbeitslager im großen Stil ausgebaut«, bemerkte von Braun und deutete auf einen imaginären Punkt zwischen den Kiefern auf der linken Straßenseite. Othmar konnte nichts erkennen und vermutete das Lager näher an der Küste. Wenig später tauchten die ersten Häuser von Zinnowitz auf. Von Braun ließ den Bahnhof rechts liegen und fuhr in Richtung Promenade.

»Gleich werden Sie einige der schönsten Villen von ganz Usedom sehen, Oberleutnant.«

Von Braun hatte nicht übertrieben. Die Häuser waren architektonisch einmalig. Meist zweistöckig waren Erdgeschoss und die erste Etage aus Stein gemauert, auf der ein zweites Fachwerkstock aufgesetzt war, das in einigen Fällen von herrlich anzusehenden Türmchen gekrönt wurde.

»Jetzt sind wir fast an Ihrem Domizil angelangt«, sagte von Braun und fuhr auf den Parkplatz von Schwabe´s Hotel.

»Die Promenade ist für Autos gesperrt«, entschuldigte er die Unannehmlichkeit. Doch Schmidt war es einerlei. Selbst von hinten sah das Hotel gediegen aus. Von Braun bemerkte, dass er beeindruckt war, und wies ihn darauf hin, dass das Haus von der Seeseite noch schöner anzusehen wäre.

Die beiden Männer spazierten um das Haus herum, wo sie sofort von einer steifen, kalten Brise gepackt wurden.

»Das fühlt sich an, als ob wir strengen Frost bekämen«, grummelte von Braun. Schmidt war es egal. Hauptsache, Schneefall verhinderte nicht seinen morgigen Flug nach Kiel-Holtenau. Als die beiden Männer die Halle des Hotels betraten, stolperte von Braun beinahe über einen Dreikäsehoch, der ohne Vorwarnung mit seinem Brummkreisel auftauchte.

»Entschuldigen Sie bitte meinen Sohn, Herr Direktor«, lachte Paul Dillner, der Besitzer des Hotels, griff seinem Buben unter die Achseln und hob ihn hoch. Schmidt bückte sich und rettete den Kreisel vor einem unbedachten Tritt einer der Gäste.

»Unser Gast möchte sich anmelden«, wandte sich von Braun an Dillner.

»Geben Sie ihm ein Zimmer mit Meerblick, er hat es sich verdient«, lächelte von Braun und wandte sich zum Gehen.

»Und vergessen Sie nicht das Abendessen um 20.00.«

Nachdem Othmar sein Quartier bezogen hatte, beschloss er einen längeren Spaziergang zu unternehmen, um seine Batterien aufzuladen. Auf Anraten des Hoteliers akzeptierte er dessen riesigen Wollschal, der die einzig richtige Waffe gegen den schneidenden Nordwind war, der über die Promenade fegte. Zunächst spazierte er zur Seebrücke, um zumindest einmal das Gefühl genossen zu haben, am Meer gewesen zu sein. Die Ostsee warf wegen der steifen Brise bereits Schaumkronen und auch die Wellen, die sich am Strand brachen, erschienen ihm wegen ihrer Größe eher als Nordsee typisch.

Die raue Winterluft weckte wieder alle Lebensgeister, und als er nach der langen Wanderung wieder im Hotel eintraf, war es bereits halb acht. Die gesellige Runde am Achtertisch war in der Tat enorm informativ für Schmidt. Dornberger und von Braun hatten nicht nur Walter Riedel (I) oder Dr. Thiel, sondern auch andere Ingenieure wie Dr. Ernst Steinhoff, der sich mit dem Verschuss von Raketenwaffen von U-Booten aus beschäftigte sowie Projektleiter im Referat Flak E5, Dr. Heyne und Dr. Konrad, die sich ebenfalls mit Flakraketen beschäftigten. Das Gespräch drehte sich daher nicht ausschließlich um das Aggregat 4, sondern auch um die Frage, ob man Raketen von U-Booten abschießen könne und ob die Bedrohung durch immer schnellere und höher fliegende Flugzeuge mittels Flakraketen abwendbar wäre.

Ein Problem, das immer wieder zur Sprache kam, war das der langsamen Rechner. Von Braun erwähnte in diesem Zusammenhang das Rechengerät der Braunschweiger Firma Brunsviga zur Flugbahnkalkulation, das zurzeit das wohl weltweit beste Rechengerät seiner Art war und dennoch zu langsam arbeitete. Die Wissenschaftler horchten daher auf, als Schmidt auf Drängen von Dornberger über Zuses Binärrechner berichtete. Ihnen war sofort klar, dass solch ein Maschinenrechner ihre Entwicklungsarbeit ungeheuer beschleunigen würde.

Mindestens genauso beflügelnd wirkte die Meldung, dass Techniker, Wissenschaftler und Facharbeiter, die für das Raketenprogramm wichtig waren entweder von der Front zurückgeholt oder gar nicht erst einberufen werden sollten. Gerade von Braun wies auf diesen Glücksfall hin.

»Wir haben insbesondere alle unsere Idee bezüglich der Flugabwehrraketen zurückstellen müssen, da uns die Fachkräfte fehlten. Dem können wir jetzt natürlich wieder unsere Aufmerksamkeit widmen.«

Der Rest des Abends verlief mit angeregten Diskussionen über den Hochtechnologieausschuss, während im Nebensaal Schwabe's Swing-Orchester für die wenigen Tanzwütigen aufspielte.

Gordon Schmitt hatte am 17. Dezember Berlin mit dem Fernschnellzug FD 6 um 07:51 vom Anhalter Bahnhof aus verlassen. Die Nacht zuvor hatte er teilweise mit Baronin von Heese verbracht, die alle erotischen Tricks anwandte, um ihn nicht aus ihren Fängen zu lassen. Vergeblich. Gordon hatte das dringende Bedürfnis, nach London zurückzukehren, um R.V. Jones und Desmond Morton von seinen Beobachtungen in Kenntnis zu setzen. Ohne Probleme überstand er die Grenzkontrolle der Gestapo in Weil am Rhein und erreichte Basel um 20:54. Es war zu spät, um seinen Kontaktmann Urs Abderhalden aufzusuchen. So rief er ihn noch vom Baseler Bahnhof aus an und verabredete sich für den nächsten Tag in dessen Wohnung. Sein Anschlusszug verließ Basel um 21.38, der pünktlich um 22.56 in Zürich einlief. Nachdem er in seiner Wohnung am Rennweg angekommen war, fiel er todmüde ins Bett. Er schlief bis 09:00, und als er anschließend gefrühstückt hatte, warf er einen Blick in den Stadtplan, um sich den Weg zu Abderhaldens Wohnung im Haus zum Untern Rech am Neumarkt 4 einzuprägen. Er war denkbar einfach.

Er war gespannt auf das Haus, denn Urs Abderhalden hatte ihm am Tage ihrer ersten Begegnung von dem historischen Gebäude vorgeschwärmt, das angeblich aus dem 12. und 13. Jahrhundert stammen sollte. Er verließ seine Wohnung gegen 10.00 und schlug die Richtung zur Limmat ein. Vom Rennweg führte sein Weg durch die Strehlgasse, über die Rathausbrücke, den Markt, die Spiegelgasse, bis er vor dem Haus mit der Nummer 4 am Neumarkt stand. Abderhalden hatte nicht übertrieben. Das Haus musste eines der Schönsten der Züricher Altstadt sein. Als er vor dem Eingangstor stand und das romanische Rundbogenfenster und die Rundbogentür in der Wand rechts neben der Tür betrachtete, erschien ihm die Gründungsepoche schlüssig. Er ging die Treppe bis zur dritten Etage empor und klingelte an der Tür. Abderhalden öffnete die Tür tonlos, nickte nur und bat mit einer Geste Gordon einzutreten.

»Schön haben Sie es hier. Leben Sie hier ganz allein?«

»Das Haus gehört dem Architekten Wülfke, der das Gebäude zu Repräsentationszwecken nutzt«, erwiderte Abderhalden freundlich.

»Wie ist es Ihnen denn in Berlin ergangen?«

Gordon gab seinem Kontaktmann einen umfassenden Überblick über seine Aktivitäten, ohne auf die sensiblen Ergebnisse seiner ersten Reise einzugehen.

»Leider muss ich Ihnen mitteilen, dass die finanziellen Reserven dabei draufgegangen sind. Ich konnte ja nicht ahnen, dass es so lange dauern würde. Und das Esplanade ist nicht gerade billig.«

»Machen Sie sich darüber keine Gedanken, Gordon. Das regelt Bürgi mit London. Ich nehme an, Sie wollen jetzt zurück.«

»Richtig, Urs. Ich darf Sie doch so anreden, oder?«

»Natürlich, es ist doch einfacher sich mit dem Vornamen anzureden. Vor allem, da ich glaube, dass ich Sie bald wiedersehen werde.«

»Da können Sie Gift darauf nehmen, Urs. Die Tarnung als Oerlikon Vertreter ist geradezu eine Lebensversicherung und es wäre fahrlässig, wenn wir diesen Umstand nicht nutzen würden.«

Abderhalden bot ihm Kaffee an, der auf einem gusseisernen Herd stand. Doch Gordon winkte ab.

»Wann wollen Sie fliegen?«, fragte Urs.

»Am liebsten heute«, grinste Gordon, »aber ich glaube, da hätte ich früher aufstehen müssen.«

»Ich kläre das gleich mit der Lufthansa und der KLM. Heute Abend sollte ich alles in die Wege geleitet haben. Wir können uns ja für 20.00 zum Abendessen in der Kantorei verabreden. Das ist ein Wirtshaus gleich nebenan. Passt das?«

»Aber sicher, dann bis heute Abend und grüßen Sie mir bitte Rolf Bürgi.«

Den Nachmittag verbrachte Gordon mit einem ausgedehnten Spaziergang, der aber nach weniger als zwei Stunden im Nieselregen sein Ende fand. Nachdem er sich in seiner Wohnung mit Tee und Rum wieder aufgewärmt hatte, traf er kurz vor acht in der Kantorei am Neumarkt ein. Urs Abderhalden saß schon bei einem Schoppen Wein und winkte ihm von seinem Tisch zu.

»Sauwetter, was?«

»Das kann man wohl sagen. Haben Sie Neuigkeiten für mich?«

»Sie haben unverschämtes Glück. Es gab noch einen Platz in der Maschine nach Madrid. Anschließend wie beim Hinflug über Lissabon nach England. Hier sind ihre Flugkarten. Haben Sie noch genug Geld für die Rückreise?«

Gordon nickte kurz.

»Gut, dann hätten wir alles geklärt. Jetzt wollen wir aber erst mal auf Ihre erste Tour anstoßen und vor allem, dass Sie den Deutschen nicht in die Hände gefallen sind.«

Gordon grinste Urs an.

»Warum gucken Sie so, Gordon?«

»Es ist verrückt, Urs, aber abgesehen von den Gestapo-Figuren habe ich nur sympathische

Menschen im Reich angetroffen.«

»Na, dann wollen wir hoffen, dass das in Zukunft so bleibt, mein Freund.«

Als Othmar Schmidt aus seinem Zimmer mit Meerblick schaute, graute der Morgen. Der Himmel schien wolkenlos zu sein, nur ein wenig Seenebel zog landeinwärts. Die See war spiegelglatt und nicht eine Rauchfahne war am Horizont auszumachen. Es sah so friedlich aus. Fast unwirklich. Hoffentlich kann ich das Panorama auch mal im Sommer erleben dachte er und träumte von Ilse, Strandkörben und Sand. Er schaute auf die Uhr: 08.30. Um 09.00 sollte ihn ein Wagen, den Dornberger organisiert hatte, abholen und zum Flugplatz fahren. Der Flug von Peenemünde nach Kiel-Holtenau war ein Katzensprung und er freute sich wegen des guten

Wetters und der guten Sicht auf den Flug entlang der Ostseeküste. Sein Termin bei Hellmuth Walter in dessen Stammwerk in Kiel-Tannenberg war für 12.00 terminiert, aber er wollte sicher sein, dass selbst größere Verspätungen wegen schlechten Wetters durch einen großzügigen Zeitplan aufgefangen werden konnten.

Er beschloss auf ein Frühstück zu verzichten, und mit einer Tasse Kaffee in der Halle auf den Fahrer zu warten. Seine Abholung war mehr als pünktlich, und als sie in Peenemünde-West ankamen, stand seine Me 108 Taifun bereits startbereit in der Nähe des Henschel-Hangars. Zunächst ging Othmar zum Büro Major Stahms, um sich für seine Gastfreundschaft zu bedanken. Anschließend stattete er der Flugleitung einen Besuch ab, holte sich die letzten Wetterdaten und begann mit seinen Startvorbereitungen.

Der Wind blies aus Nord-West und so hatte er keinen besonderen Ausblick auf die Anlagen Peenemündes, da er direkt in Richtung Ostsee starten musste. Sein Kurs sollte ihn über Rostock und die Lübecker Bucht direkt zum Flugplatz Kiel-Holtenau führen. Beim Anflug auf Holtenau sah er das Marinedenkmal Laboe an Steuerbord, bevor er die Kieler Förde überquerte.

Trotz seiner frühen Ankunft wartete bereits ein Chauffeur mit einem Opel P4 auf ihn und fuhr ihn auf direktem Wege zur Projensdorferstraße 324, dem Hauptsitz der Walter Werke. Diese verfügten noch über weitere Außenstellen am Plöner See für Torpedo- und Antriebstest und in Ahrensburg für die Torpedoproduktion sowie ein Schwimmdock bei Arnis zur Erprobung von U-Booten unterhielten.

Hellmuth Walter erwartete ihn bereits in seinem Büro, das in dem großzügigen, dreistöckigen Hauptgebäude lag. Dahinter erstreckte sich eine Reihe zweistöckiger Flachdachhallen und Büros, in denen an neuartiger Antriebstechnik geforscht und gebaut wurde. Walter war ein stattlicher Mann mit wachen Augen und einer Aura, die ihn sowohl bei den Führungskräften wie beim einfachen Arbeiter beliebt machten. Anzüge trug er nur, wenn es nötig war, viel lieber war ihm seine Lederjacke und die Prinz-Heinrich-Mütze. Othmar und Walter kannten sich seit Jahren durch die Zusammenarbeit mit seinem Vater und manchmal erschien ihm der Wissenschaftler und Unternehmer wie ein zweiter Vater. So eng war ihre Vertrautheit.

»Schön, dass du dich auch mal bei mir blicken lässt. Ich dachte schon, dass du nur noch über Adjutanten mit mir kommunizierst«, sagte er und lachte ihn an.

»Weiß dein Vater, dass du in der Stadt bist?«

»Nein, ich wollte meine Eltern heute Abend überraschen. Deswegen habe ich auch kein Hotel gebucht, oder meinen Rückflug nach Berlin angekündigt.«

»Kannst Du mir den plötzlichen Wechsel in der Rüstungspolitik Hitlers erklären? Oder warum Himmler und seine SS solchen Einfluss in der

Rüstungspolitik des Reiches gewonnen haben?«

»Kann ich nicht«, entgegnete Othmar Schmidt.

»Ich bin genauso ahnungslos wie du, Hellmuth.«

Für Sekunden herrschte Schweigen zwischen den beiden Männern.

»Ich dachte, ich hätte die Machtstrukturen erkannt, aber diese Wendung überrascht mich schon. Nur sollten wir die neue Situation nicht hinterfragen, sondern begrüßen, denn sie wird uns in die Lage versetzen, neue Technologien einzuführen, die uns einen gewaltigen Vorsprung verschaffen werden.«

»Den wir auch bitter nötig haben werden«, unterbrach ihn Othmar leise.

»Was meinst du damit?«

»Nichts, was dich belasten sollte, Hellmuth. Nur ohne diese überraschende Entwicklung hätte ich für Deutschland schwarz gesehen.«

Walter schaute ihn ernst an.

»Dann will ich auch keine Zeit verlieren und dir soviel von dem vermitteln, an dem wir zurzeit arbeiten. Dazu habe ich meine engsten Mitarbeiter, Dr. Jürgen Diedrichsen, Willi Kretschmer, Dr. Johannes Schmidt und Hermann Treutler gebeten, dir einen theoretischen Überblick zu geben, bevor wir uns das V-80-Boot anschauen. Ich will aber nochmals darauf hinweisen, wie sehr ich mich freue, nicht nur mit deinem Vater, sondern auch mit dir an dieser revolutionären Technik arbeiten zu können.«

Bei diesen Worten fasste Walter Schmidt bei den Schultern und umarmte ihn. Es war deutlich zu spüren, wie viel Sympathie auf beiden Seiten herrschte.

»Jetzt wollen wir aber in den Konferenzraum gehen, wo meine Leute warten. Die sind ganz erpicht darauf dich kennenzulernen.«

Diedrichsen, Kretschmer, Schmidt und Treutler, langjährige Weggefährten von Hellmuth Walter, standen am Fenster und unterhielten sich streitbar. Offensichtlich gab es ein kontroverses Thema. Als Walter und Othmar Schmidt den Raum betraten, verstummten sie und nahmen ihre Plätze am langen Konferenztisch ein. Walter stellte den Oberleutnant kurz vor und hob zu einer kurzen Einführung an.

»Wie du vielleicht weißt, arbeiten wir nicht nur am Walter-U-Boot, sondern auch an Torpedos mit Walter-Antrieb sowie anderen Möglichkeiten, dieses neue Verfahren einzusetzen. Wir denken dabei zum Beispiel an Dampfkatapulte für kommende Flugzeugträger. Daneben hast du ja schon in Augsburg von unserem Raketenmotor gehört, den wir entwickelt haben und der bereits vor geraumer Zeit in der Heinkel He 176 erprobt worden ist. Ein weiteres Betätigungsfeld sind Flüssigkeitsraketen, die als Hilfsstartmittel für überschwere Flugzeuge und auch als Beschleuniger für die Hs 293 eingesetzt werden sollen. Damit du einen kompletten Überblick bekommst, wird Dr. Diedrichsen dir zunächst einmal den neuartigen U-Boot-Antrieb erklären.«

Dr. Jürgen Diedrichsen erhob sich aus seinem Stuhl und ging zu einer Schiefertafel, die an der Stirnseite des Konferenzraumes hing. Dort war die schematische Darstellung des Antriebes dargestellt.

»Ich will Sie nicht mit langatmigen Aussagen langweilen und möchte mich auf das Notwendige reduzieren«, sagte er freundlich.

»Hellmuth Walter war schon Mitte der dreißiger Jahre vom Militär beauftragt worden, eine Gasturbine zu entwickeln. Der heutige U-Boot-Antrieb besteht aus einem Dieselmotor für die Überwasserfahrt, der auch gleichzeitig die Akkumulatoren auflädt, und einem Elektromotor für die Unterwasserfahrt. Dabei ist die Leistungsfähigkeit der Batterie begrenzt, sodass nur geringe Zeit unter Wasser gefahren werden kann. Die erzielbaren Geschwindigkeiten sowohl unter, wie auch über Wasser, sind, bescheiden. Hellmuth Walter wollte jedoch einen Treibstoff, der den Sauerstoff bereits in sich band, sodass eine Außenversorgung unnötig wäre.

Bei seinen Versuchen stieß er auf Wasserstoffperoxid als Antriebsstoff. Wasserstoffperoxid, mit der chemischen Formel H_2O_2, ist eine bläuliche, verdünnt jedoch farblose Flüssigverbindung aus Wasserstoff und Sauerstoff. Um den im Wasserstoffperoxid gebundenen Sauerstoff freizusetzen, muss das H_2O_2 durch einen Zersetzer geleitet werden. Hier«, sagte Diedrichsen und deutete mit einem Teleskopstab auf einen Teil der Grafik.

»In diesem befinden sich Keramiksteine, die mit einer Kalziumapermanganatlösung als Katalysator getränkt sind. Durch Zersetzung entsteht ein Wasserdampf-Sauerstoffgemisch mit einer Temperatur von etwa 485 Grad Celsius. Jetzt steht also der Sauerstoff zur Verbrennung eines Treibstoffes bereit.

Neben diesem Gemisch wird noch der Brennstoff Dekalin, der sich in einem gesonderten Tank befindet, über die Dreistoffpumpe und durch den Vierstoffregler in ihre entsprechenden Leitungen gepresst und über ein Zündventil in die Brennkammer gegeben. Nach dem Zündvorgang herrschen circa 2000 Grad in der Brennkammer. Um diese Temperatur zu senken, wird von unten in die Brennkammer aus einem dritten Tank Speisewasser zugesetzt. Dadurch entsteht eine kommode Temperatur von etwa 550 Grad Celsius.

Das Wasserdampf-Gasgemisch gelangt jetzt über einen sogenannten Staubabscheider, der das Gasgemisch von Fremdkörpern säubern soll, in die Turbine. Der Wasserdampf und das CO_2 werden durch ein Rohr wieder abgeführt. Anschließend kommen die Komponenten in einen Kondensatbehälter, wo sie getrennt werden. Das CO_2 wird nach außenbords gedrückt, der Wasserdampf wird kondensiert und als Speisewasser wieder dem Prozess zur Verfügung gestellt. Das Speisewasser gelangt ebenfalls über den Vierstoffregler in den Kreislauf. Des weiteren wird über den Vierstoffregler auch Seewasser in die Regelzellen geleitet.

Da das H_2O_2 kontinuierlich verbraucht wird, muss ein Gewichtsausgleich im Boot durch Seewasser kompensiert werden. Wegen der geringen Leistungsgewichte, des geringen Raumaufwandes und dank dieses Antriebes, wäre es einem Boot von diesem Typ möglich, eine 64fache Maschinenleistung der bisherigen Tauchboote zu erbringen.«

»Dazu habe ich zwei Fragen«, unterbrach ihn Schmidt.

»Erstens, ähnelt der Treibstoff dem, der in der Heinkel He 176 verwendet wurde und zweitens, ist solch ein Treibstoff gefährlicher als andere?«

Dr. Diedrichsen schaute ihn an, wie ein Professor seinen Studenten im Hörsaal ansah.

»Bei der He 176 arbeitet der Motor mit Wasserstoffperoxid als Sauerstoffträger und einem Methanol-Gemisch als Brennstoff. Bezüglich der Gefährlichkeit des Treibstoffes ist zu sagen, dass man besondere Vorkehrungen treffen muss. Man kann ihn nicht wie andere Treibstoffe behandeln. Wasserstoffperoxid neigt zu unkontrollierter Zersetzung. So starben im Juli 1934 Dr. Kurt Wahmke und zwei Techniker in Kummersdorf bei der Explosion eines mit Wasserstoffperoxid betriebenen Triebwerkes. Man muss bei der Handhabung sehr vorsichtig sein, da Ätzwirkung, unkontrollierte Zersetzung und auch Explosionen bei Verunreinigungen in Tank und Leitungssystem durchaus auftreten können.«

»Da werden sich aber die zukünftigen Piloten unserer Me 163 freuen«, meinte Othmar Schmidt ironisch.

»Wir lassen bereits speziellen Anzügen anfertigen, die die Piloten vor den Nebenwirkungen schützen sollen«, meldete sich Walter mit einer Zwischenbemerkung.

»Dann hoffen wir mal, dass sie auch funktionieren. Wir wollen doch keine Himmelfahrtskommandos!«

Dr. Diedrichsen stand eher wie ein geprügelter Hund, als ein erfolgreicher Wissenschaftler an der Tafel, den die Bemerkung Schmidts wie ein Keulenhieb traf.

»Wir tun alles, um die Sicherheit unserer Piloten zu gewährleisten«, betonte Hellmuth Walter, der versuchte, die Situation zu entschärfen.

»Wir verwenden übrigens Wasserstoffperoxid als Treibgas für die Turbopumpen der A-4«, setzte Walter noch schnell hinzu.

Othmar räusperte sich.

»Ich wollte niemanden an den Karren fahren, Herr Doktor, aber als aktiver Pilot hat man immer die Sicherheit seiner Kollegen im Fokus.«

Dr. Diedrichsen war bereits an seinen Platz zurückgekehrt, als Walter den nächsten Dozenten vorstellte.

»Willi Kretschmer ist der Leiter unserer Torpedoentwicklung, die, wie wir alle hoffen, die Erfolgsquote unserer U-Boot-Fahrer verbessern wird. Er wird dir jetzt auf die Schnelle unseren Entwicklungsstand vermitteln.«

Kretschmer war ein überraschend junger Ingenieur, nicht älter als Ende zwanzig, mit Grübchen auf den Wangen, aus denen der Schalk nur so herausblitzte.

»Ich mach es auch ganz kurz, da wir erst am Anfang unserer Entwicklung stehen. Ein herkömmlicher Torpedo hat einen Sprengkopf von etwa 300 Kilogramm, wiegt etwa anderthalb Tonnen und kostet rund vierzigtausend Reichsmark. Auf unseren U-Boote werden zwei Grundtypen eingesetzt. Zum einen der G7a, der mit einem Alkoholdampf-Motor arbeitete und zum anderen der G7e, der elektrisch angetrieben wird.

Der G7a hatte eine größere Reichweite, verrät sich aber durch eine markante Blasenspur. Der G7e hingegen zieht keine Blasenspur, aber ist in seiner Reichweite eingeschränkt. Aus diesen beiden Torpedotypen leiten sich die hauptsächlich eingesetzten Varianten ab. Grundsätzlich gibt es neben unserem Ansatz die herkömmlichen Dampfgas- und Elektroantriebe.

Beim Dampfgasantrieb wird der Brennstoff Dekalin mit Druckluft in einer Brennkammer verbrannt. Die entstehenden heißen Gase werden durch eine Düse auf den Antriebspropeller geleitet. Beim elektrischen Antrieb wird ein Elektromotor durch Batterien gespeist. Der Motor treibt den Propeller über ein Getriebe an.

Unserer neuer Antrieb hingegen bietet sogar drei verschiedene Motormöglichkeiten. Methode Nummer eins arbeitet exakt wie der große U-Boot-Antrieb. Auch hier treibt die Turbine den Propeller an. Beim sogenannten Strahlantrieb wird jedoch auf die Turbine verzichtet und die Schrauben wie beim Dampfgasantrieb direkt angetrieben. Die dritte Variante hat hinter der Reaktionskammer mit dem Katalysator noch eine Brennkammer, in der Dekalin mit Sauerstoff verbrannt wird. Dabei verdampfte wie in einem herkömmlichen Heizkraftwerk Wasser, das dann zu den Turbinen geleitet wird.«

Gespannt schaute Kretschmer den interessiert lauschenden Oberleutnant an. Othmar streckte sich in seinem Stuhl.

»Ich nehme an, der Vorteil ist eine höhere Geschwindigkeit und ein größerer Sprengkopf, oder?«

Der Angesprochene freute sich bübisch.

»Nicht nur das. Wir schaffen dadurch soviel Platz, dass die in Entwicklung befindlichen Zielsuchgeräte, ja selbst Drahtlenkung, noch Platz finden, ohne dass Abstriche am Vernichtungspotenzial des Torpedos gemacht werden müssten«.

Mit dieser Bemerkung hatte der kurze Vortrag von Kretschmer geendet. Nun ergriff Walter wieder das Wort.

»Über die Entwicklung von unseren Raketenantrieben für Flugzeuge und fliegende Bomben kann Hermann Treutler am besten Auskunft geben.«

Treutler war ein hagerer, ernster Typ, der in seinem grauen Anzug wie ein Universitätsdozent aussah. Er räusperte sich kurz, nahm einen Schluck Wasser.

»Auch wenn ich in Gefahr laufe, Sie zu langweilen, muss ich noch mal auf die beiden unterschiedlichen Verfahren eingehen, die Hellmuth Walter entwickelt hat. Zum einen das bereits hinlänglich erklärte Kaltstrahlverfahren. Das heißt deswegen so, weil die katalytische Zersetzung des Wasserstoffperoxids ohne sichtbare Verbrennung abläuft. Beim Heißstrahlverfahren hingegen wird bei der katalytischen Zersetzung des Wasserstoffperoxids freiwerdender Sauerstoff zur Verbrennung von Treibstoff genutzt.

Unser Flüssigkeitsraketentriebwerk HWK 109-507 arbeitet nach dem kalten Walter-Verfahren. Dieses diente nicht dem eigentlichen Antrieb, sondern beschleunigt die Gleitbombe lediglich in der Abwurfphase, um sie vor das Trägerflugzeug und damit in das Blickfeld des Bombenschützen bringen. Die Zündung erfolgt automatisch nach dem Abwurf. Zurzeit arbeiten wir an einem Nachfolgemodell mit mehr als 600 Kilopond Schub.«

»Vor einigen Tagen habe ich die Messerschmitt-Werke in Augsburg besucht«, unterbrach ihn Othmar, »und dabei wurde mir sowohl von Professor Messerschmitt als auch von Alexander Lippisch das Dilemma geschildert, in dem sie stecken. Sie warten verzweifelt auf die Triebwerke, um endlich motorisierte Flugversuche durchführen zu können. Gibt es da neue Erkenntnisse?«

Treutler nahm den Ball geschickt auf.

»Wir können nur das entwickeln, wofür wir aufgefordert und bezahlt werden, Herr Oberleutnant. Im Fall der Me 163 lag jedoch bis vor Kurzem keine Dringlichkeit vor. Seitdem der Hochtechnologieausschuss jedoch die Karten neu gemischt hat, und wir vor allem neue Techniker einstellen können, haben wir gute Nachrichten für Sie. Unter den bisherigen Umständen hätte das Walter-Triebwerk R 11-203, das 750 Kilopond Schub leisten wird, nicht vor dem Sommer einsatzbereit sein können. Wir können aber jetzt einen Termin Ende Januar bestätigen.«

Auf Schmidts Gesicht machte sich ein Grinsen breit.

»Endlich mal eine wirklich positive Neuigkeit. Weiß Lippisch bereits davon?«

»Das wollten wir dir überlassen, Othmar«, lächelte Walter milde.

»Ohne deinen Einsatz könnte er immer noch davon träumen.«

»Zu gütig«, erwiderte Othmar und malte sich schon aus, wie diese Nachricht in Augsburg einschlagen würde.

»Das ist aber noch nicht alles«, meldete sich Treutler wieder zu Wort.

»Wir arbeiten auch an einer neuen Variante, der HWK 109-509. Dieses neue Triebwerk wird nach dem heißen System arbeiten, das unter wesentlich höheren Temperaturen T-Stoff, also Wasserstoffperoxid und C-Stoff, eine Mixtur aus 57 Prozent Methylalkohol, 30 Prozent Hydrazinhydrat, auch B-Stoff genannt, sowie 13 Prozent Kaliumkupfercyanid verbrennt und ungefähr 1500 Kilopond Schub leisten wird.«

»Wie sieht denn eigentlich die industrielle Produktion des Treibstoffes aus? Gibt es für den massiven Einsatz von Wasserstoffperoxid überhaupt einen Hersteller?«

»Dafür ist dank Hellmuth Walters Energie und Weitblick bereits seit einiger Zeit gesorgt«, antwortete Treutler.

»Dieses Projekt unterliegt der höchsten Geheimhaltungsstufe«, meldete sich Walter zu Wort. »Dr. Johannes Schmidt ist unser Verbindungsmann zwischen Heereswaffenamt und den Elektrochemischen Werke München. Er kann dich auf den neuesten Stand bringen.«

Dr. Schmidts Auftreten war eher das eines Industriemanagers, denn eines Wissenschaftlers. Wie aus einem Herrenmagazin entsprungen, dachte Othmar und das mitten im Krieg. Die Erscheinung eines männlichen Fotomodells harmonierte jedoch nicht mit der piepsigen Stimme des Walter-Mitarbeiters, als er zu sprechen begann.

»1910 gelang es Dr. Albert Pietsch und seinem Schwager und Chemiker Dr. Gustav Adolph, mit dem nach ihnen benannten Verfahren Wasserstoffperoxid technisch herzustellen. 1911 gründeten sie die Elektrochemischen Werke München. Ein erstes Interesse an hochkonzentriertem Wasserstoffperoxid bestand in Deutschland bereits während des Weltkrieges. Man war aber technisch zu dieser Zeit noch nicht in der Lage, eine großtechnische Produktion in Gang zu bringen, da weder korrosionsbeständige Materialien zur Verfügung standen, noch Kenntnisse über die Eigenschaften des hochkonzentrierten Wasserstoffperoxids in Hinblick auf seine chemische Beständigkeit vorlagen.

Erst nach der Entwicklung verschiedener rostfreier Stahlsorten durch Krupp zwischen den Jahren 1920 bis 1929 standen erstmals geeignete Materialien zur Verfügung, die die chemische Stabilität von Wasserstoffperoxid-Lösungen nicht beeinflussten. Nachdem man Wasserstoffperoxid-Lösungen durch Zugabe von Stabilisatoren in Form von Natriumpyrophosphat und Phosphorsäure bei sechzig Grad Celsius und später bei siebzig Grad Celsius stabil halten konnte, wurden im Labor Wasserstoffperoxid-Lösungen von anfangs sechzig Prozent und später dann von achtzig und neunzig Prozent Konzentration erreicht.

Durch die gleichzeitige Entwicklung von Kunststoffen wie Koroseal und Polyvinylchlorid standen nun auch geeignete Materialien für Rohrleitungen und Dichtungen zur Verfügung. Damit waren für die Elektrochemischen Werke München die Voraussetzungen einer großtechnischen Produktion von Wasserstoffperoxid gegeben. Im Sommer 1935 gründete Dr. Walter eine Firma, die sich speziell mit den Möglichkeiten der Energiegewinnung aus Wasserstoffperoxid beschäftigte. Dr. Pietsch erfuhr von der Idee, Wasserstoffperoxid zur Energiegewinnung zu nutzen, und unterstützte die Versuche von Dr. Walter tatkräftig. Er bot ihm eine 80-prozentige Wasserstoffperoxid-Lösung an, die für diese Zwecke geeigneter erschien.

Im November 1938 wurde die Otto Schickert & Co. KG als Tochtergesellschaft der Elektrochemischen Werke, München in Berlin gegründet. Die Aufträge zum Bau und Betrieb der Anlage in Bad Lauterberg ergingen durch das Reichsministerium für Luftfahrt. Aufgabe des Werkes Bad Lauterberg und dem zukünftigen Werk in Rhumspringe ist die

Produktion von Wasserstoffperoxid in einer Konzentration von 80 - 85 Prozent nach dem Pietsch-Adolph-Verfahren der Elektrochemischen Werke München. Die geplante Produktionskapazität der Gesamtanlage sollte 1200 Tonnen 80-prozentiges Wasserstoffperoxid pro Monat betragen. Wenn Rhumspringe in ein paar Jahren fertiggestellt sein sollte, wird es 2100 Tonnen produzieren.«

»Und warum das Ganze ausgerechnet im Harz?«

»Wegen des ungeheuren Wasserbedarfes, Herr Oberleutnant. Das Werk liegt strategisch günstig im Odertal an einem in nordwest-südöstlicher Richtung verlaufenden Sporn des Kummelberges am nördlichen Stadtrand von Bad Lauterberg. Ganz in der Nähe findet man die Odertalsperre. Die H2O2-Produktion benötigte große Wassermengen, die hier auf kurzem Wege in die Fabrik geführt werden können. Die Wasserleitung führt von der Talsperre parallel zur Straße im Odertal zu den Gebäuden.

Abgesehen davon bietet die topografische Lage direkt unterhalb eines Steilhanges in einem engen Tal einen hervorragenden Schutz vor Luftangriffen. Wenn sie einmal fertig ist, wird sich die Werksanlage über eine Länge von 700 Metern bei einer Breite von 150 Metern erstrecken und über mehr als 100 Gebäuden inklusive der Luftschutzstollen, Wohnbaracken und Werkswohnungen. Energie bekommen die Werke über drei Überland-Hochspannungsleitungen mit je 60 Kilovolt.

Eine dieser Leitungen speist die Wasserstoffperoxidanlage in Rhumspringe, die Zweite führt zu den Schickert-Werken nach Bad Lauterberg. Die dritte Leitung reicht bis nach Pöhlde und gabelte sich dort, um im Bedarfsfall sowohl die Anlage in Rhumspringe als auch die Lauterberger Anlage mit Strom versorgen zu können. Natürlich liefert auch das Kraftwerk des Oderdammes Energie.«

Damit war der Vortrag von Dr. Schmidt beendet, und Hellmuth Walter wandte sich wieder an Othmar.

»Du solltest dir die Z-Anlage, wie Sie bei der Abwehr genannt wird, einmal ansehen Othmar. Die Schickert Werke in Bad Lauterberg und Rhumspringe sind neben den Fabriken der Accumulatoren Fabrik AG die beiden Schlüsselindustrien des Projektes. Im Januar wird die erste Halle mit einer Produktionseinheit zur Herstellung von 35-prozentigem Wasserstoffperoxid eingeweiht. Das wäre doch eine gute Gelegenheit.«

»Was hat die Abwehr damit zu tun«, fragte Othmar erstaunt.

»Dein Chef hat damit eine Menge zu tun«, grinste Walter.

»Canaris war von Anfang an für die strikte Geheimhaltung verantwortlich. Und damit wird es kompliziert. Für die Öffentlichkeit ist der bayerische Industrielle und Firmeninhaber Otto Schickert, Schwiegersohn von Dr. Pietsch, der Direktor des Werkes. Tatsächlicher Leiter des eindeutig streng geheimen militärischen Objektes, das auch vom Deutschen Reich finanziert wird, ist jedoch der gebürtige Bad Lauterberger Dr. Werner Piening.

Piening könnte dir sogar schon mal über den Weg gelaufen sein, denn er hat mit deinem Vater bei der Germaniawerft an unserem U-Boot-Konzept gearbeitet. Dr. Piening, ursprünglich dem Oberkommando der Marine in Berlin unterstellt, ist nun von Canaris als technischer Direktor eingesetzt worden, während Otto Schickert die Mär vom normalen Industriebetrieb in der Öffentlichkeit aufrecht hält.«

Othmar musste schlucken. Wie viele Geheimnisse blieben ihm noch verborgen? Seine Nachdenklichkeit wurde von Walter unterbrochen.

»Jetzt aber genug von der Theorie. Du hast Glück, denn unser Versuchsboot V 80 befindet sich nach den Herbstversuchen in der Danziger Bucht zur Überholung im Trockendock der Germaniawerft. Aber das wirst du wahrscheinlich bereits von deinem Vater wissen. Er erwartet uns übrigens in einer knappen halben Stunde. Meine Herren, Ihnen wird der Anblick unserer V 80 bestimmt keine neuen Erkenntnisse vermitteln, daher schlage ich vor, dass ich den Herrn Oberleutnant zur Werft fahre. Sie haben bestimmt genug zu tun.«

Mit diesen Worten komplimentierte Walter seinen Gast aus dem Konferenzraum schnappte sich seine lieb gewonnene Lederjacke und Mütze und schlug den Weg zum Firmenparkplatz ein. Zielstrebig steuerte er ein Wanderer W 24 Cabriolet an.

«Willst du fahren? Du kennst dich doch hier aus, ist doch immerhin deine Heimatstadt.«

»Aber gerne«, nahm Othmar das überraschende Angebot an.

Sie verließen das Werksgelände und fuhren stadteinwärts. Als er linkerhand die Rüdelsche Hofapotheke an der Ecke Dänische Straße bemerkte und vor sich das Gebäude der Preußischen Lebensversicherung sah, war er zuhause. In einem der Persianischen Häuser waren er und sein Bruder geboren worden und seine Eltern lebten immer noch in ihrer fantastischen großen Wohnung mit dem einzigartigen Blick auf den Markt und die dominierende Nicolaikirche.

Diese Häuser waren zwischen 1632 und 1638 als Packhäuser für persische Waren errichtet worden. Doch die vom Landesfürsten entsandte Kommission konnte keine Handelsverträge abschließen, sodass die Gebäude zu Wohnhäusern umgebaut wurden. Othmar folgte der Kai-Straße bis zum Ende des Handelshafens, das die Kieler die Hörn nannten. Sie umfuhren das Hafenbecken auf der Gablenzer Straße und bogen in die Werft Straße ein, die direkt zum Haupttor des Unternehmens führte.

Die Werft war 1863 durch Christian Bruhn gegründet, und 1896 als Schiff- und Maschinenbau AG Germania von Krupp übernommen worden. 1902 wurde sie in Friedrich Krupp Germaniawerft umbenannt. Bereits 1903 konstruierte die Firma ein Experimental-U-Boot nach den Plänen des Ingenieurs Raymondo Lorenzo d'Equevilley-Montjustin. Das Boot mit dem Namen Forelle wurde russischen Marineoffizieren bei einer Probefahrt bei Eckernförde vorgeführt, was zum Bau dreier weiterer U-Boote führte. Damit begann der Aufstieg der Marinewerft Germania.

Der Posten am Haupttor kontrollierte penibel die Papiere der beiden Männer, obwohl er Hellmuth Walter seit vielen Jahren kannte. Die Germania Werft war Hochsicherheitszone und unterlag besonderer Geheimvorschriften. Die Angst vor feindlichen Agenten war groß und nicht unbegründet. Auch Kiel wurde so ausspioniert und im Juli 1940 erstmalig bombardiert. Zum Glück blieb es nur bei Sachschäden. Die beiden Männer fuhren nach der Kontrolle zum Trockendock, wo bereits Carl Schmidt auf sie wartete. Der Posten hatte ihn informiert. Ohne viel Zeit mit Nettigkeiten zu verlieren, lotste Carl Schmidt seinen Sohn und Hellmuth Walter zum Versuchsboot V 80.

Othmar war geschockt. Er hatte etwas anderes, Größeres erwartet als das, was er jetzt sah. Etwas, was einem U-Boot glich, wie er es kannte und wie man es aus den Wochenschauen gewohnt war. Doch dieses tropfenförmige Vehikel war so klein, so anders, überhaupt nicht bedrohlich. Othmar versuchte seine Enttäuschung zu verbergen, doch seine Körpersprache hatte seine Begleiter nicht getäuscht.

»Das geht jedem so, der die V 80 das erste mal sieht«, sagte sein Vater lakonisch.

»Doch du als Naturwissenschaftler solltest wissen, dass Anfänge meist bescheiden sind. Wir betreten hier absolutes Neuland. Die Verdrängung, der V 80 beträgt, aufgetaucht eben mal 73 Tonnen und die Länge von 22,05 sowie die Breite von 2,10 Metern sind nicht atemberaubend, das gebe ich zu. Aber es dient dazu, die revolutionäre Antriebsart und die neuartigen Steuerelemente zu testen. Wie du bereits von außen sehen kannst, unterscheidet es sich enorm von Booten konservativer Bauart. Lass uns einsteigen, dann erklären wir dir das Boot.«

Über eine Planke kletterten die Männer auf den Rumpf und durch eine schmale Luke ins Innere des Bootes.

»Hier siehst du die Steueranlage. Wir nennen es Cockpit-Steuerung, da es mehr mit dem Steuern von Flugzeugen als von U-Booten vom Typ VIIC zu tun hat.«

Othmar war verblüfft. Der Steuerstand sah tatsächlich eher aus wie das Cockpit einer Ju 52 mit ihren beiden dreiviertel geschlossenen Steuerrädern und Armaturen.

»Wie viele Besatzungsmitglieder hat die V 80?«

»Vier, die genügen, um ein Boot dieser Größenordnung zu manövrieren.«

»Zum Antrieb muss ich dir noch einiges erklären, Othmar«, meldete sich Hellmuth Walter.

»Wir haben es hier mit einer Anlage ohne Brennkammer, der sogenannten A-Dampfanlage zu tun, bei der kein Treibölzusatz zum Einsatz kommt. Dadurch zieht das Boot eine verräterische Blasenspur hinter sich her. Für unsere Tests ist das sogar von Vorteil, denn so wissen wir über Wasser, wo sich das Boot unter Wasser befindet. Bei der nächsten Entwicklungsstufe wird die weiterentwickelte heiße Anlage eingebaut, die eine Blasenbildung ausschließt.«

»Wie soll es jetzt in der Entwicklung weitergehen?«, fragte Othmar.

»Ich glaube, dass es immer noch Widerstand geben wird, da einige Herren im Konstruktionsamt der Marine weiterhin an der konservativen Bauweise hängen und mit verstärkten Bauprogrammen den Unterwasserkrieg gewinnen wollen«, führte Walter aus.

»Insbesondere Admiral Fuchs, Chef des K-Amtes, Marineoberbaurat Friedrich Schürer von der Technischen Hochschule Danzig und maßgeblicher Konstrukteur des Typ-VII-Bootes sowie Oberbaurat Fritz Bröking, zuständig für Schiffsmaschinen, opponieren stark. Die einzige Hilfe, die wir aus dem Konstruktionsamt bekommen, ist die von Diplom-Ingenieur Waas.«

»Die Empfehlung des Hochtechnologieausschusses war eindeutig«, erklärte Othmar Schmidt. »Dann wollen wir den Herren mal ein schönes Weihnachtspräsent in Form einer Erklärung zukommen lassen, das die Kompetenzen einerseits klar beschreibt und andererseits die Walter-Technik in den Vordergrund der Forschung stellt.«

»Vielleicht glauben sie wirklich, dass der Krieg schnell und mit bestehenden Mitteln gewonnen werden kann«, warf Carl Schmidt ein.

»Diese Hoffnung werden sie selbst bald verlieren«, ließ Othmar sibyllinisch verlauten.

Die drei Männer verließen nach einer Weile das Boot und gingen in Carl Schmidts Büro. Othmar wollte genau wissen, wie Walter und sein Vater gedachten, die neue Technik weiterzuentwickeln und wie ein ungefährer Zeitplan aussehen könnte.

»Wie ich schon andeutete, bekommen wir Knüppel zwischen die Beine geworfen«, eröffnete Walter die Diskussion.

»Man hat mir zwar einen Entwicklungsauftrag für ein größeres Versuchsboot, die V 300 erteilt, aber gleichzeitig erklärt, dass außer der Antriebsanlage alle übrigen Bootselemente sich sklavisch an den bestehenden Bauformen anzulehnen hätten. Das ist absurd, denn dadurch und durch weitere Forderungen bezüglich der Ausstattung, würde sich das Gewicht auf 600 Tonnen erhöhen und trotz eines Antriebes von zwei Walter-Turbinen nach dem heißen Verfahren von je 2180 PS die Geschwindigkeit unter Wasser auf 19 Knoten reduzieren. Der Effekt der hohen Geschwindigkeit wäre damit hinfällig.«

»Was schlägst du vor?«

»Den Bau von zwei Prototypen, WA 201 und WK 202 zur Erprobung und die anschließende Fertigung von jeweils sechs Vorserienbooten. Das ist aber bei der Germaniawerft nicht zu machen, da sie mit dem Bau der VIIC-Baureihe voll ausgelastet ist. Sie müssten bei Blohm & Voss gebaut werden.

»Damit ginge aber die Erfahrungen der Germania und meines Vaters verloren.«

Othmar stützte sein Kinn in beide Hände und überlegte.

»Dann gibt es nur eine Möglichkeit. Wir machen die Germania Werft zum Entwicklungszentrum für das Walter-U-Boot und lagern die übrige Produktion aus.«

»Das wäre die beste Lösung, aber glaubst du im Ernst, dass du solch einen Vorschlag durchbringen wirst?«

Othmar lächelte: »Ich nicht, aber der Reichsführer SS.«

Himmlers Wewelsburg

Gordon Schmitts Rückreise nach London war zeitraubend, aber unspektakulär und die Anspannung, die er bei der Hinreise spürte, war einer gewissen Müdigkeit gewichen. Gordon war froh, ein paar Tage ausspannen zu können und den Druck, der auf ihm lastete, entweichen lassen zu können. Zuvor musste er sich aber ausführlich von R.V. und Mortons Männern befragen lassen, die selbst der kleinsten Beobachtung Gordons einen Sinn zuordnen konnten. Höchst interessant fanden sie die Bestätigung der Leitstrahltheorie durch Telefunken-Ingenieur Karl Reiter. Ebenso den Hinweis auf die Produktionsvorbereitung eines offensichtlich neuen Jägers, der sowohl R.V. als auch Desmond Morton überraschte sowie die Bauarbeiten in Peenemünde. Insbesondere Gordons Beobachtung einer deutschen Kriegswirtschaft, die offenbar keine war, verblüffte Morton.

»Glauben Sie nicht, dass Sie hier ein wenig übertreiben, Gordon?«, meinte er nach der Beschreibung des Kaufhauses Wertheim.

»Sicher nicht«, antwortete Gordon kühl, »sonst hätte ich es nicht erwähnt.«

Morton zog daraus den Schluss, dass Hitler der Bevölkerung noch nicht totale Kriegsanstrengungen zumuten mochte, da er offensichtlich Empörung durch Konsumverzicht befürchtete. Am Ende des Tages war man darin übereingekommen, die gewonnenen Erkenntnisse nicht auf sich beruhen zu lassen und Gordon im Frühjahr 1941 auf eine weitere Erkundungsmission zu schicken. R.V. Jones war sichtlich zufrieden mit Gordon und gab ihm bis Neujahr Urlaub. Am Dienstag, Heiligabend, rief Gordon R.V. Jones in seinem Büro an, um ihn zum einen ein frohes Weihnachtsfest zu wünschen und andererseits zu hören, ob es für ihn besondere Nachrichten gab. Doch R.V. gab sich betont gelassen.

»Bis auf einen Angriff auf unser größtes Aluminiumwerk im schottischen Fort William ist es relativ ruhig. Ruhen Sie sich aus, Sie werden ihre Kraft im neuen Jahr noch brauchen. Wir sehen uns dann am 2. Januar. Frohe Weihnachten und einen guten Rutsch«, wünschte R.V. zum Ende des Gesprächs. Gordon war beruhigt. Der Krieg ging zwar auch ohne ihn weiter, doch augenscheinlich nur mit halber Kraft. Als ob die Furie nur darauf wartete, ihn wieder persönlich auf dem Schlachtfeld begrüßen zu dürfen.

Als hätten Engländer und Deutsche einen unsichtbaren Pakt unterschrieben, so ruhig war es Weihnachten. Beide Seiten verzichteten auf Luftangriffe und ließen so ihren Bürgern den Traum von Frieden. Othmar hatte Weihnachten mit Ilse in Kiel bei seinen Eltern verbracht. Zur Überraschung aller war auch sein Bruder Friedrich aufgetaucht. Drei Tage lang herrschte eine Atmosphäre wie im tiefsten Frieden. Nach seiner Rückkehr nach Berlin hatten er und Schellenberg ihren ersten Report zusammengefasst und an den kleinen Kreis von Empfängern weitergeleitet, die Zugang zu den Erkenntnissen und Empfehlungen des Hochtechnologieausschusses hatten. Nur Stunden nach Empfang meldete sich Heydrich bei Othmar.

»Meine Hochachtung, Herr Oberleutnant, Ihre Dokumentation hat großen Eindruck gemacht. Der Reichsführer SS ist begeistert von Ihrer und Schellenbergs Leistung. Aus diesem Grund lässt er Ihnen auch eine außergewöhnliche Einladung zukommen. Er empfängt Sie am Mittwoch den 25. Januar in der Wewelsburg. Eine schriftliche Benachrichtigung mit Anfahrtinstruktionen folgt. Glückwunsch, Herr Oberleutnant. Sie sind der erste Wehrmachtsoffizier, dem diese Ehre zuteilwird. Übrigens, wir sollten Salon Kitty mal wieder einen Besuch abstatten, meinen Sie nicht?«

Schmidt war perplex. Wewelsburg sagte ihm nichts und daher begriff er auch nicht den Stellenwert, den Himmler und Heydrich der Burg offensichtlich zumaßen. Da muss ich mal Canaris fragen dachte er. Er wird schon wissen, was sich dahinter verbirgt. Die Tage zwischen Weihnachten und Neujahr verbrachte er mit der Vorbereitung für eine Reise nach Irland. Er erhoffte sich dort neue Erkenntnisse zu finden, die ihn in die Lage versetzen könnten, den Aufbau eines neuen Agentennetzes in England voranzutreiben.

Der in Dublin tätige Abwehroffizier Konrad Grote war bereits von seiner Ankunft Ende Januar in Kenntnis gesetzt worden und war von Schmidt angewiesen, ein Treffen mit IRA Offiziellen vorzubereiten. Othmar erhoffte sich von der personellen und logistischen Hilfe der Irisch-Republikanischen-Armee eine schnellere Wiederauferstehung eines deutschen Agentennetzes.

Er war sich aber auch der vielen Pleiten bewusst, die die Abwehr in den letzten Jahren bei ihren irischen Operationen erlitten hatte, und hatte deswegen mit Canaris einen Termin vereinbart, um sich schlauzumachen. Am 29. Dezember bat ihn Canaris zu einem Gespräch in sein Büro.

»Ich habe zwei Neuigkeiten für dich, Othmar. Die Erste ist eine Einladung zu einer Silvesterfeier, die andere deine Beförderung. Herzlichen Glückwunsch, Herr Hauptmann. Den hast du dir wahrlich verdient.«

Schmidt hatte so etwas erwartet, denn Ilse hatte ihm schon vor zwei Tagen Andeutungen gemacht.

»Vielen Dank, Wilhelm. Ich hoffe, ich kann deine hohen Erwartungen auch in Zukunft erfüllen. Aber zu welcher Feier bin ich denn geladen?«

»Wir, mein Lieber. Damit meine ich nicht mich, obwohl ich auch daran teilnehme, sondern Ilse. Die Einladung gilt mit Begleitung.«

»Und wo soll die Feier stattfinden?«, fragte Othmar erwartungsvoll.

»Erinnerst du dich an unser Treffen mit Udet, als er davon sprach, uns bei nächster Gelegenheit einzuladen? Nun, Udlinger hat scheinbar keine Lust, seine Wohnung von uns in Unordnung bringen zu lassen. Er hat daher seinen Freund Heinz Rühmann überredet, die Feier bei ihm in seinem Haus am kleinen Wannsee zu veranstalten. Alles nur im kleinen Kreis. Darauf hat Rühmann bestanden. Was sagst du nun?«

»Ich bin platt, Herr Admiral«, lachte Othmar und schlug sich vor Begeisterung auf die Schenkel.

»Das wird Ilse umhauen. Sie findet Rühmann ja so toll.«

»Ich will nur hoffen, dass Hertha Feiler, seine Frau, wegen ihr nicht eifersüchtig wird«, griente Canaris.

»Wie bist du sonst vorangekommen?«

Othmar schilderte Canaris seine Eindrücke, die er bei seinen Reisen gewonnen hatte, und verwies dabei immer wieder auf den Report, den er und Schellenberg verfasst hatten.

»Eines muss ich dich aber fragen, Wilhelm. Warum hast du mir nie etwas über das Wasserstoffperoxid Werk im Harz erzählt? Als Walter es erwähnte, war ich völlig ahnungslos.«

»Tut mir leid, Othmar, das muss ich irgendwie völlig vergessen haben. War keine Absicht und wird nicht wieder vorkommen.«

»In dem Zusammenhang habe ich jetzt bereits zweimal von der Accumulatoren Fabrik AG gehört, die sowohl von Professor Wagner, als auch von Hellmuth Walter als enorm wichtig bezeichnet wurde. Was oder wer steckt denn dahinter?«

»Als alter U-Boot-Fahrer kann ich dir das genau erklären. Die Accumulatoren Fabrik AG ist besser bekannt als AFA und wurde bereits 1887 in Hagen durch den Unternehmer Adolf Müller gegründet. Als diese Firma 1890 in eine Aktiengesellschaft umgewandelt wurde, beteiligten sich AEG und Siemens & Halske sowie die Deutsche Bank an dem Unternehmen. Ihren Ruf als bester Hersteller für U-Boot Akkus gründete die Firma 1904, als die AFA in die erste Batterieanlage für das U-Boot Hajen an die schwedische Marine lieferte. Anfang der Zwanziger Jahre begann der Industrielle Günther Quandt, Aktien der AFA im großen Stil aufzukaufen.

Zugleich erlangte er 1928 die Kontrolle über die Berlin-Karlsruher Industriewerke, einem Unternehmen, das während des Ersten Weltkriegs Deutsche Waffen- und Munitionsfabriken AG hieß, und deren Geschichte bis zum Deutsch-Französischen Krieg zurückreichte. 1930 war Günther Quandt bereits Großaktionär der AFA. Augenscheinlich, weil er sich sicher war, dass U-Boot-Batterien in Zukunft ein großes Geschäft zu werden schienen. Dem hat er dann auch noch ein wenig nachgeholfen, indem er 1933 der Partei beitrat und eine großzügige Spende an die NSDAP leistete. Zum Dank ernannte man ihn 1937 zum Wehrwirtschaftsführer. Es gibt aber noch eine Verbindung zur herrschenden Klasse.

1921 heiratete Quandt Magda Ritschel. Bereits 1929 werden sie wieder geschieden und zwei Jahre später angelte sich Magda Quandt unseren Propagandaminister Joseph Goebbels. Quandt und Magda Goebbels hatten eine freundschaftliche Beziehung aufrechterhalten, und so konnte er ihre neue Beziehung gewinnbringend für seine Unternehmungen nutzen.«

»Dein Wissen ist wie immer imposant, Wilhelm. Das ist geradezu phänomenal und für mich eine ungeheure Hilfe. Ohne dich wäre ich ziemlich aufgeschmissen. Ich habe aber noch ein Thema, das ich unbedingt mit dir besprechen muss. Was sagt dir der Name Wewelsburg?«

Canaris schaute ihn entgeistert an.

»Was hast du mit der Wewelsburg zu tun?«

»Ich habe eine Einladung erhalten«, antwortete Schmidt trocken.

»Erzähl du mir bitte zuerst, um was es sich dabei dreht, dann sage ich dir, von wem die Einladung stammt.«

Der Admiral sah Othmar weiterhin ungläubig an und schüttelte sich leicht, als ob er einen imaginären Geist loswerden wollte.

»Was ich dir jetzt erzähle, klingt so absurd, aber ich schwöre dir, dass ich nichts erfunden habe«, begann er leise zu sprechen.

»Im Januar 1933 begleitet Himmler Hitler beim Wahlkampf in Lippe. Das Land von Hermann dem Cherusker und des Sachsenführers Widukind begeistert ihn derart, dass er beschloss, hier nach einem Ort für eine Reichsführerschule SS zu suchen. Im Herbst 1933 besichtigt er die Wewelsburg bei Paderborn, eine mittelalterliche Burg, die Anfang des 17. Jahrhunderts von den Paderborner Fürstbischöfen zu einem dreieckigen Renaissance-Schloss ausgebaut worden war. Ein Jahr später pachtete Heinrich Himmler die Wewelsburg für 99 Jahre vom Kreis Büren für den symbolischen Mietpreis von einer Reichsmark jährlich.

Bis hierhin ist das alles ja noch nachvollziehbar, doch jetzt wird es okkult. Himmler suchte seit 1933 nach einer Verankerung der SS in historischen Dimensionen. Zunächst fiel seine Wahl auf den Sachsenherzog Heinrich den Löwen. Doch nach einer Grabung im Braunschweiger Dom war er von dem vermeintlichen Skelett des Herzogs bitter enttäuscht, da es die Gebeine einer kleinen, zierlichen Person mit einem deutlich erkennbaren Hüftschaden enthielt. So hatte sich Himmler den Löwen nicht vorgestellt.

Das Problem wurde gelöst, als die Stadt Quedlinburg für die Ausrichtung der 1000-Jahrfeier des Todestages des ostfränkischen Königs Heinrichs I. Reichsstellen zur Finanzierung zu interessieren versuchte. SS-Brigadeführer Dr. Hermann Reisschale, Chef des Rasseamtes, reagierte sofort und begeisterte Himmler. Der ergriff die Gelegenheit beim Schopfe und verfügte, dass die SS mit der Stadt Quedlinburg alleinige Trägerin der Feiern am 2. Juli 1936 sein sollte. Dadurch veränderte sich schlagartig der Stellenwert der Wewelsburg, denn SS-Ideologen sahen darin eine Gründung aus der Zeit Heinrichs I.

Daraufhin wurde die Wewelsburg in die ausschließliche Zuständigkeit des persönlichen Stabes des Reichsführers SS übernommen. Mittlerweile hat sich der Kult um Heinrich I. verselbstständigt und der Reichsführer SS glaubt allen Ernstes, er wäre eine Reinkarnation des Ostfrankenkönigs.

Das hat Methode, denn die symbolische Überhöhung ist von jeher Herrscherpraxis seit Alexander dem Großen. Napoleon zum Beispiel wollte sich gegenüber der französischen Bischofskonferenz mit dem dreimaligen Ausruf, er sei Karl der Große, zur Geltung bringen. Du siehst, Himmler ist in guter Gesellschaft. Er hat übrigens seinen Sonderzug, mit dem er im Reich herumfährt, Heinrich getauft. Aber es kommt noch toller. 1938 zwingt Himmler den Superintendenten der Stiftskirche St. Servatius zur Übergabe des Kirchenschlüssels. Ursprünglich stand an ihrer Stelle die Kapelle der Königspfalz Heinrich I. Hier wurde der erste deutsche König auf seinen persönlichen Wunsch hin bestattet. Ostern fand dann der letzte Gottesdienst in der Stiftskirche statt. Anschließend wurde die Stiftskirche zur SS-Weihestätte umfunktioniert.«

Othmar saß in seinem Sessel wie vom Donner gerührt.

»Jetzt bist du sprachlos, wie?«, sagte Canaris spöttisch.

»Der Irrsinn kennt keine Grenzen. Und jetzt sage mir mal, wer dich auf die Burg eingeladen hat.«

»Heinrich Himmler alias Heinrich I. persönlich.«

»Ich hatte es befürchtet«, seufzte der Admiral.

»Die nächste Nettigkeit wird eine Aufforderung zum Eintritt in die SS sein, schätze ich.«

»Aber ich bin Wehrmachtsoffizier«, protestierte Othmar lautstark.

»Das wird ihn dennoch nicht hindern, dich zu fragen«, entgegnete Canaris schnell.

»Ich kann dir ad hoc keinen Rat geben. Aber mach dich nicht verrückt. Es wird mir schon was einfallen. Jetzt freu dich erstmal auf Silvester.«

Othmar blieb nichts anders übrig, als auf Canaris Intuition zu warten.

Ilse wollte zuerst nicht glauben, dass sie in Rühmanns Haus zu Silvester eingeladen worden war.

»Sieh nur zu, dass du ein vernünftiges Kleid auftreibst. Kleider machen Leute«, war Othmars praktischer Rat und amüsierte sich königlich über ihre Begeisterung. Silvester 1940 war ein Dienstag und Othmar hatte mit Canaris vereinbart, ihn gegen 21:00 in dessen Haus in Schlachtensee abzuholen. Der Admiral hatte ihm am Tag zuvor seinen Wagen überlassen und sich mit der Fahrbereitschaft nach Hause fahren lassen. Ilse hatte sich von einer Freundin, die als Kostümbildnerin in Babelsberg arbeitete, ein Kleid ausgeliehen, das ihr wie auf den Leib geschneidert schien. Als sie es Othmar vorführte, geriet er an den Rand eines Kreislaufkollapses.

»Willst du alle Männer ins Koma schicken?«

«Wieso«, meinte sie kokett, »du hast doch noch gar nicht meine hochhackigen Schuhe gesehen.«

Es war bitterkalt und leichter Schneefall hatte eingesetzt, als die beiden mit Canaris Am kleinen Wannsee vor dem Haus mit der Nummer 15 anhielten. Rühmann hatte die wunderschöne Villa für den Schnäppchenpreis von 100000 Reichsmark von einer jüdischen Unternehmerin gekauft, die wegen des Rassenhasses das Land Hals über Kopf verlassen musste. Hertha Feiler öffnete ihnen die Tür. Sie ist noch schöner als in ihren Filmen dachte Othmar, als er ihr galant die Hand küsste. Ernst Udet übernahm nun die Aufgabe, sie Hertha Feiler und Heinz Rühmann vorzustellen.

»Canaris kennst du ja selbst lang genug, aber ich freue mich sehr, dir Oberleutnant Othmar Schmidt und seine reizende Freundin Ilse vorzustellen. Ihr werdet euch mögen, denn eure gemeinsame Leidenschaft ist die Fliegerei.«

»Hauptmann, Udlinger, nicht mehr Oberleutnant«, lachte Canaris und entschuldigte sich gleichzeitig für die Unterbrechung.

»Ernie, du weißt doch, deine Freunde, sind auch meine Freunde«, lachte Rühmann und wies seinen Gästen den Weg zum riesigen Wohnzimmer, von wo man, zumindest bei Tage, einen traumhaften Blick über den Kleinen Wannsee hatte. Ilse kicherte leise, denn sie amüsierte sich unwillkürlich über Rühmann. Sowohl sie als auch Hertha Feiler überragten ihn um Haupteslänge. Ilse hatte allein schon wegen ihres gleichen Alters einen direkten Draht zu Hertha, die sich fürsorglich um ihre Gäste kümmerte.

»Haben Sie gar keine Hilfe im Haus?«, wollte sie ungläubig wissen.

»Doch, doch«, antwortete sie freundlich, »aber heute Abend sind wir eine überschaubare Runde, da mach ich das lieber selbst. Heinz und mir ist es lieber, wenn es privater ist.«

Udet hatte mittlerweile Othmar zu seiner Beförderung gratuliert und Rühmann von dessen fliegerischen Fähigkeiten vorgeschwärmt. Othmar fand direkt Zugang zu Rühmann, dessen ansteckendes Lachen ihn sofort einnahm.

»Seit wann sind Sie denn Flieger, Herr Rühmann?«

»Seit 1931«, erwiderte er und fuhr in seiner Begeisterung fort, ohne dass ihn Othmar dazu aufgefordert hätte.

»Mein Fluglehrer war Eduard Ritter von Schleich, Träger des Max Joseph Ordens und des Pour le Mérite«, sagte er stolz.

»Den nannten wir den schwarzen Ritter«, mischte sich nun Udet ein, »weil er immer nur schwarze lackierte Maschinen flog.«

»Ja, ja,« mimte Rühmann den traurigen Freund, »und dann passierte mir der größte Fehler meines Lebens, als ich Ernie auf einem Faschingsball im Regina-Hotel in München kennenlernte. Der verrückte Hund flog unter den Isarbrücken und in Schräglage zwischen den Türmen der Frauenkirche durch, machte einen Looping um die Großhesseloher Brücke, landete und startete auf dem Schneeferner Gletscher der Zugspitze. So was wollte ich auch«, lachte er.

»Der Heinz war wahnsinnig«, eiferte sich Udet.

»Der machte mir mit seiner Klemm 25 mit Salmson-Sternmotor und 40 PS wirklich alles nach.«

»Fast alles«, grinste Rühmann, »denn als du in eine Halle rein fliegen wolltest hast du mir verboten, dir zu folgen.«

»Fliegen ist nicht gefährlich, nur die Abstürze sind es und bei denen auch nur der Aufprall«, lachte Udet.

Den ganzen Abend wurde geflachst, Fliegerlatein ausgetauscht und Geschichten erzählt. Der Krieg war weit weg, kein Alarm störte die harmonische Runde und der Rinderbraten, den Hertha für ihre Gäste zubereitet hatte, war ein Gedicht. Vielleicht war es der fantastische Braten, der Canaris darauf brachte, Rühmann ein Angebot zu machen, das er nicht ablehnen konnte.

»Ernst und ich haben uns überlegt, dass es das Beste wäre, wenn wir dich unter unsere Fittiche nehmen, bevor man dich zum Wehrdienst einzieht.«

Hertha Feiler guckte ganz erschrocken: »Das werden die doch nicht wagen!«

»Oh doch, das werden sie, wenn wir ihnen nicht zuvorkommen. Aus diesem Grunde haben wir beide beschlossen, dich im März zu einer Grundausbildung zur technischen Kompanie in der Luftwaffenerprobungsstelle Rechlin abzukommandieren. Dann kann dir nichts mehr passieren.«

»Und Ihr glaubt, das haut hin?«, fragte Heinz Rühmann ungläubig.

»Worauf du doch verlassen kannst!«, antwortete Udet und stieß mit dem Schauspieler an.

»Auf deine Karriere bei der Abwehr!« Als es Mitternacht schlug, gingen alle auf die Terrasse und schauten über den Kleinen Wannsee auf das gegenüberliegende Ufer. Udet ging noch schnell zu seinem Mantel und zauberte eine Leuchtpistole hervor, die er mit kindlicher Freude mehrfach zur Begrüßung des neuen Jahres abfeuerte. Erst gegen Morgen löste sich die Feier auf. Ilse traf das schwere Los, ihre Männer heimzufahren, da sie nur zur Begrüßung ein Glas Sekt getrunken hatte. Ernie, wie Rühmann seinen Busenfreund nannte, war bereits nach erheblichem Rotweingenuss im Sessel eingeschlafen und blieb bei den Rühmanns zurück.

Gordon Schmitt war am Neujahrstag nach London zurückgefahren und begann seinen Dienst am nächsten Morgen. Wie üblich saß Professor Jones bereits hinter seinem Schreibtisch und studierte Luftaufnahmen des vergangenen Tages. Er schaute kurz von seinem Vergrößerungsglas auf, als Gordon zur Tür hereinschaute, um sich zurückzumelden.

»Gut, dass Sie wieder da sind. Schauen Sie doch mal durch das Glas und sagen Sie mir, was Sie auf den Bildern vom Pas de Calais zu sehen glauben.«

Gordon setzte sich auf den Stuhl, den Jones für ihn freigemacht hatte und blickte auf die Fotos. Er konnte nichts Auffälliges erkennen.

»Helfen Sie mir bitte, Sir. Sie haben doch sicher ein bestimmtes Objekt im Auge.«

Reginald Victor Jones nahm einen Bleistift und deutete auf ein rundes Objekt neben einem Geschützbunker.

»Was ist das?«, fragte er Gordon.

»Das sieht für mich aus wie das Rad eines deutschen Pferdefuhrwerkes. Vielleicht will man das reparieren. Hier kann man doch deutlich die Speichen erkennen«, sagte er und merkte nicht, wie sehr er R.V. mit seinem Kommentar deprimierte.

»Und sehen Sie darin keine Radarantenne?«, meinte er zweifelnd.

»Nein, aber vielleicht kann ein guter Bildauswerter mehr dazu sagen.«

»Das ist eine gute Idee, Gordon. Wir brauchen noch einen Mann mit einem Adlerauge. Jemand, der Dinge erkennen und identifizieren kann, die ansonsten Menschen wie du und ich nicht sehen.«

»Der sagt Ähnliches wie Sie, Gordon. Nein, wir brauchen eine wirkliche Kapazität.«

»Wo findet man solch einen Mann, Sir?«

»Mal sehen, ich glaube, ich habe eine Idee«, erwiderte Jones.

»Und wie war Ihr Urlaub?«

»Sehr entspannend, Sir. Aber wie soll es jetzt weitergehen?«

R.V. Jones hatte seinen Platz wieder eingenommen.

»Die Geheimnisse der Radar-Leitstrahl-Systeme Knickebein, X- und Y-Geräte haben wir erfolgreich lösen können, doch liegen noch gewaltige Probleme vor uns. Wie Sie sich bestimmt erinnern können, hat Winston Churchill den Aufbau einer viermotorigen Bomberflotte als wichtigste Aufgabe angesehen. Denn um eine Erfolg versprechende Schlacht auf dem Kontinent führen zu können, werden noch Jahre vergehen und bis dahin soll der Bombenkrieg die Deutschen in Atem halten. Tagangriffe kommen nicht infrage, da unsere Jäger eine zu geringe Eindringtiefe haben und spätestens an der deutschen Grenze wieder umkehren müssen. Bleiben nur Nachtangriffe. Doch damit rechnet Hitler und ich bin mir sicher, dass er Radargeräte hat, die solche Bomberangriffe selbst in totaler Finsternis wenn nicht verhindern, dann zumindest erschweren können. Und damit Nachtjäger überhaupt unsere Bomber finden können, brauchen sie Radar. Diese Geräte müssen wir finden.«

»Und wenn es die gar nicht gibt?«

»Es gibt sie Gordon, denken Sie nur mal an den Oslo Bericht. Bisher haben sich alle Hinweise in dem Papier bewahrheitet. Nehmen wir einmal an, die Deutschen wären technisch auf dem gleichen Niveau wie wir. Dann müsste man damit rechnen, dass sie Radargeräte auch demnächst in ihre Nachtjäger einbauen werden. Diese Geräte in Zusammenarbeit mit Anlagen am Boden können unseren schönen Bomberplan platzen lassen. Und deswegen ist ein weiterer Einsatz mit Ihnen in Deutschland, spätestens im Frühjahr, unbedingt notwendig. Wer weiß, ob wir jemals etwas auf Fotos entdecken werden. Wir haben ja keine Ahnung, wie solch ein Gerät aussehen könnte. Enigma Entschlüsselungen haben uns bislang nur einen Hinweis bezüglich des Namens gegeben: Freya.

In anderen Meldungen ist von einem Würzburg Gerät die Rede. In der Zwischenzeit können wir nur hoffen, dass Churchills Plan, die Amerikaner zu Rüstungslieferungen zu bewegen und in den Krieg einzutreten, gelingt.

»Dann steht uns ja noch einiges bevor«, sagte Gordon trocken und betrachtete weitere Aufklärungsfotos.

»Ich sehe nicht ganz so schwarz wie Sie, Sir«, fuhr er fort.

»Immerhin haben sich die Italiener in eine ungemein schwierige Situation in Albanien, Griechenland und Abessinien manövriert und ihre Lage in Nordafrika könnte sich ebenfalls verschlechtern. Falls dem so wäre, könnte das für Deutschland eine Zäsur des Dreimächtepaktes bedeuten.«

»Warum das?«, fragte R.V. erstaunt.

»Weil in diesem Pakt den Japanern der ostasiatische Raum als Einflussgebiet zugesprochen wurde, und das Mittelmeer als originäre Einflusssphäre Italiens deklariert wurde. Was ist, wenn die Italiener von uns geschlagen werden. Füllen dann die Deutschen das Vakuum?«

Gordons Frage sollte schon nach wenigen Wochen beantwortet werden.

Im September 1940 hatte die 10. italienische Armee unter Marschall Graziani von ihrem libyschen Kolonialgebiet aus eine Offensive gegen das unter britischer Herrschaft stehende Ägypten eröffnet. Die italienische Offensive kam nach der Eroberung von Sidi Barrani am 16. September durch Nachschubschwierigkeiten wenige Tage später zum Stehen. Am 9. Dezember begannen die Engländer ihre Gegenoffensive unter der Führung von Generalleutnant Richard O'Connor bei Sidi Barrani. Unaufhaltsam wurden die Italiener zurückgedrängt. Am 3. Januar führte Admiral Cunningham eine schwere Küstenbeschießung mit den Schlachtschiffen HMS Warspite, HMS Valiant und HMS Barham und mehreren Zerstörern durch. Zwei Tage später, am 5. Januar, kapitulierte die italienische Garnison. 40 000 Italiener gingen in Gefangenschaft.

Anfang Februar stand die britische Vorhut vor El Agheila an der Großen Syrte. Gleichzeitig gingen die italienischen Kolonien in Ostafrika an britische Truppen verloren. Der drohende Verlust Libyens und seines gesamten Kolonialreichs veranlasste Benito Mussolini, den Verbündeten Deutschland um militärische Hilfe zu ersuchen. Um die Schwächung der Achse Berlin-Rom durch eine Instabilität Italiens zu verhindern, sah sich Adolf Hitler gezwungen, der Bitte nachzukommen. Ein Sieg der Briten in Nordafrika und die Stärkung ihrer Stellung im Mittelmeerraum hätte eine britische Invasion in Italien und die Eröffnung einer neuen Front in Südeuropa zur Folge haben können. Daneben fürchtet Hitler die politischen Konsequenzen für die Achse Berlin-Rom, wäre die italienische Kolonie Libyen verloren gegangen.

Seine erste Reaktion war die Verlegung des X. Fliegerkorps unter General Geisler von Norwegen nach Sizilien. Einhundertfünfzig Ju 87 Stukas, vierzig Bf 109 Jäger und zweimotorige Messerschmitt Bf 110, einhundertzwanzig Heinkel He 111 Bombern und zwanzig Aufklärer sollten helfen, die drohende Katastrophe zu verhindern. Doch damit nicht genug. Unter der Bedingung, dass auch italienische Verbände dem Oberbefehl von Generalleutnant Erwin Rommel unterstellt wurden, landeten am 12. Februar 1941 deutsche Truppen in Tripolis. Die Deutschen begannen, das Vakuum zu füllen. Am gleichen Tag befahl Winston Churchill den Vormarsch von O′Connor zu stoppen, und die britischen Truppen nach Griechenland zu verlegen.

Hauptmann Othmar Schmidt entwickelte in den ersten sechs Wochen des neuen Jahres eine hektische Betriebsamkeit. Er hatte sich mit Schellenberg einen Plan erarbeitet, der eine Arbeitsteilung bei der Bewältigung der vielen Termine sicherstellte. Dabei lagen die technischen Belange aufseiten Schmidts, wohingegen Schellenberg die Konferenzen oder Einzelgespräche, bei denen es darum ging, Druck auszuüben, wahrnahm. Die beiden ergänzten sich hervorragend, sodass ihnen bald der Ruf von zuverlässigen und gleichzeitig gefürchteten Führungspersönlichkeiten vorauslief. Gleichzeitig musste bei beiden das Tagesgeschäft weiterlaufen, was einen 12-14 Stunden Tag zur Regel machte. Die Vorbereitungen zum Unternehmen Barbarossa nahmen dabei den Großteil ihrer Zeit in Anspruch.

Hauptmann Othmar Schmidt hatte sich mit einer Taifun auf den Weg nach Paderborn begeben, um seiner Einladung von Heinrich Himmler auf der Wewelsburg nachzukommen. Der Fliegerhorst Paderborn lag wie das Zentrum eines Spinnennetzes in einem weitläufigen militärischen Komplex: Panzertruppen und Kavallerie in Paderborn und Schloß Neuhaus, eine Nachschub- und Instandhaltungsbasis der Luftwaffe in Paderborn-Mönkeloh sowie der große Truppenübungsplatz Sennelager. Daneben gab es ein Heeresverpflegungsamt und die Heeresmunitionsanstalt Sennelager.

Das interessierte ihn aber nicht besonders, da seine Gedanken ausschließlich um die des Reichsführers SS kreisten. Als er zur vereinbarten Zeit landete, erwartete ihn bereits ein Kübelwagen der SS, der ihn auf direktem Wege zur Burg brachte, wo er bereits von Standartenführer Siegfried Taubert, dem Burghauptmann der SS-Schule Wewelsburg, empfangen wurde.

»Willkommen auf der Wewelsburg, Herr Hauptmann. Der Reichsführer erwartet sie bereits.«

Schmidt begrüßte Taubert per Handschlag: «Sehr eindrucksvoll, Ihre Burg, Standartenführer.«

»Warten Sie ab, wenn Ihnen der Reichsführer die Anlage vorstellt, dann werden sie erst recht begeistert sein. SS-Architekt Hermann Bartels hat die Umbaupläne ausgearbeitet, die in den nächsten Jahren verwirklicht werden sollen. Aber das wird Ihnen der Reichsführer persönlich erläutern. Hier lang bitte, ich führe Sie jetzt zum Obergruppenführersaal und kann Ihnen auf dem Weg noch ein paar Informationen vermitteln.

Die ursprünglichen Pläne des SS-Rasseamtes sahen eigentlich vor, auf der Wewelsburg eine ideologische Schulung für SS-Führer durchzuführen. Das wurde aber bald aufgegeben und deswegen sind auf den Umbauplänen keine größeren Klassen- oder Schulungsräume mehr ausgewiesen, sondern lediglich bescheidene Studierzimmer für vertiefte Einzelstudien. Die dafür erforderliche Grundlagenforschung betrieb eine von Knobelsdorff ausgewählte Gruppe junger, ideologisch gefestigter, Wissenschaftler für germanische Vor- und Frühgeschichte, mittelalterliche Geschichte, Volkskunde und Sippenforschung als grundlegende Disziplinen im Sinne der SS-Ideologie. Eine nordische Akademie für ausgesuchte SS-Wissenschaftler, wenn Sie wollen«, sagte Taubert in vollem Ernst.

Othmar folgte dem Standartenführer, der die Richtung zum Nordturm einschlug. Vor einer Tür blieb er stehen, klopfte kurz an und betrat den Saal. Der runde Raum war frei von jeglichem Mobiliar und ließ so den Marmorboden, zwölf Säulen sowie kirchlich anmutende Halbkreisbögen und Kreuzgratgewölbe zu den Fenstern voll zur Wirkung kommen. Die aus der Romanik und dem Klassizismus übernommenen Bauformen sollten offensichtlich dem Raum eine feierliche Wirkung geben. In der Mitte des Fußbodens prangte ein Ornament, das aus drei Ringen und zwölf Speichen bestand. Heinrich Himmler, Reichsführer SS, stand mit hinter dem Rücken verschränkten Händen vor einem der Fenster und starrte hinaus. Als Taubert Hauptmann Schmidt meldete, drehte er sich abrupt um und ging freudestrahlend auf Othmar zu.

»Ich freue mich Sie zu sehen und es freut mich ganz besonders, Sie als ersten Vertreter der Wehrmacht in diesen heiligen Hallen willkommen heißen zu dürfen. Sie haben schon das Sonnenrad bewundert, habe ich recht?«

Schmidt lächelte Himmler an.

»Oh ja, die Marmorarbeit ist wirklich ganz außergewöhnlich. Ich schätze es handelt sich hier um Sig-Runen.«

»Gut erkannt, Herr Hauptmann, wir haben eine der zahlreichen Bronze-Zierfibeln, wie sie seit dem 3. Jahrhundert von fränkischen und alemannischen Frauen am Gürtel getragen wurden, als Vorbild genommen. Die Germanen lernten die Fibeln durch den Kontakt mit der römischen Kultur kennen und entwickelten sie weiter. Dieses spezielle Ornament, eine Abwandlung einer römischen Hakenkreuzfibel, entstand im 7. Jahrhundert.

Ich sehe, Sie interessieren sich für germanische Geschichte. Sehr gut, Herr Hauptmann, sehr gut. Architekt Bartels ist es gelungen, diese Herrschaftsarchitektur des nationalsakralen Zentralbaus, dies war nämlich früher die ehemalige fürstbischöfliche Kapelle, mit moderner Bauweise zu verbinden. So hat er gegossene Betonkonstruktionen mit Naturstein, die Gewölbe mit Tudorfer Pflaster und die Säulenaufsätze und Wände mit Anröchter Dolomit verkleidet. Früher gab es hier gotische Fenster. Die wurden zugemauert und neue, längliche Fensteröffnungen in das Gemäuer gehauen.«

»Sehr eindrucksvoll«, entfuhr es Schmidt.

»Und wozu dient der Saal?«

»In diesem Raum werden demnächst meine Obergruppenführer vereidigt werden und hier werden wir uns austauschen. Die Wewelsburg soll meine Marienburg werden. Ein geistiges Zentrum, eine Stätte der Inspiration des neuen Ordens, analog der Marienburg in Westpreußen, in der einst die Hochmeister der Deutschritter die Herrschaft über die Slawen konzipiert und ihre berühmtesten Toten unter dem Chor der Schlosskirche begraben haben.«

Himmler redete sich immer mehr in eine Art Ekstase, die Schmidt erschauern ließ.

»Die Wewelsburg wird einmal repräsentative und ideologische Zentrale des SS-Ordens sein. Der Nordturm, in dem wir uns befinden, ist dabei der Mittelpunkt des Zentrums. Wenn das Projekt in einigen Jahren fertiggestellt sein wird, wird die Wewelsburg von einer halbrunden, im Durchmesser über 1000 Meter breiten monumentalen Gebäudeanlage umgeben sein. Kultstätte einer neuen artgemäßen Religion und Repräsentationsstätte des Gruppenführerkorps der SS. Nach dem Endsieg wird sie Mittelpunkt der Welt werden«, stellte er triumphierend fest.

»Aber kommen Sie, ich zeige Ihnen die übrigen Räume der Burg.«

Sie blieben zunächst im Nordturm, stiegen aber über eine Wendeltreppe in das Untergeschoss der Anlage. Es wird immer toller, dachte Othmar, als sie in den Raum traten, der ihn an ein mykenisches Kuppelgrab erinnerte. Die Lichtschächte vor den Fenstern bewirkten eine bewusste Ausleuchtung der Raummitte.

»Dies ist unsere Gruft, das Allerheiligste unserer SS. Sozusagen die Kultstätte, das Reich der Toten«, sagte Himmler ehrfürchtig. In der Mitte des Bodens öffnete sich eine brunnenartige Vertiefung, in die zwei Stufen hinabführten. Eine steinerne Schale bildete das Zentrum, und um die Wand des Kellers zogen sich zwölf steinerne Sockel.

»Schauen Sie einmal nach oben, Herr Hauptmann. Sehen Sie das eingemeißelte Hakenkreuzrelief im Scheitel des Gewölbes? Wenn in der Schale das Wappen eines toten Obergruppenführers verbrannt werden wird, steht während der Verbrennungszeremonie der Rauch wie eine Säule im Raum. Das liegt an der raffinierten Entlüftung durch vier faustgroße Löcher in der Kellerdecke«, bemerkte der Reichsführer stolz.

»Wenn Sie sich in die Mitte des Gewölbes stellen, erleben Sie einen eigenartigen akustischen Effekt. Probieren Sie es, Schmidt. Wenn Sie jetzt sprechen, verstärkt die Akustik des Raumes Ihre Worte. Probieren Sie es aus.«

Schmidt schluckte. Er wusste nicht, wie er sich verhalten sollte. Dieser okkulte Hokuspokus des Reichsführers irritierte ihn. Aber er wollte gute Miene zum absurden Spiel machen und folgte den Anweisungen Himmlers. Und in der Tat, seine Stimme erschien ihm doppelt so laut wie üblich. Eines musste Schmidt aber dem Reichsführer zugestehen, die ehemalige Zisterne erzeugte durch ihre Form, Akustik und Lichtführung eine feierliche Atmosphäre. Himmler unterbrach Othmars Gedanken.

»Wie Sie sehen können, haben wir die über dem SS-Obergruppenführersaal liegenden Stockwerke des Nordturmes abgerissen, um Platz für einen mehrstöckigen Kuppelsaal zu schaffen. Das wird aber noch einige Zeit dauern, bis es fertig ist.«

»Jetzt möchte ich Ihnen aber noch den Südflügel der Burg zeigen.«

Sie verließen den Nordturm und begaben sich zu einem Aufzug, der sie in das Obergeschoss brachte.

»Hier befinden sich meine Privatgemächer sowie ein Saal für meine umfangreiche Waffensammlung. Außerdem bringen wir hier auch eine 12000 Bände umfassende Bibliothek unter. Daneben werden ein Sitzungssaal und ein Gerichtssaal für das oberste SS-Gericht entstehen. Auf der gleichen Ebene befindet sich auch ein ständiges Gästezimmer für den Führer. Zu guter Letzt möchte ich Ihnen aber unseren Speisesaal zeigen, damit Sie verstehen, weshalb ich Sie in die Wewelsburg eingeladen habe.«

Über eine Treppe gingen die beiden Männer wieder ins Erdgeschoss und betraten den Raum. Saal war eine Untertreibung, dies war mit ihrer fünfunddreißig Meter Länge und fünfzehn Meter Breite eher eine Halle. In der Mitte des riesigen Raumes stand ein kreisrunder Eichentisch, um ihn herum waren zwölf gleiche, aus schwerem Buchenholz geschreinerte Ohrensessel, die mit gewachstem Schafleder bezogen waren. Der Bezug zur Artus-Runde war zu offensichtlich. Wie Keltenkönig Artus schien Himmler zwölf seiner tapfersten und edelsten Ritter um sich zu scharen. Der Reichsführer räusperte sich.

»Wie Sie erkennen, dulde ich an meiner Tafel nur zwölf Gäste. Dieses Dutzend sind die von mir auserwählten besten Obergruppenführer, die zur oberen Hierarchie meiner SS gehören. Einer dieser Sessel könnte auch der Ihre sein. Jeder der Zwölf hat seine eigene Kammer, die individuell auf eine bestimmte historische Persönlichkeit und Stil aus- und eingerichtet ist. Jeder meiner besten Obergruppenführer erhält darüber hinaus ein Wappen, das Professor Karl Diebitsch, der Leiter unseres für künstlerische Fragen zuständigen SS-Amtes in München, mit wissenschaftlicher Akribie für den Aspiranten auswählt. Natürlich wird auch unsere Ahnenforschung den Stammbaum bis zur Zeit des Dreißigjährigen Krieges zurückführen.

Ich würde mich sehr freuen, Herr Hauptmann, wenn ich Sie in dieser Runde begrüßen könnte. Sie haben in der kurzen Zeit bereits Großes geleistet und Führungsqualitäten bewiesen und ich wage zu behaupten, dass Männer wie Sie und Schellenberg die neue Führergeneration der SS sein werden. Schließen Sie sich uns an. Es wird nicht Ihr Schaden sein.«

Himmler schaute ihn aus seinen blaugrauen Augen intensiv an. Er meint, was er sagt, wunderte sich Othmar Schmidt, während er nach Worten suchte, das Ansinnen des Reichsführers SS, ohne diesen vor den Kopf zu stoßen, ablehnen zu können.

»Reichsführer, ich bin mir der Ehre bewusst, doch Sie wissen, dass ich als Offizier der Wehrmacht nicht gleichzeitig Mitglied der SS sein kann. Ich fühle mich aber außerstande, diese, die Abwehr oder meinen Chef Admiral Canaris im Stich zu lassen. In einem Moment, wo man mich dort am dringendsten braucht.«

»Ihre Einstellung ehrt Sie, Herr Hauptmann und beweist mir nochmals, wie richtig ich mit meiner Einschätzung Ihrerseits liege. Ihre Einstellung ist der der Waffen-SS nicht fremd, denn sie lautet meine Ehre heißt Treue. Überlegen Sie es sich noch einmal, eine Entscheidung muss ja nicht ad hoc fallen.«

»Ich nehme die Bedenkzeit gerne an, Reichsführer«, erwiderte Schmidt leise. Himmler ging auf ihn zu und legte seine Hand auf seine Schulter.

»Die SS braucht Männer wie Sie, Schmidt. Sie werden bei uns ungeahnte Möglichkeiten vorfinden.«

Mit diesen Worten war Othmar entlassen und Himmler bot ihm an, ihn ins Büro des Burghauptmanns zu geleiten.

»Gestatten Sie mir eine Frage, Reichsführer. Wo finden Sie in Zeiten des Arbeitskräftemangels genügend Fachkräfte und Arbeiter für das Projekt Wewelsburg?«

»Das Problem haben wir intern gelöst«, antwortete Himmler freundlich.

»Über den Eingängen unserer Konzentrationslager steht das Motto des Strafvollzuges: Arbeit macht frei. Aus diesem Grunde hatten wir Häftlinge aus dem KZ Sachsenhausen für die Arbeiten herangezogen. Doch nach einem vergeblichen Ausbruchsversuch zweier Häftlinge im Januar 1940, der erhebliche Unruhe in der Wewelsburger Bevölkerung auslöste, wurde das gesamte Kommando im Februar nach Sachsenhausen zurückverlegt. An ihrer Stelle haben wir siebzig Zeugen Jehovas, Bibelforscher, eingesetzt. Die lehnen Fluchtversuche aus religiösen Gründen ab und sind arbeitsam und diszipliniert«, lachte er lauthals, als habe er einen guten Witz gerissen.

Schmidt verabschiedete sich mit militärischem Gruß von Himmler und Standartenführer Taubert und ließ sich zurück zum Flugplatz Paderborn fahren. Er war heilfroh, bald wieder in der Luft sein zu können, und der verschrobenen Welt Himmlers zu entfliehen.

R.V. Jones hatte Gordon Schmitt in sein Büro gebeten, um ihm zwei wichtige Personalien mitzuteilen. Gordon ahnte schon, um was es ging, da er R.V. mehrfach dabei antraf, wie er mit Air Marshal Joubert telefoniert hatte.

»Erinnern Sie sich, Gordon, wie ich unser Problem der Interpretation von Luftaufnahmen ansprach?«, fragte er.

Gordon nickte.

»Zuletzt erwähnten Sie etwas von einer Idee, Sir.«

«Genau, und die habe ich auch in die Tat umgesetzt. Ab sofort ist Claude Wavell von der Central Interpretation Unit, auch als MI 4 bekannt, speziell für uns abgestellt. Der kommandierende Offizier der CIU, Wing Commander Lemnos Henning, war so freundlich uns seinen besten Mann anzudienen, nachdem ich ihm versprochen hatte, ihn namentlich in meinem nächsten Memorandum an Churchill zu erwähnen«, grinste er.

»Sie sind ein ganz Ausgebuffter, Sir«, zollte Gordon ihm Respekt.

»Hat die CIU nicht ihr Hauptquartier in Wembley?«

»Noch«, antwortete R. V.

»Die platzen aus allen Nähten und planen, die gesamte Abteilung spätestens im April nach Danesfield House in Medmenham zu verlegen. Ein Prachtbau kann ich Ihnen sagen. Die werden es dort im Gegensatz zu uns luxuriös haben.«

»Aber am Arsche des Propheten«, murmelte Gordon.

»In der Tat, Gordon«, stimmte R. V. zu, der Gordons Bemerkung trotzdem gehört hatte.

»Die haben sich übrigens einen Luchs als zentrales Motiv ihres Wappens erkoren«, fuhr R.V. fort.

»Das ist so eine Marotte bei den Streitkräften. Jede Einheit hat ihr eigenes Wappen.«

»Und warum den Luchs?«

»Captain Gerald Lacoste von der Royal Artillery, der das Wappen entwarf, hat sich bei der griechischen Mythologie bedient. Sie erinnern sich an Jason und die Argonauten? Lynkeus, der Sohn des Aphareus und der Arene, war der Lotse der Argo. Seine Augen waren so scharf, dass er durch Mauern blicken und ins Erdinnere schauen konnte. Da der Luchs ebenso gut sehen kann, lag es auf der Hand, dass er nach Lynkeus benannt wurde. Claude Wavell soll auch so gute Augen wie ein Luchs haben.«

»Und ich dachte immer, Charles Frank hätte das magische Auge«, lachte Gordon.

»Hat er auch, aber vier Luchsaugen sehen mehr als zwei!«, konterte R.V. Jones.

»Und die zweite Personalie, Sir?«

»Die heißt Derrick Garrard und kommt auf Vermittlung von Air Marshal Joubert direkt vom Telecommunications Research Establishment in Worth Matravers. Der Air Marshal war der Ansicht, dass wir eine weitere wissenschaftliche Kraft nötig hätten.«

»Vielleicht kommen wir jetzt im Fall der Freya einen Schritt weiter«, erklärte Gordon.

»Wann fängt denn Derrick an?«

»Das sollte er eigentlich bereits vor zwei Tagen, doch als er hörte, dass es im Büro zurzeit wenig zu tun gäbe, schlug er vor mit einem Funkempfänger an der Küste Jagd auf Freya Impulse zu machen. Da ich keinen besseren Vorschlag zu machen hatte, habe ich ihn losgeschickt.«

Wenige Tage später meldete sich Wavell in Professor Jones Zimmer.

»Ich habe hier ein paar Fotos, die unser Spitfire Aufklärer gestern gemacht hat. Sehen Sie, hier« und deutete auf zwei Gegenstände, die am Rande eines Feldes auszumachen waren. »Wo sind die Aufnahmen gemacht worden, Claude.«

»In der Nähe der Batterie Auderville bei Cherbourg«, erwiderte Wavell.

»Wir haben von der Anlage bereits vor zwei Monaten Fotos gemacht, da waren diese Dinger noch nicht da.«

»Gut, dann müssen wir weitere Fotos von den Objekten schießen«, erklärte R.V. Daraufhin wurden zwei weitere Aufklärungsflüge unternommen, bis der Sachverhalt eindeutig war. Einige Tage später verhalfen zwei weitere Beobachtungen zu der sicheren Annahme, dass die Deutschen Radar einsetzten. Derrick Garrard war es tatsächlich gelungen, Signale der Freya auf der 2.5 Meter-Wellenlänge im Frequenzbereich von 120 MHz mit einem Puls von 3 Mikrosekunden und einer Spitzenausgangsleistung von fünfzehn Kilowatt eindeutig festzustellen. Er konnte sogar den Nachweis liefern, aus welcher ungefähren Richtung die Signale kamen. Es war eindeutig Cherbourg.

Der zweite Hinweis kam aus Bletchley Park. Eine Enigma Meldung konnte entschlüsselt werden, die verriet, dass Freya Geräte nach Rumänien geschickt wurden. In der gleichen Meldung war die Rede von Würzburg Anlagen, die in Richtung Bulgarien in Marsch gesetzt wurden.

»Wir müssen unbedingt herausfinden, welche Reichweite diese Radargeräte haben, denn dann wüssten wir ungefähr, wie die Deutschen sie in der Nachtjagd taktisch einsetzen würden«, erklärte R.V. seinem Team.

»Und wenn wir die gesamte Küste von Norwegen bis zur spanischen Grenze fotografieren müssen! Wir brauchen Beweise. Von Freya wissen wir jetzt ungefähr, wonach wir suchen müssen. Das Würzburg Gerät hingegen ist eine Unbekannte. Wahrscheinlich viel kleiner, möglicherweise mit einer runden Antenne. Wir können nur Vermutungen anstellen.«

Auch die Untersuchungen bezüglich Peenemünde und der deutschen Strahltriebwerkstechnik blieben ergebnislos. Die Befragung deutscher Gefangener hatte ebenfalls keine Ergebnisse geliefert. Es war wie verhext. Es wunderte daher Gordon nicht, dass Jones und Hugh Dalton vom Special Operations Executive erneut zu einer Besprechung in die Baker Street baten. Als er dort eintraf, war er verwundert und erfreut zugleich, Colin Gubbins anzutreffen. Das ist wohl kein Zufall dachte er.

»Ich muss nicht lange um den heißen Brei herumreden, Gordon«, begann Dalton die Unterredung. »Sie wissen ja selbst, wie verzweifelt unsere Situation ist. Nun ist es offensichtlich der deutschen Marine gelungen, von der Navy unbemerkt, mit den Schlachtschiffen Gneisenau und Scharnhorst, in den Atlantik durchzubrechen. Das könnte verheerende Auswirkungen für unsere Nordatlantik Konvois nach sich ziehen.

Dass Generalleutnant Erwin Rommel in Libyen eingetroffen ist und die Lage auf dem Balkan sich zuspitzt, hilft uns auch nicht weiter. Um es auf den Punkt zu bringen, Sie müssen wieder zurück nach Deutschland. Doch wir wollen, dass Sie eine perfekte Ausbildung bekommen, die Ihr Überleben trotz oder gerade wegen Ihrer Tarnung erheblich verbessern wird. Aus diesem Grunde übergeben wir Sie noch einmal in die Obhut von Colin Gubbins, unserem Trainings- und Einsatzleiter in Wanborough Manor. Doch diesmal ist es nichts mit einem Schnellkurs. Sie werden das volle Programm absolvieren. Inklusive einer Fallschirmspringer- und Funkerausbildung, Nahkampftraining und Handhabung von Explosivstoffen. Da Sie ja schon eine Pilotenausbildung genossen haben, müssen wir Ihnen keine Grundkenntnisse mehr vermitteln. Aber dafür bekommen sie eine Blindflugausbildung; für den Fall, dass Sie ein Flugzeug stehlen können«, schmunzelte er.

»Da wir aber nicht lange auf Sie verzichten können, wird dieses Programm bis Ende April abgeschlossen sein. Anschließend wird Professor Jones Ihnen ihren nächsten Auftrag erklären. Noch Fragen?«

Gordon schüttelte den Kopf.

»Gut, dann wird Ihnen Colin Gubbins die Einzelheiten erklären.«

Brigadier Colin McVean Gubbins wandte sich ihm zu. Seine harten Augen ließen keinen Zweifel offen: Dieser Mann mit dem obligatorischen Oberlippenbärtchen war auf einer besonderen Mission.

»Gordon, Sie haben bereits auf Ihrer ersten Reise bewiesen, dass Sie das Zeug haben, Ihrem Land einen unschätzbaren Dienst zu leisten. Dennoch wollen wir vermeiden, dass es Ihnen eines Tages so ergeht wie den drei deutschen Spionen Carl Meier, Charles van den Kieboom und Jose Waldberg, die im September 1940 mit einem Ruderboot an der Küste von Kent landeten. Sie wurden am 22. November in Old Bailey vor Gericht gestellt und von Richter Justice Wrottesley zum Tode verurteilt. Das Urteil wurde im Pentonville Gefängnis durch Erhängen vollstreckt. Waldeburg und Meier wurden von Thomas Pierrepoint am 10. Dezember, Kieboom eine Woche später durch Stanley Cross vom Leben zum Tode befördert. Wenn Ihnen ein ähnliches Schicksal in Deutschland widerfahren würde, gäbe es kein Gerichtsurteil. Das können Sie mir glauben. Die Gestapo macht kurzen Prozess.

Um das zu vermeiden, wollen wir sie fit machen für den schlimmsten anzunehmenden Fall, nämlich, dass Ihre Tarnung auffliegt. Da Sie unsere einzige Hoffnung in Deutschland sind, werden Sie aus Sicherheitsgründen niemals anderen gegenüber ihr Einsatzziel angeben. Sie werden in den nächsten Wochen mehrere Stationen anlaufen. Zunächst werden Sie unser Nahkampfausbildungszentrum in Arisaig besuchen, einem kleinen Dorf im Bezirk Lochaber in der Grafschaft Invernessshire an der Westküste Schottlands. Es ist dort zu dieser Jahreszeit sehr ungemütlich, aber ich nehme nicht an, dass Sie dort einen Urlaub erwarten«, merkte Gubbins spöttisch an.

»Anreisen können Sie mit dem Zug der West Highland Linie. Der Bahnhof Arisaig ist übrigens der westlichste Bahnhof Großbritanniens, falls Sie das interessiert. Anschließend werden Sie zur No.1 Parachute Training School am Manchester Ringway Flugplatz abkommandiert. Dort erhalten Sie Ihre Fallschirmspringerausbildung und im Anschluss ihre Blindflugausbildung. Danach wird man Sie im Fawley Court in Henley on Thames in den Gebrauch unseres Funkgerätes und der Nutzung unserer Codes unterrichten.

Ihren letzten Schliff bekommen Sie dann im Palace House in Beaulieu. Wenn Sie diese Stationen hinter sich haben, werden Sie sich wie ein neuer Mensch fühlen. Ach ja, bevor ich es vergesse, während ihrer Ausbildungszeit wird sich Lieutenant Colonel Ronald Thornley, der SOE-Sektionsleiter Deutschland, den Sie ja bereits vor geraumer Zeit mit mir kennengelernt haben, ständig um Sie kümmern. Er wird Sie wie eine Henne ihr Küken behüten«, grinste er.

Hauptmann Othmar Schmidt saß in seinem Büro und studierte Akten, als ihn überraschend Canaris mit einem ihm unbekannten Zivilisten aufsuchte.

„Erinnerst du dich, als wir kürzlich über das Problem sprachen, keine wirklich exakten Vorstellungen von den USA und ihrem wirtschaftlichem Potenzial zu haben? Das hat mir keine Ruhe gelassen. Zum Glück habe ich Menschen, mit denen ich arbeite, die unsere Wissenslücken schließen können. Ich freue mich sehr, dass ich dir Paul Leverkuehn vorstellen kann, den Chef der Abwehr in Istanbul. Er ist wegen einer Konferenz in Berlin. Wenn einer uns etwas über die USA erzählen kann, dann Paul Leverkuehn. Er ist übrigens schon länger in unserem Geschäft als ich. Schon 1915 war er im Auftrag des Auswärtigen Amtes als Mitglied der Geheimdelegation unter Max Erwin von Scheubner-Richter im türkisch-persischen Grenzgebiet.«

Leverkuehn lächelte ihn freundlich an. Seine mittelgroße Gestalt und ein Bart machten ihn älter als er eigentlich war. Othmar war auf solch eine Begegnung nicht vorbereitet, doch nach wenigen Sekunden war er wieder Herr der Lage.

„Das müssen Sie mir erklären Herr Leverkuehn.«

»Gerne, nachdem ich 1923 meine Promotion zum Doktor der Rechte als Referent an einem deutsch-englischen Schiedsgericht und bei der Amerikastelle des Auswärtigen Amtes gemacht hatte, war ich bis Ende 1925 Referent der Deutsch-Amerikanischen Kommission in Washington. Anschließend habe ich bis 1928 als Bankier in New York gearbeitet. Dann bot man mir den Posten als Reichskommissar für die Freigabe des deutschen Vermögens an der deutschen Botschaft in Washington an; da konnte ich natürlich nicht Nein sagen.

Doch 1930 hatte ich genug von den USA und bin zurück nach Deutschland, besser gesagt nach Berlin und habe als Rechtsanwalt gearbeitet. Dann kam die Einberufung zur Wehrmacht, die mich zum Glück in die Obhut Ihres Chefs brachte. Und jetzt bin ich hier. Und an was sind Sie besonders interessiert, wenn ich fragen darf?«

»Ich möchte gerne Ihre Einschätzung hinsichtlich des Militärisch-Industriellen Komplexes und ihr immenses Wissen um die wirtschaftliche und politische Macht der USA kennenlernen.«

Leverkuehn war perplex.

»So etwas hat noch niemand jemand, weder in der Abwehr, noch im Auswärtigen Amt, geschweige denn von der Wehrmacht von mir hören wollen«, antwortete er verblüfft.

»Hat das einen speziellen Grund?«

Es war offensichtlich, dass Leverkuehn von dem Hochtechnologieausschuss nichts wusste und in einer knappen halben Stunde setzte Othmar ihn darüber in Kenntnis. Als er mit seinen Ausführungen geendet hatte, blieb Leverkuehn in seinem Sessel zusammengesunken sitzen. Erst nach Minuten fand er seine Fassung wieder.

»Ich werde Ihnen alles, aber auch wirklich alles was ich weiß, schonungslos darlegen. Schon, um Ihnen klarzumachen, was es heißt, gegen eine Wirtschaftsmacht wie die USA Krieg führen zu wollen. Ich hoffe, Ihr Plan gelingt, denn sonst kann ich mich schon mal darauf vorbereiten, Verteidigungsschriften für die Generäle oder Feldmarschälle aufzusetzen, die ich bei den zu erwartenden Siegertribunalen als Verteidiger anzuführen hätte«, sagte er sarkastisch.

Und nach einer Kunstpause setzte er hinzu: »Sie sind tatsächlich der Erste, der mich auf meine Erfahrungen in den USA anspricht, Hauptmann Schmidt.«

»Gibt es einen speziellen Grund für diese abwartende Haltung?«

»Ich weiß es nicht«, sagte Leverkuehn nach einigen Sekunden.

»Ich habe nur eine Ahnung. Hitler stützt sein gesamtes nordamerikanisches Weltbild auf die Informationen des Militärattachés an der deutschen Botschaft in Washington, General Friedrich von Boetticher. Und was Boetticher berichtet, lässt den Führer zu einem grotesk falschen Bild Amerikas verführen. Wer ihn korrigieren will, läuft gegen eine Wand. Hitler ist immun gegen Kritik. Für ihn ist Boetticher unfehlbar. Oder Boettichers Berichte passen in seine Pläne. Wer weiß?

Dabei müsste Boetticher es besser wissen, denn er hat Wurzeln in Amerika. Seine Mutter ist eine gebürtige Amerikanerin, er spricht fließend englisch, er ist verliebt in amerikanische Militärgeschichte und er unterhält exzellente Beziehungen zum US-Kriegsministerium. Er kennt die Stabschefs Douglas MacArthur, Malin Crain und George C. Marshall persönlich und pflegt freundschaftliche Beziehungen zu ihnen. Auch der

Fliegerheld Charles Lindbergh zählt zu seinen Bekanntschaften, die ihm immer wieder Informationen zutragen, ohne dass die annehmen konnten, dass sie gegen ihr Land verwendet werden könnten. Alle drei oder vier Tage schickt er seine Berichte nach Berlin.

Ich weiß aus sicherer Quelle, dass er aus dem sogenannten Biennial Report des Stabschefs Marshall den Zustand der US Armee nach Deutschland kabelte. Demnach sollten 1,4 Millionen Mann in Armee und Luftwaffe dienen, deren Ausrüstung aber veraltet wäre. Boetticher und Hitler teilen den gleichen Gedanken, dass die Juden die wahren Herrscher in Politik und Militär wären, wobei Roosevelt deren Aushängeschild darstellte.

Ganz schrecklich aber ist seine Auffassung, dass es den USA gar nicht um Deutschland ginge, sondern dass ihre Aufmerksamkeit ausschließlich auf Japan und den pazifischen Raum ausgerichtet sei. Diese Ansicht teilt Hitler natürlich gerne, da sie genau in sein Weltbild passt«, stöhnte Leverkuehn.

»Das Leih- und Pachtgesetz, das Roosevelt im März 1941 durch den Kongress brachte, hält er für Blenderei, da die Güter im Werte von sieben Milliarden Dollar so schnell nicht geliefert werden könnten. Und nun zur Wirtschaftsmacht USA. Obwohl er weiß, welche Produktionskapazitäten in der amerikanischen Wirtschaft schlummern, schickt er Berichte, in denen er immer wieder feststellt, dass die nichts zu bedeuten habe, da der Krieg längst gewonnen wäre, bis die USA ihre wirtschaftliche Kraft voll entwickelt hätten.

Dabei müsste er aus täglicher Anschauung wissen, dass die Amerikaner schnell lernen, unorthodoxen Methoden nicht abgeneigt sind und Improvisation lieben. Wenn sie einmal in Fahrt gekommen sind, ist mit ihnen zu rechnen.

Übrigens, Sie sollten einmal ein Auge auf einen US-Militär werfen, den ich 1938 in Berlin kennen gelernt habe. Sein Name ist Albert Coady Wedemeyer. 1938 war er als zweiter Amerikaner überhaupt zum Studium an die Kriegsakademie in Berlin abkommandiert worden. Eine unglaubliche Ehre für so einen jungen Offizier. Wedemeyer hat in seinen zwei Jahren das gesamte Generalstabsprogramm der Wehrmacht kennengelernt. Er war sogar beim Einmarsch in Österreich dabei. Mich würde nicht wundern, wenn dieser junge Mann Karriere machen würde, denn niemand im US-Generalstab kennt unsere Strategie und Taktik so gut wie er.«

»Danke für den Tipp, Herr Leverkuehn. Darum werde ich mich persönlich kümmern.«

In den nächsten zwei Stunden lauschte Othmar Schmidt hoch konzentriert den Ausführungen von Dr. Paul Leverkuehn, der ihm in der Kürze der Zeit einen Überblick über das wirtschaftliche, politische und militärische Potenzial der USA vermittelte.

Von Sten Guns und Fairbairn-Sykes Kampfmessern

Gordon Schmitt hatte sich akribisch auf die SOE-Ausbildung vorbereitet. Um seine etwas eingerostete Fitness auf Trab zu bringen, hatte er viele Trainingsstunden im Boxklub des MI 6 verbracht und war guter Hoffnung, die zu erwartenden Strapazen gut überstehen zu können. R.V. Jones hatte ihm noch einen Kriminalroman und gute Wünsche mit auf dem Weg gegeben.

»Denken Sie an ein Paar Long Johns, lange Unterhosen, Gordon. Die werden Sie da oben brauchen«, lachte er und gab ihm noch eine Flasche Dallas Dhu Single Malt Whisky als Schlafpille mit auf den Weg.

Der Nachtzug nach Fort William war an diesem Montagabend für ihn gebucht und er war frühzeitig zum Bahnhof Euston aufgebrochen, um den Caledonian Sleeper um 21:15 zu erreichen. Diese Schlafwagenverbindung, die seit Königin Victoria existierte, war die schnellste Verbindung zwischen der Kapitale und Schottland. Im Volksmund hieß dieser Zug auch Deerstalker Express, weil er äußerst beliebt bei der reichen Oberschicht war, die gern in Schottland auf Pirsch ging.

Gordon war ziemlich geschafft, als er endlich sein Abteil gefunden hatte. Eigentlich hatte er noch vor, einen Absacker im Restaurantwagen zu nehmen, doch nachdem er festgestellt hatte, dass sich Professor Jones nicht hatte lumpen lassen, und ihm einen zwanzig Jahre alten Tropfen mit auf den Weg gegeben hatte, beschloss er ein wenig zu lesen und den Whisky zu genießen. Dieser und das regelmäßige Tak-tak der Räder ließen ihn schnell ermüden und knapp zwei Stunden nach der Abfahrt löschte er das Licht.

Der Zug lief pünktlich in Fort William um 09:43 bei Schneetreiben ein. Gordon verließ den Schlafwagen und begab sich auf schnellstem Wege ins Innere des Bahnhofes am Station Square. Er hatte knapp vierzig Minuten Aufenthalt, bis der »Jakobiter«, die tägliche Verbindung der West Highland Line nach Mallaig, abfuhr. Die Zeit reichte, um eine gepflegte Tasse Tee zu sich zu nehmen, und die anderen Passagiere, die sich im Innern des Bahnhofes aufwärmten, zu beobachten. Rund die Hälfte der Reisenden war Militärpersonal, die meisten von ihnen Mitglieder der RAF und der Navy. Als der »Jakobiter« schließlich unter kräftigem Schnaufen um 10:20 den Bahnhof von Fort William verließ, hatte der Schneefall aufgehört und die Sonne ließ sich zögerlich blicken. Die schon ziemlich altersschwache Lokomotive hatte unüberhörbar Mühe, die schwere Last zu ziehen, die sich zwar gemächlich, aber unaufhörlich gen Westküste bewegte.

Außer ihm saß noch ein älterer Zivilist im Abteil, der ihn verstohlen musterte. Der »Jakobiter« dampfte auf der eingleisigen Strecke durch Dörfer mit illustren Namen wie Banavie, Corpach, Loch Eil oder

Locheilside. Als sie sich Glenfinnan näherten, sprach ihn der Zivilist an.

»In Glenfinnan hisste Bonnie Prince Charlie am 19. August 1745, wenige Tage nach seiner Landung bei Glenfinnan, im Zeichen der Rebellion seine Standarte. Wussten Sie das?«

Gordon lächelte den alten Mann an.

»Und wurde von anrückenden Regierungstruppen unter Sir John Cope am 21. September in der Schlacht bei Prestonpans vernichtend geschlagen«, konterte er.

»Sie kennen sich aus in schottischer Geschichte?«

»Es reicht für den Hausgebrauch, aber gerade der Jakobitenaufstand ist mein Steckenpferd«, erwiderte Gordon mit einem schelmischen Grinsen im Gesicht.

Auch der alte Mann musste lächeln.

»Es ist schön, Jüngere zu treffen, die sich ebenso an der Geschichte erfreuen wie ich. Reisen Sie das erste Mal auf dieser Strecke?«

»Richtig«, antwortete Gordon.

»Fahren Sie auch nach Mallaig?«

»Nein, ich steige bereits in Arisaig aus.«

Der Alte hob eine Augenbraue.

»Dann gehören Sie auch zu dem Verein?«

»Welchem Verein?«

»Na die, die immer so geheimnisvoll tun, sich verstecken, wenn Einheimische vorbeikommen und mit schwerem Gepäck sich die Berge hochquälen. Ist wohl eine Ausbildung für Sonderstreitkräfte, oder?«, wollte der Zivilist wissen.

»So ähnlich«, lächelte Gordon den Mann an und schwieg.

Als er in Arisaig aus dem Zug gestiegen war, und dem »Jakobiter« gedankenverloren hinterher geschaut hatte, merkte er plötzlich, in welche Einsamkeit es ihn verschlagen hatte. Ein Doppelgleis, auf dem der Gegenverkehr zu warten hatte, auf der gegenüberliegenden Seite eine windige Bretterbude, die mit einem großen Sprossenfenster versehen war, ein offener Warteraum und ein kleines Wachhäuschen am Ende des Bahnsteiges auf seiner Seite war alles, was den Bahnhof Arisaig auszeichnete.

Niemand war zu sehen und trotz der Sonne, die zwischen Wolkenfetzen hervorlugte, war es bitterkalt. Dazu kam ein schneidender Wind, der die Luft salzig machte. Gordon schaute sich um. Er ging in Richtung des Ausganges, der sich in Form einer Treppe darstellte, die zu einer tiefer gelegenen Straße führte. Eine 4-türige-Humber-Limousine stand mit brabbelndem Motor in der Wintersonne und ein uniformierter Fahrer las Zeitung. Gordon ging zu dem Wagen und klopfte an die Scheibe. Recht geruhsam faltete der Uniformierte die Zeitung zusammen, öffnete das Fenster und fragte: »Sind Sie Gordon Schmitt?«

Gordon nickte kurz und öffnete die hinten angeschlagene Tür.

»Unser Ziel ist das Arisaig House, Sir. Unsere Chefausbilder wollen Sie dort kennenlernen.«

Der Fahrer legte den ersten Gang ein und fuhr den Weg vom Bahnhof in Richtung Ortsmitte, nur um links auf die A 830 in Richtung Beasdale abzubiegen.

»Die A 830 nennt man auch hier Road to the Isles, die Straße zu den Inseln,« sagte Fahrer und beschleunigte den Humber.

Die Landschaft, die sich vor Gordon ausbreitete, war von einer beeindruckenden Schönheit. Das Licht der Wintersonne, die immer wieder von schnell durchsegelnden Wolken abgeschnitten wurde, tauchte die Buchten und Bergspitzen in immer neue Farbcollagen. Eine Weile folgte die Landstraße der Eisenbahnlinie, dann machte sie einen Knick um einen Wald und Gordon verlor die Gleise aus seinen Augen. Wenige Minute später erreichten sie Boorodale und der Wagen bog recht in einen Weg ab, der sie direkt nach Arisaig House führte. Zunächst trafen sie auf ein quer zur Fahrtrichtung erbautes Gebäude, das von einem großen hölzernen Tor dominiert war. Wie von Geisterhand bewegt, öffneten sich die beiden Flügel des Tores und der Humber hielt fünfzig Meter vor einer großen Freitreppe.

Über dieser thronte ein stattliches, mehrstöckiges Anwesen, dessen Steinfassade von mehreren Erkern und einer Reihe von Sprossenfenstern aufgelockert wurde. Der Fahrer ging voraus und Gordon schleppte seinen Koffer die steile Treppe empor. Oben erschienen zwei Männer in Kampfanzügen, die stumm auf ihn warteten. Als er schließlich angekommen war, bemerkte er, dass einige Fahrzeuge hinter dem Haus parkten.

»Das hätten wir ja auch einfacher haben können«, keuchte er mit einem Lächeln auf den Lippen.

»Sehen Sie, genau das, wollten wir nicht, es Ihnen leicht machen«, sagte der eine mit kaum hörbarer Stimme.

»Jetzt wissen wir ungefähr, in welchem konditionellen Zustand sich ihr Körper befindet«, schob der andere ebenso bedächtig hinterher.

Gordon machte sein Männchen und meldete sich ordnungsgemäß zum Antritt seiner Ausbildung. Die beiden Männer nahmen die Meldung kommentarlos zur Kenntnis.

»Ach ja«, meinte plötzlich der, der zuerst gesprochen hatte, »wir haben auch Namen.«

»Ich heiße William Fairbairn und mein Kollege ist Eric Anthony Sykes. Wir werden Ihnen das lautlose Ausschalten des Gegners beibringen und Sie im Umgang mit Messer, Colt, der Sten Maschinenpistole und Sprengstoff schulen. Aber zunächst steht das Aufpäppeln Ihres bejammernswerten Körpers auf der Tagesordnung. Folgen Sie uns.«

Fairbairn und Sykes marschierten zum Eingang des Hauses, während der Fahrer flüsterte: »Die Zwei waren früher bei der Stadtpolizei von Schanghai. Die sind gnadenlos!«

Gordon bedankte sich für die motivierende Information mit einem Nicken und folgte samt Koffer. Zuletzt warf er noch einen Blick über die

Terrasse, um die unvergleichliche Aussicht über Loch Nan Uamh ein letztes Mal zu genießen. Der Fahrer hatte nicht untertrieben. In den ersten beiden Tagen seiner Ausbildung hatte Gordon das Gefühl, bis an die Grenzen seiner Leistungsfähigkeit gegangen zu sein. Manchmal dachte er an Aufgabe, nur die Tatsache, dass in seiner Gruppe von acht Personen, die meisten davon Franzosen, zwei Frauen waren, die durchhielten, ließen ihn von einer Aufgabe Abstand nehmen. Das wäre für sein Ego zu viel gewesen.

Erst in der zweiten Woche des Ausdauertrainings merkte er, dass sich sein Körper an die Strapazen gewöhnte. Daher war er auch nicht allzu sehr schockiert, als eines Morgens acht Rucksäcke von je dreißig Kilogramm vor ihnen abgestellt wurden und der Ausbilder das Ziel der Trainingseinheit nannte. Einen Dreieckskurs über die Erhebungen Sgurr na Gaoithe, Sgurr an Albanaich und Sidhean Mor. Diese drei Hügel waren nicht höher als um die fünfhundert Meter, doch das raue Terrain, die Unbilden des schottischen Winterwetters und die Unwegsamkeit des Geländes ließen diesen Rundkurs zur Tortur werden. Doch auch diese Prüfung schloss er mit Bravour ab und war froh, von nun an sich der Nahkampfausbildung und dem Schießen mit Colt und MP sowie dem tödlichen Umgang mit Messer zu widmen.

William Fairbairn und Eric Anthony Sykes erwiesen sich als Meister ihres Faches. Die Schießausbildung war in zweierlei Hinsicht bemerkenswert. Zum einen kamen zumeist Handfeuerwaffen, die man leicht am Körper verstecken konnten, wie der der Colt. 38 und Colt. 45 zum Einsatz. Der Colt. 38 war eine halb-automatische Pistole des amerikanischen Waffenentwicklers John Moses Browning im Kaliber 38 ACP.

Der Colt 45 war eine vergrößerte Version dieser Pistole im Kaliber 45 ACP. Es war eine Selbstladepistole mit Browning-System, abkippendem Lauf mit Kettengliedsteuerung der Verriegelung, Single-Action-Abzug und Flügelsicherung, Griffstücksicherung, Halbstellungsrast sowie Trennstücksicherung. Gordon interessierte sich mehr für den Colt. 45, doch es dauerte eine Weile, bis er gelernt hatte, mit dieser schweren Waffe auch ins Schwarze zu treffen.

Zum anderen wurde der Kampf mit der Sten Maschinenpistole ausgiebig geübt. Diese Waffe war eine Überraschung für Gordon, denn er hatte noch nie vorher von ihr gehört, geschweige denn ein Exemplar in der Hand gehalten. Sie war von Mitarbeitern des britischen Staatsarsenals, Major Reginald V. Shepperd und Harold J. Turpin, entwickelt worden. Die Royal Small Arms Factory in Enfield fertigte sie als Antwort auf die enormen Verluste an leichten Waffen während der Evakuierung von Dünkirchen. Aus den Anfangsinitialen der Erfinder und des Standortes des Werkes ergab sich der Name der Waffe.

Gordon und seine Gruppe waren vor der britischen Armee die Ersten, die an dieser zerlegbaren Maschinenpistole ausgebildet wurden. Fairbairn und Sykes hatten eine spezielle Methode für Gordon und seine Mitstreiter entwickelt, um sie effektiv im Guerillakampf einzusetzen. Anstatt sie, wie üblich, an der Schulter anzulegen, predigten sie das Feuern aus der Hüfte. Mindestens zwei Schuss sollten in jedem Fall auf ein Ziel abgefeuert werden, um sicher zu gehen, dass der Opponent ausgeschaltet wäre.

Eine weitere Neuerung von Fairbairn und Sykes war die Einführung von lebensgroßen Zielscheiben, die sich, von Elektromotoren angetrieben, mit wechselnder Geschwindigkeit, wie ein richtiges Ziel, auf sie zubewegten. Am Ende des Schießkurses war sich Gordon sicher, es mit jedem Schützen der Wehrmacht, der Abwehr oder des SD aufnehmen zu können. Der Gebrauch und die Anwendung von Sprengstoff war der nächste Punkt auf dem Ausbildungsplan.

Fairbairn und Sykes gaben ihnen nicht nur praktischen Unterricht im Umgang mit Sprengstoff, sie lehrten auch, wie er am besten versteckt werden konnte. So präparierten sie eine tote Ratte, die ausgenommen, ein prächtiger Behälter für eine Bombe war. Solche Bomben sollten zum Beispiel den Agenten dazu animieren, die Ratte unverfänglich in einen Kohlenhaufen neben einem Heizungsboiler zu legen. Wenn nun die Ratte mit den Kohlen in das brennende Feuer geworfen wurde, explodierten diese Bomben. Daneben wurden Baumbomben, die in Astlöchern und mit Moos getarnt waren sowie Weinbomben vorgestellt. Die Weinbombe enthielt neben einer unverfänglichen Menge Rebensaft eine tödliche Sprengladung. Ganz teuflisch war die Idee, den Sprengstoff in herkömmlichen Chiantiflaschen zu deponieren. Unten war der Sprengstoff, oben der Rotwein. Der Clou bei der Chiantiflasche war der, dass die traditionelle Bastverkleidung, die die untere Hälfte der Flasche umfasste, zur Tarnung beitrug.

Der Sprengstoff, mit dem sie arbeiteten, war kein herkömmliches Dynamit oder TNT, sondern der PE-808-Plastiksprengstoff, vorgestellt von der britischen Firma Nobel Chemicals und weiterentwickelt von der Royal Ordnance Factory in Bridgewater. Da dieser Sprengstoff im Labor aus Cyclotrimethylen-Trinitramin gezüchtet worden war, wurde er auch RDX, Research Department Explosive, genannt. Dieses Gemisch aus einundneunzig Prozent RDX und neun Prozent Knetmasse ergab ein stabiles, wasser- und stoßfestes, Plastilinmaterial, das problemlos zu handhaben und daher ideal zur Sabotage zum Beispiel von Bahngleisen war. PE 808 war gelbbraun und verbreitete einen charakteristischen Marzipangeruch, der auf Dauer starke Kopfschmerzen verursachte. Die Ladung wurde mit einem TNT-Zünder und einer Mk1-Sprengkapsel gezündet. Die SOE-Ausbilder hatten sogar mit der West Highland Eisenbahnlinie ein Abkommen getroffen, dass sie an ihrer Bahnstrecke das Legen und Zünden von Bomben üben konnten.

Gordon war nun fast am Ende der Ausbildung angekommen. Nur noch ein Kurs in Nahkampf, sowohl mit als auch ohne Messer oder einer anderen Waffe, stand noch bevor. Dann sollte es zur Fallschirmspringerausbildung gehen. Mittlerweile hatte er ein fast schon freundschaftliches Verhältnis zu William Fairbairn und Eric Anthony Sykes aufgebaut. Eines Abends, die übrigen Teilnehmer waren schon zu Bett gegangen, war es ihm gelungen, die beiden in ein persönliches Gespräch zu verwickeln.

»Erinnern Sie sich, als ich hier ankam und Sie mich am oberen Ende der Treppe empfingen? Der Fahrer flüsterte mir damals zu, Sie beide wären zwei ganz harte Hunde, die ihr Handwerk bei der Schanghai Polizei gelernt hätten. Stimmt das?«

Fairbairn und Sykes schauten sich für Sekunden gegenseitig stumm an, und prusteten anschließend laut los, sodass sie fast den Whisky, den sie soeben getrunken hatten, über den Tisch versprühten.

»So, der Fahrer hat das gesagt«, meinte Fairbairn ernst.

«Dann muss ich ihn erschießen, denn er hat unsere Tarnung auffliegen lassen.«

Sekunden später lachten die beiden wieder aus vollem Halse. Als sie sich endlich beruhigt hatten, erzählten sie Gordon ihre Geschichte.

»Ich war 1901 mit fünfzehn Jahren bei der Royal Marine Light Infantry und nach Ablauf meiner Dienstzeit überlegte ich mir, in den Polizeidienst zu wechseln.«

»Mit fünfzehn?«, unterbrach ihn Gordon.

»Ja der Unteroffizier, der mich rekrutiert hatte, hatte einfach mein Geburtsjahr geändert. Während des Russisch-Japanischen Krieges war ich zum Schutz der britischen Gesandtschaft in Seoul, Korea. Damals habe ich angefangen, mich für asiatische Kampftechniken zu interessieren und habe mich dann für einen Posten bei der Stadtpolizei von Schanghai beworben. In China habe ich dann in jeder freien Minute Jujutsu und andere fernöstliche Kampftechniken wie Karate und Kung-Fu studiert. Aus all meinen Erfahrungen mit diesen verschiedenen Spielarten habe ich dann meine eigene Kampftechnik entwickelt, die ich Defendu genannt habe. Dieses Wissen habe ich dann an meine Kameraden weitergegeben.«

Eric Sykes unterbrach seinen Freund mit einer Handbewegung.

»William untertreibt wie immer maßlos«, sagte er lächelnd.

»Dieser Mann, den ich meinen Freund nennen darf, hat nicht nur chinesische Kampfsportarten studiert, er war auch an der Kodokan, der Lehrhalle des Weges, wie sie in Japan genannt wird, der ältesten und bedeutendsten Judoschule der Welt. Er war so gut, dass er aus der Hand von Jogoro Kano, dem Präsidenten der Kodokan Jui-Jitsu Gesellschaft in Tokio, den Schwarzen Gürtel zweiten Grades erhalten hat. Daraus und aus den Erfahrungen aus sechshundert Kämpfen mit chinesischen Bandenmitgliedern hat er seine Kunst zur Perfektion geführt, die Euch allen hier das Überleben im feindlichen Territorium garantieren soll.«

Fairbairn lächelte bescheiden in sich hinein und lauschte Sykes.

»Erst als er mit 55 pensioniert wurde, hat er das Kämpfen aufgegeben.

Da war er bereits stellvertretender Polizeichef.«

»Und wie haben Sie ihn kennengelernt, Sir?«

Sykes lachte.

»Durch Zufall.«

«Vorher musste er aber seinen Namen wechseln«, frotzelte Fairbairn neben seinem Freund.

»Wieso das?«, fragte Gordon gespannt.

»Wissen Sie Gordon, wenn sie in England als Eric Anthony Schwabe geboren werden und gegen die Deutschen als Scharfschütze in den Weltkrieg ziehen müssen, dann überlegt man sich schon mal, ob man sich des deutschen Namens entledigen sollte«, grinste Sykes.

»Aber das Gefühl kennen Sie wahrscheinlich auch«, bemerkte er mit gespieltem Mitgefühl.

»Ich habe nach dem Krieg Arbeit gesucht und in Schanghai als Immobilienkaufmann bei der S. J. David Company einen Job gefunden. Daneben war ich noch in der Freiwilligen-Abteilung der Schanghai Polizei als Scharfschütze angestellt. Ende der Zwanziger Jahre haben wir uns dann dort kennengelernt.«

»Eine bemerkenswerte Geschichte«, merkte Gordon an.

»Waren Sie denn auch an chinesischen Kampfsportarten interessiert?«

»Ja und nein«, erwiderte Sykes.

»Ich interessiere mich mehr für Waffen, und darüber sind wir uns auch beruflich näher gekommen.«

»Das verstehe ich nicht ganz, Sir.«

»Sehr einfach, Gordon, Schanghai war ein Schmelztiegel und wahrscheinlich Chinas gefährlichste Stadt, wenn nicht sogar der gefährlichste Ort auf diesem Planeten. Zumindest vor Kriegsausbruch.

William Fairbairn hat, wie schon erwähnt, sechshundert Straßenkämpfe mit Verbrechern überlebt.

Das hat er einmal wegen seiner unglaublichen körperlichen Fähigkeiten und anderseits wegen des Waffeneinsatzes geschafft. Und, wie wir alle wissen, ist das Messer die Standardwaffe bei den Kriminellen. Wir haben uns einfach überlegt, ob wir nicht ein Messer nach unseren Vorstellungen und für unsere Bedürfnisse im verdeckten Kampf schaffen können.«

Fairbairn räusperte sich und Sykes gab seinem Freund die Möglichkeit einer Zwischenbemerkung.

»Im Nahkampf gibt es keine tödlichere Waffe als das Messer. Bei der Auswahl eines Messers müssen zwei wichtige Gesichtspunkte im Auge behalten werden: Gleichgewicht und Schärfe. Der Griff sollte leicht in deine Hand passen, und die Klinge sollte nicht so schwer sein, dass sie dazu neigt, den Griff aus Deinen Fingern zu ziehen und deinen Griff zu lockern. Es ist wichtig, dass die Klinge eine scharfe Spitze und gute Schneiden zum Stechen und zum Schneiden besitzt, denn eine Arterie, die zerrissen wird, neigt dazu, sich zusammenzuziehen und die Blutung zu stoppen. Falls eine Hauptschlagader sauber durchtrennt ist, wird der verwundete Mann schnell das Bewusstsein verlieren und sterben.

Wir haben uns dann die Straßendolche, mit denen die Verbrecher aus Schanghai ausgerüstet waren, genauer angesehen und Schlüsse zur Verbesserung daraus gezogen. Da wäre zum einen die Länge einer Stichwaffe. Es ist mittlerweile klar erwiesen, dass jemand mit einem kurzen Messer, das gut in der Hand liegt, jedem Angreifer mit einer langen und unhandlichen Waffe überlegen ist. Das hat bereits 1924 die Small Arms School in Hythe festgestellt, als sie in ihr Handbuch diktierte, dass Handlichkeit die ultima ratio wäre und die Länge eines Kampfmessers nicht größer sein sollte als etwa dreizehn Zentimeter. Wir haben uns für und wider x-mal angesehen und haben uns dann für unser eigenes Messer entschieden, das Fairbairn-Sykes-Kampfmesser.«

»Haben Sie eines zufällig dabei?«, fragte Gordon.

»Bei Gott, nein, das werden Sie morgen in aller Ausführlichkeit kennenlernen. Jetzt gehe ich erst einmal schlafen.«

Am nächsten Morgen erwartete ihn eine Überraschung, als Lieutenant Colonel Ronald Thornley, der SOE-Sektionsleiter Deutschland, ihn beim Frühstück begrüßte.

»Schön Sie zu sehen«, sagte Gordon.

»Wollen Sie hier Urlaub machen?«

Thornley lehnte sich zu ihm herüber und flüsterte konspirativ in geschliffenem Deutsch: ‹Ich will nur sehen, ob mein bestes Pferd im Stall Fortschritte macht.«

Gordon schaute ihn interessiert an.

‹Woher können Sie so gut Deutsch?«

»Ich habe mein halbes Leben in Deutschland als Geschäftsmann verbracht und war schon alleine deswegen gezwungen, Deutsch zu lernen.«

»Also sind Sie eigentlich kein Berufssoldat?«

»Oh nein, erst 1939 habe ich mich freiwillig gemeldet und bin wegen meiner Kenntnisse der deutschen Sprache und meines Wissens über deutsche Wirtschaft und Geografie beim SOE gelandet. Ich musste auch, wie Sie solch eine Ausbildung machen. Habe ich in Brickendonbury Manor bei Hertford, der heutigen Station 17, gemacht und dabei die meisten Punkte aller Teilnehmer geschafft.«

»Allerhand«, sagte Gordon, »davon bin ich noch weit entfernt.«

»Ich werde Sie gleich zum Nahkampftraining mit Fairbairn und Sykes begleiten. Ich möchte mit eigenen Augen sehen, was diese Burschen Ihnen beibringen können. Man erzählt sich ja so einiges.«

»Dazu könnte ich etwas beitragen«, erwiderte Gordon und erhob sich.

»Wir müssen los, sonst bekomme ich Ärger.«

Schmitt und Thornley waren kaum in der Trainingshalle eingetroffen, als auch schon Fairbairn und Sykes den Raum betraten.

»Wir möchten Sie heute und in den nächsten Tagen im Nahkampf unterrichten«, begann William Fairbairn, während Sykes Gordon zuzwinkerte.

»Zunächst wollen wir Sie mit dem Kampfmesser bekannt machen, das wir beide in China entwickelt haben, das Fairbairn-Sykes Kampfmesser.«

Fairbairn zeigte einen stilettartigen Dolch mit einem florettartigen Griff und einer scharfen, doppelschneidigen Klinge. Es wirkte ungemein zerbrechlich.

»Einige von Ihnen mögen jetzt sagen, dass diese Waffe auf einen Gegner keinen Eindruck machen würde. Doch seien Sie gewiss, dass sie schlank genug ist, um zwischen den Rippen Ihres Gegners hindurchzugleiten und ihn direkt ins Herz zu treffen.«

Fairbairn hielt die Schneide des Dolches mit der Linken in die Luft und deutete mit dem rechten Zeigefinger auf den Griff.

»Der Griff, der die Ähnlichkeit einer Vase hat, führt zu einer sehr präzisen Handhabung, und die scharfe, zweischneidige Klinge ist selbst gegen einen Mann tödlich, der Sie mit einer Axt angreift.

Diese gebläute und Hand polierte Kohlenstoffstahlklinge ist Ihre Trumpfkarte gegenüber jedem deutschen Soldaten, SS- oder Gestapo-Mann. Sie werden sich jetzt sicher fragen, warum wir nicht rostfreien Stahl verwenden, doch die Erklärung ist einfach: Er lässt sich leichter und schneller im Feld nachschärfen als rostfreies Material.«

Thornley flüstere Gordon zu: »Die beiden waren letzten November bei Robert Wilkinson-Latham von der Wilkinson Sword Company. Wilkinson wird dieses Messer exklusiv für das SOE und die britische Armee fertigen. Sie werden auch eins bekommen.«

»Jetzt zeige ich Ihnen, welche Angriffsarten am schnellsten zum Tode führen«, erläuterte Fairbairn.

»Sie nehmen das Messer in die rechte Hand und attackieren den linken Arm ihres Gegners mit einem harten Hieb, der die Brachialartrie des Oberarms durchtrennt. Binnen vierzehn Sekunden verliert der Gegner sein Bewusstsein und nach eineinhalb Minuten ist er tot. Eine andere Möglichkeit ist der Angriff mit der rechten Hand auf das linke Handgelenk des Gegners, um die Radialarterie der Hand zu durchtrennen. Diese Methode führt in dreißig Sekunden zur Bewusstlosigkeit und in zwei Minuten zum Tod.

Die nächste Methode ist die Überraschung des Gegners von hinten, indem Sie sein Gesicht packen, festhalten und mit der Rechten das Messer in die Halsschlagader des Opfers stoßen. Dies führt binnen fünf Sekunden zur Bewusstlosigkeit und in zwölf Sekunden zum Tod. Noch eine Variante ist die des direkten Stiches in die Schlüsselbeinarterie. Diese führt in zwei Sekunden zur Bewusstlosigkeit und in dreieinhalb Sekunden zum Tod. Ich brauche wohl kaum anzumerken, dass ein Stich ins Herz sofort tödlich ist. Noch Fragen meine Damen und Herren?«

Alle Teilnehmer des Kurses zeigten sich tief beeindruckt und schwiegen.

»Gut, dann wollen wir sofort mit dem Messertraining beginnen. Nach ein paar Tagen werden sie mit einem Nahkampfmesser verwachsen sein. Danach widmen wir uns den übrigen Nahkampfmethoden wie Jujutsu. Jujutsu bedeutet soviel wie Wissenschaft von der Nachgiebigkeit, die unbewaffnete Kampfmethode der Samurai. Hier kommen Schlag-, Tritt-, Hebel- und Würgetechniken zum Einsatz. Entstanden ist diese Technik zur Zeit der Tokugawa Herrschaft im 17. Jahrhundert in Japan. Zu diesem Zeitpunkt, als das Tragen von Waffen verboten war, verbreitete sich die Kampfmethode der leeren Hände sehr schnell als Selbstverteidigungssystem.

Wenn Sie Jujutsu verinnerlicht haben, werden wir uns dem Defendu zuwenden, einer Kampfart, die ich selbst aus meinen Erfahrungen in China und Japan entwickelt habe. Defendu ist eine Kombination aus Jujutsu, Pakua Chang, der indischen Sikh Kampfart Gatka und meinen Erfahrungen aus Hunderten von Straßenkämpfen. Ich möchte Ihnen das einmal demonstrieren. Meldet sich einer freiwillig?«

Thornley stieß Gordon in die Seite.

»Kommen Sie Gordon, es tut doch nicht weh«, grinste er.

Fairbairn ließ sich nicht zweimal bitten.

»Greifen Sie mich an!«

Ehe es sich Gordon versah, wirbelte er auch schon durch die Luft und landete unsanft auf dem Boden.

»Versuchen Sie es noch mal«, ermunterte ihn Fairbairn.

Offensichtlich müssen die Verbrecher in Schanghai üble Subjekte gewesen sein, denen man nur mit einer überlegenen Technik beikommen konnte dachte Gordon, als er schon wieder krachend auf der Matte zu landen kam und schmerzverzerrt die Zähne zusamenbiss. Thornley klopfte ihm aufmunternd auf die Schulter, als Gordon sich wieder zu ihm gesellte.

»Eines Tages werden Sie dankbar sein, durch diese Knochenmühle gegangen zu sein, alter Junge!«

Zwei Wochen dauerte die Nahkampfausbildung und manchmal dachte Gordon daran die Brocken hinzuwerfen, wenn er abends mit schmerzenden Gliedern und blauen Flecken kaum einschlafen konnte. Doch auch diese Strapaze hatte eines Tages ein Ende. Als er Fairbairn und Sykes verließ, bedankte er sich aufrichtig bei den Instruktoren, denn er wusste, dass er in Zukunft so schnell keinen Gegner mehr zu fürchten hatte. Kurz vor Gordons Abreise suchte ihn William Fairbairn auf und überreichte ihm ein kleines Büchlein.

»In meinen Jahren in Asien habe ich viel von der chinesischen Kultur gelernt. Eine der wertvollsten Erinnerungen an diese Zeit ist dieses Buch des Strategen Sunzi, das er ungefähr fünfhundert Jahre vor Christus geschrieben hat. Es heißt Die Kunst des Krieges, und wenn Sie es aufmerksam studieren, werden die Erkenntnisse dieses außergewöhnlichen Mannes Ihnen sicher helfen, die vor Ihnen liegenden Aufgaben zu lösen.«

Gordon schaute auf den kleinen Band.

»Von Sunzi habe ich noch nie gehört«, gestand er.

»Das wundert mich nicht«, erklärte Fairbairn.

»1782 wurde es von dem Jesuiten Amiot ins Französische übersetzt und erst 1905 verlegte man eine englische Ausgabe. Diesen Band von Lionel Giese, der 1910 in Schanghai veröffentlicht wurde, bekam ich zu meinem Abschied. Jetzt soll er Ihnen helfen, diesen Krieg zu überleben.«

Gordon war von der Geste seines Ausbilders tief beeindruckt und versprach, die Thesen aus Die Kunst des Krieges zu verinnerlichen.

Mit dem Zug ging es nun wieder Richtung Süden. Das Ziel hieß Central Landing Establishment, Englands erste Ausbildungsstätte für Fallschirmspringer, in Ringway bei Manchester. Das Unternehmen war erst im Sommer 1940 auf Initiative von Churchill gegründet worden und sollte Urzelle einer britischen Fallschirmtruppe werden. Da bot es sich natürlich an, die SOE-Agenten ebenfalls dort auszubilden.

Im Gegensatz zu Deutschland und Russland gab es in England keine Fallschirmspringer Tradition. Aus diesem Grunde waren auch die ersten Ausbilder eher Exzentriker. Wie zum Beispiel Harry Ward, der eher unter seinem Pseudonym The Yorkshire Birdman, bekannt war. In den Dreißiger Jahren hatte er mehr als hundertfünfzig Absprünge als Stunt Man in Sir Alan Cobham's Air Circus absolviert. Die meisten davon von der Tragfläche eines Doppeldeckers. Seinen Spitznamen bekam er deswegen, weil er Vogelflügel an seinem Körper befestigt hatte. Sechs ausgemusterte Whitley Mk II Bomber dienten als Absetzer. Als Gordon in Ringway eintraf, wartete bereits Lieutenant Colonel Ronald Thornley auf ihn.

»Ich möchte Ihnen persönlich den Chef der Springerschule, Wing Commander Sir Nigel Norman, vorstellen. Ihre Ausbildung wird ein wenig intensiver als die der übrigen SOE-Agenten sein. Wir wollen sicherstellen, dass bei Ihnen auch wirklich jeder Handgriff wie im Schlaf sitzt. Daher bekommen Sie ein wenig mehr Zuwendung«, sagte er leicht ironisch.

Sir Nigel begrüßte ihn mit großer Herzlichkeit. Seine Statur glich eher der eines Jockeys und aus den Augen blitze eine Sorte Humor, die Gordon sofort gefiel.

»Seien Sie froh, dass Sie nicht früher gekommen sind«, spottete der Wing Commander.

»Wir haben kürzlich erst die Fallschirme gewechselt. Die ersten Exemplare aus amerikanischer Produktion hatten zu viele Todesopfer unter unseren Freiwilligen gekostet. Die neuen Schirme vom Typ X haben sogar einen zentralen Verschluss, der sie auf einen Schlag nach der Landung vom Schirm befreit.«

»Da bin ich aber froh, Commander«, sagte Gordon theatralisch und lachte.

»Nichts für ungut, Gordon. Hier herrscht eine gute Stimmung, seit es uns in einem spektakulären Einsatz gelungen ist, das Konzept des Fallschirmjägers zu beweisen.«

»Welchen Einsatz meinen Sie«, fragte Thornley.

Sir Nigel Norman wuchs geradezu vor Stolz um mehrere Zentimeter, als er von Operation Colossus berichtete.

»Am 7. Februar gelang es No. 2 Commando, das für den Einsatz in 11. Special Air Service Bataillon umbenannt worden war, das Tragino Aquädukt in der Nähe von Calitri, in der Region Kampanien in Italien in die Luft zu jagen. Damit war ein Großteil von Süditalien von der Wasserzufuhr abgeschnitten. Achtunddreißig Mann haben wir in sechs umgebauten Whitley-Bombern zum Einsatzort geflogen. Das U-Boot HMS Triumph sollte die Männer vom Strand abholen, doch leider wurde der ganze Trupp gefangen genommen. Nichtsdestotrotz ist es ein Riesenerfolg und ein Beweis, dass diese Kriegsführung erfolgreich sein kann. Sie kommen also im richtigen Augenblick. Es gibt nur einen Unterschied zu den Trainingsmethoden unserer Fallschirmjäger. Sie springen aus einer Höhe von hundert bis hundertfünfzig Metern ab. Das ist notwendig, um das deutsche Radar unterfliegen zu können.«

Die nächsten Tage verbrachte Gordon mit der Grundausbildung eines Fallschirmspringers. Das begann mit dem Packen des Fallschirms und endete mit dem Sprung aus einem statisch befestigten Fesselballon. Bei dieser Prozedur stand der Ausbilder auf dem Boden und brüllte Befehle durch ein Megafon zu den Probanden hinauf, die bemüht waren, ihre Furcht zu unterdrücken.

Diese Übungen dauerten an, bis es zum ersten Mal mit einem Whitley zum ersten richtigen Absprung kam. Es gab keine Sitze in der Maschine und deshalb musste Gordon sich mit den anderen Springern auf den Boden setzten. Der Lärm war gewaltig und eine Verständigung unmöglich.

Das Flugzeug hatte mittlerweile die Absprunghöhe erreicht und steuerte den Absetzplatz Tatton Park in Chesire an. Als der Zeitpunkt zum Sprung näherkam, winkte der Absetzer am ehemaligen Heckgeschützstand, der jetzt zum Absetzpunkt erkoren war, Gordon zu. Er musste sich überwinden, um auf den Absetzer am Heckstand, Flight Sergeant Brereton, einem Zweimetermann zuzukriechen. Seine Handflächen waren nass geschwitzt, und sein Magen begann sich bemerkbar zu machen. Als er bei Brereton angekommen war, richtete er sich auf. Er stand nun im tosenden Luftstrom und das Leitwerk kam ihm gefährlich nah vor. Jetzt wechselte das Licht an der winzigen Absprungplattform von Rot auf Grün, das Zeichen zu springen. Brereton hob die Hand und gab ihm gleichzeitig einen Klaps auf die Schulter. Obwohl sich alles in ihm sträube, ließ sich Gordon fallen.

Der Adrenalinschub war enorm. Nach wenigen Sekunden kündigte ihm ein Ruck an, dass sich der Schirm geöffnet hatte. Er schaute nach oben und sah das beruhigende Bild der sich wölbenden Seide, die ihn sanft zur Erde trug. Er fühlte sich unendlich wohl. Er hatte es geschafft, er war jetzt ein Para, ein Fallschirmjäger. Diesem ersten Sprung folgte eine Reihe weiterer, bis er sich an die 150-Meter-Absprünge heranwagte. Auch diese wurden ohne Probleme absolviert, sodass er planmäßig Ringway verlassen und zu seiner nächsten Ausbildungsstätte, Fawley Court in Henley on Thames, fahren konnte.

Fawley Court, in der Grafschaft Oxfordshire, ungefähr fünfzehn Kilometer nordöstlich von Reading und fünfzehn Kilometer westlich von Maidenhead, war ein herrschaftliches Gebäude, das 1683 für Colonel William Freeman von James Wyatt, einem der bedeutendsten Architekten Englands, erbaut worden war. Die Decke des Salons war eine Schnitzarbeit von Grinling Gibbons, dem berühmtesten Holzschnitzer und Bildhauer seiner Zeit. Nun war es das SOE-Zentrum für die Ausbildung von Funkern. Gordon wurde in jeder Form von verdeckter Funkarbeit unterrichtet. Ein Kurzwellenmorsesender konnte für diesen Zweck Meldungen senden und empfangen.

Ein Nachteil war der große Platzbedarf und das Gewicht der Anlage. Sie wog fünfzehn Kilogramm und musste in zwei langen Koffern verstaut werden. Der Frequenzbereich des Senders reichte von 3,5 bis 16 Megahertz. Neben dem Problem des Gewichts und der Größe war die Länge der Antenne noch problematisch. Sie betrug mehr als zwanzig Meter.

Die Spezialisten in Fawley Court waren sich sicher, dass die Deutschen rund eine halbe Stunde brauchen würden, um den Standort des Senders zu lokalisieren. Erste Regel eines jeden Funkers war daher, seine Meldungen so kurz wie möglich zu fassen, niemals die gleiche Frequenz zu benutzen und nie zum gleichen Zeitpunkt zu senden. Gordon war sich zwar sicher, dass er nie in die Verlegenheit geraten würde, solch ein Monstrum von Sendeanlage mit sich herumschleppen zu müssen, aber die Tatsache, dass er bald dazu in der Lage wäre, solch eine Technik einzusetzen, war Gold wert. Nach seiner Funkerausbildung stand nun der letzte Akt seiner Ausbildung bevor: Palace House in Beaulieu.

Nach der kühlen Atmosphäre des RAF-Flugplatzes Ringway war Beaulieu das krasse Gegenteil. Das kleine Dorf, französisches Synonym für schöner Ort, war in der Tat eine zauberhafte Oase am südöstlichen Ende des New Forest, der größten unerschlossen gebliebenen Region aus Weideland, Heide und altgewachsenem Wald in Hampshire. 1079 wurde der New Forest von William I zum königlichen Wald für die Hirschjagd erklärt, doch im Laufe der Jahrhunderte wandelte er sich zu einem wichtigen Holzlieferanten für die Royal Navy. Diese Rohstoffquelle war einmal in großer Gefahr, als der große Sturm von 1703 fast viertausend Eichen vernichtete. Im Ort selbst gab es die Werft Bucklers Hard, die am gleichnamigen Fluss mit ihrer georgianischen Architektur eine Wiege vieler englischer Schiffe, einschließlich der Schiffe der Flotte von Admiral Nelson, war.

Gordon war mit dem Zug vom Bahnhof Picadilly in Manchester zum Bahnhof Euston in London gereist, wo ihn Thornley mit einem Austin 12/4 abgeholt hatte. Der 6-Zylindermotor mit 1535 Kubikzentimeter Hubraum und sagenhaften 28 PS trieb den viertürigen Wagen auf eine Höchstgeschwindigkeit von 104 km/h. Obwohl die Produktion des Viertürers bereits 1935 ausgelaufen und nur in der Taxiversion bis 1939 gebaut wurde, hatte das Kriegsministerium 1940 eine ganze Reihe dieser Fahrzeuge bestellt, die den Namen Heavy 12 bekam.

Die 150 Kilometer von London über Guildford, Alton, Winchester, Southampton und Lyndhurst nach Beaulieu waren mit dem schwachbrüstigen Austin eine Tortur. Aber sie gab den beiden Männern auch viel Zeit über Thornleys Erfahrungen in Deutschland und Gordons zukünftige Aktivitäten im Reich zu sprechen.

Gordon war immer wieder verblüfft über das fast schon enzyklopädische Wissen Thornleys über Deutschland. Egal ob Wirtschaftsdaten, geografische Details oder Namen, Thornley hatte auf alle Fragen eine schlüssige Antwort. Es blieb also nicht aus, dass nicht nur der Respekt, sondern auch eine freundschaftliche Beziehung unter den Männern wuchs.

Als sie endlich in Beaulieu ankamen, fuhren sie direkt die Straße vom Dorf zum Palace House herauf, wo sie mit einem wunderschönen Blick über Dorf und Fluss belohnt wurden. Palace House, ein fantastisches gotisches Landhaus, war ursprünglich 1204 als Torhaus der Abtei Beaulieu erbaut worden. Seit 1538 war es Sitz der Montagu Familie, nachdem Sir Thomas Wriothesley, der spätere erste Earl of Southampton, den Besitz nach der Auflösung der Klöster durch Heinrich VIII erwarb.

Die Auffahrt zum Hauptgebäude war mit Kies gestreut und es knirschte, als der Wagen hielt. Der Eingang zu dem imposanten Palast war ein typisch englischer Fachwerkbau, der wie ein Wachhäuschen eines Schlosses aussah. Thornley ging voraus, während Gordon, seine Sachen zusammensuchte. Drinnen hörte er Schulterklopfen und Lachen. Als er die Halle betrat, sah er Thornley in einem Gespräch mit einem Mann, dessen schlanke, große athletische Gestalt ihn überragte. Dünne blonde Haare bedeckten den scharf geschnittenen aristokratischen Schädel.

»Gordon, es ist mir eine Freude, dir Colonel Maurice Buckmaster vorzustellen. Er ist der neue Chef der F-Section. F steht für Frankreich und Maurice ist nicht zufällig hier, um sich genauer umzusehen, denn er wird in Zukunft dieses Haus vorrangig nutzen.«

Buckmaster reichte ihm die Hand und ein fester Händedruck signalisierte Gordon, dass er jemanden vor sich hatte, der ihm offen und interessiert begegnete.

»Maurice hat sein halbes Leben in Frankreich verbracht, nachdem er Eton verlassen hatte«, fuhr Thornley fort.

»Zuerst hat er als Reporter für Le Matin gearbeitet, später als Bankier und Manager für die Ford Motor Company. Wenn ein Engländer die Franzosen und Frankreich versteht, dann Maurice«, lachte Thornley. Als ein Mann die Treppe herunterkam, entfuhr ihm ein »da kommt ja Philby!« Thornley winkte mit seiner rechten Hand Kim Philby herbei.

»Philby wurde von Guy Burgess für die Section D, die Propagandaabteilung, angeworben. Er ist jetzt hier, um an einem Handbuch für die SOE-Ausbildung mitzuwirken.«

Philby war ein stattlicher Mann, Ende zwanzig, der den drei Männern gut gelaunt entgegenkam. Er begrüßte zunächst Thornley und Buckmaster, den er bereits aus der Baker Street kannte, und wandte sich dann Gordon zu.

»Sind Sie ein Novize?«, fragte er mit einem entwaffnenden Lächeln.

»Kann man wohl sagen«, erwiderte Gordon.

»Ich soll hier jetzt den letzten Schliff erhalten.«

»Da sind sie hier wirklich an der richtigen Adresse«, meinte Philby.

»Sie werden überrascht sein, wie viel Sie in den nächsten Wochen noch lernen werden. Sie werden staunen.«

Philby sollte recht behalten. Der letzte Schliff, wie es die SOE-Ausbilder nannten, war das Sahnehäubchen einer brachialen, aber sehr effektiven Ausbildung. Beaulieu beschränkte sich nicht nur auf Palace House, sondern beherbergte eine ganze Reihe von Schulen, in denen Agenten für ihre Einsätze in ganz Europa ausgebildet wurden.

Auf dem Stundenplan standen Fächer wie Technik, leben im Untergrund, eigene Sicherheit, Austausch von Informationen in feindlichem Territorium, wie man seine Legende aufrechterhält oder wie man sich unter polizeilicher Beschattung zu verhalten hatte. Gordon durchlief eine ganze Reihe von Schulungen.

So zum Beispiel die von Donald Green, der den Beinamen Killer trug. Killer Green war eigentlich Buchhalter im zivilen Leben, aber er hatte die Bekanntschaft mit einem landesweit berühmt-berüchtigten Unterweltler gemacht, der ihm soviel Vertrauen entgegenbrachte, dass er ihm eine ganze Reihe von Einbruchsmethoden verriet, die Green nun an seine Schüler weitergab. Green machte sie auch mit dem Gebrauch von Knetmasse zur Herstellung von Nachschlüsseln bekannt.

Um sich im Notfall von Feld-, Wald- und Wiesenprodukten ernähren zu können, bekamen die Probanden Anschauungsunterricht von William Nobby Clark, dem Wildhüter des Königs aus Sandringham. Zu diesem Zweck verbrachte Gordon mehrere Tage und Nächte im New Forest, wo auf jede Form von normaler Nahrung verzichtet wurde. Danach war er um die Erfahrung reicher, dass selbst ein Käfer eine Delikatesse sein kann, vorausgesetzt, er wurde auf Nobbys Art und Weise zubereitet.

In einem anderen Kurs wurde ihnen der Unterschied zwischen weißer und schwarzer Propaganda vermittelt, wobei die weiße Methode auf die klare Nennung der Quelle, von der die Informationen stammten, Wert legt. Die schwarze, oder auch schmutzige Propaganda war das genaue Gegenteil davon. Hier wurde alles unternommen, um die Quelle zu vertuschen. Sefton Delmer war der Kopf dieser schmutzigen Propaganda und hielt dazu auch Vorlesungen in Beaulieu.

Delmer war als Sohn eines australischen Professors, der in Berlin Lehrbeauftragter für Anglistik an der Humboldt-Universität war, in Deutschland geboren, und beherrschte deutsch mit einem Berliner Akzent wie seine zweite Muttersprache. Der Daily Express schickte ihn nach seinem Studium in Oxford 1928 nach Berlin. Nach kurzer Zeit pflegte er freundschaftliche Beziehungen zu SA-Chef Ernst Röhm und wurde 1932 eingeladen, als einziger englischer Journalist in der Führermaschine mit Hitler auf Wahlkampfreise zu gehen. Kein Wunder, dass er Ende 1940 vom Außenministerium angeheuert wurde, eine Abteilung für Feindpropaganda aufzubauen. In seinem Vortrag deutete er an, dass sein erster Radiosender, den er Gustav Siegfried Eins getauft hatte, im Mai seinen Betrieb aufnehmen sollte.

In einem anderen Kurs lernte er die Kunst der Steganografie, eine seit dem Altertum verwendete Methode zum Verbergen von Informationen. Ein Beispiel für die sprachliche Steganografie ist das Akrostichon, ein Gedicht, bei dem die Anfangsbuchstaben jedes Verses vertikal gelesen ein verborgenes Wort oder eine geheime Botschaft ergeben. Nach demselben Prinzip kann das systematische Herausfiltern bestimmter Verse aus einem Gedicht, bestimmter Worte aus jedem Satz oder bestimmter Buchstaben aus jedem Wort eines Textes eine geheime Botschaft enthüllen. Shakespeare, Molière und die Bibel waren häufig Quellen für Nachrichtenübermittlung.

Recht interessant fand Gordon auch die Vorlesung des Schauspielers Peter Folis. Folis begann seinen Vortrag mit Sätzen, die Gordon sofort verinnerlichte.

»Wenn Sie an Verkleidung denken, vergessen sie Bärte. Verändern Sie stattdessen Ihr Aussehen nur marginal. Tragen Sie eine Brille, verlegen Sie ihren Scheitel von links nach rechts, oder gewöhnen Sie sich einen anderen Gang an.«

Folis schöpfte aus seinem unerschöpflichen Repertoire, das er von den Maskenbildnern des Theaters kennengelernt hatte. Er demonstrierte die Wirksamkeit von Culloden, einer wachsartigen Substanz, die er zur Herstellung von Narben nutze. Diese Substanz trocknete schnell und veränderte nachhaltig die Gesichtszüge. Das Trainieren einer Legende war in seinem Fall überflüssig, da sie sich bereits bei seinem ersten Einsatz bewährt hatte. Das Erlernte wurde an den Probanden, so auch an Gordon immer wieder rekapituliert und bei Tests auf die Probe gestellt. Dazu gehörte auch, ob der zukünftige Agent eine Polizeiverfolgung abschütteln konnte, oder er im Gegenzug eine Person beschatten konnte, ohne aufzufallen, oder sie zu verlieren.

Zu guter Letzt kam noch eine medizinische Note hinzu. Diese war kurz und schmerzlos, da es entweder darum ging, für einen längeren Zeitraum wach zu bleiben, oder sich der Verhaftung zu entziehen. Bei dem ersten Fall kam Benzedrin zum Einsatz, ein Amphetamin, das eine anregende Wirkung auf das zentrale Nervensystem hatte. Im anderen Fall ging es um Selbstmord und zu diesem Zweck stattete die SOE ihre Agenten mit einem Medikament, der L-Pille, aus. Das Zyanid wirkte binnen fünfzehn Sekunden tödlich. Als alle Tests beendet waren, ging es auch um die Benotung des Kandidaten. Gordon hatte mit Abstand die besten Beurteilungen und durfte sich durchaus Hoffnungen machen, zu den Jahresbesten zu gehören. Letztendlich war er jedoch heilfroh, dieser Mühle entronnen zu sein und freute sich auf ein paar ruhige Tage.

Friedhofsruhe und Düsenlärm

Anfang Januar erhielt Hauptmann Othmar Schmidt einen Anruf seines Freundes Otto Lechner aus dem RLM.

»Notiere dir bitte einen Termin am 31. Januar. Dann findet bei uns die Arbeitstagung Strahltriebwerke statt, eine Veranstaltung, an der du nicht fehlen darfst, da sich dann alle wichtigen Konstrukteure in einem Raum befinden.«

»Und wer leitet die Sitzung?«

»Generalingenieur Wolfram Eisenlohr. Aber es wird dich sicher interessieren, die beiden Hauptverantwortlichen für unseren heutigen Vorsprung in der Strahltriebwerkstechnik zu treffen.«

»Und wer sind diese Herren?«

»Helmut Schelp und Hans Mauch. Schelp ist der verantwortliche Bereichsleiter für Sondertriebwerke, Mauch für Raketen- und Pulstriebwerke. Also, Termin nicht verschwitzen.«

Die ersten Januarwochen waren von hektischer Aktivität erfüllt. Schmidt besuchte das Abwehr Büro in Hamburg, das sich um Aufklärung in den Vereinigten Staaten kümmerte. Die Hauptquelle für alle Informationen war immer noch die amerikanische Presse. Zuträger des Militärattachés General von Boetticher waren in erster Linie die Chefs der deutschen Konsulate. So zum Beispiel Erich Windels in Philadelphia, Dr. Georg Krause-Wichmann in Chicago oder Karl Kapp in Cleveland. Sie durchforsteten den US Blätterwald und sammelten alle Ausschnitte, die einen Hinweis auf militärische oder wirtschaftliche Geheimnisse lieferten.

Daneben war auch die Auslandsorganisation der NSDAP, kurz NSDAP-AO genannt, ein sehr wichtiges Rad im Getriebe der Abwehr. Gründer, der AO war 1931 in Hamburg Ernst-Wilhelm Bohle. Seitdem versammelten sich über 50000 Mitglieder in seiner Kartei, die jeden Monat Berichte zur politischen Stimmungslage und andere Beobachtungen nach Berlin sandten. Schmidt war über die Zusammenarbeit mit Oberleutnant Walter Kappe nicht sehr glücklich. Nachdem er einige Male mit ihm zusammengekommen war, um die USA Projekte voranzutreiben, merkte er, wie amateurhaft dieser an die Sache heranging. Unternehmen Pastorius sollte Kappes Operation heißen, die Sabotage ganzer Industrien in den USA, die von einem Trupp V-Männer ausgeführt werden sollte.

Schmidt hatte sich Oberst Piekenbrock anvertraut, der ihm anschließend wärmstens Oberleutnant Jochen Sprenger vom Büro in Hamburg ans Herz legte. Canaris, den Othmar ebenfalls konsultierte, war froh über Othmars Bedenken.

»Das ist doch Wahnsinn in Potenz. Ich schicke V-Männer lieber einzeln los, dann kann der eine den anderen nicht verraten.«

Nachdem Othmar sich den so warm empfohlenen Oberleutnant zur

Brust genommen hatte und ihm in einem mehrstündigen Gespräch, das die beiden zweimal um die Binnenalster führte, auf Herz und Nieren überprüft hatte, fuhr er schließlich nach Berlin in dem Wissen zurück, einen geeigneten Kandidaten gefunden zu haben.

Der Winter 1940/1941 war, wie schon der Vorherige, ein extrem kalter. Zwischen dem 30. Dezember und dem 31. Januar gab es in Berlin ausschließlich Frosttage, wobei am 29. Januar das Thermometer bis auf minus 20 Grad fiel. In Süddeutschland brachte der extreme Wintereinbruch heftige Schneefälle, die den sowieso spärlichen Verkehr stellenweise ganz zum Erliegen brachten. Als Othmar am 31. Januar im Reichsluftfahrtministerium eintraf, musste er sich zunächst von seinem Wintermantel, Handschuhen und Ohrenschützern befreien. Trotz des kurzen Fußweges und seiner Wintersachen hatte ihm das Wetter zugesetzt. Im Tagungsraum herrschte bereits reger Betrieb, und als er den Saal betrat, begrüßte ihn Otto Lechner.

»Udet ist auch hier. Und noch ein paar andere, die unter normalen Umständen sich nie für solch ein Thema interessiert hätten. Doch seit der Hochtechnologieausschuss tagt, ist das Interesse riesig.«

»Ich denke, das liegt eher an Himmler und seinem Ruf«, kommentierte Schmidt spöttisch.

»Aber stell mich doch bitte mal Helmut Schelp vor.«

Otto schob ihn mit einer sanften Handbewegung in die rechte Ecke des Saales, wo Othmar eine Gruppe von drei Männern erblickte, von denen er nur von Ohain kannte. Als sie sich ihnen näherten, hielten sie mit ihrer Konversation inne und schauten erwartungsvoll auf Otto Lechner.

»Meine Herren darf ich Ihnen Hauptmann Othmar Schmidt vorstellen. Othmar, dies ist Helmut Schelp, Hans-Joachim von Ohain kennst du ja schon und Max Bentele, ein Kollege von Hans-Joachim von Ohain bei Heinkel-Hirth.«

»Ich habe viel von Ihnen gehört, Herr Hauptmann. Und nur Gutes, was in diesen Zeiten ziemlich außergewöhnlich ist«, meinte Schelp freundlich.

»Das hört man gerne, aber lassen wir die Kirche im Dorf, Herr Schelp. Ohne Ihren Einsatz und den Ihres Kollegen Hans Mauch wären wir heute nicht hier in diesem Konferenzsaal.«

Ohain und Bentele nickten zustimmend.

»Das mag sein, Herr Hauptmann, aber ohne den Hochtechnologieausschuss gäbe es nicht die enorme Unterstützung, wie wir sie jetzt sehen. So etwas habe ich noch nie erlebt, solange ich beim RLM bin.«

Schelp war ein schlanker Mann, Anfang dreißig, mit einer Brille auf der markanten Nase. Othmar Schmidt hatte vor der Konferenz Erkundigungen eingeholt und erfahren, dass Schelp seinen Master of Science in Naturwissenschaften an der Stevens University in Hoboken, New York, gemacht hatte. Als er 1936 nach Deutschland zurückkehrte, bekam er ein Stipendium für ein Luft- und Raumfahrttechnik Studium an der Deutschen Versuchsanstalt für Luftfahrt in Berlin. Seit August 1937 war er beim technischen Amt des RLM angestellt.

»Ich bin übrigens sehr erfreut, dass Sie Udet unterstützen. Ohne ihn wäre ich schon vor zwei Jahren von meinen Vorgesetzten gestoppt worden«, streute Schelp Udet Blumen.

Plötzlich ertönte eine Glocke, das Zeichen zum Beginn der Konferenz und die Teilnehmer strömten zu ihren Plätzen. Generalingenieur Wolfram Eisenlohr war der Moderator der Arbeitstagung und bat Schelp um sein Referat. Der machte von Anfang an klar, dass die Technik an die Grenzen des konventionellen Antriebes gekommen, und eine Verbesserung des Flugmotors und der Luftschraube nur in sehr engen Grenzen möglich wäre.

»Daher ist dies keine Lösung für die nächste Motorengeneration.«

In seinem nächsten Abschnitt ging Schelp auf die verschiedenen Konzepte der neuen Technologie ein.

»Da wäre zum einen das TL-Triebwerk, das Turbinen-Luftstrahltriebwerk, in dem die Luft mechanisch mithilfe eines Turboverdichters auf einen höheren Druck verdichtet wird. Durch Erhöhung des Druckgefälles verbessert man den thermodynamischen Wirkungsgrad«, stellte er fest.

»Beim Zweikreis-Turbinen-Luftstrahltriebwerk, dem ZTL-Triebwerk, wird die mit Fluggeschwindigkeit zuströmende Luft in einem Turboverdichter im Verhältnis von 1:8 verdichtet. Dadurch gibt die Turbine mehr Leistung ab, als zum Antrieb des Hochdruckverdichters notwendig ist. Das Motor-Luftstrahltriebwerk, kurz ML-Triebwerk, ist ebenfalls ein Zweikreis-Triebwerk.

Die Leistung des Niederdruckverdichters wird hierbei durch den Motor aufgebracht und wird den günstigsten Brennstoffverbrauch haben. Im Fall eines Einsatzes bei Schnellbombern, die eine niedrige Maximalgeschwindigkeit von vielleicht zweihundert Metern pro Sekunde produzieren sollen, wird es nun notwendig sein, die Übertragung der gesamten Vortriebsleistung in günstiger Weise auf die Luftschraube und den Strahlschub aufzuteilen. Diese Überlegungen haben zur Entwicklung eines Propeller-Turbinen-Luftstrahltriebwerks, dem PTL-Triebwerk, geführt. Intern haben wir solch ein Triebwerk Turboprop genannt.«

Schelp richtete nun die Aufmerksamkeit auf die These, dass im Vordergrund die Entwicklung von TL-Triebwerken für Jagdflugzeuge stehen sollte, da bei diesen Flugzeugen sich die Schwierigkeiten mit den heute verwendeten Triebwerken am frühesten bemerkbar machten.

»Die Entwicklung dieser Triebwerke bei Heinkel, BMW und Junkers ist heute so weit fortgeschritten, dass in diesem Jahr mit dem Anlauf der Nullserie zu rechnen ist. An der Entwicklung von ZTL-Triebwerken sind die Daimler-Benz AG und Heinkel beteiligt, ein PTL-Triebwerk wird von BMW in Spandau entwickelt.«

In einer Pause hatte er auch endlich die Chance, Udet persönlich zu begrüßen, der sich ganz offensichtlich freute, Othmar zu sehen.

»Das klingt doch alles sehr positiv, was wir hier heute zu hören bekommen«, meinte er.

»Und auch wenn es mir schwerfällt, das zuzugeben«, und dabei zwinkerte der Generalluftzeugmeister mit den Augen, »ohne sie hätten wir nicht diesen formidablen Elan.«

»Zu gütig, Herr Generalleutnant«, antwortete Schmidt mit einem sarkastischen Unterton, der Udet zum Lachen brachte.

»Nur keine falsche Bescheidenheit, Schmidt. Es ist schon toll, was sie und Schellenberg auf die Beine stellen. Auch wenn im Hintergrund der Heinrich mit seiner SS droht.«

»Mir soll es nur recht sein, solange wir in die richtige Richtung arbeiten«, meinte Schmidt.

»Wer weiß, wie viel Zeit uns noch bleibt, neue Technologien zu entwickeln. Übrigens, was mir die ganze Zeit durch den Kopf geht, gibt es eigentlich schon Pläne zur Ausbildung von Piloten für die neuen Turbo- und Raketenflugzeuge. Ich kann mir vorstellen, dass deren Ausbildung länger dauert, als die eines normalen Jagdfliegers.«

»Ein weiser Rat, Schmidt. Darüber habe ich mir bisher keine Gedanken gemacht, muss ich zugeben. Lassen Sie mich wissen, falls Sie eine Eingebung haben, die ein mögliches Pilotenprogramm forcieren könnte. Ach, übrigens, falls wir uns heute nicht mehr sprechen sollten, richten Sie Fräulein Ilse meine Grüße aus. Eine ganz reizende Persönlichkeit, Ihre Freundin.«

Am Ende der Veranstaltung zogen ihn Otto Lechner und von Ohain zur Seite.

»Wir werden am 5. April die neue Heinkel 280 mit Strahlantrieb Udet und einigen anderen RLM-Herren in Rostock-Marienehe demonstrieren. Das darfst du unter keinen Umständen verpassen. Damit wollen wir beweisen, dass das Strahltriebwerkskonzept das Zukunftsweisende ist«, erklärte Otto Lechner.

»Da komme ich gerne. Das kommt mir zupass, da ich sowieso die drei Turbinenhersteller besuchen wollte.«

»Wunderbar, Herr Hauptmann«, kommentierte von Ohain, »ich werde umgehend Ernst Heinkel Ihren Besuch avisieren.«

»Die Rückführung von Wissenschaftlern und Technikern von der Front macht sich bereits bemerkbar«, rief ein prächtig aufgelegter Walter Schellenberg, als er Hauptmann Othmar Schmidt in seinem Büro im Reichssicherheitshauptamt begrüßte.

»Und auch die technischen Fortschritte sind vielversprechend. Das Büro von Dr. Anselm Franz hat ein Telex geschickt, in dem steht, dass der Prototyp des Jumo 004 A Triebwerkes auf vollen Schub beschleunigt wurde, ohne dass es zu Störungen oder Triebwerksplatzern kam. Aber bei BMW hapert es noch. Ihr Triebwerk, das sie bereits Ende letzten

Jahres getestet hatten, liefert erheblich weniger Schub als berechnet.«

»Dann müssen sie schleunigst zurück ans Zeichenbrett«, sagte Othmar.

»Messerschmitt wartet verzweifelt auf die Motoren. Die Me 262 ist fertig zur Erprobung und steht nur rum. Wir vergeuden zu viel Zeit.«

Plötzlich fiel ihm eine englischsprachige Zeitung ins Auge, die auf Schellenbergs Schreibtisch lag. Schellenberg erkannte sein Interesse und hielt ihm die Zeitung entgegen.

»Es ist die zwar nur eine alte Ausgabe der Washington Daily News vom 20. Februar, aber da Sie ja ein Autonarr sind, habe ich sie für Sie aufbewahrt.«

Othmar nahm das Blatt und erkannte sofort den Grund für Schellenbergs Bemerkung. Auf dem Foto war ein Willys MB abgebildet, der die Treppe des Capitols in Washington hochfuhr. Jeep hatte ihn das Blatt getauft.

»Das wird wohl das neue Verbindungsauto der amerikanischen Streitkräfte«, meinte Schellenberg, während Othmar den Artikel studierte.

»Sieht ein wenig klein aus«, meinte Schellenberg leicht amüsiert, finden Sie nicht?«

Othmar hingegen fand den Namen ganz lustig.

»Typisch amerikanisch«, sagte er.

»Der Testfahrer sagt in dem Artikel wörtlich, das Fahrzeug wäre ein GP für General Purpose, also Allzweckfahrzeug, und diese Journalistin, wie heißt sie noch, ach ja, Katherine Hillyer, macht daraus Jeep, weil sie die das G und P einfach zusammenzieht. Ulkig, nicht wahr?«

»Die spinnen, die Amis«, lachte Schellenberg.

»Wie wäre es mit einem bescheidenen Mittagessen im Kaiserhof. Da könnten wir doch gleich alles andere besprechen.«

»Gute Idee«, stimmte ihm Othmar zu. Keine Viertelstunde später saßen sie bereits an einem Tisch und schauten auf dem Wilhelmsplatz hinaus, der von einem spätwinterlichen nächtlichen Schneefall noch ganz verwunschen aussah. Nachdem sie ihre Bestellung aufgegeben hatten und der Ober ein Glas Mosel Riesling kredenz hatte, hob Schellenberg sein Glas.

»Ich denke, es ist die Zeit gekommen, wo wir uns duzen sollten, oder?Schmidt hatte ebenfalls sein Glas in die Hand genommen und nickte zustimmend.

»Wir sind auf der gleichen Wellenlänge, Walter. Warum dann noch länger die Förmlichkeiten.«

Ihre Gläser klirrten und nachdem sie einen Schluck genommen hatten, fuhr Schellenberg mit der Unterhaltung fort.

»Es ist wieder was im Busche. Ich glaube, ein Einmarsch nach Jugoslawien wäre durchaus möglich.«

»Und woraus schließt du das?«

»Die Demonstrationen gegen den gestrigen Beitritt zum Dreimächtepakt nehmen immer mehr zu«, sagte Schellenberg.

»Und das alles wegen Mussolinis Großmannssucht«, fügte Othmar hinzu.

»Dabei war das Desaster absehbar«, seufzte Schellenberg.

»Aber nicht nur die Lage auf dem Balkan ist prekär, auch Malta gerät immer stärker in den Blickpunkt«, erwiderte Othmar.

»Die Bombenangriffe nehmen ja ständig zu, seitdem Rommel ohne schwere Panzer zum Angriff angetreten ist. Ich habe gestern einen Bericht des Abwehrbüros in Tripolis gelesen. Darin steht unter anderem, das deutsche Afrikakorps hätte als einzige schwere Waffe die Täuschung zur Verfügung. Man hat aus Pappe Panzerattrappen gebaut und Fahrzeuge sind mit Reisigbüschen im Schlepptau durch die Wüste gebrettert, um Staub aufzuwirbeln. Damit sollte der englischen Luftaufklärung suggeriert werden, dass hier eine ganze Panzerabteilung vorrückte.

Am tollsten fand ich aber den Trick den Rommel anwandte, um die englischen Spione in Tripolis zu täuschen. Als am 11. März tatsächlich die ersten Panzer ausgeladen wurden, veranstaltete er eine Parade und um vermeintliche Stärke zu demonstrieren, ließ er die gleichen Panzer, die soeben an der Tribüne vorbeigerollt waren, nochmals um den Block kutschieren, um sich erneut in die Parade einzureihen. Das nenne ich Improvisation!«

»Was mich aber beunruhigt, Othmar, ist die Tatsache, dass all diese Nebenkriegsschauplätze vom eigentlichen Hauptunternehmen, der Operation Barbarossa, ablenken«, stoppte Schellenberg Schmidts Redeschwall.

»Seid ihr in der Abwehr eigentlich im Bilde, was sich in Russland abspielt? Habt ihr eine Vorstellung von der Stärke der Roten Armee?«

Bevor Hauptmann Othmar Schmidt das Wort ergriff, nahm er einen tiefen Schluck von seinem Bier.

»Vielleicht erinnerst du dich noch an meine Ausführungen vor dem HTA über die Panzerstärke. Diese Informationen gehen im Prinzip noch auf Erfahrungen zurück, die die Abwehr in den Zwanziger Jahren bis 1933 gesammelt hat, als die Reichswehr die geheime Panzerschule Kama in Kasan unterhielt. Dort wurde in Zivilkleidung zusammen mit der Roten Armee an neuen Panzerstrategien gearbeitet und trainiert. Heinz Guderian war übrigens einer der Lehrer.

Daneben gab es noch eine Luftwaffenschule in Lipezk, die Inspektion 1 – Fliegerei, die bis 1933 operierte. Chemische Kriegsführung wurde ebenfalls in Russland auf dem Gasversuchsplatz Tomka in der Nähe des Ortes Wolsk an der Wolga geprobt. Es gab sogar eine kleine und geheime Offiziersschule in Moskau, an der deutsche und russische Offiziere unterrichtet wurden. Ich weiß von drei Generalen, die dort einen Kurs absolvierten: Keitel, von Manstein und Model. All diese Unternehmungen waren auf den Vertrag von Rapallo zurückzuführen. Heute stellt sich die Lage völlig anders dar. Unsere einzig richtige Quelle ist der deutsche Militärattaché und General der Kavallerie Ernst Köstring. Kennst du ihn?«

Schellenberg schüttelte den Kopf.

»Ein ungemein interessanter Mann«, fuhr Schmidt fort.

»Im Weltkrieg diente er als Stabsoffizier in einem Armeeoberkommando und von 1917 bis 1919 war er Mitglied der deutschen Militärmission in türkischen Diensten. Bereits zwischen 1931 und 1933 war er als Oberst in einer militärischen Mission in Moskau. Seit Oktober 1935 ist er, nun Generalmajor, Militärattaché in Moskau und Kowno, denn er kennt Russland wie kein Zweiter. Er wurde in Moskau geboren und besuchte auch dort das Gymnasium. Seine Sprachkenntnisse muss ich nicht noch extra betonen. Die sind genauso gut wie die eines jeden gebildeten Russen. Daneben kennt er die russische Psyche genau und hat auch eine sehr persönliche Beziehung zur russischen Seele.«

»Kennst du ihn persönlich?«

»Nein, aber Canaris hat viel von ihm erzählt. Ich glaube, die sind befreundet. Er war zuletzt Anfang 1939 in Berlin, um seinem neuen Chef, Außenminister Ribbentrop, Bericht zu erstatten.«

»Warum berichtet denn ein Generalmajor einem Zivilisten Ribbentrop?«

»Militärattachés bleiben zwar aktive Offiziere, gleichzeitig werden sie aber in das diplomatische Personal eingegliedert und unabhängig von ihrem militärischen Rang dem jeweiligen Missionschef und schließlich dem Außenminister unterstellt. Aber zurück zu Köstring. Dabei soll ihn Ribbentrop gefragt haben, ob er den Marschall Woroschilow gut kenne. Als Köstring das bestätigte, forderte ihn Ribbentrop auf, diesem doch mal bei einem Glas Wodka beizubringen, dass er und Hitler doch gar nicht so böse Leute wären.«

Schellenberg lachte schallend.

»Das sieht Ribbentrop ähnlich. Vom Sektvertreter zum Reichsaußenminister! Aber was sind Köstrings Erkenntnisse?«

»Das ist ja das Problem, es gibt kaum welche. Zumindest, wenn man Ergebnisse erwartet, wie von einem Attaché in London oder Berlin. Er und andere Militärattachés von etwa zwanzig Staaten leben wie in einem Getto. Völlig abgeschnitten vom normalen Leben. Man kann sich das nicht vorstellen, wenn man das Leben eines Attachés in Moskau mit dem in Berlin vergleicht. Eine freie Bewegung ist unmöglich. Ein gesellschaftliches Leben findet aus Angst nicht statt. Und seit der Hinrichtung von Marschall Tuchatschewski wegen Spionage für eine fremde Macht und der blutigen Säuberungen innerhalb der Roten Armee, in deren Verlauf drei Marschälle, dreizehn Generäle sowie mehr als fünftausend Offiziere hingerichtet wurden, ist es noch schwieriger geworden. Alles, was die Rote Armee betrifft, ist von einer Mauer des Schweigens umgeben. Und überall werden sie von Geheimdiensten überwacht. Hier gewinnt man viele militärische Erkenntnisse aus den Zeitungen. In Russland jedoch erfährt man aus Zeitungen nichts.«

»Und seine persönlichen Bekannten und Freunde, die er vielleicht seit seiner Kindheit kennt, was ist mit denen?«

»Gerade die werden vom GRU, dem militärischen Geheimdienst, oder dem NKWD, dem Volkskommissariat für Inneres, permanent beschattet. Aber Köstring soll ja nicht spionieren. Seine Aufgabe ist mehr die eines militärpolitischen Beobachters. Und die löst er mit Bravour. Seine Erkenntnisse über die sich verändernde Rote Armee, deren Aufrüstung und das Wachsen der Schwerindustrie, lassen klare Schlüsse über den immer stärkeren Wandel der Sowjetarmee zu. Köstring gelang es sogar, Filmmaterial über die Rote Armee zu beschaffen.«

»Wie hat er das denn gemacht?«, fragte Schellenberg entgeistert.

»Mithilfe einer Dame, wie er Canaris sagte. Er musste bei der Mai-Parade auf der Tribüne stehen, wo nicht fotografiert werden durfte. Aber seine Dame stand am Fenster einer Wohnung, die über der Paradestraße lag. Mehrere Jahre hat sie mit einer Schmalfilmkamera Aufnahmen gemacht, die Köstring dann auch Hitler auszugsweise bei seinem Lagebericht auf dem Berghof 1939 vorführte.«

»Donnerwetter«, entfuhr es Schellenberg.

»Und was war Hitlers Reaktion?«

»Laut Canaris war er sichtlich von Stalin beeindruckt, mehr nicht«, seufzte Schmidt.

»Die Planungen für Barbarossa laufen ungebremst weiter. Abgesehen von Köstrings Erkenntnissen, können wir uns auf die geheimen Luftaufnahmen verlassen, die wir seit Jahren von der Sowjetunion gemacht haben.«

«Welche Luftaufnahmen?«

»Na ganz untätig war die Abwehr nicht«, sagte Othmar.

»Theodor Rowehl, ein Aufklärungsflieger im Weltkrieg, hatte 1935 eine Fliegerstaffel z. b. V gegründet, die der Abwehr unterstand. Sie führten zunächst verdeckte Höhenaufklärungsflüge auf den Standardflugrouten der Lufthansa über Russland durch. Dabei entstanden frühe Aufnahmen des Kriegshafens Kronstadt, von Leningrad, Minsk und anderen Industriestädten. Probleme bereiteten dabei Kondensstreifen, die manchmal zum Abbruch einer Mission führten. 1939 wurde Rowehls Kommando erheblich erweitert. Seit Januar 1941 fliegt man verstärkt über der Sowjetunion.«

Nachdem Schmidt und Schellenberg gut gelaunt ihr Mittagessen zu sich genommen hatten, erwähnte Schellenberg Othmars Einladung auf die Wewelsburg.

»Woher weißt du davon?«, fragte Othmar überrascht.

Schellenberg lachte.

»Ich bin beim SD, hast du das vergessen? Aber im Ernst, Heydrich erwähnte es vor einigen Tagen, als er von einer Sitzung mit Himmler in mein Büro kam. Und nimmst du sein Angebot an?«

»Walter, ich bin Hauptmann der Wehrmacht und beabsichtige, dies auch weiter zu bleiben. Trotzdem fühle ich mich natürlich geschmeichelt.«

»Heydrich war der Ansicht, dass du dich Himmlers Angebot auf Dauer nicht widersetzen kannst.«

»Ich respektiere Heydrichs Meinung, aber das ändert dennoch nichts an meinem Entschluss.«

»Übrigens, dein Chef hat mich zum ersten Mal zu einem gemeinsamen Reitausflug eingeladen. Ob er mich aushorchen will, Othmar?«

»Keine Sorge, Walter, er hält dich für einen umgänglichen Menschen innerhalb der SS, das ist reine Sympathie.«

»Kann ich mir darauf etwas einbilden?«, meinte Schellenberg ironisch.

»Das kannst du ohne Weiteres«, schmunzelte Schmidt.

»Wie sieht denn dein Terminkalender in den nächsten Wochen aus, Walter?«

»Heydrich erwartet von mir, dass ich die Aktivitäten des Reichssicherheitshauptamtes im Zuge des Unternehmens Barbarossa mit Generalquartiermeister Wagner abspreche. Es scheint, als wäre er mit der Art und Weise, wie mein Kollege, SS-Oberführer Heinrich Müller, dies bisher gehandhabt hat, nicht zufrieden.«

»Was meinst du mit Aktivitäten im Zusammenhang mit Barbarossa?« Schellenberg schaute ihn ernst an.

«Das möchte ich dir lieber ersparen, also frage nicht länger.«

Sie schwiegen sich ein paar Sekunden an, dann fuhr er fort.

»Danach stehen mit Ohnesorge gemeinsame Besuche bei Manfred von Ardenne und Besichtigungen bei Telefunken, Loewe-Opta, GEMA und Bosch an. Natürlich muss ich meine Hauptaufgaben ebenfalls noch erledigen. Insbesondere um Oberst Vladimir Vauhnik vom jugoslawischen Geheimdienst muss ich mich noch kümmern.«

»Geht mir genauso, Walter. Ein Treffen mit Anselm Franz von Junkers, Hans von Ohain von Heinkel und Hermann Östrich von BMW hat erste Priorität, um die Fertigstellung der Triebwerke zu forcieren. Anschließend steht meine Reise nach Irland auf dem Programm. Bis zum nächsten großen Treffen des HTA sind es ja weniger als drei Monate.«

»Dann wird es Zeit, dass wir wieder ans Werk gehen«, meinte Schellenberg.

Am nächsten Morgen, dem 27. März, war Hauptmann Schmidt bereits um 07:00 in seinem Büro am Tirpitzufer. Er wollte unbedingt von Canaris erfahren, um was es bei den Verhandlungen zwischen der SS und dem Oberkommando des Heeres ging. Canaris saß in seinem Büro und studierte Akten. Als Othmar ihn von seinem Gespräch mit Schellenberg erzählte, und von ihm den Grund für die Gespräche der SS mit dem OKH wissen wollte, wurde der Admiral einsilbig. Er reichte wortlos Othmar ein Schriftstück mit dem Vermerk »geheim«. Darin war zu lesen, dass die Einsatzgruppen berechtigt sind, im Rahmen ihres Auftrages in eigener Verantwortung Exekutivmaßnahmen gegenüber der Zivilbevölkerung zu treffen. Sie sind zu engster Zusammenarbeit mit der Abwehr verpflichtet. Othmar schaute Canaris fragend an.

»Das bedeutet nichts anders Othmar, dass die SS hinter der Front schalten und walten kann, wie es ihr beliebt. Inklusive Massenerschießungen. Und wir sind mit diesem Befehl in dieses Gemetzel eingebunden.«

»Soll das eine Präventivmaßnahme gegen Partisanen sein?«, fragte Othmar.

»In diesem Krieg werden viele Opfer unter den Sammelbegriff Partisan fallen. Dies wird der erste Weltanschauungskrieg der Geschichte werden. Genaueres werden wir wohl am 30. März erfahren. Dann hat Hitler zweihundertfünfzig hohe Offiziere, darunter auch mich, zu einem Empfang gebeten. Ich nehme an, dass er uns dann auf Barbarossa einschwören wird. Aber heute Nacht ist etwas in Belgrad passiert, was alle Pläne umwerfen könnte.«

Othmar schaute den Admiral an, ohne zu ahnen, was der ihm jetzt mitteilen wollte.

»Die Jugoslawen haben geputscht! Eine nationalistische Regierung unter General Dusöan Simovic hat die Macht übernommen. Prinzregent Paul Karadjordjevic wurde ins Exil, der aus Wien zurückkehrende Regierungschef zusammen mit seinem Außenminister außer Landes gewiesen. Der Patriarch hat den siebzehnjährigen Sohn des 1934 ermordeten Königs, Peter II, vorzeitig für volljährig erklärt und ihn zum Herrscher proklamiert. Dieser wiederum ernannte den General der Luftwaffe Dusan Simovic zum neuen Ministerpräsidenten. Zurzeit tagt eine Sonderkonferenz in der Reichskanzlei. Schlimm ist nur, dass wir kalt überrumpelt wurden. Wir hatten keine Ahnung und Hitler tobt, dass die Abwehr völlig versagt hätte. Ich habe bei Brauchitsch um 17.00 einen Termin, dann weiß ich mehr.«

Mit Spannung hatte Othmar auf ein Echo auf das Treffen Canaris mit dem Oberbefehlshaber des Heeres gewartet. Als der Admiral gegen 19:00 zurückkehrte, sah er müde und kraftlos aus.

»War es so schlimm?«, fragte Othmar behutsam. Canaris ließ sich in seinen Sessel fallen und strich mit den Händen über seine Augen.

»Bislang hat unser Führer mit kalkuliertem Risiko gespielt, doch heute trat wieder seine wahre Natur, die des unbeherrschten Despoten, zutage. Die Operation Marita, der Angriff auf Griechenland, entsprang der Notwendigkeit, die Briten daran zu hindern, strategisches Kapital aus Mussolinis Dummheiten in Griechenland zu schlagen. Ohne den Putsch wäre der Aufmarsch unserer Truppen nach dem Beitritt Bulgariens zum Dreimächtepakt reibungslos verlaufen. Doch General Simovic hat durch seine Aktion den wahren Hitler wieder ans Licht gebracht. Aus reinen emotionalen Rachegelüsten hat er beschlossen, Jugoslawien zu zerschlagen. Nur weil es gewagt hat, sich seinem Willen zu widersetzen. Die geheime Weisung Nr. 25 ist soeben raus.«

Canaris kramte in seiner dünnen Aktentasche und zog eine dünne

Akte hervor, in der er kurz blätterte.

»Hier steht es direkt am Anfang: Der Militärputsch in Jugoslawien hat die politische Lage auf dem Balkan geändert. Jugoslawien muss auch dann, wenn es zunächst Loyalitätserklärungen abgibt, als Feind betrachtet und daher so rasch als möglich zerschlagen werden. Hitler hat dem Oberkommando der Wehrmacht und das Oberkommando des Heeres angewiesen, die Nacht durchzuarbeiten und am nächsten Morgen einen Operationsplan vorzulegen. Angriffstermin ist der 6. April.«

Othmar Schmidt war aufgestanden und blickte aus dem Fenster auf den Landwehrkanal.

»Das wirft den Angriffsplan auf Russland um mindestens sechs Wochen zurück«, sagte er.

»Sechs Wochen, die uns vielleicht fehlen werden, wenn die Schlammperiode einsetzt. Das weiß doch jeder Sekundaner, der sich mit Russland und seiner Geografie beschäftigt.«

»Da gebe ich dir recht, aber hier hat sich jemand Hitler widersetzt und dafür muss er öffentlich bestraft werden. So läuft das bei dem Herrn ab, Othmar«, resignierte Canaris.

»Aber jetzt mal was anderes, wie sieht denn dein Fahrplan der nächsten Wochen aus?«

»Am 4. April besuche ich den Projektleiter des BMW Strahltriebwerkes in Spandau, am nächsten Tag bin ich aus den gleichen Gründen in Rostock bei Heinkel, und am darauf folgenden Montag in Dessau bei Junkers. Anschließend bereite ich die Reise nach Irland vor.«

»Gut dann schlage ich vor, wir sehen uns am Sonntag nach der Sitzung in der Neuen Reichskanzlei bei mir im Büro. Ich nehme an, ich bin gegen 17:00 zurück. Ich hoffe Ilse ist dir nicht allzu böse, wenn ich ihr den Sonntag vermiese.«

Der Sonntag verging für Hauptmann Othmar Schmidt quälend langsam. Auch ein Spaziergang durch den Zoo brachte nicht die erwünschte Ablenkung, weil er immer das Gefühl hatte, ganz Berlin fiebere einer ungewissen Entscheidung entgegen. Er war heilfroh, Ilse nach einem Besuch im Café Kranzler in ihrer Wohnung absetzen zu können und begab sich anschließend sofort in sein Büro. Der Admiral kam entgegen seiner eigenen Zeitschätzung eine halbe Stunde später. Er sah nachdenklich aus. Canaris warf seinen Mantel über die Lehne, setzte sich hinter seinen Schreibtisch und hielt seinen Kopf in beide Hände. In dieser Stellung verharrte er fast eine Minute. Dann endlich regte er sich.

»Ich gebe dir mal ein paar Kostproben von Hitlers Rede. Nur ein paar Sätze, die ich mir merken konnte; mitschreiben durfte man ja nicht. Aber das, was ich mir merken konnte, macht klar, was uns bevorsteht.«

Der Admiral lehnte sich in seinen Sessel zurück und atmete tief durch.

»Der Führer verlangt die Vernichtung der bolschewistischen Kommissare und der kommunistischen Intelligenz. Weiterhin sagte er, dass dieser kommende Feldzug mehr sei, als nur ein Kampf der Waffen; er führe auch zur Auseinandersetzung zweier Weltanschauungen. Und weiter … die UdSSR muss daher zerschlagen und die jüdisch-bolschewistische Intelligenz beseitigt werden. Rücksicht auf die Zivilbevölkerung darf es in diesem Weltanschauungskrieg nicht mehr geben. Der Kampf wird sich sehr unterscheiden vom Kampf im Westen, denn wir müssen vom Standpunkt des soldatischen Kameradentums abrücken. Der Kommunist ist vorher kein Kamerad und nachher kein Kamerad, denn wir führen keinen Krieg, um den Feind zu konservieren. Reicht dir das? Ich sage dir, wenn wir diesen Krieg verlieren, dann gnade uns Gott!«

Noch einmal heulten die die Motoren der Ju 52 auf, als die Maschine am Ende der Rollbahn wendete und Kurs auf das Empfangsgebäude des Flughafens Zürich nahm. Gordon Schmitt hatte Ende März seine neuen Befehle erhalten. Wie schon bei seinem ersten Einsatz lag der Schwerpunkt auf der Erkundung der deutschen Radar- und Flugzeugentwicklung. R.V. Jones drängte nicht nur auf neue Erkenntnisse hinsichtlich der Würzburg Anlagen, Desmond Morton hatte ihn darüber hinaus auf die Bedeutung der Strahltriebwerke aufmerksam gemacht. Damit war für Gordon klar, dass er diesmal auch Bremen einen Besuch abstatten musste. Urs Abderhalden erwartete ihn bereits hinter der Passkontrolle und begleitete ihn zu seinem Lancia Artena.

»Schön Sie wiederzusehen, Gordon. Sie sehen ein wenig schmal aus. Haben Sie abgenommen?«

»Kann man wohl sagen«, grinste Gordon.

»Knallhartes Training und uninspirierte Küche lassen selbst den hartnäckigsten Bauchspeck verschwinden. Sie können sich gar nicht vorstellen, wie sehr ich mich auf Züricher Geschnetzeltes freue.«

»Dann schlage ich vor, wir fahren direkt zum Zunfthaus zur Waag am Münsterhof«, erklärte Abderhalden.

»Toll, da habe ich bei meinem ersten Besuch schon mal gespeist. Eine ganz vortreffliche Küche«, meinte Gordon erfreut. Der Lancia hatte mittlerweile das Limmatquai erreicht. Abderhalden lenkte den Wagen über die Brücke zum Münsterhof und parkte vor dem Zunfthaus. Als sie an einem Tisch direkt am Fenster mit Blick auf den Platz saßen, schaute Gordon seinen Schweizer Mittelsmann gespannt an. Er fühlte, dass dieser eine Neuigkeit für ihn parat hatte.

»Herr Bürgi möchte, dass Sie sich morgen Abend in Zürich mit einer Dame treffen.«

Gordon war ganz Ohr.

»Ich muss Sie leider in diesem Fall enttäuschen«, lächelte Abderhalden, der Gordons Interesse natürlich sofort bemerkt hatte.

»In diesem speziellen Fall handelt es sich um ein nicht mehr ganz taufrisches Modell. Antoinette Bänziger ist bereits an die fünfzig Jahre alt.«

»Schade«, murmelte Gordon mit gespielter Enttäuschung.

»Da hatte ich mich bereits auf ein prickelndes Rendezvous gefreut.«

»Die Dame wird Sie dennoch begeistern, warten Sie es ab. Sie arbeitet für Hans Hausamann, einem Kaufmann, Milizoffizier, Pressechef der Schweizer Offiziersgesellschaft und Nachrichtenmann in Personalunion. Heute hat er in Luzern in der Villa Stutz seinen eigenen Nachrichtendienst, das Büro Ha. Hausamann ist Geschäftsmann und Schweizer Patriot zugleich. Seit Ende des Weltkrieges handelte er im großen Stil mit Fotoapparaten und Fotozubehör und war daher von 1938 bis August 1939 fast jede Woche geschäftlich in Berlin. Er verkaufte auch Luftbildkameras und traf so eine Reihe von gutgläubigen deutschen Offizieren, die ihm ihre Skrupel anvertrauten oder einfach Dampf abließen. Sie hatten Hitler geglaubt, der Frieden, Aufbau und Verständigung versprochen, aber in Wahrheit auf den Krieg hingearbeitet hatte.

Hausamann selbst war anfangs ein Sympathisant des Dritten Reiches, doch das änderte sich rasch. Ab 1937 war er wehrpolitischer Berater der SPS, der sozialdemokratischen Partei der Schweiz. Offiziell ist das Büro Ha dem Sektionschef Nachrichten im Generalstab, Roger Masson, unterstellt, mit direktem Zugang zum General und zum Chef des Eidgenössischen Militärdepartements. Er war auch 1940 bei der Offiziersverschwörung eingebunden, deren Mitglieder bedingungslosen Widerstand gegen einen deutschen Angriff leisten wollten. Wollen Sie noch mehr wissen?«

»Und was hat die Sekretärin damit zu tun?«

»Herrn Bürgi ist es gelungen, Frau Bänziger davon zu überzeugen, ihr Wissen und einen der Kontaktleute Hausamanns mit ihm zu teilen.«

»Und wer ist dieser Kontaktmann?«, fragte Gordon.

»Leutnant Gustav Renner aus der Abwehr-Zentralabteilung Organisation und Verwaltung. Er arbeitet dort in der Gruppe ZO, Offizierspersonalien. Chef der Zentralabteilung ist Hans Oster. Oster macht keinen Hehl aus seiner Abneigung gegen das Regime und gehört möglicherweise dem Widerstand an.«

»Widerstand? Davon höre ich zum ersten Mal«, erwiderte Gordon.

»Widerstand gegen Hitler gab es schon von Anbeginn. Allein zwischen 1921 und 1933 gab es vier Anschläge auf den Mann von wahrhaft säkularer Bedeutung, wie ihn Josef Goebbels einmal genannt hat.«

»Und wie kann mir dieser Leutnant helfen?«

»Indem er Sie hoffentlich mit anderen Offizieren der drei Wehrgattungen zusammenbringt, die ebenfalls wie er die Nase von Hitlers Krieg voll haben.«

»Rolf Bürgi hat mir bei unserer ersten Begegnung auch von einem geheimnisvollen Informanten aus der Abwehr berichtet. Ist Leutnant Renner vielleicht dieser Geheimnisvolle?«

»Vielleicht, ich weiß es nicht. Das können Sie ja herausfinden.«

»Und wo soll ich mich mit Antoinette Bänziger treffen?«

»Morgen Abend um sieben in ihrer Wohnung.«

»Und an welchem Tag haben Sie mir die Fahrkarte für die Reise nach Berlin reserviert?«

»Für Sonntag, den 6. April. Ich dachte mir, dass Sie diesmal lieber die Tagesverbindung nehmen. Immerhin haben wir bald Frühling und da macht es doch Sinn, einen Blick ins Reich zu werfen. Auch wenn die Sichtweite limitiert ist, kann man doch einiges beobachten. Wie beim ersten Besuch finden Sie alle notwendigen Fahrkarten, Franken und Reichsmark im Koffer. Hauptmann Wiese ist bereits auf offiziellem Wege von Herrn Bürgi auf Ihre Ankunft in Berlin avisiert worden. Aber jetzt genießen Sie erstmal ihr Geschnetzeltes.«

Am nächsten Tag brachte Gordon seine Wohnung am Rennweg auf Vordermann. Als es zur vereinbarten Zeit klingelte, sah es wie geleckt in der guten Stube aus. Gordon hatte sich schon ausgemalt, wie die Sekretärin eines Schweizer Nachrichtenmannes aussehen könnte, doch als er mit der Realität konfrontiert wurde, benahm es sich fast wie ein Schulbub.

»Guten Abend, gnädige Frau«, stotterte er, als er einer überaus attraktiven Dame die Tür öffnete. Antoinette Bänziger war das genaue Gegenteil seiner Vorstellung. Ungefähr 170 groß, mit dunkelbraunen Locken, die sich unter einer avantgardistischen Kopfbedeckung versteckten. Der Pfirsich-Teint ihres ovalen Gesichts war nur andeutungsweise durch ein dezentes Make-up untermalt, das von einem blutroten Mund betont wurde. Ihre Figur ähnelte mehr einer dreißigjährigen Balletttänzerin als einer Fünfzigjährigen, die ein Leben hinter der Schreibmaschine fristete. Antoinette Bänziger schmunzelte, als sie Gordons Unsicherheit bemerkte.

»Haben Sie etwa eine graue Maus erwartet, Herr Schläppi, oder soll ich Sie Mister XYZ nennen.«

Ihre spöttische Bemerkung erwischte Gordon nicht nur auf dem linken Fuß, sondern setzte ihn komplett schachmatt.

»Ich bitte um Verzeihung, gnädige Frau, normalerweise bin ich schlagfertiger, aber Ihre Erscheinung hat mich völlig aus dem Konzept geworfen.«

Sie lachte und hielt ihm ihren Hut entgegen.

»Helfen Sie mir auch noch bitte aus dem Mantel?«

Noch immer war er von ihrem Auftritt überrumpelt und nur langsam fand er seine Fassung wieder.

»Hier entlang bitte«, sagte er und wies zum Wohnzimmer. Er ließ ihr den Vortritt und sie nutzte die Gelegenheit, sich langsam umzuschauen.

»Hübsch haben Sie es hier, Herr Schläppi. Und Radio Beromünster hören Sie auch, wie passend«, bemerkte sie ein wenig schnippisch. Sie nahm in einem Sessel Platz, kreuzte ihre langen Beine, auf denen Nylonstrümpfe edler Machart schimmerten, und zündete sich eine Zigarette an.

»Sie erlauben doch?«

Gordon schenkte einen Merlot der Kellerei Matasci Fratelli ein.

»Der stammt aus Tenero. Das liegt in den sonnenverwöhnten Locarneser Hügel mit Blick auf den Lago Maggiore. Der wird Ihnen sicher schmecken.«

Antoinette Bänziger hielt das Glas gegen das Licht und nahm einen Schluck.

»Ganz ausgezeichnet; woher kennen Sie denn diesen Schweizer Wein?«

»Den hat man mir im Zunfthaus zur Waag empfohlen und dabei bin ich hängen geblieben. Aber Sie sind sicher nicht gekommen, um mit mir über Weine aus hiesigen Anbaugebieten zu philosophieren, gnädige Frau.«

»Das mit der gnädigen Frau können Sie sich sparen. Sie dürfen mich mit meinem Vornamen Antoinette ansprechen. Aber Sie haben Recht. Reden wir über das Wesentliche. Sehen Sie, ich kenne Bürgi seit fast zwanzig Jahren. Er hatte mich damals als Sekretärin bei Oerlikon eingestellt. Zehn Jahre davon war ich seine Assistentin und wurde zu einer Freundin der Familie, wenn man so sagen kann. Wobei ich betonen will, dass meine Beziehung zu Herrn Bürgi rein platonisch war und ist. Aber dadurch habe ich die Verhältnisse in Deutschland sehr gut kennengelernt. Und insbesondere den Umgang der Nationalsozialisten mit ihren jüdischen Mitbürgern, denn Bürgi hat, oder besser gesagt, hatte eine große jüdische Verwandtschaft im Reich.

So weit ich weiß leben aber nur noch wenige in Lübeck und Stettin. Die Übrigen wurden zur Emigration gezwungen. Irgendwann hat mir Bürgi gestanden, dass er für den britischen Geheimdienst arbeitet, um den Kampf gegen die Nazis zu unterstützen. Zu diesem Zeitpunkt war ich aber schon bei Hausamann, damals noch in Teufen.«

»Und was machen Sie im Büro Ha?«

»Ich koordiniere den Herrn Hausamann sozusagen. Er bekommt so viele Meldungen, die ich ihm alle nach einem gewissen Schema vorlege. Dadurch habe ich einen ziemlich guten Überblick, mit wem er im Reich kommuniziert.«

»Und wie macht er das?«

»Teilweise per Funk, teilweise per Post.«

»Per Post?«

»Ja, wir haben eine Menge Deckadressen, über die ich noch zusprechen komme. Das ist unverfänglich.«

»Und wie verfasst er seine militärischen Lageberichte?«

»Indem er die deutsche Provinzpresse systematisch auswertet, um so Standorte der deutschen Wehrmacht oder neue Flugplätze der Luftwaffe samt Belegung zu ermitteln. Die Methode ist einfach: Über Deckadressen abonnieren wir eine Reihe regionaler deutscher Zeitungen. Durch die werten wir Todesanzeigen, Nachrichten über Beförderungen und Ordensverleihungen aus. So kann sich Hausamann ein Bild von den deutschen Truppenbewegungen machen. Und die sind ziemlich akkurat, wie wir erfahren haben.«

»Weiß Ihr Chef von Bürgi und unserem Treffen heute?«

»Nein, er würde das nie dulden, da er ein Einschreiten Massons fürchtet.«

»Masson?«

»Der Schweizer Geheimdienstchef. Hausamann wird nur toleriert. Wie lange noch, weiß ich nicht zu beurteilen«

Gordon war von seiner Besucherin ziemlich beeindruckt. Sie hatte ihren eigenen Kopf, das war ihm schnell klar. Die Frage war aber, ob er ihr trauen konnte.

»Reden wir doch mal über Ihren Gewährsmann in der Abwehr. Was macht sie so sicher, dass er kein Doppelagent ist?«

»Zum einen, weil er aus dem direkten Umfeld von Oberst Hans Oster kommt, zum anderen, weil er wirkliche harte Fakten liefert und zum Dritten, weil ich ihn in Bern getroffen habe.«

»Wann war das?«

»Vor zwei Wochen.«

»Und welch harte Fakten hat er schon geliefert?«

»Zum Beispiel, dass der Angriff auf Russland um mehrere Wochen verschoben wurde.«

Gordon war sprachlos. Dass Hitler Russland angreifen würde, hatte er nicht erwartet, ja sich nicht einmal vorstellen können.

»Hat er einen neuen Termin genannt?«

»Nein, aber er glaubt, in zwei oder drei Wochen mehr zu wissen.«

»Und warum erzählen Sie mir das?«

»Weil mein Leutnant Gustav Renner einen Kontakt zum britischen Geheimdienst sucht!«

»Sie glauben doch nicht im Ernst, Antoinette, dass ein kleiner Leutnant mir nichts, dir nichts den SIS um Hilfe rufen kann. Da steckt doch mehr dahinter.«

»Das glaube ich auch. Mindestens Oster, wenn nicht sogar Canaris selbst.«

»Wie stelle ich in Berlin einen Kontakt mit ihm her?«

»Das habe ich schon arrangiert. Rolf Bürgi hat mir gesagt, dass Sie am 6. April abends in Berlin eintreffen werden. Seien Sie am nächsten Tag um 13:00 auf dem Invalidenfriedhof am Grab von Alfred Graf von Schlieffen. Dort werden Sie Leutnant Renner treffen.«

Gordon lachte.

»Sie haben Humor, Antoinette, das muss man Ihnen lassen. Dass ich mich eines Tages mit einem deutschen Abwehroffizier am Grab des Urhebers des Schlieffenplanes zu einem konspirativen Treffen verabreden würde, allerhand!«

»Damit Sie auch sicher sind, dass Sie Leutnant Renner vor sich haben, sagen Sie folgenden lateinischen Satz: Media vita in morte sumus. Wenn Renner die Übersetzung, mitten im Leben sind wir des Todes, und nur diesen Wortlaut, folgen lässt, haben Sie die Gewissheit, dass es sich tatsächlich um Renner handelt. Ich weiß nicht, inwiefern Renner Ihnen behilflich sein kann, aber er ist auf jeden Fall einen Versuch wert.«

»Weiß Renner von meiner Legende als Oerlikon Mann?«

»Nein, er kennt keinen Namen, hat keine Adresse und weiß nicht, wie Sie ins Reich gekommen sind. Es wäre grob fahrlässig gewesen, Ihre Tarnung zu riskieren.«

»Ich sehe, ich habe einen Profi vor mir«, sagte Gordon dankbar.

»Darf ich Sie denn jetzt zum Essen einladen?«

»Sie dürfen, aber nur wenn Sie mir Ihren wahren Vornamen verraten«, gurrte sie.

»Das tue ich doch mit Freuden«, erwiderte er und ging zum Flur, um ihren Mantel und Hut zu holen.

»Haben Sie einen besonderen Wunsch bezüglich des Restaurants?«

»Ja, den habe ich. Ich wollte schon immer einmal im Haus zum Rüden essen. Kenne Sie es?«

»Ich bin daran vorbeigegangen, als ich Herrn Bürgi das erste Mal getroffen habe. Drinnen war ich noch nie, weil die Zeit fehlte. Daher bin völlig mit Ihrer Wahl einverstanden. Und es ist so nah gelegen, wir können die kurze Strecke zu Fuß zurücklegen.«

Es war immer noch hell und sehr mild, als sie auf den Rennweg traten und den Weg in Richtung Rathausbrücke einschlugen.

Antoinette Bänziger Wunsch im Haus zum Rüden zu speisen erwies sich als Volltreffer. Küche und Weinkeller gehörten zum Besten, was Zürich zu bieten hatte und die Zeit verging mit Konversation wie im Fluge. Sie waren fast die letzten Gäste, als Antoinette zum Aufbruch drängte.

»Mein Zug nach Luzern geht sehr früh, da muss ich sehen, dass ich ein paar Stunden Schlaf finde«, lächelte sie.

»Wohin kann ich Sie denn begleiten?«

»Herr Bürgi hat mich im Hotel zum Storchen am Weinplatz einquartiert. Ein sehr schönes Haus. Das liegt sozusagen genau gegenüber« und deutete auf das andere Ufer der Limmat.

»Der schnellste Weg wäre der über die Münsterbrücke.«

Gordon ließ sich die Rechnung bringen und wenige Minuten später standen sie auf dem Limmatquai, wo trotz der späten Stunde aber wegen des milden Wetters noch eine Reihe Spaziergänger unterwegs waren. Nach knapp zehn Minuten Fußweg standen sie am Weinplatz vor dem Storchen.

»Ich bin Ihnen sehr dankbar, dass Sie mir den Kontakt zur Abwehr hergestellt haben, und hoffe sehr, Ihre Erwartungen nicht zu enttäuschen. Werde ich Sie wiedersehen?«

Antoinette Bänziger schauten ihn lange prüfend an.

»Aus zwei Gründen ja, Gordon. Erstens will ich wissen, wie sich die Geschichte entwickelt und zweitens, weil Sie ein sehr netter und mutiger Mann sind.«

Bänzinger küsste ihn dreimal auf die Wange, drehte sich abrupt um und ging, ohne sich umzudrehen, durch die Eingangstür des Hotels zum Storchen.

Leise vor sich hinfluchend hastete Gordon mit seinem Koffer über den zugigen Bahnsteig von Basel, um den D-Zug 43 nach Berlin Anhalter Bahnhof zu erreichen, der um 06:50 die Rheinmetropole verlassen sollte. Schon Freitagabend war er in schlechter Stimmung, als er spitzkriegte, dass Abderhalden ihm eine Verbindung zu dieser unwirklichen Zeit organisiert hatte. Bereits um Viertel nach fünf in der Früh musste er seine Wohnung verlassen, um zwanzig Minuten später den Schnellzug nach Basel zu besteigen. Gordon hatte eine Platzkarte, auf der jedoch die Wagennummer schlecht zu erkennen war. Erst ein Schaffner konnte ihm weiterhelfen.

Nachdem er sein Gepäck in dem Erste-Klasse-Abteil verstaut hatte, suchte er sofort den Speisewagen auf, um das verloren gegangene Frühstück nachzuholen. Natürlich gab es zu dieser Uhrzeit auch keine Zeitungen und so blieb ihm nichts anderes übrig als sich ausschließlich den Brötchen zu widmen. Er war froh, den neuen Roman von Raymond Chandler, Farewell, My Lovely, im Gepäck zu haben, den er zufällig am Freitagnachmittag in der Buchhandlung Elsässer am rechten Limmatufer, nicht weit vom Münster, entdeckt hatte. Nachdem er nach dem Genuss einer Kanne Kaffee wieder unter den Lebenden weilte, wartete er gespannt auf die deutschen Zoll- und Gestapobeamten, die kurz hinter Weil am Rhein sein Abteil aufsuchten.

Er war ein wenig nervös, obwohl er einen speziellen Koffer abgelehnt hatte, in dessen ausgeklügelten Versteck man allerlei Dokumente und Devisen, oder auch ein Fairbairn-Sykes-Kampfmesser verbergen konnte. Station IX, ein ehemaliges Hotel mit dem Namen The Frythe außerhalb der Ortschaft Welwyn in Hertfordshire, war eine Einrichtung, in der Ausrüstung für den geheimen Krieg entwickelt wurde. Darunter auch der ominöse Koffer. Doch Gordon war das Risiko mit einer Waffe entdeckt zu werden zu groß und hatte sich standhaft geweigert, ihn mitzunehmen. Zum Glück, wie sich herausstellte, denn der Gestapo Mann, der seine Papiere kontrollierte, untersuchte auch professionell seinen Koffer, wobei Gordon auffiel, dass es dem Beamten gar nicht so sehr um den Inhalt ging, als um geheime Verstecke.

Er atmete auf, als die Beamten endlich auf Höhe von Offenburg sein Abteil verließen. Erst jetzt konnte er beruhigt die Reise genießen und auch die Landschaft, die er bei seiner ersten Reise nie zu Gesicht bekam, in Augenschein nehmen. Vom Kriege nahm man, so erschien es ihm zumindest, entlang der Bahnstrecke und auf den Bahnhöfen, keine Notiz. Wären ihm nicht Feldjäger und Soldaten auf den großen Bahnhöfen wie Karlsruhe, Heidelberg oder Mannheim aufgefallen, so hätte man meinen können, sich im tiefsten Frieden zu befinden. Er widmete sich daher intensiv seinem neuen Buch und dessen Helden, den Privatdetektiv Philip Marlowe. Noch zweimal wurde seine Ruhe durch die Gestapo gestört, die ihn einmal bei Bebra und das andere Mal in Leipzig kontrollierten. Um 21:59 lief endlich der D 43 im Anhalter Bahnhof ein.

Als er den Zug verließ, fühlte er sich sofort wieder heimisch. Als er über die Saarlandstraße kommend den Potsdamer Platz erreichte, hörte er bereits aus der Ferne die Rufe eines Zeitungsjungen vor dem Hotel Esplanade: Extrablatt, Extrablatt! Er gab dem Burschen zwanzig Pfennige und warf einen Blick auf die Schlagzeile der Deutsche Allgemeine Zeitung, die nur vier bedruckte Seiten umfasste: Deutsche Verbände überschreiten um 05:20 die jugoslawische Grenze! Gordon ließ sich seinen Schrecken nicht anmerken, sondern ging schnurstracks auf die Rezeption des Esplanade zu.

»Mein Name ist Schläppi, Klaus Schläppi von der Firma Oerlikon in Zürich. Für mich müsste ein Zimmer reserviert sein.«

Er bat den Concierge, seinen Koffer auf sein Zimmer bringen zu lassen und nahm Kurs auf die Hotelbar. Erst ein tiefer Schluck Schultheiss Pils ließ ihn ein wenig ruhiger werden. Aufmerksam las er jede Zeile. Offensichtlich hatte eine riesige Übermacht von dreiunddreißig Divisionen ohne vorherige Kriegserklärung oder Ultimatum Griechenland und Jugoslawien von der Steiermark und Kärnten sowie von den Dreimächtepakt-Staaten Ungarn, Rumänien und Bulgarien aus angegriffen.

Gordon war sofort klar, worum es Hitler bei diesem Feldzug ging. Für die Deutschen bedeutete die Landung der Briten eine strategische Gefahr: Die deutsche Südflanke war beim bevorstehenden Angriff auf die Sowjetunion durch die Eröffnung einer britischen Front in Südosteuropa ebenso bedroht wie die rumänischen Erdölfelder. Deutschland war vom rumänischen Öl abhängig und konnte es sich daher nicht erlauben, die Ölfelder in den Aktionsradius britischer Bomber gelangen zu lassen. Ihm schwante nichts Gutes für die britischen Streitkräfte in Griechenland.

Am nächsten Morgen machte er einen Spaziergang, um die Reaktion der Berliner auf den neuen Kriegsschauplatz zu beobachten. Doch erschien es ihm, als ob die Stadt bedrückt, nicht euphorisch ob der neuen Siegesmeldungen wäre. Die Tagespresse feierte die Erfolge auf dem Balkan und meldete schwere Bombenangriffe auf Belgrad. Gegen 10:00 rief er Hauptmann Wiese im Heereswaffenamt an und verabredete sich mit ihm für den nächsten Abend im Hotel. Sein nächster Anruf galt Gila von Heese. Er erwischte die Baronin, kurz bevor sie ihr Haus verlassen wollte, um eine Freundin in Dahlem zu besuchen.

»Das ist eine wunderbare Überraschung, Klaus. Wann bist du angekommen?«

Sie schnatterte wie eine aufgeregte Gans kurz vor dem Weihnachtsfest und ließ Gordon fast nicht zu Wort kommen. Schließlich gelang es ihm, sich mit ihr für den heutigen Abend zu verabreden.

»Ich habe nicht viel Zeit, Süßer, aber die brauchen wir doch auch nicht, oder?«, schnurrte sie sinnlich ins Telefon und überließ ihn seinen erotischen Fantasien, die ihn bei dem Klang ihrer Stimme und ihren Bemerkungen, die keine Zweifel über den Sinn ihres Besuches offen ließ, übermannten.

Doch zunächst wollte er sich um Leutnant Renner kümmern, der zum Rendezvous auf dem Invalidenfriedhof geladen hatte. Er warf einen schnellen Blick auf den Stadtplan aus dem Verlag Heimatliche Kultur Willy Holz und prägte sich den Verlauf der Straßen ein. Er verließ das Esplanade Hotel gegen 12:30 und ging die Hermann-Göring-Straße hinauf bis zum Pariser Platz. Vor dem Hotel Adlon drängten sich in der Vorfrühlingssonne ein paar Schaulustige um einen roten Teppich. Wahrscheinlich ein Ufa Star zu Besuch, dachte Gordon und setzte seinen Spaziergang auf der Luisenstraße fort. Wenig später betrat er den Invalidenfriedhof. Nun musste er erst einmal die Grabstelle Schlieffens finden.

Der Gottesacker war als Begräbnisplatz unter Friedrich dem Großen eingerichtet worden, der im Jahre 1748 Invalidenhäuser einrichten ließ, in denen Verwundete aus den preußischen Kriegen versorgt wurden. Für diejenigen, die ihren Verletzungen erlagen, diente das angrenzende Areal als letzte Ruhestätte. Es dauerte eine Weile, bis er schließlich vor dem Grab des Generalfeldmarschalls Alfred Graf von Schlieffen stand.

Gordon schaute sich um, konnte aber niemanden entdecken. Er schien der einzige Besucher zu sein. Dann hörte er Kies knirschen und Augenblicke später bog ein baumlanger, fast dünner Offizier um die Ecke. Sein Gang war federnd, der Kopf preußisch erhoben, die Hände von feinen Lederhandschuhen verhüllt und die Hosen steckten in blank gewichsten Stiefeln. Eine Andeutung eines Lächelns huschte über Gordons Mund. So hatte er sich schon als Kind einen deutschen Offizier vorgestellt. Das Einzige, was zu fehlen schien, war das Monokel, doch dafür war der Leutnant entschieden zu jung. Langsam kam der Offizier näher, bis er parallel zu Gordon vor dem Grabmal Schlieffens stand.

»Media vita in morte sumus«, murmelte Gordon leise und ebenso verhalten antwortete der Offizier.

»Mitten im Leben sind wir des Todes.«

Für Sekunden herrschte Stille zwischen den Männern, so als ob beide in tiefer Verehrung vor dem Strategen Schlieffen stünden.

»Gehen wir eine Weile«, schlug der Deutsche vor.

Der deutsche Offizier räusperte sich.

»Ich nehme an, Sie sind vom neuen Eroberungsfeldzug unseres Führers auf dem Balkan unterrichtet?«

»Ja, Herr Leutnant, ich lese Zeitung.«

Der deutsche Offizier schaute Gordon überrascht an.

»Mir fiel schon von Anfang an auf, dass Sie ja überhaupt keinen Akzent haben. Sind Sie ein Emigrant?«

Gordon lächelte.

»Nein, meine Urgroßeltern waren Deutsche und in meinem Elternhaus bin ich zweisprachig aufgewachsen.«

»Wie heißen Sie denn?«, wollte der Leutnant wissen und schickte pflichtbewusst ein »entschuldigen Sie, mein Name ist Gustav Renner« hinterher.

»Sie erwarte doch nicht wirklich eine Antwort auf Ihre Frage, Herr Leutnant«, grinste Gordon.

»Ich bin trotzdem unserer gemeinsamen Freundin in Luzern dankbar, dass sie uns vermittelt hat«, sagte Renner scheu.

»Ich hätte nicht geglaubt, dass ich so schnell einen Vertreter des britischen Geheimdienstes treffen würde. Vor allem nicht hier in Berlin. Aber vor Ihnen hat ja selbst der Führer Respekt.«

»Vor mir?«, fragte Gordon ungläubig. Renner lachte schallend.

»Natürlich vor Ihrem Verein. Canaris hat mir mal erzählt, wie sich Hitler und Himmler den deutschen Geheimdienst vorgestellt hatten. Sie wollten ihn genauso haben wie den Secret Service. Aber ich will hier keine Vorträge halten. Wir suchen einen direkten Kontakt zu Ihrem Chef, Sir Stewart Graham Menzies.«

»Wozu das?«, erwiderte Gordon, der seine Überraschung geschickt verbarg.

»Weil wir alles versuchen wollen, um diesen sinnlosen Krieg so schnell wie möglich zu beenden«, entgegnete Renner. Er zögerte.

»Ich will Ihnen ein Staatsgeheimnis verraten, für das ich sofort enthauptet würde, falls Sie mich verrieten.«

»Und das wäre?«

»Dass Deutschland Russland angreifen wird. Und zwar innerhalb der nächsten zwei, drei Monate. Je nachdem wie lange der Balkanfeldzug dauert.«

Gordon ließ sich nicht anmerken, dass ihn diese Nachricht nicht im Geringsten mehr beeindruckte.

»Herr Leutnant, sie sagten anfangs, dass wir den Kontakt suchen. Wer sind wir?«

Renner druckste herum.

»Ohne direkt Namen zu nennen, es sind nicht nur hochrangige Persönlichkeiten der Abwehr, sondern auch der Wehrmacht, die diesem Irrsinn ein Ende setzen wollen. Und um dieses Ziel zu erreichen, sind wir bereit, alles zu unternehmen. Einschließlich Landesverrat, wenn es zum Nutzen des Vaterlandes und der Rettung von Menschenleben dient. Am besten wäre es, wenn sich Menzies und Canaris auf neutralem Boden treffen könnten, um einen gemeinsamen Plan zu fassen.«

Interessanter Vorschlag dachte Gordon. Aber würde sich Churchill auf so etwas einlassen?

»Ich werde Ihren Vorschlag weiterleiten, aber seien Sie sich nicht allzu sicher, dass man auf Ihre Vorschläge eingehen wird. Und es wird eine Zeit dauern, bis ich Ihnen eine Antwort geben kann. Wie sollen wir kommunizieren?«

Leutnant Renner schaute Gordon offen an.

»Anscheinend bewegen Sie sich im Reich wie ein Fisch im Wasser, was die Sache vereinfacht. Ich wohne in der Siedlung Ruhleben, wo meine Eltern und ich mit meiner Frau ein Doppelhaus teilen. Das ist hinter dem Olympiastadion. Nicht unbedingt eine Bonzengegend, aber absolut frei von Blockwarten. Sozusagen eine Insel der Glückseligen. Die Anschrift lautet An der Fließwiese 8. Merken Sie sich die Adresse und schicken Sie mir eine Postkarte. Im Falle einer positiven Reaktion Ihres Chefs schreiben Sie mir, dass Ihr Neffe befördert worden wäre.«

»Und eine andere Möglichkeit mit Ihnen in Verbindung zu treten gibt es nicht?«

Renner schaute Gordon an.

»Meine Schwester Elisabeth ist Medizinisch-Technische-Assistentin in Hamburg. Das ist zwar nicht ein direkter Weg, aber ein sicherer, da ich Elli voll vertrauen kann.«

»Und in welchem Hospital ist sie tätig?«

»Im Hafenkrankenhaus von St. Pauli.«

»Informieren Sie Ihre Schwester von unserem Treffen?«

»Das muss ich wohl«, amüsierte sich Leutnant Renner.

»Aber ohne Namen geht das nicht.«

Gordon gab sich geschlagen.

»Schmitt mit Doppel-T«, seufzte er.

»Wie originell. Da haben Sie sich ja einen verbreiteten deutschen Namen als Alias ausgesucht«, lächelte Renner.

Wenn du wüsstest ... dachte Gordon.

Am Donnerstag Nachmittag klingelte das Telefon auf Hauptmann Othmar Schmidts Schreibtisch. Es war Otto Lechner, der ihn auf den gemeinsamen Termin in Rostock aufmerksam machte.

»Udet fragt an, ob du mit uns am Samstag nach Marienehe fliegen willst.«

»Danke für die Einladung, Otto, wo soll ich Euch denn wann treffen?«

»Um 09:00 am Flughafen Tempelhof.«

»Sehr gut, ich werde pünktlich da sein.«

Othmar Schmidt ließ sich am Freitagmorgen mit der Fahrbereitschaft der Abwehr nach Spandau fahren. Über Kaiserdamm, Königin-Elisabeth-Straße und Siemensstadt erreichten sie die Berliner Chaussee, die direkt zur ehemaligen Bramo und jetzigen BMW Flugmotorenwerke Brandenburg GmbH, Berlin-Spandau, wie der Betrieb seit dem Kauf offiziell hieß, führte. Bereits Anfang 1939 hatte das RLM einen Turbinen-Luftstrahltriebwerk-Entwicklungsauftrag an die Brandenburgische Motorenwerke vergeben.

Leiter der Entwicklung war Dr. Hermann Oestrich. Dr. Oestrich hatte bereits von 1928-1935 bei der DVL, der Deutschen Versuchsanstalt für Luftfahrt in Berlin-Adlershof auf dem Gebiet der Thermodynamik gearbeitet und bei den Siemens-Flugmotorenwerk Erfahrungen mit Kompressoren und Abgasturbinen sammeln können. Der Konstrukteur erwartete bereits Othmar in seinem Büro, das in einer der roten Backsteinhallen untergebracht war.

»Sie kommen gerade richtig, Hauptmann Schmidt«, begrüßte ihn Dr. Oestrich mit ausgesuchter Freundlichkeit.

»Wir wollen gleich einen Prüfstandversuch unseres P3302 starten. Sind Sie über den letzten Stand im Bilde?«

»Ich fürchte nein, Herr Doktor«, antwortete Othmar.

»Nun, unsere Arbeit in Spandau begann 1939. In unserem Mutterwerk in München wurde sogar noch früher das Triebwerk F 9225 mit siebenstufigem Axialverdichter, Ringbrennkammer und zweistufiger Turbine entworfen. Daneben begann man mit der Konstruktion des gegenläufigen P 3304, auch als 002 bekannt. Aber es tauchen jetzt schon Bedenken wegen der Fertigung auf. Auch bei uns gibt es mehr Schwierigkeiten, als uns lieb ist. Da wir keine Erfahrungen mit Axialverdichtern hatten, haben uns die Kollegen der Göttinger Aerodynamischen Versuchsanstalt ausgeholfen.

Auch bei den Zeichnungen der Schaufeln haben uns die Göttinger unter die Arme gegriffen. Noch schlimmer war es bei den Brennkammern. Da weder wir, noch andere damit Erfahrungen hatten, mussten wir zahlreiche Brennkammerversuche durchführen. Das alles kostet Zeit.

Nur bei den Ladern haben wir keine Probleme, da wir Erfahrungen mit Abgasturboladern für den Flugmotor 801 J sammeln konnten. Ende letzten Jahres haben wir endlich die ersten Versuchstriebwerke fertiggestellt. Das Erste lief bereits am 20. Februar. Aber freuen Sie sich nicht zu früh. Die Turbine entwickelt bedeutend weniger Schub als errechnet, lediglich etwa 250 kp statt der projektierten 600 kp. Und auch der spezifische Kraftstoffverbrauch ist zu hoch. Darüber hinaus stehen wir vor enormen Problemen bezüglich der Schweißnähte zwischen Turbinenscheibe und Laufschaufel.«

»Und wann werden diese Probleme gelöst werden?«

»Wenn ich das wüsste. Wir wollen noch in diesem Frühjahr mit den praktischen Flugversuchen beginnen.«

»Und wann kann die eigentliche Produktion starten?«

»Das ist so eine Sache. Gegen Ende des Ersten Weltkrieges dauerte es ungefähr 64 Wochen, einen serienreifen Flugmotor und 34 Wochen, ein serienreifes Flugzeug zu entwickeln. Doch wegen der rasanten technischen Entwicklung in den dreißiger Jahren wurden Flugzeuge immer komplexere Produkte, was sich neben veränderten Produktionsanforderungen auch in der Erhöhung des Entwicklungsaufwandes auswirkte. Ein Kampfflugzeug zu entwickeln dauert heute drei bis fünf Jahre, die eines Flugmotors fünf bis sechs.

Ein weiteres Problem ist die Qualität der Materialien. Stahl ist nicht gleich Stahl. Wegen der hohen Temperaturanforderungen ist der Zusatz von in Deutschland kaum vorhandenen Rohstoffen wie Chrom, Molybdän und Nickel notwendig. Das müssen Sie immer berücksichtigen.«

Hauptmann Schmidt wurde zusehends unruhiger.

»Wie kann ich Sie in Ihrer Arbeit unterstützen, Dr. Oestrich?«

»Das Wichtigste haben Sie schon in die Wege geleitet, nämlich die Freistellung unabkömmlicher Techniker vom Wehrdienst. Schwierig wird wohl auch die Beendigung von Kompetenzstreitereien zwischen der Industrie, auch dem Hause BMW, und dem RLM. Ganz zu schweigen von der Rohstoffversorgung. Ich möchte nicht in Ihrer Haut stecken. Aber genug der Miesepetrigkeit. Ich will Ihnen jetzt den Antrieb der Zukunft in seiner vollen Herrlichkeit präsentieren.«

Dr. Oestrich führte Othmar in ein Nebengebäude, das nicht weit vom Haupteingang entfernt war. Der Motorenprüfstand war ein abgekapselter Raum, der von dem Kontrollzentrum durch eine Panzerglasscheibe abgetrennt war. Zwei Techniker in weißen Kitteln wieselten um das aufgebockte Triebwerk, das einer dicken Zigarre ähnelte. Kurze Zeit später betraten sie den Kontrollraum, begrüßten ihren Chef und konzentrierten sich wieder auf ihre Aufgabe.

»Zuerst werden sie das hohe Singen eines Elektroanlassers hören, der das Triebwerk bis auf Freilaufdrehzahl hochdreht.«

Das Geräusch des Anlassers war auch wirklich nicht zu überhören und nach einer Weile startete das Aggregat. Sofort stieg selbst im Kontrollraum der Lärmpegel gewaltig. Das Fauchen der Turbine versetzte darüber hinaus die gesamte Einrichtung in Vibration. Dr. Oestrich packte Othmar an der Schulter und brüllte fast in sein Ohr, um den Lärm der Turbine zu übertönen.

»Die Schubkraft des Triebwerks wird durch einen schnellen Luftstrom hervorgerufen. Dieser wird kontinuierlich im Innern erzeugt. Ein Verdichter saugt die Luft an und befördert sie stark komprimiert in die Brennkammer. Dort wird der in den Tanks mitgeführte Treibstoff eingespritzt und verbrannt. Durch die Erhitzung dehnt sich das Gas auf ein Vielfaches seines ursprünglichen Volumens aus und strömt mit hoher Energie aus der Brennzone. Bevor diese Strömung den Motor verlässt, fließt sie durch eine Turbine und versetzt diese wie ein Windrad in schnelle Umdrehungen.

Dieses System hat nur die Aufgabe, den auf derselben Welle sitzenden Verdichter anzutreiben. In dem heißen Gas steckt aber noch so viel Energie, dass als Reaktion auf diesen hinten austretenden Luftstrahl eine nach vorn gerichtete Kraft entsteht.«

Othmar nickte, um so Dr. Oestrich zu signalisieren, dass er seine Ausführungen verstanden hätte. Plötzlich gab es einen Knall, gefolgt von einem rasselnden und scheppernden Geräusch, das an Grässlichkeit zunahm. Sofort nahm der leitende Ingenieur die Leistung zurück und stoppte schließlich die Turbine. Als die Männer den Leistungsstand betraten, zischte und knisterte das Aggregat.

»Ich nehme an, es ist ein weiterer Turbinenschaufelbruch«, sagte Dr. Oestrich zu Othmar gewandt. Ein Ingenieur, der die Verkleidung der Turbine abgenommen hatte, nickte dem Konstrukteur zustimmend zu.

»Das alte Problem«, bemerkte er nur knapp und zog den Flaschenzug heran, um die Turbine vom Testbett zu hieven.

»Solche Rückschläge sind normal, Herr Hauptmann. Wir können die Probleme durch Praxistests lösen, daher wollen wir auch so schnell wie möglich mit den Flugtests beginnen.«

»Und wann erwarten Sie solch einen praxisnahen Einsatz?«

»Im Mai«, antwortete Dr. Oestrich selbstbewusst.

Als Hauptmann Othmar Schmidt am nächsten Morgen um Punkt neun Uhr das Vorfeld des Tempelhofer Flughafens betrat, wartete bereits Otto Lechner auf ihn.

»Beeil dich, Othmar, Udet lässt schon den Motor warmlaufen. Er will so früh wie möglich in Warnemünde eintreffen. Du sollst übrigens neben ihm sitzen, denn er will dir einiges über Ernst Heinkel erzählen, damit du nicht wie ein Ahnungsloser auftrittst«, lachte Otto.

Udet begrüßte ihn mit einem Grinsen und bot ihm an, den Co-Pilotenplatz einzunehmen. Kaum waren er und Otto angeschnallt, so schob er den Leistungshebel nach vorn und die Messerschmitt Bf 108 Taifun begann zu rollen. Nach der Startfreigabe gab Udet Vollgas und die Maschine hob in Richtung Schöneberg ab.

»Wir machen noch einen kleinen Schlenker über die Heerstraße, Schmidt. Ich muss nachschauen, ob die Dachdecker bei meinem Haus keinen Bockmist gebaut haben. Also nicht erschrecken!«

Die Taifun stieg einige hundert Meter und flog in Richtung S-Bahn Westkreuz. Linkerhand konnte er deutlich den Funkturm und die Deutschlandhalle sehen. Über dem Adolf-Hitler-Platz flog Udet eine Linkskurve und folgte der schnurgeraden Heerstraße, die zum Flugplatz Staaken führte. In dem Moment, als rechts vor ihm der S-Bahnhof Olympiastadion mit dem dahinter liegenden Olympiastadion auftauchte, drückte Udet die Maschine auf Baumwipfelhöhe und flog nun eine Spur weiter links.

»Hier kommt zunächst die Tannenbergallee mit dem Oberkommando der Marine und da, da ist mein Haus! Stallupöner Allee 11«, grinste Udet und ging noch eine Spur tiefer.

Nachdem er über sein Haus geflogen war, riss er die Maschine nach oben, beschrieb über dem Scholzplatz eine Kurve und nahm erneut Kurs auf sein Eigenheim.

»Da sehen Sie. Man kann das frische Rot der Ziegel deutlich erkennen. Können Sie einen Schaden ausfindig machen?«

Schmidt musste grinsen. Tief im Innern seines Herzens war Udet Kind geblieben, der seinem Spieltrieb, wann immer sich die Gelegenheit bot, nachging.

»Was werden wohl Ihre Nachbarn sagen?«

»Wahrscheinlich das, was sie immer von mir behaupten. Dass ich verrückt sei«, schnaufte er und zog die Taifun nach oben, um Kurs auf die Müritz zu nehmen.

»Ich nehme an, Sie sind noch nie Ernst Heinkel begegnet, oder?«

Othmar schüttelte den Kopf.

»Ein verrückter Kerl, der Ernschtel. Ich kenne ihn nun schon so lange, aber immer wieder treibt er mich an den Rand des Wahnsinns. Wäre er nicht mein Freund, hätte er schlechte Karten.«

»Wieso das denn?«

»Weil er so ein gottverdammter Sturkopf ist und sich mit jedem anlegt, der ihm im Weg steht. Schon lange vor der Machtübernahme der Nationalsozialisten wurde er ob seines Aussehens und seiner Gesichtszüge als Jude diffamiert. Seine große Rundbrille unterstrich das noch. Dabei war es ausschließlich Neid, der die Leute dazu brachte, ihn mit übler Nachrede zu verunglimpfen. Aber er hat sich nie unterkriegen lassen.

Auch nicht von dem Gauleiter Hildebrandt, der ihm zunächst das Gelände Marienehe zu günstigen Konditionen verkaufte und ihn dann unter Druck setzte. In die Partei ist er zwar eingetreten, aber nicht aus Überzeugung, sondern eher aus wirtschaftlicher Notwendigkeit, denn trotz seiner Ablehnung der Nationalsozialisten, wollte er nicht auf die Geschäfte verzichten.«

»Wie so viele andere Industrielle«, bemerkte Othmar.

»Das ist richtig«, stellte Udet fest, »doch im Falle Heinkel ist das eine ganz besondere Sache. Sie werden später feststellen, wie sehr die Angestellten und Arbeiter ihn verehren. Das tun sie aus ganz sachlichen Erwägungen, denn Heinkel hatte immer einen besonderen Draht zu seiner Arbeiterschaft. Als das neue Werk in Marienehe gebaut wurde, ließ er nicht nur den dort vorhandenen Bauernhof bestehen, sondern erwarb noch einen Zweiten, um seinen Leuten in der Werkskantine vernünftiges Essen, wie er sagte, vorzusetzen. Heinkel hat auch ein eigenes Gesundheitshaus mit Werksarzt und kneippschen Anwendungen bauen lassen, um seinen Arbeitern eine Gesundheitsvorsorge angedeihen zu lassen. Ich glaube, als das neue Werk 1935 eingeweiht wurde, war dies eine der besten sozialen Einrichtungen im Reich.«

»Und was halten Sie von seinen Flugzeugen?«

»Nun, unser Standardbomber ist die Heinkel He 111, das sagt schon viele über seine Qualitäten als Konstrukteur. Aber ich bin auch schon mit einer seiner Maschinen abgestürzt!«

Udet lachte lacht und schaute in Othmars bestürztes Gesicht.

»Keine Bange, Sie sehen doch, ich lebe! Aber damals, am 27. Juli 1936 wurde es eng. Ich hatte Heinkel besucht und dabei den Testpiloten, Friedrich Ritz, beschwatzt, mir das Sturzkampfflugzeug He 118 für einen Test auszuleihen. Ritz erklärte mir, dass man mit der Maschine nur langsam fliegen könne, da die Luftschraube auf Langsamflug eingestellt worden wäre und eine Änderung eine halbe Stunde in Anspruch nähme.

Das dauerte mir aber zu lange und so versprach ich Ritz, eben langsam zu fliegen. Denkste, kaum war ich in der Luft, habe ich alle Vorschriften ignoriert und in sechshundert Meter Höhe angefangen, der Maschine auf den Zahn zu fühlen. Das Ergebnis war, dass die Luftschraube wegflog und der Motor aus der Verankerung riss. Mit viel Glück habe ich überlebt. Eigentlich, wenn ich ehrlich bin, nur wegen meiner Bequemlichkeit. Ich habe nämlich meine Halbschuhe nicht gegen Fliegerstiefel getauscht. Hätte ich die angehabt, wäre ich nicht aus der Kanzel geflogen und am Fallschirm gelandet.«

»Geschadet hat es Ihnen nicht, Herr Generalmajor, immerhin haben Sie im Sommer 1938 den Weltrekord von 634,73 km/h über eine hundert Kilometer lange Strecke mit einer He 100 erreicht.«

Udet lachte laut.

»Aber nur für kurze Zeit, denn im März 1939 holte Werkspilot Hans Dieterle mit 746,6 km/h den absoluten Geschwindigkeitsrekord nach Deutschland. Zumindest für 27 Tage, bis Fritz Wendel mit der Messerschmitt 209 den Rekord auf 755,13 km/h schraubte.«

Mittlerweile konnten sie bereits die Küste voraus erkennen.

»Ich will Ihnen mal die einzelnen Heinkel-Werke und das ehemalige Stammwerk in Warnemünde zeigen«, sagte Udet, beschrieb in eine leichte Linkskurve und ging in Höhe von Markgrafenheide auf Parallelkurs zu Küste.

»Sehen Sie links den schmalen Streifen zwischen Mecklenburger Bucht und dem Breitling? Da hat alles angefangen.«

Die Taifun machte erneut einen Linksschwenk, überflog den Breitling sodass Othmar rechts das Ufer der Unterwarnow, den Flugplatz und die Heinkel Werke Marienehe sehen konnte.

»Das sieht ja richtig imposant aus«, bemerkte er mit Respekt.

»Es gibt hier fünf Betonbahnen von je 1500 Meter Länge, die Hauptbahn ist natürlich wegen des vorherrschenden Westwindes in Ost-West-Richtung angelegt. Jetzt wollen wir sie aber erstmal richtig erschrecken«, sagte Udet und setzte ein diabolisches Grinsen auf. Er kurvte ein schob den Leistungshebel auf Vollgas und stürzte sich in Richtung des großen Hangars, der am Rande des Flugfeldes zu sehen war und vor dem sich eine Gruppe von Männern aufhielt. In knapp fünf Meter Höhe und mit etwa gleichem Abstand donnerte die Taifun auf die Gruppe zu. Erschrocken blickte diese zu ihnen empor und alle, bis auf einen kleineren Herrn mit Brille duckten sich oder warfen sich gar zu Boden. Udet lachte aus vollem Halse.

»Sehen Sie, ein Ernst Heinkel lässt sich auch nicht von mir aus der Ruhe bringen.«

Als die Maschine ausgerollt war, näherte sich ein 4-türiges Maybach Cabriolet der Maschine.

Ernst Heinkel, der es sich nehmen ließ, seinen guten Freund und Generalluftzeugmeister Ernst Udet persönlich abzuholen, schaute der Schalk aus den Augen.

»Früher hast du aber mehr riskiert. Mich kannst du damit nicht mehr erschrecken«, sagte er lachend zu Udet, der sich auf den Beifahrersitz breitgemacht hatte.

»Darf ich dir meine Begleitung vorstellen, Ernschtel? Hauptmann Othmar Schmidt vom Hochtechnologieausschuss und Otto Lechner, meine rechte Hand.«

»Ich bin hocherfreut, Sie zu sehen, meine Herren. Was halten sie davon, wenn ich Ihnen das Werk zeige. Lusser und Ohain brauchen noch eine Weile, um die He 280 startklar zu machen.«

»Sehr gerne, Herr Heinkel«, antwortete Othmar unaufgefordert.

Udet zuckte mit den Schultern und Otto Lechner nickte zustimmend.

»Zwei zu eins, was soll ich da machen?«, meinte Udet lakonisch.

»Dann wollen wir mal«, sagte Heinkel und legte den Gang mittels eines kleinen Hebels am Lenkrad ein.

»Haben Sie keine Kupplung?«, wollte Othmar unvermittelt wissen.

»Ah, ein Kenner der Materie«, entgegnete Heinkel mit einem Seitenblick auf Udet.

»Schön, endlich mal einen Auto-Enthusiasten zu treffen. Eine Mehrscheiben-Trockenkupplung hat er schon, aber das hier ist ein halbautomatisches Doppelschnellganggetriebe mit Betätigung von der Lenkradmitte und einer Vielzahl von Gängen für jeden Fahrbereich«, erklärte Heinkel.

»Das ist aber nicht die einzige technische Besonderheit. Dieses Modell hat auch Einzelradaufhängung mit Doppelquerlenkern, Querfedern und Schraubenfedern an der Hinterachse.

Damit geht's flink ums Eck!«, lächelte Heinkel in seinen Rückspiegel.

Mittlerweile hatte der Maybach das Vorfeld verlassen und fuhr in Richtung Süden. Othmar war erstaunt, wie locker die modernen, architektonisch interessanten Fabrikhallen und Verwaltungsgebäude sich der ländlichen Umgebung angepasst hatten. Als sie an dem Gutshaus Marienehe vorüberkamen, deutete Heinkel auf einen Teich.

»Das war früher der Gutsteich, heute nutzen wir ihn als Löschwasserbecken.«

In der nächsten Viertelstunde nahmen sie weitere Hallen, die Kantine und ein großzügiges Lehrlings- und Berufsausbildungsgebäude in Augenschein. Zum Schluss wurde noch Gut Evershagen begutachtet. Heinkel war stolz darauf hinzuweisen, dass die Ställe für Federvieh und Kühe gekachelt waren und die Erzeugnisse direkt der Kantine zugeführt wurden. Ernst Heinkel warf einen Blick auf die Armbanduhr.

»Jetzt müsste meine Mannschaft mit den Startvorbereitungen fertig sein. Übrigens, Ernst, hast du an unsere Abmachung gedacht?«

»Welche Abmachung«, grummelte Udet.

»Dass ich die Hirth-Werke kaufen kann, falls die He 280 fristgerecht ihren Erstflug absolviert.«

Schmidt und Lechner schauten sich verdutzt an. Von solch einer Abmachung wussten sie nichts.

»Ja, Ernschtel, ich steh zu meinem Wort. Aber zuerst will ich die Maschine in der Luft sehen.«

»Keine Sorge, Ernst, die Generalprobe haben wir schon hinter uns. Flugkapitän Fritz Schäfer flog bereits mit der V-2 am 30. März 1941 drei Minuten und löste unter meinen Mitarbeitern großen Jubel aus.«

Der Generalflugzeugmeister drehte sich um und fragte Otto Lechner: »Ist Ihnen diese Information bekannt, Lechner?«

Irritiert schüttelte Otto den Kopf.

»Wasch ihm nicht den Kopf, Ernst. Wir haben das strikt geheim gehalten. Du kennst mich doch«, lächelte Heinkel verschmitzt.

»Du und deine Alleingänge«, murmelte Udet.

»Eines Tages wird es noch dein Untergang sein.«

Als sie wieder zum großen Hangar am Vorfeld fuhren, sahen sie schon von Weitem die ungemein schnittige und strömungsgünstige Form des zweistrahligen Turbinenjägers. Schmidt und Lechner spürten, wie ihr Adrenalinpegel anstieg. Als der Maybach in respektvoller Entfernung anhielt, lief Hans Pabst von Ohain auf sie zu.

»Alles ist bereit, Herr Heinkel«, rief er bereits aus respektabler Entfernung.

Anschließend begrüßte er herzlich Othmar und Otto und führte die Gruppe zum Flugzeug, auf dessen linker Tragflächenwurzel ein groß gewachsener Mann mit Brille eine letzte Cockpitkontrolle vornahm. Daneben stand der Rechliner Testpilot, Paul Bader, der den revolutionären Vogel vorführen sollte. Als sie bei der He 280 ankamen, und Othmar und Otto ehrfurchtsvoll um die Maschine herumstrichen, sprang der Ingenieur von der Tragfläche, und begrüßte Ernst Udet.

»Na Herr Doktor, zufrieden mit ihrer Schöpfung?«

Dr. Robert Lusser grinste über beide Ohren und streichelte die Turbinenabdeckung.

»Heute werden Sie einem epochemachenden Ereignis beiwohnen, Herr Generalmajor.«

»Erst will ich das Ding in der Luft sehen, dann schwingen wir Reden. Kennen Sie eigentlich die Herren Lechner und Schmidt?«

»Von Hauptmann Schmidt hat mir Hans Pabst von Ohain erzählt, Leutnant Lechner kenne ich leider nicht.«

Othmar wusste natürlich, wer Dr. Robert Lusser war, denn er hatte von Professor Messerschmitt eine Menge über den Konstrukteur gehört. Lusser machte sich in jungen Jahren einen Namen bei der Konstruktion der Klemm L25, einem bahnbrechenden Leichtbauflugzeug seiner Zeit. Ab 1933 war er bei Messerschmitt beschäftigt und konstruierte die Messerschmitt Bf 108 und kurz darauf die Messerschmitt Bf 109. Um den

Geschwindigkeitsweltrekord ins Haus Messerschmitt zu holen, entwarf Lusser die Messerschmitt Me 209. Auch an der Konstruktion des Zerstörers Messerschmitt Bf 110 war Lusser beteiligt.

Über Hans-Joachim Papst von Ohain erfuhr er von Turboluftstrahltriebwerken und arbeitete maßgeblich an den Grundzügen der Messerschmitt Me 262 mit. Am 1. Juni 1939 löste er Professor Dr.-Ing. Heinrich Hertel, der zu den Junkers-Werken nach Dessau wechselte, als technischer Direktor von Heinkel ab. Unter größter Geheimhaltung begann er mit den ersten Projektarbeiten für einen zweistrahligen Jäger, einem einsitzigen Mitteldecker in Schalenbauweise mit Doppelseitenleitwerk und Bugrad-Fahrwerk.

»Wie lange hält denn jetzt das Triebwerk He S 8, Herr von Ohain?«

»Lang genug, um sie vom Konzept der Turbojäger zu überzeugen, Herr Generalmajor. Aber im Ernst, einen zehnstündigen Dauerlauf hat das Triebwerk bereits absolviert.«

Jetzt mischte sich Ernst Heinkel in die Debatte ein.

»Max Adolf Müller arbeitet fieberhaft an der Fertigstellung unseres He S 30 Triebwerkes. Das hat einen ganz neuartigen Reaktionsverdichter, der wegen seiner kleinen Bauart und seines geringen Gewichts den anderen Axialtriebwerken überlegen sein dürfte. Überhaupt würden die Herren Mauch und Schelp von der Triebwerksabteilung im technischen Amt des RLM mir nicht immer wieder Knüppel zwischen die Beine werfen, wären wir schon weiter, Ernst.«

Udet wurde ungehalten.

»Ernschtel, ich habe dir doch schriftlich versichert, dass es keine Probleme mit den Herren gibt. Reicht dir das nicht?«

Heinkel schien in keiner Weise zufriedengestellt, denn er ging mit Lusser und von Ohain in den Hangar und unterhielt sich aufgeregt mit ihnen.

»Was ist denn das Problem der Herren Mauch und Schelp, Herr Generalmajor?«

Udet schaute Othmar an.

»Erinnern Sie sich, als ich auf dem Hinflug vom Dickkopf Heinkel sprach? Die beiden Referenten im technischen Amt haben die durchaus berechtigte Ansicht vertreten, dass es sinnvoller wäre, erfahrene Motorenhersteller wie Junkers und BMW mit der Entwicklung von Strahltriebwerken zu betrauen. Denn bis vor Kurzem hatte Heinkel noch nicht einmal ein Motorenkonstruktionsbüro.

Erst als er von Ohain anstellte, begann sein Interesse an eigener Motorenfabrikation. Deswegen ist er auch so hinter den Hirth-Werken her. Er will unter allen Umständen Motorenproduzent werden. Das heißt nichts anderes als unabhängig sein vom RLM. Doch das ist eine Illusion in unserem Staat. Ich glaube auch nicht, dass das Triebwerk, das sie jetzt benutzen, bereits den geforderten Schub von 750 Kilopond leistet. Aber wir werden es ja gleich sehen.«

Ernst Heinkel kam mit seinen beiden Konstrukteuren aus der Tiefe des Hangars wieder hervor.

»Ich denke, wir klären erst einmal den letzten Stand der Technik dieses Flugzeuges. Angetrieben wird die He 280 von zwei He S 8 Triebwerken, die 750 Kilopond Schub leisten. Leisten werden, denn zurzeit schaffen wir fünfhundert Kilopond. Doch es ist nur eine Frage der Zeit, bis wir den Nennschub erreichen werden. Dieses Verfolgungsjagdflugzeug hat halbelliptische Tragflächen mit geraden Flügelnasen. Es gibt eine umschaltbare Steuerung für den Schnellflug, das heißt, bei gleichen Steuerausschlägen kleinere Ruderausschläge sowie hydraulisch betätigte Luftbremsen.

Ausgerüstet ist sie, wie Sie deutlich erkennen können, mit einem Dreibeinbugfahrwerk, wodurch der Pilot eine größere Übersicht beim Rollen hat. Darüber hinaus gibt es ein doppeltes Seitenleitwerk, das unter anderem auch auf eine Weltneuheit zurückzuführen ist. Die He-280 wird als erstes Flugzeug in der Geschichte der Luftfahrt mit einem durch Pressluft angetriebenen Schleudersitz ausgerüstet! Weiterhin ist der spätere Einbau einer Druckkabine vorgesehen. Seit Juni 1940 läuft die Erprobung des Schleudersitzes. Zunächst mit Sandsäcken, später mit unseren eigenen Leuten.«

»Freiwillige?«, fragte Hauptmann Schmidt.

»Unsere Leute vertrauen unseren Konstrukteuren, Herr Hauptmann. Das war immer so im Hause Heinkel. Unsere erste Versuchsperson war Herr Ohmann aus dem Attrappenbau. Ihm folgten noch 75 weitere Personen, darunter auch eine Frau.«

»Wie muss ich mir einen Herausschuss vorstellen, Herr Heinkel?«

Heinkel schien es zu genießen, seine technischen Errungenschaften vorzustellen, denn sein bis dahin umwölktes Gesicht begann sich zusehends aufzuheitern.

»Der Pilot wird mit einem Pressluftdruck von 80 bis 120 Atü ungefähr sechs bis sieben Meter aus dem Cockpit geschleudert. Das hängt vom Gewicht des Piloten ab.«

»Und es gab niemals Probleme?«, wollte Othmar ungläubig wissen.

»Nein, es gab nicht einen einzigen Zwischenfall. Das System funktioniert. Aber lassen Sie mich noch einige Worte zur Erprobung hinzufügen. Da die Triebwerke im Zeitplan hinterherhinkten, haben wir die Zeit genutzt und das Einfliegen mit Triebwerksattrappen im Herbst 1940 im Schleppflug durchgeführt. Gleichzeitig haben wir die Schießstanderprobung mit einer aus drei 20-mm-Kanonen MG 151/20 bestehenden Funktionsattrappe des Waffenbugs erfolgreich durchgeführt. Wir können aber auch zwei 30-Millimeter-Maschinenkanonen MK 108 einbauen.

Die ersten Rollversuche begannen Ende August letzten Jahres. Vier Wochen später begannen die Segelerprobungen in Rechlin mithilfe einer He 111. Anstelle der Turbinengondeln haben wir unter den Tragflächen strömungsgünstige Verdrängungskörper montiert, um ein größtmögliches Bild von der Realität zu bekommen. 14 Tage lang haben wir die Versuche durchgeführt. Meist wurde die Maschine zwischen 2500 und 4000 Meter ausgeklinkt. Dann konnte Paul Bader sein Flugerprobungsprogramm durchziehen.«

»Gab es Probleme?«, fragte Leutnant Lechner, der natürlich Paul Bader aus seiner Rechliner Zeit gut kannte.

»Nein, überhaupt keine, Otto«, lachte Bader, der den Ausführungen seines Chefs gelauscht hatte.

»Wir haben nur ein kleines Problem mit der Regulierung der Triebwerke, da uns die Instrumente bislang fehlten.«

»Welche?«

»Zum Beispiel ein Drehzahlregler oder ein Schubdüsenversteller. Im Augenblick ist es nur möglich, die beiden Triebwerke über die Treibstoffversorgung mittels des Gashebels zu regulieren. Wäre das nicht der Fall, könnten Sie gleich losfliegen, so einfach ist die Kiste zu beherrschen.«

Die versammelten Herren lachten aus vollem Halse. Ernst Heinkel schaute seinen Piloten dankbar an. Das Eis schien gebrochen.

»Jetzt aber genug der Worte, Paul, zeigen Sie den Herren, was in der Maschine steckt!«

Mittlerweile schien es, als ob das halbe Werk eingetroffen wäre, um die große Heinkel Hoffnung fliegen zu sehen. Daraufhin begann Bader mit der Anlassprozedur. Nach kurzer Zeit kippte das feine Singen in ein abruptes Heulen um, als die Turbinen ihre Arbeit aufnahmen. Langsam setzte sich die He 280 in Bewegung und rollte zum Start. Udet, Heinkel und die übrigen Gäste und Ingenieure wanderten hinaus auf das große Flugfeld, um eine bessere Sicht auf die Maschine zu haben.

Bader bremste die Maschine ab und gab Vollgas. Zum ersten Male hörten Udet, Schmidt und Lechner den signifikanten Lärm eines startenden Turbojägers, der in den Ohren von Schmidt wie Musik klang. Elegant hob die He 280 ab, und stieg in einem sanften Bogen empor. Schon jetzt war ein deutlicher Geschwindigkeitsunterschied zu konventionellen Kolbenflugzeugen erkennbar. Doch erst als der Jäger Höhe gewonnen hatte und zur Startbahn herunterstieß, offenbarte der Vogel sein unglaubliches Potenzial. Udet und Heinkel johlten vor Begeisterung, während Lusser und von Ohain stiller, aber mit großer Genugtuung den Flugbewegungen ihres Babys beiwohnten.

Othmar Schmidt und sein Freund Otto Lechner hatten sich an den Schultern umfasst und schauten gebannt und freudig erregt zugleich. Ihre Vision schien Wirklichkeit zu werden. Die Überlegenheit der deutschen Luftwaffe schien auf Jahre hinaus möglich. Bader gab sein komplettes Repertoire an Flugeinlagen zum Besten und euphorisierte geradezu Udet. Der hatte seine Schmalfilmkamera aus seinem Mantel gezerrt und verfolgte jede Flugbewegung.

»Donnerwetter, fabelhaft ...«, wiederholte er unentwegt.

Als Bader die He 280 schließlich butterweich landete, brandete unter den mittlerweile Hunderten von Schaulustigen aus den Werkshallen Jubel auf. Es war eine Stimmung wie auf dem Alter Markt in Köln zur Eröffnung der Karnevalssession. Als Bader sein Cockpit verließ und von der Tragfläche auf den Boden springen wollte, trugen ihn seine Flugzeugwarte auf den Schultern zu Ernst Heinkel, der vor Freude die Szene mit einer Träne im rechten Auge beobachtete. Udet immer mit der Kamera dicht dabei. Heinkel beglückwünschte Bader, der ihm ein paar Worte ins Ohr flüsterte.

Daraufhin winkte Heinkel einen Techniker zu sich, der postwendend in Richtung Hangar verschwand, nachdem er vom Chef Anweisungen erhalten hatte. Othmar hatte die Szene beobachtet und war gespannt, was nun geschehen würde. In der Zwischenzeit komplimentierte Heinkel Udet zur He 280, was keine Schwierigkeit war, da Udet unbedingt im Cockpit Platz nehmen wollte. Heinkel winkte Bader und Lusser herbei, die dem Generalluftzeugmeister die Geheimnisse des Supervogels erklären sollte. Ernst Heinkel wies seinen Hausfotografen an, Bilder von Udets Cockpitinspektion aus allen Winkeln für die Nachwelt festzuhalten.

Kaum hatte Udet das Cockpit verlassen, erschien der von Heinkel mit einer Aufgabe betreute Techniker erneut. Diesmal auf dem Führersitz eines Traktors. Kurze Zeit später rollte die Maschine hinter dem Trecker in die Halle zurück, woraufhin sich sofort die Schiebetüren schlossen. Othmar beauftragte Otto Lechner unauffällig mit Paul Bader zu sprechen, um herauszubekommen, warum die Maschine sang und klanglos in das Dunkel des Hangars manövriert wurde. Die Begeisterung war praktisch mit den Händen zu fühlen. Ernst Heinkels Augen funkelten hinter seinen großen Brillengläsern und freute sich wie ein Schneemann ob der enormen Euphorie seiner Angestellten und Arbeiter, die dem Flug beiwohnen konnten.

»Ihr bleibt natürlich heute Nacht in Warnemünde. Das muss gefeiert werden. Und«, drohte er Udet genüsslich mit dem Zeigefinger, »Widerspruch dulde ich nicht.«

»Meine Herren, sie haben es gehört, Rückflug erst morgen Mittag«, erklärte Udet im Befehlston.

»Sie können ja später sich in Warnemünde Ersatzunterhosen und Zahnbürsten kaufen. Ich habe ja so was für alle Fälle immer dabei«, und zog eine Schweizer Trisa Zahnbürste aus dem Revers seiner Uniformjacke.

»Ich schlage vor, wir fahren direkt zu meinem Haus in der Seestraße und überlegen uns, wie wir den Vogel so schnell wie möglich in Serie produzieren können«, sagte Heinkel.

»Gemach, gemach Herr Fabrikant, so schnell schießen die Preußen nicht. Erst müssen die Triebwerke standfest gemacht und die Nennleistung abliefern. Ganz zu schweigen von der Zellenerprobung«, meinte Udet beschwichtigend und legte seine Hand auf den Arm seines Freundes. Ganz so, als ob er versuchte, seinen Freund am Abheben zu hindern.

»Gut, gut«, dann sprechen wir halt über diese Dinge«, feixte Heinkel.

»Die Herren Lusser, von Ohain und Bader sind natürlich ebenfalls eingeladen«, meinte Heinkel jovial und winkte seinen Mitarbeitern zu.

»Sagen wir 18:00, dann haben Sie noch Zeit die Flugdaten auszuwerten. Meine Herren, dann man los!«

Heinkel legte ein Höllentempo vor, als er den Maybach auf die Landstraße nach Warnemünde lenkte. Udet, Schmidt und Lechner zogen blitzschnell ihre Mützen in Sicherheit. In wenigen Minuten erreichten sie das Seebad Warnemünde und erst in der Ortsmitte verlangsamte Heinkel das Tempo. Einige Passanten erkannten den Unternehmer und grüßten ihn. Jedes Mal nahm Heinkel sich die Zeit, den Gruß zu erwidern. Es war offensichtlich, dass er bei der Bevölkerung großes Ansehen besaß. Heinkel lenkte den Wagen auf die Seepromenade, von wo aus sie einen herrlichen Blick auf die Ostsee genießen konnten. Heinkel folgte der Straße bis zum Strandweg 17.

»Ich wollte den Herren nur mein Gästehaus Hohenzollern zeigen, in dem sie heute nächtigen werden. Gefällt es Ihnen?«

Die Angesprochenen reagierten begeistert.

»Das sieht ja aus wie ein Strandschloss«, meinte Udet und auch Othmar konnte mit Lob nicht hinter dem Berg halten.

»Ich finde die schneeweiße Fassade mit den beiden Ecktürmchen ganz putzig.«

Heinkel drehte mit einem dankbaren Lächeln den Maybach vor dem Haus und fuhr die Straße zurück, bis das Cabriolet in die Einfahrt neben dem Anwesen Seestraße 15 einbog. Heinkels Domizil war ein klassizistischer, dreistöckiger Bau. Nicht bescheiden, aber auch nicht protzig. Othmar meinte leise zu Otto, dass »das Gästehaus schöner wäre als sein Eigenes.«

Sie wurden bereits von Heinkels junger Frau Lisa begrüßt, die ihren Gatten hatte vorfahren sehen. Sie führte die Besucher in den Wintergarten. Heinkel folgte ihr kurze Zeit später mit einer Flasche Cognac.

»Fliegen Sie eigentlich selbst, Herr Heinkel?«, fragte Othmar.

»Zum Glück nicht mehr«, amüsierte sich Udet.

Heinkel verzog sauertöpfisch sein Gesicht.

»Nachdem ich die Königlich-Technische-Hochschule Stuttgart verlassen hatte, habe ich angefangen, meinen ersten eigenen Doppeldecker zu bauen. Den habe ich dann auch selbst getestet. Das Fliegen musste ich mir, wie alle anderen auch, selber beibringen. Als ich aber im Juli 1911 aus mehr als zwanzig Meter Höhe auf dem Cannstatter Wasen abgestürzt bin, habe ich entschieden, dass andere die besseren Piloten wären, und habe die Fliegerei aufgegeben.«

»Fehlt Ihnen das nicht sehr?«

»Nein, Herr Hauptmann, heute bin ich dem Automobil verfallen. In Warnemünde nennen sie mich nur den verrückten Autofahrer.«

Heinkel prostete seinen Gästen zu und schenkte großzügig nach. Udet kicherte leise, als er seinen Freund bei einer seiner Lieblingsbeschäftigungen sah.

»Du machst deinem akademischen Spitznamen wieder alle Ehre, Ernschtel.«

»Welchen Spitznamen?«, fragte Otto Lechner vorsichtig.

»Der Ernst Heinkel ist nicht nur ein großartiger Freund, Konstrukteur und Unternehmer, er liebt auch gerne einen guten Tropfen«, erklärte Udet.

»Daher verlieh man ihm an der TH den Spitznamen Fläschle. Stimmt's Ernschtel?«

Der Schalk blitze hinter den Augengläsern Heinkels.

»Den Namen habe ich lange nicht mehr gehört, Ernst. Danke, dass du mich an meine wilde Zeit erinnerst«, grinste er.

Udet wandte sich an Othmar und Otto.

»Wenn Sie sich mit Unterhosen und Zahnbürsten eindecken wollen, meine Herren, dann sollte Sie sich sputen, bevor die Geschäfte schließen.«

Der Hinweis war angebracht und flugs erkundigten sich die beiden bei Heinkels Gattin, wo man in Warnemünde einkaufen konnte. Als sie mit den Utensilien zurückkehrten, fuhren im gleichen Moment Lusser, Bader und von Ohain vor. Otto Lechner nutzte die günstige Gelegenheit und zog seinen Rechliner Kumpel Paul Bader zur Seite.

»Warum habt Ihr den Vogel denn so schnell in die Halle gezogen?«

Bader schaute sich um, als ob er sicherstellen wollte, keinen Ohrenzeugen in der Nähe zu wissen.

»Ich wollte, dass Udet beeindruckt wurde, und habe die Triebwerke nicht geschont. Leider sind Ausrollen nach der Landung beim Ausrollen die hinteren Turbinenlager festgegangen. Das wollte ich natürlich nicht an die große Glocke hängen.«

In der Zwischenzeit hatte die Haushälterin und Köchin Heinkels gezaubert und ein opulentes Mahl für die so plötzlich erschienenen Gäste angerichtet. Offensichtlich war sie darin geübt, denn Heinkel zeigte sich voll des Lobes ob der Fähigkeiten seiner Küchenchefin. Othmar hatte sich neben Lusser gesetzt, um von ihm den Stand der Dinge der verschiedenen Projekte zu erfahren. Dabei war die He 177 für ihn von besonderem Interesse.

»Schon jetzt eine unheilige Geschichte«, seufzte Lusser.

»Ich habe das Projekt ja von meinem Vorgänger, Professor Heinrich Hertel, übernommen. Und damit auch sämtliche Probleme.«

»Und welche sind das im Einzelnen?«

»Wollen Sie die alle hören?«

Othmar nickte zustimmend.

»Das Dilemma begann bereits kurz nach der Ausschreibung im Sommer 1936. Nachdem Heinkel mit seinem Vorschlag Dorniers Do 19 und Junkers Ju 89 ausgestochen hatte, flatterten ununterbrochen Änderungswünsche des RLM ins Haus. Der Gipfel der teils hanebüchenen Änderungswünsche war die Forderung nach einem schweren Bomber, der steile Gleitflüge von maximal 700 km/h mit scharfem Abfangen der Maschine forderte. Also praktisch Sturzkampffähigkeit.

Welch ein Irrsinn, denn das zog neben den Unabwägbarkeiten auch automatisch eine größere Festigkeit der Zelle und Tragflächen und somit höheres Gewicht nach sich. Die geforderte Höchstgeschwindigkeit war daher nur durch Verringerung des Luftwiderstandes machbar. Deswegen entschieden Hertel und sein Projektleiter Siegfried Günther nicht vier Einzelmotoren, sondern zwei Daimler-Benz Doppelmotoren vom Typ DB 606 einzusetzen. Die zu erwartenden Kühlungsprobleme wollten sie mit Oberflächenkühlung unter Verwendung von großen Teilen der Tragfläche kurieren. Man hatte ja bereits bei der He 119 Erfahrungen mit diesem Motorentyp gemacht.

Um jedes Risiko mit den neuartigen Triebwerken auszuschalten, hatte Heinkel dem Reichsluftfahrtministerium im November 1938 vorgeschlagen, einige Mustermaschinen mit vier Einzeltriebwerken Jumo 211 zusätzlich zu bauen. Dieser Vorschlag wurde vom Generalstab mit der Bemerkung abgelehnt, eine normale viermotorige Maschine sei nicht zum Sturzflug zu bringen, und deshalb scheide eine solche Entwicklung grundsätzlich aus. Als später laufend Ausfälle durch die Betriebsunsicherheit der Doppeltriebwerke auftraten, entschloss sich Heinkel zu einer viermotorigen Ausführung mit Einzeltriebwerken als Privatentwicklung zu Vergleichszwecken. Dieses Muster erhielt die Bezeichnung He 177 B-0.«

»Wie muss ich mir denn einen Doppelmotor vorstellen?«, hakte Othmar nach.

»Folgendermaßen«, begann Robert Lusser zu dozieren.

»Zwei Zwölfzylinder-V-Motoren DB 601 sind im Winkel von 44 Grad zueinander angeordnet. Beide Motoren wirken auf ein gemeinsames Verbindungs- und Untersetzungsgetriebe ein, das die Kraft durch eine Verlängerungswelle auf eine gewaltige Vierblatt-Luftschraube von 4,50 Meter Durchmesser überträgt. Aus Gründen der Schwerpunktlage sind die Motoren dicht am Flügel und Fahrwerk angeordnet. Aber die Motorenproblematik könnte Ihnen am besten Dr. Walter Baist erklären, der in Rechlin für die Triebwerkserprobung zuständig ist.«

»Danke für den Tipp, Herr Lusser. Bei meinem nächsten Besuch in Rechlin werde ich ihn mal aufsuchen.«

»Fakt ist nun, dass wir enorme Probleme mit den Triebwerken haben, die viel zu häufig in Flammen und Rauch aufgehen. Dabei ist das Flugzeug eigentlich nicht schlecht. Ich hatte Ernst Heinkel empfohlen, den Leiter der Flugerprobung in Rechlin, Carl Francke, für das Einfliegen des Bombers zu engagieren. Nach seinem ersten Flug erklärte er, dass das Flugzeug im Start- und Steigverhalten sowie die Querruderkräfte und

Hochachsenstabilität gut wären. Bemängelt hat er die Seitenruderkräfte, die Federleistung des Fahrwerks, Bremsanlage und die Triebwerke. Er musste den Flug nach zwanzig Minuten abbrechen, weil die Öltemperatur durchs Dach ging.«

»Und was sollte Ihrer Meinung nach jetzt geschehen?«

Lusser überlegte lange.

»Die irrwitzigen Forderungen streichen und vier Einzelmotoren anstelle der Doppelmotoren einbauen.«

Othmar beschloss in den nächsten Wochen mit Udet über die He 177 zu sprechen. Bis dahin konnte er wenig in der Sache an sich tun. Er hatte auch keine Ambitionen, da sein Augenmerk ausschließlich auf Antriebe der Zukunft ausgerichtet war. Für ihn lag es auf der Hand, auch den Bomberbau so schnell wie möglich auf die neuen Triebwerke umzustellen. Vorausgesetzt natürlich, dass genügend standfeste Strahltriebwerke vorhanden waren.

»Wenn Sie das nächste Mal bei uns sind, zeige ich Ihnen unser nächstes Projekt, den Fernaufklärer He 219, ein zweimotoriger Ganzmetall-Schulter-Decker mit zweisitziger Druckkabine und Bugfahrwerk.«

In diesem Augenblick unterbrach Udet den Dialog zwischen Lusser und Schmidt.

»Wir sollten jetzt, da wir alle zusammensitzen, endlich einmal ordentlich auf den großen Erfolg anstoßen. Auf die He 280! Auf Ernst Heinkel und seine Mannschaft!«

Am Sonntagmorgen wachte Othmar gegen 09:00 auf. Zunächst wusste er gar nicht, wo er war. Erst als er aus dem Fenster auf die Ostsee schaute erinnerte er sich. Die Köchin musste die angeschlagenen Offiziere in das Gästehaus Hohenzollern führen, was für die arme Frau um drei Uhr morgens nicht unbedingt auf eitel Freude stieß. Doch konnte man Ernst Heinkel etwas abschlagen? Im Weinkeller hatte Udet eine Reihe großartiger Bordeaux Flaschen gefunden, deren Herkunft nur insofern geklärt werden konnten, dass Heinkel ernsthaft versicherte, diese von einem befreundeten Oberstabsarzt abgekauft zu haben, nachdem dieser aus dem Frankreichfeldzug nach Rostock zurückgekehrt wäre. Den Anwesenden war es gleich, denn der Tropfen von der Gironde schmeckte ausgezeichnet. So ausgezeichnet, dass Othmar und Otto Udet auf dem Weg ins Gästehaus stützen mussten. Othmar war klar, dass Udet mit Sicherheit nicht in der Lage sein würde, die Taifun zurück nach Berlin zu fliegen. Nach einem Blick auf den im Zimmer nebenan schnarchenden Leutnant Lechner beschloss er ein Körperertüchtigungsprogramm am Strand von Warnemünde zu absolvieren, um den Blutalkoholpegel auf akzeptable Werte zurückzuführen. Dauerlauf erschien ihm als probates Mittel und so quälte er sich mehrmals vom Gästehaus Hohenzollern zur Westmole und zurück. Letztendlich war die Quälerei von Erfolg gekrönt und er konnte die Bordeauxleichen Udet und Lechner wohlbehalten in Berlin abliefern. Auf dem Flug stellte Othmar Udet einige Fragen bezüglich des Leiters der Junkers Strahltriebwerksentwicklung, Dr. Anselm Franz. Dies war ein schwieriges Unterfangen, da wegen der Nachwirkungen des Rotweins Othmar die Antworten wie Würmer aus Udets Nase ziehen musste. Doch er erfuhr immerhin, dass Franz aus Schladming in Österreich stammte und in Graz Maschinenbau studiert hatte. Seinen Doktor machte er an der Berliner Humboldt Universität. Othmar wollte auch von ihm wissen, ob sich Hermann Göring für die Entwicklung der neuen Motorentechnik interessierte. Das erheiterte den schwer angeschlagenen Generaloberst.

»Der Eiserne hat mir mal gesagt, dass sein Verständnis in dieser Beziehung bereits bei der Bedienung eines Radioapparates überfordert sei.«

Weitere Auskünfte über Franz und Junkers waren anschließend aber nicht mehr aus ihm herauszulocken.

»Den Rest müssen Sie ihn selber fragen«, waren seine letzten Worte zu dem Thema, bevor er wieder einnickte.

Der 7. April war ein nasskalter Tag. Das Wetter hatte in der Nacht umgeschlagen und Othmar genötigt, seinen Mantel wieder aus dem Schrank zu holen. Er ließ sich gegen 10:30 von der Fahrbereitschaft zum Schlesischen Bahnhof fahren, wo er um 11:00 den Eilzug E 162 nach Aschersleben nehmen wollte. Das Bahnhofsumfeld war nicht unbedingt ein Vorzeigeviertel von Berlin. Besonders in den zwanziger Jahren hatte das Areal um den Bahnhof in Friedrichshain den Nimbus eines Unterschichtenstadtteils, in dem es übervölkerte Mietskasernen gab und überproportional viele Immigranten aus dem Osten lebten.

Als Othmar auf dem Gleis 6 eintraf, stand die S 10.2 Lokomotive mit Schlepptender bereits unter Dampf. Ein freundlicher älterer Herr, in Reichsbahnuniform mit rotem Schulterband, das ihn als Zugführer auswies, verwies ihn auf ein leeres Abteil, in dem er «ganz ungestört wäre«, wie er sagte. Pünktlich verließ der Zug Berlin und fuhr über Wannsee, Beelitz und Wiesenburg in Richtung Süden. In Dessau-Roßlau holte ihn ein Junkers Mitarbeiter ab, der ihn ins Werk fuhr, wo ihn Dr. Anselm Franz bereits erwartete. Der Konstrukteur war eine akademische Erscheinung, mit klaren Augen in einem fein geschnittenen Gesicht, das den 41-Jährigen erheblich jünger aussehen ließ.

»Ist das Ihr erster Besuch der Junkers Werke?«

»Richtig, und ich war zunächst überrascht, dass Sie in Dessau die Versuche durchführen, da ich immer der Ansicht war, dass der Motorenbau in Magdeburg ansässig wäre.«

»Da haben Sie grundsätzlich recht, Herr Hauptmann. 1913 wurde die Junkers Motorenbau Gesellschaft in Magdeburg gegründet. Hier wurden die ersten Junkers-Schweröl-Flugmotoren gebaut. Für Hugo Junkers war Magdeburg als ein Standort hochinnovativen Maschinenbaus die ideale Wahl und es gab Möglichkeiten hoch qualifizierte Arbeitskräfte anzuwerben. Finanzieren konnte er sie aus den Erlösen der Thermotechnik. Die bildete jahrzehntelang die wirtschaftliche Grundlage für alle anderen Unternehmungen. Mit seinen Gasbadeöfen eroberte Junkers in wenigen Jahren die Badezimmer Deutschlands - bis ihn 1932 die Weltwirtschaftskrise zwang, das Junkers-Stammwerk Junkers & Co. an die Robert Bosch AG zu verkaufen. Das Stammwerk Junkers & Co in Dessau war aufgrund seiner erfolgreichen Produktion von Schnellwassererhitzern hochprofitabel und stellte das finanzielle Rückgrat der Junkers Motorenforschung dar.«

»Wie lange arbeiten Sie denn schon an dem Konzept der Strahltriebwerke?«

»Seit Sommer '39, Herr Hauptmann. Damals bekam ich von Professor Otto Mader den Auftrag ein Strahltriebwerk zu entwickeln, das unter keinen Umständen die Entwicklung und Bau von Kolbenmotoren beeinträchtigen durfte. Er ging damals davon aus, dass ein Strahltriebwerk in diesem Krieg nicht mehr eingesetzt werden würde. Dazu kam dann noch dieser Entwicklungsstopp für innovative Technologie im Frühjahr 1940. Wir, das heißt, unser kleines Team von 35 Mitarbeitern, durften zwar an dem Jumo 004 Triebwerk weiterarbeiten, aber natürlich ohne größere Unterstützung.«

»Half Ihnen dabei Ihre frühere Tätigkeit bei Junkers?«

»Nur bedingt, da wir komplettes Neuland beschritten haben. Geholfen hat natürlich meine Erfahrung mit dem Bau von Höhenladern.«

»Gab Ihnen denn Professor Mader einen klaren Auftrag?«

»Ja, wir sollten ein Triebwerk entwickeln, das einen Vollgasschub von 600 Kilopond leisten und trotzdem noch Reserven in petto haben sollte. Dementsprechend konservativ haben wir dann auch das Triebwerk gebaut. Bei der Zielsetzung haben wir bewusst darauf verzichtet, das maximal Mögliche anzustreben, um auf diese Weise möglichst schnell zu einem lauffähigen Gerät zu kommen, das die Untersuchung des Gesamtprozesses und die Durchführung von experimentellen Entwicklungsarbeiten gestatten.«

»Und wie sieht das Grundkonzept der Turbine aus?«

»Es ist eine rein axiale Konstruktion mit kleiner Stirnfläche, um hohe Geschwindigkeiten zu gewährleisten. Aber ich schlage vor, Sie sehen sich das Triebwerk einmal persönlich an.«

Dr. Franz führte Othmar durch ein Gewirr von Gängen zu einem anderen Backsteingebäude, in dem sein Turbinenteam mit dem Aufbau des Aggregats beschäftigt war. Als sie um einen Pfeiler bogen, sah Othmar das Triebwerk, das in Bauchhöhe auf einem Lagerblock lag. Er hatte es sich kleiner vorgestellt, doch dieses war größer als das BMW oder Heinkel Triebwerk.

»Das Jumo 004 A Triebwerk ist, wie schon gesagt, unser Experimentalgerät, mit dem wir Erfahrungen sammeln wollen. Bei der Entscheidung für den Axialverdichter hat uns die Entwicklung eines sechsstufigen Versuchsverdichters geholfen, den wir zusammen mit der Aerodynamische Forschungsanstalt AVA in Göttingen bereits 1935 entworfen hatten. Und auch bei dem heutigen Verdichter hat uns wiederum die AVA, in diesem Fall Diplom-Ingenieur Walter Encke, geholfen, der einen achtstufigen Axialverdichter entworfen hat. Im Oktober 1940 haben wir erstmalig das Triebwerk zum Laufen gebracht und im vergangenen Januar erreichte es ihre volle Umdrehungsgeschwindigkeit von 9000 Umdrehungen pro Minute. Doch wir haben ein ernstes Problem.«

Othmar spitzte die Ohren. Probleme konnte man sich bei dem ehrgeizigen Programm nicht leisten und es lag an ihm, zu diesen eine Lösung zu finden.

»Was ist denn die Ursache Ihrer Kopfschmerzen?«, meinte Othmar scherzhaft.

»Vibrationen der Verdichterleitschaufeln, die zu Schwingungsbrüchen führen«, erklärte Dr. Franz lakonisch.

»Zurzeit haben wir nicht die geringste Ahnung, wie wir dies abstellen können.«

Othmar fasste sein Kinn mit Daumen und Zeigefinger und überlegte eine Weile.

»Ich könnte Dr. Max Bentele bitten, Ihnen bei diesem Problem zu helfen. Er ist, so glaube ich, der führende Experte für Schwingungsbrüche.«

»Sie meinen Dr. Bentele von den Heinkel Werken? Ernst Heinkel würde doch nie seine Erlaubnis geben, einem Konkurrenten aus der Patsche zu helfen«, erwiderte Dr. Franz erstaunt.

»Ich denke doch und bekanntermaßen kostet fragen nichts.

»Gibt es noch weitere Bereiche, wo ich Sie unterstützen kann?«

Dr. Franz überlegte lange.

»Von den finanziellen und technischen Aspekten sind wir bestens von Junkers ausgestattet worden. Was uns fehlt, sind Spitzenkräfte sowohl aus der Forschung, als auch aus bestens ausgebildete Ingenieure und Techniker. Dank Ihrer Initiative ist die Freistellung vom Wehrdienst für solche Leute ja jetzt gewährleistet, aber wir suchen sie dringend. Das wäre das Feld, wo sie helfen könnten. Haben Sie denn noch weiter Fragen?«

»Brennend interessiert mich die Frage des Treibstoffs sowie die Vorteile gegenüber Kolbenmotoren, abgesehen von den erreichbaren Spitzengeschwindigkeiten.«

Dr. Franz hatte geradezu auf diese Frage gewartet, denn ein zufriedener Gesichtsausdruck machte seinen Sorgenfalten Platz.

»Neben der Tatsache, dass bei einem Strahltriebwerk taktmäßige Zündungen passé sind, besteht ein weiterer Vorteil darin, dass Getriebe, Kolben, Pleuelstangen, Nockenwellen, Kurbelwelle und Untersetzungsgetriebe entfallen. Auch aufwendige Kühlsysteme sind nicht mehr notwendig. Dadurch erreichen wir einen viel geringeren Wartungsaufwand. Statt des üblichen Flugbenzins nutzen wir J-2 Kraftstoff, was nichts anderes ist als, im Gegensatz zu hochoktanigem Treibstoff für Kolbenmotoren, minderwertiges Dieselöl. Der hat zwar eine niedrigere Brennleistung, steht aber reichlich zur Verfügung. Zwar ist der Treibstoffverbrauch der Strahltriebwerke doppelt so hoch wie beim Kolbenmotor, aber man darf nicht vergessen, dass aus tausend Liter J-2 gerade mal vierhundert Liter herkömmliches Flugbenzin zu destillieren sind! Und dann haben wir noch nicht einmal Hundert-Oktan-Sprit wie die Engländer, sondern eine erheblich schlechtere Qualität, was wiederum Einbußen in der Motorleistung nach sich zieht. Sie sehen, es gibt keine Alternative zum Strahltriebwerk!«

2. Teil

Carinhall

Nachdem Gila von Heese die Hoteltür hinter sich geschlossen hatte, blieb Gordon Schmitt im Halbdunkel wie betäubt zurück. Er hatte schon viel erlebt, doch die Diplomatengattin war derart sexuell ausgehungert, dass selbst ihm schwindelig wurde. Er nahm den letzten Schluck Sekt aus dem Glas und richtete sich langsam auf. Diese Frau bringt mich noch um dachte er mit einem verzückten Lächeln auf den Lippen. Gila hatte schon am Telefon deutlich zum Ausdruck gebracht, dass ihr Zeitplan eng war, und das ließ sie ihn von der ersten Sekunde an spüren. Kaum war die Tür geschlossen, hatte sie ohne ein Wort der Begrüßung ihre Lippen auf seinen Mund gepresst und ihm gleichzeitig in den Schritt gegriffen. Mehr taumelnd als gehend gelang es ihm unfallfrei das riesige Bett zu erreichen, und noch im Fallen riss die Baronin mehrere Knöpfe von seinem Hemd in dem Bestreben so schnell wie möglich seine Nacktheit zu spüren.

Triebhaft befreite sie seinen Schwanz aus der Enge seiner Hose und gab ihm eine orale Lektion, die ihm die Sinne schwinden ließ. Es war hemmungsloser Sex, der in kurzer Zeit die Fenster beschlug, ohne dass sie davon Notiz genommen hätten. Nach der Raserei, die nicht länger als vielleicht fünfzehn Minuten dauerte, sanken sie erschöpft auf die Laken. Gila von Heese atmete hörbar angestrengt und auch Gordons Geräusche erinnerten mehr an die eines Kranken als an jemanden, der gerade erst einen exorbitanten Höhepunkt erreicht hatte.

»Ich habe dich so vermisst, mon Amour«, sprach sie sanft in sein Ohr, um gleich darauf zuzubeißen, was einen Laut des Schreckens ihm entlockte.

»Noch solch eine Begrüßung und du kannst die Charité anrufen«, grinste er matt und hielt sich sein linkes Ohrläppchen, aus dem ein Tropfen Blut quoll.

»Was hast du ohne mich gemacht in all den Wochen, Liebster«, gurrte sie.

»Gedarbt, meine Teuerste«, seufzte er ironisch und drehte sie auf ihren Rücken.

»Und dafür musst du jetzt büßen.«

Nachdem sie sich für die nächsten Tage wieder verabredet und Gila das Zimmer verlassen hatte, zog sich Gordon um und ging zur Hotelbar. Der Barkeeper erkannte ihn sofort wieder und begrüßte ihn wie einen Stammgast.

»Großartige Nachrichten von der Front, nicht wahr, Herr Schläppi?«

»Ich kennen noch nicht den neuesten Stand der Dinge«, brummte Gordon.

»Was gibt es denn Neues?«

»Der Tommy ist in Griechenland zum Gegenangriff angetreten und hat sich prompt eine blutige Nase geholt«, triumphierte der Mann hinter dem Tresen.

Ohne sich seine Betroffenheit ansehen zu lassen, entgegnete Gordon: «Dann kann er ja seine Erfahrungen von Dünkirchen diesmal bei Saloniki anwenden.«

Der Barkeeper lachte so schallend, dass sich die übrigen Gäste ihnen zuwandten.

Ein Unteroffizier der Pioniere, der sich in diesem Augenblick an die Bar gesellte, hatte Gordons Satz gehört und fühlte sich bemüßigt dem Ganzen noch einen draufzusetzen.

»Der Tommy kann sich auf was gefasst machen, unsere Fallschirmjäger sind jetzt auf dem Weg nach Griechenland.«

Der Barkeeper warf ihm einen wütenden Blick zu.

»Feind hört immer mit«, zischte er in Richtung des erschrockenen Unteroffiziers.

Darauf kannst du wetten dachte sich Gordon und warf einen Blick auf den neuen Gast.

Der Hauptfeldwebel machte eher den Eindruck als habe er sich in der Adresse geirrt und erwiderte Gordons Blick.

»Wie kommt's, dass Sie in Ihrem Alter keine Uniform tragen?«, fragte er ein wenig misstrauisch.

»Weil ich Schweizer Staatsbürger bin«, antwortete Gordon freundlich.

»Ihr Eidgenossen seid die wahren Gewinner in Europa. Wann immer es in unserer Hemisphäre kracht, ruht bei Euch still der See.«

Es klang in Gordons Ohren beinah wie eine Anklage.

»Aber freut Euch nicht zu früh. Irgendwann ändert der Führer seine Meinung und Ihr werdet eingemeindet.«

Der Unteroffizier lachte derbe. Der Barkeeper und Gordon bekamen immer mehr das Gefühl, als ob der Hauptfeldwebel erheblich über den Durst getrunken hatte, was auch sein Auftauchen in der Bar des Esplanade Hotels erklärte.

»Ich denke, Sie gehen besser in Ihr Quartier, Herr Unteroffizier, sonst endet es wohlmöglich noch böse«, raunte Gordon seinem Nachbarn zu. Doch der reagierte aggressiv.

»Lassen Sie mich in Ruhe, Sie Kriegsgewinnler. Ober geben Sie mir ein Bier, aber dalli.«

Der Barkeeper hatte dem Concierge einen Wink gegeben und dieser wiederum rief die Schutzpolizei, die Minuten später auf den Plan trat. Zwei Schupos betraten den Raum und gingen auf den Barkeeper zu.

»Gibt es ein Problem?«

»Eigentlich nicht, Herr Wachtmeister. Aber ich glaube, der Herr Unteroffizier möchte nach Hause gehen.«

Bei diesen Worten drehte sich der Hauptfeldwebel abrupt um.

«Ich gehe, wann es mir passt.«

Der Schupo schaute ihn an und entdeckte das Eiserne Kreuz, 1. Klasse, das auf der Brust der Uniformjacke hing. Sofort änderte sich der harte Gesichtsausdruck und eine Art Heldenverehrung machte an deren Stelle Platz.

»Kommen Sie, Hauptfeldwebel, wir machen jetzt einen Spaziergang und bringen Sie in Ihr Quartier.«

Kaum protestierend räumte der Unteroffizier den Barhocker und folgte den Anweisungen der Polizisten.

»Ich hoffe, Sie fühlen sich nicht belästigt«, meinte der Schupo.

»Keine Ursache«, erwiderte Gordon.

Der Schupo war sichtlich erleichtert gegenüber dem Kriegshelden nicht tätig werden zu müssen und folgte seinem Kollegen, der mit dem Unteroffizier schon fast die Halle des Hotels verlassen hatte. Draußen redete der eine der beiden Schupos auf den Soldaten ein, wobei mehrfach der Zeigefinger des Ordnungshüters zum Einsatz kam. Schließlich trennten sie sich. Gordon fühlte sich unendlich erleichtert, als sie das Hotel Esplanade verlassen hatten. Das Letzte, was er gebrauchen konnte, war eine Feststellung der Personalien durch die Berliner Polizei. Auch der Barkeeper hatte seine gute Laune wiedergefunden und fragte ihn: «Noch ein Schultheiss, Herr Schläppi?«

Am nächsten Morgen beschloss Gordon, seine Telefunkenbekanntschaft Karl Reiter zu kontakten. Er ging in die Hotelhalle hinunter und lieh sich vom Concierge eines der zweieinhalb Kilo schweren Telefonbücher. Zunächst fiel ihm auf dem Deckel der Hoheitsadler mit dem Hakenkreuz auf rotem Grund sowie ein Wasserflugzeug der Lufthansa, das Werbung für die Deutschen Luftpost machte, auf. Da er keinen Hinweis hatte, in welcher der vielen Berliner Telefunken Büros Reiter residierte, suchte er zunächst nach der Zentrale von Telefunken in Berlin-Zehlendorf. Er fand die Nummer auf Anhieb und versuchte sofort sein Glück. Frechheit siegt dachte er, als eine resolute Frauenstimme nach wenigen Sekunden meldete: »Ich verbinde Sie mit Herrn Reiter.«

Der Telefunken Mitarbeiter stotterte erst ein paar Sekunden, bis ihm wieder einfiel, wer Klaus Schläppi war und was er mit ihm vor einigen Monaten unternommen hatte. Und kaum, dass der Groschen gefallen war, wechselte sein zunächst genervter Tonfall in eine erheblich freundlichere Nuance.

»Das nenne ich eine Überraschung, Herr Schläppi. Was treibt Sie in die Reichshauptstadt. Blöde Frage«, lachte er, »natürlich wollen Sie ihre Schnellfeuergeschütze an den Mann bringen.«

Gordon spielte das Spiel mit und überfiel ihn mit einer Gegenfrage.

»Wie wär's mit Mittagessen heute? Ich könnte Sie in Zehlendorf besuchen. Bis heute Nachmittag habe ich keinen Termin.«

Reiter druckste herum.

»Hier gibt es aber keine Restaurants, die Ihnen gefallen könnten«, versuchte er den Besucher loszuwerden.

»Das macht nichts, ich setze mich auch gerne in Ihre Kantine. Dann könnte ich vor Ort testen, ob das Oerlikon Kasino besser oder schlechter ist.«

Bei dem Begriff Oerlikon vergaß offensichtlich Reiter seine Bedenken, einen Fremden ins Werk einladen zu müssen.

»Also gut. Abgemacht. Sie werden staunen, wie Telefunken sich selbst mitten im Krieg um seine Mitarbeiter kümmert. Sagen wir 13:00?«

Gordon wusste, dass er auf öffentliche Verkehrsmittel angewiesen war, und hatte sich vom Concierge einen Plan aufschreiben lassen. Zunächst nahm er die S-Bahnlinie 1 vom Potsdamer Platz bis Zehlendorf, wo er in einen Omnibus umstieg, der ihn geradewegs zum Vierten Ring brachte, dem Haupteingang zu Telefunken. Als er dort den Bus verließ, wurde er von den Dimensionen sowohl des Telefunken Werkes, das von einem zehnstöckigen Turm beherrscht wurde, überrascht.

Er meldete sich beim Portier und wartete, dass Reiter ihn abholen würde. Es dauerte fast eine Viertelstunde, bis Gordons Bekannter in der Lobby auftauchte und mit rudernden Armen freudestrahlend auf ihn zuging, als ob er einen alten Bekannten, den er jahrelang nicht gesehen hatte, begrüßen wollte. Reiter lotste seinen Gast durch mehre Gebäude bis zur Kantine, die direkt an einen Lichthof grenzte.

»Was haben Sie denn diesmal dem Heereswaffenamt anzubieten«, wollte Reiter ein wenig zu kumpelhaft von ihm wissen.

Gordon ging auf dessen Spiel ein und lancierte Spielmaterial, um das Interesse Reiters zu wecken und ihn empfänglich zu machen auch seinerseits mit dem einen oder anderen Geheimnis herauszurücken.

»Wir haben einen automatischen Waffenstand mit einem Vierling entwickelt, der als Heckstand in Großbombern eingebaut werden könnte. Der Clou ist, dass dessen Feuer durch ein Periskop in der Pilotenkanzel gelenkt werden kann.«

»Allerhand, Herr Schläppi. Soweit ich weiß, gibt es solch eine Technik bei der Luftwaffe nicht. Da stehen Ihre Chancen aber gut«, bemerkte Reiter in einem respektvollen Ton.

»Und an was arbeiten Sie zurzeit?«

»Funkmess«, murmelte Reiter geheimnisvoll.

»Eine ganz neue Sache. Ultrageheim.«

»Geben Sie mir doch einen Tipp, wohin die Reise geht«, lächelte Gordon, »ich bin enorm an dieser Hochfrequenztechnik interessiert, weil ich schon als Kind Radios gebastelt habe, verstehen Sie?«

Dabei legte er vertrauensvoll seine Hand auf den rechten Arm seines Gastgebers. Reiter schien ein wenig verwirrt. Zuerst vergewisserte er sich, dass niemand in der Nähe war, dann beugte er sich vor und sagte leise: »Höhe, nicht nur Weite.«

Mehr war aber nicht aus ihm herauszulocken, egal welchen Psychotrick er auch anwandte, den er bei der SOE-Ausbildung gelernt hatte.

Das Kantinenessen bei Telefunken war in der Tat sehr ansprechend. Vor allem, wenn man bedachte, dass man sich mitten in einem Krieg befand.

»Hätten Sie mal wieder Lust mit mir abends Berlin unsicher zu machen?«, zwinkerte Gordon sein

Gegenüber an.

»Diesmal können Sie sich auch das Ziel aussuchen«, schlug Gordon listigerweise vor.

»Wirklich?«

Reiter schaute ihn ungläubig an, dann jedoch änderte sich seine Mimik und ein lüsternes Grinsen erschien auf seinem Gesicht.

»Ich habe da von einem befreundeten Generalstabsoffizier aus Zossen einen Tipp bekommen.

Sehr exklusiv, sehr außergewöhnlich, aber auch sehr teuer.«

»Machen Sie sich mal über die Kosten keinen Kopf, Herr Reiter, solange der Spaß garantiert ist, solange bin ich dabei. Sagen wir morgen Abend, gegen 20:00 bei mir im Hotel Esplanade?«

Reiter nickte freudig erregt.

»Sie werden begeistert sein, Herr Schläppi!«

Nach seinem Treffen mit Karl Reiter war Gordon zurück in die Stadt gefahren.

Höhe, nicht nur Weite ... was meinte Reiter mit seinem orakelhaften Hinweis, überlegte er, als er mit der S-Bahn stadteinwärts fuhr. Vielleicht gelänge es ihm, ein paar Details bei ihrem Männerabend zu entlocken. Er schaute auf die Uhr. Es war gerade kurz nach zwei und er überlegte, was er mit dem Nachmittag anfangen sollte. Dann erinnerte er sich an die ominöse riesige Baustelle im zoologischen Garten, die ihm bei seinem ersten Besuch aufgefallen war. Er beschloss nun, einen Abstecher dorthin zu machen. Er blieb also bis zum Potsdamer Platz sitzen und stieg erst dann in die U-Bahn-Linie A in Richtung Ruhleben ein.

Als er den U-Bahnhof Zoologischer Garten verließ, bemerkte er sofort eine ungewöhnliche bauliche Veränderung. Hinter dem Reichsbahnhof sah er ein riesiges Betonmonstrum, das die umliegenden Gebäude und Bäume überragte. Er ging näher an die Baustelle heran und versuchte die Dimension des Baues zu ergründen.

»Da kiekt er sich die Oogen aus'n Kop«, hörte er plötzlich eine Stimme hinter sich.

Gordon drehte sich um und sah einen Mann in Bauarbeiterkluft, der ihn angrinste.

»Ja, ist ja auch gewaltig. Was soll denn das werden?«

»Nüscht jenauet weeß man nich«, lachte er und ging weiter seiner Wege.

»Lassen Sie sich nicht veräppeln, junger Mann«, sagte eine Frau im Vorübergehen.

»Jeder weiß doch in Berlin, dass das ein Flakbunker ist.«

So, so, ein Flakbunker dachte Gordon. Dann rechnet man in Berlin also mit dem Schlimmsten. Er ging weiter und zählte still die Entfernung ab, die er brauchte, um eine Front des Gebäudes abzulaufen. Er kam auf siebzig Meter. Die Höhe schätzte er auf ungefähr vierzig Meter. Dreihundert Meter weiter erblickte er einen weiteren Hochbunker, schlanker, aber auf gleicher Höhe mit dem Hauptbunker. Auf diesem konnte er eine Reihe Antennen sehen, von denen aber keine so wie eine englische Radarantenne aussah. Vielleicht sind sie mit der technischen Ausstattung noch nicht fertig dachte er und merkte sich vor, Hauptmann Wiese diesbezüglich Fragen zu stellen. Nachdem er fürs Erste genug gesehen hatte, ging er zurück zur Joachimsthaler Straße und weiter zum Kurfürstendamm. Kaum war er auf den Kudamm, wie ihn die Berliner nannten, eingebogen, sah er ausgebrannte Straßenbahnwaggons und zwei Blocks weiter ausgebrannte Häuser und Trümmerschutt. Das muss das Bomber Command gewesen sein, sagte sich Gordon und ging weiter in Richtung Halensee, um das Ausmaß der Verwüstung richtig abschätzen zu können.

Je näher er diesem Ortsteil kam, desto mehr Nebenstraßen waren durch Schuttberge gesperrt, die von den zusammengebrochenen Hausfassaden stammten. Jetzt erschien ihm der Bau des Flakbunkers sogar sinnvoll. Nach einer Weile hatte er genug und sehnte sich nach der Ruhe seines Hotels.

Hauptmann Wiese kam ein paar Minuten verspätet gegen 19:00 im Esplanade an, wo ihn Gordon bereits in der Lobby abfing. Wie beim letzten Mal schlug Wiese einen Spaziergang vor.

»Schön Sie wiederzusehen«, sagte er und Gordon merkte, dass die Begrüßung aufrichtig war.

»Ich habe die Trümmerberge am Kurfürstendamm gesehen. Das sieht ja schlimm aus.«

»Bis zum 13. März dachten die Berliner, die Royal Air Force hätte sie vergessen«, lächelte Hauptmann Wiese matt.

»Doch dann wurden sie eines Besseren belehrt. Erst nach fünf Stunden kam die Entwarnung.

Getroffen wurden Wohnbezirke in Schöneberg, Schmargendorf und Wilmersdorf. Auch der S-Bahn Verkehr war unterbrochen. Die Schäden, die sie gesehen haben, stammen vom Angriff vom Angriff am 23. März. Wenn Sie Pech haben, bekommen Sie auch noch ein paar Eier auf den Kopf.«

»Wie geht es Ihrer Frau?«

»Sie verhält sich tapfer und hat mehr Angst um mich, als um sich selbst. Ich weiß nicht, inwieweit Sie mit den Nürnberger Rassegesetzen vertraut sind, aber der Erlass des Oberkommandos der Wehrmacht vom 8. April 1940 stellt fest, dass die Mischlinge ersten Grades sowie die jüdisch Versippten, die in Mischehe leben, aus der Wehrmacht entlassen werden sollten. Ausnahmen werden ausschließlich mit persönlicher Genehmigung Hitlers erteilt.«

»Dann wollen wir alles dafür tun, den Krieg zu verkürzen, um Ihnen das zu ersparen«, sagte Gordon ernst.

»Was gibt's denn Neues vom Balkan?«

»Die Festung Belgrad wird weiter bombardiert und im Save-Gebiet liegt die Infrastruktur wie Brücken und Bahngeleise unter Feuer. Die Serben haben keine Chance, stellte Hauptmann Wiese knapp fest.

»England ist übrigens auch wieder schwer bombardiert worden. Diesmal traf es die Hafenstädte Bristol, Liverpool, Ipswich und Harwich.«

»Sind Sie eigentlich mit Funkmess bewandert?«, fragte Gordon unvermittelt.

»Nein«, erwiderte Wiese etwas überrascht.

»Das fällt nicht in mein Ressort. Ich habe den Begriff schon mal gehört, aber kann mir nichts darunter vorstellen. Warum fragen Sie?«

»Reiter hat etwas angedeutet, was mit Funkmess direkt zu tun hat. Wir nennen das Verfahren übrigens Radar, eine Bezeichnung für verschiedene Erkennungs- und Ortungsverfahren und -geräte auf der Basis elektromagnetischer Wellen im Radiofrequenzbereich.«

»Ich kann mich ja umhören. Was genau hat er denn gesagt?«

»Wenn ich ihn richtig interpretiere, so muss es ein neues Gerät geben, das sowohl Entfernung als auch die Höhe eines Flugkörpers messen kann. Wenn das der Fall sein sollte, hätte die deutsche Flugabwehr einen riesigen Vorteil.«

Hauptmann Wiese dachte nach.

»Unter meinen wenigen Freunden im Heereswaffenamt ist keiner, der sich im Hochfrequenzbereich auskennt oder arbeitet. Es wird eine Zeit lang dauern, bis ich mit Fakten dienen kann. Wenn überhaupt. Die Geheimniskrämerei wird von Tag zu Tag schlimmer, seit es den neuen Ausschuss gibt.«

»Welchen Ausschuss?«

»Keine Ahnung. Gerüchte sagen, dass er alle neuen Entwicklungen koordinieren soll und enorme Entscheidungsgewalt hat.«

Gordon horchte auf. Das war das erste Mal, das er von solch einem Gremium hörte.

»Wer leitet denn diesen Ausschuss?«

»Wenn ich das wüsste, Herr Schläppi. Ich gehöre diesem nicht an, daher weiß ich auch absolut nichts davon. Aber man munkelt hinter verschlossenen Türen im Amt davon und das ist meist ein untrügliches Zeichen, dass etwas dran ist.«

Gordon wich einer Dame aus, die ihnen auf dem Trottoire entgegenkam.

»Ich war übrigens heute am zoologischen Garten und habe diesen monströsen Bunker gesehen.

Zuerst habe ich den Sinn nicht erkannt, erst als ich die Trümmerberge in Richtung Halensee gefunden hatte, ist der Groschen gefallen. Flak-

turm nennt man das, hat mir eine Passantin erzählt.«
Hauptmann Wiese musste leise lachen.
»Offensichtlich verfängt die Feind-hört-mit-Kampagne noch nicht richtig. Aber die Dame hat recht, es ist ein Flakturm. Die Wandstärke ist bis zu 2,6 Meter groß, die Abschlussdecke 3,8 Meter. Ein Freund, der beim Generalbauinspektor für die Reichshauptstadt, Albert Speer, arbeitet, hat mir erzählt, dass der Führer selbst die ersten Skizzen für diese Türme entworfen hat. Fünfzehntausend Menschen sollen im Ernstfall darin Platz finden. Die oberste Ebene der Türme soll vorerst mit je vier Geschützen 105-Millimeter-Marineflak bestückt werden. Im nächsten Jahr sollen sie von neuen 128-Millimeter-Zwillingsgeschützen ersetzt werden, die in der Erprobung sind. Auf der unteren Gefechtsebene installiert man noch in diesem Monat 20-Millimeter-Flak-38 und 20-Millimeter-Flakvierling-38 sowie 37-Millimeter-Flak-43 und 37-Millimeter-Flakzwilling-43.
Der zentrale Leitstand auf dem Turmdach wird mit einem Kommandogerät 40 mit Entfernungsmessgerät auf Vier-Meter-Basis ausgerüstet. Kann ich Ihnen sonst noch helfen? Wenn nicht, bitte ich Sie mich zu entschuldigen, meine Frau, Sie wissen schon …«
Gordon begann langsam eine freundschaftliche Beziehung zu dem Heereswaffenamt Offizier aufzubauen, ohne diesen das wissen zu lassen. Er fürchtete sich davor, da er seine Objektivität in Gefahr sah, sollte er sich emotional zu sehr um das Schicksal seines Informanten kümmern.

Am nächsten Morgen, dem 9. April, fuhr er in den Westen Berlins, um die Schäden in Charlottenburg genauer unter die Lupe zu nehmen, da er dachte, dass es eine gute Idee wäre, die Ziele der Bombenangriffe vom März mit den tatsächlichen Schäden vergleichen zu können. Er hatte zwar gehört, dass neutrale Journalisten aus Schweden, der Schweiz oder den USA von den Angriffen berichteten, aber akkurate Beobachtungen, das wusste er, gab es beim Bomber Command nicht.
Als er in sein Hotel zurückkehrte, fand er eine Nachricht von Karl Reiter vor, in der er ihm seine Ankunft für 19:00 avisierte. Gordon war gespannt, welches Etablissement Reiter vorschlagen würde. Er kannte ja dessen Vorliebe für Luxus und sein Hinweis auf die kostspielige Variante, die ihm während des Mittagessens durch den Kopf schoss, ließ darauf schließen, dass er etwas Besonderes im Auge hatte. Reiter war überpünktlich und nervös wie ein Rennpferd vor dem Start.
»Kommen Sie Schläppi, was Sie gleich sehen werden, können Sie sich nicht in Ihren kühnsten Träumen vorstellen.«
Gordon grinste. Er hatte keine Vorstellungen, nur eine Hoffnung, dass der Unterhaltungstrieb und das Mitteilungsbedürfnis des Telefunken Mitarbeiters Früchte tragen würden. Reiter war mit seinem privaten Opel P 4 Laubfrosch gekommen, und mit diesem braussten sie auf dem kürzesten Wege nach Charlottenburg. Reiter fuhr den Kurfürstendamm

bis zum Olivaer Platz hinauf und bog dann rechts in die Giesebrechtstraße ein, bis er vor der Hausnummer 11 parkte.

»Hier sind wir«, grinste er und stieg aus.

Gordon schaute auf das vierstöckige Haus mit seinen prachtvollen Stuckverzierungen und meinte enttäuscht: »Hier gibt es doch nur Privatwohnungen.«

Reiter grinste noch eine Spur unverschämter und packte seine Schulter.

»Kommen Sie, Schläppi, hinter dieser großbürgerlichen Fassade verbirgt sich Berlins exklusivstes Etablissement, der Salon Kitty.«

Neugierig geworden, ließ sich Gordon widerstandslos in das Treppenhaus bugsieren. Reiter klingelte und die Tür öffnete sich nach kurzer Zeit. Eine ältere, aber durchaus attraktive Frau öffnete die Tür und ließ die Männer eintreten. Zunächst führte sie die neuen Gäste in den Salon. Gordon schaute sich um. Ein Konzertflügel stand in der Nähe eines Fensters, geschützt mit einem ziemlich teuer aussehenden Gobelin. Vor den Fenstern hingen schwere Vorhänge, Kronleuchter baumelten von der Decke, ein Grammofon stand in der Ecke neben vielen Nippes, Sesseln und Sofas. Es sah eher wie ein typisch großbürgerliches Wohnzimmer aus, als ein Nachtklub. Außer Ihnen konnten sie keine weiter Gäste erkennen.

»Machen Sie es sich bequem, meine Herren. Mein Name ist Kitty Schmidt und ich nehme nicht an, Sie sind nicht hergekommen, um Konversation zu treiben.«

Plötzlich dämmerte es Gordon. Er war in einem Edelbordell gelandet.

»Sind wir ein bisschen zu früh dran?«, fragte er Kitty.

»Nun ja, einige Herrschaften arbeiten sicher noch, andere sind bestimmt schon auf dem Weg. Wollen Sie sich mal mein Album ansehen und mir das Mädchen Ihrer Wahl nennen?«

Reiter strahlte über das ganze Gesicht. Es schien, als habe sich sein größter Wunsch erfüllt.

»Danke, das schau ich mir sofort an.«

In diesem Augenblick klingelte es an der Tür. Kitty rauschte in den Flur und sofort hörten sie Stimmen. Nicht nur deutsche, sondern auch italienische Laute, wie Gordon verblüfft feststellte. Wenig später betrat eine Gruppe von Männern den Salon, angeführt von einem etwa mittelgroßen Mann in einem gut sitzenden Anzug. Gordon stieß Reiter mit dem Ellenbogen. Er musste ihn nochmals, diesmal heftiger stoßen, bis dieser sich von dem Album mit Konterfeis sehr hübscher junger Damen trennen konnte.

»Kennen Sie den da? Ich werd verrückt, das ist Ribbentrop.«

»Etwa der Außenminister Ribbentrop?«, wollte Gordon ungläubig wissen.

»Genau der. Ich habe Ihnen doch gesagt, dass wir im exklusivsten Klub von ganz Berlin sind«, sagte Reiter und schaute dabei Gordon stolz an.

Einige der Herren sprachen offensichtlich italienisch miteinander und ihre Laune schien blendend zu sein.

»Na, haben Sie sich entschieden?«, fragte Kitty.

Reiter nickte mit einem Grinsen, das von einem Ohr zum anderen reichte.

»Ich hätte gerne die Brünette, die sieht so unschuldig aus«, erklärte Reiter.

»Und Sie?«

Kitty schaute Gordon tief in die Augen.

»Sie sehen aus, als ob Sie eine Frau verwöhnen könnten«, sagte sie mit rauchiger Stimme.

»Sie scheinen Ihre Kunden gut einschätzen zu können, gnädige Frau. Da bin ich doch so klug und überlasse Ihnen die Wahl.«

Kitty lachte laut auf, sodass Ribbentrop und seine Entourage ihre Köpfe drehten.

»Ein kluger Schachzug, mein Herr. Jetzt bleibt mir wirklich nichts anderes übrig als mein bestes Pferdchen im Stall zu empfehlen.«

Reiter guckte leicht pikiert, hatte er doch angenommen, die beste Wahl getroffen zu haben. Gordon bemerkte seine leichte Enttäuschung und meinte salopp: »Wollen wir tauschen?«

Doch soweit wollte sich Reiter nicht vorführen lassen und lehnte höflich ab.

»Immerhin zahlen Sie die Zeche, da sollten Sie auch was von Ihrem Einsatz haben.«

Kitty hatte inzwischen die Brunette herangelotst und Reiter verschwand mit ihr in Richtung Flur. Es dauerte eine Weile, bis Kitty mit einer atemberaubend schönen Blondine heranrauschte.

»Darf ich Ihnen Wilhelmine vorstellen. Sie stammt aus einem adeligen Hause und repräsentiert das Schöne und Verschwiegene unseres Salons.«

Wilhelmine lächelte Gordon selbstbewusst an. Sie war sich eindeutig ihrer Wirkung im Klaren und taxierte ihn ungeniert.

»Wenn ich jetzt noch eine Flasche Champagner haben könnte, wäre ich Ihnen sehr verbunden, gnädige Frau.«

»Ein Gentleman mit Stil«, hauchte Wilhelmine und legte ihre Hand auf seine Schulter, die in einem Netzhandschuh steckte.

Schon bald kehrte Kitty mit einem Weinkühler zurück, in dem eine Flasche Veuve Clicquot auf Eis stand.

»Dann wünsche ich noch viel Spaß«, meinte Kitty augenzwinkernd und wandte sich Ribbentrop und seiner Begleitung zu.

Wilhelmine zog Gordon an seinem Schlips in einen langen Flur hinein, der durch ein warmes rotes Licht illuminiert war. Sie öffnete eine Tür und lud ihn ein voranzugehen. Es war ein großer, geräumiger Raum, der von einem enormen französischen Bett dominiert wurde. Ein dicker weicher Teppich dämpfte ihre Schritte. Gordon stellte den Kühler auf einen kleinen fahrbaren Tisch und schaute sich im Zimmer um. Überall hingen Spiegel und selbst unter der Decke über dem Bett war einebensolcher angebracht. In einer Ecke stand ein Paravent, von dem er annahm, dass er eine Waschgelegenheit verdeckte. Der Raum wurde von Kandelabern erleuchtet, auf denen kleine Schirmchen für ein angenehmes Licht sorgten. Zwei kleine Sessel, die eher in Puppenhäuser gepasst hätten, standen in einer Ecke. Gordon fand das Ambiente ausgezeichnet und dankte im Stillen Reiter für seinen Vorschlag.

»Du willst dich doch sicher nicht nur als Kellner verdingen?«, fragte Wilhelmine, stellte einen Fuß auf das Bett und begann lasziv den Rock an sich heranzuziehen, bis schwarze Strapse aufleuchteten. Für Gordon das Zeichen, sich schnellstens seiner Jacke und anderer sinnlos gewordener Kleidungsstücke zu entledigen. Wilhelmine zog sich bis auf ihr samtenes Korsett, Strapse, Strümpfe und Schuhe aus und legte sich wie eine Raubkatze auf das Bett. Gordon hatte keine Lust auf irgendwelche Spielchen und präsentierte seine britische Männlichkeit in voller Pracht.

»Prächtig ….. wie heißt du übrigens?«

»Klaus.«

»Und weiter …?«

»Seit wann muss sich ein Mann im Puff ausweisen«, meinte er freundlich, aber bestimmt.

»Ach nur so«, sagte Wilhelmine und schob sich ihre Brüste zurecht.

»Ich möchte einfach nur wissen, mit wem ich es zu tun habe.«

»Na dann soviel«, entgegnete er schon schneller atmend.

»Ich heiße Klaus, bin Schweizer Geschäftsmann und heiß auf dich.«

Im Keller des Hauses saßen zwei SS-Männer mit Kopfhörern vor einer Reihe Aufnahmegeräte und folgten der Unterhaltung.

»Mensch Erich, endlich mal einer, der nicht nur quatscht, sondern handelt. Der Eidgenosse hat da den meisten unserer Kunden was voraus.«

Sein Kollege grinste nur, lauschte angestrengt, während er mit einem umgedrehten Bleistift auf dem Tisch einen imaginären Takt schlug.

»Aber ich glaube, bei dem ist nichts zu holen. Der will nur vögeln und nicht quatschen. Lass uns lieber auf Ribbentrop und seine Italiener konzentrieren. Hast du schon der Zentrale in der Meineckestraße mitgeteilt, dass sie einen Übersetzer brauchen?«

»Ja, ja«, knurrte sein Partner und lauschte angestrengt den eindeutigen Geräuschen, die aus Gordons Zimmer drangen.

Kittys Empfehlung entpuppte sich als Rakete, die Gordon mehrfach in die Umlaufbahn schoss. Als er nach einer Stunde zurück in den Salon kam, saß auch schon Reiter in einem Sessel und unterhielt sich mit Kitty.

»Gerade sprach mich Frau Schmidt wegen der Rechnung an, Herr Schläppi. Ich habe Ihr gesagt, dass sie den monetären Teil des Abends klären.«

Kitty Schmidt schaute Gordon fragend an.

»Eine wunderbare Empfehlung, gnädige Frau. Deshalb ist das Finanzielle nicht der Rede wert.«

Nachdem es ihm gelungen war, Reiter aus den Fängen der Edelprostituierten zu befreien, fuhren sie in dessen Opel zurück zum Potsdamer Platz.

»Wie wär's mit einem Absacker, Herr Reiter?«

»Gute Idee waren Sie schon mal im Meisel-Pschorr-Bräuhaus? Da sollten wir hingehen.«

Reiter parkte den Opel neben dem imposanten Columbushaus. Dieses Gebäude zwischen Friedrich-Ebert- und Bellevuestraße war ein neungeschossiges Gebäude mit moderner, horizontaler Fassadengliederung, das sich deutlich von den übrigen Häusern am Potsdamer Platz abhob. Bislang standen hier Bauten aus der Gründerzeit oder Bauten mit klassizistischer Gestaltung doch der Architekt Erich Mendelsohn hatte hier den Prototypenbürobau des 21. Jahrhunderts errichtet.

»Irgendwie passt das gar nicht hierhin«, meinte Gordon mit einem Seitenblick auf den Stahl- und Glaspalast.«

»Aber das ist die Moderne, und in zehn, zwanzig Jahren werden alle Bürogebäude so aussehen«, lachte Reiter.

»Ich hoffe nicht«, antwortete Gordon.

Zu dieser späten Stunde war es sehr ruhig in der Gaststätte. Neben ein paar Schichtarbeitern schienen sie die letzten Gäste zu sein.

»Ich muss mich bei Ihnen bedanken, Herr Schläppi. Diesen Abend werde ich nicht vergessen. Aber ich denke, Sie auch nicht. In welchem Puff der Welt treffen Sie schon einen leibhaftigen Außenminister?«

Gordon musste herzhaft lachen. Bei dem Gedanken, dies seinen Chefs in London erzählen zu müssen, geschweige denn die horrende Rechnung zu rechtfertigen, blieb ihm allerdings das Lachen fast im Halse stecken.

»Ich denke ich bin Ihnen etwas schuldig. Zunächst einmal möchte ich das längst überfällige Du anbieten und dann sagen Sie mir einfach, wie ich Ihnen einen Gefallen tun kann.«

Gordon überlegte angestrengt.

»Oerlikon arbeitet verstärkt an einer Verbesserung der Treffergenauigkeit ihrer Geschütze und glaubt, dass dies in erster Linie im Verbund mit neuen Entfernungsmessgeräten geschehen kann.

Daher wäre ich dir sehr verbunden, wenn du mir die Möglichkeit einräumen könntest, eine Batterie zu besuchen, die diese neuen Methoden anwendet.«

Gordon hatte es ausdrücklich vermieden, den deutschen Begriff Funkmess zu erwähnen, um möglichst keinen Verdacht auf das Auskundschaften neuer Technologien zu erregen.

»Ich will sehen, was ich machen kann, Klaus. Wir haben sozusagen eine eigene Batterie in der Nähe des Firmengeländes, mit der wir neue Sachen ausprobieren. Vielleicht kann ich da was arrangieren. Immerhin arbeitet Oerlikon ja fast ausnahmslos für den Endsieg. Ich werde mich in den nächsten Tagen bei dir melden.«

Gordon und Karl Reiter stießen auf ihre neue Duzfreundschaft mit bayerischem Bier an und gingen kurz vor Mitternacht ihrer Wege.

Gordon war schon in der Tiefschlafphase, als plötzlich etwa eine Viertelstunde nach Mitternacht unter ungeheurem Getöse die Luftschutzsirenen in ganz Berlin ertönten. Ruckartig richtete er sich auf und ging zum Fenster. Nachdem er die dicken Vorhänge beiseite gezogen hatte, schaute er in den Nachthimmel. Nur wenige Wolken zogen in östlicher Richtung dahin und ein Dreiviertelmond sorgte für genug Leuchtkraft, um die Umgebung des Esplanade zu illuminieren. Es dauerte nur wenige Minuten und es klopfte an seiner Tür. Eine gedämpfte Stimme rief zum sofortigen Gang in den Luftschutzkeller auf. Gordon warf einen Blick auf das Flugblatt, das auf dem Nachttisch lag. Dort waren Verhaltensmaßregeln im Falle eines Luftangriffes notiert. Er realisierte, dass zunächst die Halle im Erdgeschoss aufgesucht werden sollte, und von dort gemeinsam der Weg in den Hotel eigenen Bunker anzutreten. Es war ihm etwas mulmig zumute, denn von eigenen Bomben wollte er nicht unbedingt ins Jenseits befördert werden.

Er zog sich ohne übertriebene Eile an, weil er sich sagte, dass die Wellingtons doch langsame Mühlen wären. Nachdem er seine wichtigen Papiere, Ausweise und Geld in seiner Aktentasche verstaut hatte, begab er sich in die Halle, wo der Concierge den eintreffenden Gästen den Weg in den Luftschutzkeller zeigte. Als er auf der Kellersohle angekommen war, wies ein dicker Pfeil nach rechts, wo der Gang in einen kleinen Vorkeller führte, von dem eine Gasschleuse zum eigentlichen Luftschutzkeller ging. Vor der Schleuse stand ein Luftschutzwart mit Stahlhelm, Einreißhaken und Trillerpfeife. Gordon ging durch die Schleuse hindurch und erreichte einen großen Kellerraum, an dessen Wänden sich Bänke reihten. An der Stirnwand gegenüber war ein weißes Viereck aufgemalt. Er wandte sich an einen älteren Herrn, der stoisch an der Wand lehnte.

»Entschuldigen Sie bitte die Frage, aber warum gibt es dort diese Markierung?«

Der Gast schaute ihn erst intensiv an, bevor er sich dazu bequemte, Gordons Frage zu beantworten.

»Falls unser Haupteingang verschüttet wird, können wir dort mit den Werkzeugen, die sie hinten in der Ecke sehen, die dünne Ziegelwand durchschlagen und in das Nachbarhaus hindurchkriechen.

Wenn es dort nicht brennt, sind Sie gerettet. Anderenfalls ...«

»Sie tun so, als ob Sie schon mal einen Angriff erlebt hätten.«

»Habe ich auch im März. War aber nicht so unterhaltsam«, meinte er leicht ironisch.

Gordon warf einen Blick auf seine Armbanduhr: 00:20. Einige Minuten später gab es mehrere dumpfe Explosionen und der Kellerboden erzitterte leicht. Gordon schaute erneut auf seine Uhr. Der fluoreszierende Zeiger zeigte exakt 00:27 an. Der Angriff hatte begonnen. Plötzlich war auch das Schießen der Flak zu vernehmen. Die etwa vierzig Personen, die sich im Keller versammelt und bislang Ruhe bewahrt hatten, begannen nervös zu werden. Einige wenige sprachen flüsternd miteinander. Ab und zu dröhnten Explosionen zu ihnen durch, die für seinen Geschmack bereits zu nah waren, aber im Großen und Ganzen schien sich das Hauptziel doch weit entfernt vom Potsdamer Platz zu befinden.

Der Zustand dauerte nun bereits mehrere Stunden an, bevor um 03:38 Entwarnung gegeben wurde. Erst dann durften die Hotelgäste wieder ihre Zimmer aufsuchen. Oben angekommen warf er einen Blick aus seinem dunklen Zimmer. In Richtung Westen war kein Feuerschein zu sehen. Also musste das Zielgebiet weiter im Osten gelegen sein. Gordon dachte pragmatisch. Erst eine Mütze Schlaf, dann ein Erkundungsgang. Er hatte eh nichts vor, da seine Reise nach Bremen erst am übernächsten Tag stattfinden sollte.

Gordon schätzte, dass er gegen vier Uhr endlich eingeschlafen wäre, und empfand den harten Klang seines Weckers um neun Uhr als Folter. Gegen elf Uhr verließ er das Hotel, nachdem er seinen neuen Spezi, den Concierge, von dem er mittlerweile wusste, dass er Ortwin Ode hieß, über die Schäden der letzten Nacht ausgefragt hatte. Er war erschrocken, als Ode ihm erklärte, dass es ganz in der Nähe des Schlosses schwere Einschläge gegeben hätte. Gordon beschloss, sich selbst einen Überblick zu verschaffen. Als er aus dem Hotel trat, sah er bereits Rauchwolken über dem Zentrum der Stadt. Sein Weg führte über die Leipziger Straße und Charlottenstraße.

Er bemerkte auf der Straße eine ganze Reihe von Elektron-Thermitstabbrandbomben, die ausgebrannt auf dem Asphalt lagen. Er kannte diese Brandbomben von seinem Training in Schottland und identifizierte sie sofort als achteckige, 55 Zentimeter lange Stäbe mit Elektronhülle. Dies war eine Legierung aus Zink und Magnesium, die über einen an beiden Enden des Stabes angebrachten Aufschlagzünder ausgelöst wurde. Ein Zündhütchen setzte einen Anfeuerungssatz in Brand, der wiederum siebzehn Behälter mit dem Brandbeschleunigungsmittel Thermit zündete. Während der Brandphase trat eine starke Stichflamme aus dem Elektron-Thermitstab hervor und zerschmolz diesen zu einer weißglühenden Masse. Ein Löschen mit Wasser war nicht möglich.

Auf der anderen Seite des Boulevards Unter den Linden lagen verkohlte Balken und Steine neben zerfetzten Bäumen auf der Straße. Eine oder mehrere Sprengbomben hatten einen Flügel der Humboldt-Universität getroffen und versperrten die Straßen.

Der Balkanfeldzug wurde indes zu einem weiteren Beispiel der Schlagkraft von Wehrmacht und Luftwaffe. Den koordinierten Angriffen der beiden Streitkräfte hatten Griechen und Engländer nicht viel entgegenzusetzen. Zwar stießen in den Gebirgslagen und im Gebiet der stark verteidigten Metaxas-Linie die Soldaten nur langsam und unter hohen Verlusten durch das bergige Nordgriechenland in das Landesinnere vor, aber bereits am 9. April erreichten deutsche Panzerverbände Thessaloniki.

Am 21. April kapitulierten die griechischen Divisionen an der albanisch-griechischen Grenze und der verbissene Widerstand der Griechen brach zusammen. 223000 griechische Soldaten kapitulierten. Die Briten bauten unterdessen eine Verteidigung an den Thermopylen auf. Diese wurde am 24. April überrannt. Die Konsequenz war eine amphibische Evakuierungsoperation der Alliierten, in der mehr als 50000 Soldaten nach Ägypten verlegt wurden. Am 27. April rückte die Wehrmacht schließlich in Athen ein. Angesichts der aussichtslosen militärischen Lage beging der griechische Ministerpräsident Koryzis Selbstmord. Der griechische König Georg II. bildete eine neue Regierung unter Emmanouil Tsouderos, die von Kreta aus den Widerstand gegen die Achsenmächte fortsetzen wollte. Sie hatten das griechische Festland bereits am 23. April verlassen.

Am 10. Mai flog Rudolf Heß, Stellvertreter des Führers, mit einer Messerschmitt Bf 110 nach Schottland, um mit dem vermeintlichen Wortführer der englischen Friedensbewegung, Douglas Douglas-Hamilton, 14. Herzog von Hamilton, über Frieden zu verhandeln. Göring alarmiert das As unter den Jagdfliegern, Adolf Galland und dessen Geschwader am Kanal. Heß abzufangen, war aber wegen der einbrechenden Dämmerung illusorisch. Hitler erklärte seinen Stellvertreter zum Psychopathen und entließ ihn aus allen Parteiämtern. Seine Parteifunktionen übernahm Martin Bormann.

Nun rückte Kreta in den Fokus der deutschen Operationen. Hitler befürchtete, dass von Kreta aus Luftangriffe auf die rumänischen Erdölfelder geführt werden könnten. Auch die deutsche Seekriegsleitung drängte auf eine Eroberung Kretas. Für sie war die Verdrängung der Briten aus dem Mittelmeer entscheidend für die weitere Kriegsführung gegen England. Auch die Luftwaffe befürwortete einen Angriff, da man von Kreta aus den Nachschubverkehr der Briten durch den Suezkanal lahmzulegen hoffte. 32000 Briten, Australier und Neuseeländer sowie 10 000 griechische Soldaten und zahlreiche kretische Freiwillige unter dem Kommando des neuseeländischen Generals Freyberg erwarteten den deutschen Angriff, von dem Churchill sich eine deutliche Schwächung der deutschen Fallschirmtruppen erhoffte. Freyberg ging von einem kombinierten Luft-See-Angriff aus und legte die Masse seiner Truppen an die Nordküste in den Bereich Maleme-Chania-Súda-Bucht mit dem Auftrag, Hauptstadt, Flugplatz und Hafen zu halten.

Am 20. Mai gegen 07:15 Uhr begann das Unternehmen Merkur mit der Bombardierung der vorgesehenen Absetzzonen durch die deutsche Luftwaffe. Ein Großteil der 7. Fliegerdivision unter General Kurt Student wurde bereits in der Luft getötet oder verwundet. Man hatte die deutschen Fallschirmjäger ganz offensichtlich erwartet. Nur einer der drei vorgesehenen Inselflugplätze, Malemes im Nordwesten der Insel, konnte erobert werden. Glücklicherweise gelang es die Fallschirmtruppen über den Flughafen und durch Seelandungen an der nahegelegenen Suda-Bucht mit insgesamt 14000 Gebirgsjäger der 5. Gebirgsdivision zu verstärken.

Schließlich, auch dank einer nahezu uneingeschränkten deutschen Lufthoheit, zogen sich die Briten zurück. Trotz erheblicher Verluste von neun versenkten Kriegsschiffen gelang es der britischen Royal Navy, noch etwa 17000 Soldaten nach Ägypten zu evakuieren. Die Wehrmacht verlor über 6500 Gefallene oder Vermisste, die meisten davon Fallschirmjäger.

Hauptmann Schmidts Reise nach Irland war von Erfolg gekrönt. Eigentlich hatte er Canaris Absichten weiterverfolgen wollen, die IRA, die Irisch-Republikanische Armee, für Deutschlands Ziele einzuspannen. Doch dann änderte ein Zufall seine Pläne. Das Interesse der Abwehr an der IRA wurde schon früh geweckt. Seit Anfang 1939 stand Séan Russell, Stabschef der IRA, in Verbindung mit Carl Heinz Petersen, dem Irlandkorrespondenten des Deutschen Nachrichtenbüros in Dublin. Das Reichspropagandaministerium begann jedoch erst im Mai mit einer zaghaften Unterstützung der Republikaner, nachdem die Briten eindeutig Stellung für Polen und gegen Deutschland bezogen hatten. Russell beauftragte den IRA-Aktivisten und Sprengstoffexperten James O'Donovan, den S-Plan zu entwickeln.

Dieser Sabotageplan sollte das Vereinigte Königreich mit einer ganzen Bombenserie überziehen. Im Januar 1939 ließ die IRA dem britischen Außenminister Lord Halifax ein Ultimatum zukommen. Darin erklärte sich die IRA zur einzig legalen Regierung Irlands und forderte den Abzug aller britischen Truppen von der Insel. London erhielt eine Viertagefrist, den Forderungen nachzugeben.

Die britische Regierung ignorierte die Drohung und am 16. Januar detonierten sieben Sprengsätze in britischen Kraftwerken. Dann nahm die Abwehr Kontakt auf und organisierte für O'Donovan, der den V-Namen Held erhalten hatte, drei Reisen nach Deutschland. Am 28. Februar handelte er bei der Abwehr in der Knochenhauerstraße in Hamburg eine Vereinbarung aus, die der IRA Waffen und Funkausrüstung zusagte. Am 26. wurden weitere Waffenlieferungen vereinbart und eine geheime Kurierlinie zwischen Frankreich und Irland eingerichtet.

Bei seinem letzten Deutschlandbesuch am 23. August erhielt O'Donovan letzte Instruktionen im Fall eines Krieges mit England. Als der Abwehr-Agent Ernst Weber-Drohl von U-37 in der Killala Bay im County Sligo abgesetzt wurde, ging der Sender, der für die IRA bestimmt, war verloren. Weber-Drohl gelang es aber O'Donovan in Shankill, Killiney, County Dublin zu treffen und ihm neue Funk-Codes sowie 14450 US-Dollar in bar zu übergeben. Darüber hinaus wurde der IRA empfohlen, verstärkt militärische Ziele anzugreifen.

Zwischen diesen Aktionen und Hauptmann Othmar Schmidts Reise nach Dublin lagen eine ganze Reihe von fehlgeschlagenen Operationen, die eher einer Serie von Pleiten, Pech und Pannen glich.

Hauptmann Othmar Schmidt war mit einer Focke Wulf Fw 200 Kuriermaschine nach Brest geflogen, um sich dort unter falscher Identität auf dem irischen Frachter MV Kerlogue, dem Kleinsten von drei Frachtern der Wexford Steamship Company, einzuschiffen. Im September war das nur hundertzweiundvierzig Fuß lange Schiff in Holland von der Werft abgeliefert worden, und wurde unter dem Kommando von Kapitän Samuel Owens aus Carrickfergus im County Antrim als Küstenmotorschiff eingesetzt. Zwischen der Back und den Heckaufbauten samt Brücke hatte man die Farben der irischen Nationalflagge Grün, Weiß und Rot auf den Ladeluken aufgemalt. Das Grün auf der linken Seite stand für den Katholizismus, das Orange auf der rechten Seite für die Protestanten, dazwischen symbolisierte ein weißer Streifen die Einheit zwischen beiden Religionsgruppen. Um eine Verwechslung unmöglich zu machen, hatte man obendrein noch in riesigen Lettern EIRE verewigt. Um auch U-Booten die Identifizierung des Schiffes zu ermöglichen, hatte man den Schriftzug auch auf der linken und rechten Bordwand gepinselt. Als Neutraler fuhr man nicht im Konvoi, nachts mit allen Navigationsleuchten und verließ nie die internationalen Schifffahrtslinien.

Dieser 335-Tonnen-Dampfer war mit Kohle vom Waliser Hafen Port Talbot nach Brest gefahren und sollte nun Wein und Holz nach Dublin bringen. Glücklicherweise war die See ruhig wie ein Teich und Othmar blieb von Seekrankheit verschont. Zwei Tage später erreichte er den Hafen von Dublin und begab sich sofort zur Northumberland Road 58, wo die deutsche Gesandtschaft ihren Sitz hatte.

Othmar hatte bei den Vorbereitungen zur Reise festgestellt, dass es in Dublin keine Botschaft, sondern eine Gesandtschaft gab und musste daher erst einmal sich wegen des Unterschiedes kundig machen. Er stellte fest, dass der Begriff aus der Zeit des Wiener Kongresses stammte. Nach diesem Kongress richteten die fünf Großmächte des 19. Jahrhunderts, Frankreich, Großbritannien, Österreich, Preußen und Russland, Botschaften in den Hauptstädten der anderen Großmächte ein. Die diplomatischen Vertretungen der kleineren Staaten sowie die Vertretungen der Großmächte in kleineren Staaten wurden hingegen als Gesandtschaften bezeichnet.

Seine Ankunft wurde dem Chef der deutschen Gesandtschaft in Dublin, Dr. Eduard Hempel, seit. Juli 1938 Gesandter des Reiches, avisiert. Nicht jedoch der eigentliche Grund. Hempel war erstaunt, als er von Othmar erfuhr, dass er den Seeweg genommen hatte, und nicht die Bequemlichkeit des Flugzeuges.

»So hatte ich bessere Chancen ins Land einzureisen, ohne dass ich vom britischen MI 6 direkt am Flughafen registriert worden wäre«, erklärte Othmar. Hempel stellte ihm seine engsten Mitarbeiter, Hans Boden und den SD-Mann, Henning Thomsen vor, der erst Anfang 1939 von Oslo nach Dublin versetzt worden war.

»Wir haben Sie im Gresham Hotel in der O'Connell Street untergebracht. Ein exzellentes Hotel und gleichzeitig ein Wahrzeichen der Stadt. Aber bevor wir Sie zum Abendessen ins Red Bank Restaurant an der D'Olier Street einladen, nehme ich an, dass Sie sich erst einmal einen Überblick verschaffen möchten.«

Othmar war dankbar für jede Form der Information, denn so richtig wusste er nicht Bescheid über die knifflige Situation der Iren, die sich wie in einer Schraubzwinge fühlen mussten. Auf der einen Seite Hitler-Deutschland, das unverhohlen zunächst auf Kriegseintritt Irlands auf ihrer Seite forderte, und auf der anderen Seite Churchills England, das genau dies um jeden Preis verhindern wollte.

»Eigentlich sind wir hier in einer angenehmen Lage«, dozierte Hempel.

»Nachdem der irische Premierminister Éamon de Valera das Angebot Deutschlands zurückgewiesen hatte, Irland im Fall eines Angriffs durch England zu unterstützen, gab Hitler mir den Auftrag das Nicht-Angriffs-Versprechen zu erneuern, sollte Irland neutral bleiben. Und genau an diesem Status quo will de Valera unter keinen Umständen rütteln. Seine Neutralitätspolitik hat auch dazu geführt, dass die Aktivitäten der IRA unterbunden worden sind und auch alle Anstrengungen unsererseits, die IRA für unsere Zwecke gegen England einzusetzen, sich zerschlagen haben. Ich persönlich würde keinen Pfifferling auf diese Leute setzen, wenn Sie mich fragen würden, Hauptmann Schmidt«, sagte Hempel leicht sarkastisch.

»Eine unserer wichtigsten Aufgaben ist es, Wetterbeobachtungen nach Berlin zu melden. Natürlich auch jede weitere Information, die Truppen- und Schiffsbewegungen der Engländer anbetrifft. Hitler ist sehr argwöhnisch, was de Valeras Aktivitäten anbelangen. Erst kürzlich musste ich beim Premierminister intervenieren, weil er nach dem schweren Luftangriff die Dubliner Feuerwehr zur Unterstützung der Feuerwehren nach Belfast geschickt hatte.«

»Waren denn die Verwüstungen so verheerend, oder war dies ein Hinweis, dass de Valera Partei ergreifen würde?«, unterbrach ihn Othmar.

»Nein, das muss man objektiv sehen, Herr Hauptmann. Die Luftwaffe hat Belfast in diesem Frühjahr viermal bombardiert und dadurch Zerstörungen hervorgerufen, wie in keiner anderen britischen Stadt. Man nennt diese Angriffe jetzt auch den Belfast Blitz.«

»Wie kam das Desaster zustande?«

»Durch Dummheit, Übermut und Nachlässigkeit.«

»Das müssen Sie mir genauer erklären, Herr Hempel«, sagte Othmar verblüfft.

»Die Nordiren haben allen Ernstes geglaubt, ihre Stadt wäre zu weit entfernt und zu unwichtig, um bombardiert zu werden. Aus diesem Grunde gab es keine Kinderlandverschickung wie in London oder Birmingham, keine Bunker wurden gebaut, sondern nur Splittergräben. Wenn überhaupt. Und schlimmer noch. Im Gegensatz zu England wurden in Belfast die Pubs, die Dance Halls und die Kinos überhaupt nicht geschlossen. Die Ignoranz der Bewohner ging so weit, dass die wenigen, die sich freiwillig als Luftschutzhelfer gemeldet hatten, verspottet wurden.

Militärisch gesehen wurde auch zur Abwehr extrem wenig unternommen. Wie wir herausgefunden haben, waren ganz vierundzwanzig schwere und vierzehn leichte Flakgeschütze für die gesamte Stadt ankommandiert.

Am 7. April gab es den ersten leichten Angriff auf die Hafenanlagen. Dabei wurde die Flugzeugfabrik auf dem Gelände von Harland & Wolf völlig vernichtet. Da es sich um rein militärische Ziele handelte, gab es nur wenige Tote. Das änderte sich aber bei dem schweren Nachtangriff vom 15. April. Das muss fürchterlich gewesen sein, denn 745 Opfer waren zu beklagen. Keine Stadt außer London musste solch einen Angriff ertragen. Selbst Coventry nicht. Die haben sogar alle Tiere im Zoo erschossen, weil sie fürchteten, es gäbe einen erneuten Angriff und die Tiere könnten sich befreien.

In Belfast selbst waren zweihundert Feuerwehrwagen im Einsatz. Völlig unzureichend für den Grad der Katastrophe. Da machten auch die dreizehn Feuerwehren, die de Valera schickte, keinen Unterschied. Das war ein rein humanitärer Einsatz. Und das habe ich Hitler auch persönlich mitgeteilt. Danach gab es noch zwei weitere Angriffe, von denen insbesondere der vom 4. Mai überaus erfolgreich war. Hafen und Werft wurden restlos vernichtet. Leider mussten auch hundertfünfzig Zivilisten dran glauben. Der letzte Angriff kam die Nacht drauf. Der war aber nur klein und verursachte kaum Schäden.«

»Wie halten Sie denn Verbindung mit Berlin?«

«Mit einem starken Sender. Den nutzen wir auch sehr intensiv. Den Engländern sind wir deshalb ein Dorn im Auge, aber bislang unternimmt de Valera nichts gegen uns.«

Zwei Stunden lang berichteten dann Hans Boden und Henning Thomsen ausführlich über ihre Aktivitäten, Beobachtungen und Kontakte zur IRA. Othmar wollte sich selbst ein Bild von der IRA machen und bat darum, ihm einige Kontakte für die nächsten beiden Tage herzustellen. In den nächsten achtundvierzig Stunden fuhr ihn Hans Boden von einem Treffen zum anderen, ohne dass etwas Handfestes sich daraus ergab. Sicher jedoch war die Erkenntnis, dass Berlin in der Beurteilung des IRA-Überfalls auf das Munitionslager der regulären irischen Armee in Dublins Phoenix Park völlig falsch lag. Der Hintergrund des Überfalls lag in der Tatsache begründet, dass die IRA üppig mit amerikanischen Thompson Maschinenpistolen ausgerüstet war, aber unter Munitionsmangel litt, da diese Art Munition in Europa rar war. Da traf es sich gut, dass die irische Armee die gleiche Waffe mit der begehrten Munition einsetzte.

In der Nacht vom 23. Dezember 1939 überfiel die IRA das Depot und schaffte mehr als eine Million Schuss in dreizehn Lastwagen vom Gelände. Nur hatte die IRA nicht viel Freude an ihrem Coup, denn bereits Neujahr 1940 fanden Armee und Polizei 850000 Schuss in vier verschiedenen Orten. Canaris und die Abwehr glaubten trotzdem, dass die IRA bestens organisiert wäre und setzte auf sie. Hauptmann Othmar Schmidt war sich jedoch sicher, dass die Wirklichkeit leider eine andere war. Die Wende kam am Abend des 30. Mai, als er bei Dr. Hempel und dessen Frau Eva in ihrem Haus in Dun Laoghaire eingeladen wurde. Die Villa Gortleitragh war ein Traum. Als Dr. Hempel mit Othmar als Beifahrer nach Dun Laoghaire fuhr, war er von der Schönheit der Küste überwältigt.

»Das hat ja schon fast den Charakter der Riviera«, bemerkte er und Dr. Hempel bestätigte, dass die Menschen in der Stadt ihren Küstenstreifen auch so bezeichnen würden. Dublins Riviera. Als sie von der Küstenstraße abbogen und den Hügel herauf fuhren, fiel ihm auf, dass die Villen zur Straße hin reich mit Stuck verziert waren und alle in der gleichen Farbe erstrahlten.

»Die Eigentümer müssen ihre Häuser nicht nur in der gleichen Farbe, sondern auch zum gleichen Zeitpunkt streichen. Das ist hier so ein ungeschriebenes Gesetz«, stellte Hempel nicht ohne Stolz fest.

»Der erste Villenblock, der hier erbaut wurde, war Clarinda Terrace im Jahre 1860.«

Hempels Villa war ein dreistöckiges Gebäude, dessen Front einen freien Blick auf die See ermöglichte. Othmar wurde fast ein bisschen neidisch. Solch grandiose und friedliche Natur war wahrlich ein sehr ungewöhnliches Geschenk in diesen Zeiten.

»Sie werden nur Iren heute Abend treffen. Wundern Sie sich nicht, dass sie alle so deutschfreundlich sind. Das hat in diesem Land Tradition.«

Der Empfang war überaus herzlich. Eva Hempel hatte alle Köstlichkeiten Irlands aufgefahren, um ihre Gäste großzügig zu bewirten. Nachdem er dem Kreis von ungefähr zwölf Damen und Herren vorgestellt worden war, bemerkte er, wie ein etwa dreißigjähriger Mann in einem nicht perfekt sitzenden Anzug ihn ständig musterte. Othmar machte Hempel auf ihn aufmerksam und dieser stellte ihn als den Vetter seines besten Freundes vor: »Daniel O'Leary arbeitet als Entwicklungsingenieur bei einer großen Firma in der Nähe von Manchester. Der kann ihnen erzählen, wie es ist, wenn unsere Luftwaffe zuschlägt.«

Nachdem sie sich eine Weile beschnüffelt hatten, machte O'Leary einen ersten Vorstoß.

»So wie Sie hier auftreten, nehme ich Ihnen nicht ab, dass sie Zivilist sind. Ein deutscher Offizier kann seine Herkunft nicht verleugnen, meinen Sie nicht?«

Othmar war vorsichtig und nicht gewillt, seine Tarnung aufzugeben. Doch der irische Ingenieur in englischen Diensten ließ nicht locker. Im Laufe des Abends, auch unter dem Eindruck einiger guter Weine und

Ale, wurde ihr Umgang entspannter. Und plötzlich ließ O'Leary die Katze aus dem Sack.

»Die große Firma, die Dr. Hempel anfangs erwähnte, sind die Avro-Werke in Chadderton in der Nähe von Manchester.«

Othmar ließ sich seine Überraschung nicht anmerken, sondern wollte herausfinden, was hinter dieser Behauptung steckte. Zunächst tat er so, als ob ihm Avro nichts sagte, und versuchte den Iren weiter aus seiner Reserve zu locken. Schließlich gab der seine Vorsicht auf und bat Othmar, mit ihm auf die Terrasse zu treten, um ungestört reden zu können.

»Ich gehöre zum Entwicklungsteam des neuen viermotorigen Bombers Avro Lancaster und habe nicht vor, den Engländern ungestraft eine Waffe in die Hand zu geben, die Deutschland großen Schaden zufügen könnte. Dieses Flugzeug kann dem Reich sehr gefährlich werden. Mit ihren vier Rolls-Royce Merlin XX Motoren kann sie mehr als sechs Tonnen Bomben schleppen und das bei einer Reichweite von mehr als zweitausendsechshundert Kilometern. Dazu ist sie mit acht Browning MGs schwer bewaffnet. England plant Hunderte, wenn nicht gar Tausende dieser Bomber zu bauen, die meist nachts eingesetzt werden sollen.«

»Halt, halt, nun mal langsam Daniel, wann ist diese Maschine das erste Mal in der Luft gewesen?«

»Anfang Januar dieses Jahres und der Testpilot Bill Thorn berichtete anschließend, dass er noch nie ein Flugzeug geflogen hätte, das auf Anhieb so funktioniert hätte wie dieses.«

»Und warum erzählen Sie mir das?«

»Weil ich ein vereinigtes Irland will, ohne Briten im Norden und ohne ihre permanenten Einmischungen in unsere inneren Angelegenheiten. Und das erreicht man nicht durch Bombenterror der IRA, sondern nur mithilfe des Deutschen Reiches. Daher bin ich bereit, Ihnen mein Wissen und Informationen zu vermitteln.«

Othmar konnte sein Glück nicht fassen.

»Avro ist doch Teil des Hawker Siddeley Aircraft Konzerns, richtig?«

»Richtig.«

»Dann könnten sie theoretisch auch an Details anderer Typen, wie die Spitfire oder die Hurricane gelangen, richtig?«

»Theoretisch richtig.«

»Und Sie sind sich des Risikos bewusst? Stehen Sie als Ire nicht unter ganz besonderer Beobachtung? Sozusagen als unsicherer Kantonist?«

»Theoretisch wieder richtig, Herr …?«

Othmar musste plötzlich grinsen. Er hatte dieses besondere Bauchgefühl, dass dieser Daniel O'Leary ein ganz besonderer Glücksfall war.

»Ich bin Hauptmann Othmar Schmidt von der Abwehr in Berlin und ich bin froh, dass wir uns hier getroffen haben«, sagte er spontan.

Das Gesicht von Daniel hellte sich auf und er drückte spontan Othmars Hand.

»Wissen Sie, ich möchte nicht unbescheiden sein, aber ich gehöre in

England zu den Besten meiner Zunft und genieße daher trotz aller Auflagen als Geheimnisträger eine gewisse Narrenfreiheit. Ich weiß also, wie ich mich verhalten muss. Ich möchte aber direkt darauf hinweisen, dass ich nicht dazu bereit bin, mit einem Funkgerät aus England heraus zu operieren. Die britischen Abhörstellen und Peilsender sind so gut, das Risiko gehe ich nicht ein. Es bleibt also nur der Umweg über Dublin.«

Othmar seufzte: »Das mit den guten Peilsendern haben wir schon an einigen bitteren Beispielen erfahren müssen.«

Die nächste halbe Stunde verbrachten sie leicht frierend im Freien und Daniel gab so viele Informationen über den neuen Bomber preis, dass diese Othmar noch stärker frösteln ließ. Bevor sie sich wieder der Runde anschlossen, verabredeten sie sich für den Mittag am Leuchtturm auf der West Pier des Howth Harbour. Dieser Ort, so Daniel, wäre garantiert abhörsicher und auch eine mögliche Beschattung wäre leicht zu entdecken. Der Abend war in jedem Fall gelungen und die Gastfreundschaft der Hempels geradezu umwerfend. Gegen elf Uhr entließen die Hempels Othmar und ließen ihn durch einen ihrer Angestellten ins Gresham Hotel fahren. Gegen zwei Uhr, in der Nacht zum 31. Mai wurde Othmar durch dumpfe Detonationen, Sirenen und Motorenlärm unsanft geweckt. Er stürzte zum Fenster, konnte aber keine Flugzeuge entdecken. Er hätte aber schwören können, dass der Motorenlärm von Daimler-Benz DB 601 Triebwerken stammte, die üblicherweise in Heinkel He 111 Bombern der Luftwaffe eingebaut waren. Vom Balkon aus konnte er Feuerschein im Norden von Dublin erkennen. Der Lärm verschwand so schnell, wie er gekommen war und er war gespannt, welche Nachrichten er morgen zu hören bekommen würde. Nach dem Frühstück ließ er sich per Taxi in die Gesandtschaft fahren, die von einer ungeheuren Hektik befallen war. Othmar beschlich ein ungutes Gefühl. Die Flugzeuge letzte Nacht waren offensichtlich deutsche Maschinen gewesen, sonst wäre hier nicht der Teufel los. Dr. Hempel stürzte aus seinem Büro und rief nach seiner Sekretärin.

«Haben Sie das letzte Nacht mitbekommen, Herr Hauptmann? Es soll achtunddreißig Tote gegeben haben und mehr als siebzig Häuser sind zerstört worden. Die irische Regierung behauptet, es wäre unsere Luftwaffe gewesen, aber ich habe zu Bedenken gegeben, dass es auch Engländer in erbeuteten deutschen Maschinen gewesen sein können. Was meinen Sie, Herr Hauptmann?«

»Ich glaube kaum, dass die Engländer so viele deutsche Maschinen besitzen, vielleicht war es ein Irrtum des Navigators, ich weiß es nicht.«

Der Chef der Gesandtschaft stürzte wieder zurück in sein Büro. Der SD-Mann Thomsen trat hinzu und meinte nur lapidar: »Vielleicht hat der Führer Herrn de Valera auch nur eine Lektion wegen der Feuerwehrunterstützung in Belfast erteilen wollen?«

Um etwaige Beschatter des irischen oder britischen Geheimdienstes abschütteln zu können, beschloss Othmar diesmal auf die Dienste Bodens zu verzichten und auf Zickzackkursen zu Fuß zum Bahnhof Landsdowne Road zu gelangen. Von dort nahm er den Zug nach Dun Laoghaire, wo er am Hafen ausstieg. Er orientierte sich kurz und wanderte dann am Kohlenhafen entlang zum Westpier. Eine frische Brise pfiff ihm um die Ohren und dunkle Wolken jagten über das Wasser des Hafens, der von zwei mächtigen Piers umrahmt wurde. Jetzt wurde Othmar auch klar, weshalb Daniel den Westpier vorgeschlagen hatte. Dieser Teil des Hafens diente ausschließlich maritimen Zwecken, der Ostpier hingegen war eine Touristenattraktion, die viele Menschen nutzten. Clever, dieser Ire dachte Othmar mit Respekt. Als er sich dem Ende der Mole näherte, fiel ihm ein aus Granitblöcken errichtetes kleines Haus auf, das er bei näherem Hinsehen durch eine Tafel neben der Eingangstür bestimmen konnte. »Leuchtturmwärterhaus aus Granit erbaut im Jahre 1863« stand dort zu lesen. Nach weiteren fünfzig Metern hatte er den mächtigen Leuchtturm erreicht, auf dessen Spitze die grüne Lampe des Leuchtfeuers blinkte. Er schaute zur See hinaus und meinte, den kleinen Frachter MV Kerlogue erkennen zu können, der Kurs auf den Hafen zu nehmen schien. Er hatte mit dem Kapitän verabredet, am 2. Juni, also morgen, wieder zurück nach Frankreich, in diesem Fall Cherbourg, zu fahren.

»Schöne Aussicht, was?«, hörte er plötzlich die Stimme von Daniel O'Leary hinter sich.

»In der Tat«, meinte Othmar und zog die beiden Kragenenden unter seinem Kinn zusammen.

»Wollen wir ein paar Meter gehen?«

In der nächsten halben Stunde instruierte Othmar Daniel, welche Informationen über die Lancaster und andere Typen für das Reich wichtig waren. Dazu gehörten nicht nur Details wie Flügelprofile, Motorenstärke, Bewaffnung, Einsatzmöglichkeiten und Reichweite, sondern auch die Erkundung von zukunftsweisenden Konstruktionen, wie Strahltriebwerke oder der Bau von Strahlflugzeugen. Dann besprachen sie das zukünftige Prozedere des Austausches der Informationen.

Othmar schlug vor, den Chef der Gesandtschaft als Briefkasten zu nutzen, da er legal über einen Sender verfügte und über Kurier auch Diplomatenpost verschicken konnte. Da Daniels Vater seit Jahren mit der Familie Hempel befreundet war und auch er häufig Gast bei Hempels war, fiel es nicht besonders auf. Othmar versprach, sofort Eduard Hempel über die neue Lage zu instruieren. Bevor sie sich verabschiedeten, gab Daniel Othmar noch ein weiteres Bonbon mit auf den Weg nach Berlin.

»Achten Sie auf einen neuen Flugzeugtyp der Firma de Havilland. Die haben ein zweimotoriges Mehrzweckflugzeug entwickelt, das gänzlich aus Sperrholz mit einer Zwischenschicht aus Balsaholz besteht und sechshundertdreißig Kilometer schnell ist.«

Othmar schaute erschrocken in das Gesicht von Daniel.

»Das würde bedeuten, dass sie unserer Me 109 davon fliegen würde?«

»Genau das ist der Fall«, sagte Daniel.

Als wenige Tage später Othmar wieder sein Büro in Berlin betrat, galt sein erster Anruf Otto Lechner im Reichsluftfahrtministerium. Als dieser von den neuen Erkenntnissen erfuhr, pfiff er durch die Zähne.

»Ich werde sofort Udet davon in Kenntnis setzen.«

Am 10. Juni fand im Gebäude der Abwehr am Tirpitzufer eine Konferenz statt.

»Was für eine verdammte Sauerei«, knurrte Admiral Canaris und schaute jeden Einzelnen im Raum an.

»Die Abwehr hat bei der Operation Merkur, der Eroberung Kretas, völlig versagt. Unsere Truppeneinschätzung des Gegners war völlig unzureichend, die Verluste dementsprechend haarsträubend und nun noch dies!«

Canaris wedelte mit einem Telex, das er vergangene Nacht von seinem Verbindungsmann auf Kreta bekommen hatte.

»Generalmajor Meindls Leute haben bei Säuberungsaktionen einen versprengten britischen Generalstabsoffizier aufgegriffen, der bei der Vernehmung zugegeben hatte, dass man vom Zeitpunkt der Landung vorab informiert war. Vorab …!«, betonte er und hämmerte mit der Faust auf den Tisch.

»General Freyberg soll laut der Aussage sogar beim Auftauchen der ersten Ju 52 auf seine Uhr geschaut und zufrieden bemerkt haben, dass der Herr General Student überaus pünktlich wäre. Pünktlich! Man muss sich das Mal vorstellen. Meine Herren, wir haben entsetzliche Verluste erlitten, die 7. Fliegerdivision hat buchstäblich zu existieren aufgehört …!«

Man merkte, wie nahe Canaris die Opfer der deutschen Fallschirmjäger gingen, die in diesen Tagen von Goebbels Propaganda wegen ihres Sieges zu Übermenschen stilisiert wurden.

»Ich verlange eine glasklare Untersuchung.«

Während die Runde sich nach dieser deftigen Ansage auflöste, bat Canaris Othmar Schmidt zu bleiben.

»Ich gehe davon aus, dass Schlamperei und die üblichen Aktivitäten des britischen Geheimdienstes uns diese Sauerei bereitet hat. Hitler tobt wegen der ungeheuren Verluste und will die Fallschirmjäger in Zukunft nur noch als Infanterie einsetzen. Der Druck, dem ich ausgesetzt bin, wächst mit jedem Tag und mit jeder neuen Pleite. Meine größte Angst ist jedoch, dass etwas anderes verantwortlich ist für das Desaster.«

Othmar schaute ihn fragend an.

»Was meinst du?«

»Wenn ein General auf seinem Feldherrnhügel auf seine Armbanduhr schaut und bemerkt, dass der Gegner pünktlich auf dem Schlachtfeld erscheint, so muss er hieb- und stichfeste Informationen haben.«

Canaris stockte für eine Weile.

»Und weiter …?«, drängte Othmar.

»Was wäre, wenn es den Engländern gelungen wäre, die Enigma zu knacken? Oder die Lorenz Maschine? Oder beide?«

Schmidt schaute den Admiral stumm an.

»Weißt du Wilhelm, schon Ohnesorge hat mir gegenüber angedeutet, dass er die bestehenden Verschlüsselungsgeräte für obsolet hält. Er lässt deswegen Zuse an seiner binären Maschine arbeiten.«

»Eine weise Entscheidung. Vielleicht entscheidet sie demnächst den Krieg zu unseren Gunsten«, erwiderte Canaris.

»Halte in dieser Hinsicht deine Augen und Ohren offen, Othmar. Übrigens, fast hätte ich es vergessen, dir zu sagen. Udet braucht deine Unterstützung. Göring gibt ihm weiterhin Saures, weil die Luftschlacht um England so schlecht verlaufen ist und der Ausstoß an Kampfflugzeugen so gering ist. Er hat ihn jetzt für den 15. Juni nach Carinhall bestellt. Udet fürchtet, dass er aus der Haut fahren könnte, und bittet dich, ihm argumentativ beiseite zu stehen. Bist du dazu bereit?«

»Natürlich bin ich das«, sagte Schmidt, ohne zu zögern.

»Ich rufe ihn an und stimme mich ab.«

»Hast du eigentlich was von deinem Bruder gehört?«

»Friedrichs 2. Panzerdivision war mit der 12. Armee in Griechenland und wird zurzeit in den Wehrkreis VII zur Auffrischung verlegt. Er hat mir geschrieben, dass er hofft, Urlaub zu bekommen, den er dann in Berlin verbringen will.«

»Wenn es soweit ist, lass es mich wissen, Othmar. Der Junge hat schon einiges hinter sich.«

Am nächsten Tag meldete sich Friedrich Schmidt telefonisch in Othmars Büro. Er hatte einige Stunden Aufenthalt in Wien und er nutzte die Gelegenheit, sein Eintreffen in Berlin anzukündigen.

»Ich komme morgen an und kann vier Tage bleiben. Kann ich bei dir wohnen? Ich bin aber nicht allein.«

Othmar überlegte einige Sekunden.

»Weiblich oder männlich?«, fragte er.

»Männlich natürlich, im Gegensatz zu dir war ich die ganze Zeit an der Front. Wo hätte ich mir eine Freundin anlachen können? Aber im Ernst, ich erkläre dir alles, wenn wir in Berlin sind. Geht das denn?«

»Geht nicht, gibt's nicht! Wir werden eine Lösung finden, Friedrich. Mach dir keine Sorgen.«

Hauptmann Othmar Schmidt lächelte, als er den Hörer auf die Gabel legte. Typisch Friedrich dachte er, wahrscheinlich wieder einer, der kein Zuhause hat. Er besprach sich kurz mit Ilse und löste das Problem, in dem er sich bei ihr einquartierte. Am Nachmittag des 12. Juni meldete sich Leutnant Schmidt in Ilses Vorzimmer. In seinem Schlepptau der Obergefreite Paul Konopka.

»Darf ich dir Paul vorstellen, den besten Kutscher der 2. Panzerdivision und Berliner Urviech.«

Konopka war mehrere Jahre älter als sein Bruder und entsprach nicht unbedingt dem Idealbild eines deutschen Panzersoldaten. Seine Uniform saß mehr als salopp und das schwarze Schiffchen, die Feldmütze, saß auch nicht vorschriftsmäßig. Othmar musste innerlich grinsen. Sein Bruder hatte immer schon ein Faible für die nicht Angepassten.

»Einen ungewöhnlichen Nachnamen tragen Sie, Obergefreiter.«

»Det is sorbisch, Herr Hauptmann und bedeutet Hänfling. Det is en Vogel, der Hanfsamen frisst.«

Der Obergefreite grinste.

»Also ein Hanfsamen fressender Berliner?«

»Jenau, Herr Hauptmann!«

»Aber jetzt erzähl mal Friedrich, wieso ihr Urlaub in Berlin machen könnt.«

Leutnant Friedrich machte es sich in einem Sessel bequem.

»Die 2. Panzerdivision ist zurzeit zur Auffrischung in Bayern und wird anschließend nach Polen verlegt. Ich bin zwischenzeitlich zur 3. Panzerdivision, der Berliner Bärendivision, abkommandiert worden, wo ich Kompaniechef im Panzerregiment 6 werde. Paul durfte ich mitnehmen, ohne ihn wäre ich desertiert!« lachte er.

»Wer kommandiert denn die Bärendivision?«

»Generalleutnant Model. Vorher war er Stabschef der 16. Armee unter Generaloberst Busch.«

»Ich habe schon von ihm gehört«, erwiderte Othmar.

»Soll ein ziemlich harter Hund sein.«

»Für das, was uns bevorsteht, wird das auch nötig sein, schätze ich«, sagte Friedrich gedankenverloren.

»Es jibt sone und solche, und dann jibt es noch janz andere, aber det sind die Schlimmsten«, kommentierte Paul Konopka die Lage.

Othmar musste grinsen. Dieser Berliner Dialekt …

»Und in welchem Regiment werdet Ihr eingesetzt werden?«

»Das Panzerregiment 6 ist das einzige Panzerregiment der 3. Panzer-Division. Es ist aber auf drei Abteilungen mit jeweils einer Stabs-, einer mittleren und zwei leichten Panzerkompanien aufgestockt worden.«

»Und wie große ist die Stärke?«

»Der Bestand beträgt zurzeit zweihundertfünfzehn Fahrzeuge. Davon achtundfünfzig Panzer II. Die kannst du vergessen. Wir gehören jetzt zur Panzergruppe 2 unter Generaloberst Guderian und werden im Osten Polens stationiert.«

»Ich schlage vor, ich zeige euch beiden jetzt mal das neue Zuhause und anschließend holen wir Ilse ab und machen einen Abstecher zum Haus Vaterland.«

Zwei Stunden später gingen sie zu viert über die Potsdamer Straße und man hatte das Gefühl, als wäre der Krieg ganz weit weg. Zunächst lud Othmar die Gesellschaft zum Abendessen in der Bremer Kombüse ein. Friedrich und Paul mussten alle ihre besten Geschichten aus den bisherigen Feldzügen zu Protokoll geben, die durch Pauls unvergleichlichen Berliner Humor ihren Schrecken verloren. Die drei Männer verließen Ilse kurz nach der zweiten Halbe Pils, um sich zu erleichtern. Paul war der Erste, der wieder zu ihrem Tisch zurückkam, an dem ein Feldwebel Ilse ganz offensichtlich belästigte.

»Nu mach ma hier nich den Lohenjrien«, sprach er fast sanft den Feldwebel an, als er zurückkam. Ilse schaute ihn dankbar an und erschrak, als der Feldwebel ruckartig seinen Stuhl zurückzog.

»Was fällt Ihnen ein, nicht zu grüßen, Obergefreiter«, bellte er.

Paul Konopka stellte seine Ohren auf Durchzug und meinte nur: »Kriechst jleich wat vor'n Bahnhof, dat de Jesichtzüje entjleisen, wenn de dich nicht verziehst.«

Der Feldwebel schrie was von Kriegsgericht und Frechheit, doch Paul ließ sich nicht beirren.

»Noch een Wort, und ick hau die uff'n Kopp, dette durch de Rippen kiekst, wie der Affe durchs Jitter.«

Dem Feldwebel fiel der Kiefer ob solcher Frechheit herunter, hob zu wüsten Beleidigungen an und machte Anstalten, Konopka an die Wäsche gehen zu wollen.

»Dir is wohl schon lange keen blutijet Ooge übers Chemisett jekullert?«, flüsterte er fast, sodass der Feldwebel eine Hand hinter seine linke Ohrmuschel hielt und brüllte: »Was haben Sie gesagt?«

»Ick sagte, wenn de lang wärst, wie de doof bist, könnste knieend aus der Dachrinne saufen.«

Mittlerweile waren Othmar und Friedrich fast beim Tisch angekommen, doch Friedrich hielt seinen Bruder am Rockärmel fest.

»Misch dich nicht ein, der schafft das auf seine Art alleine. Die meisten geben nach kurzer Zeit verzweifelt auf«, sagte er leise zu seinem Bruder und beobachtete feixend das Geschehen. Und tatsächlich schwieg auf einmal der Feldwebel und verschwand kommentarlos. Ilse klatschte Beifall, doch Paul war bescheiden und sagte nur: »Dummheit is ooch 'ne Jabe Jottes, aber man soll ihr nich missbrauchen.«

Othmar und Friedrich kamen klatschend an den Tisch zurück und Ilse küsste ihren neuen Beschützer auf die Wange.

»Man muss schon Johann Wolfgang von Goethe zitieren, um dem Berliner Paul Konopka gerecht zu werden«, kommentierte Friedrich das Geschehen: Es lebt dort, wie ich an allem merke, ein so verwegener Menschenschlag beisammen, dass man mit der Delikatesse nicht weit reicht, sondern dass man Haare auf den Zähnen haben und mitunter etwas grob sein muss, um sich über Wasser zu halten. Siehst du, deswegen kann ich auf Paul nicht verzichten. Im Panzer ist seine Kaltblütigkeit schon Legende und hat mit seiner schnellen Reaktionszeit und seinem Popometer uns schon mehrfach das Leben gerettet.«

»Popometer?«

»Ja, der Paul spürt im Hintern, wie weit er mit dem Panzer IV gehen kann. Sei es in Hanglage, bei Wasserfurten oder unter Beschuss. Paul ist einfach einzigartig. Später nach dem Endsieg werde ich ihn ausstopfen und ausstellen«, lachte er.

Nachdem sie ihr Essen genossen hatten, erkundigte sich Ilse bei Paul, ob er auch satt geworden wäre. Paul hatte auch auf diese fast schon mütterliche Fürsorge seinen eigenen Kommentar: »Satt det Wort kenn ick nich. Entweder ick hab Hunger, oder mir is übel.«

Am Vorabend des Göring Besuches rief er Udet an. Dieser schien dem Klang seiner Stimme nach wieder in einer psychisch schlechten Verfassung zu sein, sodass ihn Othmar erst mit Erzählungen über Paul Konopka aufheitern musste. Letztendlich kam man überein, selbst nach Carinhall zu fahren. Udet bot ihm an, ihn abzuholen, da seine Wohnung ja mehr oder weniger auf dem Wege läge. Othmar nahm das Angebot dankend an.

Am nächsten Morgen, die Frühjahrssonne schien in die Küche, klingelte es gegen zehn Uhr morgens, und als Hauptmann Othmar Schmidt auf die Straße trat, saß Udet bereits auf dem Beifahrersitz seines ein Mercedes-Benz 170 V Roadsters.

»Sie fahren, mein Lieber, ich muss mich auf das Treffen mit dem Eisernen mental vorbereiten.«

»Sie müssen mich aber lotsen. Ich kenne nur die Generalrichtung Norden.«

»Grundsätzlich richtig«, brummte Udet.

»Zunächst mal auf der Reichsautobahn nach Stettin bis zur Abfahrt Joachimsthal.«

Innerhalb Berlins war die Geräuschentwicklung noch so dezent, dass man sich gut unterhalten konnte. Nach einer Weile begann Udet über seine Lage zu reden.

»Es ist kaum zu glaube, aber Göring wirft mir immer wieder vor, dass ich für den schlechten Verlauf der Luftschlacht um England verantwortlich wäre. Und Milch, der Hundsvott, bestärkt ihn auch noch darin. Und jetzt wirft man mir auch noch die schlechten Produktionsziffern vor. Es ist zum Kotzen. Ich will Sie ja nicht als Blitzableiter benutzen, aber ich glaube, dass Sie den Eisernen zur Vernunft bringen können.«

Othmar wandte sich Udet zu, als sie an einer Ampel halten mussten.

»Sie setzen ein großes Vertrauen in einen kleinen Hauptmann, Herr Generalmajor.«

»Nun, hinter dem kleinen Hauptmann steht ja noch ein kleiner Schullehrer«, warf er ironisch in Anspielung an den Reichsführer SS zurück.

Othmar lächelte und gab Gas. Als sie an der Abfahrt Joachimsthal angekommen waren, dirigierte ihn Udet nach Friedrichswalde, einem kleinen Dorf am Nordrand der Schorfheide, dessen einzige Attraktion der kleine Bahnhof war, an dem regelmäßig auch Görings Sonderzug Asien und der Sonderzug des Chefs Führungsstab Luftwaffe, Robinson

1, anhielten.

»Robinson muss immer vor Asien fahren«, erklärte Udet.

»Als Bombenräumer.«

Unterdessen erreichten sie Fürstenwalde und Udet wies Othmar an, kurz vor Erreichen der Kirche links abzubiegen. Das Kopfsteinpflaster der schmalen Straße rüttelte die beiden Männer durch, die die Schönheit des Waldes dadurch kaum wahrnahmen.

»Göring benannte Carinhall nach seiner verstorbenen ersten Frau«, sagte Udet und hielt sich oben an der Windschutzscheibe fest, als der Mercedes einen Satz machte.

Ein Flak- und Scheinwerferturm tauchte rechter Hand auf.

»Davon gibt es eine ganze Reihe rund um Carinhall. Er traut wohl seinen eigenen Versprechungen nicht mehr.«

Die Rütteltour ging über fast vier Kilometer, bis plötzlich links und rechts der Straße Wachtore auftauchten, die von Marschallstäben verziert waren. Die beiden Soldaten vom Wachbataillon Herrmann Göring salutierten, als sie Udet erkannten und der Wachhabende telefonierte mit dem Haupthaus. Anschließend erhielten sie freie Fahrt.

»In Carinhall hat Göring vor dem Krieg viele ausländische Staatsgäste empfangen«, sagte Udet.

»Darunter den britischen Botschafter in Berlin, Neville Henderson, den britischen Außenminister Lord Halifax, den italienischen Außenminister Galeazzo Ciano Graf von Cortelazzo, den amerikanischen Geschäftsträger Summer Welles, den ungarischen Staatschef Admiral Miklos Horthy, Benito Mussolini oder erst kürzlich den japanischen Außenminister Yosuke Matsuoka. Jetzt ist es etwas stiller, aber dafür umso reicher geworden. Sie werden es ja sehen.«

Othmar beschleunigte den Wagen wieder, wurde aber nach kurzer Fahrt erneut vor einem weiteren Tor angehalten. Zwei Posten des Wachbataillons standen vor einer pompösen doppelmannshohen Mauer, in die ein schachbrettartiges Holztor eingelassen war. Links und rechts von dem Tor standen zwei Bronzeplastiken, die Diana, Göttin der Jagd, darstellen sollten. Der Wachhabende, der bereits informiert war, erkannte Udet und forderte zur Weiterfahrt auf. Othmar gab vorsichtig Gas und fuhr auf den wunderschön gelegenen Gebäudekomplex zwischen dem Wuckersee und Großen Döllnsee zu.

»Da hat sich unser Reichsjägermeister aber ein schönes Anwesen gegönnt«, meinte Othmar leicht spöttisch, als er zum Haupteingang vorfuhr. Dieser war ein massiver Vorbau, dessen äußere Ecksäulen und oberer Querabschluss aus den gleichen Steinen gemauert waren, wie sie auch die innere Sperrmauer zierten. Das übrige Gemäuer war weiß gestrichener Ziegel, der ebenso wie die weiße Fassade einen geschmackvollen Kontrast zum Reetdach bildete. Links und rechts des eigentlichen Eingangs hingen in zwei Meter Höhe, zwei riesige Fackelhalter und ein riesiges Hirschgeweih waren exakt in der Mitte des Vorbaus über dem

Eingang angebracht. Zwei ruhende Bronze-Hirschplastiken lagen auf Steinpodesten zu beiden Seiten des Vorbaus. Ein Offizier erwartete sie bereits und als sie anhielten erkannte Udet ihn als des Reichsmarschalls Chefadjutanten, Oberst Bernd von Brauchitsch.

»Willkommen in Carinhall, Reichsluftzeugmeister! Und Sie sind sicher Hauptmann Schmidt, habe ich recht?«

Von Brauchitsch machte auf Othmar einen angenehmen Eindruck und fand ihn auf Anhieb sympathisch.

»Der Reichsmarschall bittet um ein paar Minuten Geduld. Er spricht noch mit dem Führer.«

Der Chefadjutant führte Udet und Schmidt in die große Halle, Görings Arbeitszimmer.

»Was darf ich den Herren bringen?«, fragte ein Diener, als sie Platz genommen hatten.

»Kaffee wäre nicht schlecht«, antwortete Udet.

Als der Diener den Saal verlassen hatte, erklärte von Brauchitsch, dass dies Görings langjähriger Diener Robert Kropp wäre.

»Sie haben ja einen beeindruckenden Flakturm hier draußen«, bemerkte Othmar zu von Brauchitsch.

»Davon haben wir eine ganze Reihe. Ende August 1939 ist auch eine schwere Flakbatterie mit vier 88-Millimeter-Geschützen im äußeren Ring um Carinhall in Stellung gebracht worden. Weitere Geschütze stehen im näheren Bereich des Waldhofes. Den zehn Meter hohen stabilen Holzturm, den Sie gesehen haben, nennen wir Hauptwache. Und nur wenige Hundert Meter vom Waldhof entfernt haben wir noch drei Flak- sowie Scheinwerfertürme, die den inneren Sicherungsring zum Schutz des Anwesens gegen Luftangriffe bilden. Die stählernen Flaktürme, bis auf einen, mit Höhen zwischen 16 und 18 Metern ragen nur knapp über die Baumwipfel. So kann man sie kaum aus der Luft erkennen. Nur ein 22 Meter hoher Turm, der Anfang des Jahres aufgestellt wurde, überragt den Wald.«

»Eine weise Voraussicht, denn die Engländer bauen mit großer Geschwindigkeit ihre viermotorige Bomberflotte aus. Die ersten Handley Page Halifax Bomber wurden schon über Berlin beobachtet«, merkte Othmar an.

»Und abgeschossen, wie ich gehört habe«, erwiderte von Brauchitsch.

»Ja, aber das ist erst der Anfang«, konterte Othmar.

»Wir wissen, dass der stark verbesserte Avro Lancaster Bomber sich bereits in der heißen Testphase befindet. Ich gehe davon aus, dass wir dieses Muster nächstes Jahr über dem Reich sehen werden.«

In diesem Moment betrat Göring die Halle und Othmar stockte der Atem. Der massige Körper des Reichsmarschalls steckte in einer taubenblauen Uniform, die weder eine Luftwaffen-, noch Marine, ganz zu schweigen eine Heeresuniform war. Sie war schlichtweg ein Fantasieprodukt Görings, des Renaissancemenschen.

»Mein lieber Udet, welch eine Freude Sie in meinem bescheidenen Heim wieder begrüßen zu können.«

»Ganz meinerseits, Reichsmarschall«, sagte Udet, während er Görings Hand schüttelte und dieser jovial seine Linke auf Udets Schulter legte.

»Darf ich Ihnen Hauptmann Schmidt vorstellen.«

»Sie sind also derjenige, der mir vorschreiben will, wie ich meine Luftwaffe auszurüsten habe«, lachte Göring dröhnend.

»Nichts für ungut, aber was man so hört, haben Sie ja bereits einiges in die Wege geleitet. Das brauchen wir auch, nachdem die Luftwaffe mich so in der Schlacht um England enttäuscht hat.«

Rumms, das war die erste Breitseite dachte Schmidt.

»Und wie ich höre, haben sich unsere Herren Flugzeugkonstrukteure auch nicht an ihre Vorgaben gehalten, nur das zu entwickeln und zu bauen, was wir ihnen vorschreiben. Ganz zu schweigen von den mickrigen Stückzahlen.«

»Wie meinen Sie das Reichsmarschall?«, fragte Udet.

»Nun, Heinkel zum Beispiel soll Kampfflugzeuge entwickeln, aber tüftelt an Raketen und Strahltriebwerk angetriebenen Maschinen herum. Was soll ich davon halten?«

»Ich kann Ihnen nicht verbieten, Maschinen zu entwickeln, wenn sie die Kosten ausschließlich selber tragen, Reichsmarschall«, versuchte sich Udet zu verteidigen.

»Das sollten Sie aber! Das Debakel manifestiert sich jetzt in der Messerschmitt Me 210. Das Flachtrudeln ist anscheinend nicht auszumerzen, das Fahrwerk ist zu schwach ausgelegt und die Abwehrbewaffnung funktioniert unzuverlässig. Dabei kannten Sie doch die meisten dieser Mängel schon vor Beginn der Serienfertigung.«

»Weil sie unbedingt die Maschine im Russlandfeldzug einsetzen wollen, wurden die Mängel in der Anfangsserie toleriert«, versuchte sich Udet zu rechtfertigen.

»Ach was«, sagte Göring unwirsch und machte eine abwertende Handbewegung.

Für Sekunden war es mucksmäuschenstill. Weder Udet noch von Brauchitsch wagten es, ihre Stimme zu erheben. Nur zu gut kannten sie den aufbrausenden Charakter Görings, im Zweifelsfall alle Schuld auf seine Untergebenen abzuwälzen.

»Ich denke, Reichsmarschall, dass Sie zwar im Detail recht haben, aber ich glaube, die wahren Probleme liegen nicht im Design, sondern in der Produktion«, meldete sich Othmar zu Wort.

»Wie kommen Sie denn darauf, Hauptmann«, knurrte Göring unwirsch und legte seine fleischigen Hände auf die Sessellehnen.

»Wir produzieren in den deutschen Flugzeugwerken immer noch wie zu Beginn des Weltkrieges. Jedes einzelne Flugzeug wird in kleinen Gruppen gebaut. Das heißt, jede Maschine bekommt eine Arbeitsgruppe, der ein Werkmeister zugeteilt ist. So kann man keine schnellen Fertigungsstrecken einrichten und hohe Stückzahlen produzieren.«

»Und weiter?«, drängte Göring.

»Wir haben es mit viel zu viel Handarbeit zu tun, Reichsmarschall. Nehmen Sie nur die Junkers Ju 88. Hier werden viertausend verschieden Schrauben und Bolzen verwendet, die per Hand, anstatt maschinell genietet werden.«

»Warum denn das?«, fragte Göring verwundert, und zeigte damit, dass er von den Produktionsabläufen keinen Schimmer hatte.

»Weil es entweder keine Spezialmaschinen gibt, oder zu wenige vorhanden sind. Dazu kommt das Problem, dass die Maschinenbauindustrie viel zu lange Fertigungszeiten für solche Anlagen hat.«

»Dann müssen wir das ändern«, erwiderte der Reichsmarschall.

»Das geht nicht so einfach. Die Lieferzeiten für solche Werkzeugmaschinen belaufen sich auf zwei bis vier Jahre.«

»Dann muss man den Prozess beschleunigen«, schnaufte Göring.

»Sehen Sie und da landen wir wieder bei der Me 210, wo man auch alles beschleunigt hat, um das Flugzeug fristgemäß abliefern zu können. Aber zulasten der Luftwaffe und ihrer Piloten, die mit diesen halb entwickelten Typen fliegen müssen.«

Göring schaute immer fassungsloser Schmidt an, so als ob er es nicht fassen konnte, dass ihm ein kleiner Hauptmann mir nichts dir nichts sein Weltbild verändern könnte. Von Brauchitsch und Udet warteten auf eine Explosion, die aber nicht kam.

»Ich glaube Hauptmann, dass in erster Linie die Firmeninhaber Schuld an dieser Misere haben. Ich habe den Eindruck, dass sie oft gegen die Interessen des Reiches arbeiten. Das höre ich auch immer wieder von den Gauleitern.«

»Mit Verlaub Herr Reichsmarschall, was verstehen denn Gauleiter vom Flugzeugbau?«

Udet und von Brauchitsch drehten ruckartig ihre Köpfe in seine Richtung, als ob sie eine sofortige Füsilierung befürchteten. Doch Göring lächelte nur milde.

»Davon verstehen Sie nichts, Hauptmann«, sagte er ruhig.

»Immerhin haben sie die Einführung von Schichtarbeit in den Werken beschleunigt.«

»Was uns auf Dauer auch nicht weiterhelfen wird, wenn wir die Grundmisere der Fertigung nicht lösen und vor allem auch keine weiteren Flugzeugwerke bauen. Was werden wir tun, wenn unsere bisherigen Standorte insbesondere im Norden und Westen von den Engländern mit Viermotorigen bombardiert werden? Die Fertigung einstellen?«

Hauptmann Othmar Schmidt hatte sich in eine wohl kalkulierte Rage geredet, den er fühlte, dass sich hier eine einmalige Gelegenheit bot, Grundlegendes loszuwerden.

»Man kann sich nicht die Augen vor der Tatsache verschließen, dass wir zurzeit weniger Flugzeuge bauen als letztes Jahr. Das ist alarmierend, wenn man bedenkt, dass zum einen der Russlandfeldzug in wenigen Wochen beginnt, und zum anderen wir daran arbeiten, eine völlig neue Flugzeuggeneration einzuführen. Im Übrigen bin ich nicht der Meinung, dass man die alleinige Schuld für die vielen Probleme allein dem Generalluftzeugmeister zuschieben kann.«

Schweigen breitete sich aus und Göring klopfte nervös mit den Fingern auf der Sessellehne.

»Ich sehe, Sie haben sich Gedanken gemacht, Hauptmann Schmidt und Sie haben die Gelegenheit beim Schopfe gepackt, sie mir darzulegen. Es ist wohl an der Zeit, sich Gedanken über die Zukunft zu machen.«

Er erhob sich mit Mühe aus seinem Sessel, strich die papageienblaue Uniform zurecht und verabschiedete sich.

»Leider habe ich noch andere Pflichten und Sie können alles Weitere mit von Brauchitsch besprechen.«

Als Göring den Saal verlassen hatte, meinte Udet nur knapp: »Das hätte auch ins Auge gehen können …«

Die wenigen Tage, die Othmar mit Friedrich und Paul verbringen konnte, vergingen wie im Fluge und ein eigenartiges Gefühl beschlich ihn, als Othmar die beiden zum Zug brachte, der sie in die Ausgangsstellung der Division westlich des Bugs brachte. Weder Othmar noch Friedrich glaubten, dass ein weiterer Fronturlaub in absehbarer Zukunft stattfinden würde. Doch schnell wurden die düsteren Gedanken durch den enormen Termindruck und den schnell aufeinanderfolgenden Konferenzen mit Herstellern und Ingenieuren aus Luftfahrt- und Marineindustrie weggefegt. Insbesondere die Vorbereitungen für das zweite Treffen des Hochtechnologieausschusses in der Hakeburg waren zeitraubend und sowohl Othmar Schmidt als auch Walter Schellenberg hatten alle Hände voll zu tun.

Wegen des bevorstehenden Russlandfeldzuges musste der Ausschuss auf SS-Gruppenführer und Generalleutnant Paul Hausser verzichten, der als Kommandeur der Waffen-SS Division Das Reich bereits in seinen Bereitstellungsraum westlich von Brest-Litowsk verlegt worden war. Wie Friedrichs 3. Panzerdivision gehörte die Division Das Reich zum XXIV. Armee-Korps der Panzergruppe 2. Als Vertreter hatte der Reichsführer SS seinen Militär-Adjutanten, Untersturmführer Jochen Peiper, auf Rat Haussers angemeldet.

Othmar wollte von Schellenberg wissen, wie der Neue einzuordnen wäre. Darauf gab dieser ihm einen kurzen Abriss seiner Laufbahn und skizzierte Peiper als »einen gut aussehenden, mutigen und militärisch überaus begabten jungen Offizier, der den Nationalsozialismus mit der Muttermilch aufgesogen habe.« Peiper war seit Oktober 1933 Mitglied des SS-Reitersturms und ein Jahr später der SS-Verfügungstruppen. Er absolvierte die SS-Trainingsschule in Jüterbog und die SS-Offiziersschule in Braunschweig. Später wurde er als Unterscharführer in die Leibstandarte Adolf Hitler übernommen, die Sepp Dietrich kommandierte. Man beförderte ihn im April 1938 zum Untersturmführer, der dem Rang eines Leutnants der Wehrmacht entsprach, und nur ein Jahr später forderte der Reichsführer SS Peiper als Verbindungsoffizier zu den SS-Verfügungstruppen in seinem Stab an. Fürwahr eine steile Karriere eines jungen Mannes, der 1933 ohne Abschluss die Oberrealschule in Berlin verlassen hatte.

Die Konferenz fand wie geplant in der Hakeburg statt und Reichspostminister Wilhelm Ohnesorge hatte keine Mühen gescheut, den Teilnehmern den Aufenthalt in seinem Anwesen, wie üblich auf das Angenehmste zu gestalten. Otto Lechner hatte Helmut Schelp vom RLM und Dr. Anselm Franz, den Turboentwickler von Junkers eingeladen, über die Fortschritte und Schwierigkeiten am Strahltriebwerk zu referieren. Dabei trat erneut die prekäre Lage des Reichs in Bezug auf strategische Rohstoffe zutage. Fritz Todt, Reichsminister für Bewaffnung und Munition, erklärte den Stand der Dinge.

»Wir haben keine sehr großen Vorräte an Nickel und Molybdän, die als Legierungsbestandteile für warmfeste Werkstoffe unbedingt notwendig sind. Europas größtes Molybdänlager besitzt Norwegen in Knaben bei Stavanger. Daneben gibt es noch ein paar kleinere Lager in Oberbayern. Nickelvorkommen gibt es zum Beispiel in der norwegischen Flat Mine, ungefähr 65 Kilometer nördlich von Kristiansand und in Petsamo, im Norden Finnlands. Insbesondere Norwegen liegt im Bereich der britischen Bomber und könnte die Produktion gefährden. Wir müssen uns daher etwas anderes einfallen lassen, um die Abhängigkeit zu verringern.«

Die Runde schaute gespannt auf Dr. Franz, der mit seinem Bleistift spielte.

»Wir haben uns natürlich Gedanken wegen der hitzebeständigen Materialien und ihrer Knappheit gemacht und können bereits heute sagen, dass wir auf andere Metalle ausweichen können, wie zum Beispiel Tiefziehblech, das wir zum Schutz gegen Oxidieren mit einer Aluminiumschicht versehen.

Daneben müssen wir natürlich noch einen Weg finden, die Kühlluft zu intensivieren. Abgesehen davon befinden wir uns im ständigen Dialog mit Krupp in Essen, die fieberhaft nach neuen Legierungen suchen.«

»Wie viel Zeit werden wir denn verlieren, wenn wir die Entwicklung unterbrechen, um auf die neuen Materialien zu warten?«, unterbrach ihn Hauptmann Othmar Schmidt.

»Ich kann keinen Kaffeesatz lesen, Herr Hauptmann, aber zwei Jahre wird es schon dauern, bis wir produzieren könnten«, entgegnete Dr. Franz.

Otto Lechner und Udet schauten erschrocken auf den Junkers Motorenmann.

»Gibt es denn keinen anderen Weg, Herr Doktor«, wollte Lechner wissen.

»Doch den gibt es«, meldete sich Othmar wieder zu Wort.
»Wir können es uns nicht leisten solange zu warten. Bis dahin könnten wir die Luftüberlegenheit in Europa verloren haben.«
Lechner und Udet nickten zustimmend.
»Herr Dr. Franz, bedeutet denn das Umsteigen auf andere Materialien eine grundlegende Änderung des Konstruktionsprinzips?«
»Nein«, antwortete er, »es dauert eben nur so lange, die Werkstoffe zu entwickeln und zu prüfen.«
»Dann möchte ich vorschlagen, dass wir parallel arbeiten. Ein Team stellt das Triebwerk mit den exotischen Materialien fertig und prüft es auf Herz und Nieren, das andere begibt sich mit Volldampf an der Umsetzung der neuen Bedingungen. Dadurch kann endlich die Flugerprobung beginnen und Vorserienmaschinen gebaut werden. Weiterhin schlage ich vor, dass anschließend mit dem Bau von Schulungsflugzeugen begonnen wird, um einen Stamm an neuen Turboflugzeugführern aufzubauen und um Erfahrungen mit dem neuen Muster zu gewinnen.«
Lechner und Udet zeigten sich begeistert, auch die übrigen Teilnehmer murmelten Zustimmung, nur Fritz Todt äußerte Bedenken.
»Wir vergeuden sinnlos wichtige Rohstoffe, wo doch unsere Flugzeuge allen bekannten alliierten Typen überlegen sind.«
»Das kann sich schnell ändern«, stellte Othmar trocken fest und berichtete der Runde von seinen Erkenntnissen aus Irland. Insbesondere der Hinweis auf ein neues zweimotoriges Flugzeug, das 630 km/h erreichen sollte, sorgte für Unruhe unter den Vertretern des RLM.
»Mit allem Respekt Hauptmann Schmidt, aber das würde bedeuten, dass dieser Typ sowohl der Me 109 F, als auch der neuen Fw 190 davonfliegt. Das glaube ich einfach nicht!«
»Dann schlage ich vor, dass wir abwarten, bis Galland oder unsere Nachtjäger das Auftauchen des neuen Vogels melden, Generalluftzeugmeister«, mischte sich Otto Lechner ein.
»Im Übrigen hängt die weitere Entwicklung sowohl der Me 262 als auch der He 280 einzig von den Triebwerken ab. Zwar ist die Heinkel schon geflogen, aber die Qualität der He S 8A Triebwerke lässt zu wünschen übrig und auch die Leistung ist noch stark verbesserungswürdig. Und das Triebwerksproblem behindert auch enorm die Flugerprobung der Me 262«, fuhr Lechner fort.
»Die gut gemeinte Idee, die Messerschmitt mit Walter R II-203 Raketenmotoren auszurüsten, die je 750 Kilopond Schub entwickeln sollen, um die Hochgeschwindigkeitserprobung durchzuführen, ist ebenfalls auf Eis gelegt, da bei Walter diese Triebwerke ebenfalls nicht fertig sind. Die Messerschmitt-Ingenieure haben, um wenigstens die Flugeigenschaftserprobung im Langsamflugbereich voranzutreiben, einen Jumo 210 G Kolbenmotor eingebaut. Damit ist Fritz Wendel zum ersten Mal am 18. April geflogen.«
»Wie sieht denn die BMW Triebwerkentwicklung aus?«, fragte Oth-

mar.

»Nicht gut«, gab Otto Lechner zu.

»Das P 3302 Triebwerk kämpft mit Kinderkrankheiten. Die Probleme mit Rissen in den Schweißverbindungen zwischen Turbinenscheibe und Laufschaufel lassen sich nur schwer lösen. Dazu kommen noch ein zu hoher Brennkammer-Druckverlust, Schäden an den Turbinenschaufeln oder ungleichmäßige Temperaturverteilung in der Brennkammer. Fritz Wendel hat zwei dieser Triebwerke an seiner Me 262 mit Kolbenmotor getestet und weitere Tests sollen mit einer Me 110 in den nächsten Wochen folgen.«

»Wenn wir davon ausgehen können, dass wir die Triebwerksprobleme in absehbarer Zeit in den Griff bekommen, sollten wir uns jetzt schon darum kümmern, Sondertypen ins Auge zu fassen«, forderte Udet.

»Da gebe ich Ihnen völlig recht, Herr Generalluftzeugmeister. An erster Stelle sollte hier das zweisitzige Schulflugzeug mit Doppelsteuerung stehen«, stimmte ihm Othmar zu.

»Gefolgt von einer zweisitzigen Nachtjäger- und Aufklärerversion«, schob Otto Lechner hinterher.

»Nun warten Sie doch erst einmal den Erstflug mit Strahltriebwerken ab«, versuchte Todt die aufkommende Euphorie zu dämmen.

»Zu exorbitantem Optimismus besteht nun wirklich kein Anlass. Wir sollten die Kirche im Dorf lassen und die Flugerprobung abwarten, bevor wir weitere Ressourcen vergeuden.«

Othmar ließ sich seinen Ärger über die offensichtliche Hinhaltetaktik Todts nicht anmerken. Er beobachtete nur, dass ihn Jochen Peiper, Himmlers Emissär, wohlwollend musterte. Er lenkte nun das Interesse auf die Messerschmitt Me 163, den Objektschützer, von deren unglaublicher Steiggeschwindigkeit man sich viel erhoffte.

»Gute Nachrichten aus Augsburg, meine Herren«, sagte er mit einem positiven Unterton in seiner Stimme und verwies auf Otto Lechner. Der ließ sich nicht lange bitten und begann über den Raketenjäger zu referieren.

»Die Messerschmitt Me 163 V-1 und Me 163 V-2 sind in diesen Tagen fertig geworden. Vom Aufbau her entsprechen sie im Aufbau und im Aussehen noch weitgehend der DFS 194. Da die Walter-Triebwerke erst im Sommer fertig werden, begann die Flugerprobung als Gleiter in Augsburg. Dabei wurde die Maschine von einer Me 110 geschleppt und zeigte trotz der kleinen Flügelstreckung mit eins zu zwanzig eine erstaunliche Gleitzahl. Bis zum heutigen Tag hat Versuchspilot Heini Dittmar fünfzehn Schleppflüge unternommen und die Zelle einer Zerreißprobe unterzogen.

Dabei erreichte er im Sturzflug 900 Stundenkilometer! Diese Versuche waren nicht ungefährlich und bei einem der schlimmsten Manöver bemerkte Dittmar, dass man den Steuerknüppel nur loslassen musste, damit sich das kleine Flugzeug von selbst aus dem irregulären Flugzustand befreien konnte. Ein Beweis, wie gut die Konstruktion gelungen ist. Zurzeit werden zehn Maschinen der A-Reihe von den Wolf-Hirth-Werken zur Schulung gebaut. Diese Maschinen werden vollkommen der Me 163 V-1 ohne Triebwerk entsprechen. Sobald der Walter R 11-203-Raketenmotor von 750 kp Schub bereitsteht, wird die Me 163 V-1 nach Peenemünde-Karlshagen überführt und auf Herz und Nieren geprüft.«

»Warum ist der Raketenmotor denn noch nicht fertig, Leutnant Lechner«, unterbrach ihn Jochen Peiper.

»Wegen einer Prioritätenänderung im RLM, wie ich gestehen muss. Wir haben aber die Eigenmächtigkeit eines unserer Mitarbeiter bereits korrigiert. Wir werden noch dieses Jahr mit dem Triebwerk fliegen. Jetzt möchte ich Ihre Aufmerksamkeit kurz auf eine Entwicklung lenken, die unmittelbar mit den Turbo- und Raketenflugzeugkonstruktionen zusammenhängt. Nämlich der Entwicklung der Boden-Boden-, Boden-Luft und Luft-Luft-Raketen. Wie Sie sicher nachvollziehen können, wird die neue Geschwindigkeitsdimension auch die Flugabwehr und den Luftkampf revolutionieren. Und auch hier sind wir unseren Gegnern voraus. Wie weit kann ich nicht beurteilen, da kann Ihnen Hauptmann Schmidt wahrscheinlich mehr erzählen. Doch jede Verzögerung, jede Nachlässigkeit wird dazu führen, dass wir diesen Vorsprung verlieren.

Hier nun ein kurzer Abriss über die gegenwärtigen Konstruktionen. Schon Anfang des Krieges wurde bei Rheinmetall-Borsig mit der Entwicklung der Pulver getriebenen Flugabwehr-Rakete Feuerlilie begonnen. Zurzeit arbeitet man an einer Unterschallversion, Feuerlilie 25 genannt. Ziel ist der Bau einer Überschallversion, die aber noch auf sich warten lässt. Bei Rheinmetall-Borsig hat man mit der Entwicklung einer leistungsstarken Mehrstufenraketen mit dem Namen Rheintochter begonnen. Auch hier wird noch viel Wasser den Rhein hinunterfließen, bis wir Ergebnisse sehen werden.

Eine weitere Rheinmetall-Borsig Entwicklung ist die des Rheinboten, die auf Veranlassung des Waffenamtes vorangetrieben wird. Dieses Projekt einer mehrstufigen Feststoffrakete soll eine Schussweite von zweihundert Kilometern und einen Sprengkopf von vierzig Kilogramm tragen. Bei der Firma Henschel hat Professor Herbert Wagner das Projekt einer Fla-Rakete Hs 297 dem RLM vorgelegt. Da glaubte aber der zuständige Sachbearbeiter, dass zu diesem Zeitpunkt eine solche Waffe nicht mehr benötigt würde, da erstens ein Entwicklungsstopp von Hitler befohlen worden wäre und zweitens der Endsieg vor der Tür stünde, und hat das Projekt abgelehnt. Wir haben aber davon Kenntnis bekommen und sofort die Entscheidung revidiert. Henschel wird sofort in die Entwicklung dieser Waffe einsteigen.

Auch das Team um Wernher von Braun und Walter Dornberger arbeitet in Peenemünde an einer Flakrakete, die sich vom Aggregat 4 ableitet und gegen Flugzeuge gerichtet sein wird, die in großen Höhen operieren. Parallel dazu soll eine billigere Flakrakete für mittlere Höhen entwickelt werden.

Bei den Luft-Luft-Raketen begann die Entwicklung bereits 1937, als bei der Firma Rheinmetall-Borsig Erprobungen mit Drall stabilisierten Bordraketen durchgeführt wurden. Sehr interessant in dem Zusammenhang ist die Firma von Fritz Heber, die er zusammen mit den Deutschen Waffen- und Munitions-Werken in Osterode gegründet hat. Er experimentiert mit einklappbaren Leitflächen, um den Flug besser stabilisieren zu können. Übrigens hat Fritz Heber bereits 1915 als Mechaniker die erste MG-Steuerung bei Fokker in Schwerin gebaut. Sie sehen, wir beobachten genau, was auf diesem Gebiet entwickelt wird.«

Udet schaute Othmar an und schien dankbar zu sein, dass der ihm vor einigen Monaten Leutnant Lechner so warm ans Herz gelegt hatte. Zumindest interpretierte Othmar Udets Blick so.

»Sehr gute Fortschritte macht auch ein anderes Henschel Projekt, die Henschel Hs-293 A Flugbombe«, fuhr Lechner fort.

»Wie Sie wissen, begann Anfang 1940 die Entwicklung und bereits im 1940 fand die Ersterprobung in Peenemünde statt. Bei diesen Flügen stellte sich aber heraus, dass ein antriebsloser Gleitflug nicht effektiv war. Aus diesem Grund wurde durch die Walter-Werke Kiel ein Beschleunigungstriebwerk von 600 Kilopond Schub entwickelt. Mit dem Triebwerk HWK 109-507 kann nun die Gleitbombe für zehn Sekunden bis zu Mach 0,85 beschleunigt werden und erreichte Ziele in fünfzehn bis achtzehn Kilometer Entfernung.

Wie Professor Wagner bei unserer ersten Sitzung ja erklärte, wird das Höhenruder durch einen elektrischen Servoantrieb, die Querruder dagegen über starke Elektromagnete betätigt. Die Henschel Hs 293 B, eine Versuchsausführung mit Drahtlenkung, befindet sich ebenfalls in der Erprobung. Dadurch ist der Flugkörper immun gegen Radiostörung des Gegners. Bei dieser Version trägt der Flugkörper selbst zwanzig Kilometer Draht mit sich, während vom Trägerflugzeug zusätzlich noch zehn bis zwölf Kilometer Draht abgespult werden können. Ansonsten entspricht diese Version exakt der Ausführung Hs 293 A.

In diesem Zusammenhang ist es mir eine besondere Freude Ihnen mitzuteilen, dass erstmalig in der Geschichte des Flugzeugbaus bei der Fertigung der Einzelteile durch die Firma Henschel die vollautomatische, frei programmierbare Rechenanlage mit Gleitkomma-Arithmetik, die Z 3, von Konrad Zuse eingesetzt wurde. Damit gelang es, Abweichungen von vorgegebenen Profilen von Zelle und Flügeln bei Flugbomben nachträglich in Korrekturdaten für die Einstellung der Leitwerke und Flügel umzurechnen.«

»Wie muss man sich das vorstellen?«, unterbrach Fritz Todt Hauptmann Schmidt.

»Mit dieser Erfindung kann man eine Woche Rechenarbeit eines ganzen Planungsbüros innerhalb weniger Stunden erledigen«, erklärte Othmar emotionslos.

»Wie ich schon sagte, Zuses Rechenmaschinen können ganze Industrien revolutionieren, in dem endlose Rechenoperationen zu Minutenhandlungen degradiert werden. Ein ungeheurer Zeitgewinn und obendrein noch narrensicher. Maschinen irren sich nicht, nur die Menschen, die sie bedienen.«

»Und wie sieht solch eine Rechenmaschine aus?«, fragte Todt interessiert.

»Zuse setzt auf das Rechnen mit Nullen und Einsen, also auf eine binäre Welt, weil es einfacher zu realisieren ist, als das Dezimalsystem. Mir hat Zuse in einem Gespräch mal erklärt, er habe deswegen so konzipieren müssen, um die Kosten klein und die Rechnerbausteine einfach zu halten. Zahnräder, die zehn Positionen markieren können, sind nur aufwendig zu realisieren. Und das logarithmische Prinzip, nach dem Rechenschieber funktionieren, erscheinen ihm als zu wenig leistungsfähig. So entstand seine erste Rechenanlage, die Z1. Die Schaltglieder bestehen aus übereinander verschiebbaren Blechen, in denen sich Stifte in zwei Positionen festmachen lassen. Studenten der TH Charlottenburg mussten Tausende von Blechen für seine erste Rechenanlage fertigen. Die Z 3, die jetzt für diesen Meilenstein verantwortlich ist, enthält zweitausend Telefonrelais. Damit können binäre Zustände zuverlässiger als mit den sich oft verhakenden Blechen realisiert werden.«

»Und was steckt noch in dem Apparat?«, hakte Todt nach.

»Speicher, Rechenwerk, Ein- und Ausgabeeinheit, Kontroll- oder Steuerelement«, antwortete Othmar.

»Das Nachfolgemodell, die Z 4, ist schon in Arbeit und wird sich, wie seine Vorgängerin, an der Mathematik der Baustatik orientieren.«

»Als Sie Zuses Arbeit bei unserem ersten Treffen erwähnten, konnte ich mir nicht viel darunter vorstellen, aber so wie Sie es jetzt schildern, kann es unsere Produktion und die Produktionsabläufe demnächst unglaublich beschleunigen«, meinte Todt sichtlich beeindruckt.

»Kann man sich diese Maschine einmal ansehen? Wie groß ist sie denn eigentlich?«, drängte der Minister.

»Ziemlich groß, Sie brauchen schon ein geräumiges Büro«, lächelte Schmidt.

»Sein nächstes Projekt ist maßgeschneidert für die Flugzeugindustrie und wird Anfang 1942 bei Henschel eingeführt. Dabei handelt es sich um die S 1, die für die Flügelvermessung ferngesteuerter fliegender Bomben eingesetzt werden wird. Sie können sich dann vorstellen, um wie viel besser die Nachfolgegeneration der Gleitbomben sein wird. Ich möchte Reichspostminister Ohnesorge nicht vorgreifen, wenn ich Ihnen mitteile, dass Konrad Zuse auch sein Chiffriergerät, das ebenfalls ein Binärrechner sein wird, für das Reichspostforschungsamt in Angriff nimmt. Übrigens, fall Sie den Eindruck bekommen, es handele sich bei Konrad Zuse um einen scheuklappigen Erfinder, der außer seiner Vision nichts anderes im Kopf hat, so muss ich Sie enttäuschen. Er ist nämlich auch ein ganz exzellenter Maler.«

Hauptmann Schmidt richtete jetzt wieder seine Aufmerksamkeit auf Otto Lechner.

»Herr Leutnant, geben Sie uns doch bitte einen kurzen Abriss über den Stand des unbemannten Flugkörpers FZG 76 Flakzielgerät.«

»Zurzeit konzentrieren sich die Arbeiten auf die Entwicklung des Strahlrohrs«, begann Lechner.

»Wenn man sich vor Augen hält, dass ungelernte Arbeiter in Massenproduktion ein kraftvolles Triebwerk bauen könnten, das 30-mal weniger kosten würde als ein herkömmlicher Kolbenmotor, so wäre es schlicht müßig, über das Für und Wider zu diskutieren. Hier stellt sich nur die Frage über das Wann und wo. Wann ist solch ein Antrieb fertig für die Produktion? Der Ingenieur Paul Schmidt ist seit der Patenterteilung im Jahre 1930 auf der Suche nach Unterstützung. In den frühen dreißiger Jahren fand man sein Konzept, sagen wir, obskur. Erst 1936 fand er Unterstützung bei der Versuchsanstalt für Luftfahrt in Berlin-Adlershof. Die stellte in einer Expertise fest, dass dieses Strahlrohr, im Gegensatz zum Gesamtpaket Getriebe, Motor, Luftschraube, bei gleicher Leistung ein wesentlich geringeres Gewicht aufweist und es sich bei höheren Fluggeschwindigkeiten bis etwa zur doppelten Schallgeschwindigkeit mit gleichem Wirkungsgrad bauen lässt.

Im Sommer 1939 wurde Fritz Gosslau von der Argus Motoren Gesellschaft in Berlin-Reinickendorf auf das Strahlrohr und die Idee des unbemannten Bombenträgers aufmerksam. Er begann seinerseits mit Forschungen, denn die Vorteile liegen auf der Hand: Man spart Flugzeugbesatzungen, das Gerät kann bei jeder Witterung eingesetzt werden und der Arbeitsaufwand je Tonne Sprengstoff im Ziel beträgt gegenüber dem bemannten Bomber nur ein Dreißigstel.«

»Das klingt ja ganz interessant, aber wie funktioniert denn das eigentlich«, meldete sich Ohnesorge.

»Ungefähr so, Herr Minister. Das Triebwerk besteht aus einem einseitig mit Klappenventilen geschlossenen, zum Brennraum ausgebauchten Rohr. Bei geschlossenen Klappenventilen tritt der Gasstrahl nach Zündung des Brennstoff-Luft-Gemischs durch das Rohr aus, bei geöffneten Klappenventilen wird frische Verbrennungsluft eingesaugt. Zum Starten des Triebwerks wird die Luft entweder als Druckluft in das Triebwerk geblasen oder aber das Triebwerk samt Fluggerät auf einem Startkatapult durch die Luft bewegt.«

»Und was sind die Nachteile?«

»Da ist die große Lärmentwicklung, ein hoher Brennstoffverbrauch, hohe Wandungstemperaturen von tausend Grad Celsius und eine begrenzte Laufzeit wegen der geringen Lebensdauer der Flatterventile. Aber wir haben ja nicht vor, mit solchen Triebwerken New York zu erreichen«, sagte Lechner mit einem ironischen Unterton.

»Wir hoffen, in den nächsten Monaten dieses Triebwerk so zu entwickeln, dass wir nächstes Jahr mit dem Zellenbau beginnen können.«

Ohnesorge hatte seinem Ruf als großzügiger Gastgeber keinen Abbruch getan und ein opulentes Speiseangebot für seine Gäste aufgetischt. Die Pause war für alle Teilnehmer willkommen, denn die ständige Konzentration nagte an der Substanz. Othmar hatte endlich wieder einmal ein paar Minuten, in denen er ungestört mit seinem Vater sprechen konnte. Beide waren in großer Sorge hinsichtlich des bevorstehenden Russlandfeldzuges, und beiden war bewusst, wie risikofreudig Othmars Bruder war. Friedrich war der geborene Panzerführer, der zwar abwog, aber im Zweifel immer den Weg nach vorn suchte. Nach dem Mittagessen begann die zweite Hälfte der Sitzung mit einem Vortrag von Carl Schmidt über den Stand der Walter-U-Boot-Entwicklung.

»Wie Sie alle wissen, sind wir in diesem Frühjahr unsanft aus unseren Träumen geweckt worden.

Nicht nur wegen der Versenkung der Bismarck, sondern auch wegen der Rückschläge im U-Boot Krieg. Die Erfolge, die die U-Boot-Waffe seit Kriegsausbruch errungen hatte, haben einen empfindlichen Dämpfer bekommen. Im März 1941 plante Admiral Karl Dönitz eine neue U-Boot-Offensive, die die heimwärts laufenden Konvois südlich von Island angreifen sollten. Am 6. März sichtete Priens U 47 den westwärts laufenden Geleitzug OB 293. Über Peilzeichen wurden drei weitere U-Boote herangeführt. Doch diesmal war alles anders.«

Carl Friedrich machte eine Kunstpause, um seinen folgenden Sätzen Wirkung zu verleihen.

»Am nächsten Tag gelang es den britischen Begleitschiffen, alle angreifenden U-Boote unter Wasser zu drücken. U 70 unter Kapitänleutnant Matz wurde mit Wasserbomben eingedeckt und musste beschädigt auftauchen. Dort erwartete ihn schon die Korvette HMS Arabutus. In den nächsten Stunden begann ein neuer Angriff. Doch auch diesmal gab es keinen Erfolg. Nach stundenlanger Jagd wurde ein weiteres U-Boot versenkt. U 47 unter Korvettenkapitän Prien, der Stier von Scapa Flow, wie ihn die Propaganda nennt. Es gab keine Überlebende. Eine Woche später wurde Konvoi HX 112 von Kapitänleutnant Lemp gesichtet. Bei den darauf folgenden Angriffen am 17. März werden zwar wieder mehrere Frachter und Tanker versenkt, doch auch diesmal gehen mit U 99 unter Kretschmer und U 100 unter Schepke zwei der erfolgreichsten U-Boote verloren.

Irgendetwas geht da draußen vor, das wir nicht verstehen. Warum gelingt es den Engländern plötzlich, unsere erfahrensten und erfolgreichsten U-Boot-Kapitäne zu versenken? Ich bin kein Hellseher, aber ich erinnere an die Worte, die ich bei unserem ersten Treffen an Sie richtete. Unsere Entscheidung, das Walter-Boot zum neuen Unterwasser Waffenträger zu machen, kann nur eine Richtige gewesen sein, denn ein Boot, das unter Wasser läuft und angreift, kann im Gegensatz zu unseren über

Wasser attackierenden VIIC Booten nicht geortet werden. Abgesehen von Asdic, doch das kann wegen der enormen Geschwindigkeit unterlaufen werden. Daher kann es keinen Zweifel geben, dem Walter-Boot gehört die Zukunft. Zwei relativ kleine Versuchsboote, WA 201 und Wk 202, liegen auf den Hellingen und eine Nullserie ist ebenfalls geplant.

Probleme gibt es mit der Wasserstoff-Peroxid Herstellung, da das zweite Werk noch nicht vollendet ist. Inzwischen haben aber Hellmuth Walter und sein Team die Pläne für das Atlantikboot fertiggestellt, das die Typenbezeichnung XVIII erhalten hat. Dieses Boot ist mehr als siebzig Meter lang und hat eine Unterwasserverdrängung von 1652 Tonnen. Über Wasser wird es mit zwei Deutz-Dieselmotoren 17 Knoten erreichen, unter Wasser werden die Walter-Turbinen 7500 PS entfesseln und es auf unglaubliche vierundzwanzig Knoten beschleunigen. Und das Wichtigste, diese Geschwindigkeit kann acht Stunden beibehalten werden!

Von diesem Modell werden so schnell wie möglich zwei Boote für die Erprobung gebaut werden. Dieses Boot, meine Herren, wird den Seekrieg auf den Kopf stellen und die Niederlage Englands besiegeln. Ich bin mir sicher, dass ich bei unserem nächsten Treffen ihnen konkrete Ergebnisse der ersten Tauchfahrten unserer Versuchsboote mitteilen kann. Wir müssen jetzt noch dringend Praxiserfahrungen mit der neuen Technik sammeln und die Massenproduktion von Wasserstoff-Peroxid sicherstellen.«

Hauptmann Schmidt bat nun Kurt Diebner und Reichspostminister Ohnesorge um einen kurzen Abriss über den aktuellen Stand der Nuklearforschung.

»Es gibt einiges zu berichten, das Hoffnung keimen lässt, in einigen Jahren zum Erfolg zu kommen«, begann Ohnesorge.

»Grund für diesen Optimismus ist das Traktat eines Mitarbeiters von Manfred von Ardenne namens Fritz Houtermann. In seiner Denkschrift Zur Frage der Auslösung von Kern-Kettenreaktionen weist er auf die Bedeutung von Plutonium hin und hält den Bau eines Reaktors oder Brüters für notwendig, um waffenfähiges Plutonium herzustellen. Werner Heisenberg, Leipziger Ordinarius für theoretische Physik, beaufsichtigt die jeweiligen Reaktorexperimente, die in Leipzig von Robert Döpel und in Berlin von Wirtz durchgeführt werden. Im Reaktor muss die Neutronengeschwindigkeit gebremst werden, damit Absorptionsverluste gering sind. Die Materialien, mit denen die Neutronengeschwindigkeit durch möglichst wenige elastische Zusammenstöße abgebremst werden kann, nennen wir Moderatoren. Und zwei Moderatoren kommen infrage: Grafit oder Schweres Wasser.

Bei Grafit streiten sich unsere Wissenschaftler und halten darüber hinaus die Herstellung für zu teuer. Schweres Wasser wird aber im großen Stil nur von einem Hersteller, der Norsk Hydro im südnorwegischen Rjukan, produziert. Um die Abhängigkeit von der Norsk Hydro zu beenden, schlage ich daher den sofortigen Bau einer eigenen Schwerwasserfabrik vor, um den zukünftigen Schwerwasserreaktor zu versorgen. Das wirtschaftlichste Verfahren zur Herstellung des Schweren Wassers ist die fraktionierte Destillation, die jedes Chemiewerk herstellen kann. Nur ist der Aufwand riesig, fünfzehn Meter hohe Destillationskolonnen aufzustellen. Am besten bombensicher. Und davon brauchen wir einige, da jede Kolonne nur wenige Gramm Schweres Wasser pro Tag produzieren kann.«

Entgeistert schaute Fritz Todt den Nuklearexperten des Heereswaffenamtes an.

»Ich hoffe nicht, dass hier der Wunsch der Vater des Gedankens ist. Die wirtschaftliche Kraft des Reiches ist begrenzt, Herr Diebner.«

»Ich hoffe nur Herr Minister«, entgegnete Diebner kühl, »dass die Engländer nicht auch die ungeheure Bedeutung von Norsk Hydro erkennen und es zu Schutt und Asche bomben werden.«

Othmar wollte Luft aus dem Kessel entweichen lassen und wandte sich an General Martini.

»Was gibt es Neues an der Funkmessfront, Herr General?«

»Zum Glück nur positive Neuigkeiten, Hauptmann Schmidt. Generalmajor Josef Kammhuber, Chef der 1. Nachtjagddivision in Zeist bei Utrecht, hat ein System eingeführt, das die britischen Nachtbomber effektiv bekämpfen kann, das Himmelbett. Auf die Gefahr hin, dass ich den einen oder anderen langweile, möchte ich Ihnen das Verfahren noch einmal erklären. Die Funkmessstellung besteht aus einem Freya und zwei Würzburg-Geräten. Freya ortet die feindliche Maschine aus weiter Entfernung und meldet die Flugzeuge an das Flugwachkommando. Daraufhin löst das Flugwachkommando die Alarme Luftgefahr 30, was nichts anderes bedeutet, dass die Bomber noch dreißig Minuten entfernt waren und Luftgefahr 15 aus. Damit ist der Bomberverband in Reichweite des Würzburg-Gerätes. Freya übergibt nun an das erste Würzburg, das den anfliegenden Bomberverband verfolgt. Das zweite Würzburg kümmert sich um den eigenen Nachtjäger.

Beide Geräte melden die Positionen der Flugzeuge an einen Gefechtsstand, wo auf einem sogenannten Seeburg-Tisch die Positionen dargestellt werden. Diese riesige Mattscheibe ist mit einer schematischen Landkarte unterlegt, die in Planquadrate eingeteilt ist. Wird nun der Feindbomber gemeldet, erhält dieser ein Symbol, sagen wir rot, und die Messwerte für Entfernung, Seitenwinkel und Flughöhe werden als roter Lichtpunkt auf die Glasscheibe des Seeburg-Auswerttisches projiziert.

Das Gleiche geschieht mit den Messwerten des zweiten Würzburgs, das den Jäger leitet, nur erhält dessen Punkt eine andere Farbe. Jetzt bekommt der Nachtjäger über Funk eine laufende Reportage, die ihm Flughöhe und Kurs des Feindbombers mitteilt und er so den Bomber finden kann. Zum Schluss übernimmt das Funkmessgerät Liechtenstein BC des Nachtjägers die Aufgabe, den Nachtjäger direkt an den Gegner heranzuführen. Die seltsame Geschichte dieses Gerätes hatte ich Ihnen ja bereits letztes Jahr erklärt. Daher nur so viel. Es hat eine Reichweite von 200 bis 3500 Metern und einen Erfassungswinkel von siebzig Grad. Der Pilot erkennt den Gegner, feuert, Abschuss!«

»Ist das System denn schon einsatzbereit?«, wollte Ohnesorge wissen.

»In ein bis zwei Monaten. Aber Kammhuber beklagt bereits jetzt schon die schwindende Überlegenheit seiner Ju 88 C oder Do 17 Z. Er will dringend ein neues Flugzeug, einen reinen Nachtjäger, und kriegt keins«, stellte General Martini lakonisch fest.

»Da gäbe es vielleicht eine Lösung für Kammhubers Problem«, flüsterte Udet in Othmars Ohr.

»Das erzähle ich Ihnen nachher.«

Nachdem General Martini seine Ausführungen beendet hatte, bat Othmar Oberst Dornberger den Stand der Dinge in Peenemünde zu erläutern. Walter Dornberger sah man den enormen Druck an, dem er und die Entwicklergruppe um Dr. Wernher von Braun unterworfen waren. Den Teilnehmern der Runde war auch nicht entgangen, dass das Verhältnis zwischen ihm und Fritz Todt nicht zum Besten stand.

»Der Fortschritt am Triebwerk geht rasant voran«, begann er.

»Das Problem mit der Treibstoffförderung ist dank der Vernetzungsarbeit von Hauptmann Schmidt gelöst. Von Braun hat Hellmuth Walter in Kiel besucht und unser Problem geschildert. Die Pumpe, die wir verzweifelt gesucht hatten, muss extremen Anforderungen genügen. Sie sollte hundertfünfzig Liter pro Sekunde bei einem Druck von zwanzig Bar fördern können, was in etwa der Leistung entspricht, eine Badewanne in weniger als zwei Sekunden zu füllen. Sie sollte nicht kompliziert konstruiert, extrem zuverlässig sein und die volle Leistung aus dem Stand in wenigen Sekunden erreichen. Dass sie nicht viel wiegen darf, war klar. Als Hellmuth Walter die Anforderungen verdaut hatte, stellte er fest, dass von Braun im Grunde eine Feuerwehrpumpe suchte.

Walter schlug den Bau einer Turbopumpe vor, die ihre Leistung von einer Turbine, die mit heißem Gas angetrieben wurde, erhalten sollte. Diese Turbine sollte ihre Kraft über eine Welle an die Pumpe abgeben. Walter erklärte von Braun, dass es zur Erzeugung des Dampfes für die Turbine zwei Möglichkeiten gäbe. Das eine wäre eine Vermischung von Abgasen der Brennkammer mit Wasser, um so Wasserdampf zu erhalten. Doch diese Entwicklung würde ein oder zwei Jahre in Anspruch nehmen. Daher haben wir Walters Methode zum Antrieb von U-Booten gewählt. Sie wissen schon, Zersetzung von Wasserstoffperoxid mit Kaliumpermanganat. Das erzeugt bekanntlich heißen, mit Sauerstoff angereicherten Wasserdampf. Die Turbopumpe hat eine Leistung von 680 PS und um die abzurufen, verfügt die Rakete über 175 Kilogramm Wasserstoffperoxid und dreizehn Kilogramm Kaliumpermanganat zum Betrieb des Gasgenerators.

Auch extreme Hitze von 2700 Grad Celsius, die die Düse aushalten muss, haben wir gelöst. Wir leiten Alkohol am Düsenhals über feine

Röhrchen an die Düsenwand, wo er verdampft und die Hitze an der Düse durch Filmkühlung reduziert. Auch an dem Problem einer größeren Reichweite haben wir gearbeitet. Bereits im Juni 1939 hat Kurt Patt, ein Mitarbeiter in Riedels Konstruktionsbüro, vorgeschlagen, die Bewegungsenergie die eine Rakete vom Typ des A4 nach Brennschluss hat, in aerodynamischen Auftrieb umzusetzen. Mit Hilfe von Flügel könnten wir so die Reichweite auf 550 Kilometer verdoppeln. Wir haben jetzt im Windkanal der Zeppelin Werft in Friedrichshafen, wo wir schon früher Untersuchungen an der Aerodynamik der A-4 durchgeführt haben, mit verschiedenen Flügelformen zu experimentieren begonnen. Anfang Januar 1941 konnten wir die endgültige aerodynamische Form des sogenannten A-4-Gleiters festlegen, und als A-4 v 12/c kennzeichnen. Die Berechnungen der Flugbahn hat übrigens das Institut für praktische Mathematik der Technischen Hochschule Darmstadt durchgeführt. Das sind die positiven Aspekte unserer Arbeit.«

Dornberger stockte für einen Moment, also ob er nicht genau wusste, ob er sagen sollte, was ihm auf der Seele lag. Schließlich, mit einem Seitenblick auf Fritz Todt, fuhr er fort.

»Obwohl wir jetzt die Techniker und Ingenieure haben, die wir so schmerzlich vermisst haben, obwohl wir endlich die Aufmerksamkeit der Führung bekommen haben, die wir verdienen, bekommen wir dennoch von unserem Minister für Bewaffnung und Munition Knüppel zwischen die Beine geworfen.«

Hauptmann Schmidt schaute auf Todt, der ungerührt Akten durchsah, so als ob ihm das alles nichts anginge.

»Schon gegenüber dem Chef der Heeresrüstung, Generaloberst Fromm, hat er letztes Jahr gesagt, das angesichts der Kriegsereignisse in Peenemünde kein Paradies entstehen dürfte. Als ob wir dort Urlaub machen würden«, entrüstete sich Dornberger.

»Kürzlich habe ich neue Richtlinien aus seinem Büro erhalten, die die Sache auf die Spitze treiben. Danach sollen wir, so wörtlich, kein Höchstmaß an Aufwand bei der Gestaltung der Unterkünfte machen. Das kann ich ja noch nachvollziehen, doch Fabrikanlagen in billigster Holzbauweise für hoch technisierte Rüstungsgüter zu errichten, keine Warmwasserheizungen einzubauen, oder vorzuschreiben, elektrische Leitungen über Putz zu verlegen, sprengen mein Vorstellungsverständnis.«

Walter Schellenberg, der sich sehr unauffällig in der Sitzung verhalten hatte, raunte Othmar zu: »Ich habe den Eindruck, als ob Todt das gesamte Raketenprogramm sabotieren will, meinst du nicht?«

Auch Othmar fand die Eskalation kontraproduktiv und überlegte, einen Ausweg aus diesem Dilemma zu finden.

»Ich denke, ich werde Heydrich und Himmler auf die unerquickliche Situation aufmerksam machen, denn so geht das nicht weiter«, sagte Schellenberg.

»Ich versuche einen anderen Weg, nämlich den Führer als obersten

Schirmherrn für Peenemünde zu gewinnen. Das wäre die eleganteste Lösung, oder?«

»Dann fahren wir eben zweigleisig«, sagte Schellenberg leise.

»Wir sollten aber zum Schluss einen Termin für die nächste Sitzung finden«, stellte Othmar fest.

»Die nächsten Monate werden sehr hektisch werden«, warf Schellenberg ein.

»Wir sollten uns daher auf kleinere Konferenzen beschränken und erst in einem Jahr wieder eine große Runde einberufen.«

Im Schlangennest

Die Kämpfe an der Sollum-Front hatten mit einem großen Erfolg Rommels geendet, der zum Großteil auf die exzellente Arbeit des Funkhorchdienstes zurückzuführen war. Der Gegner ging nach schweren Verlusten in der Nacht zum 18. Juni in seine Ausgangsstellungen zurück. Die Briten verloren mehr als neunzig ihrer Panzer. Churchill war außer sich wegen der Niederlage, da er sich einen großen Sieg erhofft hatte. Der verantwortliche General Wavell wurde daraufhin gegen General Claude Auchinleck ausgetauscht.

Othmar und Ilse hatten sich schon auf das Wochenende vom 21/22. Juni gefreut, denn die Wettervorhersage war prächtig und man beschloss, den Sonntag am Wannsee zu verbringen. Am Sonntagmorgen saßen beide in Othmars Küche beim Frühstück. Wie üblich lief auch an diesem Sonntag das Radio mit dem Frühkonzert der Berliner Philharmoniker unter der Leitung von Wilhelm Furtwängler, das er sich nie entgehen ließ.

Doch plötzlich wurde die laufende Sendung von einem Trommelwirbel unterbrochen und ein klassisches Thema erklang. Othmar erkannte sofort die Takte 35 bis 42 aus Franz Liszts sinfonischer Dichtung für Orchester Nr. 3, Les Préludes. Danach ertönte eine verhaltene Stimme: Der großdeutsche Rundfunk veröffentlicht in Kürze eine wichtige Sondermeldung! Othmar ahnte was kommen würde und auch Ilse war sich der historischen Dimension dieser Sondermeldung bewusst und legte ihre Hand auf die Othmars. Jetzt war es die Stimme von Reichspropagandaminister Joseph Goebbels, die die Proklamation des Führers verlas. Zunächst waren es die Hinweise auf einen russischen Truppenaufmarsch an der Grenze sowie permanenter Grenzverletzungen durch sowjetische Truppen. Dahinter, so der Führer, stecke ein Komplott der jüdisch-angelsächsischen Kriegsanstifter und der jüdischen Machthaber der bolschewistischen Moskauer Zentrale, der nun entschieden entgegengetreten werden müsse. Und dann die Worte, die den beiden den Atem stocken ließ: deutsches Volk! In diesem Augenblick vollzieht sich ein Aufmarsch, der in Ausdehnung und Umfang der Größte ist, den die Welt bisher gesehen hat. Ich habe mich deshalb heute entschlossen, das Schicksal und die Zukunft des Deutschen Reiches und unseres Volkes wieder in die Hand unserer Soldaten zu legen. Möge uns der Herrgott gerade in diesem Kampfe helfen.

In den nächsten Tagen und Wochen erklang Liszts Les Préludes fast täglich. Der Vormarsch der deutschen Verbände ging in atemberaubendem Tempo vorwärts und Othmar verfolgte anhand einer Karte und kleiner Fähnchen den Weg seines Bruders. Bereits am Nachmittag des nächsten Tages stand die zur Panzergruppe 2 gehörende 3. Panzerdivision unter General Model vierzehn Kilometer vor Wilna und mit dem rechten Flügel bei Weronow an der Bahnlinie Lida-Wilna. Am 27. Juni nahm sie Bobrujsk. Nichts schien die deutsche Militärmaschinerie aufzuhalten.

Udet hatte Othmar Ende Juni angerufen, um mit ihm nochmals seine Idee zu besprechen, wie Kammhuber mit einem besseren Nachtjäger geholfen werden könnte. Er verwies dabei auf ein Projekt von Ernst Heinkel mit der Projektnummer P 1064, das im Januar die Typenbezeichnung He 219 bekommen hatte.

»Das sollten Sie sich mal ansehen, Schmidt«, sagte Udet.

»Ein Mehrzweckkampfflugzeug, sowohl als Angriffsjäger als auch als Aufklärer und sogar als Torpedoflugzeug geeignet. Die Kanzel sieht aus wie der Kopf einer Natter, und beherbergt eine zweisitzige Druckluftkabine. Zwei leistungsstarke Daimler Benz DB 603 hängen unter den Tragflächen des Schulterdeckers. Daneben hat sie auch noch ein Bugfahrwerk, was Sie ja besonders bevorzugen«, meinte Udet süffisant.

»Und warum ist es nicht gebaut worden?«

»Wahrscheinlich aus mehreren Gründen. Einmal, weil Heinkel mal wieder übers Ziel hinausgeschossen war und Daimler Benz DB 603 Motoren vorsah, die das RLM und insbesondere Milch nicht wollte. Dazu kam das verpönte Bugfahrwerk.«

»Also wurde es aus Ressentiment-Gründen abgelehnt?« hinterfragte Othmar.

»Kann man wohl sagen«, brummte Udet.

»Ich kann nun schlecht als Generalluftzeugmeister Kammhuber anrufen, ohne mich und das RLM unglaubwürdig zu machen, und ihm sagen, hey du, da hat der Heinkel ein tolles Flugzeug, was man zum wahren Nachtjäger umbauen könnte. Deswegen schlage ich vor, Sie machen das!«

Othmar war baff, solch ein Manöver hatte er nicht erwartet. Trotzdem überlegte er nicht lange und sagte zu.

»Ich werde es so tricksen, dass er zuerst Heinkel trifft und anschließend Sie kontaktiert. So hat dann jeder sein Gesicht gewahrt.«

»Großartig, dann machen Sie mal«, antwortet Udet und hing ein.

Die nächste Aufgabe, die sich Othmar gestellt hatte, war ein Termin beim Führer für die Interessen der Heeresversuchsanstalt Peenemünde zu gewinnen. Doch das stellte sich bald als eine fast unmögliche Aktion heraus, da Hitler ganz im Banne des Russlandfeldzuges gefangen war. Ohne Canaris wäre dies auch gar nicht möglich gewesen und schließlich, nachdem die ersten Wochen so unglaublich erfolgreich verlaufen waren und der Zusammenbruch der Sowjetunion Hitlers Meinung nach unmittelbar bevorstand, teilte ihm Canaris in einem Memorandum lapidar mit, dass der Führer die Herren von Braun und Dornberger am 20. August in seinem Hauptquartier Wolfsschanze zum Vortrag erwarten würde. Othmar konnte sein Glück nicht fassen.

Wenig später teilte ihm der Admiral in einem Gespräch mit, dass anscheinend auch Himmler sich für einen Termin der Peenemünder Raketenleute eingesetzt hatte. Da hat bestimmt Walter Schellenberg am Rad gedreht, dachte Othmar. Ende Juni wurde Schellenberg zum stellvertretenden Amtschef vom Amt VI SD Ausland und Rang eines SS-Standartenführers befördert. Da er den Chefsessel wenig später erhalten sollte, fühlte sich Schellenberg am Ziel seiner Wünsche. Othmar hatte eine Einladung erhalten, ihn in seinem neuen Dienstzimmer in der Berkaer Straße in Berlin-Schmargendorf zu besuchen. Bevor er das Amt aufsuchte, stöberte er noch in alten Akten, um herauszufinden, was sich in dem Gebäude früher befunden hatte. Er war nicht überrascht zu lernen, dass das in den Jahren 1929-31 vom Architekten Alexander Beer als Altersheim für die jüdische Gemeinde Berlins erbaute Gebäude Anfang des Jahres enteignet worden, und zur neuen Auslands-Spionagezentrale der SS umgebaut worden war.

Schmargendorf war ein eher kleiner Stadtteil mit kleinstädtischem Charakter, eingekeilt zwischen Grunewald und Wilmersdorf. Maria Luise Schienke, Schellenbergs Sekretärin, erwartete ihn bereits im Vorzimmer. Als Othmar das neue Büro seines Freundes betrat, traf ihn der Schlag. Der Raum hatte die Ausmaße einer halben Etage. Er musste mehrere Meter gehen, bis er den riesigen Schreibtisch erreichte, neben dem ein Rollwagen mit mehreren Telefonen und Mikrofonen stand. Dahinter saß Schellenberg, stolz wie Oskar und mit einem breiten Grinsen im Gesicht.

»Das muss ich dir jetzt mal genau erklären, denn dieses Arbeitszimmer ist nicht so, wie du es aus der Abwehr kennst. Hier ist alles größer, moderner und gefährlicher«, lachte er.

Er deutete auf die hölzerne Wandverkleidung.

»Was siehst du da?«, wollte er von Othmar wissen.

»Natürlich nichts, aber dahinter und unter dem Schreibtisch, sowie in der Lampe haben wir Abhörgeräte eingebaut, sodass jedes Gespräch und jedes Geräusch automatisch aufgenommen und registriert werden kann. Unseres natürlich nicht«, kicherte er leise.

Otmar schaute sich um. Ihm fielen an den Fenstern kleine Drahtquadrate auf; die er sich nicht erklären konnte.

»Und was ist das für eine Spielerei«, meinte Othmar sichtlich beeindruckt und deutete auf die Drahtquadrate.

»Das sind elektrische Sicherungen, die ich abends beim Verlassen des Büros einschalte und die sämtliche Fenster, Panzerschränke sowie die verschiedenen Eingänge und Büroräume sichern. Die Selen-Fotozellen lösen in den so gesicherten Räumen bei bloßer Annäherung automatisch einen Vollalarm aus, der innerhalb von Sekunden die bewaffnete Wachmannschaft alarmiert.«

Othmar näherte sich einem der Drahtquadrate und berührte sie mit seiner Handfläche. Doch der Alarm blieb aus.

»Natürlich ist sie jetzt nicht eingeschaltet«, lachte Schellenberg.

»Aber schau dir das mal an. Dieser Schreibtisch ist meine kleine Festung. Wenn du genau hinsiehst, kannst du die Mündungen von zwei Maschinenpistolen erkennen, die den Raum mit Kugeln abdecken, falls Gefahr droht. Falls es brenzlig wird, brauche ich nur auf einen Knopf zu drücken, um zu feuern.«

Othmar war um den Schreibtisch und in die Hocke gegangen, um das System genauer in Augenschein zu nehmen. Während sich die Apparatur ansah, fuhr Schellenberg mit seinen Erklärungen fort.

»Siehst du diesen Knopf«, sagte er und deutete auf einen versteckten Schalter unter der Tischplatte.

»Damit kann ich gleichzeitig ein Sirenensignal auszulösen, was eine Blockade des gesamten Hauses nach sich zieht. Da kommt keine Maus mehr raus.«

»Allerhand«, war Othmars trockener Kommentar.

»Du solltest dir auch mal meinen Dienstwagen ansehen. Ein Mercedes-Benz 320, Baujahr 1939 mit dem 3,2-Liter-Motor. Die Besonderheit ist aber das Autotelefon, mit dem ich auf eine Entfernung von fünfundzwanzig Kilometern telefonieren und meinen Sekretärinnen fernmündlich diktieren kann.«

»Ich wette, den Schnickschnack hast du dir vom Reichspostminister aufs Auge drücken lassen.«

»Stimmt genau«, lachte Schellenberg entwaffnend.

»Das Einzige, was ich an meinem neuen Posten nicht so mag, ist der künstliche Zahn, den ich mir habe einsetzen lassen müssen.«

»Wozu denn das?«

»Wenn ich verreise, muss ich befehlsgemäß einen künstlichen Zahn tragen, der eine genügende Menge Zyankali enthält, um mich innerhalb von dreißig Sekunden aus den Fängen der Feinde zu befreien. Daneben trage ich jetzt auch noch einen Siegelring mit einem großen blauen Stein, unter dem sich eine weitere Kapsel mit Zyankali befindet.«

»Findest du das nicht ein wenig übertrieben?«

»Na ja, ich wollte den Posten, also frage ich auch nicht lange, selbst wenn es ein wenig unheimlich wird«, meinte Schellenberg ein wenig stiller.

Nachdem Schellenberg Kaffee geordert hatte, sprach ihn Othmar auf den Termin beim Führer an.

»Hast du deine Finger mit im Spiel gehabt?«

»Nicht direkt«, wehrte Walter Schellenberg ab.

»Aber der Reichsführer wollte wissen, wie die letzte Sitzung gelaufen war und da blieb mir gar nichts anders übrig, als ihm unseren zweigleisigen Plan hinsichtlich Peenemünde zu erläutern. Er hat dann SS-Gruppenführer Berger angewiesen, dem Führer deine Bitte vorzulegen. Ich soll dir übrigens sagen, dass er dich in seinem Sonderzug Heinrich nach Rastenburg mitnehmen will. Ich werde übrigens auch dabei sein. Das wird eine erheblich angenehmere Reise werden, als in einer lauten

Heinkel.«

Othmar wurde nachdenklich.

»Was schaust du so trübsinnig?«

»Ich fürchte, Himmler wird wieder Druck auf mich ausüben, eurem Verein beizutreten. Dabei weist du, dass ich das gar nicht kann.«

»Mach dich nicht verrückt. Es gibt für alles eine Lösung. Auch um den Reichsführer milde zu stimmen.«

Gordon Schmitt hatte R.V. Jones Stimme über den Flur kommen hören, und flugs seine Füße vom Schreibtisch genommen. R.V. schätzte Stil, und den Anblick eines in amerikanischem Habitus versunkenen Briten war ihm ein Graus.

»Ich habe etwas, wo ich Ihre Intelligenz brauche«, sagte er ein wenig atemlos und wedelte mit einem großen Foto in der Rechten.

»Sie sollten nicht so rennen, Sir. Das Leben ist zu kurz«, sagte er dem Wissenschaftler, der ganz offensichtlich über den Fang, den er in der Hand hielt, begeistert war.

»Was haben Sie denn da Schönes? Doch nicht etwa das neue Pin-up von Alberto Vargas, das Betty Gable in Moon Over Miami zeigt?«, meinte Gordon amüsiert.

»Besser, viel besser Gordon. Es ist ein Foto vom Berliner Flakturm, aufgenommen kurz, nachdem sie Berlin verlassen hatten«, triumphierte er und legte das Foto auf seinen Tisch.

»Woher haben Sie das, wenn ich fragen darf?«

»Sie dürfen, sie dürfen«, antwortete R.V. ganz aufgeregt.

»Wir haben das von einem Angestellten der US Botschaft in Berlin.«

»Ist das ein Suchscheinwerfer, oder ist es eine Radar Antenne?«

Gordon hob das Foto auf und ging zum Fenster.

»Keine Ahnung, aber wenn wir feststellen könnten, welche Größe dieses Gerät auf dem Foto hat, dann wären wir in der Lage es mit Aufnahmen von Flakscheinwerfern zu vergleichen, die wir kennen.«

»Hervorragende Idee, Gordon. Ich werde sofort Claude Wavell bitten, die letzten Aufklärungsfotos zu studieren und sie mit den bisherigen Erkenntnissen zu vergleichen. Wüssten wir, wie diese verdammten Dinger aussehen, dann könnten wir sie an der Kanalküste und sonst wo auskundschaften und gegebenenfalls zerstören.«

»Warum zerstören? Wenn wir sie finden, klauen wir eine. Dann könnten wir in aller Ruhe ihre Technik studieren.«

Professor Jones schaute ihn sprachlos an, den Oberkiefer in einer etwas halb offenen Stellung.

»Welch ein unverschämter Gedanke. Welch ein unverschämt guter Gedanke!«, platzte es aus ihm heraus.

Doch plötzlich übernahm wieder sein kühler Verstand die Kontrolle über den Physiker und militärischen Geheimdienstexperten.

»Ein ausgezeichneter Vorschlag, Gordon. Wir finden das verdammte

Ding, identifizieren es einwandfrei und holen es uns!«

Walter Schellenberg hatte Hauptmann Schmidt am Morgen des 19. August um neun Uhr von seiner Dienststelle abgeholt und gemeinsam fuhren sie zum Görlitzer Bahnhof, um den Sonderzug Heinrich von Reichsführer SS, Heinrich Himmler, zu finden.

»Wir nennen den Zug Feldkommandostelle, nicht Sonderzug, um damit der Bevölkerung zu signalisieren, dass wir keine Sonderrechte haben«, wurde Othmar von Schellenberg aufgeklärt. Die ziemlich imposante Feldkommandostelle von Heinrich Himmler bestand aus vierzehn Eisenbahnwaggons. In der Mitte befanden sich schwarz glänzende Schlafwagen, ein eleganter Speisewagen und ein Salonwagen der Waggonfabrik Wegmann. Dazu gab es einen komplett ausgestatteten Bürowagen mit Schreibtischen und Telexgeräten. Den Abschluss bildete ein niedrig gebauter Waggon mit je einem Vierlingsgeschütz auf den beiden Fahrgestellen. Dazwischen befanden sich die Aufenthalts- und Schlafabteile für die Bedienungen der Flakgeschütze.

Zwei bereits unter Dampf stehende Reichsbahn-Einheitslokomotiven der Baureihe 41, jede über 161 Tonnen schwer und einer Leistung von 1900 PS, zogen den beeindruckenden Zug. Kommandeur von Heinrich war SS-Sturmbannführer Josef Tiefenbacher, der sie bereits vor dem Salonwagen erwartete.

»Guten morgen, meine Herren, ausgeschlafen?«

Schellenberg schlug Tiefenbacher freundschaftlich auf die Schulter.

»Das müssen wir wohl sein, denn ich denke, wir müssen eher auf Sie aufpassen, als umgekehrt«, lachte Schellenberg.

»Das ist nämlich ein richtiger Windhund, Othmar. Wahrscheinlich war er wieder die halbe Nacht auf der Suche nach einer neuen Braut und tut jetzt nur so, als ob er hellwach wäre. Dabei ist ihm hundeelend und er wünscht sich nichts mehr, als in einem der luxuriösen Schlafwagenabteile zu verschwinden. Stimmt´s Sturmbannführer?«

»Wie üblich haben Sie mich durchschaut, Standartenführer. Aber ich geleite Sie erst mal in den Salonwagen. Der Reichsführer müsste jeden Augenblick auftauchen.«

»Wie lange werden wir unterwegs sein, Sturmbannführer?«, wollte Othmar wissen.

»Ungefähr siebzehn Stunden, Herr Hauptmann. Solange nichts dazwischenkommt«, beeilte er sich noch hinzuzufügen.

Wäre ich nur geflogen dachte Othmar und fügte sich seinem Schicksal. Der SS-Mann war bereits eingestiegen und Othmar und Walter folgten ihm. Der Einstiegsraum war ein kleiner Vorsalon, an den sich, abgetrennt durch eine zusammenklappbare Glas-Trennwand, der Salon anschloss. Riesige Schiebefenster ließen Licht in den Salon hereinfluten. Um einen länglichen Holztisch gruppierten sich mehrere bequeme Sessel. An der Stirnwand befand sich auf der Fensterseite die Tür zu einem weiteren

Abteil sowie ein Einbauschrank, auf dem eine Uhr thronte.

»Das kann sich sehen lassen«, bemerkte Othmar und seine Laune besserte sich schlagartig.

»Ich zeige Ihnen jetzt noch Ihre Abteile, in die Sie sich zurückziehen können, falls Ihnen danach ist.«

Der Sturmbannführer ging nun den Seitengang hinunter, bis er zu einem kleinen Zwischengang gelangte und vor einer Toilettentür anhielt.

»Als Gast des Reichsführers SS haben Sie das Privileg, das zweite große Schlafabteil zu belegen«, und zeigte auf die Linke der beiden Türen. Othmar öffnete die Tür und erschrak fast von dem luxuriösen Interieur des Abteils.

»Da hast du aber das große Los gezogen«, grinste Schellenberg.

»Da kann ich nicht mithalten.«

An den zweiten Schlafraum schlossen sich drei weitere Abteile an, die mit Doppelstockbetten ausgestattet waren. Durch das Öffnen der zettförmigen Zwischenwand konnten die ersten beiden Abteile miteinander verbunden werden. Nach dem fünften Schlafraum folgte noch das Abteil für den Wagenbegleiter und die Toilette am Ende des Wagens. Nach der Besichtigung gingen sie zurück in den Salon, gerade rechtzeitig, um die Ankunft des Reichsführers zu beobachten. Himmler, der sich im Gespräch mit seinem Adjutanten Jochen Peiper befand, schien bester Laune zu sein, denn man konnte sein Lachen bis in den Zug hören. Hinter den beiden gingen ein Zivilist und zwei Uniformierte, die Othmar unbekannt waren.

»Wer sind die?«, raunte er Schellenberg zu.

»Der ältere Zivilist ist sein magischer Buddha«, sagte Schellenberg.

»Sein wer?«

»Himmlers Physiotherapeut. Ohne ihn kann er nicht existieren, sagte er, weil er an intestinalen Krämpfen, Krämpfen der Eingeweide, leidet, die kein Arzt behandeln kann. Er ist davon sogar schon ohnmächtig geworden. Wenn einer im Reich Einfluss auf den Reichführer hat, dann Felix Kersten«, sagte Schellenberg mit Nachdruck.

»Der andere ist Rudolf Brandt, SS-Standartenführer und persönliche Referent Heinrich Himmlers. Neben ihm geht SS-Oberführer Dr. Ing. Hans Kammler, Chef der Amtsgruppe C im Wirtschaftsverwaltungshauptamt.«

»Dem Oberführer bin ich noch nie beggegnet«, sagte Othmar und warf erneut einen Blick auf den SS-Offizier.

Der Mann hat die perfekte Figur eines Reiters dachte er. Das war ziemlich genau getroffen, denn Kammler galt als Pferdenarr, der in der Berliner Gesellschaft beliebt und gefürchtet war. Insbesondere Stallburschen fürchteten seinen Jähzorn, der ihn nicht davor zurückschrecken ließ, seine Reitpeitsche diejenigen spüren zu lassen, die seiner Meinung nach nicht seinem Pferd die ihm zugeordnete Sorgfalt gelten ließen. Hans Kammler war Anfang vierzig, mittelgroß, hatte breite Schultern und ausgesprochen schmale Hüften. Seine Gesichtszüge drückten Durchsetzungswillen und Kälte gleichermaßen aus. Über ihn muss ich mich mal beim Admiral kundig machen dachte er.

Kaum waren sie eingestiegen, blies Tiefenbacher in seine Trillerpfeife und die beiden Lokomotiven setzten sich fauchend und mit kurz durchdrehenden Rädern in Bewegung. Die Glastür ging auf und Himmler trat in den Salon. Hinter ihm folgten Peiper, Brandt und der SS-Oberführer.

»Ich bin hocherfreut, dass Sie meine Einladung angenommen haben, Hauptmann Schmidt. Endlich habe ich einmal ausgiebig Zeit, mich mit Ihnen und Schellenberg über die Arbeit des Hochtechnologieausschusses zu unterhalten. Übrigens darf ich Ihnen SS-Oberführer der Waffen-SS, Hans Kammler, vorstellen. Er und die Herren Brandt und Kersten werden uns auf die Reise nach Ostpreußen begleiten. Dr. Ing. Hans Kammler ist Chef des SS-Hauptamtes Haushalt und Bauten.«

Othmar schaute in das scharf geschnittene Gesicht eines mittelgroßen Mannes. Eine hohe Stirn mit zurückgekämmten Haaren kam zum Vorschein, als er seine Mütze abnahm und Othmar mit Handschlag begrüßte. Er fand die unruhigen Augen seines Gegenübers irritierend, die ihn und die Umgebung beobachteten. Kammler mochte Anfang vierzig sein und seine raubvogelartige Nase ließ befürchten, dass mit diesem Mann nicht gut Kirschen essen zu sein schien.

»Waren Sie schon mal in Ostpreußen, Schmidt?«, fragte Himmler.

»Nein, noch nie Reichsführer.«

»Na, dann werden Sie eine Menge zu sehen bekommen. Wir werden heute zunächst in mein Feldlager bei Großgarten, dem früheren Possessern, im Kreis Angerburg fahren und dort übernachten. Unsere Konferenz mit dem Führer wird dann morgen um 14:00 stattfinden. Da haben Sie also Zeit, sich mal Masuren anzusehen. Eine wunderschöne Gegend. Wunderschön und gottverlassen, oder wie der Ostpreuße zu sagen pflegt, nischt wie Jejend.«

Die Runde lachte aus vollem Halse und ließ sich in den Sesseln nieder.

»Sind Sie auch wegen der Peenemünder auf dem Weg ins Führerhauptquartier?«, fragte Othmar SS-Oberführer Kammler.

»Nein, obwohl mich das Thema sehr interessiert, wie ich zugeben muss und der Reichsführer hat mich auch gebeten, an der Konferenz teilzunehmen. Sozusagen als stiller Beobachter«, sagte Kammler mit einer gewissen Genugtuung in seiner Stimme.

»Aber eigentlich werde ich die Pläne zum Ausbau des Konzentrationslagers Auschwitz präsentieren. Das wird, jetzt da die IG Farben ein riesiges Bunawerk bauen werden, das größte Lager im Reich, das die Arbeitskräfte für das neue Werk bereitstellen wird.«

»Ich habe übrigens schlechte Nachrichten für Sie, Hauptmann«, unterbrach Himmler die Konversation.

»Kurz bevor ich zum Bahnhof fuhr, hatte ich ein Gespräch mit Ribbentrop. Unter anderem erzählte er mir eine Geschichte, die ihm der

Schweizer Botschafter mitgeteilt hatte. Offensichtlich ist einer Ihrer Spione, ein gewisser Josef Jakobs, am 15. August im Tower von London erschossen worden.

Wussten Sie das?«

»Nein, Reichsführer, aber ich hatte geahnt, dass es soweit kommen würde. Was waren denn die Hintergründe?«

»Soweit ich weiß, haben die Engländer ihn schon Stunden nach dem Absprung im Februar geschnappt, weil er sich den Knöchel und das Bein gebrochen hatte. Armer Kerl«, drückte Himmler sein Mitgefühl aus.

»Aber was mich am meisten empört, ist, dass laut Ribbentrop, der Mann auf einem Stuhl sitzend, erschossen worden ist, da er wegen seiner gebrochenen Knochen nicht hatte stehen können. Hätten die nicht warten können, bis er wie ein Mann stehend sterben durfte?«

Der Zug hatte mittlerweile den Großraum Berlin verlassen und dampfte in Richtung Nordosten. Die Route sollte über Küstrin, Schneidemühl, Bromberg, Thorn, Allenstein, Korschen und Rastenburg bis zu Himmlers Feldlager führen. In den ersten Stunden vermittelten Schellenberg und Schmidt ein genaues Bild des momentanen Standes des Programmes, wobei sie nicht mit technischen Details sparten, die Himmler einige Nüsse zu knacken haben. Der Reichsführer war jedoch überraschend gierig, so viel Wissen wie möglich zu inhalieren, wohl, wie Schmidt mutmaßte, der Reichsführer nicht unbeleckt seinem Führer entgegentreten wollte.

Auch Othmar wusste, welch erstaunliches fachliches Wissen in Hitler schlummerte, mit dem er immer wieder seine Generäle düpierte. Kammler erwies sich als schweigsamer Lauscher, der augenscheinlich darauf erpicht war, so viele Informationen wie möglich aufzusaugen. Da dieser Ingenieur war, glaubte Othmar, dass das Interesse Kammlers ausschließlich technischer Natur wäre. Den spektakulärsten Erfolg des Hochtechnologieausschusses hatten sich Schmidt und Schellenberg für Himmler an den Schluss ihrer Berichte gesetzt.

»Sie können sich nicht vorstellen Reichsführer, welch ein erhebender Augenblick es war, als der Testpilot von Lippisch, Heini Dittmar, am 10. August den Raketenjäger Me 163 zum ersten Mal mit einem scharfen Antrieb in Peenemünde getestet hat. Der Lärm des Triebwerks, die gedrungene Form des schwanzlosen Flugzeuges, das einem Kraftei gleicht, der unvorstellbare Steigungswinkel, mit dem dieses Flugzeug mit ungeheurer Geschwindigkeit in den Himmel stürmt, das ist schon gewaltig«, begeisterte sich Othmar.

»Sie müssen unbedingt einem Start und Flug dieser unglaublichen Maschine beiwohnen, Reichsführer. Am besten am 2. Oktober, dann wird ein Rekordflug mit einer erneut verbesserten Version geflogen werden, Reichsführer«, erklärte Schellenberg mit großem Enthusiasmus.

Je näher sie Ostpreußen und Masuren kamen, desto gesprächiger wurde Himmler, denn nun konnte er über den Sinn des Ostfeldzuges dozieren. Ordensritter und Hochmeister wie Friedrich von Wallenrode, Johann von Schönfeld, Ulrich, Leopold von Reitenbach, Friedrich von Weilsdorf, Georg Ramung von Rameck, Johann Scherffichen oder Rudolf von Tipppelskirchen mussten dabei für seine verquasten Ziele herhalten. Dabei zitierte er Hitlers Mein Kampf: »Will man in Europa Grund und Boden, dann kann dies nur auf Kosten Russlands geschehen, dann muss sich das neue Reich wieder auf der Straße der einstigen Ordensritter in Marsch setzen, um mit dem deutschen Schwert, dem deutschen Pflug die Scholle, der Nation das tägliche Brot zu geben.«

Das nächste Thema, das Himmler ansprach, war das der Geomantie, einer Kunst der Wahrsagung, bei der der Wahrsager aus absichtslos in den Sand gezogenen Figuren, natürlichen Verformungen im Sand und aus geografischen Besonderheiten die Zukunft deuten konnte. Himmler erklärte den verdatterten Zuhörern, dass sein Ahnenerbe, eine Forschungseinrichtung, deren Hauptaufgabe darin bestand, wissenschaftliche Belege für die Abstammung und Überlegenheit der arischen Rasse zu finden, geomantisches Wissen in ganz Europa sammelte.

»1938/39 haben Göring und ich eine große Expedition nach Tibet geschickt, die geistige Heimat der großen Meister und okkulten Herren der Welt. Dort besuchte die Expedition die wichtigsten heiligen Stätten im Himalaja und führten auch geomagnetische Messungen durch. Deswegen wurzelt die gesamte Kenntnis über die erdmagnetischen Verhältnisse des tibetischen Hochlandes auf deutscher Forscherarbeit.«

»Das ist ja sehr interessant«, unterbrach ihn Kammler.

»Kann man solche Erkenntnisse nicht auch auf den Russlandfeldzug anwenden?«

Himmler war geradezu entzückt über das augenscheinliche Interesse Kammlers an seiner Geomantie-Theorie.

»Gute Frage«, antwortete Himmler eifrig.

»Im Auftrag des Ahnenerbes erforschte Kurt Gerlach, welche Rolle die Heiligen Linien bei der deutschen Eroberung Böhmens im 10. Jahrhundert eine Rolle gespielt haben. Dieses Wissen haben wir praktisch beim Bau der Wolfsschanze angelegt, die ganz nach geomantischen Gesichtspunkten angelegt wurde. Das Gleiche gilt übrigens auch für die Schwarzschanze. Beide Orte sind durch eine heilige Linie verbunden, die, so Gerlach, schon dem Deutschritter-Orden im 13. und 14. Jahrhundert bekannt gewesen sein soll, und die weiter nach Moskau verläuft.«

Othmar konnte das pseudowissenschaftliche Gerede nur mit Mühe ertragen, indem er seine Ohren auf Durchzug stellte. Ab und zu warfen er und Schellenberg sich verstohlene Blicke zu, die mehr als Worte ihre Gedanken auszudrücken vermochten. Brandt und Kersten schienen schon ähnlich abstruse Themen ihres Chefs gehört zu haben, denn sie saßen ziemlich teilnahmslos in ihren Sesseln. Hinter Thorn entschuldigten sich Kammler und Schellenberg, die Müdigkeit vorschoben, um den Litaneien ihres Vorgesetzten zu entkommen. Himmler ließ sich für ihn und

Othmar zwei Cognac servieren und sprach das an, was er am meisten auf dieser Reise fürchtete.

»Ich habe mich ja bereits damit abgefunden, dass Sie meinen Vorschlag, in die SS einzutreten, nicht folgen wollen oder können. Ich schätze aber Ihren Charakter, Ihren Einsatz, den Sie für Ihr Land leisten und Ihre Loyalität so hoch ein, dass ich nicht auf Sie verzichten möchte. Ich will Ihnen daher vorschlagen, dass Sie Ehrenführer unseres Ordens werden. Lassen Sie es sich durch den Kopf gehen. Ich werde Sie nicht weiter drängen, sondern warte, bis Sie wieder auf mich zukommen.«

Othmar war erleichtert, hatte er doch befürchtet, dass er von Himmler vor ein Ultimatum gestellt werden könnte. Er bedankte sich daher beim Reichsführer SS für dessen Vertrauen und versprach, sich die Sache durch den Kopf gehen zu lassen. Himmler war damit zufrieden und begab sich ebenfalls danach in sein Abteil.

»Sie haben sich gut aus der Affäre gezogen«, bemerkte Felix Kersten, der das Gespräch von einem Sessel am Ende des Waggons mit angehört hatte. Othmar war ganz überrascht, die Stimme von Himmlers Physiotherapeuten zu hören, denn er wähnte sich allein im Salonwagen. Er schaute Kersten an, der langsam zu seinem Tisch ging. Er war etwa gleich groß wie Himmler, hatte aber eine fülligere Figur als der Reichsführer, ein rundes Gesicht mit hoher Stirn und vollem Haar. Kersten strahlte eine Ruhe und Ausgeglichenheit aus, die man selten in der Umgebung Himmlers antraf.

»Ich finde es erstaunlich, wie ungezwungen Sie als Offizier der Abwehr mit Himmler und seiner SS umgehen. Und Himmler mag Sie. Das ist deutlich zu spüren. Normalerweise sehe ich in den Augen der übrigen Offiziere eher Furcht, manchmal Überheblichkeit. Dabei sollte niemand Herrn Himmler unterschätzen. Er ist Herrscher über Leben und Tod.«

Othmar hatte von Schellenberg schon Geschichten über die wundersame Kraft und Einflussnahme Kerstens auf den Reichsführer SS gehört. Insbesondere die Tatsache, dass er immer wieder Häftlinge aus den Fängen der SS befreien konnte, hatte den Zorn Heydrichs und anderer SS Größen herausgefordert, doch Himmler hatte jedem klar gemacht, dass Kersten unter seinem persönlichen Schutz stand.

»Ich habe mir diesen Posten im Hochtechnologieausschuss nicht ausgesucht, Herr Kersten, und tue nur meine Pflicht.«

»Nun untertreiben Sie nicht, Herr Hauptmann. Himmler ist voll des Lobes über Ihre Arbeit und auch Schellenberg spricht von Ihnen mehr als von einem Freund als von einem Kollegen eines Konkurrenzdienstes Selbst Heydrich, so sagt man, streut Ihnen Rosen.«

»Zuviel der Ehre, Herr Kersten«, lächelte Othmar scheu.

»Jetzt ist es zu spät für ein ausgedehntes Gespräch«, befand Felix Kersten.

»Besuchen Sie mich und meine Familie doch mal auf unserem Gut in Hartzwalde. Ich würde mich sehr freuen.«

Es war mittlerweile stockdunkel, als der Zug kreischend auf einem Nebengleis zwischen Angerburg und Lötzen, ganz in der Nähe der Ortschaft Großgarten in Sichtweite des Mauersees zum Stehen kam. Mehrere Limousinen fuhren vor und SS-Sturmbannführer Josef Tiefenbacher organisierte den Transport mit großer Souveränität. Nach einer zehnminütigen Fahrt erreichten sie einen großen Gasthof, der auf einem Hügel lag. Othmar registrierte den Duft von Wald und Wasser, doch die mondlose Nacht ließ weder eine Orientierung zu, noch war irgendetwas in der Finsternis zu sehen. Alle waren zu müde, um noch weiter Konversation zu betreiben und nachdem der Fahrplan für den nächsten Tag verkündet worden war, zogen sich alle in ihre Gemächer zurück.

Am nächsten Morgen stand zunächst ein Besuch von Himmlers Schwarzschanze auf dem Programm. Mit den Limousinen fuhr man zurück zur Hauptstraße Angerburg-Lötzen, wo parallel dazu unter dichten Bäumen Zug Heinrich abgestellt war. Himmlers Feldquartier war von einem hohen Drahtzaun und Minenfeldern geschützt und der Bunker des Reichsführers SS schon von Weitem zu erkennen, da er mit Abstand der Größte aller Bauten innerhalb der Schwarzschanze war. Gegen 13:30 wurde zum Aufbruch geblasen. Ganz in der Nähe, sozusagen zwischen Schwarzschanze und dem Führerhauptquartier Wolfsschanze befand sich das Hauptquartier des Oberkommandos des Heeres, OKH, mit dem Decknamen Mauerwald. Diese Quartiere waren durch Eisenbahnlinien miteinander verbunden, sodass ein reibungsloser Verkehr zwischen den Schaltstellen der Macht garantiert war. Görings Hauptquartier Breitenheide lag weiter südlicher in der Nähe von Johannisburg. Dort gab es neun Bunker und eine Villa aus Holz für den Reichsmarschall, der sich hier aber kaum aufhielt. Meist parkte sein Sonderzug Asien in Rostken, an den Ufern eines wunderschönen ostpreußischen Sees, knapp eine Stunde von der Wolfsschanze entfernt. Der Sonderzug Robinson, mobiler Gefechtsstand vom Generalstabschef der Luftwaffe, Hans Jeschonnek, stand am benachbarten Goldaper See.

Othmar kannte von all diesen Hauptquartieren nur die Zentrale der Abwehrdienststelle Fremde Heere Ost, die sich in Lötzen befand. Der Zug setzte sich nun in Bewegung und durchfuhr zunächst Lötzen, ein Ort an der Enge zwischen dem Löwentin- und Kissainsee, der um 1335 von Hochmeister Dietrich von Altenburg gegründet wurde. Kurz vor Rastenburg bog der Zug auf die Strecke Rastenburg-Angerburg ab und fuhr anschließend durch den Forst Görlitz. Nach kurzer Fahrt tauchte der Erste von drei Sperrkreisen der Wolfsschanze auf. Panzersperren und Wachsoldaten sicherten die Schleuse von der Außenwelt in Hitlers Reich. Sehen konnte man kaum etwas. Der Wald war auch nach der Errichtung der Gebäude des Hauptquartiers noch so dicht, dass alle Gebäude wenigstens teilweise von Bäumen verdeckt und so dem Blick weitgehend entzogen waren. Dazu verbargen Tarnbäume die Bauwerke auch noch vor dem Einblick aus der Luft.

Langsam fuhr der Zug durch den Wald, bis er den Sperrkreis II erreichte. Der Zug verlangsamte erneut seine Fahrt, die schließlich an dem dreigleisigen Bahnhof mitten im Sperrkreis II zum Stehen kam. Hier befanden sich unter anderem die Dienst- und Wohnräume des Wehrmachtführungsstabes und der Lagerkommandantur, ferner ein Kasino, Küchen und eine Kurierstelle. Hitlers Waffen-SS Adjutant, Hauptsturmführer Richard Schulze, erwartete bereits den Reichsführer mitsamt seiner Entourage am Bahnsteig. Die Begrüßung war herzlich und Himmlers positiver Allgemeinzustand steigerte sich noch, als ihm Schulze steckte, dass der Führer eine großartige Laune hätte.

Langsam ging die Gruppe, mit dem Hauptsturmführer im Gespräch mit seinem Reichsführer vertieft, in den Sperrkreis I, dem Allerheiligsten. Dort war die Schaltzentrale der deutschen Kriegsführung mit dem Führerbunker, auch Chefbunker genannt, in dem die abendlichen und nächtlichen Lagebesprechungen abgehalten wurden. Daneben gab es Arbeits- und Wohngebäuden für die oberste Wehrmacht- und Parteiführung, den Reichspressechef, den Reichssicherheitsdienst, persönliche Adjutantur, Leibärzte, Fernsprech- und Fernschreibvermittlung, Wehrmachtnachrichtenoffizier, stenografischer Dienst und vieles mehr. Fahrstraßen und Wege verbanden die Gebäude, die in der dichten Bewaldung verstreut lagen.

Die Gebäude der Sperrkreise waren teils Holzbaracken, teils unterstandartige, halb in den Erdboden eingelassene Betonkonstruktionen oder oberirdische Betonbunker. Mittlerweile waren sie bei dem großen Gebäude des Reichssicherheitsdienstes angekommen. Hauptsturmführer Richard Schulze erklärte ihnen, dass sie dort Tagespässe für das Betreten des Sperrkreises I bekämen.

Als sie die Wachstube betraten, begrüßten sie Generalmajor Rudolf Schmundt, Chefadjutant der Wehrmacht beim Führer und Reichskanzler sowie Adolf Hitlers langjähriger persönlicher Chefadjutant, Julius Schaub. Jeder, bis auf Himmler und Schulze natürlich, erhielt den speziellen Ausweis und Generalmajor Schmundt geleitete die Gruppe zum Kasino I am anderen Ende vom Sperrkreis, das direkt neben dem Führerbunker lag. Dort saßen bereits Oberst Dornberger, Wernher von Braun, Arthur Rudolph und der Chefingenieur für die Entwicklung der Bord-, Steuerungs- und Messgeräte, Dr. Ernst Steinhoff, die Hauptmann Othmar Schmidt wie einen alten Freund begrüßten.

»Dass ich das auf meine alten Tage noch erleben darf«, strahlte Dornberger und umarmte Schmidt und Schellenberg wie alte Freunde. Auch von Braun schüttelte ihre Hände mit einem breiten Grinsen und wollte sie gar nicht mehr loslassen.

»Herr Generalmajor«, wandte sich Dornberger an Schmundt, »steht ein Projektor bereit, den wir angefordert haben?«

»Natürlich, Herr Oberst, wir sind doch bei der Wehrmacht und nicht bei den Hottentotten«, konterte Generalmajor Schmundt und deutete auf einen Vorhang, der hinter ihnen hing.

»Heißt das, wir führen die Vorführung und Besprechung hier durch?«

»Ja, denn im Lageraum des Führerbunkers gibt es dafür keinen Platz. Dort ist es für solch eine Projektorvorführung zu beengt.«

Schellenberg nutze jetzt die Gelegenheit, die Herren Rudolph und Steinhoff dem Reichsführer und SS-Oberführer Kammler vorzustellen.

»Wir sind dem Reichsführer für seine Unterstützung sehr dankbar«, sprach von Braun im Namen seiner Mitarbeiter und man sah ihm an, dass er keinerlei Berührungsängste vor dem SS-Führer hatte. Als Kammler erfuhr, dass Rudolph der Leiter des Versuchsserienwerkes in Peenemünde war, entwickelte sich schnell ein Dialog über zukünftige Abläufe einer Massenfertigung. Chefadjutant Julius Schaub verschwand, nachdem er zum wiederholten Male auf seine Armbanduhr geschaut hatte. Hauptsturmführer Richard Schulze sah, dass Schaubs Abgang Othmar beunruhigte.

»Machen Sie sich keine Sorgen. Schaub schaut nur nach, ob die Mittagslage schon beendet ist. Die beginnt jeden Tag um Punkt zwölf Uhr mit Generalfeldmarschall Keitel, dem Chef des Wehrmachtführungsstabes im Oberkommando der Wehrmacht, General Jodl, seinen Adjutanten, einigen Offizieren des Wehrmachtführungsstabes, des Oberkommandierenden des Heeres, sowie Verbindungsoffizieren der Luftwaffe, der Marine und der SS.«

»Wie muss ich mir den Ablauf solch einer Lagebesprechung vorstellen«, fragte Othmar.

»Für gewöhnlich beginnt die Konferenz mit der Lage im Osten, anschließend berichtet Jodl über die Situation im Westen. Danach bespricht man die Operationen der Luftwaffe und Marine. Zum Schluss unterschreibt der Führer Anordnungen und Befehle«, erklärte Schulze.

»Gibt es dort auch Diskussionen über den Verlauf der Dinge?«

»Eigentlich nicht«, sagte Schulze nach ein paar Sekunden.

»Der Führer trifft alle Entscheidungen selbst und duldet auch keinen Widerspruch.«

Das war eine Antwort, die Othmar nicht nachvollziehen konnte, weil er solch einen Führungsstil mit Canaris nicht gewohnt war. Mit einem Male wurde es an der Tür unruhig. Generalmajor Rudolf Schmundt betrat als Erster, direkt gefolgt von Hitler, hinter dem sich einige aus der Lagerunde formierten. Auch Fritz Todt gehörte zum Tross und schaute recht mürrisch drein. Schmundt begann zunächst die Zivilisten aus Peenemünde, gefolgt von Oberst Dornberger, vorzustellen. Hitler schien sich noch gut an den nasskalten Regentag im März 1939 zu erinnern, als er Dornberger und von Braun zum ersten Mal auf der Versuchsstelle Kummersdorf, südlich von Berlin, besuchte.

»Ich hoffe, die Bedingungen in Peenemünde sind besser als in Kummersdorf«, begrüßte er Dornberger.

Und an von Braun gewandt: »War Ihr Vater nicht Vater Magnus Freiherr von Braun, Reichsminister für Ernährung und Landwirtschaft im Kabinett von Franz von Papen?«

»Jawohl mein Führer und auch Mitglied des Zentralausschusses der Reichsbank sowie Hauptmann der Reserve.«

Othmar war überrascht, diese Details aus Hitlers Mund zu vernehmen. Entweder, man hat ihn gut vorbereitet, oder er hat ein ausnehmend gutes Gedächtnis, befand er. Hitlers Laune war bestens. Kein Wunder, denn der spanische Diktator Franco hatte heute die spanische Blaue Division nach einer Grundausbildung von nur fünf Wochen und ihrer Vereidigung auf Adolf Hitler in Richtung Russland in Marsch gesetzt. Die Städte Smolensk, Narwa und Nowgorod waren gefallen und soeben hatte er die Nachricht erhalten, dass der Duce die Wolfsschanze am 25. August besuchen würde, um anschließend mit Hitler die in der Ukraine eingesetzten italienischen Verbände zu inspizieren.

Schließlich war er selbst an der Reihe. Schmundt stellte ihn als Offizier der Abwehr und als einen der beiden Leiter des Hochtechnologieausschusses vor. Hitler schüttelte lange seine Hand. Für Othmar waren es unendliche Minuten, so erschien es ihm zumindest, bis der schwammige Händedruck Hitlers nachließ.

»Ich hatte gestern eine lange Unterredung mit Ihrem Chef«, sagte Hitler in ruhigem Ton.

Othmar hatte keine Ahnung, dass Canaris zum Vortrag beim Führer geladen war, aber tat so, als wäre er im Bilde.

»Er hat mir interessante Neuigkeiten aus dem Kreml berichtet. Wenn sein Informant nicht lügt, dann hat Stalin die Verlagerung der Industrie aus den gefährdeten Gebieten angeordnet. Das wäre an sich nichts Besonderes, ich würde das an seiner Stelle ebenso veranlassen. Aber seine Verzweiflung muss schon groß sein, wenn er den ehemaligen Volkskommissar für die Rüstungsindustrie, Boris Wannikow, aus der Todeszelle der Lubjanka kommen lässt. Wir haben auch genaue Kenntnis über die Umstände. Und die sprechen für sich. Berija hat ihn in Häftlingskleidung, ohne Gürtel und Schnürsenkel, in Stalins Büro bringen lassen. Er befürchtete wohl, dass er ihm davonlaufen könnte«, sagte Hitler spöttisch.

»Stalin soll von ihm einen Evakuierungsplan für die Rüstungsbetriebe in den gefährdeten Gebieten gefordert haben, doch Wannikow wollte zuerst rehabilitiert werden. Berija hatte ihn nämlich beschuldigt, er hätte für Deutschland Spionage getrieben und die Flucht nach Berlin geplant, um dort einen Ministerposten zu bekommen. Wie absurd! Wannikow soll argumentiert haben, dass er doch einen Ministerposten hätte und der Führer bestimmt etwas dagegen hätte, wenn ein Jude in seinem Kabinett säße. Wobei er nicht unrecht hatte«, merkte der Führer mit einem leisen, eiskalten Unterton an.

»Stalin nannte diese Beschuldigungen alte Geschichten und verlangte von Wannikow, sofort den Plan umzusetzen. Wenn sich das so abgespielt hat, und ich habe daran keinen Zweifel, dann weiß ich, dass der Sieg kurz bevorsteht.«

Othmar wusste nicht, wie ihm geschah, denn er konnte sich der Suggestivkraft Hitlers kaum erwehren. Dieser Mann konnte offensichtlich seine Untergebenen fesseln. Bevor er auch nur zu einem Satz ansetzen konnte, kam Hitlers Frage.

»Ich höre, Sie sind auch ein Panzerspezialist im technischen Amt der Abwehr.«

»Jawohl, mein Führer.«

»Seit Beginn der Kämpfe treffen unsere tapfere Soldaten auf einen neuen mittelschweren Panzer, den T-34, der ihnen schwer zu schaffen macht. Warum haben wir davon nichts gewusst, Hauptmann Schmidt? Nicht mit einem Wort wurden in den Analysen der Abwehr weder dieser T-34 noch der schwere Kampfpanzer KW 1 erwähnt. Wissen Sie, wie unsere Truppe diesen Panzer nennt? Dicker Bello, weil er so schwer zu knacken ist! Finden Sie raus, was und wer hinter dem T-34 steckt und stellen Sie fest, was die Bolschewisten sonst noch entwickeln. Ich verlasse mich auf Sie, Hauptmann Schmidt. Sie wurden mir als ein gewissenhafter und intelligenter Offizier geschildert und Ihre ausgezeichnete Arbeit im Hochtechnologieausschuss beweist das.«

Endlich ließ Hitler von ihm ab und setzte sich auf den Stuhl, den ihm Schmundt zuwies.

In der nächsten Stunde ließen Dornberger, von Braun und ihre Mitarbeiter eine Flut an Informationen und Daten auf den Führer prasseln, der am Ende von einer Filmvorführung gekrönt wurde. Der Film zeigte Luftaufnahmen von Peenemünde, die die ganze Dimension des Projektes deutlich werden ließ. Besonders beeindruckend waren die Bilder eines tosenden Triebwerks auf dem Prüfstand und Grafiken bezüglich der Reichweite der Rakete.

»Mit solchen Raketen, die von revolutionärer Bedeutung für die Kriegsführung der ganzen Welt sind, können wir London in Schutt und Asche legen«, frohlockte Hitler, der sichtlich beeindruckt war. Von Braun witterte seine Chance und ging in die Vollen.

»Mein Führer, um spätestens ab Herbst 1942 den ersten Versuchsstart des Aggregats A-4 durchführen zu können, brauchen wir mehr Bauarbeiter, mehr Material und noch mehr Fachkräfte, als uns Hauptmann Schmidt schon vermitteln konnte.«

Hitler war ganz außer sich vor Optimismus und meinte, man müsste Tausende dieser Geräte fertigen und verschießen. Fritz Todt schaute noch sauertöpfischer drein als vor dem Vortrag und versuchte, die Euphorie zu dämpfen.

»Woher soll ich das Material und die Arbeitskräfte für solch ein Projekt hernehmen. Das geht über die Möglichkeiten des Reiches hinaus, mein Führer. Denken Sie nur an all die anderen hochtechnischen Projekte, die zurzeit angeschoben werden. Das geht über unsere Kräfte!«

Hitler schien über Todts Einwände verärgert, denn er kanzelte seinen Reichsminister für Bewaffnung und Munition kurzerhand ab.

»Sie werden, die Mittel schon finden, Todt«, war alles, was er kurz und bündig seinem alten Kampfgefährten zu sagen hatte und wandte sich brüsk an Himmler, auf den er minutenlang einredete. Dass die grundsätzlich gute Laune Himmlers daraufhin sich nochmals verbesserte, ließ darauf schließen, dass Hitler dem ganzen Projekt nicht nur positiv gegenüberstand, sondern dem Reichsführer SS auch mehr Kompetenz zugeschoben hatte. Just in diesem Moment betrat ein kompakt gebauter Mann in typisch brauner Parteiuniform den Raum.

»Martin Bormann«, flüsterte Schellenberg.

Der Leiter der Parteikanzlei der NSDAP im Rang eines Reichsministers betrat das Kasino und sprach leise auf den Führer ein. Hitler winkte Schmundt herbei und verschwand anschließend zusammen mit Bormann.

»Nun, meine Herren, damit ist die Konferenz beendet. Fliegen Sie gleich nach Peenemünde zurück?«, fragte er Dornberger.

Der Oberst nickte kurz und verwickelte Hitlers Adjutanten in einen kurzen Dialog. Himmler hatte Schellenberg und Schmidt zu sich gerufen und teilte freudestrahlend mit, dass die ganze Sache besser abgelaufen wäre, als er sich das hätte träumen lassen. Er befahl Hauptsturmführer Richard Schulze für Schellenberg und Schmidt Plätze in der nächsten Kuriermaschine nach Berlin zu reservieren und legte all seinen Pathos in eine kurze Ansprache.

»Meine Herren, das haben Sie großartig eingefädelt, Kompliment. Sobald ich von meiner Inspektionsreise zurück bin, werden wir mit Reichspostminister Ohnesorge die Vorgehensweise für das nächste Jahr besprechen. Wir sehen uns dann am 2. Oktober in Peenemünde wieder. Vielen Dank, meine Herren.«

Peenemünde West präsentierte sich am 2. Oktober von seiner besten Seite. Eine leichte Brise wehte von der Ostsee über den Flugplatz und ein strahlend blauer Himmler war wie geschaffen für einen Rekordflug. Eine illustre Gesellschaft hatte sich eingefunden, um Heini Dittmars Angriff auf die tausend Kilometer Marke zu beobachten. Neben Othmar Schmidt und Walter Schellenberg hatten sich dazu der Reichsführer SS Heinrich Himmler, Helmuth Walter mit seinem Team, Alexander Lippisch mit einigen seinen Technikern sowie einige Angehörige des RLM eingefunden. Generalluftzeugmeister Ernst Udet hatte eigentlich schon zugesagt, musste aber wegen einer dringenden Sitzung mit Milch kurzfristig absagen.

Heini Dittmar war kein Unbekannter in der deutschen Fliegerei. Sein Ruf als Segelflieger war bereits legendär, seitdem er 1934 zusammen mit Hanna Reitsch und Wolf Hirth Mitglied der deutschen Segelflugexpedition nach Argentinien war, wo er neue Höhenweltrekorde für Segelflugzeuge über 4350 Meter aufstellte. Udet kannte Dittmar und Lippisch seit Jahren. Er hatte einem der antriebslosen Flüge in Augsburg zugesehen und war derart verblüfft über die ungeheure Geschwindigkeit, die Dittmar erreichte, dass er anfangs nicht glauben wollte, dass dieser Vogel ohne Motor flog.

»Lippisch, du lügst!«, hatte er immer wieder zu dem Konstrukteur gesagt, als dieser ihm schwor, das Dittmar im steilen Gleitflug ohne Antrieb eine derart horrende Geschwindigkeit erreichte. Mittlerweile war die Me 163 startklar. Vor diesem vergleichsweise winzigen, gedrungenen Flugkörper lag die betonierte Startbahn von Peenemünde, die auf die Ostsee hinauslief, und die Schleppmaschine vom Typ Me 110, die die Me 163 auf eine Höhe von 4000 Metern ziehen sollte.

Helmuth Walter erklärte den Zuschauern die Prozedur und versuchte die Wartezeit mit technischen Erklärungen, die die Meisten sowieso nicht verstanden, zu verkürzen. Es dauerte eine Weile, bis sich die beiden Flugzeuge in die Höhe geschraubt hatten. Dann konnte sie deutlich das Anlassen des Raketenmotors hören und die Me 163 schoss wenig später mit aberwitziger Geschwindigkeit vorbei. Niemand in Peenemünde vergaß diesen Moment. Er war perfekt. Alexander Lippisch hatte, um ja keine Zweifel aufkommen zu lassen, sechs Askania-Kinotheodolithen aufstellen lassen, um die Geschwindigkeit zu messen. Als sich Ditttmar nach dem Flug fast geräuschlos wieder der Landebahn näherte, wich die Anspannung von allen Anwesenden. Sie brach sich bahn und mündete in einem fast tierischen Gebrüll, das anzeigte, dass es einen neuen Platzhirsch in Peenemünde gab: den Interzeptor Me 163. Nachdem man Dittmar auf den Schultern seiner Mechaniker wieder zum Ausgangpunkt seiner Rekordjagd brachte, stammelte er nur: »Wie schnell?«

Lippisch schaute auf seine Notizen und meinte knapp: «1003,67 Kilometer pro Stunde, das entspricht einer Machzahl von 0,84.«

Himmler schaute ihn entgeistert an.

»1000 Kilometer schnell?«

»Ja, und es könnte noch schneller gehen, wenn wir wüssten, was passierte, wenn wir die Schallmauer durchbrechen.

»Schallmauer?«, stotterte der Reichsführer verdattert.

»Die Schallmauer ist ein Geschwindigkeitsbereich in der Nähe der Schallgeschwindigkeit, in dem der Luftwiderstand für Flugzeuge sprunghaft ansteigt«, erklärte Lippisch sichtlich aufgekratzt. Himmler schien immer noch nicht verstanden zu haben und schaute sich ein wenig hilflos nach Othmar um. Der sprang in die Bresche.

»Sehen Sie Reichsführer, am Boden breiten sich die Schallwellen von Flugzeugmotoren kreisförmig aus. Sobald sich der Flieger in Bewegung setzt, drücken sich die Schallwellen in Flugrichtung zusammen. Das kann man mit einer akustischen Bugwelle vergleichen. Gewinnt das Flugzeug nun an Schnelligkeit, überholt es diese Bugwelle und durchbricht sie. Anschließend fallen die Schallwellen hinter dem Flugzeug zurück. Sie breiten sich nun in Form eines Kegels aus und dort, wo diese kegelförmige Fläche am Boden auftrifft, kann man auch einen lauten Knall hören. Aber das ist reine Theorie, weil niemand von uns, bis jetzt auf Heini Dittmar, auch nur in der Nähe der Schallmauer gewesen sind.«

Heini Dittmar schaute ihn ernst an.

»Das haben Sie auf den Punkt gebracht, Herr Hauptmann. Aber glauben Sie mir, ich habe mich zu Tode gefürchtet.«

Erst jetzt wurde ihm bewusst, dass er nur knapp dem Tode entkommen war. Dittmar berichtete nun auf Drängen aller seine Erlebnisse im Cockpit.

»Als ich mich in 4000 Tausend Meter Höhe ausgeklinkt habe, schaltete ich den Motor ein. Schon bevor ich an den Anfang der Messstrecke kam, bewegte sich der Geschwindigkeitsanzeiger auf 980 Kilometer zu. Nachdem ich den ersten Messpunkt passiert hatte, schoss der Zeiger auf 1000 Kilometer. Dann fing der Apparat plötzlich an zu vibrieren und im selben Augenblick verlor ich die Kontrolle. Die Maschine ging in einen unkontrollierten Sturz über, der eine übernatürliche Beschleunigung hervorrief. Ich habe sofort geglaubt, dass dies mein Ende wäre. Es gelang mir den Motor abzustellen und Sekunden später spürte ich wieder Druck auf meinen Rudern. Ich bin mir wirklich sicher, dass ich an der Schallmauer angeklopft habe.«

Aber sage mir, wie ist es dir gelungen, die elffache Anziehungskraft der Erde zu überwinden, um den Absturz abzufangen?«, fing Lippisch den Faden auf.

»Können und Glück«, grinste Dittmar verschmitzt.

»Sie sind ein Teufelskerl, Dittmar«, sagte Heinrich Himmler und die Umstehenden waren sich sicher, dass es der Reichsführer SS damit ehrlich meinte.

»Ich kann mir keinen besseren Objektschutz vorstellen, als Ihren Raketenjäger.«

Lippisch wusste nicht, wie ihm geschah und auch seine Techniker verhielten sich wie Schulbuben. Nur Heini Dittmar wusste mit der Situation umzugehen.

»Reichsführer, wenn Sie sich sicher sind, dass dies die Waffe der Zukunft ist, das stellen Sie sicher, dass sie auch die notwendige Aufmerksamkeit bekommt.«

»Da können Sie sich sicher sein, mein Lieber«, antworte Himmler sachlich und wandte sich an Lippisch.

»Wie viele Maschinen könnten wir sofort davon bauen?«

»Gar keine«, erwiderte lippisch kurz angebunden.

Himmler schaute irritiert.

»Herr Lippisch meint natürlich nur diesen Typ, Reichsführer«, versuchte Hellmuth Walter Himmler zu beruhigen.

»Mit diesem Triebwerk kann die Me 163 A nur auf sechstausend Meter steigen. Dazu kommt die Tatsache, dass der Motor zu viel Treibstoff verbraucht und damit die Einsatzdauer extrem verkürzt.

»Dann bauen Sie ein brauchbares Triebwerk, Walter«, rief der Reichsführer und stemmte dabei seine Fäuste in die Hüfte.

»Wir sind dabei ein viel stärkeres, heißes Triebwerk zu bauen.«

»Was heißt heiß in diesem Zusammenhang?«, unterbrach ihn sofort Himmler.

»Der Motor, der in diesem Flugzeug steckt, entwickelt eine Abgastemperatur von achthundert Grad. Der neue und stärkere Motor wird dagegen zweitausend Grad erreichen.«

»Wir arbeiten zurzeit auch an einem erheblich verbesserten Modell, der Me 163 B, die wir dann im nächsten Jahr mit dem neuen Motor ausrüsten können«, setzte Lippisch hinzu.

Der Reichsführer SS war mit diesen Erklärungen zufrieden und blies zum Aufbruch. In diesem Moment sprach Heini Dittmar Othmar an.

»Sagen Sie bitte Udet, dass wir einen zweiten Testpiloten brauchen. Am besten Rudolf Opitz.«

»Wieso das?«

»Damit sofort Ersatz da ist, falls mich einmal mein Glück verlässt, Herr Hauptmann!«

Die Jagd nach dem geheimnisvollen deutschen Radargerät, das laut Aussage des Telefunkeningenieurs sowohl Entfernung wie auch Höhe bestimmen konnte, wurde von Professor Jones mit großer Verbissenheit weitergeführt. Unzählige Aufklärereinsätze versuchten die Nadel im Heuhaufen zu finden, während die Bomberbesatzungen von dem Phänomen plötzlich auftauchender deutscher Nachtjäger berichteten, sobald sie sich dem holländisch-deutschen Grenzegebiet näherten. Die Bomberbesatzungen sprachen von regelrechten Boxen, in denen es von Flakscheinwerfern nur so wimmelte. Sobald man sich in einer dieser Boxen befand, die alle Einflugschneisen nach West- und Norddeutschland sperrten, tauchten die Nachtjäger auf.

Merkwürdigerweise hörten die Einsätze deutscher Fernnachtjäger über England völlig auf, was mit großer Erleichterung bei den englischen RAF-Kommandeuren aufgenommen wurde. Die Taktik der Deutschen, sich den nach dem Bombenabwurf heimfliegenden Bombern unerkannt anzuschließen und sie bei Landeanflug abzuschießen, hatte zu schweren Verlusten geführt, denen mit normalen Mitteln nicht beizukommen war. Es war offensichtlich, dass ihr Horchdienst genau die Plätze ausfindig machen konnte, auf denen Startvorbereitungen im Gange waren und wo besonders reger Funkabstimmungsverkehr herrschte. Das waren die sicheren Anzeichen eines beginnenden Einsatzes. Daraufhin flogen deutsche Nachtjäger zu diesen Plätzen, um sie beim Start zu überraschen. Waren die Bomber in der Luft, so wartete bereits eine zweite Welle über der Nordsee und folgte ihnen bis ins Reich. Und beim Rückflug begann das gleiche Spiel noch mal.

Um so erstaunter war man, als diese Einsätze urplötzlich Mitte Oktober 1941 aufhörten. In England wusste man nicht, dass diese Maßnahme auf einem Führerbefehl vom 12. Oktober zurückging. Möglicherweise traute man den Nachtjägern all ihren Abschüssen nicht, da es außer den Betroffenen keine Augenzeugen gab. Doch nicht nur die Nachtjäger machten der RAF das Leben schwer. Ende August wurde der Butt Report veröffentlicht, der wie ein Schock wirkte und das britische Bomberkommando in eine tiefe Krise stieß. Der Anlass waren berechtigte Zweifel, ob die Aussagen der Bomberbesatzungen das wahre Ausmaß und den tatsächlichen Grad der Zerstörung widerspiegelten.

Aus diesem Grund wies Churchill seinen engen Freund und wissenschaftlichen Berater des Kabinetts, Lord Cherwell, an, diese Aussagen zu überprüfen. Lord Cherwell beauftragte seinen Mitarbeiter D. M. Butt mit der Aufgabe. Zunächst ließ Butt Kameras in die Bomber einbauen, um Aufnahmen der bombardierten Ziele zu machen. 633 solcher Fotos verglich er mit den Aussagen der Besatzungen. Das Ergebnis war erschreckend und führte zu großer Verunsicherung über den Sinn der gefährlichen Einsätze über feindlichem Gebiet. Es stellte sich heraus, das zwischen Mai 1940 und Mai 1941 neunundvierzig Prozent aller Bomben auf freiem Feld niedergegangen waren. Das gesamte Fazit war niederschmetternd. Nur etwa ein Drittel derjenigen, die behaupteten, über dem Ziel gewesen zu sein, warfen auch tatsächlich akkurat ihre Bomben ab. Es war also dringend nötig, neue zielgenaue elektronische Leitstrahlen zu entwickeln.

»Ich glaube wir haben einen interessanten Anhaltspunkt«, erklärte R.V. Jones so ganz nebenbei, als er und Gordon mittags in einem kleinen Laden in der Nähe der Baker Street ein Sandwich aßen. Der Anhaltspunkt entpuppte sich als eine scharfe Beobachtung von Charles Frank, der auf dem Foto einer Freya-Stellung auf einem Kliff bei Cap d'Antifer, zwanzig Kilometer südlich von Le Havre, etwas bemerkte, was von den üblichen Radarfotos deutscher Stellungen abwich. Zurück im Büro nahm Gordon die Fotos in Augenschein. Zunächst fiel ihm nichts auf. Man sah die Freya-Stellung und einen viel befahrenen Weg, der von der Stellung zu einer Villa am Rand des Kliffs führte. Charles musste ihn mit der Nase drauf stoßen, bis er sah, was ihm sein Kollege vermitteln wollte.

»Tut mir leid, Charles, aber ich sehe nichts.«

Charles Frank lächelte und sagte salopp: »Mach dir nichts draus, das kommt mit der Zeit und der Routine. Aber schau mal genau hier hin«, und deutete auf etwas, das Gordon als Schmutzpartikel auf dem Foto ausgemacht hatte.

»Das ist ein Pfad, den nur Fußgänger nutzen, deshalb ist er auch so schwer auszumachen. Und am Ende des Pfades siehst du diesen kleinen runden Gegenstand. Könnte die Antenne eures ominösen neuen Gerätes sein.«

R.V. Jones stand neben dem Tisch und lächelte zufrieden. Seinen Leuten entging nichts.

»Ausgezeichnet, Charles, aber wir brauchen besseres Material, um ganz sicher zu sein. Die Piloten vom Photographic Reconnaissance Unit müssen noch mal ran!«

Spitfire Pilot Tony Hill fluchte wie ein Kesselflicker, als er in die Einsatzbaracke seiner Schwadron auf dem Benson Airfield in Oxfordshire einlief.

»Die Kamera hat schon wieder versagt. Das heißt, ich muss noch mal raus und dann werden die Deutschen auf der Hut sein.«

Hill galt als ausgezeichneter Pilot, der seit geraumer Zeit versuchte, die Technik des Schräg-Von-Oben-Seitwärts-Fotografierens zu vervollkommnen. Leider war nicht viel bis jetzt dabei herausgekommen, aber er gab nicht auf. Er war sicher, mit seiner Technik erfolgreich zu sein. Zu diesem Zweck hatte er sich extra Kameras einbauen lassen, die unter den Tragflächen nach links und rechts Bilder schossen. Es war natürlich eine Sache der Erfahrung, auf den Auslöser zu drücken, wenn sich das Flugzeug direkt über dem Objekt der Begierde befand, ohne dass es der Pilot sehen konnte.

Am nächsten Morgen flog Tony Hill im Tiefflug wieder in Richtung Le Havre. Drei andere Piloten hatten dieselbe Aufgabe erhalten, doch Tony machte ihnen klar, dass dieses Objekt ihm gehörte und er jeden abschösse, der auch nur in die Nähe der mysteriösen Villa käme. Als er sich der Steilküste und der Radarstation im Tiefflug näherte, zog er seine Maschine empor ging auf Parallelkurs zur Radarstation. Mit einer leichten Rechtskurve umzirkelte er das Anwesen, schoss in aller Seelenruhe seine Fotos und ging auf Gegenkurs. Diesmal funktionierten seine Kameras einwandfrei. Am nächsten Tag studierten Charles Frank, R.V. Jones, Gordon und der Pilot die Fotos und lauschten den Schilderungen Hills, der sicher war, etwas Rundes gesehen zu haben, das ihn entfernt an eine Antenne erinnerte.

»Wenn ihr dieses Objekt mit dem auf dem Berliner Luftschutzbunker vergleicht«, dozierte Jones, »dann sollte man meinen, dass die Berliner Schüssel doppelt so groß wäre. Wenn man dann annimmt, dass das größere Gerät auch eine doppelte Reichweite hat, so könnte man daraus schließen, dass das Berliner Gerät mindestens sechzig Kilometer weit reicht.«

»Das heißt, die Deutschen hätten genug Zeit, ihre Nachtjagd zu organisieren«, folgerte Gordon.

»Genau, aber wir müssen zugeben, dass wir keine Ahnung haben wie das Ding funktioniert, geschweige denn, ob es auf Meter- oder Zentimeterwelle arbeitet. Ich schlage daher vor, Tony macht noch mehr Fotos von dem Objekt und der Gegend und wir erstellen einen Plan, wie wir uns dieses Gerätes habhaft werden können.«

Hauptmann Othmar Schmidt hatte seit seiner Rückkehr aus der Wolfsschanze einen Vierzehnstundentag. Zu der ohnehin schon voll bepackten Agenda stieß nun auch noch die Frage nach dem neuen mittelschweren russischen Panzer, von dem sie nur ein Basiswissen hinsichtlich des Gewichts, der Geschwindigkeit, der Bewaffnung und der Reichweite hatten. Dabei waren schon allein diese Parameter verblüffend. Mit seinen 26,5 Tonnen Gewicht, einer Besatzung von vier Mann, einer 76-Millimeter-Kanone und zwei MGs sowie einem Dieselmotor, der den Koloss auf 55 km/h trieb, wurde der T-34 zum Schrecken des deutschen Infanteristen. Die extrabreiten Ketten erlaubten dem Panzer Gelände zu befahren, das für deutsche Kampfpanzer wegen ihrer schmaleren Gleisketten tabu war. Die schräge Panzerung war so gut, dass die 50-Millimeter-Pak nur von der Seite erfolgreich war. Von vorn war diese PAK wirkungslos. Noch schlimmer war es mit der 37-Millimeter-Kanone, deren Granaten wirkungslos an allen Seiten des T-34 abprallten. Die Landser gaben daraufhin dem Geschütz den Spitznamen Heeresanklopfgerät.

Othmar ging es nicht nur um die technischen Aspekte des T 34, er war auch an den Schöpfern dieser gefährlichen Waffe interessiert, an den Produktionsmethoden und an den Fabriken, in denen dieser Panzer gebaut wurde. Das Auftauchen des T-34 empfand er als persönliche Niederlage. Die Abwehr hatte hinsichtlich dieses Kampfwagens gänzlich versagt. Schlimmer noch, eine weitere bisher dahin unbekannte russische Waffe sorgte unter den deutschen Divisionen für Angst und Schrecken. Vor Orscha setzte die Rote Armee am 7. Juli erstmals Raketenwerferbatterien vom Typ M-8 Katjuscha gegen den Bahnhof und die Gleisanlagen ein. Mit verheerenden Verlusten unter der Infanterie.

Wie so oft kam auch jetzt der Zufall zu Hilfe. Zwischen dem 2. und 17. Oktober tobte die Doppelschlacht von Wjasma und Brjansk, der erste Teil der Operation Taifun, die Eroberung Moskaus. Am 17. Oktober war das Ausräumen des Kessels mit fünfzehn sowjetischen Verbänden im Raum Brjansk durch die 2. Panzerarmee beendet. Siebenundsechzig Schützendivisionen, sechs Kavallerie-, sieben Panzerdivisionen und sechs Panzerbrigaden der Roten Armee waren zerschlagen, 663000 Gefangene gemacht. 1242 Kampfwagen und 5412 Geschütze wurden zerstört oder erbeutet. Doch dann setzte im gesamten Bereich der Heeresgruppe Mitte starker Dauerregen ein. Die Wege und Straßen verwandelten sich in einen einzigen Morast.

Just an diesem Tag erreichte ein Telex den Schreibtisch von Othmar Schmidt. Ilse, die wie Othmar wie ein Berserker arbeitete, las ihm das Telex vor: »Ingenieur des Charkower Panzerwerks gefangen genommen + stop + ist offensichtlich bestens mit der Entwicklung des T-34 vertraut + stop + empfehle dringend Vernehmung des Gefangenen vor Ort + stop + unterzeichnet von General der Panzertruppen Hermann Breith, Divisionskommandeur 3. Panzerdivision. Othmar war irritiert. War nicht

Model der Chef der Division. Seine Recherchen ergaben, dass Breith das Kommando am 2. Oktober übernommen hatte und Model zum Kommandeur des XXXXI. Panzerkorps ernannt worden war. Ilse stellte schnell den Standort des Divisionsgefechtsstandes der 3. Panzerdivision fest und organisierte die Reise von Hauptmann Schmitt an die Ostfront. Der Divisionsstab war in Belyov, etwa achtzig Kilometer südwestlich von Tula und südlich von Kaluga an der malerischen Oka gelegen.

Die Anreise war für Othmar, der bislang den Krieg nur aus der deutschen Etappe kannte, ein Schock. Insbesondere die letzten hundert Kilometer, die er mit Bahn und Lastwagen zurücklegen musste, raubten ihm so manche Illusion. Bis Smolensk konnte er mit Kuriermaschinen fliegen. Danach musste er die Eisenbahn benutzen, da er als Geheimnisträger im nahen Frontbereich nicht mehr fliegen durfte. Die Eindrücke dieser Zugreise sollten ihn ein Lebtag nicht verlassen. Hunderte von offenen Güterwagen mit russischen Kriegsgefangenen, die in der Doppelschlacht von Wjasma und Brjansk aufgegriffen worden waren, kamen ihm entgegen, oder standen verlassen auf Nebengleisen. Bei einem Halt an einem gottverlassenen Güterbahnhof von Zhukovka kam sein Zug zum Stehen; genau gegenüber einem dieser Gefangenenzügen.

Es schüttete wie aus Kübeln, das aber den Russen sehr entgegenkam, denn sie standen mit offenen Mündern und Köpfen im Nacken in den Waggons und fingen jeden Tropfen auf. Dazwischen war ein markerschütterndes Gebrüll zu vernehmen. Othmar fragte einen der »Kettenhunde«, die zwischen den Zügen patrouillierte, was denn die Russen schrien. »Hunger, Brot«, war die knappe Antwort und ging weiter. Othmar konnte dieses dantesche Inferno nach kurzer Zeit nicht mehr ertragen. Er nahm aus seinem Rucksack eine lange Salami, die eigentlich für seinen Bruder bestimmt war, und verließ den Zug. An dem ersten Rungenwagen nahm er sein Taschenmesser und schnitt Stücke ab, die er den Gefangenen zusteckte, die ihn mit weit aufgerissenen Augen anschauten. Er hatte kaum die Hälfte der Wurst verteilt, als ein anderer Soldat der Feldgendarmerie auftauchte und ihn anherrschte, »die Fütterung der Tiere zu unterbinden.«

Obwohl es in ihm kochte, blieb Othmar ruhig und meinte nur kurz: »Angenommen Sie sind eines Tages Teil eines solchen Transportes, würden Sie solch ein Verhalten eines russischen Feldgendarms akzeptieren?«

Der Militärpolizist glotzte stumpf, hob zu einer Widerrede an, entschied aber im letzten Augenblick, den Erguss seines tumben Hirnes seiner Umwelt zu ersparen, und trottete von dannen. Nachdem er die restliche Wurst verteilt hatte, schaute er in die Augen derer, die einen Teil abbekommen hatten, und spürte zum ersten Mal in seinem Leben Dankbarkeit.

Im Hauptquartier von Generalmajor Hermann Breith ging es zu wie in einem Bienenstock. Kuriere kamen und gingen, Stabsoffiziere schleppten

Akten und pausenlos fuhren Kradmelder vor oder ab. Die meisten dieser Zweiradvirtuosen sahen völlig erschöpft und Schmutz überströmt aus. Die russische Schlammperiode zollte ihren Tribut. Als Breiths Adjutant die Ankunft von Hauptmann Othmar Schmitt meldete, nahm es der Generalmajor zunächst stumm zur Kenntnis. Nach wenigen Sekunden jedoch hatte sich die Information zu seinem Gehirn durchgefressen und ein Lächeln machte sich breit.

»Danke, dass Sie gekommen sind, Hauptmann. Ich weiß es zu schätzen. Je früher Sie herausfinden, in welchen Werken die Bolschewisten diesen verdammten Panzer bauen, desto schneller kann sie unsere Luftwaffe zerstören. Es war übrigens Ihr Bruder, der diesem Mann, und vielleicht auf lange Sicht gesehen uns, das Leben gerettet hat.«

Othmar hatte gar keine Zeit, eine ordnungsgemäße Begrüßung vom Stapel zu lassen. Etikette schien diesen Offizier nicht die Bohne zu interessieren.

»Wo kann ich den Gefangenen in Augenschein nehmen, Herr General?«

»Auf dem Hauptverbandsplatz des Feldlazaretts 622 (mot). Melden Sie sich bei unserem Oberstabsarzt Dr. Meinerzhagen, der wird Ihnen unseren Gefangenen vorstellen.«

»Ist er schwer verwundet?«

»Verbrennungen«, meinte Breith lapidar und widmete sich wieder seiner Karte.

»Ich habe leider im Moment keine Zeit für Sie. Der Russe greift an und selbst die Schreiber unseres Gefechtsstandes sind im Einsatz. Vielleicht sehen wir uns später bei einem Cognac.«

Othmar wandte sich an den Adjutanten Breiths:

»Wo finde ich den Hauptverbandsplatz und gibt es hier jemanden, der wirklich gut russisch kann?«

Der Adjutant überlegte kurz.

»Unser Künstler, Gefreiter Schröder vom Flak-Bataillon, kann das bestimmt sehr gut. Der hat Jahre in Russland gelebt und spricht die Sprache so gut wie deutsch.«

»Wunderbar schicken Sie ihn her und sagen Sie mir, wie ich zum Lazarett komme.«

Der Gefreite und Kunstmaler Fritz Schröder erschien nach einer halben Stunde und ging mit Othmar zum Lazarett, das in einer riesigen Fabrikhalle am Flussufer der Oka untergebracht war. Als sie dort ankamen, verschlug es Othmar die Sprache. Mehr als tausend Verwundete und Kranke waren in diesem Komplex untergebracht. Unter normalen Umständen, das wusste Othmar, hatte ein Feldlazarett der Wehrmacht etwa zweihundertachtzig Betten. Doch hier war alles anders.

»Wie viele Verwundete sind hier denn untergebracht?«

»Jetzt sind es fast 1200 Betten und täglich werden es mehr«, antwortete der Soldat, den der Adjutant als Künstler beschrieben hatte. Die

Umstände waren katastrophal. Es gab nicht genug Sanitäter, die hygienischen Verhältnisse spotteten jeder Beschreibung und der Oberstabsarzt und seine Ärzte konnten sich vor lauter Erschöpfung kaum noch auf den Beinen halten. Als sie einen Sanitäter mit einem stinkenden Eimer voller Operationsreste, Hautfetzen und amputierter Extremitäten aus dem Operationssaal herauskommen sahen, in dem vor dem Überfall landwirtschaftliche Maschinen gewartet wurden, sprach ihn Schröder an.

»Sagen Sie Ihrem Chef, dass der Hauptmann der Abwehr wegen des Russen hier ist.«

Der Sanitäter, den das Grauen nicht mehr zu betreffen schien, da es vollständig Besitz von ihm ergriffen hatte, murmelte etwas von »dringender Amputation« und »Geduld« und verschwand wieder durch die Tür, nachdem er den Eimer in einer Grube vor dem Fabriktor geleert hatte. Nach etwa zehn Minuten kam Oberstabsarzt Dr. Meinerzhagen heraus. Der mittelgroße Mann, Ende vierzig, in seinem Blut bespritzen Kittel und runder Nickelbrille auf der Nase, sah unendlich müde und fertig aus.

»Seitdem die Russen seit zwei Tagen angreifen, operiert er ununterbrochen, ohne geschlafen zu haben«, erzählte der Gefreite leise.

»Der Mann ist ein Berserker und Heiliger zugleich. Ohne seine Tatkraft und die Einrichtung einer eigenen Näherei, die Strohsäcke, Kopfkissen und Hemden genäht hatte, wären hier schon viele mehr verreckt. Er hat selbst den Oberquartiermeister beim Armee-Oberkommando in Smolensk gelinkt und große Mengen Nahrungsmittel, Medikamente und Verbandsstoffe persönlich in Smolensk organisiert, sonst wären ihm seine Patienten unter den Händen krepiert«, stieß der Gefreite bitter hervor.

»Es fehlt hier an allem. Nichts zu fressen, keine Munition und unsere Panzer werden zusammengeschossen, ohne dass Ersatz aus der Heimat kommt. Unsere Reparaturtrupps gehen nachts ins Niemandsland, um beschädigte Panzer zurückzuholen und zu reparieren, damit wenigstens halbwegs eine Gefechtsbereitschaft gesichert ist. Da warten dann schon die russischen Stoßtrupps, um sie abzumurksen.«

Eine große Verbitterung konnte Othmar aus den Worten des Flaksoldaten herauslesen, was den Schilderungen nach für Othmar durchaus verständlich war. Dr. Meinerzhagen schüttelte Othmar die Hand und er war überrascht, dass der Händedruck des Arztes trotz der Erschöpfung noch so fest war.

»Sie kommen direkt aus Berlin?«, fragte er.

»Steht meine Charité noch?«

»Doch, Herr Oberstabsarzt, das tut sie. Haben Sie dort gearbeitet?«

»Ja, am anatomisch-pathologischen Institut. Aber nicht allzu lang, dann habe ich noch meinen Facharzt in innere Medizin, Chirurgie und Gynäkologie dazu gemacht.«

»Sind sie danach in Berlin geblieben?«

»Nein, ich bin ins schöne Bergische Land gegangen. Und Sie möchten jetzt unseren Gefangenen befragen?«

Othmar erklärte ihm, den Zweck und die Dringlichkeit seiner Reise.

»Dann will ich Sie nicht länger aufhalten und Sie zu unseren russischen Patienten führen.«

Sie gingen an Dutzenden Reihen von Betten vorbei, in denen Patienten in zum Teil grotesken Verbänden lagen. Einigen hatten offensichtlich keine Beine mehr, anderen war der Kopf derart verbunden, dass man nur noch Sehschlitze für die Augen und eine Mundöffnung offen gelassen hatte. Andere lagen wie normal Schlafende in ihren Betten und waren an Bauchschüssen oder Splitterverletzungen operiert worden. Othmar hatte so etwas noch nie gesehen. So muss die Hölle sein dachte er. Der Oberstabsarzt bemerkte seine Erschütterung und meinte nur knapp: »Man sollte den ganzen Generalstab hierhin schicken, vielleicht nehmen sie dann Vernunft an.«

Als sie an dem Bett des Rotarmisten angekommen waren, machte der Arzt noch eine letzte Bemerkung.

»Sergej Rantinow ist ein hochintelligenter Mensch, der uns Deutschen sehr positiv gegenüber eingestellt ist«, erklärte der Oberstabsarzt und warf einen Blick auf die Arm- und Beinverbände des Rotarmisten.

»Das konnte ich aus Gesprächen mit ihm deutlich erkennen. Und er liebt Beethoven!«

»Sie sprechen russisch?«

»Leidlich, ich bemühe mich, seitdem wir ihr Land überfallen haben. Aber mit dem Gefreiten Schröder sind sie dennoch besser aufgehoben. Seitdem der Jahre im Kaukasus verbracht hat, spricht er wie ein Russe.«

Rantinow war Mitte dreißig, blond mit Sommersprossen im Gesicht und trotz seiner Verbrennungen guter Laune, was Othmar bei dem Schicksal seiner Kameraden, die alle in dem abgeschossenen Panzer umgekommen waren, doch sehr verwunderte. Nach einer guten Stunde jedoch verstand er den positiven Gemütszustand seines Gefangenen. Rantinow entpuppte sich nämlich als einer der Ingenieure, die unter dem legendären Panzerkonstrukteur Michail Koschkin den T-34 in der Panzerfabrik No. 138 im ukrainischen Charkow konstruierten.

Und dieser Ratinow erwies sich als mitteilsamer Zeitgenosse, der seine Chance sah, seinen Vater, seinen Bruder, den Onkel und einen Neffen zu rächen, die zum Teil bereits vor Jahren in Stalins Gulag verschwanden. Rantinow entpuppte sich als Goldmine. Erst, nachdem ein Sanitäter meinte, dass man dem Verwundeten nicht länger die Befragung zumuten könne, brach Othmar das Verhör ab.

Zurück im Divisionsgefechtsstand sprach Othmar zunächst mit Berlin. Es erschien ihm als überaus wichtig, diesen wichtigen sowjetischen Panzerspezialisten so schnell wie möglich aus der Gefahrenzone zu holen, um die sprudelnde Quelle auszuschöpfen. Eine halbe Stunde später spuckte der Fernschreiber den Befehl zur Verlegung des Kriegsgefangenen Sergej Rantinow aus. Nachdem er den Papierkram erledigt hatte und feststellte, dass er im Augenblick nicht gebraucht wurde, meldete er sich bei dem Adjutanten ab, um einen kurzen Rundgang durch den Ort anzutreten. Als er aus dem Keller der ehemaligen sowjetischen Ölmühle, in dem der Divisionsgefechtsstand untergebracht war, heraustrat, bemerkte er zunächst, dass der Regen aufgehört hatte und sogar blaue Flecken zwischen den dahinjagenden Wolken zu sehen waren. Auch der ferne Gefechtslärm hatte abgeebbt. Belyov war eine russische Kleinstadt, wie sie es zu Tausenden in der Sowjetunion gab. Einst war sie bestimmt mit ihren 15000 Einwohnern eine Provinzschönheit, doch die Jahre unter dem Kommunismus und der Krieg hatten an der einst ansprechenden Architektur großen Schaden genommen.

Er ging durch den Ort in Richtung Oka. Als er eine Anhöhe erklommen hatte und neben einer heruntergekommen Kirche stand, die zu einem Getreidespeicher umfunktioniert war, konnte er die Flussschleife der Oka, einem Nebenfluss der Wolga, der bei in Nischni Nowgorod in den längsten und wasserreichsten Fluss Europas mündete, sehen. Der Blick war trotz des Herbstes und des nahenden Winters wunderschön. Dieses Bild wurde aber jäh zerstört, als auf dem gegenüberliegenden Ufer Mündungsblitze aufleuchteten und gleichzeitig ein fürchterliches Geheul die gegenüberliegende Tiefebene erfasste, das sich am Steilufer und den dortigen Gebäuden Belyovs brach und den Lärm noch verstärkte. Sekunden später näherten sich Granaten und Raketen und Othmar warf sich in das nächstliegende Schützenloch, das ein Soldat in weiser Voraussicht gegraben hatte. Kaum war die erste Salve eingeschlagen, sprang er aus dem Loch und lief zurück zum Gefechtsstand, wobei er bei weiteren Salven volle Deckung suchte. Generalmajor Hermann Breith gab ohne große Gefühlsregung professionell seine Befehle. Wie Othmar schnell mitbekam, lag die größte Gefahr in einem Angriff in Bataillonsstärke auf der rechten Flanke des Ortes, der das riesige Lazarett bedrohte. Unausgesprochen war allen klar, was es bedeuten würde, fiele der Hauptverbandsplatz den Russen in die Hände.

»Schmidt kommen Sie her, ich kann Sie gut gebrauchen. Gehen Sie rüber zum Lazarett und unterstützen Sie den Oberstabsarzt. Der muss sein Lazarett jetzt selbst verteidigen und braucht jeden Mann.«

Othmar rannte in Sprüngen zum großen Industriegelände, während um ihn herum Katjuschas, Mörsergranaten und Geschosse der gefürchteten Ratsch-Bumm, der sowjetischen ZIS-3-Feldkanone mit dem Kaliber 76,2 Millimeter, die ihren Namen deshalb erhielt, weil Abschussknall und Einschlag nur schwer auseinander gehalten werden konnten, einschlugen. Als er endlich in der Halle des Lazaretts angekommen war, sah er, wie ein Hauptfeldwebel mit dem Eisernen Kreuz erster Klasse und Infanterie-Sturmabzeichen in Silber mit Wadenschuss und Stock vor dem Oberstabsarzt stand und Meldung machte.

»Herr Oberstabsarzt, die kriegen unser Lazarett nicht! Geben Sie uns

Waffen aus der Lazarettkammer!«

Dr. Meinerzhagen klopfte dem Hauptfeldwebel anerkennend auf die Schulter.

»Sie sind mein erfahrenster Mann, Tönnes, führen Sie die Freiwilligen.«

Es war erstaunlich für Othmar zu sehen, wie viele der Männer sich dem Hauptfeldwebel anschlossen, obwohl sie teilweise kaum gehen, geschweige denn ein Gewehr oder Maschinenpistole halten konnten. Die Angst vor dem Russen muss ungeheuer sein dachte er und ging auf den Hauptfeldwebel zu. Der machte Männchen und guckte verdutzt.

»Ich unterstelle mich ihrem Befehl, Unteroffizier. Ich habe keinerlei Erfahrung im Infanteriekampf und überlasse Ihnen die Führung der Truppe.«

Der Hauptfeldwebel schaute dankbar in Othmars Augen und sagte nur knapp: «Jawohl, Herr Hauptmann.«

Der Oberstabsarzt, der die Szene beobachtet hatte, meinte nur, »eine richtige Entscheidung, Herr Hauptmann, Respekt.« Er ging zurück in seinen Operationsraum, in dem vier weitere Ärzte den endlosen Strom von Verwundeten behandelten, während es derweil ununterbrochen von Einschlägen und dem Rattern der Maschinenwaffen dröhnte. Erst nach drei Stunden Kampf traf Verstärkung ein und ein Hauptmann richtet im Lazarett einen provisorischen Gefechtsstand ein. Eigentlich ein Unding, berücksichtige man die Genfer Konvention dachte Othmar. Aber die Sowjetunion hatte sich der Ratifizierung dieses Abkommens entzogen, was Hitler sehr entgegenkam, wie Othmar von Erzählungen Canaris wusste. Der war Teilnehmer eines Empfanges von zweihundertfünfzig hohen Offizieren bei Hitler am 30. März 1941, bei dem der Führer feststellte, dass man »in der kommenden Auseinandersetzung mit der Sowjetunion vom üblichen Standpunkt des soldatischen Kameradentums abrücken müsse, denn der Kommunist ist vorher kein Kamerad und nachher kein Kamerad!«

Othmar war heilfroh, als er am nächsten Tag in Generalmajor Breiths Stabswagen mit Fritz Schröder am Steuer und Sergej Rantinow auf dem Rücksitz nach Ul'yanovo, einer öden Kleinstadt und Eisenbahnknotenpunkt in der Etappe, fuhr. Dr. Meinerzhagen hatte seinen russischen Patienten für die Fahrt nach Ul'yanovo transportfertig gemacht, aber gleichzeitig Othmar klargemacht, dass dieser Mann in einen Lazarettzug und nicht in einen normalen Waggon gehörte.

Seinen Bruder Friedrich hatte er nicht treffen können, der bei der gefährlichen Lage seine Stellung in der Abwehrfront nicht verlassen durfte. Generalmajor Hermann Breith, ein Panzermann der ersten Stunde, der 1934 als Major Führer der I. Abteilung des Kampfwagenregiments 1 seine Panzerkarriere begann, hatte eine Gefechtspause genutzt, um mit Othmar einen Cognac zu trinken und Neuigkeiten aus der Heimat zu hören. Er war natürlich höchst interessiert zu hören, welch wichtigen

Fang seine Leute gemacht hatten.

»Seien Sie mir nicht böse, dass Sie ihren Bruder nicht treffen können, aber Sie haben ja selbst erlebt, was hier los ist. Die in der Wolfsschanze haben ja keinen blassen Schimmer, wie verbissen sich der Russe wehrt. Von wegen Kartenhaus, das schnell einstürzt, wenn man die Tür eintritt«, meinte er deprimiert.

Am Bahnhof verabschiedete sich Othmar von seinem neu gewonnen Freund, dem Maler Fritz Schröder, und schärfte ihm ein, sich bei ihm in Berlin zu melden, sobald er auf Heimaturlaub käme. Es dauerte vier endlose Tage, bis der Zug in Berlin einlief. Er konnte und wollte seinen Schützling nicht alleine fahren lassen und hatte sich die Erlaubnis geholt, mit im Lazarettzug nach Berlin zu fahren.

Eine Erfahrung, die ihn tief erschütterte. Auch hier waren die Verhältnisse grauenvoll. Es war zwar nicht so entsetzlich wie in Belyov, aber das hundertfache Leid in diesem Zug, die entsetzlich lange Fahrtzeit, die primitiven Verhältnisse und die eingeschränkte Verpflegung ließen ihn fast depressiv werden. Unerträglich empfand er die stundenlangen Aufenthalte auf trostlosen Bahnhöfen oder Ausweichgleisen, die notwendig waren, um die entgegenkommenden Nachschubzüge der Wehrmacht passieren zu lassen, da die meisten Strecken nur eingleisig waren.

Nach zwei Wochen war der Patient so weit wiederhergestellt, dass er stundenlang über die Entwicklung und Fertigung des T-34 Auskunft geben konnte. Und Rantinow erwies sich als
sprudelnde Quelle von großem Nutzen. Zunächst wollte Othmar von ihm wissen, warum er solch einen Hass auf Stalin entwickelte und was ihn an Deutschland so faszinierte. Zunächst zögerte Rantinow, als ob er ein großes Geheimnis nicht verraten wollte, doch dann erzählte er stockend, wie sein Vater und viele andere seiner Familie von der Tscheka, dem gefürchteten Geheimdienst der Sowjets, zunächst verfolgt, aus der Partei ausgestoßen, verbannt und in den Gulag eingesperrt wurden, weil sie Trotzki nicht verdammten, oder nicht überzeugend genug die reine Ideologie vertreten hatten.

Seine innige Beziehung zu Deutschland war eine rein musische, denn sein Vater hatte ihm Schiller und Goethe, Johann Sebastian Bach und Beethoven nahe gebracht und auf dem hauseigenen Klavier vorzugsweise Ludwig van Beethovens Klaviersonaten gespielt.

»Wie sind Sie zum Panzerspezialisten geworden, Sergej?«

»Auf Druck meines Vaters, der meinte, ich sollte was Vernünftiges lernen, bevor ich meine große Liebe, klassische Musik, zum Beruf machen wollte. Deswegen bin ich auf die Moskauer Staatliche Technische Universität N. E. Bauman gegangen, um Maschinenbau zu studieren. Aber eigentlich wollte ich auf das Moskauer Konservatorium, um eine klassische Pianistenausbildung zu bekommen. Doch leider ist daraus nichts geworden.«

»Und weiter?«, drängte Othmar den Russen vorsichtig.

»1937 habe ich dann bei Michail Koschkin in der Charkower Lokomotivfabrik Komintern, auch als Fabrik 183 bekannt, angefangen. Bis 1923 hat diese nur Lokomotiven und Waggons gebaut. Ein Jahr später begann man dann den Kettenschlepper Kommunar zu bauen, der auf einer Lizenz der deutschen Hanomag Werke basierte. Koschkin stellte ein neues Team zusammen, um einen modernen Rad-Ketten-Panzer zu konstruieren, den A-20, dessen Chassis auf einem importierten Christie Panzer zugrunde lag.«

»Wer war denn noch an dem Projekt beschäftigt?«

»Nikolai Melnikow, Alexej Sokoljanski, Wassili Pomeranzow und Andreij Tschinow«, kam es wie aus der Pistole geschossen. Stundenlang erzählte Rantinow aus den Anfangsjahren und erzählte Anekdoten aus dem Konstruktionsbüro, den damals immer noch veralteten Fertigungsmethoden und den Auseinandersetzungen mit dem Volkskommissar für Verteidigung, Kliment Woroschilow. Wirklich interessant wurde es, als er von den Anfängen des T-34 erzählte.

»Koschkin war vom Konzept des Rad-Ketten-Panzers nicht überzeugt. Er wollte einen reinen Kettenpanzer bauen. Dieses Projekt erhielt zuerst die Typenbezeichnung A-30, später T-32. Wir wollten einen Panzer konstruieren, der genauso schnell wie leichte Fahrzeuge war und der die Panzerung eines bisherigen mittleren Kampfwagens aufwies. Und er sollte einen Dieselmotor mit hoher Leistung und geringem Verbrauch erhalten. Das ist uns auch gelungen«, merkte Rantinow nicht ohne Stolz an.

»Und wann war der erste Prototyp fertig?«

»Im Juli 1939«, antwortete Sergei Rantonow.

»Im September wurden die verschiedenen Typen auf dem Panzerübungsplatz bei Moskau den Mitgliedern des obersten Kriegsrates vorgestellt.«

»Was für Typen waren das denn?«

»Schwere zweitürmige SMK, mit vollem Namen Sergej Mironovich Kirov, der ebenfalls zweitürmige T-100, der eintürmige KW-1 der Kirow-Werke in Leningrad, unser T-32 und noch eine ganze Reihe anderer Prototypen. Eine Entscheidung, welche der Panzer gefertigt werden sollte, war aber erst nach einer weiteren Vorführung im Dezember zu erwarten. Wir haben die Zeit genutzt und nach Anleitung von Koschkin die Panzerung, am Bug auf 45 Millimeter und an der Seite auf 40 Millimeter verstärkt.

Dadurch hat sich das Gewicht insgesamt um sieben Tonnen erhöht, und um den Bodendruck zu verringern haben wir die Ketten erheblich verbreitert. Diese neue Version erhielt jetzt die Bezeichnung T-34, wobei das T für Tank, also Panzer stand. Im Dezember 1939 fiel die Entscheidung, unseren Panzer in die Ausrüstung der Roten Armee zu übernehmen.«

Mittlerweile war es Mitte November geworden. Die heftigen Regenfälle entlang der deutschen Front in Russland hatte das Letzte von der

Wehrmacht gefordert. Jeder Meter Geländegewinn mit purer Erschöpfung von Mann und Gerät erkämpft. Am 14. November hatte Hauptmann Othmar Schmidt Admiral Canaris auf dessen Wunsch von seiner Wohnung abgeholt und ihn gebeten, einen Umweg über den Güterbahnhof Grunewald zu machen, damit er dort eine Weinkiste abholen konnte, die ihm sein Lieferant aus Traben-Trarbach geschickt hatte. Als sie sich dem Bahnhof näherten, bemerkten sie, dass die SS den Bereich weiträumig umstellt hatte. Weder Othmar noch Canaris konnten sich daraus einen Reim machen, und da sie anstandslos durchgewunken wurden, dachten sie an eine Übung. Am Bahnhof angekommen, wurden sie von einer Postenkette der SS angehalten. Nachdem der Scharführer Schmidt und Canaris als Offiziere der Wehrmacht erkannt hatte, durften sie passieren.

»Was geht hier vor, Scharführer«, herrschte der Admiral den SS-Mann an.

»Wir siedeln die Juden in den Osten um«, antwortete der Scharführer gleichgültig.

Kopfschüttelnd wandte sich Canaris ab und ging auf die von Karl Cornelius entworfene Empfangshalle mit attraktivem Sandsteinportal zu. Othmar folgte auf dem Fuße. Canaris suchte die Warenausgabe, während Othmar, neugierig geworden, zu den Bahnsteigen hinausging. Vier überdachte Mittelbahnsteige, die auf einem Damm verliefen, waren von Hunderten von Menschen bevölkert, die offensichtlich einen Zug besteigen sollten, der dort hielt.

Es herrschte eine ungewöhnliche Ruhe. Kein Schreien, kein Protestieren, keine Panik. Die Menschen hielten sich an den Befehlen, die ihnen die SS-Männer zuriefen und hielten, typisch deutsch, Disziplin. Massen von Gepäck türmten sich auf den Bahnsteigen. Zunächst wunderte sich Othmar über diesen Aufzug, doch dann fielen ihm die Judensterne auf, die auf der linken Brustseite des Kleidungsstückes aufgenäht waren. Ihm war die Szenerie unheimlich und er ging zurück in die Halle, um Canaris beim Transport der Weinkiste zu helfen. Doch das dauerte. Der Reichsbahnbeamte entschuldigte sich unterwürfig und versprach, die Kiste umgehend zu suchen. Um die Wartezeit zu verkürzen, schlug Othmar vor, dass sich der Admiral selbst ein Bild von den Vorgängen auf den Bahnsteigen machen sollte. Als Canaris auf dem Bahnsteig stand, schauderte ihm.

»Jetzt machen sie ihre Weissagungen wahr«, sagte er und ging auf den Zug zu.

Plötzlich ertönte eine kräftige Stimme aus einem der Waggons.

»Herr Admiral, hier hin, ich bin's, Karl Loewenstein!«

Canaris blieb ruckartig stehen, als ob er die Stimme sofort erkannt hätte. Er schaute sich um, um die Person zu finden, die ihn angesprochen hatte. Dieser wiederholte den Satz: »Hier bin ich, Herr Admiral, hier!«

Canaris, mit Othmar im Schlepptau ging den Zug entlang, bis er zum

Urheber der Rufe gelangte. Ein verzweifelt aussehender älterer Mann mit schütteren grauen Haaren lehnte sich aus dem Fenster.

»Herr Admiral, erkennen Sie mich, ich bin Dr. Karl Loewenstein.«

Es schien, als hätte Canaris die Stimme als die des ehemaligen Seeoffiziers und jahrelangen Adjutanten des deutschen Kronprinzen erkannt, mit dem er Jahre in der kaiserlichen Marine verbracht hatte.

»Was geht hier vor Herr Doktor?«

»Man evakuiert uns nach Minsk, Herr Admiral, in ein neues Getto.«

»Warum?«, fragte Canaris und wusste, dass es eine dämliche und überflüssige Frage war.

»Das ist ein Judentransport, dabei bin ich eigentlich als halbjüdischer Abkunft eingestuft. Können Sie mir helfen?«

»Einen Moment, Herr Doktor«, erwiderte Canaris und schaute sich nach dem verantwortlichen SS-Offizier um. Der war bereits von aufgeregten SS-Wachen auf ihn aufmerksam gemacht worden und ging auf ihn zu.

»Wissen Sie nicht, um wen es sich hier handelt?«, herrschte ihn Canaris an.

»Um einen Berliner Juden«, antwortete der mit einer kalten Arroganz.

»Ich erwarte, dass sie einen ehemaligen hochdekorierten Marineoffizier auf der Stelle aus dem Zug holen!«

»Dieser Mann wird erst im Generalkommissariat Weißruthenien aus dem Sonderzug Da 54 geholt und keinen Moment früher«, bemerkte der SS-Offizier, diesmal im Ton um eine Nuance schärfer als zuvor.

»Das ist ein der Wehrmacht unwürdiges Verhalten«, entrüstete sich der Admiral.

»Beschweren Sie sich beim Reichsführer SS, Herr Admiral und behindern Sie nicht unsere Arbeit«, sagte der SS-Offizier und ging auf eine Gruppe zu, die sich vor einer Zugtür drängelte.

»Komm, Wilhelm, lass gut sein, hier erreichen wir nichts«, stieß Othmar hervor, der genauso wütend wie sein Chef war.

Loewenstein hatte Tränen in den Augen, als er die Szene verfolgte.

»Geben Sie nicht auf, Herr Doktor, ich werde Ihnen helfen«, versprach ihm Canaris, und ging abrupt zum Ausgang des Bahnhofes.

Bis zum Wagen sagte der Admiral keinen Ton. Erst als sie in Richtung Innenstadt fuhren, wagte es Othmar den aufgewühlten Admiral eine Frage zu stellen.

»Wer war dieser Mann?«

»Bankdirektor Dr. Karl Loewenstein. Ich habe ihn ein paar Mal in seinem Haus in Berlin-Weißensee in der Tassostraße 5 besucht, um eine Partie Schach zu spielen. Wir kennen uns seit vielen, vielen Jahren. Er ist Halbjude, war vor und im Weltkrieg Seeoffizier und jahrelang Adjutant des deutschen Kronprinzen gewesen. Loewenstein hatte sich nach 1918 an Kämpfen der Freikorps in Oberschlesien beteiligt und war seit 1933 ein Mitbegründer der Bekennenden Kirche. Nach dem Krieg war er Bankdirektor am Kurfürstendamm und hat mir den Kredit für mein Haus vermittelt. Ein feiner Mensch. Und ich konnte nichts für ihn tun.«

Canaris sackte förmlich in seinem Sitz zusammen und Othmar merkte, wie sehr ihm das Schicksal seines Bekannten an die Nerven ging. Verzweifelt überlegte er, wie er seinem Gönner helfen könnte. Kurz bevor sie das Tirpitzufer erreichten, fasste er einen Entschluss. Jetzt wusste er, wie er einiges von dem, das Canaris ihm hatte zukommen lassen, zurückzahlen konnte.

Die depressive Stimmung von Canaris wurde noch durch ein schreckliches Ereignis verstärkt. Am 17. November erhielt der Admiral von einem befreundeten Kriminalbeamten einen Anruf. Hauptmann Schmidt, der zufällig in diesem Moment in seinem Büro war, sah, wie sich das graue Gesicht des Admirals versteinert. Er sagte nicht viel während des kurzen Gesprächs, und als es beendet war, zitterte seine rechte Hand auffällig.

»Udet ist tot«, sagte er tonlos.

»Udet hat Inge heute um neun Uhr morgens ein letztes Mal angerufen. Durchs Telefon hat sie den tödlichen Schuss gehört. Eindeutig Selbstmord, wie man mir eben am Telefon sagte. Er soll auch Nachrichten hinterlassen haben.«

Canaris vergrub seinen Kopf in beide Hände.

»Der hat alles in sich hineingefressen und konnte die Anfeindungen Görings und dem Rest des RLM nicht mehr ertrage«, seufzte er.

»Er hat diesen Ausweg mir gegenüber mehrfach angedeutet, aber ich habe immer gehofft, dass durch seine Mitarbeit an dem Hochtechnologieausschuss sein Lebenswille reaktiviert worden wäre.«

Er hob den Kopf und schaute Othmar müde an. Seine Augen hatten einen wässrigen Glanz, als ob er nur mühsam seine Tränen unterdrückt hätte.

»Othmar, du musst ihm und mir einen Gefallen tun. Ich komme mit Sicherheit nicht mehr in sein Haus. Das Grundstück ist bereits von der Gestapo abgesperrt worden, das Hauspersonal verhaftet und inhaftiert. Aber mithilfe deines Freundes Schellenberg wäre es kein Problem. Ruf ihn an und bitte ihn mit dir dorthin zu fahren. Finde raus, was er hinterlassen hat. Einen Brief oder sonst eine Nachricht. Und stelle fest, warum man das Personal weggesperrt hat. Machst du das bitte? Ich rufe erst einmal Inge an und informiere später Rühmann.«

»Natürlich«, erwiderte Othmar und wählte bereits Schellenbergs Nummer.

Othmar klärte Schellenberg über die Lage auf und der sagte sofort zu, mit ihm zu Udets Haus zu fahren. Als sie in der Stalluponer Allee angekommen waren, wurden sie bereits von der Schutzpolizei angehalten. Erst als die Schupos Schellenbergs Uniform und Ausweis sahen, ließen sie ihn passieren. Vor dem Haus mit der Nummer 11 standen ein Mannschaftswagen und eine Limousine, an der ein Mann mit Ledermantel und breitkrempigen Hut lehnte. Er salutierte sofort, als er Schellenberg aus dem Wagen steigen sah. Schellenberg wechselte ein paar Worte mit dem Gestapomann, worauf dieser sie in das Haus führte. Udets Leiche war bereits abtransportiert worden und zwei Gestapo Beamte waren dabei, den Nachlass zu durchwühlen. Ein Dritter stand am offenen Safe und las in Dokumenten. Schellenberg begrüßte sie und ging mit ihnen auf die Terrasse, um eine Zigarette zu rauchen. Othmar nutzte die Gelegenheit, um sich umzusehen. Auf der Aktentasche der Gestapoleute lag eine dünne Akte, in der er einen schnellen Blick warf. Dort fand er aber nichts, was sein Interesse geweckt hätte wecken können. Othmar klappte die Akte wieder zu ging auf die Terrasse.

»Wo hat sich Udet denn erschossen«, fragte er den Gestapo Beamten.

»Oben im Schlafzimmer«, antwortete der.

»Anscheinend hatte er noch telefoniert, denn der Hörer lag neben ihm, als wir ihn fanden.«

»Und es ist definitiv ein Freitod?«

»Das haben Sie gesagt«, reagierte der Beamte unwirsch.

»Warten Sie die offizielle Bekanntmachung ab und erzählen Sie nichts und niemandem von dem, was Sie hier gesehen haben.«

»Keine Sorge«, beschwichtigte ihn Othmar.

»Darf ich mich oben umsehen?«

»Ja, aber fassen Sie nichts an!«

Othmar ging die Treppe hinauf und bereits die zweite Tür öffnete den Weg in Udets Schlafzimmer. Auf der Stirnwand seines Bettes las er zwei Hinterlassenschaften des Generalluftzeugmeisters: »Ich kann mit Israel nicht arbeiten. Eiserner, Eiserner, du hast mich verlassen!«

Ansonsten war das Zimmer aufgeräumt, so als ob dort nichts außer den Blutflecken und den Zitaten gewesen wäre. Er war tief erschüttert. Die schlechte Meinung, die er anfangs von dem Generalluftzeugmeister hatte, war gegenseitigem Respekt gewichen. Aber er sah auch, dass Udet auf seinem Posten überfordert war, und der Alkohol- und Pervitinkonsum ihn schleichend zerstörte. Dies und der Druck aus dem RLM sowie das Gefühl vollkommener Verlassenheit durch seinen Duzfreund Göring hatten anscheinend zur Katastrophe geführt. Als er und Schellenberg zurück ins Amt fuhren, wollte Othmar wissen, ob er von den Gestapo Leuten irgendwelche Informationen erhalten hätte.

»Es war ganz klar Selbstmord, Othmar«, begann er.

»Göring muss ein schlechtes Gewissen über das Wochenende gehabt haben, denn er schickte Staatssekretär Paul Körner, Görings Stellvertreter in der Vierjahresplanbehörde, zu Udet, um nach dem Rechten zu sehen. Körner fand zwei leere Flaschen Cognac auf dem Fußboden und das Bett war mit Abschiedszetteln bedeckt. In Udets Safe, der offen stand, fand man noch eine weitere Botschaft mit bitteren Worten für Göring. Die Inschriften auf der Wand hast du ja selbst gesehen. Übrigens, wen meint er mit Israel?«

»Den Staatssekretär des RLM und Generalinspekteur der Luftwaffe Erhard Milch«, antwortete Othmar. Als er Canaris von seinem Besuch berichtete, hörte dieser aufmerksam zu. Schließlich sagte er leise: »Hitler und Göring werden nie zugeben, dass Udet Selbstmord begangen hat. Das würde sie selbst in ein schlechtes Licht führen. Udet war einfach zu beliebt.«

Er erzählte nun, was er von Inge Bleyel gehört hatte. Und dies ließ den Freitod plausibel erscheinen.

»Inge erzählte mir, dass er am 12. November offensichtlich einen Eklat im Reichsluftfahrtministerium gegeben hatte. Er war völlig aufgelöst zu ihr gekommen und hatte immer wieder behauptet, dass sie hinter ihm her wären. Erst nach längerem Drängen hätte er von dem Vorwurf erzählt, dass sein Stab mit gefälschten Versuchsergebnissen hantieren würde, um eine Herabsetzung des Jägers Me 109 zugunsten der FW 190 herbeizuführen.«

»Wer soll das denn gesagt haben«, unterbrach ihn Othmar kurz.

»Finanzdirektor Seiler.«

»Und wie hat Udet darauf reagiert?«

»Inge meinte sich so erinnern zu können, dass er gesagt hätte, dass es anständiger gewesen wäre, wenn Seiler ihm zuerst davon erzählt hätte. Der soll aber nur gekontert haben, dass dies ein Schachspiel wäre, in dem er nur den zweiten Zug getan hätte.«

Canaris machte eine kurze Pause und nippte an einem Wasserglas, bevor er fortfuhr.

»Seit diesem Mittwochabend bis zum letzten Telefonat hätte er mehrfach davon gesprochen, dem ganzen ein Ende zu machen. Sie hat das nicht für bare Münze genommen, da er öfter solche Bemerkungen machte aber sie nie in die Tat umsetzte. Noch am Sonntag hatte er zu ihr gesagt, morgen bist du eine Witwe.«

Das Telefon klingelte. Ilse Hamich war in der Leitung und meldete Schellenberg an. Canaris reichte ihm den Hörer und lauschte gespannt. Nach einer knappen Minute, in der Othmar kein einziges Wort sagte, legte er den Hörer hin.

»Das Deutsche Nachrichtenbüro hat verbreitet, Udet habe bei der Erprobung einer neuen Waffe einen tödlichen Unfall erlitten. Wörtlich heißt es in der Nachricht, dass der Führer für den auf so tragische Weise in Erfüllung seiner Pflicht dahingegangenen Offizier ein Staatsbegräbnis für den 21. November angeordnet hat.«

»Siehst Du, Othmar, wie ich gesagt habe, die werden das nie zugeben, dass sie zumindest mitverantwortlich für seinen Tod sind!«

Udets Staatsbegräbnis am 21. November wurde für die, die die Hintergründe kannten, zur Farce. Sämtliche Luftwaffengebäude hatten halbmast geflaggt. In einer der hinteren Reihen des großen Ehrensaals des Luftfahrtministeriums saß Othmar neben seinem Freund und Udets Berater in Hochtechnologiefragen, Otto Lechner. Jeder Ritterkreuzträger der Luftwaffe war zur Teilnahme an der Zeremonie nach Berlin befohlen worden. Auf einem Podium war der Sarg aufgebahrt. Eine Ehrenwache von sechs mit dem Ritterkreuz ausgezeichneten Jagdfliegern, darunter Adolf Galland, Walter Oesau, und Günther Lützow, war in Stahlhelm, Paradeuniform und pompösen Fliegerschwert angetreten. Es war ein heroischer Anblick. Das Einzige, was ein wenig zitterte, waren Gallands Schnurrbart und eine Standarte.

Eigentlich hätte auch der mit Brillanten zum Ritterkreuz mit Eichenlaub und Schwertern höchst dekorierte General der Jagdflieger, Werner Mölders, Teil der Ehrenwache sein sollen, doch schlechtes Wetter hatte seine Ankunft verzögert. In den ersten Reihen saßen geschlossen die Spitzen von Partei und Regierung sowie das Diplomatische Korps. Als Letzter betrat Reichsmarschall Göring in hellgrauer Uniform mit goldenem Koppel und rotbraunen Stiefeln, an deren Absätzen goldene Sporen befestigt waren, den Saal. Dann setzte Beethovens Eroica ein und nach einer Weile betrat Göring das Podium und hielt die Trauerrede, die an Verlogenheit kaum zu überbieten war.

Sätze wie »... noch wissen wir nicht, wie wir die Lücke, die du gelassen hast, ausfüllen sollen« oder »...deine Verdienste zu nennen, ist nicht meine Aufgabe, denn durch deine Tat bist du unsterblich für uns«, gefolgt von »...du wirst immer zu Deutschlands größten Helden zählen« waren grotesk angesichts der Tragödie. Doch die größte Lüge hatte er sich zum Schluss aufbewahrt. Mit brüchiger Stimme erklärte er pathetisch, dass »ich nur sagen kann, ich habe meinen besten Freund verloren.«

Otto lehnte sich zu Othmar herüber und flüsterte ihm ins Ohr, dass Göring wohl ein besserer Schauspieler wäre als Heinz Rühmann. Anschließend verließ der Trauerzug das Reichsluftfahrtministerium. Göring folgte dem Sarg zu Fuß bis zum Invalidenfriedhof, wo er neben Manfred von Richthofen beigesetzt wurde. Am nächsten Tag rief gegen Mittag ein völlig aufgelöster Otto Lechner Hauptmann Schmidt im Amt an.

»Hast du schon gehört? Werner Mölders ist abgestürzt. Tot.«

Für Sekunden herrschte Totenstille in der Leitung.

»Das darf doch nicht wahr sein«, sagte Othmar tonlos.

»Was ist passiert?«

»Mölders wollte trotz schlechten Wetters von Nikolajew über Lemberg nach Berlin fliegen. In Lemberg zwang ihn das Wetter zur Zwischenlandung.«

»Ist er denn selbst geflogen?«

»Nein, er war in einer Heinkel He 111 Kuriermaschine vom Kampfgeschwader Boelcke, die von dem sehr erfahrenen Oberleutnant Georg Kolbe gesteuert wurde. Heute Morgen muss genauso schlechtes Wetter in Lemberg geherrscht haben, aber gegen den Rat des Piloten hat Mölders den Weiterflug angeordnet.«

»Ich versteh das nicht, da war die Beerdigung doch längst gelaufen?«, murmelte Othmar.

»Unterwegs fiel dann ein Motor aus und man beschloss eine sofortige Landung in Breslau. Da waren die Wetterbedingungen genauso schlecht. Als der Pilot durch Wolken und Nebel den Flugplatz ansteuert, merkt er, dass er anscheinend zu früh Höhe verloren hatte. Er gibt mit dem noch laufenden Motor Vollgas, der sich jedoch verschluckt und abstirbt. Kolbe kann die Heinkel noch so eben über die Drahtseilbahn einer großen Fabrik ziehen, doch dadurch verliert die Maschine zu viel Fahrt, legt sich zunächst auf die linke Seite, dann auf den Rücken und schmiert ab. Beim Aufschlag bricht hinter der Kanzel der Rumpf ab, wobei der Bordfunker herausgeschleudert wird. Er kommt mit wenigen Kratzern und einem gebrochenen Gelenk mit dem Leben davon. Auch Mölders Adjutant, Major Wenzel, überlebt schwer verletzt. Kolbe, der Bordmechaniker und Mölders starben.«

»Entsetzlich«, sagte Othmar.

»Als ob ein Fluch über Udet liegt.«

Der Bruneval Raid

Gordon Schmitt las die Einsatzberichte der Royal Air Force, als er den Anruf von Hugh Dalton, dem Chef der Special Operations Executive, erhielt.

»Erinnern Sie sich noch an unser letztes Gespräch?«, fragte er lauernd.

Gordon schwante nichts Gutes und meinte lakonisch: «Der Kelch geht wohl nicht an mir vorüber, schätze ich.«

»Genauso ist es, mein Lieber«, antwortete Dalton gut gelaunt. »Um das letzte Geheimnis des deutschen Marinecodes zu lüften und um die Marine-Enigma komplett lesen zu können, brauchen wir Ihre Unterstützung bei der Operation Archery.«

»Und wann soll es losgehen?«

»Heiligabend. Kommen Sie übermorgen, also am 6. Dezember, früh um zehn Uhr in mein Büro, dann werden Sie alles erfahren.«

Wie üblich überpünktlich betrat Gordon am nächsten Tag das Büro von Dalton in der Baker Street 64 im Westend Londons. Dalton erwartete ihn bereits und ging mit ihm in den Konferenzraum, in dem bereits die verantwortlichen Kommandeure der verschiedenen Kommandoeinheiten versammelt waren, die an dem Unternehmen teilnehmen sollten. Darunter der norwegische Kapitän Martin Linge, der das Kommando über die unabhängige norwegische Kompanie 1 innehatte.

»Gentlemen, nun da wir alle versammelt sind, möchte ich Ihnen den Grund unserer Operation mitteilen. Der Angriff auf Vagsoy und Maloy, zwei Inseln zwischen Bergen und Trondheim, hat drei Ziele. Zum einen wollen wir die für die Deutschen wichtige Tran- und Fischölindustrie ausschalten, zum anderen soviel Schiffsraum wie möglich versenken und zum Dritten durch den massiven Angriff die Deutschen zwingen, mehr Truppen nach Norwegen zu verlegen. Dass wir daneben so viele Deutsche wie möglich ausschalten wollen, ist selbstverständlich. Daher laufen parallel dazu Luftangriffe gegen feindliche Flugplätze, insbesondere Herdla bei Bergen. Je mehr Lärm wir am Ende der Welt veranstalten, desto mehr wird uns in Berlin Gehör geschenkt«, verkündete er der Runde.

»Die verantwortlichen Kommandeure für diese Operation sind Rear Admiral Sir Harold Martin Burrough und Brigadier Charles Haydon. Colonel John Durnford-Slater wird die Truppen vor Ort kommandieren.«

In den nächsten Stunden wurden die Kommandeure über ihre speziellen Ziele und Aufgaben instruiert. Neben dem Angriff auf Vagsoy und Maloy, etwa 160 Kilometer nördlich von Bergen, war parallel dazu ein Ablenkungsangriff mit dem Codenamen Anklet geplant, der gegen die Kleinstadt Reine auf den Lofoten gerichtet war. Gordon war verwirrt. Kein Wort wurde über den deutschen Marine Code verloren. Für ihn erschien das alles wie ein großes Missverständnis. Nachdem die Sitzung beendet war, führte ihn Dalton zurück in sein Büro, der in Gordons Gesicht den Zweifel las.

»Auch wenn ich nicht glaube, dass es in den Reihen der SOE-Verräter gibt, gehe ich nicht das Risiko ein, den wahren Grund dieses Unternehmens allen mitzuteilen. Der Einzige, der eingeweiht ist, ist Colonel John Durnford-Slater. Im Übrigen lautet ihr Marschbefehl, sich am 15. Dezember in Scapa Flow zum Training mit den Kommandos einzufinden. Am 24. Dezember stechen Sie dann in See. Viel Glück!«

Die Tage bis zur Abreise ins Trainingslager im südlichen Teil der Orkney Inseln verbrachte Gordon in R.V. Jones Büro mit dem Studium der vermuteten Radaranlage, von der man mittlerweile durch die Enigma wusste, dass sie Würzburg hieß. Aus irgendeinem Grunde fand Gordon die Idee, solch ein Gerät unter den Augen der Deutschen zu stehlen viel spannender, als die Jagd nach dem Marine-Codebuch in Norwegen. Erklären konnte er sich das rational nicht. Wahrscheinlich lag es an der Person von Professor Jones, den er bewunderte.

Die Eintönigkeit der Bildauswertung wurde durch den Angriff der Japaner auf Pearl Harbour jäh unterbrochen. Am 7. Dezember 1941, einem Sonntagmorgen, griffen japanische Trägerflugzeuge ohne Vorwarnung den amerikanischen Militärstützpunkt Pearl Harbor auf Hawaii an. Die Wucht des Luftangriffs richtete sich gegen die Flugplätze und Schlachtschiffe – das Rückgrat der US-Pazifikflotte. Die Torpedos und Bomben setzten fünf Schlachtschiffe ganz außer Gefecht, drei werden beschädigt, über die Hälfte der dreihundert Flugzeuge zerstört. Zum Glück befanden sich die Flugzeugträger, denen der Angriff eigentlich gegolten hatte, auf hoher See und entgingen so der Vernichtung. Der Überfall brachte alle Amerikaner, die sich bisher vehement gegen einen Kriegseintritt Amerikas gewehrt hatten, einig hinter ihren Präsidenten, Franklin D. Roosevelt. Am Tag darauf erklärten die Vereinigten Staaten Japan den Krieg. Es folgten die Kriegserklärungen Tokios an Kanada, Australien und Großbritannien.

»Ich kenne einen, der jetzt triumphiert«, erklärte R.V. Jones am nächsten Morgen. Gordon schaute ihn verständnislos an.

»Wer sollte sich den über einen solch perfiden Angriff freuen, Sir?«

»Winston Churchill! Seit Kriegsbeginn sinnt er auf Wege, die Amerikaner aktiv an dem Krieg gegen Nazi-Deutschland zu beteiligen. Roosevelt ist dabei das geringste Problem, da der Churchills Ansichten teilt. Aber die amerikanische Öffentlichkeit hat seit dem Weltkrieg genug vom Massensterben und ist strikt gegen jede Einmischung. Da kommt dem alten Fuchs solch ein Angriff sehr gelegen«, sagte Jones.

Gordon war irritiert. Wenn er zwischen Jones Zeilen las, so entzifferte er eine Information, die ihm unheimlich war.

»Glauben Sie Sir, dass Roosevelt den Angriff inszeniert hat, um die Bevölkerung hinter sich zu scharen?«

»Wer weiß, in diesem Krieg ist alles möglich. Jetzt aber heißt es: zuerst

Hitler, dann die Japaner!«

Heiligabend 1941 lief die Flotille mit dem Kreuzer HMS Kenya, den Zerstörern HMS Onslow, HMS Oribi, HMS Offa, dem Geleitzerstörer HMS Chiddingfold und den Landungsschiffen Prince Charles und Prince Leopold von Scapa Flow aus. Wegen eines urplötzlich auftauchenden schweren Sturmes, bei dem die Prince Charles eine Menge Wasser nahm, suchte man im Hafen von Sullom Voe auf der Hauptinsel der Shetlandinseln Schutz. Erst am Abend des 26. Dezember lief die kleine Flotte aus und traf sich morgens um sieben am Eingang des Vaagsfjord, wo das U-Boot HMS Tuna als Navigationshilfe wartete. Durch Berichte der norwegischen Widerstandskämpfer nahm man an, dass auf beiden Inseln Truppen stationiert waren.

Auf Vagsoy rechnete man mit ungefähr hundertachtzig Soldaten der 181. Infanteriedivision, einem einzigen Panzern sowie hundert Arbeitern. Auf der erheblich kleineren Insel Maloy, einem Felsen von etwa fünfhundert Meter Länge und zweihundert Meter Breite, vermutete man Küstenbatterien, Munitionsbunker, Öltanks und Baracken zur Unterbringung der Mannschaften. Wichtig war das Eiland vor allem als schützendes Bollwerk für die Ölfabrik, mehrerer Fischfabriken und das Kraftwerk im Hauptort Süd-Vagsoy. Zum Schutz gegen Fliegerangriffe standen etwa siebenunddreißig deutsche Bomber und Jäger auf den Horsten von Herdla, Stavanger und Trondheim bereit.

Um 08:45 ging Gordon mit Colonel John Durnford-Slater auf die Brücke der Prince Charles. Drei Minuten später eröffnete der Kreuzer HMS Kenya zusammen mit den Zerstörern das Feuer auf Maloy und Kapitän Martin Linge mit seiner norwegischen Kompanie 1 nahm im Schutz der Feuerglocke Kurs auf die kleine Insel. Wenige Minuten, nachdem die Schiffsgeschütze ihr Feuer eingestellt hatten, stürmte Linge mit seinen Männern den Strand und die Befestigungen. Das Feuergefecht dauerte nicht lange, dann ergab sich die deutsche Garnison. Unter den Gefallenen befand sich Martin Linge.

»Jetzt sind wir dran, Gordon«, sagte der Colonel mit gepresster Stimme und starrte über das Wasser in Richtung des Hauptortes, über den Schwaden von Kordit zogen. Die Prince Charles fuhr jetzt mit Höchstgeschwindigkeit an der rauchenden Insel Maloy vorbei und Gordon konnte an Backbord das Ufer mit seinen Fabriken sehen. Hinter ihnen formierten sich die vier Zerstörer, die nun die Jagd auf kleinere Marinefahrzeuge und Frachter machten.

Unter dem deutschen Infanteriefeuer landete Kommando 2 und Colonel John Durnford-Slater wies auf das Haus des Hafenmeisters, in dem sie den Marine-Code und andere Nachrichtenmittel vermuteten. Mittlerweile versteifte sich die deutsche Verteidigung und Teile des Kommandos, das den kleinen Ort Hollevik eingenommen und gesichert hatten, stießen nun zur Hauptkampfgruppe.

Gordon stürmte in das Büro des Hafenmeisters und überraschte einen deutschen Kapitän, der auf dem Fußboden ein regelrechtes Lagerfeuer entfacht hatte, in dem sich die so dringend gesuchten Papiere in Rauch auflösten. Wütend durchsuchte Gordon alle Schränke und Kommoden, konnte aber keine Kopien der Codes entdecken. Er richtete seine Sten Maschinenpistole auf den deutschen Hafenmeister und zwang ihn mit hinter dem Kopf verschränkten Armen vor ihm aus der Hafenmeisterei zu gehen.

»Sagen Sie ihren Leuten, sie sollen das Feuer einstellen«, rief Gordon ihm zu und stieß ihm zur Unterstreichung seiner Worte den Kolben zwischen die Schulterblätter. Der Kapitän tat wie geheißen und ging auf den hölzernen Gehsteig vor dem Haupteingang. Die Deutschen im gegenüberliegenden Gebäude sahen ihren Kapitän und ließen sich ohne Gegenwehr entwaffnen.

»Haben sie die Bücher?«, fragte der Colonel atemlos.

»Nein, ich hoffe nur, wir haben auf den Schiffen mehr Glück.«

Daraufhin beorderte Durnford-Slater den Geleitzerstörer HMS Chiddingfold an die Kaimauer und instruierte den Captain, Gordon zu dem größten Schiff der deutschen Marineeinheiten zu bringen.

»Ich will nur hoffen, dass sie noch schwimmt«, brummte der Captain und jagte sein Boot mit Höchstgeschwindigkeit durch den Maloy-Sund, den übrigen Zerstörern hinterher.

»Sehen sie da vorne, brüllte der Skipper gegen den tosenden Lärm an. Ein deutsches Vorpostenboot wollte der drohenden Versenkung zuvorkommen und steuerte direkt auf die Küste zu.

»Ich wette, die wollen ihren Kahn auf den Strand setzen«, brüllte der Captain und Gordon sah das Jagdfieber in seinen Augen.

»Da stimmt was nicht, Skipper. Signalisieren Sie dem Captain des verfolgenden Zerstörers, das Feuer einzustellen. Die Deutschen werden alles dransetzen, das Ufer zu erreichen und vergessen vielleicht in ihrer Panik, die Geheimunterlagen zu vernichten.«

Der Skipper instruierte seinen 2. Offizier, mit Morselichtzeichen den Zerstörer HMS Offa zur Feuereinstellung aufzufordern.

Mittlerweile war der ehemalige Fischtrawler und jetziges Vorpostenboot Föhn auf den Strand gesetzt und die überlebende Mannschaft hatte sich auf der Back versammelt und sich ergeben. Die HMS Chiddingfold manövrierte sich nun mit ihrem Heck an das des deutschen Bootes, und Gordon sprang mit zwei Marineinfanteristen auf das zusammengeschossene Vorpostenboot. Als er in der Kommandantenkajüte nachsah, sah er wie sich der Kommandant des Bootes, Leutnant zur See Lohr, der verzweifelt versuchte, die Geheimunterlagen zu vernichten, plötzlich umdrehte und das Feuer mit einer Luger auf ihn eröffnete. Gordon schoss eine Salve in die Kajüte und erledigte das Problem. Dann warf er einen Blick auf die Papiere und stieß einen Pfiff zwischen seinen Zähnen hervor.

»Ich glaube es nicht«, stammelte er, als er eine unversehrte Enigma mit sämtlichen Codes in Händen hielt.

»Deutsche Bomber«, brüllte einer der Marineinfanteristen und deutete in nördliche Himmelsrichtung, aus der mehrere Heinkel 111 auftauchten. Offensichtlich lag das Feuer der englischen Schiffsflak deckend, denn drei der Bomber drehten ab, währen der Vierte mit einem brennenden Motor langsam Höhe verlierend in Richtung offenes Meer verschwand. Gordon schnappte sich seinen Schatz und stieg wieder auf die HMS Chiddingfold um. Der Einsatz hatte sich gelohnt. Neben dem Fund der Enigma gelang es den britischen Streitkräften das Ulvesund Hotel niederzubrennen, die Konservenfabrik, die Fischölfabrik und die Fischfabrik total zu zerstören, die Telefonzentrale unbrauchbar zu machen, neun Schiffe entweder zu versenken, oder auf den Strand zu jagen und anderen beträchtlichen Schaden anzurichten. Als direkte Konsequenz dieses Angriffes ließ Hitler aus Furcht vor einer britischen Landung die norwegische Garnison um 30000 Mann erhöhen.

Die deutsche bulgarische, rumänische, ungarische und italienische Kriegserklärung an die USA versetzte Hauptmann Othmar Schmidt in einen Schockzustand. Der Konflikt hatte sich zu einem zweiten Weltkrieg entwickelt. Der für ihn schlimmste anzunehmende Fall war tatsächlich eingetreten, ohne dass es für Hitler überhaupt irgendeinen Anlass gegeben hätte. Er handelte einfach in völliger Überschätzung des strategischen und militärischen Potenzials Deutschlands. Dabei war die Kriegserklärung an die USA nur eine von vielen Hiobsbotschaften im Dezember 1941.

Bereits am 27. November sanken die Temperaturen unter 35 Grad Minus und forderten bei den Deutschen hohe Ausfälle an Erfrierungen, während die Rote Armee seit Mitte November vollständig mit warmer Kleidung ausgerüstet war. Am 2. Dezember gelang es einem Erkundungstrupp des Panzerpionierbataillons 62 bis zum Moskauer Vorort Chimki, acht Kilometer vor der Stadtgrenze, vorzudringen. Es war der weiteste Punkt, den die Wehrmacht erreicht hatte. Danach war die Rote Armee auf breiter Front zur Offensive gegen die deutschen Truppen übergegangen. Vierunddreißig für den Winterkampf bestens ausgerüstete Divisionen aus Sibirien waren angetreten, um die sowjetische Hauptstadt aus der Umklammerung der mittlerweile durch Hunger und Kälte erschöpften deutschen Truppen zu befreien. Der in Japan lebende und als Korrespondent der Frankfurter Zeitung arbeitende Journalist Richard Sorge teilte dem sowjetischen Geheimdienst mit, dass Japan die Sowjetunion nicht, wie befürchtet, im Osten angreifen würde. Durch diese kriegsentscheidende Information konnte Marschall Schukow Truppen aus Sibirien abziehen. Trotz Hitlers Weisung vom 16. Dezember, die vorgezogenen Stellungen durch »fanatischen Widerstand« zu halten, musste die Wehrmacht zurückweichen, an manchen Frontabschnitten über zweihundert Kilometer.

Zum ersten Mal musste die Wehrmacht eingestehen, dass die Zeiten des Blitzkriegs beendet waren. Für die gescheiterte Eroberung von Moskau und die militärische Krise zog Hitler die deutsche Generalität zur Verantwortung. Der für einen geordneten Rückzug plädierende Oberbefehlshaber des Heeres, Walther von Brauchitsch, reichte Mitte Dezember 1941 seinen Abschied ein. Sein Amt übernahm Hitler persönlich. Fedor von Bock wurde gezwungen, das Kommando über die Heeresgruppe Mitte an Hans Günther von Kluge übergeben.

Der Oberbefehl der Heeresgruppe Süd hieß nun nach Gerd von Rundstedt Walter von Reichenau. Entlassen wurden auch die erfolgreichen Panzergenerale Heinz Guderian und Erich Hoepner, die entgegen Hitlers umstrittenem Halte-Befehl vom 16. Dezember ihren Truppenteilen den Rückzug angeordnet hatten. Zudem ersetzte Hitler noch weitere fünfunddreißig Korps- und Divisionskommandeure durch ihm treu ergebene Offiziere.

Kurz vor Weihnachten bat Othmar Walter Schellenberg um einen Gefallen.

»Kannst du mir bitte einen Termin beim Reichsführer organisieren? Wenn es geht zwischen den Tagen?«

Schellenberg wusste nichts von dem tragischen Treffen am Grunewald Güterbahnhof und stellte auch sonst keine weiteren Fragen. Die Antwort kam prompt. Sein Treffen sollte heute, am Dienstag, den 30. Dezember, in Himmlers Büro im Hotel Prinz Albrecht stattfinden. Nicht nur der Winter in Russland war in diesen Tagen extrem, auch Deutschland lag unter einer Frostglocke. Daher fröstelte Othmar auch nicht mehr, als wenn er Heinrich Himmler im Hochsommer getroffen hätte.

»Haben Sie es ich überlegt, Hauptmann Schmidt?«, fragte der Reichsführer SS erfreut und kam ihm strahlend entgegen, als Othmar sein Büro betrat.

»Ich nehme Ihr Angebot Ehrenführer der SS zu werden an, unter der Voraussetzung, dass Sie mir in einer Sache behilflich sind.«

Othmar erklärte Himmler die Beziehung zwischen Admiral Canaris und Dr. Loewenstein und dessen Verdienste als ehemaliger hochdekorierter Marineoffizier und Adjutant des Kronprinzen. Himmler hörte sich die Geschichte in aller Ruhe an, stellte kaum Zwischenfragen und reagierte sichtlich entspannt, als er hörte, dass Dr. Loewenstein Halbjude wäre.

»Das ist in jedem Fall hilfreich«, stellte er kühl fest.

Schließlich erklärte er sich einverstanden, Dr. Loewenstein aus dem Getto Minsk herauszuholen.

»Ich kann Ihnen nicht zusichern, dass er entlassen wird, aber ich kann auf jeden Fall garantieren, dass er nicht in Minsk bleiben muss. Was einer Entlassung gleichkäme«, schob er fast unhörbar hinterher.

»Geben Sie mir ein paar Tage Zeit, bis ich mich mit Generalkommissar Wilhelm Kube in Minsk abgestimmt habe.«

Othmar war erleichtert, denn aufgrund seiner Recherchen hatte er das Schlimmste für den Bekannten seines Chefs befürchtet.

»Unsere Statuten für die Aufnahme von Ehrenmitgliedern sehen vor, dass jeder Kandidat einen arischen Stammbaum vorlegen muss. Führerpersönlichkeiten wie Sie müssen jedoch diesen bis zur Reformation zurückverfolgen. Sehen Sie sich dazu zeitlich in der Lage, oder soll unser Ahnenerbe Ihnen dabei behilflich sein?«

Othmar zuckte bei dem enormen Zeitaufwand zurück und nahm das Angebot des Reichsführers dankend an. Aus einem halbstündigen Treffen entwickelte sich sukzessive ein Marathon, der erst drei Stunden später zu Ende ging. Himmler nutzte die Gelegenheit, um sich auf den letzten Stand des Hochtechnologieausschusses bringen zu lassen, was Othmar zum Anlass nahm, ihn eindringlich auf die Konsequenzen des amerikanischen Kriegseintritts hinzuweisen.

Darüber hinaus war Himmler sehr daran interessiert, die Hintergründe des T-34 kennenzulernen, die der Wehrmacht und auch den Waffen-SS-Verbänden in diesem Winter eine schreckliche und unerwartete Niederlage bereitet hatte. Othmar erzählte ihm von Sergej Rantinow, seiner Beziehung zu Deutschland und den Erprobungen des neuen Panzers im Frühjahr 1940.

»Wenn ich mir die Art und Weise ansehe, wie die Russen ihre neuen Panzer testen, so kann und muss das ein Maßstab auch für unsere Entwicklungen sein«, leitete er seine Erkenntnisse ein.

»Im März 1940 fuhren zwei T-34-Prototypen im Konvoi mit zwei Kettenschleppern Woroschilowez, die Werkzeuge und Ersatzteile geladen hatten, von Charkow nach Moskau. Das sind eintausendvierhundert Kilometer, Reichsführer. Im Winter!«, stellte er nachdrücklich fest.

»Rantinow fuhr einen der beiden T-34 und versicherte mir, dass die Schneedecke auf der Chaussee eineinhalb Meter hoch gewesen wäre und er sich nur an den Telegrafenmasten orientieren konnte. Den zweiten Panzer fuhr der Testfahrer der Lokomotivfabrik, Nikolai Fjodorowitsch Nosik. Nach siebzig Kilometern, kurz vor Belgorod, versagte die Hauptkupplung. Die ließ sich vor Ort nicht reparieren und das gab ihm die Idee, die Konstruktion so zu verändern, dass selbst ein Bauer einen Schaden auf dem Schlachtfeld beheben könnte. Man fuhr dann nur mit der Lenkkupplung weiter. Ansonsten ging nichts kaputt und außer den planmäßigen Tankstopps kam es zu keinen weiteren unvorhergesehenen Aufenthalten.

Als sie dann in Moskau angekommen waren, reparierten sie zunächst die Kupplung und Rantinow übergab dann seinen Panzer an Oberst Konstantin Woroschilow, dem Sohn des Volkskommissars für Verteidigung. Er fuhr den Panzer am nächsten Morgen am Spasskiturm vorbei zum Glockenturm von Iwan Grosnij. Dort begann die Vorführung für

Stalin und den obersten Militärrat. Stalin soll begeistert gewesen sein.
Unsere Truppen haben zum Glück am 20. November bei Spass Saulok, 20 km nordwestlich Klin einen intakten T-34/76 erbeutet. Das wird uns sicher enorm helfen, die Schwachpunkte dieses Panzers zu finden und diese unseren Truppen mitzuteilen, damit sie ihn besser bekämpfen können.«

»Hätten Sie nicht Lust, morgen am Silvesterempfang für den stellvertretenden Reichsprotektor in Böhmen und Mähren teilzunehmen?«, fragte der Reichsführer.

»Ich wusste gar nicht, dass Heydrich zurzeit in Berlin ist«, entgegnete Othmar und war sich gleichzeitig im Klaren, dass er die Einladung nicht ablehnen konnte.

»Mit dem größten Vergnügen Reichsführer«, bedankte sich Othmar. Himmler schien zufrieden und sagte ihm bei der Verabschiedung, dass eine förmliche Einladung noch im Laufe des Tages bei ihm eintreffen würde. Heydrich war am 24. September von Hitler zum Nachfolger des auf »Krankheitsurlaub« geschickten Statthalters Konstantin von Neurath ernannt worden. Der Führer fand, dass der Diplomat nicht konsequent genug gegenüber den Tschechen aufgetreten wäre. Wie er von Walter Schellenberg wusste, hatte Heydrich sich wie ein Kind gefreut und Sekt auffahren lassen, als seine Bestallung bekannt geworden war. Von ihm hatte er ebenfalls gehört, dass Heydrich die Tschechen nicht über seine Absichten lange im Unklaren gelassen hatte.

»Drei Tage nach seinem Amtsantritt«, so Schellenberg, »ließ er den tschechischen Ministerpräsidenten Alois Elias verhaften und verhängte den Ausnahmezustand, unter dem bis Ende November fast vierhundert Tschechen erschossen wurden.«

Mit einer gewissen Ehrfurcht hatte ihm Schellenberg auch von der Zeremonie am 19. November erzählt, zu der er von Heydrich persönlich eingeladen worden war.

»Für die Tschechen hatten die Kleinodien der böhmischen Könige eine besondere Bedeutung. Dies nutze Heydrich aus, um an diesem 19. November die symbolhafte Unterwerfung der Tschechen unter die deutsche Gewaltherrschaft zu demonstrieren. Der tschechische Staatspräsident Emil Hacha übergab Heydrich in der Wenzelskapelle die sieben Schlüssel zur Krönungskammer. Auch hier demonstrierte Heydrich seine Philosophie von Zuckerbrot und Peitsche«, erzählte Schellenberg nicht ohne eine Spur von Respekt in seiner Stimme.

»Heydrich spielte den Gönner und reichte Hacha drei der Schlüssel zurück als Symbole der Treue Böhmens und Mährens zum Reiche«, wie er betonte.

»Doch das war nicht das Tollste an diesem Tag«, fuhr Schellenberg fort.

»Nach der Schlüsselübergabe ging man gemeinsam zum Allerheiligsten der Tschechen, der Wenzelskrone. Diese Krone ist mit einem juwelengeschmückten Kreuz geschmückt, welche mit einem Stachel versehen war, der angeblich von Christi Dornenkrone stammt. Um diese Krone rankt sich eine Legende. Wer diese Krone unbefugt aufsetzt, würde binnen Jahresfrist eines gewaltsamen Todes sterben. Doch genau dieser Aberglaube reizte Heydrich und kurzerhand setzte er sich zum Entsetzen der anwesenden Tschechen die Krone auf. Typisch Heydrich«, befand Schellenberg.

Irgendwie reizte es Othmar Heydrich, diesen eiskalten Hund und Vollstrecker, wie ihn Canaris genannt hatte, wiederzusehen. Er war sicher, interessante Neuigkeiten zu erfahren. Der Empfang für Heydrich fand, wie bei der SS üblich, im Kaiserhof statt. Schellenberg hatte ihn abgeholt und unter seine Fittiche genommen, denn zu dem Empfang hatte sich die Elite der SS eingefunden, die Othmar nun kennenlernen sollte. Zunächst stießen sie auf den Reichsführer SS, der hocherfreut die beiden zu Heydrich führte, der im großen Ballsaal wie ein Großfürst Hof hielt. Als Heydrich Hauptmann Othmar Schmidt erspähte, ließ er seine Entourage stehen und stürmte auf ihn zu.

»Welche Freude, Sie zu sehen, Schmidt«, sagte er mit einer herzlichen Begeisterung.

»Sie hätte ich nicht erwartet. Ist ja allerhand, Sie sind der einzige Wehrmachtsoffizier in diesem Verein hier. Übrigens, man hört ja hinter der vorgehaltenen Hand nur beeindruckende Geschichten über ihren Ausschuss.«

»Nun übertreiben Sie mal nicht Obergruppenführer«, lächelte Othmar.

»Ohne meinen Partner und Freund Walter Schellenberg könnte ich das gar nicht machen.«

»Na, da lassen Sie mal die Kirche im Dorf, Schmidt. Wir alle wissen, was Sie leisten. Was macht denn die Fechterei?«

»Ich wünschte mir, ich hätte mehr Zeit, daher habe ich kaum noch Übung. Und Sie Obergruppenführer?«

»Ich war Mitte Dezember bester Einzelkämpfer bei einem Fechtturnier gegen die ungarische Säbel-Elite in Wien. Ich bin ganz gut in Form«, sagte Heydrich stolz.

»Na, dann habe ich ja schlechte Karten«, griente Othmar.

»Und die Fliegerei?«, setzte Heydrich schmunzelnd das Wortgefecht fort.

»Probieren Sie die neuen Maschinen auch selbst aus?«

»Wenn es soweit ist, bestimmt. Kürzlich habe ich erst die Focke Wulf Fw 190 in Rechlin getestet. Ein Traum von einem Jäger kann ich nur sagen. Haben Sie noch mal in Ihrer Messerschmitt gesessen?«

»Oh, da sprechen Sie ein übles Thema an, Schmidt. Nach meinem Einsatz in Russland ist wohl damit ein für alle Mal Schluss.«

»Was ist denn passiert?«

»Nun, ich wollte meinen Beitrag zum Unternehmen Barbarossa leisten und bin mit meiner privaten Me 109 zum Jagdgeschwader 77 auf dem Fliegerhorst Balti in Moldawien geflogen. Geschwaderchef Anton Mader hat mich dann der II. Gruppe, dem Herz As, zugeteilt, wo ich mit meinem Katschmarek Georg Schirmböck Einsätze gegen die Russen geflogen habe. Leider hat mich dann die Russenflak bei einem Angriff auf eine Dnjestrbrücke nahe Jampol erwischt und ich musste eine Bruchlandung im Niemandsland hinlegen. Ich hatte ein Riesenglück, denn meine eigenen Leute vom Sonderkommando 10a der Einsatzgruppe D haben mich aufgegriffen und zum Gefechtsstand gebracht. Sie können sich vorstellen, wie erschrocken der Kommandeur Heinz Seetzen war, den ich noch als Hamburger Gestapo-Chef kannte, als die mich ablieferten«, lachte Heydrich lauthals.

»Abgeschossen habe ich zwar keinen, aber immerhin hat mir die Luftwaffe die silberne Frontflugspange und das Eiserne Kreuz I. Klasse verliehen«, erzählte er stolz.

»Ich habe Ihnen noch gar nicht zu Ihrer Ernennung in Prag gratuliert«, lächelte Schmidt.

»Wie schaffen Sie eigentlich diese Doppelbelastung als stellvertretender Reichsprotektor in Böhmen und Mähren und als Chef des RSHA?«

»Das ist nicht so schlimm, wie man denkt«, antwortete Heydrich.

»Zwei-, dreimal die Woche pendele ich mit meinem Stab in einer Ju-52 zwischen Prag und Berlin. Daneben nutze ich alle Hilfsmittel wie Funk, Diktafon, Kuriere, Lufthansa-Eilfracht oder Diplomatenpost.«

In diesem Moment eilte Heinrich Himmler herbei und verwickelte Heydrich in ein Gespräch. Diesen Moment nutzte SS-Oberführer Hans Kammler, um Othmar anzusprechen.

»Ein wunderbarer Zufall, dass ich Sie hier treffe, Hauptmann Schmidt«, leitete er sein Verhör ein.

Wie ich höre, haben Sie einen großen Fisch an der Angel.«

»Welchen Fisch meinen Sie, Oberführer?«

»Nun, den Panzerbauer aus Charkow.«

»Sie meinen Sergej Rantinow«, antwortete Othmar höflich.

»Genau den«, meinte Kammler.

»Hat er Ihnen schon was über die Fertigung dieses T-34 erzählt?«

Schmidt stutzte, das war schon das dritte Mal, das ihn Kammler auf Fertigungsmethoden ansprach. Offensichtlich hatte er ein gesteigertes Interesse an der Waffenherstellung.

»Ja, das hat er«, erklärte Othmar.

»Dabei kamen Dinge zur Sprache, die mich nachdenklich gemacht haben. Auf der einen Seite bauen die Russen, einen Panzer, der im Vergleich zu unseren Typen geradezu primitiv ist, aber von den simpel gestrickten Bauern auch bedient werden kann. Auf der anderen Seite setzen sie Automaten ein, von denen wir noch nicht gehört haben.«

»Was meinen Sie damit, Hauptmann«, setzte Kammler hinterher, so als ob er eine Sensation witterte.

»Die meiner Meinung nach wichtigste Erkenntnis aus den Unterredungen mit Rantinow ist seine Beschreibung des Schweißautomaten ASS.«

Kammlers Gesicht entsprach in etwa der Form eines Fragezeichens.

»Keine Bange Oberführer, ich wusste auch nicht, was das bedeutete«, beruhigte Othmar sein Gegenüber.

»Die sowjetische Überlegung drehte sich um die Beschleunigung des Produktionsablaufes. Unter normalen Umständen benötigt ein Arbeiter bis zu zwölf Stunden, um eine Panzerwanne zusammenzuschweißen. Das in Kiew beheimatete Institut für Schweißtechnik der Akademie der ukrainischen SSR unter der Leitung von Boris E. Paton, entwickelte diesen Automaten. Der kann nicht nur schneller schweißen, sondern auch Nähte legen, die gleich gut, wenn nicht sogar besser sind, als der eigentliche Panzerstahl.«

»Das kann ich nicht glauben«, kommentierte Kammler verblüfft.

»Es war aber laut Rantinow so«, erwiderte Othmar.

»Man hat Schießversuche durchgeführt, um festzustellen, welches Verfahren, das Hand- oder Automatenschweißen, besser wäre. Die Ergebnisse waren verblüffend. Man hat aus geringer Entfernung auf beide Wannen mit Panzersprenggranaten geschossen. Das Ergebnis war, dass bei handgeschweißten Wannen ernste Beschädigungen der Nähte zu sehen waren. Ganz im Gegenteil zu den Automatenschweißnähten. Die haben sogar besser ausgesehen, als der Panzerstahl selbst.«

»Davon müssen Sie mir mehr erzählen, Hauptmann Schmidt. Können wir uns nicht im nächsten Jahr treffen?«

»Gerne, dann würde ich Ihnen auch Sergej Rantinow vorstellen. Ein ungemein lieber und gebildeter Mensch, Oberführer.«

»Ich verstehe Ihre kleine Spitze«, meinte Kammler süffisant.

»Aber glauben Sie mir, nicht alle bei der SS sind tumbe Idioten. Ich kann sehr wohl gebildete von ungebildeten Russen unterscheiden.«

Unterdessen war Heydrich langsam aber sicher mit einem kleinen Gefolge aus SS-Führern in ihre Nähe gekommen und Othmar konnte bruchstückweise überhören, wie Heydrich über seine Arbeit in Prag schwadronierte. So erzählte er, wie er propagandawirksam Lebensmittelrationen erhöht und Schwarzhändler gejagt hätte, um den Tschechen den Glauben zu vermitteln, dass er doch gar nicht so ein böser Mensch wäre.

»Ich habe den Arbeitern ihr Fressen gegeben, damit sie in der kriegswichtigen Rüstungsindustrie Böhmens wie den Skoda Werken stillhielten und ihrer Arbeit nachgingen«, erzählte er vollmundig.

»Aber davon soll sich niemand hier einbilden, dass ich ein Tschechenfreund wäre«, dröhnte er in einem fort.

»Der Tscheche hat in diesem Raum letzten Endes nichts mehr verloren. Das nicht eindeutschbare Element, also etwa die Hälfte der Bevölkerung, kann dann später am Eismeer, wo wir die Konzentrationslager der Russen übernehmen werden, ihr Dasein fristen«, sagte er verächtlich.

Othmar wurde speiübel und beschloss, dass es an der Zeit wäre, nicht mehr länger diesen rassistischen Irrsinn zu ertragen. Bevor er in Richtung Reichsführer SS ging, um sich mit Hinweis auf familiäre Pflichten zu verabschiedete, bekam er noch mit, wie Heydrich Heinrich Müller, den Chef der Gestapo, an eine Konferenz erinnerte, die am 20. Januar am Wannsee stattfinden sollte.

»Nicht vergessen, Müller. Diese Konferenz wird weitreichende Konsequenzen haben!«

Für Gordon Schmitt ging im neuen Jahr die Suche nach den Geheimnissen der deutschen Radartechnik weiter. Der grundsätzliche Plan, die Radarstellung bei Bruneval auszuheben, war am 8. Januar vom Chef der Combined Operations, Lord Louis Mountbatten, befürwortet worden. Daraufhin hatte Gordon Colonel Colin Gubbins, den SOE-Chef, gebeten, über seine Frankreichabteilung den französischen Widerstand um Hilfe zu bitten, das Gelände und die Stärke der Besatzung in Bruneval auszuspionieren. Gubbins rief nur drei Wochen später an und meldete Vollzug. Colonel André Neufinck, der beim SOE den Codenamen Pol trug, gelang es zusammen mit dem in Bruneval lebenden Résistance-Mitglied Charles Chaveau die Stellung auszukundschaften und detaillierte Angaben zu senden. Deren Information war beunruhigend. Offensichtlich waren die Deutschen dabei, drei neue Bunker nur zweihundert Meter von der Radarstellung entfernt, zu bauen. Zwei Meter tiefer Stacheldraht, dreißig Mann Besatzung und Maschinengewehrposten schützten die Anlage. Schlimmer noch, fast hundert Mann sollten sich in dem Bauernhof aufhalten.

Die Stimmung in England war um den Jahreswechsel nicht so schlecht gewesen. Die Nachrichten aus Nordafrika klangen positiv, nachdem die britischen Truppen Rommel wieder in seine Ausgangsstellung bei El Agheila zurückgetrieben hatten. Rommels Verluste waren hoch und es waren ihm nur noch siebzig Panzer geblieben. Am 5. Januar waren nach langer Zeit sechs Frachter in Tripolis eingelaufen, die neben Treibstoff, Munition und Verpflegung 54 neue Panzer brachten. Womit Churchill und die britische Führung nicht gerechnet hatten, war ein erneuter Angriff Rommels am 21. Januar. Hitler beförderte ihn zum Generaloberst und verlieh ihm die Schwerter zum Ritterkreuz. England war von Rommels Chuzpe derart konsterniert, dass Churchill im Unterhaus nicht umhin kam, ihn explizit zu würdigen: »Wir haben einen sehr kühnen und geschickten Widersacher gegen uns und, wenn ich das über die Verwüstung dieses Krieges hinaus sagen darf, einen großen General.«

Gordon war über die Bemerkung sehr verwundert, doch R.V. Jones hatte auch für dieses Zitat eine Erklärung.

»Dadurch, dass er Rommel zum übermächtigen Gegner stilisiert, erspart er seinen eigenen Heerführern die Blamage.«

Viel wichtiger für Professor Jones war die Erklärung von Roosevelt und Churchill nach ihrem Treffen in Washington, wo die Gründung eines gemeinsamen Oberkommandos beschlossen wurde und die Prämisse ausgegeben wurde, zunächst Hitler-Deutschland und dann erst Japan niederzuringen. Als Zeichen ihres Willens traf die 34. US-Infanteriedivision, genannt Red Bull, am 26. Januar in Belfast, Nordirland ein. Schon bald hatten die Soldaten ihren Spitznamen weg: Doughboy. Binnen kürzester Zeit sollte sich Ulster in ein amerikanisches Heerlager mit Häfen und Flugplätzen entwickeln. Am 12. Februar machten Gordon und R.V. Jones eine weitere Entdeckung.

»Schau dir das hier an Gordon«, sagte der Professor, als er sich mit einem überdimensionierten Vergrößerungsglas über einen Tisch beugte.

»Sind die Ausmaße nicht genauso riesig wie auf dem Foto vom Berliner Flakturm?«

»Woher stammt die Aufnahme«, murmelte Gordon, als er sich das Foto ansah.

»Von einem Fliegerhorst bei St. Trond, etwa 50 Kilometer östlich von Brüssel.«

Das Gerät war in der Tat riesig und sah dem auf dem Flakbunker ziemlich ähnlich.

»Und hier, das ist doch einwandfrei ein Freya Gerät«, stieß Gordon hervor.

»Wenn die beiden nicht miteinander kommunizieren, fress ich einen Besen«, sagte er und deutete auf einen Punkt auf dem Foto.

»Du hast recht! Jetzt müssen Tony Hill und seine Jungs raus und die gesamte Küstenregion unter die Lupe nehmen. Vielleicht finden wir noch mehr solcher Riesengeräte.«

In diesem Augenblick kam ein Mitglied ihrer Gruppe in den Raum gestürzt.

»Die Deutschen fahren mit ihren Dickschiffen durch den Kanal!«

R.V. Jones war bestürzt.

«Das hat niemand seit der spanischen Armada versucht, geschweige denn, es wäre ihm gelungen. Unser Verteidigungssystem hat auf ganzer Linie versagt«, stellte Professor Jones mit tiefer Betroffenheit fest.

Trotz dieses Tiefschlages gingen die Vorbereitungen zum Kommandoeinsatz gegen die Radarstellung in Bruneval weiter. Hugh Dalton hatte Mitte Februar Gordon mit Major John Frost, dem Chef der C-Kompanie des 2. Bataillons des Fallschirmjägerregiments, bekannt gemacht. Frost, Sohn von Brigadier-General F. D. Frost, der in der indischen Armee diente, war in Poona geboren worden. Seine Physis war für einen Fallschirmjäger ungewöhnlich, denn er war 1,83 groß und kräftig gebaut. In seinem unruhigen Mondgesicht zog sich eine große Sorgenfalte über seine Stirn. Über seiner Oberlippe prangte der typische Britenschneuzer, der ziemlich ungepflegt war und den er aus Gewohnheit permanent zwirbelte. Frost liebte den Kampf und deswegen hatte er sich auch freiwillig zu den Fallschirmjägern gemeldet, obwohl er im Irak eine ruhige Kugel schob.

»Ich höre, Sie haben auch die Springerausbildung in Ringway genossen. Dann kann ja nichts mehr schiefgehen. Hugh Dalton erzählte mir, dass Sie die deutsche Sprache im Schlaf beherrschen. Das wird uns eine große Hilfe bei der Demontage sein und auch, falls wir einen Dolmetscher brauchen.«

Hugh Dalton hatte auf seinem Kartentisch ein riesiges Stereofoto des Zielgebietes liegen. Jetzt war es an Frost, Gordon den Ablauf der Aktion zu erklären. Tony Hill hatte wirklich ganze Arbeit geleistet und ein fabelhaftes Konterfei der Gegend abgeliefert, auf dem selbst einzelne Apfelbäume leicht zu erkennen waren.

»Hier links im Bild sehen Sie die hellen Kreidefelsen der Steilküste. In der Mitte des Fotos, im linken Drittel, befindet sich das Schloss, dem wir den Codenamen Lone House gegeben haben. Oben ist dieses bewaldete Viereck erkennbar. Darin liegt der Bauernhof mit dem Namen Le Presbytère. Rechts von dem Hof sehen Sie Ackerland.«

Frosts rechter Zeigefinger deutete auf eine Fläche, die von abwechselnden rechteckigen verschiedenen Grauzonen durchschnitten war.

»Am rechten Bildrand sehen Sie eine weitere große Ackerfläche, von der ein Tal in Richtung Meer abgeht. Das wird unsere Landezone sein. Wir werden uns hier zunächst sammeln und dann in drei Gruppen, Drake, Nelson und Rodney aufteilen. Drake ist meine Gruppe, die sich das Schloss und die Radaranlage vornimmt. Sie schließen sich einem Unterkommando namens Jellicoe unter Lieutenant Peter Young an. Sie und Young sind für die Demontage des Gerätes verantwortlich. Nelson unter dem Kommando von Lieutenant Euen Charteris eliminiert die Strandwache und sichert unseren Abgang. Rodney unter Lieutenant John Timothy wird den Bauernhof im Auge behalten und zur Not unseren Rückzug decken.«

Wieder senkte sich Frosts Zeigefinger auf einen bestimmten Punkt.

»Von hier aus bewegen wir uns in Richtung Schloss, greifen uns den Apparat und verschwinden hier über den Abhang runter zu diesem Haus.«

Gordon konnte deutlich eine stattliche Villa, etwa zwanzig Meter vom Strand entfernt, erkennen, die offensichtlich von Stacheldraht regelrecht eingerahmt war.

»Das ist die Villa Stella Maris. In unserem Plan nenne wir sie Guard Room. Dort holt uns dann Commander Cook von der Royal Australian Navy mit Schnell- und Landungsbooten ab. In einem der Landungsboote wird sich Don Preist vom Telecommunications Research Establishment befinden. Da wir es uns nicht leisten können, eine Kapazität wie Preist zu verlieren, wird er nicht an dem Kommandoeinsatz als solchem teilnehmen, sondern auf uns im Boot warten. Er wird dann noch an Ort und Stelle die Ware prüfen.«

»Das klingt wie eine Kaffeefahrt, Sir«, grinste Gordon.

»Eine lobenswerte Einstellung, Gordon«, erwiderte Frost.

»Gibt es in unserem Trupp denn auch einen Radarspezialisten?«

»Sicher, RAF Flight Sergeant Cox wird uns begleiten. Er und sieben Pioniere unter dem Kommando von Lieutenant Vernon bauen das Gerät ab. Cox absolviert übrigens heute seinen fünften und letzten Übungssprung.«

»Nur fünf?«, fragte Gordon.

»Die RAF muss Sprit sparen«, grinste Major Frost.

»Übrigens, wenn Sie oder Cox oder beide von ihnen verwundet werden sollten, werde ich sie erschießen müssen. Wir können es uns nicht erlauben, sie in die Hände der Feinde fallen zu lassen«, erklärte Frost lapidar.

Die Bedingungen für den Einsatz waren präzise definiert. Es musste Vollmond herrschen und gleichzeitig die Flut auf ihrem höchsten Stand stehen, damit die Landungsboote auf den Strand fahren konnten, um die Truppe an Bord nehmen zu können. Dafür kam nur die Periode Februar 24 – 27 infrage. Die ersten drei Tage dieser Option fielen aus, da das Wetter grässlich war. Doch die Vorhersage für den 27. Februar war optimal und Frost erhielt die Startfreigabe.

In der Nacht vom 27. zum 28. Februar begann das Unternehmen, das man inzwischen den Decknamen Biting gegeben hatte. Gordon hatte sich mit den 119 Fallschirmjägern noch reichlich Tee mit Rum gegönnt, bevor sie in ihre zwölf umgebauten Whitley Bomber stiegen, die sie nach Frankreich fliegen sollten. Die Stimmung war prächtig, sei es wegen des Rums oder wegen der schönen Worte, die Frost vor dem Einsatz in der Baracke an seine Leute gerichtet hatte. Als Gordon in den Bomber geklettert war, merkte er, wie der Tee oder der Rum auf seine Blase drückte.

»Was mach ich, wenn ich pinkeln muss?«, fragte er den Soldaten neben sich.

»Die zwei Stunden Flug musst du aushalten, oder in die Hose pullern«, gab der nonchalant zur Antwort.

Gordon zog es vor den Tapferen zu spielen und verbiss sich den Harnabgang. Um exakt fünfzehn Minuten nach Mitternacht ging das grüne Licht über der Springertür an. Die Männer standen auf, fädelten den Karabinerhaken in den Draht über ihren Köpfen ein und machten sich bereit. Zwei Minuten später ertönte das Signalhorn und der Absetzer klopfte dem ersten Fallschirmjäger auf den Rücken. Das Zeichen zum Absprung. In Sekundenabstand sprangen die Männer aus geringer Höhe ab und landeten in Rekordzeit auf dem leicht verschneiten französischen Acker, der das Geräusch ihres Sturzes verschluckte. Gordon warf seinen Schirm ab und folgte den übrigen Soldaten zum Sammelpunkt. Kein Schuss war gefallen. Die Deutschen hatten sie offensichtlich nicht bemerkt, was wegen des Dröhnens der Motoren Gordon irgendwie unwirklich erschien. Vielleicht fliegen jede Nacht Flugzeuge über die Stellung und werfen Nachschub für die Résistance ab dachte er und sah zu, dass er nicht den Anschluss verlor. Kaum hatte man sich gefunden, begann eine merkwürdige Zeremonie. Die meisten nestelten an ihren Springerhosen und erleichterten sich mit leisem Stöhnen. Der Tee mit dem Rum musste raus.

Major Frost warf einen Blick auf seine Truppe und sah, dass Lieutenant Charteris nicht anwesend war. Möglicherweise war er zu weit abgetrieben worden, Frost ernannte seinen Nummer Zwei, Captain John Ross, zu seinem Stellvertreter und schickte ihn zum Strand. Peter Young, der den Trupp Jellicoe anführte, wisperte zu Gordon: »Los, jetzt schnappen wir uns Henry!«

Henry war das Codewort für das Radargerät, für das sie ihr Leben aufs Spiel setzten. Major Frost deutete mit einer Handbewegung, die x-mal geübte Aktion in Gang zu setzen. Young, Gordon und die Übrigen zwölf vom Trupp Jellicoe umstellten lautlos das Schloss. Major Frost ging um das Haus herum zur Haustür, die überraschenderweise weit offen stand. Glück muss man haben dachte er und blies fünfmal in seine Trillerpfeife. Das Signal zum Angriff.

Frost, mit vier seiner Leute im Schlepptau, stürmte das Haus, fand das Erdgeschoss verlassen vor und hörte Gewehrfeuer aus dem ersten Stock. Er stürmte hinauf und entdeckte einen einsamen Deutschen, der auf den Trupp Jellicoe feuert. Mit einer kurzen Salve aus seiner Sten-MP löscht Frost den Kampfeswillen des Deutschen. Während das Haus gesichert wurde, stürmten Young und Gordon auf das Objekt ihrer Begierde zu, und töteten eine der Wachen, die das Feuer auf sie eröffnet. Die Übrigen nahmen Reißaus und schlugen sich in die Büsche. Einer von ihnen war derart in Panik, dass er in der Dunkelheit nicht den Abriss des Kliffs erkannte und in die Tiefe stürzte. Nur ein Felsvorsprung, der seinen Fall stoppte, rettete sein Leben. Zwei Mann aus Trupp Jellicoe retteten den Mann mit einem Seil und nahmen ihn gefangen. Lieutenant Vernon war nun bei dem Gerät angekommen und begann es von allen Seiten mit seiner Leica Kamera zu fotografieren. Das hätte er besser bleiben lassen sollen, denn das Blitzlicht lud die übrigen Deutschen geradezu ein, ihr Feuer auf sie zu richten. Blitzschnell begannen die Männer, die Geräte abzubauen.

Gordon versuchte in der Dunkelheit die Beschriftungen zu entziffern, die vielleicht den Abbau des Gerätes erleichtert hätten. Fieberhaft schaute er sich es von allen Seiten an und kroch sogar unter das Gerät, um mit einer Taschenlampe weitere Hinweise zu entdecken. Als er bemerkte, wie Cox und die Pioniere sich mit Sägen und Brecheisen an der Anlage zu schaffen machten, versuchte er durch lautes Rufen, sie davon abzuhalten. Er wusste, jetzt, wie man das Gerät, das laut Telefunken Schild Würzburg hieß, leicht demontieren konnte. Doch es war zu spät. Die Säge aus Sheffieldstahl hatte ganze Arbeit geleistet.

Mittlerweile hatte sich der Widerstand der deutschen Wachmannschaft verstärkt. Das Feuer aus Richtung des Bauernhofes hatte sich gesteigert und aus der Ferne konnte man das Motorengeräusch von Lastwagen hören. Verstärkung war im Anmarsch. Nun rief Frost zum Abzug. Die Männer packten die Einzelteile des Würzburgs zusammen und machten sich auf in Richtung Strand. Von dort dröhnte heftiges Gewehr- und Maschinenpistolenfeuer.

Als sie näher kamen, hörten sie Captain Ross rufen, dass der Strand nicht in seiner Hand wäre. Wenige Minuten später stellte sich heraus, dass der Trupp von Lieutenant Euen Charteris etwa drei Kilometer entfernt bei dem Weiler L'Enfer abgesetzt worden waren. Erst nachdem er sich ein Feuergefecht mit einem deutschen Infanteriezug der 1. Kompanie des 685. Infanterieregiments geliefert hatte, näherte er sich von Norden durch den Taleinschnitt dem Strand und eröffnete das Feuer. Die Deutschen, die sich von zwei Seiten ins Kreuzfeuer genommen sahen, suchten das Weite. Nur dem Telefonisten gelang nicht die Flucht und wurde von Frosts Leuten gefangen genommen. Der Strand gehörte ihnen. Es war jetzt 02:15.

»Soweit so gut«, keuchte Major Frost, »doch wo sind die Landungsboote?«

Der Funker bekam keine Verbindung zu den Schiffen, und auch nachdem Frost zwei grüne Leuchtpatronen abgeschossen hatte, war von der Navy nichts zu sehen. Die Lage war finster. Die Deutschen schossen nun mit Maschinengewehren von den beiden Kliffs auf die im Tal befindliche Truppe und die Männer fühlten die bittere Erkenntnis, dass sie wohlmöglich im Stich gelassen worden waren. Als die Moral am niedrigsten war, entdeckte einer von Frosts Soldaten zuerst die silberne Bugwelle eines der Boote und Sekunden später waren auch die Motoren hörbar. Nachdem die sechs Landungsboote auf den Strand gefahren waren, wurden zunächst die Teile der Radaranlage verladen, dann kamen die Gefangenen und Verwundeten, zum Schluss Major Frost mit der Nachhut. Das wütende MG-Feuer der Deutschen beantworteten sie ihrerseits mit Feuer aus ihren Maschinenpistolen, die sie über den Rand der Landungsboote abfeuerten.

»Was war los?«, ächzte Major Frost wütend.

»Seid froh, dass wir überhaupt hier sind«, entgegnete Commander Cook seelenruhig.

»Während ihr uns euer Erkennungssignal gegeben habt, ist ein deutscher Zerstörer mit zwei Schnellbooten in kürzester Entfernung an uns vorbeigefahren. Es ist ein Wunder, dass sie uns nicht entdeckt haben. Und es ist noch nicht vorbei.«

Cook schaute auf seine Uhr.

»Hoffentlich kommen unsere Jäger pünktlich, denn wir werden nur fünfzehn Seemeilen zwischen uns und der französischen Küste zurücklegen, bevor es hell wird.«

Erst jetzt konnte Major Frost ein Resümee ziehen. Sie hatten bekommen, was sie sich holen wollten, was Don Preist bestätigte. Dafür ließen sie Private Alan Scott und Rifleman Hugh McIntyre tot zurück. Darüber hinaus waren sechs Verwundete und sechs Vermisste zu beklagen. Es hatte sich dennoch gelohnt, wie Gordon befand.

Don Preist schaffte die Würzburg Beute ins Telecommunications Research Establishment nach Worth Matravers, westlich von Swanage an der Südküste von Dorset, wo sie zwei Tage später von Professor Jones in Augenschein genommen wurden. Jetzt erst fiel auf, dass entscheidende Teile während des Einsatzes zu Bruch gegangen waren: die Röhren. R.V. Jones übertrug Gordon die Aufgabe, Ersatz für diese Röhren zu finden und schickte ihn zur STC-Fabrik, der Standard Telephone and Cable Company, nach Paignton in Devon. Sein Ansprechpartner war Chris Foulkes, ein Entwickler und Spezialist für Radarröhren.

«Glauben Sie, Sie könnten eine Röhre bauen, die der von Würzburg gleicht?«, fragte Gordon Foulkes, der ziemlich betrübt auf einen Klumpen Glasreste schaute, der einst die Basis der deutschen Röhre bildete. Der Ingenieur nahm den traurigen Rest in die Hand und sah ihn sich genau von allen Seiten an.

»So schlimm ist es nicht«, sagte er mit fester Stimme.

»Sehen Sie hier, das Glas ist zwar zersprungen, aber die Elektroden sind halbwegs intakt, obwohl sie so verbogen aussehen.«

Nach einigen Sekunden des Nachdenkens kam er zu dem Schluss, dass sie reparabel waren.

»Wir haben aber ein noch größeres Problem, Sir. Die vier Röhren sind nach dem metrischen System gebaut worden. Wir hingegen konstruieren nach der angloamerikanischen Maßeinheit, das auch als imperiales System von 1824 bekannt ist.«

Foulkes machte ein ratloses Gesicht.

»Ich lasse mir was durch den Kopf gehen und rufe Sie an Sir, sobald ich eine Idee zur Lösung des Problems habe.«

Enttäuscht machte sich Gordon auf den Heimweg.

Am nächsten Morgen, R.V. Jones war immer noch in Worth Matravers, klingelt das Telefon.

Was Gordon dann zu hören bekam, verschlug ihm erst die Sprache und ließ anschließend ein zufriedenes Grinsen auf sein Gesicht zaubern.

»Sie werden es nicht glauben, Sir, aber der rettende Gedanke kam mir, als ich auf dem Weg nach Hause an dem Haushaltswarengeschäft Doney & Cooke vorbeikam«, begann Foulkes ganz aufgeregt.

»Eigentlich war da wegen des Mangels an Konsumgütern gar nicht viel zu sehen. Doch dann habe ich was entdeckt …«

»Nun machen Sie es nicht so spannend, Foulkes«, drängte Gordon, der das feixende Gesicht des Technikers am anderen Ende der Leitung erahnte.

»Ich habe da ein kleines Sortiment an kleinen Pyrex-Schüsseln entdeckt.«

»Was ist das denn?«, fragte Gordon atemlos.

»Glas«, antwortete Foulkes lapidar.

»Hitzebeständiges Glas. Die Deutschen nennen es Jenaer, wir Pyrex. Im Prinzip ist es dasselbe.

Wegen der guten Wärmebeständigkeit durch den niedrigen Längenausdehnungskoeffizienten kann es enorme Hitze aushalten. Obwohl die Dinger ein Vermögen gekostet haben, habe ich alle sechs Schüsselchen gekauft«, klang es triumphierend aus der Leitung.

»Und konnten Sie auch tatsächlich was damit anfangen?«, klang Gordons Stimme fast schon verzweifelt ob der nervenden Prozedur, die Essenz aus Foulkes Anruf endlich zu erfahren.

»Ja, Sir, es war fast wie ein Wunder. Sie waren perfekt für unsere Zwecke, da sie genau auf die Basis der deutschen Rohre passten. Wir haben sie montiert und anschließend ein Vakuum in den Röhren hergestellt. Sie funktionieren, Sir!«

Gordon war sprachlos. Er bedankte sich mit geradezu schwachsinnigen Worten, da ihm die üblichen Dankesredewendungen nach Sekunden ausgegangen waren. Er wies den Techniker an, die Röhren selbst und auf der Stelle nach Worth Matravers zu bringen. Danach informierte er R.V. Jones und machte sich auf den Weg in Richtung Swanage.

Als er dort eintraf, war die Stimmung auf dem Höhepunkt. Chris Foulkes hatte die Röhren bereits abgeliefert und war die personifizierte Glückseligkeit, weil ihn Professor Jones pausenlos für seinen Geistesblitz dankte und ihn unentwegt Menschen vorstellte, die wissen wollten, warum hier eine Party im Gange war. Auch die Techniker um Don Preist zollten dem jungen Ingenieur ihren Respekt, denn ohne ihn wäre es nicht gelungen, das Würzburg-Gerät in Gang zu setzen.

Jones setzte Gordon zunächst einmal ins Bild und erklärte ihm, was man bisher über das Radar der Deutschen herausgefunden hatte. Und das war schon eine ganze Menge. Der Empfänger, das Impulsgerät und der Zwischenfrequenzverstärker waren bereits auf Herz und Nieren überprüft worden. Leider fehlten einige Dinge. Sie konnten nicht mehr abgebaut werden, da Major Frost früher als geplant zum Rückzug blies, da die Truppe um Lieutenant Euen Charteris nicht punktgenau abgesetzt worden war und so seine Aufgabe nur zum Teil lösen konnte. Doch das, was man erbeutet hatte, reichte, um die Geheimnisse um Würzburg entschlüsseln zu können. Der Schwachpunkt des Würzburg Gerätes wurde von den Technikern des Telecommunications Research Establishment schnell herausgefunden. Würzburg sendete nur auf einer festen Frequenz und ließ sich nicht auf andere Wellenbereiche umschalten.

Über Neujahr waren Othmars Eltern zu Besuch in Berlin gewesen und hatten die Tage bei Canaris gewohnt. Es waren ruhige Tage, die sehr stark von den Geschehnissen seit Udets Tod geprägt wurden. Obwohl man im Vorfeld vereinbart hatte, weder über Politik, noch Religion zu diskutieren, ließen die Umstände doch keine anderen Themen zu. So sprach man über den verblichenen Generalluftzeugmeister, die Kriegserklärung an Amerika und die Beinahekatstrophe vor Moskau. Widerwillig musste Canaris eingestehen, dass der Haltebefehl Hitlers tatsächlich zur Stabilisierung der Front beigetragen hatte.

»Wartet ab, jetzt glaubt der größte Feldherr aller Zeiten, dass man auf immer und ewig durch Haltebefehle Krisen bereinigen kann«, war sein Credo und keiner wollte ihm widersprechen. Carl Schmidt berichtete von weiteren Verzögerungen bei dem Walterantrieb für die neuen U-Boote, beruhigte Othmar aber sofort mit der Ankündigung, dass man einen Plan B in der Schublade habe, der mit Walter abgestimmt wäre.

Von Friedrich, Othmars Bruder, hatte man nur Feldpostbriefe erhalten. Seine Schilderungen der Winterkämpfe und der enormen Probleme mit der Technik, bedingt durch Temperaturen bis weit unter minus 30 Grad Celsius, boten Stoff für weitere Diskussionen über die fahrlässige Versorgungslücke der Wehrmacht bei Winterausrüstung für die Truppe. In den Briefen berichtete Friedrich von den alltäglichen Kämpfen mit Väterchen Frost, den eingefrorenen Panzertürmen oder funktionsuntüchtigen Maschinengewehren, weil man es versäumt hatte, Waffenöl für solche Minustemperaturen bereitzustellen. Teilweise, wenn genug Betriebsstoff vorhanden war, ließ man die Motoren über Nacht weiterlaufen. Ansonsten drohte Stillstand. Wattierte Jacken, Hosen und Walinkis der Sibirier wurden für den deutschen Infanteristen ein lohnendes Ziel und wann immer Sibirier angriffen und ihre Toten zurückließen, wurden die Leichen später von deutschen Soldaten entkleidet.

»Leichenfledderei hat es in der deutschen Armee noch nie gegeben«, erzählte Canaris.

»Doch kann man es ihnen verübeln, wenn sie bei bis zu minus vierzig Grad in Sommeruniform und genagelten Stiefeln in einer Schneewehe ausharren müssen? Man fasst sich an den Kopf, wenn man bedenkt, dass der Generalquartiermeister des Heeres, General Wegner, noch am 1. November Hitler gegenüber versicherte, dass die Beschaffung von Winterkleidung im Anlaufen sei und dass den Verbänden genügend Material zur Verfügung gestellt würde. Das nahm Hitler zur Kenntnis und zeigte sich befriedigt. Ich will Hitler damit nicht entlasten, aber es wirft doch ein fragwürdiges Bild auf die Arbeit des Generalstabes«, meinte Canaris entrüstet.

Canaris berichtete auch von seinem letzten Besuch in der Wolfsschanze am 24. Oktober, wo der Admiral im Führerhauptquartier Vortrag über die Pläne der Abwehr, um die lebenswichtigen kaukasischen Ölfelder von Maikop und Grosny zu sichern, vortrug. Anschließend waren er und Erwin von Lahousen, Leiter der deutschen Sabotageabteilung des Amtes Ausland/Abwehr auf eine Inspektionstour durch die Heeresgruppen aufgebrochen. Zunächst besuchte man Riga, danach Pleskau und schließlich Nowgorod, wo sich der Divisionsstab der spanischen Blauen Division unter Generalleutnant Munoz Grandes befand. Die weiteren Stationen waren Smolensk, Gomel und Kiew.

»Zurück in der Wolfsschanze habe ich mich bei Hitler über die Massenerschießungen von Juden beschwert«, sagte der Admiral.
»Wisst Ihr, was er mir darauf sagte? Sie wollen wohl weich werden. Ich muss das tun. Nach mir tut es kein anderer. Und dann erst die Behandlung der Kriegsgefangenen. Ein Inferno sage ich Euch. Und die Russen üben natürlich an unseren Soldaten Rache. Man hat mir von einem Lazarett erzählt, das man vorübergehend aufgeben musste. Als man zurückkam, sah man, dass die Rote Armee die zurückgelassenen deutschen Soldaten mit den Füßen an Bäumen aufgehängt, mit Benzin übergossen und verbrannt hatte.«

Die Stimmung war dementsprechend bedrückt, als man gemeinsam die Neujahrsansprache des Führers hörte, die in dem Satz gipfelte: »Das Blut, das in diesem Krieg vergossen wird, soll - das ist unsere Hoffnung - in Europa für Generationen das letzte sein! Möge uns der Herrgott im kommenden Jahr dabei helfen.«

Canaris zeigte sich amüsiert, dass Hitler, der die Kirchen hart bekämpfte, plötzlich Gott um Beistand bat.

»Wenn sich der Führer mal nicht vertut. Ein Krieg, der unter Hintansetzung jeglicher Ethik geführt wird, kann niemals gewonnen werden. Es gibt auch eine göttliche Gerechtigkeit auf Erden.«

An himmlische Kräfte dachte Hauptmann Schmidt nicht, als er Mitte Januar einen Anruf von

Oberleutnant Jochen Sprenger, seinem USA-Experten, aus dem Hamburger Abwehrbüro erhielt. Mit diesem Anruf löste sich eine enorme Spannung, denn seit der Kriegserklärung an die USA brannte das Problem eines nicht vorhandenen Informanten in Nordamerika unter seinen Nägeln. Die letzte wichtige Information, die die Abwehr aus den USA erhalten hatte, bevor Deutschland Amerika den Krieg erklärte, waren höchst brisante Pressausschnitte aus zwei US-Zeitungen. Die Chicago Tribune überschrieb ihren Artikel mit Roosevelts Kriegspläne und die Washington Times Herald eröffnete ihren Artikel in ähnlich lautender Sprache.

Beide Artikel waren von Chesly Manly, dem Washington Korrespondenten der Chicago Tribune verfasst worden und enthüllten, dass, entgegen aller anderen Beteuerungen, Roosevelt plante, die USA in einen Krieg gegen Nazi-Deutschland zu führen. Als Quelle führte er eine wortgetreue Kopie eines geheimen Kriegsplanes mit dem Namen Rainbow Five an, der auf Anordnung von Präsident Roosevelt von einer Expertenkommission aus Mitgliedern von Heer und Marine verfasst worden war. Zur weiteren Untermauerung seiner Behauptung präsentierte Manly die Kopie eines Briefes, in dem der Präsident offiziell diesen Bericht anforderte. Die Quintessenz dieses Planes war die Aufstellung einer Armee von fünf Millionen Mann, einzig und allein geschaffen für eine Invasion in Europa, um Hitler zu besiegen.

Diese Veröffentlichung war für Roosevelt ungeheuer peinlich, hatte er doch im Wahlkampf von 1940, als es um seine dritte Regierungszeit ging, dem amerikanischen Volk feierlich versprochen, niemals US-Soldaten im Ausland einzusetzen. Im Sommer 1941 waren achtzig Prozent aller US-Amerikaner gegen einen Kriegseintritt, sei es in Europa oder in China. Bis zur Veröffentlichung war es Hitlers Absicht gewesen, die Amerikaner nicht zu provozieren, da erst die Sowjetunion und England unterworfen werden sollten. U-Booten war es nicht erlaubt, US-Schiffe anzugreifen, selbst wenn sie britische Geleitzüge schützten, oder sie mit Wasserbomben verfolgten.

Dummerweise hatte Joachim von Ribbentrop, dem japanischen Botschafter in Berlin, Hiroshi Oshima, von Hitler nicht autorisiert, zugesichert, Japan im Falle eines Konfliktes mit den USA zu unterstützen. Als Roosevelt am Tag nach dem Angriff auf Pearl Harbour seine Rede über den »Tag der Schande« im Kongress hielt, ging es nur um Japan; Deutschland kam in dieser Rede nicht vor. Am 9. Dezember hielt Roosevelt eine weitere Radioansprache an die Nation, in der er Japan und Deutschland beschuldigte, einem gemeinsamen Plan zu folgen. Weiterhin warf er Deutschland und Italien vor, dass sie sich faktisch bereits im Krieg mit den USA befänden, ohne eine Kriegserklärung ausgesprochen zu haben. Für Hitler waren das eindeutige Beweise, dass diese Rede die Zeitungsberichte bestätigten. Doch außer den Presseveröffentlichungen, die von der deutschen Botschaft nach Berlin gesendet und dort analysiert wurden, hatte man nichts in Händen.

Othmar hatte Sprenger nach Berlin bestellt, hielt sich nicht lange mit Höflichkeiten auf, sondern wollte sofort wissen, was er Aufregendes zu berichten hätte.

»Ein Mitarbeiter von Militärattaché Colonel Marin de Bernardo an der spanischen Botschaft in Washington, mit dem ich seit Jahren informell zusammenarbeite, bekam vor einigen Wochen Besuch von einem ihm unbekannten Mann, der sich als John Kennedy vorstellte. Dieser Kennedy ist, wie schon der Name andeutet, irischer Abstammung. Er teilte meinem spanischen Kollegen mit, dass er es nicht tolerieren könne, dass Deutschland Opfer eines abgekarteten Spiels zwischen Churchill und Roosevelt würde, obwohl das Reich die gesamte zivilisierte Welt vor dem Bolschewismus verteidigte. Seine Ressentiments als Ire gegenüber England wären in diesem Zusammenhang zweitrangig und hätten nichts mit seinem Entschluss zu tun, die Achsenmächte mit Informationen aus dem State Department zu versorgen. Als Zeichen seiner Aufrichtigkeit legte er ihm eine Akte auf dem Tisch, die den Titel Victory Plan trug.«

Oberleutnant Jochen Sprenger öffnete seine Aktentasche und legte die Akte auf Othmars Schreibtisch.

»Sie werden erstaunt sein, wenn Sie die Akte öffnen, Herr Hauptmann«, schmunzelte er und lehnte sich in seinen Sessel zurück. Othmar öffnete die Akte und begann zu lesen. Nach zwei Seiten stand er auf und begann unruhig auf und ab zu gehen, während seine Augen flink über die Zeilen sausten. Immer schneller wechselten die Seiten, als er diagonal zu lesen begann. Nach zehn Minuten kam er zur letzten Seite. Dort stand der Name des Verfassers der Denkschrift: Major Albert C. Wedemeyer. Er schloss die Akte, ging langsam zu seinem Schreibtisch zurück und legte sie hin; nur um Sekunden später die Akte wieder aufzunehmen und fieberhaft die letzte Seite aufzuschlagen. Das konnte doch nicht wahr sein. Major Albert C. Wedemeyer. Der Name des Mannes, den Paul Leverkuehn, der Abwehrchef in Istanbul, ihm so warm ans Herz gelegt hatte. Der US-Offizier mit Generalstabsausbildung in Berlin und hervorragenden Aussichten auf eine glanzvolle Karriere in den Streitkräften der Vereinigten Staaten.

»Haben Sie das Dokument schon auf Echtheit geprüft, Sprenger?«

»Habe ich inklusive einer Papierprüfung. Es besteht gar kein Zweifel, es ist auf Briefbögen des Kriegsministeriums getippt worden, Herr Hauptmann. Es steht zwar Victory Plan auf dem Deckel der Akte, aber es ist identisch mit dem Geheimpapier Rainbow Five aus der amerikanischen Presse.

Laut Kennedy hat nur das US-Heer den Codenamen Rainbow Five benutzt.«

»Wie ist Kennedy an das Papier gekommen, Sprenger?«

»Wenn ich das wüsste. Weder mein spanischer Freund noch ich wissen, ob er nur ein Bote im State Department ist oder ein hoher Beamter. Er hat sich dementsprechend nicht geäußert. Aber er hat seine Hausaufgaben gemacht und uns auch noch den Hintergrund des Autors, Major Wedemeyer, geliefert, wie man aus diesem Papier ersehen kann.«

Oberleutnant Sprenger reichte Othmar ein weiteres Schriftstück. Othmar warf einen schnellen Blick darauf.

»Und Ihr spanischer V-Mann will die Erkenntnisse dieses Mannes mit uns teilen?«

»Ja, bestimmt nicht offiziell, aber er ist schon seit Jahren ein großartiger Unterstützer unserer Sache. Sein Bruder kämpft in der spanischen Division Azul, der Blauen Division, in Russland gegen die Bolschewisten und will auf seine Weise für unseren Endsieg arbeiten, weil er sich einen Anschluss Spaniens an die Achsenmächte wünscht. Ich denke, wir können ihm vertrauen. Und durch ihn haben wir eine sichere Kurierlinie zwischen Washington und Berlin.«

»Ausgezeichnet, Sprenger, fantastische Arbeit! Das müssen wir Canaris präsentieren. Der lechzt nach guten Nachrichten.«

Als der Admiral die 147 Seiten große Akte überflogen hatte, erkannte er sofort die ungeheure Brisanz und Möglichkeiten dieses Schriftstückes.

»Oberleutnant Sprenger, das nenne ich Kriegsglück«, sagte er und lächelte dabei.

Das erste Mal seit Wochen dachte Othmar zufrieden.

»Das ist ja nun eine Menge Stoff zu verdauen. Was sind die Erkenntnisse aus dem Papier in wenigen Worten?«

Der Oberleutnant wuchs sichtlich um mehrere Zentimeter, denn nicht im Traum hätte er gedacht, dass er persönlich dem Abwehrchef die Früchte seiner Arbeit und Glücks erläutern durfte.

»Es würde zu weit führen, alle Details anzuführen, aber man muss folgende Schlussfolgerung ziehen: Dies ist ein industrieller Mobilmachungsplan für den Kriegsfall mit dem Hauptziel Deutschland, gefolgt von Japan. Daneben eine Blaupause für den Aufbau einer Truppe, die den Achsenmächten gewachsen ist sowie strategische und taktische Richtlinien zur Bekämpfung des deutschen und japanischen Gegners.«

Der Admiral schaute von der Akte auf.

»Wer ist dieser Major Wedemeyer? Was schreibt Kennedy über ihn? Hattest du den Namen nicht schon mal erwähnt, Othmar?«

Der Angesprochene wusste, dass lavieren sinnlos war.

»Ich habe den Namen erwähnt, als ich von meiner Reise nach Istanbul zurückkam. Ich muss zugeben, dass ich es versäumt habe, dem nachzugehen.«

Hauptmann Schmidt schaute aus wie ein begossener Pudel.

»Kann schon mal passieren, aber was steht in dem Kennedy-Papier über den Verfasser?«

Oberleutnant Sprenger nahm das Schreiben in die Hand und las vor.

»Albert Coady Wedemeyer, geboren am 9. Juli, 1897 in Omaha, Nebraska. Sohn von Captain Albert Anthony Wedemeyer, Armee-Kapellmeister im Spanisch-Amerikanischen Krieg.«

»Ist er deutscher Abstammung?«

»Das steht hier nicht, Herr Admiral«, erwiderte Sprenger und fuhr fort.

»Absolvent der United States Military Academy, studierte Chinesisch während einer Stationierung in Tientsin, China, Anfang der dreißiger Jahre. Anschließend Generalstabsschule in Leavenworth, Kansas. Den Lehrgang schloss er derart hervorragend ab, dass er 1936 zum Studium an die Heereskriegsakademie in Berlin-Moabit abkommandiert wurde. Dort wurde er in Strategie, Taktik, Waffenlehre, Befestigungslehre, Verkehrsmittel, Militärrecht, Manövern mit motorisierten Verbänden sowie taktische Luftunterstützung unterrichtet und lernte die Koordination von Luftwaffe und Heer.

Zu seinen Klassenteilnehmern und Dozenten gehörten unter anderem Oberst Claus von Stauffenberg und Ferdinand Jodl, Bruder von Generaloberst Alfred Jodl. Der Jahrgang umfasste einhundertzwanzig Studenten, mit Teilnehmern aus China, Argentinien, Bulgarien, Japan und der Türkei.

In einer Übung wurde Wedemeyer das Kommando über eine imaginäre Panzerdivision übertragen. Dadurch begriff er die Komplexität des modernen Kampfpanzers mit der neuen Taktik im Verbund mit Infanterie und Luftwaffe. 1938 Rückkehr in die USA und Autor eines Reports über deutsche Strategie.«

»Mein Gott«, sagte Canaris düster, »der kennt unsere Denkweise in-

und auswendig.«

Oberleutnant Sprenger fuhr fort.

»Diesen Bericht las General George C. Marshall, der damalige Leiter der Abteilung für Kriegsplanung im US-Kriegsministerium. Nachdem Marshall zum Generalstabschef des Heeres ernannt wurde, berief er Wedemeyer in die Planungsgruppe des Generalstabs im US-Kriegsministerium. Seine Aufgabe war die Formulierung eines Generalkriegsplanes für die USA. Der Victory Plan wurde am September 25, 1941 Roosevelt übergeben. Zurzeit ist Major Wedemeyer Generalstabsoffizier in Marshalls Stab.«

Der Admiral atmete tief durch.

»Ich nehme die Akte heute Abend nach Hause und lese sie durch. Othmar, lass bitte Abschriften machen und gib sie zur Auswertung weiter. In drei Tagen brauche ich eine glasklare Analyse des Victory Plans. Inzwischen werde ich den Führer über das Osterei informieren. Oberleutnant Sprenger, stellen Sie Überlegungen an, wie wir mit diesem Kennedy direkt kommunizieren könnten.«

»Mit Verlaub, Herr Admiral, das habe ich schon.«

Canaris schaute erstaunt, während sich Hauptmann Schmidt ein Grinsen nicht verkneifen konnte.

»Und wie wollen Sie das anstellen? Per Funk wohl kaum, etwa mit der Post?«

»Genau das habe ich vor, Herr Admiral.«

Canaris hob eine Augenbraue, ein typisches Zeichen, dass sein Interesse geweckt war.

»Wir nutzen die Steganografie, die Wissenschaft der verborgenen Speicherung oder Übermittlung von Informationen. Aber nicht mit einer der bekannten Methoden, sondern mithilfe des Mikropunktverfahrens. Dabei wird die Nachricht, die übermittelt werden soll, auf ein quadratisches Papier getippt und anschließend mit einer Präzisionskamera fotografiert.«

»Oberleutnant, wie stellen Sie sich das vor?«, unterbrach ihn Canaris entrüstet.

»Keine Bange Admiral, das Problem der Kamera ist bereits gelöst. Aber lassen Sie mich zunächst das Mikropunktverfahren erklären. Also, zunächst abfotografieren, damit die Nachricht auf die Größe einer Briefmarke reduziert wird. Dann nochmals abfotografieren, diesmal durch ein umgekehrtes Mikroskop, und anschließend auf einer fotografisch präparierten Platte festhalten und entwickeln. Danach bekommt das Negativ einen Überzug aus Kollodium, einer zähflüssigen Lösung aus Kollodiumwolle in einer Mischung aus Äther und Alkohol, damit man es in einem Stück von der Glasplatte ablösen kann. Dazu nimmt man eine Injektionsnadel, die besonders geschliffen ist, und hebt den Mikropunkt wie ein Stück Kuchen heraus und setzt ihn in einen Text. Zum Beispiel als Punkt oder sonst wo, wo ein Punkt nicht auffällt. Ich ziehe es aber vor, den Punkt unter die Briefmarke zu setzen, denn dann ist es ziemlich narrensicher.«

»Allerhand«, murmelte Canaris sichtlich zufrieden.

»Und nun zur Kamera, Herr Admiral. Natürlich kann man konspirativ nicht mit einem der herkömmlichen Apparate arbeiten. Die sind zu groß, zu klobig und nicht zu verbergen. Damit es aber dennoch funktioniert, hat ein gewisser Walter Zapp gesorgt. Zapp konstruierte eine revolutionäre Kleinstkamera, die er Minox getauft hat. Die Maße dieses Gerätes sind verblüffend: 10,8 mal 2,8 mal 1,6 Zentimeter, bei einem Gewicht von etwa einhundertsechzig Gramm. Die passt in jede Hosentasche und liefert perfekte Bilder.«

Canaris entfuhr ein »Donnerwetter, das ist ja unglaublich!«

»Und diese Minox kann jeder handhaben, so simpel ist sie.«

»Sie haben mich sichtlich beeindruckt, Oberleutnant. Nur wie bringen Sie unserem V-Mann bei, wie man diese Technik bedient?«

»Indem ich persönlich nach Washington reise, Herr Admiral. Ich bin sicher, dass ich mit einem Schweizer Pass und einer schlüssigen Legende über das neutrale Ausland und Mexiko in die USA einreisen kann. Ich würde Kennedy die Verfahrensweise erklären, ihn über unsere Wünsche und Ziele instruieren und damit auch die mögliche Schwachstelle in der spanischen Botschaft ausschalten. Anschließend kehre ich wieder nach Hamburg zurück, oder Sie entscheiden, ob ich aus den USA weiter operieren soll.«

»Sie scheinen sich das ja genau überlegt zu haben, Sprenger. Sie sind sich der Konsequenzen bewusst, wenn Sie vom FBI geschnappt werden sollten?«

»Bin ich Herr Admiral, aber solch eine Chance kommt nie wieder!«

Der Admiral entließ Oberleutnant Sprenger, der sich zu Ilse ins Vorzimmer zurückzog.

»Othmar, dieses Papier kommt zur rechten Zeit. Ich stehe erheblich unter Druck, seitdem sich alle unsere Expertisen bezüglich der russischen Armee als falsch herausgestellt haben. Aber die Akte hat auch eine ungeheure Sprengkraft, die uns beide auslöschen könnte. Deshalb informiere deine neuen Freunde über den Fund.«

»Neuen Freunde?«, entrüstete sich Othmar.

»Himmler und Heydrich und der Rest der Bagage sind nicht meine Freunde!«

»Aber Schellenberg ist einer und damit die Akte nicht wie ein Sprengsatz unter unserem Hintern explodiert, gib sowohl ihm als auch Heydrich und dem Reichsführer SS jeweils eine Kopie.«

Othmars Rage legte sich augenblicklich, als er ein wenig zur Besinnung kam.

»Du hast recht, vor allem, da Himmler uns einen Gefallen getan hat. Dein Freund Dr. Karl Loewenstein ist von Minsk nach Theresienstadt verlegt worden. Er ist damit zunächst gerettet.«

Canaris stockte.

»Woher weißt du das?«

»Ich habe Himmler um Hilfe gebeten.«

Der Admiral schaute ihn fassungslos an.

»Du hast was …?«

»Ich bin zu ihm gegangen und habe ihn gebeten, Loewenstein aus dem Getto von Minsk zu holen.«

»Und was hast du dafür getan?«

»Ich habe Himmlers Drängen nachgegeben und mich als Ehrenführer der SS aufnehmen lassen.«

Canaris sackte auf seinem Stuhl zusammen und wurde leichenblass.

»Das hast du für mich getan? Gegen deine Überzeugung? Für einen Menschen, denn du nicht kennst?«

Stille befiel das karge Büro des Chefs der deutschen Abwehr.

»Ich habe nur einen Bruchteil dessen zurückgegeben, was ich von dir an Zuneigung, Halt, Freundschaft und Protektion bekommen habe. Es war wichtig für mich, etwas für dich zu tun, das mir schwerfiel. Ein wenig von dem zurückzugeben, was du für mich getan hast.«

Canaris schaute ihn lange direkt an, bis bei beiden Männern die Augen sich leicht mit Wasser füllten. Othmar wischte sich mit der Rechten über seine Stirn.

»Ich schulde dir das!«

Die nächsten zweiundsiebzig Stunden vergingen in hektischen Aktivitäten. Das Kopieren der einhundertsiebenundvierzig Seiten nahm viel Zeit in Anspruch und die Analyse der Akte war in erster Linie eine Titanenaufgabe der Anglistiker, die noch so feine Nuancen der englischen Sprache in ein adäquates Deutsch umsetzen mussten, ohne den politischen Sinn zu verwässern. Schließlich lag eine Übersetzung und Analyse vor, die Admiral Canaris und Hauptmann Schmidt nicht schockierten, sondern nur bestätigten.

Wedemeyer und sein Team hatten militärische Abteilungen, Statistiker, Industriekapitäne und andere Organisationen befragt, um herauszufinden, was das Land im Falle eines Konfliktes am dringendsten benötigte. Sein Schätzung von der Mobilisierung von zehn Millionen Männern schien plausibel, wenn man Europa und den Pazifik als Kriegsschauplatz in Betracht zog. Othmar war fassungslos, als er die Zahlen, sah, mit denen Wedemeyer operierte, um sicherzustellen, dass der Konflikt zugunsten der USA ausfiel. Kernpunkt seines Planes war die Aufstellung einer Invasionsarmee in England und die Landung im Sommer 1943. Voraussetzung für eine erfolgreiche Operation war ein strategischer Bomberkrieg gegen die Industriezentren des Reiches. Wedemeyer beantwortete solch komplexe Fragen wie, wo die Schlacht stattfinden sollte, wo sie landen könnten, wie viele Truppen dafür benötigt würden, welcher Schiffsraum für den Transport infrage käme und viele andere logistische und militärische Fragen.

Für Othmar und Canaris war das Szenario nachvollziehbar, die Anzahl an Truppen, Fahrzeugen, Geschützen, Flugzeugen und Munition plausibel. Nur würde Hitler die richtigen Schlussfolgerungen daraus ziehen? Als die Nachricht, dass Generalfeldmarschall Erhard Milch neben seiner Funktion als Staatssekretär des Reichsluftfahrtministeriums und Generalinspekteur der Luftwaffe in Zukunft auch als Generalluftzeugmeister fungieren würde, bekannt wurde, war Hauptmann Schmidt am nächsten Tag im Reichsluftfahrtministerium, um die weitere Zusammenarbeit zu besprechen.

Dabei stellte sich schnell heraus, dass die beiden Männer nicht nur in den meisten Sachfragen übereinstimmten, sondern auch durchaus am Ende des Treffens Sympathien füreinander hegten. Zu Othmars Erleichterung beließ Milch auch Otto Lechner als Vertreter des RLM in seiner Funktion. Milch sprach auch sofort das dringendste Problem, die Steigerung der Produktionszahlen an.

»Eine meiner ersten Amtshandlungen wird eine Produktionssteigerung der Me 109 F sein und auch das Produktionsziel für die Focke-Wulf 190 werde ich auf das Zweieinhalbfache erhöhen. Bei allem, was Sie mir über die Produktionsziffern der anglo-amerikanischen Bomberproduktion erzählen, kann ich gar nicht anders entscheiden.«

Ziemlich erschrocken war Othmar, als er von Milch eine Schilderung der Amtsgeschäfte Udets der letzten sechs Monate seines Lebens hörte. Udet hatte praktisch aufgehört, Entscheidungen zu fällen.

»Ich musste ihn im September in einem Luftwaffenlazarett aufzusuchen, in das ihn der Reichsmarschall geschickt hatte, um ein auslaufendes Kampfflugzeugprogramm wieder anzuschieben«, erzählte er Othmar.

»Mit etwas Druck erhielt ich dessen Unterschrift unter die Wiederherstellung des alten Programms, das die Produktion von 240 Ju 88, 160 He 111 und 75 Do 17 monatlich vorsah. Hätte ich das nicht gemacht, hätte die Produktion in den Werken stillgestanden!«

Milch räumte auch augenblicklich mit dem völlig unsinnig aufgeblähten technischen Amt auf, das Udet hatte wuchern lassen. In zweiundzwanzig Abteilungen arbeiteten Tausende zum Teil gegeneinander. »Eine Entwicklung finde ich besonders interessant, die des unbemannten Flugkörpers«, tat Milch am Ende der Unterredung kund.

»Bislang ging die Zellenentwicklung aber doch recht langsam voran. Ich bin froh, dass ich in diesem Zusammenhang eine erfreuliche Information für Sie habe. Sie wissen, dass Lusser und Heinkel getrennte Wege gegangen sind? Nun, vor einigen Tagen kam Gerhard Fieseler in unser Amt und hatte eine Besprechung mit unserem Generalstabsingenieur Rulof Lucht. Fieseler erzählte ihm, dass sein Leiter der Entwicklungsabteilung, Erich Bachem, gekündigt hätte, um sich selbstständig zu machen. Ob er einen Ersatz für ihn empfehlen könne. Lucht hat Robert

Lusser ins Spiel gebracht und Fieseler hat angebissen. Einen besseren Konstrukteur für diese Waffe können wir uns nicht wünschen. Stimmen Sie mir da zu, Schmidt?«

Das war in der Tat eine äußerst positive Veränderung der Lage und zauberte ein breites Grinsen auf Othmars Gesicht.

»Ich kenne Lusser persönlich von einem Abend bei Heinkel im letzten Jahr. Damals habe ich eine Menge interessanter Dinge von Lusser gelernt. Eine wirklich tolle Ernennung.«

Auch mit Adolf Galland dem Nachfolger des tödlich verunglückten Generals der Jagdflieger, Oberst Werner Mölders, traf sich Othmar, um ihn über die Fortschritte der Me 262 und He 280 zu informieren. Gallands Büro hatte man im Gebäude des SPD-Blattes Vorwärts in der Lindenstraße 69 in Kreuzberg untergebracht, was dieser als Wohltat empfand, denn so entging er dem steifen Betrieb im RLM. Galland war ein flamboyanter Typ, gut aussehend, der am Kanal einem mondänen Lebensstil frönte. Galland war mit Leib und Seele Flieger, war unangepasst und mit seiner positiven Lebenseinstellung oft ein Schrecken seiner Vorgesetzten. Allen voran Reichsmarschall Göring, der ihn aber dennoch als General der Jagdflieger inthronisierte. Hauptmann Othmar Schmidt war gespannt, herauszufinden, wie weit Galland über die Entwicklungen in den Flugzeugwerken informiert war.

»Ich bin seit 1940 über Raketenflugzeuge informiert. Damals habe ich dank Udet den Konstrukteur Lippisch kennengelernt, der mich in die Geheimnisse der Me 163 einwies«, erklärte ein gut gelaunter Galland.

»Und wie ist Ihr Kenntnisstand bezüglich der Strahljäger?«

»Welche Strahljäger?«, fragte der Oberst verwundert.

»Sie haben keine Ahnung von dem Programm?«, wunderte sich Othmar.

»Nein«, entgegnete Galland, »was ist ein Strahljäger?«

Othmar setzte zunächst Galland über den Stand der Dinge in Kenntnis und genoss sichtlich die totale Überraschung des Generals der Jagdflieger.

»Dann wird es aber Zeit, dass Sie die Me 262 und He 280 kennenlernen«, sagte Othmar.

»Wie sieht denn Ihr Terminkalender aus? Haben Sie noch Luft für einen Besuch in Rostock und Augsburg?«

Galland durchsuchte seinen Kalender und schlug die erste Maiwoche vor, die augenblicklich von Othmar bestätigt wurde.

Im Spätherbst 1941 hatten Schmidt und Canaris ein wachsendes Interesse Görings an dem Ministerium von Fritz Todt beobachtet. Ihm war offensichtlich nicht entgangen, dass sich Widerstand gegen den Minister für Bewaffnung und Munition aufbaute. Machthungrig, wie Göring war, witterte er eine Chance, dieses Ministerium unter seine Fittiche zu bekommen, um so zum obersten Herrn der deutschen Rüstungswirtschaft zu werden.

»Pass auf, dass du nicht zwischen die Mahlsteine Görings und Himmlers gerätst«, riet ihm Canaris eindringlich.

»Da braut sich was zusammen. Keitel mischt sich jetzt auch ein und warf Göring vor Kurzem vor, er habe die schlechte Lage in Russland durch unzureichende Mobilisierung in den Jahren 1940 und 1941 mitverursacht. Dieser Intrigantenstadel in Berlin und Wolfsschanze arbeitet auf einen Sturz Todts hin.«

Othmar erinnerte sich an die Worte des Admirals, als er am 9. Februar einen Anruf von Walter Schellenberg erhielt.

»Ich bin seit drei Tagen mit dem Reichsführer SS in Ostpreußen. Rate mal, was gestern geschehen ist?«

Othmar hatte keine Lust auf Spielchen und fragte gereizt: »Keine Ahnung erzähl schon.«

»Fritz Todt ist tot.«

Othmar atmete tief durch.

»Wie ist das passiert?«

»Todt ist um acht Uhr morgens in Rastenburg gestartet. Um halb zehn ist die Maschine abgestürzt. Augenzeugen sollen beobachtet haben, dass aus der Maschine zwanzig Meter über dem Boden eine Stichflamme ausgetreten und das Flugzeug anschließend explodiert sei.«

»Eine Bombe?«, fragte Othmar.

»Vielleicht«, antwortete Schellenberg.

»Habt Ihr eure Finger im Spiel?«

»Wie kommst du darauf«, entrüstete sich Schellenberg.

»Nur so, damit ist ein Problem gelöst.«

»Es geht aber weiter, Othmar«, fuhr Schellenberg fort.

»Eigentlich hätte Albert Speer, der Generalbauinspektor für die Neugestaltung der Reichshauptstadt, auch in der Maschine sitzen sollen. Er hat aber nach einer Sitzung mit Hitler morgens um drei anders entschieden und abgesagt.«

»Hat der aber Glück gehabt. Aber was macht Speer in der Wolfsschanze?«

»Reiner Zufall, Othmar. Er war mit seinem Baustab in Südrussland, wollte zurück nach Berlin und bekam einen Freiflug von Dnjepropetrowsk nach Rastenburg, von wo aus er weiter nach Berlin fliegen wollte. Aber jetzt kommt die eigentliche Überraschung. Rate mal, wer die Nachfolge von Todt antreten wird?«

»Göring?«

»Zum Glück nicht, es ist Albert Speer.«

Schellenberg machte eine Kunstpause von einigen Sekunden, um Othmar die Gelegenheit zu geben, sich von dieser Überraschung zu erholen, dann setzte seine Stimme wieder ein.

»Aber er nicht allein. Verantwortlich für alle Bauvorhaben und Fertigung sämtlicher Projekte des Hochtechnologieausschusses wird Dr.

Hans Kammler. Gleichzeitig wurde er von Himmler zum Sonderbeauftragten des Reichsführers SS für Hochtechnologie ernannt!«

Totenstille herrschte plötzlich in der Leitung.

»Bist du noch da, Othmar?«

»Ja ja Walter, ich muss das erst mal verdauen. Damit hat dein Chef alle Trümpfe in der Hand.

Glückwunsch. Aber wie hat Göring auf diesen ungeheuren Affront reagiert. Immerhin ist der Reichsmarschall Oberbefehlshaber der Luftwaffe, Reichsbeauftragter für den Vierjahresplan, Chef der Reichswerke Hermann-Göring, Reichsforstmeister, Reichsjägermeister und Oberster Beauftragter für den Naturschutz.«

Schellenberg lachte lauthals.

»Er hat es versucht, hat sich aber bei Hitler eine geharnischte Abfuhr geholt.«

»Aber warum Speer?«

»Eine Fügung der Vorsehung hat es Hitler heute Nachmittag genannt. Aber wir wissen doch, wie sehr der Führer seinen Haus- und Hofarchitekten schätzt. Sein unglaubliches Organisationstalent hat doch Speer mit dem Bau der Neuen Reichskanzlei bewiesen. Immerhin gelang es ihm 1938, den zu dieser Zeit größten Neubau Europas in einem Jahr fertigzustellen. Vielleicht erkannte Hitler damals, dass in Speer ein großer Organisator steckte.«

»Glaubst du, dass sich Kammler und Speer vertragen werden? Ich meine, beide sind doch extrem ehrgeizig. Ich kann mir schlecht vorstellen, dass Kammler sich von Speer vorschreiben lässt, wie viel Material er verwenden kann.«

»Die beiden hocken schon seit Stunden zusammen. Ich hoffe, die finden einen Konsens. Ich bin übrigens am Freitag wieder in Berlin.«

»Das trifft sich gut Walter. Ich fliege am 26. Februar zur Germaniawerft nach Kiel. Dort findet eine Konferenz mit Hellmuth Walter, Marinebaubeamten sowie Raeder und Dönitz statt. Es geht natürlich um das Walter-U-Boot und eine wichtige Entscheidung. Kommst du mit? Sehr gut, ich hinterlasse eine Nachricht in deinem Büro, wann ich dich abhole.«

Othmar wollte schon auflegen, da begann Schellenberg von Neuem.

»Ach, bevor ich den eigentlichen Grund meines Anrufes vergesse, Heinrich Himmler möchte Dich gerne treffen, und zwar so schnell wie möglich«, sagte Schellenberg.

»Weißt du, worum es geht, Walter?«

»Um deinen Chef«, sagte dieser nur trocken.

Die Neugierde ließ Othmar sofort zum Telefon greifen. Kurze Zeit später hatte er Rudolf Brandt, den Sekretär des Reichsführers in der Leitung.

»Ich wäre Ihnen sehr verbunden Schmidt, wenn Sie sich umgehend einfinden könnten. Es ist dringend.«

Othmar hatte keine Ahnung, um was es ging, aber die Neugierde trieb ihn in die Prinz-Albrecht-Straße.

»Hauptmann Schmidt, ich weiß wie nahe Sie Admiral Canaris stehen, und deswegen habe ich Sie her gebeten, da ich glaube, dass Sie einen positiven Einfluss auf den Admiral haben. Es geht um die jüdischen V-Männer, die die Abwehr in ihren Reihen hat. Das muss ein Ende haben, sonst sehe ich mich gezwungen entgegen meinem eigentlichen Willen gegen den Admiral vorzugehen. Heydrich steht schon seit Wochen auf meinen Füßen und will dementsprechend Klärung. Könnten Sie Canaris dies verständlich machen?«

Othmar war perplex. Er hatte mit allem gerechnet, nur nicht damit, dass der Reichsführer SS so offen darum warb, dass sich der Admiral aus der Schussrichtung bewegte.

»Reichsführer, ich habe keine Ahnung, um was es geht und darüber hinaus befürchte ich, Sie überschätzen meinen Einfluss beim Chef der Abwehr.«

Himmler lächelte nachsichtig.

»Ich schätze Ihren Chef sehr, auch wenn ich das nicht so häufig publik machen kann, aber der Druck auf ihn, die jüdischen V-Männer los zu werden, wächst täglich. Bitte setzen Sie ihren Einfluss ein, denn sonst weiß ich nicht, was sich daraus entwickeln könnte.«

Kaum war Othmar in sein Büro am Tirpitzufer zurückgekehrt, suchte er Canaris auf. Als er eintrat, hockte der Admiral auf dem Boden neben dem Körbchen, in dem seine zwei Dackel dem Müßiggang frönten.

»Na, Othmar, was treibt Dich denn in meine Arme?«

»Himmler«, sagte er kurz angebunden.

»Ich soll dir sagen, dass es deiner Gesundheit dienlich wäre, wenn du dich von deinen jüdischen V-Männern trennst.«

Canaris hatte sich erhoben und ging zu seinem spartanischen Schreibtisch.

»So, so, der Reichsführer warnt mich. Hätte nie gedacht, dass es einmal dazu kommen könnte. Was führt der nur im Schilde?«

Othmar wurde ungeduldig.

»Wilhelm, das war eine offene Drohung und Warnung zugleich. Er ging sogar soweit, mir zu sagen, dass er sich von Heydrich wegen dieser Sache unter Druck gesetzt fühlt.«

»Das erklärt das eine und andere«, sagte Canaris und streckte sich.

»Was meint denn Himmler mit dem Verweis auf jüdische V-Männer.«

»Er meint damit, dass ich mich von den einzigen Agenten trennen soll, die wir noch im Interessengebiet Stalins haben und hatten. Absurd«, knurrte der Admiral.

»Aber jetzt dämmert mir, was mit unserem V-Mann in Palästina geschehen sein könnte, von dem wir seit dem Absetzen im letzten Herbst nichts mehr gehört haben«, überlegte Canaris.

»Palästina?«

»Keitel wollte, dass wir einen jüdischen Spion nach Palästina schicken, damit der uns über die Nachschubsituation der Briten im Kampf gegen Rommel unterrichte.«

Othmar schaute ihn ungläubig an.

»Und wie habt ihr den gefunden und dann dazu gebracht für die zu spionieren, die ihn eigentlich loswerden wollten?«

»Im KZ Dachau haben wir ihn entdeckt und angeworben«, druckste Canaris, um eine Antwort verlegen, herum.

»Das heißt, ihr habt ihm erklärt, wenn er sich nicht dazu entschließe, erschießt ihr seine Mutter.«

Canaris schaute ihn nachdenklich an.

»Selbst wenn dem so gewesen wäre, so haben wir es immerhin Paul Ernst Fackenheim ermöglicht, aus dem Konzentrationslager Dachau zu entkommen, in dem er wohl kaum seinen nächsten Geburtstag gefeiert hätte. Und weißt du überhaupt, wer Paul Ernst Fackenheim ist?«

Othmar schüttelte den Kopf.

»Ein hochdekorierter Kriegsheld des Weltkrieges und persönlicher Freund von Hermann Göring! Das Eiserne Kreuz zweiter Klasse bekam er, nachdem er unter Beschuss während der Schlacht an der Somme das Telefonkabel zwischen Regimentsstab und Front reparierte. Das Eiserne Kreuz erster Klasse erhielt er 1917 bei Montdodier, wo er als Chef einer Pak-Abteilung einen britischen Tankangriff zusammenschoss. Göring hat er dann in der Offiziersmesse von Eupen kennengelernt.«

»Und warum hat ihn sein Freund, der Reichsmarschall, nicht da rausgeholt?«

»Da musst du ihn schon selber fragen«, murmelte Canaris düster.

»Aber Himmler sprach von mehreren jüdischen V-Männern. Wen meint er damit?«

Canaris musste nicht lange überlegen.

»Wahrscheinlich Klaus, Lissner und Kauder. Vielleicht auch den Kölner Bankier Waldemar von Oppenheim, der mir viele Informationen aus und über die USA geliefert hat.«

»Und welche Aufgabe hast du den anderen zugewiesen?«

»Edgar Klaus stammt aus Riga. Er wurde als Kind jüdischer Eltern geboren, die aber früh konvertiert waren. Hans-Ludwig von Lossow, du kennst ihn ja von der Abteilung I, hat ihn mir vorgestellt, nachdem er aus Kaunas fliehen musste. Anfang April habe ich ihn dann in Berlin kennen und schätzen gelernt, nachdem er mir seine profunden Kenntnisse über die russische Armee mitteilte. Die habe ich ihm auch vor Manstein, von Brauchitsch und anderen Offizieren vortragen lassen. Die wollten aber die Wahrheit nicht hören. Dann habe ich ihn nach Stockholm geschickt, damit er dort unter den vielen russischen Diplomaten und anderen Russen Verbindungen knüpfte, um mehr über die Rote Armee zu erfahren. Damals wusste ich aber auch, dass sich Heydrichs Leute bereits für ihn interessierten, bei denen er als getaufter Jude und Kommunist vermerkt war.«

»Und was ist mit diesem Kauder?«

»Richard Kauder, alias Richard Klatt, alias Richard Karmany, ist eine schillernde Persönlichkeit; wie Klaus auch ein Kind jüdischer Eltern. Klattner hat eine Organisation in Sofia auf die Beine gestellt, die uns gute Informationen liefert. Geführt wird er von Oberst Rudolph Graf von Marogna-Redwitz, dem Chef der Abwehraußenstelle Wien und Oberstleutnant Otto Wagner, dem Chef der Abteilung Abwehr Kriegsorganisation in Sofia. Und bevor du mich nach dem dritten Mann löcherst, hier kann es sich nur um Ivar Lissner handeln. Der hatte gar keine Ahnung, dass sein Vater jüdischer Herkunft war. Das war dem auch völlig egal. Er und sein Bruder sind schon seit 1933 Parteimitglieder. Ivar Lissner hat sich als Reiseschriftsteller einen Namen gemacht und sogar schon für das Goebbels-Kampfblatt Der Angriff Berichte über die politische und militärische Lage in Asien gemacht. Aber jetzt kannst du mal sehen, wie krank unser System ist. Ivar wurde sogar Korrespondent des Völkischen Beobachters und des Angriffs in China. Doch als der Vater als Jude denunziert wurde, verlor der Halbjude seine Arbeit und wurde aus der Reichsschrifttumskammer ausgeschlossen.

Als ich Hauptmann Werner Schulz angewiesen hatte, eine Kriegsorganisation in Schanghai aufzubauen, erinnerte er sich an Ivar. Unter der Bedingung, dass sein Vater freigelassen würde, hat er sich bereit erklärt, mit uns zusammenzuarbeiten. Der Mann liefert fantastische Arbeit über das Funknetz des Auswärtigen Amtes in Xinjing oder Hsinking, wie es die Europäer nennen. Er ist unser einziger Informant in diesem Teil der Welt und den soll ich aufgeben? Sind die denn wahnsinnig geworden.«

»Nun beruhige dich, Wilhelm, ich bin doch nur der Bote«, versuchte Othmar den Admiral zu beruhigen.

»Ich könnte wetten, dass das alles nur von Heydrich ausgeht«, platzte es aus Canaris.

»Der Hund will mich fertigmachen, damit er sich auch die Abwehr unter den Nagel reißen kann. Aber da kann er lange warten!«

Es dauerte nur einige Tage, bis Canaris wortlos Othmars Büro betrat und sich auf einen Stuhl setzte. Seine Haut sah grau und schlaff aus, die schütteren weißen Haare schienen von Händen durchwühlt. Othmar ahnte das Schreckliche, doch wagte es nicht auszusprechen. Schließlich schaute ihn der Admiral an und erklärte ihm seinen Seelenzustand.

»Hitler hat mich suspendiert! Irgendein Dreckskerl, ich bin mir absolut sicher, es war Heydrich, hat sich bei Hitler beschwert, ich würde einen Volljuden als V-Mann in Tanger beschäftigen.«

»Und hast du?«

»Ja, er ist der beste Informant, den wir im arabischen Raum haben. Sein Material ist Gold wert.«

»Und jetzt?«, sagte Othmar leise.

»Vizeadmiral Leopold Bürkner als mein Stellvertreter hat die Geschäfte übernommen.«

»Und was sagt Keitel?«

»Nichts, dieser Feigling! Ich muss so schnell wie möglich Hitler persönlich sprechen, um ihn vom Unsinn seiner vorschnellen Entscheidung zu überzeugen.«

In den nächsten Tagen versuchte Canaris vergeblich, von seinem Haus in der Betazeile einen Termin bei Hitler zu bekommen. Doch alle seine Versuche, entweder über Keitel, oder den Wehrmachtsadjutanten Schmundt, führten zu nichts. In seiner Verzweiflung telefonierte er nach einer Woche mit Gerhard Engel, Hitlers Heeresadjutanten. Anschließend rief er Othmar an, der die Erleichterung in Canaris Stimme mit Händen greifen konnte.

»Hitler hat mir endlich eine Audienz gewährt. Ich fahre sofort nach Rastenburg.«

Drei Tage später kehrte Canaris, jetzt wieder in Amt und Würden, wieder nach Berlin zurück. Gegenüber Oster und Othmar Schmidt erwähnte er Keitels Verlogenheit.

»Der hat doch allen Ernstes behauptet, er wäre es gewesen, der Hitler mühsam von seiner Unschuld überzeugt habe und er hätte ja auch dem Termin organisiert. Das muss man sich mal vorstellen. Der Engels ist aus allen Wolken gefallen, als ich ihm das erzählte.«

Desmond Morton, Hugh Dalton und R.V. Jones saßen bereits in Gordons Büro, als dieser am 19. Februar das Dienstgebäude betrat. Er schien nicht überrascht über ihren Besuch zu sein, und bot seinen Gästen einen Teil seiner täglichen Sandwich Reserve an, die er wie jeden Morgen in einem kleinen Laden in der Nähe von Marble Arch gekauft hatte.

»Ich schätze, Sie schicken mich wieder heim ins Reich, damit ich endlich diese verdammte Radar gelenkte Flakbatterie von Telefunken besichtige, stimmt's, Sir?«, meinte er salopp und biss in ein saftiges Schinkenbrot.

»Sie sind ein Hellseher, Gordon«, lächelte Morton.

»Aber das ist nur eine der vielen Aufgaben, mit denen wir sie wieder in den Einsatz nach Deutschland schicken. Sie müssen zum einen ihren Kontaktmann in der Abwehr, wie hieß er noch mal, Brenner oder Trenner, kontakten.«

»Leutnant Renner, Sir«, half ihm Gordon, den Mund noch gestopft mit labberigem Toastbrot.

»Genau, Leutnant Gustav Renner. Teilen Sie ihm bitte mit, dass zum jetzigen Zeitpunkt Sir Menzies und auch Winston Churchill es nicht für opportun halten, sich mit Admiral Canaris, mit ihm selbst oder einer anderen Person der Abwehr zu treffen. Das soll aber nicht bedeuten, dass dies nicht in Zukunft geschehen könnte.«

»Warum das Hinhaltemanöver, Sir?«

»Ganz einfach, Gordon, wir wollen die Herren ein bisschen nervös machen. Sie sollen Ihnen erst einmal mit Hilfe von Informationen beweisen, wie ernst es ihnen mit solch einem brisanten Treffen ist«, erwiderte Morton.

Welch schlauer Fuchs dachte Gordon und konnte sich ein Grinsen nicht verkneifen.

»Daneben haben wir ein weiteres konkretes Ziel neben der weiterhin bestehenden Konzentration auf Radarentwicklungen«, übernahm nun Hugh Dalton das Wort.

»Ein polnischer Zwangsarbeiter, den man wegen seiner exzellenten Schweißtechnik zur Germaniawerft in Kiel geholt hatte, konnte über Dänemark und Norwegen nach England flüchten und berichtet von einem neuartigen Antrieb und moderner U-Boot-Technik, die dort entwickelt wird. Fahren Sie zunächst einmal am 25. Februar nach Kiel und schauen sich da mal ein paar Tage um, vielleicht erfahren Sie ja was, aus dem man Rückschlüsse ziehen kann. Gleichzeitig können Sie auch noch herausfinden, ob die drei Schlachtschiffe, die uns vor der Nase durch den Kanal gefahren sind, immer noch in Kiel liegen.«

»Wie ist denn das Wetter zurzeit in Norddeutschland, Sir?«

»Gruselig, Gordon. Es ist einer der härtesten Winter nicht nur in Russland, sondern auch in Mitteleuropa. Ziehen Sie sich also warm an.«

Bereits am nächsten Tag hatte sich Gordon auf dem für ihn mittlerweile zur Routine gewordenen Reise in die Schweiz aufgemacht. Urs Abderhalden hatte ihn mit frischem Bargeld und einem Shell-Stadtplan von Kiel versorgt. Die Zugfahrt und die Hotelreservierung im Esplanade in Berlin war ebenfalls bereits organisiert. Auch Zürich zeigte sich im Wintergewand, war aber nicht mehr so tiefgefroren wie im Januar. Am nächsten Morgen saß er bereits im Fernschnellzug FD 5, der Basel bei leichtem Schneetreiben um 09:32 verließ. Kaum hatte er die Grenze passiert, war er wieder Klaus Schläppi, der Kanonen-Repräsentant. Zunächst guckte der Beamte mürrisch, dann, als er realisierte, dass er einen mit dem Reich sympathisierenden Waffenhändler kontrollierte, wich seine negative Attitüde augenblicklich einer gewissen Freundlichkeit. Nicht unbedingt übertrieben, doch Gordon merkte, dass man offensichtlich seinen Besuch schätzte. Noch immer erschien Deutschland, aus dem Zug heraus, wie im tiefen Frieden zu leben. Außer den vielen Uniformierten und Feldjägern auf den Bahnsteigen der großen Bahnhöfe gab es nichts, was an Tod und Verderben erinnerte. Als er um 23:05 in völliger Finsternis im Anhalter Bahnhof ankam, schien Berlin wie ausgestorben. Es war kälter als in der Schweiz und der Schnee lag noch immer auf Straßen und Trottoirs. Ortwin Ode, der Concierge des Esplanade Hotels hatte Dienst und begrüßte ihn wie einen alten Bekannten.

»Sind Sie eigentlich immer im Dienst, Herr Ode?«

»Nicht immer, aber immer öfter, seit der Barras auf Heldenklau ist«, sagte Ode bedauernd.

»Barras?«

»So nennt man seit etwa 1870 die Armee in unserem Land«, entgegnete Ode.

»Und woher kommt dieser merkwürdige Begriff?«

»Das darf man gar nicht so laut sagen, Herr Schläppi. So weit ich weiß, kommt das aus dem Jüdischen und bedeutet Fladenbrot, das früher in der Armee ausgegeben wurde.«

»Ist die Bar noch auf und haben Sie noch eine Tageszeitung von heute?«

»Beides, Herr Schläppi«, und reichte ihm die Ausgabe der Deutschen Allgemeinen Zeitung von Dienstag, den 24. Februar.

Gordon ging zur Bar, die nur von einem Offizier und seiner Begleiterin frequentiert war. Kein Wunder zu dieser späten Stunde. Zunächst warf er einen Blick auf die Schlagzeile, die von überwältigenden Erfolgen deutscher U-Boote im Atlantik berichtete. Dann blätterte er ziellos durch die Zeitung und plötzlich fiel ihm auf, wie sehr sich das Erscheinungsbild des Blattes im Vergleich zu seinem letzten Besuch verändert hatte: die vielen Todesanzeigen mit dem Eisernen Kreuz. Offensichtlich zahlten die Deutschen ihren Tribut für den Überfall auf die Sowjetunion.

Am nächsten Morgen rief er Hauptmann Wiese im Heereswaffenamt an und verabredete sich mit ihm nach Dienstschluss im Café Josty am Potsdamer Platz. Danach rief er Karl Reiter bei Telefunken an und lud ihn für 20:00 zum Essen im Adlon ein. Das Adlon ist das erste Haus am Platze, da wird er doch scharf drauf sein dachte er und lächelte verschmitzt, als Reiter unter großem Hallo sofort zusagte. Dann ging er in die Halle hinunter und kaufte eine Ansichtskarte, die er an Herrn Leutnant Gustav Renner, an der Fließwiese 8, Berlin adressierte. Der Text lautete: Lieber Herr Leutnant, leider ist mein Neffe nicht befördert worden. Ich schlage vor, die Angelegenheit persönlich zu besprechen. Danach übergab er dem Concierge die Karte und bat ihn, diese zu frankieren und einzuwerfen.

Gila von Heese hätte er zu gerne kontaktiert, doch da er nicht wusste, wie sich sein Aufenthalt entwickeln würde, unterließ er es mit großem Bedauern. Aber aufgeschoben ist nicht aufgehoben dachte Gordon mit einem anzüglichen Lächeln. Überpünktlich betrat Hauptmann Wiese um 19:00 das Café, in dem sich Gordon hinter einer Zeitung verschanzt hatte. Der Offizier sah ziemlich niedergeschlagen aus, als er sich zu ihm an den Tisch setzte.

»Sie sehen nicht gerade aus, als ob die Wehrmacht soeben Russland erobert hätte«, versuchte Gordon den Offizier aufzumuntern.

»Ich habe soeben erfahren, dass mein Bruder bei Tula gefallen ist«, antwortete Hauptmann Wiese stockend.

»Mein zweiter Bruder, der Jüngste, ist auf Feindfahrt im Atlantik. Ich hoffe, wenigstens er kommt zurück. Man muss diesen Irrsinn beenden, und zwar schnell.«

»Haben Sie denn genaue Erkenntnisse, wie sich der Feldzug in Russland entwickelt?«

»Wir bekommen nicht viel mit, was strategische Überlegungen anbelangt. Wir wissen zurzeit nur, dass sich die Front stabilisiert hat und Planungen für eine große Sommeroffensive im Gange sind.«

»Gab es denn einen speziellen Faktor, der die Niederlage vor Moskau erklären lässt?«

»Zu viele, um sie alle aufzuzählen. Das fängt bei wattierten Stiefeln an und endet bei winterfestem Öl. Ganz zu schweigen von dem verbissenen Widerstand der Russen und dem Auftauchen des T-34.«

»Ein neuer Panzer?«

»Ein fürchterlicher Panzer, der auch dann noch vorwärtsgeht, wo unsere in Schlamm oder Schnee versinken.«

Gordon horchte auf. Wenn ein derart überlegener Panzer sich den Deutschen in den Weg stellt, müssen sie auch eine Antwort darauf finden.

»Gibt es denn schon Überlegungen, diese Gefahr mit einer Neukonstruktion zu begegnen?«

»Natürlich. Henschel und Porsche entwickeln Prototypen, die Ende April vorgestellt werden sollen.«

»Haben Sie eine Ahnung, wie schwer der Panzer werden soll, welche Bewaffnung er erhalten soll?«, drängte Gordon.

»Nur vage. Mehr als fünfzig Tonnen und ich glaube gehört zu haben, dass eine 88-Millimeter-Kanone eingebaut werden soll. Ende April kann ich Ihnen mehr dazu sagen, dann werde ich an der Vorstellung der Prototypen teilnehmen.«

»Gibt es Neues aus Peenemünde?«

Wieses traurige Gestalt wurde noch eine Spur melancholischer.

»Damit habe ich leider nichts zu tun und die, die daran arbeiten schweigen wie ein Grab. Seit dem Tod von Fritz Todt, dem Rüstungsminister und der Einsetzung der Herren Kammler und Speer ist die Sicherheitslage sogar noch erhöht worden. Jetzt wird jeder mit der Todesstrafe bedroht, der auch nur einen Mucks verlauten lässt.«

»Kammler und Speer? Doch nicht etwa der Architekt Speer?«, fragte Gordon ungläubig.

»Doch, genau der. Noch am Todestag von Todt hat Hitler ihn und Kammler zu Nachfolgern ernannt.«

»Und wer ist dieser Kammler?«

»Keine Ahnung. Soll ein SS-Offizier sein.«

Gordon musste diese Flut an Informationen erst verdauen.

»Ich habe etwas für Ihre Frau mitgebracht«, sagte er und nestelte an seiner Tasche.

Zum Vorschein kamen zwei große Stangen Toblerone.

»Was ist denn das?«, fragte Wiese entgeistert.

»Wollen Sie mich erschlagen?«

»Das ist eine unserer ältesten und erfolgreichsten Schokoladen, Herr Hauptmann. Ihre Frau wird sie lieben. Tobler hieß der Erfinder und aus Torrone, dem italienischen Namen für Honig-Mandel-Nougat, machte man Toblerone. Die Verpackung zeigt das Matterhorn und darin versteckt einen Bären als Hinweis auf die Stadt Bern, dem Herstellungsort.«

Zum ersten Mal lächelte Hauptmann Wiese.

»Vielen Dank, Herr Schläppi, damit machen Sie meiner Frau wirklich eine große Freude. Sie stirbt für Schokolade, die man nirgendwo mehr kaufen kann.«

»Grüßen Sie mir Ihre Gattin unbekannterweise. Wir sehen uns dann wieder in ein paar Tagen«, verabschiedete sich Gordon, der sich umgehend ins Adlon zum Treffen mit Reiter aufmachte. Gordon ging zu Fuß über die Hermann-Göring Straße zum Pariser Platz, an dem das noble Adlon, trotz seiner Adresse Unter den Linden 77, seinen Platz hatte. Karl Reiter saß schon in der Halle und man sah ihm an, wie geschmeichelt er sich fühlte, an solch einem edlen Ort sein Abendessen genießen zu können. Unter normalen Umständen wäre dies für ihn aus finanziellen Gründen unmöglich gewesen.

»Du überraschst mich immer wieder Klaus«, begrüßte er Gordon.

»Woher wusstest du, wie sehr ich mir das gewünscht hatte, einmal im Leben, wenn nicht im Adlon zu wohnen, doch zumindest dort gespeist zu haben.«

»Danke für die Blumen, Karl. Das war nicht schwer zu erraten, wenn man weiß, wie du gestrickt bist.«

»Und woher weißt du, wie ich gestrickt bin?«

»Da muss ich dich nur beobachten. Bislang hast du noch keine Annehmlichkeit ausgeschlagen.«

Reiter merkte gar nicht den triefenden Sarkasmus, er war nur von dem Verlangen getrieben, ein wenig Luxus in sein sonst karges Leben einfließen zu lassen. Das Ambiente und die vorzügliche Küche sowie der legendäre Weinkeller des Adlon ließen selbst in Kriegszeiten keine Wünsche offen. Reiter war selig. Als der Ober die letzte Flasche Château Mouton Rothschild kredenzte, war Reiter fällig für Gordons sehnlichsten Wunsch, den Besuch der Telefunken Flak Batterie.

»Ich habe deine Bitte, unsere Batterie zu besuchen nicht vergessen, Klaus. Nur war es bei deinem letzten Besuch nicht möglich. Ich habe aber damals schon mit meinem Kollegen Leo Brandt, unserem Entwicklungsleiter für Funkmess darüber gesprochen und er hat mir grünes Licht gegeben. Wie wäre es mit dem 2. März? Bleibst du solange in Berlin?«

»Das passt wunderbar in meinen Fahrplan«, strahlte Gordon, der solch eine einfache Wendung in einem seiner Meinung nach sehr komplizierten Prozess nicht erwartet hatte.

»Ich bin die nächsten Tage sehr eingespannt in Konferenzen und Einzelgesprächen, dass ich es diese Woche sowieso nicht zusagen könnte. Aber so ist das perfekt. Danke Karl!«

»Na, dann könnten wir ja noch einen Abstecher zu Kitty machen!«, frohlockte Reiter und klatschte sich vor Vergnügen auf die Schenkel.

»Bei solch einem Abschluss kann ich da schlecht Nein sagen«, stimmte Gordon ihm zu.

»Aber nur, wenn du fährst!«

Am nächsten Morgen wachte Gordon mit einem Brummschädel auf und dennoch musste er beim Gedanken an die vergangene Nacht lachen, als er sich in Richtung Lehrter Bahnhof aufmachte. Es war war mindestens zehn Grad minus und leichtes Schneetreiben hatte eingesetzt. Gordon genoss die Stille, die durch den Schnee entstanden war, und fühlte sich in keiner Weise durch die Kälte beeinträchtigt. Nachdem er die Spree überquert hatte, war es nur noch ein Katzensprung über den Washington Platz zum Lehrter Bahnhof. Er ging zur östlichen Seite der großen Halle, die für abfahrende Züge reserviert war.

Eine Lokomotive 01 098 vom Betriebswerk Lehrter Bahnhof stand bereits unter Dampf und wartete abfahrbereit darauf, den Schnellzug D 64 nach Kiel zu ziehen. Pünktlich um 08:39 setzte sich die Lokomotive fauchend in Bewegung. Gordon suchte zunächst den Schaffner auf, um seine Fahrkarte zu lösen; anschließend begab er sich in den Speisewagen, um ein verspätetes Frühstück einzunehmen. Die Fahrt ging zunächst über Spandau nach Wittenberge, von dort über Ludwigslust und Hagenow Land nach Lübeck. Der Schaffner hatte Gordon darauf aufmerksam gemacht, dass man kurz vor der Einfahrt in den Lübecker Hauptbahnhof das Wahrzeichen der Stadt, das Holstentor, sehen könnte. Als der Zug um 12:31 einlief, konnte er von der Schönheit der Lübecker Altstadt nur das Tor und die Dächer der Häuser erkennen. Doch das reichte schon, um sein Interesse zu wecken. Er hatte Thomas Manns Meisterwerk Buddenbrooks mit großem Interesse gelesen und hatte eine ungefähre Vorstellung, wie Lübeck damals und heute aussah.

Doch für eine Besichtigung blieb keine Zeit. Versonnen schaute er aus dem Fenster seines Abteils, als der Zug die Trave entlang Lübeck verließ und Kiel ansteuerte. Um 13:56 hatte er sein Ziel endlich erreicht. Ortwin Bode vom Esplanade Hotel in Berlin hatte ihm in Holsts Hotel am Schlossgarten ein Zimmer für zwei Nächte reservieren lassen. Getreu der Devise seines Schweizer Oerlikon Verbindungsmannes Rolf Bürgi, aus Tarnungsgründen nur das beste Hotel am Platze zu wählen. Am Bahnhofsausgang fragte er einen Schupo nach dem direkten Wege zum Hotel und der wies mit dem Arm in nördliche Richtung: »Immer geradeaus mein Herr, Sie können es nicht verfehlen.«

Er verließ den Bahnhofsvorplatz und lief über den Alter Markt, an den Persianischen Häusern vorbei zu Holsts Hotel, Ausdruck gediegenen Bürgertums. Hier gab es keinen Protz, sondern typisch norddeutsches Understatement, wie der Engländer in Gordon es wohltuend registrierte. An der Rezeption hatte man ihn schon erwartet und führte ihn in ein geräumiges Zimmer, das an der zum Hafen abgewandten Seite des Hauses lag. Nachdem er sich eingerichtet hatte, beschloss er zur Seegarten Brücke zu gehen, von wo man einen besonders guten Blick auf die Werften werfen konnte, die auf der gegenüberliegenden Seite der Förde beheimatet waren. Das Wetter hatte aufgeklart und stückweise zeigte sich sogar ein blauer Himmel. Am Ufer hatte sich wegen der Kälte Eis gebildet und auch der Anleger war zum Teil zugefroren. An den Landungsbrücken sah er einen alten Mann im dicken Wintermantel und Schal auf einer Bank sitzen, der sich seine Pfeife stopfte. Er schlenderte zu ihm und setzte sich aufs andere Ende der Bank. Der alte Mann ließ sich bei seinem Ritual nicht stören. Gordons Blick schweifte von links nach rechts über die Förde und was er sah, reichte schon, um die Einreise ins Reich zu rechtfertigen. In einem riesigen Schwimmdock lag ein Schlachtschiff, an dem gearbeitet wurde. Schweißfunken flogen in den Himmel, Kräne drehten sich und nebenan lag ein großer Passagierdampfer, der wahrscheinlich als Wohnschiff für die Werftarbeiter diente.

»Ist das die Tirpitz?«, fragte Gordon.

»Nein, die ist doch viel zu groß für dieses Dock«, bemerkte der Alte ein wenig stolz.

»Das ist die Gneisenau, die hier nach einem Minentreffer, den sie sich beim Kanaldurchbruch zugezogen hat, repariert wird.«

Außer der Gneisenau konnte Gordon weder die Scharnhorst noch die Prinz Eugen entdecken, aber dafür fiel ihm eine große Baustelle ins Auge, die riesige Dimensionen aufwies.

»Warum baut man denn solch einen großen Luftschutzbunker auf der anderen Seite der Förde.

Das macht doch keinen Sinn?«, fragte er scheinheilig.

»Das wird ein U-Boot-Bunker. Einen Namen hat er auch schon, obwohl das Richtfest erst im Sommer gefeiert werden wird. Kilian soll er heißen, so steht es zumindest in den Kieler Neuesten Nachrichten.«

Gordon warf einen Blick auf seine Uhr.

»Jetzt muss ich aber los. Vielleicht sieht man sich ja noch mal. Ich würde mich freuen.«

»Ganz meinerseits«, meinte der Kieler Bürger und verschwand hinter einer Tabakswolke.

Gordon beschloss, seine Exkursion mit einer Bootsfahrt auf der Förde fortzusetzen. Er ging zurück zu den Seegarten-Brücken und schaute auf den Fahrplan, der aber auf die Schichtbedürfnisse der Betriebe auf der anderen Seite der Förde ausgerichtet war. Er hatte trotzdem Glück, denn als er sich in den Plan vertieft hatte, kam ein Mann mit Prinz-Heinrich-Mütze vorbei.

»Wollen Sie nach Gaarden?«, fragte er im Vorübergehen.

»Ja gerne«, reagierte er schnell, ohne sich darüber im Klaren zu sein, dass ihn auf der anderen Seite der Förde Werkschutz oder Schlimmeres erwarten könnte.

Mehr als mich zurückschicken werden Sie mich wohl nicht, hoffte er inbrünstig, als er das Deck der Stadt Kiel betrat. Er zahlte seinen Obulus und beobachtete, wie der Bootsmann die Leinen löste und der schmucke kleine Dampfer Fahrt aufnahm. Gordon war erstaunt, wie viel Verkehr auf der mit Treibeis bedeckten Förde herrschte. Vor Luftangriffen schien man keine große Besorgnis zu haben. Zumindest am Tage nicht. An der Landungsbrücke auf der anderen Seite herrschte Unruhe. Anscheinend war beim Ablegen eine Trosse in die Schraube der Fördefähre geraten, denn zwei Männer beugten sich am Heck weit über die Reling, während eine dritte Person verzweifelt am anderen Ende des Taues zerrte und vier Uniformierte kluge Kommentare abgaben. Gekonnt legte der Kapitän der Stadt Kiel sein Boot an den hinteren Anleger und Gordon sprang auf die Pier. Niemand beachtete ihn, alle starrten gebannt auf die Schraube der Fähre, die das vereiste Tau nicht freigab. Gordon konnte sein Glück kaum fassen und ging schnurstracks auf die Werft Straße zu. Er versuchte ein so normales Gesicht wie möglich zu machen und vertraute auf sein unverschämtes Glück. Dies blieb ihm tatsächlich hold und schnell ging sein Puls auf Normalmaß zurück.

Er wusste nicht, wonach er Ausschau halten sollte, so beschränkte er sich auf das, was ihm außergewöhnlich erschien, zu speichern. Doch obwohl er ohne Probleme den Sandkrug entlang ging, die Norddeutsche oder Kieler Straße durchstreifte, nichts war es wert, von seinem Gedächtnis protokolliert zu werden. Wenn es Geheimnisse gab, so waren sie gut hinter Backsteinmauern verborgen. Alles andere hätte ihn auch überrascht. Nachdem er das gesamte Gelände durchkämmt und auf keine nennenswerte Erkenntnis gestoßen war, beschloss er das Unternehmen Germania Werft abzubrechen und zu seinem Hotel zurückzukehren. Er wollte sein Glück nicht aufs Neue auf die Probe stellen und entschied sich für den Fußmarsch um die Hörn herum. Als er zum Werkstor kam, ging er forsch auf die Schranke zu, grüßte den Posten am Schlagbaum und war erleichtert, als dieser ihn ohne Probleme passieren ließ. Als er zwei Blocks weiter verschnaufte, schwor er sich, solch ein Risiko niemals mehr einzugehen. Vor allem dann nicht, wenn es absolut nichts von Interesse zu sehen gab. Am meisten ärgerte sich Gordon über seine eigenen Übermut. Vor lauter Wut über sich selbst trat er gegen eine Litfaßsäule.

Nachdem er sich beruhigt hatte, kehrte er zu seinem eigentlichen Plan zurück. Die richtige Kneipe finden, in der Werftarbeiter verkehren und ihren Gesprächen lauschen. Langsam wurde es dunkel und gegen 18:00 fand er ein Lokal in der Nähe des Horst Wessels Parkes, das seinen Vorstellungen entsprach. Metropolis stand großspurig über dem Eingang, doch davon konnte drinnen keine Rede sein. Es war eine kleinbürgerliche Kneipe, wo ein sogenanntes Gedeck die Spitze der Gastronomie darstellte. Dabei handelte es ich um eine 0,33 Liter Flensburger Pils Flasche mit traditionellem Bügelverschluss, dazu ein Aquavit der Marke Original Lehment Doppel-Kümmel. Nach dem Schreck genehmigte er sich auch spontan solch eine spirituelle Sensation. Langsam trudelte der eine oder andere Arbeiter in der Kneipe ein. Meist noch im Blaumann, den Henkelmann unterm Arm und mit müden Augen in abgekämpften Gesichtern. Gordon hatte sich an der Ecke des Tresens platziert, um Tür und Schänke im Auge behalten zu können. Er wollte gerade gehen, da wurde die Tür von einem kräftigen Mann geöffnet. Zwei andere Gäste der Gaststätte bestürmten ihn sofort mit nur einer Frage: »Wie geht es ihm?«

Gordon schnappte nur Brocken der Konversation auf, reimte sich aber zusammen, dass sich ein schlimmer Unfall auf der Germaniawerft ereignet haben musste. Als sich der Neuankömmling neben ihn an den Tresen stellte, sprach er ihn an.

»War es schlimm?«

Der Mann schaute ihn mit traurigen Augen an.

»Es hat ihm den Kopf von den Schultern gerissen«, sagte er fast tonlos.

»Und wie konnte das passieren?«

»Das Treibstoffgemisch ist teuflisch. Wenn man nicht hundertprozentige Arbeit leistet und nur einen Augenblick unaufmerksam ist, kommt es zur Explosion. Das war ja nicht das erste Mal.«

»Welche Stoffe mischen Sie denn?«

Plötzlich wurde der Mann hellhörig, schaute ihn kurz an und ging wortlos zu einem Tisch am Fenster, an dem bereits zwei Männer saßen.

»Nehmen Sie es ihm nicht übel«, sagte die Schankfrau, die ihre Konversation überhört hatte.

»Aber hier haben alle Angst vor der Gestapo, die mit Argusaugen darüber wacht, dass keine Betriebsgeheimnisse ausgeplaudert werden. Seitdem die bei der Germania an dem neuen Motor tüfteln, ist es besonders schlimm.«

Gordon nickte verständnisvoll und bezahlte seine Zeche. Als er aus der Schänke trat, blickte er in einen sternenklaren Himmel.

»Bomberwetter«, murmelte er und machte sich au den Heimweg in sein Hotel. Er war fast eine halbe Stunde unterwegs und war froh, dass er sich auf seinem Zimmer aufwärmen konnte. Wenig später übermannte ihn der Hunger, doch da die Hotel eigene Küche bereits zugemacht hatte, folgte er einem Rat des Concierge und ging ins Lokal Zum Patzenhofer in der Preußerstraße. Nachdem er dort eine fein gewürzte holsteinische Kartoffelsuppe und anschließend gekochten Dorsch mit Senfsoße genossen hatte, zog er sich wieder auf sein Zimmer zurück, um die Strategie des nächsten Tages zu überdenken. Mitten in der Nacht ertönten plötzlich Luftschutzsirenen. Nur wenige Minuten später klopfte es an seiner Tür.

»Herr Schläppi, sind Sie wach? Bitte öffnen Sie die Fenster und lassen Sie sie weit offen stehen. Kommen Sie dann bitte zum Empfang, damit wir Sie und die übrigen Gäste in den Keller führen können.«

Nicht schon wieder dachte Gordon, zog sich an und ging mit seinem gepackten Koffer in die Halle, wo bereits ein Dutzend Gäste unruhig warteten. Der Luftschutzwart führte die Gruppe und die Hotelbediensteten in den zum Bunker ausgebauten Keller. Es dauerte vielleicht zwanzig Minuten, bis Motorenlärm und pfeifendes Geräusch ertönten. Flakgeschütze eröffneten das Feuer und trugen mit ihrem steten Abschussrhythmus gewaltig zur Kakofonie bei. Sekunden später gab es mehrere entsetzliche Schläge und der Keller begann, wie ein Schiff bei Seegang zu schwanken. Immer stärker wurde der Lärm, immer näher kamen die Einschläge, sodass eine der Frauen die Nerven verlor und zu schreien begann.

»Ich will raus, lassen Sie mich raus. Wir werden hier drin alle sterben!«

Verzweifelt hämmerte sie gegen die Tür, an der stoisch der Luftschutzwart stand und die Frau zu beruhigen versuchte. Schließlich ließ sie sich widerstandslos von anderen Bunkerbesuchern an ihren Platz zurückführen, worauf sie still weiter schluchzte. Für eine Weile waren weitere Einschläge zu spüren, doch erheblich weiter von ihnen entfernt.

Nach einer halben Stunde war der Angriff der RAF beendet und der Luftschutzwart öffnete die Tür. Draußen zogen Rauchschwaden vorbei und Glassplitter von unzähligen zerborstenen Scheiben bedeckten das Pflaster der Schlossgartenstraße. Die Luft war von beißendem Qualm erfüllt. Feuerwehrsirenen hallten durch die Dunkelheit und im Norden und Osten der Stadt erhellte Feuerschein die Nacht. Der Hoteldirektor bat die Gäste, wieder auf ihre Zimmer zu gehen, dem die meisten auch sofort Folge leisteten. Für einige Sekunden überlegte Gordon, ob er sich das Resultat des Bombardements ansehen sollte, doch er beschloss zunächst den Rest der Nacht im Bett zu verbringen, um bei Tageslicht die Schäden zu begutachten. Dass der Angriff der Gneisenau gegolten haben musste, stand bereits für ihn fest. Als er sein Zimmer betrat, sah er, dass die Fenster heil geblieben waren. Offensichtlich hatten das Öffnen und die Tatsache, dass sein Zimmer entgegengesetzt der Bombenangriffsseite lag, dazu beigetragen. Trotz der Aufregung schlief er noch ein paar Stunden, bis es hell wurde.

Nach einem schnellen Frühstück machte er sich auf den Weg. Sein erstes Ziel war die Seegartenbrücke, um einen Blick auf das Schwimmdock und die Werften zu werfen. Als er dort ankam, hatte sich bereits eine Menschenmenge zusammengefunden, die die Ereignisse der vergangenen Nacht diskutierte. Sechs Krater waren in der zugefrorenen Förde vor dem Anleger zu sehen. Ganz offensichtlich das Resultat britischer Bomben, die ihr Ziel um knapp zwei Kilometer verfehlt hatten. Auf der anderen Seite der Förde stand eine Rauchwolke über dem Wohnschiff auf und Gordon konnte deutlich erkennen, dass aus dem Vorschiff der Gneisenau dichter schwarzer Qualm aufstieg. Dutzende Menschen liefen auf der Back und dem vorderen Geschützturm umher; augenscheinlich mit dem Löschen eines Brandes beschäftigt.

Gordon wollte sich nicht in Diskussionen mit den Schaulustigen verwickeln lassen, sondern begann, auf dem Düsternbrooker Weg entlang der Förde nach Norden zu gehen. Gordon ging bis hinauf zur Tirpitz Mole. Auf dem Weg dorthin sah er, dass auch die Torpedobootinspektion einen Volltreffer abbekommen hatte. Nachdem er noch einen Blick auf die Schleusen des Nord-Ostsee-Kanals in Holtenau geworfen hatte, die aber weiträumig abgesperrt waren, setzte er mit einer Fähre nach Neumühlen über, um das Werftengelände auf dem Ostufer der Förde zu erkunden. Dort angekommen marschierte er am Artillerie-Depot vorbei auf dem Heikendorfer Weg in Richtung Süden.

Da das Gelände langsam anstieg, hatte er auch einen guten Blick auf das nördliche Areal der Kriegsmarinewerft bei Dietrichsdorf, wo die Bauarbeiten für den U-Boot-Bunker Kilian in vollem Gange waren. Er überquerte die Schwentine und marschierte nun auf der Schöneberger Straße südwärts. Die Sicht auf die Gneisenau blieb ihm fast immer versperrt. Nur einmal sah er das Vorschiff des mächtigen Schlachtschiffes, das aus seiner Entfernung aussah, als habe ein riesiger Dosenöffner das Deck aufgerissen. Daneben brannte immer noch das Wohnschiff, das mittlerweile von weißem Rauch eingehüllt war. Auf seinem weiteren Weg rund um die Förde blieben ihm die Geheimnisse der Werften verborgen. Als er schließlich gegen 19:00 wieder in seinem Hotel eintraf, hatte er eine Entscheidung getroffen. Hier gab es nichts mehr für ihn zu tun. Er würde den morgigen Tag noch für eine weitere Exkursion nutzen, um mögliche Rüstungswerke ausfindig zu machen und dann nachmittags, um 16:26 mit dem Schnellzug D 63 zurück nach Berlin zu reisen. Er hatte genug von Kiel.

An dem gleichen Morgen, als Gordon Schmitt nach der Bombennacht die Kieler Förde umwanderte, war Hauptmann Othmar Schmidt zusammen mit Walter Schellenberg und dem kürzlich zum SS-Brigadeführer und Generalmajor der Waffen-SS ernannten Hans Kammler im Landeanflug auf den Flugplatz Kiel-Holtenau. Bereits aus der Luft machten sie sich einen Eindruck von dem verheerenden Angriff auf die Gneisenau. Ein Wagen der Germaniawerft holte sie ab und fuhr direkt zur Germaniawerft. Dort wurden sie bereits von einer hochkarätigen Runde erwartet, die sich aus Großadmiral Erich Raeder, Vizeadmiral Dönitz, Carl Schmidt, Hellmuth Walter, Admiral Werner Fuchs, dem Leiter des Konstruktionsamtes, Marineoberbaurat Diplom-Ingenieur Christian Waas, Marineoberbaurat Friedrich Schürer, Ministerialdirigent Diplom-Ingenieur Fritz Bröking, dem Marinebaudirektor Diplom-Ingenieur Heinrich Oelfken sowie den Diplom-Ingenieuren Ulrich Gabler und Winfried Hepp zusammensetzte. Die beiden Letzteren waren von Dönitz zu dem Treffen geladen worden, da beide U-Boot-Fronterfahrung als Leitende Ingenieure – Hepp auf U-203, Gabler auf U-564 - mit einbringen sollten.

»Was war denn hier los?«, platzte Kammler heraus, als sich alle vorgestellt hatten.

»Wir hatten letzte Nacht mal wieder Besuch von der RAF«, stellte Raeder kühl fest.

»Leider ist ihnen ein Glückstreffer gelungen. Wie mir die Luftwaffe heute Morgen mitteilte, waren 43 Wellington, 12 Manchester und 6 viermotorige Stirling an dem Angriff auf die Gneisenau beteiligt. Gegen 23 Uhr fiel eine britische 500-Kilo-Bombe auf das Vorschiff des Schlachtschiffes. Sie traf einen Lüftungsschacht, durchschlug zwei Decks und brachte die gesamte Kartuschenmunition zur Explosion, wodurch vorne das Oberdeck aufklappte. Die vordere Munitionskammer und das Vorschiff brannten dabei vollkommen aus. Einhundertzwölf Marinesoldaten starben in den Flammen des vorderen Geschützturmes. Unglücklicherweise sprang das Feuer auch auf den längsseits liegende Passagierdampfer Monte Sarmiento über. Das Wohnschiff von immerhin 13 625 Bruttoregistertonnen brannte ebenfalls aus.«

»Gab es auch Verluste unter der Zivilbevölkerung?«, wollte Othmar wissen.

»Am Hohenzollernring wurde das Altersheim getroffen, dort soll es sechzehn Tote gegeben haben. Mehr weiß ich noch nicht.«

»Die Angriffe steigern sich sukzessiv«, meldete sich Dönitz.

»Und werden sich in Zukunft noch erheblich steigern, fürchte ich«, mischte sich Othmar ein.

»Wir wissen von unserem V-Mann, der an der Entwicklung des Lancaster Bombers beteiligt ist, dass die ersten Maschinen an die No. 44 Squadron der RAF ausgeliefert wurden. Jetzt bauen die Briten Hunderte dieser Viermotorigen in ihren Avro-Fabriken in Chadderton, bei Metropolitan-Vickers und Armstrong Whitworth. Wenn die hier auftauchen, wird es bei dem begrenzten Schaden nicht bleiben«, orakelte Othmar.

»Dann brauchen wir mehr Flak, Herr Hauptmann«, erregte sich Raeder.

»Wenn wir sie bekommen, Herr Großadmiral«, entgegnete Dönitz.

»Aber wir sind ja nicht hier um die Luftabwehr der Marine zu diskutieren«, fuhr er fort.

»In der Tat nicht«, griff Hellmuth Walter den Faden auf.

»Ich bin dankbar, dass dieses Treffen so schnell zustande kommen konnte, denn es geht darum, wichtige Entscheidungen zu treffen.«

Walter referierte sogleich über den gegenwärtigen Stand der Entwicklung, den Fortschritten beim Bau der kleinen Walter Versuchsboote Wa 201 und Wk 202 und der Nullserie von je sechs Booten, deren Bau soeben bei der Germania begonnen hatte.

»Das Bauprogramm macht gute Fortschritte. Trotzdem bin ich der Ansicht, dass wir für die Erprobung dieses revolutionären Antriebes mehr Zeit brauchen.«

Ein Raunen ging durch die Runde und auch Othmar war ein wenig verblüfft über die etwas übervorsichtige Betrachtung der Dinge durch Hellmuth Walter.

»Sehen Sie, wir haben es hier mit einer im wahrsten Sinne sehr explosiven Technik zu tun, die zwar unglaubliche Leistungen produzieren kann, die aber auch ihre Tücken für die Besatzungen bereithält. Erst gestern hatten wir einen Zwischenfall, bei dem ein Techniker sein Leben durch eine Explosion verlor. Es hat ihm glatt den Kopf von den Schultern gerissen und das Halleninnere des Teststandes völlig verwüstet. Ich möchte nicht, dass dies innerhalb eines U-Bootes geschieht, denn das hätte den direkten Untergang zur Folge. Abgesehen davon warten wir noch auf die Fertigstellung der zweiten Wasserstoffperoxid-Fabrik in Rhumspringe. Da man mit den Arbeiten erst vor einigen Wochen begonnen hat, wird es noch Jahre dauern, bis sie fertig ist.

Ich hatte mich schon vor einigen Wochen mit Marinebaudirektor Diplom-Ingenieur Heinrich Oelfken getroffen und ihm meine Bedenken mitgeteilt. Er kam ein paar Tage später wieder auf mich zu und bat um die Pläne des Typs XVIII, ohne mir zu verraten, was er damit vorhatte. Vor einigen Tagen hat er mir das Ergebnis seiner Studien vorgelegt, die es absolut wert sind, zur Diskussion gestellt zu werden. Damit Sie dies aber verstehen, werde ich Ihnen in groben Zügen zunächst das Atlantikboot vom Typ XVIII vorstellen. Die eigentliche Präsentation der Technik wird es bei der Indienststellung des Bootes geben. Ich möchte aber noch vorausschicken, dass ich bereits mit Vizeadmiral Dönitz über den Entwurf gesprochen habe, und anschließend seine Anregungen wie einen druckfesten Turm und längere Torpedorohre übernommen habe.

Das Typ-XVIII-Boot wird die Linien der eleganten Form des Typs XVII übernehmen. Diese Bootsform verwendet stromlinienförmige Fischprofile, die wir im Windkanal getestet haben. Das Gleiche gilt sowohl für die besonders strömungsgünstige Heckpartie mit großen Stabilisierungsflossen als auch für den geschlossenen Turm. Eigentlich brauchen wir den überhaupt nicht, denn das Walter-Boot operiert als Tauchboot die überwiegende Zeit unter Wasser. Wegen des druckfesten Turmes mussten wir die Außenbootsform verbreitern. Rechts und links des Druckkörpers liegen die Tauchtanks und Treibstoffbunker. Wegen der darüber gesetzten Außenhaut nennen wir diesen Typ auch Zweihüllenboot. Wenn wir einen Querschnitt durch die Bootsform durchführen würden, könnten Sie sehen, dass es eigentlich zwei Druckkörper sind, die wie eine 8 geformt sind. Der untere kleinere Teil der 8 dient der Lagerung des Wasserstoffperoxids in speziellen Mipolan Behältern.«

Großadmiral Raeder unterbrach den Vortrag von Walter, als er wissen wollte, was sich hinter Mipolan verbarg.

»Das ist ein von Dynamit-Nobel entwickelter weicher, amorpher thermoplastischer Kunststoff«, antwortete Walter.

»Das Boot ist 71,7 Meter lang und hat eine Unterwasserverdrängung von 1652 Tonnen. Über Wasser wird es von zwei Deutz-Dieselmotoren angetrieben, mit denen 17 Knoten erreicht werden können. Unter Wasser werden zwei Walter Turbinen zusammen 15000 PS entwickeln, die das Boot acht Stunden lang mit 24 Knoten vorwärtstreiben. Bewaffnet wird das Boot mit sechs Torpedorohren sein, die alle im Bug angeordnet sein werden, da das Heck dafür zu schmal geworden ist. Das ist aber kein Problem, da wir ein neues Schnellladesystem für die Torpedos entwickeln. Nun aber zum eigentlichen Problem, der davonlaufenden Zeit. Wie ich schon am Anfang gesagt habe, brauchen wir mehr Erfahrung mit der neuen Antriebstechnik. Und hier kommt ein Vorschlag von Baudirektor Oelfken, den ich für ausgezeichnet halte. Er trüge dazu bei, dass wir genug Zeit hätten, den Walterantrieb serienreif zu machen und gleichzeitig eine Waffe zur Verfügung stellen könnten, die zwar nicht ganz so effektiv wie das Walter-Boot ist, aber dennoch einen enormen technologischen Vorsprung darstellt, dem unsere Gegner absolut nichts entgegenzusetzen haben. Dabei handelt es sich um einen Entwurf, den wir Elektroboot getauft haben. Aber das erklärt Ihnen am besten Heinrich Oelfken selbst.«

Oelfken, ein selbstbewusster Ingenieur, mit 43 Jahren Referent bei Marineoberbaurat Fritz Bröking griff zu einigen Papieren, die vor ihm auf dem Tisch lagen, und ging zu einer Tafel, an der schon vorbereitete Pläne hingen.

»Es begann damit, dass mich mein Kollege Hepp eines Tages fragte, ob man nicht von dem großen Walter Boot ein konventionelles dieselelektrisches schnelles Unterseeboot ableiten könne. Zusammen mit meinem Chef, Marineoberbaurat Bröking und Marineoberbaurat Friedrich Schürer haben wir dann einen Entwurf konzipiert, den ich Ihnen jetzt vorstellen möchte. Zwei Komponenten sind hierbei die entscheidenden Faktoren.

Zum einen nutzen wir den Raum, der eigentlich für die Unterbringung des Wasserstoffperoxids vorgesehen ist, und bauen anstelle der Mipolan Behälter eine bisher unerreichte große Batteriekapazität ein, die zwei zusammen 4200 PS starke Doppelmaschinen vom Typ 2 Gu 365/30 der Siemens-Schuckert-Werke antreibt. Ermöglicht wird das erst durch den Einsatz von 372 neuen und superleichten Batterien vom Typ AFA 44 MAL 740 E, einer Neuentwicklung der Accumulatoren Fabrik AG in Hagen. Das wäre eine Verdreifachung der bisherigen Kapazität. Damit, und natürlich mit dem strömungsgünstigen Rumpf, lassen sich achtzehn Knoten für anderthalb Stunden oder zwölf bis vierzehn Knoten für zehn Stunden unter Wasser realisieren. Falls eine Schleichfahrt notwendig sein sollte, werden zwei Siemens-Schuckert- Einkollektormaschinen vom Typ GV 323/28 mit 226 PS Leistung eingebaut. Damit sie geräuschlos arbeiten, sind sie mit einem extra leisen Keilriemengetriebe ausgestattet. Dieses System von zwölf Keilriemen und einer Reibungskupplung wirkt direkt auf die Hauptantriebswelle und macht es unglaublich geräuscharm. Damit könnte man selbst den hartnäckigsten Verfolgern achtundvierzig Stunden lang mit sechs Knoten verhungern lassen.

Für die Dieselfahrt stehen zwei MAN-Sechszylinder-Viertaktdieselmotoren vom Typ M6V 40/46 mit Büchi-Abgasturbolader, parat, die zusammen viertausend PS auf zwei große dreiblättrige Propeller wuchten, die über Wasser für fünfzehn Knoten Fahrt sorgen.

Die zweite Komponente ist der Schnorchel. Zugegebener Maßen ist das nicht Hellmuth Walters Erfindung, denn sie wurde bereits Ende der dreißiger Jahre von der niederländische Marine entwickelt, doch er hat ihn für den Ozean erst einsatzfähig gemacht. Das Prinzip kennen wir alle vom Schwimmunterricht. Beim U-Boot fährt man bei Sehrohrtiefe den Schnorchel aus, um Luft anzusaugen, die es bei Unterwassermarschfahrt erlaubt, mit Dieselkraft zu fahren. Daneben gibt es noch den unschätzbaren Vorteil, dass gleichzeitig Frischluft ausgetauscht und die Batterien aufgeladen werden können. Der Vorteil liegt auf der Hand, solange ein Unterseeboot sich unter Wasser befindet, kann es nicht entdeckt werden. Eine weitere Neuheit im U-Boot-Bau ist der Verzicht auf Innenspanten. Stattdessen verstärken wir den Druckkörper durch äußere Flachwulsteisen. Das erhöht nicht nur die Stabilität, die sichere Tauchtiefen bis zu zweihundertzwanzig Metern erlaubt, sondern gibt uns auch endlich genug Platz für die Besatzung. Für deren Wohlbefinden haben wir vom technischen Bordbetrieb abgetrennte Schlaf- und Wohnräume vorgesehen. Außerdem werden drei komfortable Toiletten mit Fäkalientanks, ein großzügig ausgestatteter Waschraum, Dusche und UV-Beleuchtung installiert. Darüber hinaus sorgen eine vollautomatische Lüftungsanlage und eine neuartige wirkungsvollere Lufterneuerungsanlage für eine bessere Atmosphäre. Kommen wir nun zur Angriffs- und Defensivbewaffnung. Wir haben eine hydraulische Torpedoschnellladeeinrichtung konstruiert, die das erste Nachladen von Reservetorpedos innerhalb von fünfzehn Minuten möglich macht. Der zweite Satz, der dann aus der Reservehalterung gelöst werden muss, wird nach spätestens zwanzig Minuten abgefeuert. Insgesamt werden sich dreiundzwanzig Aale an Bord befinden. Alternativ können aber auch vierzehn Torpedos und zwölf Torpedominen vom Typ C mitgeführt werden. Die Flakbewaffnung besteht aus zwei 20-Millimeter-Zwillingsflaktürmen, die jeweils in den vorderen und hinteren Turmaufbau integriert sind.«

»Wozu brauchen wir denn überhaupt noch Flak, wenn die Boote nur unter Wasser laufen sollen?«, unterbrach ihn Othmar Schmidt.

»Nun«, druckste Oelfken herum, »eigentlich eine berechtigte Frage. Es ist eher mehr eine psychologische Hilfe. Unsere Kommandanten fühlen sich sonst nackt.«

»Wenn sich herausstellt, dass sie nutzlos sind, können wir sie später immer noch rückbauen«, entschied Dönitz.

»Nun aber zu einigen anderen interessanten Aspekten des Elektrobootes. Dies wird insbesondere Brigadeführer Kammler beruhigen. Wir wissen natürlich vom Kupfermangel und haben deshalb beschlossen, neue Wege zu gehen. Wir werden keine elektrische Motoren und Kabel für irgendwelche Hilfsantriebe verwenden. Wir setzen Hydraulik ein. Das heißt die Rudermaschine, das Sehrohr, der Schnorchel, die Ein- und Ausklappvorrichtungen der vorderen Tiefenruder, der Schwenkmechanismus der Flaktürme und die äußeren Torpedoklappenmündungen. Das ist zwar auf den ersten Blick ein mutiger Schritt, aber ich bin sicher, dass wir technische Schwierigkeiten recht schnell beseitigen können. Der große Vorteil ist darüber hinaus die Tatsache, dass Hydraulik leiser als Elektroantrieb ist.

Wir arbeiten auch an völlig neuen Sonar- und Peilanlagen für den Unterwassereinsatz. So zum Beispiel Geräte für die aktive Richtungs- und Entfernungsbestimmung von Schiffen mithilfe kurzwelliger Schallimpulse oder ein Gruppenhorchgerät. Mit neuen Unterwasserortungsgeräten werden wir auch demnächst in der Lage sein, einen Torpedoabschuss ohne Verwendung des Sehrohrs durchführen zu können. Dazu kommen neue Torpedos, die sich selbst ihre Ziele suchen.

Zum Schluss möchte ich noch darauf hinweisen, dass all diese Technik, die wir im Elektroboot installieren, ohne Probleme im Walter-Boot einbauen können. Wir verlieren also im Grunde keine Zeit, wenn wir das Elektroboot, dem wir die Typenbezeichnung XXI gegeben haben, zwischen schieben.«

Für eine kurze Zeit war es im Konferenzraum totenstill. Dann meldete sich Dönitz zu Wort.

»Herr Großadmiral, ich weiß, dass Sie Hellmuth Walter seit ihrer ersten Begegnung mit der V 80 letztes Jahr voll unterstützen. Auch ich gehöre zu denen, die in dem Walter-Antrieb die Zukunft des U-Boot Krieges sehen. Vor wenigen Tagen habe ich Ihnen eine Denkschrift übermittelt, in der ich vor den rapide steigenden Erfolgen des Gegners bei der U-Boot Bekämpfung gewarnt habe. Darin habe ich gefordert, ich zitiere: Wir müssen mit einem totalen U-Boot-Typ ins Wasser hinein; die Arbeiten an den Walter-U-Booten müssen beschleunigt werden; darüber hinaus ist zu prüfen, ob die Entwicklung des totalen U-Bootes nicht auch auf anderem Wege möglich ist. Zitat Ende. Nach dieser Präsentation ist dieser Vorschlag genau das, das ich angesprochen habe. Ich bin daher der Ansicht, dass wir unverzüglich diesen Typ bauen sollten und ich bin der Ansicht, wir sollten in diesem Fall auf eine Nullserie verzichten. Wenn wir jetzt die richtige Entscheidung treffen und augenblicklich Fertigungszeichnungen analog zum Typ-Entwurf erstellen lassen, könnten wir solch ein Boot in Rekordzeit bauen. Dazu schlage ich die Deschimag Werft in Bremen vor, denn die hat Erfahrung im Bau von großen Booten, wie sie es beim Typ IX bewiesen hat.«

Othmar schaute in die Gesichter der Teilnehmer und bemerkte eine allgemeine Zustimmung zu Dönitz Vorschlag. Auch dessen Chef, Großadmiral Raeder, gehörte dazu. Othmar wandte sich nun an Kammler.

»Brigadeführer Kammler, denken Sie, Sie könnten bis zur nächsten Sitzung des Hochtechnologieausschusses Ende Juni schon mit einem Bauplan aufwarten?«

Kammler rieb sich das Kinn.

»Hier geht es ja nicht nur um einen Quantensprung in der U-Boot

Technik, sondern auch um Schnelligkeit. Auch gilt es, das Bauprogramm für die Typen VIIC und IX zu überdenken, und gegebenenfalls mit dem des Typs XXI zu koordinieren. Ich werde mich mit meinem Kollegen Speer beraten und bin sicher, einen Plan im Sommer vorlegen zu können. Ich unterstütze aber Vizeadmiral Dönitz Forderung nach sofortiger Erstellung der Zeichnungen, damit keine Zeit verloren geht.«

Othmar war mit der reibungslosen Entwicklung der Dinge äußerst zufrieden, dennoch wollte er sicherstellen, dass bei der Euphorie über das Elektroboot, die Entwicklung des Walter Bootes XVIII nicht zu kurz kam.

»Dann möchte ich für das Protokoll Folgendes festhalten. Die Fertigungszeichnungen für das Elektroboot werden fertiggestellt. Parallel dazu müssen die Festigungsberechnungen durchgeführt werden. Weiterhin gehen die Arbeiten am Typ XVIII, dem Walter-Boot, unvermindert weiter. SS-Brigadeführer Kammler organisiert einen Fertigungsplan für den Typ XXI. Wenn Sie keine weiteren Fragen haben, schlage ich vor, wir treffen uns zur großen Sitzung am Dienstag, den 30. Juni wieder in Berlin.«

Dieser Vorschlag wurde von allen Teilnehmern begrüßt, doch ganz augenscheinlich hatte Walter Schellenberg, in einem Sinn für Dramatik, noch eine besondere Nachricht, die er allen Konferenzteilnehmern mit auf dem Weg bringen wollte.

»Wir haben soeben erfahren, dass die Amerikaner ein besonderes Schiffbauprogramm lanciert haben, um den hohen Versenkungsziffern zu begegnen. Präsident Roosevelt hat ein 350-Millionen-Dollar Schiffbauprogramm für die Vereinigten Staaten verkündet, mit dem innerhalb von drei Jahren das Volumen der Welthandelsflotte um fünfzig Prozent vergrößert werden soll. Dazu soll ein einziger Schifftyp gebaut werden. Dieser neue Einheitstyp mit der Bezeichnung EC2-S-C1 hat einen Standard-Rumpf, ist rund 135 Meter lang und 17 Meter breit. Als Antrieb diente eine Dreifachexpansionsdampfmaschine, die 2500 PS bei sechsundsiebzig Umdrehungen pro Minute leistet und den Schiffen eine Geschwindigkeit von rund elf Knoten verleiht. Die in Kanada gebauten Schiffe werden mit Kohle befeuert, die in den USA produzierten Frachter mit Öl. Die Geschwindigkeit ist zwar gering, aber dafür liegt die Reichweite bei 17 000 Seemeilen. Die Tragfähigkeit beträgt 10800 Tonnen. Der Clou ist aber die Bauweise. Der Werft Eigner Henry Kaiser hat in Anlehnung an die Autoindustrie eine Methode entwickelt, die Schiffe in Modulbauweise herzustellen. Einzelne Sektionen kommen fertig montiert auf die Werft, wo die Schiffe dann nur noch zusammengesetzt werden. Vielleicht ist das auch eine Möglichkeit, wie wir den Bau unserer Boote beschleunigen könnten.«

Othmar musste innerlich grinsen. Typisch Schellenberg dachte er, erst verliert er kein Wort, dann beendet er die Sache mit einem Paukenschlag. In der Tat war die Bemerkung Schellenbergs nicht spurlos an den Beteiligten vorübergegangen. Raeder und Dönitz hatten ihre Köpfe zusammengesteckt und diskutierten Versenkungszahlen. Nur Hans Kammler hielt sich aus allem raus und machte sich eifrig Notizen. Offensichtlich hatte sein SS-Kollege ihm eine Inspiration geliefert.

Gordon war froh, heil aus Kiel nach Berlin zurückgekehrt zu sein. In gewisser Weise verspürte er Mitleid mit den Bewohnern der Stadt, die in den kommenden Monaten und Jahren sicherlich unter Dauerbombardements zu leiden hätten. Kiel als Marinehafen und Rüstungszentrum bot sich der RAF geradezu an. Sein erster Anruf galt seinem Telefunken Spezi Karl Reiter.
»Gibt's was Neues in Bezug auf die Flakstellung? Schon morgen? Sehr gut vielen Dank, Karl. Damit schulde ich Dir was«, sagte Gordon, als er das Gespräch beendete.
Weiß der Teufel, wie er das angestellt hat dachte er, als er seine nächsten Schritte überlegte. Pünktlich meldete sich Gordon am nächsten Tag bei Reiter in der Telefunkenzentrale am Vierten Ring in Lichterfelde.
»Du brauchst dich gar nicht bemühen, Klaus«, begrüßte Reiter ihn bereits im Foyer von Telefunken.
»Wir müssen ein paar Kilometer fahren, denn die Batterie, mit der wir eng zusammenarbeiten, befindet sich auf der Domäne Dahlem.«
»Eine Domäne ist doch ein Gutshof. Fahren wir jetzt aufs Land?«
»Keine Angst, es ist nur ein kleiner Ausflug, Klaus. Wir müssen nur zur Cecilienstraße in Charlottenburg. Dort ist tatsächlich ein landwirtschaftlicher Betrieb. Nach dem Tod des letzten Gutsbesitzers Carl Friedrich von Beyme verkaufte seine Tochter das Dorf 1841 an den preußischen Domänenfiskus. Auf der riesigen Fläche gibt es massig Platz für eine Flakbatterie.«
Der Opel P 4 des Telefunken Mannes setzte sich in Bewegung. Nach kurzer Fahrt über den Dahlemer Weg und die Thielallee erreichten sie das Gelände der Domäne an der Cecilienstraße, wo sich gut getarnt die Batterie befand. Wegen der Tarnung war von der Straßenseite aus wenig zu sehen. Tarnnetze verhinderten jeden verbotenen Blick auf das Areal, das weiträumig durch Stacheldraht abgesichert war. Am schwer bewachten Eingang der Batterie wurden sie bereits von Oberleutnant Klemens Schmitter erwartet, der sie durch die Stellung führen sollte. Der Offizier war ein drahtiger, Mittdreißiger Österreicher, der sich offensichtlich geehrt fühlte, einen Oerlikon Mann durchs Gelände zu führen.
»Ich habe extra für Sie eine Gefechtsübung ansetzen lassen«, sagte Schmitter in einem leichten Wiener Dialekt.
»Wie Sie sehen, bilden sechs 88-Millimeter-Geschütze, die wir Anton bis Emil bezeichnet haben, die Batterie. Eine sehr große Verbesserung unserer Schießergebnisse ist auf das Würzburg Gerät zurückzuführen, dass Sie dort hinten etwas abseits von den Geschützen sehen.«
Gordon hatte das Radargerät bereits beim Betreten der Anlage aus-

gemacht und stellte natürlich keine große Sensation für ihn mehr dar. Dafür interessierte er sich brennend dafür, wie es im Verbund mit den optischen Geräten funktionierte.

»Mit Würzburg können wir Ziele auf Entfernungen bis zu fünfunddreißig Kilometer erkennen und auf zehn bis fünfzehn Meter genau bestimmen. Stünde das Ziel fest, kämen wir bis auf drei Meter genau an das Objekt heran. Dadurch, dass die Geschwindigkeit des Zieles für das Funkmessgerät unbeeinflusst ist, kommen hier optische Geräte gar nicht mehr zum Einsatz. Die Peilung nach Höhen- und Seitenwinkel wird hingegen mit dem Entfernungsmesser vorgenommen.«

»Und auf welcher Zentimeter Welle arbeitet Würzburg?«, unterbrach ihn Gordon.

»Ah, ein Kenner der Materie«, bemerkte der Österreicher süffisant.

»Auf der 50-Zentimeter-Welle, wenn Sie es genau wissen wollen.«

Gordon notierte diese Information, die für ihn neu war, unauslöschlich in seinem Gehirn.

»Und wo ist der optische Entfernungsmesser?«, drängte er.

Der Wiener setzte wieder sein penetrantes Lächeln auf.

»Nur Geduld, Herr Schläppi. Dazu kommen wir jetzt« und bog um die Ecke der Lagebaracke.

»Das ist das Kommandogerät der Version 40 von der Firma Zeiss, das führungsmäßige Kernstück einer jeden Flakbatterie«, dozierte der Oberleutnant.

»Ein kompliziertes optisches Wunderwerk aus Linsen, Prismen und Spiegeln. Der aufgesetzte Vier-Meter-Entfernungsmesser zieht durch dieses geniale System den Augenabstand des beobachtenden Messoffiziers auf vier Meter auseinander und vermittelt ihm so eine zweiunddreißigfache Vergrößerung seines räumlichen Sehens auf viele Kilometer. Das eigentliche Kommandogerät, ein schnell arbeitender elektromechanischer Analogrechner, verarbeitet jetzt alle Messdaten über das Zielobjekt. Daraus errechnet er unter Berücksichtigung von Vorhalt und Geschossbahnkrümmung sowie Windgeschwindigkeit und Luftdruck drei Schusswerte für jedes einzelne Geschütz.«

»Also Höhen- und Seitenwinkel sowie Zünderlaufzeit?«

»Genau,«, strahlte der Wiener, »ich sehe, Sie sind tatsächlich vom Fach. Jetzt muss nur noch der Geschosszünder eingestellt werden, ein Vorgang, den wir vom Handgriff bis zum Abfeuern Ladeverzugszeit nennen. Und jetzt kommt die Flakhypothese ins Spiel.«

»Was ist denn das?« warf Gordon ein.

»Zum Glück wissen Sie nicht alles«, lachte Schmitter.

»Das ist die Annahme, dass sich vom Zeitpunkt der Zündereinstellung bis zum Detonationszeitpunkt der Granate das anvisierte Ziel die gemessenen Daten konstant beibehält. Mit anderen Worten das Ziel darf nicht seine Höhe, Geschwindigkeit und Richtung ändern. Problematisch wird das nur bei steigenden Geschwindigkeiten der Bomber, denn dann wird es wirklich eine Frage von Sekunden. Aber vielleicht ändert sich das ja, wenn wir von der Kanone auf die Rakete umsteigen«, bemerkte der Oberleutnant leicht arrogant.

Gordon versuchte so abgeklärt wie nur möglich zu klingen, obwohl bei dem Begriff Rakete Adrenalin durch seinen Körper schoss.

»Das ist doch wohl Zukunftsmusik, Herr Oberleutnant und würde mich arbeitslos machen, denn wir stellen keine Raketen her.«

Reiter und Schmitter lachten aus vollem Halse.

»Aber jetzt zeigen wir Ihnen mal, wie das nach einem Alarm vonstattengeht«, meinte der Batteriechef.

Auf seinen Wink hin ertönte das Alarmsignal. Die Besatzung des Kommandogerätes, B 1 genannt, rannte herbei und übernahm sofort die Werte vom Entfernungsmesser und speiste sie in die Telemetrie ein.

»Ziel aufgefasst«, schrie einer der Flaksoldaten.

Jetzt wurden der Geschützstaffel die Werte für Seite, Höhenwinkel und Distanz elektrisch übermittelt und die Geschütze nach diesen Werten auszurichten. Nun hörte Gordon wie die Geschützführer die Kommandos ihrer Kanoniere erhielten.

»K1 abgedeckt«, »K2 abgedeckt«, »K6 abgedeckt.«

K1 war das Synonym für Höhe, K2 für Seite und K6 für Zündereinstellung. Jetzt gab die Feuerleitung, Kehlkopfmikrofon am Hals, ein Klingelknopf am Kabel in der Hand, den Befehl: »Feuerglocke.«

Der Soldat sprach das Wort Feuerglocke betont klar und deutlich und betätigte den Klingelknopf. Nach einem Pausenintervall von zwei Sekunden rief die Feuerleitung »Abschuss«, wobei Abschuss erneut klar und deutlich zu verstehen war. Der Geschützführer hörte mit seinen Kopfhörern mit und zog auf das Stichwort Abschuss an der Reißleine für das Abfeuern der Flakgranate. Danach gab es erneut ein Pausenintervall, diesmal von fünf Sekunden Länge, um den Munitionsschleppern und dem Ladekanonier genügend Zeit zum Neuladen der Kanone zu geben. Für die Geschützbedienung war die Arbeit kein Zuckerschlecken. Die Einstellungen wurden von Hand ausgeführt, hydraulische Unterstützung fehlte. Insbesondere der Ladekanonier, der die schweren Granaten in die Ladeschale zu wuchten hatte, war gefordert. Je steiler der Anstellwinkel, desto schwerer seine Arbeit.

»Und was ist, wenn Funkmess und Kommandogerät ausfallen?«, fragte Gordon nach der eindrucksvollen Demonstration.

»Dann setzen wir das Malsi-Instrument ein«, erklärte der Oberleutnant ungerührt.

»Wir sind auf alles vorbereitet.«

»Malsi?«

Der Oberleutnant führte sie zu einer etwas abseits gelegenen Gruppe von zwei Flaksoldaten, die vor einer etwas altmodisch aussehenden Apparatur in einem verschalten Loch saßen.

»Sinn des Malsi-Gerätes ist, bei Ausfall der batterieeigenen Messgeräte

Werte von Nachbarbatterien, deren Messstaffeln noch einsatzbereit sind, zu übernehmen und auf unsere Koordinaten zu transponieren«, erklärte der Oberleutnant etwas sperrig.

»Wir nennen das auch die Umwertung.«

»Eine gehörige Feuerkraft«, erkannte Gordon neidlos an.

»Wir schaffen eine Schussfolge von etwa 700 Schuss pro Stunde an jedem Geschütz«, erklärte der Wiener stolz.

»Wir haben nur ein Problem, unsere Geschütze haben überlange Rohre für eine große Reichweite. Der Nachteil ist jedoch, dass nach tausend Schuss die Züge, die spiralförmigen Rillen im Lauf, verschlissen sind.«

Gordon zeigte sich sichtlich beeindruckt von dem Ausbildungsstand der Truppe.

»Eine sehr imposante Darbietung, Herr Oberleutnant. Insbesondere das Problem der verschlissenen Züge werde ich bei Oerlikon diskutieren. Vielleicht fällt uns eine Lösung zu dem Problem ein, obwohl wir ja gar nicht so große Kaliber produzieren.«

Reiter bot sich nach der Besichtigung an, Gordon ins Stadtzentrum zu fahren.

»Ich hoffe, du plauderst nicht alles beim Schweizer Geheimdienst aus«, grinste er.

»Dir ist schon klar, auf was ich mich eingelassen habe.«

»Keine Sorge Karl, diese Informationen dienen nur meinem Brötchengeber. Denn je mehr wir wissen, um so effektiver können wir auch unsere Waffensysteme bauen. Zum Wohle des Reiches ...und der Schweizerischen Kreditanstalt«, bemerkte Reiter vielsagend.

Noch in der gleichen Nacht beschloss Gordon, die Heimreise anzutreten. Die Informationen, die er sammeln konnte, waren zu wichtig, und mussten umgehend nach London transferiert werden. Als er sich ein paar Tage später mit Professor Jones, Desmond Morton und Hugh Dalton zum Report in der Baker Street traf, hatte er eine drängende Frage offen, die er an Hugh Dalton richten wollte.

»Sagen Sie Sir, haben Sie den 25. Februar, den Tag, an dem ich in Kiel eintraf, nur gewählt, damit ich den Luftangriff der RAF beobachten und auswerten konnte?«

Hugh Dalton, Leiter des SOE, Minister für Kriegswirtschaft und seit kurzem Handelsminister Großbritanniens, erwiderte Gordons prüfenden Blick standhaft.

»Wir haben uns im Vorfeld gefragt, ob wir Ihnen reinen Wein einschenken sollten. Letztendlich entschieden wir uns dagegen, weil wir Ihnen zur normalen Gefahr, der Sie ausgesetzt sind, nicht auch noch einen weiteren psychologischen Moment der Bombardierung durch eigene Luftstreitkräfte aussetzen wollten. Ich hoffe, Sie verstehen unseren Standpunkt.«

»Ich sehe das etwas anders, Sir«, entgegnete Gordon nach einiger Zeit. »Ich brauche klare Verhältnisse und muss wissen, was mir bevorsteht.« Nachdem Gordon seine Meinung klar zum Ausdruck gebracht hatte, begann er die Ergebnisse seiner Reise zu präsentieren. Dabei konnte sich R.V. Jones ein paar Mal ein Grinsen nicht verkneifen, wenn Gordon durch seine unbekümmerte Erzählweise die Mimik von Dalton und Morton einige Male an den Rand des Entgleisens brachte. Als Gordon ans Ende seiner Ausführungen gekommen war, war es Desmond Morton, der als Erster den Bericht kommentierte.

»Es ist immer wieder angenehm zu sehen, dass sich persönliche Einschätzungen bewahrheiten. In Ihrem Fall gehen allerdings die Ergebnisse weit über unsere Erwartungen hinaus. Es wird mir eine Freude sein, Ihre Informationen unverzüglich Churchill mitzuteilen. Denn die Lage ist weiterhin trübe. Rommel steht in Bengasi und hat etwa 500 unserer Kraftfahrzeuge, einer großen Anzahl von Geschützen auf Selbstfahrlafetten, sehr große Ausrüstungs- und Munitionsbestände sowie erheblichen Verpflegungsvorräten erbeutet. Jetzt verharrt er im Raum Umm er Rzem und frischt seine Truppe auf. Hitler hat ihn zum Generaloberst befördert und Goebbels macht aus ihm einen Propaganda-Helden. Viel schlimmer ist noch die Tatsache, dass wir die Marine-Enigma nicht mehr dechiffrieren können. Offensichtlich haben die Deutschen eine vierte Walze hinzugefügt. Bletchley Park glaubt, dass es Monate dauern wird, bis man die Meldungen wieder lesen kann. Das gibt Dönitz natürlich wieder ungeahnte Möglichkeiten«, fügte er bedauernd hinzu.

»Um dieses Manko für England abzumildern«, setzte jetzt Dalton ein, »möchten wir, dass Sie unverzüglich zurück nach Deutschland reisen.«

Gordon setzte ein verstörtes Gesicht auf.

»Ich hatte noch nicht mal Zeit, meine Wäsche zu waschen«, beschwerte er sich.

»Dann kaufen wir Ihnen eine neue Garnitur«, lächelte Dalton.

»Aber ich fürchte, Sie kommen nicht darum herum. Obwohl am 22. Februar auf einer Sitzung des britischen Verteidigungsausschusses die Genehmigung von Flächenangriffen auf Wohn- und Geschäftsvierteln deutscher Großstädte erfolgt ist, wollen wir weiterhin Präzisionsangriffe fliegen, auch wenn sie gefährlich sind. Darüber sind wir mit Air Marshall Sir Arthur T. Harris übereingekommen. Harris sieht aber noch einen anderen Vorteil. Er ist der Meinung, dass ein Tagangriff auf ein wichtiges Industrieziel in einer Stadt, die bisher von Angriffen verschont blieb, beachtlichen Alarm und Beunruhigung unter der Zivilbevölkerung hervorrufen wird. Luftmarschall Harris ist übrigens seit dem 23. Februar Oberkommandierender des Bomber Command und ein Verfechter der Flächenangriffstaktik bei Nacht. Wegen des Marine-Enigma-Ausfalls wollen wir die deutsche U-Boot Fertigung an einer ihrer empfindlichsten Stelle treffen. Den U-Boot Motorenbau bei MAN in Augsburg. Wir haben bereits Luftaufklärung über Augsburg geflogen, doch brauchen wir genauere Informationen, in welcher der vielen Hallen sich die Endmontage der Motoren abspielt. Und das geht nur mit Ihrer Hilfe.«

»Und, wenn Sie schon mal da sind, dann können Sie auch direkt einen Blick auf die Messerschmitt Werke werfen«, ergänzte Morton.

Gordon warf einen Blick auf Professor Jones, doch der zuckte nur mit den Schultern.

»Sehen Sie Gordon, die U-Boot-Gefahr ist die Größte, in der sich das Empire befindet. Bricht unsere Seezufuhr zusammen, müssen wir kapitulieren. Deswegen brauchen wir so dringend Informationen aus Augsburg.«

Nach einer kurzen Pause setzte er noch hinzu: »Und wir wollen den Deutschen den Kampfwert unserer neuen Bomber demonstrieren.«

Gordon schaute einem nach dem anderen direkt in die Augen und nach einer Weile seufzte er.

»Ich habe doch keine Wahl, meine Herren. Wann soll ich los?«

»Schon Morgen, hier sind Ihre Unterlagen mit Informationen über die Maschinenfabrik Augsburg-Nürnberg AG.. Studieren Sie die Informationen, aber lassen Sie sie in London. Ihr Ticket nach Zürich liegt ebenfalls bei. Dort bekommen Sie wie üblich Ihr restliches Material und Bargeld von Urs Abderhalden. Viel Glück.«

Attentat auf Heydrich

Vier Tage später saß Gordon um 09:15 in einem Eilzug, der ihn über Winterthur und St. Gallen nach St. Margrethen brachte. Dort war er in den Schnellzug D 83 umgestiegen, der um 17:00 im Augsburger Hauptbahnhof einlief. Abderhalden hatte ihn für zwei Nächte im Hotel Zu den Drei Mohren einquartiert.

»Das ist der ideale Ausgangspunkt, um die faszinierende Fugger-Stadt zu erkunden«, stellte er fest.

»Von dort lassen sich Altstadt, MAN im Norden und Messerschmitt im Süden der Stadt leicht erkunden. Und es ist das erste Haus am Platze … seit 1723!«, hatte er besonders betont.

Urs Abderhalden hatte gründliche Arbeit geleistet. Neben einem Augsburger Shell Stadtplan aus dem Jahre 1935 hatte er auch noch antiquarisch ein Büchlein organisiert, in dem einiges Wissenswertes über die Fuggerstadt und ihre wirtschaftliche Bedeutung in Schwaben zu lesen war. Als Gordon aus dem Zug stieg, wusste er ziemlich genau, welchen Weg er einschlagen musste, um zu seinem Hotel zu gelangen. Am Empfang hatte man Gordon bereits erwartet und ihm ein herrschaftliches Zimmer, das fast schon einem Saal glich, zugewiesen. Er überlegte seine Vorgehensweise und erkannte, dass es wegen der einbrechenden Dunkelheit sinnlos wurde, die Stadt zu erkunden.

Am nächsten Morgen wandte sich nach Norden, um den Bezirk Oberhausen zu erreichen, wo sich das MAN Motorenwerk für U-Boote und andere Industrie befand. Schon im Weltkrieg, so wusste Gordon aus Mortons Unterlagen, war MAN führend beim Bau von U-Boot Dieseln gewesen. Kein Wunder hatte doch der Augsburger Rudolf Diesel diesen Motor erfunden. Gegen Ende des Krieges waren zehntausend Menschen in dem Werk beschäftigt. Doch die Niederlage und die Weltwirtschaftskrise ließ die Belegschaft 1933 bis auf 3500 Personen sinken. Nach einer Viertelstunde erreichte er die Stadtbachstraße, an deren nördlicher Peripherie sich die MAN Motorenwerke zwischen den Flüssen Lech und Wertach befanden. Mit Schrecken realisierte er, dass sich zum einen das Werksgelände in gefährlicher Nähe zur Altstadt befand und zum anderen, dass das Areal, auf dem sich das Motorenwerk befand, recht klein war. Wie zum Teufel soll man hier aus großer Höhe bombardieren, ohne die Altstadt in Schutt und Asche zu legen, fragte er sich.

Zu seiner Überraschung gab es, abgesehen vom Haupttor, keine besonderen Absperrmaßnahmen. So gelang es ihm, durch ein offen stehendes Gitter und eine schmale Gasse zwischen zwei Hallen das eigentliche Firmengelände zu betreten. Er trug unter dem Mantel seinen Schweizer Geschäftsanzug, hatte eine schwarze Aktentasche unter dem linken Arm und seinen Hut aufgesetzt. Damit hätte man ihn auf den ersten Blick für einen höheren Angestellten des Unternehmens halten können. Gordon verlor keine Zeit und eilte geschäftsmäßig flott an den verschiedenen Hallen entlang, deren Tore meist weit offenstanden. So gelang es ihm nach relativ kurzer Zeit festzustellen, dass das Gebäude, in dem die großen Motoren zusammengebaut wurden, in einem T-förmigen Bau integriert war. Damit war seine Aufgabe erfüllt. Tief durchatmend schlug er, um ja nicht im letzten Moment aufzufallen, den etwas riskanten Weg durch das Haupttor ein. Doch niemand nahm Notiz von ihm.

Als er sich vom MAN Werksgelände etwas entfernt hatte, schaute er zurück und beschloss, am nächsten Morgen den Turm des Doms zu erklimmen, um sich einen Überblick von oben zu verschaffen. Die nächsten Stunden durchkämmte er das Industriegebiet zwischen den Stadtteilen Oberhausen und Lechhausen. Unübersehbar war die Konzentration an leichter Flak. So konnte er eine Reihe 20- und 37-Millimeter-Geschütze ausmachen. Die beiden größten Betriebe neben MAN waren die Haindl Papierfabriken und die Proviantbach Werke. Die Papierfabriken und die mechanische Baumwollspinnerei und Weberei der Proviantbach Werke lagen südlich der Stadtbachstraße. Wie diese war auch die Buntweberei Riedinger kaum ein lohnendes Ziel für die RAF. Sein letzter Besuch galt dem Riedlingerpark rechts der Wertach. Einem reinen Arbeiterviertel mit Lokalen wie dem Saalbau Elysium, Schwedenlinde oder Hirschbräusaal. Als er gegen 18:00 müde ins Hotel zurückkehrte, war ihm die Lust auf einen Gasthofbesuch vergangen. Er nahm das Abendessen in seinem Hotel ein und machte sich Notizen auf extra dünnem Luftpostpapier, die er in der verschiebbaren Sohle seines linken Schuhes versteckte. Anschließend fiel er todmüde ins Bett.

Als Gordon aufwachte, schien die Sonne ihm ins Gesicht. Glück muss man haben, jubilierte er still und zog sich an. Es war 08:30, als er schließlich durch das prachtvolle Südportal den Dom betrat. Das Tor war eine Bronzetüre aus dem Jahr 1065. Sie gehörte zu den zwölf eindrucksvollsten romanischen Bronzeportalen ganz Europas und zählte zu den großartigsten Zeugnissen mittelalterlicher Gießkunst diesseits der Alpen.

Interessant für Gordon waren jedoch die beiden Türme, die sich zweiundsechzig Meter hoch in den schwäbischen Himmel reckten. Im Mittelalter war der Kirchenbesuch nicht unbedingt von Stille und Andacht geprägt. Während des Gottesdienstes herrschte mitunter ein reger Fußgängerverkehr im Gotteshaus und der Bürgermeister ritt sogar quer durch die Kirche. Diese ungewöhnliche Situation entstand dadurch, dass die Basilika mit ihren zwei Chören, fünf Schiffen, einer kreuzförmigen Basilika und einem Kapellenkranz aus sieben Kapellen in die ursprünglich gradlinig verlaufende Hauptstraße gebaut wurde. So entstand das Recht der Stadt, die Kirche über Süd und Nordportal uneingeschränkt – auch während der Gottesdienste – zu durchqueren, der Bürgermeister durfte sogar hindurchreiten.

Es war totenstill in der eiskalten, lang gestreckten, fünfschiffigen Basilika. Bis auf wenige alte Frauen, die in den vorderen Reihen saßen, war der Dom menschenleer. Nun musste er nur noch den Zugang zu einem der romanischen Türme vor dem Ostchor finden. Es dauerte eine Weile, bis er glaubte, die richtige Tür gefunden zu haben, nur um zu erkennen, dass sie verschlossen war. Gordon hatte damit gerechnet und vorgesorgt. Ein spezieller Dietrich aus dem Bestand der Finishing School von Beaulieu sollte jedes noch so komplizierte Schloss öffnen können. Mit voller Konzentration machte er sich an dem Schloss zu schaffen, peinlichst darauf achtend kein Geräusch zu entwickeln, dass sich dutzendfach durch das Dom-Echo verstärkt hätte.

Nach wenigen Sekunden öffnete sich die Tür lautlos. Geschmeidig wie eine Katze lief Gordon die Wendeltreppen ähnlichen Steinstufen empor, am Glockenstuhl vorbei bis zur obersten Plattform. Aus den Giebelfenstern hatte er eine perfekte Rundumsicht, doch was er sah, ließ ihn erschrecken. Erst aus der Vogelperspektive erschloss sich ihm ein Gesamteindruck, den er schon gestern erahnte. Die MAN Werke erstreckten sich fast bis zur nördlichen Altstadtgrenze und auch das Hauptziel, die Motorenhalle, lag in direkter Nachbarschaft. Minutenlang schaute er nach Norden, bis ihm schließlich die Idee kam, die Zerstörung der Altstadt zu verhindern. Wenn man von Süden her, den Lech entlang, im Tiefstflug über die Altstadt flöge und einen Beobachter in der Führungsmaschine hätte, der das Umfeld des Zieles genau kannte, könnte man einen Fehlwurf verhindern, kombinierte er um mit Erschrecken festzustellen, dass eigentlich nur er dieser Beobachter sein könnte. Nachdem er genug gesehen hatte, kletterte er ebenso leise herunter, wie er hinaufgekommen war. Er verschloss wieder die Tür, und ohne dass ihn irgendeiner bemerkt hätte, verließ er den Dom. Gordon war zufrieden, als er ins Hotel Zu den drei Mohren zurückkehrte und seine Abreise für den nächsten Tag bestätigte. London, so war er sich sicher, würde mit ihm zufrieden sein.

»Der Reichsführer SS bittet um ein wenig Geduld, Herr Hauptmann«, sagte SS-Hauptsturmführer Werner Grothmann vom persönlichen Stab Heinrich Himmlers und zog sich wieder in sein Büro zurück. Hauptmann Othmar Schmidt war einem Brief Himmlers gefolgt und hatte ihn wie verabredet am 21. März in seinem Büro im Hotel Prinz Albrecht in der Prinz-Albrecht-Straße aufgesucht. Er konnte sich denken, weshalb ihn Himmler zu einem Treffen gerufen hatte.

»Was sagen Sie dazu, Hauptmann«, stürmte der Reichsführer aus seinem Büro auf ihn zu.

»Fritz Sauckel ist zum Generalbevollmächtigten für den Arbeitseinsatz ernannt worden. So wie ich ihn kenne, wird er für einen enormen Nachschub an Arbeitern in unseren Rüstungswerken sorgen, mein Lieber«.

Othmar wusste nicht, wie ihm geschah und einen großartigen Kommentar zu dieser Meldung konnte er auch nicht liefern, da ihm Sauckel nur als Gauleiter in Thüringen bekannt war.

»Ich hoffe, der Gauleiter wird die in ihn gesetzten Hoffnungen erfüllen«, antwortete Othmar vorsichtig.

»Da bin ich mir ganz sicher, Schmidt. Aber der Grund, weshalb ich Sie habe rufen lassen, ist Ihr Status als Ehrenführer der SS.«

Himmler zog eine Kladde hervor auf deren Titelseite in Gutenbergs Bibelschrift »Stammbaum« stand. Als Othmar den Reichsführer SS betrachtete, der mit einem scheuen Lächeln in der Kladde blätterte, hatte er den Eindruck, in seine Kindheit rückversetzt worden zu sein. Mit einem Male erschien der gefürchtete Himmler eher wie ein linkischer Volksschullehrer, der seinen Erstklässlern Wilhelm Busch näher bringen wollte. Himmler räusperte sich.

»Der arischen Rasse, als körperlich und geistig- seelisch überlegene und somit kulturfähige Rasse steht die Führungsrolle zu. Ihr Stammbaum weist Sie und Ihre Familie als rassisch reine Arier aus. Das Ahnenerbe war in der Lage einwandfrei Ihre und Ihrer Familie Herkunft zurückzuverfolgen. Normalerweise gehen unsere Mitarbeiter bei SS-Führern bis ins Jahr 1750 zurück, bei SS-Männern bis zum Jahre 1800.

Bei Ihnen wollte ich aber sicher gehen, dass Sie zur Kernelite der deutschen Rasse gehören, und habe das Ahnenerbe deswegen angewiesen, Ihre Familie bis zur Reformation zurück zu verfolgen. Dabei haben wir einige interessante Entdeckungen machen können. Da der Name Schmidt der zweithäufigste Familienname in Deutschland ist, war es nicht einfach, zweifelsfrei Ihre Herkunft zu bestimmen. Der Name Schmidt geht, wie man relativ einfach ableiten kann, von dem Handwerk des Schmieds aus.

In Ihrem Fall ließ sich aus Dokumenten von Städten und Gemeinden sowie Tauf- und Sterberegister einwandfrei feststellen, dass Sie aus Altena im Sauerland stammen. Das ist bei dem Namen Schmidt keine Sensation, wenn man weiß, dass Altena durch Vorkommen von Eisenerz, Wasser und Holz für die Eisenindustrie prädestiniert war. Seit dem 14. Jahrhundert wurde auch das weiche Schmiedeeisen Osemund gewonnen. Ein zähes, gut schmiedbares Eisen, das sich besonders zum Drahtzug eignete. Die SS ist übrigens auch in Altena mit der SS-Kraftfahr-Ausbildungs- und Ersatz-Abteilung stationiert.

Aber zurück zu Ihrer Familie. Ursprünglich schrieb sie sich wie der Handwerker. Zur Zeit der Reformation wurde die Familie jedoch aus Glaubensgründen gespalten. Die Katholiken nannten sich fortan Schmidt, die Lutheraner hingegen Schmitt. Der Zweig der Lutheraner ist übrigens gegen Ende des Dreißigjährigen Krieges nach Norddeutschland ausgewandert. Möglicherweise hat der älteste Sohn, der katholischen Glaubens war, die Schmiede übernommen und den anderen Zweig der Familie, die Lutheraner, zur Abwanderung genötigt, da keine Ernährungsgrundlage mehr bestand. Das lässt sich nicht mehr nachweisen.

Damit ist aber klar, dass Sie die arischen Voraussetzungen voll und ganz erfüllen. Ich bin daher hocherfreut, Sie zum SS-Ehrenführer im Range eines SS-Standartenführers zu ernennen.«

Othmar war perplex, denn der Rang eines SS-Standartenführer entsprach dem eines Obersten der Wehrmacht. Sollte das etwa ein Affront gegen die Heeresleitung sein? Er war sich nicht sicher und nahm sich vor, Canaris deswegen aufzusuchen.

»Nun, Standartenführer, was sagen Sie zu Ihrer Ernennung?«

»Ich fühle mich geehrt Reichsführer«, sagte Othmar etwas zu bescheiden.

»Nun erzählen Sie mir aber, wie die Entwicklung des Hochtechnologieausschusses vorangeht.«

Othmar verbrachte eine geschlagene Stunde, um Himmler mit den letzten Schritten der Waffenentwicklung vertraut zu machen. Am Ende schaute der Reichsführer äußerst zufrieden aus.

»Kammler ist übrigens voll des Lobes über Ihre Arbeit«, sagte Himmler.

»Ich werde ihm gleich von Ihrer Ernennung berichten. Ich bin sicher, das wird ihn begeistern.«

Eine Stunde später saß Othmar im Büro von Canaris und erzählte ihm von seinem Besuch bei Himmler. Als er ihm seine Bedenken hinsichtlich seines SS-Ehrenführerranges mitteilte, blieb der Admiral gelassen.

»Wäre Walther von Brauchitsch noch Oberbefehlshaber des Heeres, hätte ich vielleicht einige Mühe, ihn von der Wichtigkeit deiner Aufgabe und der damit verbundenen Annahme dieses Ehrenranges zu überzeugen, doch da Hitler diesen Posten vereinnahmt hat, brauchst du dir diesbezüglich keine Gedanken zu machen. Im Übrigen hat der Reichsführer nur einen Teil der Beförderung vorweggenommen, denn per Weisung hat dich der Führer vorzeitig zum Major befördert. Herzlichen Glückwunsch Othmar!«

Bevor dieser zur Dankesrede schreiten wollte, stoppte ihn Canaris mit einer Handbewegung.

»Ich will dir nur noch sagen, dass du dich in illustrer Gesellschaft befindest, was den Kreis der SS-Ehrenführer betrifft. Dazu gehören unter anderem der Staatssekretär des Auswärtigen Amtes, Ernst von Weizsäcker im Rang eines SS-Brigadeführers oder der Kölner und Hannoveraner Regierungspräsident Rudolf Diels im Range eines SS-Oberführers. Also trage es mit Fassung. Wir beide wissen ja, warum es so gekommen ist, und einen Vermerk in deiner Personalakte werde ich auch veranlassen.«

Major Othmar Schmidt hatte seine gute Laune wiedergefunden.

»Wieso befördert mich der Führer per Weisung?«

»Weil du anscheinend starke Fürsprecher in seinem Umfeld hast. Anders ist das nicht zu erklären.

Jetzt aber wieder zu unserer Arbeit. Uns ist anscheinend ein dicker Fisch ins Netz gegangen. Im Herbst letzten Jahres habe ich Major Hermann Giskes nach Den Haag geschickt, um die Leitung Gegenspionage in den Niederlanden übernehmen. Im November erfuhr er von einem V-Mann, den er in die holländische Widerstandsbewegung eingeschleust hatte, dass zwei britische Agenten einen neuen Spionagering in Den Haag aufbauen würden.

Tatsächlich gelang es Leutnant Heinrichs von der Funkabwehr einen neuen Geheimsender zu entdecken, der mit dem Rufzeichen RLS arbeitete. Am 6. März gelang es Giskes und Heinrichs den Standort des Senders anzupeilen, und anschließend den holländischen Funker mit Namen Huub Lauwers festzunehmen. Binnen weniger Tagen setzte Giskes die übrigen Mitglieder des Spionageringes hinter Schloss und Riegel.

Major Giskes hatte nun die Idee, den Holländer umzudrehen, um den Engländern weiszumachen, dass alles in Ordnung wäre. Es gelang Giskes, den Holländer davon zu überzeugen, dass es besser wäre, nicht von einem deutschen Kriegsgericht zum Tode verurteilt zu werden, sondern mit uns zu kooperieren. In der Zwischenzeit wurden die bei Lauwers gefundenen Informationen ausgewertet, um so den Schlüssel zu seinem Funk Code ausfindig zu machen. Tatsächlich hat sich Lauwers bereit erklärt mit uns zu kooperieren und hat bereits zweimal gesendet.«

»Aber der könnte doch dabei eine versteckte Botschaft nach England senden?«

»Nein, kann er nicht, denn neben ihm sitzt ein versierter deutscher Funker, der Lauwers Code auch kennt und bei Bedarf sofort den Geheimsender stören könnte, sollte Lauwers so etwas versuchen. Und es funktioniert, Othmar! Die Engländer glauben tatsächlich, dass ihr Spionagering weder enttarnt, noch aufgeflogen ist. Giskes hat auch für dieses Englandspiel einen Decknamen gefunden: Operation Nordpol. Und die Engländer spielen tatsächlich mit. Sie haben angekündigt, in sechs Tagen, also am 27. März, bei Steenwijk große Mengen Sabotagemittel und einen Agenten abzusetzen. Mit etwas Glück könnten wir das gesamte britische Spionagenetz in Westeuropa auffliegen lassen. Ganz zu schweigen von dem Material, das sie uns in die Arme werfen könnten.«

»Kriegsglück muss man haben«, sagte der frisch gebackene Major Schmidt.

»Ich habe eine beunruhigende Meldung aus Dublin bekommen. Unser neuer V-Mann Daniel O'Leary hat einen Bericht über das erste britische Flugzeug mit Strahlantrieb geliefert. Demnach ist das zweistrahlige Flugzeug erstmalig am 15. Mai 1941 geflogen. Laut O'Leary trägt der Prototyp die Bezeichnung Gloster E28/39 und wird von Triebwerken angetrieben, die von Power Jets Ltd. gebaut worden sind. Das ist die Firma von Frank Whittle. Du erinnerst dich?«

»Dunkel Othmar. Heißt das denn, dass die Engländer einen technologischen Vorsprung haben?«

»Ich hoffe nicht. In der Mitteilung von Botschafter Hempel steht, dass eine weitere detailliertere Beschreibung samt Skizze in einigen Wochen eintreffen soll. Ich hoffe rechtzeitig zur nächsten Sitzung des Ausschusses.«

»Und wie sieht dein Fahrplan für die nächste Zeit aus?«

»Ich bin die nächsten Tage in Peenemünde und anschließend wieder in Berlin, um mich mit Ohnesorge und Kurt Diebner und Manfred von Ardenne zu treffen.«

»Na dann, viel Erfolg!«, antwortete Canaris.

»Waidmannsheil, Herr Admiral«, lachte Othmar.

Gordon Schmitts Rückreise nach England war quälend. Zunächst gab es keinen freien Platz in einer Maschine nach Lissabon, und als er es dann mit viertägiger Verspätung geschafft hatte, musste die KLM den Flug nach England wegen Triebwerksproblemen mit der DC 3 streichen. Dennoch schaffte er es, rechtzeitig zu einer eiligst angesetzten Konferenz zu erscheinen. Die Besprechung fand wie üblich in der Baker Street statt und die Teilnehmer waren bis auf einen die üblichen Verdächtigen. Der RAF Offizier, den Gordon jetzt zum ersten Mal traf, war John Slessor, Air Officer Commanding No.5 Group, der Befehlshaber der 5. britischen Bombergruppe.

»Wir sind froh, Sie wieder in einem Stück vor uns zu sehen, Gordon«, eröffnete Professor Jones sichtlich erfreut die Konferenz.

»So wie ich Sie kenne, werden Sie uns bestimmt einiges zu berichten haben. Insbesondere Air Officer Slessor ist erpicht von Ihnen zu hören, wie es in Augsburg aussieht.«

Gordon begann nun einen längeren Vortrag über alle seine Beobachtungen, die er in Augsburg gemacht hatte. Für alle war die Beschreibung der MAN Werke, die Besichtigungen und Erkundung vom Turm der Augsburger Kathedrale der Höhepunkt. Den Knallbonbon hielt er bis zum Ende seines Vortrages zurück.

»Ich möchte klar zum Ausdruck bringen, dass ich es für eine nicht mehr gut zu machende Tat halte, wenn wir die MAN Werke mit einem Flächenbombardement ausradieren. Der Verlust an Menschenleben und Architektur wäre unentschuldbar.«

Air Officer Slessor hob bei diesen Worten eine Augenbraue und sein feines Oberlippenbärtchen zuckte, so als ob er sich über Gordons Bemerkung ärgerte.

»Wissen Sie Gordon, für Sentimentalitäten haben wir in diesem Krieg keine Zeit. Luftmarschall Harris ist der Ansicht, dass allein eine Flächenbombardierung reichen würde, Deutschland zur Kapitulation zu bewegen. Und wir werden beweisen, dass das möglich ist. In Ihrer Abwesenheit haben wir dies zum ersten Mal am 28. März am Beispiel von Lübeck bewiesen, wo wir die Altstadt ausradiert haben. Der Feuersturm von Lübeck war der Erste von vielen, die noch kommen werden.«

»Und wie viele Opfer hat solch ein Angriff auf mittelalterliche Gebäude gekostet, Sir?«, fragte Gordon entsetzt.

»Die Nazis reden von weit über dreißig Toten und 1425 zerstörten Gebäuden. Aber wir haben nicht vor, Augsburg mit einem Bombenteppich zu belegen. Dafür ist die Entfernung viel zu groß. Was wir wollen, ist ein Präzisionsangriff von 12 Lancaster Bombern. Das sollte genügen, die Endmontagehalle für U-Boot Motoren zu zerstören und den Deutschen die Fähigkeiten der Lancaster zu demonstrieren«, stellte Slessor fest.

»Auch ich halte einen solchen Angriff für durchführbar«, meldete sich wieder Gordon zu Wort.

»Und ich möchte Ihnen auch gerne erläutern, wie ich ihn mir vorstelle.« Gordon entwickelte nun auch anhand von Skizzen und seinen Beobachtungen vom Kirchturm seinen Plan, die Motorenhallen ohne Gefährdung der Altstadt zu eliminieren. Seine Ausführungen beendete er mit einer sehr persönlichen Bemerkung.

»Sie mögen mich für sentimental halten, Sir, aber ich bin der Meinung, dass wir Engländer keine Vandalen sind und wir nicht auf das Niveau von Schlächtern herabsinken sollten. Um diesen Angriff gelingen zu lassen, bedarf es einer präzisen Bombardierung des Ziels durch den Führungsbomber. Dies kann bei den gegeben Umständen aber nicht allein anhand von Fotoaufklärung und meinen Aufzeichnungen gelingen. Ich bitte daher um die Erlaubnis, als Pfadfinder im Leitbomber mitfliegen zu dürfen.«

Diese Bemerkung schlug wie eine Bombe ein.

»Sind Sie sich im Klaren, auf was Sie sich da einlassen wollen?«, sagte endlich Hugh Dalton.

»Ich denke schon, Sir, aber das ist es mir wert.«

Professor Jones verdrehte die Augen und schüttelte verständnislos den Kopf.

»Ich kann auf Sie nicht verzichten Gordon, bleiben Sie hier.«

Morton und Dalton hingegen zeigten Zustimmung. Air Officer Slessor schien hoch erfreut.

»Nun, Sir, Ihr Mann scheint es sich reiflich überlegt zu haben und wegen der großen Bedeutung der Operation bin ich sogar froh, einen derart versierten Kenner der Örtlichkeiten an Bord zu haben. Finden Sie sich am 14. April um 08:00 auf dem Stützpunkt Waddington in der Grafschaft Lincolnshire ein. Der Flugplatz liegt sechs Kilometer südlich von Lincoln. Melden Sie sich dort bei Squadron Leader John Nettleton von der 44. Bomberstaffel. Er wird das Kommando über sechs Bomber seiner Staffel und weitere sechs Lancaster der 97. Bomberstaffel unter Führung von Squadron Leader John S. Sherwood anführen, die in Woodhall Spa, nicht weit von Waddington entfernt, stationiert sind. Diese beiden Staffeln sind die erfahrendsten und besten Lancaster Besatzungen, die wir haben. Wenn Nettleton es nicht schafft, dann niemand«, unterstrich Air Officer Slessor seinen Standpunkt.

Desmond Morton hatte aber noch eine besondere Anmerkung zu machen.

»Ich stimme Ihrem Vorschlag zwar zu, weil ich glaube, dass Sie zu dem Erfolg in großem Maße beitragen können, doch möchte ich natürlich ungern sehen, dass Sie von diesem Einsatz nicht zurückkommen. Falls dennoch etwas Dummes geschieht, müssen wir vermeiden, dass die Deutschen Sie identifizieren. Aus diesem Grunde kein Wort zu den Besatzungen über Ihre wahre Identität und keinerlei Ausweise, Papiere oder sonstige Dinge, die Sie beim Einsatz bei sich tragen. Sie bekommen eine normale Ausrüstung, wie sie an Bord getragen wird, aber ohne jegliche Rangabzeichen. Für die Dauer des Trainings und des Einsatzes sind Sie Squadron Leader Nettleton unterstellt. Und bitte, während des Trainings kein Wort über das Ziel. Wir müssen strengste Geheimhaltung wahren. Viel Glück!«

Wenige Tage später traf Gordon bei Nieselregen gegen acht Uhr morgens in Waddington ein. Der Bomberflugplatz, bereits seit 1916 in Betrieb, lag südöstlich der gleichnamigen Ortschaft zwischen der A 15 und der A 607. Gordon suchte den Kontrollturm, um sich anzumelden. Nachdem er um einen riesigen Hangar gegangen war, stach ihm ein zweistöckiges Gebäude mit runden Ecken und einem umlaufenden Balkon ins Auge. Der Tower. Als er sich meldete, trat ein etwa 25-jähriger schlanker, groß gewachsener Offizier mit braunen Haaren und hellwachen Augen unter der Schirmmütze auf ihn zu und stellte sich als Squadron Leader John Dering Nettleton vor.

»Sind Sie Südafrikaner?«, fragte Gordon.

«Hört man das«, grinste der RAF Offizier und man konnte sehen, dass sich die beiden auf Anhieb sympathisch waren.

»Kommen Sie, wir trinken einen Tee in der Kantine. Um diese Zeit sind wir da ungestört. Ich bin über den Zweck Ihrer Mission informiert, muss dies aber vor meinen Besatzungen geheim halten. Deswegen bitte kein Wort über unser Ziel. Sie müssen mir auch nichts über Ihre eigentliche Tätigkeit erzählen. Ich kann mir schon denken, worum es dabei geht.

Die nächsten drei Tage werden wir intensiv extremen Tiefflug auf extrem langen Strecken und akkurates Zielen und Bombenwerfen aus niedrigster Höhe üben. Zu diesem Zweck werden wir einen Rundkurs um Schottland fliegen und auch auf einem schottischen Bombenabwurfgelände üben. Wir haben anhand von Luftaufnahmen ein Modell gebaut, um uns einen Überblick zu verschaffen. Ich bin froh, dass wir einen unter uns haben, der tatsächlich schon mal dort gewesen ist und die Verhältnisse genau kennt.«

Gordon erzählte Nettleton präzise von seinen Beobachtungen und demonstrierte am Modell, wie er sich den Angriff vorstellte. Nettleton erkannte auf Anhieb die Problematik und folgte Gordons Gedankengang.

»Wenn wir das Ziel als Erste genau treffen, sollte es für die übrigen ein Leichtes sein, die Endmontagehalle ebenfalls zu treffen.«

Nettleton stütze sich an dem Tisch ab, auf dem das Modell stand und grübelte. Plötzlich stieß er sich ruckartig ab.

»Ich denke, wir werden es genauso machen, wie Sie es vorgeschlagen haben. Damit wir aber bei der geringen Angriffshöhe nicht von Trümmern der Explosionen selbst getroffen werden, werden wir Tausend-Pfund-Bomben mit Verzögerungszündern nehmen. Ich denke, eine Verzögerung von elf Sekunden wird ausreichen. Aber jetzt gehen wir erst mal zu den Besatzungen, damit ich Sie vorstellen kann. Offiziell werden Sie auf besonderen Wunsch von Air Commander Slessor als Beobachter mitfliegen und den Bombenabwurf überwachen.«

Die nächsten Tage waren für die Besatzungen keine gemütliche Zeit. Nettleton holte das Letzte aus seinen Männern heraus, trainierte extremes Tieffliegen bis zum Exzess und machte so viele Anflüge, bis die Bombenschützen ein Gefühl für das Timing bekamen, das nötig war, um die Bomben in dem winzigen Zeitfenster auszulösen, um die Altstadt von Augsburg zu verschonen und gleichzeitig das Ziel zu zerstören. Am Vorabend vor dem Einsatz saßen Nettleton und Gordon vor einer Baracke und genehmigten sich eine Flasche Bier.

»Wie halten Sie und die anderen Piloten es aus, 800 Kilometer bis zum Ziel in Baumwipfelhöhe zu fliegen?«

»Training, Training, Training«, lachte Nettleton.

«Es ist schon eine wahnsinnige Konzentration, aber es ist der einzige Weg. Flögen wir wie gewohnt in 5000 oder 7000 Metern Höhe, wären wir eine schnelle Beute der Messerschmitts. Tiefflug ist unsere einzige, aber reelle Chance. Und wir haben die Überraschung auf unserer Seite. Die Deutschen kennen die Lancaster nur von Nachtangriffen. Tagsüber haben sie noch keine zu Gesicht bekommen. Deswegen werden ihre Jäger auch etwas vorsichtiger sein, bis sie glauben, unsere schwache Stelle gefunden zu haben.«

»Hat die Lancaster denn eine?«

»Nicht, dass ich wüsste.«

»Wo kommen Sie denn eigentlich aus Südafrika her?«

»Aus Nongoma, Zululand«, begann der Squadron Leader.

»Ich bin auf der Stanbury Privatschule in Kapstadt gewesen und danach mit dreizehn Jahren als Kadett sofort auf das Schulschiff General Botha gegangen. Danach war ich noch achtzehn Monate bei der Handelsmarine. Anschließend habe ich im Tiefbau gearbeitet, bis ich mich 1938 freiwillig zur Royal Air Force gemeldet habe. 1941 wurde ich dann zur Rhodesien-Staffel, der 44. versetzt.«

»Und warum hat sie diesen Beinamen?«

»Als Anerkennung für den Kriegsbeitrag, den Rhodesien leistet.«

»Haben Sie schon viele Einsätze auf der Lancaster hinter sich?«

»Ich kann sie kaum noch zählen. Brest, Essen, Berlin ... Ich weiß es gar nicht mehr genau.«

Nettleton überlegte ein paar Sekunden.

»Würden Sie morgen bei der Einsatzbesprechung die Einweisung für den eigentlich Angriff machen?«

»Sehr gerne.«

»Gut, die findet um 10:00 in der Einsatzbaracke statt. Aber jetzt gehe ich ins Bett. Morgen wird ein harter Tag.«

Am nächsten Morgen ging Gordon mit den übrigen 42 Besatzungsmitgliedern der sechs Lancaster Bomber zur Lagebaracke. An der Stirnseite befand sich eine niedrige Bühne. An der Wand eine Tafel, die von einem weißen Tuch verhüllt war. Über dieser Tafel hing das Wappen der 44 (Rhodesien) Squadron, ein Elefant im Zentrum eines blauen Kreises, über dem die Krone stand. Unter dem Elefanten stand der lateinische Wahlspruch der Staffel: Fulmina Regis Iusta, das Blitzeschleudern des Königs ist rechtens. Ein Raunen ging durch den Saal, als Nettleton die Bühne betrat.

Die Männer hatten bis dahin spekuliert, dass ein Angriff auf ein Schlachtschiff bevorstünde. Doch als Nettleton eine Hälfte des Tuches von der Tafel nahm, ging ein Aufstöhnen durch die Reihen. Das Ziel Augsburg, das sie bombardieren sollten, lag mehr als tausend Kilometer von ihrem Stützpunkt entfernt. Ein Rundflug von insgesamt zweitausendzweihundert Kilometern lag vor ihnen. Fast ausschließlich in Reichweite der Luftwaffe.

»Wir werden heute im Tiefstflug die Endmontagehalle der U-Boot Motorenfabrik MAN in Augsburg angreifen«, begann Nettleton seinen Vortrag.

»Damit wir eine gute Chance haben, das Ziel auch zu erreichen, werden andere Einheiten der 2. Bombergruppe mit einem großen Jägerbegleitschutz Angriffe auf erkannte deutsche Jägerplätze im Pas de Calais, im Raum von Rouen und Cherbourg fliegen. Das wird die Deutschen hoffentlich von unserem Einsatz fernhalten. Der Tiefstflug findet aus zwei Gründen statt. Ersten, um das deutsche Radar zu unterfliegen und so länger unentdeckt zu sein. Zweitens, um deutschen Jägern die Möglichkeit zu verwehren, uns von der Unterseite anzugreifen.«

Nettleton nahm einen Zeichenstock, um den Verlauf der Operation zu verdeutlichen.

»Der Kurs führt uns zunächst südwärts, wo wir zwischen Portsmouth and Bognor Regis die Kanalküste überfliegen werden. Bei DivessurMer erreichen wir Frankreich. Bei Breteuil nehmen wir eine östliche Kursänderung vor und fliegen an Evreux vorbei auf direktem Kurs in den Raum Ludwigshafen. Nachdem wir den Rhein überflogen haben, werden wir eine weitere Kursänderung vornehmen, die uns zum nördlichen Ende des Ammersees führen wird. Der See, etwa zwanzig Meilen südlich von Augsburg, ist so groß, dass er eine perfekte Orientierungshilfe sein wird, um das Ziel anzusteuern.

Nachdem wir auf Kurs gegangen sind, werden wir uns in zwei Abteilungen aufteilen. Die zweite Abteilung lässt sich etwas zurückfallen, damit eine etwa 5 Kilometer große Lücke entsteht. Jede Abteilung greift im Formationsflug das Ziel im Tiefstflug an und wirft vier Tausend-Pfund-Bomben pro Maschine auf das Ziel. Gordon Schmitt wird ihnen jetzt erklären, worauf es bei dem Angriff ankommt.«

Gordon erklomm die Bühne und Nettleton übergab ihm seinen Zeichenstock. Als er die andere Hälfte des Tuches von der Tafel nahm, kamen mehrere Aufklärungsfotos und eine Zeichnung zum Vorschein, die Gordon aus seiner Erinnerung heraus angefertigt hatte.

»Gentlemen, das Ziel ist nicht zu verfehlen, da Augsburg deutlich zwischen zwei Flüssen zu erkennen ist.«

Dabei deutete er auf das linke Foto der ersten Reihe.

»Das Schwierige an der Operation ist nicht das Ziel, die Endmontagehalle der U-Boot Motorenfabrikation zu treffen, sondern Treffer in der Altstadt von Augsburg zu vermeiden, da die Haindlschen Werke«, und zeigte dabei auf ein weiteres Foto, »sich direkt an die nördliche Grenze der Wohnbereiche anschmiegen. Die MAN Werke liegen jenseits dieser von Ost nach West zwischen den Flüssen verlaufenden Straße.«

Wieder wanderte der Stock auf ein speziell markiertes Foto.

»Die schwere Flak befindet sich außerhalb der Altstadt, aber leichte Flak ist an vielen Orten positioniert. Zum Beispiel hier, dort oder sogar auf dem Perlachturm.«

Gordon deutete wieder mit seinem Stock auf weitere Fotos.

»Das Hauptziel ist diese T-förmige Halle innerhalb des MAN Geländes. Nur dieses Ziel ist von Bedeutung.«

Nun übernahm Nettleton wieder die Einweisung.

»Die Bomben werden mit einem Elf-Sekunden-Verzögerungszünder versehen sein, sodass wir nicht von Explosionstrümmern unserer eigenen Bomben getroffen werden können. Sobald wir unsere Eier los sind, gehen wir auf Heimatkurs. Wir haben den Start auf 15:00 festgesetzt. Das bedeutet, wir werden das Ziel gegen 20:15, also kurz vor der dem Einsetzen der Dämmerung erreichen. Wenn wir uns also auf dem Rückweg dem von den Deutschen am stärksten belegten Teil Frankreichs dem Kanal, nähern, werden wir wegen der Dunkelheit vor deutschen Messerschmitts sicher sein. Gleichzeitig mit uns fliegen die sechs Maschinen der 97 Squadron (Straits Settlements) unter Führung von Squadron Leader John Seymour Sherwood, die in Woodhall Spa stationiert sind. Noch Fragen?«

Die Männer waren vor Schreck immer noch wie gelähmt und schüttelten nur ihre Köpfe. Im Vergleich zu Augsburg wäre ihnen ein Angriff auf die Tirpitz wie ein Spaziergang vorgekommen.

»Gut, dann holen Sie sich bitte Kopien der Fotos und der Zeichnung bei Gordon ab. Viel Glück Männer.«

Punkt 15:00 röhrten die 24 Rolls-Royce-Merlin-Motoren der sechs Lancaster verhalten, als sie startbereit auf der Rollbahn von Waddington standen. Nachdem der Platzkommandant eine grüne Leuchtkugel abgeschossen hatte, schob Squadron Leader Nettleton die vier Schubhebel seiner Motoren auf Volllast. Brüllend donnerte der Bomber mit der Kennzeichnung R5508 B mit Crescendo die Rollbahn hinunter und erhob sich schwerfällig in die Luft. Jede Maschine hatte für den Rundflug 9800 Liter Treibstoff getankt.

Über Selsey Bill stießen die 6 Maschinen von 97 Squadron zu ihnen und im Formationsflug ging es in Richtung Kontinent. Je drei Maschinen bildeten ein enges Dreieck, gefolgt von den übrigen Maschinen in gleicher Formation. Die Bomber links und rechts von Gordon wurden von Flying Officer John Garwell und Warrant Officer Rhodes pilotiert; die Lancaster in der folgenden Abteilung von wurden von Flight Lieutenant Sandford, Warrant Officer Crum und Warrant Officer Beckett geflogen.

Die äußeren Bedingungen waren hervorragend. Der Himmel war klar und eine heiße Aprilsonne schien in Cockpit und Geschütztürme. Über England und dem Kanal flogen die meisten der Crew in ihren Hemden, so warm war es. Erst als man sich der Küste näherte, kleidete man sich gefechtsmäßig. Die Crews waren hellwach. Über England hatten die Bordschützen ihre Browning-Maschinenwaffen vom Kaliber 0.303 doppelt und dreifach überprüft und die Zwillingstürme in der Nase und auf der Rumpfoberseite sowie in dem Vierlingsturm am Heck auf die Funktion ihrer hydraulischen Stände getestet. Alles war bereit und die Nerven der Besatzungsmitglieder zum Zerreißen gespannt. Gordon hatte den Platz des Bombenschützen eingenommen, der seinerseits nun die Zwillingswaffen im Bug bediente. Sein Adrenalin schoss in hohen Dosen durch sein System. Im Anflug auf die französische Küste hatte er manchmal das Gefühl, von Meerwassergischt getroffen worden zu werden, als die Maschinen in fünfzehn Meter Höhe über der See hinwegflogen.

Der Lärm im Bomber war infernalisch und eine Verständigung nur über Kehlkopfmikrofon und Kopfhörer möglich. Es war Funkstille befohlen und das System nur zu Übermittlung von Warnungen feindlicher Jäger freigegeben. Während sie sich der Küste näherten, griffen dreißig zweimotorige Boston Bomber und achthundert Jäger die deutschen Fliegerhorste an. Als sie die Küste überflogen, bewegten sich Nettletons sechs Maschinen ein wenig von dem eigentlichen Kurs ab. Squadron Leader Sherwood folgte ihnen nicht, sondern hielt sich an dem Kurs, den er für richtig hielt. Das war im Rahmen der Operation auch erlaubt. Bis jetzt gab es keinerlei Feindkontakt. So eine Glückssträhne hält nicht ewig dachte Gordon, als er unter sich die französische Landschaft im Sonnenschein sah.

Sie näherten sich Breteuil, als deutsche Flak das Feuer auf sie eröffnete. Leuchtspur raste auf die Maschinen zu und deckte sie mit einem Teppich von hässlichen schwarzen Korditwolken zu. Zwei Maschinen wurden getroffen, wobei nur bei Warrant Officer Becketts Maschine ernste Schäden auftraten, als der Heckstand außer Gefecht gesetzt wurde. Hätte

Gordon gewusst, dass Major Oesau, Kommodore des Jagdgeschwaders 2, ganz in der Nähe auf seinem Fliegerhorst Beaumont le Roger auf die Rückkehr seiner Jäger von dem Ablenkungsangriff bei Cherbourg wartete, hätte er wohl am liebsten seine Entscheidung, diesen Einsatz mitzufliegen, verflucht.

In dem Moment, als Nettletons Lancaster an der Peripherie des Fliegerhorstes vorbei donnerten, setzten eine Reihe deutscher Jäger der II. Gruppe zur Landung an. Nettleton und diejenigen von der Crew, die die deutschen Jäger beobachteten, beteten inbrünstig, dass sie von ihnen übersehen worden wären. Doch vergeblich. Aus den Augenwinkeln sah Gordon, dass die Deutschen wieder ihre Fahrwerke einzogen und Kurs auf sie nahmen. Auch Ritterkreuzträger Oesau, der eigentlich nach einhundert Luftsiegen Flugverbot von Göring erhalten hatte, sah Nettletons Maschinen.

»Die kommen nicht ungestraft davon«, rief er seinem Kaczmarek, Oberfeldwebel Fritz Edelmann, zu und rannte zu einer Me 109.

Währenddessen wurde Warrant Officer Becketts Maschine, die das hintere Ende der V-Formation bildete, als Erster angegriffen. Die Me 109 deckte den Bomber mit einem Geschosshagel ein, der einen Kraftstofftank der rechten Tragfläche aufriss. Ein orangenfarbener Blitz schoss aus der Fläche hervor und Sekunden später bohrte sich die Lancaster als lodernde Fackel in den Boden. Mittlerweile hatten sich fast dreißig deutsche Jäger an dem Schlachtfest beteiligt und nach einem kurzen Zögern griffen sie wieder an. Der Nächste, den es erwischte, war Sandfords Maschine, deren vier Motoren von einem Jäger in Brand gesetzt wurden, die daraufhin in einem grellen Blitz explodierte.

Mit Entsetzen sah Gordon, wie seine Kameraden starben, während um ihn herum das Donnern der Rolls-Royce-Motoren, das Rattern der eigenen und der der feindlichen Maschinenwaffen sich zu einer grausigen Kakophonie steigerte. Schatten der deutschen Jäger huschten über die Instrumente oder verdunkelten für Sekunden die Sicht. In seinem Kopfhörer gellten die Schreie der Bordschützen, die Nettleton immer neue Angriffe der Messerschmitts meldeten. Die Deutschen schossen bereits mit ihren Kanonen bei knapp 700 Metern, bevor sie bei etwa 400 Metern, der effektiven Reichweite der britischen Maschinengewehre, abdrehten. Das dritte Opfer von Oesaus Jägern wurde Warrant Officer Crum und der Navigator, der Rhodesier Alan Dedman, deren Cockpit-Plexiglashaube von einem Geschosshagel zerrissen wurde

Gleich drei Messerschmitts fielen über die Lancaster her. Der Bordschütze des oberen Standes sowie der Heckschütze wurden verwundet, eine Tragfläche von Granaten aufgerissen und in Brand gesetzt. Crum befahl Alan Dedman die Bomben im Notwurf abzuwerfen und setzte zur Bauchlandung an. Crum brauchte die volle Länge eines Getreidefeldes, um die Lancaster runterzubringen. Dann sprang die Besatzung aus dem Flugzeug und suchte Deckung. Doch die befürchtete Explosion des Treibstoffes blieb aus. Die Flammen waren erloschen. Crum rannte zur qualmenden Maschine zurück, riss eine Axt aus der Halterung und schlug ein Loch in die unbeschädigten Tanks. Dann zündete er mit einem Streichholz die Treibstoffpfütze an. Den Deutschen sollten die Geheimnisse des neuen Bombers verborgen bleiben.

Zu diesem Zeitpunkt waren auch Oesau und Edelmann herangekommen. Oesau nahm die Maschine von Warrant Officer Rhodes aufs Korn. Mit weit aufgerissenen Augen verfolgten die Besatzungen der übrigen beiden Bomber das Geschehen und sahen, dass Oesau bis auf unglaubliche zehn Meter an Rhodes Maschine heranflog und schlagartig das Feuer eröffnete. Wie von einer Faust getroffen bäumte sich der zum Tode verurteilte Bomber auf, alle vier Motoren in hellen Flammen, drehte sich und raste mit voller Geschwindigkeit, nur um Zentimeter Nettletons und Garwells Maschinen verpassend, in den Boden der Haute Normandie. Gordon und die beiden überlebenden Bomberbesatzungen hatten bereits mit ihrem Dasein abgeschlossen, als die Deutschen plötzlich ihre Angriffe abbrachen.

»Sieht so aus, als ob ihnen der Sprit ausgegangen wäre«, brüllte Nettleton mit unterdrückter Freude ins Mikrofon. So ganz traute er dem Frieden noch nicht. Beide überlebende Flugzeuge waren in einem ziemlich desolaten Zustand. Einschusslöcher drapierten Zellen und Tragflächen wie Siebe, doch dank der neuartigen selbstschließenden Treibstofftanks hielt sich der Verlust in Grenzen. Noch lagen achthundert Kilometer vor ihnen. Etwas südlicher und ein klein wenig dahinter flog Sherwood mit seiner Squadron. Sie hatten Glück und trafen auf keinen einzigen Jäger. Flügelspitze an Flügelspitze rasten die beiden beschädigten Bomber weiter in Richtung Augsburg. Nach zwei Stunden erreichten sie den Ammersee. Keine Wolke war am Himmel zu sehen und für einige Minuten konnte Gordon die Gipfel der Alpen betrachten. Dann änderten die Flugzeuge ihren Kurs, stiegen 200 Meter höher, um einer Hügelkette auszuweichen und ließen sich anschließend wieder in das Tal der Lech fallen. Voraus im Abenddunst lag ihr Ziel. Augsburg.

An den südlichen Vororten begann die schwere Flak zu belfern. Splitter krachten gegen die Flugzeughaut, Sprengwolken hüllten die rasende Fahrt des Bombers ein. Nettelton setzte sich jetzt leicht versetzt vor Garwells Lancaster, damit Gordon die Bomben genau platzieren konnte. Das Panorama, das sich ihnen bot, war atemberaubend. Die gesamte Stadt schien mit leichten Flakgeschützen gespickt und eröffnete ein infernalisches Feuer.

Gordon war so auf sein Ziel und seine Aufgabe fixiert, dass er das feindliche Feuer wie in Trance mitbekam. Alles sah so aus, wie er es am Morgen den Besatzungen erklärt hatte. Die MAN Werke und insbesondere die T-förmige U-Boot-Motoren-Halle lag wie eine Postkarte vor ihm. Die Altstadt, die ihn so begeistert hatte und für die er jetzt sein Leben riskierte, huschte im Zeitraffer unter ihm davon. Die beiden

Piloten waren jetzt bis auf zehn Meter über die Dächer Augsburgs heruntergegangen, um dem Flakhagel zu entgehen. Teilweise flogen sie so niedrig, dass die 20-Millimeter-Geschütze nicht die Flugzeuge, sondern die gegenüberliegenden Häuser trafen. Als die letzten hundert Meter über der Haindlschen Fabrik zurückgelegt waren, drückte Gordon den Knopf. Als die vier 1000 Pfund Bomben die Bombenschächte verließen, hüpfte das Flugzeug um fast fünfzig Meter nach oben.

»Was seht ihr?«, brüllte Nettleton in den Kopfhörer und der Heckschütze antwortete ebenso schreiend, dass ihre und Garwells Bomben genau im Ziel gesessen hätten. Doch dann ein weiterer Schrei.

»Garwell hat es erwischt. Mein Gott, die ganze Kiste brennt. Er geht runter, er geht runter!«

Garwell hatte, als ihn die Garbe eines Flak-Vierlings voll getroffen hatte, sofort erkannt, dass bei den schon bestehenden Schäden die Gefahr eines Auseinanderbrechens des Flugzeuges unmittelbar bevorstand. An ein Aussteigen war wegen der geringen Höhe nicht zu denken. Also entschloss er sich zur sofortigen Bauchlandung. Nach einigen bangen Minuten gelang es ihm, das rauchende Wrack auf einem Acker bei Schlipsheim zu landen. Er und drei andere Besatzungsmitgliedern entkamen unversehrt aus der jetzt brennenden Maschine. Dass ihnen das gelang, hatten sie Flight Sergeant R. J. Flux zu verdanken, der die Notausstiegsklappe kurz vor dem Aufsetzen geöffnet hatte und durch diese aus dem Flugzeug geschleudert wurde. Zwei weitere Mitglieder der Crew verbrannten im Wrack.

Von all dem bekamen Gordon und Nettleton nichts mit, da sie bereits auf Heimatkurs war. Doch hinter ihnen ging das Drama weiter. Sherwood mit seinen drei Lancaster Bombern sah schon von Weitem die Rauchpilze über dem MAN Werk und hatten daher keine Schwierigkeiten, das Ziel zu finden. Das Abwehrfeuer der hellwachen deutschen Flak war mörderisch, doch es gelang allen drei Flugzeugen, ihre Bomben abzuwerfen. Doch dann erwischte eine 88-Millimeter-Batterie Sherwoods Maschine am nördlichen Stadtrand. Ein Granatsplitter riss einen der Tanks auf, und in einem feinen weißen Streifen begann der Treibstoff nun auszulaufen. In Sekunden entzündete sich der Treibstoff am Auspuff eines der Motoren und ließ die Lancaster in einem Feuerball explodieren. Wie durch ein Wunder überlebte Sherwood als Einziger das Drama, als er mitsamt seinem Sitz aus dem Flugzeug geschleudert wurde. Die beiden anderen Maschinen, von Flying Officers Rodley and Hallows pilotiert, schafften es zurück nach Hause.

Die letzten drei aus Sherwoods Staffel, Flying Officers Rodley and Hallows sahen, wie ihr Squadron Leader in einem Feuerball zu Boden ging. Dennoch hielten sie tapfer Kurs und wurden von Flak in ein Kreuzfeuer genommen. Mycock wollte das Flakfeuer unterfliegen und bewegte seine Maschine teilweise niedriger als die Firste der Augsburger Bürgerhäuser. Doch es half nicht. Eine Flakgarbe erwischte mit voller Wucht den

Bomber und setzte ihn in Brand. Mycock hielt den Kurs bei, bis er seine Bomben abgeworfen hatte. Dann explodierte der Bomber noch in der Luft und verteilte seine Überreste in den Straßen der nördlichen Vorstadt. Deverills Lancaster wurde ebenfalls getroffen und einer der Motoren fing Feuer. Es gelang jedoch der Crew, den Brand zu löschen und sie und Penman schafften es tatsächlich bis zum Heimathafen.

Als Gordon und Nettleton morgens um ein Uhr auf dem Squires Gate Aerodrome, in der Nähe von Blackpool landete, war sein erster Gedanke herauszufinden, was aus den übrigen Besatzungsmitgliedern geworden war. Als er erfuhr, dass sieben Maschinen nicht zurückgekehrt waren und von 85 Besatzungsmitgliedern neunundvierzig vermisst wurden, setzte er sich zu Gordon auf eine Parkbank und weinte.

Das gesamte Frühjahr 1942 war von enormen Anstrengungen gekennzeichnet, die neuen Technologien nach vorne zu treiben. Nun begann sich der Zustrom an Technikern und Wissenschaftlern stärker bemerkbar zu machen, die vom Wehrdienst freigestellt waren. Dieser Prozess führte dazu, dass die Entwicklungsgeschwindigkeit bei den Firmen erheblich beschleunigt werden konnte. Obwohl die Engländer ihre Bombenangriffe permanent verstärkten, war der eigentliche Schaden, den sie anrichteten, begrenzt. Noch immer warfen die meisten Besatzungen ihre Bomben weit vom eigentlichen Ziel ab. So zum Beispiel in der Nacht vom 5. auf den 6. April. 179 Wellington-, 44 Hampden-, 29 Stirling-, und 11 Manchester-Bomber, die bislang größte Streitmacht, die eine einzelne Stadt angriff, hatte sich die Kölner Klöckner-Humboldt-Deutz AG als Ziel ausgesucht. Von den 263 Besatzungen behaupteten 211, das Ziel gut getroffen zu haben, doch anhand von Aufklärungsfotos konnte Tage nach dem Einsatz festgestellt werden, dass die meisten Bomben etwa acht Kilometer von Deutz entfernt einschlugen. In Deutz selbst wurden eine Fabrik und ein Krankenhaus getroffen, etwa neunzig Häuser zerstört oder schwer beschädigt. Dreißig Zivilisten, die einen abstürzenden Bomber beobachteten, wurden in der Innenstadt getötet.

Als Brigadeführer Kammler Major Othmar Schmidt am 27. Mai abholte, um gemeinsam nach Peenemünde zu fliegen, sparte er nicht mit sarkastischen Bemerkungen.

»Wenn die Tommys so weiter machen, werden sie aus Verzweiflung ihre Angriffe bald aufgeben.«

»Da wäre ich mir nicht so sicher, Brigadeführer«, entgegnete Othmar kühl.

»Wir haben festgestellt, dass die Engländer ein neues Navigationssystem eingeführt haben. Noch schlimmer ist, dass die Amerikaner die 8. Luftflotte, oder wie die Amerikaner sagen, Eighth Air Force, unter dem Kommando von General Carl Spaatz in der Wycombe Abbey School for Girls, einer Mädchenschule, etabliert haben.«

»Mädchenschule ist gut«, grinste Kammler.

»Hoffentlich verhalten sie sich auch wie solche.«

»Das glaube ich kaum«, konterte Othmar.

»Zurzeit bauen sie eine Logistik auf, um ihre Flugzeuge von den USA nach Schottland zu transferieren. Wenn das abgeschlossen ist, können wir uns auf was gefasst machen.«

»Dann wollen wir zusehen, dass wir unsere Hausaufgaben bis dahin gemacht haben«, sagte Kammler, und seine Augen blinzelten kampfeslustig.

»Aber Sie haben mir doch bei unserem letzten Zusammentreffen versprochen, mir noch etwas zu der russischen Panzerfertigung zu erzählen.«

»Stimmt, Sie haben ein gutes Gedächtnis. Und die Frage der russischen Panzerfertigung wird uns immer mehr beschäftigen, sobald die Führerweisung 41 in die Tat umgesetzt ist.«

»Sie meinen den Angriff der aus der Heeresgruppe Süd neu gebildeten Heeresgruppen A und B, die gemeinsam zuerst Stalingrad erobern sollen, um nach der Sperrung der Wolga anschließend in den Kaukasus und entlang der Schwarzmeerküste bis zu den Ölfeldern von Maikop und Grosny vorstoßen und schließlich bis Baku vorgehen sollen.«

»Genau die, denn der T-34 wird zum großen Teil in den Traktorenfabriken von Stalingrad hergestellt. Oder besser gesagt wurde. Denn der Russe verlegt seine gesamte Industrie in und hinter den Ural. Die Charkower Lokomotivfabrik Komintern, die auch den Panzer baut, ist bereits nach Nischni Tagil umgezogen.«

»Und wo liegt das genau?«

»In der Nähe von Jekaterinburg. Dort hat man als Teil des Fünfjahresplanes zwischen 1931 und 1936 die Maschinenbaufirma Uralwagonsawod aufgebaut, die zunächst schwere Güterwaggons für die sowjetische Eisenbahn gebaut hat. Sergej Rantinow hat uns jetzt glaubwürdig erzählt, dass Stalin diesen Standort zur größten Panzerfabrik ausbauen will.«

»Und warum bombardieren die wir nicht?«

»Weil wir kein Kampfflugzeug mit genügend großer Reichweite haben. Generalleutnant Walther Wever, erster Chef des Generalstabs der Luftwaffe, forcierte den Bau schwerer viermotoriger Bomber. Prototypen der Dornier 19 und Junkers 89, denen man den Decknamen Uralbomber gegeben hatte, flogen bereits. Die Do 19 hatte eine Reichweite von 1600, die Junkers 89 sogar von 2000 Kilometern. Doch als er starb, führte Udet den Sturzkampfbomber ein und Erhard Milch sorgte dafür, dass die Luftwaffe primär der Unterstützung des Heeres diente. Das ist der Stand der Dinge. Rantinow hat uns aber sogar noch mehr von dem russischen Panzerprogramm erzählt. Wenn seine Angaben stimmen, und ich habe keinen Grund daran zu zweifeln, werden die Uraler Schwermaschinenbetriebe Uralmasch in Swerdlowsk ebenfalls auf den Panzerbau umgestellt. Dort haben sie bislang nur Panzerwannen gefertigt. Die Kirow-Werke in Leningrad und das Charkower Dieselmotorenwerk sollen gemeinsam auf das Gelände des Traktorenwerkes von Tscheljabinsk verlagert werden. Auch der Mehrfachraketenwerfer soll dort gefertigt werden. Sogar einen neuen Namen hat man dem Standort gegeben: Tankograd, Panzerstadt.«

»Das klingt nicht gut«, sagte Kammler beunruhigt.

»Klasse statt Masse kann daher nur unsere Devise sein«, legte Othmar nach.

»Wie kommen Sie denn mit Speer zurecht?«

»Zurzeit noch prächtig. Ich will aber auch nicht dem Liebling des Führers in die Parade fahren. Aber im Ernst, es geht besser als erwartet, da wir eigentlich keine Differenzen haben. Im Gegenteil, er hilft mir da, wo ich sie brauchen kann und ich ihm, wenn es brennt. Er hat mir auch den Tipp mit Merker gegeben, um den U-Boot-Bau der neuen Generation voranzutreiben.«

»Merker? Habe ich noch nie gehört.«

»Sehen Sie, ich auch nicht. Aber der Rat von Speer könnte goldrichtig sein. Dr. Otto Merker ist Wehrwirtschaftsführer und stellvertretender Vorsitzender des Vorstandes der Klöckner-Humboldt-Deutz AG in Köln. Ich habe ihm unser Problem geschildert und er hat zugesagt, die Aufgabe zu übernehmen. Er arbeitet jetzt an einem Konzept, das ich bei der nächsten Sitzung des Ausschusses vorstellen werde. Wann soll die übrigens stattfinden, Schmidt?«

»Am Dienstag, den 30. Juni. Die Einladungen sind heute raus.«

»Das ist perfekt, denn bis dahin habe ich alle noch fehlenden Informationen beisammen, um das U-Boot-Programm festzulegen. Aber sagen Sie Schmidt, warum waren Sie am Telefon so geheimnisvoll. Warum wollen Sie mir nicht sagen, weshalb ich unbedingt heute mit Ihnen nach Peenemünde fliegen soll?«

»Aus Geheimhaltungsgründen. Telefonen kann man heute nicht mehr trauen. Aber ich erzähle Ihnen alles, auf dem Weg zur Ostsee.«

Die Me 108 Taifun stand für sie in Staaken bereit und Kammlers Fahrer brachte sie in Rekordzeit zum Flugplatz, der sich westlich von Spandau befand. Nachdem Othmar die Taifun in die Luft gebracht hatte, begann er Kammler von dem eigentlichen Sinn der Reise zu unterrichten.

»Kennen Sie Dr. Ernst Steinhoff?«

Kammler schüttelte den Kopf.

»Ich bis vor einem knappen Jahr auch nicht«, gab Othmar zu.

»Dieser Steinhoff machte 1931 an der Technischen Hochschule in Darmstadt seine Diplome in Aeronautik und Meteorologie und 1940 den Doktortitel in angewandter Physik. Danach leitete er die Abteilung Flugzeugmechanik- und Flugleistungsmessung am deutschen Forschungsinstitut für motorlosen Flug in Darmstadt. Im Juni 1939 hat ihn Wernher von Braun zum Direktor für Flugzeugmechanik, Ballistik, Lenkung und Steuerung sowie Instrumentenausrüstung im Raketenforschungszentrum Peenemünde ernannt. Irgendwie machte das auch Sinn, denn Steinhoff hatte schon immer ein Faible für Luftfahrt. Immerhin hielt er den Weltrekord im Streckenflug der Segelflieger, durfte sich Flugkapitän nennen und war recht früh Parteimitglied.«

»Na, das passt ja«, meinte Kammler trocken.

»Letztes Jahr hat er mich angesprochen und erzählt, dass er darüber nachdächte, Raketen unter Wasser von U-Booten zu starten. Ich hielt das für völlig fantastisch und konnte mir das gar nicht vorstellen, versprach ihm aber in einem Anfall von Nächstenliebe, ihm bei seinem Projekt zu helfen.

Vor einigen Wochen meldete er sich dann wieder mit einer Bitte. Er ersuchte mich, beim Oberbefehlshaber der U-Boote, Vizeadmiral Dönitz, vorstellig zu werden, das U-Boot seines Bruders, Korvettenkapitän Fritz Steinhoff, Kommandant von U-511, einem IXC-Boot, das zurzeit in Stettin liegt, kurzfristig für einen Unterwasser-Raketenabschuss für Testzwecke zur Verfügung zu stellen.

Steinhoff hatte zusammen mit Walter Dornberger und Leo Zanssen, dem neuen Kommandanten von Peenemünde–Ost und ehemaligen Batteriechef einer Werfereinheit, das Konzept erarbeitet, das schwere Wurfgerät 41 auf einem U-Boot zu installieren. Das Gerät 41 ist nicht mehr oder weniger als ein Stahlgestell für vier Stahlpackkisten, aus denen 32-Zentimeter-Feststoffraketen verschossen werden. Den Gefallen habe ich ihm getan. Und heute soll der erste Unterwasserabschuss vor Peenemünde geschehen. Was das für die Zukunft bedeuten könnte, überlasse ich Ihrer Fantasie.«

Eine ganze Weile war es im Kopfhörer von Hauptmann Schmidt still. Dann meldete sich Kammler in seiner ihm eigentümlichen Art.

»Wissen Sie Herr Schmidt, meist wurden die umwälzendsten technischen Fortschritte durch Denkanstöße in Gang gesetzt, die auf den ersten Blick völlig ungeeignet erschienen. Wir leben nun halt in einer Zeit, die solche Gedanken dringend benötigt. Vielleicht ergibt sich aus diesem Experiment eine völlig neue Strategie.«

Mittlerweile waren sie über Peenemünde angekommen und Othmar holte sich von der Flugleitung die Erlaubnis mit Kammler einen Rundflug über Peenemünde-West und –Ost zu unternehmen. Es war zwar diesig, aber ließ dennoch aus der geringen Höhe einen guten Blick zu.

»Man sieht ja kaum etwas von den vielen Hallen«, bemerkte Kammler ein wenig enttäuscht.

»Dann haben die Tarnungsanstrengungen ja ihren Dienst erfüllt«, bemerkte Othmar trocken.

»Aber sehen Sie sich mal die Prüfstände an, die kann man nicht verstecken«, sprachs und ging in eine steile Rechtskurve, um Kammler einen Blick nach rechts unten auf den mächtigen Turm des Prüfstandes 7 zu ermöglichen.

»Hier wird die A-4 gestartet.«

Er steuerte die Taifun aus der Rechtskurve wieder in die Horizontale und nahm Kurs auf die Landebahn von Peenemünde-West. Als die Taifun Haken schlagend vor der Flugleitung stoppte, begrüßte Sie Dr. Steinhoff, ein 33-jähriger, schlanker und groß gewachsener Mann, dessen Schädel ein akkurater Seitenscheitel und leicht abstehende Ohren zierten.

»Traumwetter haben Sie ja nicht mitgebracht, aber wir wollen ja auch keinen Weitschuss beobachten«, sagte der Ingenieur und wies auf einen Opel P 4.

»Ich bringe Sie jetzt zum Hafen. Dort wartet ein Schnellboot der Marine, das uns zum Treffpunkt mit U-511 bringt. Direkt vor der Küste hat das Boot nicht genug Wasser unter dem Kiel, deswegen müssen wir ein paar Seemeilen raus.«

Kammler, der zum ersten Mal in Peenemünde war, war vom Treiben auf dem Flugplatz sehr beeindruckt. Kein Wunder, denn fast alle Flugzeughersteller nutzten mindestens einen der vielen Hangars, die sich wie an einer Perlenschnur im Halbkreis um den Platz schmiegten. Sie verließen den Platz und fuhren jetzt direkt auf das riesige Kohlekraftwerk zu, das als roter Backsteinriese mit drei markanten Schloten diesen Teil des Luftwaffenstützpunktes beherrschte.

»Produziert das Kraftwerk schon Strom?«, wollte Othmar wissen.

»Nein, erst voraussichtlich ab Oktober. Es sieht zwar fertig aus, aber die Installation der Generatoren dauert noch eine Weile.«

Als sie an riesigen Kohlebergen vorbei den Hafen ansteuerten, sahen sie schon von Weitem das Schnellboot vom Typ S26. Dieses, von der Lürssen Weft in Bremen-Vegesack gebaute Boot, wurde von zwei Daimler-Benz Dieselmotoren vom Typ DB MB 501 angetrieben, deren 2000 PS das formschöne Boot auf 39 Knoten beschleunigen konnte.

Kaum waren sie an Bord gesprungen, hieß es »Leinen los« und das Boot legte ab. Nach etwa zehn Minuten, hinter der Greifswalder Oie, kam das U-Boot in Sicht. Der Kapitän des Schnellbootes manövrierte auf Rufweite an das U-Boot heran und ließ die Motoren im Leerlauf weiterblubbern.

Die beiden Steinhoff Brüder hatten ganz offensichtlich ihre Spass und rissen Witze, während Kammler und Schmidt den Aufbau des schweren Werfers studierten. In Swinemünde hatten Arbeiter aus Peenemünde die in Karlshagen gefertigten Werfergestelle für je sechs Stahlpackkisten auf der Backbordseite des Achterschiffs so montiert, dass die Raketen das Gestell in einem Winkel von 45 Grad verlassen mussten. Damit wurde gewährleistet, dass die heißen Abgase keinen Schaden am U-Boot anrichteten. Rein theoretisch, so hatte Steinhoff errechnet, durfte der Unterwasserstart kein Problem darstellen. Im Gegenteil, die Führung der Geschosse im Wasser sollten sogar zu einer besseren Treffergenauigkeit führen. Es wurde jetzt zwischen den Steinhoff Brüdern verabredet, dass das U-Boot nun auf eine Tauchtiefe von fünfzehn Metern gehen und die erste Salve verschießen sollte.

Das Schnellboot und die beiden anderen Schiffe mit Peenemünder Ingenieuren und Marinesoldaten, die für das Nachladen des Werfers an Bord waren, zogen sich etwa zweihundert Meter vom angenommenen Standort des getauchten Bootes zurück. Dann wartete man auf den Abschuss. Das urplötzliche und überraschende Durchbrechen der Wasseroberfläche, das Fauchen und Heulen der Pulverraketen sowie der lange Feuerschweif waren ungeheuer beeindruckend für alle, die bei dem Spektakel zugegen waren. Nach einigen Minuten tauchte U-511 wieder auf.

»Habt ihr im Innern von dem Abschuss etwas mitbekommen?«, wollte Ernst Steinhoff von seinem Bruder wissen.

Kapitänleutnant Fritz Steinhoff schüttelte den Kopf.

»Keinen Ton, das Boot hat sich auch nicht einen Millimeter gerührt.«

Mittlerweile war das Boot mit den Marinesoldaten herangekommen und diese begannen die Roste wieder mit 32-Zentimeter-Wurfkörpern, wie sie offiziell hießen, zu bestücken. Ein Flamm-Wurfkörper war 1300 Millimeter lang und 79 Kilo schwer. Fünfzig Liter Flammöl und eine 1,6 Kilo schwere Zerlegerladung bildeten den Inhalt des Geschosses. Mit einer Geschwindigkeit von 145 Metern pro Sekunde flog es 2200 Meter weit.

»Dieser Erfolg bestätigt alle unseren Erwartungen und zeigt das enorme Potenzial, U-Boote als Raketenabschussbasen zu verwenden«, erklärte D. Steinhoff ungerührt.

»Damit wir aber sichergehen, werden wir eine zweite Salve verschießen.«

Hans Kammler stand noch immer unter dem Eindruck des Geschehens. Für ihn war dies der erste Kontakt mit Raketen.

»Glaubt Dr. Steinhoff, man könne die A-4 von einem U-Boot aus verschießen?«

»Nein«, lachte Othmar.

»Die A-4 ist vierzehn Meter hoch und passt in keines unserer Boote und auch die Walter Boote werden dafür zu klein sein. Wir müssten für unsere Boote entweder kleinere Raketen entwerfen, oder eine völlig neue Abschusstechnik entwickeln«, erklärte Othmar.

»Aber mit diesem Werfer könnte man doch New York oder andere Städte an der US-Küste angreifen?«

»Sicherlich, Brigadeführer. Wir müssen nur die Marine davon überzeugen. Das Problem ist nur die kurze Reichweite der Wurfkörper. Die U-Boote müssten sozusagen in Sichtweite an das Ziel herangehen. Aber für einen Überraschungsangriff wären sie durchaus geeignet.«

Mittlerweile war das Nachlademanöver beendet und die Begleitboote suchten wieder einen respektablen Abstand zum U-Boot, das den Taucheingang bereits eingeleitet hatte und unter einer Blasenbildung langsam senkrecht auf Tiefe ging. Wenige Minuten später wiederholte sich der Vorgang des tosenden Durchbruchs der Pulverraketen durch die Wasseroberfläche, die heulend Fahrt in Richtung offene See aufnahmen, hellweiße Rauchwolken hinter sich herziehend.

Diesmal entlud sich auf den Begleitbooten die große Anspannung aller Anwesenden und brach sich mit gegenseitigen Glückwünschen und Schulterklopfen Bahn. Zurück an Land brachte Dr. Steinhoff seine Gäste ins Entwicklungswerk, wo Othmar für Brigadeführer Kammler ein Treffen mit Oberst Dornberger arrangiert hatte. Dornberger wollte Kammler in die Details der A-4 Produktion einweihen. Er selbst wollte sich von Wernher von Braun und Walter Thiel den Stand der Entwicklung von Flugabwehrraketen erläutern lassen.

Eine Woche, nachdem Walther von Axthelm am 5. Mai 1942 zum Inspekteur und General der Flakwaffe ernannt worden war, hatte sich bereits Othmar Schmidt dessen Unterstützung gesichert. Der delegierte daraufhin voller Enthusiasmus einen Entwicklungsauftrag für die Flakrakete Wasserfall an die Flakversuchsanstalt in Karlshagen bei Peenemünde. Diese Dienststelle wurde nunmehr als Flak-Versuchskommando Nord bezeichnet und verstand in technischer Beziehung Dr. Wernher von Braun. Die Entwicklung des Flugkörpers wurde unter der Federführung des Leiters der Triebwerksentwicklung, Dr. Walter Thiel und Projektleiter Dr. Haase forciert.

»Na, Schmidt, hat Ihnen die Vorstellung gefallen?«, begrüßte ihn Wernher von Braun, als Othmar dessen Büro betrat.

»Es war sehr eindrucksvoll, Herr von Braun. Danke der Nachfrage. Die Simplizität der Darbietung lässt natürlich Schlüsse hinsichtlich einer Verwendung von Raketen auf U-Booten zu.«

»Darüber haben wir uns natürlich auch schon Gedanken gemacht, Herr Major«, erwiderte von Braun selbstbewusst.

»Rein theoretisch war uns von vornherein klar, dass ein Unterwasserschuss machbar wäre. Es macht aber nur dann Sinn, wenn man die Waffe aus dem Innern eines Unterseebootes abschießen kann, denn eine Außenbordanbringung, wie sie sie heute gesehen haben, wird das Marineamt kaum zulassen, da die Manövrierfähigkeit des Bootes reduziert wird.«

»Daran habe ich gar nicht gedacht«, musste Othmar zugeben.

»Aber ich sehe, Sie haben den Faden schon aufgegriffen.«

»In einigen Monaten können wir bestimmt ein paar Ideen vortragen«, meinte von Braun mit Nachdruck.

»Genauso wie wir es nach Ihrem Vorschlag hinsichtlich einer schlagkräftigen Flugabwehrrakete getan haben.«

»Und was ist jetzt der Stand der Dinge?«

In diesem Augenblick betraten zwei junge Männer in weißen Kitteln von Brauns Büro und räusperten sich.

»Einen Moment bitte«, entschuldigte sich von Braun und wandte sich seinen Mitarbeitern zu.

Othmar nutzte die Gelegenheit und warf einen Blick auf eine Zeichnung, die auf von Brauns Schreibtisch lag. Sofort fielen ihm die vier großen Flossen auf, die entlang des Schwerpunktes Auftrieb erzeugen sollten.

»Das waren die Ingenieure Peter Wegener und Werner Dahm aus dem Überschallwindkanal«, entschuldigte sich von Braun.

»Ihr Chef, Dr. Rudolph Hermann, ist leider wegen einer Grippe außer Gefecht und daher suchen sie mich immer auf, sobald es ein Problem gibt.«

Von Braun sah, dass sich Othmar die Zeichnung des Wasserfalls angesehen hatte.

»Wir haben sechs verschiedene Formen im Windkanal getestet, um eine optimale Form zu erhalten und ich weiß immer noch nicht, ob dies die Endgültige sein soll.«

»Die Rakete sieht aus, wie eine kleine Version der A-4«, platzte es aus Othmar heraus.

»Das mag sein, aber Wasserfall hat außer der ähnlichen Form nichts mit der A-4 gemein«, erwiderte von Braun.

»Aber das kann Ihnen Thiel am besten selber erklären. Meine Sekretärin Charlotte Haase wird Sie zu ihm bringen. Sein Büro ist nur ein Stock tiefer. Übrigens möchte ich mich nochmals bei Ihnen für Ihre unglaubliche Tatkraft bedanken. Ohne Ihre Unterstützung wären wir noch lange nicht da, wo wir jetzt stehen.«

Othmar Schmidt schaute von Braun ungläubig an.

»Wie soll ich das verstehen?«

»Ganz einfach, bis Sie mit Ihrem Hochtechnologieausschuss antraten, mussten wir um Mitarbeiter, Vorrang vor anderen Rüstungsprojekten und Material kämpfen. Sie glauben nicht, wie viel Zeit wir früher verloren haben, um simple Dinge in Gang zu setzen. Unsere Korrespondenz mit Berlin füllt ganze Schränke. Also nochmals, vielen Dank.«

Charlotte Haase, die ihren Auftrag durch die offen stehende Tür gehört hatte, stand lächelnd hinter ihm, als Othmar sich umdrehte.

»Gehen wir«, sagte sie und ihre Augen blitzten unternehmungslustig.

Walter Thiel stand an seinem Zeichenbrett und erklärte zwei seiner Mitarbeitern eine technische Finesse. Othmar mochte diesen außergewöhnlichen Wissenschaftler, den neben seinem Genius ein bescheidenes und fleißiges Wesen auszeichnete. Thiels Markenzeichen war seine schwarzumrandete übergroße Hornbrille, die auf einer schmalen Nase vor seinen dunklen Augen thronte. Sein energisches Kinn übertünchte die Blässe seines Gesichts, das Sonnenstrahlen nur noch vom Hörensagen kannte; so sehr hatte er sich in den letzten Jahren in seine Arbeit gestürzt.

»Hallo Herr Hauptmann, ich habe schon gehört, dass Sie dem Unterwasserabschuss beigewohnt haben. Das eröffnet völlig neue Perspektiven, finden Sie nicht?«

»Und ob«, sprudelte es aus Othmar heraus.

»Von Braun erklärte auf meine Frage, ob man diese Technik nicht noch verfeinern könnte, dass man bereits daran tüftelte. Aber im Augenblick interessiert mich doch die Flugabwehrrakete Wasserfall mehr.«

»Da sind Sie bei mir richtig«, lachte Thiel.

»Kommen Sie, ich erkläre Ihnen anhand eines Schaubildes den Stand der Entwicklung.«

Dr. Thiel deutete auf eine Tafel, die die inneren Geheimnisse der Wasserfall Rakete entblößte.

»Dies ist der heutige Stand der Rakete mit der Bezeichnung W 1.« Mit einem Zeichenstab deutete er auf die Spitze der Rakete.

»Hier befindet sich der Zünder des Sprengstoffes, der den gesamten oberen Teil ausfüllt. Darunter sitzt der Beschleunigungsmesser, gefolgt von dem Stickstoffdruck- und Visolbehälter. Wir versuchen, Visol in Zukunft durch modifizierten Dieselkraftstoff zu ersetzen. Hier sitzen die vier Finnen, die den Auftrieb verstärken sollen. Ungefähr da, wo der Hauptholm durch den Raketenkörper geht, beginnt der SV-Stoffbehälter.«

»SV Stoff?«, hakte Othmar nach.

»Eine Mischung aus 94 Prozent Salpetersäure und Stickstoffdioxid. Aus Geheimhaltungsgründen nennen wir es auch Salbei«, erklärte Dr. Thiel.

»Im letzten Drittel des Flugkörpers befinden sich diverse Komponenten wie Servomotoren und Funkempfänger. Das Heck der C2 besteht aus dem eigentlichen Motor, den aerodynamischen Rudern und den Strahlrudern aus Grafit. Insgesamt ist der Wasserfall 7,76 Meter hoch und hat eine Flügelspannweite von 1,89 Metern. Ziel unserer Entwicklung ist es, Luftziele in bis zu 18 Kilometer Höhe und 36 Kilometer vom Abschusspunkt zu treffen. Das Abschussgewicht liegt bei 3,5 Tonnen.«

»Ein ganz schöner Brocken«, bemerkte Othmar.

»Das lässt sich bei den Vorgaben nicht vermeiden«, stellte Dr. Thiel lapidar fest.

»Deswegen stellen wir uns auch vor, dass er ein bestimmtes Objekt, eine Stadt oder eine Fabrik schützen soll und nicht mobil durch die Lande reist. Damit aber solch eine Vorgabe erreicht werden kann, mussten wir den Raketenmotor umkonstruieren. Hauptgrund ist die Einsatzbereitschaft der Wasserfall Rakete. Es kann durchaus sein, dass sie Tage, wenn nicht Wochen tatenlos auf dem Abschusstisch steht.

Mit den Treibstoffen, die wir bei der A-4 verwenden, wäre das nicht möglich. Die sind schlecht zu lagern und bilden explosive Gemische. Außerdem wäre es praktisch unmöglich eine Rakete unter Gefechtsbedingungen zu be- oder enttanken. Den Motor, den wir für den Wasserfall bei den Elektromechanischen Werken Karlshagen entwickelt haben, basiert auf dem bei der A-4 angewendetem Prinzip. Über 41 Sekunden erzeugt der Motor einen Schub von ungefähr 8000 Kilopond. Dabei liegt die Geschwindigkeit des austretenden Gasstrahles lag bei ca. 1850 Metern pro Sekunde.«

»Und wie wird die Rakete gesteuert?«

»Zunächst beschränken wir uns auf ein optisches Zielführungsverfahren. Unser eigentliches Ziel ist aber die Führung des Flugkörpers durch zwei konvergierende Funkmess-Leitstrahlen; eine für die Rakete, die andere für das Ziel. Doch bis wir soweit sind, wird es noch eine Zeit dauern. Bis dahin werden wir mit einer Zielverfolgung auf Sicht mit dem Funksteuerungssystem Kehl/Straßburg durchführten. Aber das kennen Sie ja.«

»Und wann werden die ersten scharfen Tests durchgeführt werden?«

»Ich schätze Anfang 1943. Eigentlich unglaublich, dass ich solch einen frühen Termin nenne.

Wären Sie nicht mit dem Ausschuss gekommen, könnten wir davon nur träumen. Jetzt haben wir die Techniker, die wir so bitter benötigten und das Material, das uns fehlte. Wir bereiten bereits einen separaten Abschusstisch auf der Greifswalder Oie vor, damit unsere A-4 Versuche nicht gestört werden.«

»Das lassen Sie mich aber rechtzeitig wissen, denn dieses Ereignis möchte ich mir nicht entgehen lassen.«

»Keine Bange«, lachte Dr. Thiel,

»Sie sind doch unsere Lebensversicherung!«

Nach seinem Besuch bei Thiel ließ sich Othmar zu Dornberger bringen. Er wollte sichergehen, dass Kammler auch Wernher von Braun kennenlernte, denn er wollte, dass der Brigadeführer wie er dem Charme und den Visionen von Brauns erlag. Als er in Dornbergers Büro eintraf, machte sich Kammler gerade zum Aufbruch bereit.

»Das trifft sich gut«, sagte der leicht genervt aussehende Oberst.

»Stellen Sie doch bitte den Brigadeführer von Braun vor und eisen Sie sich dann für ein paar Minuten los, ich habe etwas mit Ihnen zu besprechen.«

Kammler verabschiedete sich mit einem Handschlag formlos und ohne große Emotion von Dornberger und wandte sich zur Tür. Othmar folgte ihm und geleitete ihn zu von Brauns Büro. Anschließend kehrte er zu Dornberger zurück. Der saß bebend in seinem Büro und sprang auf, als Othmar zur Tür herein kam.

»Was für ein arroganter Mensch«, stieß er mit kaum unterdrückter Wut heraus.

»Der hat mich mit kaltem Hohn und kaum verhehlter Verachtung behandelt. Sein Hochmut kennt ja keine Grenzen!«

Othmar hatte Oberst Dornberger noch nie in solche einem Zustand erlebt. Der Mann war sichtlich außer sich.

»Was bringt Sie denn derart aus der Fasson, Herr Oberst?«, erkundigte sich Othmar leicht besorgt und gleichermaßen amüsiert. Noch nie hatte er einen Offizier der Wehrmacht sich derart echauffieren sehen.

»Zuerst dachte ich, was für eine männliche Erscheinung. Er kam mir eher wie ein italienischer Kondottiere vor, ein wahrer Renaissancemensch. Doch der erste Eindruck erwies sich als falsch. Der Mann riss nach wenigen Minuten das Gespräch an sich, erzählte mir, wie man mit Gegnern und Vorgesetzten umzugehen habe, um seine Ziele durchzusetzen. Der Mann macht auf mich den Eindruck, als ob er zum Erreichen seiner Ziele über Leichen gehen wird. Nehmen Sie sich in Acht, Schmidt, der Mann ist gefährlich. Und was er mir alles vorschlug. Unglaublich. Der will doch Peenemünde glatt unter die Erde verlagern. Das ist verrückt!«

Es war ganz offensichtlich, dass Kammler seine Duftmarke bei Dornberger hinterlassen hatte.

Die Besichtigungstour durch das Entwicklungswerk und der Gang über die Prüfstände hatten einen gehörigen Eindruck bei Kammler hinterlassen.

»Das ist schon gewaltig, was hier entstanden ist, doch kann man solch eine Anlage auf Dauer geheim halten? Ich glaube nicht. Aber sagen Sie Schmidt, all die Begriffe und Kürzel haben mich ganz schön irritiert. HAP und EMW, wofür stehen diese Kürzel?«

»HAP 11 ist die Abkürzung von Heimat-Artillerie-Park 11 als Deckname für die Heeresversuchsanstalt Peenemünde. EMW sind die Initialen für Elektromechanische Werke Karlshagen, also für das Entwicklungswerk. Ich gebe zu, es ist ein wenig verwirrend, doch das ist so gewollt, um die Feindaufklärung zu erschweren.«

Kammler gab sich damit zufrieden und schaute eine Weile aus der Kanzel der Taifun.

»Wie verlief eigentlich Ihre Reise mit Galland zu Heinkel und Messerschmitt?«, fragte er nach einer Weile.

»Das war eine der unterhaltsamsten Unternehmungen der letzten zwölf Monate, Brigadeführer«, schmunzelte Othmar. Ein Grinsen überzog sein Gesicht, als er sich an das Gesicht des Generals der Jagdflieger erinnerte, nachdem dieser zum ersten Mal ein Düsenflugzeug in Aktion gesehen hatte.

»Wir waren zuerst bei Heinkel in Rostock«, begann Othmar zu erzählen.

»Ernst Henkel hatte eine diebische Freude Galland seinen Strahljäger vorzustellen, denn er wusste, dass der, im Gegensatz zu Milch, keinerlei Vorurteile gegen ihn hegte.

»Sie machen sich keine Vorstellungen, wie Galland auf den ersten Start eines Strahlflugzeugs reagierte. Er war außer sich vor Begeisterung. Testpilot Warsitz holte alles aus der Kiste heraus, und als er wieder gelandet war, bearbeitete Galland Heinkel so lange, bis er zusagte, dass er selbst den Vogel noch in diesem Jahr fliegen könnte. Das Bugradfahrwerk fand er übrigens äußerst interessant, denn es leuchtet ihm ein, dass man einerseits dadurch die gefürchteten Sichtprobleme beim Rollen und Starten ausschließen konnte, andererseits auch die kostbaren Triebwerke schonen konnte, die unter den Flügeln hingen und insbesondere bei der Landung gefährdet waren. Er war ganz perplex, als er hörte, dass Milch und das RLM diese Technik ablehnten. Die haben alle keine Ahnung, erklärte er dem verdutzten Heinkel, dem dies natürlich wie Musik in den Ohren klang.

Ich habe dann die Gelegenheit genutzt und vorgeschlagen, er solle doch ein Vergleichsfliegen zwischen der Heinkel He 280 und einer Focke-Wulf 190 durchführen. Warsitz in dem Strahljäger und Galland in der Fw 190. Zuerst schien Heinkel schockiert, doch dann realisierte er, dass dies eine perfekte Gelegenheit wäre, die Vorzüge der neuen Technik zu demonstrieren. Also hat er zugesagt.«

»Und wann soll das stattfinden?«, fragte Kammler.

»So bald wie möglich. Aber Heinkel hat immer noch Probleme mit den Triebwerken und auch das Leitwerk der Maschine wirft noch Fragen auf.«

»Und wie hat Galland auf die Messerschmitt Konstruktionen reagiert?«

»Nun, er wusste ja bereits von Lippisch von der Me 163, hatte aber natürlich dieses brachiale Gerät noch nie in Aktion gesehen. Extra für ihn organisierten Lippisch und Messerschmitt eine Flugvorführung. Wie immer saß Heini Dittmar im Cockpit, der mit dem Kraftei wie verwachsen scheint. Solch einen Start sollten Sie sich nicht entgehen lassen, Brigadeführer«, erklärte Othmar mit Nachdruck.

»So etwas haben Sie noch nie gesehen. Die Me 163 ist ja recht klein und gedrungen; daher auch der Spitzname Kraftei. Beim Start erscheint zunächst nur eine kurze, weiße Abgasfahne, doch wenn sie erst einmal den vollen Schub zu spüren bekommt und fast senkrecht in den Himmel steigt, entlädt sich eine gewaltige Rauchwolke, die wie eine Schleppe hinter dem Apparat hängt.«

Kammler schien konsterniert.

»Können Bomber Feindjäger denn so nicht sofort erkennen, wer da auf sie zukommt?«

»Natürlich«, entgegnete Othmar, »doch bei 1000 Kilometern pro Stunde kennt die Me 163 keinen Gegner. Sie ist viel zu schnell. Galland war völlig von den Socken und erkannte sofort, dass dies ein perfekter Objektschützer für Städte oder große Industrieanlagen wäre.«

»Und wie schätzt er die Me 262 ein?«

»Da die Maschine bisher nicht ausschließlich mit Strahltriebwerken geflogen worden ist, war es schwer für ihn, ein Urteil abzugeben. Er war aber von den Flugdaten, die bislang gesammelt worden waren sehr beeindruckt. Im Juli soll der Testpilot Fritz Wendel den Erstflug absolvieren, dann wissen wir mehr.«

Den Rest des Fluges hingen die beiden Männer ihren Gedanken nach. Als die Taifun gegen 18:00 wieder in Staaken landete, freute sich Othmar bereits auf einen privaten Abend mit Ilse. Sie wollten sich »Quax – der Bruchpilot«, den Kassenschlager mit Heinz Rühmann ansehen, einen Film, der bereits im vergangenen Jahr in die Lichtspielhäuser kam, den die beiden sich aber wegen ihres engen Terminkalenders erst jetzt anschauen konnten.

Als die Maschine vor dem Hangar ausrollte, rannte bereits Kammlers Fahrer auf sie zu.

»Haben Sie schon gehört, Gruppenführer, auf Heydrich ist ein Attentat verübt worden!«

Kammler ließ sich nicht aus der Fassung bringen, stieg von der Tragfläche herunter und strich sich seine Uniformjacke glatt.

»Lebt er noch?«, fragte er kühl.

»Man hat ihn ins Krankenhaus gebracht, sein Zustand soll stabil sein«, erklärte der Fahrer atemlos.

Auf dem Weg in die Stadt berichtete der Fahrer, was bisher wie ein Lauffeuer durch das Regierungsviertel ging.

»Gegen 10:30 haben zwei Männer das Feuer auf den Wagen Heydrichs eröffnet und eine Handgranate geworfen. Heydrich soll noch sein ganzes Magazin auf einen der Attentäter verfeuert haben, bevor er zusammenbrach. Genaueres weiß man noch nicht«, stammelte der Fahrer, der sich um keine Geschwindigkeitsbegrenzung scherend in Richtung Zentrum fuhr.

»Wenn Sie nichts dagegen haben, Schmidt, fahren wir zunächst in Himmlers Büro und lassen uns auf den letzten Stand der Ermittlungen bringen.«

Othmar nickte nur. Er machte sich bereits Gedanken, wer Heydrich, den Kronprinzen Himmlers und Hitlers, im Falle seines Ablebens beerben würde. Sicher macht sich Schellenberg Hoffnungen dachte er und wurde unsanft aus seinen Überlegungen gerissen, als der schwere Mercedes quietschend vor dem Hotel Prinz Albrecht hielt. In dem Gebäude herrschte eine ungewohnte Unruhe. Melder kamen und gingen, Uniformierte liefen geschäftig von einem Büro ins andere.

»Als hätte man einen Ameisenhügel aufgeschreckt«, brummte Kammler und nahm zwei Stufen der großen Treppe auf einmal, die in den ersten Stock und zum Hauptquartier Himmlers führte. Othmar stand eigentlich überhaupt nicht der Sinn nach einem Besuch Himmlers, doch er erhoffte sich Informationen, die über die der Abwehr zu diesem Zeitpunkt zur Verfügung stehenden Einzelheiten hinausgingen. Und er sollte nicht enttäuscht werden. Als sie Himmlers Büro betraten, sahen sie nur seinen Rücken, da er sich eine Karte des Prager Stadtteils Liben, dem Schauplatz des Attentats, anschaute.

»Das sind ja schreckliche Neuigkeiten, Reichsführer«, sagte Kammler mit aufrichtigem Mitgefühl.

»Wie geht es denn Obergruppenführer Heydrich?«

»Den Umständen gut«, erklärte Himmler.

»Es musste ja so kommen«, murmelte Kammler.

»Wieso das?«, fragte Himmler.

»Weil man in seiner Position nicht mit einem offenen Cabriolet durch

Prag fährt!«

Himmler nickte zustimmend.

»Ich hatte ihm das sogar verboten, als ich davon hörte. Aber Heydrich hat nur gelacht und gesagt, die Tschechen würden sich doch gar nicht trauen, ein Attentat auf ihn zu verüben. Darüber hinaus vertraute er seiner kugelsichere Weste. Das hat er nun von seiner Arroganz.«

Othmar hatte inzwischen einen Blick auf die Karte geworfen.

»Wissen Sie denn schon, wo und wie die Attentäter vorgegangen sind?«

»Ja, und zwar durch Oberscharführer Johannes Klein, Heydrichs Fahrer. Sie waren auf dem Weg zum Flughafen, denn er hatte Befehl sich zum Rapport beim Führer einzufinden. Was Sie nicht wissen können, meine Herren, ist die Tatsache, dass Heydrich nach Paris versetzt werden sollte, um von dort aus kommunistische Sabotageakte, Streiks und Unruhen, in Frankreich und Belgien zu beenden. Er sollte sein in der Tschechei erprobtes Modell dort einsetzen. Beim Führer sollte er sein neues Konzept für das besetzte Frankreich erläutern. Doch dazu kam es nicht mehr, denn um 10:32 Uhr lauerten ihm drei tschechische Attentäter an einer Haarnadelkurve auf.«

Himmler ging zur Karte und deutete auf eine bestimmte Stelle.

»Klein erklärte mir am Telefon, dass er, von der Kirchmaier Straße kommend, im Begriff gewesen wäre, in die Klein-Holeschowitz-Straße abzubiegen. Beim Abbremsen habe er einen Mann mit einer Maschinenpistole bemerkt, der jedoch aus irgendwelchen Gründen nicht schoss. Heydrich, der die Situation augenblicklich erkannte, soll aufgesprungen sein, seine Pistole gezogen und auf den MP-Schützen gefeuert haben. Klein brachte den Wagen zum Stehen, um Jagd auf den Attentäter zu machen.

Heydrich versuchte, gleichfalls aus dem Wagen zu springen und den Attentäter zu verfolgen. Doch dann warf eine zweite Person eine Handgranate. Der Sprengkörper schlug dicht neben dem rechten Hinterrad des Wagens auf und detonierte sofort. Heydrich wurde durch die Splitter schwer verletzt, doch er richtete seine Pistole auf den zweiten Attentäter und schoss das ganze Magazin leer. Dann brach er über der Kühlerhaube des Wagens zusammen.

Klein verfolgte den Attentäter, der seine nutzlose MPi weggeworfen hatte. Er stellte ihn in einer Metzgerei, doch der Attentäter schoss ihm mit einer Pistole ins Schienbein und entkam. Ein Lastwagen fuhr Heydrich und Klein dann ins Na Bulovka-Krankenhaus.«

»Wird er durchkommen?«, unterbrach Kammler den Wortschwall seines Chefs.

»Das will ich doch hoffen«, antwortete Himmler.

»Ich habe soeben SS-Brigadeführer Professor Dr. Karl Gebhardt, den Chefarzt des Lazaretts in Hohenlychen nach Prag entsandt, um die ärztliche Behandlung zu übernehmen. Gebhardt wird von Dr. Ludwig Stumpfegger und Professor Ferdinand Sauerbruch begleitet, einem

Freund der Familie Heydrich.«

»Wie schwer ist denn seine Verletzung?«

»Soweit ich weiß, sind Splitter und Rosshaar vom Autopolster am Rücken links oberhalb des Zwerchfells eingedrungen und haben Heydrichs Milz zerstört.«

»Und wer hat ihn operiert? Waren das tschechische Ärzte?«, erkundigte sich Othmar.

»Da hat Heydrich Glück gehabt«, seufzte Himmler.

»Der leitende Chirurg Dr. Walter Dick, und Professor Dr. Josef Albert Hohlbaum von der Deutschen Klinik am Karlsplatz leiteten die schwierige Operation. Assistiert wurden sie von dem tschechischen Chirurgen Alois Honek, denn der war der Einzige, der sich mit dem englischen Narkosegerät auskannte.«

»Dann können wir wohl hoffen, dass er bald wieder gesund werden wird«, sagte Kammler erleichtert.

»Davon gehe ich aus, denn sonst wüsste ich nicht, wer ihn ersetzen könnte.«

Othmar wollte sich gerade von Kammler und Himmler verabschieden, als dieser ihn kurz mit seinen Augen fixierte.

»Mein magischer Buddha scheint sie zu mögen und hat mir ausgerichtet, ich solle Ihnen bei Gelegenheit mitteilen, ihm doch endlich, wie versprochen, einen Besuch abzustatten.«

»Ihrem Buddha?«, fragte Othmar irritiert.

»Dem Mann mit den göttlichen Händen«, lachte Himmler.

»Felix Kersten. Nun tun Sie endlich ihm den Gefallen, Schmidt. Dann habe ich wenigstens meine Ruhe! Und tun Sie es bald, denn auf meiner Russland-Inspektionsreise wird mich Kersten begleiten.«

Nachdem sich Othmar erfolgreich vom Reichsführer SS loseisen konnte, suchte er Canaris auf, um ihn über sein Gespräch mit Himmler zu unterrichten. Der Admiral war natürlich bereits unterrichtet, doch fehlten ihm die eine oder andere Nuance, um sich ein tatsächliches Bild der Lage zu machen. Nachdem er ihn auch über seine Reise mit Kammler nach Peenemünde unterrichtet hatte, suchte er in seinen Unterlagen nach der Rufnummer von Felix Kersten und rief den Masseur in Gut Hartzwalde an. Kersten schien in der Tat hocherfreut über seinen Anruf und man verabredete sich für den 4. Juni.

An dem Donnerstag hatte sich Othmar den Wagen von Canaris ausgeliehen und er genoss den sonnigen Tag, als er auf der großen Chaussee über Oranienburg nach Gransee fuhr. Dort musste er nach dem Weg fragen, denn Hartzberg war auf seiner Karte nicht eingetragen. Ein Postbote erklärte ihm, wie er über die Menzer Chaussee bis zum Abzweiger nach Wolfsruh gelangen konnte. Von dort führte eine sandige Waldpiste nach Hartzwalde.

»Sie können es gar nicht verfehlen«, sagte der Postbeamte mit leuchtenden Augen.

»Das Anwesen ist wunderschön und dreihundert Hektar groß. Rund um das Haupthaus stehen viele Bäume und Blumen wachsen überall.«

Als Othmar vor dem Haus hielt, stellte gerade ein etwa dreizehnjähriger Junge sein Rad an der Wand ab.

»Sie müssen Major Schmidt sein«, sagte er und ging mit ausgestreckter Hand auf den Besucher zu.

»Und Du bist sicherlich Andreas, habe ich recht?«, antwortete Othmar.

»Kommen Sie Herr Major, meine Eltern sind bestimmt im Garten.«

Andreas Kersten rannte ums Haus herum und Othmar musste sich sputen, um ihm auf den Fersen zu bleiben. Felix Kersten saß mit seiner Frau und den beiden älteren Söhnen an einem großen Tisch in einem Garten, der eher Teil eines botanischen Gartens hätte sein können, als in einem Teil der Gemeinde Stechlin. Kersten, ein mittelgroßer, kompakt gebauter Mann sprang spontan auf, sodass sein Weinglas umfiel. Es war deutlich zu sehen, wie sehr er sich über den Besuch freute. Auch seine Gattin und seine beiden anderen Söhne standen auf, um den Gast zu begrüßen. Felix Kersten begrüßte ihn mit Handschlag und beeilte sich, den Rest seiner Familie vorzustellen.

»Andreas kennen Sie ja schon, dies sind Arno und Ulf und das ist meine Frau Irmgard.«

Welch eine Idylle dachte Othmar, als er sich an den Tisch setzte.

»Jungs, hattet ihr nicht, noch was vor?«, lachte Kersten und gab, damit seinen Söhnen den Hinweis, das Weite zu suchen.

Othmar schaute sich um, konnte aber nicht erkennen, wo die Grenze des Anwesens war.

»Schön haben Sie es hier«, sagte er zu Irmgard Kersten gewandt.

»Mein Mann hat es eher zufällig 1936 vom Holzgroßhändler Hartz gekauft.«

»Und seitdem nie mehr bereut«, ergänzte Felix Kersten.

»Walter Schellenberg erzählte mir, dass Sie finnischer Staatsbürger wären. Darauf wäre ich nie gekommen, denn Ihr Deutsch ist so gut wie meins.«

Das Ehepaar Kersten lachte.

»Meine Frau ist Schlesierin und, obwohl in Estland geboren, habe ich eigentlich holländische Wurzeln.«

»Das müssen Sie mir genauer erklären«, sagte Othmar interessiert.

»Nach der Groten Mandränke von 1362 gingen meine Vorfahren mit ihrer flämischen Leinenmanufaktur nach Göttingen. Im 19. Jahrhundert wanderte Frederick Kersten ins russische Baltikum, um dort in den Staatsdienst einzutreten. Dort heiratete er auch meine Mutter Olga und ich wurde in Dorpat in Estland 1898 geboren.«

»Und von wem haben Sie ihr Talent geerbt?«

»Von meiner Mutter Olga«, erzählte Kersten.

»Aber zuvor sollte ich noch eine Landwirtschaftsschule in Schleswig

Holstein besuchen.

Als der Weltkrieg ausbrach, wurden meine Eltern von den Russen ans Kaspische Meer verbannt, da man ihnen wegen ihrer deutschen Herkunft misstraute. Ich hingegen wurde kurzerhand in die kaiserliche Armee eingezogen. Gegen meinen Willen, denn ich hatte was gegen den preußischen Militarismus. 1917 habe ich mich deswegen zur finnischen Freiwilligeneinheit gemeldet, die in Finnland, gegen die Sozialisten kämpfte. Ende Januar 1918 putschte die Linke, und die Regierung war gezwungen, Helsinki zu verlassen. Der daran anschließende Bürgerkrieg, an dem ich teilnahm, endete mit einem Sieg der Regierungstruppen unter General Gustaf Mannerheim. Im Sommer 1919 wurde aus Finnland offiziell eine Republik und ich konnte meine Familie wieder in die Arme schließen.«

»Das klingt ja sehr abenteuerlich«, merkte Othmar an.

»Es wird noch interessanter«, schmunzelte Irmgard Kersten.

»Wegen meiner Beteiligung an dem Kampf erhielt ich die finnische Staatsbürgerschaft.«

»Aber was hat Sie bewogen, Masseur und Physiotherapeut zu werden?«

»Rheuma, das ich mir im Felde eingefangen hatte, war der Auslöser, Herr Major. Zuerst unterrichtete mich Dr. Kollander in Helsinki, dann beschloss ich in Berlin, mein Studium fortzusetzen. 1922 hatte ich dann ein einschneidendes Erlebnis, als ich Dr. Ko traf. Professor August Bier von der chirurgischen Universitätsklinik der Berliner Charité, der sich sehr für unorthodoxe Medizin interessierte, hatte ihn mir vorgestellt. Dr. Ko hatte in einem lamaistischen Kloster im Nordwesten Tibets eine Massageausbildung von buddhistisch-lamaistischen Mönchen erhalten, die er mir nun weitergab.

Bevor er mich aber diese Kunst lehrte, musste ich eine Art Aufnahmeprüfung bestehen. Die bestand aus stundenlangen philosophischen und therapheutisch-theoretischen Diskussionen. Am Ende dieser Prüfung erklärte er mir feierlich, dass er als Novize des Klosters ein Horoskop erhalten hätte, welches vorhersagte, dass er just in diesem Jahr einen sehr jungen Mann kennenlernen würde, der von alldem keine Ahnung hätte und dem er alle seine Erkenntnisse weitergeben sollte. Ich wäre dieser junge Mann. Sie können sich vorstellen, wie ich mich gefühlt habe!«

»Das klingt ja fast wie ein Märchen«, platzte es aus Othmar heraus.

»Das war es auch, denn durch Dr. Ko lernte ich diese Kunst, die wirklich einzigartig in der Welt ist.«

»Können Sie beschreiben, was so einzigartig daran ist?«

»Nur mit den Worten Johann Wolfgang Goethes, Herr Major: Sehe mit fühlendem Aug, fühle mit sehender Hand. Kennen Sie diesen Vers?«

»Leider nein, Herr Kersten«, musste Othmar mit Bedauern feststellen.

»Es ist Teil aus den römischen Elegien, ein wunderschönes Gedicht, dass Goethe nach seiner Rückkehr von der italienischen Reise 1795 veröffentlichte.«

»Und wie haben Sie Himmler kennengelernt?«

»Da muss ich ein wenig in der Zeit zurückgehen«, entschuldigte sich Kersten.

»Nachdem ich mich mit meiner Praxis in Berlin selbstständig gemacht hatte, ging es steil aufwärts, da meine Heilkunst schnell über die Grenzen bekannt wurde. 1928 erhielt ich dann einen Brief von Wilhelmina, Prinzessin von Oranien-Nassau und Königin der Niederlande. Ihr Gatte, Heinrich Herzog von Mecklenburg-Schwerin, litt an Herzschmerzen, die niemand kurieren konnte. Einige seiner Ärzte prognostizierten sogar sein baldiges Ende. Ich war seine letzte Hoffnung.«

»Ich nehme an, das hat sich für Heinrich ausgezahlt, sonst säßen wir ja nicht hier«, lachte Othmar.

»Das hatte es. Aber die Königin wollte, dass ich bis zur endgültigen Genesung ihres Mannes in Holland leben sollte, was ich natürlich im Gedenken an meine Vorfahren freudig angenommen habe. Meine Wohnung in Berlin hatte ich natürlich behalten. Ich habe sogar mit den Erlösen aus meinen Behandlungen mir dann dieses Gut hier leisten können.«

Othmar schaute Irmgard Kersten an, die sich offensichtlich sehr wohl fühlte.

»Und wann und wo haben Sie ihre Frau kennengelernt?«

»1937 in Berlin. Zwei Monate habe ich mir die Finger wund geschrieben, bis sie mein Werben erhört hat. Und bevor Sie mich mit der Frage löchern, wie ich den Reichsführer kennengelernt habe, will ich Ihnen sagen, dass Generaldirektor August Diehn von der Kali-Syndikat GmbH dafür verantwortlich war. Der hatte aber ein ganz persönliches Motiv, denn er erhoffte sich durch meinen Einfluss, dass Himmler eine Verstaatlichung der Privatindustrie und insbesondere die der Kali-Industrie verhindern würde.

Mein Schicksal war es, dass ich Himmler von seinen Koliken erlösen konnte. Er wollte Exklusivität, doch ich machte ihm klar, dass ich das holländische Königshaus nicht im Stich lassen würde. Das akzeptierte er. Doch damit war 1940 Schluss, als Hitler Frankreich angriff. Wilhelmina und Heinrich emigrierten nach England und ich war ohne Ausflucht. Mir blieb nichts anderes übrig, als Himmlers Wunsch nachzukommen.«

Für eine Weile waren nur die Vögel im Garten zu hören. Auch Kerstens Frau schien in Gedanken versunken. Felix Kersten unterbrach die Stille, als er nach Othmars Motiven fragte, die ihn in die unmittelbare Nähe des Reichsführers brachte.

»Was hat sie denn dazu bewogen, dem Vorschlag Heydrichs nachzukommen und neben Schellenberg den Hochtechnologieausschuss zu führen?«

Othmar war sich über die Brisanz dieser Frage im Klaren, denn es hätte durchaus sein können,

dass Himmler Kersten angewiesen hatte, seine wahren Motive zu ergründen. Doch Othmar hatte seine Hausaufgaben gemacht und sowohl

Schellenberg, als auch Canaris um Auskünfte über den magischen Buddha gebeten. Dabei waren ihm erstaunliche Dinge zu Ohren gekommen, denn sowohl Canaris, wie auch Schellenberg verhehlten ihm nicht ihren Respekt und Bewunderung für diesen ungewöhnlichen Mann. Er wusste, dass er offen mit Felix Kersten reden konnte und hoffte, in ihm einen Verbündeten für mögliche zukünftige Auseinandersetzungen mit der SS zu gewinnen.

»Es gab mehrere Gedanken, die mich dazu bewogen, dem Vorschlag Heydrichs und Himmlers zu folgen«, begann er.

»Zum einen bin ich in erster Linie Offizier der Wehrmacht und Teil der Abwehr. Wenn die SS den Ausschuss zum Vorwand nehmen sollte, ein eigenständiges Heereswaffenamt zu gründen, so wäre es durchaus im Interesse der Abwehr und der Wehrmacht, diesen Vorgang zu kontrollieren. Sie sehen doch jetzt schon, mit welcher Rasanz Himmler die Waffen-SS ausbaut. Ohne seine Truppenteile würde der Vormarsch in der Ukraine in Richtung Kaukasus doch gar nicht so schnell möglich sein. Und man kann jetzt schon beobachten, dass es Himmler gelingt, seine Verbände mit neueren und besseren Waffen und Gerät eher auszustatten, als die Divisionen der Wehrmacht. Vergleichen Sie nur einmal den Kraftfahrzeugbestand zwischen der SS-Division Das Reich und irgendeiner Infanteriedivision des Heeres. Und das ist nur der Anfang. Ende dieses Jahres beginnt der Aufbau von eigenständigen SS-Panzergrenadierdivisionen, denen SS-Panzerdivisionen folgen werden. Das ist nicht mehr aufzuhalten.

Ein anderer Grund ist die Bedrohung, die jenseits des Kanals und der Wolga heranwächst. Es wäre töricht zu glauben, dass England und Amerika auf der einen und Russland auf der anderen Seite nicht auf den endgültigen Untergang des Reiches hinarbeiten. Die Bomberflotten, die in den USA und England gebaut werden, werden zu ungeahnten Verwüstungen führen, denen wir nichts entgegensetzen könnten, wenn wir nicht jetzt an der Entwicklung zukunftsweisende Waffensysteme arbeiten würden. Hitler hat ja den verhängnisvollen Entwicklungsstopp selbst verhängt, der uns enorm zurückgeworfen hätte, wäre nicht Himmler mit der Idee dieses Ausschusses gekommen.«

»Aber Sie sind doch auch SS-Ehrenführer, Herr Major«, unterbrach ihn Kersten.

»Das ist richtig, aber nachdem ich mich erfolgreich gegen die Avancen Himmlers gewehrt hatte, geschah etwas, das ich nicht vorhersehen konnte.«

»Ich weiß«, lächelte Felix Kersten milde, »der Reichsführer hat es mir selbst erzählt.

Sie haben einem jüdischen Bekannten von Canaris vor dem Getto in Minsk gerettet. Damit sind wir uns ähnlich«, sagte Kersten.

»Das dachte ich mir, denn als ich die Auffahrt zu Ihrem Anwesen hinauffuhr, sah ich mehrere Frauen in Sträflingskleidung mit lila Winkel in einem Gemüsegarten arbeiten.«

»Ach, Sie meinen meine landwirtschaftlichen Helferinnen. Das sind Anhänger der Zeugen Jehovas aus dem Frauen-KZ Ravensbrück. Das befindet sich nicht weit von hier in Fürstenberg. Die habe ich Himmler abgeschwatzt.«

»Wie das?«, fragte Othmar neugierig.

»Ich sagte ihm, dass ich in Hartzwalde nicht genügend Arbeitskräfte hätte, und fragte ihn, ob er ihm nicht welche aus den Konzentrationslagern verschaffen könne. Welche Art von Gefangenen möchten sie haben, wollte Himmler wissen. Sie haben viele Zeugen Jehovas, das sind ehrliche, sehr brave Leute, erwiderte ich. Aber die sind gegen den Krieg und gegen den Führer, konterte Himmler. Aber ich bitte Sie habe ich geantwortet, ergehen wir uns doch nicht in allgemeine Betrachtungen, was ich brauche, sind praktische Maßnahmen. Tun Sie mir den Gefallen, geben Sie mir Frauen von dieser Sekte. Sie sind vorzüglichere Arbeiterinnen.

Gut sagte Himmler. Aber ohne Sklavenaufseher und Hunde bat ich zum Schluss. Ich käme mir sonst selbst wie ein Gefangener vor. Ich werde sie besser überwachen als sonst jemand, versprach ich ihm. Abgemacht, sagte Himmler und kurze Zeit darauf stiegen zehn Frauen in Hartzwalde aus einem Omnibus. Sie waren in Lumpen gehüllt und so mager, dass die Haut an den Knochen klebte. Aber sie baten nicht als Erstes um ein Stück Brot oder um Kleidung. Sie wollten eine Bibel, denn im Lager durften sie keine haben.«

»Und haben Sie gute Erfahrungen mit ihnen gemacht?«

»Nur gute, Herr Major. Sie wissen doch, dass die Stückzahl von Geflügel und Vieh, die man als Privatmann halten darf, begrenzt ist. Um aber meinen Arbeiterinnen gute Kost zu garantieren, brauche ich sehr viel mehr Kühe, Schweine, Hühner, Enten und Gänse, als erlaubt. Und die Kontrollen werden immer häufiger und strenger. Doch die Zeugen Jehovas sind ständig auf der Hut und riechen die Kontrollbeamten schon von Weitem. Wenn eine Nachprüfung des Bestandes an Hühnern droht, ist der Hühnerhof auf einen Schlag leer. Von den hundertzwanzig Hühnern bleiben nie mehr als zehn zurück. Und da der erlaubte Bestand zehn beträgt, bleibe ich unbehelligt. Die verschwundenen Hennen aber liegen unterdessen gefesselt in Säcken unter den Büschen und Sträuchern in der Nähe des Gutes«, grinste Kersten wie ein junger Schelm.

»Haben Sie denn keine Angst, dass man Ihnen Schwierigkeiten machen könnte? Immerhin sind sie kein Partei- oder SS-Mitglied, so weit ich weiß.«

»Gut recherchiert, Herr Major. Ärger droht immer, weil insbesondere Menschen wie Heydrich und andere im RSHA mir zutiefst misstrauen. Ich habe auch Hess wegen Schmerzen in der Gallenblase und Koliken behandelt und raten Sie mal, was passierte, als der nach Schottland flog? Heydrich ließ mich verhaften und verhörte mich persönlich fünf Stunden lang. Erst als sich Himmler einmischte und meine sofortige Freilassung verlangte, durfte ich gehen. Auch Joachim von Ribbentrop gehört zu meinen Patienten und gerade vor dem muss ich mich vorsehen, denn dem ist allein schon die Tatsache, dass ich kein Parteimitglied bin, ein Dorn im Auge. Und dann ist da noch Robert Ley von der Deutschen Arbeitsfront. Immer betrunken und aggressiv. Seine Frau, eine wirklich schöne Erscheinung, habe ich auch behandelt und musste mit ansehen, wie er sie im Suff schlug. Erst als ich dazwischen ging, hörte er auf. Sie hat sich übrigens vor Kurzem nach einer weiteren Gewaltorgie umgebracht. Vor diesen Leuten und ihrem Erschießungspeleton schützt mich nur der Reichsführer.«

Zum ersten Mal meldete sich Irmgard Kersten zu Wort.

»Heinrich Himmler ist deine Lebensversicherung, Felix, und du bist sie ebenso für die vielen Menschen, die du mit seiner Hilfe aus den Gefängnissen und Lagern der SS befreit hast. Nur frage ich mich, wie lange das gut geht.«

»Solange, wie meine Hände ihn von seinen Qualen erlösen können, und solange Himmler lebt«, sagte Kersten leise.

»Sie sind übrigens der Einzige, den ich kenne, auf den Himmler wirklich große Stücke hält. Bisher scheinen sie ihn ja auch nicht enttäuscht zu haben. Ich habe bei unserem letzten Aufenthalt in der Wolfsschanze mitbekommen, wie er sie bei Hitler als Lokomotive des Ausschusses bezeichnete und dieser ihm bestätigte, dass Sie gute Arbeit leisten. Glauben Sie mir Herr Major, ohne die schützende Hand Himmlers wären sie bereits entweder durch rivalisierende SS-Mitglieder entmachtet, von der Wehrmacht zurückgepfiffen, oder von anderen Neidern im System entfernt worden. Sie sind so was wie ein Chamäleon, das sich den jeweiligen Gegebenheiten anpassen kann, ohne dem Gegner zu nahe zu kommen. Eine einmalige Situation im Nazistaat, wenn ich das mal so salopp sagen darf.«

»Wenn ich die Botschaft zwischen ihren Zeilen richtig deute, wollen Sie mir vermitteln, dass unser beider Zugang zum Reichsführer SS in der Zukunft vielleicht eine große Rolle spielen könnte?«

»Sie haben schnell begriffen, Herr Major. Es spielen sich im Machtbereich Hitlers Dinge ab, die in ihrer grotesken Dimension so erschreckend sind, dass man alles daran setzen muss, diesen Zustand zu ändern.«

»Und Sie Herr Kersten glauben, das ginge nur mit Himmler?«

»Absolut. Nur er verfügt über Waffenträger außerhalb der Wehrmacht, und Sie sind geradewegs dabei, ihm die modernsten Waffen in der Geschichte der Menschheit zu verschaffen. Dadurch wird er in absehbarer Zeit zu einer Figur auf dem Schachbrett, die Hitler mattsetzen könnte.«

Major Othmar Schmidt atmete tief durch. So hatten weder er noch Canaris die Situation eingeschätzt und je länger er darüber nachdachte um so stärker wurde ihm bewusst, wie recht Kersten hatte.

»Wer weiß von Ihren Überlegungen sonst noch?«, fragte Othmar vorsichtig.

»Niemand«, entgegnete Kersten.

»Und es darf auch niemand von unserem Gespräch erfahren, sonst befinden wir uns schneller im Jenseits, als sie es sich vorstellen können. Auch Ihr Ziehvater Canaris darf darüber nicht von Ihnen in Kenntnis gesetzt werden. Er steht unter dem Vergrößerungsglas des RSHA und auch Hitlers, seitdem seine Einschätzungen bezüglich der Stärke der Roten Armee ihn so übel enttäuscht haben.«

»Und Schellenberg?«

»Schellenberg ist noch nicht so weit«, fuhr Kersten fort.

»Er ist der typische Vertreter einer intelligenten Sorte Mensch, die kaltblütig die Situation für sich nutzt, ohne sich darüber im Klaren zu sein, dass eine SS-Karriere auch auf direktem Wege zum Schafott führen könnte. Doch seitdem er mit Ihnen zusammenarbeitet, sehe ich eine Veränderung in seinem Charakter. Er beginnt zu hinterfragen und er ist ein großartiger Unterstützer ihrer Arbeit. Sie hätten ihn mal hören sollen, als Heydrich sie bei einem Treffen mit Himmler in Misskredit bringen wollte. Offensichtlich beginnt er, ihren Erfolg auch beim Führer zu missgönnen. Seien Sie auf der Hut.«

In diesem Augenblick klingelte es in Kerstens Arbeitszimmer. Seine Frau sprang auf und nahm das Gespräch an. Die beiden Männer hörten nicht, was sie am Hörer besprach, doch als sie einige Minute später auf die Terrasse trat, war ihr Gesicht blass wie ein Segeltuch:

»Heydrich ist heute Morgen um neun Uhr verstorben!«

Nach einer Weile lehnte sich Kersten in seinen Sessel zurück und sagte nur: »Ein Glück, dass die Bestie tot ist.«

Gordon Schmitt saß früh am Morgen versonnen an seinem Schreibtisch in der Baker Street und schaute auf den Orden, der vor ihm auf der Schreibplatte lag. Der DSO, der Distinguished Service Order, war die zweithöchste Tapferkeitsmedaille, die bei den britischen Streitkräften vergeben wurde; nur überboten vom Victoria Cross, die man John Nettleton als furchtlosen Kommandeur des Augsburg Raids verliehen hatte. Üblicherweise erfolgte die Verleihung an Offiziere vom Range des Majors aufwärts und nicht an Zivilisten, wie er einer war. Einziger Dämpfer für Gordon war, dass ihm dieser Orden außerhalb der Öffentlichkeit verliehen wurde.

Versüßt wurde dies jedoch, als Desmond Morton ihm mitteilte, dass er den DSO auf ausdrückliche Anweisung Churchills erhalten hatte. Wahrscheinlich hätte Gordon den ganzen Tag auf den Orden gestarrt, wen ihn nicht R.V. Jones jäh aus seinen Träumen gerissen hätte.

»Träume nicht von vergangenen Erfolgen, sondern bereite dich auf zukünftige Aufgaben vor.«

Verdattert schaute Gordon auf. Der Professor stand neben seinem Schreibtisch und hielt ein paar Telexnachrichten in Händen.

»Weiterer großer Erfolg dank GEE«, stand auf einem der Telexe als Überschrift.

»Ich begreife bis heute nicht, wie das funktioniert«, brummte Gordon.

»Dann werde ich es Ihnen noch mal erklären«, lachte Jones.

Gordon stöhnte auf.

»Das ist mir alles zu theoretisch. Ein Glück, dass es Eierköpfe wie diesen Dippy und Sie gibt, die sich diesen Kram ausdenken und verstehen.«

»Nun ja, Gordon, wenn wir schon mal dabei sind, sollte ich Ihnen auch gestehen, dass dieses System nicht der Weisheit letzter Schluss ist. Es ist kein Bombenziel-Navigationsmittel, sondern eher ein Wegweiser in ein grob umrissenes Gelände. Vor Ort muss der Pfadfinderbomber entscheiden, wo er die Zielmarkierer abwirft. Daneben ist GEE wegen der Erdkrümmung auch nur auf relativ kurzer Entfernung einsetzbar. Sechshundert Kilometer sind die äußerste Grenze. Danach muss auf Sicht weitergeflogen werden. Doch wir haben bald ein viel besseres Instrument, das die Treffergenauigkeit enorm verbessern wird.«

»Da wird sich aber Butcher Harris freuen«, verzog Gordon angewidert den Mund.

»Wissen Sie Sir, was einem mit mir befreundeten Verkehrspolizisten widerfahren ist, als er vor Kurzem Bomber-Harris wegen rücksichtsloser Fahrweise mit seinem Bentley gestoppt hatte? Er hielt ihm vor, dass er mit seiner Raserei unschuldige Fußgänger umbringen könnte. Daraufhin sagte Harris: Junger Mann, ich töte jede Nacht Tausende Menschen!

Das ist doch nicht normal, Sir. Was unterscheidet den von den Verbrechern in Berlin?«

R.V. Jones schaute ein wenig pikiert. Er wusste seit dem Treffen mit dem Air Officer No. 5 Group, John Slessor, dass Gordon kein Freund von Flächenbombardements deutscher Wohnviertel war.

»Ich wäre an Ihrer Stelle mit solchen Bemerkungen ein wenig vorsichtiger. Arthur Harris genießt Churchills volle Unterstützung und lässt sich auch nicht von einem kürzlich dekorierten Kriegshelden von seinem Standpunkt abbringen.«

»Vielen Dank für Ihre Warnung Sir, aber denken Sie nicht auch, dass Präzisionsangriffe auf strategische Ziele wie Treibstofflager oder Kugellagerfabriken eine größere Wirkung hätten?«

»Wir sind nicht hier, um strategische Konzepte zu entwickeln, Gordon. Unsere Aufgabe ist es, unsere Streitkräfte mit Informationen über den Gegner und mit moderner Ausrüstung zu versorgen, damit sie Deutschland besiegen können.«

»Schon gut Sir, ich habe verstanden. Sie wollten mir doch bestimmt noch ein paar Neuigkeiten erzählen.«

Professor Jones lächelte. Ja er hatte etwas Interessantes, das er ihm nicht vorenthalten wollte.

»GEE hat uns seit März zwar einen Schritt weitergebracht, doch wir müssen jeden Tag damit rechnen, dass die Deutschen Gegenmaßnahmen finden und die Signale stören. Mit dem neuen System Oboe, das in etwa sechs Monaten einsatzbereit sein wird, werden wir den Deutschen aber wieder einen Schritt voraus sein.«

Gordon verdrehte wieder die Augen, doch Jones ließ sich nicht beirren.

»Ich muss zugeben, wie GEE auf dem deutschen X-Gerät basiert, so findet Oboe seinen Ursprung im Knickebein-Verfahren. Im Gegensatz zu GEE, das mit drei Sendern operiert, funktioniert Oboe mit nur zwei, die wir Katz und Maus getauft haben. Oboe hat nichts mit dem Musikinstrument zu tun sondern ist die Abkürzung für Observer Bombing Over Enemy, was im weitesten Sinne Bombenzielgerät bedeutet und basiert auf einer Idee von Alec Reeves von Standard Telephones and Cables Ltd. Gemeinsam mit Frank Jones vom Telecommunications Research Establishment entwickelt er zurzeit das Gerät zur Serienreife. Das Prinzip von Oboe ist brillant.

Zwei im großen Abstand zueinanderstehende Sender schicken Signale an einen mit einem Transponder versehenen Mosquito-Bomber. Durch die Signale, die vom Transponder an die Heimatstationen zurückgesendet werden, kann die Entfernung zu den Sendeanlagen errechnet werden. Beide Sender beschreiben einen spezifischen Kreis, der so gewählt wird, dass der Schnittpunkt der Sendekreise beider Stationen das Ziel bildet.

Die Mosquito fliegt entlang des einen Kreisumfanges, den wir Katze nennen. Ist der Bomber am Kreuzungspunkt mit dem anderen Sender, den wir als Maus bezeichnen, angekommen, sendet die Mausstation fünf Striche und einen Punkt, das Signal für den Bombenabwurf. Der Sender Maus ist gleichzeitig mit dem Bombenrechner Micestro gekoppelt, der den genauen Abwurfzeitpunkt berechnet. Dadurch ist ein Bombenzielgerät in der Mosquito überflüssig. Damit erreichen wir eine theoretische Treffergenauigkeit von neunzig Metern.«

»Aber das wäre ja genau das richtige Instrumentarium, um Präzisionsangriffe zu fliegen, echauffierte sich Gordon.«

»Grundsätzlich haben Sie recht, aber man hat sich dagegen entschieden. Es tut mir leid Ihnen sagen zu müssen, dass diese Entscheidung auf einen Mann zurückgeht, der wie Sie deutscher Abstammung ist.«

Gordon guckte etwas verwirrt.

»Wen meinen Sie, Sir?«

»Frederick Lindemann, den heutigen Lord Cherwell.«

»Ich wusste gar nicht, dass er deutsche Wurzeln hat«, sagte Gordon erstaunt.

»In Baden Baden geboren, Vater Deutscher, Mutter Amerikanerin. Ein außergewöhnlicher Mann, den ich sehr schätze, seitdem ich in den dreißiger Jahren bei ihm studierte. Und er hat neben einem erstaunlichen Intellekt großen Mut.

Bei Ausbruch des Weltkrieges schloss er sich dem Royal Flying Corps an. Zu dieser Zeit entwickelte er die mathematische Theorie der Trudelbewegung von Flugzeugen. Als Vorsitzender der Anstalt für experimentelle Physik in Farnborough entwickelte er eine Methode zur erfolgreichen Aufhebung der Trudelbewegung eines Flugzeuges. Lindemann lernte in einem Monat fliegen, brachte seine Maschine absichtlich zum Trudeln, fing sie ab und hatte bewiesen, dass seine Theorie richtig war.«

»Und wie kommt es, das Churchill so große Stücke auf ihn hält?«

»Weil Professor Lindemann der einzige Wissenschaftler ist, der dem Premierminister auch die schwierigsten wissenschaftlichen Probleme so erklären kann, dass er sie versteht, und der bei allen neuen Errungenschaften der Wissenschaft sogleich auch deren militärisch-strategische Bedeutung erkennt.«

»Und warum ist er primär für die Flächenbombardements verantwortlich?«

»Weil er Anfang des Jahres der Regierung sein Dehousing Paper vorgeschlagen hat. Dies sieht vor, die Kriegsmoral der deutschen Zivilbevölkerung durch ein flächendeckendes Bombardement deutscher Großstädte zu zermürben. Sie sehen Gordon, dass der Plan nicht auf Air Marshall Arthur Harris als Befehlshaber der britischen Bomberflotte zurückzuführen ist. Er ist nur der Exekutor, der diese Aufgabe, das muss ich zugeben, mit gnadenloser Härte ausführen wird.«

Gordon grübelte eine Weile.

»Eines verstehe ich nicht. König George VI hat ihn doch letztes Jahr auf Vorschlag Churchills geadelt. Wieso nennt er sich denn Lord Cherwell?«

R.V. Jones lachte aus vollem Hals.

»Endlich mal einer, der diese Frage stellt. Für seinen Titel wählte Lindemann den Namen des Flüsschens Cherwell, das durch Oxford fließt. Er wollte wohl damit seine Verbundenheit mit der Universitätsstadt demonstrieren. Aber zurück zu unseren Navigationshilfen.«

»Da geben Sie mir ein Stichwort, Professor«, platzte es aus Gordon heraus, der nun doch offensichtlich Interesse an Radar gelenkten Navigationshilfen fand.

»GEE und Oboe sind ja schön und gut, doch haben beide Systeme ihre Grenzen, da UKW-Impulse nicht der Erdkrümmung folgen. Richtig?«

Jones nickte zustimmend.

»Was machen wir denn, wenn wir Städte wie München, Hannover oder Berlin angreifen wollen?«

»Wie gesagt, Gordon, Oboe wird in sechs Monaten einsatzbereit sein. Fast gleichzeitig kann dann aber noch ein weiteres Gerät fertig werden, das alles in den Schatten stellen wird, was wir bisher zum Einsatz gebracht haben. Dieses System heißt H2S und ist ein Bodenerfassungsradar.«

»Was soll ich mir darunter vorstellen, Sir?«

»Eine rotierende Antenne tastet die Umgebung ab und überträgt die Reflexion auf eine Bildröhre, auf der eine Schwarz-Weiß-Karte des umgebenden Geländes erscheint. Diese Bildröhre ist schon ein kleines

Wunderwerk an sich. Wir nennen sie PPI, Plan-Position-Indicator. Eine Panoramaanzeige, die die Entfernung und die Richtung für alle Höhen angibt, in dem sich eine Scanlinie, die der momentanen Position der Radarantenne entspricht, um den Mittelpunkt der Kathodenstrahlröhre dreht und die Echos als helle Punkte darstellt. Der Clou des H2S ist jedoch das Magnetron. Dieses Magnetron erlaubt es, mit recht kurzen Wellenlängen, den Mikrowellen, zu arbeiten. Das Zentimeter-Radar bietet die Möglichkeit einer viel höheren Auflösung. Wenn man diese Wellenlänge von jetzt 9,1 Zentimeter auf zwei Zentimeter reduzieren würde, könnte man sogar Regenwolken erkennen. Aber das ist Zukunftsmusik.

Wenn man nun ein derartiges Magnetron an Bord von Flugzeugen einsetzt, bekommt man eine Karte des Erdbodens. Seit April erproben wir das H2S in einer Handley Page Halifax. Probleme bereitet noch die Signalverstärkung, die je nach Winkel und Entfernung eingestellt werden muss, um die Umgebung wie eine Karte gleichmäßig abbilden zu können. Ich nehme an, wir werden das bis Januar oder Februar 1943 im Griff haben. Sobald das der Fall sein wird, kann unsere Bomberflotte jeden Punkt im Reich zielgenau angreifen.«

Jones lehnte sich zufrieden zurück, denn er konnte an Gordons Mimik ablesen, dass dieser tief beeindruckt war.

»Mit H2S hätte ich nicht nach Augsburg fliegen müssen«, stellte er trocken fest.

»Aber wie will man wissen, ob dieser Kasten auch funktioniert, wenn man auf dem Weg in die Reichshauptstadt ist?«

»Ganz einfach«, feixte R.V. Jones.

»Halte einen Finger in den Mikrowellenstrahl. Wenn der Finger warm wird, ist das Gerät funktionstüchtig!«

Beide Männer lachten aus vollem Halse. Nachdem sie sich beruhigt hatten, erinnerte sich Jones, weshalb er ursprünglich in Gordons Büro gegangen war.

»Sie müssen wieder zurück nach Berlin, Gordon.«

»Was ist diesmal die Aufgabe, Sir?«

»Lichtenstein!«

»Das Fürstentum, Sir?«

»Nein, nicht Liechtenstein, sondern das Nachtjagd-Radargerät der Deutschen«, erklärte Jones.

»Wir wissen seit April 1941 von einem Kriegsgefangenen, dass solch ein Gerät überhaupt existiert.

Bisher wissen wir nicht, wie und auf welcher Wellenlänge es funktioniert und können daher kein Warngerät entwickeln. Der andere Grund, warum Sie ihre Quelle bei Telefunken wieder anzapfen müssen, sind die Störmaßnahmen, die die Deutschen entwickeln, um unsere Radargeräte zu blockieren. Abgesehen davon wünscht sich Desmond Morton Informationen über den neuen Panzer, von dem Ihr Heereswaffenamt-Informant erzählt hat. Der wichtigste Auftrag Ihres Einsatzes ist aber die Frage, ob die Deutschen Mittel zu Täuschung unseres Radarsystems gefunden haben. Damit Sie überhaupt eine Idee bekommen, wonach Sie suchen und fragen müssen, fahren wir jetzt gleich ins Telecommunications Research Establishment nach Worth Matravers.«

»Nach Dorset?«

Gordon wollte schon protestieren, da er eine Verabredung mit einer Meldefahrerin der RAF nicht platzen lassen wollte, die er am Vorabend in einem Pub in Putney getroffen hatte. Doch er ließ es lieber sein, denn Professor Jones hatte schon seine Jacke über die Schulter geworfen und wandte sich zur Tür.

»Sir, wenn Sie nichts dagegen haben, nehmen wir meinen Wagen, dann habe ich zumindest die theoretische Chance, die Frau meiner Träume heute Abend zu treffen.«

»Von mir aus«, murmelte Jones und stürmte in Richtung Parkplatz.

Gordon hatte Mühe mit dem Tempo seines Chefs mitzuhalten und keuchte leicht, als der den Motor des MG NA Magnette 2-Sitzers startete. Der Sechszylinder sprang ohne Murren an und Gordon suchte den schnellsten Weg um vom Westend auf die A 30 zu gelangen, auf der er am schnellsten über Staines, Basingstoke und Winchester nach Southampton gelangen konnte. Von dort ging es weiter auf der A 35 durch den New Forest über Bournemouth, Poole und Wareham in die Purbeck Hills, an Corge Castle vorbei, bis sie das streng abgeschirmte Gelände der Radarforschungsanstalt hoch über den Klippen erreichten. Auf der Fahrt hatte ihm Jones erzählt, wie er bereits 1937 entdeckt hatte, Radarechos mithilfe von Streifen aus Ballonmaterial zu erzeugen.

»Damals waren die Radarwellen noch extrem lang gewesen und aus diesem Grund dachte ich an drei Meter lange Streifen aus Ballonmaterial. Später stellten wir fest, dass die Deutschen 50 Zentimeter-Wellen benutzen. Daher brauchten die Streifen nur 25 Zentimeter lang sein, sollten aber leicht genug sein, um extrem langsam zum Erdboden zu schweben. Man nahm es zur Kenntnis, doch niemand verfolgte die Idee weiter. Erst 1941 hatte ich Lindemann, nein Lord Cherwell, soweit bearbeitet, dass er mir erlaubte, Versuche durchzuführen. Die Frau, die wir jetzt besuchen, Joan Curran hat sich damit befasst und eine kleine Sensation zustande gebracht. Aber, das muss ich betonen, erst nachdem Sie und Frost das Würzburg Gerät aus Bruneval nach England gebracht hatten«, erklärte Jones zufrieden.

»Wer ist denn diese Frau? Ist sie hübsch?«

Gordon grinste vor sich hin und warf einen verstohlenen Blick auf Jones, der sich entspannt zurücklehnte und die Fahrt genoss.

»Ich weiß nicht, wie Sie Schönheit definieren, Gordon, ich finde Sie attraktiv. Aber bevor Sie mir mit weiteren Fragen auf den Wecker gehen, sie ist liiert, und zwar intensiv.«

Gordon grinste verschmitzt und trieb das Spielchen weiter.

»Wer ist denn der Glückliche? Etwa auch ein Wissenschaftler?«

»Sie sind ein Hellseher, Gordon. Joan hat 1934 ein Stipendium am Newham College in Cambridge erhalten. Nach ihrer Promotion empfahl sie ihr Tutor ans Cavendish-Laboratorium, einem Institut für Physik in Cambridge. Philip Dee wurde ihr Chef und in der gleichen Gruppe arbeitete auch ein gewisser Sam Curran, der sich auf die Radarforschung im Zentimeterbereich spezialisiert hatte. Wenig später waren sie dann verheiratet. Übrigens, Dee arbeitet zurzeit an einem Radar gesteuerten Geschützturm, der den Heckschützen in einem Lancaster Bomber überflüssig machen soll.«

Nach einigen Stunden waren sie endlich in den Purbeck Hills angekommen. Das Telecommunications Research Establishment war hermetisch von der Außenwelt abgeschottet, doch schon von Weitem konnte man die hohen Gittermasten der Anlage auf dem Plateau erkennen.

»Wir werden wohl einige der letzten Besucher sein«, murmelte Jones, als sich der Wagen der Einfahrt näherte, die militärisch geschützt war.

»Wie soll ich das verstehen, Sir?«

»Wegen Ihnen«, sagte R.V. Jones trocken.

Gordons Gesicht musste die Form eines Fragezeichens angenommen haben, das den Professor kolossal amüsierte.

»Wer hat denn den Deutschen das Würzburg Gerät geklaut? Da könnten die doch auch auf die Idee kommen, unserer Forschungsgesellschaft einen Besuch abzustatten. Aus diesem Grund wird die Station samt ihrer zweitausend Mitarbeiter demnächst nach Great Melvern in Worcestershire verlegt.«

Die Wache am Haupttor ließ sie nach intensivem Studium ihrer Papiere passieren und der MG röhrte zwischen den lang gestreckten Baracken in Richtung Steilküste. Das Gelände, auf dem die Station errichtet war, war eine völlig flache Ebene, sodass keine Interferenzen beim Empfang der Signale entstehen konnten. Gordon parkte den Wagen vor einer weiß gestrichenen Hütte, während der Professor bereits aus dem Sportwagen sprang, bevor er zum Stehen kam. Da Regenwolken aufkamen, schloss Gordon die Persenning und betrat so erst Minuten später die Hütte, in der die Physikerin Joan Curran ihr Labor eingerichtet hatte. Joan Curran war in der Tat eine attraktive Frau, die sich ihrer weiblichen Reize bestens bewusst war. Selbstbewusst begrüßte sie Gordon und führte die beiden in ihr Büro.

»Sie wollen also sehen, wie man den feindlichen Radarschirm wirkungslos macht«, sagte sie förmlich und gab in keiner Sekunde preis, ob sie ihren Gegenüber sympathisch fand oder nicht.

«Eigentlich ist es recht simpel, deshalb hat R.V. Jones auch schon das Grundprinzip vor Jahren erkannt.«

Jones und Curran lachten aus vollem Halse, als ob sie einen tollen Witz gerissen hätte.

»Ich hoffe, Sie nehmen unseren Humor nicht übel, Gordon«, gluckste Jones.

»Aber das Prinzip ist wirklich simpel.«

»Aber man muss erst einmal darauf kommen«, schob Curran nach.

»Sehen Sie Gordon, das Prinzip beruht auf Resonanz. Falls man einen Draht oder Metallstreifen mit einer Länge, die der Hälfte der Wellenlänge des feindlichen Radargerätes entspricht, benutzt, dann schwingt dieser im Gleichklang mit den ankommenden elektromagnetischen Impulsen. Dieser sendet eine Information zurück, die den Verursacher glauben lässt, das Objekt, das er entdeckt hätte, hätte in etwa die Größe eines metallischen Quadrats. Also kann man schlussfolgern, dass ein paar Hundert dieser Metallstreifen in etwa dem feindlichen Radarbeobachter vorgaukeln, er hätte es mit einem Lancaster Bomber zu tun. Ein paar Hunderttausend dieser Streifen können also eine komplette Bomberflotte vorspiegeln.

Nachdem Sie den Deutschen ihr Würzburg Gerät gestohlen hatten, stellten wir ein wichtiges Detail fest. Wir wussten bereits die Wellenlänge, auf der das Würzburg Gerät sendete. Nun aber fanden wir heraus, dass diese Wellenlänge von dreiundfünfzig Zentimetern nicht veränderbar ist. Uns war damit klar, dass wir Würzburg mithilfe der dementsprechend großen Streifen lahmlegen können.«

Gordon war sprachlos. Mit dieser Methode wäre die Kammhuber-Linie mit ihren Scheinwerfern und Radarstationen obsolet. Doch Joan Curran war noch nicht am Ende ihrer Lektion angelangt. Sie holte eine Reihe von Streifen und Zetteln hervor.

»Falls die Zettel funktioniert hätten, hätten wir sie auch als Flugblätter bedrucken können. Doch leider war diese Form nicht ideal. Stattdessen kristallisierte sich ein Streifen heraus, der fünfundzwanzig Zentimeter lang und etwa ein bis zwei Zentimeter breit war. Diese stapeln wir in ein Pfund schwere Päckchen, die so abgeworfen werden können. Jetzt haben wir soviel davon, dass wir einen großen Angriff fliegen könnten«, erklärte Joan Curran.

»Und wie nennen Sie Ihr Baby, wenn ich salopp fragen darf?«

»Window«, lachte sie.

«Aber ich habe den Decknamen nicht festgelegt, das war Albert Percival Rowe, der Direktor des Forschungszentrums.«

Gordon schaute sich das Material genau an.

»Das ist ja billiges Stanniolpapier!«

»Ja, Stanniol wird aus reinem Zinn oder einer Zinnlegierung mit ein bis zwei Prozent Kupfer hergestellt. Der Aufwand ist gering, der Effekt groß«, sagte Joan Curran.

»Und warum wird das nicht eingesetzt?«

»Weil Frederick Lindemann dieses Geheimnis den Deutschen nicht preisgeben will«, mischte sich R.V. Jones ein.

»Aber selbst, wenn sie es wüssten, könnten sie keinen Nutzen daraus ziehen«, protestierte Gordon.

»Das, was von der deutschen Bomberflotte übrig ist, kämpft doch in

Russland.«

Jones nickte zustimmend.

»Und doch hat Lindemann bislang jeden Einwand abgeschmettert. Zurzeit fürchtet er das Wiedererstarken der deutschen Jagdflieger, denn am Kanal wurde soeben das Jagdgeschwader 26 mit der neuen Focke Wulf 190 ausgerüstet. Das erste Aufeinandertreffen mit unseren Spitfire und Hurricane Jägern zeigte deutlich, dass die Focke Wulf zurzeit das beste Jagdflugzeug der Welt ist.

Daher findet bis auf Weiteres Window nicht statt. Jetzt brennt die Frage unter den Nägeln, ob die Deutschen ebenfalls ein Täuschungsmittel gegen Radar entdeckt haben.«

Auf der Rückfahrt nach London kreisten ihre Gespräche um sämtliche Aspekte des Luftkrieges. Der ungebrochene Wettlauf zwischen der Einführung neuer Navigationstechnik und den zwangsläufigen Gegenmaßnahmen des Gegners trieb die beiden feindlichen Lager in einen immer schnelleren Wettlauf.

Für Minuten stoppte die Konversation, nur der Sechszylinder des MG brummte angestrengt vor sich hin, denn Gordon holte alles aus dem Wagen heraus, um seine Verabredung einhalten zu können.

»Sind Sie nach dem Tausend-Bomber-Angriff auf Köln immer noch ein Befürworter der Flächenbombardements, Sir?«

Professor Jones zuckte zusammen, da er für einen Sekundenbruchteil eingeschlafen war.

»Befürworter? Eigentlich nicht, aber solange wir Deutschland nur mit Bombern angreifen können, bleibt uns keine andere Wahl, fürchte ich«, bemerkte Jones etwas benommen.

»Die Admiralität ist da aber entschieden anderer Ansicht«, widersprach Gordon.

»Die behauptet doch, dass sie wegen der Bomberoffensive nicht genug Flugzeuge hätten, um die U-Boote zu bekämpfen und unterstellt Churchill krankhaften Drang zum Bombardement.«

»Davon habe ich auch gehört«, gab Jones zu.

»Aber Harris ist sicher, dass seine Strategie zum Zusammenbruch Deutschlands führen wird.«

»Doch es mehren sich doch die Zeichen, dass mehr und mehr Leute gegen diese unmenschliche Kriegsführung in unserem Land sind«, widersprach Gordon.

Er fingerte mit der rechten Hand zwischen den Sitzen und zog nach einer Weile einen zerknüllten Handzettel hervor.

»Schauen Sie selbst, Sir«

Jones strich das Flugblatt glatt. Im diffusen Licht konnte er soeben noch die Schrift lesen:

Stoppt die Bombardierung von Zivilisten, war in Großbuchstaben geschrieben. Unterzeichnet war es von einem Komitee zur Bombardierungsbeschränkung.

»Woher haben Sie das?«, fragte Jones überrascht.

»Das steckte gestern an meiner Windschutzscheibe, als ich aus meinem Pub kam.«

»Das mag vielleicht von einer kleinen obskuren Gruppierung stammen«, bemerkte Gordon.

»Doch auch im Unterhaus wird diese Strategie infrage gestellt.«

»Von wem sprechen Sie denn?«

»Von Richard Stokes, dem Labour Abgeordneten aus Ipswich, Sir. Als Träger des Military Cross und des Croix de Guerre kann man ihm wohl kaum naiven Pazifismus vorwerfen. Und dennoch stellt er immer wieder diese Offensive infrage.«

»Das mag sein, aber ich bleibe dabei, wir haben zurzeit keine andere Wahl.«

Dr. Jones ging die Diskussion um den ethischen Sinn der Flächenbombardements nicht gegen den Strich, doch er folgte der Debatte eher wissenschaftlich, nicht emotional, wie er von Gordon den Eindruck zu haben schien. Es imponierte ihm dennoch, mit welcher Leidenschaft sein Mitarbeiter einerseits den Krieg gegen die deutsche Zivibevölkerung bekämpfte, aber anderseits auch ohne Rücksicht auf die eigene Sicherheit immer wieder in die Höhle des Löwen ging, um dessen Absichten auszukundschaften.

»Wissen Sie Gordon, ich halte es lieber mit Voltaire: Ich mag verdammen, was du sagst, aber ich werde mein Leben dafür einsetzen, dass du es sagen darfst.«

R V. Jones versuchte das Thema zu wechseln.

»Haben Sie von Leutnant Roman Sobinskis Beobachtung gehört?«

Gordon schüttelte den Kopf.

»Sobinski ist Kommandant eines Bombers der polnischen 301. Bomberstaffel, die auf dem Flugplatz Bramcote in Warwickshire stationiert ist«, begann Jones.

»Er berichtete am 25. März 1942 über die Sichtung einer runden Scheibe, die dem Bomber um Mitternacht auf dem Rückflug von einem Bombenangriff auf Essen etwa fünf Minuten über der Zuidersee in Holland folgte. Der Heckschütze hatte sie zuerst entdeckt und erhielt von Sobinski Feuerbefehl. Die Scheibe wurde offensichtlich mehrmals getroffen, zeigte aber keine Wirkung. Das Objekt glühte orangefarben, befand sich in einer Höhe von circa 4500 Metern und war hundert bis zweihundert Meter vom Flugzeug entfernt. Seine Geschwindigkeit wurde auf etwa dreihundert Stundenkilometern geschätzt. Es verschwand plötzlich mit schätzungsweise 1600 km/h in der Ferne.

Was halten Sie davon?«

»Um ehrlich zu sein, nicht viel, Sir. Selbst wenn die Deutschen technologisch im Vorteil wären, traue ich Ihnen nicht zu, einen derartigen Antrieb entwickelt zu haben, ohne dass wir es gemerkt hätten.«

Jones gefiel diese Antwort. Gordon hatte auf jede Frage eine pragmatische Erwiderung. Wieder verfielen die beiden Männer in Schweigen und hingen ihren ganz persönlichen Gedanken nach. Erst kurz vor Erreichen des Westends weckte Gordon seinen Chef aus seinen Träumen.

»Wann soll ich abreisen, Sir?«

»Sobald Sie von Morton Instruktionen hinsichtlich der Panzerfrage erhalten haben. Das kann sich aber nur um ein paar Tage handeln.«

Gordon nickte langsam.

»Habe ich Ihr Rendezvous versaut?«, fragte Jones vorsichtig.

Gordon schaute auf die Uhr.

»Glück gehabt, Sir. Das akademische Viertel wird mir mein RAF-Engel wohl verzeihen!«

Die Sondermeldungen des Oberkommandos der Wehrmacht im deutschen Reichsrundfunk im Sommer 1942 überschlugen sich. Am 21. Juni eroberte Rommel Tobruk. 33000 britische Soldaten gingen in Gefangenschaft, Tausende von Tonnen Versorgungsgüter und 10000 Tonnen Treibstoff fielen dem Afrikakorps in die Hände. Einen Tag später ernannte Hitler Rommel zum Generalfeldmarschall. Rommel nutze den Schock, den der Fall der wichtigen Hafenstadt bei den Engländern ausgelöst hatte, aus und trieb unerbittlich seine Truppen in Richtung Suezkanal weiter. Am 28. Juni begann die deutsche Sommeroffensive, der Fall Blau, an der Ostfront. Die Jagd nach Rohstoffen war jetzt Hitlers primäres Kriegsziel. Die Ölversorgung des Reiches war besonders prekär.

Das verbündete Rumänien war nicht mehr in der Lage, Deutschland ausreichend mit Erdöl zu versorgen und die deutsche Benzinproduktion aus einheimischer Kohle war nicht imstande, den Bedarf zu decken. Daher plante das Oberkommando der Wehrmacht eine Offensive im Süden Russlands, um zunächst die Ölfelder von Maikop und Grosny zu erobern sowie Stalingrad, eines der wichtigsten Industriegebiete der Sowjetunion, zu besetzen. Mit dieser Maßnahme wollte man die Wolga-Schifffahrt, die wichtigste Versorgungsader Russlands, abschneiden. Anschließend sollten die Heeresgruppen entlang der Küste des Kaspischen Meeres bis zu den Ölfeldern in und um Baku vordringen.

Zunächst stießen die Divisionen in Gewaltmärschen von dreißig bis vierzig Kilometern täglich nach Osten vor. Doch der erhoffte Erfolg blieb aus. Gleich in den ersten Tagen mussten die Deutschen erkennen, dass sie hier nur gegen zahlenmäßig schwache, aber gut bewaffnete Nachhuten gekämpft hatten. Ihre verbissene Verteidigung fügte ihnen hohe Verluste zu. Das Gros der sowjetischen Truppen konnte sich jedoch der drohenden Vernichtung entziehen. Die geringen Gefangenenzahlen und der schwache Widerstand wurden im OKW jedoch falsch interpretiert. Dort ging man davon aus, dass dies nicht ein Zeichen für eine geglückte Rückzugsbewegung, sondern für den gebrochenen Kampfwillen der Sowjetarmee sei. Scheinbar bestätigt wurde diese Einschätzung durch die endgültige Eroberung der Halbinseln Kertsch und Krim durch die 11. deutsche Armee und die sowjetische Niederlage vor Charkow.

Die Erfolge überschätzend kam es zu einer Veränderung der deutschen Angriffsstrategie. Die OKW-Weisung Nr. 41 vom 5. April 1942 sah vor, dass die aus der Heeresgruppe Süd neu gebildeten Gruppen A und B gemeinsam zuerst Stalingrad erobern sollten. Danach sollten sie nach der Sperrung der Wolga anschließend in den Kaukasus und entlang der Schwarzmeerküste bis zu den Ölfeldern von Maikop und Grosny vorstoßen und schließlich bis Baku vorgehen. Die Weisung Nr. 43 vom 23. Juli 1942 forderte jedoch die gleichzeitige Lösung aller Aufgaben. Die Heeresgruppe A drehte nach Süden ab. Damit waren die deutschen Kräfte zersplittert. Hinzu kam noch, dass der anstrengende, schnelle Vormarsch und das ungewohnte Steppenklima mit seinen ständigen Temperaturschwankungen zu einem raschen Absinken der Kampfkraft der deutschen Verbände geführt hatte. Unter diesen Vorzeichen begann am 17. Juli die 6. Armee unter ihrem Oberbefehlshaber, General der Panzertruppe Friedrich Paulus, den Angriff auf Stalingrad.

Der U-Boot-Krieg hatte im Frühjahr und Sommer dieses Jahres neue Erfolge feiern können. Boote vom konventionellen Typ VII und IX veranstalteten vor der Küste Nordamerikas und im Nordatlantik ein Schlachtfest. Mitte Mai war es dem Funkbeobachtungsdienst der deutschen Kriegsmarine, auch B-Dienst, genannt, der Einbruch in den alliierten Marinegeheimschlüssel gelungen. Dadurch waren Routen und Auslauftermine des Nordatlantik-Geleitzugverkehrs der U-Boot Führung bekannt. Die sechs U-Boote der Gruppe Hecht versenkten im Juni ohne eigene Verluste zwölf Frachter und die frei-französische Korvette Mimosa. Wegen der deutschen Sommeroffensive in Südrussland wurde der Ruf Stalins nach einer zweiten Front immer lauter, gleichzeitig verstärkten die Amerikaner ihre Nachschublieferungen über den Seeweg nach Murmansk und Archangelsk. Am 27. Juni 1942 lief der britisch-amerikanische Geleitzug PQ 17 mit dreiunddreißig Frachtern, einem Flottentanker und drei Rettungsschiffen von Reykjavik mit Ziel Archangelsk aus. Geschützt wurde dieser Konvoi von einer Nah- und Fernsicherungsgruppe.

Einen Tag vor der Entdeckung des Konvois durch deutsche Aufklärer traf sich der Hochtechnologieausschuss traditionsgemäß in der Hakeburg. Der Reichsführer SS und der Reichspostminister waren bester Laune und begrüßten zusammen mit Major Othmar Schmidt und Standartenführer Walter Schellenberg die Teilnehmer der exklusiven Runde. Othmar hatte als Gast den General der Jagdflieger, Adolf Galland, eingeladen. Er versprach sich von dem Enthusiasmus, den der eloquente General bei der Vorstellung der Me 262, Me 163 und He 280 an den Tag gelegt hatte, eine Menge Unterstützung. Als einer der Letzten trafen Brigadeführer Hans Kammler und SS-Gruppenführer und Generalleutnant der Waffen-SS Gottlob Berger ein. Himmler ließ es sich nicht nehmen, die Konferenz mit einer Rede zu eröffnen, die er umgehend nutzte, um SS-Gruppenführer Berger als den neuen Vertreter der Waffen-SS im Ausschuss vorzustellen.

»Damit das Bäumchen-wechsle-dich-Spiel ein Ende hat«, wie er zu Beginn seiner Rede anmerkte.

»Gruppenführer Berger ist nicht nur Chef des Hauptamtes, sondern mit der Germanischen Leitstelle auch der entscheidende Organisator der Waffen-SS. Ab sofort ist er auch Chef des bewaffneten Postschutzes, den Reichspostminister Ohnesorge mir ab sofort unterstellt hat.«

Himmler richtete seinen wohlwollenden Blick auf seinen Freund und Verbündeten, der ob der Ehre sehr zufrieden schien.

»Ihm obliegt damit die Ausbildung und Bewaffnung des Postschutzes, einem Verband von fünfundvierzigtausend Mann. Offiziere und Unteroffiziere sind nun denen der Waffen-SS gleichgestellt. Darüber hinaus ist er mit sofortiger Wirkung mein Stellvertreter im Reichspostministerium und Chef der Post-Überwachungsstelle der Deutschen Reichspost.«

Himmler machte eine Kunstpause und wandte sich wieder an Berger.

»Ich habe mich darüber hinaus dazu entschlossen, Gruppenführer Berger zum Verbindungsoffizier des Reichsführers SS zum Reichsminister für die besetzten Ostgebiete Rosenberg zu ernennen. Er wird damit mein persönlicher Vertreter im Ostministerium.«

Othmar beugte sich zu Schellenberg hinüber: «Wie gut kennst, du ihn?«

»Ziemlich gut«, flüsterte Schellenberg.

»Ich erzähl dir später mehr von ihm. Du wirst dich wundern.«

Die Runde applaudierte höflich.

»Dann erteile ich hiermit Standartenführer Schellenberg das Wort.«

Walter Schellenberg, der von technischen und wissenschaftlichen Dingen nicht viel verstand, war schlau genug, sich jeden Kommentar zum Stand der Dinge bezüglich der deutschen Nuklearforschung zu enthalten, sondern bat umgehend Dr. Kurt Diebner die Runde über den letzten Stand der Dinge zu unterrichten. Diebner erhob sich und setzte ein wenig linkisch seine Brille auf, um zur Not von seinen Spickzetteln ablesen zu können, die er in seine linke Jackentasche gesteckt hatte.

»Brigadeführer Kammler und ich hatten vor etwa drei Wochen eine interessante Begegnung mit Generalfeldmarschall Milch, Generaladmiral und Hauptamtsleiter der Marine-Waffenämter, Karl Witzell, mit dem Chef der Heeresrüstung und Oberbefehlshaber des Ersatzheeres, Generaloberst Friedrich Fromm, Werner Heisenberg, Otto Hahn sowie Albert Speer, der sich ebenfalls für Nukleartechnik interessiert. Bei diesem Treffen teilte Heisenberg mit, dass man eine wissenschaftliche Lösung zum Bau der Bombe gefunden habe.«

Ein Raunen ging durch den Saal.

»Bevor Sie jedoch in Euphorie verfallen, sollte ich hinzufügen, dass er im gleichen Atemzug sagte, dass die Mittel nicht ausreichen würden, um die Bombe in absehbarer Zeit zu bauen. Er, Heisenberg glaube, dass die Amerikaner viel mehr Mittel in die Atomforschung stecken würden.«

Diebner hatte nun seine Hände in beide Jackentaschen geschoben und wanderte wie ein Universitätsdozent vor seiner Studentenschaft auf und ab.

»Nun stellt sich natürlich die Frage, ob Heisenberg mit seiner ersten Feststellung recht hat. Fest steht, dass der Uranverein die physikalischen Grundlagen der technischen Ausnützung der Atomenergie weitgehend geklärt hat. Wir wissen, dass man aus natürlichem Uran und Schwerem Wasser eine Uranmaschine bauen kann, die Energie liefert, und dass in einer solchen Maschine ein Folgeprodukt von Uran 239 entstehen muss, das sich ebenso wie Uran 235 als Sprengstoff für Atombomben eignet. Heisenberg ist aber der Ansicht, dass man statt Schweren Wassers ganz reinen Kohlenstoff nicht als Moderator oder Bremsmittel verwenden kann. Ich bin mir da nicht so sicher und verfolge diese theoretische Spur weiter. Es kann ja durchaus sein, dass Heisenbergs Versuche ihn in die Irre geführt haben.«

»Wie soll ich das verstehen«, meldete sich Himmler zu Wort.

»Eine einzige ungenaue Messung der Absorptionseigenschaften von Kohlenstoff kann schon in eine Sackgasse führen und Sie dazu verleiten anzunehmen, dass dieser Weg nicht gangbar wäre«, entgegnete Diebner.

»Heisenberg ist der Ansicht, dass nur durch den jahrelangen Betrieb von riesigen Uranmaschinen die Herstellung von Atombomben mit einem ungeheuren technischen Aufwand möglich sein würde.«

»Und, sind Sie auch seiner Ansicht?«, fragte General Martini.

»Natürlich wird der Aufwand erheblich sein, aber es wäre machbar. Die Weiterentwicklung der experimentellen Arbeiten ist heute durch das Tempo der Materialbeschaffung bestimmt. Wenn die notwendigen Mengen von Uranmetall und Schwerem Wasser verfügbar sind, kann der Bau einer ersten selbsttätigen Maschine in Angriff genommen werden. Diese Maschine wird eine reine Versuchsanlage sein. Wenn sie, wie man nach den Laboratoriumsversuchen erwarten kann, erfolgreich ist, sind grundsätzlich drei Aspekte der Weiterentwicklung zu beachten.

Zunächst muss die Uranmaschine, manchmal auch Reaktor genannt, zu einem funktionstüchtigen und verlässlichen Gerät weiterentwickelt werden. Danach sollte die wehrtechnische Verwendung der Maschine in Angriff genommen werden. Sie könnte als Schiffsmotor, insbesondere als U-Boot Antrieb, als Antrieb für Flugzeuge und Landfahrzeuge, als Energiequelle zur Stromerzeugung, durchdringender Strahlung oder radioaktiver Substanzen genutzt werden. Schließlich eröffnet sich ein völlig neues Feld für die physikalischen und medizinisch-biologischen Gebiete. Und schließlich wäre sie dann auch ursächlich verantwortlich für die Herstellung eines Uransprengstoffs.«

»Sind Sie eigentlich der Ansicht, dass die Amerikaner und Engländer an der Nukleartechnik arbeiten?«, meldete sich Othmar.

»Mit Sicherheit«, mischte sich Kammler ein.

»Carl Friedrich von Weizsäcker leitete Informationen über das Atombombenprojekt der Alliierten, die er einer schwedischen Zeitung entnommen hatte, an die deutsche Wehrmacht weiter. Außerdem informierte er das Reichserziehungsministerium über den Vorsprung der Amerikaner gegenüber den Deutschen auf dem Gebiet der Kernphysik.«

»Und wenn sie es jetzt noch nicht wüssten, dann wissen sie es bestimmt seit dem Tag im letzten Herbst, an dem Heisenberg sich in Carlsberg mit Nils Bohr getroffen hat.«

»Wer ist denn dieser von Weizsäcker?«, unterbrach Berger den Redefluss Kammlers.

Diebner nahm seine Wanderschaft wieder auf.

»Ein ungemein intelligenter junger Mann, Sohn von Ernst von Weizsäcker, dem Staatssekretär im Auswärtigen Amt. Heisenberg hat ihn in Kopenhagen kennengelernt, als er am Institut von Niels Bohr erstmals sein Unbestimmtheitsprinzip der Quantentheorie vorstellte. Bald darauf studierte Weizsäcker in Leipzig bei Heisenberg, wenig später war er sein Assistent. In dieser Zeit beschäftigte er sich mit der Theorie von Kernmassen.

Seine zweite Leidenschaft ist Astronomie. Weltweite Anerkennung verschafften ihm 1938 seine Arbeiten auf dem Gebiet der Kernfusion und der Energieerzeugung in der Sonne. Weizsäcker hatte herausgefunden, dass die Sonne ihre Energie aus der Verschmelzung von Wasserstoff- zu Heliumkernen bezieht.

Dieser Erfolg führte Weizsäcker mit Otto Hahn zusammen, der in Dahlem mit Fritz Strassmann und Lise Meitner an Urankernen experimentierte und 1939 die Kernspaltung entdeckte. Da hat er die Tragweite von Hahns Entdeckung erkannt, dass die Kernspaltung große Mengen an Energie freizusetzen vermag, die sich zum Bau einer Waffe mit unvorstellbarer Vernichtungskraft nutzen lässt.«

»Sie scheinen ja von dem Mann regelrecht beeindruckt zu sein«, meldete sich Himmler wieder zu Wort.

»In der Tat, Reichsführer, sein Intellekt ist wahrlich enorm.«

»Nun dann ist es wohl nur eine Frage der Zeit, bis wir diese Kraft der Urankerne militärisch nutzen können.«

»Wenn wir die notwendigen Ressourcen bekommen, ja, Herr Reichsführer«, beeilte sich Diebner hinterherzuschicken.

Himmler warf einen Blick auf Kammler, der sich Notizen machte. Als er merkte, dass ihn der Reichsführer fixierte, beeilte er sich Diebners Aussage zu kommentieren.

»Dr. Diebner und ich haben uns bereits über die notwendigen Maßnahmen geeinigt. Ein Zyklotron ist bereits im Bau und auch die Produktion von Schwerem Wasser ist in Planung. Im Zusammenhang mit anderen Bauprojekten werde ich dazu im Verlauf der Konferenz Stellung nehmen.«

Heinrich Himmler nickte zufrieden und Othmar nahm dies zum Anlass, Otto Lechner aufzufordern, den Entwicklungsstand bei den diversen Projekten der Luftwaffe zu erläutern. Lechner, inzwischen zum Hauptmann befördert, hatte sich bei Generalfeldmarschall Milch zu einem geschätzten Spezialisten für moderne Waffensysteme gemausert, der das volle Vertrauen seines Chefs genoss.

»Das wichtigste Projekt, die Strahljäger, sind mittlerweile auf einem guten Weg. Die Probleme mit den Junkerstriebwerken sind weitestgehend gelöst, aber dazu wird Ihnen Major Schmidt später mehr sagen. Der kommende 18. Juli wird ein entscheidender Tag sein. Dann nämlich wird das dritte Versuchsmuster des Messerschmitt Strahljägers Me 262 erstmalig, nur mit den neuen Triebwerken ausgerüstet, starten. Dann werden wir endlich wissen, ob die Maschine der große Wurf ist, den wir uns erhofft haben. Inzwischen sind aber auch die Arbeiten an den verschiedenen Ausführungen weit gediehen. Die Führerraumattrappe des Aufklärers ist bereits fertig und an einer Schulversion sind die theoretischen Arbeiten weit gediehen.

Bei dem zweiten Strahljäger, der Heinkel He 280 gibt es weiterhin Unstimmigkeiten mit den He S 8 Triebwerken. Diese Probleme sind hausgemacht, da doch ein ziemliches Chaos in der Triebwerksabteilung entstanden ist, nachdem die Gruppe um Ohain in Rostock und die Gruppe um Max Adolf Müller bei Hirth in Zuffenhausen zusammengelegt worden ist. Ein weiteres Problem ist Heinkel selbst, der immer wieder dazwischenfunkt.«

»Kann man denn die Triebwerksentwicklungen in den verschiedenen Firmen nicht vernünftig steuern, Herr Hauptmann?«, unterbrach ihn Ohnesorge, dem das Kompetenzwirrwar bei Heinkel zuwider war.

»Genau das tun wir jetzt, Herr Reichspostminister. Zum Glück haben wir im Reichsluftfahrtministerium einen Fachmann, der über jeden Zweifel erhaben ist und auch ein Konzept entwickelt hat, wie die Strahltriebwerksforschung im Reich koordiniert werden kann. Dieser Mann heißt Helmut Schelp und ist Flugbaumeister und Leiter des Referats Luftstrahltriebwerke in der Gruppe Sondertriebwerke. Sie haben ihn ja bei unserem letzten Treffen kennengelernt. Dieser Mann weiß als Theoretiker und Praktiker, wovon er spricht. Seinen Magister machte er am Stevens Institute of Technology in Hoboken, New York und ging danach zu Daimler-Benz und anschließend zur Deutschen Versuchsanstalt für Luftfahrt in Berlin-Adlershof. Seit 1937 ist er beim RLM.

Schelp hat nun in Absprache mit Major Schmidt und uns eine Dreiklassenstruktur festgelegt, die logisch und vernünftig erscheint, da sie die Stärken und Schwächen der verschiedenen Werke berücksichtigt. In der Klasse I findet man das BMW und das Junkers Triebwerk für leichte Jäger wie die Me 262 oder die He 280. In der Klasse II sollen stärkere

Triebwerke für leichte Bomber und mittelschwere Jäger gefördert werden. Dazu gehört das Heinkel He S 11 Triebwerk, das 1300 Kilopond Schub entwickeln wird. Die Klasse III soll für große und starke Bombertriebwerke bestimmt sein. Schelp hat bereits Heinkel mitgeteilt, dass er die Entwicklungsarbeit für das He S 8 und das geplante Nachfolgetriebwerk He S 30 einstellen soll, um sich voll auf die He S 11 zu konzentrieren.«

»Eine Entwicklung, die wir nur begrüßen können«, unterbrach ihn Major Schmidt.

»Dadurch ersparen wir uns eine Menge kontraproduktive Arbeit und eine gehörige Einsparung an Materialien.«

»Sehr richtig«, ergänzte Lechner.

»Heinkel hat dies unter Protest akzeptiert, da er sich in die Enge getrieben fühlt. Dabei kann ihm dieser Eingriff von oben nur gut tun. Für die He 280 bedeutet das, dass sie demnächst mit BMW Triebwerken erprobt werden soll, sobald diese fertig sind.«

»Warum nimmt man nicht das Junkers 004 Gerät?«, stoppte ihn Oberst Dornberger, der die Diskussion mit Interesse verfolgte.

»Das werden wir in jedem Fall noch in diesem Jahr in Angriff nehmen, obwohl diese Triebwerke länger und voluminöser sind als die BMW Motoren, Herr Oberst. Dadurch wird die Bodenfreiheit verringert, die gleichzeitig den Abfangwinkel begrenzt, was zu höheren Landegeschwindigkeiten führt. Große Hoffnungen setzen wir aber in das BMW 003 Strahltriebwerk, da es durch seine Dimensionen perfekt zum Flugzeug passt. Im Augenblick arbeitet man an einer strukturellen Verbesserung der Maschine, um dem offensichtlichen Potenzial der Me 262 Paroli bieten zu können. Dazu gehört eine stärkere Bewaffnung mit sechs Kanonen, ein dickerer Rumpf, eine Verlängerung des Rumpfes um bis zu achtzig Zentimeter sowie ein neues zentrales Leitwerk. Ich denke, dass wir in einigen Monaten die Früchte dieser Arbeit sehen können. Kommen wir aber nun zu einem anderen Thema, das das RLM schon seit geraumer Zeit beschäftigt.

Im September letzten Jahres hat das RLM eine Ausschreibung für ein Aufklärungsflugzeug an die Werke versandt, welche die Forderung nach höchsten Geschwindigkeiten und zweitausend Kilometer Reichweite vorschrieb. Dieser Aufklärer sollte so schnell sein, dass kein aktueller feindlicher Jäger auch nur in die Nähe dieser Maschine käme. Außerdem sollte jede überflüssige Ausrüstung fehlen, um maximale Reichweite zu garantieren. Selbst um den Preis eines einziehbaren Fahrwerks. Nun, meine Herren, die Arado Werke mit ihrem Chefkonstrukteur Walter Blume und den Projektingenieuren Meyer, van Nes und Stelzer haben in Rekordzeit ein Konzept vorgelegt, das von seiner Schlüssigkeit beeindruckt.

Dabei ist jetzt schon absehbar, dass dieser Typ mit der Arado-Kennzeichnung E 370 nicht nur als Aufklärer, sondern auch als Bomber einsetzbar ist. Die vollständige Baubeschreibung liegt seit Mitte April vor.

Bei diesem Typ handelt es sich um einen einsitzigen Schulterdecker in Ganzmetallbauweise mit ungepfeilten Tragflächen und zwei Strahltriebwerken vom Typ BMW 003, von denen später noch die Rede sein wird. Das RLM ist begeistert von dem Konzept und hat bereits Ende April den Bau von sechs Versuchsmustern angeordnet. Der Rumpf ist in herkömmlicher Schalenbauweise ausgelegt und wird eine vollverglaste, aerodynamisch optimierte Kanzel haben. Die Höchstgeschwindigkeit soll bei etwa achthundert Stundenkilometern liegen. Das RLM hat diesem Muster die Bezeichnung Arado Ar 234 zugewiesen.«

Die Bekanntgabe dieses neuen Flugzeuges erregte das Interesse der Runde, und im Nu begann ein Gemurmel den Saal zu füllen. Othmar unterbrach dies in dem Moment als Galland seine Hand für einen Wortbeitrag hob.

»Ich halte einen Kufeneinsatz vielleicht bei einem kleinen Flugzeug wie der Me 163 für adäquat, aber ich bezweifle, ob dieses Konzept im Fronteinsatz für solch ein großes Modell praktikabel ist. Der Aufwand bei der Bodenorganisation wäre enorm.«

»Da gebe ich Ihnen Recht, Herr General«, reagierte Lechner prompt.

»Nur die ersten Versuchsmuster werden mit einer Kufe ausgerüstet werden. In Zukunft wird die Arado Ar 234 ein Einziehfahrwerk haben. Nun aber wie eingangs erwähnt möchte ich Major Schmidt bitten, uns einen Lagebericht zum Stand der Strahltriebwerke zu geben.«

»Wie Sie bereits von Hauptmann Lechner gehört gaben, macht man sich im technischen Amt schon Gedanken über die zukünftige Generation von Strahltriebwerken, wobei der Heinkel He S 11 Motor die Speerspitze bilden wird. Seit Anfang 1941 haben wir alle Anstrengungen unternommen, wichtige Ingenieure und Wissenschaftler von der Front zurück ans Zeichenbrett oder ins Labor zu holen. Die Früchte dieser Arbeit sind bereits überall zu sehen und demnächst auch zu hören.«

Die Runde, allen voran Reichspostminister Ohnesorge, lachte verhalten.

»So haben wir unter anderem aus einer bescheidenen Anzahl von Mitarbeitern um den Junkers Triebwerksspezialisten Dr. Anselm Franz ein Team von fast fünfhundert Mitarbeitern geschaffen, die verbissen darum kämpfen, den Mangel an strategischen Metallen durch Ideenreichtum wettzumachen. Die Triebwerke, die am 18. Juli die Messerschmitt Me 262 zum Jungfernflug antreiben werden, tragen noch viele der seltenen und teuren Metalle in sich, die sie auch dazu noch zu schwer machen. Aber ich kann Ihnen versichern, dass die nächste Generation des Jumo 004, das Jumo 004B Triebwerk, alle wichtigen Neuerungen in sich tragen wird. Dazu beigetragen haben nicht nur die vielen Metallurgisten im Reich, sondern auch ein großer Name wie Krupp. Abgesehen davon hat ein musisch begabter Ingenieur das größte Problem zusammen mit einem Violinisten gelöst, nämlich die Vibrationen der Verdichterleitschaufeln, die häufig zu Schwingungsbrüchen führten und Dr. Franz fast in den Wahnsinn getrieben hätten. Ich spreche hier von Dr. Max Bentele, der zwar für Heinkel arbeitet, aber in diesem Fall sein Talent auch für Junkers eingesetzt hat. Für die, die es nicht wissen sollten, Dr. Bentele ist die Kapazität im Reich für Schwingungsprobleme.

Aber beginnen wir mit dem metallurgistischen Aspekt. Die wichtigste Änderung zu dem Jumo 004 A Triebwerk ist die Verwendung von Tiefziehblech, das im Flugzeugbau als Fliegwerkstoff 1010 bekannt ist. Sämtliche Metallstrukturen, einschließlich der Brennkammer, werden mit diesem Werkstoff hergestellt, der zum Schutz gegen Oxidation mit einer feinen Aluminiumschicht überzogen ist. Um diese Blechteile nicht zu heiß werden zu lassen, ist Kühlung oberstes Gebot. Dr. Franz und seine Leute nutzen Verdichterluft, um dies zu erreichen.

Größte Sorgfalt wurde auf den Bau neuer, hohler Turbinenleitschaufeln gelegt, die zuerst aus einer neuen Speziallegierung namens Tinidur der Firma Krupp hergestellt wurden. Tinidur besteht aus Nickel, Chrom und Titan. Kurze Zeit später hat die gleiche Firma eine Legierung gefunden, die ohne das schwer zu beschaffenden Nickel auskommt. Diese Legierung nennt sich Cromadur und setzt sich aus Chrom, Mangan und Vanadium zusammen.

Dass es den Junkersleuten gelang, ein Triebwerk zu bauen, das mit solchen Sparstoffen funktioniert, ist alleine schon eine Sensation, doch die Haltbarkeit wurde in ernste Zweifel gezogen, da es laufend Schwingungsbrüche der Turbinenschaufeln auf den Teststäden gab. Die Lösung für das Problem fand Dr. Bentele, indem er einen Berufsviolinisten hinzuzog, der mit einem Bogen die Turbinenschaufeln bestrich, um mithilfe seines absoluten Gehörs die Eigenfrequenz der Schaufeln zu ergründen. Parallel dazu fand er heraus, dass eine Resonanz mit den sechs Brennkammern mitverantwortlich für die Brüche war.

Um das Problem zu lösen, empfahl er Dr. Franz eine Verkürzung der Turbinenschaufeln um einen Millimeter, um dadurch die Schwingungszahl zu reduzieren. Diese Maßnahme und das gleichzeitige Reduzieren der Drehzahl von 9000 auf 8700 Umdrehungen kurierte das Problem. Zurzeit leistet das Triebwerk 900 Kilopond Schub. Die Erprobung geht unvermindert weiter und es wird noch ein Weile dauern, bis wir das Jumo 004 Triebwerk auch in der Me 262 verbauen können. Bis dahin müssen wir mit der 004-A-Version vorlieb nehmen, um die Flugerprobung voranzutreiben.

Natürlich fiebern wir allem dem 18. Juli entgegen, dem Tag an dem die Me 262 zum ersten Mal ausschließlich mit Strahltriebwerken starten wird. Bei BMW mussten wir die Arbeiten an dem P 3302 Triebwerk einstellen, da die gestellten Forderungen von 600 Kilopond Schub nicht zu erreichen waren. Deswegen haben seit Anfang des Jahres die Arbeiten an einem neuen Triebwerk begonnen, das größere Reserven bei gleichen Hauptabmessungen und gleichem Grundaufbau des vorherigen Triebwerks bieten soll. Anfängliche Probleme mit Schaufelbrüchen konnten behoben werden, nachdem man die Profildicke des Schaufelfußes vergrößert und die Dicke des Schaufelkopfes verringert hatte. Druckverluste in der Brennkammer hat man auch verringern können, indem man sie zu einer BMW typischen Ringbrennkammer umbaute.

Weil auch hier Schäden an den Turbinenschaufeln auftauchten, hat BMW die Firma Leistritz in Nürnberg beauftragt, neue Hohlschaufeln zu entwickeln, die man nicht mehr verschweißen muss. BMW wird diese für die Serie weiterentwickeln, sodass sie von der Firma WMF, der Württembergischen Metallwarenfabrik in Geislingen, für die Massenfertigung produziert werden. Hier kommt auch eine neuartige Legierung namens FBD zum Einsatz, ein leicht konisch gewalztes Blech, das aus Chrom, Nickel, Molybdän, Tantal, Niob, Silizium, Mangan und Kohlenstoff besteht. Wir hoffen, dass das BMW Triebwerk, das heute die Bezeichnung BMW 003 A-0 heißt, Ende des Jahres auf dem Prüfstand steht.

Auch bei BMW arbeitet heute eine doppelt so starke Mannschaft wie noch vor einem Jahr und etwa fünfzig weitere Spezialisten werden in den nächsten zwei Monaten dazustoßen. Das sollte für heute genügen. Bei unserer nächsten Sitzung werde ich Hermann Östrich bitten, uns einen Zustandsbericht seines Triebwerkes zu geben. Doch nun aber zurück zu Hauptmann Lechner und dem Raketenabfangjäger Me 163.«

Otto Lechner verlor keine Zeit mit Förmlichkeiten und stieg sofort in das Thema ein.

»Das Wichtigste möchte ich Ihnen sofort sagen. Testpilot Heini Dittmar hat termingerecht vor vier Tagen das erste Versuchsmuster der Me 163 B, also des Einsatzflugzeuges, auf dem Fliegerhorst Lechfeld eingeflogen. Danach hat er erklärt, dass keine wesentlichen Änderungen mehr erforderlich wären. Die Zweite von siebzig Versuchsmaschinen wird in den nächsten Tagen inklusive Funkgeräten und 20- und 30-Millimeter-Kanonen startklar gemacht. Sobald die Triebwerke eingetroffen sind, kann die Erprobung beginnen.

Gleichzeitig beginnt auch die Diskussion, wie man das Kraftei am schnellsten an den Feind bringen kann. Eine wichtige Frage hinsichtlich der kurzen Einsatzdauer des Flugzeuges. Aber dazu wir General Galland gleich ein paar Worte sagen. Vorgestern hat noch eine Besprechung stattgefunden, in der einige Verbesserungen vorgeschlagen wurden. Gleichzeitig wurden einige Probleme angesprochen, die sich in der Zusammenarbeit zwischen der Abteilung L und dem technischen Amt im RLM ergeben haben. Die wichtigsten Verbesserungen sind der Austausch der hölzernen Landekufe durch eine Stahlkonstruktion, die Überarbeitung des abwerfbaren Fahrwerks hinsichtlich ihrer Aufhängung- und Lösemechanik sowie der Einbau einer taktischen Bremse, um den Gleitwinkel bei der Landung und Fahrtangleichungen möglich zu machen.

Ein weiterer Punkt, der verbessert werden muss, ist der starre Sporn, der durch ein lenkbares Heckrad ersetzt werden muss. Die Probleme mit dem technischen Amt beziehen sich auf sinnlose Forderungen wie zum Beispiel das bremsbare Abwurffahrwerk oder die Ausstaffierung der Tragflächen mit dünnem Leinwandbezug, der die Maschine beschussunempfindlicher machen soll. Barer Unsinn, der die Maschine nur hundert Kilo schwerer macht. Bis das abgestellt ist, vergeht immer zu viel Zeit. Aber jetzt bitte ich General Galland, um eine kurze Beschreibung der taktischen Seite.«

Galland hatte es sich in seinem Sessel bequem gemacht und seine obligatorische Zigarre entzündet. Überrascht legte er sie sorgsam an den Rand des Aschenbechers und schaute in die Runde.

»Wie Sie bereits gehört haben, liegt das Problem, die Maschine an den Feind zu bringen, an der kurzen Einsatzdauer. Daher muss diese Maschine auch dort stationiert sein, wo sie vor Ort wichtige Fabriken oder Städte schützen kann. Da wir hier eine völlig neue Taktik des Einsatzes von Abfangjägern entwickeln mussten, habe ich einen unserer besten Jagdflieger, Oberleutnant Wolfgang Späte, zum Führer des Erprobungskommandos 16 bei der Erprobungsstelle der Luftwaffe in Peenemünde ernannt.

Zusammen mit Späte haben wir bald erkannt, dass nur der Weg über die Leitung der Jäger per Funk und Funkmess möglich ist. Ich will das kurz erläutern. Die Me 163 hat einen Steigwinkel zwischen zwanzig und dreißig Grad. Es liegt auf der Hand, dass der Kurs nicht immer gradlinig verlaufen kann und daher herkömmliche Mittel wie ein Flak-Entfernungsmesser wegen der großen Reichweite versagen müssen. Die Lösung sind die Bordfunkgeräte Fu G 25a Erstling und das UKW-Sprech- und Zielfluggerät Fu G 17Z. Damit kann sowohl der Sprechverkehr von Flugzeug zu Flugzeug als auch Flugzeug an Bodenstation stattfinden. Darüber hinaus bietet es Zielanflugmöglichkeit auf andere Flugzeuge als Jägerleitflugzeug und auf Bodenstationen.

Das Freund-Feind-Kenngerät FuG 25 a dient der Identifizierung als Nichtfeindflugzeug und arbeitet auf den Frequenzen der Funkmessgeräte und den Flak-Empfangsfrequenzen. Das Gerät empfängt den von den Boden-Funkmessgeräten gesendeten Signalimpuls und sendet ihn verändert wieder zum Sender zurück. Die Antwort ist abhängig von dem empfangenen Signal, das von der Bodenstation durch einen Steckschlüssel verändert werden kann. Damit können wir nun den Piloten unter laufender Durchsage des jeweiligen Standortes des gegnerischen Flugzeuges nach dem Planquadratkartensystem an den Feind heranführen. Alternativ kann der Jägerleitoffizier vom Boden aus dem Piloten laufend den Kurs ansagen. Um dieses System aber zu perfektionieren, brauchen wir mit Sicherheit die Hilfe von General Martini und Reichspostminister Ohnesorge.«

Galland griff wieder zur Zigarre und paffte entspannt, während Hauptmann Lechner zum nächsten Punkt seiner Tagesordnung überging.

»Ich möchte Sie nun über zwei Projekte in Kenntnis setzen, die einzigartig sind. Zum einen die Entwürfe, Ideen und Prototypen der Gebrüder Horten, zum anderen das Projekt eines Strahlbombers der Firma Junkers. Zur Firma Junkers muss ich keine Hintergrundinformationen darbieten, bei den Horten Brüdern ist das jedoch angebracht, da die wenigsten von Ihnen je von den beiden Herren gehört haben.«

Die meisten in der Runde schüttelten verneinend den Kopf.

General Martini wandte sich an Galland und flüsterte: »Kennen Sie die beiden?«

«Walter Horten war zeitweise mein Flügelmann und erzielte dabei sieben Abschüsse über England. Jetzt ist er als technischer Berater der Luftwaffen-Inspektion 3 unter meinem Kommando.«

Nach einer Kunstpause fuhr Lechner fort.

»Sehen Sie, das habe ich mir gedacht. Daher ein paar Fakten zu den vermutlich wagemutigsten Flugzeugkonstrukteuren, die wir haben. Die Horten Brüder sind Walter, Reimar und Wolfram. Der Ältere, Wolfram, starb im Mai 1940, als er mit seiner Heinkel He 111 vor der Küste von Dünkirchen Minen legte, wobei seine Maschine aus ungeklärter Ursache explodiert. Walter und Reimar sind die eigentlichen Konstrukteurs-Genies und Pioniere bei der Entwicklung von Nurflügel-Flugzeugen. Ihre Eltern, Max Horten, Professor an der Universität Bonn und Elisabeth, haben das Interesse ihrer Kinder an Flugzeugen und Aerodynamik schon früh gefördert. Deshalb ist es auch keine Überraschung, dass sie ihre ersten flugfähigen Nurflügler-Modelle im Wohnzimmer des Elternhauses in Bonn-Poppelsdorf bauen.

In den dreißiger Jahren konstruieren sie Nurflügler-Segelmodelle wie die H I Hangwind und H II Habicht, die später auch mit einem Hirth-HM-60-Motor mit sechzig PS ausgerüstet wurde. Dabei lassen sie sich von den schwanzlosen Flugzeugen Alexander Lippischs inspirieren. Mit diesem Typ gewinnt Pilot Heinz Scheidhauer den prestigeträchtigen Segelflugwettbewerb auf der Wasserkuppe.

Nachdem sie beide 1936 Luftwaffenoffiziere geworden sind, konstruieren sie weitere Nurflügler wie die vergrößerte H II, die jetzt H III heißt sowie die Horten IV. 1938 testet Hanna Reitsch eine Horten IIL und ist begeistert über deren Flugeigenschaften. Im gleichen Jahr schlägt Udet vor, dass Heinkel die Horten Brüder in einem gesonderten Konstruktionsbüro innerhalb seines Konzerns eingliedern soll, um aus dem Modell Horten H VII einen Jagdbomber zu schaffen. Doch die Idee platzt, als Heinkel darauf besteht, sämtliche Rechte an existierenden und zukünftigen Horten Modellen zu erhalten.

Als der Krieg ausbricht, wird Walter technischer Offizier der 1. Gruppe des Jagdgeschwaders 26; Reimar wird zur Lastensegler-Schule nach Braunschweig versetzt, wo er weiter an Nurflüglern forscht. Als Walter Horten schließlich im Mai 1941zur Luftwaffen-Inspektion 3 nach Berlin versetzt wird, bekommt er Einblicke in die neuen Technologien. Er nimmt auch seinen Bruder mit nach Peenemünde-West, wo sie einem Start von Lippischs Me 163 beiwohnen. Udet unterstützt weiterhin die Ambitionen der Brüder und erlaubt ihnen, die Horten V mit zwei Hirth Motoren auszurüsten. Daraus entsteht die Horten Vc. Walter Horten erkennt damals, dass die neuen BMW Strahltriebwerke ideal für Nurflügler sind und die Idee reift, solche Triebwerke für ihre Zwecke zu nutzen.

Doch zunächst verlegt die Luftwaffen-Inspektion 3 auf den Fliegerhorst Göttingen, der in direkter Nachbarschaft zur Reichsautobahn, wo sie Quartier in der umgebauten Reichsautobahnmeisterei beziehen. Zunächst konstruieren sie 1942 das Nurflügel-Übungsflugzeug, die Horten VII, eine Weiterentwicklung der Horten Ho V. Diese Maschine ist erheblich größer, hat eine geänderte Kabinenaufteilung mit hintereinander angeordneten Sitzen unter einer langen Kabinenabdeckung und ein Einziehfahrgestell. Angetrieben wird sie von zwei Argus As 10 C Achtzylinder-V-Motoren mit je 240 PS.

Die darauf folgende Horten VIII ist ein reiner Entwurf eines riesigen Nurflüglers, der sämtliche Lasten in den Flügeln aufnehmen soll. Angetrieben werden soll die Ho VIII von sechs Kolbentriebwerken Jumo 222 mit einer Leistung von je 3000 PS. Im Oktober 1942 veröffentlicht das RLM seine Richtlinien für den Flugzeugbau. Darin steht unter anderem die Forderung einen Bomber zu entwickeln, der Tausend Kilometer schnell, Tausend-Kilo-Bomben tragen und tausend Kilometer weit fliegen soll. Die Horten Brüder haben dies als Aufforderung gesehen, diese Vorgabe mit einem Nurflügler umzusetzen. Reimar Horten ist sich sicher, dass seine Vision einer Horten IX solche Forderungen annähernd erfüllen kann, und schickt sowohl dem Hochtechnologieauschuss - wie auch Reichsminister Göring - seine Entwürfe zu. Nachdem unsere Experten die Unterlagen geprüft hatten, und Göring sich begeistert zeigt, haben wir beschlossen, dass die Horten Brüder alle Aktivitäten bis auf den Typ IX stoppen und sich voll auf den neuen Typ konzentrieren sollen. Bei unserer nächsten Konferenz können wir dann Details dieses revolutionären Kampfflugzeuges präsentieren.

Das zweite Projekt, das wir kurz vorstellen wollen, ist das Konzept eines Hochgeschwindigkeitsbomber für Langstreckenflüge mit Strahlantrieb. Dieser außergewöhnliche Strahlbomber wird erstmals mit negativ gepfeilten Tragflächen sowie einer Druckkabine ausgestattet sein und gegnerischen Jägern wegen seiner überlegenen Geschwindigkeit keine Chance lassen. Hans Wocke entwickelt diesen Typ mit wirklich unglaublichen Mitteln.

Um sein Konzept zu testen, hat er beschlossen aus Teilen verschiedener Flugzeuge eine Maschine zu bauen, mit der er die nach vorn gepfeilten Tragflächen im Flug erforschen kann. Nur diese Tragflächen sind wirklich neu bei diesem merkwürdigen Vogel. Dieser improvisierte Erprobungsträger besteht aus dem Rumpf einer Heinkel He 177 A-3, dem Leitwerk einer Junkers Ju 388, und dem starren Hauptfahrwerk einer

Junkers Ju 352, das aerodynamisch verkleidet ist. Das Bugfahrwerk wurde in den USA gefertigt und gehörte zu einer B-24 Liberator, die wir erbeutet haben. Vier Junkers Jumo 004 B sollen diesen Bomber antreiben. Aber davon mehr, wenn wir uns das nächste Mal sehen.

Zum Thema Hubschrauber habe ich gute und schlechte Nachrichten. Die Schlechte ist die, dass das Werk von Focke-Achgelis in Hoyenkamp in der Nacht vom dritten auf den vierten Juni schwer bombardiert worden ist. Das Hauptziel der etwa 170 britischen Bomber war offensichtlich Bremen, da in der gleichen Nacht der Hafen und Wohngebiete getroffen wurden. Dabei erlitt der Zerstörer Z-25 Schäden. Auch das Focke-Wulf-Werk bekam Treffer ab, die aber keinen großen Schaden anrichteten. Das machten sie dafür um so gründlicher bei Focke-Achgelis, sodass bereits entschieden wurde, die Fabrik dort nicht wieder aufzubauen, sondern bis Januar 1943 nach Leipheim in Süddeutschland zu verlegen. Das ist um so tragischer, als nämlich der große Transporthubschrauber Fa 223 fast serienreif geworden ist. Das Oberkommando der Wehrmacht ist von dem Muster derart begeistert, dass es fünfzig Stück bestellt hat. Doch auch die Marine hat Interesse bekundet. Sie den Hubschrauber zum Konvoischutz in Küstennähe, zur Minensuche und Seenotrettung einzusetzen. Doch durch die Bombardierung haben wir jetzt ein halbes Jahr verloren.«

»Was sind denn die technischen Eckdaten dieses Typs?«, unterbrach ihn Kammler.

»Der Rumpf ist eine geschweißte Stahlrohrkonstruktion, die im hinteren Bereich mit Stoff bespannt ist. Am Heck befindet sich ein konventionelles Leitwerk mit einem oben montierten trimmbaren Höhenruder. Die zweiköpfige Besatzung aus Pilot und Beobachter arbeitet in einem leicht nach vorn geneigten Plexiglascockpit mit großer Rundumsicht. Hinter der Besatzung befindet sich die Hauptkabine mit vier weiteren Sitzen oder entsprechender Fracht. Das Fahrwerk ist ein starres Dreiradfahrgestell, dessen Räder an ölgedämpften Federbeinen angebracht sind. Dazu befindet sich ein gefederter Hilfssporn unter dem Rumpfheck. Im Passagier/Laderaum gibt es eine elektrische Winde, mit der entweder Fracht oder ein Rettungskorb, an einem Haken hängend, abgelassen und hochgezogen werden kann. Die Motor-Getriebeeinheit mit einem BMW-Bramo 323 D2, der jetzt die Bezeichnung BMW 301 trägt und etwa 1000 PS leistet, sitzt in Rumpfmitte. Die Motorleistung wird über eine Kupplung auf das Hauptgetriebe übertragen und deren Antriebswellen treiben zwei gegensinnig laufende Rotoren an, die nebeneinander auf einer Gitterrohrkonstruktion in einem Abstand von 12,50 Metern montiert sind.«

»Und wie fliegt man diese Kiste?«, fragte Galland ein wenig despektierlich.

»Carl Bode, früher Einflieger bei Focke-Wulf und heute bei Focke

Achgelis, hat mir das mal anschaulich erklärt«, übernahm Othmar die Antwort, die möglicherweise seinen Freund in Schwierigkeiten gebracht hätte.

»Die Flugrichtung wird durch zyklische Blattverstellung mittels einer Steuersäule geregelt, die vertikale Flugbewegung hingegen durch kollektive Blattverstellung. Mit den Ruderpedalen regelt man die Giersteuerung. Der kollektive Blattverstellungshebel kennt nur zwei Stellungen: eine für Landungen mit Motorkraft, die andere für Autorotation.«

Diesmal unterbrach ihn Walter Schellenberg mit einer Zwischenfrage. »Was bedeutet denn in diesem Zusammenhang Autorotation?«

»Als Autorotation bezeichnet man das, nur durch den Fahrtwind erzeugte, freie Rotieren eines Hubschrauber-Rotors oder Flugkörpers. Dadurch setzen die Rotorblätter die Energie des Luftstroms in dynamischen Auftrieb um, vergleichbar dem Tragflügel eines Starrflügel-Flugzeugs«, erklärte Othmar geduldig.

»Das ist so eine Art Lebensversicherung, denn würde der Motor ausfallen und nicht durch Autorotation ersetzt werden, fiele der Apparat wie ein Stein zu Boden.«

»Das scheint mir verdammt kompliziert zu sein«, steuerte Galland bei.

»Ohne Zweifel ist Hubschrauber fliegen eine andere Dimension. Carl Bode ist sich dessen mehr als bewusst und hat auch schon vorgeschlagen, Probanden zunächst auf der Focke Wulf Fw 61 zu schulen. Aber um das Thema abzuschließen, möchte ich noch darauf hinweisen, dass dieser Typ eine Höchstgeschwindigkeit von 175 Km/h, eine Reisegeschwindigkeit von 120 km/h und eine Reichweite von 477 Kilometern, die mit 300-Liter-Zusatztank auf 700 Kilometer erweitert werden kann, im Datenblatt ausweist. Die Dienstgipfelhöhe liegt bei 2010 Metern. Nun aber zu einer weiteren positiven Entwicklung im Hubschrauberbau. Wir können davon ausgehen, dass das Reich mit dem Flettner Fl 282 den ersten voll einsetzbaren Hubschrauber der Welt in Händen hat!«

Othmar machte eine Kunstpause und genoss es, die gesamte Aufmerksamkeit der Runde auf sich konzentriert zu sehen.

»Wie Sie wissen, gab es schon vor Ausbruch des Krieges eine Forderung der Seekriegsleitung, auf das Interesse der US-Marine nach Tragschraubern zu reagieren. Anton Flettner hat daraufhin mit seiner Fl 282 geantwortet, die die Marine als Bordflugzeug einsetzen will. Die Fl 282 basiert auf der Konstruktion Fl 265 aus dem Jahre 1939, die zwei gegenläufige Rotoren mit einem Durchmesser von zwölf Metern besaß, die von einem BMW Bramo Sh 14 A-Motor angetrieben wurden. Der ummantelte Motor war in der Spitze des Rumpfes eingebaut. Davor saß eine sechsflügige Luftschraube, die der Kühlung des Motors diente.

Die Fl 282 hingegen ist im Vergleich dazu ein großer Entwicklungssprung. Im Gegensatz zur FL 265 besitzt dieser Typ ein Bugfahrwerk mit bremsbaren Haupträdern, ansonsten verfügt die Fl 282 über die gleichen dynamischen Komponenten. Der Motor, ein 160 Ps starker Bramo 314

D, befindet sich jetzt wie bei der Fa 223, in der Mitte des Rumpfes. Eine technische Innovation sind die beiden Rotorköpfe. Die beiden Rotorwellen stehen sich in der Vertikalen um je zwölf Grad nach außen gegenüber und sind beide um sechs Grad nach vorn geneigt. Der Abstand zwischen den beiden Köpfen beträgt sechzig Zentimeter. Allerdings stellen die spiralverzahnten Kegelräder extrem hohe Ansprüche an die Fertigung.

Flettner und seine Konstrukteure haben einige interessante Aspekte in dem Hubschrauber eingebracht. Zum Beispiel stellte sich bei Marineeinsätzen die Frage, wie man den Hubschrauber bei starkem Seegang oder Sturm sicher auf einer Plattform an Bord landen könnte. Bei ruhigem Wetter ist das kein Problem. Das hat bereits Testpilot Ludwig Hofmann am 18. Juni letzten Jahres mit der Fl 265 bewiesen, als er auf einer Plattform, die auf dem hinteren Geschützturm des Kreuzers Köln befestigt war, problemlos landete. Flettners Lösung für Landungen bei schwerem Wetter ist genial. Etwa zehn Meter über Deck lässt der Pilot ein Stahlseil hinunter. Dieses wird eingeklinkt und eine Winde zieht den Hubschrauber anschließend an Deck.

Die Flugeigenschaften der Fl 282 sind überragend. Für einen Alarmstart haben sich die Konstrukteure ebenfalls etwas einfallen lassen. Dabei ist der Hubschrauber mit einer Leine am Boden gefesselt. Der Pilot gibt Vollgas und bei Freigabe des Gerätes schießt der Hubschrauber steil empor. Es wundert daher nicht, dass auch die reinen Flugdaten ziemlich eindrucksvoll ausfallen. So kann der Apparat bis auf 3500 Meter Höhe senkrecht steigen. Fliegt man Patrouille, so ist das problemlos zwischen 60 und 120 km/h möglich. Die Höchstgeschwindigkeit liegt bei 150 km/, doch dann ist der Treibstoffverbrauch exorbitant hoch. Was General Galland wirklich interessieren könnte«, meinte Othmar leicht spöttisch, »ist die automatische Umschaltung auf Autorotation, falls der Motor ausfällt.«

Galland grinste süffisant und meinte nur lapidar: »Beruhigend.«

»Weniger beruhigend ist jedoch die Situation bei Flettner selbst«, griff Othmar den Faden wieder auf.

»Er ist zwar ein genialer Erfinder, aber gleichermaßen auch enorm eigensinnig und störrisch, was die Produktion seiner Konstruktionen angeht. Zum einen hat er weder genug Fachkräfte, noch traut er anderen zu, zum Beispiel seine kniffligen Getriebe in Serie bauen zu können. Karl Frydag, Direktor im Industrierat Hermann Görings, hat mir erst letzte Woche erklärt, dass Flettner den Musterbau in Berlin-Johannisthal durchaus durchführen könnte. Eine Massenfertigung käme jedoch nicht infrage, da er nur zwei Monteure habe, die in der Lage wären, die Getriebe zu montieren. Bei dieser Arbeitsweise würde man zwei Getriebe pro Monat fertigen können.«

»Dann werden wir eben die Fertigung übernehmen müssen«, entschied Brigadeführer Kammler mit schneidender Kälte.

»Da gibt's es noch ein weiteres Problem«, warf Othmar ein.

»Generalfeldmarschall Milch ist kein Freund von Hubschraubern und erkennt nicht das wahre Potenzial dieses Gerätes.«

»Machen Sie sich darüber keine Sorgen, Herr Major«, beschied ihm Himmler freundlich, aber bestimmt.

»Wenn die Luftwaffe dieses zukunftsweisende Flugzeug nicht haben will, nimmt es die Waffen-SS mit Kusshand.«

Jetzt meldete sich Carl Schmidt, der Vertreter der Marine im Ausschuss zu Wort.

»So schnell schießen die Preußen nicht, Reichsführer«, erklärte er keck, sodass Othmar erschrocken aufblickte.

»Zunächst ist die Marine der Hauptauftraggeber und wir haben auch schon ein Erprobungsmodell ins Auge gefasst. Die Seeflugzeug-Erprobungsstelle Travemünde übernimmt die Schiffslandeversuche auf dem Flugsicherungsschiff Greif. Anschließend setzen wir die Versuche auf dem Minensucher Drache unter Kriegsbedingungen fort. Dabei wollen wir herausfinden, wie man sich beispielsweise einem bereits entdeckten U-Boot unbemerkt nähern könnte. Uns schwebt dabei die Annäherung in großer Höhe mit anschließendem Autorotationsflug auf das U-Boot vor.

Weiterhin wollen wir feststellen, bis in welche Tiefe ein Hubschrauber ein getauchtes U-Boot erfassen kann und gleichzeitig wollen wir herausfinden, unter welchen Witterungsbedingungen das getauchte U-Boot einen Hubschrauber zu entdecken in der Lage ist. Sind diese Versuche abgeschlossen, planen wir für den Spätherbst die Verlegung in den Mittelmeerraum, um die Fl 282 unter Kriegsbedingungen zu erproben.«

»Das klingt ja überaus positiv«, sagte der Reichsführer SS, »aber gibt es außer Flettners Massenfertigungsprobleme noch irgendwelche anderen Schwachpunkte?«

»Ja, ein weiterer Reichsführer«, beeilte sich Othmar zu sagen.

»Außer der Hubschrauberfertigung, die Brigadeführer Kammler ja übernehmen will, muss auch die Produktion des Motors reorganisiert werden. Der wird nämlich zurzeit nur in Lizenz in kleiner Stückzahl in Ungarn hergestellt.«

»Wenn man die Ursachen kennt, ist die Lösung nicht weit«, erklärte Kammler und machte sich Notizen.

»Zu guter Letzt möchte ich noch Ihre Aufmerksamkeit auf die unbemannte Fieseler Fi 103 lenken. Hier gibt es seit Anfang des Jahres eine wichtige Personalie zu melden, die dem ganzen Projekt den notwendigen Schub versetzen wird. Wie Sie wissen, haben sich Heinkel und sein Chefkonstrukteur Robert Lusser im Streit getrennt. Lusser ist seitdem arbeitslos und hat vergeblich versucht, irgendwo in der Industrie eine neue Anstellung zu bekommen. Doch Lusser ist wegen seiner Dickköpfigkeit und Sturheit gefürchtet, die manchmal sogar in Jähzorn ausartet.«

»Ich habe davon gehört«, brummte SS-Gruppenführer Berger.

»Was meinen Sie damit?«, fragte ihn Himmler.

»Ich habe in einer Gestapomeldung gelesen, dass er vor geraumer Zeit im Jähzorn seine schwangere Frau geschlagen haben soll. Er ist sogar zu einer Geldstrafe verdonnert worden.«

Einige der Herren schauten sich betreten an. Niemand wollte hier private, schmutzige Wäsche waschen. Lechner verlor kein weiters Wort über die Angelegenheit und fuhr stattdessen mit seinem Referat fort.

»Ende 1941 hatte Gerhard Fieselers Chefkonstrukteur Erich Bachem gekündigt und Fieseler suchte dringend nach Ersatz. Schließlich empfahl ihm Generalstabsingenieur Rulof Lucht Robert Lusser und seit Februar ist er bei Fieseler in Kassel angestellt. Einen besseren Konstrukteur hätten wir uns nicht wünschen können, trotz seiner charakterlichen Defizite. Haben Sie übrigens von seiner theoretischen Abhandlung gehört? Äußerst interessant, da es sich hier um die Theorie der Zuverlässigkeit komplexer technischer Geräte handelt.

Mit anderen Worten sagt sie aus, dass die Zuverlässigkeit eines Gesamtsystems nur so gut ist, wie das Produkt der Zuverlässigkeit der Einzelsysteme. Seine Mitarbeiter nennen es bereits Lussers Gesetz. Die Ernennung Lussers als Chefkonstrukteur der Fi 103 war für Brigadeführer Kammler und für mich Grund genug, für die Zuführung von dringend benötigten Mitarbeitern und Material zu sorgen, damit die Arbeiten an der fliegenden Bombe zügig vonstattengehen konnten. Wir sind geradezu erleichtert zu sehen, dass sich Fieseler und Lusser bestens verstehen. Die Mannschaft, die mittlerweile in Kassel versammelt ist, ist vorzüglich und hat auch bereits einige ingeniöse Ideen eingebracht, die sogar unsere Materialknappheit entlasten.

Zum Beispiel waren wir im Augenblick nicht in der Lage, eine Firma aufzutreiben, die hochwertige Behälter zur Speicherung von Pressluft fertigen konnten, die auch in der Lage waren, 150 Atü Druck auszuhalten. Ein Mitarbeiter Lussers kam jetzt mit dem Vorschlag, dünnwandige Blechkugeln zusammenzuschweißen und mit hochwertigem Stacheldraht zu umwickeln. Das macht sie leicht, kostengünstig und druckfest.«

»Macht denn Fieseler alles alleine, oder spielen noch andere Firmen mit?«, wollte Galland wissen.

»Askania in Berlin übernimmt die pneumatische Steuerung des Flugkörpers. Die haben genug Erfahrung mit Autopiloten, doch hier werden natürlich andere Forderungen aufgestellt. Da der Flugkörper von einem Katapult gestartet werden soll, muss er in der Lage sein, 22 g auszuhalten. 1 g entspricht der normalen Erdbeschleunigung. Das stellt natürlich erhebliche Anforderungen an die Technik. Askania hat deshalb einen ihrer besten Leute, den Ingenieur Kurt Wilde, mit der Entwicklung der Steuerung beauftragt. Wir wollen ja die Fi 103 als Bomberersatz einsetzen und daher wird eine relativ große Eindringtiefe vorausgesetzt. Deswegen muss der Kurssteuerung auch ein Magnetkompass vorgeschaltet werden. Neben der starken Beschleunigung beim Start kommen noch erschwerend die Vibrationen des Schmidt-Argusrohr-Antriebs hinzu. Der

Autopilot wird ein Meisterstück werden, der für Seitenstabilität durch Steuerruder- und Höhenruderkontrolle sorgen muss, die durch kleine, pressluftgesteuerte Rudermaschinen aktiviert werden.«

»Und wann weiß die Bombe, wann sie ihr Ziel erreicht hat?«, fragte Ohnesorge.

Otto Lechner hatte diese Frage erwartet und dementsprechend eine simple Erklärung vorbereitet.

»Der in der Spitze untergebrachte Kompass überwacht die Kreiselsteuerung. Das Luftlog, ein kleiner durch die Eigenbewegung des Flugkörpers angetriebener Propeller mit Zählwerk, überwacht und misst die zurückgelegte Wegstrecke. Nach Ablauf der vorgegebenen Strecke wird das Höhenruder auf Sturz verstellt und gleichzeitig das Triebwerk abgestellt. Wir rechnen mit einer Treffgenauigkeit von etwa vier-mal-vier Kilometern bei einer Flugentfernung bis zu 250 Kilometern.«

»Sie erwähnten eben den Katapultstart, Herr Major. An welche Art von Katapulten denken Sie denn hier?«, unterbrach Oberst Dornberger Othmars Redeschwall.

»Nun, das Schmidt-Argusrohr leistet nicht genug Schub, um den Flugkörper wie ein Flugzeug starten zu lassen. Daher müssen wir auf das Katapult zurückgreifen. Leider nützen uns solche von unseren Kampfschiffen wenig, da sie nicht leistungsstark genug sind. Daher wurden die Firmen Rheinmetall-Borsig und Walter beauftragt, Vorschläge für solch ein Katapult zu erstellen.«

»Und wann rechnen Sie mit der Lieferung solcher Katapulte?«

»Binnen eines Jahres hat man aus beiden Firmen verlauten lassen.«

Ohnesorge nutzte die entstandene Sekundenpause sofort: »Meine Herren, wir sollten nach solch einer Menge interessanter Informationen eine Ruhepause einlegen. Die Küche hat nebenan ein Mittagessen vorbereitet.«

Die Männer erhoben sich von ihren Stühlen, einige streckten sich, andere gingen zu den Fenstern, um frische Luft zu schöpfen, die Übrigen suchten die Waschräume auf. Heinrich Himmler kam mit Schellenberg auf Othmar zu.

»Das haben Sie beide aber wieder einmal perfekt vorbereitet. Kompliment meine Herren. Es ist schon erstaunlich, was man erreichen kann, wenn man Eifersüchteleien zwischen den Streitkräften ausschaltet, Selbstdarsteller nicht zulässt und sich auf das Wesentliche konzentriert. Ich bin mir sicher, dass ohne diesen Ausschuss die Entwicklung moderner Waffensysteme Jahre hinterherhinken würde.«

Auch Berger und Kammler waren inzwischen zu ihnen gestoßen und äußerten sich ähnlich lobend über die Arbeit.

»Wie geht es eigentlich Ihrem Bruder«, erkundigte sich Himmler leutselig.

»Recht gut Reichsführer. Er ist vor einigen Wochen zur schweren Panzerabteilung 503 versetzt worden. Offensichtlich schätzt man seine Erfahrungen mit dem Panzer IV und will seine Erkenntnisse in die Kampferprobung des neuen Panzer VI einfließen lassen.«

»Panzer VI ist der neue 60-Tonnen-Panzer, auch Tiger genannt«, flüsterte Kammler in Himmlers linkes Ohr.

»Ich weiß«, reagierte Himmler ein wenig unwirsch, als ob es ihm peinlich wäre, an das neueste Produkt deutscher Panzertechnik erinnert zu werden.

»Immerhin werden wir ja auch unsere neuen SS-Panzerdivisionen damit ausrüsten. Aber sagen Sie Schmidt, wo findet denn die Ausbildung statt?«

»Zurzeit befinden sich die Abteilung zur Aufstellung in Neuruppin. Ich habe aber erfahren, dass sie im August nach Döllersheim in Österreich verlegt werden soll, um sich auf dem neuen Schießplatz an den neuen Panzer zu gewöhnen.«

Himmler kniff das rechte Auge ein wenig zusammen und schaute Schellenberg fragend an.

»Wissen Sie, wo das liegt, Schellenberg?«

»Etwa hundertzehn Kilometer nordwestlich von Wien, mitten im Waldviertel«, kam es wie aus der Pistole geschossen.

»Woher wissen Sie das so genau Schellenberg?«

»Heydrich hat mir gegenüber ein paar Andeutungen im Zusammenhang mit Döllersheim gemacht.«

»Ach, hat er das?«, entgegnete Himmler lauernd.

Fast schien es, als ob Himmler mit Schellenberg einen Disput beginnen wollte, doch hielt er sich letztlich zurück.

»Darüber reden wir noch, Schellenberg«, sagte er knapp und rauschte mit Berger und Kammler im Schlepptau in Richtung der Mittagstafel.

»Was war das denn, Walter?«

»Frag nicht, ich erkläre dir das ein andermal.«

Othmars Vater war unterdessen zu seinem Sohn gegangen und hatte den kleinen Zwischenfall bemerkt.

»Da hat aber einer in ein Wespennest gestochen, fürchte ich«, schmunzelte er.

»Worum ging es denn?«

»Um den Truppenübungsplatz Döllersheim auf den Friedrich im August verlegt wird.«

Othmar zuckte mit den Schultern.

»Wie geht´s Mutter?«

»Ganz ausgezeichnet«, meinte Carl Schmidt und begann in epischer Breite über das Familienleben der Schmidts in Kiel und Umgebung zu parlieren.

Nach einem ausgezeichneten Essen begann der zweite Teil der Sitzung in der Hakeburg.

Erster Referent war Oberst Dornberger.

»Über den Fortgang der Entwicklungsarbeit an der Großrakete A-4 gibt es wie immer Licht und Schatten. Wobei der Schatten sich bei der Entwicklung einer völlig neuen Technologie im Erprobungsstadium nie ganz ausschalten lässt. Die Serie frustrierender Ereignisse begann am 18. März, als die erste Versuchsrakete auf dem Prüfstand VII anlässlich eines Brennkammerversuches explodierte. Auch ein zweiter Versuch am 13. Juni 1942 war nicht von Erfolg gekrönt, obwohl wir die Brennkammer verändert hatten. Vor dem Start haben wir alle Fremdarbeiter um ihrer eigenen Sicherheit willen in ihren Baracken eingeschlossen.«

»Ist Fichtenholz härter als Beton?«, lachte Berger.

Dornberger ließ sich durch den Zwischenruf nicht aus der Ruhe bringen.

»Um 11:52 wurde der Startbefehl erteilt und das Projektil hob ab. Leider begann es jedoch schon bald um seine eigene Achse zu rotieren, dann zu schwanken und zu taumeln. Man konnte das gut beobachten, da die Rakete schwarz-weiß lackiert war. Kaum hatte es die Wolken durchstoßen und die Schallmauer durchstoßen, setzte das Triebwerk aus und die Rakete stürzte in die See. Trotz dieser Rückschläge sind wir weiterhin optimistisch, die Fehler ausmerzen zu können. Der Führer scheint hingegen schon jetzt von der A-4 überzeugt zu sein, denn wie mit Brigadeführer Kammler Anfang April mitteilte, ist es der Wille des Führers, dreitausend Raketen pro Monat herstellen lassen. Das ist jedoch zu diesem Zeitpunkt fern jeglicher Realität. Wir sind von der Serienreife noch weit entfernt, und um solch eine Stückzahl verschießen zu können, bedarf es ungeheurer Anstrengungen, um die Treibstoffversorgung sicherzustellen.

Aus diesem Grund habe ich Mitte April eine Denkschrift verfasst, die sich mit den Anforderungen und Schwierigkeiten des A-4 Einsatzes befasst. Darin habe ich zum Beispiel hingewiesen, dass Hitlers Wunsch, zu Beginn einer Raketenoffensive fünftausend Stück in rascher Folge abzufeuern, illusorisch ist, da die Grundvoraussetzungen fehlten. Um solch eine Anzahl von A-4 zu starten, bedarf es 2700 Tonnen Wasserstoffperoxid. Das wäre zu realisieren, vor allem, da durch Brigadeführer Kammlers Initiative die Aussicht auf eine gewaltige Produktionssteigerung dieses Stoffes gegeben ist. Aber der Knackpunkt wären 70000 Tonnen Flüssigsauerstoff, die für solch einen Erstschlag notwendig wären. Zum jetzigen Zeitpunkt ist die Industrie aber nur in der Lage 26000 Tonnen im Jahr zu liefern. Dazu kommt das Problem der fehlenden Fernraketenabschussabteilungen. Um allein hundert Raketen binnen acht Stunden abfeuern zu können, bedarf es drei solcher Abteilungen, die aufgestellt, ausgerüstet und ausgebildet werden müssten. Das aber nimmt eine Menge Zeit in Anspruch. Wie Sie sehen, meine Herren, gibt es hier noch großen Handlungsbedarf. Ein weiterer Rückschlag ist die verspätete Inbetriebnahme des Kraftwerkes. Die war für den 1. Juni 1942 vorgesehen, muss aber wegen technischer Mängel auf den 1. November 1942 verschoben werden. Den Abschuss des dritten Versuchsmusters bereiten wir zurzeit für den 16. August vor.«

»Was ich immer noch nicht begriffen habe«, unterbrach ihn Galland, »ist die Steuerung des Gerätes und wie weit sie eigentlich fliegen kann.«

»Ich versuche es, so einfach wie möglich darzustellen, Herr General«, meinte Dornberger.

»Die Rakete verfügt über einen anlogen Steuerrechner und eine kreiselgesteuerte Stabilisierung. Nach dem Start und einer bestimmten senkrechten Aufstiegsphase von etwa vier Sekunden schickt der Rechner ein Signal an die Gyroskopen, sich sukzessiv zu neigen. Ein Kreisel ist für die Querruder-Achse und der andere für die Seiten- und Höhenruder-Achse zuständig. Die Gyroskopen versuchen die alte Richtung beizubehalten und üben so eine Kraft aus, die man in elektrische Spannungen umsetzt und damit die Rakete durch die Steuerruder, das sind vier Strahlruder aus Grafit, die mitten im Rückstrahl stehen, in die gleiche Richtung lenkt wie der Gyroskop. Dadurch neigt sich die Rakete langsam von der Vertikalen in die Horizontalen. Die eigentliche Steuerung erfolgt durch Funkmess-Leitstrahlen. Die Methode haben wir durch Aufschaltung auf die Kurssteuerung einer Dornier Do 17 M, der Luftwaffen-Versuchsstelle Peenemünde-West, erprobt. Dr. Steinhoff war der Versuchsleiter und Pilot, die Siemens-Ingenieure Hölzer und Brandner waren für den Leitstrahl verantwortlich, beziehungsweise als Bordingenieur für die Funktion der automatischen Steuerung während des Fluges zuständig. Mittlerweile glauben wir, diese komplizierte Steuerung im Griff zu haben.«

»Und wie viel Nutzlast, also Sprengstoff, kann die A-4 tragen?«, setzte Galland nach.

»Eine Tonne Amatol. Aber die Wirkung übersteigt durch die ungeheure Energie beim Aufschlag bei Weitem die übliche Wirkung dieses Sprengstoffes.«

»Eine Tonne«, sinnierte Galland und spielte mit einer Havanna.

»Ist der ganze Aufwand in Peenemünde nicht ein wenig übertrieben, um gerade einmal eine Tonne Sprengstoff von A nach B zu schießen?«

»Sehen Sie General Galland, wir stehen erst am Anfang des Raketenzeitalters und wir müssen davon ausgehen, dass herkömmlicher Sprengstoff nur eine von vielen Möglichkeiten ist. Denken Sie doch nur an das, was Kollege Diebner heute Vormittag über die nukleare Forschung zum Besten gab. Das wird die Zukunft sein. Und mit der A9/10 werden wir auch in Zukunft eine interkontinentale Rakete haben, die auch Ziele in Nordamerika angreifen kann, ohne eine Besatzung riskieren zu müssen. Und zu guter Letzt möchte ich noch hinzufügen, dass es gegen die A-4 keine Abwehrmaßnahmen gibt. Weder heute, morgen oder übermorgen.«

Nun schien auch Kammler bemüßigt, Oberst Dornberger aus der Schusslinie zu holen.

»Ich verstehe Ihre Bemerkung, General Galland, aber seien Sie unbesorgt, das Jägerprogramm mit der Me 262, der He 280 und der Me 163 wird darunter nicht leiden müssen.«

Daraufhin setzte der General der Jagdflieger sein spitzbübisches Grinsen auf und lehnte sich entspannt in seinem Stuhl zurück. Dornberger schaute auf seine Notizen.

»Zum Thema Flakrakete Wasserfall gibt es zu diesem Zeitpunkt zu sagen, dass wir uns im selbst gesetzten Zeitrahmen bewegen. Ich sollte vielleicht noch mal darauf hinweisen, dass es praktische Gründe sind, die Flugabwehrrakete in Peenemünde zu entwickeln, denn nur hier haben wir einen Überschallwindkanal. Und den brauchen wir, da sich die Wasserfall Rakete im Überschallbereich den Bombern nähern wird. Ich will sie nicht mit wissenschaftlichen Details wie Treibstoffzusammensetzung und Ähnlichem irritieren. Deshalb nur so viel. Wasserfall ist eine ferngelenkte Flüssigkeitsrakete, deren Kommandoübertragung per Funkknüppelsteuerung übertragen wird. Sie ist ein Produkt des Heimat-Artillerie-Parks, Karlshagen, ein weiterer Deckname für unser Entwicklungswerk und sieht aus wie eine kleine A-4, doch damit enden die Gemeinsamkeiten.

Der Kopf der Rakete enthält neben dem Zielsuchgerät auch den Gefechtskopf. Dieser besteht aus hundertfünfzig Kilo Sprengstoff. Da wir technisch noch nicht in der Lage sind, ein Flugzeug in großer Höhe direkt zu treffen, nutzen wir, wie die normale Flakgranate, den Splittereffekt. Nähert sich die Rakete einem feindlichen Bomber oder Bomberpulk, so sorgt ein Abstandszünder oder eine Entfernungs-Vergleichszündung vom Boden aus, dass der Sprengkopf explodiert.

Hinter der Spitze mit Sprengkopf und Steuerungselementen befindet sich ein kugelförmiger Stickstofftank. Der Stickstoff wird zur Treibstoffförderung verwendet. Dahinter folgen Tanks für Visol und Salbei. Salbei setzt sich aus neunzig Prozent Salpetersäure und zehn Prozent Schwefelsäure zusammen. Die Schwefelsäure braucht man, um die Korrosion der Stahlhülle des Tanks in Grenzen zu halten.

Das Heck der Rakete besteht aus dem eigentlichen Motor, den aerodynamischen Rudern und den Strahlrudern aus Grafit. Der Motor wurde von Dr. Thiel entwickelt. Der Schub wird über Kraftstoffventile von einer einfachen Gravitationswaage reguliert, der damit die Endgeschwindigkeit der Rakete automatisch reguliert. Dieser Motor ist stabil genug ausgelegt, sodass eine Brennkammer-Druckkontrolle unnötig wird. Über einundvierzig Sekunden wird ein Schub von etwa achttausend Kilopond erzeugt, der die Rakete bis auf eine Höhe von 20000 Metern katapultiert.

Die Steuerung der Wasserfall Rakete erfolgt per Knüppelsteuerung, wie Sie es schon von der Hs 293, der fliegenden Bombe, kennen. Wir forschen aber schon zusammen mit Minister Ohnesorge an einem Funkmess gesteuerten Verfahren, das die Rakete ohne menschliche Zuhilfenahme ans Ziel bringt.«

»Bedeutet das Knüppelsteuerungsverfahren nicht, dass Wasserfall nur am Tage eingesetzt werden kann?«, fragte Himmler etwas ungläubig.

»Zum jetzigen Zeitpunkt muss ich das leider bestätigen«, entschuldigte sich Oberst Dornberger, »aber dazu kann Ihnen Reichspostminister Ohnesorge etwas sagen.«

Überrascht drehte sich Himmler zu seinem Freund, der sich ein Lächeln nicht verkneifen konnte.

»Wir arbeiten seit geraumer Zeit an Infrarot und auch an Infrarot als Zielsucher, der sich eine Wärmequelle sucht. In diesem Fall den Motor des Bombers. Doch wir brauchen noch Zeit, um die Idee praktikabel zu machen. Bis dahin kommen leider nur Tageseinsätze in Betracht. Wir nutzen aber jede andere wissenschaftliche Kompetenz im Land, um die Forschung zu beschleunigen.«

»Wir werden übrigens die Startversuche der Wasserfall Rakete von der Greifswalder Oie aus durchführen, um das A-4 Programm nicht zu gefährden«, fuhr Dornberger fort.

»Zu guter Letzt muss ich aber noch eine Materialfrage ansprechen. Wir benutzen Grafit für unsere Ruder, doch dieser Stoff wird knapp und könnte die spätere Massenproduktion der Rakete beeinträchtigen. Daher bitte ich Brigadeführer Kammler, ein Auge auf die Grafitproduktion zu werfen und den eventuellen Bau einer neuen Produktionsstätte in Betracht zu ziehen.«

»Gibt es denn nennenswerte Grafitvorkommen im Reich?«, erkundigte sich Ohnesorge.

»Ja, in der Nähe von Sankt Stefan ob Leoben in der Steiermark«, antwortete Kammler.

»Ich werde sehen, was sich machen lässt.«

»Jetzt möchte ich aber noch Ihre Aufmerksamkeit auf die anderen Flakraketen Projekte richten, die wir zwar nicht entwickeln, die aber unter unserer Aufsicht in Peenemünde getestet werden«, setzte Dornberger seinen Vortrag fort.

»Am weitesten fortgeschritten sind die Arbeiten an der Henschel Hs 117 Schmetterling. Sie bewegt sich im Unterschallbereich und ist ein Mitteldecker mit gepfeilten Tragflächen und kreuzförmigem Leitwerk. Der Schrägstart erfolgt von einer umgebauten 37-Millimeter-Flak-18-Lafette und wird in dieser Phase von zwei Schmidding-Feststoffraketen unterstützt, die jeweils 1750 Kilopond Schub abgeben. Nach dem Start werden diese abgeworfen und ein Walter HWK 109-729 Motor treibt dann die Rakete alleine auf ihre maximale Steighöhe von 10000 Metern. Die Höchstgeschwindigkeit dieser Rakete liegt bei 765 Kilometern die Stunde, die Reichweite bei fünfunddreißig Kilometern.

Aufgabe dieser Waffe ist die Bekämpfung von Flugzielen auf Sichtweite auf mittlere Höhen. Ein weiterer Flugkörper, der in Peenemünde erprobt wird, ist die Flakrakete Rheintochter. Wie Sie wissen, hat Rheinmetall-Borsig in Berlin-Lichterfelde schon seit Jahren an Feststoffraketen gearbeitet. Die Rheintochter R 1 ist eine zweistufige Flugabwehrrakete mit einer Länge von mehr als sechs Metern und einem Gewicht von 1750 Kilogramm. Diese Rakete hat ein etwas skurriles Aussehen, das ich kurz beschreiben möchte. Am Bug befindet sich der Zünderkopf, gefolgt von einem Zwischenstück, das wiederum mit dem nachfolgenden Raketenzylinder verbunden ist. An diesem ganz vorn montierten Zwischenstück befinden sich vier kreuzförmig angebrachte Flügel, mit denen nach dem Entenprinzip gesteuert wird.«

»Entschuldigen Sie bitte Herr Oberst, aber was ist das Entenprinzip?«, räusperte sich Berger unsicher.

»Das ist einfach zu erklären, Gruppenführer. Als Enten bezeichnet man Flugkörper, bei denen das Höhenleitwerk an der Rumpfspitze, weit vor dem Tragflügel angebracht ist. Bei dieser Bauart ist die zur Erhaltung des Momentengleichgewichts erforderliche Leitwerkskraft aufwärtsgerichtet und erhöht dadurch den Gesamtauftrieb, wobei die Flugeigenschaften stark verbessert werden. Ist das so verständlich?«

Berger nickte, als ob er die Erklärung verstanden hätte, was Dornberger zum Anlass nahm, in seinem Vortrag fortzufahren.

»Die Rheintochter R 1 wird von einer modifizierten 88-Millimeter-Flak-Lafette gestartet und über eine Funkkommandolenkung nach dem Dreipunktverfahren durch einen Richtschützen mittels eines kleinen Knüppels gesteuert. Übrigens testen wir dieses Modell sowohl in Peenemünde als auch in Leba an der pommerschen Küste. Damit komme ich auch zum letzten Projekt, dem Rheinboten.

Bereits im Sommer 1941 hat Rheinmetall-Borsig auf Veranlassung des Waffenamtes eine Studie über Boden-Boden-Fernraketen mit Feststoffantrieb vorgelegt. Dieser Entwurf wurde komplett umkonstruiert. Die vierstufige Rh Z 61/9, wie sie jetzt intern heißt, wird etwas mehr als elf Meter lang sein und mehr als 1700 Kilo wiegen. Ihre Reichweite wird bei etwa zweihundert Kilometern liegen, wobei sie eine Höhe von siebzig Kilometern erreichen wird. Der Sprengkopf dieser Rakete wird aus fünfundzwanzig Kilo Trialen Sprengstoff bestehen.«

»Nur fünfundzwanzig Kilo?«, fragte Othmar ungläubig.

»Soviel Aufwand für solch eine kleine Ladung? Wollen Sie damit Maulwürfe erschrecken, Oberst Dornberger?«

Dornberger lächelte milde.

»Ich weiß, aber wir testen ja nur für Rheinmetall-Borsig«, sagte er und beendete damit seine Ausführungen.

Othmar hatte sich schnell wieder gefasst.

»Bevor wir das Thema Flugkörper verlassen, lassen sich mich Ihnen in wenigen Sätzen erklären, wie der Stand der Dinge bei einigen anderen höchst interessanten Projekten ist.

Beginnen wir bei Blohm & Voss und ihrem Konstrukteur Dr. Richard Vogt. Vogt arbeitete zunächst für Claudius Dornier, in dessen Auftrag er

1923 zu Kawasaki nach Kobe in Japan ging, um Dornier Flugzeuge in Lizenz zu bauen. Bevor er 1933 nach Deutschland zurückkehrte, war er dort zum Schluss Chefkonstrukteur. 1934 errichtete die traditionsreiche Hamburger Werft Blohm & Voss auf der grünen Wiese zwischen Hamburg und Bremen ein Endmontagewerk mit Flughafen für Landflugzeuge in Wenzendorf. Ab 1938 befasste sich eine Sonderentwicklungsabteilung der Firma unter Vogt mit der Entwicklung und dem Bau von Flugkörpern. Zunächst ging es um den Bau von Gleittorpedos, um die Abwurfentfernung zum Ziel zu vergrößern und um die Sicherheit für das Abwurfflugzeug zu erhöhen. Das erste Produkt dieser Forschung ist der L 10 Friedensengel als Träger für den Torpedo LT 950 C. Dieser Gleiter wird aus einer Höhe von 2500 Metern vom Mutterflugzeug abgeworfen, wodurch sich die Reichweite des Torpedos um mehr als acht Kilometer vergrößert.

Nach dem Abwurf vom Mutterflugzeug wird sofort ein kleiner Flugdrachen ausgeworfen, der an einem fünfundzwanzig Meter langen Kabel nachgeschleppt wird. Ist der Friedensengel etwa zehn Meter über der Wasseroberfläche, so berührt der Flugdrachen diese und löst elektrisch die Sprengbolzen aus, mit denen der Torpedo am Friedensengel befestigt ist. Jetzt löst sich der Torpedo und läuft auf das Ziel zu. Zurzeit befindet sich der Torpedogleiter in der Erprobung.

Es gibt auch bereits eine Weiterentwicklung dieser Waffe, die L 11 Schneewittchen, die eine aerodynamische Torpedoverkleidung aufweist, doch ist diese Version mit 15000 Reichsmark zu teuer.

Eine weitere Entwicklung, die sich bereits in der Erprobung befindet, ist der Gleittorpedo Bv 143, der mit einer kleinen Walter-Rakete ausgerüstet ist. Dieses mit dem Infrarot-Zielsuchkopf Hamburg versehene Projektil wird fünf bis sieben Kilometer vom Ziel entfernt vom Trägerflugzeug abgeworfen steuert automatisch im Sinkflug auf das Ziel zu. Unter dem Flugkörper befindet sich ein Stab, der bei Berührung mit der Meeresoberfläche zurückklappt und so das Raketentriebwerk zündet, das dann in einem Flachbahnflug den Torpedo direkt ins Ziel jagt.

Leider haben wir hier eine Menge Probleme mit den Stabilisatoren, die wegen der geringen Höhe und der kurzen Vorlaufzeit die Flugrichtung nicht korrekt einstellen können. Versuche mit mechanischem Fühler und einer normalen Barometerdose sind fehlgeschlagen. Die Hoffnungen konzentrieren sich auf ein elektrisches Höhenlot, das aber noch nicht zur Verfügung steht. Ich setze hier ganz auf den Erfindergeist von Reichspostminister Ohnesorge. Die dritte Waffe, die von Blohm & Voss und Dr. Vogt entwickelt wird, ist die Bv 246 Hagelkorn.

Hagelkorn ist ein freitragender Mitteldecker mit Doppelleitwerk und Tragflächen großer Streckung, deren Gleitzahl von 1:25 eine große Reichweite garantiert. Die Gleitbombe wird aus einer Höhe von 7000 Metern mit einer Abwurfgeschwindigkeit von etwa 550 Stundenkilometern abgeworfen. Die Geschwindigkeit der Gleitbombe verringerte sich dann in Bodennähe auf 450 Stundenkilometer. Man kann mit diesem Flugkörper eine Reichweite von zweihundertzehn Kilometern erzielen. Die Steuerung besteht aus einer automatischen Kreiselkurssteuerung, die über eine Stoßstange auf das Seitenruder einwirkt. Damit der Bombenschütze den Flug verfolgen kann, gibt es an der Unterseite des Gerätes einen Rauchgenerator.

Wir wollen aber Hagelkorn auch mit dem Suchkopf Radieschen ausrüsten, der zurzeit bei der Reichspost entwickelt wird. Dabei handelt es sich um ein System, das das Geschoss selbsttätig in die Radar- und Leitanlagen des Gegners steuert. Damit kann man die alliierten Bomberflotten erblinden lassen.

Kommen wir nun zu den Entwicklungen der Ruhrstahl Werke. Dr. Max Kramer von der Ruhrstahl A. G. in Brackwede ist mit der Entwicklung der X-1, oder wie wir sagen, der Fritz X so gut wie fertig. Der Flugkörper auf der Basis der PC 1400-Bombe wird hauptsächlich zur gesteuerten Bekämpfung gepanzerter Schiffseinheiten eingesetzt werden. Im März und April fanden weitere Tests bei der Erprobungsstelle Süd im süditalienischen Foggia statt. Der Kommandeur der E-Stelle, Hauptmann Henno Schlockermann, teilte mir mit, dass die Erprobung in weniger als vier Wochen zufriedenstellend abgeschlossen werden konnte. Eine wesentliche Erkenntnis aus diesen Tests war die Tatsache, dass die Abwurfhöhe mindestens 4000 Meter betragen muss.

Auch die anschließende Erprobung im DVL-Hochgeschwindigkeitswindkanal zeigte ähnliche günstige Ergebnisse. So trafen fünfzig Prozent aller Versuche von Abwürfen zwischen 4000 und 7000 Metern eine Zielfläche von fünf-mal-fünf Metern. Die Steuerung erfolgt durch den Beobachter des Kampfflugzeuges mittels eines kleinen Steuerknüppels durch die sogenannte Zieldeckung. Das heißt, die Fritz X muss über die ganze Phase des Falls so gesteuert werden, dass sie mit dem Ziel in Deckung bleibt.

Wir haben jetzt drei verschiedene Möglichkeiten, die Fritz X zu steuern. Entweder durch Radiolenkung mit Sender Kehl I und Empfänger Straßburg auf UKW zwischen 48 und 50 Megahertz oder durch analoge Steuerung für maximal vier Fritz X mit Sender Kehl IV und schließlich durch Drahtfernlenkung nach dem Zweidraht-System. Mit der Drahtsteuerung ist auch jede Störmöglichkeit des Gegners ausgeschaltet. Daraufhin ist der Befehl zur Aufstellung des Erprobungs- und Lehrkommandos 21 zum 1. August in Garz auf Usedom erfolgt.

Inzwischen hat Dr. Kramer auch weitere Versuchsmuster, die X-2 und X-3 gebaut, wobei die X-3 durch Eigenrotation um die Längsachse eine verbesserte Kursstabilität erlangt hat. Dies soll, so versicherte mir Dr. Kramer, in sein neues Projekt, die Konstruktion einer kleinen Luftkampfrakete, der X-4, mit einfließen. Die Projekte X-5 und X-6 sind Lenkbomben wie die X-1, aber mit einem Gewicht von zweieinhalb Tonnen. Die X-7, Tarnname Rotkäppchen, an der ebenfalls gearbeitet wird, könnte durchaus in etwa zwei Jahren die Panzerabwehr revolutionieren. Rotkäppchen ist eine Draht gelenkte, negativ gepfeilte Panzerabwehrrakete mit einem zweieinhalb Kilo schweren Hohlladungssprengkopf.«

Die X-7, Tarnname Rotkäppchen, an der ebenfalls gearbeitet wird, könnte durchaus in etwa zwei Jahren die Panzerabwehr revolutionieren. Rotkäppchen ist eine Draht gelenkte, negativ gepfeilte Panzerabwehrrakete mit einem 2,5 Kilo schweren Hohlladungssprengkopf.«

Himmler schaute entgeistert in die Runde: «Verfügt der Feind denn auch über solche Technik?«

»Wir wissen, dass sie natürlich an Boden-Boden-Raketen und Luft-Boden Raketen arbeiten, und wir wissen ebenfalls, dass die Engländer an Infrarot forschen. Insbesondere Professor Reginald Victor Jones hat sich dabei einen Namen gemacht«, erwiderte Major Schmidt.

»Ich bin mir aber sicher, dass wir einen sehr großen Vorsprung haben, mit dem, wenn wir konsequent darauf hinarbeiten, die materielle Überlegenheit der Amerikaner nicht nur kompensieren, sondern überflügeln können. Mit einem Treffer der X-7 wäre beispielsweise jeder bekannte Panzer, natürlich auch der russische T-34, erledigt.«

Himmler schüttelte immer noch entgeistert seinen halb kahl geschorenen Schädel und die Nickelbrille taumelte ob der ungewohnten Beschleunigung.

»Damit wäre ich mit den Betrachtungen über die Ruhrstahlprojekte fertig und würde gerne noch den letzten Stand der Henschel Entwicklungen vortragen, bevor wir uns der Funkmesstechnik zuwenden. Professor Wagner, Leiter der Abteilung F bei Henschel-Flugzeugbau in Berlin-Schönefeld, verantwortlich für die Entwicklung ferngelenkter fliegender Bomben, hat mit seinen Ingenieuren Erstaunliches geleistet.

Die Hs 293 befindet sich zurzeit in einer intensiven Testphase und Probeabwürfe in Peenemünde. Da die maximale Flugzeit der Hs 293 A-1 hundert Sekunden beträgt, ist es - anders als bei der Fritz-X - nicht notwendig, über das Ziel zu fliegen und sich der feindlichen Schiffsflak auszusetzen. Bislang ist die Treffsicherheit vielversprechend. Die Versuche in Peenemünde haben ergeben, dass auf einer Abwurfentfernung von zwölf Kilometern diese bei fünf-mal-fünf-Metern liegt. Einer Bomberbesatzung gelang es, einen Kreis von fünfundzwanzig Metern Durchmesser bei zwölf Anflügen jedes Mal zu treffen. Da wir davon ausgehen müssen, dass nach absehbarer Zeit der Gegner in der Lage sein wird, die Radiosignale des Kehlschützen an die Bombe zu stören, ist parallel zur Hs 293 A die Hs 293 B mit Drahtsteuerung entwickelt worden. Damit ist die Gleitbombe bis auf achtzehn Kilometer Entfernung lenkbar. Große Hoffnungen werden in die Fernsehkamera gesteuerte Variante Hs 293 D gesetzt. Aber da kann Ihnen der Reichspostminister selbst ein paar Worte zu sagen.«

Othmar lehnte sich zurück und trank einen Schluck Wasser. Er war froh, für einen Moment seine Stimme schonen zu können. Ohnesorge genoss die plötzliche Aufmerksamkeit und erhob sich aus seinem Sessel.

»Die Fernsehkamera Tonne, oder wie es im Dienstgebrauch heißt, Zielweisungs-Sendegerät mit Superikonoskop IS9, liefert 441 Zeilen und fünfundzwanzig Bildwechsel pro Sekunde. Es gibt die Ausführung A für die Luftwaffe, die bei vierhundert Megahertz operiert, und P für Panzertruppen, die bei achtzig Megahertz arbeitet. Zu diesem System gehört das Zielweisungs-Empfangsgerät Seedorf, ein 441 Zeilen Universal-Empfänger mit einer acht-mal-neun Zentimeter großen runden Bildgröße. Wir beginnen bald mit der Erprobung, aber ich möchte Sie davor warnen, zu schnelle Hoffnungen in diese Technik zu setzen. Es gehört schon eine Menge Übung und Erfahrung dazu, eine mit Fernsehen gelenkte Bombe ins Ziel zu steuern.

Wegen der enormen Geschwindigkeit ist es nicht einfach, die Bombe zu verfolgen. Ein zu hektischer Ausschlag mit dem Steuerknüppel, plötzlicher Seitenwind oder Richtungsänderung und schon man hat das Geschoss verloren. Bis wir eine technische Lösung gefunden haben, heißt die Devise üben, üben, üben. Die Vorteile liegen auf der Hand. Man ist nicht mehr ausschließlich auf gutes Wetter angewiesen und man kann das Trägerflugzeug nach dem Abwurf sofort vom Ziel entfernen, oder eine schützende Wolke aufsuchen.«

»Und woher bezieht diese Kamera ihre Energie?«, warf Himmler ein.

»Von einem Windgenerator, der an der Bombe angebracht ist, Reichsführer«, erwiderte Ohnesorge.

»Für die Panzerwaffe optimieren wir das Gerät als sehendes Auge für den unbemannten Kleinstpanzer Goliath. Ich möchte nicht ohne Stolz verhehlen, dass wir bei der Infratrot-Nachtsichttechnik erhebliche Fortschritte zu verzeichnen haben. Wir sind jetzt in der Lage, Objekte bis auf eine Entfernung von fünfhundert Metern klar zu erkennen. Wir beschäftigen uns daher auch schon mit dem Einsatz solcher Geräte, wie zum Beispiel bei den Panzern oder als Aufsatz für ein Scharfschützengewehr. Wenn Sie gestatten Major Schmidt, so möchte ich auch kurz auf unseren transatlantischen Abhörerfolg eingehen.«

Othmar machte eine unscheinbare Handbewegung, die dem Reichspostminister grünes Licht signalisierte.

»Seit Anfang März sind wir in der Lage, sämtliche Telefonate zwischen Churchill und Roosevelt, oder anderen hohen Beamten in den USA und England, abzuhören!«, sagte er triumphierend.

»Ich hatte Ihnen ja schon von diesen Arbeiten, an denen Kurt Vetterlein maßgeblich beteiligt ist, erzählt. In einem Brief an den Führer, der selbstverständlich auch dem Reichsführer vorliegt, habe ich einige Details erwähnt. Der Schlüssel zu diesem unglaublichen Erfolg war das Knacken des Codes des Bell-A-3 Umsetzers durch Kurt Vetterlein in der Forschungsstelle Langeveld bei Nordwijk in Holland.

Zurzeit nehmen wir im 24-Stunden-Betrieb sämtliche Gespräche auf

Telefunken-Magnetofonbänder auf, die von sechs Mitarbeitern unter Leitung der Engländerin Mary Honcamp übersetzt werden. Wir werden diese ungemein wichtige Einrichtung aber bald verlegen, um sie vor dem Feind zu schützen. Daher präparieren Spezialisten einen Bauernhof namens Birkenhof in Geenhoven, einem Weiler zwischen Eindhoven und der belgischen Grenze. Dorthin werden die Abhörspezialisten Ende des Jahres umziehen.«

Ohnesorge nahm wieder auf seinem Sessel Platz, ein Zeichen für Othmar, seinen fortzusetzen.

»Zum Schluss möchte ich Sie noch auf eine weitere Entwicklung aufmerksam machen, die uns erst vor wenigen Wochen vorgestellt wurde und dennoch bereits weit fortgeschritten ist, die Panzerfaust. Gretchen ist eine reaktive Panzerbüchse, das heißt, sie verschießt Hohlladungsgeschosse nach dem Prinzip des rückstoßfreien Geschützes. Das Ziel, das sich Dr. Heinrich Langweiler von der HASAG, der Hugo Schneider AG, gesetzt hatte, war eine einfach zu bedienende Hohlladungsabschussvorrichtung für eine Distanz von dreißig Metern. Auf dieser Entfernung werden mühelos hundertvierzig Millimeter Panzerung durchschlagen. Die Panzerfaust ist eine sehr kompakte, leistungsfähige und billige Waffe für den Infanteristen. Einziger Nachteil ist der lange Feuerstrahl, der beim Abschuss aus dem hinteren Rohrteil strömt.«

»Dreißig Meter sind keine Lebensversicherung«, meinte General Galland spöttisch und paffte genussvoll an seiner Zigarre.

»Da mögen Sie recht haben, General«, entgegnete Othmar.

»Aber die Leipziger arbeiten bereits an der Steigerung der Einsatzreichweite. Die Panzerfaust 60 bekämpft gepanzerte Ziele bis sechzig Meter Entfernung, die Panzerfaust 100 bis hundert Meter und die Panzerfaust 150 die entsprechende Weite. Mit diesem Modell erhofft sich Dr. Langweiler, zweihundert Millimeter Panzerung durchschlagen zu können. Es gäbe noch eine Vielzahl anderer Projekte anzureißen, die sich jedoch alle noch im Frühstadium ihrer Entwicklung befinden.«

Schellenberg bat nun General Wolfgang Martini, den Chef der Luftnachrichtentruppe, um einen Überblick über den Stand der deutschen Funkmessentwicklungen.

»Ich will es zeitlich heute nicht übertreiben«, meinte Martini eingangs leicht ironisch, »aber bevor ich über die Fern- und Fernstsuchgeräte berichte, erlauben Sie mir noch einen Hinweis auf die diversen Eingaben, Meinungen und Behinderungen, die darauf abzielen, unsere Zentimeterforschung einzustellen. Zu denen, die das Projekt hintertreiben, zählt leider auch der von Major Schmidt so geschätzte General der Nachrichtentruppe Erich Fellgiebel. Doch lassen Sie sich nicht beirren, in der Funkmesstechnik gibt es keine Alternative zur Zentimeterwelle.

Nun aber zu unseren neuen Entwicklungen. Bei den Fern- und Fernstsuchgeräte, die eine wesentlich höhere Reichweite als die der Freya-Familie aufweisen, haben wir entscheidende technische Fortschritte gemacht. Deren Aufgabe ist es, bereits frühzeitig einfliegende Bomberströme als solche zu erkennen und an die Flugmeldeketten zu übergeben. Hier werden zwei verschiedene Modelle eingesetzt, Wassermann und Mammut. Wassermann basiert auf vertikal gedoppelten Freya-Antennenfeldern, Mammut auf horizontal gedoppelten Freya-Antennenfeldern, die eine Fläche von zehn-mal-fünfundzwanzig Metern einnehmen.

Mit der Entwicklung dieser Geräte haben wir schon 1940 auf dem GEMA-Gelände in Jüterbog begonnen. Zunächst entstand auf einem dreieckigen Alu-Gittermast das mit bis zu sechs Freya-Antennenspiegeln ausgestattete Wassermann-L-Gerät, wobei der Buchstabe L auf die leichte Alu-Gittermast-Konstruktion hinweist. 1941 wurde die Entwicklung eines drehbaren Mastes vorangetrieben. Dieser Mast ist mit bis zu zwölf Freya-Spiegeln ausgestattet, was aufgrund seines damit verbundenen Gewichtes einen betonierten Gerätestand voraussetzt. Dessen Name lautet Wassermann S. Der eigentliche Schöpfer des Wassermanns ist Theodor Schultes von Siemens & Halske, der dort die Entwicklung und Fertigung von Geräten der Funkmesstechnik leitet.

Wassermann arbeitet in den gleichen Wellenlängenbereichen wie Freya, besitzt aber dank zehnfacher Senderleistung und der großen Antennenfläche eine Reichweite von bis zu zweihundertfünfzig Kilometern. Ein weiteres Projekt Schultes ist das Panorama-Rundsichtgerät Jagdschloss FuMG 404, das aus der Freya-Familie entstand- und das zurzeit zur Serienreife entwickelt wird. Jagdschloss wird Anfang nächsten Jahres einsatzbereit sein. Die Fernsuchanlage Mammut ist mit seinen sechzehn Freya-Antennen ein Frühwarngerät von beeindruckendem Ausmaß. Die Strahlrichtung kann mit einem Wellenschieber im Seitenwinkel elektronisch um fünfzig Grad nach links oder rechts geschwenkt werden. Die Reichweite erstreckt sich dank des zweihundert Kilowatt starken Senders auf dreihundertzwanzig Kilometer.

Damit ist Mammut in der Lage, von der deutschen Nordseeküste aus den Luftraum von der Kanalküste bis zu den britischen Midlands zu überwachen. Doch damit nicht genug. Der Wassermann wird ebenfalls weiterentwickelt zum kleinen Heidelberg Parasiten oder kurz und bündig zum Heidelberg. Dieses Gerät wird eine Reichweite von vierhundert Kilometern haben und kann die britischen Bomber bereits beim Start über ihren Flugplätzen erfassen, indem sie deren eigene Funkmessquellen parasitär ausnutzt. Ein weiterer Pluspunkt unserer Funkmessanstrengungen ist das Gerät Mannheim, das Würzburg ersetzen wird. Dabei geht es zum einen um eine vergrößerte Reichweite, zum anderen um eine höhere Genauigkeit. Dabei sind Mannheim und Würzburg für den Laien fast identisch, denn sie operieren auf der gleichen Wellenlänge und haben einen gleichgroßen Parabolspiegel. Doch eine angehobene Impulsleistung lässt dieses Gerät weiter als bisher sehen und verbessert gleichzeitig seine Genauigkeit.«

»Wie groß ist denn diese Verbesserung?«, fragte Oberst Dornberger.

»In dreißig Kilometer Entfernung kann der Abstand zum Ziel bis auf zwei Meter genau gemessen werden!«, antwortete General Martini.

Sofort wurde es im Tagungsraum lauter, da diese Information bislang niemanden bekannt gewesen war.

»Die Telefunken-Ingenieure haben wirklich tolle Arbeit geleistet«, fuhr Martini fort.

»Denn auch die Abweichungen von der richtigen Angabe der Höhe und Seite des Ziels betragen nunmehr ein zwanzigstel Grad! Ich glaube kaum, dass die Engländer und Amerikaner ein besseres Gerät im Einsatz haben.«

»General Martini«, hob Himmler an, »Sie erwähnen nur die Engländer und Amerikaner. Haben die Russen denn keine Funkmessanlagen?«

»Da bitte ich lieber Major Schmidt um Auskunft. Abwehrfragen fallen nicht in mein Ressort.«

Othmar war für einen Moment aus dem Gleichgewicht gebracht, da er nicht davon ausging, zu einem Funkmess-Thema Stellung nehmen zu müssen. Abgesehen davon waren Auskünfte bezüglich russischer Technik und Stärke immer etwas dürftig und trugen nicht zum persönlichen Renommee bei. Hastig kramte er in seinen Akten, bis er endlich ein paar Seiten in Händen hielt, die die kargen Informationen zur russischen Funkmessforschung enthielten.

»Nun, Reichsführer, Ihre Frage ist nicht unberechtigt. Wir reden zwar nicht viel über russische Funkmesstechnologie, das bedeutet aber nicht, dass sie nicht existiert. Die Abwehr hat erstmals 1934 aus der russischen Zeitschrift der Luftverteidigung von Funkmessforschung erfahren. Der Elektroingenieur Ostschepkow veröffentlichte darin seine Gedanken über die Vorteile der Impulsmethode für die Ortung von Luftzielen. Dieser Bericht weckte unser Interesse und wir fanden bald heraus, dass man an einem System namens RUS-1 arbeitete, das erstmals im Winterkrieg gegen Finnland eingesetzt wurde. Von Kriegsgefangenen haben wir erfahren, dass zu Beginn des Ostfeldzuges einundvierzig RUS-1-Geräte in der Luftverteidigung Moskaus und Leningrads eingesetzt wurden. Grundsätzlich können wir uns glücklich schätzen, dass Stalins Säuberung auch nicht davor zurückschreckte, seine fähigsten Intellektuellen und Militärs zu exekutieren. So starben 1937 der Chef des Instituts für Raketentechnik Klejmenow und die Funkmesspioniere Ostschepkow und Smirnow. Das muss sie in beiden Techniken zurückgeworfen haben.

Stalin scheint aber aus seinen Fehlern gelernt zu haben, denn Aksel Ivanovich Berg, Admiral russisch-finnischer Abstammung und Chef des Marinenachrichten-Forschungsinstituts seit 1932, wurde ebenfalls 1937 für drei Jahre ins Gefängnis geworfen. Ende 1940 wurde er rehabilitiert und zum Minister für Elektrotechnik befördert. Wie uns russische Kriegsgefangene berichteten, soll eine seiner ersten Amtshandlung die Einführung von RUS-2 bei der Truppe gewesen sein. Das ist aber leider alles, was wir bisher von der russischen Funkmessentwicklung erfahren haben.«

»Das ist nicht viel, was Sie uns zu bieten haben Major Schmidt«, nörgelte Himmler im schulmeisterlichen Ton.

»Ich könnte ruhiger schlafen, wenn ich wüsste, was die Bolschewisten im stillen Kämmerlein alles zustande bringen.«

»Nun, Reichsführer, ich bin mir sicher, dass wir einen sehr großen technologischen Vorsprung vor der Sowjetunion haben. Daher liegt mein Fokus klar aufseiten der Anglo-Amerikaner«, erklärte General Martini, der die Schärfe aus Himmlers Worten nehmen wollte. Neben den offensiven FunkmessAktivitäten unterstützen wir natürlich auch die defensiven Maßnahmen, um den Gegner zu verwirren. Dazu haben wir mittlerweile eine Unzahl an Störsendern. Die Reichspost hat an diesem Störmaßnahmen einen sehr großen Anteil.«

Ohnesorge, der sich flüsternd mit Himmler unterhielt, drehte sich sichtlich geschmeichelt herum.

»Das Sonderkommando des Reichspostzentralamtes baute ab August 1940 in der Nahe von Wissant am Mont Couple, östlich von Cap Griz Nez, eine Störsenderstelle auf, die unter den Namen Störsenderstelle Nachtfalter ab September 1940 in Betrieb ging. Dazu gehörte ab 1941 eine verbunkerte Beobachtungszentrale bei Calais, die mit der Senderzentrale über ein Koaxialkabel verbunden war. Daneben unterhält auch die Kriegsmarine eine Kette von Störsendestellen am Kanal.

Die erste große und gemeinsam von der Luftwaffe und Kriegsmarine durchgeführte Störaktion Unternehmen Donnerkeil fand am 11. und 12. Februar 1942 beim Durchbruch der seit fast einem Jahr in Brest festliegenden Schlachtschiffe Scharnhorst und Gneisenau und des schweren Kreuzers Prinz Eugen durch den Kanal statt. Zur Durchführung dieser Operation wurde strikte Geheimhaltung angeordnet, um das große Täuschungsmanöver nicht zu gefährden.

Vor Morgengrauen waren vom Fliegerhorst Evreux drei Heinkel He 111 mit je fünf Störanlagen vom Typ Garmisch-Partenkirchen gestartet. Zunächst flogen sie in Richtung englischer Küste, später dann parallel dazu. Durch Echovervielfachung täuschten diese drei Maschinen fünfzig Flugzeuge vor. Dabei wurde genau auf Frequenzwechsel der englischen Geräte geachtet und durch Veränderung der Echoamplituden und Laufzeit ein möglichst echtes Funkmess-Bild eines sich sammelnden Verbandes erzeugt. Und diese Art der Täuschung ist genauso wichtig wie die Entwicklung neuer, offensiver Geräte.

Zu neuen Entwicklungen für die U-Boot Waffe gehört auch Metox. Metox ist ein französischer Hersteller, der das passive Funkmeßbeobachtungsgerät FuMB 1 zusammen mit der Richtantenne Sumatra baut, das zuvor bei der Nachrichten-Versuchsabteilung der Marine entwickelt wurde. Ab August werden diese Geräte auf unseren U-Booten eingesetzt, um feindlichen Schiffen oder Flugzeugen, die mit Funkmess ausgerüstet sind, durch Ortung der vom Feindgerät emittierten Radiowellen entkommen zu können. Metox arbeitete im Meterwellenbereich als Überlagerungsempfänger und nimmt Signale aus bis zu 80 Kilometer Entfernung wahr, die im U-Boot in laute Warntöne umgesetzt werden. Metox löst das veraltete Biskayakreuz ab, eine provisorische Antennen-Holzkonstruktion, die feindliche Radarwellen auffängt. Dazu muss das U-Boot aufgetaucht fahren und ein Besatzungsmitglied im U-Boot-Turm das Biskayakreuz mit der Hand halten und gegebenenfalls drehen. Ein Glück, dass diese vorsintflutlichen Zeiten jetzt vorbei sind.

Da ich lieber mit guten als mit schlechten Meldungen einen Vortrag beenden möchte, habe ich mir das Lichtenstein Gerät bis zum Schluss aufbewahrt. Das zurzeit wichtigste Funkmessgerät an Bord eines Nachtjägers ist das von Telefunken entwickelte Gerät FuG 202 Lichtenstein BC. Es ist seit Herbst 1941 einsatzbereit. Seine Antenne bestehen aus vier Quadranten zu jeweils vier Dipolen und Reflektoren. Auf eine Reichweite von dreieinhalb Kilometern kann mit diesem Gerät eine Entfernungsmessgenauigkeit von annähernd hundert Metern mit einem maximalen Winkelfehler von weniger als zweieinhalb Grad erzielt werden. Unsere steigenden Abschusszahlen dokumentieren den Wert dieser Anlage.

Anfang des Jahres haben wir ein verbessertes Gerät, das FuG 212 Lichtenstein C-1, zu Experimentierzwecken in vier Junkers Ju 88 C des Nachtjagdgeschwaders 1 installiert. Anfangs wurde gemurrt, die Maschinen verlören zu viel Geschwindigkeit wegen des vergrößerten Antennenwaldes auf der Flugzeugnase, doch steigende Abschusszahlen haben den Wert der Anlage bewiesen.

Die Vorteile liegen auf der Hand: Es ist leichter und einfacher zu bedienen als sein Vorgänger und kann mit variabler Frequenz Störungen durch die RAF zu vermeiden. Außerdem wurde die Reichweite von dreieinhalb auf vier Kilometer vergrößert und der Erfassungsbereich verbreitert. Damit bin ich auch schon, wie versprochen, am Ende meiner Projekte angelangt. Wenn ich alle Funkmess relevanten Themen ansprechen würde, säßen wir morgen noch hier.«

»Gott bewahre«, murmelte Galland und sah, wie sich Carl Schmidt als Vertreter der Marine von seinem Sessel erhob.

»Dass man die Marine und ihre Projekte an den Schluss des Ablaufplans dieser Konferenz setzt, sehe ich persönlich als ein Eingeständnis der kriegsentscheidenden Wichtigkeit unserer U-Boot Planung«, eröffnete er mit einem ironischen Unterton sein Referat.

»Auch ich werde mich wie General Martini kurz halten, da Brigadeführer Kammler wichtige Entscheidungen hinsichtlich des Bauprogramms getroffen hat, und die er Ihnen heute präsentieren wird. Vor einigen Monaten fand eine Konferenz in Kiel statt, wo wegweisende Entscheidungen getroffen wurden. Um sicherzustellen, dass die revolutionären Walter U-Boote genügend Erprobungszeit erhalten, wurde beschlossen, aus dem Entwurf XVIII ein sogenanntes Elektroboot mit der Typenbezeichnung XXI zu bauen, um die Zeit bis zur Einführung der Walter Boote zu überbrücken.

Damit Sie mich nicht falsch verstehen, hier gibt es keine Prioritätenverschiebung. Beide Projekte laufen parallel und geben uns auch noch Gelegenheiten, viele Dinge, die wir im Typ XVIII sehen werden, auf dem XXI Boot zu erproben. Die beiden XVIII Boote wurden soeben bei der Deutsche Werke Kiel AG auf Kiel gelegt. Das Gleiche gilt für zwei kleinere Typ-XVII-Boote, die ebenfalls gebaut werden, um damit Erfahrungen zu sammeln und Besatzungen zu trainieren. Die eben erwähnten Typen sind Erprobungsboote. Das eigentliche Kampfboot wird der Typ XXVI sein.

Wir haben die Fertigkonstruktion dieses Bootes, in das wir so große Hoffnungen legen, dem Ingenieurbüro Glückauf in Blankenburg übergeben. Die Fertigmeldung der Pläne sollte nicht lange auf sich warten lassen. Viele Dinge, die wir im Typ XXVI verbauen werden, sind identisch mit denen vom Typ XVIII. Zum Beispiel Hauptdiesel und der elektrische Antrieb. Den E-Motor zur Schleichfahrt werden wir ebenfalls vom Typ XXI übernehmen. Damit sparen wir Zeit und Entwicklungskosten. Nur eine technische Neuerung wird erst nach der Einführung des Typs XXI vorerst nicht installiert werden: Raketen.

Wir haben vor einigen Wochen zum ersten Mal Raketen von einem getauchten U-Boot mit Erfolg abgeschossen. Dabei wurden die Flugkörper von einem angeschweißten Gestell gestartet, der so natürlich nicht in Serie gehen kann. Wir haben daher bereits im neuen Typ XXI einen speziellen Raum für einen Unterwasserabschuss eingeplant, der bis zur Stationierung der Raketen als Werkstatt samt Drehbank genutzt werden kann. Weitere Unterwasserversuche werden aber nicht in Peenemünde stattfinden, sondern bei der Erprobungsstelle der Kriegsmarine am Toplitzsee in Österreich.

Diese Versuche mit Unterwasserraketen laufen unter dem Decknamen Ursel. Der See ist wegen seiner enormen Tiefe von mehr als hundert Metern ideal für solche Experimente und gleichzeitig so abgelegen, dass kein Unbefugter Zutritt hat. Die Firma Anschütz aus Kiel baut für diese Versuche eine spezielle nautische Steuerungsanlage, die der zielgenauen Zündung dienen wird.

Nun aber zurück zum Elektroboot XXI. Marinebaurat Otto Grimm hat die Festigkeitsrechnungen zur Dimensionierung des Druckkörpers beendet und die Deschimag Werft in Bremen hat daraufhin die Fertigungszeichnungen erstellt. Mit der Konstruktion des ersten wirklichen Unterseebootes der Welt kann jetzt begonnen werden. Was den Bau dieses technisch einmaligen Bootes anbetrifft, so kann Ihnen Brigadeführer Kammler besser die ebenso einmaligen neuen Fertigungsmethoden erklären.«

Kammler setzte ein kaltes Lächeln auf, so als ob er sich darüber im

Klaren wäre, die Konferenzteilnehmer in wenigen Sekunden mit seinen Plänen zu schockieren.

»Meine Herren, ich habe mich in den letzten Monaten intensiv mit den modernen Fertigungsmethoden der Amerikaner befasst und bin zu dem Ergebnis gekommen, dass wir meilenweit hinter den Rüstungsanstrengungen der Amerikaner hinterherhinken. Während in den USA sämtliche zivile Produktion gestoppt und nur Rüstungsgüter hergestellt werden, herrschen bei uns Zustände, die an Friedenszeiten erinnern. Denn in Deutschland hat die Friedensproduktion nie aufgehört zu existieren …!«

Kammler ließ die Wirkung seiner Worte wie eine Gasschwade durch den Raum ziehen.

»Was ich damit sagen will, ist, dass wir den Krieg verlieren werden, wenn wir nicht auf der Stelle das amerikanische Modell kopieren.«

Wieder ließ Kammler einige Sekunden lang seine Worte in der Hakeburg verhallen.

»Sie werden später noch einige Informationen von Major Schmidt bezüglich der US Rüstungsproduktion hören. Spätestens dann wird Ihnen dämmern, was die Stunde geschlagen hat.«

Kammlers markige Worte verfehlten nicht ihre Wirkung. Alle Augen waren auf den Brigadeführer gerichtet, inklusive die seines Chefs, der ruhig die verbale Breitseite Kammlers verfolgte.

»Schon jetzt steigert die RAF ihre Angriffe auf das Ruhrgebiet ständig und ich möchte mir nicht vorstellen, wie es den Zivilisten und Arbeitern in Dortmund oder Köln erst in einem Jahr ergehen wird, wenn die US Luftwaffe in voller Stärke angreifen wird. In diesem Zusammenhang rate ich Ihnen, nicht den vollmundigen Versprechungen Görings oder den Propagandaattacken Goebbels Glauben zu schenken. Wir müssen uns daher auf den schlimmstmöglichen Fall vorbereiten. Das heißt, wir müssen unsere Schlüsselindustrie schützen. In diesem Zusammenhang möchte ich die Stadt Schweinfurt erwähnen. Dort konzentriert sich sechzig Prozent der gesamten Wälzlagerproduktion, also Kugellager. Ohne Kugellager kein Panzer, kein Geschütz, kein Fahrzeug, gar nichts …«

Es schien, als ob sich die Herren unter den Worten Kammlers, die wie Schwerthiebe den Raum teilten, duckten. Auch Othmar bemerkte zu seinem Ärger, dass er sich im Sessel kleiner gemacht hatte. Nur Himmler folgte Kammlers Rede ungerührt. Doch erst der nächste Satz sollte wie ein Volltreffer wirken.

»Aus diesem Grund habe ich beschlossen, die gesamte Produktion unserer Hochtechnologiewaffen unter die Erde oder zumindest unter mehrere Meter Stahlbeton zu verlagern …«

Ein großes Geraune machte sich unter den Teilnehmern breit, aber bevor es lauter hätte werden können, fuhr Kammler ungerührt fort.

»Um aber zunächst auf meine anfängliche Bemerkung über amerikanische Produktionsmethoden zurückzukommen, möchte ich zunächst Ihre Aufmerksamkeit auf den U-Boot-Bau lenken. Ich bin meinem Kollegen Speer dankbar, dass er mir einen Mann empfohlen hat, der durchaus dazu in der Lage ist, meine Visionen im Reich umzusetzen. Dieser Mann ist der Generaldirektor der Magirus-Werke, Otto Merker. Merker ist wie ich fasziniert von der amerikanischen Fließbandproduktion der Liberty Schiffe und will das gleiche Prinzip auch im Bau der Typ XXI Boote einzusetzen. Sektionsbau heißt das Zauberwort. Damit ist man nicht auf einen Standort, also die herkömmliche Helling angewiesen, sondern diversifiziert die Fertigung.

Merker sieht vor, den Bau in drei Stufen durchzuführen. Dezentraler Rohbau von acht Sektionen in Fabriken des Binnenlandes, Aus- und Innenbau der Sektionen auf spezialisierten Werften sowie finaler Zusammenbau auf großen Montagewerften. Waren früher elf Monate für den Bau eines U-Bootes nötig, werden es mit der neuen Methode nur noch zwei Monate sein!« erklärte Kammler triumphierend.

Othmar beugte sich zu Schellenberg hinüber: «Setzt Speer Kammler nicht eine Laus in den Pelz?«

»Keineswegs«, flüsterte der zurück.

»Kammler ist eiskalt und akzeptiert auch den Rat eines Konkurrenten, falls dieser für ihn von Vorteil ist. Und Kammler hat Merker auf Herz und Nieren überprüft. Die beiden kommen auch so bestens miteinander aus.«

»Sehen Sie meine Herren, wenn sich unsere Befürchtungen bewahrheiten, dann sind zunächst einmal alle Werften und Fabriken in Nord- und Westdeutschland akut gefährdet. Wie sehen ja jetzt schon rollende Angriffe auf unsere Küstenstädte und das Ruhrgebiet. Wenn wir unsere Hellinge und Flugzeugfabriken nicht luftschutzsicher machen, werden die Alliierten unsere schönen neuen Waffen in Staub verwandeln, bevor sie auch nur einen Schuss abgegeben haben. Und wenn wir unsere neuen Raketen- und Strahljäger nicht einsatzbereit bekommen, können sie auch nicht unsere Treibstoffindustrie schützen, die Nächste der gefährdeten Schlüsselindustrien im Reich.

Doch zunächst möchte ich Ihnen erläutern, wie das neue Sektionsbausystem von Otto Merker aussieht. Bisher werden U-Boote mit dem gesamten Rumpf und Druckkörper auf der Helling gebaut. Anschließend wird die Technik in zeitraubender Art und Weise scheibchenweise installiert. Bei dem Typ XXI fällt dies weg. Typ XXI wird in acht Sektionen aufgeteilt. Dadurch ist es möglich sämtliche übrigen Arbeiten bei noch zu beiden Seiten offenem Sektionsquerschnitt durchzuführen, was zu erheblichen Zeiteinsparungen führen wird. Dadurch, dass jeweils nur eine Firma für eine Sektion verantwortlich ist, kann auch hier durch Routine Zeit eingespart werden.

Die Rohbau-Sektionen werden in verschiedenen Stahlbaubetrieben überall im Reich hergestellt. Auf dem Seeweg gelangen diese dann zu den beiden Werften, die den Ausbau der einzelnen Baugruppen übernehmen. Dazu gehören Rohrleitungen, Maschinen und all die anderen notwendigen Innenbauteile. Die Hamburger Werft Blohm & Voss übernimmt die Produktion der Bausektionen 1, 2, 7 und 8. Die Deschimag AG Weser in Bremen-Gröpelingen die Sektionen 3, 4, 5 und 6. Anschließend werden diese Sektionen auf den Werften im Taktverfahren zusammengebaut.

Damit aber feindliche Bombenangriffe nicht nur unsere Werften zerschlagen, sondern auch unsere Belegschaften dezimieren, haben wir ein Bauprogramm verabschiedet, das den U-Boot-Bau des Typs XXI in Bunkern vorsieht. Zum Teil existieren bereits solche Anlagen, die zwar bislang nur zur Wartung von U-Booten vorgesehen waren, die aber mit nur geringem Aufwand für ihre neue Bestimmung umgerüstet werden können. Dazu gehören Elbe II der Howaldtswerke AG im Rosshafen in Hamburg, Fink II der Deutschen Werft AG in Hamburg-Finkenwerder und der U-Boot-Bunker Kilian in Kiel.

Um die Kapazitäten zu erhöhen, hat in Kiel bereits der Spatenstich für eine zweite Anlage mit dem Namen Konrad stattgefunden. Die Pläne für den U-Boot-Bunker Wespe im Scheerhafen in Wilhelmshaven liegen bereits vor, doch stellen wir den Baubeginn hinten an, da zunächst zwei große Fabrikbunker mit Vorrang errichtet werden. Zum einen die Anlage Valentin in Bremen-Farge und zum anderen den Bunker Wenzel in der Nähe von Wedel, in unmittelbarer Nachbarschaft zu Blohm & Voss. Davon unberührt bleibt die Schichau Werft in Danzig. Valentin und Wenzel sind in der Konstruktion identisch, Wenzel wird jedoch ein wenig größer werden als Valentin. In Bremen werden wir parallel zu Valentin einen zweiten Produktionsbunker namens Hornisse in Bremen-Gröpelingen für die Deschimag bauen. Von dort werden dann auf Pontons die fertigen Sektionen direkt in das nicht weit entfernte Farge zum Bunker Valentin transportiert werden.

Die Planungen des Bremer Professors Arnold Agatz sind bereits für diese Fabrikbunker abgeschlossen. Dabei hat er an alles für eine von der Außenwelt unabhängige U-Bootswerft gedacht. Es wird eigene Versorgungsanlagen für Brauchwasser und Trinkwasser, Frischluftzufuhren, Heizungsanlagen und Kraftwerke geben. Die Maße dieses Bunkers sind gigantisch: 426 Meter lang, 67 beziehungsweise 97 Meter breit und 25 Meter hoch. Um den gängigen Bombengrößen der Alliierten zu widerstehen, wird die Wandstärke viereinhalb Meter betragen, die Deckenstärke sogar zehn Meter. Da die Masse an Kies, Zement und Baustahl riesig sein wird, und die übrigen Bauvorhaben nicht gefährdet werden dürfen, wird das notwendige Material teilweise sogar vom Balkan per Bahn und Schiff herbeigeschafft. Für das Projekt Wenzel in Wedel wird die gleiche Logistik angewandt. Wenzel wird 250 Meter lang, 284 Meter breit und 20 Meter hoch werden. Dazu benötigen wir rund 450 000 Kubikmeter Stahlbeton. Um eine Anbindung an die Elbe zu schaffen, wird ein Verbindungskanal beim Wedeler Strandbad in die Elbe münden. Um die gewaltigen Erdaushubmassen zu bewältigen, wurden Feldbahngleise von der S-Bahnstrecke über den Rathausplatz direkt zur Baustelle gelegt. Bis diese Bauvorhaben abgeschlossen sind und die Gebäude übergeben werden können, werden die U-Boot Aufträge für den Typ XXI auf die Werften verteilt. Wie das im Einzelnen aussehen wird, kann ich erst in einigen Wochen sagen. Soweit die Bauaktivitäten für die U-Boote.

Für den Bau der neuen Strahlflugzeuge und Raketen ist ein ähnliches Programm in die Wege geleitet, da wir damit rechnen müssen, eines Tages von Aufklärern der Alliierten erkannt zu werden. Dabei geht es zunächst um vier Vorhaben, die sicherstellen, dass die Produktion ungestört anlaufen kann. Da sich Strahlflugzeuge und Raketenjäger sowie die A-4 und Flakraketen noch im Entwicklungsstadium befinden, können wir jetzt die Zeit nutzen, um uns auf die Untertageproduktion dieser Waffensysteme einzustellen. Vier Bauvorhaben werden in Angriff genommen. Ein Projekt heißt Mittelwerk und wird am Südhang des Kohnsteins bei Nordhausen in Thüringen entstehen.

Dort begannen die Badische Anilin und Soda Fabriken 1917 nach Anhydrit zu graben, das zur Gewinnung von Ammoniak benötigt wurde, einem wichtigen Grundstoff von Explosivstoffen. Dabei blieben eine Reihe von Tunnels als Abfallprodukt, im Berg zurück. 1934 wurden diese Tunnel von der WiFo, der Wirtschaft und Forschungsgesellschaft, gekauft und zu einem bombensicheren Treibstofflager ausgebaut. Diese Einrichtung erhielt den Namen Ni, möglicherweise nach dem nahe gelegenen Dorf Niedersachsenwerfen. 1935 wurde beschlossen, das Kohnsteinsystem massiv zu erweitern. Zwei parallele Stollen, A und B, wurden gegraben. Diese Paralleltunnel sind mit Verbindungsstollen verbunden. Insgesamt entstanden so sechsundvierzig Kammern. Die Anlage mit dem Decknamen Ni 109 war damals bereits groß genug, einen doppelgleisigen Bahnanschluss aufzunehmen. Sie werden mir zustimmen, wenn ich sage, dass dies gute Grundvoraussetzungen für einen Umbau zu einer unterirdischen Fabrik sind. Wir planen im Mittelwerk die A-4, die Fieseler-Flugbombe, Strahltriebwerke und Flakraketen zu fertigen.

Das zweite Untertageprojekt wird in Österreich in Angriff genommen. Für dieses Südwerk bei Ebensee am Traunsee werden zwei riesige Stollenanlagen, Zement A und B, für die Heeresversuchsanstalt Peenemünde in den Berg getrieben. Dort soll das Peenemünder Entwicklungswerk untergebracht werden, um geschützt vor feindlichen Bombern in Ruhe an der Amerikarakete zu forschen.«

Oberst Dornberger war während Kammlers Vortrag immer blasser geworden. Es war für die übrigen Konferenzteilnehmer offensichtlich, dass er von Kammlers Plänen nicht informiert war.

»Wie sollen denn hochempfindliche Labors und Geräte in solch feuchten Kavernen funktionieren?«, fragte er entgeistert.

»Das Problem haben unsere Ingenieure gelöst. Alle Tunnel werden mit Beton ausgekleidet und durch Ventilatoren belüftet. Beruhigt Sie das?«

fragte Kammler.

Oberst Dornberger nickte stumm und machte sich Notizen.

»Dann kann ich Ihnen ja auch sagen, dass Ihr Versuchsserienwerk oberirdisch unweit des SS-Truppenübungsplatzes Heidelager bei Blizna im Generalgouvernement ausgebaut wird. Das wird dann Ostwerk heißen. Auch das dritte Großprojekt wird in Österreich, genauer gesagt in St. Georgen in Oberösterreich entstehen. Diese 50 000 Quadratmeter große unterirdische Fabrikanlage, die den Decknamen Bergkristall trägt, wird große Teile der neuen Strahljäger und -bomber produzieren.

Das vierte Großprojekt, das jetzt in Angriff genommen werden wird, trägt den Decknamen Lachs. Dabei handelt es sich um die Verlegung der Me 262 Produktion in den Walpersberg bei Kahla in Thüringen. Seit 1897 wird dort bergmännisch kaolinisierter, feldspathaltiger Sand durch die Kahlaer Porzellanfabrik abgebaut. Dadurch entstanden im Südost- und Südwestteil des Berges zwei eigenständige unterirdische Bergwerksanlagen, die von uns jetzt ausgebaut werden. Gauleiter und Reinstatthalter Fritz Sauckel hat nun das Gelände für die unterirdische Fertigung der Gustloff-Werke beschlagnahmt und wird sich persönlich um diese Anlage kümmern. Dieses Werk, das kann ich Ihnen jetzt schon versprechen, wird einzigartig weltweit sein. Diese drei Projekte werden nur der Beginn einer ganzen Reihe von Anstrengungen sein, strategische Produktion in den Untergrund zu verlegen, um so Schäden durch die zu erwartenden Bombenangriffe zu vermeiden.«

Oberst Dornberger stand sichtlich unter Schock, denn er saß über seine Notizen gebeugt und schüttelte unmerklich seinen Kopf.

»Herr Oberst«, fragte Himmler besorgt, »ist Ihnen nicht wohl?«

»Nein, nein, Reichsführer. Ich frage mich nur, wie dieser ungeheure Einsatz an Material und Arbeitern bewerkstelligt werden soll. Die Organisation Todt ist doch schon jetzt durch den Bau des Atlantikwalls hoffnungslos überlastet. Wo sollen denn bei unserem Arbeitskräftemangel die notwendigen Menschen herkommen? Ganz zu schweigen von den ungeheuren Mengen an Zement, Sand und Stahl.«

Gottlob Berger fühlte sich jetzt bemüßigt, seinen Teil zu der Diskussion beizutragen.

»Machen Sie sich darüber keine Gedanken, Herr Oberst«, begann Berger jovial.

»Der Reichsführer hat schon vor Jahren mit Speer in seiner Eigenschaft als Generalbauinspektor für die Reichshauptstadt die Herstellung und Lieferung von Baumaterial durch KZ-Häftlinge vereinbart. Das Kapital für die von der SS gegründete Firma Deutsche Erd- und Stein-Werke GmbH wurde aus dem Haushalt Speers finanziert. Das Geld floss direkt in den Aufbau der Konzentrationslager. Den Kredit zahlen wir an Speers Behörde in Form von Steinen zurück. Deshalb haben wir auch fast alle Lager zwischen 1937 und 1942 in der Nähe von Tongruben oder Steinbrüchen gebaut. Darüber hinaus wird Ihnen nicht entgangen sein, dass seit März dieses Jahres der thüringischen Gauleiter Sauckel zum Generalbevollmächtigten für den Arbeitseinsatz ernannt worden ist und damit weitgehende Vollmachten über den Einsatz von Menschen in Rüstungsbetrieben erhalten hat. Sauckel wird seinen Teil dazu beitragen, dass wir Arbeitskräfte erhalten. Doch die SS ist dafür bekannt, die Dinge selbst in die Hand zu nehmen und wir verfügen über Hunderttausende potenzieller Arbeitskräfte.«

»Sie meinen doch nicht KZ Häftlinge?«, unterbrach ihn Dornberger.

»Wie sie heißen und welchen Status sie innehaben, ist doch wohl irrelevant, solange in den unterirdischen Fabriken und Bunker unsere Waffen hergestellt werden«, bemerkte Himmler emotionslos.

»Und unsere Materialanforderungen tangieren in keinster Weise die laufenden Projekte, da wir uns selber um die Beschaffung der Baumaterialien kümmern. Abgesehen davon fahren Sie mit unserer Hilfe sehr gut. Oder glauben Sie, die französischen Ingenieure wären nur wegen der besseren Lebensbedingungen und des angenehmeren Freizeitangebotes an die Ostsee gekommen?«

Oberst Dornberger verstand die versteckte Drohung sehr wohl und beschloss fürs Erste zu schweigen. Reichspostminister Ohnesorge wollte die angespannte Situation ein wenig entschärfen.

»Ich denke, wir haben genug gehört. Ich schlage vor, wir nehmen noch einen kleinen Imbiss ein, trinken ein Glas Wein und ich erzähle Ihnen dann mehr von unserer Infrarot und Atomforschung. Anschließend kann Major Schmidt sein Referat über die Aktivitäten unserer Gegner halten. Ist das ein Angebot?«

Lautes Gemurmel setzte ein und Galland streckte ostentativ und unter einer unüberhörbaren Geräuschkulisse seine Glieder.

»Der erste wirklich produktive Vorschlag an diesem Tag«, meinte er und nahm Kurs auf die Anrichte, auf der eine Reihe von auserlesenen Weinflaschen auf ihre Verköstigung warteten.

Die Mehrzahl der Teilnehmer scharte sich um Ohnesorge und lauschten seinen Erläuterungen über die Entwicklungen in seinen Labors und dem von Manfred von Ardenne. Othmar stand neben Schellenberg und wollte endlich die Informationen über SS-Obergruppenführer Berger hören, die Schellenberg ihm versprochen hatte. Doch kaum hatte er angesetzt, so stoppte er auch wieder umgehend, als sich Berger und Himmler ihnen näherten.

»Na, was halten Sie von Kammlers Plänen?«, fragte der Reichsführer.

»In der Sache für richtig, denn wir müssen uns auf noch heftige Bombardements einrichten.«

»Nun seien Sie nicht so pessimistisch, Major Schmidt«, erklärte Berger und schlug ihm mit der rechten jovial auf die Schulter.

»Ihren Optimismus muss ich Ihnen leider in wenigen Minuten nehmen, Obergruppenführer«, sagte Othmar kühl.

Und an Himmler gewandt: »Wollen Sie wirklich Häftlinge einsetzen?«
»Immer noch besser sie arbeiten, als dass sie nutzlos in ihren Lagern hausen. So sind sie für das Reich so am wertvollsten.«
Offensichtlich hatte Himmler nicht die Absicht, sich vor einem kleinen Major über den Sklaveneinsatz von Häftlingen erklären zu müssen, denn er packte Berger am Arm und ging hinüber zu Kammler, der sich intensiv mit Carl Schmidt unterhielt.
»Halte dich lieber bei dem Thema Arbeitskräfte zurück, Othmar«, raunte Walter Schellenberg seinem Freund zu.
»Bei diesem Thema versteht Himmler keinen Spaß.«
Nach etwa einer Viertelstunde schaute Schellenberg auf die Uhr.
»Meine Herren, wir sollten uns wieder in den Konferenzraum begeben.«

Bevor Himmler und Ohnesorge ihre Schlussreden hielten, gab Othmar den Delegierten einen Überblick über die Erkenntnisse der Abwehr bezüglich der US-Aktivitäten im europäischen Raum.
»Ich möchte zunächst einmal auf die Bemerkung von Brigadeführer Kammler zurückkommen, der die rücksichtslosen Kriegsanstrengungen der USA würdigte. Im Gegensatz zu Amerika, das seine Wirtschaft nach dem Angriff auf Pearl Harbour radikal auf Kriegsproduktion umgestellt hat, ist im Reich zum Beispiel erst im April 1942 die Friedensentwicklung bei der Automobilfabrikation eingestellt worden. Ich glaube, dass diese Tatsache untermauert, was der Brigadeführer ausdrücken wollte. Wenn wir nicht sofort und kompromisslos unsere Wirtschaft umstellen, werden wir in kurzer Zeit ein Problem haben. Glücklicherweise haben wir das große Glück, einen hochkarätigen Informanten in den USA zu haben, der vor Ort von einem unserer Offiziere geführt wird. Durch ihn bin ich jetzt in der Lage Ihnen ein paar äußerst interessante Informationen zu vermitteln.«
Himmler und Berger warfen Othmar einen irritierten Blick zu, denn sie befürchteten, unangenehme Neuigkeiten zu hören.
»Anfang des Jahres fand in Washington mit Churchill und Roosevelt eine Konferenz, Deckname Arcadia, zur Erörterung der Kriegslage in Europa statt. Die für das Reich entscheidende Erklärung besagt, dass der europäische Kriegsschauplatz und der Atlantik als das ausschlaggebende Gebiet zur Bekämpfung der Achsenmächte und für einen Sieg über Deutschland sei. Das Fazit dieser Konferenz lautete: Deutschland zuerst, dann Japan. Als einen der ersten Schritte sehen England und die USA die Gründung eines gemeinsamen Operations- und Planungsstabes der USA und Großbritanniens, des Combined Chiefs of Staff, der im Januar 1942 etabliert wurde.
Die Folgen dieser Politik sehen wir bereits jetzt, obwohl wir sie noch nicht spüren. Im Gegenteil, unsere Versenkungsziffern waren noch nie so hoch. Doch dieser Erfolg ist trügerisch und basiert auch auf dem Ab-

schuss vieler US-Frachter, die kurz nach der deutschen Kriegserklärung an die USA vor der amerikanischen Küste versenkt wurden. Besorgniserregend ist die Gründung der 8. US Luftflotte, die sich aus drei Untergruppen zusammensetzt: dem Bomber-Kommando, dem Jäger-Kommando und dem Bodenpersonal. Wir wissen sogar ganz genau, dass die Vorhut der Luftflotte zunächst in Daws Hill und anschließend in High Wycombe, neben dem Sitz des Bomberkommandos der Royal Air Force, stationiert worden ist.«

Othmar warf einen Blick auf einen seiner Spickzettel, denn mit den Namen der US-Kommandeure hatte er immer wieder seine Probleme.

»Dort sitzen jetzt deren Kommandeure Major General Carl A. Spaatz und Major General Ira C. Eaker, in einer ehemaligen Klosterschule für Mädchen in der Grafschaft Buckinghamshire. Dank unseres Informanten sind wir auch umfassend über die amerikanischen Logistikpläne informiert. Ihre Fliegerhorste wie beispielsweise Grafton Underwood, Thurleigh, Little Staughton, Molesworth, Kimbolton, Polebrook, Chelveston und Podington liegen hauptsächlich in East Anglia in der Nähe der Ortschaft Huntingdon. Für die Amerikaner ist die Gegend so eine Art Heiliges Land, denn East Anglia ist die Heimat der Puritaner, also der frühen Kolonialisten der USA.«

»Wie überführen die Amerikaner denn ihre Flugzeuge?« unterbrach Kammler Othmars Redefluss.

»Eine interessante Frage, Brigadeführer. Ich hatte sie mir auch gestellt und zum Glück hat unser Informant sie ausführlich beantwortet. Zunächst sammeln sich die für Europa bestimmten Flugzeuge auf zwei Flugplätzen: Grenier Field in New Hampshire und Dow Field in Maine. Von dort aus fliegen sie in kleinen Gruppen auf einer Route von Presque Isle in Maine zur Goose Bay in Labrador, dann entweder über Bluie West 1, Deckname für den Ort Narsarssuak an der Südküste Grönlands, oder Bluie West 8, Sondre Stromfjord, an der Westküste Grönlands nach Reykjavik, Island. Der letzte Teil der Flugstrecke führt dann nach Prestwick, sozusagen der Hauptbahnhof für alle eintreffenden US-Flugzeuge in Großbritannien.«

»Um welche Flugzeugtypen handelt es sich denn genau«, wollte Galland wissen.

»Hauptsächlich viermotorige Bomber vom Typ Boeing B-17, P-38 Lightning, ein von Lockheed konzipierter zweimotoriger Abfangjäger, P-39 Airacobra, ein ungewöhnlicher Jäger und Jagdbomber sowie C 47 Dakota Transportflugzeuge. Die Airacobra ist kein adäquater Gegner für unsere Jäger, aber wir wissen, dass Anfang nächsten Jahres die P-47 Thunderbolt eingeführt werden wird. Mit ihrem Pratt & Whitney R-2800 Doppelsternmotor und Turbolader kann sie durchaus ein ebenbürtiger Gegner für unsere Focke Wulf 190 werden.

In der Personalfrage sind die Amerikaner auch nicht untätig geblieben. Vor wenigen Tagen hat man auch Generalmajor Dwight D. Eisenhower den Oberbefehl über die amerikanischen Truppen in Europa erteilt. Sein Auftrag: Invasion in Frankreich. Kommen wir nun zu den Produktionszahlen. Ich weiß, dass die meisten die US-Produktionsahlen der Abwehr in Abrede stellen. Umso besorgniserregender sollten Sie diese stimmen. Bereits in den ersten drei Monaten dieses Jahres haben die Amerikaner 10000 Flugzeuge, 6000 Panzer und ungezählte Geschütze produziert!«

»Das sind doch Fantasiezahlen«, plusterte sich Gottlob Berger auf. »Völlig absurd! »Ich bin ein altes Frontschwein und kein Seiltänzer und glaube nur das, was ich sehe. Bislang habe ich noch kein einziges US-Flugzeug auf dieser Seite des Atlantiks gesichtet!«

»Warten Sie's ab«, knurrte Galland ungehalten. »Ich habe keinen Grund an den Zahlen der Abwehr zu zweifeln.«

Auch Kammler, der bisher sehr zurückhaltend agierte, sprang Othmar bei.

»Gruppenführer, Sie akzeptieren besser die Realität, bevor Sie unsanft aus Ihren Träumen gerissen werden. Akzeptieren Sie einfach die Tatsache, dass als Schlussfolgerung wir nur diesen Krieg gewinnen können, indem wir die Gegner mit überlegenen Waffen schlagen. Tun wir das nicht, werden wir unterliegen.«

ME 262

Als sich Gordon Schmitt am 1. Juli zu seinem dritten Deutschland Einsatz auf dem Weg von England in die Schweiz befand, wurde der Geleitzug PQ 17 von deutschen Luftaufklärern entdeckt, ohne dass die schiere Größe der Sicherungskräfte erkannt wurde. Die Kriegsmarine zog daraufhin schwere Überwassereinheiten wie das Schlachtschiff Tirpitz, die schweren Kreuzer Admiral Hipper und Admiral Scheer sowie sieben Zerstörer und zwei Torpedoboote zusammen, deren Anmarsch von britischen Aufklärern gemeldet wurde. Der erste Seelord, Admiral Pound, ordnete daraufhin die Auflösung von PQ 17 und den Abmarsch der Kreuzergruppe nach Westen an, da er einen überlegenen deutschen Angriff auf den Konvoi befürchtete.

Ein Catalina-Flugboot der Royal Air Force und ein britisches U-Boot sichteten und meldeten den deutschen Flottenverband. Danach brachen die Deutschen den geplanten Angriff ab, da man kein Risiko für die Tirpitz eingehen wollte. Bis zu diesem Zeitpunkt hatten deutsche U-Boote und Flugzeuge der Luftwaffe nur drei Schiffe versenkt und eines beschädigt.

Nach der Geleitzugauflösung griff das Kampfgeschwader 30 gleichzeitig die einzeln oder in Gruppen fahrenden Transportschiffe an und versenkte sechs Frachter, weitere wurden beschädigt und teilweise durch Fangschüsse von U-Booten versenkt. Weitere Luft- und U-Boote-Angriffe in den folgenden Tagen auf die schutzlosen Schiffe führten zur fast völligen Vernichtung von PQ 17. Insgesamt verlor der Konvoi vierundzwanzig Schiffe. Mit ihnen versanken 3350 Kraftfahrzeuge, 430 Panzer, 210 Flugzeuge und 99 316 Tonnen sonstiges für die Sowjetunion bestimmtes Kriegsmaterial. Nur elf Schiffe erreichten russische Häfen. Die deutsche Luftwaffe verlor bei 202 Einsätzen fünf Maschinen.

Gordon Schmidts Instruktionen für Deutschland waren klar und deutlich von Desmond Morton formuliert worden. Vier Fragen sollte Gordon nach dieser Reise beantworten können: Wie funktioniert das Nachtjagdradargerät Lichtenstein? Haben die Deutschen ein ähnliches Radar-Täuschungsmittel wie das britische Window? Was sind die Besonderheiten an dem neuen schweren Kampfpanzer? Warum kann Bletchley Park seit Februar 1942 nicht mehr die Enigma-U-Boot-Meldungen lesen? Letzteres war für Morton die wichtigste Frage, die er klären sollte, denn nicht nur die Enigma verhielt sich den englischen Kryptologen gegenüber wie ein stummer Fisch. Auch Kurzsignalheft und Wetterkurzschlüssel, der Code für Wettermeldungen, schienen sich geändert zu haben, denn die Cribs, die Klartextphrasen des alten Codes, die als wichtige Hilfen zur Entschlüsselung dienten, waren plötzlich nutzlos.

Als Gordon am 3. Juli in Zürich eintraf, dampfte die Stadt unter einer enormen Hitzeglocke. Das war ihm gleich, denn zum ersten Mal konnte er die Stadt ohne Pullover oder Mantel genießen, die im Vergleich zu London oder Berlin ihm immer mehr wie ein Paradies vorkam. Urs Abderhalden hatte ihn sichtlich erfreut am Flugplatz in Empfang genommen und in Gordons Wohnung gebracht, wo er ihn zunächst mit frischem Bargeld ausstatte.

»Wie ist die Stimmung in England?«

Gordon wischte sich den Schaum aus den Mundwinkeln und schaute düster.

»In Großbritannien hat man Anfang April das Backen eines Einheitsbrots angeordnet, um Weizen zu sparen.«

»Da steht ihr nicht allein. Auch die Deutschen haben die wöchentliche Brot- und Fleischration verringert.«

Gordon machte ein betont erschrockenes Gesicht.

»Muss ich dann in den nächsten Tagen hungern?«

»Na ja, so feudal wie früher wirst du wohl kaum noch speisen können. Es sei denn, du suchst die feinen Restaurants der Hautevolee in Berlin auf. Da soll es noch zugehen, wie in den schönsten Friedenstagen«, beruhigte ihn der Schweizer.

»Und sonst?«

»Wir sind natürlich schockiert, dass es Rommel vor zwei Wochen gelungen ist, Tobruk in einem Überraschungsangriff zu erobern. Das schlägt schon aufs Gemüt. Auf der anderen Seite zollen wir Engländer aber auch dem Wüstenfuchs, wie wir Rommel nennen, Respekt. Wie der mit seiner rein numerisch unterlegenen Truppe mit uns umspringt, ist schon beeindruckend. Dass Hitler ihn zum Generalfeldmarschall befördert hat, wurde von der Presse durchaus sportlich gesehen. Als weniger lustig haben unsere Bürger empfunden, dass Churchill in einer seiner Rundfunkansprachen die deutsche Armee vor dem Einsatz von Giftgas gewarnt hat, nachdem Gerüchte über ein solches Vorhaben in Russland bekannt worden waren. Das trägt nicht unbedingt zur Erheiterung bei, jetzt haben viele Angst, dass die Luftwaffe sie mit Gasbomben attackieren könnte.«

»Und was sagt ihr zu den deutschen Erfolgen in Russland?«

»Es ist schon erstaunlich, dass die Wehrmacht nach der verlustreichen Winterschlacht sich so schnell erholen konnte. Man fragt sich natürlich, wie lange die Rote Armee noch durchhalten kann.«

»Dann wird dir diese Nachricht nicht gut bekommen, fürchte ich. Die 11. deutsche Armee hat am 1. Juli Sewastopol erobert. Damit haben sie die gesamte Krim unter ihrer Kontrolle. Übrigens, Sie müssen sich auf strengere Kontrollen gefasst machen. Seit Ende März werden für unbegründete Privatreisen mit dem Zug schwere Strafen angedroht. Damit soll die Reichsbahn umfassend für Kriegstransporte eingesetzt werden.«

»Reicht meine Legende noch?«, fragte Gordon zweifelnd.

»Ich denke schon. Die Papiere sind astrein und wann immer das Heereswaffenamt sich bei Rolf Bürgi meldet, erwähnt er sie mindestens einmal in einem Nebensatz, sodass dein Name nicht aus deren Blickwinkel verschwindet. Eine Lebensversicherung ist das natürlich nicht, wenn du dich erwischen lässt. Wir haben dir aber auch vorsorglich ein offiziell vom Heereswaffenamt beglaubigtes Schreiben der Oerlikon Werke ausgestellt, das dir aus Gründen der militärischen Dringlichkeit Bahnfahrten weiterhin erlaubt. Darf ich fragen, worum es bei deiner nächsten Reise geht?«

»Darfst du nicht«, lächelte Gordon.

»Ich habe es befürchtet«, seufzte er ironisch.

»Da ich das erwartet habe und ich nachtragend bin, habe ich Dir auch einen angenehmen Frühzug ausgesucht. Abfahrt ist morgen um 05:35, Umsteigen in Basel um 07:22. Ah, da kommt ja schon unser Leberli. Lass es dir schmecken, Gordon!«

Es war bereits nach Mitternacht, als der SFD 85 im Anhalter Bahnhof in Berlin einfuhr. Die Reise war ohne Zwischenfälle verlaufen und außer ein paar Geschäftsleuten okkupierten nur Soldaten die Abteile. Die, die bis Berlin im Zug saßen, waren besonders still. Wahrscheinlich waren es Soldaten der Ostfront, die mit bangen Erwartungen nach Russland weiterfuhren. So zumindest bildete sich Gordon das ein. Das Hotel Esplanade, das er wie üblich unter seinem Decknamen Klaus Schläppi gebucht hatte, erwartete ihn bereits und hatte ihm als Stammgast ein besonders schönes und ruhiges Zimmer reserviert. Kaum hatte er sich ausgezogen, fiel er in einen traumlosen Schlaf. Am nächsten Morgen galt seine Aufmerksamkeit zunächst Hauptmann Wiese, den Chef-Ingenieur im Heereswaffenamt. Erst nach dem dritten Versuch bekam er ihn endlich ans Telefon. Sie verabredeten sich für den Nachmittag und vereinbarten für 17:00 einen Treffpunkt am Zoo-Eingang Budapesterstraße. Sein nächster Anruf galt dem Telefunken-Ingenieur Karl Reiter. Er wusste genau, wie er ihn packen konnte.

»Hallo, Karl. Was hältst du von einem gediegenen Abendessen?«

Zunächst herrschte Sprachlosigkeit am anderen Ende der Leitung.

»Das ist aber eine Überraschung Klaus. Warum hast du nicht dein Kommen avisiert?«

»Der Ruf des Heereswaffenamtes kam sehr plötzlich, Karl. Aber was meinst du zu meinem Vorschlag? Sehen wir uns heute Abend?«

Für Sekunden herrschte wieder Stille in der Leitung.

»Du lädst mich ein? Egal wo?«

«Natürlich Karl, du kennst mich doch. Also, wo?«

Nun sprudelte es ungebremst aus Reiters Mund.

»Ich habe zufällig Karl Heckh, den Maitre im Restaurant Horcher, kennengelernt. Ist dir Horcher ein Begriff? Nein? Das Lokal an der Luther Straße 21 in Schöneberg ist eine Legende. Gustav Horcher hat es 1904 gegründet, und die Horchers gehörten in der Kaiserzeit wie die Adlons zu den Hoflieferanten der Hauptstadt. Heute gehören Göring und Speer zu den berühmtesten Gästen. Das sollten wir mal probieren. Wegen der immer strengeren Lebensmittelrationierung ist es sowieso schwierig, überhaupt noch ein gutes Lokal zu finden.«

»Du hast mich überzeugt Karl«, sagte Gordon und musste über die ungebrochene Leidenschaft Reiters für einen extravaganten Lebensstil schmunzeln. Diese Schwäche wollte er nutzen. Reiter war ihm nicht unsympathisch, doch ging ihm seine Oberflächlichkeit gehörig auf die Nerven.

»Passt dir acht Uhr? Dann können wir uns ja dort treffen.«

Nachdem er zwei seiner wichtigsten Termine vereinbart hatte, rief er Gila von Heese an. Er war sich nicht sicher, ob sie seine Avancen begrüßen würde, doch erwiesen sich seine Bedenken alsbald als unbegründet.

»Schön, dass du dich meldest. Wie lange bleibst du? Wohnst du wieder im Esplanade?«

Ihre Fragen kamen wie Gewehrkugeln geflogen und Gordon kam zunächst gar nicht dazu auch nur eine der vielen Fragen zu beantworten, denn kaum hatte er angesetzt, überfiel sie ihn aufs Neue mit einer neuen verbalen Attacke. Erst, nachdem sie ihr Pulver verschossen hatte, gelang es ihm, Auskunft zu geben.

»Leider bin ich heute total angespannt, aber morgen hätte ich Zeit für dich.«

Die Diplomatengattin flüsterte ständig erotische Unartigkeiten in sein Ohr, und es gelang ihm nur schwer, einen vernünftigen Satz zu formulieren. Ihr Sex-Appeal hatte nichts von ihrer Anziehungskraft verloren.

»Dann weck ich dich morgen früh, Liebster«, stöhnte sie leise, um sofort damit fortzufahren, ihm zu erzählen, was sie alles mit ihm anstellen würde, sobald er sich in ihrer Obhut befände. Gordon war das nur recht, denn in den vergangenen Wochen und Monaten befand er sich mehr oder weniger in einem sexuellen Notstand und nichts kam ihm mehr gelegen, als seinen Fantasien freien Lauf zu lassen. Dass er in Gila von Heese eine kongeniale Partnerin für seine Ausschweifungen gefunden hatte, so schien es ihm, musste eine Fügung des Schicksals sein. Nach dem Telefonat mit seiner Freundin zog es ihn zum Potsdamer Platz. Er wollte die Sommeratmosphäre genießen, Gespräche belauschen und sich mit den verfügbaren Zeitungen und Zeitschriften eindecken.

Die Erfahrung hatte ihn gelehrt, dass man immer wieder Schlüsse aus Artikeln, Gefallenenanzeigen oder Fotos ziehen konnte. Einzig die rußgeschwärzten Mauern des Potsdamer Bahnhofes störten die Friedensidylle. Der Bahnhof war bereits am 8. September 1941 nach einem schweren Bombenangriff in Flammen aufgegangen. Gegen 17:00 spazierte er zum Elefantentor, dem Zoo-Eingang an der Budapester Straße. Dieser war ein prachtvoll orientalisierender Eingang mit zwei liegenden Elefanten aus Elbsandstein, die ein geschwungenes Dach, verziert mit fantasievollen Schnitzereien und ostasiatischer Malerei trugen. Er wechselte die Straßenseite und versuchte sich in einem Hauseingang unsichtbar zu machen. Von dort aus, so hoffte er, würde er einen möglichen Beschatter Hauptmann Wieses entdecken können.

Wiese verspätete sich ein paar Minuten und steuerte unverzüglich das Kassenhäuschen an, kaufte eine Eintrittskarte und setzte sich anschließend auf eine Parkbank, von wo er den Publikumsverkehr beobachten konnte. Die Berliner nutzten den sonnigen Sonntag und strömten in Scharen in den Zoo, der bislang durch die Bombardierungen kaum Schäden davongetragen hatte. Nachdem er einige Minuten lang die Lage sondiert und keine verdächtigen Observierer ausgemacht hatte, betrat er ebenfalls den zoologischen Garten und begrüßte den Offizier des Heereswaffenamtes herzlich.

»Entschuldigen Sie meine Verspätung«, entschuldigte sich Gordon, »aber ich wollte sicherstellen, dass Sie nicht verfolgt wurden.«

Hauptmann Wiese lachte gequält.

»Glauben Sie, dass man mich schon verdächtigt?«

»Ich weiß es nicht«, entgegnete sein englischer Bekannter, »aber Vorsicht ist die Mutter der Porzellankiste.«

»Da haben Sie recht.«

»Gehen wir ein Stück?«

Die beiden Männer schlugen den Weg zum Neptunteich ein und standen nach wenigen Minuten vor einer Gorillastatue.

»Hat der auch einen Namen?«, fragte Gordon mehr im Spaß.

»Hat er«, lächelte Wiese scheu.

»Das ist Bobby, ein Flachlandgorilla. Er ist so was wie ein Berliner Maskottchen, denn er war der erste Gorilla, der sich in Gefangenschaft vom Baby zum Gorillamann entwickelte. Als er 1935 an einer Blinddarmentzündung starb, wog er mehr als 260 Kilo. Der Zoodirektor Heck hat beim Bildhauer Fritz Behn eine Granitskulptur in Auftrag gegeben, um an den berühmten Sohn des Zoos zu erinnern. Aber ich glaube nicht, dass Sie gekommen sind, um meine Qualitäten als Touristenführer in Anspruch zu nehmen, Herr Schläppi.«

»Das bin ich in der Tat nicht«, konstatierte Gordon knapp.

»Mich interessiert, was Sie über den neuen Kampfpanzer in Erfahrung gebracht haben.«

»Da kann ich wirklich einiges berichten. Als unsere Truppen 1941 das erste Mal Bekanntschaft mit dem T-34 in Russland gemacht hatten, waren sie völlig überrascht. Einmal, weil man keinerlei geheimdienstliche Erkenntnisse über diesen Typ hatte und zum anderen, weil dieser Panzer eine solch ausgewogene Gesamtkonstruktion war, die in harmonischer Weise Feuerkraft, Beweglichkeit und Schutz miteinander vereinte. Im Vergleich zu unseren Panzern I, II, III und IV wies der T-34 eine überlegene Feuerkraft und einen besseren Panzerschutz sowie eine überdurchschnittliche Beweglichkeit auf. Die geschossabweisende schräge Formgebung hat uns genauso beeindruckt, wie die, dank breiter Ketten, extreme Geländebeweglichkeit. Wo unsere Panzer im Schlamm versinken, fährt der T-34 weiter.«

»Heißt das, der neue deutsche Panzer ist eine direkte Antwort auf den Russenpanzer?«

»Nein, das kann man so nicht sagen. Bereits vor dem Auftauchen des T-34 haben wir uns bereits mit der Konstruktion schwerer Kampfpanzer beschäftigt. Der T-34 hat nur die Entwicklung beschleunigt. Bevor man aber zu den Projektierungsarbeiten überging, musste zunächst ein T-34 untersucht werden. Das dauerte, denn erst im Dezember 1941 fiel ein Exemplar der ersten Serie ohne größere Beschädigungen in unsere Hand. Danach wurde der Panzer nach Kummersdorf transportiert, wo er unter der Leitung von Oberst Esser auf Stärken und Schwächen analysiert wurde. Auf die Erkenntnisse dieser Studien baut der Tiger auf.«

»Aha«, pfiff Gordon durch die Zähne, »Tiger heißt also der neue Typ. Und wie sieht sein Datenblatt aus?«

»Er wiegt siebenundfünfzig Tonnen, wird von einem 700-PS-Maybach HL 230 P 45, Zwölfzylinder-Ottomotor angetrieben und ist mit einer 88-Millimeter-Kampfwagenkanone und zwei Maschinengewehren ausgerüstet. Vorn ist die Wanne hundert Millimeter stark gepanzert, seitlich immerhin noch sechzig Millimeter. Die Kanone ist eine Krupp-Weiterentwicklung der 88-Millimeter-Flugabwehrkanone, die sich auch bei der Panzerabwehr bestens bewährt hat.«

»Diese schmerzhafte Erfahrung hat die englische Armee in Nordafrika gemacht«, unterbrach ihn Gordon kurz.

»Der enorme Rückschlag dieser Waffe wird durch eine Mündungsbremse und hydraulische Abfederung stark reduziert«, fuhr Wiese fort.

»Die Zieloptik, ein mit einem Gelenkarm versehenes binokulares Turmzielfernrohr, ermöglicht es dem Kommandanten, das Feuer auf feindliche Panzer bis zu einer Entfernung von 2000 Metern zu eröffnen. Von einer Tiger-Besatzung erwartet man auf der Schießbahn auf Entfernungen zwischen zwölfhundert und zweitausend Meter den Treffer mit dem vierten Schuss.«

»Gütiger Himmel«, entfuhr es Gordon, »diesem Panzer haben die Alliierten nichts, aber auch gar nichts Adäquates entgegenzusetzen. Und wer baut dieses Monstrum?«

»Zwei Firmen hatten sich um den Auftrag beworben, Henschel & Söhne und Porsche. Und beide Entwürfe unterscheiden sich stark. Professor Ferdinand Porsche hat einen Prototypen gebaut, der über eine neuartige Federung sowie einen elektrischen Antrieb über zwei Generatoren, verfügt, die von zwei Porsche V10 Motoren gespeist werden. Henschels Chefkonstrukteur, Dr. Erwin Aders, hingegen stellte eine technisch nicht ganz so anspruchsvolle Lösung auf die Ketten, die aber dennoch einige interessante neue Lösungen produziert, die man bis dato beim Panzerbau so noch nicht gesehen hatte. Unter anderem ein hydraulisches Überlagerungs-Lenkgetriebe sowie ein halbautomatisches Schaltgetriebe mit acht Vorwärts- und vier Rückwärtsgängen. Er wird auch nicht über

Hebel, sondern mit einem Lenkrad gesteuert. Aber ich will Sie nicht mit zu vielen Details quälen, sondern habe mir alle Daten aufgeschrieben.«

Wiese reichte ihm unauffällig eine Ausgabe des Völkischen Beobachter.

»Sie finden alle Angaben auf den Seiten vier und sieben. Ich hatte das fragwürdige Vergnügen als Teil der Heeresamt-Abordnung, der Vorstellung und dem ersten Vergleichstest am 20. April, also an Führers Geburtstag, in Rastenburg beizuwohnen. Da war es offensichtlich, dass Hitler dem Porsche Modell eine größere Beachtung schenkte. Es ist ja allgemein bekannt, dass der Führer Ferdinand Porsche eine große Hochachtung entgegenbringt.

Dennoch war das Henschel-Modell trotz kleinerer Mängel wie klemmender Fahrbremsen und Probleme mit den Kühlern in einem guten Zustand, was man von dem Porsche Modell nicht sagen konnte. Zunächst konnte es keine neunzig Grad Drehung durchführen und musste mit einem Dampfkran in Abfahrtsstellung gebracht werden, dann traten Brände im Motorraum auf.

Zuguterletzt entschied Hitler, dass beide Modelle ausführlich von Experten auf dem Panzerschießplatz Berka am Hainich bei Eisenach getestet werden sollten. Dieses Team wurde von Professor Robert Eberan-Eberhorst von der Technischen Hochschule Dresden sowie Oberst Wolfgang Thomale, der Verbindungsoffizier zwischen dem Chef des Ersatzheeres, Generaloberst Fromm und Albert Speer, geleitet.

Nachdem beide Prototypen auf Herz und Nieren überprüft worden waren, stellten die Experten fest, dass die Henschel-Version die praktikabelste Lösung darstellte. Der Porsche-Panzer war zwar technisch gesehen die genialere Lösung, doch hielt man die Instandsetzungswerkstätten in Russland für überfordert, um die sensible Technik unter den rauen Bedingungen in den Griff zu bekommen. Das gab letztendlich den Ausschlag für Henschel.

Das Henschel-Modell nutzt pikanterweise ein Porsche Patent. Die Drehstabfederung wurde von Ferdinand Porsche erfunden und 1931 patentiert. Hitler war davon nicht erbaut, da er Professor Porsche sehr schätzt und man selbst im Heereswaffenamt von der Überlegenheit des Porsche Panzers ausgegangen war. Dementsprechend hatte man bereits neunzig Chassis des neuen Fahrzeuges bestellt, die nun überflüssig geworden waren. Ein paar will man trotzdem zum Bau von Porsche-Tigern verwenden, die anderen stehen jetzt herum und warten darauf, anderweitig verwendet zu werden.«

»Jetzt muss sich Sie aber kurz unterbrechen, Hauptmann Wiese. Ein Panzer solcher Größe und von derartiger Komplexität ist wohl kaum zur Massenfertigung geeignet, wie der T-34. Und wie transportiert man denn derart schwere Fahrzeuge? Ich nehme an, das vorhandene Material der Reichsbahn ist für solche Lasten nicht ausgestattet.«

»Richtig erkannt, Herr Schläppi. Aber der Reihe nach. Der Tiger soll schwerpunktmäßig eingesetzt werden und Feindpanzer auf große Entfernung abschießen. Um die Lücke zwischen den bestehenden Fahrzeugen und dem Tiger zu schließen, konstruiert man zurzeit den Panther. Für beide Typen hat die Reichsbahn zwei neue Spezial-Schwerlast-Waggons in Auftrag gegeben, die zum einen für ein Gewicht von zweiundachtzig Tonnen und zum anderen für 52 Tonnen ausgelegt sind.

Nun aber zum Panther. Dieser Panzer soll 35 Tonnen wiegen, agiler operieren, eine bessere Panzerung, als die bisherigen Panzer aufweisen und über eine stärkere Bewaffnung verfügen. Daimler Benz und MAN wurden vom Heereswaffenamt beauftragt, einen Entwurf vorzulegen. Der Daimler Entwurf ähnelte vom Aussehen stark der Silhouette des T-34. Die Daimler Ingenieure wollten wie beim T-34 auch einen Dieselmotor, den MB 507, verwenden und die Kraft auf ein hinteres Antriebsrad übertragen. Da jedoch die Entwicklungszeit dieses Motors zu lange gedauert hätte, nutzten sie letztendlich das Maybach HL 230 Aggregat. Daimler entwarf für diesen Typ auch einen eigenen Turm mit einer 75-Millimeter-Kanone und verbaute Blattfedern für ihr Chassis, das dadurch die Höhe des Panzers gegenüber dem von MAN um 200 Millimeter niedriger ausfallen ließ. MAN hingegen verwendete eine Drehstabfederung für ihr Modell, bauten den vom Heereswaffenamt favorisierten Rheinmetall-Borsig-Turm, der ebenfalls die gleiche 75-Millimeter-Kanone wie Daimler aufwies, ein und installierten den hinlänglich bekannten Maybach Motor HL 230.

Hitler fand den Daimler Entwurf gelungener, doch wie beim Tiger sollten auch hier Oberst Thomale und Professor Eberan-Eberhorst beide Typen auf Herz und Nieren prüfen. Deren Kommission entschied sich jedoch einstimmig für den MAN Entwurf. Mitte Mai erhielt die Firma den Auftrag zur Fertigung eines Prototypen, mit dem Hinweis, dass Hitler persönlich eine Verstärkung der frontalen Turmpanzerung auf achtzig Millimeter voraussetzte. Hitlers Zweifel bezüglich der Frontpanzerung erhielt weiteren Auftrieb während einer Konferenz Anfang Juni. Dort forderte er eine Evolution des Panthers mit einer Stirnpanzerung von hundert Millimetern, die im Verlaufe des Jahres 1943 in die Produktion einfließen sollte.«

Mittlerweile hatten Gordon und Wiese den Neptunteich hinter sich gelassen und näherten sich immer mehr dem riesigen Luftschutzbunker, der sich zwischen Bahnhof Zoo und dem Tiergarten in die Höhe reckte.

»Das bedeutet, dass Ende nächsten Jahres zwei neue Typen auf den Schlachtfeldern auftauchen werden«, rekapitulierte Gordon.

»Da liegen Sie falsch, mein Lieber«, sagte Wiese düster. Der Tiger wird schon Ende dieses Jahres, der Panther Anfang nächsten Jahres an die Front gebracht.«

»Aber das heißt ja, dass sie gar nicht richtig erprobt werden«, meinte Gordon überrascht.

»Die Erprobung findet unter Kampfbedingungen an der Front statt. Es sei denn, die Produktion wird gestoppt«, sagte Hauptmann Wiese.

Gordon schaute ihn an.

»Sie meinen, die Alliierten bombardieren die Werke? Dann müssten wir erst einmal wissen, wo die Komponenten gefertigt und die Panzer montiert werden«, meinte Gordon zweifelnd.

»Das Wissen kann ich liefern«, sagte Wiese mit fester Stimme und verstummte augenblicklich, als ein Oberst mit zwei kleinen Kindern hinter einem Rhododendron um die Ecke bog. Wiese grüßte vorschriftsmäßig und fuhr leise fort.

»Tiger und Panther werden von Henschel bis auf den Turm gefertigt. Die Türme werden von der Firma Wegmann an Henschel geliefert, die ebenfalls in Kassel ihren Sitz hat. Die Motoren für Tiger und Panther stammen von der Firma Maybach Motorenbau in Friedrichshafen. Maybach baut auch das Getriebe für den Tiger. In Friedrichshafen befindet sich auch die Zahnradfabrik, die das Sieben-Gang-Getriebe für den Panther baut.

Neben Henschel und MAN in Nürnberg, die auch zwölf Bergepanzer fertigen, haben Daimler-Benz in Berlin-Marienfeld und die Maschinenfabrik Niedersachsen Hannover, Bauaufträge erhalten.«

»Das macht ja Friedrichshafen automatisch zu einem besonders wichtigen Ziel der RAF«, sagte Gordon nach einer Denkpause.

»Genau«, kommentierte Wiese.

»Wenn die Motoren- und Getriebefertigung ausfällt, dreht sich kein Rad mehr!«

Beide Männer hingen ihren Gedanken nach und ignorierten fast die Tatsache, dass sie sich in einem Zoo befanden. Bis Gordon plötzlich ein Gebäude wegen seines Reetdaches auffiel.

»Was für ein Luxusstall ist denn das?«

Wiese war froh aus seinen düsteren Gedanken gerissen worden zu sein und freute sich, über schönere Dinge Auskunft geben zu können.

»Das Antilopenhaus. Es ist das älteste Tierhaus des Berliner Zoos, das durch kaiserliche Besuche schon im Eröffnungsjahr 1872 berühmt geworden ist. Wollen Sie noch mehr sehen?«

»Wenn wir schon mal hier sind …«, meinte Gordon.

Am Ende des Rundganges verabredete er sich mit Wiese und dessen Frau für ein Abendessen an einem der nächsten Tage. Gordon schaute auf die Uhr. Zwei Stunden waren er und sein Informant aus dem Heereswaffenamt durch den Tierpark geschlendert. Ihm blieb noch genug Zeit, für ein großes Helles, das er sich im Schatten der Kaiser-Wilhelm-Gedächtniskirche am Breitscheidplatz gönnen wollte. Es herrschte reger Publikumsverkehr, wobei die Heeresuniform bei den Männern dominierte und die Damen im Präsentieren ausgefallener Hutkreationen wetteiferten. Die Atmosphäre wirkte gelassen, wenn nicht sogar heiter. Der Krieg schien unendlich weit weg zu sein.

Ihm war auch aufgefallen, dass zu den Bombenschäden, die er bei seinem letzten Besuch gesehen hatte, keine Weiteren hinzugekommen waren. Traut sich die RAF nicht mehr nach Berlin dachte er und nahm einen großen Schluck kaltes Schultheiss Bier. Gegen 19:45 bat er den Kellner um eine Wegbeschreibung zur Lutherstraße und machte sich auf den Weg. Gut gelaunt ob der hervorragenden Informationen von Hauptmann Wiese schlenderte er die Tauentzienstraße in Richtung Wittenbergplatz. Nach wenigen Minuten erreichte er das Restaurant Horcher. Gordon hasste Unpünktlichkeit und so war es nicht verwunderlich, dass er exakt um 20:00 schwungvoll die Tür zum legendären Gourmettempel öffnete. Ein Ober in dunklem Anzug eilte zügig, aber nicht aufdringlich auf den neuen Gast zu.

»Haben Sie einen Tisch bestellt mein Herr?«

»Ich nicht, aber mein guter Freund Karl Reiter von Telefunken hat dies sicherlich arrangiert.«

Bei dem Namen Reiter verneigte sich der Ober andeutungsweise, machte auf dem Absatz kehrt und flüsterte Gordon noch in der Drehung zu: »Wenn Sie mir bitte folgen würden.«

Das Restaurant war gut besucht und die Atmosphäre erschien ihm eher geschäftsmäßig als privat. Etwa die Hälfte der Gäste trug Uniform vom Oberst aufwärts, die übrigen Herren machten auf ihn den Eindruck höherer Beamter oder Wirtschaftskapitäne. In der hinteren Ecke erblickte er bereits Reiter, der ihn mit einem breiten Grinsen empfing.

»Ich bin hier leider kein Stammgast, sonst könnte ich dir sicher einen besseren Tisch anbieten«, meinte Reiter sarkastisch.

Der Ober verzog keine Miene trotz dieser unterschwelligen Unterstellung und zauberte zwei teuer und gediegen aussehend Speisekarten hervor, die in feinstem Leder eingebunden waren.

Gordon setzte sich so, dass er ebenfalls wie Reiter einen guten Blick über die versammelten Gäste werfen konnte.

»Erkennst du hier jemanden?«, fragte er Reiter und öffnete die Speisekarte.

»Ja, da vorne an dem Vierertisch sitzt Reichsminister Speer mit Josef Neckermann und zwei mir unbekannten Zivilisten. Der Neckermann, so habe ich gehört, muss bis Ende August zweieinhalb Millionen Winteruniformen liefern. Bin gespannt, ob er das schafft.«

»Wie bekommt man denn als Zivilist solch einen Riesenauftrag?«, fragte Gordon eher uninteressiert.

»Man erzählt sich, dass er diesen Otto Ohlendorf zu verdanken hat, den Neckermann bei einer Betriebsbesichtigung kennengelernt hatte. Neckermann betreibt zusammen mit einem Kompagnon die Zentrallagergemeinschaft für Bekleidung, eine Firma, an der auch Ohlendorf stiller Teilhaber sein soll. Der soll der Firma Aufträge der Reichsstelle Kleidung zugeschanzt haben.«

»Entschuldige Karl, aber du setzt voraus, dass ich weiß, wer dieser Ohlendorf ist.«

»Tut mir leid Klaus, soll nicht wieder vorkommen. Er ist SS-Gruppenführer und Generalleutnant der Polizei.«

»Na, dann hat dieser Neckermann ja einen starken Beschützer.«

Reiter lachte verhalten.

»Schön dich zu sehen, Klaus. Wie geht's denn so in der schönen Schweiz?«

»Viel Feind viel Ehr«, scherzte Gordon.

»Es ist nicht leicht, an Aufträge heranzukommen, da muss man schon erfinderisch sein«, bemerkte er süffisant.

»Na, da hat die Firma ja den richtigen Mann am richtigen Ort«, denke ich«, entgegnete Reiter und lehnte sich entspannt in seinem bequemen Stuhl zurück.

»Das Angebot ist ja unglaublich«, entfuhr es Gordon, als er seinen Blick über das Angebot schweifen ließ.

»Das kann man wohl sagen, triumphierte Reiter.

»Ich habe dir ja gesagt, das ist das absolut beste Haus am Platze. Dementsprechend sind ja auch die Preise, aber davor habe ich dich ja am Telefon gewarnt.«

Gordon lächelte still vor sich hin, während er über die Zeilen glitt, die kulinarische Köstlichkeiten versprachen.

»Wie zum Teufel ist es denn möglich, in Kriegszeiten Hummer und Fasan anzubieten?«, entfuhr es ihm nach der ersten flüchtigen Lektüre.

Karl Reiter beugte sich zu ihm herüber und flüsterte mehr, als dass er sprach.

»Das verdankt Horcher seiner Beziehung zu Reichsmarschall Göring. Horcher versorgt Göring auch in seinem Anwesen Karinhall mit Köstlichkeiten und Göring war es auch, der veranlasste, dass das Reichsernährungsministerium die sogenannte Anordnung der Bewirtschaftung, einen staatlich kontrollierten Lebensmittelplan, im Horcher außer Kraft gesetzt hat. Ursprünglich sah dieser Plan vor, Geflügel, Nieder- und Hochwild, sowie Fisch vom Speiseplan auszuschließen. Aber hier gibt es Hummer, Austern oder Fasan satt. Alles requiriert im schönen Frankreich«, gluckste Reiter selig. Und schob noch schnell ein Bonmot hinterher: »Bei Horcher essen, trinken, plauschen, wir hören Berliner Linden rauschen.«

Gordon lächelte. Reiter war in seinem Element und genoss den Augenblick.

»Maitre Heck hat mir auch eine Geschichte erzählt, die sich 1937 hier abgespielt haben soll. Damals war Robert Ley Gast im Horcher. Ein ekelhafter Kerl und Leiter der Deutschen Arbeitsfront. Der muss sich damals ein halbes Pfund Kaviar derart in sich hineingeschlungen haben, dass der daneben sitzende Duke of Windsor missbilligend die Augenbrauen hob.«

Der Ober näherte sich ihrem Tisch und blickte die Gäste erwartungsvoll an.

»Was darf ich Ihnen servieren?«

Mit einer großzügigen Geste verwies Reiter auf Gordon, der postwendend seine Bestellung formulierte.

»Zunächst die Suppe aus ausgepresstem Fasanenfleisch, danach den Lammrücken und zum Schluss ein Sorbet.«

»Donnerwetter«, staunte Reiter, »jetzt lässt du es ja wirklich krachen.«

Und um seiner Bedeutung willen noch einen draufzusetzen, diktierte er dem Ober »sechs Austern, Fasan und ebenfalls ein Sorbet zum Abschluss« in den Notizblock.

»Und welchen Wein darf ich Ihnen bringen?«, fragte der Ober ungerührt.

»Zunächst einen trockenen Grauburgunder, gefolgt von Gumpoldskirchener Auslese vom Deutschen Ritterorden, bitte«, ließ Gordon nicht lange bitten.

Als sie endlich wieder unter sich waren, wollte Gordon wissen, wie es Reiter in den vergangenen Monaten ergangen war.

»Du glaubst gar nicht, wie froh wir alle sind, dass endlich dieser fürchterliche Winter vorbei ist. So was haben selbst unsere Großeltern noch nicht erlebt. Nur ein Beispiel, Klaus. Ich stamme aus dem kleinen Dorf Wittlaer. Das liegt am Niederrhein nördlich von Kaiserswerth bei Düsseldorf. Vom 3. Februar 1942 an war der Rhein zugefroren und zwei Tage später gingen die ersten Wittlaerer über den zugefrorenen Rhein nach Nierst. Unglaublich. Wenn es mein Vater mir nicht selbst erzählt hätte, würde ich es nicht glauben. Wenn es schon so grausam am Rhein war, wie mag es erst wohl vor Moskau gewesen sein?«

Für einen Moment verlor Reiter seine sonst übliche Unbekümmertheit und starrte auf den Tisch.

»Aber jetzt merkt man ja gar nichts mehr in Berlin vom Krieg«, versuchte Gordon ihn aufzumuntern.

»Den Eindruck könnte man haben, denn außer ein paar Störangriffen im Januar und April haben wir von der Royal Air Force nichts gehört oder gesehen. Dafür werden westdeutsche Städte wie Köln, Essen, Dortmund oder Bremen und Emden im Norden ununterbrochen angegriffen. Aber wie ich dich kenne, hast du mich nicht nur zum Konversation treiben eingeladen.«

Gordon schaute Reiter streng an.

»Karl, ich habe nicht vor in diesem Bonzen-Restaurant über Dinge zu reden, die deinen und meinen Arbeitgeber betreffen. Dafür ist mir dieser Ort zu sensibel. Lass uns nach dem Essen ein wenig spazieren gehen, dann können wir über all diese Themen sprechen.«

»Klingt nach einem Plan«, stimmte Reiter zu.

»Erzähl mir doch mal was über die Schweizer Industrie. Ihr profitiert ja neben Schweden am meisten von diesem Krieg.«

»Nur nicht so voreilig Karl, die Amerikaner verdienen ebenso prächtig an euren Feldzügen!«

Der Telefunkenmann schaute Gordon ungläubig an.

»Wieso?«

»Ganz einfach, Karl, die Masse eurer Lastwagen wird von Opel in Rüsselsheim und Brandenburg und die von Ford in Köln und Berlin gebaut. Fotos von dem Opel 3-Tonner, Typ Blitz-S oder vom Ford 3-Tonner des Typs 3000-S findest du in jeder Ausgabe der Zeitschrift Signal.«

»Aber Opel ist eine deutsche Firma«, beteuerte Reiter.«

»Das war sie mal, aber seit 1929 liegt die Aktienmehrheit bei General Motors!«

Der sonst so eloquente Reiter schwieg für eine kurze Weile.

»Der Opel Blitz ist doch der urtypische leichte deutsche Lastwagen …«, flüsterte Reiter beinahe.

»Das mag sein, aber der Profit wandert nach Detroit und Dearborn.«

»Woher weißt du das alles?«

Gordon stützte seine Ellenbogen auf dem Tisch ab und faltete seine Hände.

»Das kannst du in jeder Schweizer Zeitung lesen. Wir nennen das Pressefreiheit. Und willst du noch etwas wissen?«

Reiter schaute etwas hilflos und zuckte dann mit den Schultern, so als ob ihm alles egal wäre.

»IBM hat sogar Himmlers SS mit Lochkartentechnik beliefert, damit der seinen Konzentrationslager besser verwalten kann!«

Reiter zuckte bei den Worten Himmler und KZ zusammen, denn Gordon hatte seine Stimme etwas erhoben.

»Nicht so laut, Klaus, wenn dich hier jemand hört …!«

Gordon lachte leise.

»Das ist doch für die Klientel hier ein alter Hut Karl. Das wissen die Bonzen doch genau, zuallererst der Herr Speer dort drüben, der ohne amerikanische Lastwagen doch gar nicht eure Divisionen mit Nachschub versorgen könnte.«

»Nicht so laut …«, zischte Reiter, dem die Unterhaltung zunehmend unangenehm wurde.

»Du hetzt uns noch die Gestapo auf den Hals. Erzähl mir lieber mal, wer von der Schweizer Industrie bei der Rüstung mitmischt.«

»Na, da verrate ich dir auch keine Geheimnisse, Karl. Wir, also die Werkzeugmaschinenfabrik Oerlikon Bührle & Co. in Zürich-Oerlikon sind die Erfolgreichsten, oder die Größten wie ihr hier sagt.«

Gordon grinste dabei unverschämt arrogant.

»Daneben ist noch die Hispano Suiza SA in Genf, die Waffenfabrik Solothurn AG in Solothurn und die staatliche eidgenössische Waffenfabrik Bern in Bern im Geschäft. 20-Millimeter-Munition fertigen nicht nur wir, sondern auch Hispano Suiza und die staatliche eidgenössische Munitionsfabrik Altdorf in Altdorf. Fertige Zünder werden von Oerlikon und der Tavaro SA in Genf hergestellt. Die Machines Dixi SA in Le Locle baut Zünderbestandteile, die von eurer Schwarzwälder Uhren- und Zünderfabrik Gebrüder Junghans GmbH in Schramberg montiert werden. Dass natürlich auch Uhren oder zumindest Uhrenteile ins Reich geliefert werden, liegt auf der Hand. Das geschieht doch schon seit Jahrzehnten.«

Reiter schien die Information zu amüsieren. Zumindest machte er auf Gordon diesen Eindruck, denn urplötzlich zauberte er ein Lächeln auf seine Lippen.

»Da habt ihr Schweizer doch zig Offiziere und Beamte bei der Wehrmacht geschmiert«, stellte er lauernd fest.

»Gordon ließ seine Mimik gefrieren.

»Worauf willst du hinaus?«

Reiter schob seinen halben Oberkörper über den Tisch.

»Ganz einfach, wenn ich dir, das heißt Oerlikon, Informationen über unsere Entwicklungen verschaffe, dann könntet ihr die mich doch auch bezahlen!«

Gordon hatte schon seit seinem letzten Berlin Besuch vermutet, dass Reiter ihn mit solch einer Frage konfrontieren würde.

»Kommt ganz darauf an, was du mir anbieten kannst. Reden können wir über alles. Aber nun lass uns erst mal unser Menu genießen, anschließend reden wir über Details.«

Reiter hatte nicht zu viel versprochen. Horcher erschien Gordon wie ein kulinarisches Paradies inmitten eines sonst trüben Angebots, das durch Lebensmittelkarten diktiert wurde. Die Rechnung, die zum Schluss präsentiert wurde, war mehr als happig, doch was konnte er anders erwarten, wenn man mit silbernem Besteck mit dem eingraviertem Schriftzug Horcher wie ein Fürst tafelte. Als sie vor die Tür des Restaurants traten, war es 22:00. Reiter deutete auf die andere Straßenseite.

»Lass uns die Straßenseite wechseln, dann kann ich dir zeigen, wo wir unser nächstes gemeinsames Abendessen einnehmen werden.«

»Sag mal Karl«, erwiderte Gordon amüsiert, »kennst du eigentlich den Dichter und Wanderredner Georg Stammler? Nein?, aber der hat einen Vierzeiler geschrieben, der gut auf dich passen könnte:
Wer jeden Tag nur Kuchen isst,
Pasteten und Kapaunen,
der weiß ja nie, wann's Sonntag ist,
er kennt nur schlechte Launen.«

Reiter lachte etwas gequält, ließ sich aber seine durchweg gute Laune nicht verderben. Sie querten die Luther Straße und hielten kurz darauf vor der Hausnummer 33.

»Das ist das bekannte Künstlerrestaurant Schlichter. Das Schlichter war in den zwanziger Jahren von Max Schlichter, dem Bruder des Malers Rudolf Schlichter, gegründet worden, einem außergewöhnlichen Künstler, Grafiker und Schriftsteller aus der Schule von George Grosz. Sagen dir diese Namen etwas?«

Gordon schüttelte den Kopf, von einem Maler Schlichter oder Grosz hatte er noch nie gehört.

»Max Schlichter war zunächst Küchenchef des Hotels Kaiserhof und dann Mitbesitzer des mondänen Weinrestaurants Willys. Vor dem Krieg war das Schlichter das Stammlokal von Theo Lingen, Bertolt Brecht, Jürgen Fehling und Heinrich George. Von denen wirst du doch gehört haben, oder?«

»Ja doch, von dem Schriftsteller Brecht habe ich schon gehört und auch der Name George sagt mir was. Ist der nicht ein Schauspieler?«

»Genau, Klaus. Also, da werden wir demnächst mal reinschauen. Hättest du Lust?«

»Wie kann ich eine deiner Empfehlungen ausschlagen, Karl«, grinste Gordon.

»Hängen da auch Bilder von Rudolf Schlichter?«

»Leider nein, Rudolf Schlichter landete schon früh auf dem Index der Nationalsozialisten. Seine Werke gelten als entartete Kunst.«

Für eine Weile herrschte Stille zwischen den beiden, als sie in Richtung Wittenberg Platz gingen.

»Ich finde, wir sollten unsere Freundschaft auch monetär ein wenig intensivieren«, meinte Reiter schließlich.

»Du meinst, Oerlikon sollte dich für deine Informationen entlohnen«, entgegnete Gordon.

»Nenn es, wie du es nennen willst, Tatsache ist doch, dass deine Firma durch mich einen gehörigen Informationsvorsprung gegenüber den anderen Anbietern hat.«

»Und wie stellst du dir das vor, soll ich Devisen schmuggeln?«

»Um Gottes willen nein«, wehrte sich Reiter und hob abwehrend seine Hände.

»Ich würde mich dem Schweizer Bankgeheimnis anvertrauen und ein geheimes Konto in Zürich eröffnen lassen.«

»Du meinst ein Nummernkonto?«

»Ja, genau das.«

»Wenn die Nazis dahinter kommen, bist du ein toter Mann. Darüber bist du dir im Klaren, Karl?«

»Ich weiß, aber ich muss an meine Zukunft denken. Wenn Deutschland den Krieg gewinnt, steht mir als Funkmess-Ingenieur die Welt offen. Verlieren wir den Krieg, habe ich nichts außer einem Nummernkonto in der Schweiz. Ich betrachte es als eine Art Lebensversicherung, Klaus. Denkst du, deine Chefs werden meine Forderung akzeptieren?«

»Karl, du hast doch noch nicht einmal einen Preis genannt. Was stellst du dir denn vor?«

»Tausend Schweizer Franken für jede konkrete Anfrage, fünfhundert für jede andere Information.«

»Ich kann das nicht zusagen, was du verstehst. Ich muss meinen Chefs schon etwas Konkretes vorweisen, das solch eine Investition rechtfertigt.«

»Das verstehe ich. Betrachte deine nächsten zwei Fragen und meine

Antworten als einen Bonus auf zukünftige Leistungen. Die dritte Frage kostet dich ab sofort eine Überweisung auf eine Schweizer Bank.«

Gordon überlegte nicht lange. Er hatte zwei dringende Fragen, alles Weitere würde sich nach Prüfung von Reiters Antworten von allein ergeben.

»Gut Karl. Ich akzeptiere deine außergewöhnliche Lage, in der du dich befindest. Ich stelle dir jetzt zwei Fragen und deine Antworten werden in wenigen Tagen in Zürich dafür sorgen, dass deine Forderungen erfüllt werden.«

Gordon sah in dem Zwielicht, wie sich Reiters Miene entspannte. Er schien seinem Vorschlag positiv gegenübergestellt zu sein. Gordon hatte lange überlegt, wie er Reiter zu einem Geheimnisverrat des Lichtenstein-Gerätes bewegen könnte, ohne dass dieser allzu misstrauisch wurde. Er hatte sich dazu folgende Geschichte ausgedacht, die für Reiter schlüssig klang, die jedoch jeder Tatsache entbehre.

»Wir arbeiten zurzeit an einer neuen 20-Millimeter-Bordkanone für Nachtjäger, die durch Funkmess gelenkt soll.«

In der hellen Sommernacht konnte Gordon das zweifelnde Gesicht Reiters gut erkennen.

Würde er den Köder schlucken?

»Es wäre natürlich von immensem Vorteil zu wissen, wie das deutsche Bord-Funkmess-Gerät arbeitet.«

»Klaus, woher weißt du überhaupt, dass es solch ein Gerät gibt?«

»Durch Freunde im Heereswaffenamt, Karl. Du weißt doch, es gibt immer eine undichte Stelle in einer großen Behörde.«

Die beiden gingen eine Weile stumm nebeneinander her.

»Ich beschäftige mich nicht mit diesem Komplex, aber habe Zugang zu den Unterlagen. Gib mir achtundvierzig Stunden und ich werde dir die Grundzüge des Konzeptes übermitteln. Und deine zweite Frage?«

Gordon hatte keine Ahnung, wie er Reiter ein potenzielles deutsches Window-Geheimnis entreißen könnte. Er wusste ja noch nicht mal, ob er davon wusste, denn ihm war klar, dass die Deutschen, wie die Briten, solche Erkenntnis wie ihren Augapfel hüten würden. Er entschied sich daher für den Frontalangriff.

»Ihr habt ja auch in eurem Hause nach Gegenmitteln geforscht, um gegnerische Funkmess-Geräte zu täuschen. Erzähl mir doch mal davon.«

Reiter blieb abrupt stehen und hielt Gordon an seinem rechten Rockzipfel fest.

»Woher weißt du von solchen Versuchen?«

Ein Anflug von Panik war durchaus für den geschulten Beobachter erkennbar. Gordon nahm dies mit Genugtuung zur Kenntnis, denn selbst wenn er keine konkrete Hinweise bekäme, wusste er bereits, dass die Deutschen aufgrund Reiters Reaktion über solch ein Verfahren verfügten.

»Aber wenn du es sowieso schon weißt, dann macht es auch keinen

Unterschied, wenn du den ganzen Hintergrund kennst«, stieß er resignierend hervor.

»Im Mai dieses Jahres erprobte Dr. Hans-Otto Roosenstein, wie sich das Prinzip der Strahlen-Reflexion gegen sich selbst kehren ließe«, begann er mit einem Seufzer.

»Wenn nämlich die Sendeantenne eines Funkmess-Gerätes in schneller Folge Hochfrequenzimpulse ausschickt, werden diese Strahlen zurückgeworfen, sobald sie auf einen Gegenstand treffen, etwa auf ein anfliegendes Flugzeug. Als leuchtende Zacken oder Punkte erscheinen dann die Radarechos auf dem Schirm der Braunschen Röhre. Das Gerät misst automatisch die Reflexionszeit und ermittelt so Entfernung und Richtung der georteten Maschine. Roosensteins Schlussfolgerung: Wirbeln Tausende von Stanniolstreifen durch die Luft, wirft jeder Einzelne von ihnen am Echo zurück. Damit wäre das Radargerät gestört.«

»Und wie nennt ihr das Verfahren?«

»Düppel.«

»Düppel?«

»Weil Roosenstein die Versuche in einem Bezirk von Berlin-Zehlendorf mit den Namen Düpppel durchgeführt hat.«

»Und wann setzt ihr das System ein?«

»Überhaupt nicht! Als Göring von den Versuchen und den Ergebnissen erfuhr, sprach er ein sofortiges Arbeitsverbot aus. Er begründete dies mit der Furcht vor einer vorzeitigen Entdeckung dieser Erkenntnis durch den Feind. Er möchte nämlich nicht, dass zukünftige deutsche Luftangriffe auf England durch die Entdeckung der Düppel be- oder sogar verhindert werden.«

Wieder wurde es still zwischen den beiden Männern, als sie sich langsam dem Wittenberger Platz näherten.

»Sag, mal Karl, wo ist denn dein Auto?«

»An der Ostfront«, kam es fast unhörbar von der Seite.

»Wie bitte?«

»Beschlagnahmt. Wie fast jedes private Fahrzeug im Reich. Und wenn die Wehrmacht es nicht geholt hätte, müsste ich ihn auf Holzvergaser umrüsten. Und dazu hätte ich nun überhaupt keine Lust.«

Gordon grinste. Die Vorstellung, dass sein lasterhafter Freund Karl sich alle fünfzig Kilometer die Hände schmutzig machen müsste, erheiterte ihn.

»Das heißt, du fährst wie ich U-Bahn?«

Reiter nickte geknickt.

»Ich hoffe der Endsieg ist nahe, denn sonst weiß ich nicht mehr, wofür ich jeden Tag zwölf bis vierzehn Stunden arbeite.«

»Sei froh, dass du privilegiert genug bist, als Wissenschaftler in Berlin zu arbeiten, oder wärest du lieber vor Leningrad oder am Don?«

Reiter verkniff sich einen weiteren Kommentar und so erreichten sie schweigend die U-Bahn-Haltestelle Wittenberg. Beide nahmen die Linie

A, Karl Reiter in Richtung Krumme Lanke, da er nicht weit entfernt von Onkel Toms Hütte eine bescheidene Villa bewohnte, Gordon nahm in Gegenrichtung im Zug Richtung Pankow Platz, um am Potsdamer Platz auszusteigen. Beide Männer umarmten sich kurz und verabredeten sich für Mittwochabend in Gordons Hotel. Als er wenig später im Esplanade eintraf, begrüßte ihn freundschaftlich Concierge Ortwin Ode.

»Ich habe hier eine Nachricht für Sie, Herr Schläppi.«

Ode reichte ihm einen blütenweißen Briefumschlag. Hauptmann Wiese bat in einer handschriftlichen Notiz darum, das Abendessen mit ihm und seiner Frau für Dienstagabend zu arrangieren, da er am nächsten Tag nach Ostpreußen abreisen müsse. Bevor er sich zurückzog, nahm er als Absacker noch ein Herrengedeck in der Hotelbar zu sich: ein Stamperl Alter Cottbuser Korn und ein Schultheiss Bier.

Gordon verbrachte eine ruhige Nacht. Keine Sirene störte seinen Schlaf, kein Motorenlärm warf ihn frühmorgens aus dem Bett. Es schien, als läge der Potsdamer Platz irgendwo im Oderbruch und nicht im Zentrum einer Metropole. Er blinzelte unter seinem Plumeau durch die Vorhänge seines Zimmers und sah, dass strahlender Sonnenschein Berlin erwärmte. Just in diesem Moment klopfte es an der Tür. Gordon, der unter dem warmen Federbett nackt geschlafen hatte, zog sich schnell einen hoteleigenen Morgenmantel über und öffnete die Tür. Vor ihm stand Gila von Heese in einem schneeweißen Sommerkostüm und Sonnenbrille.

»Ausgeschlafen?«, fragte sie kess, nahm seinen Kopf in beide Hände und küsste ihn stürmisch. Gordon hob sie an ihren Hüften hoch, machte eine Drehung, stieß mit der Hacke die Tür zu und trug die Baronin zu seinem verwühlten Bett. Sie hatte inzwischen seinen Morgenmantel geöffnet und fasste mit einem lauten Stöhnen an sein Gemächt.

»Wie oft habe ich in den letzten Monaten davon geträumt, dir so herzhaft an den Schwanz zu greifen«, gurrte sie.

»Warum hilfst du mir nicht bei dem Reißverschluss«, fuhr sie vorwurfsvoll fort.

»Wie soll das gehen, wenn du auf mir liegst«, stöhnte er, umfasste beinahe grob mit beiden Händen ihren festen Po und drückte sie auf sein hartes Glied, das nur einen Weg zu kennen schien. Gila von Heese hatte sich jetzt von ihren Textilien und Gordon befreit und ließ ihren angestauten Trieben freien Lauf. Waren ihr Verhalten zunächst noch von verlangender Zärtlichkeit erfüllt, so steigerte sich dies zunehmend zu einer orgiastischen, aggressiv-sexistischen Wollust, die sich in langen blutigen Kratzern auf Gordons Rücken manifestierte. Er spürte keinen Schmerz; im Gegenteil, ihre Geilheit hatte ihn immun gegen alles werden lassen, was nicht seinem ureigensten Interesse stand: totale Leidenschaft und Lust. Erst nach multiplen Orgasmen ließen sie voneinander ab und lagen keuchend auf dem Rücken. Ihr schweißnasser Kopf in seinem Schoß gebettet, mit einem seligen Lächeln auf ihren Lippen, während sie die

Stuckarbeiten an der Decke studierte, die durch die Sonnenstrahlen zu flimmern schienen.

»Warum hast du dich nicht gemeldet?«, fragte sie ein wenig nachtragend.

»Ich wollte dich nicht vor deinem Mann oder deinem Personal kompromittieren«, antwortete er scheinheilig.

»Du süßer Lügner, sicher hast du mich vergessen und dich deinen attraktiven Züricher Mädels gewidmet. Gib´s zu!«

Blitzschnell hatte sie sich umgedreht und im Reitersitz auf ihn gehockt. Mit beiden Fäusten trommelte sie auf seine Brust und rief immer wieder lachend »gib´s zu, gib´s endlich zu .. !«

Erst als er sie an ihren Handgelenken packte, hörte sie erschöpft auf.

»Was machen wir mit dem angebrochenen Tag?«, fragte Gordon.

»Da habe ich schon eine Idee. Mein Mann kommt erst heute Abend aus Vichy zurück, daher habe ich auch das Auto zur Verfügung.«

»Ich dachte, Privatwagen wären alle requiriert«, bemerkte er erstaunt.

»Das gilt doch nicht für Diplomaten wie meinen Gatten«, lachte sie.

»Das Wetter ist so schön, lass uns an den Wannsee fahren. Nicht zum Strandbad, da sind wir nicht ungestört. Ich habe eine bessere Idee!«

Nachdem sie geduscht und sich angezogen hatten, liefen sie durch die Lobby des Hotels Esplanade zum Vorplatz, auf dem ein auf Hochglanz poliertes Cabriolet wartete. Gordon pfiff durch die Zähne.

»Damit sollen wir wirklich fahren. Die vielen neidischen Blicke der Berliner Fußgänger werden uns töten«, lachte er.

Bewundernd ging er um das Fahrzeug herum und ließ seine rechte Hand über den geschwungenen, braunen Kotflügel gleiten, der in ein relativ breites Trittbrett überging und zum Heck mit kurzem Überhang endete. Die Karosserie war rotbraun lackiert, die Farbe des Stoffverdecks leuchtete elfenbein. Auf der Heckklappe thronten zwei Ersatzräder, die Front wurde von zwei Rundscheinwerfern dominiert, zwischen denen ein massiver verchromter Kühler steckte. Das Armaturenbrett aus edlem Holz zierte eine Armatur mit zwei großen Rundinstrumenten, zwischen denen drei Kleinere platziert waren.

»Wer hat denn diesen Traum gebaut?«

»Horch«, sagte sie knapp.

»Mein Mann hat diesem Wagen vor zehn Jahren erworben.«

»Du liebst Sportwagen?«

»Ich bin verrückt nach ihnen, nur befürchte ich, dass ich meine Leidenschaft nicht mehr lange ausleben kann. Mein Mann ist der Meinung, wir sollten ihn in der Garage lassen, um nicht das Interesse der Parteibonzen zu wecken. Bislang haben wir noch das Privileg privat ein Auto fahren zu dürfen. Aber wie lange noch?«

»Da mag er recht haben«, brummte Gordon und ließ sich auf den ledernen Beifahrersitz gleiten.

»Wo waren wir hin?«

»Durch den Grunewald nach Zehlendorf und Wannsee, dann Richtung Potsdam. Lass dich überraschen. Ich zeige dir ein paar ungewöhnliche Orte ...«

Gila startete den Wagen und der Zwölfzylinder-V-Motor nahm dumpf grollend seine Arbeit auf. Die Fahrt ging zunächst zum Brandenburger Tor, dann auf der Charlottenburger Chaussee und Kaiserdamm zur Heerstraße. Am Stößensee bogen sie links auf die Havel Chaussee ab und folgten der gewundenen Straße durch den Grunewald, durch dessen Bäume immer wieder die Havel aufleuchtete. Der Krieg war etwa soweit weg, wie der Mond. Zumindest erschien es den beiden so. Der strahlende Sommertag, die blühende Landschaft und das Wasser ließen Urlaubsgefühle aufsteigen. Nach einer Weile näherten sie sich dem Forsthaus Wannsee und folgten dem Schwanenwerder Weg.

»Weißt du denn, wo wir sind?«, frotzelte Gordon.

»Keine Bange, gleich kommen wir an eine Straßensperre, du wirst schon sehen.«

Bei dem Wort Straßensperre wurde Gordon ein wenig mulmig zumute. Auf Polizei, oder schlimmer noch Gestapo, stand nun wirklich nicht sein Sinn. An der Ecke Schwanenwerder Weg, Ecke Wannseebadweg wurden sie angehalten. SS-Soldaten in ihren schwarzen Uniformen hatten spanische Reiter über die Straße gelegt. Gila verlangsamte das Tempo, doch als die SS-Männer das Kennzeichen für das Diplomatische Korps an dem Horch erkannten, winkten sie stramm grüßend den Wagen durch.

»Was war denn das?«, fragte Gordon entgeistert.

»«Männer der Leibstandarte Adolf Hitler«, lachte Gila.

»Sonderbewachung für die, die auf Schwanenwerder wohnen.«

»Und wer wohnt hier?«

»Wart´s ab, ich zeige dir gleich die einzelnen Häuser hochrangiger Naziprominenz.«

Der Horch hatte wieder Fahrt aufgenommen und fuhr einen Hügel hinauf.

»Vor 1914 war die Insel ein Refugium wohlhabender Kaufleute, Industrieller und Bankiers«, erzählte Gila.

»So ließen sich beispielsweise die Warenhausbesitzer Berthold Israel und Rudolph Karstadt oder der Generaldirektor der Schultheiss-Patzenhofer Brauerei, Walter Sobernheim und auch der Inhaber der Schokoladenfabrik Trumpf, Richard Monheim auf Schwanenwerder prachtvolle Landsitze errichten. Ab 1933 zwang man die jüdischen Besitzer zu Zwangsverkäufen und -versteigerungen ihres Eigentums. Profitiert hat davon unter anderem Joseph Goebbels. Der riss sich 1935 das Grundstück Inselstraße 8/10 von Bankdirektor Oskar Schlitter unter den Nagel. Drei Jahre später bekam er das Nachbargrundstück des emigrierten Bankiers Samuel Goldschmidt für einen Spottpreis in seinen Besitz. Einer seiner Nachbarn ist der Boxer Max Schmeling. Als bei Schmeling der Blitz einschlug und das Haus niederbrannte, war der Propagandaminister derart mitfühlend, dass er einen Gartenempfang absagte.«

Gordon war beeindruckt. Nicht nur von der Schönheit der Insel und ihrer Bauten, sondern auch von dem Wissen und der kompromisslosen Erklärungen Gilas.

»Hier ist die Hausnummer Inselstraße 7. 1939 musste die Baronin Goldschmidt-Rothschild ihr Grundstück dem Generalbauinspektor für die Reichshauptstadt, Albert Speer überlassen. Hinter vorgehaltener Hand erzählt man sich, dass er dafür nur 150 000 Reichsmark zahlen musste.«

Langsam bewegte sich das Cabriolet über die Inselstraße. Weit und breit war kein Anwohner zu sehen.

»Jetzt kommen wir zum Grundstück Inselstraße 20/22. Die Reichskanzlei hat 1939 Villa und Grundstück des jüdischen Bankdirektors Salomonsohn gekauft und soll angeblich für Hitler persönlich reserviert sein. Daneben auf dem Nachbargrundstück hat sich bereits sein Leibarzt Theodor Morell niedergelassen. Dieses Grundstück hatte einst dem Bankier Georg Solmssen gehört.«

»Wissen das denn die Berliner?«

»Ich denke schon«, erwiderte Gila, »aber die haben jetzt ganz andere Sorgen.«

Kurz bevor sie wieder den Hügel herunterfuhren, deutete Gila auf ein besonders großes Gebäude mit der Hausnummer 38.

»Hier residiert jetzt seit dem Sommer 1937 das Deutsche Frauenwerk mit Reichsfrauenführerin Gertrud Scholtz-Klink an der Spitze«, bemerkte Gila spöttisch.

»Da veranstaltet man jetzt mehrwöchige Lehrgänge in Nähen, Putzen, Kochen, Haushaltsführung und Säuglingspflege, um junge Mädchen und Frauen auf ihre wesensgemäßen Aufgaben als Hausfrauen und Mütter vorzubereiten, wie es so schön heißt.«

»Hast du da auch einen Lehrgang besucht?«

Gordon hob seinen linken Arm und duckte sich, als ob er befürchteten Schlägen ausweichen wollte.

»Nein, böse Mädchen wollte man nicht«, kommentierte sie stattdessen kühl.

Der Horch hatte nun wieder die SS-Sperre erreicht, wo man sie wiederum unbehelligt passieren ließ. Schnell erreichten sie Nikolassee und fuhren auf der schnurgeraden Königstraße in Richtung Potsdam. Nach etwa drei Kilometern bremste Gila den Wagen ab und bog in den Nikolskoer Weg ein. Wieder umschloss sie dichter Wald. Zwischen den Stämmen konnte Gordon eine Rotte Wildschweine erkennen, die mit ihren Frischlingen auf der Suche nach Leckereien waren. Nach ein paar Minuten endete die Weiterfahrt an einem Parkplatz.

»Endstation. Jetzt nehmen wir das Boot«, erklärte Gila resolut.

Aus dem Kofferraum holte sie einen Picknickkorb, verschloss den Wagen und ging auf einen Steg zu.

»Wo wollen wir hin?«, fragte Gordon erstaunt.

»Zur Pfaueninsel.«

Sie erreichten das Ende des Stegs. Die Baronin setzte den Korb ab, steckte zwei Finger in die Mundwinkel und ließ einen gellenden Pfiff ertönen, der selbst einen Siebenschläfer aufgeweckt hätte. Nach einer Weile sah Gordon, wie ein Mann den Pfad zum Bootshaus auf der anderen Seite herunterkam, einen Kahn bestieg und sich mit einer langen Stange von Ufer abstieß.

»Das ist Otto, die gute Seele der Insel. Mein Mann hat ihm vor Jahren den Posten besorgt und dafür darf ich auf die Insel, wann immer ich will. Und er ist sehr verschwiegen«, grinste sie.

Mittlerweile hatte Otto ihren Steg erreicht und Gila sprang leichtfüßig an Bord.

»Reichst du mir den Korb bitte?«

Gordon nahm den Picknickkorb und stellte ihn auf die Back der kleinen Fähre. Die Baronin öffnete ihn und reichte dem Fährmann eine große frische Berliner Blutwurst.

»Das bekommen Sie hier wohl nicht so häufig«, lachte sie und schlug gut gelaunt auf dessen
Schulter.

»Wie lange wollen Sie bleiben, gnädige Frau?«

»Den ganzen Tag!«

Otto lächelte und dachte sich seinen Teil. Nach wenigen Stößen mit der Fährstange erreichten sie das andere Ufer.

»Gleich fühlst du dich wie in einem Märchen der Gebrüder Grimm«, erklärte Gila und zog ihn den Hügel hinauf.

Nach kurzer Zeit sah Gordon, was Gila mit dem Märchen gemeint hatte. Ein weißes Schloss mit zwei nicht gleich großen Türmen, die miteinander mit einer gusseisernen Brücke verbunden waren, erhob sich vor ihnen.

»Was ist denn das«, fragte er beinahe ehrfürchtig.

»Das Schloss sollte eine Ruine im italienischen Stil darstellen, so wollte es König Friedrich Wilhelm II. von Preußen, als er das Schloss für seine Geliebte Gräfin Lichtenau errichten ließ. Ist das nicht romantisch?«

Die Baronin schmiegte sich an ihn und küsste ihn.

»Können wir da rein?«

»Leider nein, aber ich kann dir vergewissern, dass es wunderschön ist. Du wirst dich hier noch mehr wundern. Warte es nur ab. Diese Insel ist ein Paradies.«

»Fantastisch«, sagte Gordon.

»Ich nehme an, die Nazis haben die Schönheit dieses Ortes ebenfalls für ihre Zwecke genutzt.«

»Das kann man wohl sagen«, erklärte Gila.

»Zu den Olympischen Sommerspielen 1936 machte man die Pfaueninsel zur Bühne eines riesigen Spektakels. Zum Abschluss der Spiele am

15. August veranstaltete man eine italienische Nacht. Auf der Gästeliste standen damals ein König und ein Herzog, diverse Kronprinzen, Lords und Ladies, das komplette Internationale Olympische Komitee und die deutsche Reichsregierung, eine Reihe von Botschaftern sowie die Söhne Mussolinis. Junge Mädchen in Renaissancekostümen dienten als Pagen, das Opernballett tanzte bei Fackelschein, überall in den Bäumen hingen Girlanden von Lampions und zum Abschluss gab es ein Feuerwerk, das nach dem Willen Goebbels das größte der Welt werden sollte.

Da hat er es aber maßlos übertrieben, denn viele der Gäste empfanden es als militaristisch. Der französische Botschafter André François-Poncet sagte damals zu mir sinngemäß: Die prasselnden Raketen machen den Eindruck eines gewaltigen Artilleriefeuers.

Doch Goebbels hat's gefallen. Aber jetzt genug der Erzählungen. Ich kenne hier eine geheime kleine, sandige Bucht, die durch mannshohes Schilf von der Außenwelt uneinsehbar ist. Da kannst du mir dann nicht mehr entkommen.«

Als die beiden am späten Nachmittag wieder zum Fähranleger kamen, wartete bereits Otto auf sie. Sein rechtes Bein ruhte auf einem hölzernen Poller, sein rechter Arm stützte sich auf seinem Knie ab und hielt eine Pfeife, an der er genüsslich zog.

»Haben Sie einen schönen Tag gehabt, gnädige Frau?«, wollte er wissen und half galant der Baronin aufs Boot.

»Es war fantastisch, Otto, schöner als bei der Olympiade!«

Man sah ihr an, dass sie glücklich war. Auf der Fahrt zurück ins Zentrum wollte sie von Gordon wissen, wie lange er in der Stadt bliebe.

»Das hängt von ein paar Konferenzen ab«, versuchte er so vage wie möglich seinen Terminkalender zu definieren.

»Aber sicherlich nicht länger als Freitag.«

»Sehen wir uns denn noch mal, bevor du abreist?«, fragte sie so beiläufig, wie sie es zu sagen vermochte, obwohl für Gordon ihre Sehnsucht durchaus zu erkennen war.

»Bestimmt, Schatz. Spätestens am Donnerstag. Darf ich dich zuhause anrufen?«

»Tagsüber immer, Süßer.«

Sie warf einen Blick auf die Uhr.

»Ich fahr jetzt nach Tempelhof, mein Mann müsste in einer halben Stunde landen, wenn die Briten ihn nicht abgeschossen haben«, kicherte sie und drückte ihm einen dicken Schmatzer auf seine Lippen.

Kaum war Gordon ausgestiegen, gab die Baronin ihren zwölf Zylindern die Sporen und bog in die Stresemannstraße ein, die nach Kreuzberg führte. Diesmal verzichtete Gordon auf einen Absacker in der Hotelbar, sondern verschwand sofort auf seinem Zimmer. Der Tag war zwar wunderschön, doch auch kräftezehrend gewesen und er brauchte dringend Schlaf. Es fiel ihm trotzdem schwer einzuschlafen, da ihm Mortons Frage nach der Lösung der Enigma-Frage weiterhin wie ein Mühlstein auf der Brust lag.

Als er am nächsten Morgen erwachte, wollte er den Tag nutzen, um eines der größten und wichtigsten Berliner Rüstungsareale auszukundschaften. In London existierte eine genaue Liste der Berliner Rüstungsbetriebe und man war immer darauf erpicht, genauere Details über die Liegenschaften zu erhalten. Nach dem Frühstück und dem Studium des Völkischen Beobachters bat er zunächst den Concierge, ihm einen Tisch im Restaurant Schlichter für drei Personen gegen 19:00 zu reservieren. Danach hinterließ er bei Hauptmann Wiese im Heereswaffenamt die Adresse und Zeitpunkt des Treffpunktes. Anschließend fuhr er mit der U-und S-Bahn Richtung Königs Wusterhausen. Sein Ziel war das Industriegebiet in Nieder- und Oberschöneweide sowie Johannisthal.

Nach sechs Stunden Observation hatte er genug gesehen. Nun wollte er so schnell wie möglich in sein Hotel zurückkehren, um seine Eindrücke auf einem Blatt Papier zu skizzieren. Er hatte von Station IX der Special Operations Executive, der Abteilung, die neue Ausrüstung entwickelte und testete, Schuhe bekommen, die so raffiniert gefertigt waren, dass es selbst Gordon nicht gelang, Schriftstücke, die im Absatz versteckt waren, zu entdecken. Bislang hatte er sich auf sein fotografisches Gedächtnis verlassen, sich Einzelheiten einzuprägen, doch die Fülle an Informationen wollte er sicher nach England zurückbringen. Ganz wohl fühlte er sich dennoch nicht. Er wusste, die Gestapo war kein Klub von Nasenbohrern und würde sie ihn damit erwischen, wäre Folter wahrscheinlich, eine standrechtliche Erschießung sicher. Gordon hatte sich vorgenommen, der perfekte Gastgeber zu sein und nahm schon eine halbe Stunde vor dem vereinbarten Termin seinen Platz am Tisch im Schlichter ein. Das Restaurant war in der Tat eine sehr gute Adresse, wie Gordon Reiters Tipp eingestehen musste. Er selbst war oft genug im Blue Anchor gewesen, einem Pub in der Lower Mall in Hammersmith, einem westlichen Stadtteil Londons, in direkter Nähe zu den Riverside-Studios. Auch dort waren die Wände zugepflastert mit signierten Fotos großer und kleiner Stars. Nur wenige Minuten nach 19:00 betraten Hauptmann Wiese und seine Frau das Restaurant. Sie wirkten unsicher, so als ob dieses Lokal nicht ihre Welt wäre. Gordon erhob sich von seinem Platz und ging seinen Gästen entgegen.

»Schön, dass wir uns endlich einmal kennenlernen, gnädige Frau«, sagte Gordon und küsste mit einem Hauch die rechte Hand von Wieses Frau. Gertrud Wiese errötete leicht, so als ob sie diese galante Art der Begrüßung zu lange vermisst hätte.

»Dass ich in diesen Zeiten ins Restaurant Schlichter eingeladen werden würde, wo berühmte Theaterleute sich mit Malern und Schriftstellern mischen und an dessen Tischen aus der Idee eines aus der bayerischen Provinz zugereisten Autors der Welterfolg Dreigroschenoper werden sollte, hätte ich mir nie träumen lassen. Vielen Dank für die Einladung,

Herr Schläppi.«

Gertrud Wiese schien von einem Zauber erfasst, den ihr Mann mit einem seligen Lächeln freudig ertrug.

»Vielen Dank für diese wundervolle Einladung. Woher wussten Sie, dass meine Frau Brecht verehrt?«

»Überhaupt nicht, ich hatte keine Ahnung, aber ich war mir sicher, dass ein intellektuelles Ambiente Ihnen eher gefallen würde als das Haus Vaterland.«

Wiese und seine Frau lachten aus vollem Halse, sodass sich einige Gäste irritiert umsahen.

»Glauben Sie, dass wir hier sicher vor der Gestapo sind«, wisperte der Hauptmann und legte seine Mütze auf eine Anrichte.

»Ich denke schon«, murmelte Gordon ebenso leise zurück.

»Aber werfen sie zunächst einen Blick auf die Karte und tun Sie mir den Gefallen und lesen Sie sie von rückwärts.«

»Was meinen Sie damit, Herr Schläppi?« erwiderte Agnes Wiese.

»Ganz einfach, seien Sie nicht bescheiden, sondern wählen Sie das Gericht, das Ihnen wirklich gefällt. Achten Sie nicht auf den Preis.«

Das Ehepaar lächelte sich an. Die Einladung schien von einem anderen Stern.

»Wissen Sie, worüber Ihr Mann und ich sprechen?«, räusperte sich Gordon verhalten.

»Ja, Sie brauchen keine falschen Verhaltensmuster an den Tag legen, ich bin im Bilde«, sagte sie, ohne den Blick von der Karte zu nehmen.

»Dann muss ich eines gestehen, ich habe zwar Ihrem Mann gegenüber erklärt, ich wäre mir über ihren Status im Klaren, doch das ist gelogen. Eigentlich habe ich keinen blassen Schimmer, was …« und er flüsterte jetzt beinahe »… Halbjude überhaupt bedeutet.«

»Das will ich gerne erläutern«, murmelte Hauptmann Wiese, »doch erst sollten wir bestellen«, und wandte seinen Kopf dem Ober zu, der sich soeben an ihren Tisch begeben hatte.

Nachdem Lamm, Zander und Forelle in den Notizblock des Kellners diktiert worden waren und auch die Wahl des Weines auf einen trockenen Riesling von der Mosel gefallen war, setzte Wiese seinen angefangenen Satz fort.

»Die Nazis hatten von Anfang an ein Problem, den Begriff Jude zu definieren, da sich dies als nicht ganz einfach erwies. Unter anderem stellte sich aus nationalsozialistischer Sicht die Frage danach, wie die Kinder aus Ehen zwischen Juden und Christen kategorisiert werden sollten. Seit der gesetzlichen Aufhebung des Verbots religionsverschiedener Ehen und der Einführung der bürgerlichen Zivilehe im Jahre 1875 hatten immer mehr Juden einen nichtjüdischen Partner geheiratet und eine Familie gegründet. Schließlich wurde mit dem Reichsbürgergesetz vom November 1935 der Begriff Jude in unterschiedliche Kategorien unterteilt.

Als Juden gelten demnach Personen mit drei jüdischen Großelternteilen, als jüdische Mischlinge jene, die von einem oder zwei der Rasse nach volljüdischen Großelternteilen abstammten. Wenig später legte der Reichsminister des Innern in einem Runderlass die Begriffe Mischling ersten Grades, also Personen mit zwei jüdischen Großelternteilen, auch Halbjuden genannt, und Mischling zweiten Grades, Personen mit einem jüdischen Großelternteil, auch Vierteljuden genannt, fest. Auch Mischlinge gelten unter bestimmten Bedingungen als Juden, nämlich als Geltungsjuden, und zwar dann, wenn sie zwei jüdische Großelternteile hatten und zusätzlich beim Erlass des Gesetzes der jüdischen Religionsgemeinschaft angehörten oder mit einem Juden verheiratet waren. Das ist insofern bedeutsam, als dass sie ungeschützt der Verfolgung ausgeliefert sind, da die Vergünstigungen der christlichen Mischlinge für sie nicht gelten. Die jeweiligen gesetzlichen Begriffsdefinitionen entscheiden nicht allein über den Lebensstandard und die Lebensqualität der Verfolgten, sondern ebenso über Leben und Tod!«

Gordon brummte der Schädel.

»Das ist doch absurd!« presste er zwischen den Lippen hervor.

»Und die Deutschen akzeptieren diesen Irrsinn?«

»Ob sie ihn akzeptieren, weiß ich nicht, sie tolerieren ihn zumindest«, antwortete Agnes.

»Nirgendwo regt sich Widerstand, und wenn doch, landet derjenige sofort beim Henker. Die Spitzel sind überall.«

Der Hauptmann legte beruhigend seine Hand auf die seiner Gattin.

»Es bleibt doch bei unserer Abmachung, oder?«

»Sie meinen, dass wir Sie und Ihre Frau aus dem Reich schaffen, sobald sie auffällig geworden sind?«

»Richtig«

»Keine Sorge, der Secret Service lässt Sie nicht im Stich. Doch ich hoffe, dass Sie noch eine ganze Weile unbehelligt bleiben. Seit unserem letzten Treffen geht mir eine Sache nicht mehr aus dem Sinn«, fuhr Gordon fort.

»Im Zusammenhang mit den neuen Panzern erwähnten sie die enorme Konzentration von Schlüsselindustrien in Friedrichshafen. Wobei handelt es sich denn da im Einzelnen?«

»Das ist schnell erzählt«, erwiderte Wiese.

»Die Industrialisierung Friedrichshafens begann vor allem durch Ferdinand von Zeppelin. Er baute hier zuerst seine Zeppeline. Jetzt fertigt man bei der Luftschiffbau Zeppelin Gesellschaft in Zusammenarbeit mit Telefunken Funkmess- und Peilanlagen sowie Fallschirme und Flugzeugteile. Ferdinand von Zeppelin überredete auch Wilhelm Maybach, seine Luftfahrzeug-Motorenbau GmbH nach Friedrichshafen zu verlegen. Dort konstruierte er 1916 seinen großen Wurf, den Flugmotor Mb IVa, einen der ersten überverdichteten Motoren, der gebaut wurde, um den Leistungsabfall zu vermeiden, der durch die geringere Luftdichte in größeren Höhen bedingt ist.

Nach dem Krieg begannen die Maybach-Werke mit der Herstellung von Automobilen und der Entwicklung von Diesel- und Ottomotoren. Die Diesel kamen bei Lokomotiven zum Einsatz, die Ottomotoren waren für Panzer bestimmt. Seit 1941 werden keine Limousinen, sondern ausschließlich Motoren für Panzer und schwere Halbkettenfahrzeuge gebaut. Um den Bedarf zu decken, montieren auch andere Firmen wie Nordbau hier in Berlin diese Aggregate. Die ZF-Werke, wie wir die Zahnradfabrik Fabrik nennen, wurde 1915 gegründet, um bessere Getriebe für Zeppeline bauen zu können.

Der Entwicklungsleiter der Zeppelin Werke, Alfred Graf von Soden-Fraunhofen, wollte Zahnräder nach dem Max-Maag-Verfahren herstellen, das mathematisch genauere Bauteile ermöglichte. Das führte zur Gründung der Zahnradfabrik Friedrichshafen, die jetzt fast alle Getriebe für Panzer und schwere Fahrzeuge baut.

Claude Dornier wiederum war Mitarbeiter von Ferdinand Graf von Zeppelin, bekam eine eigene Abteilung im Zeppelin Konzern, wurde Teilhaber und Geschäftsführer eines Zweigwerkes für Flugzeugbau, das er 1932 voll übernahm und aus dem sich die Dornier-Werke entwickelten. Von deren Produkten sind natürlich die zweimotorigen Kampfflugzeuge Do 17, der den Beinamen fliegender Bleistift hat, und die Do 217, die seit März auch in einer Nachtjagdversion in Friedrichshafen und im Zweigwerk Wismar gebaut werden.«

»Das bedeutet ja, dass die kleine Stadt am Bodensee neben der Kugellagermetropole Schweinfurt die strategisch wichtigste deutsche Rüstungsstadt ist?«, staunte Gordon und saugte jede Information auf, die Hauptmann Wiese ausspuckte.

»Da kann ich Ihnen nur zustimmen«, nickte Wiese.

In diesem Augenblick erschien der Ober mit einem Tablett auf dem sich eine Flasche Apollinaris, der Riesling und mehrere Gläser befanden. Nachdem er eingeschenkt hatte, prosteten sich Gordon und das Ehepaar Wiese zu und tranken einen Schluck.

»Ausgezeichneter Wein«, stellte der Hauptmann fest und seine Frau nickte zustimmend.

»Woher kennen Sie den?«

»Eine Empfehlung, die ich mir vor Ihrer Ankunft habe geben lassen«, grinste Gordon.

»Ich bin froh, dass er Ihnen schmeckt.«

»Warum fragen Sie mich eigentlich das alles?«, wollte Wiese wissen.

»Wollen Sie Friedrichshafen bombardieren lassen?«

»Soviel Einfluss habe ich nicht«, lächelte Gordon etwas müde, »aber diese Konzentration an strategischer Industrie macht schon nachdenklich.«

»Wenn man wenigstens aufhören würde, zivile Ziele auf beiden Seiten anzugreifen«, eiferte sich Gertrud Wiese.

»Wir in Berlin haben ja bislang viel Glück gehabt. Aber die Menschen an der Küste oder im Westen sind diesen Terrorangriffen ja völlig ausgeliefert.«

»Da stimme ich Ihnen zu, gnädige Frau«, entgegnete Gordon ruhig.

»Ich kann das selbst absolut nicht gutheißen. Aber sagen Sie, wo wohnen sie eigentlich?«

»In Frohnau«, antwortete Gertrud Wiese. »Warum fragen Sie?«

»Nun ich denke, irgendwann wird die RAF nach Berlin zurückkehren und dann ist es für mich
beruhigend zu wissen, dass Sie weit entfernt vom wahrscheinlichen Ziel, dem Stadtzentrum, wohnen.«

Schließlich fiel Gordon aber brennend ein, dass ja noch die offene Frage nach dem Geheimnis der Enigma Verschlüsselungsmaschine zu klären war.

»Haben Sie Kenntnisse von der Funktionsweise der Enigma, Herr Hauptmann?«

Wiese reagierte erstaunlich nervös.

»Die Enigma ist Staatsgeheimnis. Ich habe sie noch nie benutzt, da sie ausschließlich von besonders ausgebildeten Soldaten der Nachrichtentruppe bedient werden. Und glauben Sie mir, selbst wenn ich eine Enigma in einem unverschlossenen Büro fände, würde ich sie nicht anfassen. Täte ich es, müsste ich mit sofortiger Füsilierung rechnen. Es tut mir leid, aber da kann ich Ihnen nicht helfen. Mein Rat ist, holen Sie sich eine Maschine von Rommels Afrikakorps oder von einem U-Boot. Das ist ihre einzige Chance.«

Gordon drängte nicht weiter, denn er hatte eigentlich von vornherein keine Hoffnung gehabt, diese Aufgabe so einfach lösen zu können. Als Hauptmann Wiese zum Aufbruch drängte, wollte Gordon wissen, wie das Ehepaar denn jetzt nach Hause käme.

»Zum Glück hatte ich heute einen Dienstwagen zur Verfügung. Deswegen wollte ich auch, dass wir uns heute Abend trafen. Sollen wir Sie ins Hotel bringen?«

»Das wäre sehr nett«, sagte Gordon hocherfreut.

Der Polski FIAT 508 III Junak in Wehrmacht-Livree stand direkt vor dem Schlichter und Gordon nahm auf der hinteren Sitzbank Platz.

»Der ist uns in Polen zugelaufen«, grinste Wiese und ließ den kleinen Vierzylinder aufheulen.

Als Gordon die Halle des Esplanade Hotels betrat, winkte ihm Ortwin Ode, der Concierge des Hotels.

»Ich habe zwei Nachrichten für Sie, Herr Schläppi.«

Gordon nahm die beiden Briefumschläge in Empfang und ging in die Bar für seinen üblichen Absacker. Die eine Nachricht stammte von Reiter, der sich für den nächsten Abend ankündigte, die andere stammte von Gila von Heese, die ihn um einen Rückruf bat. Als er vor seinem Bier saß, war er mit sich und den Ergebnissen des Tages recht zufrieden. Für den morgigen Tag nahm er sich vor, dem Spandauer Industriegebiet einen Besuch abzustatten, bevor er Reiter traf, von dem er sich Details des Lichtenstein Radars erhoffte.

Als er aufwachte, empfing ihn wieder ein sonniger Tag. Nach dem Frühstück fuhr er mit der S-Bahn über via Gesundbrunnen nach Jungfernheide, wo er in die Siemensbahn umstieg. Die wurde von der Firma Siemens & Halske in Eigenregie zwischen 1927 und 1929 erbaut, um den zig Tausenden von Arbeitern ein schnelle Anbindung zur Stadt zu ermöglichen. Er kannte den Stadtteil von Fotos und Luftaufnahmen der SOE und der RAF, war aber tief beeindruckt, als er an der Haltestelle Wernerwerk ausstieg. Unübersehbar lag das Wernerwerk-Hochhaus vor ihm, das intern bei Siemens als Werk X aufgeführt wurde. Das im November 1930 als zentrales Verwaltungs- und Direktionsgebäude von Siemens & Halske in Betrieb genommene Hochhaus überragte ein riesiges Areal von verschiedenen Fabrikationsstätten.

Ein weiteres Wahrzeichen, das ihm ins Auge fiel, war der Uhrenturm des Messgerätewerkes am Wernerwerkdamm. Gordon war sichtlich beeindruckt vom schieren Ausmaß von Deutschlands größtem elektrotechnischem Unternehmen. Dieses ideale Ziel kann man doch nicht verfehlen, wenn man will dachte Gordon und geriet innerlich in Rage, kaum dass er an Bomber Harris kommender Bomberoffensive dachte. Nachdem er sich einen Überblick über die riesige Siemensstadt verschafft hatte, wanderte Gordon auf der Nonnendammallee in Richtung Spandau-Zitadelle.

Als die Nonnendammallee in die Straße Am Juliusturm überging, fiel sein Blick zunächst auf den Juliusturm, eines der ältesten profanen Bauwerke von Berlin. Sein zweiter Blick galt der Auto-Union, die an dieser Stelle ein DKW-Karosseriewerk errichtet hatte. Sie war unter dem Druck der Weltwirtschaftskrise und unter Betreiben der sächsischen Staatsregierung 1932 aus vier Marken gebildet worden: Audi und Horch aus Zwickau, DKW aus Zschopau und die Automobil Abteilung der Wanderer Werke aus Chemnitz. Als sich Gordon dem Betrieb näherte, konnte er auch Einblicke in das Werksgelände erhaschen. Was er sah, machte ihn stutzig. Obwohl die Auto Union ein Hersteller für Autos und Motorräder war, wurden anscheinend in diesem Betrieb Flakgeschütze, Fahrzeuganhänger und Flugzeugteile produziert, denn nichts anders ließ sich aus den geparkten und sorgfältig gestapelten Teilen herauslesen.

Gordon entschloss sich, den Zitadellen Weg zu nehmen, um die BMW Flugmotorenwerke Brandenburg zu erkunden. Durch eine Gasse gelang es ihm, das Betriebsgelände unbemerkt zu betreten. Viel bekam er nicht zu Gesicht, da die meisten Tore geschlossen worden waren. Nur am Reichsbahnanschluss gelang ihm ein Blick auf einen Rungenwagen, auf dem mehrere Stern-Flugmotoren verzurrt waren. Gordon, der mit Motoren vertraut war, erkannte, dass es sich um luftgekühlte 14-Zylinder-Doppelstern-Flugmotorn handelte, die er noch nie gesehen hatte. Er ließ seinen Blick mehrere Minuten über die Bauteile schweifen, bis er sicher war, eine grobe Skizze anfertigen zu können.

Schnell machte er sich aus dem Staub und folgte dem Zitadellen Weg, bis er rechter Hand die Zitadelle sah, die aber weiträumig abgesperrt war. An dieser Straße lagen einst die Patronen- und Gewehrproduktionsstätten sowie Offiziers- und Beamtenwohnhaus der königlichen Gewehrfabrik und der Pulverfabrik. Er ignorierte die Wachen, die um das Fort patrouillierten, und bewegte sich Richtung Altstadt. Es war Zeit für einen Imbiss und er war erpicht darauf, ein stinknormales Lokal aufzusuchen. Er überquerte die Havel und gelangte sukzessive in die Altstadt. Er folgte dem Fluss und stand kurze Zeit später vor einem Lokal namens Schifferklause am Lindenufer 17.

Er wusste später nicht zu sagen, warum er gerade dieses Lokal wählte, da links und rechts weitere Kneipen um den Kunden koberten. Das war definitiv ein anderes Kaliber als die Restaurants, die er bisher in Berlin kennengelernt hatte. Hier handelte es sich um eine typisch Spandauer Kiez Kneipe. An der Tür hing ein kleines Schild, auf dem neben dem Namen des Etablissements auch der der Besitzerin verzeichnet war: Agnes Meyer, geborene Holz, stand dort zu lesen. Scheint ja ein richtiger Bumms zu sein, grinste Gordon und trat ein.

Es war gemütlich schummrig. Nur wenige Typen, die Gordon als Flussschiffer zu identifizieren glaubte, lungerten herum. Mit einem Male hatte er das Gefühl in einer Zeitreise zehn Jahre zurückversetzt zu sein, da dies ihn mehr an Soho in den dreißiger als Berlin in den vierziger Jahren erinnerte. Die Gestalten schauten auf, als er durch die Tür trat, zum Tresen ging und nach einer Molle verlangte. Er blieb vor dem Tresen stehen und wartete darauf, dass die Bedienung das Glas füllte.

»Hier gibt jeder neue Gast ein Runde aus«, hörte er vom Nebentisch. Im Spiegelglas der Glasvitrine sah er, wie ein zweiter Gast geräuschlos aufstand und sich auf ihn zubewegte.

»Runden gibt es nur für Freunde und gute Bekannte, Sie kenne ich nicht«, brummte Gordon, ohne sich umzudrehen. Stattdessen behielt er die Gestalt im Hintergrund im Auge, dessen Gewicht er auf neunzig Kilo und die Größe auf knappe zwei Meter schätzte.

»Na dann werde ich Dir mal Mores lehren«, sagte der Mann hinter ihm und setzte zu einem Schwinger an.

Gordon sah den Schlag im Spiegel kommen, duckte sich und wandte einen Jujutsu-Griff an, den er im SOE-Lager in Schottland so lange geübt hatte. Krachend fiel der schwere Schiffer auf dem Boden. Alles ging so schnell, dass die Bedienung sogar den Zapfvorgang nicht unterbrach. Erschrocken stellte sie Gordon das Patzenhofer vor ihm auf den Tresen. Stöhnend hatte sich sein Gegner aufgerappelt und stieß mit dem Kopf voran in Richtung Gordons Magen. Ein weiterer Griff aus dem Fundus der asiatischen Kampfschule machte auch diesen Angriff für den Schiffer zu einem schmerzhaften Erlebnis.

»Lass gut sein, Hans«, sagte sein Kumpel, der schnell begriffen hatte, dass Gordon ein unbequemer Gegner war.

»Er hat es nicht so gemeint, aber mein großer Bruder will mich immer beschützen.«

Der geschlagene Hans trottete langsam zu seinem Bruder an den Tisch und hielt sich den
schmerzenden Rücken.

»Wo haben sie das denn gelernt?«

»Das, mein Freund, ist die Wissenschaft von der Nachgiebigkeit«, antwortete Gordon und bedeutete der Bedienung zwei weitere Biere zu zapfen.

»Ich werde natürlich den Teufel tun und Ihnen sagen, wo man so etwas lernen kann, damit Sie mich dann später aufs Kreuz legen können.«

Die Männer am Tisch mussten lachen; der eine mit schmerzverzerrtem Gesicht, der andere schallend.

»Mein Name ist Bruno Grüssges und das ist mein Bruder Hans«, begrüßte er Gordon mit Handschlag.

»Nichts für ungut, aber auch wir müssen sehen, dass wir klarkommen. Und solange es Freibier gibt, sind wir zufrieden. Wir konnten ja nicht wissen, dass wir an den Falschen geraten sind.«

»Sind Sie auch nicht«, konterte Gordon, als sich die Bedienung mit zwei Krügen Patzenhofer
näherte.

Bruno schaute erstaunt auf.

»Welchem Landsmann haben wir denn die Überraschung zu verdanken?«

»Einem Schweizer«, sagte Gordon knapp.

Er hob sein Glas und prostete seinen neuen Bekannten zu.

»Auf unser Wohl«, und zu Otto gewandt; »nichts für ungut, mein Guter.«

Die Bedienung stand noch immer neben dem Tisch und schaute ungläubig auf die Szene.

»Oh entschuldigen Sie bitte, da war ich doch so unhöflich und habe Sie nicht Tante Agnes vorgestellt. Ihr gehört der Laden.«

Höflich reichte er ihr die Hand.

»Zum Glück haben Sie nichts kaputt gemacht«, lächelte sie ihn verführerisch an.

»Was macht ein Schweizer in Spandau?«

»Ich suche Arbeit«, antwortete Gordon scheinheilig.

»Das sollte kein Problem sein«, meinte sie.

»Was sind Sie denn?«

»Ingenieur«

»Na, dann werden die sich wohl um Sie reißen?«

»Wer sind denn die?«

»Nun, dann müssen Sie nur die Freiheit runter gehen, dann kommen Sie an die richtigen Adressen. Da wären zuerst die Deutsche-Industrie-

Werke an der Freiheit 4-7. Eigentlich hießen die mal Deutsche Kraftfahrzeugwerke AG und bauten Motorräder. Das tun die immer noch, seitdem die NSU-Werke mit den Deutsche-Industrie-Werken 1932 fusionierten.«

»Deren Spitzenmodell ist das Wehrmachtkrad NSU 201 ZDB«, unterbrach sie Hans Grüssges.

Agnes warf ihm einen Blick zu, der wohl bedeuten sollte, sie in Zukunft nicht mehr zu unterbrechen.

»Daneben«, fuhr sie fort, »finden Sie die Spreewerke, die Munition und die Pistole Walther P 38 herstellen. Dann sehen sie schon die vier sechzig Meter hohen Schornsteine der Spandauer Stahlindustrie. Die Schlote gehören zu den Siemens-Martin-Öfen. Die zum Flick Konzern gehörende Firma besteht aus Stahlwerk, Gießerei, Presswerk sowie Verarbeitungswerkstätten und stellt in erster Linie Munition her. Ein wenig weiter finden Sie dann die Altmärkischen Kettenwerke, kurz Alkett genannt. Die produzieren Panzer und Geschütze. Und das ist erst der Anfang Ihrer Möglichkeiten, denn Am Juliusturm befinden sich ...«

»Ich weiß ...«, unterbrach Gordon ihren Redeschwall.

»Da war ich schon.«

Die beiden Brüder starrten Agnes ein wenig verdattert an.

»Wenn das die Gestapo gehört hätte, wärst Du schon verhaftet«, blaffte Bruno.

»Der könnte doch ein Spion sein. Feind hört mit, das Plakat kennst Du doch.«

Mit einem Male wurde sich Agnes Meyer der Gefahr bewusst.

»Aber ich wollte doch nur helfen«, stotterte sie verlegen.

»Keine Angst«, versuchte Gordon sie zu beruhigen.

»Seien Sie nur in Zukunft besonnener. Ihre beiden Freunde haben ja recht.«

Gordon hob sein Glas und prostete ihnen zu.

»Wie heißt denn Ihr Kahn?«

»Glückauf!« kam es unisono wie aus der Pistole geschossen.

»Das hätte ich mir denken können«, grinste Gordon und bestellte eine weitere Runde.

Die Unterhaltung riss nicht ab und schließlich musste er die beiden Schiffer zu ihrem Kahn begleiten, der im Südhafen, nördlich der Schulenburgbrücke, festgemacht hatte. Die Glückauf transportierte in erster Linie Kohle und andere Schüttgüter, und war regelmäßig auf der Ost-West-Achse zwischen Berlin und dem Ruhrgebiet unterwegs. Auf dem Dampfer offerierten die Grüssgens Dortmunder Actien Bier, das sie in großen Mengen im Maschinenraum gebunkert hatten. Von ihnen bekam er einen Eindruck aus erster Hand, wie die heftigen nächtlichen Bombenangriffe der Royal Air Force die Menschen in die Keller zwangen. Insbesondere Essen schien die volle Wut von Bomber Harris zu spüren zu bekommen. Schließlich musste Gordon die Segel streichen, denn die Verabredung mit Klaus Reiter wollte er unter keinen Umständen platzen lassen. Da sich die Brüder und er geradezu freundschaftlich verstanden, beschloss man Tante Agnes in der Zukunft als Anlaufstation und Briefkasten zu nutzen, denn man wollte dieser ersten Begegnung so schnell wie möglich eine weitere folgen lassen.

Nach der Verabschiedung machte er noch einen kleinen Abstecher zur Spandauer Freiheit, um die Informationen von Agnes zu überprüfen. Er fand alles so vor, wie sie es beschrieben hatte. Danach spazierte er die kurze Strecke zum S-Bahnhof Spandau und fuhr zurück nach Mitte. Er hatte wenig Zeit, sich im Hotel frisch zu machen, denn Kurt Reiter konnte schon in wenigen Minuten im Esplanade eintreffen.

In Windeseile hatte er sich umgezogen und begab sich umgehend in die Halle des Hotels. Reiter saß schon in einem der Besuchersessel und spielte nervös mit seinen Händen. Gordon klopfte ihm zur Begrüßung auf die Schulter und ließ sich in den anderen schweren Ledersessel fallen.

»Ich habe heute Abend leider keine Zeit, da ich zu einem Arbeitsessen im Krollgarten verdonnert worden bin«, erklärte Reiter.

»Kein Problem«, entgegnete Gordon.

»Ich begleite dich zur Krolloper und du erzählst mir, was ich wissen muss.«

Reiter nickte zustimmend und stand auf. Über die Bellevue Straße gingen sie Richtung Skagerrakplatz, als Reiter seine Informationen preisgab.

»Es war nicht leicht, an diese Einzelheiten zu kommen, denn das Lichtenstein Gerät unterliegt der höchsten Geheimstufe. Ich bin mir daher auch nicht sicher, ob ich alle relevanten Details habe.«

Reiter reichte ihm die Ausgabe vom 4. Juni der Berliner Illustrierten Zeitung.

»Der Umschlag liegt in der Mitte«, meinte Reiter und schaute sich vorsichtig um.

»Das Gerät Lichtenstein BC für Nachtjäger wurde in unserem Hause im Herbst 1941 zur Einsatzreife gebracht. Hervorstechend ist seine Antenne. Die besteht aus vier Quadranten zu jeweils vier Dipolen und Reflektoren, die vor der Kanzel angebracht sind. Die Quadranten können über einen mechanisch rotierenden kapazitiven Schalter einer kreisförmigen Phasenleitung gespeist werden, wodurch ein konisch rotierender Strahl entsteht. Die Zielverfolgung wird damit durch eine zweidimensionale Minimumpeilung möglich. Auf eine Reichweite von vier Kilometern kann jetzt eine Entfernungsmessgenauigkeit von Plusminus hundert Meter mit einem maximalen Winkelfehler von Plusminus zweieinhalb Grad erzielt werden.«

»Solch eine Riesenantenne vor der Kanzel?«

Gordon schüttelte ungläubig seinen Kopf.

»Doch«, erklärte Reiter resolut.

»Die Eierköpfe im RLM wollten zwar unbedingt die Antenne innerhalb des Cockpits untergebracht haben, weil sie um ihre Höchstgeschwindigkeit fürchteten, doch die Abstrahlung war zu groß. Es geht nur mit der Antenne außen. Unsere Piloten nennen sie deswegen schon Hirschgeweih. Wegen dieses Lichtenstein Gerätes wurde eigens im April eine Erprobungsstelle auf dem Fliegerhorst in Werneuchen eingerichtet. Sie ist auch für die Erprobung und Entwicklung von Such- und Zielgeräten für die Luft- und Seeaufklärung zuständig und arbeitet eng mit dem Flugfunkforschungsinstitut in Oberpfaffenhofen zusammen. Die Flugerprobung des neu entwickelten Gerätes wurde anfangs von der Erprobungsstaffel des technischen Versuchskommandos durchgeführt. Später übernahm das die neu gebildete Nachtjagdgruppe 10.

Daneben haben sie auch Geräte zur Abwehr von Stör- und Täuschverfahren entwickelt und erprobt.«

»Vielen Dank für diese Details, Kurt, aber wo bleibt die wirklich interessante Information, die Wellenlänge, auf der dieses Gerät arbeitet?«

»Das kann ich Dir nicht sagen, da dieses Geheimnis sich in einem Panzerschrank befindet, an den ich nicht rankomme. Ich kann Dir aber sagen, dass mit dem Lichtenstein Jagdflugzeuge auf 1700 Meter geortet werden können, mittlere Bomber wie unsere Heinkel 111 auf 3000 Meter und viermotorige Lancaster auf 4300 Meter.«

»Das ist alles wunderbar, Karl, aber ohne die Sendefrequenz sind wir fast genauso schlau wie vorher. Kannst Du mir sagen, wie ich daran kommen kann?«

Reiter schaute betrübt drein.

»Vielleicht warten, bis eine Maschine in der Schweiz notlandet? Oder einer unserer Piloten samt Maschine desertiert? Ich habe keine Ahnung.«

Stumm gingen sie nebeneinander her und näherten sich dem Königsplatz.

»Versuche einfach an die Frequenz heranzukommen, Karl. Ohne sie kommen wir nämlich nicht weiter.«

Als sie vor der Krolloper angekommen waren, verabschiedeten sie sich herzlich.

»Rede mit Deinen Leuten bei Oerlikon über unsere Vereinbarung. Wenn, was ich hoffe, die Geschäftsleitung auf meine Bedingungen eingeht, kannst Du mir ja beim nächsten Besuch das Nummernkonto mitteilen.«

Sie klopften sich gegenseitig auf die Schulter, dann beobachtete Gordon, wie Reiter um die Ecke in dem Garten der Oper verschwand Auf dem Rückweg zum Potsdamer Platz prüfte er seine Optionen. So wie sich die Lage darstellte, gab es in Berlin auf dieser Reise für ihn nichts mehr an interessanten Erkenntnissen zu gewinnen. Höchstens ein weiteres Treffen mit der Baronin erschien ihm lohnenswert. Nicht nur aus erotischen Gründen, auch die vielen kleinen Erkenntnisse, die er durch die Unterhaltung mit der attraktiven Frau gewann, trugen zu einem besseren Bild, das er sich aus Nazi-Deutschland machen konnte, bei. Aber spätestens übermorgen wollte er zurück in die Schweiz und nach England.

Zurück im Hotel suchte er zunächst die Telefonnische auf, um die Baronin anzurufen. Er hatte Glück. Sie ging an den Apparat und sagte sofort für den nächsten Morgen zu, ihn zu einer Spritztour abzuholen. In der Bar fand er einen aktuellen Völkischen Beobachter und begann zu lesen. Drei Ereignisse bestimmten die Schlagzeilen. Zum einen die Schlacht um El Alamein, zum anderen der Kampf um Woronesch, der, den deutschen Angaben zufolge, den Russen ungeheure Verluste kostete. Das dritte Ereignis war dem Wehrmachtsbericht eine Sondermeldung wert: die Vernichtung des Eismeerkonvois PQ 17. Im Sportteil gab es noch einen Rückblick auf das Endspiel zwischen Vienna Wien und Schalke 04, das die Schalker am 5. Juli mit 2:0 gewannen und damit zum sechsten Mal Deutscher Fußballmeister wurden. Eine besondere Seite war dem Sieger von Sewastopol, Generaloberst Erich von Manstein, gewidmet, der mit seiner 11. Armee die Stadt eingenommen hatte. Er trank sein Bier aus, bezahlte die Rechnung und ging auf sein Zimmer. Für einen weiteren Tag mit der Baronin wollte er im Vollbesitz seiner körperlichen Kräfte sein.

Der Morgen des 9. Juli, ein strahlender Donnerstag, begann so ähnlich wie der zwei Tage zuvor: orgiastisch. Gila von Heese nutzte das überraschende Treffen, mit dem sie gar nicht mehr gerechnet hatte, und regelte den sexuellen Notstand auf ihre Weise. Eine Stunde später lagen beide erschöpft, aber glücklich in dem zerrauften Bett, das nun dem Zimmermädchen keine Rätsel aufgeben würde, warum die noch gestern jungfräulich duftenden Laken nun eher einem Stundenhotel zugeordnet werden konnten.

»Wo möchtest Du gerne hin«, seufzte sie glücklich und kuschelte sich noch enger an ihn.

»Ich war noch nie im Süden der Stadt«, meinte er.

»Du meinst die Seenlandschaft bei Köpenik?«

»Genau die. Vielleicht können wir ja dabei mal in Schönefeld vorbeifahren.«

»Aber da gibt es doch nur die Henschel-Flugzeugwerke«, maulte sie in wenig.

»Genau«, erwiderte er.

»Du weißt doch, wir betreiben auch das Flugzeugwerk Pilatus und deswegen interessiert mich einfach, was da los ist. Ich will da auch nicht rumlaufen, sondern nur einmal mit Dir um den Platz fahren.«

»Also gut, Liebster, aber den Rest des Tages verplane ich. Ich kenne mich da aus.«

Gordon war mit diesem Arrangement zufrieden, denn ansonsten hätte er noch einen Tag dran hängen müssen, um mühselig mit der Straßenbahn nach Schönefeld zu fahren. Gila war wieder mit dem unglaublichen Horch Cabrio vorgefahren und Gordon genoss die offene Fahrt durch das sonnige Berlin. Die Route führte über das Hallesche Tor zunächst zum Hermannplatz in Neukölln, wo der gewaltige Karstadt Einkaufstempel die Szene beherrschte.

»Imposant, nicht wahr«, rief Ilse, als sie sich dem Haus näherten. 32 Meter hoch ragte der Klotz in den Berliner Himmel und zwei Türme reckten sich noch einmal 24 Meter in die Höhe, die wiederum von jeweils einer 15 Meter hohen Lichtsäule gekrönt waren. Der Bau erinnerte Gordon mit seiner Muschelkalkfassade und seiner vertikalen Gliederung an die Hochhausarchitektur aus New York.

»Das hättest Du einmal vor dem Krieg am Abend sehen sollen«, brüllte Gila.

»Durch die Lichtbänder am Gebäude und die Lichtsäulen auf den Türmen sah das gigantisch aus. Selbst London, Paris oder New York kann nicht mit solch einem Kaufhaus aufwarten!«

Gordon musste einräumen, dass daran wohl kaum zu zweifeln wäre. Weiter ging die Fahrt über die Bergstraße, Rudower Alle und Neuköllner Straße nach Schönefeld.

Die Henschel-Flugzeugwerke waren für die Engländer kein unbekanntes Terrain. Noel Mason-Macfarlane, der britische Militär Attaché zwischen 1937 und 1939, war mehrfach Gast des RLM in der Henschel-Fabrik und dokumentierte den rasanten Aufbau und Sinn des Werkes. Bereits am 5. Mai 1935 begann die Flugzeugproduktion in der ersten neu errichteten Montagehalle. 1935 entstand ein Werk mit fünf Hallen, einem Verwaltungsgebäude, einer Druckerei, einer Eloxieranlage, einem Flugplatz und einem Gleisanschluss. Hinzu kam am südlichen Ende des Geländes die Luftfahrterprobungsstelle Diepensee, die aus einem leicht gekrümmten Komplex aus zwei Hangars mit dazwischenliegenden Werk- und Büroräumen bestand. Sie wurde nicht von den Henschel Flugzeugwerken genutzt, sondern auf Bitte des Reichsluftfahrtministeriums von der Firma Henschel für Firmen der Zuliefererindustrie errichtet, die dort Erprobungsflugzeuge testete.

Der Flugplatz lag zwischen den Verwaltungs- und Betriebsgebäuden der Henschel Flugzeugwerke AG im Norden und der Luftfahrterprobungsstelle Diepensee im Süden. Die drei jeweils achthundert Meter langen und fünfzig Meter breiten Pisten besaßen einen Betonunterbau und eine dünne Asphaltschicht. 1936 wurden weitere drei Hallen, eine Kantine, eine Elektrowerkstatt und eine Entwässerungsanlage errichtet.

Bis zum Kriegsausbruch wurde dieses Vorzeigewerk ständig von Delegationen aus dem In- und Ausland besichtigt. Zum Transport der Arbeiter verlängerte man 1940 die längste Straßenbahnlinie Berlins bis zum Flugzeugwerk. Die Linie 147 führte von Nordend über Schönhauser Allee, Hackescher Markt, Hermannplatz, Neukölln und Rudow nach Schönefeld. Als der Horch sich dem Angerdorf näherte, sah man bereits von fern die Geschäftigkeit auf dem Gelände. Gordon hatte sich das Areal kleiner vorgestellt, als es tatsächlich war und er fragte sich, ob diese Anlage je auf einer Angriffsliste der RAF gestanden hatte. Aus dieser Entfernung zumindest schienen alle Gebäude völlig intakt zu sein. Gordon bat Gila, um das Fluggelände herum nach Diepensee zu fahren, in der Hoffnung, etwaigen Flugbetrieb studieren zu können. Doch er sollte enttäuscht werden.

Dagegen nahm er mit Interesse zur Kenntnis, dass an der Südseite des Platzes Anlagen der Firmen Siemens, Askania, Lorenz, AEG und anderer im Funkwesen tätige Werke angesiedelt waren. Auch fiel ihm auf, dass der Schutz der Anlage weit besser organisiert war, als in den meisten der anderen Betriebe, die er gesehen hatte. Gila drängte, nun endlich zum See zu fahren und schließlich gab er nach. Mit einem Lächeln auf den Lippen erhöhte die Baronin die Geschwindigkeit und zunächst nach Eichwalde und dann nach Schmöckwitz. Als sie auf die längste Strasse Berlins, Adlergestell, stießen, sah er links voraus die Werksanlage der Berliner Reifenwerke. Doch Gila interessierten nicht die Industrieanlage, sie wollte ins Grüne und gab Gas.

»Wo sind wir denn hier?«

»In Schmöckwitz«, sagte sie und dehnte das Ö, bis es fast schmerzte.

»Übertreibst Du nicht ein wenig mit dem Ö?«

»Die Leute sprechen den Ort eben so aus. Das ist übrigens nicht nur Berlins südlichster Punkt, sondern auch der älteste Siedlungsplatz unserer Reichshauptstadt«, erklärte sie mit erhobener Lautstärke.

Gila dachte nicht dran anzuhalten, sondern fuhr durch einen Wald nach Schmöckwitz-Werder, überquerte den Oder-Spree-Kanal, durchfuhr Gosen und reduzierte die Geschwindigkeit erst, als sie in die Siedlung Müggelheim einfuhren.

»Die haben Pfälzer vor fast zweihundert Jahren gegründet«, stieß sie kurz hervor, als sie das schwere Cabrio in einen staubigen Weg lenkte.

»Bald sind wir da. Du wirst es lieben.«

Gila kümmerte es nicht, dass der Waldweg nicht asphaltiert war, sondern fuhr mit erhöhtem Tempo weiter, eine lange Staubfahne hinter sich herziehend. Nach wenigen Minuten stoppte sie den Wagen.

»Endstation Liebster!«

Sie sprang aus dem Wagen und zauberte wieder einmal einen Picknickkorb aus dem Kofferraum hervor.

»Jetzt noch die Düne erklimmen und wir sind da«, keuchte sie, als sie den schweren Korb durch den nachgebenden Sand schleppte. Gordon nahm ihn ihr ab und pfiff durch die Zähne, als sie den Kamm der Düne erklommen hatten.

»Habe ich Dir zu viel erzählt«, sagte sie und schaute ihn zärtlich an.

Der Kleine Müggelsee lag mit einer traumhaft schönen Badebucht völlig unberührt vor ihm. Kein Wunder, denn an einem Donnerstag war die arbeitsfähige Berliner Bevölkerung geschlossen in den Fabriken. Als er wenig später im Sand lag und die Lippen der Baronin auf seinem Körper spürte, vergaß er völlig, weshalb er eigentlich nach Berlin gekommen war. Nachdem sie sich stundenlang in der Sonne geaalt und mehrere textilfreie Schwimmausflüge unternommen hatten, war es an der Zeit aufzubrechen. Der Abschied fiel beiden schwer, viel schwerer als beim letzten Mal und Gordon spürte, dass er sich mehr und mehr in die attraktive Frau verliebte. Nachdem Gila ihre Tränen verdrückt hatte, gab sie Gas, winkte nochmals ohne sich umzudrehen und war bald im Verkehr verschwunden.

Es war jetzt 18:00 und als Nächstes beschloss er, sich von seinem Freund, dem Concierge, eine Zugverbindung nach Basel heraussuchen zu lassen. Ode holte mit Schwung das Kursbuch aus einer seiner vielen Schublade und begann zu blättern. Nach kurzer Zeit hatte er gefunden, was er suchte, Gut gelaunt trottete Gordon zu dem nicht weit entfernten Anhalter Bahnhof, um die Fahr- und Platzkarte zu lösen.

»Hoffentlich ist der Zug nicht ausgebucht«, murmelte, als er sich dem Schalter näherte.

Die Sorge war unbegründet und nach wenigen Minuten bekam er die Fahrausweise. Der Rest des übrigen Berliner Abend verging schnell mit einem guten Essen im Esplanade Restaurant. Als der Schnellzug am nächsten Tag Berlin verließ, war es ihm, als würde er einen geliebten Ort verlassen.

»Ich hoffe, Ihre überaus optimistische Beurteilung der Me 262 hält der realen Erprobung stand, Major Schmidt«, sagte der General der Jagdflieger, Adolf Galland zu Othmar Schmidt, als sie zusammen mit dem jüngst zum Hauptmann beförderten Otto Lechner das Restaurant des Hotels Zu den Drei Mohren betraten. Die kleine Berliner Abordnung war am späten Abend aus Berlin eingeflogen, um den ersten Start und Flug der Me 262 mit Strahltriebwerken beizuwohnen. Galland war in heller Vorfreude auf das kommende Spektakel, denn wenn nur die Hälfte von dem stimmte, was ihm der Major vom Hochtechnologieausschuss erzählte, wahr wäre, so würde diese Maschine den Luftkrieg auf den Kopf stellen. Es war jetzt sechs Uhr morgens. Eine eher unchristliche Zeit, doch Professor Messerschmitt hatte den Start auf 08:30 festgelegt und man musste dazu auch noch einige Kilometer auf der Reichsautobahn zurücklegen, um zum Fliegerhorst Leipheim zu kommen, auf dem Messerschmitt ein Zweigwerk errichtet hatte. Messerschmitts letzte Nachricht lautete, sich zur Abholung um 06:45 bereitzuhalten.

»Wo fahren wir gleich hin, Lechner?«

»Nach Leipheim«, beeilte sich Otto zu sagen, während sie sich an einen gedeckten Tisch setzten.

»Kenn ich nicht, muss ich gestehen«, brummte Galland und hob seine Tasse, als eine Bedienung ihm Kaffee einschenken wollte.

»Mir ist nur Lauphheim ein Begriff.«

»Der Platz besteht schon seit 1937«, stellte Hauptmann Lechner fest.

»Ein Bekannter in Rechlin stammte aus Leipheim und hat mir die

Geschichte erzählt, die einem seiner Onkel viel Land kostete. Als die Reichsautobahn München–Stuttgart–Karlsruhe gebaut wurde, begann auch der Bau des Fliegerhorstes. Dabei waren strategische Gründe ausschlaggebend, denn Eisenbahn und Autobahn sicherten den Nachschub. Dabei zerstörten die Baumaßnahmen alte Flurstrukturen und ein Stück der Römerstraße. Der Onkel meines Bekannten wurde enteignet, weil er sich weigerte, zu verkaufen. Seit 1940 ist der Fliegerhorst auch Flugzeugwerft der Messerschmitt-Werke Augsburg.«

»Na, jetzt wissen wir ja Bescheid«, schmunzelte Galland und schob sich eine Brötchenhälfte mit Schinken zwischen die Backen.

»Laupheim war mal ein Fliegerhorst«, erklärte Othmar.

»Seit Kurzem ist er aber von der Hubschrauberfirma Focke-Achgelis belegt worden.«

»Wieso denn das?«, knurrte Galland zwischen zwei Happen.

»Weil das Werk in Delmenhorst-Hoykenkamp am 4. Juni bei einem Bombenangriff schwer getroffen worden ist. Die Engländer wollten offensichtlich Bremen und den Hafen bombardieren, doch eine ganze Reihe ihrer Bomber haben ihre Fracht genau über dem Hubschrauberwerk abgeladen. Da steht kein Stein mehr auf dem anderen. Deswegen ist die Focke-Achgelis mit den Aerodynamikbüros, der Statik, den Abteilungen Entwurf und Konstruktion samt Betriebsleitung, Musterbau und Serienmontage nach Laupheim südlich von Ulm verlegt worden. Zurzeit werden neue Hallen errichtet, sodass ab Herbst der Serienbau der FA 223 Hubschraubers starten kann.«

»Das Ding ist serienfertig?«, staunte Galland.

»Nicht nur das«, sagte Othmar leise und mit gewissem Stolz.

»Flugkapitän Carl Bode ist mit einer FA 223 auf 7100 Meter gestiegen. Das ist Weltrekord. Leider inoffiziell, da während des Krieges keine Rekorde registriert werden.«

»Übrigens gibt es zu dem Bombardement in Hoyenkamp noch eine tolle Geschichte zu erzählen«, beeilte sich Otto zu sagen.

Ein unerschrockener Mitarbeiter und Versuchsflieger Fockes zog eine Maschine bei dem Luftangriff aus dem brennenden Schuppen, verstaute die Konstruktionszeichnungen darin und stieg senkrecht aus den Flammen empor. Großes Kino.«

»Ganz schön verrückt, diese Hubschrauberleute«, staunte Galland.

Doch nun konzentrierten sich die Offiziere ganz auf ihr ausgezeichnetes Frühstück, das sie in dieser üppigen Form schon lange nicht mehr in Berlin genossen hatten. Gegen 06:45 schaute Othmar auf die Uhr. Im gleichen Moment betrat Professor Messerschmitt das Restaurant.

»Ich hoffe, Sie haben ihr Frühstück beendet, denn die Zeit drängt« und klopfte lächelnd mit dem rechten Zeigefinger auf seine Armbanduhr.

»Kein Problem, Professor«, antwortete Galland, stand auf, zog sich seine Uniformjacke an und begrüßte Messerschmitt mit Handschlag.

Othmar und Otto erhoben sich ebenfalls und bauten ihr Männchen.

»Na, dann wollen wir mal«, lachte der Unternehmer und führte die Drei zu einem Mercedes Benz 320 B Cabrio, das er vor dem Hotelportal geparkt hatte. Auf der Fahrt über die menschenleere Reichsautobahn kam wegen der Geräuschentwicklung kaum eine Konversation auf und jeder hing seinen Gedanken nach. Erst als sie sich Leipheim und dem Fliegerhorst näherten, bemerkte Othmar zu Otto, die es sich auf der Rückbank bequem gemacht hatten: »Siehst du, was ich sehe?«

Lechner schüttelte den Kopf.

»Die Autobahn ist schnurgerade und verläuft parallel zur Startbahn dort drüben.

Da könnte man meinen, die Autobahn wäre ebenfalls eine Start- und Landebahn.«

»Du hast recht«, stellte Lechner fest.

»Ob das Absicht ist?«

Inzwischen hatte Messerschmitt die Autobahn verlassen und steuerte seine Liegenschaft auf dem Fliegerhorst an. Vor einem großen Hangar stoppte der Wagen. Othmar tippte Galland auf die Schulter und deutete auf die Me 262, die mit dem Spornrad auf dem glatten Beton des Vorfeldes lauerte.

»Sehen Sie da drüben, General. Da steht die Zukunft der deutschen Jagdwaffe!«

Inzwischen war eine Gruppe Männer nähergekommen.

»Kommen Sie General, ich will Ihnen einige meiner Mitarbeiter vorstellen.«

Beide gingen mit Schmidt und Lehner im Schlepptau den Männern entgegen, während Karl Lüttgau, der Hoffotograf der Messerschmitt-Werke, pausenlos Aufnahmen von Galland und Messerschmitt schoss.

»Gerhard Caroli, unser Leiter der Flugerprobung, der Leiter des Versuchsbaus Moritz Asam, unsere Ingenieure Tilch und Wöckner und natürlich Fritz Wendel.«

Es war offensichtlich, dass sich Galland und Wendel kannten, denn ihre Begrüßung fiel erheblich freundschaftlicher aus, als das Hallo mit den Ingenieuren, die Galland zum ersten Mal traf.

»Ob Sie Ihren Weltrekord übertreffen, Wendel?«

Der General sprach auf den Geschwindigkeitsweltrekord für Flugzeuge mit Kolbentriebwerk an, den der Messerschmitt-Testpilot am 26. April 1939 mit der Messerschmitt Me 209 aufgestellt hatte.

»755,138 km/h fallen heute Morgen, Herr General. Darauf können Sie wetten.«

»Bevor ich das tue, zeigen Sie mir aber erst einmal den Vogel«, erklärte Galland verschmitzt.

»Nichts lieber als das!«, antwortete Wendel und ging mit Galland um eine Me 323 Gigant herum, eine mit vier Motoren ausgerüstete Weiterentwicklung des schweren Lastenseglers Me 321 und das größte Transportflugzeug der Luftwaffe.

Galland blieb abrupt stehen, als der die Me 262 auf dem sonnenüberfluteten Betonvorfeld stehen sah.

»Schön und gefährlich sieht sie aus«, sagte er anerkennend und betrachtete die einmalig gelungene Struktur des Jägers.

Langsam ging er zum Bug des Flugzeuges, der sich vor ihm emporreckte.

»Sie hat etwas von einem Haifisch, nicht wahr, Wendel?«

Fritz Wendel nickte zustimmend.

»Schauen Sie sich den extrem glatten Unterboden der Maschine an, General. Hier gibt es keine Verwirbelungen. Alles ist auf Geschwindigkeit hin konzipiert.«

Galland nahm nun die Triebwerke in Augenschein, deren Einlässe mit einem Drahtgeflecht geschützt waren.

»Das sind die Jumo 004 Triebwerke V9 und V 10, Herr General. Die sind erst vor ein paar Tagen geliefert worden. Ich hoffe nur, die sind besser als die BMW P 3303-Strahltriebwerke.«

Mittlerweile hatten sich zwei Flugzeugwarte an den Triebwerken zu schaffen gemacht und ein Dritter stand auf dem linken Flügel und öffnete die für eine Messerschmitt typische, seitlich aufklappbare Kabinenhaube. Galland klopfte Wendel auf die Schulter und wandte sich zum Gehen.

»Hals und Beinbruch«, wünschte der General.

Gespannt wartete man nun auf das Anlassen der Triebwerke. Diese Prozedur dauerte eine Weile, doch plötzlich erwachten fauchend die Motoren. Schon bald hatte Wendel den Anfang der betonierten Startbahn erreicht und drehte die Me 262 in den Wind. Die Triebwerke heulten auf und das Flugzeug gewann stetig an Geschwindigkeit. Doch Wendel hatte ein Problem, denn das Spornrad rührte sich nicht von der Rollbahn, um den Rumpf in die horizontale Lage zu bringen. Wendel brach den Startvorgang ab und rollte auf seine Parkposition zurück.

Dabei ließ er die Motoren laufen, öffnete das Cockpit und rief einen der Ingenieure herbei. Offensichtlich erklärte Wendel dem Techniker sein Problem, denn für einige Sekunden beobachteten Othmar und die anderen, wie der Ingenieur die Lage analysierte, während Wendel gespannt darauf wartete, eine Antwort auf seine Frage zu bekommen. Endlich schien der Techniker das Problem gelöst zu haben, denn Wendel hob den Daumen und schloss wieder das Cockpit. Der Ingenieur sprang von der Tragfläche und ging ein paar Meter neben der langsam anrollenden Maschine her.

Wieder nahm der Pilot seine Ausgangsposition auf der Rollbahn ein, beschleunigte die Maschine, bis er, für den geübten Beobachter durchaus zu sehen, kurz vor der Abhebegeschwindigkeit auf die Bremse trat. Durch die folgende Nickbewegung hob sich das Heck, und nach wenigen Metern hob die Me 262 problemlos ab. Zunächst stieg Wendel langsam, doch dann setzte der volle Schub ein und in einer steilen Kurve stieg die Maschine brüllend in den Himmel.

Auf dem Boden brach ein Freudengeheul aus. Flugzeugwarte und Ingenieure warfen ihre Mützen und Hüte in die Luft, die Männer vom Junkers Motorenbau lagen sich in den Armen. Adolf Galland stand sprachlos mit leicht nach hinten geneigtem Oberkörper, die Arme in die Hüften gestemmt und schaute in den Himmel, wo Wendel ein Manöver nach dem anderen flog. Mit einem Mal nahm er Kurs auf den Platz und die staunende Menge, ging im Tiefflug herunter und überquerte in voller Länge donnernd die Startbahn. Es war unglaublich. Für Othmar und Otto, die bereits die Heinkel 280 im Fluge erleben durften, war auch der Erstflug der Messerschmitt ein fantastisches Erlebnis.

Nach rund zwölf Minuten landete Wendel, wobei eine große, helle Rauchentwicklung der Triebwerke das Flugzeug ab Höhe Cockpit einhüllte, aus der nur ab und zu das Leitwerk zu sehen war. Doch der Rauch verschwand so schnell, wie er gekommen war und als Minuten später Wendel aus dem Cockpit stieg, trugen ihn zwei seiner Warte auf ihren Schultern zu Professor Messerschmitt und seinen Besuchern.

»Mensch Wendel, was war denn da los?«, wollte Messerschmitt wissen.

Nur mit Mühe konnte sich der Pilot von seinen überglücklichen Warten trennen.

»Ohne den fehlenden Mittelmotor bleibt das Höhenruder in der zu schwachen Nachlaufströmung hinter dem Flügel wirkungslos«, Herr Professor.

»Und was hat der Ingenieur ihnen geraten?«

»Er sagte, ich solle etwa bei 180 km/h kurz auf die Bremse tippen, damit sich das Heck der Maschine hebt und in die Strömung kommt. Das war schon sehr gewagt, denn das Flugzeug erreicht erst nach achthundert Metern Rollstrecke diese Marke, und nach diesem Punkt bleiben höchstens noch zweihundert bis dreihundert Meter Rollbahn übrig!«

»Und wie verhält sich das Flugzeug sonst?«, drängte Galland.

»Fantastisch! Die Strahltriebwerke liefen wie ein Uhrwerk! Es war ein reines Vergnügen diese neue Maschine zu fliegen. Ich war wirklich selten so begeistert bei einem ersten Flug mit einem neuen Flugzeug wie bei der Me 262, Herr Professor.«

Messerschmitt beobachtete, dass Galland nicht ganz so begeistert drein schaute.

»Was bedrückt Sie, General?«

»Ich kann meinen jungen Piloten nicht zumuten, solch ein riskantes Manöver bei allen Starts durchzuführen. Da müssen Sie was ändern.«

»Werden wir, Herr General. Wir werden sofort ein Bugfahrwerk einbauen.

Das ist auch konstruktiv kein so großes Problem und außerdem wollen wir die Flügelgeometrie ändern. Das können wir gleich in einem Aufwasch erledigen.«

Gallands Miene hellte sich auf.

»Dann, meine Herren, hätten wir den Luftüberlegenheitsjäger, den wir so dringend benötigen. Aber eine Frage hätte ich da noch, Herr Professor. Wann darf ich den Vogel das erste Mal fliegen?«

»Sobald wir das erste Versuchsmuster mit Bugfahrwerk bereitgestellt haben, Herr General.«

Galland klatschte vor Begeisterung in die Hände.

»Dann sollte ich sofort eine erste Einführung in die Technik bekommen«, forderte er.

»Gerne, General. Ich bin sicher Fritz Wendel wird Ihnen den Gefallen tun.«

Während Galland sich ins Cockpit des Jägers setzte und Wendel daneben auf der Tragfläche kniete und die revolutionäre Technik des Flugzeuges erläuterte, sprachen Schmidt und Lechner mit Messerschmitt über die geplanten Änderungen an dem revolutionären Flugzeug.

»Auch wenn ich Sie damit nerve, Major Schmidt«, begann Messerschmitt, »aber ohne Sie wären wir noch lange nicht da, wo wir jetzt sind. Die Junkers Triebwerke sind fabelhaft und zu diesem Zeitpunkt erstaunlich standfest. Ohne den Hochtechnologieausschuss lägen wir im Zeitplan weit zurück. Als Nächstes müssen wir erheblich mehr Testträger bauen, um die Entwicklung voranzutreiben.«

Othmar unterbrach ihn, indem er dem Professor seine Hand auf den Arm legte.

»Seien Sie unbesorgt, Professor, wenn wir heute Abend wieder in Berlin sind, werden wir umgehend Aufträge für fünf weitere Versuchsmaschinen und dreißig Vorserienmaschinen in die Wege leiten.«

Willy Messerschmitt seufzte erleichtert.

»Ich bin zwar immer wieder überrascht, wie groß Ihr Einfluss in Berlin ist und frage mich natürlich, wie es dazu gekommen ist, doch schließlich soll es mir egal sein. Hauptsache das Projekt nimmt so richtig Fahrt auf. Und mit dieser Order haben wir auch die finanziellen Sicherheiten, um die Verbesserungen umzusetzen.

Neben dem Bugfahrwerk gehören dazu eine Druckkabine, Panzerung für den Flugzeugführer und die Treibstofftanks, Sturzflugbremsen und eine starke Bewaffnung …«

»Ich höre Bewaffnung«, unterbrach ihn Galland, der mit Wendel hinzutrat.

»Denken Sie erst gar nicht über die gängigen 20-Millimeter-Kanonen nach, Professor.

Wir brauchen ein größeres Kaliber, um die Lancaster und demnächst die B 17 angreifen zu können. Diese Möbelwagen sind stark gepanzert und unsere Jäger haben große Schwierigkeiten, sie mit unseren lächerlichen Spritzen herunterzuholen. Nehmen Sie direkt vier von den neuen Rheinmetall-Kanonen.«

»Welche meinen Sie, Herr General?, meinte der Professor verdutzt.

»Der General spricht von der 30-Millimeter-Rheinmetall-Borsig-Kanone MK 108, die zurzeit in der Erprobung ist. Sie ist eine kompakte Waffe mit vergleichsweise geringem Gewicht und hoher Schussfolge«, mischte sich Lechner ein.

»Was heißt den vergleichsweise gering?«, reagierte Messerschmitt interessiert.

»Achtundfünfzig Kilogramm, wenn ich mich korrekt erinnere. Die Durchladung erfolgte pneumatisch, die Zündung der Patronen noch während des Vorlaufs des Masseverschlusses elektrisch, sodass ein Teil des Rückstoßimpulses kompensiert wird.«

»Sehr interessant«, fand Messerschmitt.

»Nebenbei ist diese Waffe auch produktionstechnisch für billige Massenproduktion ausgelegt, da fast ausschließlich Blechprägeteile sowie nicht legierte Stahlsorten verwendet werden.«

Adolf Galland strahlte: «Genau die meine ich. Sehr gut, Lechner!«

»Können Sie uns ein paar Hinweise auf die Konstruktion geben, Herr Professor«, mischte sich Othmar in die Diskussion ein.

»Natürlich. Fangen wir bei den Flügeln an. Wir haben es hier mit einem einteiligen, einholmigen Ganzmetallflügel zu tun, mit Glattblechbeplankung und mäßiger Pfeilung an der Vorderkante. Die Querruder haben wir als zweiteilige Frise-Ausführung gewählt, da sie neben der Querruderdifferenzierung eine weitere Möglichkeit bieten, die unterschiedlichen Widerstände an den beiden Tragflügelhälften auszugleichen. Daneben gibt es dreiteilige Schlitzlandeklappen, die bis zu sechzig Grad ausfahrbar und nach hinten ausschwenkend konstruiert sind. Ein automatischer Vorflügel reicht über die ganze Spannweite. Der Rumpf ist im Aufbau in Ganzmetall-Halbschalenbauweise mit nahezu dreieckigem Querschnitt. Den haben wir in vier Bauteile unterteilt, von denen die Hinteren drei in Leichtmetall ausgeführt sind, der Bug hingegen in Stahl. Das Leitwerk ist ein ganz normales, freitragendes Höhenleitwerk in Ganzmetall.«

»Was glauben Sie, wie lange wird es dauern, bis dieses Flugzeug fronttauglich sein wird«, fragte Galland.

Willy Messerschmitt überlegte lange.

»Wenn die Mittel weiter fließen wie bisher, die Zulieferer pünktlich arbeiten, sollten wir in etwa einem Jahr soweit sein.«

»Und was ist mit den anderen Versionen wie Aufklärer, zweisitzigem Nachtjäger und vor allem dem doppelsitzigen Schulflugzeug mit Doppelsteuerung?«

»Wir arbeiten dran. Vorrangig natürlich an der zweisitzigen Schulversion«, versuchte Messerschmitt sofort jeden Zweifel an der Prioritätenliste zu zerstreuen.

»Übrigens habe ich bereits Konstruktionszeichnungen eines Bugradfahrwerks vor geraumer Zeit angefertigt«, sagte der Professor nonchalant.

»Aber Generalfeldmarschall Milch hat uns durch die Blume verstehen lassen, dass er und das technische Amt solch eine Lösung nicht akzeptieren würden. Milch ist ein vehementer Vertreter der Spornradphilosophie.«

»Warum haben Sie mir das nicht früher mitgeteilt«, meinte Othmar mit einem leichten Ton der Enttäuschung in seiner Stimme.

»Wir hätten diese Anordnung sofort revidiert. Im Übrigen hat Heinkel ja solch ein Fahrwerk in seiner He 280 eingebaut …«

»Und deshalb«, beeilte sich der Professor Othmar zu unterbrechen, »hat er ja auch so viele Freunde im RLM …«

»Ich denke wir sollten hier keine Personaldiskussion führen«, versuchte Galland die Situation zu beruhigen.

»Wir sind ja jetzt d´accord.«

Messerschmitt entspannte sich augenblicklich und meinte dann jovial zu Galland: »Vielleicht kommen Sie schneller zu Ihrem Flugerlebnis mit der Me 262, als gedacht. Da könnten wir einen geheimen Flugversuch unternehmen, und wenn der zu Ihrer Zufriedenheit verläuft, schieben wir dann einen offiziellen Versuch für das Führerhauptquartier hinterher.«

Was für ein ausgebuffter Fuchs staunte Othmar innerlich. Der weiß genau das persönliche Propagandainstrument zu bedienen. Nach einem Mittagessen mit dem gesamten Me 262 Team fuhr Messerschmitt seine Gäste zurück nach Augsburg. Zunächst holten sie das Gepäck im Hotel ab, dann brachte sie der Professor zum Werksflugplatz in Haunstetten, wo die Maschine Gallands geparkt war.

»Ich hoffe, diese Vorführung hat Sie motiviert, den Kampf mit aller Kraft fortzusetzen, General.«

»Das hat es, Professor Messerschmitt. Ich wünschte mir, ich könnte eine Sondermeldung an meine Piloten herausgeben, die die baldige Ankunft des Wundervogels ankündigt. Aber wir wollen uns ja nicht die Überraschung nehmen lassen.«

Als die Maschine anrollte, stand Willy Messerschmitt immer noch auf dem Flugfeld und winkte. Man konnte ihm die Erleichterung ob der gelungenen Vorführung immer noch ansehen. Auf dem Rückflug stand natürlich die Me 262 im Zentrum der Gespräche. Othmar wies nochmals darauf hin, wie wichtig ihm erschien, die Ausbildung der zukünftigen Strahljägerpiloten in Angriff zu nehmen.

»Wir brauchen die Infrastruktur, um den Jagdflieger von morgen ausbilden zu können. Und es muss dort geschehen, wo zum einen die Geheimhaltung gewährleistet ist, zum anderen die Gefahr von gegnerischen Bombenangriffen gering ist.«

»Das bedeutet, dass der Westen und Norden des Reiches tabu sind«, antwortete Galland.

»Bleiben Bayern und die Tschechei.«

»Mir wäre zu Beginn Bayern lieber«, erklärte Otto Lechner, denn dann wäre man in der Nähe der Messerschmitt-Werke und könnte bei Bedarf auf deren Logistik und Wissen zurückgreifen.«

»Das macht Sinn«, murmelte Galland.

Und nach einer Weile: »Warum nicht Neuburg an der Donau. Das liegt zwischen Augsburg und Regensburg, also den beiden Messerschmitt-Standorten.«

Lechner und Schmidt nickten zustimmend.

»Gut, dann gehe ich diese Frage morgen sofort an«, sagte Galland, der bereits im Anflug an die Reichshauptstadt war.

»Und ich spreche mit Messerschmitt über dieses Projekt«, setzte Othmar hinterher.

Nach vielen Wochen hatten Wilhelm Canaris und Othmar Schmidt endlich einmal einen freien Abend gefunden, an dem sie sich endlich einmal wieder austauschen konnte. Ilse hatte sich erboten, für sie ein Abendessen zu kochen, damit man nicht schon wieder in eines der teuren Lokale ausweichen musste. Canaris zuliebe gab es Königsberger Klopse. Es hatte sich bei beiden eine Menge angesammelt und sie empfanden die Tatsache, endlich mal wieder unter sich zu sein und Dampf ablassen zu können als ein besonderes Geschenk.

Canaris war soeben aus dem Führerhauptquartier in Rastenburg zurückgekehrt. Er und Oberst Reinhard Gehlen, Chef von Fremde Heere Ost, der Dienststelle zur Bewertung der Feindlage an der Ostfront, hatten vergeblich versucht, Hitler begreiflich zu machen, dass die russische Armee im Südabschnitt der Front nicht geschlagen, sondern einen taktischen Rückzug unternahm.

»Othmar, Du machst dir keine Vorstellungen, in welchem Wolkenkuckucksheim sich der Führer befindet. Er ist keiner noch so sicheren Erkenntnis über die Feindlage zugänglich. Seit Tagen stoßen unsere Divisionen in Gewaltmärschen von dreißig bis vierzig Kilometern täglich nach Osten vor. Doch die erhoffte Einkesselung und Vernichtung der Roten Armee bleibt aus. Es war mir und Gehlen von Anfang an klar, dass wir hier nur gegen zahlenmäßig schwache, aber gut bewaffnete Nachhuten kämpfen. Es stimmt schon, dass sie bei der Truppe große Verluste erlitten haben, doch das Gros hat sich der drohenden Vernichtung entzogen. Die geringen Gefangenenzahlen und der schwache Widerstand wurden im OKW jedoch völlig falsch interpretiert. Dort ging man davon aus, dass dies ein Zeichen nicht für eine geglückte Rückzugsbewegung, sondern für den gebrochenen Kampfwillen der Sowjetarmee sei. Und jetzt hat Hitler einen ungeheuren Fehler begannen, der in keiner Weise vom Generalstab infrage gestellt wurde. Du erinnerst dich, die OKW-Weisung Nr. 41 vom 5. April 1942 sah vor, dass die aus der Heeresgruppe Süd neu gebildeten Gruppen A und B gemeinsam zuerst Stalingrad erobern sollten, um nach der Sperrung der Wolga anschließend in den Kaukasus und entlang der Schwarzmeerküste bis zu den Ölfeldern von Maikop und Grosny vorzustoßen und schließlich bis Baku vorzugehen.

Vorgestern, also am 23. Juli, hat er die Weisung Nr. 43 veröffentlicht, die die gleichzeitige Lösung aller Aufgaben vorsieht. Welch ein Wahnsinn! Die Heeresgruppe A ist jetzt nach Süden abgedreht und die 6. Armee unter ihrem Oberbefehlshaber, General der Panzertruppe Friedrich Paulus, soll den Angriff auf Stalingrad alleine führen. Du machst dir ja keine Vorstellungen von den Bedingungen, unter denen unsere Soldaten kämpfen und marschieren müssen. Und in dem elenden Staub leidet das rollende Material unglaublich. Es gibt gar nicht genügend Luftfilter für die Panzer und Lastwagen, die dadurch immer wieder mit Motorschaden ausfallen. Ich befürchte das Schlimmste für Paulus und seine Leute.

Gleiches übrigens auch für die von Ewald von Kleist geführte 1. Panzerarmee, die jetzt der Heeresgruppe A unter Generalfeldmarschall Wilhelm List unterstellt worden ist. Die Heeresgruppe hat den Auftrag, Grosny und die Ölfelder von Baku einzunehmen mit der 1. Panzerarmee als Speerspitze dieses Angriffs. Denke nur an die Flanken der beiden Heeresgruppen. Wer soll die schützen? Etwa die italienischen und rumänischen Divisionen? Die sind so schlecht ausgerüstet und unbeweglich, die haben einem entschlossenen russischen Angriff nichts, aber gar nichts entgegenzusetzen.«

»Ich kann nur hoffen, dass deine Prognose nicht eintreffen wird, Wilhelm. Ein Desaster an der Südfront könnte die gesamte Planung für das Unternehmen Barbarossa infrage stellen«, kommentierte Othmar Canaris Worte.

»Aber wie ist es denn dir ergangen?«

Othmar erzählte von den Fortschritten, die dank des unumschränkten Agierens des Hochtechnologieausschusses gemacht worden waren. Er wies aber gleichzeitig darauf hin, dass die Früchte dieser Arbeit wohl kaum vor dem Frühjahr 1944 im vollen Umfang einsatzbereit wären.

»Dann wollen wir mal hoffen, dass all diese Anstrengungen nicht zu spät kommen«, mahnte Canaris und schaute düster auf seine beiden Dackel, die friedlich in ihrem Körbchen schliefen.

»Sag mal Wilhelm, bei dieser Konferenz habe ich den neuen Vertreter der SS im Ausschuss flüchtig kennengelernt. Es ist SS-Gruppenführer und Generalleutnant der Waffen-SS Gottlob Berger.

Schellenberg wollte mir einiges über ihn erzählen, doch in dem ganzen Trubel ist er nicht mehr dazu gekommen. Kennst du ihn?«

»Kennen ist zu viel gesagt, ich beobachte ich schon seit Jahren und soviel schon mal voraus, ohne Berger würde Himmler nicht über seine schlagkräftige Waffen-SS verfügen. Er ist als Chef des SS-Hauptamtes und oberster Rekrutierer mit den Fähigkeiten eines bürokratischen Strippenziehers für das Wachstum der Waffen-SS unentbehrlich. Interessant dabei ist auch zu sehen, dass er, was eigentlich im Widerspruch zu den gängigen Rassevorstellungen Himmlers steht, ein besonderes Auge auf Ost- und Südosteuropäer geworfen hat, die er verstärkt für den Einsatz in der Waffen-SS anwirbt. Bestes Beispiel ist die die 7. SS-Freiwilligen-

Gebirgs-Division Prinz Eugen, die vor allem im nordserbischen Banat aus Volksdeutschen aufgestellt wurde.«

»Immerhin erkennt das osteuropäische Potenzial«, warf Othmar ein.

»Ja, da ist er bei den Nazis anscheinend der Einzige«, stimmte Canaris zu.

»Für mich völlig unverständlich«, fuhr Othmar fort.

»Wenn man allein die Wut und die Unzufriedenheit der Ukrainer gegenüber den Sowjets nutzen würde, wäre der Vorteil für das Reich unübersehbar.«

»Da stimme ich dir zu, Othmar. Aber solange man die Polen und Ukrainer wie Vieh behandelt und dazu auch noch das Schwein Erich Koch, den Gauleiter der NSDAP in Ostpreußen, zum Reichskommissar für das Reichskommissariat Ukraine macht, darf man sich nicht wundern, wenn sich die Zahl der Partisanen vervielfacht.«

Für einen Augenblick hing eine düstere Stimmung über den beiden Männern.

»Wer weiß, was ein General Wlassow bewegen könnte, den man vor ein paar Tagen gefangen genommen hat«, beendete Canaris die Stille.

»Der General, der bei Winteroffensive der Sowjets im Januar 1942 die Stadt Solnetschnogorsk wiedererobert hat?«

»Genau der. Der Mann war Tagesgespräch in der Wolfsschanze. Was der bei seinem ersten Verhör über die Zustände in der Roten Armee mitteilte, spottete jeder Beschreibung.«

»Wo hat man ihn denn geschnappt?«

»Wlassow wurde im März 1942 zum Oberbefehlshaber der 2. Stoßarmee ernannt und kämpfte unter Marschall der Sowjetunion Merezkow an der Wolchow-Front um die Befreiung Leningrads. Der 2. Stoßarmee gelang es, weiter als die anderen Armeen vorzustoßen, sie konnte allerdings in den erreichten Stellungsräumen nicht versorgt werden und ein Rückzug wurde untersagt.«

»Solche Befehle kenne ich vom OKW auch«, unterbrach ihn Othmar sarkastisch.

»Erst sind Pferde, dann Baumrinde und Gegenstände aus Leder verzehrt worden, viele verhungerten, der Rest wurde von deutschen Verbänden aufgerieben. Wlassow konnte sich fast zwei Wochen verbergen, dann schleppte er sich zusammen mit seiner Köchin Maria Woronowa in das Walddorf Tuchowetschi und bat um Unterschlupf.

Der Dorfälteste versteckte die beiden und verriet sie dann an die Deutschen. Ein weiteres Beispiel für den Hass der Stadt- und Landbevölkerung auf den Stalinismus. In einem anderen Verhör hat er auch angekündigt, ein gegen Stalin gerichtetes Komitee zu gründen.«

»Aber das könnte doch zu einer russischen Freiwilligenarmee führen, die Seite an Seite mit der Wehrmacht Stalin bekämpfen könnte und damit den Krieg für Deutschland gewinnen?«

»Könnte, Wenn und Aber, du kennst doch Hitlers menschenverachtende Einstellung zum russischen Untermenschen. Ich sehe dafür keine Chance, solange diese Rassenideologie das Denken der Führung beherrscht.«

Othmars Gedanken rasten.

»Ich werde mit Himmler darüber reden. Er ist der Einzige, der meiner Meinung nach die Einstellung Hitlers ändern könnte. Immerhin wäre es auch in seinem Interesse.«

»Du bist naiv«, lächelte Canaris, aber manchmal siegt sogar Naivität über Brutalität. Aber was ganz anderes hast du was von deinem Bruder gehört?«

»Ja, Friedrich ist zur schweren Panzerabteilung 503 versetzt worden. Übrigens, Himmler hatte mir bei der letzten Konferenz die gleiche Frage gestellt. Dann aber passierte etwas Merkwürdiges. Er wollte plötzlich alles genau wissen. Wo er denn jetzt wäre und ob ich wüsste, wann die Einheit denn in dem Kampf geworfen würde. Als ich ihm erzählte, dass die Abteilung auf den Truppenübungsplatz Döllersheim in Österreich verlegt werden sollte, reagierte er plötzlich ganz merkwürdig. So als ob ihm das nicht ganz geheuer wäre.«

Der Admiral lächelte still vor sich hin.

»Mach es nicht so spannend Wilhelm. Ich sehe doch, dass du dazu etwas beizutragen hast.«

»Augenscheinlich vermutet, oder weiß Himmler von einem, sagen wir mal, nicht widerlegtem Gerücht, wonach der großartige Führer möglicherweise ein Vierteljude ist.«

»Wie soll er denn dazu gekommen sein?«, sagte Othmar entgeistert.

»Offensichtlich hat Himmler, wie auch ich, einige Erkundigungen über Hitlers Herkunft angestellt und macht sich wohl seit dem Tag, da der Führer die gesamte Gegend um Döllersheim hatte entvölkern lassen, um aus der wunderschönen Landschaft einen Truppenübungsplatz zu machen, Gedanken. Das hat nämlich den Vorteil, dass niemand dort ohne Aufsicht herumschnüffeln kann.«

»Und weiter …?«, drängte Othmar hochgradig elektrisiert.

»Wie soll er zu dem Vierteljuden gekommen sein?«

Canaris nahm zunächst einen Schluck von dem Beaujolais und zündete sich umständlich eine Zigarre an. Es machte ihm augenscheinlich Spaß, Othmar auf die Folter zu spannen.

»Maria Schicklgruber, die Großmutter Hitlers, gebar 1837 einen unehelichen Sohn namens Alois. Fünf Jahre später heiratete sie den Müllergesellen Johann Georg Hiedler. Dieser hat aber bis zu seinem Tode abgestritten, der Vater zu sein. Dieser Junge verbrachte seine Kindheit auch nicht im Hause der Mutter, sondern auf dem Bauernhof des Johann Nepomuk Hiedler, dem Bruder seines Stiefvaters. Fast zwanzig Jahre nach dem Tode des Stiefvaters erschien der Ziehvater mit drei Zeugen beim Notar in Weitra und erklärte, der damals 39 jährige Aloys Schickelgruber sei der Sohn seines verstorbenen Bruders Johann Georg Hiedler, was der Notar beglaubigte.

Am nächsten Tag kamen die vier Männer zu Pfarrer Joseph Zahnschirm von Döllersheim, der den Namen Schickelgruber im Taufbuch durchstrich und durch Hitler ersetzte. So wie der Name auch im Protokoll des Notars in Weitra dokumentiert wurde. Kurz danach ließ Aloys Schicklgruber seinen Namen in Hitler ändern. Was aber merkwürdig ist, ist die Information, dass seine Großmutter Anna Schickelgruber vierzehn Jahre lang Alimente ihres jüdischen Dienstherrn Frankenberger erhalten haben soll. Wenn dem so wäre, hätte Hitler selbst einen jüdischen Großvater. Wie dem auch sei, 1885 heiratete Alois Hitler in dritter Ehe eine Nichte zweiten Grades mit kirchlicher Sondererlaubnis. Vier Jahre später wurde der Sohn Adolf geboren.«

»Und deswegen hat Hitler den Truppenübungsplatz anlegen lassen?«, fragte Othmar ungläubig.

»Wer weiß«, antwortete Canaris verschmitzt.

»Wenn du sagst, dass Himmler merkwürdig auf die Erwähnung des Ortsnamens reagiert hätte, muss er seine Gründe haben. Immerhin liegt die Großmutter des Führers auf dem Doellersheimer Friedhof begraben. Vielleicht hat er sogar Furcht, nicht den von allen Volksgenossen verlangten Ariernachweis erbringen zu können.«

Beide Männer brachen bei der Vorstellung in lautes Gelächter aus, obwohl ihnen nicht zum Lachen zumute war.

»Jetzt mal ganz was anderes Othmar. Hast du wieder was von Oberleutnant Sprenger aus den USA gehört?«

»Ja, sein letzter Brief erreichte uns heute Morgen. Ich wollte ihn zunächst auswerten lassen, bevor ich ihn dir übergebe. Der Inhalt ist erschreckend. Die Produktionsziffern der amerikanischen Industrie sind enorm. Daneben hat er eine Information geschickt, die zeigt, wie sehr es die Alliierten mit einer Invasion Europas liebäugeln. Pluto wurde im Mai in England getestet.«

»Pluto? Was soll das sein?«

»Pluto steht für Pipe-Line-Under-The-Ocean«, erklärte Othmar.

»Das ist nichts anders als ein unterseeisches Rohrsystem, mit dem die Treibstoffversorgung nach einer Landung in Frankreich gesichert werden soll. Getestet hat man das inzwischen zweimal. Zuerst am River Medway und danach am Firth Of Clyde in Schottland. Wenn die Landung erfolgt ist, soll eine Rohrleitung von 75 Millimeter Durchmesser von Liverpool und Bristol über die Isle of Wight unter Wasser nach Frankreich verlegt werden.«

»Aber das ist doch utopisch«, entrüstete sich Canaris.

»Dafür gibt es doch gar keine Technik.«

»Bei uns nicht, aber in England und in den USA«, erklärte Othmar und reichte dem Admiral einen Umschlag.

»Da hast du es schwarz auf weiß. Übrigens hat Sprenger angedeutet, dass er in den Süden reisen will, um für ein paar Wochen in Mobile, einem der Rüstungszentren Amerikas, zu arbeiten. Er meint, vor Ort noch mehr Informationen über die Rüstung zu bekommen, als von Kennedy aus dem State Department.«

»Und was hat er noch Erschreckendes berichtet?«

»Operation Pastorius ist fehlgeschlagen!«

»Das habe ich befürchtet«, stellte Canaris fest.

»Als Hitler mir wortwörtlich sagte, ich solle endlich in Amerika etwas zu tun, habe ich Hauptmann Richard Astor von der Sabotage-Abteilung den Auftrag erteilt. Er wollte zwei Trupps losschicken, die Leutnant Walter Kappe zusammenstellen sollte.«

»Ich erinnere mich an Kappe«, unterbrach ihn Othmar.

»Seine Vorschläge kamen mir ziemlich abenteuerlich vor.«

»Für mich war das Wahnsinn in Potenz«, eiferte sich Canaris. »Ich habe immer Agenten einzeln losgeschickt, denn schon bei Zweien kann der eine den anderen verraten. Deswegen funktioniert ja auch die Operation mit Leutnant Sprenger.«

»Und genau solch ein Verrat ist geschehen«, murmelte Othmar.

»Die Einzelheiten findest du alle in dem Umschlag.«

»Mein Gott, ich ahne schon jetzt, wie Hitler darauf reagieren wird. Der wird toben.«

In diesem Augenblick steckte Ilse ihren hübschen Kopf durch die Tür und bat die beiden zum Abendessen.

»Jetzt lassen wir es uns schmecken, Othmar«, sagte der Admiral freudig und ging nach nebenan, wo ein reich gedeckter Tisch auf sie wartete.

Der Zorn Hitlers ließ nicht lange auf sich warten. Nach einem Rapport im Führerhauptquartier wies er den Abwehr-Chef wutentbrannt an, künftig bei derartigen Aktionen »Verbrecher oder Juden« einzusetzen. Nur mit einem Bericht über das Unternehmen Nordpol konnte Canaris Hitler besänftigen. Major Giskes Operation in Holland hatte sich seit Januar erstaunlich entwickelt. Der Schlüssel zum Erfolg lag bei den in Den Haag gefassten Agenten, deren Sender das Rufzeichen RLS aufwies. Mithilfe eines »umgedrehten« Funkers gelang es in Folge, eine fünfköpfige Agentenzelle mit dem Decknamen Trumpet auszuheben. Dabei fielen Chiffriermaterial und Kurzsignaltabelle der Gruppe in Abwehr-Hände. Damit hatte man nun nicht nur zwei Funkverbindungen nach England, sondern drei, da ein deutscher Funker mittlerweile von den Engländern als einer ihrer vermeintlich eigenen Funker akzeptiert worden war. Mit deren Hilfe gelang es in den nächsten Wochen sowohl umfangreiche Waffenabwürfe, als auch Agenten abzufangen.

Etwa am Mittag des 19. August 1942 betrat Major Othmar Schmidt unangemeldet Admiral Canaris Büro. Dort traf er auf Ilse Hamich, die gerade aufgeregt mit einer brandheißen Meldung in das Büro geplatzt war: »Engländer und Kanadier sind in Dieppe gelandet!«

Nachdem sich Canaris von einer Schrecksekunde erholt hatte, lächelte er.

»Entspannt euch, es gibt keinen Grund nervös zu sein, denn wir haben in diesem Fall alles richtig gemacht. Fräulein Hamich, stellen eine Verbindung zum Chef des Generalstabes des Heeres, Generaloberst Franz Halder her.«

Kurze Zeit später hatte Canaris den Generaloberst an der Strippe. Das Gespräch fand ohne jeden Austausch von Freundlichkeiten statt, sondern drehte sich ausschließlich um die Fakten der Invasion. Nach mehreren Minuten war die Unterredung beendet und Canaris legte betont beschwingt den Hörer zurück auf den schwarzen Bakelit-Apparat. Er schaute auf seine Uhr, deren Zeiger 12:30 anzeigten.

»Es ist schon alles vorbei.«

Othmar hatte nicht den geringsten Schimmer, weshalb der Admiral so locker blieb.

»Wir haben sie erwartet!«, triumphierte er.

»Schon viele Tage vorher kannten wir den Angriffsbeginn. Der Schlüssel zum Erfolg war das Brechen des britischen Marine-Funk-Codes. Ich muss da ein wenig in der Geschichte zurückgehen. Teil der 2. Abteilung der Seekriegsleitung ist der Marinenachrichtendienst, zu dem auch die III. Abteilung, der B-Dienst, also der Beobachtungsdienst gehört. Der B-Dienst, der in den früher dreißiger Jahren gegründet wurde, konnte bereits 1935 den am häufigsten benutzten Marine-Code der Briten mitlesen. Zu Ausbruch des Krieges hatten die Spezialisten vom B-Dienst die meisten britischen Codes geknackt, sodass wir genau wussten, wo sich welches Schiff der Royal Navy aufhielt.

Ein großer Erfolg war das Knacken des BAMS-Codes, also des British and Allied Merchants Ships Code, über den der Konvoi-Funk lief. Dadurch war Dönitz in der Lage seine U-Boote mit handfesten Informationen über den Standort feindlicher Schiffe zu versorgen. Zurzeit arbeiten unsere Kryptologen daran, den neuen Naval Cipher No. 3 zu knacken. Wie ich gehört habe, stehen sie kurz vor dem Erfolg. Aber zurück zu Dieppe.«

Man sah dem alten Fuchs an, dass er sich riesig über den Erfolg freute, denn ein Lächeln zog sich von den Mundwinkeln bis hin zu den Ohren und seine Haut war vor Erregung leicht gerötet.

»Durch den Erfolg des B-Dienstes war man nun in der Lage, auch den Marinefunkverkehr im Hafen von Portsmouth abzuhören. Daneben gab es zahlreiche Hinweise von Agenten und anderen Abhördiensten. Natürlich fanden auch Aufklärungsflüge statt, bei denen man feststellte, dass eine erhebliche Anzahl von Landungsbooten an der Südküste zusammengezogen worden war. Dazu gesellte sich eine vornehme Zurückhaltung der englischen Luftwaffe in den letzten Tagen. Schließlich waren wir uns sicher, dass Lord Mountbatten, Chef der kombinierten Operationen im britischen Oberkommando, eine handstreichartige Besetzung des Kriegshafens Dieppe an der deutsch besetzten Kanalküste

Frankreichs ins Auge fasste. Das sollte zwar noch keine Invasion sein, aber man wollte anscheinend die Verteidigungsbereitschaft der Festung Europa testen. Ich habe daraufhin Hitler am Morgen des 9. Juli davon unterrichtet. Der war von den Fakten so beeindruckt, dass er sofort in einem Fernschreiben den Oberbefehlshaber West, Generalfeldmarschall von Rundstedt, davor warnte, dass mit hoher Wahrscheinlichkeit damit zu rechnen sei, dass feindliche Landungen im Bereich des OB West in Kürze stattfinden werden. Von Rundstedt gab daraufhin Order, Konzepte zu entwickeln, um die Chance einer Abwehr feindlicher Landeoperationen im Raum Dieppe zu erproben.

Die Art und Weise, wie das Konzept entstand, ist erwähnenswert. In Paris, im Hauptquartier der 3. deutschen Luftflotte saßen drei Offiziere in drei verschiedenen Räumen. In dem einen saß der deutsche Mountbatten und spielte den Part des britischen Befehlshabers. In einem anderen Zimmer war der Ic, der Nachrichtenoffizier des Generalfeldmarschalls Gerd von Rundstedt und mimte den deutschen Verteidiger, während in einem dritten Zimmer General Fröhlich als Schiedsrichter fungierte. Letztendlich entschied General Fröhlich: Wir werden die gelandeten alliierten Truppen in weniger als fünf Tagen aus Frankreich hinausgejagt haben. Dieses Dieppe-Spiel dauerte zwei Tage, aber es hatte sich gelohnt. Vorgestern fand noch eine Besprechung bei Generalleutnant Kessler, dem Leiter der Operationsabteilung beim Oberbefehlshaber West im Hauptquartier von Angers statt. Bei der stellte er klar, dass die Stadt Dieppe das eigentliche Ziel des Hauptangriffs wäre. Weiterhin führte er aus, dass auf beiden Seiten der Stadt zwei Unterstützungsangriffe angesetzt wären, die die Stadt an der Flanke und im Rücken abschneiden sollen. Und genauso ist es passiert.

Wie Halder mir eben am Telefon erklärte, hat es sich, wie erwartet, um ein begrenztes Unternehmen der Briten gehandelt. Die 2. kanadische Division mit etwa fünftausend Mann und einige britische Kommandoeinheiten haben mit Unterstützung von dreißig Churchill-Panzern, der Navy und der Royal Air Force Dieppe frontal angegriffen. Die Panzer kamen nicht über den Strand hinaus und auch die Infanterie konnte ihre Ziele nicht erreichen. Um 10:50 gaben die Alliierten bereits den Rückzugsbefehl. Sie sollen fast 1200 Gefallene und mehr als 2000 Gefangene zurückgelassen haben.«

»Donnerwetter«, platzte Othmar heraus, »warum lassen sich die Briten zu solch einem Unternehmen verleiten? Vielleicht weil Stalin ihnen Druck macht, eine zweite Front zu eröffnen?«

»Das kann durchaus sein«, meinte Canaris. »Doch dieses Desaster wirft sie bestimmt um Jahre zurück.«

www.ingramcontent.com/pod-product-compliance
Lightning Source LLC
Chambersburg PA
CBHW051030160426
43193CB00010B/890